해독과 해석

박재민

연세대학교에서 학사 및 석사학위를, 서울대학교에서 박사학위를 취득하였다. 가톨릭관동대학교(2011~2015)를 거쳐 2015년 3월부터 숙명여대 한국어문학부 교수로 재직 중이다.
향가와 고려가요를 주 분야로 하여 시조와 가사 및 고전의 현장에 관련된 연구를 수행하며 주요 저술로 『석주 고려가요』(이회, 2003), 『신라 향가 변증』(태학사, 2013), 『고려 향가 변증』(박이정, 2013), 『고전의 현장과 스토리』(문화기획반디, 2020) 등이 있다.
연세대학교 문과대학 우수 석사학위 논문상(2002), 서울대학교 인문대학 최우수 박사학위 논문상(2009), 나손학술상(2010), 일연학술제 국무총리상(2010), 난정학술상(2018) 등을 수상했다.

해독과 해석
향가 | 여요 | 시조 | 가사

초판 1쇄 발행 2023년 3월 31일

지은이 | 박재민

펴낸곳 | (주)태학사
등록 | 제406-2020-000008호
주소 | 경기도 파주시 광인사길 217
전화 | 031-955-7580
전송 | 031-955-0910
전자우편 | thspub@daum.net
홈페이지 | www.thaehaksa.com

편집 | 조윤형 여미숙
디자인 | 이영아
마케팅 | 김일신
경영지원 | 김영지

ⓒ 박재민, 2023. Printed in Korea.

값 75,000원
ISBN 979-11-6810-087-9 (93810)

책임편집 | 조윤형
표지디자인 | 이영아
본문디자인 | 최형필

해독과 해석

향가 | 여요 | 시조 | 가사

박재민 지음

解讀　解釋

태학사

서문

 이 책은 필자가 그간 학계에 발표한 논문들을 한 권의 책으로 묶은 것이다. 2004년 「정석가 발생 시기 재고」로 학세에 어설픈 첫발을 내디딘 이래 2021년 「도솔가의 주술 방식에 대한 일고」에 이르기까지의 40편인데, 그것을 고대가요·향가·고려가요·시조·가사의 영역에 맞추어 수록하였다.
 논문에 몰두하던 약 20년간의 기간은, 되돌아보면 인생의 여정과 함께 흘러갔던 듯하다. 사람을 만나듯이 작품을 만났고, 그들과 대화하듯이 작품에게 말을 건넸으며, 험지를 여행하듯 작품의 기슭을 헤매기도 했다. 그 과정에서 작품의 곳곳을 걷던 많은 좋은 학자들을 만났고, 그것은 그 자체로 내 인생이 되었다.
 수록된 논문에서도 보이지만, 필자의 주된 관심은 고려가요와 향가에 있다. 고려가요로 학계에 데뷔했고 향가로 석사와 박사 학위를 받았으니, 가장 중요한 시기마다 꼭 이곳을 찾았던 것으로 볼 때, 아마도 난 이 장르들을 가장 사랑했었나 보다.
 고려가요와 향가를 왜 사랑하냐고 누가 물을 때, 필자는 "그것은 신라인과 고려인의 서정 세계를 여는 門이기 때문"이라고 늘 대답한다. 현재 남아 전하는 25수의 향가와, 14수의 고려가요가 없었다면 우리가 어떻게 천 년 전 이 땅을 살던 이들의 抒情 세계로 들어갈 수 있었을 것인가? 역사서의 대화로써, 몇 편의 한시로써도 추론 가능하겠지만, 그래도 서정은 가락이 있고 음가가 살아 있는 향가와 고려가요에 밀도 높게 묻어 있다.

그래서 필자의 연구적 관심은 두 장르의 본질을 이루고 있는 '어석과 가락'에 집중되어 있기도 하다. 어휘의 뜻을 모르고서는 문학의 서정을 논할 수 없고, 근저에 흐르는 가락을 모르고서는 실질적 향유 느낌과 장르의 史的 전개를 논할 수 없다고 생각한다.

어석의 근간을 이루는 원리를 적은 논문이 「고등학교의 音借字·訓借字 교육에 대한 비판적 고찰」이다. 이 논문을 통해 그간 짙게 깔려 있던 향가 해독의 안개를 걷어내고 향찰 어법의 명료한 골격을 제시하고자 하였다. 가락 연구의 효용을 제시한 논문이 「정석가 발생 시기 재고」이다. 이 논문을 통해 고려가요의 가락이 장르의 史的 전개를 논하는 학문적 도구로 긴요히 활용될 가능성을 제시하고자 하였다.

고악보에 나타난 가락과 문헌에 수록된 어법의 흔적들은 이후 필자가 조선의 장르인 시조와 가사로 연구를 확장시키는 데도 큰 도움을 주었던 것으로 회고된다. 고전 시가 분야의 난제 중 하나로 '시조의 발생 시기'가 있다. 장르 연원의 중요성에 詩歌 전공자의 열정이 더해져 이곳은 여전히 학계의 가장 뜨거운 논쟁처로 남아 있다. 필자는 악곡의 분석을 통해 이 테마에 뛰어들었다. 「시조의 발생 시기에 대한 소고」가 그것이다.

어법적 방법론을 통해서도 시조 영역의 난제 해결에 가담하였다. 「한글박물관 소장 청구영언의 필사 시기에 대하여」가 그것이다. 한글박물관이 소장하고 있는 『청구영언』은 이전에 '진본 청구영언'으로 불리던 것으로,

김천택이 직접 편찬한 것으로 알려져 있다. 하지만 이 책에 남아 있는 어법의 흔적은 김천택의 시대와 강하게 충돌한다. 이 논문을 통해 어법의 흔적이 우리 학계의 혼란을 수습해 줄 가능성을 찾아보고자 하였다.

본고는 장르적으로는 고대가요·향가·고려가요·시조·가사를 담고 있고, 방법론적으로는 어학적·음악적·문학적 분석을 동원하고 있다. 그리고 필요에 따라 서지학적·민속학적 방법도 동원하였다. 전술했지만 필자의 생애는 고전 작품의 기슭을 헤매면서 흘러갔다. 그것은 고되었지만 즐거웠고, 미진했지만 과분한 것이었다.

가끔 그럴 때가 있다. 헤매긴 헤맸는데 도대체 무엇을 위해 헤매고 있는가, 난 지금 어디쯤을 걷고 있는가를 알고 싶을 때가 있다. 이 책은 그런 자각이 문득 든 2022년 봄에 처음 편집을 시작하였다. "이 책, 내줄 수 있을까요?"라며 의뢰했을 때, "그럼요, 내보시지요."라고 흔쾌히 응해 주신 출판사 태학사께 깊은 감사를 드린다. 늘 자상히 손잡아 주신 은사님, 끊임없이 학적 감발을 주신 선후배님들, 언제나 든든히 응원해 주는 가족, 이 책은 그 고마움들로 짜인 交織物이다.

2023년 2월
青坡에서 박재민 씀

차 례

서문 • 5

제1부 고대가요 • 향가

龜旨歌의 성격에 대한 재고 • 19

   1. 서론 • —————————————————— • 19
   2. 龜旨歌는 노동요인가 • ————————— • 21
   3. 결론 • —————————————————— • 33

風謠의 형식과 해석에 관한 재고 • 35

   1. 誤分節의 사례 • ———————————— • 39
   2. 방아 노래의 형식 • —————————— • 44
   3. 어학적 근거 • ————————————— • 49
   4. 결론 • —————————————————— • 58

獻花歌 해독 재고 • 60

   1. 문제제기 • ——————————————— • 60
   2. 본론 • —————————————————— • 64
   3. 결론 • —————————————————— • 83

兜率歌 해독의 원리와 실제 • 90

1. 서론 • ————————————————— • 90
2. 해독의 현황 및 문제점 • ——————————— • 97
3. 어석의 실제 • ————————————————— • 103
4. 결론 • ————————————————————— • 119

兜率歌의 呪術 방식에 대한 일고 • 123

1. 서론 • ————————————————————— • 123
2. 가능성의 검토 • ————————————————— • 128
3. 결론 • ————————————————————— • 147

삼국유사 소재 處容歌의 高麗的 어휘 요소와 그 시사에 관하여 • 150

1. 서론 • ————————————————————— • 150
2. 東京과 〈處容歌〉의 原形 • ———————————— • 154
3. 문법적 측면의 고려시대적 요소 • ————————— • 158
4. 여타 향가의 정황 • ——————————————— • 169
5. 연구사적 의미 • ————————————————— • 171
6. 결론 • ————————————————————— • 174

慕竹旨郞歌의 10구체 가능성에 대하여 • 175

1. 첫 구절로부터의 의심 • ————————————— • 177
2. 서지학적 의심 • ————————————————— • 183
3. 嗟辭의 위치 • ————————————————— • 188
4. 향가의 3단 구조 • ——————————————— • 189
5. 맺으며 • ————————————————————— • 192

慕竹旨郞歌의 사건 발생 시기에 대하여 • 194

1. 『삼국유사』「孝昭王代竹旨郞」조 • ————————— • 195
2. 과연 孝昭王代 일인가? • ————————————— • 197

3. 의미 • ─────────────────────── • 207

怨歌의 재해독과 문학적 해석 • 213

1. 대상과 연구 현황 • ───────────── • 213
2. 해독의 실제 • ──────────────── • 219
3. 결론 • ──────────────────── • 255

彗星歌 고유어 재구 4題와 문학적 시사 • 259

1. 해독 현황 • ───────────────── • 259
2. 고유어 再構의 필요성 • ─────────── • 262
3. 고유어 再構의 실제와 의의 • ───────── • 264
4. 고유어 再構의 의의와 문학적 연구의 전망 • ── • 277
5. 결론 • ──────────────────── • 286

禱千手觀音歌의 해독과 구조 재고 • 288

1. 서론 • ──────────────────── • 288
2. "慈悲也根古"의 해독 • ──────────── • 291
3. 9·10句의 해독 재고 • ────────────── • 299
4. 祈願의 구조 • ──────────────── • 308
5. 결론 • ──────────────────── • 311

교과서에 나타난 鄕歌 교육의 문제 • 313

1. 서론 • ──────────────────── • 313
2. 어학적 오류-〈薯童謠〉의 借字 • ─────── • 314
3. 문학적 오류-〈讚耆婆郞歌〉의 '조약돌' • ─── • 325
4. 결론 • ──────────────────── • 334

박창화 筆 花郞世紀 진위성 검토 • 336

兜率·詞腦·嗟辭의 語義에 대한 소고 • 360

1. 서론 • 360
2. '兜率'의 語義 • 362
3. '詞腦'의 語義 • 371
4. '嗟辭'의 語義 • 378
5. 결론 • 380

鄕歌 대중화의 기반에 대한 소고 • 383

1. 서론 • 383
2. 대중성 획득의 誘因 • 387
3. 대중성 획득의 經路 • 397
4. 결론 • 408

고등학교의 訓借字·音借字 교육에 대한 비판적 고찰 • 410

1. 문제의 현황 • 410
2. 문제의 연원 • 415
3. 향찰 표기의 체계 • 419
4. 결론 • 427

鄕歌 음보율고 • 430

1. 연구사 • 430
2. 연구사 반성 • 432
3. 음보의 等長性 확인과 두 자질 • 435
4. 음보 구성의 메커니즘 • 439
5. 〈普賢十願歌〉의 음보 검증 • 443
6. 결론 • 453

鄕歌 해독 100년의 연구사 및 전망 • 455

1. 서론 • 455
2. 연구 대상과 방법 • 457

3. 1920~30년대의 해독: 소창진평의 연구 • ──────── • 459
4. 1940년대의 해독: 양주동의 연구 • ──────── • 464
5. 1950~80년대 • ──────────────── • 470
6. 1990년대 이후와 해독의 전망 • ────────── • 474
7. 결론을 대신하여 • ───────────── • 478

제2부 고려가요

鄭石歌 발생 시기 재고 • 519

1. 악곡으로 살펴본 〈鄭石歌〉의 발생 시기 • ──────── • 522
2. 문헌과 노랫말로 살펴본 좀 더 자세한 〈鄭石歌〉 성립 시기 • 533
3. 결론 • ──────────────────── • 537

鄭石歌 註釋 재고와 문학적 향방 (1) • 540

1. 서론 • ──────────────────── • 540
2. 註釋의 연구사와 難解句 • ─────────── • 542
3. '三同'의 註釋 • ────────────── • 543
4. '삭삭기'의 註釋 • ──────────── • 552
5. 문학적 이해의 향방 • ─────────── • 558
6. 결론 • ──────────────────── • 560

鄭石歌 註釋 재고와 문학적 향방 (2) • 562

1. 서론 • ──────────────────── • 562
2. 註釋의 실제 • ───────────── • 563
3. 문학적 향방 • ───────────── • 580
4. 결론 • ──────────────────── • 590

靑山別曲의 語釋에 대한 재고 • 592

    1. 서론 • ———————————————————— • 592
    2. 語釋의 실제 • ———————————————————— • 594
    3. 문학적 상상력 • ———————————————————— • 607
    4. 결론 • ———————————————————— • 616

動動의 語釋과 문학적 향방 • 619

    1. 서론 • ———————————————————— • 619
    2. "분디남ᄀ로 갓곤 나슬 盤잇 져" • ———————————————————— • 621
    3. "므라숩노이다" • ———————————————————— • 627
    4. 문학적 향방 • ———————————————————— • 635
    5. 결론 • ———————————————————— • 639

思母曲의 연원에 대한 소고 • 640

    1. 서론 • ———————————————————— • 640
    2. 〈思母曲〉과 〈北殿〉의 악보 비교 • ———————————————————— • 646
    3. 선후 관계 논증 • ———————————————————— • 654
    4. 결론 • ———————————————————— • 661

高麗歌謠 語釋의 연구사와 그 전망 • 664

    1. 서론 • ———————————————————— • 664
    2. 초기 연구자들의 텍스트 확보 • ———————————————————— • 665
    3. 1930~40년대의 語釋 • ———————————————————— • 669
    4. 1950~60년대의 語釋 • ———————————————————— • 679
    5. 1970~80년대의 語釋 • ———————————————————— • 685
    6. 해결의 전망과 제언 • ———————————————————— • 688

제3부 시조·가사

時調의 발생 시기에 대한 소고 • 695

1. 서론 • • 695
2. 〈慢大葉〉과 〈眞勺〉의 연구적 정황 • • 697
3. 〈慢大葉〉과 〈眞勺一(大葉·附葉)〉 • • 700
4. 가곡 악보와 시조의 연원 • • 712
5. 결론 • • 722

악곡으로 본 時調 종장의 형식적 연원 • 725

1. 들어가며 • • 725
2. 중장과 종장 노랫말의 형태적 일치 • • 728
3. 초기 시조의 중장과 종장의 일치 • • 736
4. 중장과 종장의 악곡적 일치 • • 742
5. 결론 • • 747

六堂本 靑丘永言의 세 異本 비교 연구 • 749

1. 서론 • • 749
2. 세 異本의 개략적 소개와 관계 • • 752
3. 세 異本들 간의 비교 • • 770
4. 모순 해결을 위한 取捨 • • 780
5. 결론과 의의 • • 782

어휘로 살펴본 국립한글박물관 靑丘永言의 필사 시기 • 785

1. 논의의 전제 • • 785
2. 靑丘永言에 출현하는 어휘의 시대적 重層性 • • 786
3. 21세기 세종프로젝트 • • 788
4. 언어에서 보이는 시대의 징후 • • 791
5. 결론을 대신하여 • • 816

어휘의 시대적 특징으로 본 古今歌曲의 편찬 시대 • 825

1. 서론 • ──────────────── • 825
2. 연도 추정에 대한 諸家의 설 • ──────── • 829
3. 古今歌曲의 어휘적 특징 • ─────────── • 837
4. 결론 • ──────────────── • 856

소창문고본『가스』에 대한 소고 • 859

1. 서론 • ──────────────── • 859
2. 연구사의 검토 • ─────────────── • 863
3. 지역 추정의 실마리와 확인 • ───────── • 865
4. 시기 추정의 실마리와 확인 • ───────── • 870
5. 결론 • ──────────────── • 879

The Origin of the *Shijo* Poetic Form in Relation with Korean Old Music Scores • 884

1. Introduction • ──────────────── • 884
2. Rescrach Background on *Mandaeyŏp* and *Chinjak* • ── • 888
3. The Comparison between *Mandaeyŏp* and the *Taeyŏp* and *Puyŏp* parts of *Chinjak 1* • ─────── • 892
4. The Period of Derivation of *Mandaeyŏp* from *Chinjak 1* and the Origin of *Shijo* • ─────────── • 902
5. Conclusion • ──────────────── • 908

참고문헌 • 911

제1부

고대가요 · 향가

龜旨歌의 성격에 대한 재고

1. 서론

〈龜旨歌〉는 『三國遺事』 권2의 〈駕洛國記〉에 실려 전하는 4행의 짧은 노래로, 우리 문학사의 여명기에 등장한 가장 오랜 노래 중의 하나이다. 그런 까닭에 〈黃鳥歌〉, 〈公無渡河歌〉와 함께 이른바 上代歌謠로 분류되어 항상 문학사 기술과 국문학 교육의 첫머리에 자리해 있다.

이 작품을 연구하고 교육할 때 우리가 늘 유의하고 있는 세 지점은 1) 노랫말의 상징성, 2) 노래의 성격, 3) 노래의 구조 및 관련 작품의 소개라 할 수 있다. 노랫말의 상징성이란 "이 노래에 등장하는 '거북[龜]'과 '머리[首]'는 무엇의 상징인가?"에 대한 것이고, 노래의 성격이란 "이 노래의 주술요 혹은 노동요로서의 성격"에 대한 것이고, 노래의 구조 및 관련 작품이란 "이 노래와 유사한 구조를 지닌 〈海歌〉와의 연관성을 파악할 수 있는가?"에 대한 것이다. 이 세 사항은 거의 공식화된 것이라서, 고등학생을 위한 교과서에서도, 대학 전공자를 위한 교재에서도, 전문 연구자를 위한 연구서에서도 다음과 같이 일관되게 기술되고 있음을 보는 것이다. (밑줄은 필자가 임의로 기입함.)

―――――《자료 1. 고등학생을 위한 교과서》[1]―――――

'거북'과 '머리'의 상징적 의미
'머리를 내어라'는 현군의 출현과 풍년을 기원하는 고대인들의 열망이 나타난 것이며, 여기에서 '거북'은 가락국 백성들이 섬기는 신령스러운 존재, 즉 토템(totem; 신성하게 여기는 동식물 또는 자연물)으로 볼 수 있다.

'구지가'의 성격
이 노래를 주술요로 보는 견해, 노동요로 보는 견해 … 등 다양한 견해가 있다.

단서	성격
무엇인가를 염원하면서 불렀고, 그 염원이 이루어졌다. ⇨	주술요
3월 계욕일(禊欲日)에 여럿이 흙을 파면서 불렀다. ⇨	노동요

'구지가'와 '해가'
신라 성덕왕 때 해룡에게 끌려간 수로 부인(水路夫人)을 구출하기 위해 불렀다는 '해가(海歌)'는 가사의 뜻과 표현 형식이 '구지가'와 매우 유사하다.

―――――《자료 2. 대학 전공자들을 위한 전공 교재》[2]―――――

(1) 작품의 시어: '거북이[龜], 머리[首]'를 한자어의 의미 또는 음차에 따라 다양하게 해석할 수 있다.
(3) 성격: "흙을 파 모으면서[掘峯頂撮土] 이렇게 노래하라."에서 행위적 측면에서 노동요, 결과적 측면에서 영신군가 또는 주술요 등이 제기되었다.
(4) 작품의 형성과 전승: 이 노래가 가락국 건국 시기에 창작되어 해가(海歌)까지 전승되었는지, 그 이전부터 전승되다가 수로왕 탄생 시기에 불리고 그 이후까지 전승되는지 나누어 생각할 수 있다.

―――――《자료 3. 학계 연구자들을 위한 학술 서적》[3]―――――

Ⅱ. 本論
1. 「거북」과 「거북의 머리」는 무엇을 상징하는가?
2. 왜 威嚇的 言辭를 사용했는가?
3. 「掘峰頂撮土」는 어떻게 해석되어야 하는가?

---

1 강승원 외, 「고전운문」, 『해법문학』(2009개정교육과정), 천재교육, 2016, 29면.
2 김명준, 『생각하며 읽는 한국 고전시가』, 도서출판 다운샘, 2018, 14면.
3 김성언, 「구지가의 해석」, 『한국문학사의 쟁점』, 집문당, 1986, 82~90면.

연구와 교육의 현장에서 거의 예외 없이 공통적으로 거론되는 이 사항들은 민족 문학의 가장 이른 시기에 발생한 〈구지가〉에 대한 흥미를 유발하고, 나아가 민족 문학의 첫 모습을 통일성 있게 이해하는 데 큰 역할을 해 왔음에 분명하다. 신비로움을 지닌 거북을 호명한 후 "머리를 내 놓으라"고 집단적으로 歌舞하는 데서 무언가 아득하면서도 강력한 원시인의 욕망의 발현 방식을 보게도 되고, 노래의 성격이 노동요라는 설명을 들으면서 작은 실마리 하나 놓치지 않는 학자들의 예리한 분석법에 감탄하게도 되고, 이 노래와 구조가 거의 동일한 노래가 통일신라시대까지 이어지고 있다는 사실을 알게 되면서 우리 민족 呪術의 강력한 전승력 및 공식 구조에 대해서도 곰곰이 생각해 보게 되는 것이다. 결국 〈구지가〉는 책의 첫머리에 등장하여 다양한 문학사적 요소들과 연결되면서 국문학에 대한 우리의 이해를 돕는 역할을 수행해 왔던 것이다.

그런데 필자는 근래 몇 년간 학기 초마다 학부생들에게 〈구지가〉를 강의하면서 위의 요점들에 대한 약간의 의구를 가지게 되었다. 우리가 이 노래를 '노동요'라고 파악하는 것은 주지하다시피 '掘峰頂撮土^{굴봉정촬토}'라는 구절을 적극적으로 해석한 결과인데 이 행위를 과연 '집단의 노동'으로 보는 것이 옳은 것인가라는 의구가 들었기 때문이다. 특히 '撮土'의 용례를 검토해 보노라면 아무래도 이 행위는 '집단의 노동 행위'와는 관련될 수 없음을 본다.

2. 龜旨歌는 노동요인가

1) '노동요' 설의 수립 경위

서론에서 보았듯이 현행 교육과 연구에서 〈구지가〉를 노동요로도 보고 있는데, 이의 효시는 해방 무렵에 나온 조윤제의 『국문학사』의 다음 언급으로 보인다. (밑줄은 필자)

詩歌는 또 勞働에서부터도 發生한다 … 九干等이 掘峰撮土의 勞働을 하면서 그 勞
働의 괴로움을 減少하고저 龜何龜何의 노래를 부른 것이다. … 如何튼 朝鮮의 詩歌
는 祭天中心의 宗敎儀式에서 또 勞働에서 發生하였다는 것만은 숨길 수 없는 事實
인것같이 생각이 된다.⁴

그가 이 노래를 노동과 연관지은 것은 〈구지가〉의 배경 설화에 나온 '掘
峯頂撮土'라는 구절 때문이었다. 구지가의 배경 설화⁵에는 하늘의 목소리가
"너희들은 모름지기 '掘峯頂撮土'하고 노래를 부르라(你等須掘峯頂撮土歌
之)"고 명령하는 구절이 있는데, 조윤제는 이 '掘峯頂撮土'를 "(너희들은) 이
峰頭의 흙을 파제치면서"⁶로 풀이한 후, 집단적 노동 행위로 보았던 것이다.
그의 견해는 이후 많은 연구자들에게 영향을 끼쳤는데, 다음과 같은 언급
들은 이를 계승한 것이라 하겠다. (밑줄은 필자)

---

4 조윤제, 『국문학사』, 동방문화사, 1949, 15~16면.
5 간략히 발췌하여 인용하면 다음과 같다.
    북쪽 구지에서 수상한 소리가 부르는 것이 있었다. 백성 이삼백 명이 여기에 모였는데
사람의 소리 같기는 하지만 그 모습을 숨기고 소리만 내서 말하였다. …
    "황천이 나에게 명하기를 이곳에 가서 나라를 새로 세우고 임금이 되라고 하여 이런 이
유로 여기에 내려왔으니, 너희들은 모름지기 '굴봉정촬토(掘峯頂撮土)' 하고 노래를 부르기
를 '거북아 거북아 머리를 내어라. 내놓지 않으면 구워서 먹겠다.'라고 하고, 뛰면서 춤을 추
어라. 그러면 곧 대왕을 맞이하여 기뻐 뛰게 될 것이다."
    구간들은 이 말을 따라 모두 기뻐하면서 노래하고 춤을 추었다. 얼마 지나지 않아 우러러
쳐다보니 다만 자줏빛 줄이 하늘에서 드리워져서 땅에 닿았다. 그 줄이 내려온 곳을 따라가
붉은 보자기에 싸인 금합을 발견하고 열어보니 해처럼 둥근 황금 알 여섯 개가 있었다. …
그 달 보름에 왕위에 올랐다. 세상에 처음 나타났다고 해서 이름을 '수로'라 하였다. 〔所居北
龜旨 有殊常聲氣呼喚. 衆庶二三百人集會於此, 有如人音隱其形而發其音曰. … 皇天所以命我者
御是處惟新家邦爲君后, 爲玆故降矣, 你等須掘峯頂撮土歌之云 '龜何龜何, 首其現也. 若不現也,
燔灼而喫也.' 以之踏舞. 則是迎大王歡喜踊躍之也." 九干等如其言咸忻而歌舞. 未幾仰而觀之, 唯
紫繩自天垂而着地. 尋繩之下乃見紅幅裹金合子開而視之, 有黃金卵六圓如日者. … 其於月望日
即位也. 始現故諱首露.〕〈三國遺事 2卷, 紀異, 駕洛國記〉
6 조윤제, 상게서, 16면.

박지홍[1957] 龜旨歌에서 흙을 판다든가, 海歌詞에서 막대로 언덕을 치는 것은 모두 가래질 타작질을 시늉한 農夫의 動作을 노래한 것[7]

이가원[1973] 그들은 神의 神聖함을 強調하기 위하여, 이 노래를 지어 龜旨峯을 中心으로 흙을 파는 수많은 愚昧한 農·漁父들에게 指示, 불리었던 것이다.[8]

조용호[2010] '掘峯頂撮土' 즉 '봉우리 꼭대기에서 약간의 흙을 파'는 것은 곡식의 씨를 뿌리기 위해 밭을 가는 일을 모방하는 연극적 행위로 해석할 수 있게 된다.[9]

그런데 문제는 이 주장들이 '掘峯頂撮土'의 '掘(파다)'에만 주목하여 '집단적으로 땅을 파는 것이니 노동'이라는 소박한 인식을 근거로 하고 있다는 점이다. 노래의 성격이라는 것은 그 노랫말에서 직접 추출할 수 있거나, 배경 설화에서 그것을 유추하여 추출해 낼 수 있어야 하는데 "구지가는 노동요이다"라는 주장에는 그러한 중심 근거가 결여되어 있음을 본다. 우선, 이 작품의 노랫말에서 노동요적인 요소를 찾을 수 없다. 노동요가 흔히 지니고 있는 메기는 소리와 받는 소리의 구성, 혹은 노동요에 으레 있기 마련인 후렴구 등이 보이지 않는 것이다.[10] 다음으로, 배경 설화를 살펴도 마찬가지

---

7 박지홍, 「구지가 연구」, 『국어국문학』 제16집, 국어국문학회, 1957, 15면.
8 이가원, 『조선한문학소사』, 삼화출판사, 1973, 34면.
9 조용호, 「풍요기원 노래로서의 〈구지가〉 연구」, 『서강인문논총』 제27집, 서강대학교인문과학연구소, 2010, 361면.
10 노동요의 일반적 모습은 다음과 같은데, 메기는 소리와 받는 소리, 그리고 때에 따라서는 노동에 대한 내용 등도 나타남을 본다.
   (메기는 소리) 오호 지저메   (받는 소리) 오호 지저메
   (메기는 소리) 이 집터를 잡아주기   (받는 소리) 오호 지저메
   (메기는 소리) 오호 지저매   (받는 소리) 오호 지저매
   (메기는 소리) 곧은 **은 굽다듬어   (받는 소리) 오호 지저매
   (메기는 소리) 넷 모에 기둥 놓고   (받는 소리) 오호 지저매
   〈안동의 달구소리, 『안동문화권학술조사보고서』, 성균관대국문학과, 1967.〉

이다. 선행 연구자들이 주목한 '掘峯頂撮土' 행위는 '땅을 파는 물리적 행위'로 볼 여지보다는 '무언가를 祈求하는 신성한 목적을 지닌 행위'로 볼 여지가 크다. 하늘의 목소리가 들렸고 그가 시키는 대로 왕을 맞이할 어떤 거룩한 행위를 하는 과정에서 염원을 담아 부른 노래라면, 이것은 노동요라기보다는 '기원의 노래, 즉 주술요'로 규정하는 것이 적확한 것이 아닐까 하는 것이다.

2) 주술요로서의 〈구지가〉

이런 자각에서 위 주장에 대한 회의적 연구 결과들이 적지 않게 도출되었다. 새로운 연구들은 '掘峯頂撮土'가 '하늘에서 신이한 존재를 내려주기 전에 그의 출현을 祈求하는 마음에서 했던 행동'임에 주목하였다. 따라서 "구지가는 하늘에 대한 기원을 본질로 하는 주술요"라는 것인데, 이러한 관점에 서 있는 선학들의 언급은 다음과 같다. (밑줄은 필자)

김종우[1974] "掘峰頂撮土" 이것은 어떠한 일을 말하는 것일까? 峰頂을 파헤치고 <u>그 흙을 모아 놓는다</u>는 것이다. 이것은 곧 神君을 맞이하기 위한 <u>祭壇의 形成過程을 形象化함</u>이니 … 龜旨峯은 前述한 바와 같이 神君이 下降할 聖스러운 場所이기 때문에 祭壇을 衆人들이 만드는 過程을 敍述한 것에 不外하다 하겠다.[11]

김승찬[1975] 「掘峰頂撮土」를 풀이하면, 「峯頂을 파서 흙을 집다」 또는 「峯頂을 파서 <u>흙을 모으다</u>」라 해석할 수 있을 것이고, 이 중에서 후자를 택한다면, 峰頂

(메기는 소리) 이여도ᄒ라 　　　　　(받는 소리) 이여도ᄒ라
(메기는 소리) 이여도ᄒ라 울음이여도ᄒ라 　(받는 소리) 이연이연 이여도ᄒ라
(메기는 소리) 굴묵낭의 방에로고나 요방에를 보난두어 이여도ᄒ라 으음으음
　　　　　　　　　　　　〈김영돈, 『제주의 민요』, 민속원, 1993, 454면.〉
11 김종우, 『향가문학연구』, 선명문화사, 1974, 186면.

의 흙을 파서 탄강신이 내려 앉을 神座를 흙으로 모아 만든다고 해석할 수 있을 듯하다.[12]

박진태[1982] '掘'은 '파다'만이 아니라 '우뚝한 모양'이라는 訓도 있으므로 '掘峯頂'은 '봉우리 꼭대기 흙을 파서 祭壇을 우뚝하게 쌓고'로 풀이함이 타당하다. … '撮土'는 '손으로 黃土(朱土)를 집어 祭壇 주위에 뿌린다'는 뜻으로 풀이해야 옳다.[13]

오태권[2007] "掘峯頂撮土"의 해석 문제이다. 「가락국기」의 문면이 封禪祭를 행하고 있는 사실의 표현임을 잘 드러내고 있는 부분이다. … 북구지봉의 산정을 파서 흙 한줌을 모았다는 것은 坎과 壇을 만드는 것[14]

어강석[2015] 희생물을 태우기 위해서는 큰 불이 필요하다. … 소머리와 같은 희생을 모두 태워야 하기 때문에 화톳불이 크게 필요한 것이다. … 번시를 하던 '단(壇)'은 '흙을 높이 쌓아 올려서 만든 것'이다. 바로 '굴봉정촬토(掘峰頂撮土)'를 하는 것이다. 즉, 하늘에 올리는 제례(祭禮) 중에서 제일 먼서 강신(降神)을 하는 번시(燔柴)를 행하며, 그것을 하기 위해 먼저 '봉우리의 흙을 파고 긁어모아 화톳불을 놓을 장소를 마련하는 행위'로 볼 수 있다.[15]

이들의 진술에서 눈에 띄는 공통점은 '掘峯頂撮土' 행위를 구체적으로 분석하고 있다는 점이다. '노동요'로 파악하던 연구자들은 '掘峯頂撮土'에서

---

12 김승찬, 「구지가와 그 배경의 연구」, 『문리과대학논문집』 제14집, 인문사회과학편, 부산대학교 인문학연구소, 1975, 28면.
13 박진태, 「구지가신연구」, 『한국어문논집』 제2집, 한사대 한국어문연구소, 1982, 123~124면.
14 오태권, 「구지가 서사의 封祭機能 연구」, 『열상고전연구』 제26집, 열상고전연구회, 2007, 547면.
15 어강석, 「한문학적 관점으로 본 〈구지가〉의 재해석」, 『정신문화연구』 38권 제1호(통권 138), 한국학중앙연구원, 2015, 273~274면.

행위를 나타내는 한자를 '掘(파다)'로만 한정하고 있지만, 이 시각의 연구자들은 '掘'뿐만 아니라 '撮(모으다)' 또한 행위를 나타내는 것으로 본다. 즉, '掘峯頂撮土'를 2개의 句로 인식하여 '산 정상의 흙을 파[掘峯頂]'서, '흙을 모으[撮土]'는 행동으로 보는 것이다.

이 해석은 필연적으로 '흙을 모으는 행위'의 의미 추정으로 이어졌고, 결국 모두 제의를 위한 壇을 쌓는 행위라는 결론에 이른다. 다만 壇의 용도는 달라서 초기의 연구자인 김종우와 김승찬의 경우에는 '신이 내려와 앉을 자리인 神座'로 보았고, 박진태와 오태석의 경우에는 '제물을 排設하고 제사를 지내는 壇'으로 보았으며, 최근의 어강석은 '희생을 태울 壇'으로 보고 있다.[16]

이러한 해석과 분석은 〈구지가〉의 서사 문맥에 적절히 조응되고 있음을

---

16 이외 '掘峯頂撮土'를 어떤 행위들을 상징적으로 모방한 제의적 행위로 본 연구자도 적지 않다. 간략히 소개하면 다음과 같다.

[거북의 흉내]
"掘峯頂撮土"에 對해서는 또 다른 見解를 筆者로서 갖는 바이다. 卽 이것은 龜totem 社會의 祭祀에서 나타난 擬作態를 보인다. 〈황패강, 「龜何歌攷」, 『국어국문학』 제29집, 국어국문학회, 1965, 39면.〉
龜旨峯上을 파고 撮土를 한다니까 農耕과 어떠한 關係가 있는 것같이 說明하는 분도 있으며, 巫俗과 關係가 있는 것으로 보는 분도 있으나, 이것은 巫俗 또는 農耕의 勞動과는 全혀 關係가 없는 것으로 單純히 거북의 産卵過程을 模擬한 데 不過한 것이다. 〈변덕진, 「구지곡에 대하여」, 『연구논문집』 6권 1호, 대구효성가톨릭대학교, 1970, 93면.〉

[알 수 없는 어떤 흉내]
그것은 막대기로 해안을 두드린다거나 항아리를 치는 행위와 꼭 마찬가지 성격의, 「꼭대기 흙을 파서 손가락으로 집어 올리는」 제의적 드로메나로서의 행위인 것이다. 〈성기옥, 「구지가의 작품적 성격과 그 해석(2)」, 『배달말』 제12집, 배달말학회, 1987, 145면.〉

[매개물에 대한 학대 행위]
"掘峯頂撮土"로 매개물에 대한 학대를 대신할 수 있었던 것. 〈이영태, 「구지가의 수록경위와 해석의 문제」, 『한국학연구』 제10집, 인하대학교 한국학연구소, 1999, 94면.〉

본다. 경건한 마음으로 '攬土(흙을 모음)'[17]하며 노래로 '머리를 내어 달라'는 기도를 하였고, 그렇게 하자 '首露(머리를 냄)'라는 소망이 이루어졌다는 점에서 이 행위는 제의적 행위이고, 이때의 노래는 주술요라 할 수 있게 되는 것이다.

그런데 이들의 해석과 주장은 '구지가는 주술요이다'란 명제를 명확히 성립시킨 것이기는 하지만, '구지가는 노동요이다'라는 주장을 완전히 驅逐한 것은 아니었다. 왜냐하면 '산 정상의 흙을 파고 제단을 쌓는 행위'로 보는 경우에도 '구지가는 노동요이다'라는 명제는 여전히 성립하기 때문이다. 즉, '首露'를 바라며 제단을 쌓으면서 부른 노래는, 노랫말의 내용으로 본다면 기원의 노래가 분명하지만, 수반되는 행위의 기준에서 본다면 흙을 파고 쌓는 데 부른 노동요라 할 여지가 있는 것이다. 마치 무덤을 다질 때 부르는 방아 노래나, 건축을 할 때 부르는 노래가 노동요로 분류될 수 있는 것과 마찬가지인 것이다.

이런 까닭에 입문용 사전류에서는 '구지가는 노동요이다'라는 명제를 완전히 배제하지 못한 채, 여전히 다음과 같이 절충적인 말로 이 노래의 성격을 규정하고 있는 것이다.

> 고대가요 중 하나로, 현전하는 최고(最古)의 집단 무요이다. … 4구체의 가요로 임금을 맞이하길 기원하는 민중의 노래로, 무가적이고 주술적이며, 노동요적인 성격을 지니고 있다.[18]

> 문학사적 의의 : 주술성을 지닌 현전 최고의 노동요.[19]

---

17 "攬土 촬토 : 흙을 쓸어 모음." 〈단국대학교 동양학연구소 편찬, 『漢韓大辭典』, 단국대학교 출판부, 2003.〉
"攬土 : 흙을 모음[謂聚土而取之]" 〈羅竹風, 『漢語大詞典』, 上海辭書出版社, 2008.〉
18 구인환, 『Basic 고교생을 위한 문학 용어사전』, 신원문화사, 2006.
19 배규범·주옥파, 『외국인을 위한 한국고전문학사』, 도서출판 하우, 2010.

3) '掘峯頂撮土'의 해석과 노동요로서의 자질 판별

그런데 필자는 〈구지가〉를 노동요로 규정할 수는 없다고 여긴다. 왜냐하면 '掘峯頂撮土'에서 '撮土'는 분리되는 것이 옳다고 보는데, 많은 자료들에서 '撮土'는 '초월적 존재와 소통하는 말(기원 및 축도의 말)' 앞에 놓이는, 특수한 행위를 담은 어휘임을 확인할 수 있었기 때문이다. 즉, 〈구지가〉의 서사 문맥은 다음

너희들은 모름지기 掘峯頂撮土하고 노래를 부르기를

"거북아 거북아 머리를 내어라.
내놓지 않으면 구워서 먹겠다."

라고 하고, 뛰면서 춤을 추어라.

와 같이 "撮土 + 초월적 존재와의 소통[기원의 말 = 구지가]"로 되어 있는데, 아래 예문들에서도 흡사한 구조에서 '撮土'가 등장함을 보는 것이다.

[예문 1]
삼장법사는 저쪽에서 <u>흙을 모아 향으로 삼아</u>[撮土爲香] 하늘을 향해 <u>기도</u>를 올리고 있었다. 손오공은 구름을 멈추고 그가 뭐라고 기도하는지 들어 보았다. 삼장법사는 합장하며 하늘을 향해 이렇게 기도했다.
"구름과 노을 위 여러 신선님과
육정육갑과 여러 하늘의 신들께 기도합니다."[20]

---

20 那長老正在那裡撮土爲香 望空禱祝 行者且停雲頭, 聽他禱祝甚的. 那長老合掌朝天道. "祈請雲霞眾位仙, 六丁六甲與諸天"〈吳承恩(1500~1582), 西遊記, 75回.〉

[예문 2]

경랑은 붓을 잡아 벽 위에 4구의 시를 지었다. 그리고 흙을 모아 향으로 삼아[撮土爲香] 하늘을 바라보며 네 번의 절을 했다. "가련하다 천금의 규수여, 남가일몽의 사람이 되도다"[21]

[예문 3]

삼장법사는 또 흙을 모아[撮土] 기도를 했다. "호걸님들, 고발하실 때는 손오공만 고발하십시오. 저팔계랑 사오정과도 상관없는 일입니다."[22]

그렇다면 우리는 위 세 개의 예문들에서 보이는 '撮土'의 의미가 바로 〈구지가〉의 記述者가 의도한 그 뜻이라 보아야 하는 것이 아닐까? 위 예문 모두에서 撮土는 동사로 사용되며 관용적으로 '기원의 말'을 이끈다는 점[23]과 〈구지가〉의 '撮土'가 바로 이와 동일한 구조에서 출현하고 있다는 점을 우리는 경시할 수 없다.

이제 이를 보다 확대하여 검토해 보기로 하자. 우리는 위에서 보았던 '撮土爲香'뿐만 아니라 '撮土焚香·捻土焚香·捻土爲香'까지 확대해서 의미를 살필 필요가 있다. '撮'과 '捻'은 손가락으로 잡는다는 의미를 지닌다는 점에서 상통하는 字인데, 사전류에서도 이 어휘들은 다음과 같이 모두 '초월적 존재와의 소통[기원, 축도 등]'을 위해 "香爐를 대용할 작은 흙더미를 쌓다"의 뜻으로 풀이하고 있다.

---

21 京娘取筆題詩四句于壁上 撮土爲香, 望空中拜了四拜 … "可憐閨秀千金女 化作南柯一夢人"〈馮夢龍(1574~1646), 警世通言, 21卷.〉
22 三藏眞個又撮土禱告道 "好漢告狀 只告行者 也不干八戒 沙僧之事"〈吳承恩(1500~1582), 西遊記, 56回.〉
23 문헌에서 보이는 '撮土'의 의미는 2가지로 大別된다. "흙을 모으다"란 의미가 하나이고, "한 줌의 흙"이란 의미가 다른 하나이다. 이 둘은 "흙을 손으로 움켜 잡다[撮]"는 공통분모를 지니는데, 전자는 동사적으로 쓰이는 것이고, 후자는 명사적으로 쓰이는 것이다.

―― 《염토위향(捻土爲香)·촬토분향(撮土焚香)·염토분향(捻土焚香)》 ――

[撮土]
- 흙을 쓸어 모음. 〈漢韓大辭典〉[24]
- 손으로 흙을 집어 모아 흙더미를 만드는 것. 옛 시절 미신을 믿는 사람들이 야외에서 향로를 대체하여 향을 피움으로써 신을 모시던 일을 지칭함(用手把土聚攏成堆. 指舊時迷信的人在野外撮土代替香爐, 燒香敬神.) 〈중국 百度 백과사전〉[25]

[捻土爲香]
- 흙가루를 집어 향(香)으로 삼음. 미처 향을 준비하지 못하여 이로써 정성을 표시하는 것을 이른다. 〈漢韓大辭典〉[26]
- 흙으로 향을 만듦. 향을 준비하지 못했을 때 이렇게 함으로써 정성을 표시함(捏泥成香. 因不及備香 以此表示虔誠.) 〈漢語大詞典〉[27]

[撮土焚香]
- 손으로 흙을 집어 모아 흙더미를 만드는 것. 옛 시절 미신을 믿는 사람들이 야외에서 향로를 대체하여 향을 피움으로써 신을 모시던 일을 지칭함.(用手把土聚攏成堆. 指舊時迷信的人在野外撮土代替香爐, 燒香敬神.) 〈중국 百度 백과사전〉[28]

[捻土焚香]
- "염토위향"과 같다[同 "捻土爲香"] 〈漢語大詞典〉[29]

결국, '撮土'는 '捻土'와 같은 것으로, 공히 야외에서 성의 있는 기도를 위해 임시방편으로 향로 대용의 흙더미를 만드는 행위를 뜻하는 어휘라고 하겠다. 한편, 위의 사전적 정의를 뒷받침하는 문헌적 용례는 매우 많다. 그리고 다음 자료들은 흙을 모아 만든 더미가 '향로'만을 형상한 것인지, '향로'와 '향' 모두를 형상한 것인지 등에 대한 세밀한 정보까지 제공하고 있다.

---

[24] 단국대학교 동양학연구소, 단국대학교출판부, 2003, 제5권 110면.
[25] 百度(https://baike.baidu.com)에서 검색어를 '撮土'로 함.
[26] 단국대학교 동양학연구소, 단국대학교출판부, 2003, 제6권 1263면.
[27] 羅竹風, 『漢語大詞典』5卷, 上海辭書出版社, 2008, 695면.
[28] 百度(https://baike.baidu.com)에서 검색어를 '撮土焚香'으로 함.
[29] 羅竹風, 『漢語大詞典』5卷, 上海辭書出版社, 2008, 695면.

삼장법사가 분부했다. "오공아, 향과 초를 가져오너라. 내가 기도를 드리고 경을 읽게." 손오공은 주둥이를 쑥 내밀고 투덜거렸다. "정말 답답하시네요. 이 산 속에 어디 마을이 있나요. 아님 가게가 있나요? 어디서 향과 초를 가져오란 말씀이세요? 돈이 있어도 사올 데가 없다고요." 삼장법사는 화가 나서 말했다. "저리 비켜라, 원숭이놈아. 내가 '撮土焚香'하여 축도를 드릴 테니."

〈서유기〉[30]

"하늘이시여. 저 가인이 궁핍해서 죽을 지경입니다." [사당으로 들어가 무릎을 꿇고 말하기를] "나는 향이 없으니까 그냥 '捻土爲香'하여 신령님께 빌어야지"

〈간전노〉[31]

위의 자료를 보자면, '撮土(捻土)'는 향로뿐 아니라 향의 역할까지 하는 흙 더미를 만드는 행위를 칭하는 것으로 보인다. 두 용례 모두에서 '향이 없어' 어쩔 수 없이 '撮土焚香·捻土爲香'하고 있기 때문이다.

이제 '撮土'와 '노동 행위'에 대한 논의를 정리할 때가 되었다. 필자는 위와 같은 자료를 근거로 〈구지가〉에 나타난 '掘峯頂撮土'는 '봉우리를 파고 흙을 모아 향로 대용의 작은 흙더미를 만드는 행위'를 기술한 것이라 판단한다. 주지하다시피 향은 지상과 신을 이어주는 매개체이자 신을 즐겁게 하는 神物의 하나이다. 그렇기에 기도를 할 때면 늘 빠지지 않고 등장하는 것

---

30 三藏叫 "悟空 取香燭來 待我禱祝 好念經" 行者努著嘴道 "好不知趣 這牛山之中 前不巴村 後不著店 那討香燭? 就有錢也無處去買" 三藏恨恨的道 "猴頭過去 等我撮土焚香禱告" 〈吳承恩(1500~1582), 西遊記 56回.〉

한편, 이 예문의 '촬토분향'은 어강석이 이미 인용한 바 있다. 이 지문을 통해 그는 撮土를 "황천(皇天)에 대한 제례 과정에서 희생을 태워 강신(降神)을 하는 번시(燔柴)의 자리를 만드는 행위"라 결론내리고 있다. 하지만 이 예문을 포함한 여타의 문헌 근거를 보건대, 촬토는 '희생을 태우기 위한 자리를 만드는 행위'가 아니라, '향로를 대신하기 위해 임시로 몇 줌 흙으로 더미를 만드는 행위'를 뜻하는 말로 파악된다.

31 "天那 兀的不窮殺賈仁也" [做到廟跪科, 云] "我也無那香 只是捻土爲香 禱告神靈可怜見" 〈鄭廷玉(1251~?), 看錢奴 1節.〉

이기도 하다. 이는 별도의 예를 들 것도 없을 정도이지만, 다음의 예는 〈구지가〉와 강한 친연성을 맺고 있는 노래에서 등장하는 焚香이라는 점에서 다시금 주목의 가치가 있다.

뜰에다 물을 가득 넣은 두 개의 항아리를 놓고 도마뱀을[蜥蜴] 잡아다 항아리에 넣는다. 자리를 펴고 焚香하며, 남자 아이 20인에게 푸른 옷을 입히고 버들가지를 가지고 빌게 하기를,

도마뱀아! 도마뱀아!	蜥蜴蜥蜴
구름을 일으키고 안개를 토하라.	興雲吐霧
비를 주룩주룩 오게 하면	降雨滂沱
너를 놓아 보내겠다.	放汝歸去

고 하는 것이었다.

〈태종실록 13권, 7년(1407년), 6월, 계묘(6월 21일)〉[32]

서사의 구조로 볼 때, 위 인용의 '焚香'은 구지가의 '撮土' 바로 그 위치에 있는 것이라 하겠다. 이런 정황까지 감안할 때, 구지가에 나타난 '撮土'의 의미는 자명해진다. '撮土'는 바로 '(향로의 대용으로) 흙더미를 모으다'의 의미이다.

이제 우리는 〈구지가〉에서 보이는 '掘峯頂撮土'란 구절에서 노동요적인 성격이 있는가를 판별할 때가 된 듯하다. 필자는 이 구절의 행위를 근거로 하여 '구지가를 노동요'라 규정하는 것은 적절하지 않은 것이라 판단한다. '掘峯頂撮土'의 실질적인 의미가 "한줌 흙으로 향로 대용의 흙더미를 만드

---

32 置盛水二甕於庭 捕蜥蜴納之甕中 設席焚香 令童男二十人衣靑衣 持柳枝祝曰 "蜥蜴蜥蜴 興雲吐霧 降雨滂沱 放汝歸去" 旣二日不得雨. 〈太宗實錄 13卷, 7年, 6月, 癸卯.〉

는 행위"임을 확인한 이상, 이를 일반적인 의미의 노동과 연관 지을 수 없다고 보기 때문이다. 오히려 '掘峯頂撮土'는 '노동요의 가능성을 시사하는' 구절이 아니라, '주술요의 성격을 더욱 분명히 해 주는' 구절이라 하겠다.

3. 결론

이상의 논의를 정리하면 다음과 같다.

그간 학계 및 교육 현장에서는 〈구지가〉를 '노동요'로 보고 있었다. 이 노래를 노동요로 보는 이유는 배경 설화에서 나온 '掘峯頂撮土'란 구절 때문이었다. 기존의 해석에 따를 때 이 구절은 '산꼭대기의 흙을 파다' 혹은 '산꼭대기를 파고 흙을 모으다'로 해석되었다. 흙을 파거나, 흙을 모으는 행위에서 노동의 현장을 상정하였던 것이고 그에 기반하여 〈구지가〉가 노동요일 가능성을 제기해 왔던 것이다. 그러나 본고는 중국의 문헌들과, 우리의 문헌에 나타나는 〈蜥蜴歌〉 등의 용례를 살펴, '撮土'가 대규모의 흙을 쌓는 행위가 아닌, '향로를 대용할, 향로 크기의 한줌 흙더미를 모으는 행위'임을 밝혔다. 이 행위의 규모가 소규모임을 밝혀 동작이 노동이라 부를 만한 것이 아니라 판단하였고, 이 의미 파악을 통해 오히려 〈구지가〉가 주술요임을 더 분명히 할 수 있었다.

한편 '撮土' 행위 또한 '노동의 일종'이라 할 수 있지 않은가라는 반론이 제기될 수 있다. 흙을 모으는 규모에 따라 노동 행위라 볼 수 있지 않은가라는 것이다. 하지만 전술했듯이 어휘의 의미 및 행위의 정황으로 볼 때 '撮土'는 노동이라 부르기는 어렵다고 본다. 우선 어휘 자체가 지니는 의미로서의 '撮土' 혹은 '捻土'는 한줌 흙, 즉 소량의 흙을 칭할 때 사용한다. 손으로 바로 쓸어 모을 정도의 크기이다. 이 행위에 수반된 노래를 '노동의 현장, 일의 현장'에서 불리는 '노동요'라 칭하기는 어렵지 않나 한다. 행위의 정황을 보아도 노동요라 보기 어렵다. 본론에서 다루었듯이 삼장법사가 撮土하거나 경랑이 촬토한 것은 모두 기도에 앞서 있었던 행위이다. 이 행위는 '기도의 정황'에 결부되는 것이지 '노동의 정황'에 결부된 것이 아니다. 즉, '焚香' 차원의 주술적 행위인 것이다. 이 점을 분명히 하며 결론으로 삼는다.

『국문학연구』 38, 국문학회, 2018.

風謠의 형식과 해석에 관한 재고

〈風謠〉는 『三國遺事』 권4 「良志使錫」 조에 다음과 같이 실려 전하는 향가이다.

승려 良志는 그의 조상과 고향을 알 수 없으며 오직 善德王(재위 780~785) 때에 행적이 나타난다. 지팡이 끝에다 포대 하나를 걸어두면 지팡이가 저절로 날아가서 시주하는 집에 가 흔들며 소리를 내는데, 그러면 그 집에서 알고 공양미를 담아 포대가 차면 날아서 돌아오기 때문에 그가 머물고 있던 절을 錫杖寺라 하였다. 그의 헤아리기 어려운 신이한 일이 모두 이런 종류였으며, 그 밖에 잡다한 예능에도 능통해 그 신묘함이 비할 바가 없었다. 또 글씨에도 능했으며, 靈廟寺의 丈六三尊·天王像·전탑의 기와, 天王寺 탑 아래의 八部神將, 法林寺의 主佛三尊 및 좌우 金剛神 등은 모두 그가 만든 것이다. 영묘사·법림사 두 절의 간판을 썼으며, 또 일찍이 벽돌로 작은 탑 하나를 만들고 아울러 3000의 불상을 만들어 그 탑을 절 가운데 안치하고 공경하였다.
그가 영묘사의 丈六三尊을 빚을 때 입정하여 정수의 태도로 대하여 모범을 삼았고 온 성안의 남녀들은 다투어 진흙을 날랐다. 풍요는 다음과 같다.
"來如來如來如 來如哀反多羅 哀反多矣徒良 功德修叱如良來如"
지금 나라사람들이 방아를 찧는 일을 할 때 모두 이것을 사용하니 대개 이에서 비롯된 것이다. 불상을 조성할 때 비용으로 곡식 2만 3,700석이 들었다고 한다. 평하 건대 법사는 재주가 온전하고 덕이 충만한 큰 인격자였으나 조그만 재주에 몸을 숨긴 자라고 할 수 있겠다.

〈三國遺事 4卷, 義解, 良志使錫〉[1]

小倉進平 이래 본 작품은 〈薯童謠〉, 〈獻花歌〉, 〈兜率歌〉와 함께 이른바 '4 句體' 향가로 분류되어 그 해독 또한 『삼국유사』에 수록된 '來如來如來如 / 來如哀反多羅 / 哀反多矣徒良 / 功德修叱如良來如'의 분절을 따라 행해져 왔 다. 향가의 해독에 있어 원텍스트를 가급적 있는 그대로 두고 보는 태도는 온당한 것이고, 특히 본 노래는 향가의 한 형식인 4구체에 그대로 부합하는 유일한 작품인 까닭에 후행 연구자들에게 있어서 이 점은 큰 의심 없는[2] 하 나의 기본틀로 전제되어 왔다.

---

1 釋良志 未詳祖考鄕邑 唯現迹於善德王朝 錫杖頭掛一布帒 錫自飛至檀越家 振拂而鳴 戶知之納齋 費 俗滿則飛還 故名其所住曰錫杖寺 其神異莫測 皆類此 旁通雜譽 神妙絶比 又善筆札 靈廟丈六 三尊 天王像 幷殿塔之瓦 天王寺塔下八部神將 法林寺主佛三尊 左右金剛神等 皆所槊也 書靈廟 法林二寺額 又嘗彫磚造一小塔 幷造三千佛 安其塔置於寺中 致敬焉 其塑靈廟之丈六也 自入定 以正受所對 爲揉式 故傾城士女 爭運泥土 風謠云 來如來如來如 來如哀反多羅 哀反多矣徒良 功 德修叱如良來如 至今土人舂相役作皆用之 蓋始于此 像成之費 入穀二萬三千七百碩或金時租 議 曰 師可謂才全德充 而以大方隱於末技者也 〈三國遺事 4卷, 義解, 良志使錫〉
2 주지하다시피 현재 4구체로 알려진 〈薯童謠〉·〈獻花歌〉·〈兜率歌〉는 모두 3분절되어 『삼국 유사』에 전한다. 이러한 까닭으로 이 작품들은 몇 차례의 형식적 의심을 받았다. 그러나 '風謠' 만은 확실한 4구체 향가로 인정되어 왔는데 다음의 언급들은 그러한 경향을 잘 대변한다.
"즉, 같은 향찰로 표기되었으나 4구체 민요형식을 그대로 유지하고 있는 〈風謠〉는 집단의 노래이고, 薯童이라는 개인 작가에 의해 3구체로 새로 가다듬어진 〈薯童謠〉는 민요계통의 향가로 볼 수 있다." 〈김학성, 「향가의 장르체계」, 『향가문학연구』, 일지사, 1997, 77면.〉
"이 4수 중, '風謠'만은 原文에 분명하게 4단위로 구분 기사되어 있다. 그러나 '風謠' 외의 3首 는 모두 3단위로 구분 기록되어 있다. 이 중에서 '風謠'와 같은 형태라고 생각되는 '薯童謠'만 은 '風謠'의 단위에 준해서 그 제3단위를 2분하여 1행 3음보 4행으로 구분할 수 있겠다. 그러 나 '獻花歌', '兜率歌'를 4분하여 '風謠', '薯童謠'와 함께 '四句體'라 할 수 있을지는 자못 의심스 럽다." 〈정기호, 「향가의 형식론」, 『향가문학연구』, 일지사, 1997, 51면.〉

필자 역시 향가는 '一字 一字를 있는 그대로' 두고 해독에 임해야 한다는 점에 이견이 없다. 그러나 노랫말의 내용, 형식의 분석에 결정적 의심이 드는 경우에는 불가피하게 그 원문을 재추정할 필요도 있다고 본다. 그것은 현전하는 『삼국유사』란 텍스트 자체가 다단계의 전승 과정을 거치며 조선 초에 이르러서야 판각되었던 까닭에 적지 않은 誤植을 포함하고 있다는 점, 一然(1206~1289)이 『삼국유사』를 저술한 시기가 삼국시대로부터 이미 300여 년 후인지라 노래의 형식을 그대로 준용하여 수록하고 있지 않은 경우가 많다는 점 등을 생각해 볼 때 더욱 그러하다.

本歌의 분절을 수록된 그대로 준용함은 소창진평 이래로 양주동, 김완진, 유창균 등의 연구자에게까지 견지되어온 주된 흐름이었지만, 산발적이나마 誤分節에 대한 지적을 한 연구자들도 있었다. 정열모의 언급이 대표적이다. 그는 '來如'를 '오요'로 읽은 후,

"경상도 방언에서 '오네'도 '오요'라 한다. 그 말을 반복한 것이다. … 조선어에서 항용 쓰는 반복법은 어느 때나 쌍으로 쓰지, 세 번 반복하지 않는다. '간다 간다 나는 간다'에서 '간다 간다'가 바로 그러한 형식이고 '가세 가세 등장 가세'의 '가세 가세'가 또한 그러한 형식이며 … 이 철칙은 변할 수 없는 것이다. 그러므로 첫째 구에서 같은 말을 세 번 반복한 것은 조선어의 표현 법칙에 어긋나는 것이다."[3]

라고 하여 본 노래의 첫 두 행에 걸쳐 있는 '來如來如來如 / 來如'를 '來如來如 / 來如來如'로 끊은 후, 한편에서 '오나 오나' 소리 지르면 다른 한편에서 '오네 오네'라 대답하는 것을 표현한 것이라 보았다.

사실 이는 배경 설화의 '지금 나라 사람들이 방아 찧는 일을 할 때 모두 이 노래를 쓰는데 대개 이에서 비롯되었다.(至今土人舂相役作皆用之 蓋始于此)'란 구절로 미루어 볼 때, '타당한 착안'이라 여겨지는데 그럼에도 불구하

---

3 정렬모, 『향가연구』, 사회과학원출판사, 1965, 125~126면.

고 여전히 이 설은 학계에서 그리 큰 반향을 얻지는 못한 듯이 보인다. 황패강과 유창균 등은 그의 설을 다음과 같이 일축하였다.

> 오늘날 우리가 확인할 수 있는 대로 우리 말의 반복법이 흔히 쌍으로 쓰이는 것은 사실이나, 그렇다고 이를 절대시하고 모처럼의 원전의 句切을 무시하는 것은 문제다.[4]

> 이들의 견해는 얼핏 합리적인 듯하나 납득하기 어려운 점이 많다. … 형식을 임의로 변형했다는 점에서 찬성하기 어렵다.[5]

이러한 언급들은 아마 향가 형식의 임의적 변개에 대한 조심스런 태도와, 정열모의 설이 그 근거가 충분하지 않은 상태에서 개진되고 있음에서 연유한 것으로 보인다. 더불어 성열모의 해독이 이 부분의 분절을 제외한 여러 곳에서 무리한 견해로 점철되어 있어[6] 전반적 신뢰를 얻기 어려웠던 탓도 있지 않나 한다.

정열모와는 다른 종착역에 도달하는 결론이기는 하지만, 필자 역시 풍요는 분절이 잘못되어 있다고 여긴다. 이에 본고는 『삼국유사』 향가 誤分節의 여러 예와 〈風謠〉가 〈방아노래〉의 시초가 되었다는 배경 설화의 부연설명 -至今土人春相役作皆用之 蓋始于此-, 그리고 현전 방아노래의 형식, 또 어학적 해독을 통해 본 노래의 형식을 재분절하고자 한다.

---

[4] 황패강, 「풍요에 대한 일고찰」, 『신라문학의 신연구』, 신라문화선양회, 1986.
[5] 유창균, 『향가비해』, 형설출판사, 1994, 633면.
[6] 정열모가 최종 제시한 의역은 다음과 같다. "오나 오나 / 오네 오네 / 번뇌가 많은가 / 번뇌가 많으이 / 두레 공덕 / 닦으러 오네" 〈정열모, 상게서, 124~125면.〉

1. 誤分節의 사례

비록 선행 연구들에서는 정열모의 분절에 대해 '모처럼의 원전·형식을 임의로 변형'이라 하며 강하게 비판하고 있지만, 주지하다시피『삼국유사』에 수록된 향가들에는 적지 않은 誤分節들이 발견된다. 장황하지만 논의의 주요한 한 거점이 되기에, 향가 작품에 나타난 오분절의 예들을『삼국유사』의 수록 순서대로 하나하나 살펴본다.

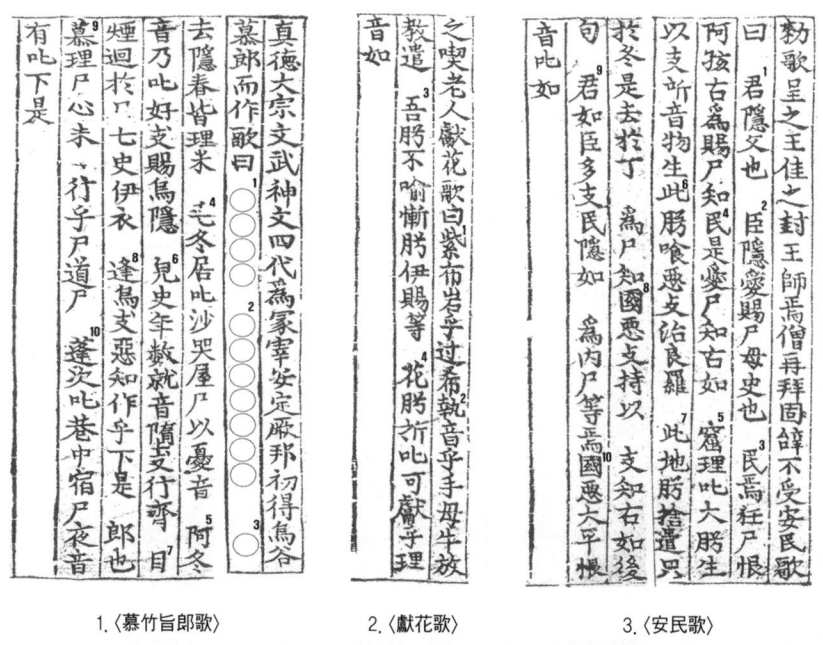

1.〈慕竹旨郎歌〉   2.〈獻花歌〉   3.〈安民歌〉

〈慕竹旨郎歌〉에서는 첫 두 행이 누락된 것으로 보인다. 표시한 1, 2의 지점에 누락된 4字 가량의 제1행과 7字 가량의 제2행이 있었어야 할 것이다.[7] 9행의 '慕理尸心未 行乎尸道尸'에 생겨난 공백 역시 불필요한 것으로 잘못된

---

[7] 박재민(「모죽지랑가의 10구체 가능성에 대하여」,『한국시가연구』16집, 한국시가학회, 2004.) 에서 상세히 다룬 바 있다.

風謠의 형식과 해석에 관한 재고 39

분절이다.

〈獻花歌〉의 1지점. 노래가 시작되는 곳이란 점에서 공백이 필요한 곳이다. 그러나 공백이 없다. 2지점. 내용상, 분량상 2행이 시작되는 지점이나 공백이 없다. 모두 誤分節이다.

〈安民歌〉 4지점. 내용상 제4행이 시작되는 곳이란 점에서 여백이 필요한 곳이나 분절되지 않았다. 6지점. 제6행이 시작되는 곳이기에 분절되어야 하나 역시 분절되어 있지 않다.

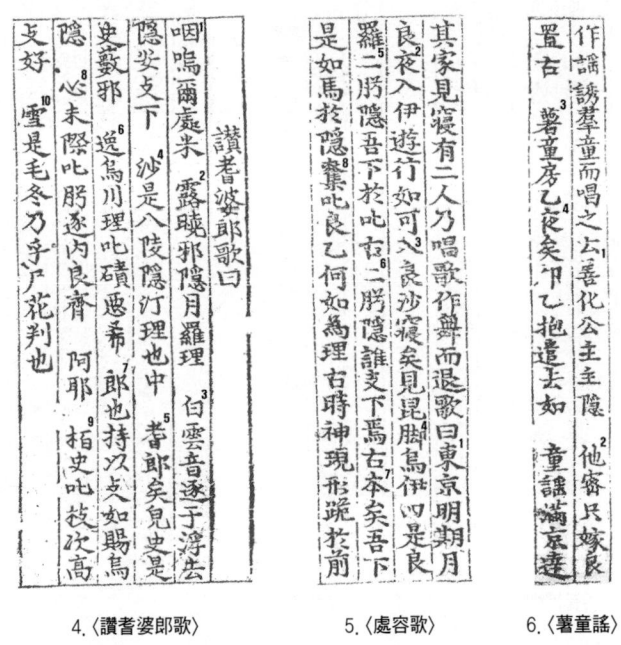

4. 〈讚耆婆郎歌〉   5. 〈處容歌〉   6. 〈薯童謠〉

〈讚耆婆郎歌〉는 노래의 제목이 적힌 '讚耆婆郎歌曰'의 앞뒤로 공백들이 있다. 이런 공백은 『삼국유사』 소재 향가 전체에서 유일한 것으로 일반적 공백이 아니다. 연유는 불분명하지만 잘못 판각된 곳이다.

〈處容歌〉 1지점. 이곳은 노래가 시작되는 곳이란 점에서 공백이 필요한 곳이었다. 그러나 공백이 없다. 이외, 번호가 매겨진 모든 지점은 각 행이 시작되는 곳으로 공백이 필요한 곳[8]이나 전혀 공백이 없다.

〈薯童謠〉 1지점은 노래가 시작되는 곳이란 점에서 공백이 필요한 곳이다. 그러나 공백이 없다. 4지점은 제4행의 시작으로 보인다는 점에서 역시 공백이 필요하다. 그러나 공백 없이 수록되어 있다.

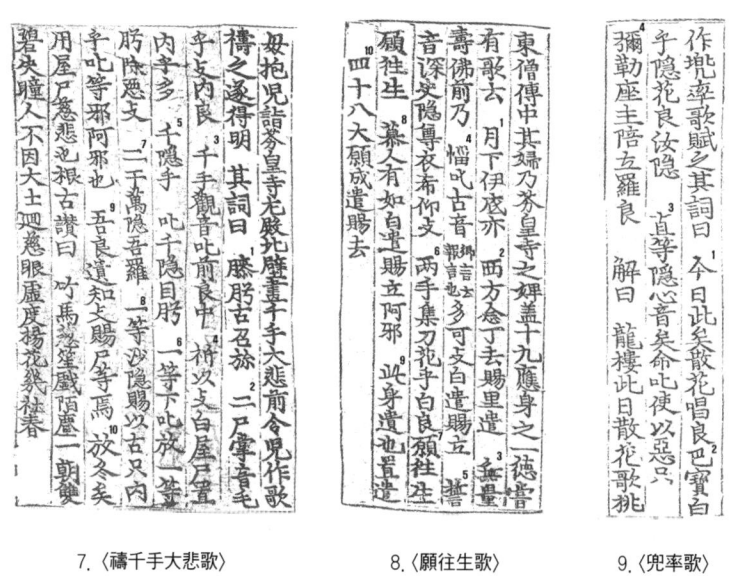

7. 〈禱千手大悲歌〉   8. 〈願往生歌〉   9. 〈兜率歌〉

〈禱千手大悲歌〉의 도입부. 배경 설화와 '其歌曰'의 사이에 공백이 있다. 『삼국유사』의 전체적인 수록 태도로 볼 때 일관되지 않는다. 제5행의 공백은 불필요한 것이고, 8행 끝의 '阿邪也'는 嗟辭로서 공백 다음에 왔어야 하나 공백 없이 처리되어 있다.

〈願往生歌〉의 7지점. 제7행이 시작되는 곳으로 보인다는 점에서 공백이 필요하다. 그러나 공백 없이 수록되어 있다. 8지점의 끝, 차사를 공백 없이 잘못 수록하고 있다.

---

[8] 『악학궤범』에 수록된 〈處容歌〉의 국문 노랫말이 분절의 주요한 거점이 된다.

〈兜率歌〉의 2지점. 제2행이 시작되어야 할 곳이란 점에서 공백이 필요한 곳이었다. 그러나 공백 없이 수록되어 있다.

10. 〈祭亡妹歌〉   11. 〈彗星歌〉   12. 〈怨歌〉

〈祭亡妹歌〉 '歌曰'의 앞 불필요한 공백이 있다. 『삼국유사』에서는 이 부분에 공백이 없는 경우가 많다. 7지점은 제7행의 시작이란 점에서, 10지점은 제10행의 시작이란 점에서 모두 공백이 필요한 곳이나 공백이 없다.

〈彗星歌〉 '歌曰'의 앞에 2자 정도의 공백이 있다. 일반적으로 이런 부분은 공백 없이 처리하고 있다는 점에서 역시 잘못된 분절이다. 4지점은 제4행이 시작되어야 한다는 점에서 공백이 필요한 부분이다. 그러나 공백이 없다.

〈怨歌〉 '歌曰' 앞의 공백은 불필요한 부분이다. 제6행과 제8행에도 각각 불필요한 공백들이 있다. 역시 誤分節이다.

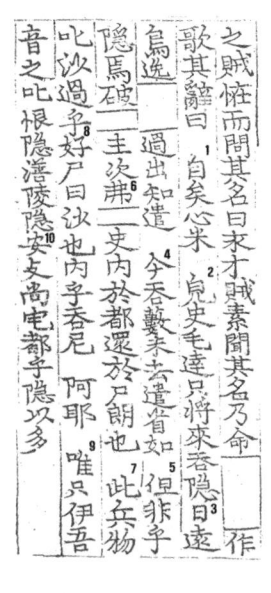

13. 〈遇賊歌〉   14. 〈風謠〉

〈遇賊歌〉 3지점, 6지점, 8지점, 10지점 모두는 각각의 행이 시작되어야 할 곳이란 점에서 공백이 필요한 곳이었다. 그러나 공백 없이 처리되어 행 구분에 부주의함을 보여 주고 있다. 이외, 배경 설화 부분과 노랫말의 공백 역시 詩形과는 관계없는 요인에 의해(아마도 내용 沒失일 것이다.) 생겨났다.

이상으로 우리는 『삼국유사』에 수록된 향가가 많은 오분절을 가지고 있음을 재확인했다. 이는 우리가 막연히 생각하던 '한두 곳에 있을 오류'의 범위를 넘어 있는 광범위한 것으로 『삼국유사』의 향가를 올바로 살피기 위한 중요한 감안사항으로 다루어야 함을 알린다. 풍요를 제외한 13수의 작품 모두에서 최소 1항 이상씩의 오분절이 나타나는 것은 〈風謠〉에서도 역시 오류가 잠재해 있을 가능성을 시사하는 것이다.

風謠의 형식과 해석에 관한 재고 43

2. 방아 노래의 형식

향가의 誤分節을 판단할 때, 우리는 주로 내용상의 흐름, 종결어미의 유무, 1행에 부과되는 내용의 양 등을 기준으로 삼는다. 풍요가 그간 誤分節의 혐의를 거의 받지 않았던 것은 각 1행씩에 부과되었던 노랫말의 적절한 양, 제1행의 끝에 보이는 '如(-다)'란 종결어미, 또한 그렇게 나열될 때 4구체라는 향가의 한 형식에 그대로 부합된다는 점 때문이었다.

그러나 그간 우리가 간과한 것이 있지 않나 한다. 바로 이 노래가 방아노래로 사용되었다는 기록이다. 다시 한번 인용하면 다음과 같다.

> 至今土人舂相役作皆用之 蓋始于此; 지금 나라사람들이 방아를 찧는 일을 할 때 모두 이를 사용하니 대개 이에서 비롯된 것이다.
>
> 〈三國遺事 4卷, 良志使錫〉

방아노래란 절구를 찧을 때, 진흙을 다질 때, 축성을 할 때 등 다양한 노동현장에서 불리던 노래로 노래의 성격상 일정한 패턴을 가지고 있다. 곧, 리듬을 타고 힘을 쓰던 정황에서 생겨난 노래이기에 메기는 소리와 받는 소리로 구성되는 경우가 많다. 다음의 기록은 방아노래가 일반적으로 갖추고 있는 구조를 잘 보여준다.

춘추좌씨전에 이르길 "양공 17년 11월에 송나라의 황국보가 평공을 위해 대를 쌓았는데 농사일에 방해가 되었다. 자한이 농사가 끝나기를 기다려 달라고 청하니 평공이 허락하지 않았다. 대를 쌓는 자들이 노래하기를 '택문의 흰둥이가 우리 역을 일으켰고, 읍중의 검둥이가 우리 마음을 위로한다.'"라 한다. 두예의 주에 이르기를 "주나라의 11월은 지금의 9월이다. 택문은 송나라의 성문이다. 송나라의 국보는 허여멀건하고 택문에 가까이 살았고 자한은 검고 읍중에 살았다. 지금 공이로 흙을 다져 쌓는 일을 하는 인부들이 노래하면서 절구공이에 응하는 것은 이것이 그 시초이다. 그 노래가 왕왕 괴로움과 즐거움의 뜻을 나타내는 것은 여기에서 비롯하였다."라고 한다.

여씨춘추에 이르기를 "곽전이 위혜왕에게 대답하기를 큰 나무를 든 자가 먼저 '여우'를 외치면 뒤에서 또한 그 소리에 응하니 이것은 무거운 것을 들 때 힘을 내도록 하는 노래이다. 요즘 무거운 것을 들며 힘을 쓸 때, 한 사람이 먼저 소리를 매겨 '호두'가 되고 무리들이 이 소리에 모두 화답하는 것을 '타호'라 하니 이것이 그 시작이다."라 한다. 칠국의 시대에도 이미 그러했다고 하는데 '여우'는 회남자의 도응의 풀이에 '야허'라고 되어 있다.

〈高承, 事物紀原 9卷〉[9]

위의 기록 중, '擧大木者 前唱輿謣 後亦應之 此擧重勸力之歌也'란 구절은 특히 눈여겨 볼 필요가 있는데 이 부분은 방아노래가 일의 성격상 일을 주도하는 이와 호응하는 이들로 이루어져 있고 그때의 노래 또한 '메기는 소리'와 '받는 소리'로 구성됨을 보여 주는 한 사례라 판단되기 때문이다. 이후 이어지는 '今人擧重出力者 一人唱則爲號頭 衆皆和之曰打號'에서도 그러한 노래의 형식이 발생 즈음부터 기록당대까지 유구한 세월 동안 노동에 이용되어 왔음을 재확인할 수 있다.

그렇다면, 혹 풍요의 노랫말을 이러한 틀을 반영한 것으로 볼 수는 없을까. 메기는 소리와 받는 소리의 교환을 풍요에 이상하리만치 반복적으로 나타나는 '來如'와 연관지어 파악해 볼 수는 없을까. 이의 판단을 위해서는 현전하는 방아노래의 일반적 구조를 조사할 필요가 있겠다. 만약 현전하는

---

9 杵歌: 春秋左氏傳曰 襄公十七年十一月 宋皇國父爲平公 築臺妨農功 子罕請俟農畢 公弗許 築者 謳曰 澤門之晳 實興我役 邑中之黔 實慰我心 杜預注曰 周十一月今九月 澤門宋城門 宋國父白晳 居近澤門 子罕黑色而居邑中 今版築役夫 歌以應杵者 此盖其始也 其歌往往敍苦樂之意者 由此爾 呂氏春秋云 翟煎對魏惠王曰 擧大木者前唱輿謣 後亦應之 此擧重勸力之歌也 今人擧重出力者 一人唱則爲號頭 衆皆和之曰打號 此盖其始也 七國之時已云然矣 輿謣淮南子道應訓作邪許.〈高承, 事物紀原 9卷.〉

방아노래가 어떤 일정한 패턴을 가지고 있고, 풍요의 노랫말이 이에 합치되고 있다면 우리는 『삼국유사』의 분절에 현혹되지 않고 풍요의 당대 형식을 정확히 간파해 낼 수 있을 것이다.

그런데 현전민요를 살핀 결과 풍요의 노랫말이 방아노래의 일반적 형태에 정확히 부합됨을 본다. 아래는 현전하는 방아노래의 사설들이다. 방아노래는 전국적 분포를 보이는데 경기도, 전라도, 경상도, 제주도의 한 노래들을 대표적으로 보이면 다음과 같다.

(메기는 소리1) 에헤요 헤이 헤야 에야 에야 헤
(받는 소리)   에에요 에이 에이 에헤야 에야 에
(메기는 소리2) 에따 지었구나 일락은 서산에 해 떨어지고 오월추월 동녘에 저 달이 막 솟아 온다
(받는 소리)   에에요 에이 에이 에헤야 에야 에
(메기는 소리3) 에따 지었구나 오초동남 너른 물에 오고가는 저 사공아 칭풍에 돛을 달고 강릉 경포대로 에루화 달맞이 가자
(받는 소리)   에에요 에이 에이 에헤야 에야 에
(이하 같은 패턴이므로 생략)
〈참고악보 3(고양, 지관용 男)〉[10]

(메기는 소리1) 에헤라 나아헤헤헤헤에라 방애노자
(받는 소리)   에헤라 나아헤헤헤헤에라 방애노자
(메기는 소리2) 찰떡을 치고 메떡을 쳐서 옝계 잡어 웃짐을 얹고
(받는 소리)   에헤라 나아헤헤헤헤에라 방애노자
(메기는 소리3) 영계를 잡아서 잡아서 웃짐을 얹고 어매네 집으로 다니로 가세
(받는 소리)   에헤라 나아헤헤헤헤에라 방애노자
(이하 같은 패턴이므로 생략)
〈고흥 논매는 소리 2-방애타령, 김오복(男, 1923生)〉[11]

---

10 손인애, 『경기민요방아타령연구』, 서울대학교 석사학위논문, 2000.

(메기는 소리)	오호 지저메
(받는 소리)	오호 지저메
(메기는 소리)	이 집터를 잡아주기
(받는 소리)	오호 지저메

… (중략) …

(메기는 소리)	오호 지저매
(받는 소리)	오호 지저매
(메기는 소리)	곧은 **은 굽다듬어
(받는 소리)	오호 지저매
(메기는 소리)	넷 모에 기둥 놓고
(받는 소리)	오호 지저매
(메기는 소리)	오호 지저매
(받는 소리)	오호 지저매
(메기는 소리)	사방을 세워 놓고
(받는 소리)	오호 지저매

(이하 같은 패턴이므로 생략)

〈달구소리, 안동〉[12]

(메기는 소리)	이여도ᄒ라
(받는 소리)	이여도ᄒ라
(메기는 소리)	이여도ᄒ라 울음이여도ᄒ라
(받는 소리)	이연이연 이여도ᄒ라
(메기는 소리)	굴묵낭의 방에로고나 요방에를 보난두어 이여도ᄒ라

(이하 생략)

〈이여도 타령〉[13]

이상의 네 노래는 형식상 공통점을 가지고 있는데 모두 메기는 소리와

---

[11] 문화방송, 『한국민요대전-전라남도편』, (주)문화방송, 1993.
[12] 성균관대학교 국어국문학과, 『안동문화권학술조사보고서』, 안동문화권학술조사단, 1967.
[13] 김영돈, 『제주의 민요』, 민속원, 1993, 454면.

받는 소리로 구성되어 있다는 점이다.[14] 또한, 노래를 시작할 때, 선창자가 메기는 소리를 하면 그와 꼭 같은 노랫말로 후창자들은 받는 소리를 하고, 다시 선창자가 유의미한 메기는 소리를 하면 또다시 앞의 후렴구를 그대로 반복해 나가는 구조를 가지고 있다. 그러면서 끝없이 2절, 3절, 4절 … 로 연달아 나가는 형식을 보여준다.[15]

그렇다면 풍요의 형식은 어떠한가. 방아노래로 사용되었다는 풍요의 노랫말을 재분절하여 배열하면 '**來如**(來如)**來如**(來如) **哀反多羅 哀反多矣徒良 功德修叱如良** (來如)'와 같이 되어 있는데, 이때 진하게 한 부분은 메기는 소리, 괄호속의 '來如'는 받는 소리가 아닐까 한다. 선창자가 '오다'하면 후창자들이 '오다'하고 한번 더 이를 반복한 후, 유의미한 노랫말로 된 부분을 선창자가 부르면 다시 마지막에 후창자들이 '來如'라고 하여 받는 형식. 곧,

(메기는 소리)	來如	오다
(받는 소리)	(來如)	오다
(메기는 소리)	來如	오다
(받는 소리)	(來如)	오다
(메기는 소리)	哀反多羅 哀反多矣徒良 功德修叱如良 괴로운 세상, 괴로운 세상의 무리들아 공덕 닦아라!	
(받는 소리)	(來如)	오다

---

14 『시용향악보』에 전하는 〈상저가〉 역시 메기는 소리와 받는 소리로 구성되어 있는 것으로 보인다. 앞의 실의미부는 메기는 소리이고 뒤의 '히얘·히야해' 등은 받는 소리인 것이다. 노랫말은 다음과 같다.
　　　듥긔동 방해나 디허 <u>히얘</u>
　　　게우즌 바비나 지서 <u>히얘</u>
　　　아바님 어머님의 받줍고 <u>히야해</u>
　　　남거시든 내 머고리 <u>히야해 히야해</u>
15 손인애(『경기민요방아타령연구』, 서울대학교 석사학위논문, 2000)의 논문에 수록된 자료를 살피면, 경기 지역 토속방아타령 17수 중 14수가 이와 같은 구조를 가지고 있다. 비록 경기 지역에 국한된 표본이고 또 그 양도 한계가 있지만 그 비율로 볼 때 이러한 형식을 방아타령의 유력한 한 일반형이라 하기에 부족함이 없을 것이다.

와 같이 재구되는 것이다.¹⁶

3. 어학적 근거

그렇다면 우선은 임의적으로 보이는 이러한 再分節은 과연 어학적으로 뒷받침 받을 수 있는 것인가? 공교롭게도 어학적으로 살필 때에도 위의 분절은 무리 없는 해독으로 이어진다. 해독의 현황을 보기 위해 몇 선행 연구들을 보이면 다음과 같다.¹⁷

---

16 후렴구 처리에 관한 한, 나경수의 독법이 독특하다. 앞의 전체를 뒷소리로 보고 가운데 부분은 설소리로 본 후 다음과 같이 의역해 두었다.
뒷소리(B) 來如 來如 來如 來如
설소리(A) 哀反多羅 哀反多矣徒良 功德修叱如良
뒷소리(B) 來如
(來如 來如 來如)
〈의역〉
오~다 오~다 오~다 오~다
서럽기도 서럽구나 우리들아 공덕닦자
오~다 오~다 오~다 오~다
○○○○ ○○○○ ○○○○ ○○○○
〈나경수, 「풍요의 기능과 구조」, 『국어국문학』 제113집, 국어국문학회, 1995.〉
마지막의 '來如'를 후렴구를 본 것은 기존의 견해에서 진일보한 것으로 여기나, 받는 소리와 메기는 소리를 명확히 구분하고 있지 못하다는 점, '來如'와 '哀反'을 동시에 불리는 구절로 보고 있다는 점, 그 해독이 자의적으로 이루어지고 있다는 점에서 온전히 수용하기 어려운 일면이 있다.
17 아래의 '小·梁·金·兪·申'은 각각 小倉進平(『鄕歌及び吏讀の硏究』, 경성제국대학, 1929; 아세아문화사, 1974.)·양주동(『증정 고가연구』, 일조각, 1965.)·김완진(『향가해독법연구』, 서울대학교출판부, 1980.)·유창균(『향가비해』, 형설출판사, 1994.)·신재홍(『향가의 해석』, 집문당, 2000.)을 말한다.

來如 來如 來如　來如 哀反多羅　　　哀反多矣徒良　　　功德修叱如良 來如

小: 온다 온다 온다 / 온다 서러외더라 / 서러외다 의내여 / 功德(을) 닥그러 온다
譯) 온다 온다 온다 / 온다 서럽더라 / 서럽더라 나의 벗이여 / 功德 닦으러 온다
梁: 오다 오다 오다 / 오다 셔럽다라 / 셔럽다 의내여 / 功德 닷ᄀ라 오다
譯) 오다 오다 오다 / 오다 서럽더라 / 서럽다 우리들이여 / 공덕 닦으라 오다
金: 오다 오다 오다 / 오다 셜븐해라 / 셜븐ᄒᆞ니 물아 / 功德 닷ᄀ라 오다
譯) 온다 온다 온다 / 온다 서러운 이 많아라 / 서러운 중생의 무리여 / 공덕 닦으러 온다
兪: 오다 오다 오다 / 오다 셜븐하라 / 셜븐한 의내라 / 功德 닷가라 오다
譯) 오도다 오도다 오도다 / 오도다 서러움이 많도다 / 서러움 많은 이내라 / 공덕 닦으려고 오도다
申: 오다 오다 오다 / 오다 셟븐다라 / 셟븐 ᄃᆡ이 물아 / 功德 닷ᄀ라 오다
譯) 오다 오다 오다 / 오다 서러운 곳이라 / 서러운 곳의 무리여 / 공녁 닦으러 오다

이제 〈風謠〉의 해독을 다시 검토해 보도록 하자.

(1) 來如: 오다·오도다!

첫 구절 '來如'는 연구자들의 견해가 일치하는 곳으로 모두 '오다(온다)'로 읽고 있다. 이는 정당한 독법으로 차자 표기에서 '如'가 항상 '다'음을 위해 쓰이는 다음의 정황을 볼 때, 이론의 여지가 없다.[18]

東京明期月良夜入伊遊行如可　　　　　　　　　　〈處容歌〉
東京ᄇᆞᆯ근ᄃᆞ래 새도록 노니다가　　　　　　〈樂學軌範, 處容歌〉

---

18 신재효의 〈변강쇠가〉에 마침 방아노래가 등장하는데 이때에도 '來如'에 해당할 구절이 '오다'로 나타나 그 전승의 오래됨을 알린다.
오다 오다 / 방아 쩐ᄂ 동무덜ᄋ / 방아 처음 닉던 스름 / 알고 쩐나 모로고 쩐나 〈강한영, 「신재효 판소리 사설집(全)」, 『한국고전문학대계』 12권, 민중서관, 1974, 546면.〉

花肹折叱可獻乎理音如	〈獻花歌〉
꽃을 꺾어 獻하오리다	(해독)
夜矣卯乙抱遣去如	〈薯童謠〉
밤의 알을 안고 간다	(해독)
慕人有如	〈願往生歌〉
사모하는 사람 있다	(해독)
吾隱去內如	〈祭亡妹歌〉
나는 가느다	(해독)

(2) 哀反多羅: 셜븐 多羅, 괴로운 세상.

'哀反多羅'는 약간의 이견들이 존재한다. '多'의 해독 때문이었다. 소창진평과 양주동이 이를 借字로 보아 '-더'란 발음을 나타내는 기호로 보았던 반면 서재극은 이 글자의 뜻을 살려 '하다(많다)'를 뜻하는 글자로 보았다. 그리하여 '서럽더라' 혹은 '서러움 많다'의 두 방향에서 그 뜻이 모색되었다.

하지만, 이 구절은 그렇게 볼 것은 아닌 것이다. 우선, '哀反'은 선초의 훈을 기준으로 할 때, '셜븐(괴로운)'으로 읽힐 곳으로 다음과 같은 음운적·어휘적 근거를 가진다.

痛ᄋᆞᆫ 셜볼씨라	〈月印釋譜 序 01:10a〉
苦楚ᄂᆞᆫ 셜볼씨라	〈月印釋譜 21:46a〉
衆生이 여러가짓 셜븐 이를 受ᄒᆞ다가	〈釋譜詳節 21:01b〉

특히 '反'은 향찰 표기에서 총 6회 등장하는데 본 구절을 포함하여 모두 '븐·본'의 음가를 위해 사용되면서 역할은 후행하는 명사를 수식하기 위한 관형형으로 나타난다. 나머지를 예시하고 해독하면 다음과 같다.

| 彗星也白反也人是有叱多 | 〈彗星歌〉 |

혜성이야 슬븐 사람이 있다	(해독)
彼仍反隱法界	〈普賢6〉
저 너븐 법계	(해독)
菩提叱菓音烏乙反隱覺月明斤秋察	〈普賢6〉
보리의 열매 오올븐 각월 밝은 가을	(해독)
道尸迷反群	〈普賢7〉
길 이븐 무리	(해독)
迷反群無史悟內去齊	〈普賢10〉
이븐 무리 없이 깨닫고져	(해독)

'白反'이 '白'의 고훈 '숣'[19]의 관형형 '슬븐'에, '仍反'이 '넙'[20]의 관형형 '너븐'에 '迷反'이 '迷'의 고훈 '입'[21]의 관형형 '이븐'에 정확히 대응되고 있음을 보는데, 본조에서 역시 '숩'에 후행하고 있어 일관된 표기 체계를 보여 주는 것이다. 이로 '哀反'은 관형형 '셜븐'으로 정확히 고정된다 하겠다.

상황이 이렇다면 후행하는 '多羅'에 대한 해독도 수정이 불가피하다. 위 용례 모두에서 명사가 후행하였던 것을 볼 때 이 역시 명사로 보아야 할 것인데, 마침 『불교사전』의 다음 풀이는 어휘적·통사적 조건을 만족시킨다.

다라多羅: ② 梵 Tala 면(面)·세계(世界)라 번역.[22]

---

19 爲白齊 ᄒᆞ숣져, 爲白遣 ᄒᆞ숣고, 爲白昆 ᄒᆞ숣곤 등 〈儒胥必知〉
釋迦는 어딜며 놉 어엿비 너기실씨니 衆生 爲ᄒᆞ야 世間애 나샤ᄅᆞᆯ 숣고 牟尼는 괴외 ᄌᆞᆷᄌᆞᆷ 홀 씨니 智慧ㅅ 根源을 슬ᄫᆞ니 釋迦ᄒᆞ실씨 涅槃애 아니 겨시고 牟尼ᄒᆞ실씨 生死애 아니 겨시니라 〈月印釋譜 01:15b~16a〉
20 '仍'은 '누/나/너' 등의 음가를 위해 차자 표기에서 자주 사용되는 字이다. 박재민(『고려향가변증』, 박이정, 2013, 122면.)을 참조할 것.
21 구든 城을 모ᄅᆞ샤 갏 길히 입더시니 (不識堅城 則迷于行) 〈龍飛御天歌 19章〉
갏 길히 이블씨 업더디여 사ᄅᆞ쇼셔 ᄒᆞ니 〈月印千江之曲 161〉
22 윤허 용하, 『불교사전』, 동국역경원, 1974, 135면. 한편, 범어의 'tala'는 '물질적 세계·부정

더구나 '哀反多羅'를 '괴로운 세상'이라 풀이할 때, 이는 佛家가 세상을 보는 관점과도 순조롭게 조응하게 되어 문맥적 조건까지 만족시킴을 보는 것이다.

苦는 世間ㅅ 法이 다 受苦ㄹ빌 씨오 〈月印釋譜 07:53a〉
天人四衆이 舍利로 七寶塔 셰여 供養ᄒ라 衆生이 큰 功德을 어더 三界ㅅ 受苦를 여

적 세계·나락' 등을 의미하는 말로 쓰인다.
　"**다라(범어)**. 한 계열 중 낮거나 열등한 부분, 열등한 세계. 또한 깊은 구렁, 나락, 바다. 이러한 개념들은 모두 낮고 열등한 국면을 암시한다. 종종 '로카'(장소, 세상)와 함께 쓰인다. 우주의 정신적인 영역을 시사하는 '로카'와 대조되어, '다라'는 우주의 물질적인 국면을 의미한다.
　'로카-다라'의 수는 경우에 따라 다르나 대체로 일곱으로 파악된다. 일곱 개의 '로카'와 일곱 개의 '다라'는 모두 함께 섞이고 서로 작용하여 우주 자체와 우주의 모든 다양한 위계들을 형성한다. 신지학(神知學)적인 글쓰기에서 일곱 개의 '다라'는 '아다라', '비다라', '수다라', '라사다라', '다라다라', '마하다라', '파다라' 등으로 표현된다.
　특히 영적이고 지적인 국면을 나타내는 '로카'에 반해 '다라'는 도구적이고 보다 물질적인 영역에 속해 있다. 때문에 인도 문학에서 '로카'는 천상과, '다라'는 지옥과 관습적으로 연관되어 쓰였다 -그러나 이 경우 천상과 지옥은 기독교 신학에서 부여하는 의미와는 전혀 다르다. 모든 물질적인 세계는 지옥으로 간주된다. 예를 들어 'bhurloka-patala', 즉 우리가 사는 지구 또한 지옥으로 여겨진다. ; **Tala (Sanskrit).** Lower or inferior portions of a series, inferior world; also a chasm, abyss, floor. All these ideas suggest lower or inferior planes. Often used in conjunction with loka (place, world). The talas stand for the material aspects or substance-principles of the different worlds which are the cosmic universe, in contrast with the lokas which suggest the spiritual aspect of the universe.
　The number of loka-talas is generally given as seven, though the number varies, all the seven lokas and seven talas interblending and interworking to form the universe and all its various hierarchies. The seven talas are generally given in theosophical writings as atala, vitala, sutala, rasatala, talatala, mahatala, and patala.
　Because the lokas are more particularly the spheres of spiritual and intellectual character, and the talas the spheres of vehicular or more substantial character, it has been customary in Indian literature to speak of the lokas as heavens and the talas as hells -- neither heavens nor hells bearing the shades of meaning attached to them in Christian theology. Every substantial globe is considered a hell; our own earth, for instance, bhurloka-patala, is so considered." 〈해석 필자, *Encyclopedic Theosophical Glossary: A Resource on Theosophy*, Electronic version, Theosophical University Press, 1999.〉

희에 ᄒᆞ리라 〈釋譜詳節 23:07a〉

(3) 哀反多矣徒良: 셜본 多羅이 물아, 괴로운 세상의 무리들아!

'哀反多'는 앞 구절 '哀反多羅'를 반복한 것이다. 역시 '괴로운 세상(셜본 세상)'을 뜻하는 말이다. '多羅'가 '多'로 축약되어 나타난 것은 범어 표기의 한 속성 때문으로 여겨진다. 범어를 華音化할 때, 이러한 축약은 흔히 일어나는데 '多羅'에 관련된 축약만 추려보면 다음과 같다.

> 貝多羅葉: 貝多羅, 梵語 pāttra 之音譯. 略稱貝多
> 舍利弗: 佛陀十大弟子之一. 又作舍利弗多·舍利弗多羅
> 婆須蜜多: 梵名 Vasumitra. 音譯伐蘇蜜咀羅·婆須蜜多羅
> 九山八海: 伊沙陀羅(梵Iṣādhara), 伊沙多
> 迦毘陀樹: 迦毘陀, 迦椑多羅樹.
> 乾陀樹: 乾陀, 梵語 gandha, 又作乾陀羅樹

〈이상, 佛光大辭典〉[23]

'矣徒'는 차자 표기, 특히 이두에서 관용되는 구절이다. '명사 + 矣徒·矣身·矣父 …' 등의 형태로 나타나 '-의 무리·몸·아비 …' 등과 같은 의미를 표한다. '矣' 자체가 속격의 '의'로도 쓰이면서 위와 같은 관용구에서도 사용되던 것이다. 선행 연구들에서 크게 엇갈리지는 않으나 재확인하는 의미에서 명확한 용례를 문헌에서 다시 선별해 본다.

> 鷄冠 鷄矣碧叱(닭의 볏), 狼牙草 狼矣牙(이리의 엄), 鹿角 少蔘矣角 (사슴의 뿔), 浮萍 魚矣食 (고기의 밥), 牛溺 牛矣小便 (소의 소변) 〈이상, 鄕藥救急方〉

> 直等隱心音矣命 〈兜率歌〉

---

[23] 星雲大師, 『佛光大辭典』, 臺灣: 佛光出版社, 1989.

곧은 마음의 명령	(해독)
自矣心米	〈遇賊歌〉
나의 마음이	(해독)
吾衣身	〈普賢5〉
나의 몸	(해독)
吾衣願	〈普賢11〉
나의 소원	(해독)
耆郎矣兒	〈讚耆婆郎歌〉
기랑의 모습	(해독)

본조처럼 '-矣徒' 형태 혹은 이에 준하는 것을 들면 다음과 같다.

矣徒의닉 · 矣身의몸 〈儒胥必知〉
悌男始爲來見于矣家 ; 김제남이 비로소 저의 집으로 찾아와 만나 보았습니다.
〈大東野乘 40卷, 光海朝日記 一, 問目, 癸丑, 五月十五日〉
矣子息光煜冒忝爲兵曹正郎 저의 자식 김광욱이 병조 정랑에 임명되었습니다.
〈大東野乘 40卷, 光海朝日記 一, 問目, 癸丑, 五月十七日〉
矣母臨死 執手痛哭 저의 어미가 죽음에 임해 손을 잡고 통곡하였습니다.
〈大東野乘 40卷, 光海朝日記 一, 問目, 癸丑, 五月十七日〉

'良'은 차자 표기에서 '아·라·러·랑' 등의 음가를 위해 사용되었던 字로 본 '矣徒良'은 '-의 물아(-의 무리야[24])'로 호격의 '良'으로 쓰인 것이다. 차자 표기에서 '良'이 호격을 위해 쓰인 부분을 추리면 다음과 같다.

佛隱 言乃示尸 "善男子良 是 五法乙 依良 …" 〈合部金光明經 02:25~03:01〉

---

24 '徒'의 고훈은 '물'이다. 徒 물 도 〈新增類合·訓蒙字會〉, 徒衆은 무리라 〈月印釋譜 10:75a〉

風謠의 형식과 해석에 관한 재고 55

니ᄅ샤ᄃᆡ "善男子아 네 三世諸佛ㅅ 敎法을 조차 …" 〈月印釋譜 8:57b〉
佛子良 菩薩隱 云何叱亦沙 無過失身語意業乙 得旀 〈華嚴經 01:04~06〉
舍利弗아 너희 부텻 마를 고디 드르라 〈釋譜詳節 13:47b〉

이상 거론된 구절 '哀反多羅 哀反多矣徒良'은 '괴로운 세상 괴로운 세상의 무리야'로 이해된다.

(4) 功德修叱如良 來如: 공덕 닦으라. 오다, 공덕 닦으라! 오다!
그간 제연구자의 견해가 일치했던 곳으로 이미 해독이 거의 완료된 곳으로 여겨져 왔다. 음상은 다소의 차이가 있지만 모두 '공덕을 닦기[25] 위해서 오다'의 의미로 이해하였으며 그로 '良'을 모두 연결형어미 '러/라'로 읽어 풀이하였다. 그들의 해독대로 '良'은 향찰을 비롯한 차자 표기에서 과연 '아/라/러/랑' 등으로 읽힌다. 몇 예를 들면 다음과 같다.

癮疹 豆等良只, 置等羅只 〈鄕藥救急方〉
癮 두드러기 〈訓蒙字會〉
蛇床子 蛇音置良只菜實 (뱀도랒아지나물씨) 〈鄕藥救急方〉
河西良 一作何瑟羅 〈三國遺事 35卷, 志, 地理〉
肚昌子챵ᄌ等乙 水煮 爲良 牛口良中 灌注爲乎矣 糞叱同ᄯᅩ乙良 勿用 爲乎事 ; 창자 등을 물에 삶아 소입에 붓되 똥을랑 쓰지 말 것. 〈牛馬羊猪染疫病治療方:2〉

入良沙寢矣見昆 〈處容歌〉
드러 내 자리를 보니 〈處容歌, 樂學軌範〉

---

25 '공덕을 닦는다'는 '修功德'에 해당하는 말로서 이는 불가의 관용어 중의 하나이다.
엇던 功德을 닷ᄀᆞ시며 엇던 因緣으로 如來를 나ᄊᆞᄫᆞ시니잇고 〈釋譜詳節 11:24a~b〉
엇던 善本을 시므시며 엇던 功德을 닷ᄀᆞ시관ᄃᆡ 能히 이 큰 神通力이 〈釋譜詳節 18:75a〉

今日 此矣散花唱良	〈兜率歌〉
오늘 이에 산화가 불러	(해독)
游烏隱城叱肹良望良古	〈彗星歌〉
논 성을랑 바라고	(해독)
道尸掃尸星利望良古	〈彗星歌〉
길 쓸 별 바라고	(해독)

그러나 이상의 사실은 '良'이 '아/라/러/랑'의 음역을 위해 사용되었음을 보여 주는 용례는 될지언정 이것으로 본조의 '良'이 반드시 연결형 어미로 이해되어야 함을 알리는 것은 아니다. 왜냐하면, '良'은 같은 음상 '라/러'를 표현하면서 명령형 종결어미 '-라'로도 향가와 차자 표기에서 기능하고 있기 때문이다. 다음이 그 예이다.

彌勒座主陪立羅良	〈兜率歌〉
미륵좌주 모셔라	(해독)
法界毛叱所只至去良	〈普賢1〉
법계 두루 이르거라	(해독)
一念惡中涌出去良	〈普賢2〉
일념에 솟나거라	(해독)[26]
此肹喰惡支治良羅	〈安民歌, 제6행〉
이를 먹여 다스려라	(필자 해석)

---

[26] 〈보현십원가〉에서 인용한 구절은 반드시 명령형이라고 확정할 수는 없다. 어쩌면 감탄형일 수도 있다. 곧, 法界毛叱所只至去良 〈보현 1, 제4행〉는 '법계 두루 이르구나,' 一念惡中涌出去良 〈보현 2, 제4행〉는 '일념에 솟나구나'로 볼 여지가 있다. 그러나 이는 유연한 문맥을 위한 이견일 뿐, 문법적으로는 어느 것도 틀릴 수 없다. 중요한 것은 '良'이 어절을 잇는 형태소가 아닌 문장의 종결을 의미하는 종결어미로 사용될 수 있는 자질을 가진 음상 '라'를 표하는 字란 점이다.

필자는 본 항의 '功德修叱如良'를 연결형이 아닌 명령형 '공덕 닷マ라'[27]로 본다. 그것은 우선 전술했듯이 전구에서 반복되어온 '來如'가 하나의 독립된 후렴구로 여겨진다는 점, 또 전행한 호격 '무리들아(徒良)'에 '오다(來如)'보다는 '닦으라(功德修叱如良)'가 더 자연스런 호응을 이룬다는 점을 감안하기 때문이다. 호격에 호응하는 어말어미는 〈兜率歌〉 혹은 선초 언해의 다음 구절들에서 보이는 바와 같이 명령형이 오는 것이 보통인 것이다.

花良! 汝隱 直等隱 心音矣 命叱 使以惡只 彌勒座主 陪立羅良　　　　〈兜率歌〉
꽃아! 너는 곧은 마음의 명 부려서 미륵좌주 모셔라!　　　　　　　(해독)

둘하! 노피곰 도ᄃᆞ샤 어긔야 머리곰 비취오시라　　　　　　　　〈井邑詞〉
님금하! 아ᄅᆞ쇼셔　　　　　　　　　　　　　　〈龍飛御天歌 125章〉

이로 '功德修叱如良來如'는 '功德修叱如良 來如'의 오분절이며 의미는 '(메기는 소리) 공덕닦으라! (받는소리) 오다!'이다.

4. 결론

이상으로 그간 4구체로 알려진 〈風謠〉의 오분절에 대해 검토해 보았다. 결론을 내리면 다음과 같다.

첫째, 『삼국유사』의 향가는 전승의 다난함으로 인해 적지 않은 수록 오류를 내포하고 있음을 살폈다. 이러한 사실은 본고의 논의대상인 〈風謠〉의 수록상 오류를 의심하는 전제조건이 되었다.

둘째, 〈風謠〉의 노랫말을 현행 방아노래의 형식 '(메기는 소리) 무의미한

---

27 '功德修叱如良'의 '如'는 기존의 연구대로 아마 '加'의 誤刻이 아닌가 한다.

말A / (받는 소리) 무의미한 말A / (메기는 소리) 유의미한 말 / (받는 소리) 무의미한 말A'과 비교하여, '(메기는 소리) 오다A / (받는 소리) 오다A / (메기는 소리) 오다A / (받는 소리) 오다A / (메기는 소리) 괴로운 세상 괴로운 세상의 무리들아 공덕 닦으라 / (받는 소리) 오다A'로 재구성될 가능성을 살폈다.

셋째, 이러한 추정은 어학적으로도 무리 없이 뒷받침된다. 특히 앞의 호격을 감안할 때 그 호응으로는 명령형어미가 예상되는데, 그 예상대로 명령형어미가 '닦으라'로 나타나고 있어 필자의 가정을 만족시킨다. 곧, 그간 연결어미로 여겨졌던 '공덕 닦으러 오다(功德修叱如良來如)'는 '공덕 닦으라! 오다!(功德修叱如良 來如)'로 분절되어 해독되어야 하는 것이다.

이외, 어학적 검증 과정에서 '哀反'은 관형형, '多羅'는 범어 'tala(세계)'의 음역, '多'는 이의 축약이라는 등의 몇 新說을 제시하였다.

『한국시가연구』 24, 한국시가학회, 2008.

獻花歌 해독 재고

1. 문제제기

〈獻花歌〉는 『三國遺事』(권2)에 실려 전하는 4구체 향가[1]로 그간 학계의 다양한 관심을 받아왔다. 그 관심은 크게 두 가지로 요약된다. 문학적 해석과 어학적 해독이 그것이다. 그러나 문학적 해석에 대한 이견이 주로 배경 설화에 등장하는 노인·암소·꽃·수로부인의 상징성에 걸쳐 다양하게 나타났던[2] 반면, 어학적 해독은 한두 구절의 독법에 관련된 것이기에 이견이 크지 않은 것으로 간주되었다. 이 정황은 다음의 언급들에서 확인된다.

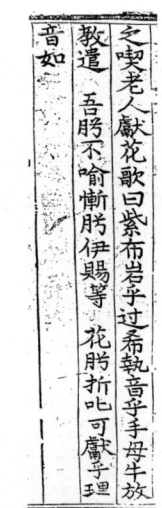

『삼국유사』
권2:9a(니산본)

〈獻花歌〉의 어학적 해독은 다행히 해독자에 따른 異見이 그리 크지 않은 편에 속한다. 향찰로 된 원문을 현대어로 번역한다면

---

1 실제로는 본문의 그림처럼 3분절되어 있지만, 소창진평 이래 전통적으로 4구체 향가로 분류되어 있다.
2 각 연구자들의 견해에 대하여는 김영수(『삼국유사와 문화코드』, 일지사, 2009, 86~112면.)를 참조할 것.

대부분의 해독이 오른쪽 해석을 크게 벗어나지 않기 때문이다.[3] (권점은 필자)

〈獻花歌〉 노랫말의 해독은 그래도 여타의 향가 해독보다 내용상으로 어느 정도 일치점을 보이고 있다.(242면) … 위 노래에 대해 지금까지 해독한 것 중의 몇몇을 살펴보기로 한다. … 위 해독에서 첫 행을 제외한 나머지는 노래 내용에 영향을 줄 정도로 차이는 없다고 본다.[4] (권점은 필자)

이러한 언급들은 수십 년에 걸쳐 진행된 기존의 어학적 해독을 종합하여 수용한 결과였다. 재검토해보면 아래에서 보이다시피 해독에 의미상의 큰 이견이 제시되어 있지 않다.[5]

	紫布岩乎过希	執音乎手母牛放教遣	吾肹不喩慚肹伊賜等	花肹折叱可獻乎理音如
소창진평	붉은 바회 ㄱ애	잡온손(애) 암쇼(를) 노흐이시고	날 아닌 지 붓글어워이샤든	곶을 썩거 들이오리이다
양주동	딛배 바회 ㄱ희	자ᄇ온손 암쇼 노히시고	나홀 안디 붓ᄒ리샤든	곶흘 것가 받ᄌ보리이다
정열모	붑바호 ㄱ히	마쇼, 노호시겨.	나홀 아니ㄹ 눔흐 이샤든	곶흘 것거 받ᄌ리 음쇼
홍기문	블근 바호 강히	자브모 손 어미쇼 노호겨시고	나홀 안디 붓그리 샤든	곶흘 것가 받ᄌ호리미다
김준영	딛배 바호 ㄱ희	잡으온손 암쇼 노히시고	나홀 안디 붓글히샤든	곶흘 것가 받ᄌ오림다
서재극	진빅 바오 겨틱	거몬 손 암쇼 노히시견	나홀 아닐 붓호리시든	고즐 것가 받ᄌ보리이다
김완진	지뵈 바회 ㄱ새	자ᄇ몬손 암쇼 노히시든	나ᄅᆞᆯ 안디 붓그리샤든	고즐 것거 바도림다
유창균	지뵈 방고 서리히	줌온 손 암쇼 노히시고	나홀 모ᄃᆞᆯ 허믈ᄒ리실들	골흘 것가 바도림다
양희철	딛배 바호 ㄱ지히	자브몬 슈 어시쇼 놓이시고	나홀 안디 붓그흘이시든	곶흘 것가 받오림다
신재홍	딛비 바호 ㄱ지히	움온 손 암쇼 노히시고	나홀 안디 붓그리시든	곶흘 것가 바도리–다
현대어	붉은 바위 가에	잡은 손에서 암소 놓게 하시고	나를 아니 부끄러워하시면	꽃을 꺾어 드리오리다

[3] 성기옥, 「헌화가와 신라인의 미의식」, 『한국고전시가작품론』 1(백영 정병욱 선생 10주기추모논문집 간행위원회 편), 집문당, 1995, 55면.
[4] 최용수, 「헌화가에 대하여」, 『한민족어문학』 25, 한민족어문학회, 1994, 239~241면.
[5] 1행에서 보이는 '붉은·딛배'의 이견은 양주동의 '딛배'가 正解로 인정되고(音價에 대한 약간의 이견이 있지만 큰 문제는 아니다.) 3·4행도 거의 차이가 없다. 다만, 2행의 '手'를 '(소의 고삐를 잡고 있는) 손'으로 해독하느냐, 추상명사 '(-할) 손'으로 해독하느냐는 비교적 해독의 차가 큰 경우가 된다. 하지만 노래의 내용을 전체적으로 파악하는 데 큰 장애가 되지는 않는다.

그러나 대체적인 해석의 동의에도 불구하고 〈獻花歌〉는 여전히 풀리지 않은 몇 문제를 지니고 있다. 먼저, 이 노래의 전체적인 맥락과 배경 설화의 불일치가 문제가 된다. 배경 설화에 따르면 이 노래는 노인이 꽃을 꺾은 이후 수로부인에게 바치면서 부른 것인데, 위의 해독들은 이러한 정황에 배치되고 있다. "나를 아니 부끄러워 하신다면 꽃을 꺾어 드리오리다"는 '아직 꽃을 꺾기 전'에나 가능한 진술이지 이미 꽃을 꺾은 후에 진술될 말은 아니기 때문이다.[6] 그러나 이러한 마땅한 의문에도 불구하고 이 구절에 대한 근래의 해독들은 다음과 같이 해독이 완료된 곳으로 인식되어 있다.

吾肹 不喩 慚肹伊賜等: '나ᄒᆞᆯ 안디 붓그리시ᄃᆞᆫ'으로 읽고, '나를 아니 부끄러워 하신다면'으로 풀이하는 데 별 문제가 없다.[7]

轉句: 吾肹 不喩 慚肹伊賜等 : 전구의 경우 제학자들 간 해석상 이견이 없다.[8]

둘째, 2행의 마지막 향찰자 '遣'에 대한 최근의 독법도 문제가 된다. '遣'은 소창진평이 '고'로 읽은 이래 거의 모든 연구자들이 동의해 온 字이다. 그러나 위의 諸說을 소개한 표에서 보듯이 정열모나 서재극은 이를 '겨·견'으로 보고 있다. 전체적으로 '고'가 우세한 가운데 '겨·견'은 소수설에 불과한 것으로 보였기에 그간 이 점은 문학 연구자들로부터 아무런 주목을 받지 않았다. 그러나 최근의 어학 측 연구 경향을 보면 이 구절에 대한 이견의 제기

---

[6] 일찍이 예창해(「헌화가에 대한 한 시론」, 『백영정병욱선생 환갑기념논총』, 신구문화사, 318면.)도 이 점을 언급한 바 있다. "여기서 우리는 水路夫人 說話가 그 산문기록에 있어서는 꽃을 꺾어 바친 것으로 되어 있으나 〈獻花歌〉 가사에는 조건부의 미래로 되어 있음에 유의할 필요가 있지 않을까 한다." 이에 대한 더 이상의 지적은 이어지지 않았지만, 현대어역과 배경 설화가 자연스럽지 못한 관계에 있음을 지적한 자체로 의의가 있다.
[7] 신재홍, 『향가의 해석』, 집문당, 2000, 76면.
[8] 이도흠, 「헌화가의 문화사회학적 시학」, 『한양어문』 10, 한양어문학회, 1992, 85면.

강도가 만만하지 않다. 특히 향가해독에 지속적 관심을 보이는 구결연구자들이 잇달아 '겨·견'설을 지지함으로써 현재 구결측 연구에서는 오히려 '겨·견'으로 읽는 것이 옳다는 견해가 더 힘을 얻고 있는 것으로 판단된다. 이러한 독음의 재고는 필연적으로 향가에 나타난 '遣'의 문법기능과 의미의 전체적 교정[9]을 동반하는 것이기에 면밀히 살필 필요가 있다. '遣'을 '겨·견'으로 읽는 한 연구자의 〈獻花歌〉의 관련 구절에 대한 결론은 다음과 같이 맺어져 있다.

자주빛 바위 가에   잡고 있는 암소 놓게 <u>하시고</u>
⇒ 자주빛 바위 가에 잡고 있는 암소 놓게 <u>하셨으니</u>[10]

셋째, 2행의 첫 어휘 '執音乎'의 독법 역시 많은 어학 연구자들의 고심을 샀다. 이 어형이 담고 있는 의미에 대하여 제가의 견해가 일치한다. 향찰 특유의 구조[11]에 부합하기 때문이다. 그러나 문제는 '執'에 결합되어 있는 '音'자의 존재와 이에 대한 독법이다. 이 字는 향찰에서 항상 'ㅁ'을 표시하기에 '執音' 역시 'ㅁ'을 말음으로 가지는 고유어를 반영한 형태로 확신되는데, 그에 해당하는 옛 어휘를 찾을 수 없었기 때문이다. 결국 이 구절은 한 연구자의 다음과 같은 평가를 받으며 아직도 논쟁처로 남아 있다.

이 '執音乎'의 해독사는 '音'을 살리려는 노력의 역사라고 할 수 있다.[12]

---

[9] 현전 향가 25수에서 '遣'은 14회나 출현하는, 출현빈도가 매우 높은 字의 하나이다.
[10] 황선엽, 「향가에 나타나는 '遣'과 '古'에 대하여」, 『국어학』 39, 국어학회, 2002, 24면.
[11] 이른바 말음첨기의 원리로, 한자 본연의 쓰임새를 가진 字가 앞에 나오고 그 뒤에 받침을 위한 音借字가 오는 구조를 말한다. 본 작품에 나오는 어휘로 예를 들어 본다면 '岩乎·折叱' 등이 있는데, 이 때, '岩'에 후행한 '乎'는 '岩'의 고훈 '바오'의 '오'음을 나타내기 위한 字, '折'에 후행한 '叱(차자 표기에서는 'ㅅ'음을 나타내는 字)'은 '折'의 고훈 '젓'의 'ㅅ'을 나타내기 위한 字인데, 이렇듯 어휘의 끝에 붙은 '乎(오)·叱(ㅅ)' 등의 字를 末音添記字라고 한다.
[12] 양희철, 『삼국유사향가연구』, 태학사, 1997, 316면.

넷째, 마지막 행의 '獻乎理音如'의 독법은 위의 표에서 보이듯이 모든 연구에서 우리말로 풀어 읽는 경향을 보이고 있다. '드리다·받줍다·받다'의 어느 하나로 풀어왔던 것이다. 그러나 이러한 독법 역시 재고의 여지가 있다. 향찰 표기에서 漢字는 경우에 따라 한자음으로도 고유어로도 읽힐 수 있기 때문이다. 선행하는 한자를 우리말로 풀지 않고 한자음 그대로 읽었던 몇 예는 향찰에서 다음과 같이 볼 수 있다. '前'에 후행한 '乃(니)', '民'에 후행한 '은(ㄴ)'은 모두 선행했던 한자음의 末音들로 이를 한자음 그대로 읽었던 뚜렷한 징표가 되고 있다.

無量壽佛前乃 (무량수불 저닉)　　　　　　　　　　　〈願往生歌〉
君如臣多支民隱如 (군다히 신다히 민다히)　　　　　〈安民歌〉

본고는 이상으로 거론한 네 가지에 대한 해명을 목적으로 한다. 이 네 가지 문제점에 대한 해명은 그간 진행되어 온 〈獻花歌〉의 어석적 약점에 대한 보완의 일환이며, 나아가 문학적 해석의 견고한 기반으로 작용할 것이다.

2. 본론

1) 慚肹伊賜等의 '等'

서론에서 간략히 언급했지만 '慚肹伊賜等'[13]은 약간의 음변만 가진 채, 소창진평 이래 현대어역이 통일되어 "나를 아니 부끄러워 하신다면 꽃을 꺾

---

13 '慚肹伊賜等'은 '붓그리시든'으로 읽힌다. "慚과 愧와는 붓그릴씨라(석보상절 11:43a)"에서 보이듯 '慚肹伊'가 '붓그리'에 일치하고, '賜'는 주체존대선어말어미인 '시', '等'은 차자 표기에서 '드(ㄷ)·든(든)·들(들)'의 음역을 나타내는 字이기 때문이다.

어 드리오리다"로 고정되어 있다. 그리고 이러한 확정된 의미에 기초하여 다음과 같은 문학적 해석도 진행되었다.

'나훌 안디 붓흐리샤둔' 이 문맥 밑바닥에 숨겨져 있는 노옹의 마음은 또 무엇인가. 4구체로 된 헌화가에 있어서 이 구절만큼 묘미를 자아내게 하는 구절도 없다고 필자는 생각한다. '나를 부끄러워하지 않으신다면'은 결국 '나를 부끄러워하시지 마소서'의 우회적 표현에 지나지 않는다. … (이) 구절 속에는 늙은 영감과 젊은 미녀의 만남의 광경이 아니라, 젊은 남자와 젊은 미녀의 만남이 전제가 되어서 그 젊은 미녀로 하여금 수줍은 심경에서 벗어나도록 세심한 배려를 아끼지 않은 노옹의 마음 씀씀이가 내재해 있다고 믿고 싶다.[14]

그러나 이러한 해독이 실상에 부합한 것이 되기 위해서는 한 가지 점검되어야 할 사항이 있다. 기존의 어학적 해독이 '완전히 안심해도 좋은 것인가'에 대한 것이다. 본고는 다음과 같은 이유로 이 구절은 '여전히 재고의 여지가 남아 있는 곳'이라 여긴다. 현재의 해독과 배경 설화와의 불일치가 그것이다. 만약 "나를 아니 부끄러워하신다면 꽃을 ∅ 드리오리다" 정도로만 되어 있었다면 현재의 해독은 설화를 잘 반영한 것이라 할 수 있었을 것이다. 그러나 현재의 해독은 "나를 아니 부끄러워하신다면 꽃을 꺾어 바치오리다"로 되어 있다. 이 해독을 따르면 노인이 꽃을 꺾기 전에 이 노래를 부른 것이 되어야 한다. "나를 아니 부끄러워하신다면 꽃을 꺾어 드리리라"라는 말은 "누추한 행색의 제가 그대에게 폐가 되지 않는다면 꽃을 꺾어 드리지요" 정도의 의미를 띠고 있어 꽃을 꺾기 전에 허락을 구하는 말이기 때문이다. 그러나 배경 설화는 이러한 내용과는 다르다. 전문을 옮기고 해석하면 다음과 같다.

---

[14] 박노준, 『신라가요의 연구』, 열화당, 213~214면.

성덕왕 때, 순정공이 강릉태수로 부임할 새, 바닷가에서 점심을 먹고 있었다. 곁에 절벽이 바다에 임해 병풍처럼 둘러져 있었는데, 높이가 천장이나 되었으며 위에는 진달래가 활짝 피어 있었다. 공의 부인 수로가 그것을 보고 좌우에 말했다. "꽃을 꺾어 줄 자 누구냐?" 따르던 이가 말했다. "사람이 닿을 만한 곳이 아닙니다." 곁에 노인이 암쇠[牸牛]를 끌고 지나가다가 부인이 하는 말을 듣고서는 그 꽃을 꺾고 노래도 같이 지어(亦作歌) 그녀에게 바쳤다. 그 노인이 어디서 온 이인지는 알지 못한다.

〈三國遺事 2卷, 紀異, 水路夫人〉[15]

설화에서 보듯, 이 노래는 노인이 이미 꽃을 꺾은 상태에서 부인에게 꽃을 건네며 부른 것이다. 그러므로 "나를 부끄러워하지 않으신다면"이란 가정은 불필요한 것이고 이 점으로 본다면 현재 통용되고 있는 해석은 잘못되었을 가능성이 매우 높은 것이 된다.

그렇다면 현재 통용되고 있는 해독은 어떤 경위로 '조건'을 의미하는 '부끄러워하신다면'으로 고정되었는가? 이것은 이 구절 말미에 나타난 '等'의 독법과 기능에 대한 초기 연구자들의 견해에서 비롯되었다. 즉, 향찰자 '等'은 주로 'ᄃ·든·드·든' 등의 음역을 위해 사용되는 차자[16]인데 이로 '慚肹伊賜等'을 '붓그리시든'으로 읽을 수 있었고, 이 때의 語尾 '든(等)'이 마침 선초

---

15 聖德王代 純貞公赴江陵大守 行次海汀晝饍 傍有石嶂 如屛臨海 高千丈 上有躑躅花盛開 公之夫人水路見之 謂左右曰 折花獻者其誰 從者曰 非人跡所到 皆辭不能 傍有老翁牽牸牛而過者 聞夫人言 折其花 亦作歌詞獻之 其翁不知何許人也. 〈三國遺事 2卷, 紀異, 水路夫人〉

16 '等'이 'ᄃ·드·돈·든·돌·들' 등의 음역에 두루 쓰이던 字임은 아래에서 확인된다.

癰疹 豆等良只, 置等羅只	〈鄕藥救急方〉
癰 두드러기 은	〈訓蒙字會〉
大戟 楊等柒根 楊等柒	〈鄕藥救急方〉
楊 버들	〈新增類合〉
白等살등, 爲去等ᄒ거든, 爲等良ᄒ드러, 矣徒等의ᄂᆡ등, 爲白去等ᄒ숣거든, 是白乎等이이숣은들노	〈儒胥必知〉

언해나 이두 등에서 보이는 조건 어미 '돈·든'과 일치하기에 이를 '부끄러워하신다면'으로 이해했던 것이다. 물론, '돈·든(等)'이 그러한 음가와, 때로는 '조건'의 문법적 기능을 가지는 어미임은 부인할 수 없다. 양주동[17]의 주장과 예문을 인용하면 다음과 같다.[18]

等 : 通音借「든」(諧音「돈」. … 본조「賜等」의「等」은 毋論 助詞「든」(돈)이니 此種「等」은 吏文에도 「白等·去等」(숣돈·거든) 등 널리 쓰여진다.(234~235면) …「돈」은 元來「ᄃ」의 指定形, … <u>將然條件을 表하는</u> 助詞로 轉하였음은 毋論이다.(315면)
愼厥終홀돈 惟其始 ㅣ니〈書經諺解 卷6〉(315면)

그의 지적대로 '돈·든'은 선초의 언해와 이두 등에서 '조건' 즉, 현대어의 '-하면'에 해당하는 의미를 띠는 경우가 있어, 위에서 보이는 '그 끝을 신중히 하려면 오직 처음을 신중히 하라(愼厥終홀돈 惟其始 ㅣ니)'와 같은 곳에서 그 용법이 확인되고 있다. 문헌 범위를 보다 넓혀 검증해 보아도 역시 다음과 같은 조건의 '돈·든'이 나타나 그 용법의 보편성을 확인시킨다.

됴ᄒᆞᆫ 法이 오나ᄃᆞᆫ 드리고 구즌 法이 오나ᄃᆞᆫ 드리디 아니호미　　〈月印釋譜 07:45a〉
아들옷 나거든 安樂國이라 ᄒᆞ고 ᄯᆞᆯ이어든 孝養이라 ᄒᆞ라　　〈月印釋譜 08:83b〉
春初氣和<u>爲去等</u> 堅地乙 起畊爲乎矣　　〈農書輯要〉
초봄에 기운이 온화<u>하거든</u> 굳은 땅을 갈아 일으키되　　(필자 해석)

---

17 양주동, 『증정 고가연구』, 일조각, 1965.
18 이 설을 최초로 제기한 소창진평은 비록 "賜等은 샤든이니 敬語의 條件 '무엇무엇하게 된다면'을 의미하는 말이다."(『鄕歌及び吏讀の硏究』, 경성제국대학, 1929, 162면.)라고 하여 이 어휘체에 대해 정확한 문법적 이해를 보여 주었으나, 예증적 측면에서는 다음 두 예시를 들었기에 불완전한 논증을 한 셈이 되었다. 그가 든 두 예시 모두 조건의 '든'으로 확정할 수 없는 것들이다.
大夫와 師와 長과로써 承케 ᄒᆞ샤든 逸豫케 호미 아니라　　〈書傳諺解〉
師를 作ᄒᆞ샤든　　〈同書〉

五品以上官亦 犯罪爲去等 申聞爲 伏候王旨爲白遣　　　〈大明律直解 01:9a〉
5품 이상의 관리가 죄를 범하거든 신문하여 왕의 처분을 기다리고　　(필자 해석)

그러나 본고가 문제 삼으려는 것은 '둔·든(等)'이 '조건의 어미'로서뿐만 아니라 '이유의 어미'로도 흔히 나타난다는 점이다. 다음의 용례들이 그것이다.

한 사ᄅᆞ미 막다히며 디새며 돌ᄒᆞ로 텨든 避ᄒᆞ야 ᄃᆞ라 머리 가　〈月印釋譜 17:85a〉
聖王 셔실 나래 술위 ᄂᆞ라오나든 그 술위를 ᄐᆞ샤　〈月印釋譜 1:19b〉
ᄒᆞᆫ 말도 아니코 안잿거시든 머리예 가치 삿기 치더니　〈釋譜詳節 3:38b〉
諸佛ㅅ 甚히 기픈 힝뎍 니르거시든 듣ᄌᆞᆸ고 너교ᄃᆡ　〈釋譜詳節 9:27a〉

矣身 平日 備忘謄寫之本 多在司謁房是白去等 與所謂摹寫 以一處憑考 則可知 : 제가 평일에 備忘記를 베껴 쓴 책이 사알방(司謁房)에 많이 있으니 이른바 어필을 모사했다는 것과 같이 놓고 비교해 보면 알 것입니다.
　　　　　　　〈大東野乘 40卷, 光海朝日記 一, 癸丑, 五月 十五日〉
金悌男謂鄭浹曰 崔起南段 水火中救我者是如爲有去等 與金悌男親切事狀 從實直告 : 김제남이 정협에게 이르기를, 최기남은 물불 속에서도 나를 구해 줄 사람이라고 하였다.' 하였으니 김제남과 친하게 지낸 경위를 사실대로 아뢰라 … 하여 여쭙니다.
　　　　　　　　　　　　　〈大東野乘 40卷, 上同〉

위 예문에서, '텨든'은 '치면'이 아닌 '치니·치므로'의 의미이고, 'ᄂᆞ라오나든' 역시 '날아오면'의 의미가 아니라 '날아오니·날아오므로'의 의미이다. 그 아래 이두에서도 '等'은 '면'이 아닌 '-하니'의 의미이다.

상황이 이렇다면 그간 우리는 '等(둔·든)'을 지나치게 조건의 '면'으로만 이해한 셈이 된다. 동일한 어형으로 '-니·-므로'의 의미 또한 가지는 이상 이를 해독에 반영해야 마땅하다. 그 기준은 오로지 문맥과 설화에 바탕할 수 있을 뿐이다. 그럴 때, 이곳은 '나를 아니 부끄러워하시니'가

될 수밖에 없다.

2) 放敎遣의 '遣'

'遣'은 現代音·鮮初音·當代音 모두 '견'[19]이지만 이두와 향찰에서는 '고'음이 필요한 위치에 나타나고 있다. 살피면 다음과 같다.

【이두】
是遣이고, 爲白遣ᄒᆞ숣고, 爲是遣ᄒᆞ잇고　　　　　　　　　　〈儒胥必知〉
繭遣聲近而東俗 呼繭고치 呼峴고개 吏讀呼遣고 此必東方古音也
　　　　　　　　　　　　　〈頤齋遺藁 25卷, 雜著, 華音方言字義解〉
石塔伍層乙 成是白乎 願表爲遣 成是不得爲乎: 석탑 오층을 이루려는 원을 표하고
이루지 못한　　　　　　　　〈淨兜寺五層石塔造成形止記, 1031년〉

【향찰】
執音乎手母牛放敎遣　　　　　　　　　　　　　　　　　　〈獻花歌〉
此地肹捨遣只於冬是去於丁　　　　　　　　　　　　　　　〈安民歌〉
西方念丁去賜里遣　　　　　　　　　　　　　　　　　　　〈願往生歌〉
惱叱古音多可支白遣賜立　　　　　　　　　　　　　　　　〈願往生歌〉
慕人有如白遣賜立　　　　　　　　　　　　　　　　　　　〈願往生歌〉
四十八大願成遣賜去　　　　　　　　　　　　　　　　　　〈願往生歌〉
此矣有阿米次肹伊遣　　　　　　　　　　　　　　　　　　〈祭亡妹歌〉
毛如云遣去內尼叱古　　　　　　　　　　　　　　　　　　〈祭亡妹歌〉
日遠鳥逸○○過出知遣　　　　　　　　　　　　　　　　　〈遇賊歌〉
今呑藪未去遣省如　　　　　　　　　　　　　　　　　　　〈遇賊歌〉

---

19 遣 보낼 견 〈千字文(光州)·新增類合〉

淨戒叱主留卜以支乃遣只　　　　　　　　　　　　　　　　　〈普賢4〉
十方叱佛體閼遣只賜立　　　　　　　　　　　　　　　　　　〈普賢4〉

　자료적 상황이 이러하기에 본 字는 향찰 연구 초기부터 '고'음을 표기한 것으로 정확히 파악되어 있다.[20]

　그런데, 근래에 들어 향찰의 '遣'을 音相에 충실히 '겨/견'으로 읽고 기능 또한 '~한 상태로·~하니'를 나타내는 연결어미로 파악하고자 한 견해가 제기되어 있다.[21] 조선 후기 이두 문헌에 명시된 독법 '고'는 향찰의 시대와는 거리가 있기에 향찰 당대의 음은 반드시 '고'가 아닐 수 있다는 점, 향찰의 '遣'은 선초 문헌에 나타나는 연결어미 '-고'와는 기능상 차이를 가진다는 점을 주요한 근거로 들고 있다. 이 주장들은 '遣'의 音相을 찾기 위한 제의이지만, 본고는 그 설을 과도한 것이라 본다. 다음과 같은 문제점들이 있기 때문이다.

　우선, '遣'의 음이 한자 자체로 명백한 '견'이라는 전제를 인정하기가 어렵다. 물론 唐代의 음이 '견·건'임은 인정된다.[22] 그러나 우리의 한자음이 반

---

20 소창진평과 양주동의 이 字에 대한 언급은 다음과 같다.
　"'遣只'는 조사 '고'이다.『儒胥必知』와 기타의 책에는 어쩐지「遣」을 '고'라 읽고 있다." 〈소창진평,『鄕歌及び吏讀の硏究』, 경성제국대학, 1929, 90면.〉
　"詞腦歌中에는 接續詞「고」를「遣」字 外에「古」로 기사한 幾多의 例가 잇는데, 이 兩字의 區別을 보건댄,「遣」은 오즉 接續詞「고」에만 專用되고 다른 一般「고」音에는 사용되지 몯함에 反하야,「古」는 모든「고」音에 通用되는 點이다."〈양주동,『고가연구』, 일조각, 1965, 216~217면.〉
21 황선엽,「향가에 나타나는 '遣'과 '古'에 대하여」,『국어학』39집, 국어학회, 2002.
　장윤희,「고대국어 연결어미 '-遣'과 그 변화」,『구결연구』14집, 구결학회, 2005.
22 當代音은 향찰 표기 시대와 일치하는 중국 唐代의 음으로 추론할 수 있다. 杜甫(712~770)의 詩에 쓰인 韻은 '遣'의 음이 /견/임을 명확히 보여준다. 이 시에서 '遣字'는 '卷·展·轉·辨·犬'과 함께 쓰이고 있다.
　… 一麾出守還 黃屋朔風卷 不暇陪八駿 虜庭悲所遣 平生滿樽酒 斷此朋知展 憂慎病二秋 有恨石可轉 肅宗復社稷 得無逆順辨 范曄顧其兒 李斯憶黃犬 …
　　　　　　　　　　　　　　　　　　　　　　　　　　　　〈杜甫, 故秘書少監武功蘇公源明〉

드시 唐의 音을 따라 형성되어 있는 것은 아니다. 때로는 특수한 상황에 의해 본토 한자음과는 관계없는 독법을 가지기도 한다. 다음의 '涿·道'가 그 예이다.

辰韓本燕人避之者 故取涿水之名 稱所居之邑里 云沙涿 漸涿等 羅人方言 讀涿音爲道 故 今或作沙梁 亦讀道 : 진한은 본래 연나라 사람들이 피난해왔던 것이므로 탁수의 이름을 따서 그들의 사는 읍과 마을을 일컬어 사탁·점탁 등으로 불렀다. 신라 사람의 방언에 涿의 음을 /道/라고도 했으므로 지금도 혹은 沙梁이라고 쓰고 梁을 또한 /道/라고도 읽는다. 〈三國遺事 1卷, 紀異, 辰韓〉

沙梁部 梁讀云道 或作涿 亦音道 : 사도부. 梁은 /道/라 읽는다. 혹은 涿이라고도 쓰는데 역시 /道/라 읽는다. 〈三國遺事 1卷, 紀異, 新羅始祖赫居世王〉

곧 方言의 특수성으로 인해 '遣'을 /고/로 읽을 가능성이 존재한다는 점이다. 더구나, 향찰을 포함한 차자 표기에서 차자의 음과 한자 원래의 음이 어떤 관계에 있는지를 잘 알 수 없는 자도 역시 존재한다. 항상 '디(지)'로 읽히는 '喩'[23]字라든가, 'ㅅ'을 위해 쓰이고 있는 '叱'[24]字 등과 같은 것이 그 예들이다. 따라서 '遣'의 옛음이 '견'이라는 점으로 차자 표기에서 '고'로 쓰였을 가능성을 부인하는 것은 성급한 일인 것이다.

이외 자서류 문헌도 遣의 음상이 /견/임을 알려 준다.
遣 去演切 〈六書故 卷16〉, 譴 遣政切 〈六書故 卷4〉, 鰹 石遣切 〈六書故 20卷〉
[23] 이두의 몇 용례를 보이면 다음과 같다.
是喩인지, 不喩아닌지, 爲喩호지, 是乎喩이온지, 爲白乎喩ㅎ숣온지 〈儒胥必知〉
不喩 訓아닌지 〈五洲衍文長箋散稿, 詩文篇·論文類, 文字, 語錄辨證說〉
[24] 이두와 향찰의 몇 용례를 보이면 다음과 같다.
糞 叱同똥, 羊蹄 所乙古叱솔옷, 菖蒲 松衣亇叱根숑의맛불휘 〈牛馬羊猪染疫病治療方〉, 進叱 낫드러, 始叱 비롯 〈儒胥必知〉
際叱(찬기파랑가), 際 又 제 〈新增類合〉, 城叱(혜성가), 城 잣 셩 〈新增類合〉

뿐만 아니라, 다음에서 보이는 當代 '遣'과 '古'의 호환성은 '遣'이 매우 이른 시기부터 '고'를 위한 字로 사용되어 있었음을 증명해주는 중요한 사항이 된다.

惱叱古音多可支白遣賜立　　　　　　　　　　　　〈願往生歌〉
慕人有如白遣賜立　　　　　　　　　　　　　　〈願往生歌〉
今日部頓部叱懺悔 十方叱佛體閼遣只賜立 : 오늘 무리 모두 참회함을 시방의 부처님
은 알아 주십시오　　　　　　　　　　　　〈均如傳, 普賢 4〉

大王下 當只 知古只賜立 我隱 今爲隱 衰老爲良 身隱 重疾良中 … : 대왕이시여 반드
시 아십시오 나는 지금 老衰하여 몸은 重疾에 …　　〈華嚴經疏 10:17〉
王位乙 捨爲良㢱 以良 於我衣中 瞻是古只賜立 : 왕위를 버림으로써 나에게(나를) 도
우소서　　　　　　　　　　　　　　　　〈華嚴經疏 11:08~11〉
汝隱 今爲隱 有斗奴隱 所乙 悉良 當只 我衣中 與爲古只賜立 : 당신은 지금 있는 바를
다 반드시 나에게 주소서　　　　　　　　　〈華嚴經疏 10:07~08〉

위 〈願往生歌〉에서 보이는 '白遣賜立'(숣고시셔, 말해 주십시오), 〈普賢十願歌〉에서 보이는 '閼遣只賜立(알곡시셔, 알아 주십시오)'는 모두 존귀한 대상에 대한 공손한 願望을 나타내는 환경에서 사용되면서 '동사 + 遣 + 只(ㄱ, 강세사) + 시(賜, 주체존대선어말어미) + 셔(立, 존칭 願望)'의 구조로 되어 있다. 그런데 구결에서는 같은 환경에서 '遣'字 대신 '古'字를 代用하고 있음을 본다. 즉, '동사 + 古 + 只 + 賜 + 立'으로 되면서 '遣'이 있어야 할 자리에 '古'를 기입해 사용하고 있음을 본다. 이 사실은 '遣'과 '古'가 이미 당시에도 같은 음, 같은 기능이었음을 자체로 증명한다. 만약 '遣'의 음이 '겨·견'이었으면 그 자리에 '古'가 들어갈 까닭이 없다. 호환의 또 다른 예도 있다.

此地肹捨遣只於冬是去於丁　　　　　　　　　　　〈安民歌〉

'遣'이 만약 두 연구자의 추정처럼 '겨·견'이라면 위 〈安民歌〉의 '捨遣只'은 'ᄇ리겨ㄱ'으로 읽어야 한다. 그러나 이 어형은 문증되지 않으며, 자체로도 의미를 이루지 못한다. 아무래도 다음의 구결과 언해들이 보여 주는 '捨爲古只·離支古只·ᄇ리곡·여희옥'과 호환되는 표기체로 보이는 것이다.

僞飾乙 捨爲古只 眞實處良中 到飛立　　　　　　　〈華嚴經 03:01〉
貪瞋癡乙 棄爲古只 罪叱 法乙 鐲除爲飛立　　　　〈華嚴經 04:12〉
煩惱乙 離支古只 究竟寂滅爲飛立　　　　　　　　〈華嚴經 03:11〉

너희 出家ᄒ거든 날 ᄇ리곡 머리 가디 말라　　　　〈釋譜詳節 11:37a〉
불곰과 어드움과 虛空ᄋᆞᆯ 여희옥 見元을 ᄂᆞ호아　〈楞嚴經諺解 03:95a〉

이런 상황으로 본고는 '遣'의 음가는 향찰 표기의 당대에 이미 '고'였다고 추정한다.

다음의 근거, "중세어에서 '-고'는 동작의 완료적 의미를 가지지 지속의 의미를 가지지 못한다. 그러나 향찰의 '遣'은 지속의 의미를 가지는 바, 중세의 '고'와는 관련이 없는 것이다"는 주장을 살핀다. 편의상 황선엽[25]의 논거를 재인용한다.

ㄱ. 太子ㅣ 하딕고 가싫 제　　　　　　　　〈月印釋譜 11:06b〉
ㄴ. 니블 아나 가 자몰 누를 브트려뇨(抱被宿何依)　〈杜詩初刊 24:50a〉
ㄷ. 마조 가싫 부텨는 白象을 타 가거시늘　〈月印釋譜 21:189a〉

이러한 용례로 '-고'는 어떤 동작의 완료를 나타내는 경우에만 쓰이고, 동시동작 혹은 지속의 의미를 나타낼 때는 '아나·타'와 같은 '-아'형을 취한다

---

25 황선엽, 「향가에 나타나는 遣과 古에 대하여」, 『국어학』 39, 국어학회, 2002, 19면.

고 보았다. 그렇기에 〈薯童謠〉에서 보이는 '抱遣去如'를 '안고 가다'로 읽을 수 없으며, 따라서 향찰의 '遣'은 '고'로 읽을 수 없는 것이라 보았다. 하지만 이는 다음의 자료가 충분히 반영되지 않은 상태에서 나온 결론으로 보인다. 선초의 문헌은 '-아'뿐만 아니라 '-고'로도 여전히 지속의 의미를 나타내고 있다.

아기 안고 뛰여 드르시니   〈釋譜詳節 03:37a〉
아바니믈 맛나ᅀᆞ바 두 허튀를 안고 우더니   〈月印釋譜 08:100b〉
흔 노미 큰 象 트고 오시며   〈月印釋譜 10:28a〉
흔 婆羅門이 하ᄂᆞᆯ 고졸 잡고 오거늘   〈釋譜詳節 23:40b〉

문헌적 제약으로 '-고 가(去)-'의 용례는 드물다 할지라도 이와 유사한 자질을 가지는 '-고 오(來)-', '-고 뛰(躍)-'의 경우 지속의 의미를 표하며 '-고'를 사용하고 있다. 곧, 지속의 의미를 나타내기 위해 '트 가거시늘' 뿐만 아니라 '트고 오시며'도 같이 사용하고 있는 것이다. 이러한 까닭들로 향찰 표기에 쓰인 '遣'은 '겨/견'으로 읽힐 것이 아니라 반드시 '고'로 읽어야 하며, 기능 또한 선초의 연결어미 '-고'와 同軌에 있다고 판단된다.[26]

---

[26] 본고가 '遣'에 대해 다소 번다하게 설명한 것은 '遣'의 음가에 국한된 어학적 반박만을 위한 것이 아니다. 향찰의 해독에서 독음의 수정은 경우에 따라 문법기능과 의미의 수정을 수반한다. 문제는 이러한 一字의 문법기능과 의미 수정은 해당 작품의 一句의 의미 수정에만 그치는 것이 아니라는 점이다. 同一字가 나타나는 모든 작품에 동일한 경위의 수정을 가하게 되는 것이다. 〈獻花歌〉의 '放敎遣'의 독법이 '노히시견'이라면, 〈薯童謠〉의 '抱遣去如' 또한 '안견가다'로 되어야 하고, 〈願往生歌〉의 '四十八大願成遣賜去'는 '48대원 일견사셔', 〈祭亡妹歌〉의 '毛如云遣去內尼叱古'는 '몯다 닏견 가나닛고'로 수정되어야 한다. 즉, 향찰에서 一字를 수정한다는 것은 어학적으로는 향찰 표기 체계 전체를 건드리는, 문학적으로는 향가 작품 여러 편의 문맥을 바꾸는 重且大한 작업이 된다.
더구나 마침 本歌의 이 구절은 특이하게도 어학의 最近說과 문학의 最近說이 '동일한 결론'에 도달해 있기에 문제 해결이 더 시급한 형편이다. 어학에서 이 구절을 '자줏빛 바위 가에 잡고 있는 암소 놓게 하셨으니'로 보는 연구자가 있음은 서론에서 언급했는데 공교롭게도

3) 執音乎手의 '音'

'執音乎'가 현대어 '잡은' 정도의 의미를 띠는 말일 것임은 소창진평 이래 모든 연구자들이 동의해 왔다. 字義로 보나 說話의 文脈[27]으로 보나 '執'은 '암소의 고삐를 잡다'로 풀이되기 때문이다. 그러나 문제는 '執'에 후행한 '音'이었다. 차자 표기에서 '音'字는 주요한 末音添記字로 반드시 'ㅁ'으로 끝난 단어에 후행하는 일관성이 있다. 이렇게 볼 때, '執音' 역시 'ㅁ'으로 끝나는 고유어 '執'의 古訓을 표기한 형태로 추정되었고,[28] 특히 '執音'으로 나타나는 향찰의 또 다른 용례가 있어 이 점은 확실시되었다.

火條執音馬　　　　　　　　　　　　　　　　　　　　　　〈普賢3〉

그러나 문제는 鮮初의 풀이들에서 이를 뒷받침할 만한 옛 訓이 잘 보이지

이보다 8년 앞서 문학에서도 이를 '하셨으니'로 본 연구자가 있었다. 신재홍의 해당부분을 인용한다.
"제2행 끝의 '고(遣)'가 조건 혹은 양보절을 이끄는 연결어미인 점이 이러한 문맥 속에서 파악되어야 함을 알 수 있다. … 수로부인이 '놓게 하시고' '부끄러워하시다'의 문맥이 아니라, '고(遣)'가 조건이나 양보절을 이끄는 연결어미로 쓰여서 '놓게 하시니, 놓게 하시거늘'의 문맥인 것이다." 〈신재홍, 상게서, 76면.〉
그러나 본문에서 말했듯이 어학측 견해는 '음운적·문법적 근거'가 모두 위태한 것이고, 문학측 견해 또한 '-고'란 음의 연결어미가 '이유·양보'의 의미를 띠고 있다고 보는, 본고로서는 수긍할 수 없는 진술을 통하여 의견이 개진되고 있다. 또한, 이 노래에서 '-니'는 제3행의 '든(等)'이 담당하고 있기에 문맥상으로도 이 곳은 '-니'로 볼 수가 없다.

27 "傍有老翁牽牸牛" 〈三國遺事 2卷, 水路夫人〉
28 주요 업적 중에는 이곳에 나타나는 '音'을 선행한 동사 '執'의 말음이 아니라 '문법 요소'일 것으로 추정한 경우도 있다. 양주동은 이곳의 '音'을 '으'를 위한 것으로 보았으며, 김완진은 '持續態'의 선어말어미 '옴·움'으로 보았다. 하지만, 양주동의 설은 '音'字가 차자 표기 전반에서 모두 'ㅁ'을 위해 사용된다는 점에서 수긍하기 어렵고, 김완진의 설은 '지속을 나타내는 여타의 옴·움'으로 우선 문헌을 통하여 뒷받침한 후, 다시 '執音'이 그러한 예들과 유사한지 아닌지를 논의해야 할 부분이 아닌가 한다. 즉, 여러 단계를 건너 뛴 時機尙早의 說로 판단된다.

않는다는 데 있다. 대부분 현대어와 같은 '즙-'으로 풀이되어 있는 것이다.

執 자볼 집 〈新增類合 등〉
執은 자볼씨오 〈月印釋譜 序 01:22b〉
執取는 자바 가질씨니 〈楞嚴經諺解 04:16a〉

이러한 사정에 의해 'ㅁ'을 반영한 '執'의 고유어는 여러 연구자들에 의해 다양하게 추정되었다. '거머 쥐다'에 착안한 서재극의 '검-', '주먹'에 착안한 유창균의 '줌-', '움켜쥐다'에 착안한 신재홍의 '움-' 등은 '執'의 의미를 유지하면서 'ㅁ'음을 가진 고유어를 찾으려는 노력의 결과였다. 그러나 '거머 쥐다'가 '執'의 의미와 통하는 것은 '쥐다'에 있지 '거머-'에 있는 것이 아니며, '주먹'의 '줌'은 '줌다'란 동사 어간에서 나온 것이 아니라 '쥐다'의 명사형 '줌'에서 나온 것이기에 본 항의 문법 형태를 만족시키지 못하며, '움켜 쥐다'가 '執'의 의미와 상통하는 것은 역시 '쥐다'에 있는 것이지 '움켜'에 있는 것이 아니기에 수긍할 수 없는 견해가 되고 있다.

이에 우리는 '잡다'와 같은 의미를 가지면서 어간에 'ㅁ'을 지닌 고유어를 더 조사해 볼 필요가 있다. 그럴 때, 다음의 문헌들에서 보이는 '심ㄱ-'라는 어휘가 주목된다. 이 어휘가 '(손을) 잡다'라는 의미로 사용되고 있기 때문이다.[29]

손 심기샤문 자바 니르시논 뜨디라 〈法華經諺解 07:177b〉
行者이 … 諸菩薩들콰로 소늘 심겨 迎接ᄒ시거든 〈月印釋譜 08:48b〉
五百化佛이 ᄒᆞᆫ쁴 소늘 심기시고 讚嘆ᄒ야 니ᄅᆞ샤ᄃᆡ 〈月印釋譜 08:53b〉

---

29 '심기다'는 예시와 같은 '잡다'란 의미 외에, '전해 주다(授)'의 의미로도 많이 사용된다.
 教授는 ᄀᆞᄅᆞ쳐 심길씨라 〈釋譜詳節 06:46b〉
 諸大弟子이게 阿耨多羅三藐三菩提記 심기샤믈 듣ᄌᆞ오며 〈法華經諺解 04:04〉

즈믄 化佛와로 ᄒᆞᄢᅴ 소늘 심기시리니 〈月印釋譜 08:51a〉
부텨와 부텨왜 소늘 심기시며 光明과 光明괘 서르 니ᅀᅳ실ᄊᆡ 〈月印釋譜 12:13a〉

용례들은 모두 '심ㄱ-'의 형태로 '(손을) 잡다'라는 의미를 나타내고 있는데, 본고는 '執音'이 이 어휘를 나타낸 어형이 아닐까 생각한다. 즉, '심곤 손' 정도의 의미를 나타내기 위해 '執音(심) + 乎(곤) + 手(손)'의 형태를 사용한 것으로 판단한다. 이 추정을 완성하기 위해서는 몇 고찰해야 할 사항들[30]이 더 있으나, 이에 대한 검증은 後稿로 미루고 여기에서는 우선 그 가능성만 언급한다.

4) 獻乎理音如의 '獻'

이 구절의 '獻'은 한자어 본연의 쓰임새로, 일반적 고훈은 '받ᄌᆞᆸ-·올이ᅀᆞᆸ-'이다.

獻 받ᄌᆞ올 헌 〈訓蒙字會〉

---

[30] 이 가설에서 검증해야 할 사항이란 '乎(온)'로써 '심ㄱ'의 말음 '곤'을 나타낼 수 있느냐란 것이다. 결론적으로 말하면 가능하다. 다음과 같이 어간의 말음이 이중자음일 때, 간혹 후행하는 자음을 생략한 채 표기한 경우도 있기 때문이다. '겄가'의 말음 'ㄱ'를 표기하기 위해 '可'를 쓴 〈獻花歌〉의 '折叱可'도 있지만, '닷가'의 '가'를 위해서 아무 자도 표기하지 않은 다음 용례들도 있는 것이다.
吾道修∅良待是古如〈祭亡妹歌〉, 修叱∅賜乙隱頓部叱吾衣修叱∅孫丁〈普賢5〉
만약 충실한 표기였다면 〈祭亡妹歌〉의 '修良'은 '修叱可(닷가)', 〈普賢5〉의 두 '修叱'은 모두 '修叱可'로 나타났을 것이다.
한편, 이 추정은 '執'의 원형적 고훈이 '심-'이었다는 가설로 대체될 수도 있다. 즉, '執(심) + 乎·(온) + 手(손)'이었을 가능성도 있다. 이는 〈普賢3〉의 '火條執音馬'에서 보이듯, '執'의 고훈에 'ㄱ'말음이 아예 존재하지 않았을 수도 있다는 점에 근거를 두고 있다. 이 표기를 존중할 때 '執'의 원형적 고훈은 '심-'이었고 후대 어느 때에 'ㄱ·기' 등의 접사가 개입되었다고 볼 수도 있게 된다. 이는 '심다(植)'의 고훈이 '심다·시므다·심구다' 등으로 복잡하게 나타나는 것과도 관련되어 있지 않을까 한다.

俱夷善慧ㅅ 뜯 아ᅀᄫᅡ 夫妻願으로 고즐 받ᄌᆞᄫᆡ시니 〈月印釋譜 01:03b〉
내 이 말ᄉᆞ믈 받ᄌᆞᆸ고져 ᄒ노라(吾欲獻此辭) 〈杜詩初刊 25:38a~b〉
그를 올이ᅀᆞᆸ고 皇帝를 뵈ᅀᆞ오니(獻書謁皇帝) 〈杜詩初刊 22:26b〉

그렇기에 이 구절은 양주동 이래 많은 업적들에서 '받ᄌᆞᆸ-'으로 읽혔다. 그러나 김완진이 지적했듯이, 그러한 경우라면 왜 뒤에 '白'이 오지 않았는가에 대하여 초기 연구자들은 크게 고민하지 않았던 듯하다. 만약 위와 같이 '받ᄌᆞᆸ-'으로 읽었을 것이라면 아무래도 '獻白乎-'와 같은 구성이 되었을 것이다. 이로 김완진 이후의 연구에서는 이 부분을 대체로 '바도-' 정도로 읽고 있는 것을 본다. '獻乎'의 '乎'를 살려 '바도-'의 말음으로 이해했던 것이다. 이후 유창균[31]이 이 설을 더욱 강화한다. 다음의 용례에서 보이는 '奉'의 훈을 제시하면서이다.

書를 바도니 옷기슭 들이요믈 許ᄒ시다(奉詔許牽裾) 〈杜詩初刊 20:42b~43a〉
奉은 바들씨라 〈月印釋譜 序1:13a〉

그러나 유창균이 인용한 두 '奉'의 용례는 모두 '드리다'의 의미가 아니다. 먼저, 『두시언해』의 '書를 바도니'는 다음을 잘못 인용한 것이다.

詔書를 바도니 옷기슭 들이요믈 許ᄒ시다(奉詔許牽裾) 〈杜詩初刊 20:42b〉

곧, '詔書'의 '詔'를 누락하여 인용한 것인데, 이를 보충하여 이해하자면 '드리다'의 의미가 아닌 것이다. '詔書'는 천자가 신하에게 내리는 글이지 '신하가 천자에게 드리는 글'이 아니기 때문이다. 즉, 이 구절은 '조서를 받들다(받아 들였다)'란 의미인 것이다. 『月印釋譜』의 전체 구절은 다음과 같다.

---

31 유창균, 『향가비해』, 형설출판사, 1994, 300면.

崇奉 (註) 崇은 尊ᄒᆞᆯ씨오 奉은 바ᄃᆞᆯ씨라　　　　　〈月印釋譜 序 01:13a~b〉

곧, '崇奉'이란 어휘를 설명하면서 나오는 말인데, '崇奉'은 '귀하게 여겨 떠 받든다'는 말로, '드린다'에 해당하는 말이 아니다. '뜻을 잘 받아들여 모신다'는 의미인 것이다. 이상, 둘 다 '떠받든다'라는 의미를 담은 용례들이기에 '드린다'란 의미로는 볼 수 없는 것이다.[32]
여타의 문헌을 확인해 보아도 '받-'은 '받다·받들다' 이외의 의미는 가지지 않는다.

受 바ᄃᆞᆯ 슈　　　　　　　　　　　　　　　　　　〈訓蒙字會〉
ᄒᆞᆫ 煩惱 바도미 受陰이오　　　　　　　　　　　　〈月印釋譜 02:14b〉

그렇다면 이 '獻乎-'는 어떤 독법을 지시하는 말인가? 이는 향가, 고려의 석독구결, 선초의 문헌들에서 보이는 漢字를 직접 읽은 구절로 보아야 한다. 석독구결과 선초의 문헌들에서 보이는 다음과 같은 형태인 것이다.

無量壽佛前乃 무량수불 저ᄂᆡ　　　　　　　　　　　〈願往生歌〉
君如臣多支民隱如 민다히　　　　　　　　　　　　　〈安民歌〉
國土乙 護乎令叱 因緣乙 : 국토를 護호릿 因緣을　　〈舊譯仁王經 03:17~19〉
미나리를 獻호ᄆᆞᆫ 죠고맛 이리오(獻芹則小小)　　　〈杜詩初刊 16:64b〉
곳 獻ᄒᆞ요ᄆᆞᆯ 어느나래 門徒를 許ᄒᆞ다(獻花何日許門徒)　〈杜詩重刊 09:20a~b〉

따라서 이 구절은 '獻호림다'로 읽어야 하는 곳이 된다.[33]

---

[32] 『이조어사전』(유창돈, 연세대학교출판부, 14版, 2000.)에서도 같은 잘못이 보인다. '親히 覺ᅀᆒ을 바도미(親奉覺ᅀᆒ) 〈楞嚴經諺解 08:24〉'를 인용하며 '받들어 바치다'라고 풀이하고 있는데 '覺ᅀᆒ'은 '중생이 부처께 드리는 것'이 아니다.
[33] 한편 '獻호림다'의 '호림다'는 'ᄒᆞ오림다'의 준말로, 이 중 '리'는 말하는 이의 '의도(혹은 가까

5) 문학적 의의

이상에서 본고는 〈獻花歌〉에서 그간 무심히 지나쳤거나, 논쟁이 끝나지 않았던 '等·遣·音·獻'의 4字에 대해 새로운 시각의 해독을 시도하였다. 이제 이러한 해독의 교정과 보완이 문학적 해석에 어떤 영향을 미치는가를 간략히 언급하려 한다.

먼저, '執音乎-'을 '심온·시몬'으로 읽는다거나, '獻'을 '헌-'으로 읽는다거나 하는 것은 전술했듯이 시의 의미파악 개선과는 직접적 관련이 없다. 이미 의미는 漢字자체로 파악되어 있기 때문이다. 그러나 이러한 독법이 주는 향가 연구상의 의의는 적지 않다. 향찰 표기를 當代가 의도한 음절에 어긋남 없이 정확히 읽을 수 있다는 것은 향가의 율격을 파악하는 기초 자료가 되어 주기 때문이다. 그간 우리는 향가의 율격을 파악하기 위해 부단한 노력을 기울여 왔다. 그러나 그 노력과 열의에 비해 현재 우리가 확정적으로 말할 수 있는 것은 그리 많지 않다. 初入을 들어서기는 했지만, 그 초입에서부터 우리는 여러 연구자의 각기 다른 목소리의 숲에서 진행의 방향을

운 미래)'를 나타내는 선어말어미이다. 선행한 어간 '獻'의 時點을 알리는 말로, 선초 언해의 다음에 비견되는 형태소이다.
나도 이제 三乘을 說法호리라 〈月印釋譜 4:48b〉, 나를 브리고 出家ᄒᆞᄂᆞ니 나도 出家호리라 〈月印釋譜 07:03b〉
후행한 '-ㅁ다(音如)'는 '가능·당위·의도'의 뜻을 띠는 말이다. 구결에서 자주 보이는
信隱 能支 一切 佛乙 示現爲在音叱多 〈華嚴經 14卷 10:07〉
믿음은 능히 일체 佛을 示現할 수 있다. (필자 해석)
吾隱 今爲隱 先良 諸隱 菩薩 [爲]沙音 佛果乙 護乎솝叱 因緣亦 十地叱 行乙 護乎솝叱 因緣亦乎乙 說白乎音叱多 〈舊譯仁王經 03:19〉
나는 지금 먼저 모든 보살 위해 佛果를 지키는 인연과 十地의 行을 지키는 인연이라 하는 것을 說하오려 한다. (필자 해석)
와 같은 것으로 파악되어 있다. 이 어미의 의미 범주에 대하여는 박진호(「차자표기 자료에 대한 통사론적 검토」, 『새국어생활』 제7권 4호, 국립국어연구원, 1997.), 장윤희(「舊譯仁王經 구결의 종결어미」, 『구결연구』 제5집, 태학사, 1999.)를 볼 것.

잡기 어려웠기 때문이다. 그 중 두 목소리를 들어 본다. (괄호 속은 行, 그 옆 숫자는 해독한 음절 수)

헌화가 (1) 6 (2) 10 (3) 9 (4) 8[34]
헌화가 (1) 6 (2) 9   (3) 9 (4) 9[35]

위 두 견해는 제2행과 4행에서 각기 다른 음절 수를 제시하고 있다. 제2행에서는 '執音乎手'에 대한 견해차(자브몬손 / 움온손)에서 음절 수가 차이 났으며, 제4행에서는 '獻乎理音如'에 대한 견해차(바도림다 / 바도리이다)에서 음절 수가 차이 났다. 모두 같은 의미로 파악하고 있지만 독법에 따라 음절 수가 갈렸고, 이것으로 향가의 율격에 대한 다른 목소리가 나온 것이다. 본고에서 다른 '執音·獻'에 대한 독법은 이러한 爭鳴의 상황에 대한 한 판단기준이 될 수 있다.

연결어미나 종결어미에 대한 정확한 音價 파악은 그 자체만으로도 물론 중요하다. 시의 一字一字는 직간접적으로 시의 율격을 형성하는 데 중요한 역할을 하며, 그 중 연결어미나 종결어미는 行의 末尾에 나타나 시의 韻을 파악하는 데 결정적 역할을 하기 때문이다.[36] 그러나 이보다 더 중요한 것은 부정확한 음가 파악이 초래할 해독과 해석상의 오류들 혹은 모순들이

---

34 김완진, 상게서, 26면.
35 신재홍, 「향가의 율격 분석」, 『고전문학과 교육』 2, 한국고전문학교육학회, 2000, 154면.
36 향가 중 脚韻이 가장 잘 드러난 것은 〈願往生歌〉일 것이다. 예시하면
  1 月下伊底亦 2 西方念丁去賜里遣 3 無量壽佛前乃 4 惱叱古音多可支白遣賜立
  5 誓音深史隱尊衣希仰支 6 兩手集刀花乎白良 7 願往生願往生 8 慕人有如白遣賜立
  9 阿邪 此身遣也置遣 10 四十八大願成遣賜去
와 같은데 4·8·10의 종결부가 모두 '동사어간 + 遣賜立'으로 되어 있어 일정한 리듬을 느끼게 한다. (10행의 '去'는 '立'의 잘못일 것으로 판단된다. 이에 대한 자세한 사항은 박재민의 『삼국유사 소재 향가의 원전비평과 차자·어휘 변증』(서울대학교 박사학위논문, 2009, 39면.)을 참조할 것.)

다. 위에서 다룬 '遣'의 音價는 그 점에서 매우 중요한 논의가 된다. 본고에서는 이를 '겨·견'으로 읽으면서 그 의미는 '-하니·-거늘'로 보자는 어학측·문학측의 최근 제안들에 대해 부정적 입장을 견지했는데, 그것은 전술한 문헌적 근거로써 뿐만 아니라, 그렇게 될 경우 발생할 여러 해독의 문제들로써도 거듭 강조될 수 있다. 당장 부딪치게 되는 〈薯童謠〉의 한 구절 '抱遣去如'를 보자. 위 제안을 극단적으로 따를 때, 우리는 이를 '안겨 가다'로 읽으면서 해석을 '안으니 가다·안거늘 가다' 등으로 해야 한다. 하지만 文理로 볼 때 이는 타당한 독법이 될 수 없다. 역시 기존의 독법대로 '안고 가다'가 정확한 것이다.

'(3행)나를 아니 부끄러워하시니 (4행)꽃을 꺾어 바치렵니다'로 해독된 것은 어떤 문학적 효용이 있는가? 우선 3행의 말미에서 이유의 '니'를 포착해냄으로써 그간 제기되었던 제2행의 마지막 - 放敎遣(노히시고) - 이 '이유'의 연결어미라는 몇 연구결과를 수정할 수 있게 되었다. 그 연구결과들에 따르면 "자줏빛 바위 가에 움켜쥔 손에서 암소를 놓게 하시니 나를 아니 부끄러워하신다면 꽃을 꺾어 바치리이다"[37]인데 이는 노랫말 자체로만 본다면 매끈한 해독이지만 배경 설화와 연결어미의 용법으로 검토해 볼 때는 수긍하기 어려운 해독이었다. 2행 끝의 '遣'과 3행 끝의 '等'이 올바로 문증된 해독이 아니었을 뿐더러 설화적 정황도 충실히 반영해주지 못하기 때문이다.

한편, '나를 아니 부끄러워하면 ~ 하리라'와 '나를 아니 부끄러워하니 ~ 하리라'가 가지는 뉘앙스의 차이는 노인의 정체를 파악하는 데도 중요한 시사를 준다. 현재 〈獻花歌〉를 둘러싼 문학적 해석의 쟁점 중 가장 중요한 것의 하나는 바로 '노인의 정체'이다. '소를 몰고 가는 일개 村夫'[38]라는 파악에서부터, '그 노인이 어디서 온 이인지는 모른다(其翁不知何許人也)'라는 구절

---

37 신재홍, 『향가의 해석』, 집문당, 77면.
38 박노준이 대표적이다.

에 근거한 '神人'설까지 추정의 변폭은 큰 편이다. 그러나 각 입론이 설화를 충실히 따른 것이기에 어느 한 편에 치우치지 않고 현재까지도 팽팽한 각축을 하고 있다. 즉, '시골마을 - 소 - 촌로 - 山勢를 잘 아는 촌로의 折花'는 전혀 무리가 없는 전개이기에 그 주장도 타당하게 여겨지고, '어디서 온 사람인지 모른다'란 심상치 않은 묘사와 '사람이 닿을 곳이 아닌 곳[39]에 핀 꽃을 꺾어 바치는 행위', 게다가 바로 이어지는 이야기에서 보이는 '神異한 바닷가의 노인'의 이미지와 겹쳐 후자의 주장도 타당하게 여겨졌던 것이다.

그런데 본고의 해독은 이 두 주장 중 後者에 일정 무게를 더한다. '나를 아니 부끄러워하면 꽃을 꺾어 바치오리라'는 기존 해독은 '소극적이고 수동적인 뉘앙스'를 풍겨 '귀부인을 조심스러워 하는 시골 촌로'와 호응하고, '나를 아니 부끄러워하니 꽃을 꺾어 바치오리라'는 '주체적 판단'이 드러나고 '능동적인 뉘앙스'를 풍겨 그녀의 소원을 들어주는 '神人'에 보다 잘 어울리기 때문이다. 즉, 전자는 결정권을 상대방에게 맡겨 둔 채 상대방의 결정에 따라 행동하겠다는 조심스러운 뉘앙스가 강하고, 후자는 화자 스스로 상대방의 행동을 판단한 후, 마치 그 보상으로 '그대가 그러하니 내가 드리리라'라는 뉘앙스가 강하다. 만약, 전자의 주장처럼 '소를 몰고 가던 평범한 村老'였으면 '귀부인' 앞에서 이러한 '판단과 보상'의 뉘앙스가 가득한 말을 할 수 있었을까? 만약 이 해독이 정당하다면, '어디에서 온지 알 수 없었던「수로부인」조의 노옹'이 '村老'가 아닌 '神人'이라고 판결하는 데도 긍정적으로 기여하게 된 셈이다.

3. 결론

이상 본고는 〈獻花歌〉에서 그간 무심히 지나쳤거나, 논쟁이 끝나지 않았

---

[39] "從者曰 非人跡所到 皆辭不能" 〈三國遺事 2卷, 水路夫人〉

던 '等·遣·音·獻'의 4字에 대해 새로운 시각의 해독을 시도하였다. 그 결과를 정리하면 다음과 같다.

1. 그간 '等'은 '든·든'으로 읽히며 조건의 연결어미 '-면'과 같은 의미로 파악해왔다. 그러나 선초 문헌과 이두 자료를 살핀 결과 '든·든'은 이유의 연결어미 '-니'와 같은 의미로도 사용됨을 확인하였다. 이러한 의미는 노래의 배경 설화에도 부합되는 것이기에 본고는 이를 해독에 반영해야 한다고 판단한다.

2. '遣'은 최근 구결 측 연구자들에 의해 '겨·견'으로 읽히는 경향이 강하다. 두 젊은 연구자가 연속적으로 문제를 제기하며 동일한 결론에 도달했기 때문이었다. 그러나 '遣'은 전통적으로 '고'로 읽혀 온 차자로 여러 자료적 정황상 이를 부인할 수는 없는 형편이다. 이에 본고에서는 구결의 '捨爲古只·古只賜立'가 향찰의 '捨遣只·遣只賜立'에 정확히 대응되고 있는 점을 주목하여 이 자를 예선대로 '고'로 되돌려 읽을 것을 주장하였다. 한편, 최근의 문학연구자로부터 '遣'의 의미가 '-거늘'일 수 있다고 주장되기도 했으나 이 역시 문헌적으로는 수긍할 수 없는 것이라 판단하였다.

3. '音'이 향찰을 포함한 모든 차자 표기에서 'ㅁ'음을 위한 字임은 주지의 사실이다. 그리하여 본 노래에 나오는 '執音' 역시 'ㅁ'을 살려 해독되어야 했다. 그러나 그간의 견해로는 이를 제대로 만족시키지 못했다. 문헌적으로 증명되지 않는 견해들이 대부분이었기 때문이다. 본고에서는 '심-'으로 보았는데 이는 선초의 『법화경』이나 『월인석보』 등의 정음 자료에서 자주 보이는 '손을 잡다'란 의미의 "소늘 심겨 迎接ᄒ시거든" 등의 구절을 반영한 것이었다. 이는 詩意의 변화에는 영향을 미치지 않는 것이나, 향찰에서 모든 '音'은 'ㅁ'이라는 우리의 기대를 충족시켜 향찰자의 기능을 일관성 있게 설명할 수 있게 하였다는 점, '자ᄇ온 손·자ᄇ몬 손' 등 3음절로 해독되던 것을 2음절로 고정하였다는 점에서 어학적·문학적 의의가 큰 발견이 된다.

4. '獻'은 그간의 연구에서 '드리·받즙·받' 등 반드시 고유어로 전환된 채

해독되었다. 그러나 향찰과 유사한 문법 형태로 인정되는 고려시대의 석독구결 등에서 漢字는 音讀되기도 했고, 선초 문헌에서도 '獻ᄒ·獻호' 등의 자료가 보여 이것을 꼭 고유어로 읽을 필요는 없음을 주장하였다. 이로써 향찰 독법의 또 다른 방식을 喚起하였고, 또 그간 제기되어 왔던 의문 -'받줍'이라면 왜 '白'이 나타나지 않았나-에 대한 해명을 할 수 있게 되었다.

이 결론을 바탕으로 〈獻花歌〉를 재해독하면 다음과 같다. 본고가 의도한 중간 결과물인 셈이다.[40]

【原文과 音寫】   【현대어역】
紫布岩乎邊希
질뵈바오ᄀ희   자줏빛 바위 가에
執音乎手母牛放敎遣
시ㅁ온손암쇼노ᄒ시고   잡은 손에서 암소 놓게 하시고
吾肹不喩慚肹伊賜等
나흘안디붓그리시든   나를 아니 부끄러워 하시니
花肹折叱可獻乎理音如
곶흘거ㅅ거獻호리ㅁ다   (應當) 꽃을 꺾어 바치렵니다[41]

【補論】
위 결론 부분에 제시한 최종 해독안에 대한 설명을 간략히 덧붙이면 다음과 같다. (圈點은 借字)

1. 紫布岩乎邊希 : 질뵈 바오 ᄀ희

---

[40] 본문에서 다루지 않은 어휘에 대한 간략한 해독은 논문 말미에 붙인【補論】을 참조할 것.
[41] 당시는 '獻호리다'로 읽었을 것이지만, 현대어역이기에 '바치렵니다'로 표기하였다.

1-1. 紫布岩乎: 紫岩의 향찰식 표기. 곧 '붉은 바위'. '紫布岩乎'에서 '布'와 '乎'는 末音添記로 '紫'의 고훈 '질뵈', '岩'의 고훈 '바오'의 각 末音을 나타내기 위한 字. 원래 '紫'는 『계림유사』에 '紫曰 質背'라 되어 있어 '질빅'[42]로 읽힐 가능성도 있으나, 同書에서 鮮初의 '의~보'음에 대응[43]되어 '背'가 나타나고 있기에 그 先代音을 '뵈'로 추정할 수 있다. '乎'는 한자음으로는 '호'이나 借字로는 주로 '오'음[44]을 나타낸다. 따라서 '바오'.[45]

1-2. 邊希: 邊에 處格助詞 '希'가 결합한 형태. '邊'의 훈은 'ᄀ',[46] '希'는 향찰 표기에서 항상 처격조사 '히·희'를 위해 사용되던 字.[47]

2. 執音乎手母牛放教遣 : 심온 손(에서) 암쇼 노히시고

2-1. 執音乎手 : 執音은 '심'(본문을 참조할 것). '乎'는 향찰과 이두 등의 차자 표기에서 '오·온'을 위해 쓰이는 字.(위 '岩乎'를 볼 것). 여기서는 의도법의 '오'에 관형형 'ㄴ'이 결합된 '온'. '手'는 손. 충실한 표기라면 '手良'의 형태로 표기되어 '손에서'란 의미를 나타내었을 것이지만 여기서는 처격의 조사 '良'이 생략되어 나타났다. 향찰 표기에서 조사의 생략은 매우 흔한 편이다.[48]

---

42 '背'는 옛 음이 '빅'이다. "背 등 빅" 〈訓蒙字會〉
43 다음과 같이 대응된다.
　　袴 珂背, 裩 安海珂背　　　　〈鷄林類事〉
　　裩 고의 군, 袴 고의 고　　　〈訓蒙字會〉
　　襪 背戍　　　　　　　　　　〈鷄林類事〉
　　襪 ᄇᆞ션 말　　　　　　　　　〈新增類合〉
44 乎 온 호 〈光州千字文〉, 爲乎㫆 ᄒᆞ오며 〈儒胥必知〉
45 '巖'의 고훈은 "巖 바회 암 〈千字文(光州)〉, 巖 바우 암 〈역대천자문〉" 등에서 보듯이 '바회·바우'로 나타나지만, 본고에서는 '바오'로 상정한다. 다음의 자료에서 보이듯 신라시대에는 말음에 'ㅎ'음이 없었을 가능성이 있기 때문이다.
　　孔巖縣 本高句麗 濟次巴衣縣〈三國遺事 35卷, 志, 地理〉
46 邊은 ᄀᆞ싀라 〈月釋 1:1b〉
47 향찰의 처격은 '良·衣·矣·希·阿希·惡希·衣希·良中·也中' 등 형태가 매우 다양한데 그 중의 하나이다. 다음이 향찰에 쓰인 '希'字의 총 용례들이다.
　　紫布岩乎邊希〈獻花歌〉, 誓音深史隱尊衣希仰支〈願往生歌〉
　　逸烏川理叱磧惡希〈讚耆婆郎歌〉, 法界惡之叱佛會阿希〈普賢6〉
48 향찰에서 격조사의 생략은 수의적 측면이 있다.(*은 필자 보충)

2-2. 母牛: '암쇼'로 읽힌다. 배경 설화에 "傍有老翁牽㸴牛而過者"⁴⁹으로 나타나기에 해독에 문제가 없다. 배경 설화의 '㸴牛'가 노래에서는 '母牛'로 바뀐 것은 이 두자가 同義語 관계에 있기 때문이다.⁵⁰

2-3. 放敎遣: '노히시고'로 읽힌다. '放'은 '놓-',⁵¹ '敎'는 '이시'.⁵² '遣'은 '고'.

3. 吾肹不喩慚肹伊賜等 : 나흘 안디 붓그리시든

3-1. 吾肹 : '吾'는 한자어 본연의 쓰임새. '肹'은 목적격조사 '흘·홀'.⁵³

母牛(*肹) 放敎遣 〈흘, 헌화가〉, 彌勒座主(*肹) 陪立羅良 〈흘, 도솔가〉, 蓬次叱巷(*良)中 宿尸 夜音有叱下是 〈오, 모죽지랑가〉, 慕人(*是)有如 〈이, 원왕생가〉, 此身(*肹) 遣也置遣 〈흘, 원왕생가〉, 四十八大願(*肹) 成遣賜去 〈흘, 원왕생가〉, 察尸(*良中) 不冬爾屋支墮米 〈아히, 원가〉, 千隱手(*良中)叱 千隱目肹 〈아히, 도천수대비가〉

49 㸴 암 즈 〈訓蒙字會〉
50 양주동은 이를 '암(雌)=엄(母)'의 관계로 설명하고 있으나, '母'가 '엄'이라는 점은 '어미' 등의 어휘로 추론될 뿐이지 직접적으로 '母=엄'임이 증명되지는 않는다. 오히려 신라 향가에서는 '母史(안민가)' 등에서 보이듯 '母=엇'으로 나타나고 있다. 따라서 이곳은 다음의 용례에서 보이듯이 '母'의 한자 의미가 '암'인 경우라 하겠다. 五母鷄 二母彘 無失其時 老者足以無失肉矣 〈孟子, 盡心 上〉
51 放은 노홀 씨오 〈月印釋譜 21:207b〉
52 '敎'는 전통 吏讀書에서 다음과 같이 '존칭의 선어말어미'로 설명하고 있다.
大抵吏吐 臣告君賤告貴 則皆加白字 又用敎是等語 是字爲字 隨勢改換爲好 : 대저 이두는 신하가 임금께 고하거나 천한 사람이 귀한 사람에게 고할 경우 모두 '白'자를 더하거나 '敎是' 등의 말을 덧붙인다. '是'자와 '爲'자는 문맥에 따라 적절히 사용하는 것이 좋다. 〈儒胥必知, 해석 필자〉
하지만, 본 항에서는 높임과 동시에 '사역'의 의미도 포함되어 있는 것으로 보인다.
53 다음에서 보인다.
花肹折叱可獻乎理音如 : 고즐 〈獻花歌〉
心未際叱肹逐內良齊 : 갓 홀 〈讚耆婆郎歌〉
游烏隱城叱肹良望良古 : 잣흘 〈彗星歌〉
膝肹古召旀 : 무루플 〈禱千手大悲歌〉
千隱手叱千隱目肹 : 누늘 〈禱千手大悲歌〉
一等下叱放一等肹除惡支 : ᄒᆞᄃᆞ늘 〈禱千手大悲歌〉
窟理叱大肹生以支所音物生 : 六趣를 〈安民歌〉
此肹喰惡支治良羅 : 이를 〈安民歌〉
此地肹捨遣只於冬是去於丁 : 이 ᄯᅡ홀 〈安民歌〉

3-2. 不喩 : 이두에 자주 나타나는 어휘로 '안디'로 읽힌다.[54] 의미는 '아니'.

3-3. 慚肹伊賜等 : '慚肹伊'는 '븟그리-'.[55] '賜'는 주체존대선어말어미 '시',[56] '等'은 이유의 연결어미 '든'.

4. 花肹折叱可獻乎理音如 : 곶홀 것거 獻호림다

4-1. 花肹折叱可 : '花'는 한자 본연의 쓰임새, '肹'은 목적격조사 '훌·홀'을 위한 借字. '折'[57]은 한자 본연의 쓰임새, '叱'은 선행한 '折'의 말음 'ㅅ',[58] '可'는 '거'.[59] 이상, 곶훌

際于萬隱德海肹 : ᄇᄅ롤 〈普賢2〉

한편, '乙' 역시 『삼국유사』 소재 향가의 '목적격조사' 중 하나로 알려져 있지만, 엄밀히 분석해 보면 『삼국유사』 소재의 향가에서는 '乙'이 목적격조사로 쓰인 예가 없다. 이에 대하여는 박재민(『삼국유사 소재 향가의 원전비평과 차자·어휘 변증』, 서울대학교 국어국문학과 박사학위논문, 2009, 160면.)을 참조할 것.

54 이두서에서는 '아닌지(不喩 아닌지 〈儒胥必知〉)'로 나타나는데 이를 양주동이 '안디'로 읽었다. 근래에 발굴된 고려시대의 석독구결에서도 '不知'의 형태가 나타나 그의 說 '안디'일 것임을 확인시켰다.
한편, 이 형태는 향가에서 1회 더 나타난다. "吾衣身不喩仁人音有叱下呂 〈普賢5〉"

55 慚과 愧와는 븟그릴 씨라 〈釋譜詳節 11:43a〉

56 '賜'는 후대의 차자 표기에서는 'ㅅ'를 위한 차자로 쓰였다. 다음과 같이 '이ᄉ롯'의 'ㅅ'를 위해 '賜'를 쓰고 있기 때문이다. "郁李 山叱伊賜羅次 〈鄕藥救急方〉, 櫻 이ᄉ랒 잉 〈訓蒙字會〉" 그러나 『集韻』의 "賜 竝斯義切 音思"란 기록을 볼 때 향찰의 시기와 가까운 중국 唐代의 음은 '시'였을 것으로 판단된다. '思'가 '詩·遲·期' 등과 韻을 이루고 있기 때문이다.
寂寞書齋裏 終朝獨爾思 更尋嘉樹傳 不忘角弓詩 短褐風霜入 還丹日月遲 未因乘興去 空有鹿門期 〈杜甫, 冬日有懷李白〉

57 折 것글 졀 〈新增類合〉

58 주지하다시피 '叱'은 차자 표기에서 'ㅅ'음을 위해 상용된다.
糞 叱同똥, 羊蹄 所乙古叱솔옷, 菖蒲 松衣ケ叱根숑의맛불휘 〈牛馬羊猪染疫病治療方〉
향가에서도 'ㅅ'말음을 가지는 명사나, 동사의 어근에 접속되어 나타난다. 한두 예를 보이면 다음과 같다.
際叱 〈讚耆婆郎歌〉, 際 ᄀᆺ 제 〈新增類合〉, 城叱 〈彗星歌〉, 城 잣 셩 〈新增類合·光州千字文·訓蒙字會〉
功德修叱如良來如 〈風謠〉, 修行ᄋᆞᆫ 닷가 行홀씨라 〈月印釋譜 02:25a〉

59 '可'는 차자 표기에서 '가·거' 두 음으로 읽힌다. 본고는 향찰을 비롯한 차자 표기는 '아·어', '오·우'의 교체가 자유로운 경우가 많다는 점을 근거로 이곳의 '可'를 '거'로 읽는다.

것거.⁶⁰

4-2. 獻乎理音如 : '獻乎'은 '獻호('獻ᄒ오'의 축약형)'(본문을 참조할 것). '理'는 '리',⁶¹ '音'은 'ㅁ',⁶² '如'는 '다'⁶³를 위한 향찰자. 이상, '理音如'는 '음다'로 읽히는데 이는 구결에서도 많이 나타나는 어형으로 '應當'에 호응하는 어미들이다. 즉, '가능·당위·의도'의 뜻을 띠는데⁶⁴ 본 노래에서는 '-하시니 (응당) 꽃을 꺾어 바치렵니다'로 연결되어 적절한 문맥을 형성하고 있다.

『국문학연구』 19, 국문학회, 2009.

---

60 다음과 같은 내용의 향찰식 표기인 셈이다.
   바미 두서 가짓 고ᄌᆞᆯ 부러 것거 ᄇ리ᄂ다(夜來吹折數枝花) 〈杜詩初刊 10:07b〉
61 몇 용례를 보이면 다음과 같다.
   慕理尸心 〈慕竹旨郞歌〉, 慕ᄂ 그릴씨라 〈楞嚴經諺解 02:54b〉
   世理 〈怨歌〉, 世 누리 셰 〈訓蒙字會〉
   川理 〈讚耆婆郞歌〉, 正月ㅅ 나릿 브른 〈動動 正月障〉
62 『삼국유사』 소재 향가에 나타나는 '音'을 선초 언해의 어휘와 대응시켜보면 다음과 같다.
   心音 〈兜率歌〉: 心 ᄆᆞᅀᆞᆷ 심 〈訓蒙字會〉, 憂音 〈慕竹旨郞歌〉: 憂 근심 우 〈新增類合〉
   夜音 〈慕竹旨郞歌〉: 夜 밤 야 〈新增類合〉, 雲音 〈讚耆婆郞歌〉: 雲 구룸 운 〈新增類合〉
63 다음의 대응으로 알 수 있다.
   東京明期月良 夜入伊 遊行如可 〈處容歌〉
   東京ᄇᆞᆯᄀᆞᆫᄃᆞ래 새도록 노니다가 〈樂學軌範, 處容歌〉
   爲行如可 ᄒᆞ엿다가, 是如 이다, 是如乎 이다온, 爲有如乎 ᄒᆞ잇ᄉᆞ온, 爲白如乎 ᄒᆞᄉᆞᆸᄉᆞ온, 爲白如可 ᄒᆞᄉᆞᆸᄉᆞ가 〈儒胥必知〉
   '如'가 '다'음을 위해 쓰이는 이유는 '如'의 훈이 '-답다·-다이' 등이었기 때문인 것으로 믿어지는데, 이는 소창진평이 최초로 제기한 이래 정설이 되어 있다. 그의 언급은 다음과 같다. ''如'자는 어떤 까닭으로 다로 읽히는 것일까. 이 자의 고훈이 속한 예 중에 '實다이아라(如實知之) …' 등의 '다이·다와'는 정확히 이 「如」의 훈에 들어맞는다. 또 '사름답다' 등의 '답다'도 그 기원은 같은 것이다. 〈小倉進平, 상게서, 141면.〉
64 이에 대한 자세한 분석은 박진호(「차자표기 자료에 대한 통사론적 검토」, 『새국어생활』, 제7권 4호, 국립국어연구원, 1997.), 장윤희(「구역인왕경 구결의 종결어미」, 『구결연구』 제5집, 태학사, 1999.)에서 행해진 바 있다.

兜率歌 해독의 원리와 실제

1. 서론

월명사의 〈兜率歌〉는 『三國遺事』 권5에 다음과 같은 배경 설화와 함께 실려 전하는 4구체 향가이다.

경덕왕 19년(760년) 경자 4월 1일, 두 개의 해가 함께 나타나 열흘이 지나도 사라지지 않았다. 일관이 아뢰기를 "인연 있는 스님을 청하여 산화공덕을 행하면 물리칠 수 있을 것입니다."라고 하였다. 이에 조원전에 단을 깨끗이 만들고 왕은 청양루에 행차하여 인연이 있는 스님을 기다렸다. 이 때에 월명사가 천맥사의 남쪽 길을 가고 있으니 왕이 사람을 보내 그를 불러오게 하여 단을 열고 계문을 짓게 하였다. 월명사가 아뢰었다. "신승은 단지 국선의 무리에만 속하여 향가만 알 뿐이고 성범(聲梵, 梵聲의 잘못)은 익숙하지 않습니다." 왕이 "이미 인연 있는 중으로 뽑혔으니 비록 향가를 쓰더라도 좋다"고 하였다. 월명사가 이에 〈兜率歌〉를 지어서 읊었다. 그 노랫말과 풀이는 이렇다.

今日此矣散花唱良巴寶白乎隱花良汝隱
直等隱心音矣命叱使以惡只

弥勒座主陪立羅良

龍樓此日散花歌	용루에서 오늘 산화가를 불러
挑送青雲一片花	하늘로 한 조각 꽃을 뿌려 보낸다.
殷重直心之所使	은근하고 중한 곧은 마음의 시킨 바이니
遠邀兜率大僊家	멀리서 오는 도솔천의 부처님을 맞이하라.

마치자 해의 괴변이 곧 사라졌다. (후략)

〈三國遺事 5卷, 月明師兜率歌〉[1]

비록 4句[2]밖에 되지 않은 짧은 노래이긴 하지만 도솔가는 배경 설화나 노랫말에서 몇 가지 흥미로운 점을 지니고 있어 그간 적지 않은 연구자의 주목을 받아 왔다. 이 노래가 주목받은 가장 큰 이유는 설화의 첫머리에 나타난 수수께끼 같은 천문 현상과 노래가 보여 준 신비한 힘 때문이다. 설화에서 말하는 '二日並現 - 해가 두 개 나타난 현상'은 도대체 어떤 현상을 은유한 것인가? 또 그런 상황을 노래를 불러 해결했다는데, 이것은 신라 향가가 가진 주술성의 가장 표본적인 일화가 아닌가!

이런 궁금증과 신비함에 대한 대답도 점차 적층되어 오고 있다. 가령 이 노래의 목적을 간결히 간파하여 다음과 같은 골격을 포착한 연구자도 있고

---

[1] 月明師兜率歌. 景德王十九年庚子四月朔, 二日並現挾(浹)旬不滅. 日官奏請, "緣僧作散花功德則可禳[禳]." 於是潔壇於朝元殿駕幸青陽樓望緣僧. 時有月明師行于阡陌時[寺]之南路, 王使召之命開壇作啓. 明奏云. "臣僧但属於國仙之徒, 只解鄉歌不閑聲梵." 王曰, "既卜緣僧雖用鄉歌可也." 明乃作兜率歌賦之. 其詞曰. 今日此矣散花唱良巴寶白乎隱花良汝隱, 直等隱心音矣命叱使以惡只, 弥勒座主陪立羅良. 解曰, 龍樓此日散花歌, 挑送青雲一片花. 殷重直心之所使, 遠邀兜率大僊家. 既而日恠即滅. (후략) 〈三國遺事 5卷, 月明師 兜率歌〉
[2] 위 인용에서 보이지만 실제로는 3행으로 띄어쓰기 되어 있다. 하지만 내용상 4행으로 판단할 수 있기에 선행 연구에서는 그렇게 이해해 왔고 본고 또한 4행 구분에 이의가 없다.

양주동(1942) : 日怪를 禳키 爲하야 彌勒佛을 邀致하는 노래[3]

김동욱(1961) : 現實國土에 息災享福을 念願하는 … 儀式을 進行하기 위한 請佛·邀佛로서의 兜率歌는 彌勒世尊을 모시는 노래[4]

'해가 두 개 나타난 현상'에 대해 다음과 같이 모범적인 답을 제시하는 교육 현장의 모습도 있다.

하늘에 해가 두 개 나타난 괴이한 사건을 해결하기 위한 의식에서 불린 노래이다. 해가 둘이 나타났다는 것은 국가의 지도자가 두 명이 나타난 것을 상징적으로 표현한 것으로 이해할 수 있다. 즉, 현재의 왕권에 도전하는 세력이 출현했음을 암시하는 것이며 이로 인한 사회적 혼란을 막기 위해 행해진 의식이 산화공덕이고, 그 의식으로 불린 노래가 '도솔가'이다.[5]

한편 예전의 내용들에 더하여, 새로운 연구 결과들도 제출·수용되고 있음을 본다. 가장 대표적인 것이 다음과 같은 해독일 것이다. (제4구 방점 부분의 해독이 특이함.)

오늘 이에 산화 불러
솟아나게 한 꽃아 너는
곧은 마음의 명에 부리워져
미륵좌주 뫼셔 나립(羅立)하라   〈김완진 해독〉[6]

---

[3] 양주동, 『고가연구』, 일조각, 1965, 24면(초판은 『조선고가연구』, 박문서관, 1942).
[4] 김동욱, 「도솔가연구」, 『국어가요의 연구』, 을유문화사, 1961, 40~41면.
[5] 강승원 외, 「고전시가」, 『해법문학』, 천재교육, 2016, 38면.
[6] 강승원 외, 상게서, 38면.

이렇듯 〈兜率歌〉의 연구는 과거의 쟁점들이 굳건히 자리하면서도 새로운 제안들이 유입되는, 과거와 현재가 공존하는 곳이라 하겠다. 그런데 이러한 상황을 흥미롭게 보면서도 필자는 현재의 도솔가 연구에 다소 아쉬운 점 또한 있다고 본다. 가령 위의 '해가 두 개 나타난 현상'을 '임금을 위협하는 존재의 등장'으로 보는 통상적 시각의 경우, 이 답이 겉으로 보기에는 매우 모범적으로 보이긴 해도 조금 깊이 생각하면 일의 先後가 전도된 답안일 수도 있다는 생각을 한다. 일반적으로 천문 현상은 '미래에 일어날 불길한 조짐'이기에, '임금을 위협하는 세력의 등장'이라는 대답은 '두 개의 해는 미래 어떤 일이 일어날 것에 대한 조짐인가?'에 대한 답은 될지언정, '그들이 무엇을 보고 해를 두 개라고 했을까?'에 대한 답은 되기 어렵다고 본다. '도대체 어떤 천체 현상을 보고서 그렇게 말했던 것일까'를 먼저 찾은 후에, 그 현상이 '해가 두 개 나타난 것과 비슷했으며', 그 현상은 '임금에게 아주 불길한 조짐이니 인연 있는 중을 만나 이 조짐을 없애야 한다'로 답하는 것이 훨씬 더 인과관계에 부합하는 답안이 되리라고 본다.[7]

아쉬운 점은 어학적 측면, 즉 해독의 불완전함에도 있다. 이 노래는 일연의 漢譯詩가 함께 소개되어 있어 해독의 이견이 비교적 적은 편이지만 그럼에도 연구의 실제 현장을 보면 여전히 몇 갈래의 이견들이 존재한다. '巴寶-' 및 '陪立羅良'를 대표적으로 뽑아 간략히 도표화하면 다음과 같다.

---

[7] 근래에 제기된 서영교(「월명사 도솔가와 핼리혜성」, 『구산논집』 제9집, 보조사상연구원, 2004.)의 "경덕왕 19년 4월 1일 하늘에 나타났던 두 개의 해는 760년 4월 전세계적으로 관찰되었던 핼리혜성에 대한 신라인의 기록이다"라는 논의는 이 점에서 상당히 설득적이다. 이렇게 볼 때, '새로이 나타난 해'는 '핼리혜성의 출현'에 대한 신라인의 기록이며, 이 현상을 보고 '임금의 위협하는 일 - 새로운 세력의 등장도 포함 - 이 곧 생기리라는 조짐'으로 해석하여 향가를 불러 해결하려 했던 신라인의 모습을 비교적 순차적으로 이해할 수 있게 된다. 이러한 설들이 연구 현장에 많이 유입되어야 보다 생산적이고 당대 정황에 부합하는 논의가 가능하리라고 본다.

	어구 해독 측면		문맥 해석 측면		
쟁점 어구	巴寶-	陪立羅良	花=汝	直心 命	彌勒座主
소창진평 (1929)	베푸- 現베풀다	모셔러라 現모실지니라	꽃	바른 마음	미륵좌주
양주동 (1942)	솓- 現뿌리다	뫼셔롸 現모셔라	꽃	은중한 마음	단상에 내려온 미륵불
정열모 (1954)	고보- 現짓궂다	모셔스랑 現모셨거라	해(日), 가짜 해	어진 마음	미륵부처
이탁 (1956)	쌔블- 現보내다	븟스라 現맞을 것이다	國仙	곧은 마음	멀리 國仙
서재극 (1975)	ㅂ보- 現솟구치다	뫼셔라 現뫼셔라	꽃	곧은 마음	미륵좌주
김준영 (1979)	보보- 現돌아 보내다	뫼셔라 現모셔라	꽃	고든 마음	미륵불
김완진 (1980)	보보- 現솟아나게하다	모리셔 벌라 現뫼셔 羅立하라	꽃	곧은 마음	미륵좌주
유창균 (1994)	돌보- 現은총을 입다	모리라라 現뫼실 것이로다	화랑	굳은 마음	미륵불
양희철 (1997)	자보- 現잡다	모셔라- 現뫼셔라아	화랑	곧은 마음	경덕왕
신재홍 (2000)	ㅂ보- 現날려보내다	뫼셔라 現모셔라	꽃	경덕왕의 마음	미륵불
			문학적 해석 부분은 신재홍(2004)를 참조함.		
정진원 (2008)	돌돌- 現돌고 도는	모셔 벌라 現모셔 펼쳐라	꽃	보리심, 정토(淨土)	미륵부처

표1. 도솔가 해독의 이견 양상

살펴보면 제2행 첫 어절에 나타난 '巴寶-'에 대한 이해가 무척 다양함을 본다. '巴'를 음차자로 보아 'ㅂ'계열의 고유어를 대응시키는 방향과 '巴'를 차자가 아닌 한자 본연의 의미를 지닌 字로 보아 '돌다(回)'의 의미로 보는 방향도 있어 여전히 합의에 이르지 못하고 있다. 제4행의 '陪立羅良' 또한, 1어절로 보아 '모시다'로 보는 견해와 2어절로 보아 '모셔 羅立하라 · 모셔 펼쳐라'로 보는 두 갈래의 견해가 제시되어 있어 우리의 검토를 기다리고 있다. 이러한 어석은 문학적 해석에도 영향을 주어 적지 않은 편차를 초래하였는데 그 정황을 망라하면 다음과 같다.

	어구 해독 측면		문맥 해석 측면		
쟁점 어구	巴寶-	陪立羅良	花=汝	直心·命	彌勒座主
김동욱 (1961)	베푸는	모셔오라	한 송이 꽃	곧은 마음	미륵님
송정숙 (1984)	김완진(1980)을 따름		공양물, 매개자, 精進	곧은 마음	미륵, 해탈의 상징
김유미 (1988)	김완진(1980)을 따름		生繁力, 여성	곧은 마음	龍
이도흠 (1988)	솟아나게	뫼셔 羅立하라	꽃, 보살의 萬行	힘을 지닌 곧은 마음	미륵불
김승찬 (1991)	뿌린	모시어라	꽃, 座臺	淸淨·誠實한 마음의 명령	미륵불
조동일 (1994)	솟아오르게	모셔 벌이라	供養物, 媒介者	곧은 마음	미륵, 龍
김성기 (1997)	뿌려지는	모셔라	산화공덕	곧은 마음	지도자
류해춘 (1997)	김완진(1980)을 따름		꽃, 매개물, 呪物, 蓮華坐臺	곧은 마음	미륵불
장영우 (1998)	뿌리며	모셔라	汝 = 임금	곧은 마음	미륵좌주
오세정 (2001)	뽑혀	모시어라	꽃, 祭物, 蓮華坐, 매개체	참다운 마음	부처
최선경 (2001)	양주동(1942)를 따름		꽃	곧은 마음	미륵좌주
황병익 (2002)	김완진(1980)을 따름		꽃, 매개체	곧은 마음	중심의 미륵
서영교 (2004)	뿌린	모시게 하라	꽃잎, 奉獻物	곧은 마음	미륵좌주
신영명 (2005)	김완진(1980)을 따름		화랑도	正念眞如	경덕왕
윤석민 (2005)	김완진(1980)을 따름		꽃	곧은 마음	미륵불
이완형 (2005)	뿌리는	모셔라	꽃, 供養	(경덕왕의) 곧은 마음	미륵보살
최정선 (2008)	뿌린	뫼시어라	꽃, 인간과 佛의 매개체	곧은 마음	미륵불, 국왕
허남춘 (2008)	솟아오르게	모셔 나립하라	꽃, 供養物, 媒介體	곧은 마음	미르, 龍, 화랑정신
이동근 (2010)	김완진(1980)을 따름		꽃	곧은 마음	미륵불
엄국현 (2012)	뽑아	모셔라	화랑	(경덕왕의) 곧은 마음	불교

염은렬 (2013)	김완진(1980)을 따름		供佛, 使者, 引導者	곧은 마음, 대비심, 순수한 마음	미륵좌주
김기종 (2014)	뿌리는	모셔라	꽃	그대로 받아들이는 마음	下生한 미륵불
조현설 (2014)	뽑히어	모셔라	생명	차별 없는 마음	미륵불
김기종 (2015)	뿌리는	모셔라	꽃(자리)	持戒, 淸淨心, 善業	꽃자리의 미륵불
황병익 (2015)	바삐	뫼셔 서라!	供養	차별 없는 마음	가장 높은 자리에 앉은 미륵
유육례 (2015)	뿌린	모셔라	供養	곧은 음	미륵불(무속신)
박인희 (2018)	∅	뫼셔 羅立하라	∅	사심이 없는 마음	왕
정진희 (2018)	불러올리네	모셔라	眞假의 판별자	정확한 판단	미륵불

표 2. 도솔가의 문학적 해석 양상

검게 칠한, 적지 않은 연구자들은 제4행의 마지막 구 '陪立羅良'를 2어절로 끊어 '陪立 羅良'로 해석한 김완진을 따르고 있는데, 그 중에는 '모셔서 羅立하라'는 어구에 이끌려 미륵좌주를 '王'으로까지 보는 결론에 다다른 연구자(신영명·박인희)도 있음을 본다. 해독의 작은 끊어 읽기 하나가 문학적 해독에서는 엄청난 거리로 갈라진 것이다.

이와 같이 〈兜率歌〉는 新說과 舊說이 섞이면서 문학적으로·어학적으로 적지 않은 논쟁의 여지를 안고 있는 흥미로운 연구 대상이다. 본고는 〈兜率歌〉를 둘러싼 어문학적 논쟁 중, 우선적으로 해독을 검토·정비함으로써 작품 이해의 확충에 참여하고자 한다.[8]

---

8 문학적 논쟁 중에서 가장 눈에 띄는 것은 앞서 말한 서영교의 논문이다. 760년 4월 1일이라는 시간이 정확히 맞아 떨어지고, 하늘에 밝은 물체가 나타난 것이란 점에서 두 개의 해가 나타난 것은 그 당시 세계적으로 관찰되었던 핼리 혜성임을 직감케 한다. 필자가 관심을 가진 또 다른 논쟁은 '주술의 방식'이다. 도솔가에 대한 기존 논의는 '미륵좌주를 불러 그가 주체가 되어 나쁜 조짐의 해를 없애는 의식의 노래'로 일관하고 있으나, 서사 문맥을 선입견

2. 해독의 현황 및 문제점

2) 한역시의 활용

주지하다시피, 〈兜率歌〉는 『삼국유사』 소재 향가로는 유일하게 漢譯詩가 수록되어 있다. 그리고 이 漢譯詩는 향가의 내용을 충실히 담고 있어 해독에 큰 편의를 제공하고 있다. 즉 다음과 같이 향가와 한역시의 대부분의 字句가 대응됨을 보는 것이다.

향가	한역시	대응 결과	
今日此矣散花唱良	龍樓此日散花歌 용루에서 오늘 산화가를 불러	향가	今日 此矣 散花 唱良
		한역	此日 龍樓 散花 歌
			오늘 여기 산화 부름
巴寶白乎隱花良汝隱	挑送青雲一片花 하늘로 한 조각 꽃을 뿌려 보낸다.	향가	巴寶白乎隱　　花良 汝隱
		한역	挑送 (青雲) 一片花
			(?)　　　꽃
直等隱心音矣命叱使以惡只	殷重直心之所使 은중한 곧은 마음의 시킨 바이니	향가	直等隱 心音矣 命叱 使以惡只
		한역	殷重直心　　　所使
			곧음 마음　부림
彌勒座主陪立羅良	遠邀兜率大僊家 멀리서 오는 도솔의 부처님 맞이하라.	향가	彌勒座主　　陪立羅良
		한역	兜率大僊家 遠邀
			미륵불　모심

표 3. 향가와 한역시의 대응표

그러나 이런 강한 대응에도 불구하고 서론에서 지적했듯이 여전히 해명되지 않은 어구들이 있다. 2행 첫 구의 '巴寶-'와 같은 구절이 그것이다. 한역시는 '挑送[돋워 보냄]'으로 되어 있으나, 향찰 표기로는 'ㅂ'음이 강한 '巴寶-'

없이 보면 "꽃을 보내 하늘에 나타난 해[미륵좌주]를 이 땅으로 불러들이는 데 성공한 의식의 노래"로 읽을 수 있다. 이에 대해서는 「도솔가의 주술 방식에 대한 일고」(『한국시가연구』 52권, 한국시가학회, 2021.)에서 다루었다.

로 표기되어 있어 해독에 어려움을 주고 있는 것이다. 또 서론에서 지적한 문학연구자들 및 교육현장에 깊은 영향을 미친 김완진의 제4구의 해독 또한 해명을 필요로 하는 구절이다. 새로운 해독이 출현하여 자생력을 얻음으로써 오히려 후학들에게는 오히려 多岐亡羊의 상황이 되어 버렸기 때문이다.

2) 古語 轉寫의 불일치

도솔가의 그간 어석에서 문제되는 점은 또 있다. 아래의 표를 보자.

	今日	此矣	散花	唱良
소창진평	오늘	이예	散花(를)	블너
양주동	오늘	이에	散花	블어
김완진	오늘	이에	散花	블러
유창균	오늘	이틱	散花	브르라
양희철	오늘	이의	산하(散花)	브르아
신재홍	오늘	이익	산화	블러

표 4. 도솔가 해독의 고어 轉寫의 불일치 양상

이 표는 그간의 주요 어석들을 비교한 것으로, 우선 문맥은 거의 일치하고 있음을 본다. 하지만 문제는 각 어구들의 古語 轉寫 형태가 연구자들마다 조금씩 다르다는 점이다. '今日'과 같은 어휘는 모두 '오늘'로 일치하지만, '唱良'과 같은 어휘는 '블너, 블어, 블러, 브르라, 브르아, 블러' 등 각양각색의 어형으로 제시되어 있다. 이러한 상황은, 어떤 연구자의 경우는 선초의 문헌에서 문증되는 고어를 따르고, 어떤 연구자의 경우는 스스로가 재구한 어형을 따랐기에 생긴 결과이다. 따라서 본고는 조선 초의 문헌들에 수록된 해당 구절을 문헌을 통해 例示함으로써 가장 표준적인 어형으로 재구하는 것[9]을 두 번째 목적으로 한다.

3) 借字 기본 개념의 혼란

본고의 어석에서 마지막으로 강조하고자 하는 것은 향찰자에 대한 정확한 개념의 제시와 실제적 분류이다. 그간의 연구사를 살펴보면 적지 않은 용어의 혼란 속에서 연구가 진행되고 있었음을 본다. 연구자들 상호 간의 혼란뿐만 아니라, 동일한 저술 내에서도 音讀, 訓讀, 音借, 訓借 등의 기본 개념들이 불분명하게 설정되어 연구의 혼란을 초래한 면이 적지 않다. 다음 진술들은 불분명한 개념 설정의 대표적인 사례들이 된다.

1 '訓讀' 개념의 혼란
㉠ '巴寶'에 대하여는 김선기가 '寶'字를 訓讀하여 '뽈'이라 하고 있는 것을 제외하고는 내리 音讀하는 태도들을 보여왔으나, 해독 내용은 서로 많은 차이를 보였었다.[10]
㉡ 著者는 이 進退兩難의 상황을 극복하는 길을 '羅'의 訓讀에서 찾는다. '羅'는 동사로서 '벌-'을 의미하기 때문에 '羅良'로서 '벌라'(羅立하라)가 되는 것이다.[11]

2 '訓借' 개념의 혼란
㉢ '汝' … 訓借로 '너'가 된다. … '너희'를 취해 본다.[12]
㉣ 成遣賜去 … '去'는 … 모두 訓借 '가'로 읽었다. 이것을 '가'로 읽으면 형태상으로는 의문형이 된다.[13]

---

9 향가는 신라어인데 한글로 문증하는 것의 한계에 대한 우려도 제기하는 글을 종종 볼 수 있다. 하지만 연구의 현실에서 볼 때, 조선 초 문헌의 어형이 신라어에 가장 가까운 언어 중 하나라는 점을 간과할 수는 없다. 신라어로 신라어를 푸는 것이 언젠가 성취될 수 있는 꿈이라면, 현재의 단계에서는 鮮初語의 언덕에 올라 신라어를 관찰하는 것이 최선임을 필자는 의심치 않는다.
10 김완진, 『향가해독법연구』, 서울대학교출판부, 1980, 120면.
11 김완진, 상게서, 122~123면.
12 유창균, 『향가비해』, 형설출판사, 1994, 701면.

①은 '訓讀'에 대한 혼란을 보이기 위하여 인용하였다. 김완진의 저술에서 위와 같은 진술은 자주 나타나는데, 필자는 이러한 진술이 적지 않은 문제를 지니고 있다고 본다. 왜냐하면 향가에 쓰인 字는 크게 '한자 본연의 의미로 쓰인 정용자'와 '한자 본연의 의미는 버리고 발음기호로만 쓰이는 차용자'로 大別되고, 이는 다시 전자의 경우 음으로 읽을 때 音讀, 훈으로 읽을 때 訓讀이라 칭하는 것이고, 후자의 경우 그 발음기호가 음에서 땄으면 音借, 훈에서 땄으면 訓借라고 부르는 것이기 때문이다. 즉 향찰자는 다음과 같이 구성된 언어체계인 것이다. (괄호 속은 〈兜率歌〉의 용례를 듦.)

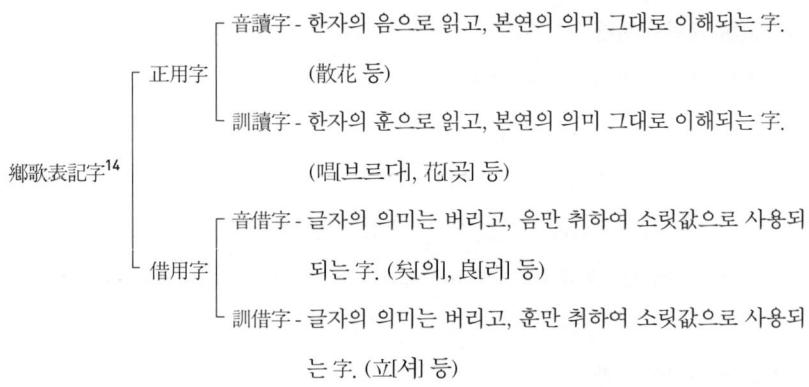

그런데 김완진은 그의 저술에서 ㉠처럼 본연의 의미가 없다고 판단한 '寶'도 '훈독'이라 부르고, ㉡처럼 본연의 의미가 있다고 판단한 '羅'도 '훈독'이라 부르고 있음을 본다. 이렇게 전혀 범주가 다른 글자를 하나의 용어로 묶어 칭하면 결국에는 해독의 혼란으로 이어진다는 점에서 본고는 이를 명확히 하여 기술할 필요를 느낀다. 즉, '訓讀'이란 용어는 위의 표와 같이 반드시 정용자(본연의 의미를 그대로 지니고 한자)에 한해서 쓰고, 그 정용자를

---

13 유창균, 상게서, 678면.
14 정용자는 '동아시아 한자 문화권의 사람들이 공통적으로 이해할 수 있는 글자', 차용자는 '오직 한국에서만 이해할 수 있는 글자'로 생각하면 간명하다.

훈으로 읽을 때만 '훈독'이라고 칭한다. '唱良'의 '唱-', '花良-'의 '花'와 같은 자를 각각 '블-', '곶'로 읽었을 것으로 보고 이를 훈독자로 분류한다.

유창균의 저술에서 보이는 '훈차'의 개념 역시 분명하지 않다. ㉢처럼 한자 본연의 의미를 여전히 지니고 있는 '汝(너, 너희)'도 '훈차'로 부르고, ㉣처럼 한자 본연의 의미를 잃은 '去(가, 의문형 종결어미)'도 訓借로 부르고 있음을 본다. 역시 전혀 범주가 다른 향찰자를 하나의 개념으로 묶은 것이다. 향찰의 실질 체계에서 볼 때 이 글자들은 따로 구분되어 기술되어야 한다. 위의 표처럼 훈차는 차용자의 하위 개념으로 한자 자체의 의미를 잃은 것에만 적용해야 한다. 즉, ㉣과 같은 의문형어미 '가'를 위해 쓰인 '去'만 훈차자에 해당하며, ㉢과 같은 '汝(너, 너희)'는 여전히 한자의 본래 의미를 지닌 채 훈으로 읽는 것이므로 訓讀字에 해당하는 것이 된다.

요약하자면, 본고는 향가에 쓰인 글자를 크게 '한자 본연의 의미를 그대로 지니고 있는 자'와 '본연의 의미를 잃은 자'로 먼저 나누고 전자를 正用字, 후자를 借用字라 명명한다. 그리고 正用字의 경우 음으로 읽었을 것으로 추정되는 자는 音讀字, 훈으로 읽었을 것으로 추정되는 자는 訓讀字라 기술하고, 借用字의 경우 음에서 빌린 것으로 판단되는 것은 音借字, 훈에서 빌린 것으로 판단되는 것은 訓借字라고 기술한다. 正用字는 주로 체언 및 어간 등의 실질형태소에 출현하고, 借用字는 주로 조사 및 어미 등의 형식형태소에 출현하는 특징이 있다.[15]

4) 기본 차자표

마지막으로 해독의 편의를 위해 아래 표를 덧붙인다. 이 표는 어느 정도 합의에 이른 차자들의 음가표이다.

---

15 이상의 개념과 용어는 박재민(「고등학교의 訓借字·音借字 교육에 대한 비판적 고찰」, 『국어교육』 139, 한국어교육학회, 2012.)이 이미 다룬 바 있으며 본고는 이 체계를 따른다.

향찰자	기존 연구자들이 설정하였던 향가에 쓰인 차자의 음의 범주[16]							
	소창진평	양주동	정열모	서재극	김완진	유창균	양희철	신재홍
矣	의·이	읫·딗	읫·의	읫	읫·딗	의·딕	의·딕	읫
良	라·너·여·애·ᄂᆞ 等	아·어·애·란 等	아·야·애·랑·롸 等	아	아·어·라·러 等	라·랑	아·랑	아·어·러 等
巴	베	보	퍼	ᄇ	보	둘	漢(=把)	ᄇ
寶	포	보	브	보	보	보	보	보
白	ᄉᆞᆲ	同 一 見 解						
乎*	오·온	同 一 見 解						
隱	ᆫ·ᄋᆞᆫ·은·ᄂᆞᆫ·는	同 一 見 解						
良	라·너·여·애·ᄂᆞ 等	아·어·애·란 等	아·야·애·랑·롸 等	아	아·어·라·러 等	라·랑	아·랑	아·어·러 等
隱	ᆫ·ᄋᆞᆫ·은·ᄂᆞᆫ·는	同 一 見 解						
等	漢·드·든·더	드·든·더	든·ᄐᆞᆺ·ᄃᆞ·기리	돈·ᄃᆞ·드	든·ᄃᆞ	돌·ᄃᆞ·ᄃᆞ	든·ᄃᆞ	든·ᄃᆞ
隱	ᆫ·ᄋᆞᆫ·은·ᄂᆞᆫ·는	同 一 見 解						
音	ᄆ·ᄋᆞᆷ·음	同 一 見 解						
矣	의·이	읫·딗	읫·의	읫	읫·딗	의·딕	의·딕	읫
叱	ㅅ·ㄹ	ㅅ·ㄹ	ㅅ	ㅅ	ㅅ	ㅅ	ㅅ	ㅅ
以	어·이	이	이·ㅆ	이	이·로	이·로·止의誤	이·로	이
惡	어	읍	아	아	억	아	압	아
只	기·이	지·디·기	ㄱ·기	ㄱ	ㄱ	ㄱ·기	ㄱ	ㄱ·기
立	ᄉᆞ	同 一 見 解						
羅	라·러	라·로	라·ㅅ	라	라·漢	라	라	라
良	라·너·여·애·ᄂᆞ 等	아·어·애·란 等	아·야·애·랑·롸 等	아	아·어·라·러 等	라·랑	아·랑	아·어·러 等

표 5. 향가에 쓰인 차자의 음의 범주

---

16 표는 『신라향가변증』(박재민, 태학사, 2013, 120~125면.)을 따름.

3. 어석의 실제

Ⅰ. 今日 此矣 散花 唱良 : 금일 이에 산화 블러

소창진평(1929) : 오늘 이예 散花(를) 불너 : 오늘 이에 散花를 불러
양주동(1942) : 오늘 이에 散花 블어 : 오늘 이에 「散花」를 불러
김완진(1980) : 오늘 이에 散花 블러 : 오늘 이에 散花 불러
유창균(1994) : 오늘 이딕 散花 브르라 : 오늘 이곳에 모든 花郞을 부르는 바라
양희철(1997) : 오늘 이의 散花 브르아 : 오늘 이에 흩어진 花郞 부르어
신재홍(2000) : 오늘 이익 산화 블러 : 오늘 이에 산화(歌를) 불러
정진원(2008) : 오늘 이익 散花 블러 : 오늘 여기에서 산화공덕 노래 불러

(1) 今日 : ①今日금일 [正用字, 音讀字], ②今日오늘, 今日오눐날 [正用字, 訓讀字]. ①·② 모두 가능함 ; 현대어역은 '오늘'

한자 문화권에서 모두 '오늘'의 의미로 이해하고 월명사도 그 의미로 구사한 어휘이므로 正用字에 속한다. 소창진평이 이를 훈독자로 파악하여 '오늘'로 풀이한 이래 모든 연구자들이 이를 따르고 있다. '今日'의 고훈은 옛 문헌에서 '오늘'로 흔히 나타난다.

今日 烏捺 〈鷄林類事〉
오늘 岳陽樓에 올오라(今上岳陽樓) 〈杜詩初刊 14:13b〉

하지만 엄밀히 말하면 이 독법은 이견의 여지가 있다. 월명사 혹은 향유자들이 '今日'을 반드시 '오늘'이라고 訓讀했다는 확증은 없기 때문이다. 즉 '今日'을 '금일'로 音讀했을 가능성도 여전히 있다. 향가에서 正用字를 읽는 방식을 다음 구절들을 통해서 보자.

㉠ 善花公主主隱 〈薯童謠〉
㉡ 生死路隱 〈祭亡妹歌〉
㉢ 無量壽佛前乃 〈禱千手大悲歌〉

㉠에서 보이는 '公主'의 경우, 공주의 우리말이 없다는 점에서 그들이 '공주'로 음독했으리라 추정할 수 있다. 하지만, ㉡'生死路'의 경우 이 작품의 향유자들이 '생사로'로 음독했을지 아니면 '죽사릿길'[17]로 훈독했을지 단언하기 어렵다. 이것은 읽는 당사자의 恣意的 취향 영역이기 때문이다. 그런데 음독했다고 단언할 수 있는 경우도 있다. ㉢의 '前乃'가 그런 경우에 해당한다. 후행하는 '乃'로 볼 때 '前乃'는 '저내'로 음독되었던 것이 분명하다.

이렇게 볼 때 '今日'은 ㉡의 경우에 해당한다. 선초 문헌을 통해 볼 때 선조들은 '금일'이란 한자 어휘를 직접 구사하기도 했고, '오늘·오늜날'이란 고유어를 구사하기도 했음을 본다.

今日에 世尊이 드외시니 〈月印釋譜 1:4b〉
如來ㅣ 今日에 너비 이 會를 爲ᄒᆞ야 〈楞嚴經諺解 4:7a〉
오늜 나래 西京엣 椽둘히(今日西京椽) 〈杜詩初刊 24:09a〉
오늜 날 南湖애셔(今日南湖) 〈杜詩初刊 15:20a〉

따라서, 본조의 '今日'에 대한 우리의 이해는 폭을 넓혀야 한다. 기존의 훈독 일변도의 해독에 벗어나 음독의 가능성 또한 용인해 두어야 한다. 이에 본고는 '금일'로 음독했을 가능성과 '오늘·오늜날'로 훈독했을 가능성을 모두 인정한다.

---

17 '生死'의 고유어는 '죽사리'로 조선 초에도 흔히 쓰던 말이다.
죽사릿 險ᄒᆞᆫ 길헤 드러 〈釋譜詳節 13:57a〉

(2) 此矣 : 此이 [正用字, 訓讀字] + 矣에·예 [借用字, 音借字] ; 현대어역은 '여기에서'

'此'는 한자 본연의 의미를 그대로 지니고 쓰였으므로 正用字이다. 고훈은 '이'. 언해 등에서 '차이'로 쓰는 경우는 거의 없는 반면, '이에' 등으로는 흔히 쓰므로, 신라인들도 관습적으로 훈독했을 것으로 판단된다. 용례는 다음과 같다.

此 이 츳　　　　　　　　　　　　　　　　　　　　　〈新增類合〉
어마니미 이에 잇다 ᄒᆞ더니잇고　　　　　　　　　　　〈月印釋譜 23:82a〉

'矣'는 차용자로, 향찰 및 이두 등에서 흔히 '의·에·디' 등의 음역을 위해 쓰인다([표 5]를 참조할 것). '矣'의 음인 '의'에서 빌렸으므로 音借字에 속한다. 두 자가 결합한 '此矣'는 본 구절을 포함하여 향가 전체에서 3회 나타나며, 모두 月明師의 작품에서만 나타나는 특징이 있다. 용례는 다음과 같다.

此矣 有阿米 : 이에 있음에　　　　　　　　　　　　　〈祭亡妹歌〉
此矣 彼矣 浮良 落尸 葉 : 이에 저에 떨어질 잎　　　　　〈祭亡妹歌〉

'此矣'에 대응하는 鮮初의 어형은 '이에'이며 드물게 '이예'로도 나타난다.

이에셔 주거 뎌에 가사ᄂᆞᆫ 이를 알만ᄒᆞᆯ 씨　　　　　〈月印釋譜 04:40a〉
이예 이실 ᄯᆞᄅᆞ미시니 (在此而已)　　　　　　　　　〈楞嚴經諺解 05:70a〉

(3) 散花 : 散花산화 [正用字, 音讀字] ; 현대어역은 '산화가(散花歌)'

한자 본연의 의미를 지니고 있는 어휘이므로 正用字이다. 고유어의 흔적이 선초 문헌에서 보이지 않는다. 대응하는 고유어는 상정하기 어려운바 음독자로 판단된다. '散花'는 후행하는 '불러(唱良)'로 볼 때 '散花歌'의 준말이다. 본문의 한역시 및 배경 설화에서도 '散花歌'라 명시해 두었다.

龍樓此日散花歌　　　　　　　　　　　　　　　　〈漢譯詩〉
今俗謂此爲散花歌　　　　　　　　　　　　　　　〈背景說話〉

한편, '散花'는 불가에서 부처를 공양하기 위해 꽃을 뿌리는 행위로 선초 자료인 『월인석보』 등에서도 이에 관련된 기록들이 보인다. 몇 송이를 뿌리기도 하고 한두 송이를 공중에 뿌리기도 하였다.

種種 供養 가져 城의 나아 부텨를 맞ᄌᆞ바 저숩고 일훔난 고줄 비터라 녀느 사ᄅᆞ미 供養 ᄂᆞ차ᄂᆞᆯ 善慧 다ᄉᆞᆺ 고ᄌᆞᆯ 비흐시니 다 空中에 머므러 곳 臺 ᄃᆞ외어늘 後에 두 줄기를 비흐니 ᅶ 空中에 머므러 잇거늘 …　　　〈月印釋譜 01:13b~14a〉

샹녜 아ᄎᆞᆷ마다 各各 衣裓에 한 고ᄇᆞᆯ 고ᄌᆞᆯ 다마다가 다ᄅᆞᆫ 나랏 十萬億弗을 供養ᄒᆞᅀᆞᆸ고　　　　　　　　　　　　　　　　　〈月印釋譜 07:65b〉

만약 선남자, 선여인이 있어 다만 꽃 한 송이를 허공에 흩으며 부처를 염한 즉 곧 지극한 괴로움이 끝나고, 그 복이 다하지 않는다(若有善男子善女人, 但以一華散虛空中念佛, 乃至畢苦其福不盡.)　　　〈摩訶般若波羅蜜經 21卷, 三慧品〉

도솔가의 경우, 한역시를 따를 때, '한 송이'를 바친 것으로 보인다. 한역시에 '一片花'라고 명시되어 있다.

挑送靑雲一片花 하늘로 한 조각 꽃을 돋우어 올려 보낸다.　　〈한역시 2행〉

(4) 唱良 : 唱블 [正用字, 訓讀字] + 良러 [借用字, 音借字] ; 현대어역은 '불러'

'唱'은 한자 본연의 의미로 쓰였으므로 正用字이다. 古訓은 '브르-'.

唱 브를 챵　　　　　　　　　　　　　　　　　　　　〈新增類合〉

'良'은 차용자로 향찰, 구결, 이두 등에서 '아 ~ 이 ~ 에 ~ 라 ~ 러 ~ 란'의 음역을 나타내기 위해 쓰이는 음차자이다([표 5]를 참조할 것). '唱良'에서의 '良'은 연결어미 '러'를 위해 사용되었는데, 선초 문헌의 '블러'에 대응된다.

슌벽 티며 놀애 블러 讚嘆ᄒᆞᆸ바　　　　　　　　　　〈月印釋譜 10:45a〉
四衆이 놀애 블러 讚嘆ᄒᆞᆸ바　　　　　　　　　　　〈釋譜詳節 11:13a〉

Ⅱ. 巴寶白乎隱花良 : 봋숩온 고자

소창진평	: 베푸숩온 곳이여 너는	: 베풀어 드린 꽃이여 너는
양주동	: 샏쓸본 고자 너는	: 뿌리온 꽃아, 너는,
김완진	: 보보슬본 고자 너는,	: 솟아나게 한 꽃아 너는,
유창균	: 돌보슬본 고라 너희	: (나라의) 은총을 입고 있는 花郎 너희들은
양희철	: 자보 숩은 곶아 넌	: 잡아 사뢰온 꽃(화랑)아 넌
신재홍	: ㅂ보슬본 고자, 너은,	: 날려 보내는 꽃아, 너는,
정진원	: 돌도숩온 곶아 너는	: 감도는 꽃이여 그대는

(1) 巴寶白乎隱 : 巴보 [借用字, 音借字] + 寶보 [借用字, 音借字] + 白숩 [借用字, 訓借字] + 乎오 [借用字, 音借字] + 隱ㄴ [借用字, 音借字] ; 현대어역은 '돋워 올린'

'巴寶-'는 도솔가에서 가장 난해한 어구이다. 2장의 〈표 3〉에서도 보이듯이 '巴寶-'는 한역시의 '挑送(돋워 올려 보냄)'에 대응되는데, 이미 여러 연구자들에 의해 이 점은 지적되어 있다.

> 兜率歌의 解歌에서 이 2句에 該當한 것은 '挑送青雲一片花'고 그 중 '巴寶'에 該當한 곳은 '挑送'이므로 '挑送'은 字意 그대로 '뽑아 보낸다, 돋구어 보낸다, 솟구쳐 보낸다'는 뜻으로 '巴寶'와 같은 말이다.[18]

산화공덕의 현장에서 '꽃에 하는 어떤 행위'이기에, 그 의미 범주 또한 산화 행위를 기준으로 한다면 '뿌리다, 바치다' 정도가 되고, 위의 견해처럼 한역시를 중시한다면 '올려 보내다' 정도로 좁혀져 있기에, 선학들의 관심은 그것에 해당하는 고유어를 찾는 일에 집중되었다. 양주동은 한역시의 語句보다는 '散花' 행위를 더 중시하여, '(꽃을) 뿌리다'의 의미 범주에서 해독을 시도하였다. 그는 '巴寶-'의 음가들을 다음 용례를 통해서 취했다.

1 或作蛇卜 又巴 又伏 等 皆言童也 〈三國遺事 4卷, 義解, 蛇福不言〉
2 弓福 姓張氏 一名保皐   〈三國遺事 10卷, 新羅本紀, 興德王 3年〉
   俠士 弓巴   〈三國遺事 2卷, 紀異, 神武大王〉
3 亡妹古巴里   〈三國遺事 3卷, 塔像, 南月山〉
   亡妹古寶里   〈三國遺事 3卷, 塔像, 南月山〉[19]

그는 『삼국유사』의 「사복불언」 조에 나타난 1의 용례가 지닌 '蛇福 = 蛇卜 = 蛇巴 = 蛇伏'의 일련성에 주목하였다. 이를 근거로 신라인들이 '巴'를 '보'음을 표시하는 데 사용하였을 것으로 추정하였다. 2의 용례를 통해서도 그는 '巴'가 '보'음을 나타낸다고 보았다. 『삼국사기』의 弓福이 『삼국유사』에서는 '弓巴'로 나타나는바, 이로 '弓福 = 弓巴'의 등식이 성립되어 '巴'의

---

18 김준영, 『향가문학』, 형설출판사, 1981, 147면.
19 양주동, 전게서, 529~533면.

음은 '보'라는 것이다. ③의 용례를 통해서 '寶'의 음상도 추정하였다. '寶'는 현대음이 '보'이기도 하지만, 신라시대 역시 동일 인물 '古巴里 = 古寶里'를 표시한 방식에서 보이듯 '寶'는 '巴', 즉 '보'라는 것이다. 이후 '巴寶'를 '보보 → 뽀'[20]로 보고 최종적으로는 '쎈, 쎄, 샌'로 보면서 '散花'의 '散, 쓰리다(뿌리다의 옛말)'말이라 보았다. 그럴 때 '巴寶-'는 다음 산화공덕 현장들의 '빟-(흩뿌리다)'을 나타난 어휘로 이해된다.

하ᄂᆞᆯ 고ᄌᆞ로 부텻 우희 비ᄒᆞ니 비혼 고지 須彌山 ᄀᆞ더니	〈月印釋譜 14:20b〉
善慧 다ᄉᆞᆺ 고ᄌᆞᆯ 비ᄒᆞ시니 다 空中에 머므러 곳臺 ᄃᆞ외어늘	〈月印釋譜 01:13b〉
두 줄기ᄅᆞᆯ 비ᄒᆞ니 ᄯᅩ 空中에 머므러 잇거늘	〈月印釋譜 01:14a〉
曼殊沙花와 摩訶曼殊沙花ᄅᆞᆯ 비허 供養ᄒᆞᆸ고	〈月印釋譜 07:37a〉
香 퓌우며 곳 비허 太子ᄅᆞᆯ 供養ᄒᆞᆸ고	〈月印釋譜 11:09a〉

한편 한역시에 나타난 어구에 더 비중을 두고 볼 때, '巴寶-'는 '돋워 보내다'의 의미 범주를 나타낸 말로 파악된다. '挑送'의 '挑'는 기본적으로 '위로 올리다'의 의미로 다음과 같은 어휘들을 만드는 자이다.

挑遠 멀리 쏘다 〈方言類釋〉, 도분ᄒᆞ다 挑忿 〈韓佛字典〉, 도도다 挑 〈韓佛字典〉, 挑燈 블 도도다 〈譯語類解〉, 挑水 믈 긷다 〈譯語類解 補〉, 挑茱 키다 〈譯語類解 補〉, 挑

---

20 두 글자를 합하여 하나의 語頭子音群을 표시하였다고 본 양주동의 견해는 가능하다. 조선 후기 황윤석(1729~1791)의 다음 언급에서 그 가능성을 확인할 수 있다.
"신라의 관제를 살피면 '大舒發翰'이 있는데 '大舒弗邯'이라고도 하니 소위 '弗邯'은 '發翰'으로 음이 가까워 변한 것이다. 大角干이 있는데 '角'은 곧 '舒發, 舒弗'이다. 지금 세속에서 '角'을 '쓸'이라고 하는데, '舒'의 첫 자음이 우리말로는 'ㅅ'이고 '發'은 '불'에 가깝고, 또 '弗'은 바로 그 음이 '불'인바, 'ㅅ'을 '불'의 위에 놓아 '쓸'이 되니, 곧 '角'은 방언이다. 〔按新羅官制 有曰 大舒發翰 亦曰 大舒弗邯 所謂弗邯卽發翰 音近而字轉也 有曰 大角干者 角卽舒發 舒弗也 今俗猶角爲 쓸 舒之字母在諺文爲 ㅅ 發與弗近 而弗又直音불 若可入ㅅ於불之右上 則作쓸 卽 角 字方言也]" 〈黃胤錫, 頤齋遺藁 25卷, 華音方言字義解〉

竿 도도개 〈方言類釋〉

위의 '挑'는 대체로 '위로 돋우어 올리다'의 의미를 나타내기 위한 字로 사용되고 있다. 이럴 때 다음에서 보이는 '봄'은 '巴寶'의 '보보'와 상당한 음운적, 의미적 일치를 지니고 있음을 본다.

踊은 봄뇔씨오 〈月印釋譜 02:14a〉
歡喜踊躍은 깃거 ㄴ소솔씨라 〈月印釋譜 08:48b〉
踊 봄노솔 용, 躍 봄노솔 약 〈新增類合〉
翱 봄놀 고, 翔 봄놀 샹, 騰 봄놀 등, 踴 봄놀 용, 躍 봄놀 약 〈訓蒙字會〉

그렇다면 '巴寶-'는 '보보-'로써 '봄'음을 나타내기 위한 語群일 가능성이 있다. 결국 우리는 산화공덕의 행위를 더 중요시하여 '뿌리다'의 의미로 볼 것인가, 아니면 漢譯詩의 '挑送-'을 더 중요시하여 '봄-(돋워 올림)'으로 볼 것인가의 岐路에 서게 된다. 본고는 이 둘 모두 음상으로나 문맥으로나 모두 해독의 궁극적 지점에 상당히 근접한 것이라 보고 있다. 하지만 조금이라도 더 개연성 있는 것을 골라야 한다면, '봄-'을 택하고 싶다. 산화 행위를 통한 것도 퍽 개연성 있는 추론이지만, 아무래도 한역시가 도솔가의 의미를 가장 잘 반영하고 있다고 여기기 때문이다.

'白'은 향찰, 구결, 이두에서 '습·즙·숩' 음이 필요한 곳에 사용되는 차용자이고, '乎'는 향찰에서 '오'음이 필요한 곳에서 사용되는 차용자이며, '隱'는 향찰, 구결, 이두에서 'ㄴ'음이 필요한 곳에 사용되는 차용자이다([표 5]를 참조할 것). '白'은 훈에서 발음을 빌렸으므로 훈차자, '乎, 隱'은 모두 그 음들에서 발음을 빌렸으므로 음차자에 해당한다. 이 세 글자가 결합된 '-白乎隱'은 향가에 흔히 어간에 직접 결합되어 나타나는 어휘체이다.

慕呂白乎隱 佛體 〈普賢1〉

刹刹每如 邀里白乎隱   〈普賢1〉
塵塵虛物叱 邀呂白乎隱   〈普賢2〉
毛等 盡良 白乎隱 乃兮   〈普賢2〉

소창진평 이래 거의 모든 연구자들이 '-습온'으로 읽고 있으며 이는 정당한 독법 중 하나로 인정된다. 선행 어간을 '봅-'으로 볼 때는 '-습온(=ᄉᄫᆞ·ᄉ온)', '보보-'로 볼 때는 '-ᅀᆞᆸ온(=ᅀᄫᆞ·ᅀ온)'이 된다.

듣ᄌᆞ온 젼ᄎᆞ로 둟 딜 일허 놀라   〈楞嚴經諺解 01:86b〉
뵈샤믈 닙ᄉᆞ온 젼ᄎᆞ로 身心이 불ᄀᆞ니라   〈楞嚴經諺解 05:30b〉
衆生이 일훔 디니ᅀᆞᄫᆞ며 보샴 닙ᄉᆞᄫᆞᆯ 사름도 다 解脫을 〈釋譜詳節 21:02a〉
부텨 울워러 보ᅀᆞᄫᆞᆯ 사ᄅᆞ미   〈釋譜詳節 23:12a〉

이상, '봅습온'.

(2) 花良 : 花곶 [正用字, 訓讀字] + 良아 [借用字, 音借字] ; 현대어역은 '꽃아!'

'花'는 한자 본연의 의미를 지니고 있으므로 正用字이다. 음이 아니라 훈으로 읽었으리라 판단되므로 訓讀字이다. 고훈은 '곶'. 解詩에서는 '一片花'라고 하였다.

花ᄂᆞᆫ 고지라   〈月印釋譜 01:23a〉
挑送靑雲一片花   〈漢譯詩〉

'良'은 차용자로서 향찰, 구결, 이두 등에서 '아 ~ 익 ~ 에 ~ 라 ~ 러 ~ 란'의 음역을 나타내기 위해 쓰이는 음차자이다([표 5]를 참조할 것). '花良'에서의 '良'은 호격의 '아'를 위해 사용되었는데, 향찰 및 구결에 다수의 용례가 있다. 선초의 대응 어형을 더 보이면 다음과 같다.

哀反多矣 徒良(무리들아) 〈風謠〉
善男子良(선남자여) 〈舊譯仁王經 11:22〉
大王아 네 나히 며친 쁴 恒河ㅅ 므를 본다 〈楞嚴經諺解 02:8b〉
文殊아 아라라 〈釋譜詳節 13:26a〉

Ⅲ. 汝隱[21] 直等隱 心音矣 命叱 使以惡只 : 너는 고둔 ᄆᆞᅀᆞ미 몡ㅅ 브리약

소창진평 : 고둔 ᄆᆞ숨의 命을 바려　　　　　 : 곧은 마음의 命을 부려서
양주동 : 고둔 ᄆᆞᅀᆞ미 命ㅅ 브리옵디　　　　: 곧은 마음의 命을 부리옵기에,
김완진 : 고둔 ᄆᆞᅀᆞ미 命ㅅ 브리이악　　　　: 곧은 마음의 命에 부리워져
유창균 : 고둔 ᄆᆞᅀᆞ미 命ㅅ 브리아기　　　　: 한결같이 굳은 마음으로 목숨을 바쳐
양희철 : 고둔 ᄆᆞ숨의 시깃 브리-악　　　　　: 곧은 마음의 시김을 행하여
신재홍 : 고둔 ᄆᆞᅀᆞ미 命ㅅ 브리이악　　　　: 곧은 마음의 命에 부리워져
정진원 : 고둔 마ᅀᆞ미 命ㅅ 브리약　　　　　 : 곧은 마음의 命을 받아서

(1) 汝隱 : 汝너 [正用字, 訓讀字] + 隱는 [借用字, 音借字] ; 현대어역은 '너는'

'汝'는 한자 본연의 의미로 사용되었으므로 正用字이다. 고훈은 '너'.

---

21 원문에는 '汝隱'이 앞쪽에 붙어 있으나, 본고는 뒤쪽에 붙여 해독한다. 〈兜率歌〉의 원문은 서론에서 제시하였듯이 3행으로 분절되어 있으나, 대부분의 연구자들은 이를 4행으로 분절하여 해독하고 있다. 향가에는 분절의 오류가 잦은데 〈兜率歌〉 역시 그런 오류가 잠재해 있을 것으로 보고 의미에 따라 교정하여 해독했던 것이다. 합당한 이유가 있는 곳은 그 원형을 추정하여 복원 후 해독하는 것이 신라인의 향유 정황을 제대로 읽은 것이므로, 신중하다는 전제하에, 본고는 복원을 실행하는 것에 공감한다. 이와 같은 견지에서 본고에서는 '汝隱' 또한 뒤쪽으로 끊어 읽으려 한다. 내용상 그것이 무난하고, 또 한역시와 비교해 볼 때, 그렇게 하면 1, 2, 3, 4구의 대응이 완전해진다는 점이 그 이유이다.

汝 너 여　　　　　　　　　　　　　　　　　　　　　〈新增類合〉
너는 죽디 마오라　　　　　　　　　　　　　　　　〈月印釋譜 20:77a〉

'隱'은 차용자로 향찰, 구결, 이두 등에서 'ㄴ~은~은~는' 등의 음을 위해 사용된다([표 5]를 참조할 것). 이상 '汝隱'은 '너는'으로 되는데, 선초의 다음 어형에 대응한다.

健壯훈 너는 머므디 말라(健者勿逡巡)　　　　　　〈杜詩初刊 19:32b〉
나는 나히 늙고 너는 져므니　　　　　　　　　　〈月印釋譜 13:24b〉

(2) 直等隱 : 直곧- [正用字, 訓讀字] + 等ᄃ [借用字, 音借字] + 隱ᄋ [借用字, 音借字] ; 현대어역은 '곧은'

'直'은 한자 본연의 의미로 사용되었으므로 正用字이다. 고훈은 '곧-'.

直 고돌 딕 〈新增類合〉, 直 고든 딕　　　　　　　〈光州千字文〉
고든 道로 든닐식(直道無憂行路難)　　　　　　　〈杜詩初刊 11:08b~09a〉

'等隱'은 '곧-'의 관형형 '고든'의 末音을 표한 字들이다. '等'은 차용자로 향찰, 구결, 이두 등에서 'ᄃ~드~든~든~들~들' 등의 음을 위해 사용된다. '隱' 또한 차용자로 향찰, 구결, 이두 등에서 'ㄴ~은~은' 등의 음을 위해 사용된다([표 5]를 참조할 것). '等'과 '隱' 모두 글자의 음을 따서 소릿값을 빌린 것이므로 음차자에 해당한다.

'直等隱'은 '고든'이 되는데 이는 후행하는 '心音'을 수식하며 '直心'의 뜻을 표한 말이 된다. '直心'은 불가의 한 관용어로 '맑고 깨끗한 根性'을 뜻한다.

네 이제 無上 菩提眞發明性을 窮究코져 홀딘댄 諸佛證ᄒ샨 無上正覺本眞發現ᄒ 明

淨훈 性이라 고둔 ᄆᆞᅀᆞᄆᆞ로 내 무로ᄆᆞᆯ 對答ᄒᆞ야ᅀᅡ ᄒᆞ리라 十方如來ㅣ 다 ᄒᆞᆫ 道ㄴ
젼ᄎᆞ로 生死애 나 여희시ᄂᆞ니 다 고둔 ᄆᆞᅀᆞ미시니라 ᄆᆞᅀᆞᆷ과 말ᄉᆞᆷ괘 고둔 젼ᄎᆞ로
이ᄀᆞ티 終始地位예 니르리 中間애 기리 여러 구븐 相이 업스니라 … 道ᄂᆞᆫ 本來 平
ᄒᆞ며 곧거늘 횟올브터 굽ᄂᆞ니 쟝ᄎᆞᆮ려 正훈 道ᄅᆞᆯ 窮究ᄒᆞ야 갓ᄀᆞᆫ 횟ᄋᆞᆯ 고텨 더로
려 ᄒᆞ실ᄊᆡ 이런ᄃᆞ로 勅ᄒᆞ샤ᄃᆡ 고도ᄆᆞ로 對答ᄒᆞ라 ᄒᆞ시니라 ᄆᆞᅀᆞᆷ과 말ᄉᆞᆷ괘 고ᄃᆞᆫ면
道애 어루 즐거어 나ᅀᅡ가리라 一道ᄂᆞᆫ 다 고ᄃᆞᆫ ᄆᆞᅀᆞᄆᆞ로 호ᄆᆞᆯ 니ᄅᆞ시니라

〈楞嚴經諺解 01:44a~b〉

(3) 心音矣 : 心ᄆᆞᅀᆞᆷ [正用字, 訓讀字] + 音ㅁ [借用字, 音借字] + 矣이 [借用字, 音借字] ; 현대어역은 '마음의'

'心'은 한자 본연의 의미로 쓰인 正用字이다. 心의 뒤에 'ㅁ'음을 나타내는 '音'字([표 5]를 참조할 것)가 접속되어 있어 'ᄆᆞᅀᆞᆷ'으로 訓讀되었음을 분명히 알 수 있다.

心 ᄆᆞᅀᆞᆷ 심 〈光州千字文〉
信心은 믿ᄂᆞᆫ ᄆᆞᅀᆞ미라 〈釋譜詳節 09:11b〉

'心音矣'는 다음의 'ᄆᆞᅀᆞ미'에 대응하는 표기이다.

그 ᄢᅴ 世尊이 大弟子ᄃᆞᆯᄒᆡ ᄆᆞᅀᆞ미 念을 아ᄅᆞ시고 〈月印釋譜 13:64b~65a〉
彌勒菩薩이 모ᄃᆞᆫ ᄆᆞᅀᆞ미 疑心ᄋᆞᆯ 보며 〈釋譜詳節 11:17a〉

(4) 命叱 : 命명 [正用字, 音讀] + 叱ㅅ [借用字, 音借] ; 현대어역은 '명령'

'命'은 한자 본연의 의미로 쓰였으므로 正用字이다. 여기서는 '直心에서 우러나 시키는 命'이란 뜻이다. '叱'은 향찰, 구결, 이두에서 'ㅅ'음이 필요한

곳에 쓰이는 차용자로, '질'의 초성 'ㅈ'과 연관되어 있으므로 음차자에 해당한다([표 5]를 참조할 것). 단 이 곳에서의 'ㅅ'의 역할은 未詳. 이상, '命ㅅ'.

(5) 使以惡只 : 使브리 [正用字, 訓讀字] + 以ㅣ [借用字, 音借字] + 惡악 [借用字, 音借字] + 只ㄱ [借用字, 音借字] ; 현대어역은 '부려져서, 받들어'

'使'는 한자 본연의 의미로 사용되었으므로 正用字이다. 고훈은 '브리-'.

使者는 브리신 사르미라	〈釋譜詳節 06:02a〉
象兵은 ᄀᆞᆯ쳐 싸호매 브리는 고키리오	〈月印釋譜 01:27b〉
王이 梵志를 이 각싯 지븨 브리신대	〈釋譜詳節 03:12a〉

'以'는 향찰, 구결, 이두에서 '이'음이 필요한 곳에 사용되는 차용자, '惡'는 향찰에서 '악'음이 필요한 곳에서 사용되는 차용자, '只'는 향찰, 구결, 이두에서 'ㄱ'음이 필요한 곳에 사용되는 차용자이다([표 5]를 참조할 것). '以, 惡, 只' 모두 그 음에서 소리를 빌렸으므로 음차자에 해당한다.

향가에는 본 용례나, '功德叱 身乙 對爲白惡只 〈普賢2〉' 등에서처럼 용언의 末尾에 '-惡只'이 나타나는 경우가 있는데, 중세국어 자료에서 다음처럼 드물게 보이는 강세의 '-악·약'에 대응하는 것이다.

ᄒᆞ다가 分別性이 드트를 여희약 體 업슨딘댄	〈楞嚴經諺解 1:90a〉
제 子細히 ᄉᆞ랑ᄒᆞ약 哀慕를 조히 말라	〈楞嚴經諺解 2:54a〉
幸혀 爲ᄒᆞ약 어딘 府主의 내 글워를 通達ᄒᆞ라	〈杜詩初刊 25:56b〉

이상, 브리약.

Ⅳ. 彌勒座主 陪立羅良 : 彌勒座主 뫼셔라아

소창진평	: 彌勒座主 모셔러라: 彌勒座主를 모셔라
양주동	: 彌勒座主 뫼셔롸: 彌勒座主를 모셔라!
김완진	: 彌勒座主 모리셔 벌라: 彌勒座主 뫼셔 羅立하라
유창균	: 彌勒座主 모리라라: 여기에 彌勒座主를 뫼셔 받들 것이로다
양희철	: 미륵자쥬(彌勒座主) 모셔라: 미륵보살(경덕왕)을 뫼셔라아
신재홍	: 彌勒座主 뫼셔라: 彌勒座主 모셔라.
정진원	: 미륵부처 모셔 벌라: 용화세계 모셔 펼쳐라

(1) 彌勒座主 : 彌勒座主미륵좌주 [正用字,[22] 音讀字] ; 현대어역은 '미륵불'

'彌勒座主'는 '彌勒菩薩'을 칭한 말이다. 梵名은 'Maitreya'. 인도 바라내국[婆羅奈國]의 바라문[婆羅門] 집에서 태어나 석존의 교화를 받고, 미래에 성불하리라는 수기를 받아, 兜率天에 올라가 있으면서 지금 그 하늘에서 천인들을 교화한다고 하는 佛.

> 彌勒: 梵名 Maitreya, 彌勒出生於婆羅門家庭 後爲佛弟子 先佛入滅 以菩薩身爲天人說法 住於兜率天. 〈佛光大辭典〉[23]

'座主'는 설법회 등에서 강을 강독하는 승려를 칭하는 말이나 본조에서는 彌勒菩薩이 兜率天의 獅子座에서 天人들을 교화하고, 내려와서도 3번의 법회를 통하여 중생을 교화할 인물이기에 '座主'라고 표현한 것이다. 漢譯詩에서는 '兜率大儒家'[24]라 표현하였다.

---

[22] 엄밀히 말하면 '彌勒'은 범어 'Maitreya'의 음역이므로 음차자라고 할 수 있으나, 이미 한자 문화권에서 모두 동일한 의미로 이해하고 있으므로 일반 한자어로 처리하여 '정용자'에 넣었다. 이와 같은 어휘들로는 '미타찰(彌陀利), 〈祭亡妹歌〉' 등이 있다.
[23] 星雲大師, 『佛光大辭典』, 臺灣: 佛光出版社, 1989.

殷重直心之所使 遠邀兜率大僊家　　　　　　　　　　　〈漢譯詩 3, 4句〉

(2) 陪立羅良 : 陪뫼시- [正用字, 訓讀字] + 立셔 [借用字, 訓借字] + 羅라 [借用字, 音借字] + 良아 [借用字, 音借字] ; 현대어역은 '모셔라'

'陪'는 한자 본연의 의미를 지니고 있으므로 正用字이다. 고훈은 '뫼시-'이다.

陪 뫼실 빈　　　　　　　　　　　　　　　〈新增類合·光州千字文〉
侍 뫼실 시　　　　　　　　　　　　　　　〈新增類合·光州千字文〉

'立'은 향찰, 구결, 이두에서 모두 '셔'음이 필요한 곳에 사용되는 차용자이다([표 5]를 참조할 것). 訓인 '셔-'(立 셜 립, 『신증유합』 등)에서 빌린 것이므로 訓借字이다. 이상, '陪立'은 '뫼셔'를 표현한 구절이 되며, 선초 어형의 다음 구절에 대응된다.

太子 뫼셔 天神 祭ㅎ누 닉　　　　　　　　　　　〈釋譜詳節 03:03b〉
날마다 驄馬를 뫼셔 노노라(日陪驄馬遊)　　　　　〈杜詩初刊 15:43b〉

'羅'는 향찰, 구결, 이두에서 주로 '라'음을 위한 차용자로 사용되고, '良' 또한 향찰, 구결, 이두 등에서 '아 ~ 이 ~ 에 ~ 라 ~ 러 ~ 란'의 음역을 나타내기 위해 쓰이는 차용자이다([표 5]를 참조할 것). '羅·良'의 음에서 빌린 것이므로 두 자는 모두 음차자이다. 이 두 자는 다음과 같이 연속되어 나와 감탄 또는 명령형의 '~라'를 표기하기도 한다.

脚烏伊四是良羅 (넷이러라)　　　　　　　　　　　　　　　〈處容歌〉

---
24 '大僊'은 '大仙'이라고도 하며 역시 '佛'의 이칭이다. 범어로는 'maharṣi.'

此肹喰惡支治良羅 (다스러라)　　　　　　　　　　　　〈安民歌〉

본조의 '彌勒座主陪立羅良'는 순서가 바뀐 것이기는 하지만 위 두 용례와 동일한 것으로 판단된다. '羅'와 '良'은 그 표시하는 음역이 유사하여 다음처럼 서로 호환되기도 하기 때문이다.

　　癮疹 : 豆等良只, 置等羅只　　　　　　　　　　　　〈鄕藥救急方〉
　　癮　 : 두드러기 은, 疹 : 두드러기 딘　　　　　　　〈訓蒙字會〉

漢譯詩에서는 유사 의미인 '邀'字로 표현해 두었다.

　　遠邀兜率大僊家　　　　　　　　　　　　　　　　〈漢譯詩〉
　　邀 마줄 요　　　　　　　　　　　　　　　　　　〈新增類合〉

이상, 뫼셔라.

한편 연구 초기에 큰 문제없이 해독되어 있던 이 구절은 김완진에 이르러 비교적 큰 폭으로 수정 해독된다. 이 구절을 다음과 같이 끊어 읽으며, "(꽃들은) 모리셔 羅立하라"로 해독한다. 이 해독은 문학자들에게도 큰 영향을 미쳐 서론에 제시한 표의 여러 연구자 및 현재의 교육현장에서 적지 않은 애호를 받고 있다.

하지만 이 해독의 수용에는 각별한 주의가 필요하다. 왜냐하면 위(豆等良只 ↔ 置等羅只)에서도 보았지만, '良'과 '羅'는 음역이 비슷한 字들로 서로 호환될 수 있다는 점, 향찰에 이미 '良羅'가 어말 위치에 2회나 출현하고 있는바, 본조의 어말에 출현한 '羅良'과 음가상 변별이 없다는 점을 감안해야 하기 때문이다. 더구나 '羅立'이란 것은 줄지어 선다는 뜻인데, 하늘로 올린 꽃의 형상으로는 어색할 뿐만 아니라, 도솔가의 경우 그 꽃의 수효가 한역시에 '一片花', 즉 '한 송이 꽃'으로 명시되어 있어 '羅立'할 수 있는 수효가 못된다는 점도 고려되어야 하기 때문이다. 즉 '모셔서 나립하라'는 차자의 용례로 보아도, 한역시와의 대응으로 보아도 성립할 수 없는 해독이다.

이상 도솔가는 다음과 같이 재구되며, 현대어역은 다음과 같다.

향가	한역시
今日 此矣 散花 唱良 금일 이에 산화 블러 巴寶白乎隱 花良 보습온 고자 汝隱 直等隱 心音矣 命叱 使以惡只 너는 고둔 ᄆᆞᄉᆞᆷ익 명ㅅ 브리약 彌勒座主 陪立羅良 미륵좌주 뫼셔라아	龍樓此日散花歌 挑送靑雲一片花 殷重直心之所使 遠邀兜率大僊家 용루에서 오늘 산화가를 불러 하늘로 한 조각 꽃을 뿌려 보낸다. 은중한 곧은 마음의 시킨 바이니 멀리서 오는 도솔의 부처님 맞이하라.
〈현대어역〉 오늘 여기서 산화가 불러 / 돋워 올린 꽃아! 너는 곧은 마음의 명 부려서 / 미륵불을 모셔라!	

표 6. 도솔가의 현대어역

4. 결론

이상에서 본고가 보이고자 한 것을 요약하면 다음과 같다.

첫째, 〈兜率歌〉의 일관된 해독을 통하여 향찰 표기 원리에 대한 우리의 관점을 재정립하고자 하였다. 그간 향찰 표기 원리에 대한 우리의 혼란은 적지 않았다. 그 중 가장 큰 것은 향찰자에 구사된 字의 잘못된 區分이었다. 향가의 어법을 살펴볼 때, 신라인들이 구사한 향찰자는 크게 두 범주로 나뉜다. '글자 원래의 의미를 그대로 지니고 있는 正用字'와 '글자의 의미는 사라지고 소릿값으로만 사용되는 借用字'가 그것이다.

正用字는 한자 본연의 용법이기에 우리나라뿐만 아니라 중국, 일본 등 한자를 쓰는 나라에서는 모두 같은 뜻으로 파악되는 글자이다. 도솔가의 첫 구에서 보이는 今日, 散花 등이 그것이다. 이 글자는 우리나 中國·日本 등 모든 한자권에서 같은 뜻으로 이해하는 것이므로 正用字인 것이다. 그런데 정용자도 다시 두 하위 범주로 나뉠 수 있다. 음으로 읽는 音讀字와 훈으로 읽는 訓讀字가 그것이다. 가령 '今日'을 /금일/로 읽는다면 이것은 正用字 중에서 音讀字이고, /오늘/로 읽는다면 이것은 정용자 중에서 訓讀字인 것이다.

借用字는 한자가 지닌 원래 뜻은 사라지고 오로지 발음기호로만 사용되는 글자를 말한다. 발음만 떼서 우리말을 표기하는 데 쓰는 것이기에 일본인이나 중국인들은 이 글자를 전혀 이해하지 못한다. 가령 도솔가에 나온 '此矣'에서 '矣'는 '의(에)'라는 우리말의 처소격을 표시하기 위한 발음기호로만 사용된 것이므로 중국이나 일본에서는 이 글자를 이해할 수 없다. 이런 차용자 역시 두 범주로 다시 나누어진다. 矣와 같은 것은 '矣'의 音에서 빌려 '의'가 필요한 곳에 사용하지만, 도솔가의 마지막 구에 나오는 '立'과 같은 것은 '立'의 訓인 '셔-'에서 소릿값을 빌려 우리말의 '셔'음이 필요한 곳에 쓴다. 그렇기에 音에서 소릿값을 빌린 글자를 '音借字', 훈에서 소릿값을 빌린 글자를 '訓借字'라고 명명할 수 있는 것이다.

그런데 위와 같은 개념들이 적용되지 못하고 적지 않은 주요 선학의 연구들에서 '訓讀', '訓借'의 개념이 잘못 쓰이고 있음을 보였다. 이에 이를 명확히 규정하여 도솔가의 모든 글자에 명시적으로 표시하였다. 이로써 정용자·차용자 등의 개념에 대한 공감대를 구축하여 교육이나 연구 현장에 정확히 활용되기를 도모하였다.

둘째, 도솔가에 쓰인 여러 어휘들의 옛 모습 및 의미들을 보다 폭넓게 제시하면서 가장 바른 어형을 골라 수록하였다. 향가의 해독 방식이 근래에 들면서 도출 과정은 대체로 생략되고 결과 위주로 제시된 경우가 적지 않다. 그렇게 되다 보니 현재의 독자들은 결론만 주어진 대로 받아들일 수밖에 없는 아쉬움이 있었다. 그것은, 결론적으로 제시된 어형이 당대의 표준형인지 아닌지에 대한 재확인이 쉽지 않은 방식이었던 것이다. 그렇기에 도솔가 첫 구에 나오는 '唱良'이라는 어절 하나만 두고도 '불너, 블어, 블러, 블러, 브르라, 브르아' 등 각양의 모습으로 확인 없이 제시해왔던 것이다. 본고는 고문헌의 용례를 풍부하게 인용하며 풀이하여 그 중 실제로 있었던 형태가 무엇인지를 분명히 알 수 있도록 하였다. 이러한 제시는 교육 및 연구 현장에서 어형에 대한 혼란을 줄여줄 수 있을 것으로 기대된다.

어휘들의 의미에 대해서도 다양한 관점의 자료를 제시하여 정확한 의미로 수렴할 수 있도록 하였다. 현재 도솔가 풀이에서 가장 문제가 되고 있는 것은 마지막 句에 나타난 '羅良'이다. 이 '羅'를 차용자로 보느냐, 아니면 의미를 가진 정용자로 보느냐가 첨예하게 대립하다가 이제는 학계나 교육현장에서 정용자로 보려는 추세가 강해졌음을 본다. 본고는 이 대립을 보다 다양한 각도로 검토·제시하고자 하였다. '羅立'을 '벌리어 서라'로 보고 있는 많은 연구자들이 있는데 이 점에 각별한 유의가 필요함을 보였다. '羅'는 향찰이나 구결 등의 차자 표기에서 어말어미에 흔히 구사되는 音借字로 도솔가의 경우에서도 그렇게 보아야 함을 분명히 하였다. 더불어 한역시에서 '一片花'라고 하여 '한 송이 꽃을 던져 올림'을 분명히 하고 있기에 애초에 '羅立, 벌려 섬'의 정황이 성립할 수 없는 것임도 보였다. 이러한 잘못된 해독에 대한 교정은 현재 교육현장에서 흔히 수록되는 "위협적 모습이 명령의 형태 '나립하라'로 남아 있어 주가의 흔적을 보여준다"[25] 등의 학습 내용을 수정할 수 있는 근거로 활용될 수 있을 것이다.

이외 도솔가의 연구와 교육에 있어 문학적 재고를 요하는 곳도 없지 않다. 어학적 풀이를 집중적으로 제시하기 위해 각주에서만 간략히 소개할 수밖에 없었지만, '두 개의 해가 나타남(二日竝現)'이란 화소를 이해하는 방식에 대한 고심도 우리는 할 필요가 있다. 가장 일반적인 설명 방식 '해가 둘 나타났다는 것은 임금을 위협하는 세력의 등장을 뜻한다'는 충분한 설명이 되지 못한다. 왜냐하면 그것은 '二日竝現'의 원관념이라기보다는 '하늘

---

[25] 강승원 외, 상게서, 38면.

을 통해서 보여 주는 앞으로의 불길한 징조'이기 때문이다. '어떤 천체 현상이 먼저 있었고 그것을 신라인들이 해가 둘 나타난 것으로 파악했고, 그것은 임금을 위협하는 세력의 등장을 뜻하는 것으로 풀이된다'가 전체적인 흐름이 되어야 하는 것이다. 그러나 그간 우리는 그런 점들을 간과한 채, 이일병현의 원관념과 향후 시사점을 섞어서 이해한 경향이 있었다. 그럴 때 본론의 각주에서 간략히 소개했듯 서영교의 주장 '경덕왕 19(760)년 4월 1일에 나타났다고 하는 그 해는 아마 760년 4월에 전 세계적으로 관측되었던 핼리혜성일 것이다'는 도솔가 연구와 교육에 상당히 활력을 불어 넣어 줄 신선한 쟁점이 되어 줄 수 있을 것으로 본다.

이로 볼 때, 도솔가의 새로운 어석과 그간 여러 연구자들에 의해 진행된 문학적 검토는 향가의 교육현장에서 적지 않은 역사적 흥미와 언어적 호기심을 불러일으키는 자료로 사용될 수 있을 것이다.

『국어문학』 72, 국어문학회, 2019.

兜率歌의 呪術 방식에 대한 일고

1. 서론

月明師의 〈兜率歌〉는 『三國遺事』 권5에 다음과 같은 배경 설화 속에 실려 전하는 4구체 향가이다.

경덕왕 19년(760년) 경자 4월 1일, [1] 두 개의 해가 함께 나타나 열흘이 지나도 사라지지 않았다[二日並現 浹旬不滅]. 日官이 아뢰기를 "인연 있는 스님을 청하여 散花功德을 행하면 물리칠 수 있을 것입니다."라고 하였다. 이에 조원전에 단을 깨끗이 만들고 왕은 청양루에 행차하여 인연 있는 스님을 기다렸다. 이 때에 월명사가 천맥사의 남쪽 길을 가고 있으니 왕이 사람을 보내 그를 불러오게 하여 단을 열고 啓文을 짓게 하였다.
월명사가 아뢰었다. "신승은 단지 國仙의 무리에 속하여 향가만 알 뿐이고 성범聲梵은 익숙하지 않습니다." 왕이 "이미 인연 있는 중으로 뽑혔으니 비록 향가를 쓰더라도 좋다."고 하였다. [2] 월명사가 이에 〈兜率歌〉를 지어서 읊었다[明乃作兜率歌賦]. 그 노랫말은 이렇다.

오늘 여기서 산화가 불러	今日此矣散花唱良
돋워 올린 꽃아!	巴寶白乎隱花良汝隱
너는 곧은 마음의 명 부려서	直等隱心音矣命叱使以惡只
미륵불을 모셔라!	弥勒座主陪立羅良

풀이하면 이렇다.

龍樓此日散花歌 용루에서 오늘 산화가를 불러
挑送靑雲一片花 하늘로 한 조각 꽃을 뿌려 보낸다.
殷重直心之所使 은근하고 중한 곧은 마음의 시킨 바이니
遠邀兜率大僊家 멀리서 오는 도솔천의 부처님을 맞이하라.

지금 세상에서 이를 〈散花歌〉라고 부르는데 잘못이다. 마땅히 〈兜率歌〉라 해야 한다. 따로 〈산화가〉가 있으나 글이 번잡하여 싣지 않는다.
③ 노래를 마치자 해의 괴변이 곧 사라졌다.[旣而日怪即滅] 왕이 가상히 여겨 좋은 차 한 봉과 수정 염주 108개를 하사하였다. ④ 문득 한 동자가 있어[忽有一童子] 외양이 곱고 깨끗하였는데 무릎을 꿇고 차와 염주를 받들고 전각의 서쪽 작은 문으로 나갔다. 월명사는 내궁의 사자라고 하였고 왕은 월명사의 시종이라고 여겼으나 곧 알아보니 둘 다 아니었다. 왕이 매우 이상하게 여겨 사람으로 하여금 그를 쫓아가게 하니 ⑤ 동자는 내원의 탑 안으로 들어가 사라졌고 차와 염주는 남쪽 벽 벽화의 미륵보살상 앞에 있었다[童入內院塔中而隱, 茶珠在南壁畫慈氏像前]. 이로 ⑥ 월명사의 지극한 덕과 정성이 능히 至聖께 밝게 닿을 수 있음[能昭假于至聖]을 알았다. 조정과 민간에서 이 일을 듣지 못한 자가 없었다.

〈三國遺事 5卷, 月明師 兜率歌〉[1]

---

[1] 月明師兜率歌. 景德王十九年庚子四月朔, 二日並現挾浹旬不滅. 日官奏請, "緣僧作散花功德則可禳." 於是潔壇於朝元殿駕幸靑陽樓望緣僧. 時有月明師行于阡陌寺之南路, 王使召之命開壇作

배경 설화에 따르면 이 노래는 경덕왕 19(760)년 하늘에 나타난 변괴[二日並現, 하늘에 두 개의 해가 나타남]를 물리치기 위해 왕의 명을 받은 월명사가 지은 향가로, 노래를 부르자 하늘의 변괴가 사라지고 미륵불이 궁궐로 강림하여 탑과 미륵보살상 속으로 사라졌다고 한다. 이러한 정황에 기반하여 우리는 이 작품의 성격을 다음과 같이 잡고 있다.

日怪를 禳키 爲하야 彌勒佛을 邀致하는 노래[2]

現實國土에 息災享福을 念願하는 … 儀式을 進行하기 위한 請佛·邀佛로서의 兜率歌는 彌勒世尊을 모시는 노래[3]

하늘에 두 개의 태양이 나타나 열흘 동안이나 없어지지 않으니 〈兜率歌〉를 지어 불러 태양의 변괴를 사라지게 했던 呪術[4]

선행 연구들에서 지적한 이 노래의 개요는 부인할 수 없는 것으로, 〈兜率歌〉는 확실히 '하늘에 나타난 二日並現의 변괴를 해소하려 미륵불을 맞이하는 주술성을 내포한 노래'라 할 수 있다.

그런데 별 쟁점이 없을 것 같은 이 주술의 노래는, '해'와 '미륵불'의 관계

啓. 明奏云. "臣僧但屬於國仙之徒, 只解鄕歌不閑聲梵." 王曰, "旣卜緣僧雖用鄕歌可也." 明乃作兜率歌賦之. 其詞曰. 今日此矣散花唱良巴寶白乎隱花良汝隱, 直等隱心音矣命叱使以惡只, 弥勒座主陪立羅良. 解曰, 龍樓此日散花歌, 挑送青雲一片花. 殷重直心之所使, 遠邀兜率大僊家. 今俗謂此爲散花歌誤矣. 宜云兜率歌. 別有散花歌, 文多不載. 既而日怪即滅. 王嘉之賜品茶一襲水精念珠百八箇. 忽有一童子儀形鮮潔, 跪奉茶珠從殿西小門而出. 明謂是內宮之使, 王謂師之從者, 及玄徵而俱非. 王甚異之使人追之, 童人內院塔中而隱, 茶珠在南壁畫慈氏像前. 知明之至德與至誠能昭假于至聖也. 如此朝野莫不聞知. 〈三國遺事 5卷, 月明師 兜率歌〉

2 양주동, 『고가연구』, 일조각, 1965, 24면.
3 김동욱, 「도솔가연구」, 『국어가요의 연구』, 을유문화사, 1961, 40~41면.
4 정상균, 「도솔가 연구」, 『한국고전시가작품론』 권1, 백영정병욱선생 10주기추모논문집 간행위원회, 집문당, 1992, 73면.

라는 측면에서 볼 때 기존의 통설과는 전혀 다르게 파악될 일면을 지니고 있다. 기존의 통설은 '해'와 '미륵불'은 서로 다른 두 존재라는 관점에 서서, '새로 나타난 해는 凶兆'이고 월명사가 맞이하려는 미륵불은 '이 해를 쫓아 줄 주체'로 설정하고 있음을 본다. 즉, 다음과 같이 주체와 객체로 분리해서 보고 있는 것이다.

월명사가 행한 의식은 일종의 "쫓아버리는 祭儀"[5]

兜率歌는 彌勒座主의 위대한 힘으로 二日並現이라는 現世의 災難을 消滅시키고자 한 신라의 呪術祈願歌라 할 것이다.[6]

천체 이변의 불양을 위해 산화공덕의 의식을 거행할 때 월명사가 지은 작품이다. … 혹시 다칠지도 모를 재액을 털어내기 위해 미륵불을 이곳으로 모서오라고 꽃에게 명령하는 것이다.[7]

불국토의 나라인 신라에, 불길한 하늘의 기운이 나타났으니, 이 변괴가 현실적인 재앙으로 나타나지 않도록, 미륵이 속히 이 땅에 하생하여 악귀가 만들어내는 이 혼돈과 불안을 잠재우는 영험을 베풀어 도솔천의 이상을 실현해 주시기를 기원하는 (노래)[8]

그러나 '미륵불은 구세주로서 해를 없앨 주체 - 해는 凶兆로서 없애지는 객체'로 보는 이분법적인 통설은 문제가 있다. 새로운 해가 처음 모습을 드

---

5 정상균, 상게서, 77면.
6 장진호, 「도솔가고」, 『어문학』 통권 50호, 한국어문학회, 1989, 274면.
7 신재홍, 「향가에 나타난 정치의 이념과 현실」, 『고전문학연구』 제26집, 한국고전문학회, 2004, 197면.
8 황병익, 『신라향가 천년의 소망』, 역락, 2020, 432면.

러냈을 때, 왕이나 일반적인 민중들이 그것을 흉조로 여기는 것은 당연한 것이겠지만, 설화의 문면에서 볼 때 정작 주술을 행한 주체인 '월명사'는 해를 '불길한 것'으로 간주한 흔적이 없다. 오히려 〈兜率歌〉와 한시를 통해서 볼 때 그는 '두 개의 해가 뜬 하늘을 향해 꽃을 뿌리며 미륵불을 맞이하는 데만 집중'하고 있음을 본다. 그런데 설화를 면밀히 살피면, 월명사가 모시고자 하는 '미륵'이 어쩌면 하늘에 새로 나타난 '해 바로 그것'이 아닌가 하는 정황이 강하게 감지된다.

그것은 〈兜率歌〉의 노랫말을 볼 때 우선 감지된다. 노랫말 "오늘 여기서 산화가 불러 돋워 올린 꽃아! 너는 곧은 마음의 명 부려서 미륵불을 모셔라!"에서 그가 맞이하려는 것이 미륵불임이 보인다. 그런데 미륵에 관련된 자료를 검토해 보면 미륵이 현세에 나타날 때는 주로 '光明'을 지니고 오는 경우가 많다. 더구나 『彌勒大成佛經』 등에서 미륵은 '해'로 은유되어 표현[9] 되기도 한다. 이렇다면 월명사가 〈兜率歌〉를 부르며 꽃을 보내 맞이하려는 것은 반드시 '먼 곳 도솔천에 있는, 보이지 않는 미륵'으로 고정될 것이 아니라, 어쩌면 '현재 하늘에 해의 모습으로 나타난 미륵'일 수 있는 가능성도 배제할 수 없는 크기로 남게 된다.

이런 가능성은 위에 인용된 기사의 서술축을 보면 보다 커진다. 기사의 서술축은 "① **해**가 하나 더 등장[二日並現] → ② **미륵불**을 맞이하라는 노래를 부름[兜率歌 歌唱] → ③ 하늘의 **해** 하나가 즉시 사라짐[日怪卽滅] → ④ **미륵불**의 현신이 궁중에 출현함[童子出現]"으로 요약되는데, 진하게 칠한 해를 모두 미륵불로 치환해서 보면 '미륵불[=해]가 나타남 → 미륵불[=해]을 맞이하라는 노래를 부름 → 하늘의 미륵불[=해]이 즉시 사라짐 → 미륵불의 현신이 궁중에 출현함'이 되어 "〈兜率歌〉는, 해의 모습으로 나타난 미륵불을 맞이한 노래"로 보아도 전혀 위화감 없는 서사축이 형성됨을 보는 것이다.

---

9 "佛日出時 佛日出世" 등으로 표현하고 있는데, 후술한다.

상황이 이렇다면, 이 가능성을 보다 본격적으로 검토해 볼 필요가 있다. 왜냐하면 이러한 인식의 전환 - 하늘의 변괴를 吉한 조짐으로 再言明하여 해소함 - 은 대표적인 주술 향가인 〈彗星歌〉에서도 이미 확인된 바 있기 때문이다.[10] 이 점에서 본고는 이 노래가 〈彗星歌〉와 마찬가지의 주술 메커니즘을 지닌 노래일 수 있다는 가정을 한다. 즉, 融天師가 〈彗星歌〉를 통해서 그랬듯이 월명사 또한 〈兜率歌〉를 통하여 하늘에 새로이 나타난 해를, '변괴'가 아니라 '하생하려는 미륵불'로 긍정적으로 再言明함으로써, 당대의 위기를 극복하고 福을 부르고자 했던 노래가 아닐까 하는 것이다. 이하는 그 가능성에 대한 타진이다.

2. 가능성의 검토

1) '日怪即滅'의 서사 문맥 검토

필자는 월명사의 〈兜率歌〉가 '미륵불을 모심으로써 하늘의 변괴를 없애고자 한 주술가'라는 통설에 동의한다. 그러나 呪術의 구동 원리에 대한 세부적 이해는 통설과 전혀 달리하고자 한다. 현재 학계의 통설은 '도솔천에 있는 미륵을 불러 내려 그의 佛力에 힘입어 해의 변괴를 없애고자 한 것'으로 보고 있는 반면, 필자는 '하늘의 해 자체가 미륵이고 그 해를 맞이함으로써 하늘의 변괴를 없애고자 한 것'으로 보려 한다. 즉 통설은 변괴를 없애는 단계가 '노래를 통한 미륵불의 下生 → 미륵불의 불력 行使를 통한 변괴 해결'의 두 단계라는 것이고, 본고의 경우는 '해가 미륵이므로 노래를 통한 미륵의 下生 자체가 바로 변괴 해결'이라는 것이다.

---

10 주지하다시피 〈彗星歌〉에서는 '하늘의 변괴인 혜성'을 '길 쓸 별'로 재언명(再言明)하여 위기를 극복하고 있는데, 이 점이 〈兜率歌〉의 재언명과 매우 흡사함을 본다. 후술한다.

이 두 시각은 〈兜率歌〉 배경 설화의 전반부만 보자면 모두 성립된다. 하늘의 변괴가 생겨나자 부른 노랫말이 "오늘 여기서 산화가 불러 돋워 올린 꽃아! 너는 곧은 마음의 명 부려서 미륵불을 모셔라!"인데 꽃을 보내 미륵불을 맞이한다는 말은 통설처럼 '꽃을 도솔천까지 보내 그곳의 미륵불을 맞이한다'로 보아도 되고, 본고처럼 '꽃을 하늘로 보내 그곳에 나타난 미륵불[해]을 맞이한다'로 보아도 되기 때문이다. 다만, 〈兜率歌〉에 나타난 '꽃으로 미륵불을 모시는 행위'가 미륵을 맞이할 때의 일반적인 의식임을 확인하기 위해, 꽃으로 미륵불을 맞이하던 불경 속의 내용만 인용해 둔다.

> 게송을 읊고 미륵불이 묵묵히 앉아 있을 때, 모든 하늘과 용, 귀신왕들이 그 모습을 드러내지 않고 네 가지 꽃비를 뿌려 미륵불을 공양할 것이다.(說此偈已默而住, 時諸天, 龍, 鬼神王不現其身, 而雨天花供養於佛)[11]

> 미륵불이 이렇게 말씀하시는 동안 다른 세계에서 온 수많은 백천만 억의 하늘남자와 하늘여인, 대범천의 왕들이 하늘궁전을 타고 와서 하늘꽃과 하늘향을 미륵불께 바치고, 미륵불을 백 천 바퀴 돌고, 땅에 엎드려 절한 다음 합장하고, 미륵불께 설법을 청할 것이다.(說是語時, 復有他方無數百千萬億 天子天女大梵天王 乘天宮殿, 持天花香奉獻如來, 繞百千匝, 五體投地合掌勸請)[12]

그런데 큰 문제 없던 전반부에 비해, 노래가 불린 직후의 후반부 서사 문맥은 기존 통설로 설명하려 할 경우 충돌되는 측면이 있다. 노래 직후 이어지는 서사가 상당히 비약적으로 되어 있음을 보는 것이다. 그 장면을 자세히 보자.

---

11 경전연구모임, 「미륵대성불경」, 『미륵상생경·미륵하생경·미륵대성불경』, 불교시대사, 1996, 83면.
12 경전연구모임, 상게서, 85면.

③ 노래를 마치자 해의 괴변이 곧 사라졌다.[既而日怪即滅] 왕이 가상히 여겨 좋은 차 한 봉과 수정 염주 108개를 하사하였다. ④ 문득 한 동자가 있어 외양이 곱고 깨끗하였는데 무릎을 꿇고 차와 염주를 받들고 전각의 서쪽 작은 문으로 나갔다. 월명사는 내궁(內宮)의 사자라고 하였고 왕은 월명사의 시종이라고 여겼으나 곧 알아보니 둘 다 아니었다. 왕이 매우 이상하게 여겨 사람으로 하여금 그를 쫓아가게 하니 ⑤ 동자는 내원의 탑 안으로 들어가 사라졌고 차와 염주는 남쪽 벽 벽화의 미륵보살상 앞에 있었다[童入內院塔中而隱, 茶珠在南壁畫慈氏像前. (ⓐ) 이로 ⑥ 월명사의 지극한 덕과 정성이 능히 부처(至聖)께 밝게 닿을 수 있음[能昭假于至聖] 을 알았다. 조정과 민간에서 이 일을 듣지 못한 자가 없었다.

〈三國遺事 5卷, 月明師 兜率歌〉

본고가 '비약적'이라고 보는 곳은 바로 ③부분 "노래를 마치자 해의 괴변이 곧 사라졌다"라는 구절이다. 이 부분은 기존의 통설 - 미륵의 하생 후 그의 佛力에 의해 문제 해결 - 로 설명하기 쉽지 않은 곳이 된다. 왜냐하면 통설의 입장에서 '변괴'는 '미륵불이 불력에 의해 퇴치해야 하는 것'인데, 배경 설화의 서사축은 아직 '미륵불이 모습을 드러내기 전'이기 때문이다. 통설의 단계라면 노래가 끝난 ③부분에는 '(그 노래를 듣고) 미륵불이 도솔천에서 내려옴, 자리를 잡음' 등을 시사하는 話素가 간략하게라도 와야 하고 그 후 불력의 행사에 의한 '日怪即滅'이 와야 하는 것이다. 즉, '③ 일괴즉멸'의 내용은, '④ 미륵의 출현'을 거치고 '⑤ 미륵의 자리 잡음'이 완료된 후, (ⓐ) 지점 정도에 위치해야 하는 것이 순편한 것이다.

그러나 배경 설화는 '노래가 끝나자 바로 일괴가 즉멸했다'고 기술하고 있다. 이것은 하늘의 변괴는 '도솔천에서 내려온 미륵불의 불력을 행사'하여 해결한 것이 아니라, '하늘에 울려 퍼진 〈兜率歌〉의 呪力'에 의해 직접적으로 해결되었음을 말해주는 간결한 정황 증거로 이해될 수 있다. 즉 월명사가 〈兜率歌〉로써 하늘의 해를 '미륵불'로 칭하며 그 해를 招致하여 下生케 했기에 '노래 후, 일괴가 즉멸'된 것으로 풀이되는 것이다.

이후의 서사 또한 이러한 독법을 뒷받침해 준다. 이어지는 내용은 일괴가 사라지자마자 어린 동자 한 명이 궁궐에 나타났다고 기술하고 있다. 본고는 이를 '월명사의 노래가 불리자마자 미륵으로 지목된 해가 바로 감응하여 하생하였고(그러니까 일괴는 즉멸한 것임), 하생한 미륵은 동자로 현신하였음을 알려주는 서사로 이해하려 한다. 결국 〈兜率歌〉는 "하늘에 나타난 해를 미륵불로 再言明하며 하계로 모신 노래"로 가정되는 것이다.

2) 再言明의 개연성 검토

위에서 우리는 서사 문맥적 관점을 기준으로 월명사가 '새로 나타난 해'를 '미륵'으로 간주하여 그 해를 맞이한 노래가 〈兜率歌〉일 가능성을 엿보았다. 그런데 그렇게 볼 때, '노래가 끝나자 해의 변괴가 즉시 사라졌다'는 문맥의 비약은 해소되지만, 여전히 해명을 요하는 곳도 생겨난다. 그 질문의 핵심은 아마 "지나치게 경직된 독법이 아닌가. 서사 문맥에서의 화소 생략은 흔한 일인바, 하생과 불력 행사 부분은 임의로 생략된 것으로 볼 수도 있지 않은가. 월명사가 '해'를 '미륵좌주'로 再言明해야 할 필연성이 없다면 耳懸鈴鼻懸鈴의 해석일 뿐이다." 정도로 예상된다. 물론 '재언명의 필연적' 이유를 제시할 수는 없다. 그러나 필자는 월명사가 하늘에 나타난 '불길한 조짐의 해'를 '좋은 조짐의 미륵불'로 부를 수밖에 없었던, 거의 필연에 가까운 '강한 개연성'은 제시할 수 있다고 본다.

신라의 주술적 상황을 담고 있는 역사서의 페이지들에는 '두려운 현상이 발생하면 그것을 다른 관점으로 재언명'함으로써 '轉禍爲福'하던 일화들이 적지 않게 보인다. 월명사 역시 '두려운 상황의 해결을 위임받은 주체'였기에 어떤 방법을 사용해서라도 그 상황을 '해결'을 해야 할 의무가 있었다는 점을 상기하며 두 가지 주술 텍스트를 통해 개연성을 검토해 보자.

(1) 〈彗星歌〉의 '재언명' 사례로 본 개연성

월명사가 '새로 나타난 해'를 '불길한 조짐'으로 해석하지 않고 '미륵좌주'로 재언명했을 강한 개연성은 〈兜率歌〉와 거의 쌍둥이 같은 구성을 지닌 〈彗星歌〉의 배경 설화 및 노랫말을 통해 검토해 볼 수 있다.

제5 거열랑, 제6 실처랑, 제7 보동랑 등 화랑의 무리 세 사람이 楓岳에 놀러 가려는데 ①**혜성이 心大星을 범했다.** 그래서 낭도들은 이를 의아히 여겨 그 여행을 중지하려 했다. ②**그때 融天師가** ③**노래를 지어서 그것을 불렀더니** ④**별의 괴변은 즉시 없어지고** 일본 군사가 제 나라로 돌아감으로써 도리어 경사가 되었으니, 임금은 기뻐하며 낭도들을 보내어 금강산에서 놀게 하였다.[13]

〈三國遺事 5卷, 融天師 彗星歌〉

〈彗星歌〉는 위와 같은 짧은 서사 맥락을 지니고 있는 주술적 향가로서, 이미 여러 연구자들이 〈兜率歌〉와의 정황적 相同性에 주목해 왔다. 요약적으로 제시된 언급을 소개하면 다음과 같다.

(도솔가는) 融天師 彗星歌 眞平王代條의 「彗星犯心大星 → 時天師作歌歌之 → 星恠卽滅」과 같은 「천문상의 괴변 → 노래 지어 부름 → 괴변 사라짐(二日並現 → 明乃作兜率歌賦之 → 旣而日恠卽滅)」의 서사구조를 이룬다.[14]

위에서 정확히 지적하고 있듯이 〈兜率歌〉와 〈彗星歌〉를 둘러싼 서사 정황은 완전히 일치한다. ①부분 '하늘의 변괴'[15]라는 문제 상황이 동일하고,

---

13 第五居烈郎 第六實處郎 第七寶同郎 等三花之徒欲遊楓岳, 有彗星犯心大星. 郎徒疑之欲罷其行. 時天師作歌歌之, 星恠卽滅, 日本兵還國反成福慶. 大王歡喜, 遣郎遊岳焉. 〈삼국유사 권5〉
14 이도흠, 「도솔가와 화엄사상」, 『한국학논집』 제14집, 한양대학교 한국학연구소, 1988, 98면.
15 '혜성이 심대성을 범한 것 = 하늘에 또 다른 해가 나타남'은 '하늘의 변괴'라는 공통 영역으로 묶을 수 있다.

②부분 '그 문제를 해결하려는 주술 주체의 성격'이 동일[16]하고, ③부분 '노래를 통해 해결을 꾀함'이 동일하고, ④부분 '주술의 결과' 또한 동일[17]하기 때문이다.

그런데 ①~④의 공통점 중에서 연구자들의 주목을 받지 못했던 부분이 있다. 그것은 바로 ③부분에 내재한 '이 두 노래에 구사된 주술성의 원리적 공통점'이다. 〈彗星歌〉의 '노랫말의 주술 메커니즘'은 많은 연구자들에 의해 주목되며 이제는 의견을 일치를 획득한 곳이 되어 있다. 의견의 일치를 확인해 보면 다음과 같다. (방점은 필자)

呪詞로서의 이 노래의 核心은 "길을 쓰는 별을 바라보고 혜성이라고 한 사람이 있다"에 있다. … "犯心大星"하고 있는 彗星을 三郞이 楓嶽에 오를 길을 쓸고 있는 별

---

[16] 〈兜率歌〉에 나타난 '이일병현'의 상황을 '자연의 변괴'가 아닌, '정치적 대립을 은유한 것'이라는 해석들이 많지만, 정치적 대립은 그러한 현상이 암시하는 미래의 일들이지, 이일병현의 원관념은 아니다. 이일병현의 원관념은 기본적으로는 '하늘에 발생한 자연 변괴'이다. 즉, "하늘에 자연 변괴가 발생함 - 이일병현으로 표현됨 - 곧 정치적 대립이 있을 것임을 암시하는 신호로 받아들여짐"의 순서로 보아야 할 것이나.
한편, 〈兜率歌〉 이일병현에 관련해서 경덕왕대에 기록된 이일병현은 '핼리혜성'일 것이라는 주장에 주목할 필요가 있다. 근래 서영교(「월명사 도솔가와 핼리혜성」, 『九山論集』 제9집, 보조사상연구원, 2004)는 경덕왕 19년(760년) 4월 1일로 기록된 천체 이상 현상은 760년 당시 전 세계적으로 관측되었던 핼리 혜성에 대한 기록일 것으로 단언한 바 있다. 그가 든 두 기록 "조원 3년(760년) 4월 정사. 혜성이 동방에 나타났다.(乾元三年四月丁巳, 有彗星於東方, 『신당서』)", "조원 3년(760년) 윤4월 1일. 요성이 남쪽에 나타났는데 길이가 수 장이었다.(乾元三年 閏四月辛酉朔, 妖星見於南方, 長數丈, 『구당서』)"의 일자는 〈兜率歌〉가 지어진 경덕왕 19년(760년) 4월 1일과 정확히 일치하고 있는바, 상당한 무게감을 지닌 주장이라 하겠다.

16 融天師와 月明師는 '화랑의 무리에 속해 있으면서 하늘과 소통하는 힘'을 지니고 있다는 점에서 거의 동일한 인물이라 할 수 있다. 融天師라는 말 자체가 '하늘을 녹이는 禪師'라는 말이고 월명사 또한 '피리를 불어 달을 멈추게 하는 신통력을 지닌 선사'였던바 동일한 속성을 띤 인물이라 하겠다.

17 노래를 부른 후의 표현이 두 작품이 일치한다. 〈彗星歌〉는 '歌之星怪卽滅'로 표현하였고, 〈兜率歌〉는 '旣而日怪卽滅'로 표현하였다. 모두 '바로' 사라졌다는 것인데 노래의 '즉시적 위력' 또한 유사했음을 알 수 있다.

이라 斷言하고 彗星이라고 한 것은 잘못이라고 확언하고 있다. 星怪 아닌 별의 吉兆로 斷言하는 그 말이 星怪를 祓禳하리라는 呪意가 거기 있는 것이다.[18]

'災殃的인 現實을 愚昧한 人間의 잘못된 認識(僞)이라 보고, 人間認識의 逆이 事實(眞)이라 봄으로 現實을 否定하는 表現을 使用하고 있으며 또 災殃的인 現實 … 그런 事實의 出現을 否定하였다.[19]

혜성가는 현재 사실로 존재하고 있는 災殃的인 것(日本兵來, 彗星犯心大星)을 '길쓸별'이나 '건달파성'이라는 언어표현을 하여 自然界와 人間界의 秩序를 모두 회복하고 있다. 달램(說祝)의 한 방법이다. … 기대한 바를 말하여 呪術하면 결과 또한 그대로 된다는 呪術心理가 담겨 있다.[20]

이 작품은 흉조로서의 혜성의 '無化'가 아니라 그것을 새롭게 해석하고 그에게 새로운 명명을 부여함으로써 길조로 전환시키고자 하는 논리로 구성되어 있다.[21]

분절	허상	실상
제1분절	왜군	건달파성
제2분절	혜성	길쓸별

[22]

인용된 〈彗星歌〉에 쓰인 주술의 메커니즘을 요약하면, '혜성을 혜성으로 부르면 불길하니, 혜성을 '길 쓸 별'로 재언명하여 좋은 조짐으로 전환시킴'

---

18 김열규·정연찬·이재선,『향가의 어문학적 연구』, 서강대학교 인문과학연구소, 1972, 17면.
19 윤영옥,「혜성가의 고찰」,『영남어문학』제4집, 영남어문학회, 1977, 26면.
20 이도흠,『혜성가 연구』, 한양대학교 석사학위논문, 1984, 52면.
21 고혜경,「혜성가의 시가적 성격」,『향가연구』, 국어국문학회 편, 1998, 248면.
22 류수열,「혜성가의 발상과 표현」,『고전문학과 교육』제4집, 한국고전문학교육학회, 2002, 155면.

이라 할 수 있다. 주술의 핵심이 '언어'[23]에 있다는 이 포착은 학계의 正論이라 할 수 있으며 본고 또한 이에 이견이 없다.

그런데 본고가 아쉽게 여기는 것은 〈彗星歌〉에 대해서는 수없이 언급되어 온 위 주술의 메커니즘은 〈彗星歌〉 연구에서만 단독적으로 적용되었을 뿐, 〈兜率歌〉의 연구에서는 한 번도 적용된 적이 없다는 점이다. 융천사가 '혜성[흉조]'을 '길쓸별[길조]'로, '왜구[흉조]'를 '건달바가 놀던 성[길조]'로 재언명하여 주술적 성취를 달성했듯이, 월명사 또한 '日怪'라는 흉조를 '미륵불'이란 길조로 재언명함으로써 전화위복을 하고자 했던 것을 〈兜率歌〉 연구에도 충분히 적용할 여지가 있음에도 불구하고 우리는 그간 지나치게 소극적으로 〈兜率歌〉의 주술성을 이해해 왔던 것이다.[24]

이에 본고는 〈彗星歌〉를 설명하던 '주술의 방식' 그대로를 〈兜率歌〉의 주술 정황에 대입해 보기를 제안한다. 두 설화는 정확히 일치하는 구조로 되어 있기에 만약 〈彗星歌〉의 연구에 〈兜率歌〉의 정황을 대입하여 무리 없는 설명을 이룬다면 이 자체로 〈兜率歌〉가 '해'를 '미륵불'로 표현한 것은 개연성을 획득할 수 있게 된다. 필연적이지는 않지만, '강한 개연성'은 획득하게 되는 것이다. 그것을 타진하기 위해 위 연구자들의 견해 중 일부를 〈兜率歌〉에 적용시켜 재기술해 보면 다음과 같다.

---

23 김열규는 '斷言', 이도흠은 '기대한 바를 말하여 주술', 고혜경은 '새로운 명명'이라고 표현하였는데, 〈彗星歌〉에 나타난 '언어의 힘'에 대한 동일한 포착이라 하겠다.
24 '말이 지닌 힘을 활용한 주가'란 관점에서 〈兜率歌〉가 주목받은 적이 있었다. 염은열은 다음과 같은 견해를 보인 바 있다.
"월명사는 노래를 통해 미륵좌주를 중심에 둔 평화로운 세상, 모든 갈등이 해소된 신라의 모습을 '불러들이고' 있다. … 말을 통해서 그 자리에 모인 사람들의 마음 안에 미륵좌주가 下土한 세상을 실재하도록 만들고 있다."(「향가의 실재와 믿음 형성에 대한 고찰-〈도솔가〉, 〈제망매가〉, 〈혜성가〉를 중심으로」, 『문학교육학』 제40집, 한국문학교육학회, 2014, 308면.)

혜성가 〈김열규, 상게서〉	도솔가 〈필자 재기술〉
呪詞로서의 이 노래의 核心은 "길을 쓰는 별을 바라보고 혜성이라고 한 사람이 있다"에 있다. … "犯心大星"하고 있는 彗星을 三郎이 楓嶽에 오를 길을 쓸고 있는 별이라 斷言하고 彗星이라고 한 것은 잘못이라고 확언하고 있다. 星怪 아닌 별의 吉兆로 斷言하는 그 말이 星怪를 祓禳하리라는 呪意가 거기 있는 것이다.	呪詞로서의 이 노래의 核心은 "(하늘에 나타난 해를) 미륵좌주(라고 부른 데)"에 있다. … "二日並現"하고 있는 새로운 해를 미륵좌주가 내려올 조짐이라 斷言하고 (불길한 조짐의) 해라고 한 것은 잘못이라고 보고 있다. 日怪 아닌 미륵불이 나타날 해의 吉兆로 斷言하는 그 말이 日怪를 祓禳하리라는 呪意가 거기 있는 것이다.

혜성가 〈이도흠, 상게서〉	도솔가 〈필자 재기술〉
혜성가는 현재 사실로 존재하고 있는 災殃的인 것(日本兵來, 彗星犯心大星)을 '길쓸별'이나 '건달파성'이라는 언어표현을 하여 自然界와 人間界의 秩序를 모두 회복하고 있다. 달램(說祝)의 한 방법이다. … 기대한 바를 말하여 呪術하면 결과 또한 그대로 된다는 呪術心理가 담겨 있다.	도솔가는 현재 사실로 존재하고 있는 災殃的인 것(二日並現)을 '미륵불'이라는 언어표현을 하여 自然界와 人間界의 秩序를 모두 회복하고 있다. 달램(說祝)의 한 방법이다. … 기대한 바를 말하여 呪術하면 결과 또한 그대로 된다는 呪術心理가 담겨 있다.

〈彗星歌〉의 주술 기법에 〈兜率歌〉의 내용을 대입한 결과는 어떠한가. 만약 이 결과에서 큰 위화감이 느껴지지 않는다면 우리는 〈兜率歌〉의 주술성 또한 〈彗星歌〉와 마찬가지의 메커니즘을 가진 것일 수도 있다는 추정을 계속 유지할 수 있게 된다. 즉, '월명사가 주술적 목적을 달성하기 위해 흉조를 길조로 표현하고자 했고 그 실천으로 '해'를 '미륵불'로 호명했을 개연성'은 높아지는 것이다.

(2) '두려운 啓示의 해석' 등에서 보이는 개연성

월명사가 주술적 목적을 달성하기 위한 유력한 수단으로 '이일병현'을 '하생할 미륵불'로 재언명했을 개연성은 여타의 주술적 일화들을 통해서도 확보할 수 있다. 이미 류수열[25]이 〈彗星歌〉 연구에서, "이들 점복 중에서도

---

25 류수열, 「혜성가의 발상과 표현」, 『고전문학과 교육』 제4집, 한국고전문학교육학회, 2002, 161면.

주목되는 것은 흉조로 짐작되는 문제적 사태를 오히려 길조로 해석하는 발상이 도처에서 발견된다는 점이다. 언제든지 불행이 닥칠 수 있을 것이라는 예상을 하면서 사는 것이 인지상정이기에, 인간은 그런 불행을 예언하는 흉조를 접하면 가급적 그것이 실현되지 않기를 염원하게 된다. 이를 위해 동원되는 하나의 방법이 의도적으로 흉조를 바람직한 상태를 예언하는 길조로 해석하는 것이다."라고 언급하며 논의의 폭을 확장해 두었듯이, 우리의 주술적 전통들에서 '凶兆'를 '吉兆'로 재언명함으로써 '전화위복'하는 사례는 흔히 발견됨을 본다.

(가) 김주원은 꿈 중에 幞頭를 벗고 素笠을 쓰고 12絃琴을 들고 天官寺 우물 속으로 들어갔다. 꿈에서 깨자 사람을 시켜 그것을 점치게 하니, 말하기를 "복두를 벗은 것은 관직을 잃을 징조요, 가야금을 든 것은 형틀을 쓰게 될 조짐이요, 우물 속으로 들어간 것은 옥에 갇힐 징조입니다."라고 했다. 왕은 이 말을 듣자 심히 근심스러워 두문불출하였다. 이때 여삼이 와서 … 해몽하기를 청하자 아찬은 "복두를 벗은 것은 위에 거하는 다른 사람이 없다는 뜻이요, 소립을 쓴 것은 冕旒冠을 쓸 징조이며, 12현금을 든 것은 12대손까지 왕위를 전한다는 소짐이며, 전관사 우물로 들어간 것은 궁궐로 들어갈 상서로운 조짐입니다."라고 하였다.

〈三國遺事 2卷, 紀異, 元聖大王〉

(나) 왕이 이상하게 생각하여 사람을 시켜 땅을 파게 하였다. 석 자 가량 파내려 가니 거북이 한 마리가 발견되었다. 그 등에 "백제는 둥근 달 같고, 신라는 초승달 같다."라는 글이 있었다. 왕이 무당에게 물으니 무당이 말하기를 "둥근 달 같다는 것은 가득 찬 것이니, 가득 차면 기울며, 초승달 같다는 것은 가득 차지 못한 것이니, 가득 차지 못하면 점점 차게 된다."고 하니 왕이 노하여 그를 죽여버렸다. 어떤 자가 말하기를 "둥근 달 같다는 것은 왕성하다는 것이요, 초승달 같다는 것은 미약한 것입니다. 생각컨대 우리 나라는 왕성하여지고 신라는 차츰 쇠약하여 간다는 것인가 합니다."라고 하니 왕이 기뻐하였다.

〈三國史記 28卷, 百濟本紀 6, 義慈王 20年 6月〉

(다) 이때 한 늙은이가 연못 가운데서 나와 글을 바쳤다. 겉봉의 제목에 이르기를 "열어보면 두 사람이 죽을 것이요, 열어보지 않으면 한 사람이 죽을 것이다."라고 쓰여 있었다. 기사가 돌아와 이것을 바치니, 왕이 말하기를 "두 사람이 죽느니 오히려 열어보지 않고 한 사람만 죽는 것이 낫다." 하였다. 일관이 나서서 말하기를 "두 사람은 서민이요, 한 사람은 왕입니다."라고 하였다. 왕이 그러하다고 여겨 열어보니 편지 가운데 "거문고 갑을 쏘라[射琴匣]."고 적혀 있었다. 왕이 궁에 들어가서 거문고 갑을 쏘았다. 그곳에서는 내전에서 분향 수도하던 승려가 궁주(宮主)와 은밀하게 간통을 하고 있었다. 두 사람은 사형을 당했다.

〈三國遺事 1卷, 紀異, 射琴匣〉

인용된 위 사례 (가)[26], (나), (다)에는 모두 '계시에 의한 두려움, 불안감(또는 극심한 궁금증)'을 유발시키는 현상들이 제시되어 있다. (가)의 경우는 "복두를 벗고 소립을 쓰고 12현금을 들고 천관사 우물 속으로 들어갔다."라는 계시, (나)의 경우는 거북 등에 적힌 "백제는 둥근 달 같고, 신라는 초승달 같다."라는 계시, (다)는 연못에서 나온 "열어보면 두 사람이 죽을 것이요, 열어보지 않으면 한 사람이 죽을 것이다."란 계시가 나타나 두려움과 불안감을 유발하고 있다. 그리고 (가), (나), (다)에는 이에 대한 두 해석도 함께 제시되어 있다. 불안감을 유발하는 유인을 계시 형태로 제시한 후, 그것에 대해 '불길하게 여기는 해석'과 '길하게 여기는 해석'을 순차적으로 보여 주고 있는 것이다.

이 설화들은 모두 두 해석 중 '길하게 여기는 해석'을 통해 전화위복을 이루고 있다. (가)는 "복두를 벗은 것은 위에 거하는 다른 사람이 없다는 뜻이요, 소립을 쓴 것은 면류관을 쓸 징조이며, 12현금을 든 것은 12대손까지 왕

---

[26] (가) 사례는 유수열의 상게서에서 이미 다룬 바 있지만 논의의 편의를 위해 다시 게시한다.

위를 전한다는 조짐이며, 천관사 우물로 들어간 것은 궁궐로 들어갈 상서로운 조짐입니다."란 해석을 택하고 있고, (나)는 "둥근 달 같다는 것은 왕성하다는 것이요, 초승달 같다는 것은 미약한 것입니다. 생각컨대 우리나라는 왕성하여지고 신라는 차츰 쇠약하여 간다는 것인가 합니다."라는 해석, (다) 또한 "두 사람은 서민이요, 한 사람은 왕입니다."라는 해석을 택한다.

이들은 비록 '주술의 노래 그 자체'는 아니지만, 주술성을 띠고 있는 신라인의 일화라는 점에서 〈兜率歌〉의 주술 기법을 분석하는 좋은 자료로 활용될 수 있다. 특히 이들에게서 보이는 공통 구조는 〈兜率歌〉의 그것과 상당히 닮아 있음을 본다. 〈兜率歌〉에 제시된 '啓示的 현상 - 이일병현'은 (가), (나), (다)의 꿈 또는 계시적 글귀에 대응되고, 〈兜率歌〉에 나타난 '흉조로서의 이일병현과 왕의 근심'은 (가), (나), (다)에서 보이는 '흉조로 여기는 첫 해석들과 왕들의 근심'에 대응된다. 그리고 〈兜率歌〉에 나타난 월명사의 '해는 길조로서, 바로 미륵불'이라는 긍정적 재해석은 (가), (나), (다)에 나타난 '길조로서의 재해석'에 대응된다.

이러한 기록들은 '두려운 상황에 봉착'한 신라인들의 대응 방식을 우리에게 보여준다.[27] 그들은 재언명이라는 주술적 메커니즘을 통해 인식의 전환을 도모했고, 이를 통해 전화위복을 성취하고자 했던 것이다. 이런 문화적 정황을 감안할 때, 〈兜率歌〉의 월명사가 택할 '주술 메커니즘의 선택지'는 그리 많지 않았을 것이다. 그렇기에 본고의 가정 - 월명사는 이일병현이라는 흉조를 미륵불이라는 길조로 재언명하여 위기를 극복하고자 했다 - 은 보다 강한 개연성을 획득하게 된다. 그 '재언명'의 주술 기법의 구사가

---

27 물론 이러한 대응 메커니즘이 신라인의 전유물은 아니다. 류수열의 상게서의 또 다른 예시, 태조 이성계가 꾼 '서까래 三 장을 지고 나온 꿈' 또한 동일한 메커니즘의 산물이다. 이런 언명을 통한 상황의 전도 방식은 근래의 민요 "황새야 독새야 / 내 모가지 길고 / 니 모가지 짜르다" 등에서도 보이는데, 이재선(「신라향가의 어법과 수사」, 『향가의 어문학적 연구』, 서강대학교 인문과학연구소, 1972, 178면.)은 이런 표현을 '상황을 전도시켜 버린 Irony, 주관적인 전도에 의한 아이러니'라 표현한 바 있다.

필연적인 것이라고 여전히 단정할 수 없지만, 신라인의 주술 성향이 거듭 예증해 주고 있듯이, 월명사가 이러한 주술의 일반 패턴을 활용하지 않았을 가능성은 별로 크지 않다 하겠다.

3) 미륵과 해의 佛家的 인식 측면

위에서 이 노래와 〈彗星歌〉가 하늘과 소통할 수 있는 힘을 지닌 두 승려들이 '상황의 긍정적 재언명'을 통해 주술성을 획득했을 개연성을 제시하였다. 〈彗星歌〉에서 '彗星'을 '길 쓸 별[道尸掃尸星]'로 풀이함으로써 '凶兆'를 '吉兆'로 전환시켰듯이, 〈兜率歌〉 또한 '해'를 '미륵불'로 풀이함으로써 동일한 효과를 의도했을 높은 개연성도 이미 언급하였다.

그런데 〈彗星歌〉에서 '혜성'이 '길 쓸 별'로 재언명될 수 있었던 것은 '혜성'이 '길 쓸 별'과 연관된 어떤 속성을 가지고 있었기 때문에 가능한 것이있다. 연관된 속성이 전혀 없는 대상들끼리는 재언명이 성립할 수 없다. 공감을 얻을 수 없기 때문이다. 혜성이 '길 쓸 별'이 될 수 있었던 것은 '彗'字가 지닌 뜻 때문이었다. 彗는 '丰(봉, 풀이 무성한 모양의 상형자)'들을 잡은 彐(한자에서 주로 손을 뜻하는 형태소로 쓰이는 자)의 결합으로써 원래부터 '빗자루'를 나타내던 글자였다. 혜성이란 것은 생김새가 '하늘을 빗자루처럼 쓸고 지나가는 듯한 별'이기에 빗자루라는 뜻을 지닌 彗를 사용하여 '彗星'이라고 일컬었던 것이다. 그러므로 혜성이 불길한 것이라고 본 것은 당대의 문화적 관습일 뿐, 원래 그 말이 지닌 본질적 의미는 아니었던 것이라 할 수 있다. 즉, '혜성'이라는 것은 이쪽 근거에서 보면 이렇게 볼 수 있지만, 적절한 다른 근거에서 보면 다르게 볼 수 있는 이중적인 면모를 지닌 대상인 것이다. 이 점에서 혜성을 '길 쓸 별'로의 재명명이 가능하다. 그렇게 말함으로써 긍정적인 측면을 부각시켰던 것이다.

우리는 위의 꿈·계시의 문구 해석과 관련된 일화들을 소개하면서도 두 가지 상반된 풀이들이 충돌하는 것을 보았다. 그런데 이 풀이들 또한 혜성에 대한 재언명과 마찬가지로 '두려움의 실체'와 전혀 동떨어진 것들은 아니었다. 가령 전술한 (나)의 사례에서, "백제는 둥근 달 같고, 신라는 초승달 같다."라는 계시의 문구를 풀이하는 방식은 부정적으로 보아 "둥근 달은 기울며, 초승달은 점점 차게 된다"라고 하든, 긍정적으로 보아 "둥근 달은 왕성하고, 초승달은 미약하다"라고 하든, 해석의 대상과 최소한의 연관성은 지닌 채 해석, 재언명되고 있다. 다시 말해 '두려운 실체'를 재언명할 때 아무런 조건이 없는 것은 아니며, '반드시 실체와 일정한 연관을 지니고 있을 것'이라는 최소 조건이 있어야 하는 것이다.

그렇다면 이 원리가 '해'를 '미륵'이라고 표현한 〈兜率歌〉에도 마찬가지로 적용될까? 우리가 계속 추정해 오듯이 월명사가 '해'를 '미륵불'로 재언명한 것이 맞다면 위 〈彗星歌〉와 주술 일화들에서 보이듯이 '해'와 '미륵불'은 근본적으로 어떤 연관성을 맺고 있어야만 한다.

그럴 때, 이 조건 또한 합치한다. 미륵과 관련된 경전인 『미륵상생경』・『미륵하생경』・『미륵대성불경』 등을 보자면 '미륵'은 해・광명과 밀접한 관련을 지니며 묘사되어 있다. 아래는 그 단적인 예들이다.

(가)
미륵불의 태양이 나타날 때	佛日出時
진리의 우로 내리니	降法雨露
세간의 눈들이	世間眼目
이제야 열리네.	今者始開[28]

(나)
| 한 마음 가다듬고 자세히 들으라. | 一心善諦聽 |
| 광명과 큰 삼매와 | 光明大三昧 |

---

[28] 경전연구모임, 「미륵대성불경」, 『미륵상생경・미륵하생경・미륵대성불경』, 불교시대사, 1996, 91면.

| 비할 데 없는 공덕 갖춘 이가 | 無比功德人 |
| 이 세상에 반드시 나타나리라. | 正爾當出世 |

  (가)는 『彌勒大成佛經』에서 인용한 것으로, 미륵불이 도솔천에서 나와 설법할 때 사천왕들이 미륵의 모습을 묘사한 내용이다. 여기에서 '미륵'은 '해'로 은유되고 있다. (나) 또한 같은 책의 첫머리에서 인용한 것으로, 세존이 未來佛인 미륵불의 출현 상황에 대해 예견하며 묘사한 부분이다. 여기에서도 미륵이 인간 세상에 모습을 나타낼 때는 '광명'을 수반하여 나타난다고 말하고 있는 것이다.[29]

  이를 통하여 우리는 어떤 문화적 배경을 근거로 월명사가 '해'를 '미륵좌주'로 재언명할 수 있었던가에 대한 궁금증을 해소할 수 있게 된다. 왕과 민중들은 '해'의 불길한 면을 주목하여 두려워하였지만, 월명사는 오히려 미륵 신앙의 깊숙한 문화 속에서 '해'의 긍정적인 면에 주목하여 그를 '미륵불'이라고 단정적으로 재언명함으로써 주술의 목적을 달성하려 하였음을 알 수 있다.

---

[29] '미륵'과 '태양(광명)'의 관계는 미륵경들에서 관용적으로 나타나고 있다. 추가적으로 좀 더 제시한다.
"미륵불의 태양 세상에 나타날 때 감로를 내려주시니 세간의 눈들이 이제야 열리네.(佛日出世, 降注甘露, 世間眼目, 今者始開, 有緣之者, 皆悉聞知)" 〈경전연구모임, 상게서, 91면.〉
"미륵불은 어머니의 태중에 있을 때에도 도솔천 궁전에 있을 때와 다름없이 큰 광명을 비치어 더러운 것들에 아무런 걸림이 없으리라. … 몸에서 황홀한 광명이 흘러나와 마주 쳐다볼 수도 없을 것이니, 이는 사람도 하늘도 일찍이 본 적이 없는 놀라운 광경이니라. … 털구멍마다 한없는 광명이 비치는데, 그 찬란한 빛으로 인해 달과 별, 저 하늘의 해, 불과 구슬의 빛도 제대로 드러나지 않고 마치 티끌처럼 하찮게 보이느니라. (彌勒託生以爲父母, 雖處胞胎如遊天宮, 放大光明塵垢不障 … 光明晃耀不可勝視, 諸天世人所未曾覩 … 不可思議毛孔光明, 照耀無量, 無有障礙, 日月, 星宿, 水火珠光, 皆悉不現, 猶如埃塵)"
〈경전연구모임, 상게서, 78~79면.〉

4) '호명 – 명령'계 주술가가 지닌 구조적 측면

〈兜率歌〉의 주술이 〈彗星歌〉와 마찬가지로 '재언명'의 원리를 통해 주로 수행되었을 가능성을 앞에서 제기한 바 있다. 그간 별개로만 주목받던 〈彗星歌〉의 주술 원리를 〈兜率歌〉에 전격적으로 대입해 보자는 제안이었다. 그런데 〈彗星歌〉의 주술 원리가 〈兜率歌〉에 적용되지 못하고 별개로 진행되었던 데는 그럴 만한 까닭이 있었다. 선학들은 일찍이 〈兜率歌〉의 주술적 원리의 핵심을 〈구지가〉류의 주술 원리를 원용해 확보해 두고 있었던 것이다.[30]

선학들은 〈兜率歌〉의 주술성은 다음과 같은 '호명 - 명령'의 구조, 그리고 '주술 매개체의 존재'에서 생겨난다고 이해해 왔다. 연구사에서 보이는 다음과 같은 진술은 〈兜率歌〉의 주술성과 그 연원에 대한 요약이라 하겠다. (방점은 필자)

> ① 이 노래의 樣式은 完全히 呪詞的이다. 직접 龜旨歌的인 傳統에 脈을 대고 있는 呪歌인 것이다. … 이 꽃이 呪術이 걸려지는 對象인 것이다. … 그것은 呪術媒介物인 것이다. … 兜率歌는 日怪의 발양(exorcism)이라는 그 效驗에 있어서만 呪歌인 것이 아니라 그 樣式에 있어서도 依然히 呪歌인 것이다. 이에서 彌勒座主에의 歸依가 或은 信心이 꽃呪術에 對한 呪歌的 行爲를 通해 表象되어 있다고 보면 이 兜率歌의 複合性을 理解하게 될 것이다.[31]

> ② 이 노래는 … 時代的 狀況의 變遷에 따라 佛敎的 觀念이 混融되기는 하였으나 在來的인 樣式이 그대로 쓰여진 것이라 할 수 있다. 威嚇的인 모습은 人心의 順化, 表現

---

30 어쩌면 이 정황이 〈彗星歌〉에서 보이는 주술의 원리가 〈兜率歌〉에 적용되는 데 장애물로 작용했던 것이 아닐까 한다.
31 김열규, 「향가의 문학적 연구 일반」, 『향가의 어문학적 연구』(김열규 정연찬 이재선 공저), 서강대학교 인문과학연구소, 1972, 13면.

의 婉曲으로 사라졌으나 命令法이라는 것이 계속 쓰여지고 있다는 점에서 古代의 祭儀에 사용되던 呪歌的 痕迹을 그대로 보여 주고 있기 때문 … [32]

선행 연구에서 지적한 '호명 - 명령'의 주술 구조가 〈兜率歌〉와 〈구지가〉류에서 공통적으로 나타나고 이것이 주술적 효과를 야기한다는 점은 동의할 수 있다. 논의의 편의를 위하여 〈구지가〉류의 呪術 구조를 표로 요약하여 보인다.

	〈구지가〉(『삼국유사』)	〈석척가〉(『태종실록』)[33]
호명	거북아 거북아 (龜何龜何)	도마뱀아 도마뱀아 (蜥蜴蜥蜴)
명령	머리를 내어라! (首其現也)	구름을 일으키고 안개를 토하라! (興雲吐霧)
가정	내놓지 않으면 (若不現也)	비를 주룩주룩 오게 하면 (降雨滂沱)
대가	구워서 먹으리. (燔灼而喫也)	너를 놓아 보내겠다. (放汝歸去)

위의 표에 방불하는 '호명'과 '명령'의 주술 구조가 〈兜率歌〉에서도 다음과 같이 나타남을 본다.

호명 : 오늘 여기에서 산화가 불러 돋워 올린 **꽃아**!
명령 : 너는 곧은 마음의 명 받들어 미륵불을 **모셔라**!

이외, 호명의 대상 - 이른바 주술 매개체 - 을 통해서도 〈兜率歌〉와 전통적 주술 가요와의 공통점을 찾을 수 있다. 〈구지가〉류의 '거북·도마뱀'은 지상의 소망을 천상에 닿게 하는 주술 매개체로 볼 수 있는데, 〈兜率歌〉에 나타나는 '꽃' 또한 '땅에서 올려보내는 하늘과 소통할 수 있는 매개체'로 볼

---

32 윤영옥, 『한국고시가의 연구』, 형설출판사, 1995, 90~91면.
33 置盛水二甕於庭 捕蜥蜴納之甕中 設席焚香 令童男二十人靑衣 持柳枝祝曰 "蜥蜴蜥蜴 興雲吐霧 降雨滂沱 放汝歸去〈太宗實錄 13卷, 7年, 癸卯〉

수 있다. 선학이 지적한 바대로 여타 주술 가요에 있는 '위협적 요소'가 제거되었다는 차이점은 있지만, 지상과 천상의 매개체를 설정하고 이를 호명하고 명령함으로써 원하는 바를 얻고자 하는 공통점을 지닌바, 〈兜率歌〉는 분명히 그러한 주술 가요의 전통 범주에 있는 것이라 할 수 있다.

그런데 흥미로운 것은 전래의 주술 가요의 구조에 기반하여 〈兜率歌〉를 분석할 때에도, 월명사가 '해'를 '미륵불'로 보고 있음이 감지된다는 것이다. 〈구지가〉류 주술 가요는 조처가 필요한 상황 - 首長의 부재·降雨의 부재 - 에서 촉발되어, 거북·도마뱀 등의 주술 매개체를 동작하게 하여 바람을 성취하고 있는데, '해=미륵불'이라는 견지에서 볼 때 〈兜率歌〉 역시 그 구조에 잘 부합하고 있음이 보인다. 조처가 필요한 상황은 '미륵불의 출현'이라 할 수 있고, 주술 매개체는 '꽃'이라 할 수 있으며, 주술 매개체의 동작은 '미륵불을 모심'이라 할 수 있다. 즉 다음과 같은 구조로 대응된다.

	구지가	석척가	도솔가
조처가 필요한 상황	군왕의 부재	물의 부족	미륵불의 출현
주술 매개체	거북	도마뱀	꽃
주술 매개체가 요구받는 동작	머리를 출현 시킴	구름을 일으키고 안개를 토함.	미륵불을 모심.

〈구지가〉류 주술 가요와 〈兜率歌〉의 세부 구조표

이 구조표에서 볼 때, 전래 주술 가요의 '조처가 필요한 상황'과 '주술 매개체가 요구 받는 동작'은 밀접하게 연관된다. 首長이 부재했던 〈구지가〉의 상황에서 거북은 '머리(왕)를 내밀라'고 요구받고, 물이 부족했던 〈석척가〉의 상황에서 도마뱀은 '구름을 일으키고 안개를 토하라'고 요구받는다. 두 경우 모두 주술 매개체는 상황의 해결에 '즉각적 도움'이 되는 행위를 요구받고 있는 것이다. 이 구조는 〈兜率歌〉에도 그대로 적용된다. '또 다른 해'가 출현하자 사람들은 불길한 문제 상황으로 인식한다. 그러나 월명사는 이를 바로 '미륵불의 출현'으로 새로이 인지한다. 그러면서 그 전대미문의 특이한 상황을 해결하고자 주술 매개체 '꽃'을 통해 명령한다. 그 명령의 내용은 '그를 모셔오라'이다. 다른 주술가와 마찬가지로 월명사는 꽃을 '상황의 해결에 즉각적 도움이 되는 동작'을 수행하는 매개체로 활용한 것이다.

이에 반해 해와 미륵불을 이원화하여 보는 통설 - 해는 없애야 하는 것, 미륵불은 없애는 주체 - 에는 이 '호명 - 명령'의 주술 구조가 잘 들어맞지 않음을 본다. 다시 표로 검토해 보자.

	구지가	석척가	도솔가 (통설)
조처가 필요한 상황	군왕의 부재	물의 부족	불길한 해의 출현
주술매개체	거북	도마뱀	꽃
주술 매개체가 요구받는 동작	머리를 출현 시킴	구름을 일으키고 안개를 토함.	미륵불을 모셔와 불력을 빌어 해를 없앰

〈구지가〉류 주술 가요와 〈兜率歌〉의 세부 구조표

표에서 보이듯이 통설에 따라 짠 〈兜率歌〉의 구조는 〈구지가〉류의 주술 구조와는 여러 가지 다른 점이 발생한다. '해를 없애야 하는 상황'이지만 주술 매개체인 꽃은 '해를 없애 달라'는 요구를 받지 않고 뜻밖에, '미륵불을 모셔오라'는 요구를 받는다. 이를 호의적으로 해석하면 '미륵불을 모셔오면 나중에 미륵불이 문제를 해결해 줄 것이니까' 문제 해결에 간접적으로는 도움되는 행위를 했다고 하겠지만, 아무래도 '미륵의 출현 → 미륵불을 모셔라'로 보는 것에 비해서는 가정이 많이 필요한 복잡한 해석이라고 하겠다.

통설에 따라 짜 볼 때 또 다른 문제점도 발생한다. 결국 해를 없앤 것은 '꽃이 모셔온 미륵불'이 되는데 그렇게 되면 '이일병현'의 변괴를 해결한 것은 '미륵불'이 되어 〈兜率歌〉 자체는 주술가로서의 면모가 상당히 퇴색하게 된다. 〈兜率歌〉가 받던 다음과 같은 평가[34]를 감안할 때 상당한 격차가 느

---

34 향가 전체에 대한 평가로 볼 수도 있지만, 〈兜率歌〉의 마지막에 附記되어 있는 것이기에 〈兜率歌〉에 대한 평가로도 유효할 듯하다.

껴지는 해석이 됨은 부인할 수는 없을 듯하다.

> 신라 사람들이 향가를 숭상한 것은 오래되었다. … **종종 천지의 귀신을 감동시킨** 것이 한두 번이 아니었다.(羅人尙鄕歌者尙矣. … 往往能感動天地鬼神者非一)
>
> 〈三國遺事 5卷, 月明師 兜率歌〉

결국 〈兜率歌〉를 '해=미륵'이라는 관점에서 볼 때라야 이 작품이 지닌 '주술성'은 여러 측면에서 제자리를 잡을 수 있게 된다. 그렇게 볼 때 '호명 - 명령'계 주술에 잠재한 주술 매개체의 역할에 부합하고, '이일병현'을 직접 해결한 呪術歌로서의 입지도 유지할 수 있으며, 주술성과 관련된 〈兜率歌〉에 대한 평가 '천지 귀신을 감동시킨 것이 한두 번이 아니었다(感動天地鬼神者非一)'와도 잘 호응되는 작품으로 자리매김시킬 수 있게 되는 것이다.

3. 결론

이상의 논의는 다음과 같이 정리된다.

첫째, 〈兜率歌〉를 '해의 변괴를 없애는 목적을 지닌 呪術歌'로 보는 통설에서 우리는 '해'와 '미륵불'을 二分하여 '해'는 없애야 하는 것, '미륵'은 그 행위의 주체자로 이해해 왔다.

둘째, 본고는 이 통설에 이견을 제기하였다. 몇 측면으로 검토해 본 결과 '새로운 해'와 '미륵불'은 동일한 존재의 異稱에 불과한 것으로 파악되었다.

셋째, 서사 문맥으로 볼 때, "노래가 불리자 하늘의 괴변이 사라졌다"라고 하는데, 노래와 괴변의 해소 사이에 시간적 간극이 느껴지지 않아 미륵불의 下世와 佛力이 개입될 여지가 없다.

넷째, 『彌勒上生經』, 『彌勒下生經』, 『彌勒大成佛經』 등에는 미륵을 光名과 함께 묘사하는 부분이 많고 때로 '해'로 은유하기도 하는데 이 점으로 월명사가 '해'를 미륵불로 표현하였을 개연성이 존재한다.

다섯째, 〈兜率歌〉는 〈彗星歌〉와 대표적인 주술 향가로서 거의 동일한 서사 문맥을 가지고 있는데, 요약하면 '괴변의 발생 → 노래 구사 → 변괴 해소'라 할 수 있다. 그런데 〈彗星歌〉의 가장 주된 주술 메커니즘은 '혜성'을 '길 쓸 별'이라고 再言明하는 것이었다. 즉, 凶兆를 吉兆로 인지하여 위기 상황을 타개하고 있는데, 이 원리를 〈兜率歌〉에도 적용할 수 있다고 보았다. 즉, '二日並現'이라는 흉조를 미륵불의 하세라는 길조로 재언명한 것이 〈兜率歌〉일 개연성이 있다.

여섯째, 흉조를 길조로 재해석함으로써 위기 상황을 극복한 신라인의 사례는 많은데, 월명사 또한 그 문화의 磁場 속에 든 인물이므로 그러한 방식을 채택했을 적지 않은 가능성이 있다. 불길한 현상을 해소할 가장 공인된 방식 중의 하나인 '再言明'을 활용하여 '하늘의 해'를 '미륵불'로 재언명한 것은 필연적이라고 단언할 수는 없지만, 나라에 닥친 임중한 상황과 해소의 책임을 맡은 월명사가 택할 수 있는 주술 방식의 선택지를 생각해 볼 때, 높은 개연성을 지니고 있다고 판단된다.

일곱째, 그간 우리는 〈兜率歌〉 주술의 핵심을 '호명과 명령' 그리고 '꽃'이라는 주술매개체의 관점에서만 파악해 왔다. 그 점은 인정된다. 그러나 그 구조 속에서 볼 때도 월명사는 '해'를 '미륵불'로 간주하고 있음이 감지된다. 〈구지가〉와 〈석척가〉에서 '거북, 석척'에게 문제 상황 해결에 필요한 즉각적으로 도움이 되는 행동을 命했던 것과 마찬가지로 〈兜率歌〉에서도 '꽃'에게 '해를 없애 달라'라는 내용의 命을 했으리라 짐작되는데 그 명이 구체적으로는 '미륵좌주를 (하계로) 모셔라'로 표현되어 있는바, '해=미륵좌주'가 성립함을 보는 것이다. 결국 〈兜率歌〉에서 재언명의 주술 원리는 소거될 수 없으며, 따라서 이 작품은 두 가지 주술 원리가 모두 들어 있는 주술가라 규정할 수 있다.

여덟째, 결국, 〈兜率歌〉의 行間의 의미는 다음과 같이 최종적으로 읽힌다.

향가	한역시	
(하늘에 나타난 또 하나의 해는 下生하려는 미륵불이로다) 오늘 여기 산화 불러 (미륵불이 나타나신 하늘로) 북돋워 올린 꽃아! 너는 곧은 마음의 명을 받들어 미륵좌주를 모셔라!	(하늘에 나타난 또 하나의 해는 下生하려는 미륵불이로다) 용루에서 오늘 산화가를 불러 (미륵불이 나타나신) 하늘로 한 조각 꽃을 뿌려 보낸다. 은근하고 중한 곧은 마음의 시킨 바이니 멀리서 오는 미륵불을 맞이하라.	龍樓此日散花歌 挑送靑雲一片花 殷重直心之所使 遠邀兜率大僊家

『한국시가연구』 52, 한국시가학회, 2021.

삼국유사 소재 處容歌의
高麗的 어휘 요소와 그 시사에 관하여

1. 서론

〈處容歌〉는 『三國遺事』 권2 「處容郎 望海寺」條에 다음과 같은 설화와 함께 전하는 향가이다.

(前略) 동해의 용은 기뻐하여 아들 일곱을 거느리고 왕의 앞에 나타나 덕을 찬양하여 춤을 추고 음악을 연주했다. 그 중 한 아들이 왕을 따라 서울로 들어가서 왕의 정무를 도우니, 그를 '처용'이라 하였다. 왕은 미녀를 그의 아내로 삼아 그의 마음이 머물도록 하고, 또 급간직까지 주었다. 처용의 아내가 매우 아름다웠기 때문에 역신이 흠모해서 사람으로 변하여 밤에 그 집에 가서 남몰래 동침했다. 처용이 밖에서 자기 집에 돌아와 침실에 두 사람이 있는 것을 보고 이에 노래를 지어 부르고 춤을 춘 후 물러나왔다. 그 노래는 이러하다.
"東京明期月良夜入伊遊行如可入良沙寢矣見昆脚烏伊四是良羅二肸隱吾下於叱古二肸隱誰支下焉古本矣吾下是如馬於隱奪叱良乙何如爲理古"
그때 역신이 본 모습을 나타내어 처용의 앞에 꿇어앉아 말했다. "내가 공의 아내를 탐내어 지금 잘못을 저질렀습니다만 공께서는 노여움을 보이지 않으시니 감동하여 아름답게 여깁니다. 맹세코 이 후로는 공의 모양을 그린 것만 보아도 그 문안에 들어가지 않겠습니다." 이로 인해 나라 사람들은 처용의 형상을 문에 그려 붙여서 나쁜 귀신을 물리치고 경사스러운 일을 맞아들이게 되었다. (後略)

〈三國遺事 2卷, 紀異, 處容郎 望海寺〉[1]

이 작품은 다행스럽게 노랫말의 일부가 고려가요로도 전승되어[2] 향가 해독의 실마리를 제공하였던 한편,[3] 내용상 8분절됨으로써 향가 '8구체 존재설·8구체 지방문학설'의 주요 근거가 되어 주었다. 또한 노랫말에 특이한 형태의 語句들이 존재함으로써 고대어 연구의 자료로도 활용되었다. 즉, 이 작품을 바탕으로 다음과 같은 문학적·어학적 결론들이 도출되었던 것이다.

이에 비하여 8구체 향가는 사뇌가가 아닌, 말하자면 수도 문학권 외의 어느 지방 문학의 하나라고 보고자 한다. 따라서 『처용가』도 지방 문학일 가능성을 상정할 수 있다고 본다. … 분명히 처음부터 8구체로 된 작품임에는 어느 누구도 이의가 없었기 때문에 『처용가』와 『모죽지랑가』는 꼭 같은 시가 형태에 귀속시킬 수 있다고 본다. 따라서 이 두 작품은 꼭 같이 지방 문학의 소산으로 간주될 수

---

[1] (前略) 東海龍喜 乃率七子 現於駕前 讚德獻舞奏樂. 其一子隨駕入京 輔佐王政 名曰處容. 王以美女妻之 欲留其意 又賜級干職 其妻甚美 疫神欽慕之 變無爲의 誤刻爲人 夜至其家 竊與之宿. 處容自外至其家 見寢有二人 乃唱歌作舞而退. 歌曰 "東京明期月良夜入伊遊行如可入良沙寢矣見昆脚烏伊四是良羅二肹隱吾下於叱古二肹隱誰支下焉古本矣吾下是如馬於隱奪叱良乙何如爲理古" 時神現形 跪於前曰 吾羨公之妻 今犯之矣 公不見怒 感而美之. 誓今已後 見畫公之形容 不入其門矣 因此 國人門帖處容之形 以僻邪進慶. (後略) 〈三國遺事 2卷, 紀異, 處容郎望海寺〉
[2] 동일한 내용을 담은 부분이 『악학궤범』에 다음과 같이 실려 전한다. 그 부분만 옮기면 다음과 같다.
　中葉　東京 볼긴 드래 새도록 노니다가
　附葉　드러 내 자리를 보니 가르리 네히로새라
　小葉　아으 둘흔 내해어니와 둘흔 뉘해어니오　　　　　　　　　　　〈樂學軌範〉
[3] 향가에 대한 최초의 해독은 金澤庄三郎의 『吏讀의 硏究』(第4章, 歌謠)에서 비롯되었는데, 첫 해독의 대상이 바로 〈處容歌〉였다.

있다. 〈정병욱〉[4]

처용가의 한 구절의 해독은 그런대로 所得이 없지는 않았다. 古代國語의 단계에도 중세국어와 같이 語幹의 형태·어휘적 자질에 따른 어미의 교체가 있었고 접속구문이 명사적으로 사용되는 일이 있었다는 것이 그 소득이다. 〈고영근〉[5]

위의 업적에서 정병욱은 〈處容歌〉가 가진 형식적 특이성을 존중해 노래의 배경과 연관시켜 '8구체는 지방문학이다'란 결론을 내렸고, 고영근은 〈處容歌〉에 나타나는 일부 구절을 집중 분석해 '중세국어에 나타나는 특정 형태는 고대국어에서 비롯되었다'라는 결론을 내렸다. 선학들의 이러한 결론은 우리의 신라 문학사 기술을 풍성히 해 주었고, 또한 중세국어의 뿌리는 현재 남아 있는 고대국어 자료에서도 확인할 수 있을 것이라는 믿음을 우리에게 심어 주었다.

그러나 우리는 여기서 위 두 업적들의 결론이 기반하고 있는 전제에 대해 잠시 생각해 볼 필요가 있다. '8구체 문학은 신라의 지방 문학이다'라는 결론과 '처용가에 나타나는 어떤 형태는 고대국어적 요소이다'라는 말 속에는 '『삼국유사』에 수록된 〈處容歌〉는 신라적 형태 그대로이다'란 전제가 깔려 있는데 이것은 퍽 불안정한 것이기 때문이다.

주지하다시피 〈處容歌〉를 수록하고 있는 『삼국유사』는 一然禪師(1206~1289) 혹은 그 제자 無極(1251~1322)[6] 등이 1280년대 이후에 편찬한 것으로,

---

[4] 『한국고전시가론』, 신구문화사, 1976. (본문 인용은 1994년 증보판의 90면.)
[5] 「處容歌의 한 解讀」, 『건국어문학』 第9·10合輯, 金一根博士華甲紀念論叢, 1985.
[6] 無極이 『삼국유사』 편찬에 관여하였음은 『삼국유사』 內에 다음과 같은 기록들이 있는 것으로 확인된다.
"나도 역시 이 모임에 참석해서 이른바 불아라고 하는 것을 친히 보았는데 그 길이는 세 치 가량 되고 사리는 없었다." 무극이 기록한다.(予亦預斯會 而親見所謂佛牙者 長三寸許 而無舍利焉 無極記) 〈三國遺事 3卷, 塔像, 前後所將舍利〉
"이 기록에 실린 진표의 사적은 발연석기와는 서로 다르다. 때문에 영잠이 기록한 것만 추

작품의 배경으로 설정되어 있는 헌강왕(재위, 875~886)의 시기와는 무려 400년 이상의 時差를 가지고 있다. 『삼국유사』의 편찬자가 옛 기록을 정확히 참조하여 수록하려 했을 것임에는 틀림이 없겠지만, 400년이란 시차의 壁은 편찬자로서도 넘지 못할 어쩔 수 없는 측면이 있었을 것으로 예상된다.[7]

려서 싣는 것이다. 후세의 어진 이들은 마땅히 상고할 것이다." 무극이 기록한다.(此錄所載 眞表事跡, 與鉢淵石記, 互有不同, 故刪取瑩岑所記而載之, 後賢宜考之. 無極記)〈三國遺事 4卷, 義解, 關東楓岳鉢淵藪石記〉

[7] 그 400년의 거리가 결코 간단히 극복될 것이 아님은 비문을 옮겨 놓은 〈金堂主彌勒尊像火光後記〉(3卷, 南月山)의 내용으로서도 傍證이 가능하다. 비교해 보면 생략된 부분과 오탈자가 상당하다.

상: 甘山寺石造彌勒菩薩立像造像記(『譯註 韓國古代金石文』Ⅲ, 1992. 수록분)
하: 『삼국유사』의 金堂主彌勒尊像火光後記(권3, 南月山)
cf)〓은 造像記의 行같이 표시, ○은 省略·漏落字의 표시, 圈點은 誤字·相異字.

1行: 開元七年己未二月十五日重阿湌金志誠奉〓爲亡考仁章一吉湌亡妣觀肖里敬造甘
　　　開元七年己未二月十五日重阿喰全忘誠○　爲亡考仁章一吉干亡妃觀肖里夫人敬造甘

2行: 山寺一所石阿彌陀像一軀石彌勒像一軀〓盖聞至道玄微不生不滅能仁眞寂無去無來〓
　　　山寺一所○○○○○石彌勒一○一軀

3行: 所以顯法應之三身隨機拯濟表天師之十號〓有願咸成弟子志誠生於聖世歷任榮班〓

4行: 無智略以匡時僅免罹於刑憲性諸山水慕莊〓老之逍遙志重眞宗希無著之玄寂年六十有〓

5行: 七致王事於淸朝遂歸田於閑野披閱五〓千言之道德弃名位而入玄窮硏十七地之法〓
　　　○○○○○○○○○○○

6行: 門壞色空而俱滅尋復降旌命於草廬典〓邇都之劇務雖在官而染俗塵外之心無捨罄〓
　　　○○○○○○○○○○○

7行: 志誠之資業建甘山之伽藍伏願以此微誠上〓資國主大王履千年之遐壽延萬福之鴻〓

8行: 休愷元伊湌公出有漏之醫埃證无生之妙果〓弟良誠小舍玄度師姉古巴里前妻古老里後〓
　　　兼及愷元伊湌○○○○○○○○○　　　第懇誠小舍玄度師姉古巴里前妻古老里後

9行: 妻阿好里兼庶兄及漢一吉湌一幢薩湌聰敬〓大舍妹首肹買里及无邊法界一切衆生同出〓
　　　妻阿好里兼庶族及漠一吉喰一幢薩喰聰敏　七舍妹首肹買等○○○○○○○○○

10行: 六塵咸登十號縱使誠〓有盡此願无窮劫石〓已消尊容不〓无求不果有願咸成如有順此〓
　　　○○○○○○○○○○○

11行: 心願者庶同營其善因也亡妣官肖里夫人〓年六十六古人成之東海欣支邊散之〓
　　　○○○○同營妓善○○亡妣　肖里夫人　○○○○古人成之東海攸友邊散也

또한 이 작품은 여타 遺事 소재 향가와는 달리 고려조에 들어서도 활발히 膾炙되었던 정황을 보여 주고 있다.[8] 작품이 활발히 회자되었다는 것은 문서로만 보존되는 것에 비해 아무래도 시대적 변화를 반영할 여지가 높은 것이기에 그 점으로서도 현전하는 〈處容歌〉가 원형 그대로는 아닐 가능성이 높게 된다.
　한편, 〈處容歌〉를 대상으로 한 것은 아니지만 현재 학계의 일각에서는 『삼국유사』 소재 향가 작품의 노랫말 중 일부는 신라가 아닌 '고려시대의 표기법'이라는 지적을 하고 있다. 다음의 언급이 대표적인데,

　통일신라 이전의 4首에 반영된 표기는 당시의 표기 실상을 그대로 드러내는 것이 아니라 후대에 굴절된 표기일 수 있음을 뜻한다. 즉 이들의 표기법이 간접적으로 나마 고려시대 표기법의 영향을 받았음을 암시한다.　　　　　　〈이승재〉[9]

　이러한 견해는 본고의 문제의식과 軌를 같이 하는 것이라 할 수 있다. 이하에서 다루는 내용은 그 '굴절의 가능성'에 대한 추정이다.

2. 東京과 〈處容歌〉의 原形

　어떤 작품이 창작 당대의 原形을 가지고 있느냐의 여부를 살필 때 가장

---

8 주로 고려 후반에 이 작품을 소재로 한 한시들이 많이 등장한다. 아래는 그 일부이다.
　新羅昔日處容翁 見說來從碧海中 貝齒頹脣歌月夜 鳶肩紫袖舞春風 〈李齊賢(1287~1367), 益齋亂藁 권4, 小樂府〉
　滿月月明夜悠悠 東海神人下市樓 路闊可容長袖舞 世平宜掛百錢遊 高蹤縹緲歸仙府 遺曲流傳在慶州 巷口春風時一起 依然吹動挿花頭 〈李詹(1345~1405), 新增東國輿地勝覽 권21, 慶州府 古跡〉
　위 시에서 보이는 '신라의 처용, 바다에서 옴, 달밤에 노래함, 춤을 춤' 등의 화소는 그들이 고려가요 〈處容歌〉의 노랫말 범위를 넘어서는 측면이 있으므로, 『삼국유사』에 소개되어 있는 〈處容歌〉의 설화를 익숙히 알고 향유했음을 알 수 있다.
9 국어사연구회, 「借字表記의 變化」, 『국어사연구』, 태학사, 1997, 240면.

긴요하게 활용될 수 있는 수단은 아마 '노랫말에 반영된 時代性'일 것이다. 창작 당대에는 있을 수 없는 어떤 어휘가 노랫말에 포함되어 있다고 한다면 그 어휘는 후대의 손길이 닿은 부분이라 할 수 있을 것이다.

그럴 때, 〈處容歌〉에서 가장 문제가 되는 부분은 단연 노랫말의 첫머리를 장식하고 있는 '東京'이 된다. 잘 알려진 사실이지만, 경주를 칭하는 '東京'이란 지명은 고려 성종(재위, 981~997) 때에 이르러서야 비로소 公式的으로 명명되었기 때문이다. 『高麗史』의 해당부분을 인용하면 다음과 같다.[10]

> 東京留守官. 慶州本新羅古都 … 太祖十八年 敬順王金傅來降 國除爲慶州 … 成宗六年 改爲東京留守 : 동경유수관. 경주는 본래 신라의 옛 도읍이다. … 태종 18년(935)에 경순왕 김부가 와서 항복하니 나라가 없어지고 경주가 되었다. … 성종 6년(987)에 동경유수로 고쳤다.
> 〈高麗史 57卷, 志11, 地理〉

이러한 史料的 정황이 있기에 그간의 몇 업적에서도 '東京'을 근거로 다음과 같은 신중한 주장이 제기된 바 있다.

> 향가는 … 三國遺事의 것은 편자의 변개가 있지 않았나 우려되는 점이 없지 않으므로 이 점 각별한 주의가 필요한 것이다. … 신라시대에 그 서울을 東京이라 했을는지도 의심스럽다. 이것은 고려시대에 와서 변개된 것이 아닌가. 이 변개된 것을 三國遺事에 싣지 않았나 하는 의문을 자아낸다.[11]

그러나 이러한 疑懼에 앞서, 양주동은 위 『고려사』의 기록에도 불구하고

---

10 『세종실록』·『동국여지승람』 등에도 大同小異한 기록이 있다. 현재의 문헌 사료 단계로서는 성종 이전에 경주를 '東京'이라 칭했던 근거를 찾을 수 없다.
11 이기문, 『신정판 국어사개설』, 태학사, 1998, 95~96면.

일찍이 다음과 같은 언급을 하였다.

> 遺事原歌에도「東京」이라 하엿음은 이原歌가 麗成宗以後의 改竄으로 看做케될 虞가 잇음이다. 이에 對하야는 우리는 所謂「東京」의 稱이 公式으론 成宗六年에 定하여젓으나, 俗稱으론 羅代에 진작부터 그稱號가 잇엇음을 … 左揭 新羅憲德王五年所立 碑文으로 確知할수잇다. "禪師 俗姓金氏 東京御里人也 級干常勤之子.
> 〈斷俗寺, 神行禪師碑〉"[12]

이는 813년도에 건립된 〈斷俗寺 神行禪師碑〉라는 확정적인 자료를 근거로 든 것이었기에 금기창,[13] 양희철[14] 등 후대의 대부분의 학자들에게 공고히 인용되었다. 즉,〈處容歌〉의 배경보다 근 60년이나 이른 시기에 新羅의 高僧 神行禪師를 추모해 세운 비문에 '선사의 속성은 김씨이다. 동경 어리 출신의 인물이다(禪師 俗姓金氏 東京御里人也)'라고 明示되어 있기에 '경주를 칭하는 東京'이 신라 적부터 있었음이 더 이상 부정할 수 없는 사실로 인식되었던 것이다.

본고는 이 설을 충분히 경청해야 할 만한 주장이라고 본다. 주지하다시피 역사적 사실을 판단할 때 碑銘은 어떤 사료보다 우선시되는 것이고, 위 비문의 성립 연대와 탁본이 현재에 명료히 전하고 있기 때문에 그에 바탕한 언급은 '假說'로서 충분한 개연성을 가졌음이 인정되는 것이다. 하지만,

---

12 양주동,『증정 고가연구』, 일조각, 1965, 385면.
13 慶州를「東京」으로 呼稱한 것은〈處容歌〉가 지어진 憲康王(西紀 879~885) 以前부터였으며 新羅 憲德王 5년(西紀 813)에 세운 斷俗寺 神行禪師 碑文에 "禪師 俗姓金氏 東京御里人也"라는 語句로 보아도 진작부터 慶州에 대한 稱號가 東京이었음을 우리는 알수가 있겠다. 〈금기창,「처용가에 대하여」,『신라문학에 있어서의 향가론』, 태학사, 139면.〉
14 '東京'으로 읽는 경우는 그 지명의 사용 시기에서 논란이 있었다. 즉, 東京이란 지명이 고려시대의 지명이 아니냐 하는 문제였다. 그러나 헌덕왕 5년(813년)에 세워진「신행선사비(神行禪師碑)」에서 이미 東京이란 말이 나타나고 있어 문제가 되지 않는다. 〈양희철,『삼국유사향가연구』, 태학사, 1997, 133면.〉

위 주장에 지나치게 이끌려 '동경 = 경주'의 문제를 완전히 해결된 문제로 記述하는 것에는 신중해야 한다는 입장을 가지고 있다. 그것은 위 연구자들이 간과하고 있는 것이 하나 있기 때문이다.

양주동은 신라 적에도 慶州를 東京이라 불렀던 정황을 '碑文으로 確知'할 수 있다고 하였다. 하지만 엄밀히 말해서 위 碑가 말하고 있는 것은 신행선사가 태어난 곳이 '東京'이란 이름을 가진 지역이라는 것일 뿐, '東京이 바로 그 당시의 慶州'라는 말은 되지 않는다.[15] '東京은 慶州'라는 고려시대 이후의 선입견에서 벗어나 생각한다면, 이 비문에서 나타나는 東京은 당시 渤海에 설치되어 있던 東京일 수도 있고, 중국의 어디쯤에 있던 東京일 수도 있다. 즉, 위 비문에 새겨진 '東京'이라는 곳이 '統一新羅의 首都인 慶州'로 확정되기 위해서는 경주 지역에 '御里'란 지명이 있었다든가, 신행선사의 고향이 '慶州'였다든가 등의 추가 정보가 있어야만 하는 것이다. 그러나 현재의 史料로는 이러한 것을 뒷받침할 아무런 근거가 없다. 다만 碑文의 다른 부분에서 그가 新羅人이었던 사실은 확인[16]되어 이 비문에서 말하고 있는 '東京'이 신라의 어느 지역을 칭하는 것임을 限定할 수 있을 뿐이다.

그렇다면 당시 신라 지역에서 '東京'이라고 불릴 만한 곳은 '慶州'가 유일한가? 그렇지는 않다는 것이 본고의 생각이다. 주지하다시피 신문왕대(재위, 681~692)에 이르러 신라는 5小京 체제를 완성하게 되는데, 中原京은 현

---

15 양주동은 이를 확대하여 '東京'을 '셔블'로 읽었다. 동경(경주)을 나타내는 옛 지명은 '徐羅伐·徐伐'이고, '東風'을 샛바람이라 부른 데서 알 수 있듯이 '東'의 고유어는 '식'라는 것이 그 주된 이유였다. 그러나 이 독법은 명백한 誤讀이다. 우리나라에서 '東風'을 '샛바람'이라고 부르는 이유는 '東'이 『주역』에서 '乙'에 해당하는 것이기에 생긴 것으로 '東'의 고유어와는 무관하다. 이는 남풍을 '마파람'이라고 하는 것과도 상통한다. 『주역』에서 南은 '午' 즉, 말(馬)의 방향에 해당한다. 또한 '徐羅伐·徐伐'은 '京'의 의미일 뿐(今俗訓京字云徐伐, 『삼국유사』 권1, 赫居世), '東'쪽과는 아무런 관련이 없는 어휘이다. 이에 대해서는 박재민, 『삼국유사 소재 향가의 원전비평과 차자·어휘 변증』(서울대학교 국어국문학과 박사학위논문, 2009, 215~218면)에서 자세히 다룬 바 있다.
16 신행선사가 신라인임은 같은 비문에 나타난 '海東·鷄林' 등의 내용으로 알 수 있다.
禪師怡然而對曰 貧道生緣海東因求法而至耳 … 然後還到雞林倡導群蒙 〈같은 비문〉

재의 忠州, 北原京은 현재의 原州, 南原京은 현재의 全州, 西原京은 현재의 淸州, 東原京은 현재의 金海에 설치된다. 그리고 金海 지역을 칭하는 '東原京'은 다음의 碑銘에서 보이듯 당대에 통용되던 명칭이었다.

至東原京 福泉寺 受具 于潤法大德 : 동원경 복천사에 가서 윤법대덕에게서 구족계를 받으셨다. 〈實相寺 秀澈和尙楞伽寶月塔碑, 893년〉

그렇다면 선사의 고향이라고 한 '東京'은 그의 俗姓 金氏의 발원지인 金海 곧, '東原京'일 가능성도 있지 않을까? '東原京'을 略稱하여 '東京'이라고 했을 가능성도 있지 않을까? 이 문제는 神行禪師에 대한 보다 많은 자료가 나타나야 可否를 알 수 있겠지만, 최소한 '禪師 俗姓金氏 東京御里人也'에 나타난 '東京'을 반드시 '경주'로만 한정할 수 없음을 우리에게 말해 준다 할 것이다.[17]

3. 문법적 측면의 고려시대적 요소

우리는 위에서 神行禪師碑에 나타난 '東京'이란 지명이 반드시 '慶州'를 칭

---

[17] 신라말에 불교의 번성을 타고 禪師碑들이 유행처럼 건립되었는데, 그 중, 11점의 내용이 비석 혹은 탁본의 형태로 현전한다. 그 비문들에서 경주를 칭하는 말은 다음과 같이 나타난다.
禪師諱慧徹 字體空 俗姓朴氏 京師人也 : 선사의 이름은 혜철, 자는 체공, 속성은 박씨이고 京師 사람이다. 〈大安寺 寂忍禪師塔碑, 872년〉
諱利觀 字有者 金姓 京都人也 : 휘는 이관이요 자는 유자이며 (속성은) 김씨로서 京都 사람이다. 〈禪林院址 弘覺禪師碑, 886년〉
其世緣 則王都人 金姓子 : 그의 세속 인연을 상고해 보면, 王都 사람으로 김씨 성을 가진 사람이다. 〈鳳巖寺 智證大師寂照塔碑, 924년〉
위의 '京師·京都·王都' 등의 용어는 '東京'이라는 명칭에 비해 '동원경·서원경·남원경·북원경·중원경'의 통솔하는 수도로서의 뉘앙스가 강하게 느껴진다.

한다고 확신할 수 없음을 살폈다. 이는 신라시대에 경주 지역을 의미하는 말로서의 '東京'이란 말은 존재하지 않았을 수도 있음을 뜻한다. 결국 〈處容歌〉의 첫머리에 나타나는 東京은 성종 이후의 後代人이 변개한 노랫말일 수도 있다는 결론을 얻는다.

그렇다면 처용가 노랫말의 여타 부분에서도 혹 고려시대적 요소가 남아 있지 않을까? 이하에서는 그 점에 대해 논한다.

1) 如可

〈處容歌〉에는 여타의 향가에서는 보이지 않는 특이한 문법 형태가 존재한다. 그 중 하나가 제2句의 말미에 위치한 '(遊行)如可'[18]이다. 이 부분은 소창진평 때부터[19] 이미 '(노니)다가'로 解讀되어 있는데 그것은 『악학궤범』의 다음 구절에 비견되어 해독된 것이기에 異論의 여지가 없다. 논의를 위해 다시 비교하며 보이면 다음과 같다.

東京 明期 月良 夜入伊 遊行如可 〈三國遺事〉
東京 ᄇᆞᆰ근 ᄃᆞ래 새도록 노니다가 〈樂學軌範〉

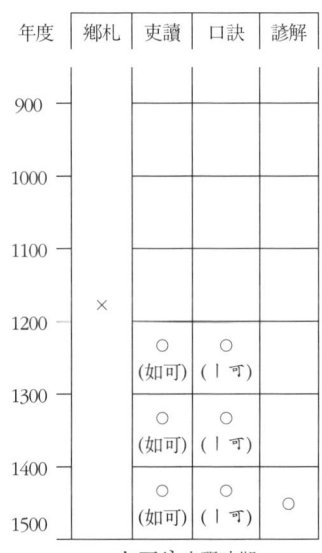

如可의 出現時期

---

18 〈願往生歌〉의 '惱叱古音多可支白遣賜立'에서 보이는 '多可'를 이 곳의 '如可'와 동일하게 해석하는 경우가 있으나 이 둘은 전혀 다른 성격의 표기이다. '번뇌의 말씀 많다고(多) 부디(可支) 사뢰어 주소서'로 해독될 곳이기 때문이다.

19 小倉進平 이전의 두 선행 연구에서는 'norra ka taka(金澤庄三郎)·놀앗다가(鮎貝房之進)' 등으로 불완전하게 읽혔다.(小倉進平, 『鄕歌及び吏讀の硏究』, 京城帝國大學, 1929, 2~4면을 참조함.)

이곳에서 보이는 '如可'는 音價上[20]·文脈上 '중단·전환'의 의미를 띠는 연결어미 '-다가'로 認定된다. 고려가요와 선초의 다음 형태에 정확히 부합하는 형태인 것이다.

가다가 가다가 드로라 에졍지 가다가 드로라　　　　　〈靑山別曲, 樂章歌詞〉
져믄 저그란 안죽 ᄆᆞᅀᆞᆷᄭᅵᆺ장 노다가 즈라면 어루 法을 비호ᅀᆞ보리이다
　　　　　　　　　　　　　　　　　　　　　　　　〈釋譜詳節 6:11a~b〉
아ᄃᆞ리 出家ᄒᆞ야 諸國에 두루 ᄃᆞ니다가 次第로 乞食ᄒᆞ야　〈釋譜詳節 24:14b〉
네 어마니미 날 여희오 시르므로 사니다가 이제 ᄯᅩ 너를 여희오
　　　　　　　　　　　　　　　　　　　　　　　　〈月印釋譜 08:101a〉

그런데 문제는 이 '-다가'라는 연결어미가 차자 표기로서는 매우 늦은 시기에 첫 모습을 보인다는 점이다. 향찰 표기로 본 노래에서 유일하게 나타나는 것은 향가 자료의 문헌적 한계라고 볼 수 있지만, 13세기 이전의 비교적 풍부한 이두·구결 자료를 지나친 채 13세기 자료에 이르러서야 다음과 같이 첫 용례를 보이는 점은 자료의 한계라고만 간단히 설명될 것이 아닐 듯하다. 이두와 구결의 첫 용례는 다음과 같다.

【이두】
專權擅命威福 自持爲如可 故後庶子 崔沆亦 傳繼 爲㫆　　　〈尙書都官貼, 1262년〉

【구결】
阿難ㆆ 若無眼人ᄼ 全見前黑ᐯ丨可 忽得眼光ᄼ 還於前塵ㆆ 見種種色ㅊ入丨

---

[20] 借字表記에서 '如'는 '다/더', '可'는 '가/거'를 표기하기 위해 常用되는 字이다. 대응 관계를 간략히 보이면 다음과 같다.
如 : 是如 이다, 是如乎 이다온, 爲有如乎 ᄒᆞ잇ᄯᅡ온　　　　　　　　〈儒胥必知〉
可 : 爲白如可ᄒᆞᄉᆞᆲᄯᅡ가, 爲行如可ᄒᆞ녕다가, 爲乎乙可ᄒᆞ올가　　〈儒胥必知〉

〈소곡楞嚴 01:14b〉[21]

阿難아 ᄒᆞ다가 눈 업슨 사ᄅᆞ미 젼혀 알ᄑᆡᆺ 거무믈 보다가 믄득 누늬 光明을 어드면
도로 알ᄑᆡᆺ 드트레 種種 비츨 보리니 〈楞嚴經諺解 01:101b〉

이후 이 표기는 14·15·16세기를 거치면서 더욱 활발하고 잦은 빈도로 나타난다. 그 상황을 보이면 다음과 같다.

【이두】
官物乙 主掌爲有如可 文券 闊失爲 錢粮數目乙 錯亂爲在乙良
〈大明律直解 03:03a, 1395년〉
奴婢分揀如前執籌分執爲有如可 後現爲去等 〈金務許典文記, 1429년〉
每日 淨掃爲乎矣 巳時量良中 放養爲如可 未時量良中 驅入於
〈牛馬羊猪染疫病治療方, 1541년〉

【구결】
ᄒᆞ다가 ᄀ ᅵ ᄒᆞ (장 5:18ㄱ)(안ㄱ 4:19ㄴ)(안ㄷ2:4ㄴ)(대1:4ㄴ)(기 4:46ㄱ)
〈15세기 자료, 이전경[22]의 재인용〉
爲多可(書大下54b, 地藏上10b), 爲也叱多可(地藏中17b)
〈16세기 자료, 안병희[23]의 재인용〉

『삼국유사』소재 처용가에 향찰 표기로서는 유일하게 나타나는 '다가(如可)'가 상당한 친연성을 가진 차자 표기인 구결과 이두에서 전혀 나타나지

---

21 남풍현(『구결연구』, 태학사, 1999, 395면)에 따르면, 소곡본 능엄경은 13세기 문법 형태를 반영하고 있다고 한다.
22 이전경, 『15세기 불경의 구결 표기법 연구』, 연세대학교 국어국문학과 박사학위논문, 2002, 321면.
23 안병희, 『中世國語口訣의 硏究』, 一志社, 81면.

않다가 13세기를 기점으로 나타나 14·15·16세기를 거치면서 활발히 문헌에 나타나는 정황을 우리는 어떻게 이해해야 하는가? 본고는 이것을 '-다가'라는 중단·전환의 연결어미가 13세기에 이르러서야 문법 요소로 등장하였고 이후 어느 시점에 처용가의 표기에도 사용된 흔적이라 판단한다. 그렇지 않고서는 일찍부터 있던 문법 형태가 10·11·12세기의 적지 않은 이두·구결의 차자 자료를 피해 300년을 잠류한 이유를 합리적으로 설명하기 어렵기 때문이다.

2) 乙

'乙'은 'ㄹ/늘/를' 등로 읽히는 借字이다. 연결어미로서의 '乙(늘/를)'은 위의 '如可'와 마찬가지로 향찰 표기를 통틀어 〈處容歌〉에서 유일하게 나타난다.²⁴ 다음이 그것이다.

本矣吾下是如馬於隱 奪叱良乙何如爲理古
〈處容歌〉

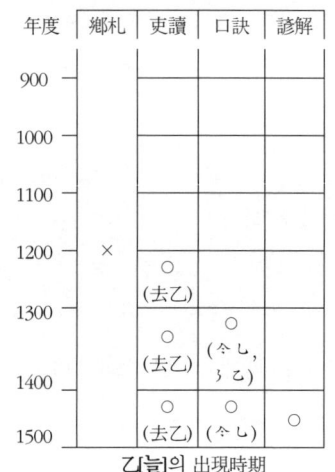

乙늘의 出現時期

'奪叱良乙'은 '앗+아늘'로 분석되는 형태로 이 때의 '(아)늘'은 '조건·상황·반응'²⁵의 의미를 띠는 연결어미이다. 고

---

24 『삼국유사』 소재 향가에 '乙'은 총 3회 나타난다. 〈處容歌〉의 本 용례를 제외하면 〈薯童謠〉의 다음 2곳이 있다.
  薯童房乙 夜矣 夘乙 抱遣去如 〈서동요, 띄어쓰기 필자〉
  그러나 이곳의 '乙'은 모두 名詞에 접속되어 있다는 점에서 처용가의 '乙'과는 다른 성격을 띤다. 즉, 조사 혹은 말음첨기로 쓰인 字인데, 이는 本條의 '연결어미'와는 기능적으로 별개의 것이다.

려가요와 선초 언해문의 다음 구절에 비견되는 형태인 것이다.[26]

사ᄉ미 짒대예 올아셔 奚琴히금을 혀거를 드로라　　　〈靑山別曲, 樂章歌詞〉
藥을 주어늘 먹들 슳히 너기니 엇뎨어뇨　　　〈月印釋譜 17:20a〉
므스므로 得디 몯ᄒ거늘 엇뎨 므스므로 道를 사므뇨　〈月印釋譜 09:23b〉

그런데 이 표기 역시 10~12세기의 구결 자료에서는 전혀 모습을 보이지 않다가 13세기 이후의 다음 이두 자료와 구결 자료에서 첫 모습을 드러낸다.

蒙古大兵亦 京師乙 圍攻爲去乙 權和 退兵令是遣 遷都令是白乎 事
〈尙書都官貼, 1262년〉
時 羅睺羅ᅵᄉᅀ 又擊一聲ᅵ ᅡᅟᅵᆯ 佛 又問言ᅵᄉᅀ 汝今聞ᄆ 不ᅡ
〈가람본 楞嚴經 04:55b〉

위 자료 중, 'ᅵ ᅡᅟᅵᆯ'은 'ᄒ야늘'로 읽히는데 위와 같은 내용을 언해한 다음 자료에서 '-대'[27]에 호응되어 나타나 '奪叱良乙'의 '-良乙'(-어늘, 이유·상황)과 동일한 것임을 알게 된다.

---

25 「-늘/늘」: 조건, 상황, 반응을 나타내며, 줄기에 바로 붙는 일은 없고, 반드시 안맺음씨끝 「-거(어, 나)-」, 「-아/-어-」를 앞세운다. 〈허웅,『우리옛말본』, 샘문화사, 1975, 553면.〉
26 그간 이 구절의 '乙'은 많은 업적에서 對格助詞로 해독되었다. 곧, '빼앗은 것을' 정도의 의미로 풀었던 것이다. 그러나 '奪叱良'이 體言이 아닌 이상 이를 대격조사로 볼 수는 없다. 기원적으로는 '동명사ㄴ + 올'로 보아 대격의 형태소를 분리해 낼 수 있지만, 나타나 있는 문법 형태는 이미 '-아늘(良乙)'이란 연결어미로 굳어진 것으로 보아야 한다. 이 점은 이미 고영근(「處容歌의 한 解讀」,『건국어문학』第9·10合輯, 金一根博士華甲紀念論叢, 1985.)에 의해 자세히 지적되어 있다.
27 '-ㄴ대'는 '상황·이유'의 연결어미로 '-아늘/-어늘'과 의미가 상통한다. 일례를 들면 다음과 같다.
여듧 王의 골오 논혼대 모다 깃거 各各 金壜애 담ᅀ 븟니라 (=나누거늘, 나누니)
〈釋譜詳節 23:56a〉
그듸 엇던 사ᄅ민다 무른대 對答호ᄃ (=묻거늘, 물으니)
〈楞嚴經諺解 07:62a〉

그제 羅㬋羅ㅣ 쏘 혼 소리를 틴대 부톄 쏘 무러 니르샤딘 네 이제 듣는다 몯듣는다
〈楞嚴經諺解 04:125a~b〉

이두에 쓰인 '圍攻爲去乙'의 '去乙' 역시 후행하는 문맥을 볼 때, '이유·상황'의 의미에 부합한다. 이후 이러한 문법 형태는 14·15·16세기에 거치며 상당히 활발하게 문헌에 나타나는데 이 상황을 간략히 보면 다음과 같다.

【이두】
倭賊船 五百餘 隻亦 蔚州浦下 陸爲去乙　　　〈慶州司首戶長行案其二 1382년〉
家門久衰爲有去乙 新登生員　　　　　　　　〈琴瑟別給文記, 1447년〉

【구결】
어늘 ㅅㄴ(기 4:55ㄱ)(기 4:54ㄹ)(기 4:47ㄷ) (14~15세기, 이전경, 전게서의 재인용, 302면.)
爲也時乙〈書大上 1b〉, 爲也示斤〈地藏上 5b〉, 是於飛乙〈書大上 15b〉 (16세기, 안병희, 전게서의 재인용, 87면.)

이러한 분포는 '良乙·去乙'이란 형태가 13세기 즈음의 차자 표기에서 시작되어 이후 활발히 문헌에 활용되었음을 알려준다. 10~12세기의 차자 표기를 대표하는 〈普賢十願歌〉, 화엄경류의 석독구결에 이러한 형태가 전혀 나타나지 않는 것은 자료의 부족에 의한 것이 아니라 아직 이러한 어형과 문법소들이 문자생활에서 활용되지 않았기 때문에 생긴 자연스런 현상으로 풀이된다.[28] 결국, 〈處容歌〉에 이러한 문법 형태가 나타나고 있다는 것은

---

[28] '-거늘/-어늘'의 11-13세기 先代形은 석독구결의 '-ㄱㄴ'이라는 연구결과가 있다.
"ㄱㄴ[은을]【ㄱ/동명사어미+ㄴ/대격조사; ㄱㄴ/연결어미】 …【선후】(15세기) 거늘/거늘"
(『釋讀구결사전』, 박문사, 황선엽·이전경·하귀녀 외, 2009, 62면.)
이 결과는 표기의 선후관계상 본고의 논의와 일치한다. 즉, 11~13세기까지는 '-ㄱㄴ'로 표

〈處容歌〉의 이 부분 노랫말이 13세기 이후에 생겨났음을 의미하는 것이다.

3) 良羅

'良'은 字音 /량·랑/을 借用하여 차자 표기에서 '아·이·에·라·러·란'음을 표기하는 데 쓰인다. 연구 초기부터 이 점은 지적되어 있었다.[29]

한편 양주동은 〈處容歌〉의 '脚烏伊四是良羅'를 '가ᄅ리 네히어라'로 音寫함으로써 이곳의 '良'을 '어'에 대응시켰다. 그러나 이러한 견해는 재고의 여지가 있다. 선행하는 '四是'를 '四(체언) + 是(계사)'로 볼 때, '계사 + 어라(良羅)'는 15세기 이전의 차자·언

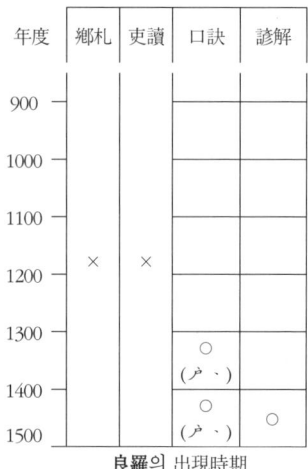

良羅의 出現時期

해의 어떤 문헌에서도 보이지 않는 형태이기 때문이다. '체언 + 계사 + X + 라'의 형태로 문헌에서 볼 수 있는 것 중 '良'의 音域과 유관한 형태는 '계사 + 경험·회상의 더(러)[30] + 라' 밖에 없다. 즉 다음과 같은 형태가 유일하다.

기되던 것이 13세기의 어느 시점에서 점차 '去乙 / 良乙'로 변화해 간 것이다.
29 詞腦歌·吏文 其他의 「良」字의 音借는 極히 廣汎하여 「라·아」 兩音 其他에 轉借된다. … 「良」이 이와같이 「라」 外에 「야·야·어·여」 等音에 轉借됨은 例의 初聲 「ㅇ·ㄹ」 相通에 의한 것이니 … 〈양주동, 상게서, 284~286면.〉
한편, '良'은 '러'의 音域까지 담당했던 借字이다. 향약구급방(13세기)에 나타난 物名에서도 이 점은 검증되며,
癮疹 豆等良只, 置等ㅅ只〈鄕藥救急方〉 (cf. 癮 두드러기 은 〈訓蒙字會〉)
여타 '可' 등의 향찰자들이 陰聲·陽聲 母音을 동시에 표시하고 있는 다음의 정황으로도 추론가능하다.
可: 夜入伊遊行如可(다가)〈處容歌〉 vs 花肹折叱可獻乎理音如(것거)〈獻花歌〉
즉, 借字의 속성상, '가'음을 가진 '可'가 '거'음을 위해서도 사용되었듯이, '라'음을 가진 '良'字는 언제든지 '러'음을 위해 轉用될 수 있는 것이다.

그 도ᄌ기 菩薩ㅅ 前世生ㅅ 怨讐ㅣ러라 : 怨讐이더라　　　〈月印釋譜 01:6b〉

노픠 다숫 자히러라 : 자이더라　　　　　　　　　　　〈月印釋譜 21:192b〉

위의 용례들에서 보이는 '러'는 과거 회상의 '더'가 선행한 'ㅣ'모음에 영향받아 '러'로 바뀐 것인데, 〈處容歌〉에서 바로 그 위치에 '良'이 나타나 있는 것이다. 곧, 〈處容歌〉의 제4구 '脚烏伊四是良羅'의 독법은 '허퇴 네이러라'이고 현대적 의미는 '다리가 넷이더라'이다.

그런데 이 '-러라'를 표기하기 위한 차자 형태는 극히 드물고 시기 또한 後代에 편중되어 있다. 향찰과 이두에서는 이런 형태가 전혀 없으며,[31] 고려말의 구결에서야 이 형태가 최초로 나타난다. 용례는 다음과 같다.

【구결】

이러라 ㆍㅅㆍ (안ㄷ2:18ㄱ), 이러라 ‖ㅅㆍ (기6:84ㄷ)

〈14~15세기, 이전경, 상게서, 307면.〉

是汝羅〈書大下 29a〉是驢羅〈書下60a〉　　　　〈16세기, 안병희, 150면.〉

고려시대에 편찬된 『삼국유사』 소재의 작품에 고려 후대인 14세기적 표현인 '-러라'가 나타나고 있다는 것은 이 작품의 이 부분 노랫말이 고려인들에 의해 개작되었음을 알리는 또 다른 흔적이 된다.[32]

---

30 '더/러'의 문법적 기능은 학계의 오랜 고민이다. 대표적으로는 다음을 참조할 수 있다.
　회상법(경험법) : 과거의 어느 때에다 기준을 두고, 말할이가 그때에 되어 나가던 일, 따라서 현실과는 이미 관련을 끊게 된 일, 또는 그때에 직접 경험한 일을 기술하는 방법인데, 1인칭 「-다/라」, 2·3인칭 「-더/러」로 표시된다. 〈허웅, 상게서, 900면.〉
31 향가의 다음 두 작품에서 보이는 '-러라'는 동사에 결합되어 있는 것이기에 本條의 그것과는 다른 표기이다. 즉, 명령형어미이다. 彌勒座主 陪立羅良〈兜率歌〉, 此肹 喰惡支 治良羅〈安民歌〉
32 『삼국유사』의 성립 시기는 史學·書誌學界의 해묵은 難題이다. 12세기 말 일연에 의해 저술되었다는 것이 舊說이지만, 그 후로 '13세기 초 그의 제자 無極이 개편한 것이라는 說' 또한

4) 馬於隱

이 형태 역시 향찰 표기로는 〈處容歌〉에서 유일하게 나타나는 어형이다. 제7구에 다음과 같이 나타난다.

本矣吾下是如馬於隱　　　　　〈處容歌〉

'馬於隱'은 '마ᄂᆞᆫ(는)·마른(른)'으로 읽히고[33] '역접'[34]의 뜻을 띠는데 고려가요와 선초 언해의 다음 구절들에 비견된다.

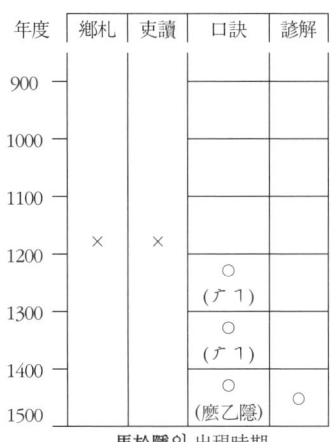

馬於隱의 出現時期

西京이 셔울히 마르는 닷곤ᄃᆡ 쇼셩경 고외마른　　〈西京別曲, 樂章歌詞〉
華嚴性海 ᄀᆞᄒᆞ닌 엇뎨 正位 아니리오마ᄅᆞᆫ　　〈月印釋譜 13:59a〉
그듸내 ᄌᆞ비사 오도다마ᄅᆞᆫ 숨利사 몯어드리라　　〈釋譜詳節 23:53b〉

고려가요를 포함하여 선초 언해에 상당한 빈도로 나타나는 이 어형은 이상하리만치 고려시대의 구결·이두의 차자 표기에서는 용례가 드물다. 이

실증적인 사료를 통해 제기되어 있다. 한편, 최근의 하정룡(『『삼국유사』의 편찬과 간행에 대한 연구』, 고려대학교 사학과 박사학위논문, 2002)에 따르면 『삼국유사』는 일연 이후 무극뿐만 아니라 제3자의 개입 흔적도 있으며, 최초의 간행은 그간 알려진 것보다 늦은 1394년 즈음이 된다고 한다. 『삼국유사』에 수록된 〈處容歌〉에 13~14세기적 표현이 나타나 있는 사실은 그의 결론과도 잘 조응된다.

33 '於'는 차자 표기에서 '어', 'ᄂᆞ·늘'의 두 계통으로 읽힌다. 주변의 음상으로 볼 때, 本條에서는 'ᄂᆞ·늘'로 읽힌 것으로 판단된다. 'ᄂᆞ·늘'로 읽었던 정황은 다음 자료에서 보인다.
   於 늘 어 〈新增類合〉, 楡皮 鄕名 於乙邑 : 유피의 샹 일호믄 느릅이니 〈救荒撮要 3a, 1554년〉

34 「-은마른」: 앞의 사실을 인정하면서, 예측을 뒤집는 뜻을 함축하며 … 〈허웅, 『우리옛말본』, 샘문화사, 1975, 573면.〉

두에서는 유사어형이 알려지지 않은 듯하며, 구결에서는 최초의 어형이 13세기에 이르러서야 비로소 나타난다. 다음 용례들이 그것이다.

富樓那 言ᄼᅀ 我與如來ᄆ 寶覺ᄼ 圓明ᄼᄒ 眞妙淨心ᄀ 無二圓滿ᅀᄀᅐᄀ 而我ᄀ 昔遭無始妄想ᄼᄒ 久在輪廻ᄼᄀᄉᄆ　　　　〈소곡본 楞嚴經 04:8b〉

寶覺眞心ᄀ 各各圓滿ᅀᄀᅐᄀ　　　　〈가람본 楞嚴經 04:39b〉

위에 나타난 'ᄀᅐᄀ'들은 음이 '만'이지만 의미는 '마른'을 나타낸 것인데, 이는 동일한 내용을 다루고 있는 다음의 언해 자료에서 각각 확인 가능하다.

富樓那ᅵ 닐오듸 나와 如來와 寶覺이 두려이 볼가 眞實ㅅ 微妙흔 조흔 ᄆᅀᆞ미 두 圓滿이 업건마른 나는 녜 無始妄想올 맛나 오래 輪廻예 이실씨
　　　　〈楞嚴經諺解 04: 56a〉

寶覺眞心이 各各圓滿컨마른　　　　〈楞嚴經諺解 04:54a〉

이 어형은 이후 14·15·16세기의 구결에서 다량으로 나타난다. 간략히 예시를 들면 다음과 같다.

언마른 ᅀᄀᅐᄀ(대 4:5ㄴ)(기 4:60ㄴ)(안ㄷ2:46ㄱ)　〈14~15세기, 이전경, 전게서〉
去隱麽乙隱 (地藏中 20b), 去時隱麽乙隱 (地藏中 17b), 去申麽乙隱 (地藏下 5a) 利言麽乙隱 (地藏中 26b) 巨隱ᄁ隱(周大下 15a), 於時隱ᄁ隱 (書頭下 17a), 是於申ᄁ隱 (周大下22b)　　　　〈16세기, 안병희, 전게서, 81면.〉

이러한 정황은 위에서 다룬 여타 어형의 출현과 상용화 과정과 일치하는 것이다. 〈處容歌〉의 이 구절 역시 13세기 이후 고려인의 개작 결과로 판단된다.

4. 여타 향가의 정황

이상을 다루면서 본고가 간략히 언급하고 지나친 것이 있다. 〈處容歌〉에 나타나는 특이한 몇 형태들이 혹시 零星한 10·11·12세기 차자 자료의 현황에 기인한 것이 아닌가에 대한 것이다. 위에서 다룬 4개의 문법 요소가 공히 13세기에 시작된 어형들인 것처럼 보이는 것은 이전 300년 동안의 차자 자료가 현전하는 것이 많지 않기에 생긴 착시현상일 수도 있다는 의문은 정당하다. 그러나 문헌적 정황을 살피면 그렇지 않다. 10~12세기에도 고대의 차자 형태를 보여 주는 자료[35]는 많으며 이 자료들에서는 『삼국유사』 소재의 여타 향가들과 문법적 맥락이 닿는 것이 많이 발견된다. 모든 자료를 본고의 제한된 지면에서 다룰 수는 없으므로 특징적인 몇 형태의 분포를 도표로 들어 보면 다음과 같다.

	開仙寺石燈記 (891)	淨兜寺石塔記 (1031)	普賢十願歌 (1075)	華嚴經疏35卷 12세기	佛華嚴經14卷 12세기 中	尙書都官貼 (1262년)
서동요(579-632)	主[36]	이후 消滅				
혜성가(579-632)			將來[37]		將來	이후 消滅
풍요(632-637)	개작 가능성이 있으나 정확히 판별할 수 없음.[38]					
원왕생가(661-681)		念丁[39]	이후 消滅			
모죽지랑가(692-702)			毛冬[40]		毛冬	이후 消滅
헌화가(702-737)				-音如[41]		이후 消滅
원가(737)			秋察[42]	이후 消滅		
도솔가(760)	개작 가능성이 있음.[43]					
제망매가(743-765)			秋察	이후 消滅		
찬기파랑가(743-765)			毛冬		毛冬	
안민가(743-765)				-音叱如(헌화가 참조)		이후 消滅

---

35 구결 자료로는 『大方廣佛華嚴經疏(35권)』(12세기 初), 『大方廣佛華嚴經(14卷)』(12세기 中), 『金光明經(3卷)』(13세기 中), 『瑜伽師地論(20卷)』(13세기), 『舊譯仁王經(上卷)』(13세기 後) 등이 있으며, 이두 자료로는 「若木淨兜寺五層石塔造成形止記」(1031년)가 대표적이다. 또한 〈普賢十願歌〉도 창작 시기와 작자가 명확하다는 점에서 차자 문법 형태의 좋은 준거가 되어 준다.

도천수대비(743-765)			于萬隱[44]	이후 消滅			
우적가(785-798)			將來			將來	이후 消滅

이 도표는 『삼국유사』 소재 향가에 쓰인 어휘가 어느 시점에서 사라지고 있는지를 보여준다. 『삼국유사』 소재 향가들에 나타난 어휘들은 한 작품에 한 개 정도씩은 모두 연대가 분명한 10~13세기 자료들에 출현하였다가 소멸한 것들로, 그렇기에 어느 정도의 옛 형태를 확보하고 있다고 할 수 있다. 하지만, 〈處容歌〉의 경우는 이와 매우 다른 양상을 보인다. 2장에서 다루었던 처용가의 문법 형태를 전체적으로 제시하면 다음과 같이 되는데,

(1) 東京明期月良 (2) 夜入伊遊行如可

(3) 入良沙寢矣見昆 (4) 脚烏伊四是良羅

---

36 두 자료 모두 '님'의 의미를 위해 '主'字를 사용하고 있다.
善化公主主隱 〈薯童謠〉, 景文大王主 文懿皇后主 大娘主 〈開仙寺石燈記〉
37 兒史毛達只將來吞隱日 〈遇賊歌〉, 月置八切爾數於將來尸波衣 〈彗星歌〉, 皆往焉世呂修將來賜留隱 〈普賢十願歌, 常隨佛學歌〉, 臣無有作福作威爲將來臥乎等用良 〈吏讀, 尙書都官貼, 1262년〉
38 〈風謠〉의 배경 설화에 실린 언급 "지금까지도 시골 사람들이 방아를 찧을 때나 다른 일을 할 때에는 모두 이 노래를 부르는데 그것은 대개 이때 시작된 것이다.(至今土人春相役作皆用之 蓋始于此)"란 언급은 이 노래가 고려시대에도 노동요로 불렸음을 시사하는데, 노동요의 특성상 변개는 필연적인 것이다. 그러나 어떤 구절이 변개되었고 어떤 구절이 변개되지 않은 형태인지에 대한 단언은 어렵다.
39 右伯士乙仍請爲同年春秋冬念丁今冬石練已畢爲內旀 〈吏讀, 若木五層石塔造成形止記, 1031년〉
40 雪是毛冬乃乎尸花判也 〈讚耆婆郞歌〉, 毛冬居叱沙哭屋尸以憂音 〈慕竹旨郞歌〉, 善芽毛冬長乙隱 〈普賢十願歌, 請轉法輪歌〉, 右職賞分以 酬答 毛冬 教 功業是去有在等以 〈尙書都官貼, 1262년〉
41 花肸折叱可獻乎理音如 〈獻花歌〉, 爲內尸等焉國惡太平恨音叱如 〈安民歌〉, 吾焉頓部叱逐好支伊音叱多 〈普賢十願歌, 常隨佛學歌〉, 信丨能㫆 一切佛亻 示現ソナㅎヒㅣ 〈華嚴經 10:06~07〉
42 秋察尸不冬爾屋支墮米 〈怨歌〉, 於內秋察早隱風未 〈祭亡妹歌〉, 覺月明斤秋察 〈普賢十願歌, 請轉法輪歌〉
43 〈兜率歌〉 제2구 '巴寶白乎隱'에서 보이는 '白乎隱'은 〈普賢十願歌〉의 시대에 들어서야 常形으로 굳어진 것으로 『삼국유사』 소재 향가의 표기로는 매우 돌출적인 것이다.
44 二于萬隱吾羅 〈禱千手大悲歌〉, 際于萬隱德海肹 〈普賢十願歌, 稱讚如來歌〉

(5) 二肹隱吾下於叱古 (6) 二肹隱誰支下焉古

(7) 本矣吾下是如馬於隱 (8) 奪叱良乙何如爲理古

검게 칠한 것뿐만 아니라, 나머지의 어떤 어휘를 보아도 13세기 이후의 국어와 단절된 문법 형태를 가지는 것이 보이지 않는다. 거론한 어휘들을 제외하고 보더라도, 처용가의 노랫말은 13세기 이후의 국어와 단절되었다기보다는 오히려 그 이후의 표기와 친연성이 더 강하게 느껴진다. '明期'에서 보이는 '명사형',[45] '脚烏伊'에서 보이는 '허퇴',[46] '二肹隱'에서 보이는 'ᄒ곡용' 형태,[47] '下'로 표기된 의존명사 '하',[48] '何如爲理古'에서 느껴지는 고려가요·경기체가 풍[49] 등 대부분의 표기가 13세기 이후의 언어 자료로 설명이 가능한 것이다.

만약 〈處容歌〉가 헌강왕 當代의 원형을 그대로 유지하고 있는 작품이라고 한다면 과연 이러한 현상이 생겨날 수 있을까? 본고는 그 가능성이 매우 낮은 것이라 판단한다. 이런 현상들은 처용가가 13세기 이후 고려인에 의하여 여타의 작품에 비해 큰 폭으로 變改의 손길을 거쳤기 때문에 생겨난 현상일 것이다.

5. 연구사적 의미

이상으로 살펴보았을 때, 현재 우리가 연구 대상으로 삼고 있는 『삼국유

---

45 又 불기예 나귀 타나아(平明跨驢出) 〈杜詩初刊 08:32a〉
46 脚은 허튀라 〈月印釋譜 21:76a〉, 腸腿 허튓비 〈四聲通解 下〉
47 둘흔 내해어니와 〈處容歌, 樂學軌範〉
48 내 하ᄂᆞᆫ 이 구윗 저울이라 〈老乞大諺解 重刊 下:53b〉, 내 하ᄂᆞᆫ 新羅ㅅ 蔘이라 〈老乞大諺解 重刊 下:2b〉
49 爲 遊賞景 幾 何如爲尼伊古 〈安軸(1282~1348), 謹齋集, 關東別曲, 7章〉
위 試場ㅅ 景 긔 엇더ᄒᆞ니잇고 〈樂章歌詞, 翰林別曲 1章〉
조롱곳 누로기 민와 잡ᄉᆞ와니 내 엇디 ᄒᆞ리잇고 〈樂章歌詞, 靑山別曲〉

사』 수록 〈處容歌〉는 신라인이 당대에 기록했던 원본 그대로의 모습이 아닌 것으로 추정된다. 이 노래는 고려의 여러 문헌들과 『악학궤범』의 고려가요 〈處容歌〉가 시사하고 있듯이 고려인들에 의해 부단히 향유된 노래였으며, 그렇기에 그만큼 變改의 여지가 크다. 위에서 살펴본 몇 요소들은 바로 그러한 향유의 과정에서 굴절된 흔적들이 된다. 그렇다면 이 흔적들이 우리에게 주는 향가 연구사적 의미는 무엇인가?

우선 〈處容歌〉의 原形에 관한 문제를 들 수가 있겠다. 序論에서도 잠시 언급했지만 이 노래는 향가의 句體 문제를 논할 때 항상 중심에 서 있는 작품이다. 주지하다시피 현전하는 향가는 25수이며, 그 중 8구체는 〈處容歌〉와 〈慕竹旨郎歌〉의 단 두 작품에 의해 지탱되고 있다. 그리고 〈慕竹旨郎歌〉는 板刻의 양상, 첫머리의 형태, 형식상의 문제 등을 볼 때 원형식이 10구체였을 가능성이 농후하다.[50] 결국 近代에 접어들어 학자들에 의해 가설적으로 추정되었던 新羅의 노랫말 형태 중 8句體는, 이제 〈處容歌〉 한 首에 의해서만 존립할 수 있게 된 상황이다. 그러나 본고의 추정에 의하면 이 작품마저도 결코 튼튼하다고 할 수 없는 原形性을 지닌 작품이 된다. 적지 않은 어휘들에서 고려인의 손길이 닿은 흔적이 남아 있는 점으로 미루어 볼 때, 그들의 享有慾은 어쩌면 노래의 구조마저 자신의 美的 感覺에 맞도록 조절해 버렸을 듯도 하다. 아니 오히려 그렇게 보는 것이 정확할 것이다. 이 노래가 크게 확장되어 고려가요 〈處容歌〉로 구조적 변모를 했다는 사실 하나만으로도 하나의 작품이 얼마나 쉽게 그 구조가 변개될 수 있는가를 넉넉히 짐작할 수 있지 않은가.[51] 이 추정이 개연성을 인정받는다면 우리는 近代에

---

50 이에 대하여는 박재민, 「모죽지랑가의 10구체 가능성에 대하여」(『한국시가연구』 16집, 한국시가학회, 2004.)에서 상세히 다룬 바 있다.
51 고려인들은 전래하는 노래들을 기록함에 원곡의 '원형성 보존'에는 그다지 철저한 편이 아니었던 듯하다. 고려가요에서 자주 보이는 '사설의 공유'는 逆으로 이야기하면 '원형성의 파괴'인 셈이며, 단일 작품으로 묶여 전하는 〈청산별곡〉이나 〈동동〉, 〈서경별곡〉 등과 같은 작품도 각 章의 내용들이 일관성 있게 연결되지 않는다는 특색이 있다. 전래되는 노래

들어 소창진평에 의해 가설적으로 제기되었고 강화되어 왔던 향가의 형식 문제를 재론할 여지가 생기게 된다.

다음으로 고대국어의 복원에 대한 것이다. 우리는 그간 『삼국유사』가 주로 삼국시대와 통일신라시대의 사적들을 다루고 있다는 선입견에 의해 이 책에 수록된 내용물 모두를 일괄적으로 '古代的'이라 전제한 채, 연구에 임해오고 있지 않나 한다. 그리하여 어떤 문법 형태가 『삼국유사』 수록의 향가에 나타나는 것이 보이면 그 형태를 가장 시기적으로 앞에 둔 후 후속 연구를 진행하곤 하였다. 서론에서 인용한 업적[52]은 바로 이러한 과정을 통해 진행된 연구였던 것이다. 그러나 문법 형태 출현에 대한 이러한 시대적 배열은 재고의 여지가 크다. 『삼국유사』가 물론 신라시대로부터 전해오는 여러 문헌들을 참조하여 성립되긴 하였지만, 신라 이후 몇 세기를 지난 13세기 말 혹은 14세기 초의 인물들에 의해 편찬된 것이기에 아무래도 편찬 당대의 요소가 투영되어 있을 수밖에 없기 때문이다. 그렇기에 『삼국유사』에 수록된 향가에 나타난 문법 형태는 '시대 배열의 절대적 기준 자료'가 되기에 결정적 약점을 지니고 있다. 시대 배열의 기준은 성립 연대가 비교적 뚜렷한 자료 - 균여전의 보현십원가·금석문·구결들-이 되어야 한다. 문법사적인 측면에서 보자면, 『삼국유사』 소재 향가들의 문법적 시기는 이들과 비교되어 확정될 수 있는 2차 자료로서의 성격이 더 강한 것이다. 본고의

에 애착을 가져 소악부로 남겼던 이제현의 경우를 보아도 마찬가지의 결론을 얻는다. 그에 의해 한역된 고려가요 〈정과정〉은 원 노래의 전체 내용에 비추어 볼 때 전반부의 절반 정도만 한역되어 있다.

52 '奪叱良乙'을 '아사늘'로 읽고 이를 중세어의 '-거늘'과 동일한 의미를 띠는 형태라 본 고영근의 분석에 본고는 전적으로 동의한다. 그는 이 부분을 '빼앗으니 (그것을) 어찌하리오'로 풀었는데, 이 해독은 음가상·문맥상 원문의 표기를 정확히 만족시킨다.

다만 이 업적의 再考處는 "중세국어에서 보이는 '-거늘'은 〈處容歌〉에서도 보이는 바, 중세국어의 이 형태는 뿌리가 '고대국어'로까지 소급된다." 정도로 내린 결론에 있다. 본문에서도 언급했지만, 본고는 〈處容歌〉에 나타난 '-어늘'과 중세어 '-거늘'의 일치는 〈處容歌〉가 13세기 이후 문헌에 편찬되어 수록되었기에 생긴 현상으로 파악한다.

추정은 우리에게 그 점을 喚起해 주었다 할 수 있겠다.

6. 결론

본고는 원작품과 400년 이상의 시차를 가진 후대인의 기록이 과연 얼마나 원형성을 지닐 수 있을까 라는 의문에서 시작했다. 그리고 그 의문을 노랫말에 나타나 있는 고려시대적 요소로써 점검해 보았다. 그 과정을 통해 얻은 결론은 다음과 같다.

1. 〈處容歌〉에 나타나는 '東京'이란 지명은 그간 신라시대도 慶州를 칭하는 말로 사용되었다는 설이 지배적이었다. 813년에 건립된 神行禪師碑에 그 지명이 나타나기 때문이었다. 그러나 이 碑에 새겨진 東京이 경주를 칭한다고 確言할 수는 없는 것이기에 〈處容歌〉 노랫말의 '東京'은 고려시대적 흔적일 가능성이 여전히 남아 있다.

2. 〈處容歌〉의 노랫말에 나타나는 '如可·良乙·是良羅·馬於隱'은 여타 차자 표기에서 모두 13세기 이후에야 출현하는 어형들이다. 그러므로 〈處容歌〉의 이 부분들은 고려인들의 손길에 의해 變改된 곳이라 판단된다.

3. 〈處容歌〉의 高麗的 흔적이 뚜렷한 이상, 현전하는 〈處容歌〉는 신라 적의 原形이 아니다. 그리고 變改의 정황상 그 범위는 몇 어구에 국한된 것이 아니라 노래의 형식에까지 미쳤을 가능성이 높다. 따라서 현전하는 〈處容歌〉의 형식을 기반으로 近代에 들어서 제기된 '8구체 존재설'은 재고의 여지가 있다.

『어문연구』 38-1, 한국어문교육연구회, 2010.

慕竹旨郎歌의 10구체 가능성에 대하여

〈慕竹旨郎歌〉는 『三國遺事』 권2, 「孝昭王代 竹旨郎」 條에 실려 전하는 향가이다. 이 작품은 그간 형식의 독특성으로 인하여 많은 연구자들의 연구기반이 되어 왔다. 문헌에 8분절[1]되어 전하기에 우선 향가의 8句體를 성립시키는 데 중요한 한 근거가 되어 왔으며, 이를 바탕으로 당시 향가의 전반적 정황을 재구성해 보는 데도 충실한 근거 자료가 되어 주었다.

〈慕竹旨郎歌〉의 형식적 독특성은 우선 향가 전체의 구체론에 결정적 영향을 주었다. 소창진평[2]이

(1) 한 首의 鄕歌는 4句 또는 8句로 된다.
(2) 8句로 된 鄕歌는 原則的으로 2句로 된 後句가 붙는다.
(3) 4句로 된 鄕歌에는 後句가 없다.

라고 하여 8구체를 향가의 기본 형식 중의 하나로 설정할 때나, 양주동[3]이

---

[1] 정확히는 9분절이나 사실상 8분절로 초기 연구 때부터 인정받아 왔다. "心未 行乎尸道尸"는 의미상 분절이 일어나지 않을 곳이란 점에서 타당성이 인정되기에 본고에서도 수록된 내용부분은 사실상 8분절로 본다.
[2] 小倉進平, 『鄕歌及び吏讀の硏究』, 京城帝國大學, 1929, 264~265면.

> 鄕歌 … 短型은 一首四句, 略型은 一首八句, 常型은 後句를 포함한 一首十句이다.

라고 하여 '略型'을 설정할 때나, 조윤제[4]가

> 八句體歌는 僅僅 二首로서 或은 다음 十句體의 後句가 漏落된 것일지도 모르나 元來 오늘에 傳하는 것이 鄕歌 그것의 全部도 아닐 것이니까, 二首라는 少數가 반드시 그 獨立性을 요동시킬 것도 아니고, … 十句體歌의 一部가 墜落되어서 된 것이라 하기보다 차라리 그 獨立性을 인정하여 주는 것이 나을 듯하다

라고 하여 8구체를 독립 형식의 하나로 제시할 때나, 이 작품은 언제나 논의의 중요 거점이 되어 주었다.[5]

선행 연구자들의 이러한 논의는 작품의 구체적 형태를 근거하여 제기된 것이었기에 결론 또한 긍정적으로 수용되었는데, 이를 바탕으로 당시 향가의 정황을 재구성해 보려는 노력들도 정병욱에 의해 행해졌다.

그는 우선, 4·8·10의 숫자가 연상시키는 一連性에 기반하여 향가 형식의 통시적 흐름에 대한 설명을 시도하였다.

> 이와 같이 성립한 서정시형은 인간의 감정이 점점 복잡하여짐에 따라 차차 장형화하려는 경향을 이루어, 삼국 통일기에 들어서자, 과거에 4구체·6구체·8구체·10구체 사이를 방황하던 시형이 10구체로 된 사뇌가 형식으로 응결하여 완전무결한 하나의 서정시형을 완성시켰던 것은 아닐까 한다.[6]

---

3 양주동, 「鄕歌の解讀, 特に願往生歌に就いて」, 『靑丘學叢』 19號, 1935.
4 조윤제, 『조선시가사강』, 동광당서점, 1937, 45면.
5 물론, 〈處容歌〉까지를 감안한 분류였다. 그러나, 구체문제는 사실상 띄어쓰기의 문제에 근거하여 성립된 것인데, 처용가는 띄어쓰기가 되어 있지 않은 상태로 수록되어 있었다는 점에서 '8구체'를 성립시킨 결정적인 작품은 〈모죽지랑가〉라 보아야 옳겠다.
6 정병욱, 『증보판 한국고전시가론』, 신구문화사, 1994, 82면.

라고 하여 조윤제의 진화론적 발전론[7]을 수정 지지하였으며, 나아가

> 이에 비하여 8구체 향가는 사뇌가가 아닌, 말하자면 수도 문학권 외의 어느 지방 문학의 하나라고 보고자 한다. 따라서 〈處容歌〉도 지방 문학일 가능성을 상정할 수 있다고 본다 … 〈慕竹旨郞歌〉도 그런 뜻에서 지방 문학으로 간주할 수 있다고 본다. … 사뇌가의 높은 격조에 비하여 그렇지 못한 〈處容歌〉의 조잡성은 곧 수도 문학이 아닌 지방문학일 가능성을 충분히 증명해 주고 있는 것이라 하겠다.[8]

라고 하여 이른바 '8구체 수도 문학권 외의 지방문학의 소산론'을 펼친다.

이상의 연구들은 모죽지랑가와 처용가가 가진 8구체 형식을 활용하여 당대 향가의 정황들을 이해하려는 대표적 견해들이라 할 수 있는데 초기의 연구들이긴 하지만, 현재까지도 그 영향력은 무시할 수 없는 정도로 보인다.

하지만, 이러한 선입견을 벗어나 모죽지랑가를 여러모로 자세히 살피면 이는 아무래도 원래 10구체 향가가 아니었을까란 의심이 생겨난다. 향가의 정확한 해독과 당시 향가에 관련된 정확한 정황을 求하기 위해서는 모든 방면의 가능성을 타진해보아야 한다.

1. 첫 구절로부터의 의심

모죽지랑가의 첫 구절은 주지하다시피 '去隱春皆理米'로 시작한다. 기왕의 해독자들은 이 구절을 '去(가다) + 隱(관형형 어미)'로 파악하여 대체적으로 '(지나)간 春'의 의미로 파악하였다. 해독을 살피면 다음과 같다.

---

[7] 조윤제, 「시가의 원시형」, 『조선어문』 제7호, 1933.
[8] 정병욱, 상게서, 90~91면.

去隱春皆理米

小: 가논 봄이 다 다ᄉ리메(가는 봄은 다 끝나고)

梁: 간 봄 그리매(지나간 봄을 그리워 함에)

金: 간 봄 몯 오리매(지나간 봄은 돌아오지 못하니)

楊: 간 봄 다ᄋ리미(지나간 봄이 다(皆)일 것임에)

申: 간 봄 ᄀ리미(지난 봄에는 종속되었음에)[9]

위의 해독은 향찰에서 수회 나타나는 '去'의 다음 용례들

夜矣卯乙抱遣去如	밤에 알을 안고 가다	〈薯童謠〉
西方念丁去賜里遣	서방까지 가시려는고	〈願往生歌〉
吾隱去內如辭叱都	나는 가노다 말도	〈祭亡妹歌〉
毛如云遣去內尼叱古	몯다 말하고 가나닛고	〈祭亡妹歌〉
去奴隱處毛冬乎丁	가는 곳 모를져	〈祭亡妹歌〉
身靡只碎良只塵伊去米	몸 쓰러져 부숴져 티끌이 되어 감에	〈普賢8〉

에서 '去'가 '가다'라는 한문 원래 의미로 사용되고 있다는 점, '去隱春'이 '동사어간(去) + 관형형 어미(隱) + 명사(春)'로 분석되어 자체적으로 문법적 합리성을 갖는 듯이 보인다는 점 등에 의해 정당한 독법이었을 가능성이 우선 인정된다.

그러나, 해독이 완료된 것으로 인정되는 이 부분은 사실 여전히 불안한 요소를 가지고 있다. '去隱'이 노래의 첫머리에 나타나고 있다는 점에 끌려 이가 가진 여타의 기능이 고려되지 못했기 때문이다. '去隱'은 당대 차자 표

---

9 小·梁·金·楊·申은 각각, 小創進平(『鄕歌及び吏讀の硏究』, 京城帝國大學, 1929. - 본고에서는 1974년 아세아문화사 영인본을 인용했다), 양주동(『고가연구』, 1942. - 본고에서는 1997년 일조각 발행본을 인용했다.), 김완진(『향가해독법연구』, 서울대학교출판부, 1980.), 양희철(『삼국유사 향가연구』, 태학사, 1997.), 신재홍(『향가의 해석』, 집문당, 2000.)을 말한다.

기를 통틀어 볼 때, '去'를 어간으로, '隱'을 어미로 하는 해독 외에 다른 방법도 있을 수 있다. 즉, '~去隱'으로 보아 이를 '보조용언' 혹은 '어미(語尾)'로도 볼 수 있는 것이다.

먼저 향찰에서 '去(隱)'이 보조 용언으로 사용되고 있는 경우는 다음과 같다.

白雲音逐于浮去隱安支下　　　　　　　　　　　　　　　〈讚耆婆郞歌〉
達阿羅浮去伊叱等邪　　　　　　　　　　　　　　　　　〈彗星歌〉

위의 두 예는 '去'가 '가다'의 의미로 사용된 것이기는 하지만, 그 자체로는 의미가 완전하지 않고 앞에 '浮'라는 본동사와 결합하고서야 '떠가다'라는 완전 의미를 이룬다. 이 점은 모죽지랑가의 첫머리에서 보이는 '去隱'이란 형태소가 반드시 노래의 첫머리에만 와야 하는 것이 아님을 우리에게 알린다. 앞에 어떤 어휘가 연결되어 있어도 아무런 문법적 오류가 없기 때문이다.

한편, '去隱'이 '어미'로 사용되는 용례는 당대의 동일 표기 원리로 이해되는 구결[10]에서 다수 분포되어 나타난다. 예시하면 다음과 같다.

---

[10] 구결이란 불경의 이해를 돕기 위하여 승려들이 경전 사이사이 첨입하였던 '토씨' 정도로 볼 수 있는데, 향찰과 비교해 '시기, 사용계층, 字의 운용' 등에서 거의 동일한 면모를 가지고 있다. 우선 균여 자신이 사용했던 구결이 현재에도 남아 있으며,

或 有如 佛性隱 闡提人隱 有豆亦 善根人 無如好尸丁 或 有如 佛性隱 善根人隱 有豆亦 闡提人 無如好尸丁
〈釋華嚴教分記圓通鈔〉(안병희, 「균여의 방언본 저술에 대하여」, 『국어학』16(국어학회, 1987)에서 재인용)

字의 운용 측면에서도 거의 동일하다고 보다도 좋을 정도로 흡사하다. 간략한 예를 들면 다음과 같다.

〈隱 - 주격〉
燈炷隱 須彌也　燈油隱 大海逸留去耶　燈炷는 須彌여 燈油는 大海이로구나　〈普賢4〉
香隱 車輪如爲齊 花隱 須彌山王 如爲　향은 車輪같고 꽃은 須彌山같구나
〈舊譯仁王經 02:15〉

㉠ 若 於觀乙 修叱去隱 如中隱 當願 衆生 如實理乙 見良尒 永去 乖諍 無飛立 : 만약, 관법을 닦은 때에는 마땅히 원하기를 모든 중생이 實理를 보아 영원히 다툼이 영원히 없어지소서 〈華嚴經 14卷, 04:02〉

若 味乙 受去隱 時 當願衆生 佛知 上味乙 得良只 甘露 滿足爲飛立 : 맛있는 음식을 받은 때, 마땅히 원하기를 모든 중생이 부처님의 좋은 맛을 얻어 감로가 가득하소서 〈華嚴經 14卷, 07:19〉

㉡ 居 家乙 捨爲去隱 時中隱 當願衆生 出家乎尸矣 礙尸 無良只 心良中 解脫乎尸入乙 得飛立 : 있던 집을 버린 때에는 마땅히 원하기를 중생이 출가함에 장애 없어 마음에 해탈을 얻으소서 〈華嚴經 14卷, 03:06〉

〈乙 - 목적격〉
佛體 皆 往焉世呂 修將來賜留隱　難行苦行叱願乙 부처 往世에 닦아오신 難行苦行의 願을 〈普賢8〉
佛知 往良中 修 賜乎隱 飛叱　淸淨行乙 부처 往世에 닦아오신 淸淨行을
〈華嚴經 14卷, 08:23〉

〈白 - 공손〉
　　巴寶白乎隱花良汝隱 巴寶ᄉ온 꽃아 너는 〈兜率歌〉
佛乙 念爲白乎尸矣 부처를 念하ᄉ오대 〈華嚴經 14卷, 11:12〉

〈音叱如 - 가능, 당위〉
　　爲內尸等焉 國惡太平恨音叱如 한다면 나라는 (응당) 태평할 것이다 〈安民歌〉
信隱 能支 一切佛乙 示現爲在音叱如 믿음은 능히 일체불을 볼 수 있게 한다
〈華嚴經 14卷, 10:07〉

〈音 - 'ㅁ'의 말음첨기〉
憂音(근심: 〈慕竹旨郞歌〉), 夜音(밤: 〈慕竹旨郞歌〉), 雲音(구룸: 〈讚耆婆郞歌〉), 心音(ᄆᆞᅀᆞᆷ: 〈兜率歌〉, 〈普賢十願歌〉), 人音(사름: 〈普賢5〉), 菓音(여름: 〈普賢6〉)
心音(ᄆᆞᅀᆞᆷ: 〈華嚴經 14卷, 04:23〉), 滴音(믈덤: 〈華嚴經 14卷, 09:03〉), 初叱音(처섬: 〈華嚴經 14卷, 09:04〉), 爲沙音(삼: 〈華嚴經 14卷, 16:08〉), 者音(놈: 〈華嚴經 14卷, 18:05〉), 壽音(목숨: 〈華嚴經 14卷, 18:20〉), 眞音(춤: 〈舊譯仁王經, 15:06〉)

菩薩利 成佛爲去隱 飛叱 時中 煩惱乙 以良 菩提爲沙在音叱如 : 보살이 성불한 때에는 (應當) 번뇌로써 보리 삼는다 〈舊譯仁王經, 15:19〉

ⓒ 諦里 佛乙 觀爲白去隱 時中隱 當願衆生 皆叱 普賢如支爲良 端正 嚴好爲飛立 : 자세히 부처님을 뵈온 때에는 마땅히 원하기를 모든 중생이 모두 보현보살과 같아서 단정하고 엄습하소서 〈華嚴經 14卷, 08:05〉

구결에 상당수 존재하는 '去隱'은 명사를 수식하는 구조로 되어 있는 것만 볼 때, 대체적으로 위와 같이 정리해 볼 수 있다.

㉠은 '용언의 어간 + 去隱 + 명사'의 구조를 예시한 것으로서 첫째 예의 '修叱(닷)'에 접속되어 있는 '去隱'은 이때 어말어미로 역할함을 보며, 동시에 형식명사 '如(다)'를 수식하고 있다. 둘째 예는 '受'에 직접 접속되어 있는 형태인데, 첫 예와 동일한 구성을 하고 있다. 다만, 피수식어가 '時'라는 시간 명사란 점에서 본조의 '-去隱 春'과 보다 유사한 형태라 할 수 있겠다.

ⓛ은 '한자어 + 爲 + 去隱 + 명사'의 용례를 제시한 것이다. ㉠에서처럼 용언에 바로 접속되지 않고 '爲'를 개입시킨 이유는 한자어를 訓으로 읽지 않고 음으로 읽었기 때문이다. ⓛ의 용례들은 '去隱'이 앞의 字가 훈으로 읽히든, 음으로 읽히든 자유롭게 용언의 어간에 접속될 수 있는 형태소임을 우리에게 알린다는 점에서 의의가 있다. 또한, 이가 여전히 '時'라는 명사를 수식하고 있음을 본다.

ⓒ은 '한자어 + 爲 + 白 + 去隱 + 명사'의 용례를 제시한 것이다. 대체로 ⓛ과 동일한 구성을 하고 있지만, '白'이 삽입되어 있다는 점이 다르다. 이 '白'은 목적어가 존귀한 대상인 경우에만 붙는 '선어말어미'인데, 이런 선어말어미에 후행하여 접속되어 있다는 점으로 '去隱'이 문법적 요소임이 재확인된다는 점에서 의의가 있다. 이 경우에도 '時'라는 시간 명사를 수식하는 역할을 한다.

이상의 예들은 당대 차자 표기의 하나인 향찰에서 '去隱'이 반드시 '간(去,

行)'으로만 해독될 수 없음을 우리에게 알린다. 오히려 '去'라는 字가 향찰에서 音만을 위하여 수회 사용[11]되고 있고, 동일 원리의 표기 체계로 믿어지는 구결에서도 150회가량의 용례를 보이고 있으며, 더구나 '-去隱'의 연결 형태로 된 용례도 100여 차례 이상 나타나는 정황, 또한 이두에서도 /거/라는 音을 위해 凡常히 사용된 점 등을 감안할 때, 어말어미의 기능으로 사용되었을 개연성이 더 높다고 할 수 있다.[12]

더구나, 구결에서 보이는 '-隱'과 선행어간의 결합 형태는 '爲' 이외의 어간이 올 때를 제외하고는 거의가 '어간 + (선어말어미) + 隱'의 형태로 결합되지 어간에 바로 접속하여 있는 '동사어간+隱'의 경우는 잘 보이지 않는 점도 이 부분이 어간이었을 가능성을 강하게 암시한다. 즉, '간(行, 去)'라는 의미를 표현하기 위하여

路乙 步良󰀁 而以 去去隱 如中隱 當願衆生　　　　　　〈華嚴經 14卷, 04:21〉
길을 걸어　　　　 간　 때에는 마땅히 원하기를 모든 중생이 …

와 같이 '去去隱'으로 쓰지 바로 '去隱'으로 쓰는 경우는 잘 없다는 것이다.[13]

---

[11] '去隱'으로 정확히 나타나진 않지만, 향찰에서도 '去'는 어말어미의 하나로 나타나고 있다. 〈願往生歌〉의 '四十八大願成遣賜去', 〈普賢1〉의 '法界毛叱所只至去良', 〈普賢2〉의 '一念惡中涌出去良', 〈普賢3〉의 '燈油隱大海逸留去耶'가 그것이다. 각각, '사십팔대원 이루실까', '법계두루 이르구나', '일념에 솟아나구나', '燈油는 大海를 이루구나'로 해독(해독은 박재민, 『구결로 본 보현시원가 해석』, 연세대학교 석사학위논문, 2002.에 준했다.)되는 이들에서 '去'는 의문형어미 '-가' 혹은 감탄형 어미 '-거'의 음을 위해 사용됨을 보는 것이다.
[12] '去'의 기능에 대하여는 어학자들마다 의견이 갈리고 있으나 대체적으로 '확인법'과 '시제'의 두 기능으로 이해하고 있다. 고영근(「중세어의 어미활용에 나타나는 '거/어'의 교체에 대하여」, 『국어학』 9, 1980.)이 확인법어미로 규정한 후, 이승재(『고려시대의 이두』, 국어학회, 태학사, 1992.)가 이를 따랐고, 안병희(『중세국어구결의 연구』, 일지사, 1977, 74면.)는 '時制의 한 接尾辭'라 하였고, 이금영(『선어말어미 '-거/어-'의 통시적 연구』, 충남대학교 박사학위논문, 2000.)은 '완료시상 선어말어미'로 판단하였다.
[13] 이런 현상은 향찰에서도 마찬가지이다. 우선 '去'가 본동사로 사용된 경우, '隱'이 접속되기 위하여 '奴'라는 시제를 나타내는 선어말어미가 개입되고 있음을 본다.

결국, 차자 표기 전반적 정황상, 〈慕竹旨郎歌〉의 첫 구절 '~去隱'은 '보조용언' 혹은 '하나의 어미'로 파악되는 것이 일반적일 것이기에, 이 노래의 앞에는 또 다른 의미체가 있어야 함이 예측된다.

2. 서지학적 의심

필자는 위에서 〈慕竹旨郎歌〉의 앞부분에 또 다른 詩句가 있을 수 있음을 가정하였다. 그런데 이런 가정은 서지학적 사정과 맞아 떨어지고 있어 흥미를 끈다. 『삼국유사』[14] 소재 향가의 수록 형태를 보면, 노래들은 '謠云, 唱之云, 歌云, 詞曰, 辭曰, 歌曰' 등의 구절로 소개되고 있는데, 모든 경우에 행갈이[15]를 하지 않은 채 인용되고 있다. 몇 편을 예시하면 다음과 같다.

去奴隱處毛冬乎丁　가는 곳 모를져 〈祭亡妹歌〉
용례를 좀더 확장하여 다른 동사의 어간이 선행하는 경우에 '-隱'이 결합되는 양상을 보아도 마찬가지이다.

巴寶白乎隱　　　　〈兜率歌〉
游烏隱城叱肹良望良古　〈彗星歌〉
慕呂白乎隱佛體前衣　〈普賢1〉
拜內乎隱身萬隱　　〈普賢1〉
利利毎如邀里白乎隱　〈普賢1〉
法界滿賜隱佛體　　〈普賢1〉
塵塵虛物叱邀呂白乎隱　〈普賢2〉

'巴寶, 遊, 慕, 拜, 邀, 滿, 邀'의 어말어미로 나타난 위의 '隱'은 모두 동사 어간에 바로 접속되지 못하고 가운데 선어말 어미를 개입시킨 후에야 접속됨을 본다.

14 본고가 참조한 『삼국유사』는, 鮮初本으로 현전 最古 판본으로 알려져 있는 泥山本(2卷만 現傳함, 남권희, 「泥山本 삼국유사의 서지적 고찰」, 『서지학연구』 제5·6합집, 서지학회, 1990에 소개됨)의 복사본, 중종본으로 알려져 있는 1512년 판각 책판의 서울대본(서울대 규장각 소장)의 영인본(민족문화추진회 발행, 1973), 동일 책판이나 다소 늦은 시기에 인출된 晚松本(고려대학교 도서관 소장)의 영인본(오성사 발행, 1983), 역시 사정이 같은 順庵手澤本(일본 천리대 소장)의 영인본(경도제국대학 간행 1921, 도서출판 민족문화 간행 1995)의 총 4種이다.

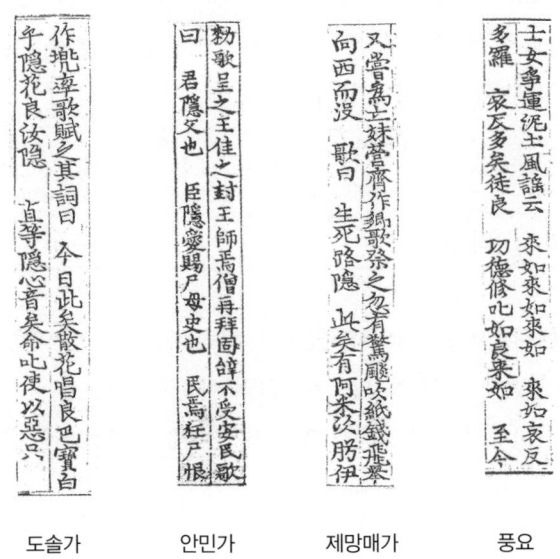

| 도솔가 | 안민가 | 제망매가 | 풍요 |

그런데 〈慕竹旨郎歌〉의 경우만은 행갈이가 된 채로 수록되어 전하고 있다. 그리고 '歌曰'에 이어지는 부분은 여백으로 처리되어 있다.[16]

---

15 〈讚耆婆郎歌〉의 경우는 행갈이가 되어 있는데, 이는 〈安民歌〉와 〈讚耆婆郎歌〉의 두 시를 연이어 기록하는 과정에서 비롯된 듯하다. 〈讚耆婆郎歌〉의 제목을 명시함에 독립된 행으로 제시했기에 그 가사도 독립된 형태로 기록한 듯하다.

16 이 여백은 현전 『삼국유사』 모두에서 나타난다. 이는 현전하는 모든 『삼국유사』가 약간씩의 다른 모습을 띠고 있지만, 판각본에 있어서 행갈이 차원의 차이점은 가지고 있지 않기 때문이다. 현전 모든 판본은 선초 책판에서 인출된 것(泥山本), 1512년 책판에서 인출된 것(서울대본, 만송문고본, 순암수택본 등)으로 대별할 수 있는데, 1512년 책판에서 인출된 본이라 하더라도 이 책판이 선초 책판에서 인출된 본을 저본삼아(유부현, 「三國遺事 '卷二'에 대한 書誌學的 考察」, 『東方學志』 제76輯, 延世大學校 國學研究院, 1992), 혹은 그 책판을 그대로 하여(유택일, 「三國遺事의 文獻變化 樣相과 變因: 그 病理學的 分析」, 『三國遺事研究』 上, 부산대학교출판부, 1984.) 생겨난 것이기에 행 차원의 차이점은 생겨나지 않았다.

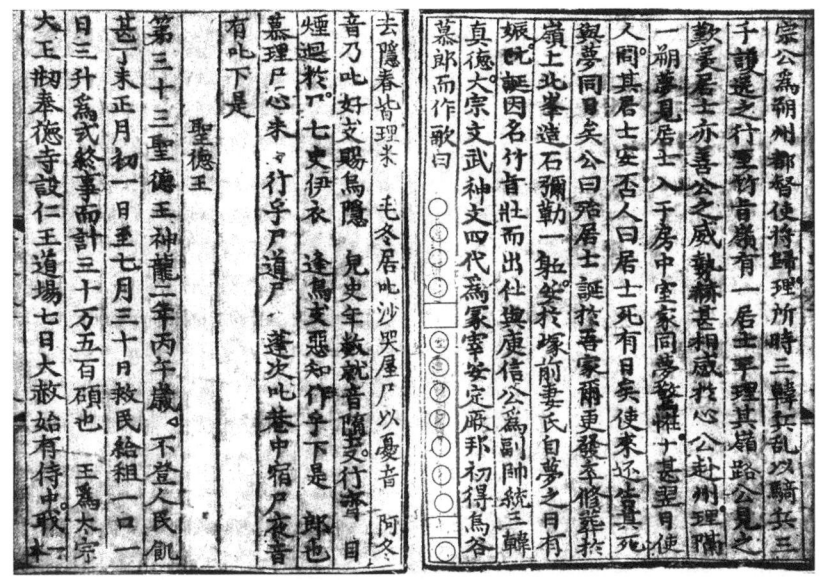

그림 1. 서울대본 『삼국유사』

　필자는 이 여백을 모죽지랑가의 첫 詩句가 있었던 부분이 아닌가 의심한다. 현전 『삼국유사』는 모두가 조선조에 들어와서야 造成된 冊版에서 인출된 본들인데 이로 病理的 현상을 상당히 가지고 있는 것으로 평가받고 있다.[17]

　잘 판단할 수 없는 자에 대하여는 여백으로 처리한 채 지나가고 있으며, 행의 첫머리에 올 수 없는 글자도 행의 첫머리에 나타나고 있으며, 때로는 동일 王에 대한 일련적 기술을 끊고 다른 王의 이름을 넣어두고 있는 경우도 있다. 이는 後刊된 1512년 임신본의 경우는 물론이고, 현전 最古本인 泥山本에서도 동일한 양상으로 나타난다. 그 예를 들면 다음과 같다.

---

17 유부현, 「三國遺事 '卷二'에 대한 書誌學的 考察」, 『東方學志』 제76輯, 延世大學校 國學硏究員, 1992.

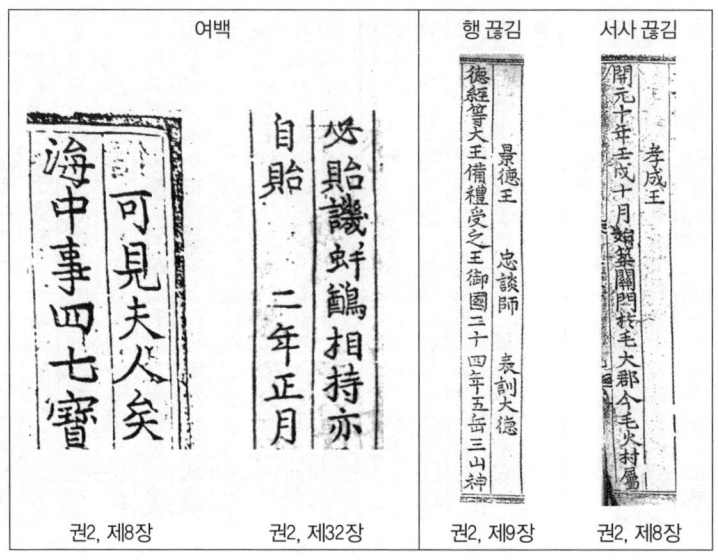

여백		행 끊김	서사 끊김
권2, 제8장	권2, 제32장	권2, 제9장	권2, 제8장

위의 여백 첫째는 권2 〈수로부인〉조에 나타나는 것으로서 '以杖打岸○可見夫人矣'의 문맥 속에서 나타난 것이다.[18] 이는 선초에 판각될 때, 이 부분은 이미 알 수 없는 곳이 되어 있었고, 그리하여 누락한 채 판각했던 것으로 짐작된다.

여백 두 번째는 권2 〈견훤〉조에 나타난 것인데, ○○二年에서 연호를 누락시킨 채 판각을 행하고 있다.[19] 이것이 판각자의 '알 수 없음'에 의해 생겨난 여백으로 여겨진다.

행 끊김 현상은 선초판이 가진 병리적 현상을 또 한번 예시한다. 이미 여러 교감본에서 지적되었지만, 이 구절 '德經等 大王備禮受之'은 앞에 궐문이 있을 것으로 추측된다. '德經'이라는 명칭이 우선 불완전하고, 이 문장에 선행하여 기재되어 있는 효성왕대에 당으로부터 도덕경이 들어왔다는 기록이 『삼국사기』에 전하기 때문이다.[20] 또한, 후행하는 문맥도 道德經과 문맥

---

18 민족문화추진회 刊(『교감 삼국유사』, 한국고전총서 1, 1973)에서는 이 공란이 '則' 혹은 '乃'가 탈락하여 생긴 것으로 보았다.
19 민족문화추진회 刊(상게서)에서는 이 공란이 '天成'이 탈락하여 생긴 것으로 보았다.

적으로 斷絶되는 내용이 이어지고 있다는 점도 이런 판단을 뒷받침한다. 이 세 가지 사실을 종합해볼 때, 이 부분은 前條 효성왕의 기사 말미에 해당하는 부분이 잘못 잘려 성덕왕조에서 판각된 것이라 할 수 있겠다.

서사 문맥의 끊김 또한 병리적 현상 중의 하나이다. 위의 예시는 '효성왕(737~742)조'의 첫머리인데, '開元十年(712년) 壬戌(722)'로 시작되고 있다. 그리고 이어서 '始築關門於毛火郡 今毛火村 屬慶州東南境'이라 기사되어 있다. 그러나, 개원 10년 혹은 임술년은 시기상 효성왕대가 아니라 바로 전왕인 성덕왕(702~737)대이고, 모화군에 관문을 축조한 것도 『삼국사기』에 의하면 성덕왕 21(722)년의 일이니 이 부분 역시 전조와 이어지는 내용을 절단하고 그 사이에 '효성왕'을 새겨 넣은 것으로 보아야겠다. 더구나, '始築關門於毛火郡 今毛火村 屬慶州東南境'에서 '今毛火村 屬慶州東南境'은 분명히 夾註로 처리되어야 할 내용임에도 본문과 같은 형식으로 판각되어 있으니 이 역시 선초본의 병증을 보여 주는 것이라 하겠다.

소략히 예시한 위의 오류들은, 『삼국유사』의 기록을 대할 때 보다 면밀한 주의를 기울여야 함을 우리에게 알려준다. 이 점을 감안하여 발표자는 모죽지랑가에 나타나고 있는 공백현상도 이와 유사한 차원에서 생겨난 것이 아닌가 추측한다. 유형으로는 위 셋 중 첫 번째, 즉, '알 수 없음'에 의해 생긴 공백으로 판단한다.

그렇다면, 우리는 이 공백을 검증해 볼 필요가 있다. '알 수 없음'에 의해 생긴 공백은 언젠가 완전한 근거가 나타나면 그 자리에 後人들이 원 내용을 채워 넣을 것을 기대하면서 그 자만큼의 공백을 남겨 두는 것이 일반적이다. 위에서 든 예도 공백의 크기는 아마 유지하면서 판각해 내려갔던 것으로 보인다.

---

20 "효성왕이 왕위에 올랐다 … 2년(738년) … 여름 4월에 당나라 사신 형숙은 노자의 『道德經』 등 서책을 왕에게 바쳤다. 〔孝成王立 … 夏四月 唐使臣邢璹 以老子道德經等文書 獻于王〕" 〈삼국사기, 효성왕조〉

그렇다면, 모죽지랑가의 공백 부분도 원래 있었을 것으로 추정되는 시구를 補入시킬 때, 그것을 얹을 수 있을 정도의 크기가 되어야 옳겠다. 그런데 이 공백의 크기와 누락된 시 구절의 크기가 일치한다. 모죽지랑가에서 나타나는 이 공백 부분은 〈慕竹旨郎歌〉를 10구체로 가정했을 때, 첫 두 행이 위치할 자리인데 공백의 크기 또한 향가의 두 행 정도를 수용할 수 있을 정도의 크기로 되어 있다. 즉, 10구체 향가의 음절 수는 대략 첫 행이 3~6자, 둘째 행이 7~9자 정도인데, 본 노래의 공백은 약 14음절 정도를 수용할 크기를 갖추고 있는 것이다(〈그림 1〉 참조).

3. 嗟辭의 위치

필자는 위에서 첫머리의 문법 형태, 歌曰 아래의 異常 공백을 근거로 모죽지랑가가 앞 두 행 정도가 누락된 형태로 현전하고 있는 것이라 여겼다.

이를 다시 차사의 위치로 점검해 볼 필요가 있다. 현전하는 10구체 향가는 반드시 嗟辭를 가지고 있기에 만약 모죽지랑가가 원래 10구체였다면 이 역시 차사를 가지고 있어야 할 테기 때문이다. 향가의 차사는 향가의 전면모가 드러나면 더욱 다양한 것이 존재했으리라 생각되는데, 우선 현전하는 것만으로는 阿耶(讚耆婆郎歌, 遇賊歌, 보현3, 보현11), 後句(安民歌, 彗星歌, 怨歌, 보현5), 落句(보현4, 보현7), 阿邪也(禱千手大悲歌), 阿邪(願往生歌), 阿也(祭亡妹歌), 歎曰(보현1), 隔句(보현2), 後言(보현6), 城上人(보현8), 打心(보현9), 病吟(보현10) 등이 있으며, 위치상으로는 9행 첫머리에 존재한다.

그런데 모죽지랑가의 동일위치에 역시 차사로 판단되는 어구가 존재한다. '郎也'가 그것이다.[21] 기존의 차사는 '아야'라는 음의 성질로 보아 감탄

---

21 유창균(「한국 시가형식의 기조」, 『이병기박사송수논문집』, 삼화출판사, 1966.)도 '郎也'를 차사로 보았다. 그는 8구체 향가는 10구체 향가가 일부 생략 표현된 형태임을 가정한 후,

형, 그에 대한 지칭어(歎曰, 城上人, 打心, 病吟) 등으로 보아 呼格[22]의 기능까지도 담을 수 있는 것으로 보이는데, '郎也' 역시 그와 동일한 기능을 하며 동일한 위치에 있는 것이다. 원 시형을 추정배열하면 다음과 같다.

1 (　　　　　　)
2 (　　　　　　)
3 *(*)去隱春皆理米
4 毛冬居叱沙哭屋尸以憂音

5 阿冬音乃叱好支賜烏隱
6 兒史年數就音墮支行齊
7 目煙廻於尸七史伊衣
8 逢烏支惡知作乎下是

9 郎也 慕理尸心未 行乎尸道尸
10 蓬次叱巷中 宿尸夜音有叱下是

4. 향가의 3단 구조

이외 향가의 3단 구조도 모죽지랑가가 원래는 10구체였을 것임을 방증

모죽지랑가는 다음과 같은 구조였을 것으로 분석한 바 있다.
1去隱春皆理米 2毛冬居叱沙哭屋尸以憂音 3阿冬音乃叱好支賜烏隱 4兒史年數就音墮支行齊
5(　생략　) 6(　　생략　　) 7目煙廻於尸七史伊衣 8逢烏支惡知作乎下是
차사 郎也　　9慕理尸心未行乎尸道尸　　10蓬次叱巷中宿尸夜音有叱下是

[22] 시조 종장의 첫머리에 흔히 나타나는 '아희야'가 호격인지 감탄격인지 불분명하듯이, '城上人' 등의 지칭어가 감탄형인지 호격인지 역시 단정적으로 판단하기는 쉽지 않다.

한다. 현전 향가는 철저하지는 않지만 대체적으로 종결어미를 기준으로 3등분되어 나타나고 있다. 보현시원가 한 수를 예시하면 다음과 같다.

1 皆佛體　　　　　　　　　2 必于化緣盡動賜隱乃
3 手乙寶非鳴良尒　　　　　4 世呂中止以友白乎等耶
5 曉留朝于萬夜未　　　　　6 向屋賜尸朋知良閪尸也
7 伊知皆矣爲米　　　　　　8 道尸迷反群良哀呂舌
9. 落句 吾里心音水淸等　　10 佛影不冬應爲賜下呂

〈普賢7〉

위를 살피면, 제4행, 8행, 10행이 각각 '슬보다라', '슬혀', '應ㅎ샤리'로 종결되어 있음을 볼 수 있는데 이는 현전향가의 대체적 모습이다.

그런데 모죽지랑가도 첫 두 行을 보입하면 위에 준하는 형태가 된다.

1 (　　　)　　　　　　　　2 (　　　)
3 *(*)去隱春皆理米　　　　　4 毛冬居叱沙哭屋尸以憂音
5 阿冬音乃叱好支賜烏隱　　6 皃史年數就音墮支行齊
7 目煙廻於尸七史伊衣　　　8 逢烏支惡知作乎下是
9 郎也 慕理尸心未 行乎尸道尸　10 蓬次叱巷中 宿尸夜音有叱下是

8, 10행에서 여타의 향가와 같이 종결어미로 끝맺어지고 있는 위의 형태는, 비록 제4행에서 '시름(憂音)'이란 명사로 종결되어 비종결어미로 종결되었고, 제6행에서 '가도다(行齊)'로 종결되어 다소의 변형을 취하고 있으나, 명사로 맺는 것이 시에 있어서는 별 특이한 일이 아니며, 4, 8, 10행 이외에서도 종결형이 올 수 있고 이 중 특히 6행에서 이런 현상이 가장 잦다[23]는

---

23 4곳 정도로 파악되는데 4, 8, 10행 이외에 나타난 종결어미로는 가장 많은 용례를 가지고

것은 다른 향가에서도 예증되는 것이니 이를 전혀 어색한 형태라 말할 수는 없겠다.

즉, 위 〈普賢7〉에서도 보이듯이 6행에 종결어미가 오는 경우도 가능하고, 안민가의 1, 2, 6행

<u>1 君隱父也</u>　　　　　　　　<u>2 臣隱愛賜尸母史也</u>
3 民焉狂尸恨阿孩古　　　　4 爲賜尸知民是愛尸知古如
5 窟理叱大肹生以支所音物生　<u>6 此肹喰惡支治良羅</u>
7 此地肹捨遣只於冬是去於丁　8 爲尸知國惡支持以支知右如
<u>9 後句 君如臣多支民隱如</u>　　10 爲內尸等焉國惡太平恨音叱如

〈安民歌〉

등에서와 찬기파랑가

1 咽鳴爾處米　　　　　　　2 露曉邪隱月羅理
3 白雲音逐于浮去隱安支下　　4 沙是八陵隱汀理也中
<u>5 耆郞矣皃史是史藪邪</u>　　　6 逸烏川理叱磧惡希
7 郞也持以支如賜烏隱　　　　8 心未持叱肹逐內良齊
<u>9 阿耶 栢史叱枝次高支好</u>　　10 雪是毛冬乃乎尸花判也

의 5행 등에서도 시상전개의 필요에 따라 隨意的으로 이 종결어미가 나타나는 것이다.

있다.
此肹喰惡支治<u>良羅</u> 〈安民歌, 6행〉
次弗ㅇ史內於都還於尸朗<u>也</u> 〈遇賊歌, 6행〉
向屋賜尸朋知良閪尸<u>也</u> 〈普賢7, 6행〉
向乎仁所留善陵道<u>也</u> 〈普賢11, 6행〉

5. 맺으며

 이상으로 〈慕竹旨郎歌〉가 원래는 10구체였을 가능성을 타진해 보았다. 이는 향가란 것이 무엇인가를 파악하기 위한 나름의 노력이었다. 어쩌면 위의 근거들이 하나하나 반박될지 모른다. 실제로, 첫 구절로부터의 의심은 '去隱'이 '간'이라는 의미를 표기하기 위하여 선어말어미가 생략된 채로 사용되었을 가능성이 다소나마 남아 있고, 서지학적 의심은 우연한 요인에 의해 원래부터 그랬을 가능성이 있고, 차사의 경우엔 '實辭'인 '郎'이 포함되어 있다는 점에서 기존의 차사와 약간 성격이 다르게 보일 수도 있고, 마지막의 구체와 관련하여는 '4, 8, 10'행 중에서 명사로 끝난 용례가 없다는 점에서 얼마든지 재론의 여지가 있다.

 그러나, 이 네 가지 사실을 종합적으로 놓고 판단해 볼 때는 희미하나마 모죽지랑가의 본 모습이 그려지는 게 아닌가 한다. 하필, '去隱'이라는 형태소가 구결, 이두를 비롯한 차자 표기에서 그렇게 흔하게 나타나고, 다른 모든 향가가 행갈이가 되지 않고 바로 이어 적히는 정황에 모죽지랑가만 그렇게 텅빈 공간으로 남겨져 있고, '랑이시여'라는 감탄사가 이상하게도 9행의 첫머리에 존재하고, 3단 구성으로 미루어 볼 때, 4, 8, 10행 이외 종결어미를 가지는 곳이 6행에서 가장 흔하다는 것은 우리에게 무언가의 암시를 주는 것은 아닐까.

 사실 향가의 본령이라고 하면, 정확한 해독과 그에 바탕한 문학적 평가, 가치의 추출 정도가 될 것이다. 그러므로 어떤 작품이 8구체인가 10구체인가에 대한 논의는 중요하지 않을 수도 있다. 그러나 기왕의 논의들에서 향가가 4→8→10의 발전 경로를 가지는데, 그 8구체의 증거로 '확인되지도 않은' 작품이 포함된다거나, 또, 8구체 작품은 '지방문학의 소산이다'라는 주장을 위해 실제로는 그렇지 않을 수도 있는 작품이 근거작품으로 포함되거나 한다면, 이는 필연적으로 잘못된 문학사를 쓸 수밖에 없는 결론으로 이르게 될 것이다. 또한, 정확한 해독을 위해서도 앞에 누락된 부분을 예상하는 것은 의외의 착안이 될 수 있다. 첫 구의 해독을 '간 봄 그리매'라고 이해하는 것보다는 '~해간 봄 그리매' 정도의 의미로 파악하는 것이 보다 실감각에 맞는 의미가 될 수 있는 것이다.

그러한 의심으로 〈慕竹旨郞歌〉의 구체에 대한 의문을 탐색해 보았다.

『한국시가연구』 16, 한국시가학회, 2004.

慕竹旨郞歌의 사건 발생 시기에 대하여

〈慕竹旨郞歌〉는『三國遺事』卷2,「孝昭王代 竹旨郞」조에 수록되어 전하는 향가이다. 그간 연구자들의 논의를 따른다면, 竹旨는 당시 老衰한 화랑으로서 젊은 得烏에게 은총을 베푼 바, 得烏가 그에 감사하여 이 노래를 지었다고 한다.[1] 그를 '老'한 인물로 보게 된 이유는『삼국사기』에 나타난 장군 竹旨의 전성 시기가 649~671년으로서『삼국유사』에 기록된 효소왕(692~702) 때보다 거의 20~30년이나 앞서기 때문이며, '衰'한 인물로 보는 까닭은『삼국사기』에 나타난 장군으로서의 권위가『삼국유사』에서는 전혀 보이지 않고 있기 때문이다. 이러한 竹旨의 노쇠한 정황은 '(~)去隱春,[2] '年數就

---

1 양주동이『고가연구』(1942)에서 "孝昭王代에 그가 得烏를 爲하야 請暇하노라 盡力한 것은 이미 그의 六十餘歲時에 속한다. 써 그가 出將入相·四代冢宰를 歷任한 뒤에도 暮年에 依然히 國仙에 位하였음을 알지오 本歌首句以下 特히 第三·四句가 郞의 얼굴이 늙어감을 앗기는 辭로된 所以然을 알것이다."(인용: 증정『고가연구』, 일조각, 1997, 69면.)라 한 이래로, 박노준(「모죽지랑가고」,『연민이가원선생육질송수기념논총』, 범학도서, 1977.), 신동흔(「모죽지랑가와 죽지랑 이야기의 재해석」,『관악어문연구』15집, 서울대학교, 1990.), 양희철(「모죽지랑가의 창작 시기 일별」,『한국시가연구』창간호, 한국시가학회, 1997.), 이도흠(「모죽지랑가의 창작배경과 수용의미」,『한국시가연구』3집, 한국시가학회, 1998.) 등이 연속적으로 이에 동조하였다.
2 〈慕竹旨郞歌〉의 첫머리 부분 탈락에 관해서는「모죽지랑가의 10구체 가능성에 대하여」(박재민,『한국시가연구』16집, 한국시가학회, 2004.)에서 상세히 다룬 바 있다.

音', '蓬次叱巷' 등의 해독³에도 영향을 주어 각각 '간 봄, 주름살, 쑥구렁(무덤)'의 의미로 파악하기에까지 이르렀다.

그러나 정작 본문을 살펴보면 이 글은 竹旨의 노년시 생긴 사건이라기보다는 그가 젊었을 때 발생한 듯한 인상을 풍기고 있고, 또한 위의 해독들도 노쇠한 상황을 전제한 후 미루어 짐작한 의미들이고 보면, '〈慕竹旨郎歌〉는 죽지가 노쇠했던 시기에 지어진 쓸쓸한 느낌의 노래'라는 기존의 연구결과는 재고의 여지를 가지게 된다. 즉, 〈慕竹旨郎歌〉가 竹旨·得烏가 젊었던 시절에 생겨난 노래라면 기존의 해석들은 필연적으로 수정될 수밖에 없는 것이다.

필자는 〈慕竹旨郎歌〉의 정확한 창작 시기와 정서를 파악하기 위한 예비단계로 먼저 「孝昭王代 竹旨郎」조에 나타난 일화들이 과연 孝昭王代의 일인가에 대한 추정을 해 보고자 한다. 『삼국유사』의 연대 기재를 의심하는 다소 모험적인 발상이긴 하지만 노래의 정확한 해독을 위해서는 모든 가능성을 타진해 보아야 한다.

1. 『삼국유사』「孝昭王代 竹旨郎」조

Ⓐ **제32대 효소왕 시대에 죽만랑**의 무리 가운데 得烏(혹은 得谷이라고도 한다.) 급간이 있었는데, Ⓑ **풍류황권에 등록**되어 날마다 출근하더니 열흘 동안 보이지를 않았다. 죽만랑이 그 어머니를 불러 "그대 아들이 어디 있는가?" 하고 물으니, 어머니가 말하기를 "당전 모량부 아간 익선이 내 아들을 부산성의 창직으로 제수해 달려갔는데, 급히 가느라 낭께 말씀을 드릴 겨를이 없었습니다." 하였다. 낭이 말하기를 "그대

---

3 '(~)去隱春'은 양주동 이래로 모두 '지나간 봄(봄은 청춘의 은유)'의 의미로, '年數就音'은 양주동은 '주름살', 김완진은 '해(年)가 갈수록', 유창균은 '나이 마침(생의 마침)'으로, '蓬次叱巷'은 대체적으로 '무덤의 은유'로 보고 있다.

아들이 만약 사사로운 일로 그 곳에 갔다면 찾아볼 필요가 없지만, 이제 공사로 갔으니 모름지기 가서 대접하겠다." 하였다. 그리고는 설병 한 합과 술 한 동이를 갖고 좌인(향언으로 皆叱知라 하니 노복을 말한다.)을 거느리고 떠나니, ⓒ <u>낭도 137명 역시 위의를 갖추어 따랐다.</u>

부산성에 이르러 문지기에게 得烏失이 어디 있느냐고 물으니 그 사람이 말하기를 "지금 익선의 밭에서 관례에 따라 부역하고 있다." 하였다.

낭이 밭으로 가서 가지고 간 술과 떡으로 접대하고 ⓓ <u>익선에게 휴가를 청해 得烏와 함께 돌아오고자 하니, 익선이 굳게 금지하면서 허락하지 않았다.</u> 그때 사리 간진이 추화군 능절의 조세 30석을 거두어 성안으로 수송하다가 낭이 선비를 중히 여기는 풍도를 듣고는 아름답게 여기고 익선의 융통성 없음을 비루하게 여겨, 이에 이끌고 가던 30석을 익선에게 주고 요청했으나 그래도 허락하지 않았다. 마침내 사지 진절이 騎馬와 鞍具를 그에게 주니 그제서야 허락하였다.

ⓔ <u>조정의 花主가 그 말을 듣고는 사신을 보내 익선을 잡아다가 그 더럽고 추함을 씻고자 하였는데, 익선이 도망해 숨어 버렸으므로</u> 그의 장자를 잡아갔다. 이때는 중동의 몹시 추운 날이었는데 성안 못 가운데서 목욕을 시키니 그대로 얼어 죽고 말았다.

대왕이 그 말을 듣고는 명을 내려 모량리 사람으로 벼슬에 종사하는 자는 모두 내쫓아 다시는 관공서에 발을 붙이지 못하게 하고 검은 옷을 입지 못하게 하고, 만약 중이 된 자가 있더라도 鐘鼓가 있는 절에는 들어가지 못하게 하였다. 또 명령을 내려 간진의 자손을 평정호손으로 삼아 표창하게 하였다. ⓕ <u>이때 圓測법사는 해동의 고승이었으나 모량리 사람이었던 까닭에 승직을 주지 않았다.</u> - 중략 -

그가 장성하여 벼슬길에 올라 김유신 공의 부수가 되어 삼한을 통일하고 ⓖ <u>진덕, 태종, 문무, 신문 등 4대의 총재가 되어 나라를 안정시켰다.</u>

처음에 得烏谷이 낭을 사모하여 노래를 지었는데 그 내용은 다음과 같다.

- 노래 생략 -[4]

---

[4] 孝昭王代. 竹旨郎亦作竹曼, 亦名智官
　第三十二, 孝昭王代, 竹曼郎之徒, 有得烏一云谷, 級干, 隷名於風流黃卷, 追日仕進, 隔旬日不見,

2. 과연 孝昭王代 일인가?[5]

1) 『삼국사기』에 나타난 竹旨의 관직 변화로 본 시기 추정

이 사건이 일어난 시기를 추정하기 위해서는 正史인 『삼국사기』에 나타

郎喚其母, 問爾子何在, 母曰: "幢典牟梁益宣阿干, 以我子差富山城倉直, 馳去行急, 未暇告辭於郎." 郎曰: "汝子若私事適彼, 則不須尋訪, 今以公事進去, 須歸享矣." 乃以舌餠一合酒一缸, 率左人鄕云皆叱知, 言奴僕也而行, 郎徒百三十七人, 亦具儀侍從, 到富山城, 問閽人, 得烏失奚在, 人曰: "今在益宣田, 隨例赴役." 郎歸田, 以所將酒餠饗之, 請暇於益宣, 將欲借還, 益宣固禁不許. 時有使吏侃珍, 管收推火郡, 能節租三十石, 輸送城中, 美郎之重士風味, 鄙宣暗塞不通, 乃以所領三十石, 贈益宣助請, 猶不許, 又以珍節舍知騎馬鞍具貽之, 乃許. 朝廷花主聞之, 遣使取益宣, 將洗浴其垢醜, 宣逃隱, 掠其長子而去, 時仲冬極寒之日, 浴洗於城內池中, 仍令凍死. 大王聞之, 勅牟梁里人從官者, 並合黜遣, 更不接公署, 不著黑衣, 若爲僧者, 不合入鐘, 鼓寺中, 勅史上侃珍子孫, 爲枰定戶孫, 標異之. 時圓測法師, 是海東高德, 以牟梁里人, 故不授僧職. … 중략 …
壯而出仕, 與庾信公爲副帥, 統三韓, 眞德太宗文武神文, 四代爲冢宰, 安定厥邦, 初得烏谷, 慕郎而作歌曰: "□□□□ □□□□□□ □去隱春皆理米 毛冬居叱沙哭屋尸以憂音 阿冬音乃叱好支賜烏隱 皃史年數就音墮支行齊 目煙廻於尸七史伊衣 逢烏支惡知作乎下是 郎也 慕理尸心未□行乎尸道尸 逢次叱巷中 宿尸夜音有叱下是" 〈三國遺事 2卷, 紀異, 孝昭王代竹旨郎〉

5 竹旨郎조의 사건이 孝昭王代에 발생한 것이 아니라 그 이전에 발생했을 것임을 지적한 최초의 연구자는 三品彰英(『新羅花郞の硏究』, 三省堂, 1943.)이다. 그는 죽지랑을 『삼국유사』에서 효소왕대라고 기재한 것을 연대적 오류로 보았는데, 그 이유로 죽지랑의 화랑 시기와 '효소왕대'는 어울리지 않음을 들었다. 이로 죽지랑의 화랑 시기를 '진평왕대'일 것으로 추측하였다. 이후, 홍기문 또한 "유사에서 이 이야기를 효소왕대의 일로 기록한 것은 득오곡의 노래 지은 년대를 말하는 것이 아니다. … 첫째 화랑이란 소년들로 되는 것이니 죽지랑의 늙은 뒤가 아닐 것이며, 둘째 죽지랑이 60여세에는 이미 세력이 혁혁한 고관이니 득오곡을 데리고 오기 위하여 간진의 힘을 빌지 않았을 것이다."(『향가해석』, 과학원, 1956, 78~79면.)라고 하여 그와 유사한 견해를 보였다.
이에 대한 본격적 고찰은 신수식에 의해 이루어졌다. 그는 "竹旨郎이 得烏를 만나러 부성에 갔을 때, 익선이 得烏의 請暇를 불허하므로 아진과 더불어 익선에게 많은 뇌물을 주고 겨우 허락을 받을 신분이었다면 그 사건 당시는 竹旨의 관등이 아간보다 하급이었다는 것도 부인할 수 없을 것이다. 만약에 그 사건 당시 竹旨郎의 관등이 익선 아간보다 상급이었다면 竹旨郎이 익선을 소환하여 得烏에게 휴가해 주라고 명령하면 될 것이지, 하급자에게 반드시 허가를 받아야 된다는 것은 이해할 수 없다."(「모죽지랑가의 창작 연대 연구」, 『국어국문학』 23호, 국어국문학회, 1961.)라고 하여 보다 구체적으로 위 설들을 검증하였다.

난 竹旨의 연도별 위상을 살펴야 할 것이다. 『삼국사기』에 나타난 그의 지위와 「竹旨郞」조에서 보이는 그의 지위를 비교하면 이 사건이 그가 젊었을 때의 일인지 아니면 늙었을 때의 일인지를 간파할 수 있을 것으로 본다.

649년경[6]	651년[7]	661년[8]	668년[9]
波珍湌	執事部中侍	蘇判	伊湌
(17관등의 제4위)	(진골독점관직)	(17관등의 제3위)	(17관등의 제2위)

위 기록에서 보이듯이 竹旨는 649년경 이미 파진찬의 지위에 올라 있었고 이후 집사부 시중·소판의 지위를 순차적으로 거쳐, 668년에는 17관등의 제2위에 해당하는 伊湌의 지위에 오른다. 그런데 그러한 죽지랑이 약 24년 뒤에 즉위한 孝昭王代에는 ⓑ, ⓒ의 기록처럼 다시 화랑의 지위로 돌아가고 있는데 이것은 이해할 수 없는 지위의 변화로 보인다. 화랑은 확인되는 다

---

[6] 649(眞德王 3년): 가을 8월에 백제 장군 은상이 군사를 거느리고 와서 석토 등 일곱 성을 쳐서 함락시켰으므로 왕이 대장군 김유신과 장군 진춘, 竹旨, 천존 등에게 명하여 나가서 이를 막게 했다. 〔秋八月 百濟將軍殷相率衆來 攻陷石吐等七城 王命大將軍庾信 將軍陳春 竹旨 天存 等 出拒之.〕〈三國史記, 新羅本紀〉

[7] 651(眞德王 5년): 2월에 품주를 고쳐 집사부로 하고 파진찬 竹旨를 집사부 중시로 삼아 기밀 사무를 맡게 하였다. 〔五年 春正月朔, … 二月, 改稟主爲執事部, 仍拜 波珍湌竹旨 爲執事中侍 以掌機密事務.〕〈三國史記, 新羅本紀〉

[8] 661(文武王 元年): 문무왕 원년(661) 용삭 원년 봄에 왕은 말하기를 "백제의 여적이 아직 남아 있으므로 곧 토벌하지 않을 수 없다." 하고 이찬품일과 소판문황과 대아찬량도 등을 장군으로 삼아 가서 토벌하게 하였으나 이기지 못하므로 또 이찬흠순 또는 欽春이라고도 함, 진흠, 천존과 소판 竹旨 등을 파견하여 이를 토벌하게 하였다. 〔… 龍朔元年春, 王謂百濟餘 爐尙在, 不可不滅, 以伊湌品日 蘇判文王 大阿湌良圖等爲將軍 往伐之, 不克. 又遣伊湌欽純一作 欽春 眞欽 天存 蘇判竹旨 等濟師.〕〈三國史記, 列傳, 金庾信〉

[9] 文武王 8년(668): … 6월 21일에 왕은 대각간 김유신을 대당대총관으로 삼고 각간 김인문, 흠순, 천존, 문충과 잡찬 진복과 파진찬 지경과 대아찬 량도, 개원, 흠돌을 대당총관으로 삼고 이찬 진순, 竹旨를 경정총관으로 삼았다. 〔… 二十一日 以大角干金庾信 爲大幢大摠管 角干 金仁問 欽純 天存 文忠 迊湌眞福 波珍湌智鏡 大阿湌良圖 愷元 欽突 爲大幢摠管, 伊湌陳純 竹旨 爲京停摠管.〕〈三國史記, 新羅本紀〉

음의 기록

백운이 나이 14세에 國仙이 되었으나 15세에 눈이 멀어 맹인이 되니(白雲 年十四爲 國仙 十五而盲)　　　　　　　　　　　　　〈三國史節要, 本紀, 丙戌年〉

김유신 … 나이 18세 되던 임신년에 검술을 닦아 國仙이 되었다.(年至十八壬申 修 劍得術 爲國仙)　　　　　　　　　　　　　〈三國遺事 1卷, 金庚信〉

사다함은 … 근본이 좋은 가문에 귀족의 자제로서 풍모가 맑고 준수하며 지기가 방정했으므로 당시 사람들이 그를 받들어 화랑으로 삼기를 청하니 마지못해 화랑 이 되었는데, 그 무리가 무려 1천 명이나 되었으며 그들의 환심을 다 얻었다. … 그때 사다함은 나이 15, 6세이었는데도 종군하기를 청했다.(斯多含 … 本高門華冑 風標淸秀 志氣方正 時人請奉爲花郞 不得已爲之 其徒無慮一千人 盡得其歡心 … 時斯 多含 年十五六 請從軍)　　　　　　　　　〈三國史記 44卷, 列傳 4〉

관창은 신라 장군 품일의 아들이다. 용모와 자태가 아름답고 아담하여 소년으로 花郞이 되었는데, 남과 잘 사귀었다. 나이 16세에 말을 탈 수 있었고, 활을 잘 당길 수 있었으므로, 어떤 대감이 그를 태종대왕에게 천거했다.(官昌 新羅將軍品日之子 儀表都雅 少而爲花郞 善與人交 年十六 能騎馬彎弓 大監某薦之太宗大王)

〈三國史記 47卷, 列傳 7〉

등으로 볼 때, 모두 20세 미만의 청소년으로만 나타나고 있고, ⓑ'풍류황권' 이란 것도 화랑단의 명부로 짐작되는데 다음의 기록

중 혜숙은 화랑 호세랑의 무리 중에 자취를 감추고 있었다. 호세랑은 이미 黃卷에 서 이름을 지워버렸고, 혜숙스님도 적선촌에 숨어 산 지가 20여 년이나 되었다.(釋 惠宿 沈光於好世郞徒 郞旣讓名黃卷 師亦隱居赤善村 今安康縣有赤谷村 二十餘年)

慕竹旨郞歌의 사건 발생 시기에 대하여　**199**

〈三國遺事 4卷, 二惠同塵〉

으로 볼 때, 일정한 나이가 되면 이에서 이름을 지우는 것[10]이 상례인 것으로 보이기 때문이다.

또, 竹旨는 ⓓ와 같이 17관등의 제6위에 해당하는 阿干직인 익선에게조차 냉혹한 거절을 당하기도 하는데 이 역시 孝昭王代 竹旨의 지위로는 발생될 수 없는 상황으로 보인다. 이것을 '화랑세력의 쇠퇴와 관련된 죽지랑 개인의 몰락'으로 설명하는 연구자도 있으나 근거가 없다.[11] 『삼국사기』, 『삼

---

10 '황권'에서 기록하였던 범위가 어디까지였는지는 불분명하다. 모죽지랑가를 근거로 할 때는 '화랑을 따르는 무리'까지도 망라된 명부인 듯도 하며, 이 조를 근거로 판단할 때는 '화랑 그 자신'만을 기록한 명부인 듯도 하다. 하지만, 화랑 그 자신만을 적은 것이라면 명부로서의 의미가 없을 것이기에(화랑이 동시대에 수십 명이 된다는 기록은 없다. 다만, 신라시대를 통틀어 200여 명 정도였다고 하니 동일 시대로 계산해 본다면 1세대에 30명 정도가 되겠다.) 화랑과 그를 따르는 문도를 모두 망라한 명부가 아니었나 한다. 한편, '황권에서 이름을 지웠다'는 것은 '더 이상 화랑의 신분이 아님'의 대유적 기술이겠다.
11 박노준은
"낭도인 得烏가 실세 이후의 竹旨郎의 초라한 모습을 안타깝게 생각하면서 그를 기린 노래였다는데 그 主旨가 있다고 생각한다. … 그때야말로 竹旨郎과 같은 統三의 영웅도 신라의 二聖이라고 하는 金庾信의 세력도 그들과 비교할 때 미미한 존재인 문관계층에게서 푸대접과 멸시를 받지 않으면 안 되게끔 그렇게 상황이 변해버린 시대였다." 〈「모죽지랑가고」, 『연민이가원선생육질송수기념논총』, 범학도서, 1977.〉
라고 하여 竹旨郎조에 실린 竹旨의 이해할 수 없는 행동들을 화랑단의 위기와 관련된 역사·사회학적 시각으로 풀었다.
그러나 이 견해들은 다음의 상황을 살펴볼 때 다소 수긍이 가지 않는 일면이 있다. 「竹旨郎」조에 보면, 이 사건이 조정의 화랑총재에게 알려지자 익선은 도망가 버렸다고 하는데, 익선의 이러한 행동은 화랑단 중 유력자에 대한 두려움을 반영한 것으로 풀이되고, 또 화랑의 총재가 익선의 아들을 대신 잡아 죽였을 때, 왕이 전폭적 지지를 보내 모량리 출신은 관직에 다시 등용하지 않았고, 지나가던 두 관리 간진·진절이 竹旨를 도와 준 점 등은 화랑이 당시에도 변함없이 국가나 관리의 두터운 호위를 받고 있었음으로 풀이된다.
이런 기사 내적인 증거 외에도 화랑이 당시에 번성했다는 기록은 많다. 『삼국유사』 「栢栗寺」(효소왕)조에 등장하는 夫禮郎의 문도는 1천 명에 달했다는 기록이 있고, 진성여왕대(887~897)의 화랑인 孝宗郎의 경우에도 그 낭도가 수백은 되었을 법한 기록이 있다. 『삼국사기』, 『삼국유사』를 모두 통틀어도 효소왕 당시에 화랑의 세력이 약화되었다는 기록은

국유사』만을 보았을 때, 효소왕대에 화랑세력이 前代에 비해 약화되어 있던 정황을 감지할 수 없고, 죽지랑 또한 당대의 偉人으로 누차 기록되어 있으니 결정적 증거가 없는 한 이를 부정하긴 어렵다. 이런 정황으로 필자는 竹旨郞조에 나타난 竹旨와 得烏의 일화는 최소한 그가 아직은 波珍湌이 아니었던 시기인 649년 이전, 그들이 젊은 화랑이었을 때 일어난 것이 아니었겠는가란 복잡하지 않은 가정을 일단 해 본다.

그런데 이러한 추측은 ⓔ의 ' … 朝廷花主聞之 … '란 구절과도 순조롭게 조응한다. 이 글에서 보면, 花主는 근무장소·명칭으로 보아 조정에서 화랑단 전체를 통괄하는 사무를 맡고 있는 직위로 보이는데, 竹旨에게도 그러한 역할을 행하고 있다. 즉, 그가 관리하고 있는 집단중의 하나인 竹旨의 무리가 억울한 일을 당함에 즉시 권력을 발동하여 사태를 수습해주는 모습을 보이는 것이다. 이 사실은 당시 화랑단의 세력이 약화되었다는 가설에 대한 직접적 反證이 되며, 동시에 죽지랑이 청소년 화랑임을 재암시하기도 한다. 만약, '청소년 화랑'이 아닌 孝昭王代의 竹旨였다면 그 자신이 화주 혹은 그에 대등한 힘을 가지고 있었을 것이므로 화주의 도움을 받을 필요가 없었을 터이기 때문이다.

어디에도 없는데 「竹旨郞」조에 나타난 竹旨의 경우만을 가지고 화랑도의 쇠퇴에 관한 자료를 삼으려는 것은 무리가 아닌가 한다.
효소왕 당시에 화랑단이 쇠퇴해가고 있었다는 주장은 사실 국사학계의 이홍직 교수의 주장인데, 그때 그가 그 근거로 삼은 것이 바로 이 「竹旨郞」조이다. 그는 본 조에 나타난 竹旨의 무력한 모습에 대해
"有力한 花郞의 晩年의 한 事件으로 … 竹旨郞의 老境의 處地가 너무나 無力함은 … "〈「삼국유사 죽지랑조의 잠고」,『황의돈선생고희기념사학논총』, 동국대학교사학회, 1960.〉
이라고 하여 이 사건을 화랑세력의 쇠퇴와 연관지으려 하였다. 이것을 다시 박노준이 '당시엔 화랑의 세력이 쇠퇴할 때니까'라고 하여 순환논증한 것이다.

2) 圓測의 생몰년대로 본 시대추정

필자는 위에서 이 사건을 죽지랑이 청소년 시절에 겪었던 일화로 보았다. 이것은 문헌에 전혀 보이지도 않는 '竹旨 개인의 몰락'이라든가 '당시 화랑세력의 약화' 등을 복잡하게 설명하지 않고도 이 사건을 설명할 수 있는 장점이 있다. 그리고 어쩌면 이것이 역사적 사실에 가까울 수도 있다. 이 가능성을 뒷받침하기 위하여 圓測과 관련된 ⓕ구절을 인용한다. 圓測은 竹旨보다 약 10세 정도 많은 인물로 추정되는데 효소왕, 竹旨와 더불어 역사적 활동 시기가 비교적 분명한 인물이다.

> 이때 圓測법사는 해동의 고덕이었으나, 모량리 사람이었던 까닭에 승직을 주지 않았다.(時 圓測法師 是海東高德 以牟梁里人 故不授僧職)
>
> 〈三國遺事 2卷, 紀異, 孝昭王代 竹旨郎〉

이 구절은 익선의 악행으로 모량리 출신들의 관직 등용이 제한되는 가운데 圓測도 그 피해자가 되었음을 알리는 구절이다. 하지만, 圓測은 기록[12]에 따르면 613년(진평왕 35년)에 태어나 696년(효소왕 5년)에 84세로 입적한, 모량리 사건 당시에는 이미 80세 이상의 나이에 달해 있었을 인물이다. 그런데도 『삼국유사』에서는 모량리 사건 때문에 圓測이 승직을 받을 수가 없었다고 기록하고 있다. 그러나 상식적으로, 84세까지 산 圓測이 80세 때 일어난 모량리 사건 때문에 평생 신라에서 승직을 받지 못했다는 것은 납득이 가지 않는다.[13] 圓測이 신라에서 승직을 받지 못했다는 것은 모량리 사

---

12 송복 찬, 『大周西明寺 故大德圓測法師 佛舍利塔銘』(이능화 저, 『조선불교통사』 編下, 1918, 164면.)
13 배경 설화의 발생을 효소왕대로 보고 있는 입장의 신동흔은 다음으로 이 현상을 설명한다. '이때, 원측법사와 관계된 기록의 해명에 있어 다소 어려움이 발생하나, 원측이 효소왕대 초에 중국에서 세상을 떠난 인물임을 통해 볼 때, 그가 죽은 다음 신라로부터 僧職을 追贈

건이 그의 젊은 시절에 일어나지 않은 한 발생할 수 없는 현상으로 이해된다. 즉, 모량리 사건은 그가 한창 승려로서 명성을 쌓아 가며 승직에도 등용될 수 있는 젊은 나이 즈음(20, 30대)에 발생한 것으로 보아야 한다. 圓測의 나이가 젊었을 시기는 선덕왕(632~647) 혹은 진덕왕(647~654)대에 해당하므로, 圓測과 관련된 기사로써 시대를 추론해 보아도 이 사건은 孝昭王代(692~702)보다는 훨씬 이전이 되어야 함을 알 수 있다.

3) 竹旨의 관직과 圓測의 생몰년대 비교

위에서 「竹旨郎」조의 사건이 孝昭王代 이전에 발생했을 가능성을 제기해 보았다. 이 가능성은 역사적으로 비교적 분명한 연대를 가진 인물들끼리의 비교라 할 수 있는데, 그 비교를 통하여 보았을 때, 孝昭王代와 竹旨의 활동 시기가 잘 부합하지 않고 또, 孝昭王代와 圓測의 활동 시기도 잘 부합

받지 못했다는 사실을 나타낸 것 등으로 해석될 가능성이 있다고 본다.'(「모죽지랑가와 죽지랑 이야기의 재해석」, 『관악어문학』 제15집, 서울대학교 국어국문학과, 1990.)
하지만, 이 견해가 타당성을 확보하기 위해서는 본고에서 제시하고 있는 정황적 모순과 '僧職'이라는 것이 과연 죽은 후에 追贈하는 것인가에 대한 해명이 선행되어야 할 줄 안다. 필자는 설화의 정황이 효소왕대로 보아서는 모순적이라 판단하고 있으며, '승직' 또한 생존시에 僧에게 부여하는 官職으로 이해하고 있다. 다음의 '승관'과 같은 차원의 용어일 것이다.
"원성왕 원년(785)에 이르러 처음으로 僧官을 두고, 중 가운데서 재주와 덕행이 있는 이를 가려서 이에 충당했는데, 연고가 있으면 갈아들였으며 일정한 연한은 없었다. 國統 - 한 명 - 일설에는 사주라 한다 - 이었다. 진흥왕 12년(551)에 고구려 혜량법사를 사주로 삼았다. 도유나랑 - 한 명이었다. 아니대도유나 - 한 명이었다. 진흥왕이 처음으로 보량법사로써 이를 삼았는데, 진덕왕 원년(647)에 한 명을 늘렸다. 대서성 - 한 명이었다. 진흥왕이 안장법사로써 이를 삼았는데, 진덕왕 원년(647)에 한 명을 늘렸다. 소년서성 - 두 명이었다. 원성왕 3년(787)에 혜영과 범여 두 법사로써 이를 삼았다. 〔至元聖王元年 初置僧官 簡僧中有才行者 充之 有故則遞 無定年限 國統一人 一云寺主 眞興王十二年 以高句麗惠亮法師爲寺主 都唯那娘一人 阿尼大都唯那一人 眞興王始以寶良法師爲之 眞德王元年 加一人 大書省一人 眞興王以安臧法師爲之 眞德王元年 加一人 少年書省二人 元聖王三年 以惠英·梵如二法師爲之.〕" 〈三國史記, 40卷, 雜志9〉

하지 않음을 알 수 있었다. 이 경우 만약 孝昭王代를 고정시켜 두고 이 두 가지의 불일치를 설명하자면 상당히 많은 가설과 추론이 진행되어야 한다. 하지만 그럼에도 불구하고 아직도 두 가지를 명쾌하게 설명한 연구는 없다. 그것은 자료의 부족이라기보다는 Ⓐ구절을 지나치게 신뢰해서 생긴 일이 아닌가 한다. 여기서 필자는 '孝昭王代'라는 기록을 잠깐 무시하고 '竹旨郎'조에 나타난 정황만으로 이 사건을 바라보고자 한다. 圓測과 竹旨의 젊은 시절은 시기적으로 일치하고 있기 때문이다. 圓測의 생애와 竹旨의 관직 변화를 비교하면 아래와 같이 된다.

	선덕왕	─	진덕왕	─	태종무열왕	─	문무왕	─	신문왕	─	효소왕	─	696
卽位年:	(632년)		(647년)		(654년)		(661년)		(681년)		(692년)		
圓測:	20세		35세		42세		49세		69세		80세		84세(입적)
年代:			㉮모량리사건(649년)				(661년) (668년)				㉯모량리사건		
竹旨:			波珍湌 (제4위)				蘇判 伊湌 (제3위)(제2위)						

일연의 기록을 따르면, 이 사건이 일어난 시기는 ㉯의 자리에 위치하게 되는데, 사건이 이 시기에 일어났다고 가정하면 Ⓑ·Ⓒ·Ⓓ·Ⓔ·Ⓕ의 모든 기사가 모순을 일으키게 된다. Ⓑ<u>풍류황권 등록</u>과는 효소왕대라면 그의 이름이 이미 풍류황권에서 말소되었을 나이[14]라는 점에서, Ⓒ<u>낭도 137명 역시 위의를 갖추어 따랐다</u>와는 그가 이미 화랑의 나이가 아니란 점에서, Ⓓ<u>'익선에게 휴가를 청해 得烏와 함께 돌아오고자 하니, 익선이 굳게 금지하면서 허락하지 않았다'</u>와는 그가 익선보다 높은 지위일 것임이 예상된다는 점에서, Ⓔ<u>'조정의 花主가 그 말을 듣고는 사신을 보내 익선을 잡아다가 그 더럽고 추함을 씻고자 하였는데, 익선이 도망해 숨어 버렸으므로'</u>와는 죽지랑보다 월등하게 높은 권력을 가진 화랑이 존재한다는 점에서, Ⓕ '의

---

14 설화에서는 풍류황권에 이름이 오른 이를 득오라 하였지만, 득오가 죽지랑의 무리인 이상, 같은 명부에 죽지의 이름도 있었다고 보아야 옳겠다.

때 圓測법사는 해동의 고승이었으나 모량리 사람이었던 까닭에 승직을 주지 않았다'와는 圓測의 나이가 이미 그때에는 승직을 주고 주지 않을 정황과는 관계가 없다는 점에서 모순을 일으키게 된다. 하지만 이 사건이 효소왕과 관련이 없는 그가 청소년이었던 ㉮의 시기에서 일어났다고 보면, Ⓑ·Ⓒ·Ⓓ·Ⓔ·Ⓕ·Ⓖ는 모두 무리 없이 설명됨을 알 수 있다. 즉, Ⓑ·Ⓒ는 그가 청소년이었기 때문에 화랑이었고 또한 그 정도의 나이였기에 그 정도의 낭도를 거느린 것이 되고 또한 풍류황권에 등록되어 있었던 것이 되고, Ⓓ는 역시 그가 청소년 화랑단의 대표였기에 6급 관리에게 무력한 모습을 보였던 것이 되고, Ⓔ의 경우는 그가 청소년 화랑이었기 때문에 조정의 화주가 그를 관리하였던 것이 되며, Ⓕ의 경우는 圓測이 젊었던 시절에 일어난 사건이었기 때문에 신라에서 평생 그가 출세할 수 없었던 것이 되며, Ⓖ의 경우는 그가 젊어서 그런 일화를 겪었고 후에 커서 고관이 되었음을 알 수 있는 것이니 어느 하나 모순을 일으키는 것이 없게 된다. 이로써 필자는 모량리 사건이 윗 그림의 ㉯시기가 아닌 ㉮시기에서 일어났어야만 할 것으로 생각한다.

결국 「竹旨郎」조는 孝昭王代(692~702)가 아닌 竹旨, 得烏, 圓測이 젊었던 善德·眞德 당대에 발생한 사건으로 판단되는 것이다.

4) 『삼국유사』 편목의 오류

필자는 위에서 「孝昭王代 竹旨郎」에 나타난 죽지의 사건이 효소왕대가 아닌 선덕, 진덕왕대일 가능성을 살폈다. 이는 『삼국유사』의 연대 기재 자체를 의심하는 모험적인 발상이었다. 하지만, 이것이 전혀 근거가 없는 단순한 모험만은 아니다. 『삼국유사』의 연대 기재에는 간혹 오류가 나타나고, 효소왕대에 바로 후행하여 나타나는 '성덕왕', '효성왕', '경덕왕'에 대한 기록들에서도 연대기재의 오류가 연차적으로 나타남을 보기 때문이다. 이들 항목에 나타나 있는 잘못된 기록을 『삼국사기』와 비교하여 제시하면 다음과 같다.

	삼국사기	삼국유사
효소왕 692~702	죽지랑의 활동기가 진덕, 태종, 문무로 나타나고 있음.	죽지랑조 죽지랑의 전성기를 진덕, 태종, 문무, 신문의 4대로 기록하고 있음.(與庾信公爲副帥, 統三韓, 眞德太宗文武神文, 四代爲冢宰, 安定厥邦)
성덕왕 702~737	임관군(臨關郡)-본디 모화군(毛火郡)-혹은 문화군(蚊化郡)이라고도 쓴다. 이다. 성덕왕이 성을 쌓아 일본이 도둑질하는 길을 막았다.(臨關郡 本毛火 一作蚊化 郡 聖德王築城 以遮日本賊路)〈삼국사기, 성덕왕조, 722년〉 당나라 현종은 발해와 말갈이 바다를 건너 등주에 쳐들어 왔으므로 … (신라의) 군사를 내어 말갈의 남쪽 변경을 치게 했다.(唐玄宗以渤海靺鞨 越海入寇登州 … 發兵擊靺鞨南鄙 〈삼국사기, 성덕왕조, 733년〉	〈기록 누락〉
효성왕 737~742	효성왕(孝成王)이 왕위에 올랐다 … 2년(738) … 여름 4월에 당나라 사신 형숙은 노자의 『도덕경(道德經)』 등 서책을 왕에게 바쳤다.(孝成王立 … 夏四月 唐使臣邢璹 以老子道德經等文書 獻于王)〈삼국사기, 효성왕조〉	개원(開元) 10년 임술(722) 10월에 처음으로 관문(關門)을 모화군(毛火郡)에 세웠다. 지금의 모화촌(毛火村)으로서 경주의 동남경(東南境)에 속했다. 곧 일본을 방어하는 변방의 요새였다.(開元十年 壬戌十月 始築關門於毛火郡 今毛火村 屬慶州東南境 乃防日本塞垣也 周廻六千七百九十二步五尺) 개원 21년 계유(733)년에 당나라 사람들이 북적(北狄)을 치려고 신라에 출병하기를 요청하여 사객(使客) 604명이 신라에 왔다가 본국으로 돌아갔다.(開元二十一年癸酉 唐人欲征北狄 請兵新羅 客使六百四人來還國)
경덕왕 742~765		당나라에서 『○덕경(○德經)』 등을 보내니 대왕이 예를 갖추어 그것을 받았다.(德經等 大王備禮受之)〈삼국유사, 경덕왕조〉

도표를 보면, 동일한 사건들로 여겨지는 기록들이 『삼국유사』가 『삼국사기』에 비해 一代정도씩 밀려 기록되어 있음을 알 수 있는데, 필자는 이를 '효소왕대 죽지랑'의 오류 방증 자료로 삼고자 한다. 물론, 도표에서 보이는 밀림 현상을 효소왕대와 직접 관련된 것으로는 볼 수는 없겠다. 一代씩의

차이가 그대로 효소왕까지 소급되었다고 볼 직접적 근거는 없기 때문이다. 필자의 주안점은, 文面으로나 역사적 시기로나 효소왕대에 가까운 이 기록들이 기재의 오류가 분명한 이상, '효소왕대' 역시 이러한 오류가 잠재해 있을 가능성이 성립함을 지적하고자 하는 것이다.

사실, 「효소왕대 죽지랑」이 포함된 『삼국유사』 권2는 이러한 오류 외에도 여러 미심쩍은 요소들이 보인다. 다른 모든 향가들을 기록한 방식과 달리 유독 이 부분에 있어서는 〈慕竹旨郞歌〉, 〈讚耆婆郞歌〉 등이 기재의 방식을 일반과 달리하고 있고, 위 표와 같은 명백한 오류도 내보이고 있는 것이다. 위 도표의 『삼국유사』 '경덕왕' 항을 보면, '도덕경'이라는 어휘가 단지 '덕경'으로만 판각되어 있음을 본다. 행의 첫머리에서 생겨난 이 현상은 『삼국유사』가 그 성립 단계부터 현재에 이르는 동안 얼마만큼의 변개가 생겼었나를 단적으로 보여 주는 구절이기도 하다.

문헌의 이러한 오류를 감안할 때, 효소왕대 죽지랑은 그 역사적 제 위치로써 연구자들의 집중적인 관심을 한번 받아볼 필요가 있게 된다.

3. 의미

만약 위의 추론이 인정을 받는다면 그간 〈慕竹旨郞歌〉에 대한 이해는 다른 국면으로 전개되어야 할 것 같다. 즉, 그간 연구자들이 전제하고 있는 이 사건의 발생 시기, 죽지와 득오의 나이에 관련한 〈慕竹旨郞歌〉의 어조, 사건에 기반한 〈慕竹旨郞歌〉의 어석문제 등에 필연적 수정을 가해야 할 것이다.

그간 연구자들이 〈慕竹旨郞歌〉를 연구할 때 가장 중점을 두어온 사항 중의 하나는 이 시가 思慕詩냐 追慕詩냐에 대한 것이었다. 그러나 이 쟁점들은 시의 대상을 '老衰한 죽지·死後의 죽지'로 두고 있다는 점에서 한결같은 문제점을 내포하고 있지 않나 한다. 만약 이 사건이 추론의 결과처럼 효소왕이 아닌 선덕왕대에 생겨난 것이라 할 때, 이를 바탕한 〈慕竹旨郞歌〉에 나타나는 슬픔[憂音]은 죽지랑의 노쇠·죽음에 관련된 것이 아니라 그 사건이 일어난 당시에 관련된 것으로 이해해야 할 것이며, 희망[宿尸夜音] 또한 그와 관련하여 이해해야 될 줄 안다.

한편, 배경 설화와는 별도로, 이 노래의 창작은 그래도 '효소왕대'라는 입장-가령, 효소왕대에 죽지가 사망하여 득오가 그에 대한 輓歌를 불렀을 경우-을 취할 경우에도 이 시의 화자는 젊은 득오가 아니라 '늙은 득오'임을 염두에 둔 이해가 필요할 줄 안다. 효소왕대의 죽지가 이미 늙거나 사망한 죽지인 만큼, 그의 낭도였던 득오 역시 창작 당시에는 그와 방불한 나이일 것이 확실하기 때문이다.

이상의 두 경우는 '初'[15]의 해석과도 밀접한 관련을 가지는데, 만약 初가 사건 발생 당시를 지칭한다고 확신할 수 있다면, 이 노래는 우리가 그간 알고 있는 내용과 전혀 다른 내용을 담고 있는 노래일 가능성이 많겠고, '初'가 문장 전환 정도의 의미로 사용되었을 뿐이라 하더라도 화지의 언령 설정이 달라지는 만큼의 의미차가 있게 될 것이다.

【補論】

본문에서 간과하고 지났던 두 사항에 대하여 설명하려 한다. 죽지를 도왔던 인물 珍節의 관직명 '舍知'와 이 설화의 배경이 되고 있는 '富山城'이 그것이다. 어찌 보면 간과할 수도 있는 이 두 명사는 위 설화의 발생 시기를 추정하는 데 큰 도움을 줄 수 있을 듯이 보인다. 왜냐하면, '舍知'라는 관명은 다음의 기록

舍知는 두 명으로 신문왕 5년(685)에 두었는데 경덕왕 18년(759)에 고쳐서 員外郎이라 했다가 혜공왕 12년(776)에 다시 사지라 불렀다. (舍知二人 神文王五年置 景德

---

15 '初得烏谷 暮郞而作歌曰 …' 〈三國遺事 2卷, 紀異, 孝昭王代竹旨郞〉

王十八年 改爲員外郎 惠恭王十二年 復稱舍知)　　　〈三國史記 38卷, 雜志 7〉

에서 보이듯이 신문왕대에서야 비로소 생긴 직명이기 때문이다. 비록 아직 이를 근거로 하여 이 설화의 배경을 설명한 연구는 보지 못했지만, 이는 문면 그대로만 보면 '효소왕대 발생설'의 중요한 근거로 사용될 여지가 있어 보인다. 그러나 이를 근거로 하여서는 올바른 결론을 내릴 수 없다는 것이 필자의 판단이다. 다음을 보자.

> 죽죽 … 선덕왕(632~647) 때에 舍知가 되어 대야성 도독 김품석의 휘하에서 보좌했다.(竹竹 … 善德王時 爲舍知 佐大耶城都督金品釋幢下)　　〈三國史記 47卷, 列傳 7〉

첫 기록을 따를 때, 이 기록은 있을 수 없는 것이 된다. '사지'라는 관직이 존재하지도 않은 때에 이미 '죽죽'이란 인물이 '사지'로 기술되어 있기 때문이다. 이럴 경우 우리는 죽죽의 관직명에만 근거하여 이를 '신문왕' 이후의 인물이라 파악해야 할까 아니면 이 항목에 나타난 다른 몇 정황을 감안하여 그의 올바른 생몰 연대를 파악해야 할까. 이의 답이 후자임은 자명한 일이 아닌가 한다.

같은 현상이 「효소왕대 죽지랑」조에서 한번 더 나타나고 있다. '述宗公이 朔州 都督使가 되어 임지로 떠날 때 죽지를 낳았다는 기록이 그것이다. 『삼국사기』 혹은 『삼국유사』에서 보이는 죽지의 생존 연대가 7세기임을 감안할 때 그의 부친인 술종공의 생존 연대 또한 6~7세기임은 분명한 일이다. 그러나, '도독'은 다음의 기록

> 都督 — 아홉 명이었다. 지증왕 6년(505)에 이사부를 실직주군주로 삼았고, 문무왕 원년(661)에는 고쳐서 총관이라 했으며, 원성왕 원년(785)에 도독이라 불렀다.(都督九人 智證王六年 以異斯夫 爲悉直州軍主 文武王元年 改爲摠管 元聖王元年稱都督)
> 　　　　　　　　　　　　　　　　　　　　〈三國史記 40卷, 雜志 9〉

을 따르면 '원성왕'대에 이르러서야 비로소 정식화된 관직이다. 원성왕의 재위 당시인 785년은 효소왕대보다 무려 100여 년 이후가 되니 이로 사건의 발생 시기를 살피면 이 설화는 최소 원성왕 이후에나 생겨날 수 있는 일이 되어 버린다. 이 점으로써도 관직명으로 설화의 발생연도를 정확히 말하기란 어려운 일임이 확인된다. 이러한 관직명의 모순들은 '雜誌'기록의 잘못이거나 혹은 기록자가 자신이 생존했을 당대의 의식을 투영한 결과로 나타난 것이라 여겨진다.

다음으로 '부산성' 문제가 있다. 이것은 신수식에 의해 제기되었고 김승찬에 의해 지지되었던 '죽지랑조 非 효소왕대'설을 다시 '효소왕대'로 복귀시킨 결정적 계기가 된 어휘이다.[16] 부산성은 『삼국사기』·『삼국유사』에서 공히 663년도에 축조되었다고 기록되어 있다.

> 3년(663) 봄 정월에 기다란 창고를 南山新城에 짓고, 富山城을 쌓았다.(三年春正月 作長倉於南山新城 築富山城) 〈三國史記 6卷, 新羅本紀 6〉
>
> 왕은 처음 왕위에 오르자 … 또 富山城을 쌓기 시작했는데 3년 만에 역사를 마쳤으며(王初卽位 … 又始築富山城 三年乃畢) 〈三國遺事 2卷 文武王 法敏〉

설화의 기록을 신뢰하여 그것을 이 기록에 적용시킨다면 우리는 '죽지랑

---

16 김승찬은 1977년 발표된 그의 논문(「죽지랑가 신고찰」,『국어국문학』13·14집, 부산대학교)에서 "부산성의 축조기록은 문무왕 3년(663년)이고, 원측의 입적은 효소왕 5년(696년) 7월이니 … 모죽지랑가의 창작 연대는 효소왕 원년에서 5년 사이라 추정할 수 있겠다."라고 부산성을 죽지랑조 발생 시기의 결정적 근거로 부각시켰다. 이로 신수식의 설은 一擊당하였고, 후, 후학들이 김승찬의 설을 지지함으로써 근래의 대부분 연구자들이 이를 기정사실화하게 되었다. 그러나, 김승찬은 1984년 재발표된 논문(「죽지설화와 모죽지랑가에 대한 신고찰」,『새결 박태권선생환갑기념논총』)에서는 종래 그의 결론을 수정하여 "따라서 효소왕대 죽지랑조의 죽지 미사 얘기는 선덕왕 5년(636년)경을 전후하여 생긴 사건으로 보아야 타당할 것이다."라 하였다. 부산성은 이 논문에서 언급되지 않았는데 그 이유는 未詳이나, 아마 죽지랑조의 정황이 효소왕대에 생겨난 일이라고 보기에는 지나친 무리가 있었기 때문이 아닌가 한다.

조'는 문무왕 이후에 생겨야만 할 것으로 믿게 된다. 설화에서 사건의 공간이 부산성으로 나타나고, 부산성에 관하여는 동일한 기록이 양 사서에 나타나기에 이는 '효소왕대 죽지랑'설을 지지할만한 결정적 근거가 될 것으로 기대된다.

하지만, 필자는 이에 대해 보다 신중한 접근을 할 필요가 있음을 제안한다. 상기한 '관직명의 오류'와 유사한 잘못이 여기에 잠재할 가능성이 높다고 보기 때문이다. 우리는 위에서 관직명을 표기할 때, 기록 당대의 정황으로 옛 상황을 표기하려는 경향이 종종 나타남을 살폈다. 이는 지명에 있어서도 마찬가지이다.

우선, 죽지랑조에 나타나는 〈술종공 삭주도독사〉 기사가 있다. 관직명에서도 한 번 언급하였지만, 이는 지명에 있어서도 오류를 내포하고 있다. 현재의 춘천을 지칭하는 '朔州'는 『삼국사기』에 다음과 같이 소개되고 있다.

> 朔州 — 가탐의 『고금군국지』에 "삭주는 고구려의 동남쪽, 예의 서쪽에 있는 옛날 맥의 땅이다"고 하였으니 대개 지금 신라의 북쪽 삭주이다. 선덕왕 6년(637)인 당나라 정관 11년에 牛首州로 삼아 군주를 두었는데—일설에 문무왕 13년(673)인 당나라 함형 4년에 首若州를 두었다 한다—경덕왕이 이름을 고쳐서 朔州라 했다. 지금의 春州이다.(朔州 賈耽古今郡國志云 句麗之東南 濊之西 古貊地 蓋今新羅北朔州 善德王六年 唐貞觀十一年 爲牛首州 置軍主 一云 文武王十三年 唐咸亨四年 置首若州 景德王改爲朔州 今春州) 〈三國史記 35卷, 雜志 4〉

삭주라 처음 지칭한 경덕왕의 재위(742~765)를 감안한다면 「효소왕대 죽지랑」조에 나타난 '술종공 삭주 부임'은 있을 수 없는 일로 이는 아무래도 지명에 기록자의 당대 관념이 투영된 것으로 볼 도리밖에 없는 것이다. 유사한 다른 예를 보자.

『삼국유사』에는 신라 헌강왕대를 배경으로 한 처용가가 수록되어 있다. 첫 머리는 '東京明期月良'으로 시작한다. 그러나 동경이란 명칭은

> 慶州 : … 바로 신라의 옛 서울이다. … 시조 박혁거세가 나라를 창건하고 도읍을 세워서 이름을 徐耶伐이라 하였다. 탈해왕 9년 을축에 始林에서 닭의 괴이한 일이 있어서, 이름을 鷄林이라 고치고, 인하여 나라 이름으로 삼았다가, 기림왕 10년 정묘에 다시 이름을 新羅로 하였다. 고려 태조 18년 을미에 경순왕 김부가 고려에 항복하자 낮추어 경주로 하였으며, … <u>成宗 6년(987) 정해에 東京留守로 고쳤다가</u>, 현종 3년 임자에 유수관을 폐하고 慶州防禦使로 낮추었다. 5년 갑인에 安東大都護府로 고쳤다가 21년 경오에 다시 東京留守로 하였다. 〈世宗實錄 150卷, 慶尙道, 慶州府〉[17]

에서 보듯이, 신라시대에는 경주를 지칭하는 말이 아니었다. 즉, 당대에는 '서라벌, 신라' 등만 있었지 이곳을 지칭하는 용어로서 '東京'은 존재하지 않았던 것이다. 하지만, 이 '동경'을 근거로 처용가가 고려 성종(987) 이후에 지어졌다는 말은 할 수 없음을 안다. 아무래도 노랫말 가운데 '東京'만 후대에 기록되는 과정에서 변개된 것으로 보는 것이 타당할 것이다.

이로, 「효소왕대 죽지랑」조에 나타난 관직명과 지명은 설화 발생 시기 추정에 절대적 영향을 줄 수 없음을 알겠다.

『관악어문연구』 30, 서울대학교 국어국문학과, 2005.

---

[17] 慶州 : … 卽新羅故都 … 始祖赫居世開國建都, 國號徐耶伐. 脫解王九年乙丑, 始林有雞怪, 更名鷄林, 因以爲國號, 基臨王十年丁卯, 復號新羅. 高麗 太祖十八年乙未, 敬順王 金傅降于高麗, 國除爲慶州 … 成宗六年丁亥, 改爲東京留守. 顯宗三年壬子, 廢留守官, 降爲慶州防禦使. 五年甲寅, 改安東大都護府. 二十一年庚午, 復爲東京留守. 〈世宗實錄 150卷, 地理志, 慶尙道, 慶州府〉

怨歌의 재해독과 문학적 해석

1. 대상과 연구 현황

〈怨歌〉는 『三國遺事』 권5, 「信忠掛冠」條에 다음과 같은 설화와 함께 실려 전하는 10구체 향가이다.

효성왕(재위 732~742)이 아직 왕위에 오르기 전, 어진 선비 信忠과 대궐 뜰의 잣나무 밑에서 바둑을 두면서, 언젠가 신충에게 말하였다. "뒷날에 내가 만약 그대를 잊는다면 저 잣나무가 징험¹해 줄 것이다." 이에 신충은 일어나서 절을 올렸다. 몇 달 후에 효성왕은 즉위하여 공신들에게 상을 주었지만, 신충을 잊고 등급에 넣지

---

1 '징험'은 원문의 '有如'를 풀이한 것. '有如'는 고대 한문에서 맹세하는 말에 常用된 말이다. (이하는 『漢語大辭典』의 재인용.)
『左傳·僖公二十四年』: 所不與舅氏同心者, 有如白水! [舅氏와 한 마음이 아니라면 저 백수의 신이 징험해 줄 것이다!]. 楊伯峻의 注: 有如亦誓詞中常用語, 文十二年 『傳』 '有如河' … '有如白水'即'有如河', 意謂河神鑒之. ['有如'는 誓詞의 常用語이다. 文公 12년의 傳에는 '有如河'라는 말이 나오는데, '有如白水'는 곧 '有如河'로 河神이 살펴보고 있다는 뜻이다.]
『左傳·襄公二十五年』: 晏子仰天歎曰: '嬰所不唯忠於君, 利社稷者是與, 有如上帝! [晏子가 하늘을 우러러 탄식하며 말하기를 "嬰이 임금에게 충성하고 사직을 이롭게 하지 않는 자와 함께한다면 상제께서 징험해 줄 것이다!"]

않았다. 신충이 원망스러워 노래를 지어 잣나무에 붙이자 나무가 갑자기 누렇게 시들어 버렸다. 왕이 이상히 여겨 사람을 시켜 살펴보게 했더니 노래를 가져다 바쳤다. 왕은 크게 놀라 말했다. "나랏일로 바쁘다 보니 角弓을 잊을 뻔했구나." 이에 신충을 불러 벼슬을 주니 잣나무가 그제야 되살아났다. 그 노래는 이렇다.

"物叱好支栢史 秋察尸不冬爾屋支墮米 汝於多支行齊敎因隱 仰頓隱面矣改衣賜乎隱冬矣也 月羅理影支古理因淵之叱 行尸浪○阿叱沙矣以支如支 皃史沙叱望阿乃 世理都○之叱逸烏隱第也"

이로써 신충은 두 왕조에 벼슬하여 이름을 드날렸다.

〈三國遺事 5卷, 信忠掛冠〉²

설화에서 보이듯 이 작품은 '효성왕과 신충이라는 역사성'과 '잣나무를 시들게 하였다는 주술성'을 동시에 지니고 있기에 그간 학계의 비상한 관심을 끌어왔다. 그 관심도 무척 다양하여, 어학적 접근³·역사적 접근⁴·신화적 접근⁵·문예적 접근⁶ 등 접근 가능한 거의 모든 방면에서 학술적 조명

---

2 孝成王潛邸時 與賢士信忠 圍碁於宮庭栢樹下 嘗謂曰 他日若忘卿 有如栢樹 信忠興拜 隔數月 王卽位 賞功臣 忘忠而不第之 忠怨而作歌 帖於栢樹 樹忽黃悴 王怪使審之 得歌獻之 大驚曰 萬機鞅掌 幾忘乎角弓 乃召之賜爵祿 栢樹乃蘇 歌曰【物叱好支栢史 秋察尸不冬爾屋支墮米 汝於多支行齊敎因隱 仰頓隱面矣改衣賜乎隱冬矣也 月羅理影支古理因淵之叱 行尸浪○阿叱沙矣以支如支 皃史沙叱望阿乃 世理都○之叱逸烏隱第也】由是寵現於兩朝. 〈三國遺事 5卷, 信忠掛冠〉
3 小倉進平(『鄕歌及び吏讀の硏究』, 京城帝國大學, 1929.) 이래 2009년 현재 20여 편의 업적이 보고되어 있다.
4 이기백(「경덕왕과 단속사·원가」, 『신라정치사회사연구』, 일조각, 1974.), 김승찬(「효성왕대의 시대상과 원가」, 『어문연구』 26, 어문연구학회, 1995.), 허왕욱(「향가 원가에 대한 역사적 이해」, 『열상고전연구』 17, 열상고전연구회, 2003.) 등이 대표적이다.
5 허영순(「원가고」, 『부산대학교 국어국문학』 3, 부산대학교, 1961.), 황패강(「신충원수담의 신화적 고찰」, 『한국서사문학연구』, 단국대학교출판부, 1990.), 윤경수(「원가의 궁정백수상징과 민간신앙적 고찰 - 생성동인의 모티프를 중심으로」, 『한국시가연구』 1, 1997.) 등이 대표적이다.
6 박노준(「원가」, 『향가여요연구』, 이우출판사, 1985.), 윤영옥(「원가」, 『향가문학론』, 새문사, 1986.), 이형대(「원가와 정과정의 시적 인식과 정서」, 『한성어문학』 18, 한성대학교 국어국

을 받아왔다. 그리하여 이 작품에 관련한 논문만 이미 50여 편을 상회한다.[7]

그러나 이런 풍부한 업적들에도 불구하고, 이 작품에 대한 문예적 접근의 실상을 살피면 그 상황이 간단치 않음을 보게 된다. 저명한 업적에서 〈怨歌〉는 '秀作의 過半'에 속하지 못하고 있고,[8] 문예적 가치를 해명하는 여러 업적들에서도 동일한 사안이나 시어가 각각 다른 의미—때로는 상반되는 의미—로 풀이되고 있기 때문이다. 일례로 이 작품에서 가장 서정성과 비유가 뛰어난 "月羅理影攴古理因淵之叱 行尸浪○阿叱沙矣以攴如攴"에 나타난 '달(月)·연못(淵)·물결(浪)·모래(沙)'에 대한 다양한 해석을 보자. (이하 인용문의 권점은 필자)

【가】

㉠ 그런 서정어린 '못'에 갑자기 '물결'이 높아지는 사태가 발생하게 된다. … 물결은 무엇을 의미하는 것인가? 外界로부터 가해 온 變數임에 틀림없다. … 그것은 곧 신충에게 이롭지 못한 정치세력의 준동이 될 것이다.[9]

문학과, 1999.), 서철원(『신라향가의 서정주체상과 그 문화사적 전개』, 고려대학교 국어국문학과 박사학위논문, 2006.) 등이 대표적이다.

[7] 논문 편수는 김진욱(「원가 형식에 대한 연구」, 『한국언어문학』 53, 한국언어문학회, 2004.)의 언급을 따른 것이다. 이 수치는 이 작품에 대한 본격적 논의를 펼친 논문에 대한 것으로, '개론서' 등에서 부분적으로 언급된 것은 제외된 것이다. 필자가 살핀 바로도 語釋 20여 편, 문학측 소논문 20여 편(말미의 참고문헌을 참조할 것)이니, 작품론이나 개별 연구서에 실린 업적까지 합하면 50여 편 이상이 될 것으로 추산된다.

[8] 양주동의 유명한 다음 언급에서 〈怨歌〉는 거명되지 않고 있다.
"羅歌 十四數 전부가 個個의 특질로 보아 어느 것이나 뜻깊은 秀作 아님이 아니나, 순연한 문학적 眼目으로 보아, 모르긴 몰라도, 그 約半數는 참으로 뛰어난 驚異로운 작품들이다. 이를테면 年代順으로 ― 저 融天師 〈彗星歌〉의 교묘한 메타포어와 경쾌한 유우머, 〈風謠〉의 「江南多蓮葉曲」을 無色케 할 만한 그 소박·悠遠性, 佚名老人 〈獻花歌〉의 그 修辭的 技法과 語法을 통한 멋진 風流, 月明師 〈祭亡妹歌〉의 漢·晋古詩를 훨씬 능가하는 哀切한 인생관과 그 깊디 깊은 悲傷, 忠談師 〈讚耆婆郞歌〉의 저 劈空撰出의 高邁한 託意와 希臘唱劇의 三部樂을 연상케 하는 그 탁월한 構成, 그리고 저 〈處容歌〉의 그 奇想天外의 「이데」(想)와 독특한 노래法 등등 ― 어느 것이 문학적으로 우수한 「걸작」 아님이 있는가?" 〈양주동, 『증정 고가연구』, 일조각, 1965, 883~884면.〉

⟨박노준, 양주동의 해독⟩

ⓛ 달을 孝成王으로 보았을 때 달의 그림자는 왕의 덕이라 할 수 있다. 그런데 信忠은 달의 그림자가 내린 연못의 가장자리에 위치하고 있으며, 지나가는 물결에 이리저리 휩쓸리는 모래와도 같은 작고 미약한 존재이다. … 문제는 연못의 중심으로 다가갈 수 없도록 만드는 '지나가는 물결'과 같은 방해세력의 존재이다. … 연못의 가장자리에서조차 더 멀어짐으로서 信忠의 걱정은 더 깊어질 수밖에 없다.[10] ⟨박인희, 김완진의 해독⟩

【나】

ⓒ '달'은 왕의 상징이다. '달이 그림자져서 닿았다'는 것은 왕의 은혜가 직접적으로 베풀어진다는 뜻이다. '연못'은 은혜가 직접적으로 베풀어지는 일정한 범위의 장소를 뜻한다. … '물결'은 은혜가 베풀어지는 '연못'에서 그 은혜를 누릴 수 있는 사람들을 뜻한다. 그 '물결' 중의 하나여야 할 시적화자는 '연못'에서 '새어나온' 물결이 되어 버린 것이다.[11] ⟨신재홍, 신재홍의 해독⟩

ⓔ 서정주체는 하늘에 떠 있는 "달"로부터 "그림자", "연못", "물결"에 이르는 자연물 소재들에 자신의 마음을 투영시키고 있는 것으로 보인다. 그리하여 "흐르는 물결이 모래를 이기듯이" 강인한 마음을 지속시키겠다고 결심하고 있다.[12] ⟨서철원, 류렬의 해독⟩

【가】의 해석들에서 '물결(浪)'은 '外界로부터 가해진 신충을 괴롭히는 방

---

9 박노준, 「원가」, 『향가여요연구』, 이우출판사, 1985, 159면.
10 박인희, 「신충괘관과 원가 연구」, 『신라문화』 28, 동국대학교 신라문화연구소, 2006, 20면.
11 신재홍, 『향가의 해석』, 집문당, 2000, 279면.
12 서철원, 『신라 향가의 서정주체상과 그 문화사적 전개』, 고려대학교 박사학위논문, 2006, 105면.

해세력' 정도로 규정된다. '行尸浪'이란 말에서 '흘러 들어온 물결' 정도란 의미를 추출해 내었고, 이를 '물결의 험악함'이란 이미지와 결부시켜 시 해석에 적용한 것이다. 그러나 이런 사나운 물결은 【나】의 해석들에 오면 정반대의 이미지로 바뀌어 이해된다. '은혜를 누릴 수 있는 사람들(寵臣)·자아투영의 대상(강인함)'으로 이해되고 있는 것이다.

시적 화자를 비유하고 있는 시어에 대해서도 위 연구자들은 각기 다른 견해를 보이고 있다. 박인희의 경우, '연못가에서 이리저리 휩쓸리는 모래'를 시적화자로 보았고, 신재홍의 경우 '연못에서 새어나온 물결'을 시적화자로 보았다. 이 시에서 '모래'와 '물결'은 결코 동일한 대상이 될 수 없는 까닭에 두 연구의 상이한 결과가 우리에게 주는 혼란은 크다.

주목하고 있는 시어 역시 각각 다름을 본다. 박인희와 서철원이 '달·연못·물결·모래' 각각의 시어에 대해 의미를 부여하고 있는 반면, 신재홍은 '달·연못·물결'에만 주목하고 있고, 박노준은 '못·물결'만으로 이 구절을 해석하고 있다. 이를 도표화 하면 다음과 같다.

	月(달)	淵(연못)	浪(물결)	沙(모래/?)	화자의 위치
박노준	∅	정치공간(궁궐)	害로운 정치세력	∅[13]	∅
박인희	효성왕	정치공간	害로운 방해세력	신충	연못의 가(邊)
신재홍	효성왕	정치공간	총애받는 신하	∅	연못 밖
서철원	자연물	시적공간	강인함	害로운 세력	∅

위에서 거론한 이런 해석의 차이들은 왜 생겨난 것일까? 연구자들의 문학적 감각과 그 선택적 부각에 의한 결과인가? 그렇지 않다. 그 이유는 의외로 단순하다. 연구자들이 근거한 語釋書들이 달랐기 때문이다. 박노준은 양주동을, 박인희는 김완진을, 신재홍은 신재홍을, 서철원은 류렬을 인용했기에 생겨난 일이다. 박노준의 연구에서 '모래'가 전혀 언급되지 않은

---

[13] '∅'는 '문법 요소'로 보아 실질 의미를 가지지 않은 字로 본 것을 의미한다.

이유는 양주동의 풀이에 '沙'가 '모래'로 풀이되지 않았기 때문이며,[14] 박인희의 연구에서 시적화자의 위치가 '연못 가'로 규정된 것은 김완진이 '淵之叱'을 '연못 가'로 풀이하였기 때문이며, 신재홍의 연구에서 시적화자가 '새어 나온 물결'로 이해된 것은 '淵'을 '물이 고였다가 새어나가는 곳'이라 판단한 것에서 시작된 것이며, 서철원의 연구에서 '물결'이 시적화자가 교훈을 얻는 대상이 되어 버린 것은 북한학자 류렬의 해독을 따랐기 때문에 생긴 결과이다.

본고는 기본적으로 문학이란 다양한 해석의 가능성을 지닌 대상임을 인정한다. 받아들이는 이에 따라 얼마든지 의미화의 방향이 달라질 수 있음을 인정한다. 그러나 다양한 해석의 자유가 創作當代의 표기와 창작자들의 의도를 오해하면서까지 진행되어야 한다고 보지는 않는다. 물론 이렇듯 이견이 속출해 있는 연구 현황은 주로 자료의 한계와 언어의 시대적 거리에서 연원한 것이다. 그러나 일정 부분은 해독의 과정을 투명하게 공개하지 않고 진행된 현재의 어학적 연구 경향에도 원인이 있다고 본다. 따라서 본고는 투명한 해독의 과정을 제시하고, 그 결과를 보여 어학적 풀이를 재정비하려 한다. 이를 통해 문학적 해석의 한 기틀을 제시할 수 있을 것으로 기대한다.

---

14 이 사정은 신재홍도 동일하다. 신재홍 역시 '沙'를 漢字가 아닌 音借字로 본다. 이에 대해서는 해당 條에서 후술한다.

2. 해독의 실제

1) 物叱好支栢史 : ᵈᵘᵏ갓 됴히 자시 ᵉˣᵖ種 좋은 잣이[15]

小: 것 쳐 잣(이)　　　　　: 제거되어 잣이
梁: 믇히 자시　　　　　　: 「뜰의 잣(栢)이
金: 갓 됴히 자시　　　　　: 質좋은 잣이
兪: 빗 고비기 자시　　　　: 빛깔이 사랑스럽게 생긴 잣은
楊: 믈叱 둏기 자시　　　　: 물(이) 좋기(에) 잣나무(가)
申: 갓 됴히 자시　　　　　: 물 좋은 잣이

(1) 物叱 : 갓

'物叱'은 常用形으로 향가에 5회 나타난다.

此兵物叱沙過乎　〈遇賊歌〉, 塵塵虛物叱邀呂白乎隱〈普賢2〉
佛佛周物叱供爲白制〈普賢3〉, 法界居得丘物叱丘物叱〈普賢9〉
此也友物北所音叱彗叱只有叱故〈彗星歌〉[16]

---

[15] 권점을 친 字는 각 어절의 첫 글자, 작은 포인트의 字는 借字를 뜻한다. 讀이라 되어 있는 부분은 文證되는 한도 내에서 古語로 읽은 것이고, 釋이라 되어 있는 것은 현대어로 풀이한 것이다. 아래의 '小·梁·金·楊·申'은 각각 小倉進平(『鄕歌及び吏讀の硏究』, 경성제국대학, 1929; 아세아문화사, 1974.)·양주동(『증정 고가연구』, 일조각, 1965.)·김완진(『향가해독법연구』, 서울대학교출판부, 1980.)·유창균(『향가비해』, 형설출판사, 1994.)·양희철(『삼국유사향가연구』, 태학사, 1997.)·신재홍(『향가의 해석』, 집문당, 2000.)을 말한다.

[16] 〈彗星歌〉의 '物北'은 아마 '物叱'의 잘못일 것이다. 『삼국유사』는 전체적으로 誤字가 많은 편이다. 향가 속 오자의 전체적 상황에 대해서는 박재민(『삼국유사소재 향가의 원전비평과 차자·어휘 변증』, 서울대학교 박사학위논문, 2009.)을 참조할 것.
'北'과 '叱'의 혼동될 개연성이 있음은 다음의 경우로도 방증된다.
無盡辯才北海等(有賀氏印行本)〈小倉進平, 상게서 6쪽에서 재인용〉, 无盡辯才叱海等〈해인사본 균여전〉

향찰에서 '叱'字가 흔히 'ㅅ'음을 표기하기 위해 쓰인다는 점,[17] 향찰 어휘의 특징적 구성법이 '漢字 + 末音借字'[18]란 점으로 미루어 '物叱'은 '物'의 고훈 '갓·것'의 향찰식 표기로 인정된다. 아래에서 보듯이 '物'의 고훈은 '갓·것'이다.

物 갓 믈〈光州千字文〉, 物 것 믈〈石峰千字文〉, 物物 訓갓갓〈五洲衍文長箋散稿, 詩文篇, 論文類, 文字, 語錄辨證說〉 物物白活 갓갓발괄[19]〈儒胥必知〉
無數혼 풍류ᄒ며 갓갓 소리를 내야 닐오ᄃᆡ   〈釋譜詳節 23:20b〉
긔는 거시며 ᄂᆞᆫ 거시며 ᄆᆞᆺ 거시며 무릣 거시며 숨튼 거슬 다 衆生이라 ᄒᆞᄂᆞ니라
〈月印釋譜 01:11a〉

한편, 이 예들로 '갓'의 범위를 좁혀 말한다면 '種'의 의미이다. 後行하는 '好支'와 함께 풀면 '種 좋은'의 뜻으로 이해되는데, '樹種 중 가장 좋은' 정도의 의미이다.

(2) 好支 : 됴히

好支는 '됴히'. '好'는 향찰 표기에서 借字로도 나타나는 字이나, 이 경우는

---

17 주지하다시피 '叱'은 차자 표기에서 'ㅅ'음을 위해 상용된다.
糞 叱同똥, 羊蹄 所乙古叱숄옷, 菖蒲 松衣亇叱根숑의맛불휘〈牛馬羊猪染疫病治療方〉
향가에서도 'ㅅ'말음을 가지는 어휘에 접속되어 나타난다. 한두 예를 보이면 다음과 같다.
際叱〈讚耆婆郎歌〉, 際 ᄌᆞ 제〈新增類合〉, 城叱〈彗星歌〉, 城 잣 셩〈新增類合·光州千字文·訓蒙字會〉
功德修叱如良來如〈風謠〉, 修行은 닷가 行홀ᄊᆡ라〈月印釋譜 02:25a〉
花肹折叱可〈獻花歌〉, 고ᄌᆞᆯ 부러 것거 ᄇᆞ리ᄂᆞ다〈吹折數枝花〉〈杜詩初刊 10:07b〉
18 이러한 구성법은 이미 소창진평 때부터 인지되어 있었다. 다음과 같은 진술에서 그 인식의 일단을 엿볼 수 있다.
"夜音: '夜'는 一字로도 '밤'이지만, '사ᄅᆞᆷ'을 「人音」, 'ᄆᆞᅀᆞᆷ'을 「心音」이라고 쓰듯이 最後의 m을 표기하기 위해 다시 音字를 添加한 것이다."〈小倉進平, 상게서, 155면.〉
19 "갖가지를 하소연한다"는 의미. "俗語로 하소연하는 것을 '白活'이라고 한다."(俗云陳訴曰白活)〈明宗實錄 2卷, 1年(1545년), 9月, 戊辰(9월 8일)〉

한자 본연의 쓰임새로 사용된 것으로 판단된다. 차자로 쓰이는 경우는 주로 용언의 어미로 나타나지만,[20] 여기서는 명사 '갓'에 후행하여 語尾로 볼 여지가 없다. 한자 본연의 쓰임새로 볼 때, 고훈은 '됴-'이다.

好 됴흘 호, 美 됴흘 미　　　　　　　　　　　　　　　　〈新增類合〉
好는 됴흘씨오　　　　　　　　　　　　　　　　　　　〈月印釋譜 17:67b〉
돗글 니서 신로매 茱萸ㅣ 됴ᄒᆞ니(綴席茱萸好)　　　　〈杜詩初刊 11:26b〉

'攴'는 향가에서의 쓰임이 무척 독특하다. 때로는 '히'음을 가진 채 先行語 幹에 접속되어 부사를 만드는 데도 쓰이고,[21] 때로는 뚜렷한 음가 없이 語氣

---

[20] 다음과 같은 곳이 대표적인데, 어미로 온 '于·烏' 등의 字와 대응함을 볼 수 있다.
【好 - 于】
吾焉頓部叱 逐好友伊音叱多 〈普賢8〉
白雲音 逐于浮去隱安攴下 〈讚耆婆郞歌〉 (cf: 우러 조초미 〈法華經諺解 03:97〉)
【好 - 乎】
命乙施好尸歲史中置 〈普賢8〉
雪是毛冬乃乎尸花判也 〈讚耆婆郞歌〉

[21] 이 字는 현재 차자 표기를 연구하는 이들에게 가장 난해한 字로 분류되고 있다. 음가에 대한 추정만 해도 'Ø'(지정문자설, 심재기·이승재, 「『華嚴經』 구결의 표기법과 한글 전사」, 『구결연구』 3, 구결학회, 1998; 정재영, 「『合部金光明經(권3)』 석독구결의 표기법과 한글 전사」, 『구결연구』 3, 구결학회, 1998.), '다'(남풍현, 「『瑜伽師地論』(권20) 석독구결의 표기법과 한글 전사」, 『구결연구』 3, 구결학회, 1998.), '이'(양주동, 상게서, 117면.) 등 다양하다. 본고는 이 字의 음가를 '히~ᅙ~Ø'의 음역으로 잡고 있다. 'Ø~ᅙ'로 잡은 것은 향가에서 語氣만 조성하는 '攴'가 실존하기 때문이며, '히~ᅙ'로 잡는 것은 구결의 예들이 대부분 선초의 '히'에 대응하고 있는 다음 정황에 근거한 것이다.

【能攴 - 能히】
諸ㅣ 法相乙 如훈 悉ᄃ 能ᄎ 通達ソᄒ 一切惡乙 斷ソᄒ　　〈華嚴經 14권, 02:15〉
諸ᄂᆞᆫ 法相乙 如這 悉良 能攴 通達爲旅 一切惡乙 斷爲旅　　(한자 전환은 필자)
聲聞은 오직 名相애 븓들여 能히 通達ᄒᆞ디 몯ᄒᆞᆯ씨　　〈楞嚴經諺解 02:76a〉

【善攴 - 善히】

만 조성하는 경우도 있다. 이곳은 '됴히'로 읽히는 곳에 해당하는데, 독특하

若 得ㅎ未 如來家ㅎ十 生在ソヒアㅅㄱ 則 善ㅎ 巧方便乙 修行ソヒオㅎ　　〈華嚴經 11:06〉
若 得良未 如來家良中 生在爲飛尸入隱 則 善支 巧方便乙 修行爲飛利旀 (한자 전환은 필자)
뎌와 나왓 相이 업스샤민 心地룰 善히 平히 ᄒ야　　〈楞嚴經諺解 05:69b〉

【離支 · 免支 - 여희】
永ㅊ 煩惱乙 離ㅎ口ハ 究竟寂滅ソヒ立　　〈華嚴經 03:11〉
永去 煩惱乙 離支古只 究竟寂滅爲飛立 (한자 전환은 필자)
불곰과 어드움과 虛空을 여희옥 見元을 ᄂᆞ호아 빼혀라　　〈楞嚴經諺解 03:95a〉
其 逼迫乙 免ㅎ匕立ソㅈオㅎ　　〈華嚴經 02:19〉
其 逼迫乙 免支飛入爲奴利旀 (한자 전환은 필자)

【如支 - 다히】
衆ㄱ 相刂 華 如ㅎソㅎ 三十二乙 具ㅇㅌ立　　〈華嚴經 05:12〉
衆隱 相是 華 如支爲良 三十二乙 具乎飛立 (한자 전환은 필자)
俱夷 니르샤디 그딋 말다히 ᄒ오리니　　〈月印釋譜 01:13a〉

【則支 - 즉자히】
學處乙 受ㅎソヒアㅅㄱ 則ㅎ 能ㅎ 諸ㄱ 功德乙　　〈華嚴經 권14, 10:11〉
學處乙 受 齊爲飛尸入隱 則支 能支 諸隱 功德乙 (한자 전환은 필자)
障이 덜면 즉자히 能히 閻浮提內예 時節로 비 오게　　〈月印釋譜 10:86a~b〉

【今支 · 年支 - 대응 용례 없음, 아래 설명 참조】
我ㅎ 今ㅎ 此刂 有ヒㄱ 所ヒ 飮食乙　　〈華嚴經疏 09:15〉
我衣 今支 此是 有叱隱 所叱 飮食乙 (한자 전환은 필자)
菩薩ㄱ 年ㅎ 方ヒ　　〈華嚴經疏 10:14~15〉
菩薩隱 年支 方叱 (한자 전환은 필자)

마지막의 '今支 · 年支'를 제외한 모든 용례가 선초의 음 '히'에 대응하고 있는 것은 '支'의 당대 음가가 '히'였음을 알리는 강력한 표지가 된다. 한편, 정확한 대응 용례가 선초 문헌에서 보이지 않는 '今 · 年'의 경우도 두 자 모두의 말미에 'ㅎ'이 내재되어 있었던 정황이 보이고 있어 본고의 추정을 방증해 주고 있다. 즉, '年'의 훈은 '나ᄒ'이며, '今'의 훈 또한 '엳ㅎ'이었을 것임이 다음의 예들에서 보인다.
羅睺羅ㅣ 나히 ᄒ마 아호빌ᄊᆡ　　〈釋譜詳節 6:3a〉
今 엳 금 〈訓蒙字會〉 今呑藪未去遣省如 〈遇賊歌〉 (cf: '今呑'은 '엳ㅎ + 은')

게도 문장성분상으로는 '관형어'의 역할을 한다. 이곳과 유사한 예를 보이면 다음과 같다.

安攴尙宅都乎隱以多 〈遇賊歌〉
편히 尙宅(편안한 尙宅, 관형형)
窟理叱大肹生以攴所音物生 〈安民歌〉
굼긔의 6취를 살아가攴 所音 衆生 (관형형)

(3) 栢史 : 자싀

栢史는 향찰의 常用形이다. 〈讚耆婆郎歌〉에 1회(栢史叱枝次高攴好) 더 나타나는데, 모두 '栢'의 고훈 '잣·잣'과 관련된 표기이다.[22] '栢'의 고훈[23]은 다음에서 확인된다.

栢 잣 빅 〈石峰千字文〉
樽 알픳 잣니픈 됴히 수를 좃고(樽前栢葉休隨酒) 〈杜詩初刊 11:08b〉

이상, 제1구는 '種 좋은 잣이'로 해독된다. 소창진평의 "제거되어 잣이", 양주동의 "뜰의 잣(栢)이"와 현격한 의미 차이가 있다. 사실 소창진평과 양

---

22 '史'는 향찰에서 2가지 음을 가진다. 末音으로서의 'ㅿ', 主格으로서의 '싀'. 본조의 경우는 주격으로서의 '싀'이며, 〈讚耆婆郎歌〉의 경우는 末音으로서의 'ㅿ'이다. 대부분의 경우는 본가와 같이 주격의 '싀'이다.
【싀】
兒史年數就音墮支行齊 : 즈싀 〈慕竹旨郞歌〉, 臣隱愛賜尸母史也 : 어싀 〈安民歌〉
耆郎矣兒史是史藪邪 : 즁 〈讚耆婆郎歌〉, 兒史沙叱望阿乃 : 즈싀 〈怨歌〉
迷反群无史悟內去齊 : 업시 〈보현〉, 命乙施好尸歲史中置 : 사싀 〈보현〉
兒史毛達只將來呑隱日 : 즈싀·즁 〈遇賊歌〉

23 '栢'의 鮮初 훈은 '잣'으로만 나타나나, 향찰의 표기로 볼 때 아마 '잣'이 더 先代形인 듯하다. '史'는 바로 위 21번 각주에서도 보였듯이 'ㅿ·싀'음과 관련하여 나타나는 借字이기 때문이다.

주동이 '物叱'을 '제거·뜰'의 의미로 본 것은 '物叱'이 수차례 반복되어 나타나는 향찰 표기의 정황을 도외시한 것이었다. '갓(물건)'이란 어휘로는 문맥을 이루지 못한다고 판단하였기에 나온 次善의 방안이었던 것으로 보인다.[24]

2) 秋察尸不冬爾屋支墮米 : [讀]ᄀᆞ술 안돌 이우리 디매 [釋]가을에 아니 시들어 떨어지매

小: ᄀᆞ술 안들 갓가오어 뻐러디메   : 가을이 들기 전에 시들어서
梁: ᄀᆞ술 안돌 이우리 디매   : 가을에 안 이울어지매
金: ᄀᆞ술 안들곰 ᄆᆞᆯ디매   : 가을에 말라 떨어지지 아니하매
兪: ᄀᆞ술 모돌 이오기 디며   : 가을에도 시들어지지 않거니와
楊: ᄀᆞ술 안돌 니옵 디매   : 가을(에) 아니 이울어 지매
申: ᄀᆞ술 안돌 니르기 디민   : 가을에 아니 이르러 널어지매

(1) 秋察尸 : ᄀᆞ술
'秋察'은 향찰의 常用形이다. 本條 외에 다음에서도 보인다.

於內秋察早隱風未   〈祭亡妹歌〉
覺月明斤秋察羅波處也   〈普賢6〉

세 용례 모두 '秋察'의 형태로 되어 있는데,[25] 여기서 '察'은 '秋'의 고훈 'ᄀᆞ

---

24 양주동은 이곳을 '무릇(凡)'으로도 풀었다(상게서, 611~613면 참조). 곧, 두 가지 대안을 모두 제시했던 것인데, 이는 이 구절의 이해가 결코 쉽지 않은 것임을 시사한 것이라 하겠다.
25 본조의 경우 '秋察尸'로 '尸'가 덧붙어 있지만, 이는 향찰 표기에서 흔히 보이는 음운 중첩에 불과한 것이므로 의미상의 차이는 없다. 향찰 표기에서 음이 중첩되어 나타나는 곳을 보이면 다음과 같다.
但非乎隱焉破〇主   〈遇賊歌〉   汝於多支行齊敎因隱   〈怨歌〉

슬'의 말음 '슬'을 표기한 것으로 소창진평이 일찍이 正解한 바 있다. 문헌 용례는 다음과 같다.

秋 ᄀ 슬 츄 〈光州千字文〉, 秋 ᄀ 올 츄　　　　　　　　　　〈新增類合〉
ᄀ 슬 히 霜露ㅣ와 草木이 이울어든 슬픈 ᄆ ᅀᆞ미 나ᄂᆞ니　〈月印釋譜序 01:16a〉
믈 ᄀᆞ 슬 히 草木곳 누르렛도다(淸秋草木黃)　　　　　　　〈杜詩初刊 06:13b〉

(2) 不冬 : 안둘

『삼국유사』 소재 향가에서는 유일하지만 〈普賢十願歌〉나 구결, 이두에 다수의 용례가 있다. 전통적으로 '안둘·안들'로 읽히며 현대어의 否定語 '안·아니'로 풀이된다. 이두·향찰·구결의 예를 들면 다음과 같다.

【이두】

不冬 訓안들　　　　　　　　〈五洲衍文長箋散稿 48卷, 語錄辨證說〉
不 안득 블, 非 안득 비, 靡 안등 미　　　　　　　　　　〈光州千字文〉

九十以上 七歲以下亦 必于 死罪乙 犯爲良置 加刑 不冬 爲乎矣 犯反逆良中 緣坐屬公合 當爲在乙良 不用此律 : 90 이상 7세 이하가 비록 죽을 죄를 범해도 가형 아니 하되, 반역의 범죄에 연좌되어 무리에 속하걸랑 이 법을 쓰지 않는다. (九十以上七歲以下 雖有死罪不加形 犯反逆緣坐應配役者不用此律)　　　〈大明律直解 01:20a〉

【구결】

衆生衣 形相隱 各ᄭᅵ 不冬 同是於 行業亦 音聲亦乎ᄉ 亦刀 量是 無隱乙 : 중생의 형상

君如臣多支民隱如　〈安民歌〉　　二于萬隱吾羅　〈禱千手大悲歌〉
際于萬隱德海肹　　〈普賢2〉　　彼仍反隱 法界　〈普賢6〉
菩提叱菓音烏乙反隱　〈普賢6〉　禮爲白孫隱佛體刀　〈普賢10〉

怨歌의 재해독과 문학적 해석　225

은 각각 아니 같으며, 행업과 음성이라 할 것도 양 없거늘　　〈華嚴經 14卷, 15:01〉[26]

【향찰】

不冬喜好尸置乎理叱過 〈普賢5〉　　佛影不冬應爲賜下呂　〈普賢7〉
他道不冬斜良行齊　　〈普賢8〉　　不冬萎玉內乎留叱等耶 〈普賢9〉

(3) 爾屋攴墮米 : 이우리 디매

이곳은 양주동이 이미 "시들어 떨어지매"로 뛰어난 해독을 한 구절이다. 그럼에도 후속연구들에서 'ᄆᆞᄅ'(김완진), '이오'(유창균), '니르'(신재홍) 등으로 재해독되어 오고 있다. 이 구절에 대한 재해독의 필요성을 언급한 것은 김완진이었다. 양주동의 독법 '이우(爾屋)'를 두고

'爾屋'을 '이울-'로 읽을 수 있는가도 문제이지만, 15세기 초에만 해도 이미 '이울-' 아닌 '이볼-'이라는 어형을 가지고 있었고 보면 '爾屋'이 '이볼-'을 나타냈을 가능성은 더욱 줄어든다.[27]

라고 하여 두 가지 측면의 의문을 제기하였다. 그러나 이는 15세기 문헌에 나타나는 '입다(迷)'란 어휘를 '시들다(萎)'로 잘못 이해하여 제기한 의문이 아닌가 한다. 문증되는 범위에서 '萎'의 기본형이 '입다'인 용례는 없는 것으로 판단된다. '입다'는 모두 '길을 잃다(迷)·미혹하다'의 의미밖에 없다.[28] 오

---

26 원형태는 다음과 같다. "衆生ᄀ 形相ᄀ 各ᅙ 不冬 同ᅵᄉ 行業ᄒ 音聲ᄒ ノᄉ亦ᄁ 量ᄇ 無ᄀᄂ"
27 김완진, 상게서, 139쪽.
28 몇 예를 들면 다음과 같다.
　　구든 城(셩)을 모ᄅ샤 갌 길히 입더시니 不識堅城 則迷于行　　〈龍飛御天歌 19장〉
　　갌 길히 이볼씨 업더디여 사ᄅ쇼셔 ᄒ니　　　　　　　　　　　〈月印千江之曲 161〉
　　이런 이본 길헤 눌 보리라 우러곰 온다　　　　　　　　　　　〈月印釋譜 08:06〉

　단, 〈용비어천가〉에 '枯(=萎)'의 훈으로 나타난 다음 2회의 '이본'은 이와 성격을 달리 하기

히려 15세기의 문헌은 '菱'의 기본형이 '이울다'임을 거듭 확인시켜주고 있
다. 다음이 그 예들이다.

    읏드미 漸漸 이우러 홀 것도 업고 것 드르니라   〈釋譜詳節 23:18a〉
    사룸 브려 더본 져즐 브스니 그 남기 즉자히 이울어늘   〈釋譜詳節 24:41b〉
    梧桐이 이우루믈 아디 몯ᄒ리로다(未覺梧桐枯)   〈杜詩初刊 22:46b〉
    닙 프며 이우루메 비와 이슬왜 기우도다(榮枯雨露偏)   〈杜詩初刊 20:14b〉

그렇다면 양주동의 '爾屋支'에 대한 해독은 어법상·음가상·문맥상 '이우

에 注意를 요한다.

    이본 남기 새 닢 나니이다(時維枯樹 茂焉復盛)   〈龍飛御天歌 84章〉
    이본 나모와 투구 세사리(與彼枯木 兜牟三箭)   〈龍飛御天歌 89章〉

위의 예시로 보면 '입다'가 '枯(=菱)'의 의미를 가지기도 하는 것으로 판단되기 쉽다. 그러나 이 어형은 '이운(기본형 '이울다')'을 착각해 표기한 것으로 '枯·菱'의 고유어 어간이 '입-'임을 증명하는 근거로는 사용되어서는 안 된다. 만약 이것이 착각된 형태가 아니라면 '枯'는 어간이 '입-'(기본형은 '입다')으로 상정되어야 하는데, 이(菱·枯)의 활용형 '이버, 이볼, 이보니' 등의 형태가 문헌에 전혀 보이지 않는다. 즉, 이와 유사한 활용을 하는 '덥다(熱)·어렵다(難)' 등과 같이 '더버·어려버, 더볼·어려볼, 더보니·어려보니' 등의 형태가 나타나야 하는데, 문헌에는 이런 형태가 전혀 없는 것이다. 오히려 이에 상응하는 활용 형태는 각각 '이울어(이우러), 이울, 이우니'로 나타나는데 이로 '菱·枯'의 訓은 그 어간이 '이울-'(기본형은 '이울다')임이 더욱 분명해진다. 이 형태와 유사한 활용 형태인 '기울어(기우러), 기울, 기우니' 등의 어간이 '깁-'이 아니라 '기울-(斜)'인 것과 같은 이치이다. '이울다'의 각 활용형을 확인해 보면 다음과 같다.

    거프리 뻐디며 웃드미 漸漸 이우러 홀 것도 업고 것 드르니라   〈釋譜詳節 23:18a〉
    뎌 남글 이울에 ᄒ면 내 그에 오시리라   〈釋譜詳節 24:41b〉
    프리 이우니 騏驥 | 病ᄒ고 몰앳 나조히 鶺鴒이 칩도다   〈杜詩初刊 08:45a〉

결국 〈용비어천가〉의 '이본'은 당시 '-운·-본'이 교체 통용되던 정황에서 발생한 표기법 혼란의 한 측면일 뿐이다. 즉, '이운'이라고 적혔어야 할 어형이 여타 용언의 활용형 '熱 : 더운 - 더본, 難 : 어려운 - 어려본, 汚 : 더러운 - 더러본 … '의 혼용에 이끌려 '이본'으로 잘못 표기된 것에 불과하다.

러(시들어)'를 만족시키는가? 먼저 어법의 측면에서 볼 때, 이전부터 보아왔던 형태와는 다른 점이 눈에 띈다. 이전의 어절들은 모두 '한자어 본연의 쓰임새 + 借字'의 구성으로 되어 있었음에 반해, 이곳은 '爾'의 뜻과는 무관하게 '이-'로 시작되고 있기 때문이다.[29] 그러나 자주 나타나는 것은 아니지만, 향찰에는 이렇듯 차자의 나열만으로 된 표기들이 존재한다. 그것을 가장 극명히 보여 주는 한 예가 〈安民歌〉의 '阿孩'이다.[30]

君隱父也 臣隱愛賜尸母史也 民焉狂尸恨阿孩古　　　　　　　　〈安民歌〉

일반적 말음첨기의 어법에 맞추려 했다면 이 표기는 앞의 '母史'에서 보이듯 '兒孩·兒害' 정도가 되어야 한다. 그러나 어쩐 일인지 첫 字가 한자의 의미와는 관계없는 순연한 음차자로 되어 있다. 이 구문의 공식성, '君 = 父, 臣 = 母史, 民 = 阿孩'로 볼 때, 이곳의 '阿孩'는 '아히'[31]가 분명하나. 더구나 삼국시대의 비문과 『삼국유사』 등에서도 이 형태가 나타나 이러한 어휘가 실존했음을 의심할 수 없게 된다.

阿孩方言謂兒與華无異 : 아해(阿孩) 우리말로 어린아이를 말하는 것이니 중국말과 다르지 않다.　　　　　　　　　　〈聖住寺郎慧和尙白月葆光塔碑(890년)〉
承相金良圖爲阿孩時 忽口噤體硬 不言不逩　　　　　〈三國遺事 5卷, 神呪, 密本摧邪〉

음가상의 문제는 어떠한가? 이곳을 제외하고 '爾'는 향찰 표기에 2회의 용례가 더 있고, '屋' 역시 수회의 용례가 있다.

---

29 김완진의 독특한 분절 '不冬爾 / 屋攴墮米'은 향찰의 이런 구성이 주는 어색함을 극복하려는 노력이다. 연구에 보다 익숙한 이른바 '訓主音從'의 구성으로 분절했던 것이다.
30 梵語 - 乾達婆 〈彗星歌〉, 多羅 〈風謠〉, 彌陀利 〈祭亡妹歌〉 등 - 를 표기한 어휘도 이와 같은 원리의 어법이다.
31 兒 아히 ᄋ 〈新增類合〉

咽嗚爾處米	〈讚耆婆郞歌〉
月置八切爾數於將來尸波衣	〈彗星歌〉
祈以支白屋尸置內乎多	〈禱千手大悲歌〉
放冬矣用屋尸慈悲也根古	〈禱千手大悲歌〉
毛冬居叱沙哭屋尸以憂音	〈慕竹旨郞歌〉

이 중 '爾'는 향찰 표기만으로는 그 음가를 말하기가 어렵다. 두 용례 모두 난해구에 속하므로 이것만으로는 음가를 확정할 수 없기 때문이다.[32] 그러나 대체적으로 借字는 '音借' 아니면 '訓借'로 대별되고, 비율상으로는 음차자가 훈차자에 비해 압도적으로 많은 편이므로 잠정적으로 '爾'를 음차자 '이'[33]로 읽는 것이 해독으로서는 가장 순편한 것이 된다.

'屋'은 위에서 보이듯이 모두 '屋尸'로 쓰이며 선어말어미 '오'의 위치에 나타나고 있다. 통사적으로 다음의 '乎·烏'와 호환되는 字[34]이다.

行乎尸道尸	〈慕竹旨郞歌〉
雪是毛冬乃乎尸花判也	〈讚耆婆郞歌〉
三花矣岳音見賜烏尸聞古	〈彗星歌〉

이로 볼 때, '爾屋'은 '이우-'의 음상을 충족시킨다.[35]

---

32 이 중, 〈讚耆婆郞歌〉의 '咽嗚爾'의 '爾'는 '우러곰'의 '곰'에 해당하는 것으로 추정된다. 즉, 誤字인데, 이에 대한 자세한 설명은 「三國遺事 所載 鄕歌의 原典批評과 借字·語彙 辨證」(박재민, 앞의 논문, 237~243면.)을 참조할 것.
33 차자 표기 내에서 '爾'는 '니·이' 등의 음을 위해 쓰인다. 아래의 '爾叱今'은 '尼叱今'의 이표기이다.
脫知爾叱今 〈三國遺事 2卷, 紀異, 駕洛國記, 仇衡王〉
34 주지하다시피 '乎'는 차자 표기에서 '호·오·온'음을 위해 쓰이는 차자이다.
乎 온 호 〈光州千字文·석봉천자문〉, 爲乎旀 ᄒ오며, 是乎矣 이오되 〈儒胥必知〉
35 향찰에서는 양성·음성 모음의 호환이 자유롭다. 일례로 '可'가 '가/거' 모두에 쓰이는 다음

마지막으로, 이러한 과정에 의해 도출된 음 '이우-'가 문맥을 만족시키느냐의 문제가 남는다. 본조의 문맥을 보면, '樹種 좋은 잣이 가을에 아니 爾屋支 떨어지매'가 되는데, 이곳에 '시들어'의 의미를 가지는 '이우러'가 들어간다면 가장 적절한 의미를 이루는 것이라 판단된다. 더구나 이와 유사한 구절 '不冬 이우-(菱)'가 〈普賢十願歌〉에서도 보여 當代의 시어로서도 손색 없음을 본다. 다음이 그것이다.

大悲叱水留潤良只 不冬 萎玉內乎留叱等耶 (大悲의 물로 적셔 아니 이우노롯뎌)
〈普賢9〉

한편, '墮米'는 '뻐러지매'의 향찰식 표기이다.[36] '墮'의 고훈은 '뻐러디-'이다.

墮 ᄂᆞ려딜 타 〈新增類合〉
디나오매 프른 버드리 뻐러 디ᄂᆞ니(經過凋碧柳) 〈杜詩初刊 14:21a〉

이상, 제2구는 '가을에 아니 시들어 떨어지매'가 된다. 소창진평의 '가을이 들기 전에 시들어서'와는 정반대의 의미로 해독되었으며 양주동의 해독과 동일한 결론에 도달했다. 양주동의 해독을 지나서 우리는 '이울다' 대신에 '마르다'를 넣어 보기도 했고(김완진), 역시 '이울다' 대신에 '이르다'를 넣

상황을 들 수 있다.
東京明期月良夜入伊遊行如可〈處容歌〉, 東京ᄇᆞᆯ ᄀᆞᄃᆡ 래새도록노니다가〈樂學軌範, 處容歌〉
花肸折叱可獻乎理音如〈獻花歌〉, 바미 두어 가짓 고즐 부러 것거 ᄇᆞ리ᄂᆞ다(夜來吹折數枝花)
〈杜詩初刊 10:07b〉

36 '米'는 향찰에 자주 나타나는 자로 '동명사형 어미 ㅁ + 애'로 분석된다. 주로 節의 말미에 위치하여 후행하는 節의 내용에 대한 '이유'를 표시한다. 다음과 같은 것이 전형적인 '米(매)'의 쓰임이다.
無明土深以埋多 煩惱熱留煎將來出米 善芽毛冬長乙隱 衆生叱田乙潤只沙音也: 無明의 흙에 깊이 묻혀 煩惱의 熱로 볶여져 오매 좋은 싹을 못 기른 중생의 밭을 적심이여!〈普賢6〉

어보기도 했지만(신재홍), 아무래도 '爾屋攴'는 어법상·음운상·문맥상 '이 울다'를 표기한 것으로 보아야 하는 것이다.

우리는 여기서, 이 구절에 대한 異見들이 왜 이렇듯 거듭하여 제기되었던가에 대해 잠시나마 생각해 볼 필요가 있다. 그것은 아마도 향가 해독의 한 경향과 관련되어 있지 않나 한다. 즉, 소창진평과 양주동의 광범위한 고증이 있은 이래, 어쩐 일인지 그 후의 연구서들에서는 문헌적 용례를 대거 생략하는 경향이 엿보인다. 정열모·서재극·김완진·신재홍 등으로 이어지는 업적들은 기발한 착상, 혹은 탄탄한 국어학적 이론으로 뒷받침되어 있었지만, 정작 그 착상과 이론을 입증할 문헌적 근거를 충분히 제시하지 않았던 아쉬움이 있다. 이 구절에서 빚어진 상황만 하더라도 '爾屋-'이라는 어형이 15세기까지 존재하던 '시들다'의 고형 '입다'에 있는 'ㅂ'음을 반영하지 못한다는 잘못된 착안에 의해 촉발되고 확장되었던 것이 아닌가.

3) 汝於多攴行齊敎因隱 : ᄤ녀 다히 녀져 하신 ᄤ"너와 함께 가고져" 하신

小: 너 어듸 녀져이신   : 너는 어디로 가겠는가 하셨던
梁: 너 엇뎨 니저 이신   : '너를 어찌 잊어?' 하신,
金: 너를 하니져 ᄒ시ᄆᆞᆫ   : 너를 重히 여겨 가겠다 하신 것과는 달리
兪: 너 어다기 니져 ᄒ시논   : 너는 어디로 가려고 하느냐고 하신 말씀은
楊: 너-닪 니져 이시-ㄴ   : '너-처럼 가져'라 하시인
申: '너어 다히 녈져'하신,   : '너하고 같이 다니고 싶구나' 하신

(1) 汝於多攴行齊 : 너 다히 녀져

임금의 말이 인용된 문장이므로 첫머리가 汝로 해독되었던 것은 정당한 것이었다. 하지만, 이후 구절의 해독에 대해서는 여러 이견이 제시되어 있는 상황이다. '於多攴'에 대한 연구자들의 상이한 입장 때문이다. 소창진평의 '어디로'는 음가상으로는 近似한 것이었다. 하지만, 왕과 신충의 설화를

비추어 볼 때, '너 어디로 가겠는가?'는 왕이 하는 약속의 말이 될 수 없었기에, 양주동에 의해 다시 유사한 음가의 '엇뎨(어찌)'로 수정되어 "너 어찌 잊어?"로 해독되었다. 양주동의 이 해석이 후행 연구자들의 不安을 산 것은 '行齊'의 해석이었다. 형태상으로는 '녀져(行齊, 가고저)'로 표기되어 있기에 이를 훈차하여 '닛어?(忘, 잊어?)'로는 읽을 수 없다는 것이 주요한 이유가 되었다. 그리하여 김완진에 이르러 '가겠다'는 소창진평의 풀이로 다시 회귀하였고, 이로 다시 선행한 '於多支'의 의미를 조정하게 된다. 유창균의 '어디로 가려고 하느냐', 김완진의 '重히(多支)', 신재홍의 '너와 함께(多支)' 등은 그러한 정황에서 나오게 된 것이다.

이곳의 풀이는 쉽지 않은 一面이 있다. 양주동의 설은 '於多支'의 풀이에 확신을 가졌기에 가능한 것이고, 후행 연구자들의 설은 '行齊'는 결코 다르게 해석되어서는 안된다는 신념에서 나온 것이었다.

본고는 '行齊'을 한자어의 의미를 살려 읽어야 한다는 입장에 서 있다. '行齊'를 '녀져'로 읽고 다시 이 '녀져'가 '잊어'를 의미하는 것이라는 추론이 전혀 불가능한 것은 아니지만,[37] 일반적 표기 체계에 준해 볼 때 매우 희박한 가능성을 가지기 때문이다. 또한, '齊'라는 차자는 '-져'음을 표기하기 위한 것인데 이런 음으로 과연 의문문을 표기할 수 있을까에 대한 의심이 있기 때문이다. 아무래도 '行齊'는 향찰의 일반적 원칙에 따라 '녀져(願望, 가고저)'로 읽는 순편한 것이라고 본다. 다음의 종결어미와 동궤의 표기일 것이다.

心未際叱肹逐內良齊 : 마음의 끝을 좇고져　　　　　　　　　　〈讚耆婆郎歌〉

---

[37] 이 원리가 실현된 것으로 확정할 수 있는 곳은 다음이 유일할 듯하다.
心未筆留 慕呂白乎隱佛體前衣 〈普賢1〉
以心爲筆畫空王 : 마음으로 붓을 삼아 부처(空王)를 그리오며 〈崔行歸, 漢譯詩〉
慕논 그릴씨라 〈楞嚴經諺解 02:54a〉, 畫논 그림 그릴씨라 〈釋譜詳節 24:10b〉

즉, '慕呂'를 이용하여 '그리-'라 읽게 한 후, 실제 의미는 '그리(畫)-'로 이해하게끔 되어 있다.

欲은 ᄒᆞ고져 홀씨라 〈月印釋譜 序 01:3a〉

一切有情과 菩提彼岸애 셜리 가고져 願ᄒᆞ노라 〈月印釋譜 序 01:26b〉

'行齊'가 '가고져'로 확정된다면, 선행한 구절 '汝於多支'은 '너다히'로 읽힐 수 있다.[38] '多支'은 〈安民歌〉에서도 출현하는 어형으로 그 곳에서도 '다히(처럼·같이)'로 풀이된다. 선초 어형과 함께 보이면 다음과 같다.

君如臣多支民隱如 : 군다히 신다히 민다히 〈安民歌〉

如意ᄂᆞᆫ ᄠᅳᆮ다히 홀 씨니 〈月印釋譜 04:40b〉

이 法으로 願ᄒᆞ야 願다히 ᄃᆞ외에 ᄒᆞᄂᆞ니 〈月印釋譜 04:10a〉

(4) 敎因隱 : ᄒᆞ신

'敎'는 字訓 중 '使·命'의 뜻을 취한 借字[39]로, 향찰과 이두에서 '이시·ᄒᆞ시'로 읽는다. '이'는 사역의 '이'이며, '시'는 사역의 주체가 일반적으로 객체보다 존귀한 존재이기 때문에 붙은 존칭의 '시'이다. 관습화되어 연결 형태 '이시'로 굳어진 것으로 보인다. 해석은 使役文일 때는 '-ᄒᆞ게 ᄒᆞ시-', 能動文일 때는 'ᄒᆞ시-'로 한다. 이두에 다수의 용례가 있으며 향찰에는 본조를 포함하여 2회의 용례가 있다.[40]

大抵吏吐 臣告君賤告貴 則皆加白字 又用敎是等語 是字爲字 隨勢改換爲好 : 대저 이두는 신하가 임금에게 고하거나 아랫사람이 윗사람에게 고할 경우 모두 '白'자를 더

---

[38] '於'는 차자 표기로나 향찰 표기로나 모두 주로 '어'음을 위한 차자이다.
漆姑 漆矣於耳·漆矣母 〈鄕藥救急方〉, 母 어미 모 〈新增類合〉, 旀時調 : 엇시조
二肹隱吾下於叱古 〈處容歌〉
이로 서재극의 '於'는 '너(汝)'의 말음첨기란 지적은 경청할 필요가 있다.
[39] 敎 ᄀᆞᄅᆞ칠 교 又平聲使之爲也 〈訓蒙字會〉 命은 시기논 마리라 〈月印釋譜 序 01:11b〉
[40] 〈獻花歌〉의 "執音乎手母牛放敎遣"에서 보인다. "잡은 손에서 암소를 놓이시고(존칭사역)"로 풀이되어 이두의 용법과 일치함을 알 수 있다.

하거나 또는 '敎是' 등의 말을 쓴다. '是'자와 '爲'자는 문맥에 따라 적절히 사용하는
것이 좋다.   〈儒胥必知〉

敎是이시, 敎矣이ᄉ디, 敎事이산일, 敎是事이션일, 敎是白去乙이시ᅀᆞ거늘, 敎是白
在果 이시ᅀᆞ견과, 敎是在如中이시견다히, 敎是臥乎在亦이시누온견이여

〈儒胥必知〉

敎是 訓이시, 敎事 訓이샨일   〈五洲衍文長箋散稿, 語錄辨證說〉

여기서는 'ᄒᆞ시'로 읽히는데 말미에 '因隱'이 접속되어 'ᄒᆞ신'으로 읽힌다.[41] 이상, 제3구는 '"너(와) 같이 가고져" (말씀) 하신'으로 해독된다. 소창진평의 "너는 어디로 가겠는가?"란 해독은 설화적 문맥과 종결어미 '-齊'를 반영하지 못한 것이었고, 양주동의 "너를 어찌 잊어?"는 '行齊'를 '잊어?'로 보아야 한다는 부담을 가진 해독이었다. 김완진의 '多'를 한자어('重'의 의미)로 본 독법을 지나 양희철과 신재홍에 이르러서야 본고는 근접한 해독을 만났다. 그러나 본고의 해독은 양희철의 '너처럼'과는 다르며, 신재홍의 '같이 다니고 싶구나'란 의미와도 다르다. 본고의 해독은 문맥상 '너와 함께 삶의 길을 가고자 (한다)'란 의미이다.

그런데 여기서 우리는 흥미로운 사실 하나를 발견하게 된다. 그간 문학 쪽 연구에서 〈怨歌〉와 고려가요 〈鄭瓜亭〉의 관련성을 연속적으로 제기해 왔던 점이다. 이 두 작품은 '寵臣 → 離別 → 再會'라는 모티프를 가지고 있기에 윤영옥·이형대 등 여러 연구자들로부터 그 공통점을 지적받은 바 있다. 그러나 아쉽게도 노랫말 서로 간의 내밀한 관련에 대해서는 조명받지 못했

---

41 '因'은 독특하게 〈怨歌〉에서만 2회 나타난다. 나머지 한 예는 본가 제5구의 "月羅理影支古理因淵之叱"에서 보인다. 字의 음가 '인'과 후행하는 '淵'이 명사란 점을 감안할 때, 관형형 어미 '隱'의 代用으로 믿어진다. 〈普賢十願歌〉에서 자주 등장하는 '隱'의 대용 '仁'과 같은 용법의 字이다.

法界滿賜仁佛體〈普賢1〉,   懺爲如乎仁惡寸業置〈普賢10〉
吾衣身不喩仁人音有叱下呂〈普賢5〉,   向乎仁所留善陵道也〈普賢11〉

다. 비교의 주안점이 마련되지 못한 탓이었다. 그런데 우연한 일일까? 본고가 해독한 '너와 함께 삶의 길을 가고자 (한다)'와 동일한 내용의 노랫말이 〈정과정〉에서 보이지 않는가?

넉시라도 님은 훈듸 녀쳐라 벼기더시니 뉘러시니잇가　　　　〈鄭瓜亭〉
넉시라도 님을 훈듸 녀닛景 너기다니 벼기더시니 뉘러시니잇가　〈滿殿春〉
니믈 훈듸 녀가져 願을 비숩노이다　　　　　　　　　　　　〈動動〉

우리는 이 두 구절의 공통점에 보다 깊은 의미를 두어야 할 필요가 있다. 충신연주지사의 유일한 향가 작품 〈怨歌〉와 역시 고려가요의 유일한 충신연주지사인 〈정과정〉에 동일한 의미를 지니는 구절이 있다는 점은 이 노래들이 일정한 문학사적 맥락 아래에서 '노랫말의 혼효'까지도 이루며 직접적으로 맞닿아 있다는 증거가 되어주기 때문이다. 즉, 이 두 충신연주지사가 '潛流'를 통해 전승된 것이 아니라 (노랫말의 일부분이긴 하나마) 직접적 口碑를 통해 전승되어 왔음을 감지케 하는 한 단서가 되어 주는 것이다.

4) 仰頓隱面矣改衣賜乎隱冬矣也 : ^讀우러러 조아린 나치 가시시온 겨슬이여 ^釋우러러 절한 얼굴이 변하신 겨울에야!

小: 울워조을은 눗애 고티샤온 들로　　　: 받아들이신 얼굴을 고치실까 하여
梁: 울월던 ᄂ치 겨샤온듸　　　　　　　: 우럴던 낮이 계시온데,
金: 울월던 ᄂ치 가시시온 겨스레여.　　 : ∅ 낯이 변해버리신 겨울에여.
兪: 울월이든 낯이 가시시온 듸라.　　　: 우러러 뵈온 얼굴이 벌써 변하신 것이
　　　　　　　　　　　　　　　　　　　　로구려.
楊: 울얼돈 눛의 가시-시온 둙의야　　　: 울월던 낯의 고치이시온 겨울에야
申: 울월든 나치 가시시온 듸야　　　　 : 우러르던 얼굴이 변하신 데에야

(1) 仰頓隱 : 울월어 조아린

이 구절의 해독은 양주동이 '우럴던'이라 풀이한 이후, 특이하게도 아무도 이의를 제기하지 않았다. 어절의 첫머리에 나타나는 '仰'이 한자어 본연의 쓰임새,[42] 이에 후접한 '隱'은 향찰의 다른 용례에서와 마찬가지로 'ㄴ'일 것임은 큰 의문이 없는 것이지만, 가운데 있는 '頓'까지 모두가 과거 회상의 '던'으로 본 것은 온당한 것이 아니다. 우선, 遺事 소재 향가에서 이 작품에서만 유일하게 나타나는 '頓'은 그 음이 '돈'이지 '던'이 아니며,[43] 선행하는 어휘 '仰'이 우러러 보는 것이고 頓은 머리를 조아리는 것[44]이기에 둘은 의미가 연결되어 있다고 볼 여지가 있다.

아마 이것을 단순 음차로 본 것은 그 동작상황이 잘 연상되지 않았기에 생긴 것이 아닐까? 더구나 후행하는 (효성왕의) 面이 있기에 그것을 바라본다는 의미만으로 생각한 것이 아닐까? 그러나, 존귀한 대상을 향해 우러러 보곤 다시 머리를 조아리는 것은 퍽 자연스런 행위이다. 다음의 예에서도 그러한 동작이 나타난다.

울워러 절ᄒ며 讚歎ᄒ며　　　　　　　　　　　〈月印釋譜 21:60b〉
像 알피 至極ᄒᆫ ᄆᆞᅀᆞᄆᆞ로 울워러 절ᄒ야　　　〈月印釋譜 21:87a〉
地藏菩薩ᄋᆞᆯ 울워러 절ᄒᆞᆯ 다ᄉᆞ로 福 어두미 이러ᄒ니라　〈月印釋譜 21:88a〉
形像을 울워러 절ᄒ야 一七日 中에 菩薩ㅅ 일후믈 念ᄒ야　〈月印釋譜 21:96b〉
世尊ᄭᅴ 울워러 저ᅀᆞᆸ고 地藏菩薩ᄋᆞᆯ 도라보ᅀᆞᄫᅳ며　〈月印釋譜 21:115a~b〉

이상의 예들은 이곳의 '仰頓'이 동시 동작임을 강하게 시사한다. 존귀한 대상인 임금께 할 수 있는 의례적인 동작이라면 위의 어휘는 '우러러 보고

---

42 고훈은 '울월다'이다.
　　仰ᄋᆞᆫ 즐거우믈 울월씨라〈楞解 06:06a〉, 仰은 울월씨라〈月印釋譜 序 01:16b〉
43 頓 조ᅀᆞᆯ 돈〈光州千字文〉
44 尊者의 가아 ᄯᅡ해 업데여 머리 조ᅀᅡ 禮數ᄒ고 ᅀᅮ러 合掌ᄒ야 ᄉᆞᆲ보디〈月印釋譜 04:26a〉

머리를 조아리는'의 뜻으로 이해되어야 한다. 이상 '仰頓隱'은 '우러르고 조 아린·우러러 절한'.[45]

(2) 面矣 : ᄂ치

面은 한자어. 향찰에서 本條가 유일하다. 고훈은 'ᄂ찿'.

面曰 榛翅, 面美曰 榛翅 朝勳, 面醜曰 榛翅 沒 朝勳 〈鷄林類事〉
面 ᄂ찿 면 〈新增類合〉
ᄂ츨 울워러 새 보믈 貪ᄒ다가(仰面貪看鳥) 〈杜詩初刊 10:05a〉
녯 늘그니 ᄂ츨 울워러 우ᄂ니(故老仰面啼) 〈杜詩重刊 12:41a〉

한편, 여기서의 속격 '이(矣)'[46]는 문맥상 주격의 기능을 한다. 현대어에도 있는 '나의 살던 故鄕'과 같은 구성이 된다.[47]

---

45 '仰頓隱'을 '우러르고 조아린'으로 보기에 그 표기에 생략이 많다는 점이 지적될 수 있다. 하지만 향찰 표기는 많은 곳에서 隨意的 생략을 행하고 있다. 몇 예를 들면 다음과 같다.

【조사의 생략】
慕人∅有如 : 그리워하는 사람(ㅣ) 있다 〈願往生歌〉
【말음첨기의 생략】
吾道修∅良待是古如 : '叱'의 생략 〈祭亡妹歌〉, cf) 功德修叱如良 〈風謠〉
【관형형 어미의 생략】
白∅雲音 : 희∅(ㄴ) 구름 〈讚耆婆郞歌〉, 露∅曉邪隱月 : 나다나∅(ㄴ) 훤한 달 〈讚耆婆郞歌〉
慕∅人有如 : 그리∅ 사람 있다 〈願往生歌〉

46 '矣'는 '이'음을 표기하기 위한 차자이다. 몇 예를 들면 다음과 같다.
鷄冠 鷄矣碧叱(닭의 볏), 狼牙草 狼矣牙(이리의 엄), 鹿角 少蔘矣角 (사슴의 뿔), 浮萍 魚矣食 (고기의 밥), 牛溺 牛矣小便 (소의 소변) 〈이상, 향약구급방〉

47 〈彗星歌〉의 다음 句들도 이와 같은 구성이다.
乾達婆矣遊烏隱城叱肹良望良古 (건달바의 논 성을랑 바라보고) 〈해석 필자〉
三花矣岳音見賜烏尸聞古 (三花의 岳 보심을 듣고) 〈해석 필자〉

(3) 改衣賜乎隱 : 가시시온

改는 한자어. 향찰 유일의 용례이다. 고훈은 '가시-' 衣는 '의'로 '가시(改)'의 말음첨기.⁴⁸

改 가실 기, 更 가실 깅 〈光州千字文〉
印은 一定ㅎ야 가시디 몯ㅎᄂᆞᆫ 쁘디라 〈月印釋譜 13:58b〉
나조히 뫼히 가시여 프르도다(晚來山更碧) 〈杜詩初刊 07:24b〉

'賜乎隱'은 주체존대의 '시(賜)' + 의도의 '오(乎)' + 관형형 'ㄴ(隱)'의 결합. 향찰에서 가장 정형화된 문법의 하나이다.⁴⁹

(4) 冬矣也 : 겨슬이여

'冬'은 크게 세 방향에서 의미가 모색되었다. 연결어미로 본 '딕'(양주동), 의존명사로 본 '딕'(다음, 신재홍), 한자 본연의 의미로 본 '겨울'이 그것이다. 선행하는 어구가 '賜乎隱'이기에 어느 쪽이든 문법적으로는 설명이 가능하다. 양주동의 경우는 '하온대', 신재홍의 경우는 '변하신 다음에야', 한자 본연의 의미로 파악한 첫 연구자인 지헌영의 경우에는 '변해버린 겨울에야'로 해석된다. 이러한 해석들에 대한 판단은 문맥적 기준 외에 다른 기준을 찾기가 어렵다. 본고는 이 중, '겨울'이 가장 적합한 것이라 본다. 선행하는 '잣나무(栢)', '가을(秋察)' 등이 공통적으로 수렴할 수 있는 어휘로 부족함이 없

---

48 '衣' 역시 '의'음을 위한 차자이다.
　　大麥　包衣·包麥·包衣末 〈鄕藥救急方〉, 麥子　보리 〈方言類釋〉
　　菖蒲　消衣ヶ·松衣ヶ 〈鄕藥救急方〉, 菖蒲松衣ヶ叱根숑의맛불휘 〈牛馬羊猪染疫病治療方〉
49 다음에서 유사용례를 볼 수 있다.
　　持以支如賜烏隱 心未際叱 : 지니더시온 마음의 끝　　　　〈讚耆婆郎歌〉
　　阿冬音乃叱好支賜烏隱 皃史 : 乃叱好支시온 모습이　　　〈慕竹旨郎歌〉
　　巴寶白乎隱 花 : 보보ᄉᆞ온 꽃　　　　　　　　　　　　　〈兜率歌〉

기 때문이다. '冬'의 고훈은 '겨슬'⁵⁰이다. 한편, '也'는 감탄종결어미.⁵¹

　　이상 제4구를 해독하면 "우러러 절한 얼굴이 변해버린 겨울이여!"가 된다. 양주동의 "우러러 보던 낯이 계신데"와 정반대의 의미로 풀이된 셈이다. 양주동의 풀이는 '改衣'를 '(그대로) 계신'으로 읽은 결과이고, 본고의 결론은 '가싀'로 읽은 선행 연구를 수용한 결과이다. '改衣-'는 형태상 '가싀-'가 분명하기에 이곳은 그만큼 해독의 진전을 본 곳이 되었다. 또한, 양주동이 '딕'로 풀이하고 말았던 '冬'을 한자어 본연의 쓰임새 '겨울'로 본 지헌영의 설 또한 해독의 진전 중 하나이다. 이 字에 뚜렷한 의미가 부여됨으로써 제4구는 선행한 '잣나무·가을' 등의 시어가 안착할 지점을 마련하여 시적 안정성을 획득하게 되었고, 동시에 '겨울'이라는 '차가운 이미지'에 투영되어 있는 시적 화자의 가슴 서늘한 절망을 느낄 수 있게 되었다.

5) 月羅理影支古理因淵之叱 : ᵈᵘᵏ달羅理 비치는 녀린 못잇 ᵏᵉᵏ달羅理 말갛게 비치는 오래된 연못의

小: 둘의 그름자 고인 못을　　　　: 달의 그림자가 비친 못에
梁: 둜그림제 녯 모샛　　　　　　: 달 그림자가 옛 못(淵)의
金: ᄃ라리 그르메 ᄂ린 못ᄀ　　　: 달이 그림자 내린 연못 갓
兪: ᄃ라리 그르머기 고린 못잇　　: 달빛의 그림자가 괸 못에는
楊: 둘라리 비칩 古理ㄴ 못읫　　　: 달님이 비춰어 여리인(蓋, 軟) 못에의
申: ᄃ라리 그르기 고린 못잇　　　: 달이 그림자져서 닿은 연못에

---

50 冬 겨스 동 〈光州千字文〉, 모미 겨스렌 덥고 녀르멘 츠고 〈月印釋譜 01:26b〉
51 감탄종결어미적 기능은 다음의 예들에서 볼 수 있다.
　　彗星也白反也人是有叱多 : 혜성이여!　　　　　　　　　　　　　〈願往生歌〉
　　君隱父也 臣隱愛賜尸母史也 : 아비여! … 어미여!　　　　　　　〈安民歌〉
　　南无佛也白孫舌 : 나무불이여!　　　　　　　　　　　　　　　　〈普賢2〉

(1) 月羅理 : 둘羅理

月은 한자 본연의 의미로 쓰인 正用字. '月羅理'의 형태는 〈讚耆婆郎歌〉에도 나타난다.

露曉邪隱月羅理　　　　　　　　　　　　　　　　〈讚耆婆郎歌〉

이 두 구절의 음은 'ᄃᆞ라리'일 것으로 짐작되나 '羅理'에 대한 해독이 용이하지 않다. 이를 '月'의 推定古訓 'ᄃᆞ라리'로 읽는 견해가 있고 이를 수용하는 것이 연구의 한 흐름이 되어 있으나, 이는 결과적으로 '羅理'가 가진 의미를 消去하는 것이기에 신중한 접근이 필요하다. '月'의 고훈은 삼국시대에서 멀지 않은 시기에 기록된 『鷄林類事』에서

天曰漢㮺 日曰姮 月曰契 黑隘切　　　　　　　　　〈鷄林類事〉

라 하여 당대의 음을 '姮'[52]로 간명히 보여 주고 있고 향가의 여타 조목에서도

東京明期月良 〈處容歌〉, 月下伊底亦 〈願往生歌〉

로 나타나 3음절일 가능성이 거의 없다. 곧, '羅理'는 자체로 어떤 명사일 가능성이 높은 字形이다. 본고에서는 이 어형이 2회나 '月'에 접속되어 나타나 '달'과 친연성을 가지고 있다는 점, 〈怨歌〉와 〈讚耆婆郎歌〉에서 공통적으로 '훤히 밝힘(曉, 찬기파랑가)'이거나 '은은히 비춤(影, 원가)'의 의미를 형성하고 있다는 점에 착안하여 잠정적으로 '달빛' 정도로 풀이한다.

---

52 '漢㮺'은 '漢捺'의 잘못, '日曰姮'은 '日曰契 黑隘切'의 잘못, '月曰契 黑隘切'는 '月曰姮'의 잘못이다. 자형이 비슷했기에 '㮺(내)·捺(날)', '姮(항)·姮(달)'이 잘못 전사되었고, 외국말에 문외했기에 해와 달에 대한 음이 바뀌어 달린 것이다.

(2) 影支古理因 : 비치는 녀린

影은 正用字. 고훈은 '그르메'.[53] 그러나 여기에서는 형태상[54]·문맥상 動詞로 사용되었다. 그르메는 '말갛고 반투명하게 비치는 幻影'을 말하기도 한다.

숨 안해 右脇으로 드르시니 밧긧 그르메 瑠璃 굳더시니　　〈月印釋譜 02:17a〉
내 너 爲ᄒᆞ야 이 堀애 안자 一千五百 히를 이쇼리라 ᄒᆞ시고 그 堀애 드러 안ᄌᆞ샤 十八 變ᄒᆞ야 뵈시고 모미 솟ᄃᆞ라 돌해 드르시니 믈ᄀᆞ 거우루 ᄀᆞᄐᆞ야 소개 겨신 그르메 ᄉᆞᄆᆞᆺ 뵈더니 머리 이션 보ᄉᆞᆸ고 가까비완 몯 보ᄉᆞᄫᆞ리러라
　　〈月印釋譜 07:55a~b〉

따라서 '(말갛게) 비치-' 정도로 풀이된다. 古理因은 '녀린'. 古의 선초 훈은 '녜'이나 더 이전의 음은 '녀리'였다.[55] 여기는 용언의 어간으로 쓰여 '녀린', 곧, '오랜'으로 풀이된다.[56]

(3) 淵之叱 : 淵옛

'淵'은 正用字. 향찰 유일 용례이다. 고훈은 '믓·못·소'.

淵 믓 연, 止水而深曰 - 〈訓蒙字會〉, 淵 못 연 〈光州千字文〉, 淵 소 연 〈新增類合〉

현대어의 쓰임새나, 〈訓蒙字會〉의 뜻풀이 - 흐르지 않는 물로서 깊은 곳

---

53 影 그르메 영 〈新增類合〉, 影은 그르메라 〈釋譜詳節 19:37a〉
54 '支'字가 체언에 접속되는 경우는 거의 없다. 대부분 용언의 어간에 접속된다.
55 舊理東尸汀叱(혜성가)의 '舊理'와 같은 표기지만, 이곳은 용언인 점이 다르다.
56 명사 '녀리'가 용언 '녀리다'로 혹은 용언 '녀리다'가 명사 '녀리'로 파생될 수 있는 것인가에 대한 해명이 필요하다. 본고는 이러한 품사의 파생이 드물지만 있었을 것으로 본다. 현대어에도 보이는 '신 - 신다', '품 - 품다', '누리 - 누리다' 등이 그 가능성을 보이는 예가 아닌가 한다.

(止水而深) - 로 보나 이 字의 의미는 자체로 명확하다. 우리가 흔히 쓰는 '연못'인 것이다. 그러나 이 字는 의외로 논쟁처가 되어 있다. 후행하는 '行尸浪'으로 보건대, 결코 '단순히 고여 있는 물'을 지칭할 수 없다는 의구 때문이었다. 이로 서재극은 "물이 고였다가 흐르는 깊은 곳(권점은 필자)"이라 하였고, 신재홍 역시 이를 수용하여 후행 "行尸浪阿叱沙矣以攴如攴"를 "오고 가는 물결에서 새어나가듯이"로 읽는 근거로 삼았다. 그러나 '淵'字를 그런 뜻으로 풀이하는 것은 잘못된 것이다. 전술한 '止水而深曰淵'〈訓蒙字會〉에서도 보이듯이, '淵'字 속에서 '흐르는 물'의 이미지는 상상할 수 없기 때문이다. 사실 이러한 해석은 바로 연결되어 나타나는 '行尸浪'를 '흐르는 물결'로 잘못 이해한 데서 비롯된 것인데, 이에 대하여는 후술한다.

'之叱'은 '之'의 字訓 '~의'에 속격의 '叱(ㅅ)'이 결합한 형태로 '엣·앳·옛'음이 필요한 곳에 나타난다. 향찰에서 '之'는 반드시 '叱'을 수반한 채 등장한다. 이는 향찰에서 '之叱'이 하나의 문법 형태로 정립되어 있었음을 말하는 것이다. 향찰의 용례는 다음의 4회이다.

月羅理影支古理因淵之叱	: 연못앳	〈怨歌〉
世理都之叱逸烏隱第也	: 모두앳	〈怨歌〉
法界惡之叱佛會阿希	: 법계옛	〈普賢6〉
唯只伊吾音之叱恨隱㴰陵隱	: 未詳	〈遇賊歌〉

그러나 향찰 자체로 음가를 알 수는 없었기 때문에 그간의 연구에서 양주동의 설 '아·의'를 좇지 않고 '이' 혹은 '之'의 훈 '가다'에 착안한 '가(邊)' 등으로 읽은 해독들이 나타났다. 이러한 독법에 의해 '淵之叱'은 '연못 가(邊)'[57] 등으로도 해독되었다.

그러나 고려시대의 석독구결을 통해 볼 때 양주동의 설은 정확한 것이다. 구결에서 '之'는 향찰과 같이 반드시 '之叱'의 형태로만 나타나며, 더구

---

57 김완진의 해독이다.

나 항상 '一切'라는 어휘에만 독점적으로 접속되어 있어, 음가 추정의 실마리를 제공해 주고 있다. 용례는 다음과 같다.

相待假法乙 一切之叱 名良 〈舊譯仁王經 14:08〉
一切之叱 礙尸 無飛立 〈華嚴經 03:16〉

이는 내용상·형태상 선초 문헌의 다음 구절들에 비견되는 것인데

一切옛 시르미 다 업스며 〈月印釋譜 02:42a~b〉
金剛摩尼花ㅣ 一切예 フ둑기 질이ᄂᆞ니 〈月印釋譜 08:36b〉

이것으로 '之叱'이 '옛'의 音域을 표상하는 字임을 알게 된다.[58] 이 음을 다시 향찰에 대입해 보면 각각 '연못앳(淵之叱), 세상 모두엣(世理都之叱), 法界옛(法界惡之叱)'으로 읽히게 되어 선초의 다음 '處格 + 屬格'에 정확히 부합하게 된다.

恒河沙ᄂᆞᆫ 恒河앳 몰애니 〈月印釋譜 07:72b〉
金闕옛 새뱃 부픈 萬人의 집門을 열오 玉墀옛 儀仗ᄋᆞᆫ 千官을 ᄢᅵ렛도다(金闕曉鍾開萬戶 玉階仙仗擁千官) 〈杜詩初刊 06:05b〉
昆明 모샛 므른 漢時節ㅅ 功이니(昆明池水漢時功) 〈杜詩初刊 06:10a〉

이상, 제5행은 "달빛 말갛게 비치는 오래된 연못에"가 된다. 소창진평의 "달의 그림자가 비친 못에"나, 양주동의 "달 그림자가 옛 못의"에 비해 의미가 구체화 되었을 뿐, 기본적 흐름으로 볼 때는 크게 달라진 점이 없다. 공

---

58 이 字에 대해서는 남풍현(「향가와 『구역인왕경』 구결의 '之叱'」, 『국어사를 위한 구결연구』, 태학사, 1999)이 상세히 다룬 바 있다.

히 '고요한 달밤, 말갛게 달빛이 연못에 비치는 정황'으로 이해하고 있다. 그것은 이 행에 제시된 시어들 중 몇이 명확한 한자어로 분별되기에 생긴 현상이다. 다른 字는 수식언들일 뿐, 시행의 중심 의미는 '月·影·古·淵'이 이끌어나가고 있다.

그러나 초기의 해석은 후행 연구에 의해 조금씩 혹은 크게 변개되기도 했다. 그 중, 문학연구자들에게 가장 적극적으로 인용된 부분이 하나 있다. 바로 '淵之叱'을 '연못 가'로 풀이한 것이다. 김완진의 연구를 인용한 대부분의 문학연구자들은 이 부분을 적극적으로 활용했다. 설화의 문맥에서 보이는 '정치적으로 소외된 신충의 모습'은 노랫말의 어딘가에 나타나 있을 것이란 기대가 있었고, 마침 '연못 가'는 '연못의 중앙'이 아니기에 '소외의 이미지'에 일치했기 때문이었다. 그러나 이 부분의 해독과 해석은 크게 잘못된 것이다. 향찰 표기의 일반적 규칙으로 살필 때, '之叱'이 'ᄀᆞᆺ'59을 나타낼 가능성은 전혀 없다고 해도 과언이 아니기 때문이다. 이미 '처격과 속격'의 결합형으로 常形化되어 있는 '之叱'이란 점, 차자 표기에서 '之'를 '가'로 읽지 않는다는 점, 매우 특별한 경우로 '之'를 훈독하여 '가'로 읽는다고 하더라도 이는 '갓'이지 'ᄀᆞᆺ'은 아니란 점 등 이 해독은 당대 표기의 軌에서 크게 벗어난다.

이러한 부분에 어석의 민감성이 있지 않나 한다. 시작은 사소한 '之' 한 자의 독법 문제였지만, 결과는 많은 문학 연구자들에게 '시적화자의 소외'를 보여 주는 '중요한 구절'이 되어 버리고, 나아가서 그 반대편 - 즉 연못 중앙 - 은 임금의 총애를 받는 그런 장소로 오해되게끔 하지 않았는가?

6) 行尸浪ㅇ阿叱沙矣以攴如攴: ^讀뮐 믌결잇 몰익이다 ^釋(나는) 일렁이는 물결 아래의 모래로다

　　小: 널난 ᄭᆞᆷㅅ모래예 머믈어　　　　　: 가서 / 구석 모래에 머물고

---

59 邊 ᄀᆞᆺ 변 〈新增類合〉

梁: 녈 믌결 애와티듯   : 가는 물결 원망하듯이
金: 녈 믌겨랏 몰애로다   : 지나가는 물결에 대한 모래로다.
兪: 닐 믈결앗 몰기 머믈기다기 : 흐르는 물결에 모래가 머물음과
                                같이
楊: 닐 믈결앗 몰그-以攴(입 被/입 蒙)답 : 갈 물결엣 모래애 입(被, 蒙)듯이
申: 녈 믌겨랏 싀이기 다히   : 오고가는 물결에서 새어나감 같이

(1) 行尸浪○阿叱 : 뮐 믌결잇

'行尸浪'은 양주동 이래, 모든 연구에서 '녈 믌결-(흘러가는 물결)'로 이해되어 왔다.[60] 그것은 아마 '行'의 고훈 중, '녀다'[61]가 가장 일반적으로 소개되어 있었기 때문일 것이다. 그러나 이는 선행하는 공간 '淵'을 감안할 때, 적절한 訓이 될 수 없다. '淵'의 물은 흐르지 않는 것이기 때문이다. 그 점으로 인해 전술한 서재극과 신재홍의 代案이 생겨났던 것이다. 그러나 '淵'의 의미를 '물이 흘러나가는 곳'으로 보는 그 대안 역시 충분한 것이 되지 못한다. '淵'의 본질은 전술했듯이 아무래도 '고여 있음'이기 때문이다. 그렇다면 '行'의 또 다른 훈을 생각할 여지는 없는가? 다음의 문헌 용례는 이에 대한 적절한 답변을 주고 있다.

行은 뮐씨라   〈月印釋譜 2:21a〉
ᄇᆞᄅᆞ믈 因ᄒᆞ야 믌겨리 뮈듯 ᄒᆞ야   〈月印釋譜 11:56a〉
므를 걷나샤도 므리 뮈디 아니ᄒᆞ고 바리 젓디 아니ᄒᆞᄂᆞ니라 〈月印釋譜 1:28a〉

---

60 소창진평이 '널난'으로 읽었던 것을 양주동이 '녈 믌결'로 수정한 이래, 약간의 音變은 있었지만, 모든 연구에서 사실상 이를 따랐다. 양희철(1997)에 소개된 20種의 해독 중, 주요한 업적들을 재인용하면 다음과 같다.

지헌영	정렬모	이탁	홍기문	김준영	김선기	서재극	강길운	유열
녈 믌결	녈 물앗	닐 뭇결	녈 믌결	녈 믌결	녈 믈걀	녈 귨결	녈 믌결	닐 물

61 行은 녈씨오 〈月印釋譜 02:67a〉

感은 므슴 뮈울씨라　　　　　　　　　　〈月印釋譜 서1:14a〉

위의 '뮈다'는 '움직이다'를 기본 뜻으로 하는 古語인데, 마음 속의 잔잔한 파장이나, 물결의 움직임을 묘사하는 데도 쓰이고 있음을 보여 준다. 이 어휘는 다시 생각해 보면, 이 시의 배경도 퍽 잘 이해시켜 주는 매력을 가지고 있다. 달 그림자가 말갛게 오래된 연못(淵)을 비추고 그 연못 위로는 물결이 잔잔히 일렁이는 그런 정황을 실감나게 해 주는 것이다. 이로 이 곳의 '行尸浪'은 '밀 믌결 - 잔잔히 일렁이는 물결'의 뜻으로 풀이된다.[62]

'浪阿叱'은 '믌결잇'의 향찰식 표기이다. '浪'의 훈은 '믌결',[63] '阿叱'은 處格의 조사[64]이다.

(3) 沙矣以攴如攴 : 몰애이다

沙는 正用字. 고훈은 '몰애'.[65] 矣는 말음첨기 '애'. 다음과 같은 구성 원리이다.

大麥 包衣·包麥·包衣末〈鄕藥救急方〉, 麥子 보리〈方言類釋〉
俗爲端午爲車衣〈三國遺事 권2, 紀異, 文虎王法敏〉
端午 俗名 戌衣 戌衣者 東語 車也〈東國歲時記〉
五月五日애 아으 수릿날 아촘 藥은〈동동,『樂學軌範』〉

---

62 '行尸浪'의 '尸'는 연구 초기부터 'ㄹ'음을 위한 借字로 잘 알려져 있다.『삼국유사』에서도 다음과 같이 흥미로운 예로 나타난다.
　皆方言也 岬俗云 古尸 故或云 古尸寺 猶言岬寺也.〈三國遺事 4卷, 義解, 圓光西學〉
　岬: 골짜기, 洞 골 동 谷 골 곡〈新增類合〉
63 浪 믓결 랑〈訓蒙字會〉, 浪 믈결 랑〈新增類合〉, 浪은 믌겨리라〈月印釋譜 11:70b〉
64 다음에서 보이는 '阿叱'과 동일한 기능이다.
　法性叱宅阿叱寶 :법성의 집엣 보배〈普賢10〉
65 沙는 몰애오〈月印釋譜 10:117b〉, 恒河沙는 恒河앳 몰애니 부톄 주조 이 믌 ᄀᆞ새 와 說法ᄒᆞ실ᄊᆡ〈月印釋譜 07:72b〉

車 술위 거 〈訓蒙字會〉 車 술위 챠 〈千字文(光州)〉, 車는 술위라 〈月印釋譜 02: 28a〉

'以攴如攴'은 '이다'. 이 구절은 모두 借字만으로 연결되어 있다. 그만큼 해독의 곤란함도 많아서, 양주동의 '(애와)티돗', 김완진의 '(몰애)로다', 신재홍은 '(싀)이기 다히' 등의 여러 대안들이 제시되었다. 전 구절을 어떻게 끊어 읽느냐에 따라 전혀 다른 해독이 진행된 셈이다. 그러나 양주동의 이해는 지나치게 음상과 먼 느낌을 주고, 김완진의 이해는 '以'를 '로'에 대입시켰다는 점에서 재고의 여지를 가진다. 이두에서는 이러한 독법이 일반화되어 있는 것이지만, 遺事 소재 향가의 표기에서는 그것이 적용되지 않는다는 점을 외면한 것이었기 때문이다.

이 구절은 단지 서술격의 '-이다(以如)'로 보아야 한다.[66] 각 자의 뒤에 나타난 '攴'은 문법 요소라기보다는 어감 조성에만 관여를 하는 듯한 경우가 많기에 해독에 반영해서는 오히려 오독으로 이어질 가능성이 있기 때문이다. 그리고 이러한 독법은 시의 문맥에도 잘 부합한다. 시의 흐름상 5·6행 "(나의 처지는) 달그림자 말갛게 비치는 오랜 연못에 일렁이는 물결의 모래이다"는 뒤이어 올 7·8행 '(임금의) 모습이야 바라보지만 세상 모두에센 잊혀진 존재니까'(意譯임)를 준비하는 곳이 되고 있기 때문이다.

이상, 제6구는 '(나는) 일렁이는 물결 아래의 모래로다'로 해석된다. 소창진평의 "가서 구석 모래에 머물고"나 양주동의 "가는 물결 원망하듯이"와는 큰 차이가 있다. 이 구의 해독에서 가장 의미를 두어야 할 곳 중의 하나는 '行尸浪'의 '行'이다. '行'을 '흘러가다'로 풀이한 기존의 해석은 '흘러가다'가 가지는 '이동의 동적 이미지'로 인해 해독과 해석상의 여러 문제를 야기했다. '淵'이란 공간 속의 물이 가진 '정적인 이미지'와 배치되기에 '淵'자체의 의미를 새로 규정하기도 했고, '흘러간다'는 이미지의 연상작용으로 인해

---

[66] '如攴'을 '다이'로 읽을 수는 없다. 앞에 계사가 '以'가 이미 왔기 때문이다.

'외부에서 흘러들어와 가해진 시적화자를 害하는 세력'으로, 혹은 자꾸 신충을 '연못 가'로 몰아내는 세력으로 해석하기도 했다. 그러나 본고에서 제시하고 있듯이 '淵' 속의 물이 '行'한다는 것은 '연못 속의 물결이 일렁인다'란 의미일 뿐, '흐른다'란 의미는 아닌 것이다. 이차적 해석의 여지는 많겠지만, 일차적으로 '달빛 비치는 연못의 일렁이는 수면'에서 출발해야 하는 것이다. 그 편이 '물결'이 지니는 상징성(예를 들어 정치적 動搖, 임금의 萬機[67])을 적절히 설명할 수 있는 바탕이 된다.

이 구의 해독에서 의미를 두어야 할 또 다른 곳은 '沙矣'에 대한 것이다. 김완진에서 되살려졌던 '모래'는 신재홍에 이르면 또다시 해석의 수면 밑으로 숨어든다. 그것을 한자가 아닌 '싀'('새나가다'의 어두)의 '借字'로 본 것이다. 그러나 '沙矣'는 표기적 형태가 '보리(包衣)·술위(車衣·戌衣)' 등과 정확히 일치한다. 유의미한 한자를 앞세우고 뒤에 차자를 添記하고 있는 것이다. 이는 '沙矣'가 '몰애'를 위한 표기임을 강력히 시사한다.

이 해독을 통해 제6구의 의미는 보다 자세한 의미 분석이 가능하게 된다. 등장하는 모든 사물이 연못을 중심으로 시적 의미를 형성하기 때문이다. 또, 우리는 "달빛이 말갛게 내리 비치는 오래된 연못, 일렁이는 물결 속의 모래이다."란 풀이에서 '(모래)이다'란 서술 형태에 주목할 필요가 있다. '-이다'라는 서술격 조사의 등장으로 말미암아 '모래'가 단순히 달밤의 풍경을 이루는 한 소재가 아님을 알 수 있기 때문이다. 주지하다시피 이 서술어는 은유의 기법에 등장하는 것이 아닌가. 그렇다면 무엇이 '모래'일까? 하늘에 있는 '밝은 달(月)'을 임금이라 한다면, 연못의 바닥에 침잠해 있는 '모래(沙矣)'는 응당 '버림받은 신충'이어야 하지 않겠는가? 그리고 말간(影) 달빛의 세계와 오래(古理)된 연못 속을 경계 짓는 수면은 이 두 존재를 가로막는 현실적 장애막이 아니겠는가? 그 장애막이 '물결 친다(行尸浪)'는 것은 그래서 더욱 의미가 분명한 말이 된다. 물결은 '정치적 動搖·임금의 萬機' 바로 그

---

67 '萬機(정치상의 온갖 중요한 기틀, 임금의 여러 정무)'는 本歌의 배경 설화에 나타난다.

것이다.

7) 兒史沙叱望阿乃: ^讀즈싀삿 ᄇ라나 ^釋모습이야 바라보나

小: 짓을사 바라나:	: 모습을 바라보나
梁: 즛사 ᄇ라나	: 얼굴사 바라보나
金: 즈싀삿 ᄇ라나	: 모습이야 바라보지만
兪: 즈시삿 ᄇ라나	: 님의 모습이야 멀리서 바라보기는 하나
楊: 즈시삿 ᄇ라나	: 즛이야 바라아나
申: 즈시삿 ᄇ라나	: 모습이야 바라보나

(1) 兒史沙叱 : 즈싀삿

兒史는 常用形으로 향찰에 다수 나타난다.[68] '兒'의 고훈 '즛'의 주제형 '즈싀'[69]를 표기한 것이다. '沙'는 차자 표기에서 '사·ᄉᆞ'음을 표하는 音借字로[70] 여기에서는 강세사 'ᄉᆞ'를 위해 쓰였다. 현대어 '-야'에 해당하는 말로, 향찰과 선초 문헌에 보이는 다음 형태에 대응하는 표기가 된다.

入良沙寢矣見昆   〈處容歌〉
大王ㅅ 말ᄊᆞ미ᄉᆞ 올커신마ᄅᆞᆫ 내 ᄠᅳ데 몯 마재이다   〈月印釋譜 08:97a〉
處容 아비옷 보시면 熱病神이ᅀᅡ 膾ㅅ가시로다   〈處容歌, 樂學軌範〉

---

[68] 3회의 용례가 더 있다.
兒史年數就音墮支行齊 〈慕竹旨郎歌〉, 兒史毛達只將來吞隱日 〈遇賊歌〉, 耆郎矣兒史是史藪邪 〈讚耆婆郎歌〉

[69] 다음에서 보인다.
貌 즛 모 〈光州千字文〉, 그 즈싀 一萬 가지라 〈月印釋譜 21:24a〉

[70] 다음에서 확인된다.
藜蘆朴沙伊박새 〈牛馬羊猪染疫病治療方〉, 麥門冬 冬乙沙伊·冬沙伊(겨우사리) 〈鄕藥救急方〉
爲沙ᄒᆞᆺ, 是沙이ᄉ, 乙沙을ᄉ 〈儒胥必知〉

(2) 望阿乃 : ᄇ라나

望의 고훈은 'ᄇ라-'.[71] 현대어로는 '바라보다'. 阿는 '아'.[72] 乃는 '나'.[73] 여기서는 역접의 연결어미로 쓰였다.

이상 제7구는 "모습이야 바라보나"로 해독된다. 연구 초기의 소창진평만 "모습을 바라보나"라고 해독했을 뿐, 그 이후의 해독은 모두 양주동의 "모습이야 바라보나"를 따랐다. 곧, 양주동에 이르러 해독이 완료된 구절이다. 그러나 해독의 완료와는 별도로 이 구절은 문학적 해석의 어려움을 가지고 있다. 아래와 같은 고민이 그것이다.

7구 첫머리의 '모습'이 누구의 모습인가에 따라 기존 논의에서도 해석의 방향이 엇갈리고 있다. 이미 변해버린 얼굴을 지닌 왕인가, 아니면 모래처럼 한갓 미소한 자신인가. 그러나 양자 어느 쪽도 일관성을 상실한 존재이며 상처받은 영혼들이라는 점에서는 동일하다.[74]

위 인용이 바탕한 어학적 해독은 "달이 그림자 내린 연못 갓 / 지나가는 물결에 대한 모래로다 / 모습이야 바라보지만 / 세상 모든 것 여희여 버린 처지여"[75]인데 이 해독만으로 확실히 '모습'이 칭하는 바가 뚜렷이 잡히지

---

71 ᄆᆞᆯ ᄇᆞ랄 망 〈新增類合〉, 늘근 ᄆᆞ리 ᄆᆞᆺ매 구루믈 ᄇᆞ라며(老馬終望雲) 〈杜詩初刊 06:51b〉
72 향찰과 여타 차자 표기에서 공히 '아'음을 위해 쓰이는 音借字이다.
    阿道基羅 一作我道 又阿頭 〈三國遺事 권3, 興法, 阿道基羅〉
    民焉狂尸恨阿孩古 : 아히 〈安民歌〉
73 향찰과 여타 차자 표기에서 주로 '나'음을 위해 쓰이는 音借字이다.
    蔞蘆子 豆衣乃耳, 豆音矣薺 〈鄕藥救急方〉 薺 나ᄉᆡ 졔 〈訓蒙字會〉
    柴胡 靑玉葵 猪矣水乃立 山叱水乃立 〈鄕藥救急方〉, 芹 미나리 근 〈新增類合〉
    是乃이나, 爲去乃ᄒᆞ거나, 爲白乃이ᄉᆞᆲ거나, 是白乎乃이ᄉᆞᆲ오나 〈儒胥必知〉
74 이형대, 「원가와 정과정의 시적 인식과 정서」, 『한성어문학』 18, 한성대학교 국어국문학과, 1999, 109~110면.
75 김완진(상게서, 143~144면)의 해독이다.

않는다. 더구나 위 인용논문은 시적화자가 위치한 곳을 '연못 가'로 전제하고 있기에,[76] 화자가 '바라보는(望阿乃)는 모습(皃史)'이 수면 아래의 '모래'인지 수면 위의 '달'인지를 정확히 짚어낼 수가 없다. 그렇기에 구분을 미룬 채, '어느 쪽도 상처받은 영혼들'이라는 타협적 말로 그 의문에 自答한다.

그러나 그 自答은 성립할 수 없는 것이다. 수면 아래로 침잠해 있는 신충은 '상처받은 영혼'이라 부를 수 있겠지만, 수면 위 광명의 세계에 있는 왕에게 그런 평가는 어울리지 않기 때문이다. 이런 성립할 수 없는 自答은 신충을 모래와 분리해서 인식하기 때문에 생긴 필연적 귀결이다. 하지만 신충과 모래는 은유의 관계이기에 둘로 분리될 수 있는 것이 아니다.

바라봄의 주체는 '모래'이다. 그리고 객체는 임금을 표상하고 있는 하늘의 '달'이다. 이 구절은 수면 아래에 침잠해 있는 모래가 일렁이는 물결을 통해 흐릿하게 바라보는 '달'을 표현한 곳이다.

8) 世理都之叱逸烏隱第也 : ^讀누리 모두옛 잃온 第여 ^釋세상 모두에 잊혀진 等第여!

小: 누리도 지즐온 째요 　　　　　: 세상도 / 학대하는 時運이요
梁: 누리도 아쳐론 뎨여 　　　　　: 누리도 싫은지고!
金: 누리 모돈갓 여히온딘여 　　　: 세상 모든 것 여희여 버린 處地여
兪: 누리도 이저기잇 브리온데라.　: 세상도 이제는 나를 버렸는가 보다
楊: 누리도 밧읫 잃온뎌야 　　　　: 세상도 밖엣 잃었구나
申: 누리 아모잇 숨온 데야 　　　　: 세상 아무데에 숨은 적에야

---

[76] "화자의 현재적 위치를 작품 내에서 추론해 본다면 '달이 그림자 내린 연못 가' 정도일 것이다." 〈이형대, 앞의 논문, 107면.〉

(1) 世理都之叱 : 누리 모두옛

'世理'가 '누리'의 향찰식 표기임은 소창진평 이래 正解되어 있지만,[77] 이어지는 '都之叱'에 대한 해독은 연구자들 간 異見이 심하다. 소창진평·양주동·유창균·양희철은 '世理都'로 연결하여 '세상도'의 의미로 이해하였고, 김준영·김완진·신재홍은 '都'를 어절의 첫머리로 분절하여 한자 본연의 의미로 이해하였다. 즉, '都'의 훈을 살려 '모두·아무(데)'로 풀었다.

'之叱'에 대한 해독은 보다 복잡하게 전개되어 있다. 양주동의 '앗-',[78] 김완진의 '갓',[79] 양희철의 '밧잇',[80] 신재홍의 '잇' 등 여러 설들이 제기되었다. 이 중, 가장 일관성 있는 독법은 신재홍의 '잇'이다. 위 '淵之叱'에서도 보았듯이 '之叱'은 향찰에 4회 나타나며 모두 '처소격 + 속격'의 결합 형태인 '잇·옛'으로 읽히는 일관성을 띠는 常用形이기 때문이다.

그렇다면 '世理都之叱'은 어떻게 해독되어야 하는가? 먼저 '都'의 분절부터 결정해야 한다. 그럴 때, 이 구절은 필연적으로 '世理 / 都之叱'로 분절된다. 만약 '世理都 / 之叱'로 분절될 경우, 뒷부분의 '之叱'은 어절의 첫머리로서 불완전하기 때문이다. 앞에서도 보았듯이 '之叱'은 조사 '잇'으로 어절의 첫 부분을 감당할 수 있는 자질이 아니기에 반드시 선행하는 어휘체를 앞세워야 한다.

이상의 분절을 바탕으로 '世理 都之叱'을 해독하면 '세상 모두다잇'[81]이 된

---

77 '世理'는 '世呂 (世呂中止以支白乎等耶 〈普賢7〉, 皆往焉世呂修將來賜留隱 〈普賢8〉)'로도 표기되는데, 모두 '世'의 고훈 '누리'의 향찰식 표기이다.
누릿 가온딕 나곤 몸하 〈動動〉, 世 누리 셰 〈訓蒙字會〉
78 '싫어하다'의 고훈 '아쳐(惡 아쳐 오, 신증유합)'의 첫 음절로 파악한 결과이다.
79 '之叱'을 '가(之, 가다) + ㅅ(叱)로 읽은 것이다. 향찰의 일반적 독법과 큰 거리가 있다.
80 원문의 공백에 임의로 '外'를 補入한 결과물이다. 향찰의 공백은 때로는 缺落字를 의미하지만, 이 경우는 해당하지 않기에 무리한 해독이다.
81 본고에서 분절한 '都之叱'은 흥미롭게도 구결에서 나타나는 상용형 '一切之叱'과 외형상 일치한다. '都'와 '一切'는 '모두'로 같은 의미이기 때문이다. 이런 일치 또한 본고의 분절을 지지하는 한 근거가 된다. 단, 구결의 '一切之叱'의 속성은 좀 더 천착해야 할 부분이 있어 본고에서는 상론을 미룬다.

다. '都'는 '모두다'의 의미이다.

都 모들 도 〈光州千字文〉
都는 다 ᄒᆞ논 ᄠᅳ디오 〈月印釋譜 序 01:1b〉

(2) 逸烏隱 : 잃은, 버려진, 잊혀진
逸은 正用字.『삼국유사』소재 향가에 2회 더 나타난다.

兒史毛達只將來吞隱日遠鳥逸□□過出知遣 〈遇賊歌〉
逸烏川理叱磧惡希 〈讚耆婆郞歌〉

〈遇賊歌〉의 경우 逸失된 부분이 있어 해독에 참조가 어렵고, 다만 〈讚耆婆郞歌〉와 관련하여 약간의 단서만 추가할 수 있다. 〈讚耆婆郞歌〉의 경우 여러 해독안들이 제시되었지만, 문맥상 '(기랑의 모습이) 잊혀진 냇가의 자갈밭'으로 이해될 수 있지 않을까 한다. 같은 형태(逸烏‧逸烏隱)⁸²이기에 역시 같은 의미를 대입한다. 문맥적 의미는 '잊혀진(忘)'.⁸³

(3) 第也: (功臣의) 等第여!
이 구절의 '第'는 대부분의 주요 업적에서 音借字로 가정되어 '종결어미'의 일부로 이해되어 있다. 문장의 끝에 나타났다는 점, 음상이 여타의 종결어미 '丁·齊' 등과 비슷하다는 점에 이끌려서였을 것이다. 혹, 종결어미로 보지 않은 경우라 하더라도 '째요(時運이요, 소창진평)', '딕여(處地여, 김완진)',

---

82 여기서의 '烏'는 어간에 접속되어 있는 점으로 보아 '乎'와 같은 것이라 하겠는데, '乎'는 차자 표기에서 '오·온'의 두 음으로 공히 쓰인다. 따라서 '烏'와 '烏隱'의 동일기능을 하는 형태들이라 할 수 있다.
83 '逸'의 훈은 '잃다·숨다·버리다·사라지다' 등인데 '잊혀지다' 역시 이 의미 범주에서 멀지 않기에 문맥에 맞추어 '잊혀지다'로 풀이한다.

'뎨야(뎍에야, 신재홍)' 등으로 읽어 음차자가 주는 음상에서 크게 벗어나지 않고 있다.

그러나 아무래도 이 자는 한자 본연의 쓰임새로 사용된 正用字인 듯하다. '第'는 향찰 전체를 통틀어 볼 때, 유독 이곳에서만 나타나고 있는데 이는 이 字가 향찰의 借字가 아닌 한자 본연의 쓰임새일 것임을 시사한다. 만약 차자라면, 이와 유사한 음을 가진 '丁·齊·制' 등의 예에서 보듯이 복수의 곳에서 나타났어야 한다.

또, 선행하는 구문으로 볼 때 이 字의 품사는 명사류가 된다. 선행구는 '逸烏隱'으로 되어 있는데 '烏隱'은 향찰 상용구의 하나로서 '語幹 + 온'으로 구성되어 항상 명사 앞에 선행하는 특성을 가지고 있다.[84]

그렇다면 名詞로서의 '第'는 어떤 의미를 가지는 字일까? 이를 밝히기 위해서는 먼저 노래의 흐름을 살필 필요가 있을 듯하다. 위에서도 말했지만, 신충은 5·6연에서 자신의 치지를 말하기 위해 비유를 구사하고 있다. 날빛 말갛게 비치는 오랜 연못, 그 연못에서 일렁이는 물결 그리고 그 물결 아래의 모래. 그 모래는 바로 신충을 은유하고 있는 존재가 된다. 다시, 7·8구에서 그는 계속 말을 잇는다. (임금의) 모습이야 (이 아래에서) 바라보지만, 세상 모두에겐 잊혀진 '第'로다.

신충의 입장에서 보았을 때, 세상으로부터 무엇이 잊혀졌다고 느껴졌을까? 자기 자신 혹은 자기 자신의 '功勳·功勳에 대한 報償'이 아닐까? 이럴 때 우리는 배경 설화의 다음 구절을 다시금 想起하게 된다.

王卽位 賞功臣 忘忠而不第之　　　　　　　　　〈三國遺事 5卷, 信忠掛冠〉

---

[84] 遺事 소재 향가에 나타나는 몇 예를 보이면 다음과 같다.
　　乾達婆矣 遊烏隱 城叱 (건달바의 논 성)　　〈彗星歌〉
　　去奴隱 處毛冬乎丁 (가논 곳 모르오져)　　〈祭亡妹歌〉
　　慕呂白乎隱 佛體 (그리줍온 부처)　　　　〈普賢1〉

위의 내용 "왕이 즉위하여 공신들에게 상을 내릴 때, 신충을 잊고서는 그를 '第(功臣의 차례에 넣어 報償함)'하지 않았다."는 원가의 마지막 句가 나타내고 있는 내용 그대로를 담고 있지 않은가? 즉, 제8구의 "逸烏隱 第也"와 배경 설화의 "忘忠而不第之"에 공통으로 나타난 '第'는 '功臣의 功勳에 대한 평가와 報償'을 의미하는 다음의 '等第'와 정확히 일치하는 말인 것이다.

考功의 等第에 거슬저 디여 ᄒᆞ올로 京尹의 堂애 가 下直호롸(忤下考功第 獨辭京尹堂)　　　　　　　　　　　　　　　　　〈杜詩重刊 02:40b〉

이상 제8구는 "세상 모두에 잊혀진 (나의) 等第여!"로 해독된다.

3. 결론

본고는 〈怨歌〉의 어학적 연구 성과를 정리하고 투명한 문증을 통하여 기존의 해독을 보강하려는 데 일차적 목표가 있었고, 나아가 그간의 잘못된 해독에서 기인한 문학적 해석을 재고하는 데 이차적 목표가 있었다. 재해독의 결과를 원문과 함께 보이면 다음과 같다.

物叱好支栢史	種 좋은 잣이
秋察尸不冬爾屋支墮米	가을에 아니 시들어 떨어지매
汝於多支行齊教因隱	"너와 함께 가고저" 하신
仰頓隱面矣改衣賜乎隱冬矣也	우러러 절하던 얼굴이 변하신 겨울에야!
月羅理影支古理因淵之叱	달빛 말갛게 비치는 오래된 연못에
行尸浪阿叱沙矣以支如支	일렁이는 물결 아래의 모래이다
皃史沙叱望阿乃	(달의) 모습이야 바라보나
世理都之叱逸烏隱第也	세상 모두에 잊혀진 等第여!

기존의 해독과 달라진 부분을 句별로 제시하면 다음과 같다.

1句. '物叱'은 반드시 '갓'으로만 읽어야 하며, 그 의미 또한 고유어 '갓'이 지닌 의미의 범주에서 찾아야 한다. 그럴 때, 가장 근접한 의미는 '種'이다.

2句. 그간 '爾屋攴'에 대한 새로운 제안들이 나온 바 있으나, 이는 양주동의 '이우러(시들어)'에서 이미 올바로 해독된 곳임을 확인하였다.

3句. 이곳은 "汝於 / 多攴 / 行齊 / 敎因隱"로 분절된다. '多攴'은 '같이'란 의미를 띠는 곳으로 '함께'로 풀이된다.

4句. '仰頓隱'의 '頓(돈)'은 차자 '던'이 아닌, 漢字 본연의 쓰임새로서의 '頓'이다. '조아린' 즉, '절한'의 뜻이다. 말미의 '冬'을 借字로 본 견해도 많으나, 문맥상 한자 그대로의 의미 '겨울'로 판단된다.

5句. '影攴'는 명사가 아닌 용언으로 '말갛게 비치-'의 의미, '古理因'는 명사 '옛날'이 아닌 용언 '오래되다'의 의미, '之叱'은 해독의 일각에서 보고 있는 '가(邊)'의 의미가 아니라 단순히 처격의 '잇'으로 풀이된다.

6句. '行尸浪'은 통설 '흘러가는 물결'이 아니라, '일렁이는 물결'이다. '行'의 또 다른 훈에서 취하였다. '沙矣'는 借字가 아닌 한자 본연의 쓰임새로 쓰인 字로 '모래'로 풀이되었다. '以攴如攴'는 서술격 조사 '-이다'의 차자 표기이다.

7句. 양주동에서 이미 해독이 완료된 곳이다.

8句. '都之叱'는 '모두옛', '逸烏隱'은 '잊혀진', '第'는 '等第(功에 대한 報償)'의 의미이다.

이러한 해독을 통하여 각각의 시어들에 대해 다음과 같은 문학적 의미를 부여할 수 있었다.

3句. '너와 함께 가고저'는 그간 꾸준히 제기되었던 〈怨歌〉와 〈정과정〉의 모티프적 관련성을 적극적으로 지지할 수 있는 詩의 내적 근거가 된다. 그간 이 두 작품은 향가와 고려가요를 대표하는 '忠臣戀主之詞'로서 문학적 의의를 부여받고 있었는데, 이 해독을 통하여 그 관련성을 보다 구체적으로

비교할 수 있는 근거를 마련할 수 있었다. 나아가, 향가와 고려가요의 정서적 상관성 규명, 두 작품의 직접적 접촉 가능성을 모색할 단서를 마련하였다.

4句. 말미의 '겨울'은 선행하는 시어들 '잣나무(栢)', '가을(秋察尸)' 등과 잘 어울리는 시어이다. 常綠의 존재이기에 凋落의 계절인 가을에도 시들지 않고 있던 '잣나무', 그러나 그와는 달리 변심한 듯이 보이는 임금의 얼굴. 그 차가워진 얼굴과 분위기를 비유하는 시어로서의 '겨울'이 이 시에서 기여하는 바는 크다. 냉정한 현실의 기운을 실감나게 해 주기 때문이다. 그러나 무엇보다 눈여겨 볼 것은 당시에 느꼈을 '怨'이 직접으로 표출되지 않고 비유적 시어로 節制되어 표현되고 있다는 점이다. 이런 비유를 통한 절제는 이 작품의 후반부에 가면 더욱 두드러지는데, 유사한 모티프에서 창작된 〈정과정〉의 첫 구절 "내 님을 그리워하여 울고 있으니"에 비해 훨씬 절제된 표현을 하고 있는 셈이다.

5句·6句. 향가에 이 두 句만큼 뛰어난 문학성을 지닌 곳이 있을까. 〈祭亡妹歌〉의 樹葉 비유와 〈讚耆婆郎歌〉의 水邊 묘사를 섞어 둔 듯하다. 하늘에서는 달빛이 말갛게 내리 비치고, 오래된 연못의 수면은 물결로 일렁거린다. 일렁거리는 물속에 침잠해 있는 모래. 이 구절은 시선의 하강을 통해 말갛고 투명한 달빛이 존재하는 세상, 다소 어둡고 침침한 느낌을 주는 오래된 연못과 그 속의 모래를 그리며, 동시에 그 둘 사이에 가로 놓인 '일렁이는 물결'을 묘사한 것이다. 그러나 이것이 단순한 묘사가 아니라는 데 이 구절의 매력이 있다. 말간 달빛이 비치는 곳은 밝은 세상, 곧 임금의 세상이고, 어둡고 침침한 수면 아래의 세상은 버림받은 신충의 세상이며, 그 사이에 가로막힌 일렁이는 수면은 바로 현실정치의 세상인 것이다. 千村萬落을 가득 비추는 달은 우리 詩歌에서 늘 그래 왔듯이 이 작품에서도 임금을 비유하는 시어이며, 모래(沙)는 바로 신충 자신이다. 자신이 처한 현실을 어느 달밤의 연못 풍경을 통해 비유한 수법이 놀랍다.

7句·8구. 여기에 나타난 '모습'이 누구의 것인지에 대한 궁금증은 충분히 해소된다. 연못 아래에 침잠한 채, 일렁이는 수면을 통해 바라보는 임금의

표상인 '달의 모습'으로 결론 내렸다. 그 달을 아무리 바라보나(望阿乃) 자신의 처지는 변한 것이 없다. '세상 모두에(世理都之叱) 잊혀진(逸烏隱) 등제(等第, 功에 대한 報償)'가 신충의 여전한 현실이기 때문이다.

『민족문화』 34, 한국고전번역원, 2010.

彗星歌 고유어 재구 4題와 문학적 시사

1. 해독 현황

〈彗星歌〉는『三國遺事』卷5「感通」篇에 아래와 같이 수록되어 전하는 10구체 향가이다.

融天師 彗星歌 眞平王代(재위 579~632)

제5 거열랑, 제6 실처랑[혹 돌처랑이라고도 쓴다.] 제7 보동랑 등 화랑의 세 무리가 금강산에 놀러 가려는데 彗星이 心大星을 범하자 낭도들이 이를 이상히 여겨 그 유람을 그만 두고자 했다. 그때 融天師가 노래를 지어 불렀더니 별의 괴변이 즉시 없어지고 일본 군사가 제 나라로 돌아가 도리어 경사가 되었다. 왕이 기뻐하여 낭도들을 보내어 금강산에서 놀게 했다. 노래는 이렇다. "舊理東尸汀叱 乾達婆矣游烏 隱城叱肹良望良古 倭理叱軍置來叱多烽燒邪隱邊也藪耶 三花矣岳音見賜烏尸聞古 月置八切爾數於將來尸波衣 道尸掃尸星利望良古 彗星也白反也人是有叱多 後句 達阿羅 浮去伊叱等邪 此也友物北所音叱彗叱只有叱故"[1]

---

[1] 第五居烈郞 第六實處郞 一作突處郞,第七寶同郞等三花之徒欲遊楓岳, 有彗星犯心大星. 郞徒疑之 欲罷其行. 時天師作歌歌之, 星怪即滅, 日本兵還國反成福慶. 大王歡喜, 遣郞遊岳焉. 歌曰. … 노

이 작품은 1929년 소창진평에 의해 본격적으로 해독이 시도[2]되었는데, 그의 解讀案은 다음과 같다.

舊理東尸汀叱	
녜로東ㅅ믈ㄱㅅ	지나간 해 동방의 물가에 있는
乾達婆矣游烏隱城叱肹良望良古	
乾達婆의노온 잣 올 난바라고	건달파가 노닐던 성을 바라보고
倭理叱軍置來叱多	
예 내ㅅ 軍도 왓 다(고)	왜군도 왔다고
烽燒邪隱邊也藪耶	
烽살 온ㄱ애고자	봉화를 태우던 곳에 이르러
三花矣岳音見賜烏尸聞古	
三花의오롬보샤 올 듣고	三花의 산을 보실 것을 듣고
月置八切爾數於將來尸波衣	
돌도 발써 쉴 바애	달도 벌써 쉬려 할 바에
道尸掃尸星利望良古	
길을 쓸 별을 바라고	길을 쓸 별을 바라보며
彗星也白反也人是有叱多	
彗星(이)라 술월 사롬이 잇 다	彗星이라고 아뢴 사람이 있다
後句達阿羅浮去伊叱等邪	
돌 (이)떠 갓 더라	달은 떠 갔더라
此也友物北所音叱彗叱只 有叱故	
이에 밧갓 듸 밤ㅅ비 질악(이) 잇 고	이밖에 밤의 비(彗)가 있는고

그의 해독은 현재의 관점에서 보아도 무척 완성도가 높은 것이다. 이후 그의 해독을 폭넓은 방증 자료와 함께 전면적으로 재검토하여 해독한 양주동, 문학 연구자들에게 인용의 빈도가 높은 김완진, 또, 근래에 가장 활발히 해독을 제시한 신재홍과 비교해 보면 그 정황이 확연히 드러난다. (*진한 부분은 소창진평의 解讀과 일치하는 곳)

래 생략 … 〈三國遺事 5卷, 感通, 融天師彗星歌 眞平王代〉
[2] 小倉進平, 『鄕歌及び吏讀の硏究』, 경성제국대학, 1929, 215~222면.

양주동[3]	김완진[4]	신재홍[5]
예전 東海 물가	옛날 東쪽 물가	옛날이 새려는 물개[에서]
'乾達婆의 논 城'을랑 바라보고	乾達婆의 논 城을랑 바라고,	'乾達婆의 논 성'을 바라보고
"倭軍도 왔다!"고	倭軍도 왔다	"왜군도 온다,
烽火를 든 邊方이 있어라!	횃불 올린 어여 수풀이여.	횃불 사르라"는 변방의 무리여!
三花의 山구경 오심을 듣고	세 花郞의 山 보신다는 말씀 듣고,	세 화랑의 산 보시려 함을 듣고
달도 부지런히 등불을 켜는데	달도 갈라 그어 잦아들려 하는데,	달도 다좇아 헤아리려는 바에,
길 쓸 별을 바라보고	길 쓸 별 바라고,	'길 쓸 별'을 바라보고
"혜성이여!" 사뢴 사람이 있구나!	彗星이여 하고 사뢴 사람이 있다.	"혜성이야[라고]사뢰라"[는] 사람이 있다.
아으, 달은 저 아래로 떠갔더라	아아, 달은 떠가 버렸더라.	아아, 사뭇쳐서 떠나가리로다.
이 보아 무슨 彗星이 있을꼬	이에 어울릴 무슨 혜성을 함께 하였습니까?	이야 떨이인 바--의 혜성 따위가 있는 탓.

 양주동의 경우 제4구 '邊也藪耶'에서 감탄종결어미를 해독에 반영한 점, 제6구 '八切爾數於將來尸波衣'를 '부지런히 등불을 켜는데'로 풀이한 점, 제9구(阿羅)를 '아래'라 본 점, 제10구 '友物北所音叱慧(叱只有叱古)'를 '보아 무슨 彗星'으로 판단한 점 등이 다르고, 김완진의 경우 역시 4구의 같은 곳을 '어여 수풀이여'로, 6구를 '갈라 그어 잦아들려 하는데'로, 제10구를 '이에 어울릴 무슨 혜성을 함께 하였습니까?'로 풀이한 점이 다르며, 신재홍의 경우 제1구 '舊理東尸'를 '옛날이 새려는'으로, 3·4행에서 인용의 범위를 다르게 하면서 '藪邪'를 '명사 + 감탄종결어미'로, 제6구를 '다좇아(바싹 다가와) 헤아-'로, 제9구의 '達阿羅'를 '사뭇쳐서(거리낌없이)'로, 제10구를 '떨이인 바--의 혜

---

3 양주동, 『고가연구』, 일조각, 1965, 877면.
4 김완진, 『향가해독법연구』, 서울대학교출판부, 1980, 137면.
5 신재홍, 『향가의 해석』, 집문당, 2000, 254면.

성 따위가 있는 탓'으로 본 점 정도가 다를 뿐, 양주동·김완진의 경우 제6·제10구를 제외한 8개 句가 完全 一致 혹은 거의 一致하며, 신재홍의 경우 비교적 많은 新解讀案이 있기는 하지만, 제2에서 제8구에 이르는 7개 句의 해독이 소창진평의 그것과 많이 일치하고 있음을 본다.

이러한 폭넓은 현대어역의 일치는 여타의 향가에서는 잘 볼 수 없는 현상⁶으로 〈彗星歌〉의 문맥 파악이 소창진평 당시에 이미 상당한 수준으로 이루어져 있었음을 알리는 지표가 된다.

2. 고유어 再構의 필요성

그러나 우리는 현대어역의 일치라는 결과에만 주목할 것이 아니라, 그러한 일치가 이루어지기까지의 과정 또한 눈여겨 살펴볼 필요가 있다. 표면적으로는 동일한 의미로 귀착되어 있지만, 해독자들의 실제 해독 과정은 '소창진평의 說에 대한 반복적 답습'을 통해서 이루어진 것이 아니다. 그것은 광범위한 문헌 섭렵을 통한 검증, 귀납과 연역을 통한 엄정한 논리 전개를 수반하기에 해독의 과정 자체가 향가 해독의 진전을 반영하고 있는 경우가 많다.

일례로 첫 어절 '舊理'에 대한 해독을 보자. 이 어휘에 대한 현대어역은 소창진평 이래 모두 '옛날'의 의미로 풀이되어 동일한 결론에 도달하고 있

---

6 소창진평의 해독은 최초의 학술적 해독이라는 점에서 의의가 크지만, 또 당시의 해독으로는 경탄할 만한 부분이 많지만, 이 노래를 제외한 다른 작품의 경우 현재의 우리가 알고 있는 내용과는 크게 다른 해독이 포함되어 있다. 한 예로 〈怨歌〉를 들면 다음과 같다.(진한 부분은 誤讀이 확실시되는 부분이다.)
제거되어 잣이 / 가을이 들기 전에 시들어서 / 너는 **어디로 가겠는가** 하셨던 / **받아들이신** 얼굴을 고치실**까 하여** / 달의 그림자 머무는 못에 / **가서** / **구석** 모래에 **머물고** / 모습을 바라보나 / 세상도 **학대하는** 時運이요 〈소창진평, 상게서, 222~223면.〉

지만, 해독의 裏面을 보면 그 상황이 퍽 多岐하다. 즉, 소창진평은 이를 '舊 = 녜', '理 = 로'[7]로 보아 이를 '녜로'로 읽으면서 '옛날'이란 뜻을 도출했던 데 비해, 양주동은 後接해 있는 '理'를 '舊'의 고훈 '녜'의 말음첨기 '이'로 파악해 이를 '녜'로 읽으며 '옛날'이란 뜻을 도출하였고, 김완진은 '理'를 '리'로 고정하여 '舊理'를 '녀리'로 읽으면서 그 현대적 의미는 '옛날'로 읽어야 한다고 결론 내렸던 것이다.[8] 결국 모두의 표면적 해석은 '옛날'로 동일하게 귀결되었지만 양주동의 해독은 소창진평의 고질적 병폐인 '一字 多音의 解讀 方式'[9]을 극복하여 이루어낸 성과였으며, 김완진의 해독은 '一字 一音의 原則'을 양주동보다 더욱 엄격히 적용함과 동시에 '녀리'라는 固有語를 성공적으로 再構해 낸 업적이었다.

'舊理'의 성공적인 해독이 가져다 준 향가 연구사적 의의는 무척 크다. 우선 '舊理'라는 어형이 조선조에 들어서 '녜'로 변화한 이유가 '世理(누리) → 뉘·川理(나리) → 내'[10]와 동일하게 'ㄹ'의 탈락으로 인해 음운이 축약되면서 형성된 것임을 밝히게 되어 'ㄹ'의 탈락과 음운축약이 한두 어휘에 국한된 特殊한 음운현상이 아니라 보편적 음운현상임을 알리는 좋은 용례를 추가할 수 있게 되었고, 이를 통해 이와 유사한 어형인 '倭理'(혜성가 3행)의 當代 독

---

7 理는 音이 '리'지만 此處에서는 '로'라는 助詞의 代로 쓰인 것.〈소창진평, 상게서, 216면.〉

8 이 세 업적 중, 현대 연구자들의 지지를 받고 있는 것은 김완진의 해독이다. 그것은 '理'가 포함된 여타의 어휘를 통해 확인가능하다. '世理·川理'로 표기된 '누리·나리' 등의 어휘가 후대로 흘러오면서 '뉘(世)·내(川)' 등으로 축약되어 갔던 어휘 변천 과정을 볼 때, 후대에 '녜(舊)'로 굳어진 어형은 그 前代에 '녀리'였을 가능성이 높고, '舊理'의 '理'는 '녀리'의 '리'를 위해 쓰였을 가능성이 높은 것이라 하겠다.

9 소창진평의 향가 해독에 대한 이러한 태도는 이숭녕에 의해 강하게 비판받은 바 있다.
"一字 一音節 또는 一字一音主義를 固執함이 正當한 態度라고 본다. … 融通을 許容한다 함은 이미 表記文字의 價値를 喪失하게 하는 것이며 그러한 恣意的 注解로 新羅語나 高麗初期語가 完全히 解讀된 것으로 친다면 그것은 너무도 虛妄한 態度이라고 아니할 수 없다."
    〈이숭녕,『신라시대의 표기법 체계에 관한 시론』, 탑출판사, 1955, 162~163면.〉

10 이 두 어휘의 변천은 다음에서 볼 수 있다.
  世理〈怨歌〉: 누릿 가온되나곤 몸하〈동동〉: 世는 뉘라〈月印釋譜 2:11~12〉
  川理〈讚耆婆郞歌〉: 正月ㅅ 나릿 므른〈동동〉: 川 내 쳔〈訓蒙字會 등〉

법 또한 '여리'[11]임을 연역적으로 추론할 수 있게 해 주었다. 또, 그간 선행 연구에서 '로·내·이·리' 등 여러 음으로 읽히던 '理' 字를 합리적인 방식을 통하여 '리'만으로 읽을 수 있게 되어 그간 학계에서 향가 해독자들에게 꾸준히 요구하였던 '一字一音의 원칙'을 확립·유지할 수 있게 되었다. 이외에 어휘의 音節數를 정확히 파악할 수 있게 되어 이후 문학연구자들이 詩의 음수율과 음보율을 논할 근거를 확보할 수 있게 된 측면도 있다.

그렇다면 〈彗星歌〉의 여타 어휘에서는 이러한 해독의 진전을 도출할 만한 경우가 없을까? 이미 해결되었다고 무심히 지나치는 현대어역의 裏面에 이와 유사한 진전의 여지를 가지고 있는 어휘가 있지 않을까? 그리고 이것이 문학적 연구의 기반으로 작용할 수 있지 않을까?

본고의 판단은 이에 대해 긍정적이다. 〈彗星歌〉의 제1句의 '東', 제4구의 '燒', 제5구의 '岳音', 제7구의 '星利'의 네 구절은 거의 모든 주요 연구자들이 각각 '동쪽·태우다·산·별'로 현내어역하고 있는 곳들이지만 이러한 해독의 裏面을 문증해 보면 정당치 않은 추론 과정을 통하여 위와 같은 현대어역에 도달해 있는 구절로 판단되기 때문이다. 또한 이 사실은 향가의 문학적 이해 - 文脈·韻律 - 와도 밀접한 관련을 가지고 있는 것으로 판단되기 때문이다.

3. 고유어 再構의 실제와 의의

필자는 학위논문[12]에서 향가 연구 업적에서 잘못 재구된 고유어를 이미 논한 바 있다. 이하에서는 그 중 〈彗星歌〉에 나타난 어휘만을 추려 재구의 과정을 보강 제시하고 어학적·문학적 의의를 덧붙이고자 한다.

---

11 소창진평과 양주동의 '倭'에 대한 해독은 선초 어형 '예'를 제시하는 데 머물러 있다.
12 박재민, 『삼국유사 소재 향가의 원전비평과 차자·어휘 변증』, 서울대학교 박사학위논문, 2009.

1) 東尸

〈彗星歌〉의 첫 구에 나타나는 '東'字는 〈處容歌〉의 첫머리 '東京'에도 나타나는 字로 향가 전체에서 총 2회밖에 나타나지 않는 희귀한 존재이다. 향찰자의 빈도가 1~2회에 그칠 정도로 낮다는 것은 대체로 그 글자가 문법 형태소를 위한 借字가 아니라 한자어 본연의 쓰임새로 쓰인 것임을 의미하는 바, 이 자는 일찍부터 '동(東)쪽'을 뜻하는 말로 풀이되어 있다.[13] 그러나 본고가 反省해 보고자 하는 것은 이 字의 固有語 추정과 그 독법, 그리고 이에서 파생되는 詩歌史的 誤解에 대한 것이다. 현재 이 字의 고유어는 양주동의 광범위한 문증에 의해 '시'로 추정되어 있고, 그의 說은 현재 가장 유력한 풀이로 인정되어 있다. 주요 업적들이 다음 표와 같이 그를 따르고 있으며,

소창	양주동	홍기문	정렬모	김선기	김준영	서재극	김완진	유창균	양희철	신재홍
東ㅅ	시ㅅ	동ㅅ	샐/실	샐	샌	샐	실	실	술	샐

그 說에 대해 다음과 같이 확고한 지지의 목소리도 내고 있다.

'東'의 訓이 '시'임을 밝히는데 가장 많은 노력을 기울인 이는 梁柱東이다. … 그의 고증은 매우 치밀한 것으로 그 뒤에 누구도 이것을 능가할 고증을 한 예가 없다. 그리고 현 단계에서는 이것을 긍정적으로 평가해야 될 것으로 믿는다.[14]

우선 '東尸'가 '샐'로 읽힌다는 점을 확정해 두어야 한다. 양주동의 광범한 고증에 의해 '東'은 우리말 '새-(新, 明, 曙)로 훈독됨을 알 수 있다.[15]

---

13 정렬모, 신재홍 등을 비롯한 일부 연구자들은 '東'을 '(날이) 새다'로 풀이해 動詞로 보았는데 이에 대해서는 후술한다.
14 유창균, 『향가비해』, 형설출판사, 1994, 738~739면.
15 신재홍, 상게서, 227면.

그러나 문제는 양주동에서 비롯된 이 定說化된 讀法이 사실은 타당하지 않은 근거들에서 도출되었다는 점이다. 살펴보면 그가 든 문헌적 용례는 그 어떤 것도 '東'의 고훈이 '식'라는 확신을 주지 못하고 있다. 그의 근거는 크게 세 가지로 추려지는데 이를 보이고 반박하면 다음과 같다.

① 國號徐羅伐 又徐伐 今俗訓京字云徐伐 以此故也 〈三國遺事 1卷, 新羅始祖〉
② 東安郡 本生西良郡, 神光縣 本東仍音縣 〈三國史記 地理志〉
③ 高鳥風高齊出港 鳥者乙也 乙者東方 東北風曰高鳥風 〈與猶堂全書, 耽津漁歌〉
東風謂之沙 卽明庶風 東北風謂之高沙 卽條風也 〈星湖僿說 上〉

①을 근거로 그는 '徐伐'이 신라 지역, 즉 '東土'를 의미하는 바 '徐(서)'는 '東'에, '伐(벌판)'은 '土'에 해당하므로 '東'의 고유어는 '셔·서'에 해당함을 알 수 있다고 하였다. 그러나 문제는 '東土'란 말을 그가 임의로 創造하여 '徐伐'에 대응시켰다는 점에 있다. 위의 자료 '京字云徐伐'가 말하고 있는 은 '徐伐(서벌)'이 '京'을 칭하는 고유어라는 의미일 뿐, '東' 혹은 '東土'에 대응됨을 뜻하지 않는다. 나아가 그는 이를 이용하여 〈處容歌〉의 첫 구절 '東京'을 '셔볼'로 읽었는데 이 역시 모순에 봉착한다. 그의 주장대로라면 '東+京'은 '셔(東) + 셔볼(京)'이 되어 '셔볼'이 아니라 '셔셔볼'이 될 것이기 때문이다.

②를 근거로 '東 = 生西', '神 = 東'의 등식을 이끌어 내었다. '生西'에 포함된 'ㅅ'음과 '神'에 포함된 'ㅅ'음이 모두 東과 관련된다는 의미이다. 그러나 이 정도의 대응으로 '東'의 고유어에 'ㅅ'이 포함되어 있음을 주장하는 것은 견강부회에 다름 아니다. 『삼국사기』와 『삼국유사』에 나타나는 수백 개의 지명은 '東'이 아무런 일관성 없이 옛 지명에 대응하는 모습을 보인다. 간략히만 들어도 다음과 같다.

古昌郡 本古陁耶郡 景德王改名 今安東府 〈三國史記, 地理志〉
東萊郡 本居漆山郡 景德王改名 〈上同〉

東平縣 本大甑縣 景德王改名　　　　　　　　　　　〈上同〉

　이런 일관성 없는 대응 가운데 한두 개의 '東'이 'ㅅ'과 대응한다고 하여 '東'의 고훈을 '식'로 귀결시킬 수는 없는 것이다.
　양주동이 든 가장 설득력 있는 용례는 ③이었다. 대부분의 연구자들이 이 대응을 보고서야 '東'이 '식'음임을 확신하게 되었다. 그러나 용례 ③ 역시 잘못된 근거이다. '東風'을 '샛바람'이라 부르는 이유에 대해서 오해를 하였기 때문이다. 위의 『與猶堂全書』에서 정약용이 '鳥는 乙[새]이고 乙은 동쪽 방향이기에 동북풍을 높새高鳥풍이라 부른다(鳥者乙也 乙者東方 東北風曰 高鳥風)'로 주를 달아 둔 것은 동풍을 샛바람이라 부른 까닭을 정확히 설명한 것이었다. 그러나 양주동은 이 설명을 다음과 같이 외면하였다.

「鳥者乙也, 乙者東方」云云의 茶山의 注說은 漢字附會의 謬說이다.[16]

　그러나, 양주동의 이 이해는 '東'의 고유어가 '식'임을 일관되게 설명하려는 의욕에서 비롯된 것일 뿐, '漢字附會'의 결과로써 정약용이 그렇게 말한 것은 아니었다. '높새'를 한자로 '高鳥'라 적은 것은 주역에서 말하는 '甲乙丙丁 …'의 天干 중, '乙'이 '東쪽' 방위에 해당하므로 '새바람(새 乙, 바람 風)이라 부른 데서 연유한 것이다. 위 인용문에서 정약용이 말한 "鳥(새)는 乙(새)이다. 乙은 동쪽에 해당한다.(鳥者乙也 乙者東方)"는 그 점을 지적한 것이며, 이는 주역과 사전들에서의 다음 설명과도 일치하는 것이다.

甲乙 東 丙丁 南 戊巳 中 庚辛 西 壬癸 北　　　〈周易函書約存 卷首上, 五行〉
乙 : 十干의 第二位. 方 位로는 東方에 分配된다.　　　〈大漢和辭典, 乙部 乙〉

---

16 양주동, 상게서, 388면.

위와 같은 대응이 정당함은 남풍을 칭하는 말인 '마파람'의 어원을 살펴도 확인된다. 다음의 자료는 남풍을 마파람이라 부르게 된 유래를 설명하고 있다.

馬兒風緊足歸時 馬者午也 南風曰馬兒風
〈與猶堂全書, 第一集, 詩文集 第四卷, 詩, 耽津漁歌十章〉
南風謂之 麻 卽景風 … 按南風謂之馬 馬午也 午南方也 〈東韓譯語, 一字類, 馬〉

위 자료에 따르면 '南風'은 '마아(馬兒)' 혹은 '마(麻)'로 불리는데, 그 이유는 '馬'는 '午'에 해당하는 동물이기 때문이라고 하였다. 그리고 '午'는 방위로 볼 때는 '南方'에 속하는 것이라 하였다. 이들의 말대로 주역에서는 '午'가 남방을 뜻함을 다음의 자료에서 본다.

午者南方之正位 〈周禮訂義 31卷〉
午 : 十二支의 第七位. 方位로는 正南. 〈大漢和辭典, 十部 午〉

이상의 두 사례는 우리말 '샛바람·마파람'이 주역에서 상정하고 있는 '동물과 방위'에 관련되어 생겼음을 명확히 알려준다. 즉, 샛바람은 '乙 방향의 바람', 마파람은 '午 방향의 바람'에서 비롯된 것이다. 이 점으로 '東'의 고훈을 '시'라고 한 주장의 가장 중심이 되는 근거는 瓦解된다. 그러므로 '東'은 '동'으로 읽는 것이 현재로서는 최선의 독법이다.[17]

---

[17] 東의 고유어가 언제 소멸되었는지는 확실하지 않다. 다만, 송나라 孫穆(12세기 인물)이 기록한 『계림유사』에서도 고려의 말에 대해 이미 다음과 같이 기록하고 있어 소멸 시기가 상당히 일렀음을 짐작케 해 준다.
"동서남북을 칭하는 말은 (중국과) 같다. (東西南北 同)"〈鷄林類事〉

2) 岳音

'岳音'은 향가 중 〈彗星歌〉에 유일하게 나타나는 어형이다. 소창진평은 이 구절을 제주도의 방언 '오름'에 대응시켰는데 이 해독은 다음과 같은 평가를 받으며 후대 연구자 모두에게 수용되었다. 그 평가와 후대연구자들의 견고한 지지를 보이면 다음과 같다.

> 小倉進平이 濟州島 方言의 '오롬'을 여기에 대비시킨 것은 탁견이라 하겠다. 梁柱東은 여기에다가 耽羅志의 '以岳爲兀音'의 예를 추가했다. 그 뒤 이것은 하나의 정설로 굳어진 것이다. 〈유창균, 758~759면.〉

> '岳音'을 '오롬'으로 읽은 소창진평의 공이 큰 부분이고 … 〈신재홍, 235면.〉

소창	양주동	홍기문	정렬모	지헌영	김선기	김준영	서재극	김완진	양희철	신재홍
오롬	오람	오람	**오롬**	오롬	**올옴**	오름	오름	오름	오롬	오롬

소창진평과 선행 연구들에서 언급한 대로 제주도 방언 '오름'이란 것은 '봉우리(岳)'를 칭하는 말로 확인된다. 그리고 다음과 같이 '오름'을 표현한 후대의 몇 자료들도 추가로 더 찾아 볼 수도 있다.

吾音沙只岳 : 봉수 현 동쪽 10리에 있다. 여을온(餘乙溫)에 응한다.
　　　　　　　　　　　　〈新增東國輿地勝覽 38卷, 全羅道, 旌義縣〉
岳沙只 : 동쪽으로 水山에 응한다.(東準水山)
　　　　　　　　　　　　〈世宗實錄, 地理志, 全羅道, 濟州牧, 旌義縣〉
俚語 … 以岳爲吾老音〈金尙憲, 南槎錄 1권〉, 以岳爲兀音〈李元鎭, 耽羅志〉岳方言作兀音〈柳馨遠, 東國輿地志 5卷, 濟州〉, 方言稱岳曰兀音〈李衡祥, 南宦博物〉

그러나 상게한 자료들로 '岳音'을 '오름'으로 단정하기는 다소 주저되는 일면이 있다. 위의 기록들은 오로지 제주도에서 '岳'을 '오름'이라 부른다는 것일 뿐, '岳'의 신라어가 '오름'이라는 직접적인 근거가 되지 않기 때문이다. 이 설이 성립하려면 제주도 토착어와 내륙의 고대어가 연관되어 있다는 전제가 증명되어 있어야 하는데, 제주도에 대한 옛 기록과 그 인명을 살피면 내륙어와 상당한 이질감이 있어 결코 같은 뿌리라 보기 어려운 느낌을 받는 것이다.[18] 더구나 제주 방언을 연구한 다음의 결과

> 濟州語에 關係있는 外國語라면 蒙古語와 日本語를 생각할 수가 있겠다. 그러나 量으로나 質로나 濟州語에 關係되는 外國語로는 蒙古語 中國語 滿洲語 日本語의 順이다. … 特히 말(馬)에 關한 濟州語는 滿 蒙 兩語가 많은 關聯性을 가졌는데 … [19]

와 근래에 들어 부분적으로 蒙古語로 해명[20]되고 있는 아래 자료의 어원들 (권섬을 친 단어는 몽고어로 확인되거나 가능성이 농후한 것들임.)

---

[18] 제주도에 관한 초기 기록인 『삼국지』의 「위지 - 동이전」에는 제주도의 언어에 대해 다음과 같이 기록하고 있다.
 "州胡(제주도의 옛 이름)라는 땅이 마한의 서쪽 바다 커다란 섬 위에 있는데 그 사람들은 키가 작고 언어가 韓과 같지 않으며 선비족과 같이 머리를 깎았다. 가죽옷을 입고 소와 돼지 기르기를 좋아했다.〔有州胡在馬韓之西海中大島上, 其人差短小, 言語不與韓同, 皆髡頭如鮮卑, 但衣韋, 好養牛及猪,〕" 〈三國志 卷30, 魏書30, 烏丸鮮卑東夷傳第30, 韓(馬韓)〉
 또한, 옛 인명에서도 언어적 이질감이 강하게 나타난다.
 耽羅國太子 末老 來朝 賜星主王子爵〈高麗史節要 1卷, 太祖神聖大王, 21年, 12月〉
 以耽羅 酋長周物子 高沒 並爲雲麾大將軍 上護軍〈高麗史節要 3卷, 顯宗元文大王 17年 7月〉
 耽羅世子 孤鳥弩 來朝 授游擊將軍, 賜袍一襲〈高麗史節要 3卷, 顯宗元文大王, 20年 6月〉
 乇羅 高勿等八十人 來獻土物〈高麗史節要 6卷, 獻宗恭殤大王, 元年, 7月〉
[19] 석주명, 『제주도방언』, 서울신문사 출판국, 1947, 174면.
[20] 아래 자료에 나타나는 7개의 어휘 중, '草羈'와 '加達'은 이기문에 의해 이미 몽고어로 밝혀진 바 있다.
 草羈 - 籠頭 : 녹토 一云 두룹치(蒙語類解) - 蒙古文語 noɣto, dörübči
 加達 - 轡頭 : 하쟈갈(蒙語類解) - 蒙古文語 qada'ar, qadār, qaǰaɣar 등〈이기문, 「祿大'와 '加達'에 대하여」, 『국어학』 14, 국어학회, 1985, 13~15면.〉

村民俚語難澁 先高後低 金淨風土錄 土人語音 細高如針刺 且多不可曉 州記 語多殊音
以京爲西那 以藪爲高之 以岳爲兀音 謂爪爲蹄 謂口爲勒 草鞬謂之祿大 鐵銜謂之加達
其語音類如此   〈李元鎭, 耽羅志〉

을 볼 때, '오름'이라는 어휘는 몽고에서 유입된 말일 가능성이 강하게 감지되는 것이다.

특히 현대 몽고어에서 '山'을 칭하는 말이 'УУЛ[올]', 산봉우리를 칭하는 말이 'ОРОЙ[어레]'란 점도 이 疑懼를 더한다. 이 두 말은 첫 음이 '오/어'로, 다음 음이 'ㄹ'로 이루어져 있어 제주도어의 '오름'과 유사한 음을 보여 주는데, 그렇다면 몽고어 '올/어레'의 音變이 제주어의 '오름'일 가능성이 다분히 있는 것이다.[21]

이로 필자는 '岳音'의 당대음을 제주어에서 찾은 것만으로 만족해서는 안 된다고 본다. '岳'의 신라어는 전혀 다른 것이었을지 모르기 때문이다. 그런데, '岳音'이 'ㅁ'을 말음으로 하는 고어임이 분명한 이상 다음의 자료에서 그 고훈을 추정할 수 있지 않을까 한다.

---

21 위에서 인용된『탐라지』에 나타난 '藪爲高之'의 '곳(곶)'은 석주명의『제주도 방언』에 '곳: 깊흔 산'(19면.)으로 풀이되어 있다. 이 또한 현대 몽고어로 '깊은 숲, 깊은 산'을 의미하는 'ГЧН[궁]'과 연관되어 있을 가능성이 있다.
현대 몽고어와 13세기 來侵 당시의 몽고어에 대한 비교가 더 자세해야 위의 추정이 확정될 수 있는 것이기는 하겠지만, 그 音變의 정도를 가늠하기 위하여 우선 제주도의 방언을 몽고어와 비교한 연구 결과를 인용하면 같다.

제주 방언[한국 표준어]	몽고어음 (참조 자료)	비고
허벅[물통]	qobura (강영봉, 1999, 13면.)	옆의 자료들은 대체적으로 음운적 유사성이 크다. 이것은 유사성이 확인되는 것을 결론으로 제시하려는 학술적 태도의 결과이다. 그러나 근 800년 전에 도입된 언어가 音變 없이 모두 원어의 음과 일치하는 것 또한 상상하기 어렵다. '오름'은 音變이 있었던 한 예일 것이다. '달구지(車子)'의 몽고음이 'terge'(최기호, 94면.), '슈라(水剌)'의 몽고음이 'šülen(湯)'(최기호, 97면.)인 정도의 音變인 것이다.
엔년[따님, 女息]	ine (석주명, 1947, 146면.)	
테우리[말(馬)관리인]	agtačhi (최기호, 1996. 3면.)	
고림[弔喪]	qurim (강영봉, 1999, 5면.)	
고적[보시하는 물건, 은혜]	kesig (강영봉, 1999, 6면.)	
구덕[바구니]	quduqa (강영봉, 1999, 7면.)	
도곰[덤치, 말안장 아래까는 물건]	toxom (강영봉, 1999, 8면.)	
두사리[머슴살이하는 아이]	tusala (강영봉, 1999, 9면.)	
복닥[모자]	boxtu (강영봉, 1999, 9면.)	
주레·주네[피리, 笛]	čugur (강영봉, 1999, 12면.)	

岾用爲嶺 (註)金剛山楡岾寺字典無岾字　　　　　　〈雅言覺非 권1, 刷〉
師之感老叟處 因名文殊岾 見女處曰阿尼岾　〈三國遺事 5卷, 避隠, 緣會逃名文殊岾〉
長生十一 阿尼岾 嘉西峴 畝峴 西北買峴　　〈三國遺事 권4, 義解, 寶壤梨木〉
岾 音齋 地名 又峴名 佔畢齋 遊頭流山記 有永郎岾 登龜岾 其他山經 地誌地名 多以岾
稱者 高城楡岾寺之岾 以占爲音　　　　〈五洲衍文長箋散稿, 東國土俗字辨證說〉

먼저 정약용의 『雅言覺非』를 보면, '岾(뎜)'은 '고개·산봉우리(嶺·岳)'[22]를 칭하는 字로 中國字典에는 등재되어 있지 않은 字임을 알 수 있다. 『삼국유사』에서도 역시 문수재(文殊岾), 아니재(阿尼岾) 등의 말을 표기하기 위해 '岾'字을 사용하고 있다. 이규경의 『五洲衍文長箋散稿』에서는 '岾'의 음을 '재'라고 적고 있으며, 고성의 유점사는 '점(占)'으로 읽는다고 하고 있다. 이 중, 이규경이 '岾'의 음이 '재'라 한 것은, 傳來하는 '岾'이 모두 '재'로 해석되기에 後代에 '재'음으로 견강부회된 음이겠고, '岾'은 그 자체의 형태에서 보이듯, 또 '楡岾寺[유점사]'라는 독법에서 보이듯 원래 의도한 음은 '뎜'이었던 것으로 판단된다.

그렇다면 혹, 이 뎜(岾)이 향찰에 '岳音'으로 표현된 그 말이 아닐까? 우리나라에서 만들어진 國字 중, 이와 유사한 원리로 만들어진 것을 보이면 다음과 같다.

獤　貂 돈피 툐 〈訓蒙字會〉, 돈 貂 〈韓佛字典〉
厴　音움(玉篇) 於今切 音陰 地名 東俗窨曰
　　　　　　〈五洲衍文長箋散稿, 詩文篇, 論文類, 文字, 東國土俗字辨證說〉

---

22 '嶺'과 '岳'은 의미가 공유되기도 한다. 특히 〈彗星歌〉의 배경이 되고 있는 금강산의 경우 혼용의 흔적이 문헌에 강하게 남아 있다. 다음과 같이 금강산을 '금강령(金剛嶺)·북악(北岳)' 등으로 통칭하였던 것이다.
鷄林之北岳曰金剛嶺 〈三國遺事 3卷, 塔像, 栢栗寺〉
北山之西嶺 卽金剛山也 〈三國遺事 3卷, 興法, 原宗興法厭髑滅身〉
幸於金剛嶺時, 北岳神呈舞, 名玉刀鈐 〈三國遺事 2卷, 紀異, 處容郎望海寺〉

橽 音達 俗訓朴橽木 卽檀也　　　　　　　　　〈五洲衍文長箋散稿, 上同〉

檀 박달 단　　　　　　　　　　　　　　　　　〈訓蒙字會〉

泧 쎌　　　　　　　　　　　　　　　　　　　〈名物紀略〉

苫 音蟾 盛穀葍篅也 又島嶼之名 詳見崔孤雲 初月山大崇福寺碑 稻穀合二千苫 注東俗 斛除一斗爲苫 明一統志 朝鮮全州海中島多 有大月嶼 菩薩苫

　　　　　　　　　　　　　　　　　　　　　〈五洲衍文長箋散稿 上同〉

'獤'은 고유어로 보이는 '돈피(담비)'를 나타내기 위해 意味部(犭)+聲部(敦)를 엮어 /돈/음을 표현하고 있고, 庘 역시 의미부(广)와 聲部(音)이 합하여져 '움막'의 '움'을 만들고 있음을 본다. 이외, 橽(박달), 泧(쎌, 필), '苫(섬)' 역시 고유어를 표기하기 위해 造字하고 있어 이와 동궤의 원리로 '岾(덤)' 역시 만들어졌을 가능성을 엿보게 된다.

만약 우리말에 '돈·움·박달·쎌·섬'이란 말이 없었으면 國字 '獤(돈)·庘(움)·橽(박달), 泧(쎌, 필), '苫(섬)'이 생겨났을까? 필자는 그럴 가능성은 전혀 없는 것이라 단정한다. 國字는 우리의 필요에 의해서 만들어지는 것이기에, 순서상 '고유어의 音'이 있은 이후에 字形이 이에 뒤따라 만들어지게 된다. 담비를 의미하는 고유어 '돈'이 있고서야 네발짐승을 나타낼 때 쓰이는 '犭'과 音部 '敦'을 결합하여 '獤'을 만들었고, 움막을 의미하는 고유어 '움'이 있고서야 집을 나타낼 때 쓰이는 '广'과 音部 '音'을 결합하여 '庘'을 만든 것이다. 橽(박달), 泧(쎌, 필), '苫(섬)' 역시 마찬가지의 원리이다.

이와 같은 원리이기에 '岾'이란 國字 역시 固有語 '덤'이 있은 이후에 만들어질 수밖에 없다. 音部 '占'에 산을 의미하는 '山'을 결합하여 國字 '덤'을 만든 것이다. 곧, 國字 '岾'의 존재는 그 자체로 고유어 '덤'의 존재를 증명하고 있는 셈이다.

이로 본고는 '岳音'은 '嶺·岳'의 고유어 '덤'을 표기한 것이라 판단한다. 내륙어와의 연관관계가 확실하지 않은 - 특히, 몽고어일 가능성이 짙은 - 제주도 방언 '오름'보다 내륙에서 작성된 문헌 증거에 더 높은 신빙성을 두는 것이다.

3) 星利

'星利'는 〈彗星歌〉에서만 나타나는 형태로 소창진평이 '별을'로 읽으며 다음과 같은 언급을 한 바 있다.

> 利는 音이 '리'이지만 이곳에서는 목적격을 표시하는 '을'의 뜻인데, … 목적격을 표하는 '을'에 쓰이는 것이 자못 이상한 것이라 생각되지만 鄕歌 中에는 … [23]

그러나 그의 해독은 '利'와 '을'의 音相 差가 지나치게 큰 것이었기에, 후대 연구자들에게는 지지를 받지 못했다. 동일한 구절에 대한 양주동의 언급은 다음과 같다.

> 초音으로 읽으면 「星利」는 「벼리」이나 本條는 主格 아닌 目的格임으로 「利」는 맛치 「理」가 「ㄹ」에 略音借 됨같이 單히 「ㄹ」로 보아 「별」로 읽을 것이다.[24]

그러나 양주동의 독법 또한 후대 연구자들에게는 받아들여지지 않았다. 후대 연구자들의 독법을 표로 보이면 다음과 같다.

소창	양주동	지헌영	정렬모	홍기문	김선기	김준영	서재극	김완진	양희철	신재홍
별을	별	벼리	별이	벼리	불이	벼리	벼리	벼리	비리	벼리

그러나 양주동의 설이 도외시되고 많은 연구자들이 지헌영의 '벼리'를 따르는 것[25]은 옳은 해독의 방향이 아닌 것으로 판단된다. '星'의 鮮初訓은

---

[23] 소창진평, 상게서, 219면.
[24] 양주동, 상게서, 593면.
[25] 김완진은 지헌영의 說을 다음과 같이 비교적 강한 어조로 지지하였다.
  "'星利'를 '벼리'로 읽은 池憲英의 태도는 賞讚될 일이다." 〈김완진, 상게서, 132면.〉

'별'[26]이지 '벼리'가 아니기 때문이다. 물론 시대에 따라 變音되어 선초의 형태가 축약형이라고도 볼 수 있겠지만, 대체로의 축약은 '누리(世) → 뉘', '나리(川) → 내', '모리(邈) → 뫼'와 같이 'ㄹ'탈락으로 이어진다. 만약 '벼리'가 축약되었다고 한다면 '볘'로 축약되었을 것이지 '별'로 축약되었을 성싶지는 않다.

그렇다면 왜 양주동의 '利 = ㄹ' 설은 주목을 받지 못했을까? 그것은 아마 '利'가 'ㄹ'음을 가진 용례를 논거로 摘示하지 않았기 때문이 아닐까 한다.

그러나 다음의 용례들은 '利'가 'ㄹ'末音으로 사용되기도 했던 정황을 뚜렷이 보여준다.

閼英井一作娥利英井　　　　　〈三國遺事 1卷, 紀異, 新羅始祖赫居世王〉
屑夫婁城 本肖利巴利忽　　　〈三國史記 37卷, 雜志6, 地理4 高句麗〉

위의 자료에서 '알(閼)'은 '娥利'에 정확히 대응하고 있고, '설(屑)'은 '肖利'에 정확히 대응하고 있다. 이는 '아(娥)·초(肖)'에 접속된 '利'가 'ㄹ'음을 위해 사용되었음을 명징히 보여 주는 좋은 예가 된다. 이로 우리는 동일한 문헌에 실린 '星利'를 '별'로 읽을 근거를 확보하게 된 것이다.

4) 燒邪隱

이 구절의 현대적 의미 역시 이미 소창진평에서 파악이 완료되어 있다. 선행한 '烽火'에 '燒'가 순조롭게 접속되어 있어 '봉화를 태운'이란 의미가 분명하기 때문이었다. 그러나 이 '燒'의 훈과 '邪隱'의 기능에 대해서는 의외로 이견이 많다. 도표로 그간의 독법을 살피면 다음과 같다.

---

26 별와 ᄃᆞᄅᆞᆫ ᄀᆞ숤 뫼해 뮈엿도다(星月動秋山) 〈杜詩初刊 14:25b〉

소창	양주동	지헌영	정렬모	홍기문	김선기	김준영	서재극	김완진	양희철	신재홍
살은	술얀	술얀	살안	술얀	사란	술안	스란	틱얀	다히얀	스르라ㄴ

도표에 따르면 소창진평의 '슬-'은 양주동과 후대 대부분의 연구자로 이어졌고, 최근의 신재홍까지 이를 따르고 있다. 다음의 자료를 볼 때, '燒'의 훈 중 하나가 '슬-'인 것은 확인이 된다.

燒는 술 씨오　　　　　　　　　　　　　　　〈月印釋譜 21:76a〉
사른믈 에여가 諫諍호던 긼 草를 브레 슬오(避人焚諫草)　〈杜詩初刊 06:15a〉
바믹 燭ㅅ븘고즐 虛히 스로라(虛燒夜燭花)　　〈杜詩初刊 21:28b〉

그러나 이 훈 하나만으로 '燒'의 훈을 확정할 수는 없는 것이다. '燒'에 후행하는 '邪隱'은 여타의 '乎隱'과는 달라서 선행하는 음이 'ㅣ' 혹은 'ㅎ-'일 것임을 요구하기 때문이다.[27] 곧, '邪隱'은 음가대로만 읽으면 '야'이 되는데, 이는 선초의 '욘·윤'에 비견되는 것으로 보인다.

내 비욘 아기 빋도 흔가지니이다　　　　　　〈月印釋譜 08:95a〉
千由旬은 神通이 셰욘 션치라　　　　　　　　〈月印釋譜 13:73a〉
須彌山 베윤 이른 죽사리를 버서날 느지오　〈月印釋譜 01:17b〉
世界옛 따히 다 뮈윤 쁘디 업고　　　　　　　〈月印釋譜 02:14a〉

---

[27] 향찰 표기에서 일반적인 관형형의 형태는 '-乎隱·-烏隱' 등으로 나타난다.
　巴寶白乎隱 〈兜率歌〉, 改衣賜乎隱 〈怨歌〉, 好支賜烏隱 〈慕竹旨郎歌〉, 持以支如賜烏隱 〈讚耆婆郎歌〉 등
　그러나 '邪隱'은 '邪'의 음이 향찰에서는 '야'이므로, '얀'으로 읽히고, 이는 선행하는 어간에 'ㅣ'음이나 'ㅎ'가 포함된 경우에 나타날 수 있는 관형형으로 짐작되고 있다. 본조와 더불어 찬기파랑가의 다음 구절도 이 법칙으로 설명된다. "露曉邪隱月羅理(나다난 훤호얀 月, 〈讚耆婆郎歌〉, 필자 해석)

그렇기에 김완진은 '邪隱'에 올 수 있는 어형을 설정하였고, 이로 훈을 'ㅣ'모음이 포함되어 있는 '틴-(燒)'로 잡았던 것이다. 양희철의 '다히얀' 역시 선행어간에 'ㅣ'가 포함되어야 한다는 점을 의식한 해독이었다. 이 두 연구는 연구의 방향으로는 바른 것이었다. 하지만, 그들이 추정한 훈 '틴-·다히-'는 여전히 再考의 여지가 있다. '燒'가 '트-'인 것은 문증이 가능하지만 사동형 '틴-'는 문헌에 존재하지 않기 때문이다. '다히-' 또한 '(불을) 때다'의 선행형태인 '다히-'를 끌어들인 것이기에 '봉화를 때다'란 어색한 구문을 형성하게 된다.

본고는 선행하는 어간에 'ㅣ'모음이 포함되면서 '烽火를 피우거나 봉화의 연기를 피우는' 의미의 어휘를 찾고자 노력했다. 그리고 마침 다음의 '퓌-'를 만났다.

煙墩 烽火 뇌 퓌오는 디　　　　　　　　　　　　　〈譯語類解 上 14a〉
燒香은 퓌우는 香이라　　　　　　　　　　　　　〈月印釋譜 13:68b〉
淑景殿에 香을 퓌우며(焚香淑景殿)　　　　　　　〈杜詩初刊 24:06b〉

위의 용례에서 '퓌-'는 'ㅣ'말음을 가지면서 燒의 훈으로 나타나고, 譯語類解에서 보듯 '烽火' 연기를 피우는 데에서도 쓰이고 있음을 본다. 따라서 本條의 '燒'는 '퓌-'로 斷定된다.

4. 고유어 再構의 의의와 문학적 연구의 전망

우리는 이상에서 그간 〈彗星歌〉의 현대어역 裏面에 잠재해 있던 해독의 문제점들을 살펴 보았다. 표면적으로는 큰 이견이 없어, 소창진평 이래 고요히 유지되어 온 것으로 생각되기 쉬운 현대어역의 이면에는 적절한 고유어로의 再構라는 뜻밖의 난관들이 놓여 있었다. 다른 작품에 비해 볼 때,

〈彗星歌〉 해독의 역사는 고유어를 어떻게 해결하며 지나왔는가의 역사라 하여도 큰 잘못은 아닐 것이다.[28]

이제 지금까지 다루어온 고유어 재구의 문학적 시사점을 논하려 한다. 어쩌면 몇 論者들에게 "'東'의 고훈이 '싀'가 아니다, '岳音'의 고훈은 '덤'이다, '星利'의 독음은 '벼리'가 아닌 '별'이다, '烽燒邪隱'의 독법이 '홰 스른ㆍ홰 틴얀'이 아닌 '홰 퓌윤'이다" 정도의 논의는 지엽적 읽기의 차이일 뿐, 연구적 가치 - 특히 문학적 연구가치 - 는 없는 것으로 여겨질지 모른다. 그러나 그렇지 않다. 그간 향가의 연구자들이 '一字' 혹은 '半字'를 고치기 위해 피땀 어린 노력을 傾注한 것은 그 半字ㆍ一字의 誤讀이 향가의 전체 구도와 보편적 해독에 지대한 영향을 미침을 알고 있었기 때문이다.[29] 또, 비록 지금 당장은 작은 발견이 어떤 가치를 지니지 못하는 듯해도, 해독의 역사가 진전되어 보다 정교한 논의를 할 시기가 되면 작은 발견은 뜻밖의 큰 사실과 연결될 수도 있는 것이다.

그렇다면 '東'의 고훈이 '싀'가 아님으로써 우리는 어떤 연구적 변화를 맞게 될까? 무엇보다 '東의 훈이 싀'임을 이용하여 진행되었던 많은 派生說들을 재고할 수 있게 된다. 향가를 연구하는 이들에게 오랜 동안 '詞腦歌는 鄕

---

28 〈彗星歌〉는 때로는 해독이 어려운 구절을 포함한 향가로 평가받기도 한다. 다음과 같은 언급이 그러하다.
"노래말 자체의 내용도 난해하거나 해독 미상인 구절이 여러 군데나 된다." 〈김병국, 「혜성가의 설화 문맥과 해석상의 쟁점」, 『한국고전시가작품론 1』, 집문당, 1995.〉
그러나 〈彗星歌〉는 결코 다른 향가에 비해 해독이 어려운 작품이 아니다. 아마 이러한 느낌을 받은 이유는 여타의 향가와는 다르게 제6구과 제10구가 거의 통째로 해독이 불가능하기 때문에 생긴 선입견일 것이다.
29 현대 향가연구에서 가장 큰 문제가 되고 있는 이른바 '지정문자'說은 '支'자와 '攴'字라는 '半劃'의 틈에서 생겨났다. 이 半劃의 차이가 '지정문자' 논쟁을 발생시켰고, '지정문자'는 자생력을 얻은 채, 다른 문자인 '內'로까지 옮아가 '內 지정문자설'을 발생시켰다. 더불어 본래는 '앞의 문자를 훈독하라는 표시'로 시작했던 것이 이제는 또 다른 오해를 얻어 '후행하는 문자를 훈독하라는 표시'란 說까지 제기되는 상황에 이르렀다. 실로 '半劃의 差異'가 학계를 균열시킨 셈이다.

歌'라는 공식은 논쟁처가 되어 있는데, 그것은 양주동의 다음 주장에서 비롯된 것이다.

> 「鄕歌」의「鄕」字의 語義는「鄕言·鄕樂」等語의「鄕」과 共히「싀닉」곧「東土」의 原義어니와, 이를 何必「鄕」字로 譯한 것은 旣述한 바와 같이 당시에「싀닉」란 말이 一方「鄕」의 훈으로 통용되엿기 때문이다. … 이〈詞腦歌〉는 廣義로 보면 一切「東方固有의 노래」를 의미하나, 狹義로 보면 곧「新羅의 歌謠」이니 … 30

그러나 이제 '東'과 '싀'의 관계를 부정할 수 있게 되어 '東土 = 싀닉 = 詞腦 = 鄕'의 연결관계가 無理한 견강부회에 의해 형성된 說임을 확인할 수 있게 되었다. 이는 '鄕歌 = 詞腦歌'라는 공식이 부정됨을 의미하는데, 이 즈음에서 우리는 조윤제의 '향가 중 10구체 향가만 詞腦歌'[31]란 설을 다시 상기하게 된다. 조윤제의 설과 본고의 주장은 서로 다른 방향을 통해 접근되었지만, 결국은 같은 지점에서 만나게 된 것이다.[32]

'싀닉'가 '東土' 곧, '우리가 사는 鄕이라는 관념에서 시작된 '향가 = 詞腦歌'

---

30 양주동, 상게서, 48~49면.

31 "梁柱東 氏는 『古歌硏究』에서 鄕歌를 詞腦歌라 불렀다. 그러나 … 詞腦歌라는 말은 鄕歌全體를 汎稱한 말이 아니고 10句體의 鄕歌에 對한 單獨名稱인 듯이 생각되어, 아마도 10句體定型詩의 鄕歌의 名稱이 詞腦歌가 아니겠는가 생각된다." 〈조윤제, 『한국문학사』, 탐구당, 1987 (초판 1963), 47면.〉

32 조윤제의 說은 문학적 양식을 있는 그대로 파악하여 제시한 업적이었지만, '東'과 '싀'의 관계를 완전히 끊어 극복하지는 못하였다. 이후 조윤제의 업적이 향가 연구자들에게 적지 않은 지지를 받았지만 '東'과 '싀'의 등가 관계는 학계의 굴레로 작용하고 있다. 그리고 오히려 다음과 같이 사전에 용례를 확대하며 등재될 정도로 그 굴레는 무게를 더하고 있다.
싀 閑 東 *塞싱는 東녁 北녁 ᄀ싀라〈金삼二6〉〈유창돈,『이조어사전』, 연세대학교출판부, 1964, 429면.〉
그러나, 金삼(金剛經三家解)의 풀이는 동쪽과 북쪽 '끝(邊)'을 '塞(邊方)'라 한다는 말일 뿐, '東'을 '싱(塞)'라 불렀다는 의미는 아니다. 본고의 검증은 '東≠싀'임을 확인하여 '동쪽의 노래 = 사뇌가'란 오해를 끊음으로써, '향가≠사뇌가'의 설의 입지를 다지는 한 역할을 할 것이다.

라는 개념은 비단 문학의 연구영역에만 영향을 준 것이 아니었다. 양주동의 說에 깊이 영향받은 이혜구는 다음과 같은 언급을 함으로써 음악의 한 갈래인 '시나위'를 '鄕歌'와 동일시하는 의견을 개진하기도 하였다. 그의 언급을 보자.

> 어째 시나위의 語義가 鄕歌이냐를 풀어보고자 한다. … 시나위는 … 三國史記나 三國遺事에 나오는 思內 또는 詞腦에 擬하는 것이다. … 예전 思內 또는 詞腦의 뜻이 梁柱東氏에 依하면 「都歌」³³이며 現用 시나위가 前述한 바와 같이 鄕歌란 뜻을 갖는 까닭에 결국 思內와 시나위는 同一語라 할 수 있겠다.³⁴

물론 '사뇌'란 음상이 '시나위'로 바뀌었을 가능성은 있다. 그러나 그 시나위가 바로 '우리의 노래'란 의미의 '향가'일 수는 없다. 시나위는 '詞腦歌'와 연관지어질 수 있을지는 몰라도 어원적으로는 '향가'와 아무런 관련이 없는 어휘이다.

'東 = 싀'라는 양주동의 설은 향가 해독의 現場에도 영향을 미치고 있다. 다음과 같은 연구 결과가 그것이다.

> 東尸: ≪실≫. 날이 새는 것을 동(東)이 튼다고 한다. … "舊理 東尸 汀叱"은 '날이 새는 물가 곧 동쪽 바닷가를 이르는 말이다.³⁵

위 연구자는 '東'의 훈이 '싀'라는 전제하에 '東尸'를 '실'로 읽은 후, 이를 다시 自動詞 '(날이) 새다'의 '새다'로 풀이하고 있다. 그러나 이러한 해독은 '東'의 훈이 '싀'가 아닌 이상 불가능한 독법이 된다. 우리가 이 형태에서 이

---

33 아마 「鄕歌」의 誤記인 듯하다. 양주동은 이혜구가 참조한 『고가연구』에서 「都歌」란 말을 쓴 바 없다.
34 이혜구, 「시나위와 詞腦에 關한 試考」, 『국어국문학』 8, 국어국문학회, 1953, 136면.
35 정렬모, 『향가연구』, 사회과학원 출판사, 1965, 188~189면.

끌어 낼 수 있는 최대한의 결론은 "'東'의 古訓은 아마도 '道尸(길)', '日尸(날)' 등의 형태에서 보듯이 아마도 'ㄹ(尸)'말음을 가질 것" 정도이지, '식'와 관련하여는 어떠한 추정도 할 근거가 현재로서는 없는 것이다. 한편, 위의 설은 다음과 같이 새로운 연구결과를 파생시킴으로써 향가의 실제적 문맥에서 더더욱 이탈해 나가고 있음을 본다.

> 東尸 : … '샐(東尸)'은 동사의 미래형으로서, '새려는, 새고자 하는'의 뜻으로 풀이할 수밖에 없다. … 이에 본행은 '옛것이 새로워지려는', 또는 '옛날이 새려는'으로 풀이된다. … 문맥이 훨씬 분명해졌다는 점에서 중요한 성과로 판단한다.[36]

거듭 말하지만, 위와 같은 해석은 '東尸'가 지시하는 당대의 의미에서 완전히 이탈한 것이다. 본고의 이 작업은 鄕札 一字에서 비롯한 문학적 오해를 교정하고 당대인이 표현하고자 한 바로 그 의미로 접근하고자 한 노력의 일환이 된다.

다음, '岳音'의 고훈이 '오름'이 아니라 '덤'인 사실은 어떤 연구사적 의의가 있을까? 다음 언급에서 우리는 그간의 어학적 해독이 문학적 상상력을 잘못 이끌고 있는 경우를 본다.

> '오름'이라는 말이 마치 楓岳行의 진행형으로 이해되기 쉬우나, '欲'자를 의식한다면 이는 차비를 차리고 있는 상태로 납득함이 옳을 것이다.[37]

위의 언급은 '岳音'이라는 명사를 '오르다(登山)'의 명사형으로 판단하여 '풍악산에 오름'의 의미로 파악했기에 나타나게 된 것이다. 이러한 파악은 양주동의 다음과 같은 어원 재구에 깊이 영향받은 것이다.

---

36 신재홍, 상게서, 227면.
37 박노준, 『신라가요의 연구』, 열화당, 1982, 100면.

「岳」의 古訓「오름」은 濟州道의 方言에 現存한 바 맞히「ᄀ름·ᄇ름·사름」(江·風·人)等이「ᄀᄅ·블·살」(歧·吹·生)等의 名詞形인것과같이「오름」은「오ᄅ」(上·登)의 名詞形이다.[38]

그러나 본고가 고찰한 바로 '岳音'은 '嶺·岳'의 고대어 '덤'을 표기한 것이기에 '오르다(登)'의 의미와는 아무런 관련이 없다. 결국 위의 인용은 '오름'이라는 音相에 이끌려 '오르다'란 동작을 상상하였고, 이것으로써 '차비를 차리다'의 의미까지 확대 解釋한 경우인 것이다.

한편, '星利'를 '벼리'가 아닌 '별'로 읽는 과정에서 우리가 얻은 것은 무엇인가? 우선 향찰에서 유일하게 나타나는 借字 '利'가 나타내는 音을 용례를 통해 확정할 수 있었다는 점을 들 수 있다. 그간 우리는 이 어휘를 읽으면서 여타의 용례를 찾지 못했기에 막연히 '利'가 가진 음상에 이끌려 '벼리'라는 音相을 '별(星)'의 고유어로 생각해 온 경향이 있었다. 그러나 그것이 '星'의 고유어였다면 어째서 여타의 축약처럼 '벼리'가 '볘'가 되지 않고 '별'로 되었는지를 염두에 두지 않았던 듯하다. 향찰의 해독은 항상 동일한 현상이 다른 곳에서도 일어나고 있는가를 확인하면서 진행되어야 한다. 동일한 현상이 일어나는 경우에 한해서 보편적 해독안이라 확정할 수 있는 것이지, 그렇지 않은 경우라면 항상 '잘못 해독했을 가능성'을 열어 두어야 하는 것이다. '벼리'가 '별'로 음운 변화한 것은 여타의 경우에서는 보이지 않는 현상이므로 '애초부터 잘못 해독했을 가능성을 가진 곳'이 된다. 그 가능성은 '利'가 향가 수록 문헌인 『삼국유사』에서 'ㄹ'음을 위해 사용되는 용례를 발견함으로써 현실화되었다. '星利'는 '世理(누리 - 뉘)·川理(나리 - 내)'와의 친연성보다는 '娥利 = 閼(알)', '肖利 = 屑(설)'과의 친연성이 더 강한 형태인 것이다.

'星利'를 '별'로 읽는 것의 문학적 의의는 아직은 크지 않을지 모른다. 이

---

38 양주동, 상게서, 584면.

점은 바로 위에서 기술한 '岳音' 또한 마찬가지라 할 만하다. 그러나 우리는 다음의 연구 동향에서 이러한 고유어 재구를 통한 음절 수의 확정이 언젠가는 문학적 논의에 기여할 가능성을 제시할 수 있다. 현재까지도 試論에 머물러 있는 영역으로 판단되는 향가의 詩形 - 특히 三句六名 - 과 律格에 관한 논의가 그것이다.

그간 三句六名[39]은 향가의 정형성을 풀어줄 열쇠로 지목되어 학계의 비상한 관심을 불러일으켰는데, 이에 관한 견해 가운데 적지 않은 업적들이 '名'을 '音節數'로 상정하고 있음을 본다.[40] 그 중 대표적인 언급을 인용하면 다음과 같다.

> 三句六名의 내용을 저자는 1·3·7 三句에서의 6音節 維持로 이해하였던 것인데 이제 이를 著者 자신의 해독 위에서 다시 점검해보면 다음과 같아진다.
> … 혜성가: ○6 ○6 ×7 …
> … 願往生歌를 으뜸으로 삼고 禱千手觀音歌와 彗星歌까지는 이 틀에 드는 것이 확실한 반면에 …[41]

그의 말은 〈彗星歌〉의 경우 제1·제3·제7구가 각각 6·6·7음절로 해독[42] 되어 '3句 6名' 즉, '3개의 句는 6음절'이라는 형식을 비교적 만족시키고 있다는 것이다. 그러나 위의 '○6 ○6 ×7'에서도 보이듯 제7구의 음절 수가 7인

---

39 균여전의 「譯歌現德分者」에 나오는 구절로, 전체 문장은 다음과 같다.
  "詩構唐辭磨琢於五言七字 歌排鄕語切磋於三句六名"
40 김사엽(「향가형식의 문제점」, 『이숭녕박사송수기념논총』, 을유문화사, 1968.), 서수생(『한국시가연구』, 형설출판사, 1970.), 이병기(『국문학개론』, 일지사, 1973.), 김수업(「삼구육명에 대하여」, 『국어국문학』 68·69호, 국어국문학회, 1975.), 김완진(「삼구육명에 대한 한 가설」, 『이숭녕 고희기념 국어국문학논총』, 탑출판사, 1977.) 등의 연구자들이 음절 수를 이용해 三句六名을 설명하고 있다.
41 김완진, 상게서, 31면.
42 김완진의 해독은 아래의 인용을 참조할 것.

것은 문제였다. 그런데 공교롭게도 본고의 해독에 따르면 제7구는 '길 쓸 별 브라고'로 되어 정확히 6음절을 만족시킨다. 즉, '○6 ○6 ○6'이 되어 보다 정확히 그가 정의한 三句六名에 합치하는 듯이 보이게 된다.

물론, 본고는 위 김완진이 제시한 삼구육명의 풀이에 대해 동조하는 입장에 서 있지는 않다. 본고가 이 예를 든 이유는 올바른 음절 파악이 향가 연구에 줄 수 있는 의미를 다시금 喚起하고자 함이다. 고유어의 재구를 통해 올바른 음절의 수를 파악을 한다는 것은 '삼구육명에 대한 설을 개진'할 때도, '기존의 설을 반박'할 때도 모두 필요함을 말하고 싶은 것이다.

율격을 논하는 자리에서도 음절 수의 정확한 파악은 필요하다.

사실 우리 시가의 율격적 면모를 음절 수로서만 논의할 수는 없다. 그러나 이 음절 수는, 그것이 결정적인 것은 아니라 하더라도, 어느 정도까지는 율격적 면모를 반영해주는 것으로 생각된다. 이에 필자는 그 불충분함을 인식하면서도, 달리 뚜렷한 계측방법을 찾을 수 없는 실정이라, 편의상 음절 수로써 시적 긴장의 지속시간을 헤아리기로 한다.[43]

위의 인용에 이어 성호경은 다음과 같이 〈彗星歌〉의 음절 수를 게시하였다. (진한 부분은 필자)

---

[43] 성호경, 「향가 분절의 성격과 시행구분 및 율격에 대한 시론」, 『백영정병욱선생 환갑기념 논총』, 신구문화사, 1982, 284면.
이 인용문에서는 다소 완곡히 언급되었지만, 실상 음절 수의 파악은 율격론의 가장 중요하고도 기본적 사항이 된다. 다음과 같은 언급은 율격논의에서 음절 수의 파악이 가지는 중요성을 강조한 한 예가 될 것이다.
"음절의 대상화를 통해서만이 율격의 그러한 시간 경험과 직접 만날 수 있게 되는 것이다. 그러므로 음절이 율격 형성의 기저자질일 수 있는 언어학적 조건은 다른 어떤 자질보다 더 훌륭하게 갖추어져 있다고 할 수 있다. 이러한 연유로 음절은 사실상 거의 모든 언어를 막론하고 율격의 기저자질로 설정되고 있으며 또 그렇게 인식되어 왔다." 〈성기옥, 『한국시가율격의 이론』, 새문사, 1986, 85~86면.〉

① 녀 싀ㅅ 믈곳(4)　　　　　　　① 녀리 실 믈ㅅ(5)
② 乾達婆이 노론 잣홀란 바라고(12)　② 乾達婆이 노론 자슬랑 ㅂ라고(12)
③ 예ㅅ 軍두 옷다(5)　　　　　　③ 여릿 軍두 왯다(6)
④ 燧슬얀 굿 이슈라(7)　　　　　④ 홰 틔얀 어여 수프리야(9)
⑤ 三花이 오롬보샤올 듣고(10)　　⑤ 三花이 오롬 보시올 듣고(10)
⑥ 둘두 ᄇ즈리 혀렬바애(9)　　　⑥ ᄃ라라도 ᄀᄅᄀ싀 자자렬 바애(13)
⑦ 길ᄈᆞᆯ 별 ᄇ라고(6)　　　　　⑦ 길 ᄈᆞᆯ 벼리 ᄇ라고(7)
⑧ 彗星여 슬ᄫᅠ여 사ᄅᆞ미 잇다(11)　⑧ 彗星이여 슬ᄫᅠ녀 사ᄅᆞ미 잇다(12)
⑨ 아ᄋᆞ 둘 아래 뻐갯더라(9)　　⑨ 아야 ᄃ라라 뻐갯ᄃ야
⑩ 이 어우 므슴ㅅ 彗ㅅ기 이실꼬(10)　⑩ 이예 버믈 므슴ㅅ 彗ㅅ 다ᄆᆞ닛고(11)
　　　　　〈양주동〉　　　　　　　　　　　〈김완진〉

　위 표의 괄호 속의 숫자는 그가 이후 율격 논의를 전개하기 위해 전제조건으로 파악한 음절 수인데, 이 음절 수는 고유어 재구의 進展에 비례하여 정밀해질 것이다. 본고에서 제시한 해독이 타당한 것으로 인정된다면 위 제⑤句의 10음절은 9음절로, 제⑦句는 양주동과 마찬가지로 6음절로 수정될 수 있을 것이다. 본고에서 다룬 고유어의 음가와 음절 수 추정은 이러한 연구와 상호 교류될 수 있다는 점에서 일정한 문학적 의미를 가지지 않을까 한다.
　마지막으로 '烽燒邪隱'을 '홰 퓌윤'으로 읽는 독법이 가지는 향가 연구사적 의의를 덧붙이려 한다. 전술했지만 이 구절은 이미 소창진평의 해독에서부터 '횃불을 태운'으로 해석해오던 곳이었다. 그러나 후대 연구자들이 의문을 품었던 것은 왜 일반적 관형형인 '-乎隱·-烏隱'이 접속되어 있지 않느냐란 점이었다. 즉, '烽燒邪隱'이 아니라 '烽燒乎隱' 혹은 '烽燒烏隱'의 형태가 되었어야 한다는 것인데, 이 점에서 양주동의 '-邪隱'은 '-얀'을 표기한 것이란 假說이 제기되었던 것이다. 그러나 문제는 중세어 '-얀(욘·윤)'은 선행하는 어간이 'ㅣ'모음을 가지거나 'ᄒ-'를 가질 때 나타난다는 점이다. 그렇기에 그 후의 연구자들은 선행하는 어간에 'ㅣ'모음이 포함된 어휘를 求해왔다. 김완진의 '틔얀'은 그런 배경에서 나오게 된다. 본고의 再構語 '퓌얀'은 양주동의 가설을 증명해주었다는 점에 의의가 있다. 김완진이 재구한

'틱얀'은 추정적 어휘일 뿐, 문증되지 않는다는 약점이 있었다. 그 점을 補論하게 된 것이다.[44]

5. 결론

본고는 〈彗星歌〉 해독의 補論的 성격을 띤다. 노래 전체를 해독한 것이 아니라 그간의 업적들에서 부분적으로 놓치고 있는 어휘들을 선별하여 해독하였기 때문이다. 그러나 본고에서 지적한 네 군데의 고유어 재구는 어학적·문학적 연구에 일정 부분 기여할 수 있을 것으로 기대한다. 위를 요약한 것으로 결론을 대신하려 한다.

1. '束(尸)'을 '싀(ㄹ/ㄷ)'로 읽는 것은 양주동 이후 모든 연구자들이 따른 곳이지만, 그 근거가 잘못되어 있음을 밝혔다. '束尸'의 형태가 우리에게 주고 있는 정보는 현재의 자료 수준으로는 "'束'의 고유어는 'ㄹ'을 말음으로 한다." 정도에 그친다. 그렇기에 '束'을 '싀'라고 읽은 관련독법들은 모두 再考될 필요가 있다. '詞腦歌'를 '東土의 노래'로 해석한 후, 다시 '東'과 '鄕'을 동일시하여 '사뇌가'의 漢譯이 '향가'라고 보는 양주동과 학계 일각의 견해는 매우 불완전한 것이란 점, 이에서 파생하여 '시나위'를 '향가'와 동일시하는 음악계의 견해 또한 양주동의 誤論을 이어받은 同軌의 잘못이란 점, 역시 이를 '싈'로 읽어 '날이 새다'의 뜻으로 풀이한 연구는 再考의 여지가 있다는 점 등을 밝혔다.

---

[44] 더 나아가 말한다면, 동일한 형태가 나타나는 〈讚耆婆郎歌〉의 '露曉邪隱'의 고유어 재구에도 영향을 미친다. '-邪隱'이 '얀/욘'에 해당하는 것이라는 가정이 확실하다면, '曉'의 고유어 또한 'ᄒ-' 또는 '이'로 끝나는 어휘여야 하기 때문이다. 필자는 찬기파랑가의 해당구절을 '나타나 훤ᄒ욘얀'으로 읽는데, 이에 대한 자세한 고증은 〈讚耆婆郎歌〉에 관련한 후고에서 다룰 계획에 있다.

2. '岳音'은 소창진평 이래 모든 연구자가 '오름/오롬' 등으로 읽어 왔다. 그러나 이 어휘는 산을 의미하는 몽고어 'УУЛ[올]', 혹은 산봉우리를 의미하는 'ОРОЙ[어레]'의 音變일 가능성이 높다. 이로 본고에서는 國字에서 '嶺'을 뜻하는 '岾(덤)'에서 그 독법을 찾았다. 國字는 고유어의 음을 표기하기 위해 만들어진 것이므로 '岾'이란 字의 존재 자체가 고유어 '덤'이 있었음을 알리는 직접적 증거가 되는데, 이를 해독에 반영하여야 한다고 본 것이다.

3. '星利'는 그간 대부분의 연구자들에게 '벼리'로 읽혀왔으나, 『삼국유사』에서 보이는 '利'는 경우에 따라 'ㄹ'을 표기하고 있기에 '별'로 읽어야 한다. 그 근거로 '閼(알) = 娥利', '屑(설) = 肖利'의 대응관계를 들었다. '星利'와 '岳音'의 독법 개선은 향가의 율격적 논의에 일정부분 도움을 줄 수 있을 것으로 기대된다.

4. '烽燒邪隱'은 후행하는 어미가 '邪隱(얀/윤)'이기에 선행 어간에 'ㅣ'모음이 포함되어 있어야 한다. 이 점은 이미 선행 연구들에서도 認知되어 있던 것이지만, 실제 고유어의 선택은 이를 만족시키지 못한 결함을 지니고 있었다. 'ᄉᆞ른·틱윤'과 같은 독법은 앞에 'ㅣ'모음이 없거나('ᄉᆞ른'의 경우), 문헌에서 발견되지 않는 어형(틱윤)이라는 점에서 각각의 한계를 지니고 있었다. 본고에서는 '퓌윤'을 제시하였는데, 語義과 語形을 동시에 만족시키는 최선의 고유어라 판단했기 때문이다.

5. 본고에서 다루고 있는 독법문제는 향가해독이 어느 정도 수준에 도달하여 '시형과 율격'을 논할 시점이 되면, 향가해독의 중요한 쟁점으로 부각될 것이다. 더불어 音相을 통해 詩的美感을 논의할 때에도 올바른 고유어 재구가 긴요하게 될 것이다. 본고는 그러한 시도를 위한 整地作業으로서의 의의를 가진다.

『고전과해석』 8, 고전문학한문학연구학회, 2010.

禱千手觀音歌의 해독과 구조 재고
－10句의 慈悲也根古를 중심으로－

1. 서론

『三國遺事』권3,「塔像」條에는 다음과 같이 간략한 배경 설화와 함께 향찰로 표기된 祈禱의 노래 1首가 실려 있다.

景德王 때에 漢岐里의 여인 希明의 아이가 태어난 지 5년 만에 갑자기 눈이 멀었다. 하루는 그 어미가 아이를 안고 芬皇寺 左殿의 북쪽 벽에 그린 千手大悲 앞에 가, 아이로 하여금 노래를 지어 기도하게 했다. 그러자 다시 눈이 밝아졌다. 그 노랫말은 이러하다. "膝肹古召旀 二尸掌音毛乎攴內良 千手觀音叱前良中 祈以攴白屋尸 置內乎多 千隱手 叱千隱目肹 一等下叱放一等肹除惡攴 二于萬隱吾羅 一等沙隱賜以古 只內乎叱等邪阿邪也 吾良遺知攴賜尸等焉 放冬矣用屋尸慈悲也根古"[1]

김동욱에 의해 "觀音思想의 展開를 中心으로 하여 피어난"[2] "하나의 祈禱歌"[3]로 규정된 이래, 이 노래에 대한 문학적 평가는 다양하게 이어졌다. 그

---

[1] 景德王代, 漢岐里女希明之兒, 生五稔而忽盲. 一日其母抱兒, 詣芬皇寺左殿北壁畫千手大悲前, 令兒作歌禱之, 遂得明. 其詞曰 … 노래생략 …. 〈三國遺事 3卷, 塔像, 芬皇寺千手大悲 盲兒得眼〉
[2] 김동욱,『한국가요의 연구』, 을유문화사, 1961, 117면.

과정에서 이 노래가 가진 祈願的 構造 또한 관심의 대상이 되었는데, 이는 이재선⁴에 의해 다음과 같이 定論化되어 있다.

무릎플 고조며 둘솝바당 모호누아	① 合掌坐臥
千手觀音ㅅ 前아히 비슬볼 두누오다	② 名號 執持 禮敬
즈믄손ㅅ 즈믄눈흘 ᄒᆞ둔흘 노하 ᄒᆞ둔흘 더ᇢ디 둘업는 내라 ᄒᆞ둔사 그ᄉᆞ시 고티누옷다라	③ 神力 告白 請願
아으으 나애 기티샬ᄃᆞ 노틴 ᄡᅳᆯ 慈悲여 큰고	④ 請願的 附言 - 結請 및 讚嘆

소창진평⁵과 양주동⁶의 해독을 바탕으로 하여 도출된 위 구조는 이후로도 많은 연구자들에게 공감되며 반복적인 지지를 받아왔다. 그 현장을 살펴보면 다음과 같다.(방점은 필자)

> 禱千手大悲歌의 祈禱的 構造는 3단락으로 되었다. 合掌과 名號, 神에 대한 告白과 請願, 神에 대한 禮讚. 곧 이것은 '… 께 비나이다. … 해주십시오. … 자비가 클 것입니다.'라는 전형적 기도문의 유형으로 해석된다.⁷

> 10구에서 … 千手觀音에 대한 찬양의 語法으로 표면화된다. … '慈悲의 큼'을 노래하면서 希明은 이 도천수대비가를 마무리짓고 있는데 … ⁸

---

3 김동욱, 상게서, 119면.
4 이재선, 「신라향가의 어법과 수사」, 『향가의 어문학적 연구』(김열규·정연찬·이재선 공저), 서강대학교 인문과학연구소, 1972, 155면.
5 小倉進平, 『鄕歌及び吏讀の硏究』, 경성제국대학, 1929, 191~198면.
6 양주동, 『고가연구』, 박문서관, 1942, 454~486면.
7 최철, 「도천수대비가연구」, 『한국시가연구』(권영철 외), 형설출판사, 1981, 67면.
8 박노준, 『신라가요의 연구』, 열화당, 1982, 268면.

마지막 장에서는 그에게 끼칠 자비의 위대함에 대해 찬탄하고 있다. 미덕을 형용하는 것이 頌이라면, 讚은 빼어난 공을 감탄을 발하여 드러내는 것이라 할 수 있다.[9]

선행 업적들이 지적하고 있는 1~4句의 '경건한 합장의 모습', 5~8句의 '간절한 청원의 내용'은 노랫말에 나타나는 '무릎(膝)·두 손바닥(二尸掌音)·두 눈 없는 내게 하나쯤은 주시라(二于萬隱吾羅 一等沙隱賜)'의 어구를 볼 때, 적절한 포착이었던 것으로 판단된다. 어법상으로도 적절한 해석으로 판단되고, 佛家의 문화적 정황을 보더라도 무릎을 꿇고, 손바닥을 모아 기도하는 모습은 부처에 대한 禮敬의 공식적인 표현으로 확인[10]되기 때문이다.

그러나 9·10구, 즉 結句에 대한 그간의 평가 - 千手觀音菩薩에 대한 讚嘆 - 는 적지 않은 不安이 있어 보인다. 선행 연구에서 주목해 왔던 '讚嘆'은 10句에 나타난 '慈悲也根古'에 대한 초기 연구자의 해독 '慈悲야 큰고?'에 全的으로 기대고 있는데, 이 구절의 해독은 9·10句의 문맥이나, 향찰 표기적 관점에서 볼 때 未洽한 점이 많기 때문이다. 더구나 그간 研究史에서는 『華嚴經』의 다음 자료

---

9 박애경, 「불교문화의 저변화와 맹아득안가」, 『향가의 수사와 상상력』(고가연구회 편), 보고사, 2010, 341면.
10 이 동작은 佛經에서 일반적으로 '부처께 사뢰(白)는 장면'에서 나타난다. 다음과 같은 구절이 그것이다.
　右肩乙 袒旀 右膝乙 地良中 著爲良 合掌恭敬爲良旀 頂以 佛足乙 禮爲白古 而白佛〈합부금광명경 13:19~21〉
　올혼 엇게 메밧고 올혼 무룹 ᄭ"러 몸 구펴 合掌ᄒ야 부텨의 ᄉᆞᆯᄫᆞ샤ᄃᆡ〈釋譜詳節 9:29a~b〉
　長老須菩提 在大衆中卽從座起偏袒右肩 右膝着地 合掌恭敬而白佛〈金剛般若波羅蜜經, 善現起請分〉
　袒右肩 以右膝著蓮華臺上 一心合掌正向如來 以偈頌曰〈大方廣佛華嚴經寶王如來性起品, 第三十二之一〉
　이러한 정황은 本歌에서도 확인되는데, 제4행, '祈以攴白屋尸'에 나타나는 '白'이 바로 그것이다. 그간 일부 연구(양주동, 상게서, 463~464면 등)에서 이를 공손의 선어말어미 'ᅀᆞᆸ'으로 보기도 하였지만, 직전 句에 '千手觀音前'이라는 어휘가 나타난다는 점, 祈禱의 관례적 정황으로 볼 때는 '祈以攴白屋尸'는 '비는 말·기도의 말씀'으로 풀이되는 것이 마땅하다.

如來智慧大藥王樹 初生根時 一切菩薩 悉生大慈悲根 未曾捨離一切衆生, 初生莖時 一切菩薩 皆悉生長堅固精進正直心莖 初生枝時 一切菩薩 生長一切波羅蜜枝.

〈大方廣佛華嚴經 60卷本, 第35卷〉

에서 보이는 '慈悲根(자비의 뿌리)'이라는 관용적 비유어를 目擊하지 못한 상태로 각자의 결론에 도달하고 있어, 일층 더 의구심을 자아낸다. '慈悲根'이라는 어휘의 實存이 감안된다면 '慈悲也根古'는 결코 '자비야 큰고?'로 해독될 수 없기 때문이다.

이에 본고는 佛經에 나타나는 '慈悲根'에 근거하여 '慈悲也根古'에 대한 해독을 반성적으로 수행하려 한다. 더불어 이와 관련된 9·10구 전체의 의미 또한 재구함으로써, 이 노래가 가진 특유의 祈願的 構造를 訂正하려 한다.

2. "慈悲也根古"의 해독

1) 諸家의 見解 비판

문학연구자들이 이 구절에서 '千手觀音菩薩의 慈悲에 대한 讚嘆'을 읽어내었던 것은 초기 연구자들이 제시한 다음의 해독[11]을 신뢰했기 때문이었다.

---

11 이후의 해독에서도 이러한 경향은 대체로 유지된다. 도표로 보이면 다음과 같다.

지헌영 (1947)	홍기문 (1959)	전규태 (1976)	김완진 (1980)	유창균 (1994)	강길운 (1995)	양희철 (1997)	신재홍 (2000)
慈悲여큰고	자비야불휘고	자비야큰고	慈悲여큰고	慈悲라흐고	慈悲의불회고	자비야큰고?	자비의 根쯜일까?

한편, 위의 연구사에서 보이듯 홍기문·강길운·신재홍 등의 연구자들은 '根'을 한자로 인식하여 해독에 임하였다. 이 점은 여타의 업적에 비해 진일보한 관점인 것으로 평가된다. 그러나 착안의 정당함에도 불구하고 附屬된 설명에서 무리한 관점 - 가령, "根古. 「根」은 뜻으로 읽으니 … 자비심이 뿌리로 된다는 말은 원래의 상태보다도 더 든든해지고 더 번창해질 근거를 의미하는 것이다."〈홍기문, 『고가요집』, 국립문학예술서적출판사, 1959, 102~

慈悲也의「也」는 主格을 나타내는 助詞 '이'로 쓰였고, 根은 음이 '근'이지만 이곳에서는「大」라는 뜻의 '큰'으로 대체해서 쓰인 것. 古는 음이 '고'로 영탄의 뜻인 '고'를 표현한 것이다.[12]

慈悲也 : … 也 感歎助詞「여」.
根古 : 根 通音借「큰」. …「根」—字로써「큰」(大)에 擬하엿다. …「古」는 感歎助詞「여」(也)민희 敍述語임으로 感歎助詞로서의「고」이다.[13]

소창진평과 양주동 모두 '根'을 우리말 '큰(大)'를 나타낸 것으로 보아 해석했는데, 이것이 선행한 千手觀音·慈悲 등과 연관되며 문학연구자들에게 '천수관음보살의 大慈悲'를 연상시켰던 것이다. 하지만 이 두 연구자의 해석에는 가볍지 않은 語學的 문제점이 내재되어 있다.

먼저, 가운데 나타난 '也'의 기능에 대한 오해이다. 소창진평은 이에 대해 主格의 '이'를 표현한 글자라 하였고, 양주동은 感歎助詞 '~여'를 표현한 글자라 하였다. 그러나 향찰 표기 전체에서 '也'는 주격으로 사용된 바가 없으며,[14] 이를 感歎助詞로 볼 때도 '자비여! 큰고?'로 풀이되어 문맥의 어색함[15]

103면)와 같은 - 이 노출되었기에 다음과 같은 외면을 받은 이유가 되었다.
"'根'을 訓으로 새겨서 '불휘' 따위로 읽은 해독들도 있지만, 그 결과는 대체로 적절하지 않은 것으로 나타난다"〈성호경, 「향가 작품의 시적 구조와 난해어구의 의미 범주」, 『한국시가연구』 9집, 2001, 153면.〉

12 소창진평(1929), 상게서, 198면.
13 양주동(1942), 상게서, 484~486면.
14 주지하다시피 향찰 표기에서 주격의 '이'는 항상 '是'字를 써서 나타낸다.
人是有比多〈사람이 잇다, 혜성가〉, 民是愛尸知古如〈民이, 안민가〉 한편, 소창진평은 이곳 외, 〈普賢11〉의 6句 "向乎仁所留善陵道也"에서도 文末에 나타나는 '也'도 주격의 '이'로 파악한 바 있다. 그러나 이 구절 또한 '善陵道여' 정도로 해독되는 곳으로, '也'는 감탄 종결어미에 불과하다. 그의 이러한 오해는 문맥을 정확히 이해하지 못했기에 나타난 착오로 판단된다.
15 이러한 어색함을 그도 의식했던 것으로 보인다. 그는 책 후반부에서 이 구절을 "놓되 쓰올 慈悲여 얼마나 큰고!"로 현대어역하고 있는데, 이때 그가 임의로 넣은 '얼마나'는 아마 어색한 문맥을 완화하기 위한 장치였을 것이다.

을 면치 못하게 된다. 즉, 두 해독 모두 語法, 혹은 문맥의 정합성에서 문제를 지니고 있는 것이다.

'根古'를 '큰고?'로 이해했던 것 또한 문제이다. 이들은 共히, '根'이 향찰 표기에 음차자로 나타난다는 점, '根'의 음이 '근'으로 '큰'과 유사하다는 점 등에 근거해 이를 '큰고?'로 풀이하였다. 그러나 향찰 표기의 기본 원리로 볼 때, 이 분석은 일반적인 것이라 보기 어렵다. 주지하다시피 대개의 향찰 표기는 '正用字 + 借用字'의 구조[16]로 되어 있는데, '根古'를 '큰고'로 볼 경우, '借用字 + 借用字'의 구조가 되어 표기의 일반적 원칙에서 벗어나게 되는 것이다.

한편, 이를 특수한 경우[17]로 보아, '借用字 + 借用字'가 실현된 예로 볼 때에도 여전히 문제를 지닌다. '大'의 當代 訓은 '큰'이지 '근[根]'이 아니기 때문

---

16 '君隱 父也(안민가)', '一等隱 枝良 出古(제망매가)' 등의 표기에서 보이는 구조를 말한다. '君隱 父也'는 '君(임금, 一般漢字) + 隱(은·주격조사, 借字), 父(아비, 一般漢字) + 也(야/여·감탄종결어미, 借字)로 분석되어 '군은 아비야'로 해석되고, '一等隱 枝良 出古'는 '一(ᄒ, 一般漢字) + 等隱(ᄃᆞᆫ·말음첨기, 借字), 枝(가지, 一般漢字) + 良(에/예·처격조사, 借字), 出(나, 一般漢字) + 古(고·연결어미, 借字)'로 분석되어 'ᄒᆞᄃᆞᆫ 가지예 나고'로 해석되는데, 이때 語節의 기본 구조는 모두 '일반한자(君·父·一·枝·出) + 차자(隱·也·等·良·古)'로 되어 있음을 보는 것이다. 일반한자는 한자 본연의 의미 그대로 사용된다는 점에서 '正用字'라 명명할 수 있고, 借字는 한자의 의미와는 상관없이 음이나 훈의 소릿값을 빌려 쓰는 것이기에 '借用字'라 명명할 수 있는데, 이의 개념과 향찰 표기의 기본 구조에 대한 자세한 설명은 박재민(「고등학교의 訓借字·音借字 교육에 대한 비판적 고찰」, 『국어교육』 제139호, 한국어교육학회, 2012, 149~171면.)에서 다루고 있다.

17 일반원칙에서 벗어나는 소수의 경우를 말한다. 〈安民歌〉의 '阿孩(아해)', 〈怨歌〉의 '爾屋攴(이울-)', 本歌의 '掌音 毛乎(모호-)' 등에서 보이는 표기 구조는 특이하게 '借用字(阿·爾·毛) + 借用字(孩·屋·乎)'로, 차자끼리의 결합으로 되어 있다. 필자는 이러한 표기법의 존재를 늘 염두에 두고 해독에 임하고 있다. 그러나 이러한 구조는 어디까지나 예외적인 것으로 해독의 현장에서는 항상 신중하게 적용시켜야 할 것임도 늘 염두에 두고 있다. 실제 『삼국유사』 소재 향가에 나타난 語節을 대상으로 하여 '일반한자 + 차자'의 구조와 '차자 + 차자'의 구조의 비율을 헤아려보면 약 350회: 약 37회(연구자의 분절방식에 따라 약간 차이가 날 수도 있으나, 압도적 비율이라는 점에서는 이견이 없을 것이다.)가 되어 대략 10:1정도가 됨을 볼 수 있는데, 이러한 비율의 차이는 해독에 임하는 우리의 자세에 대해 시사해 주는 바가 적지 않다고 본다. 즉, 일반적인 구조를 우선적으로 고려하고, 그것이 도저히 문맥을 이루지 못할 때 후속하여 특수한 결합이 아닌가 혐의해야 함을 알리는 것이다.

이다. 『계림유사』에서 보이는 '大'의 훈에 덧붙은 '黑'字는 그 점을 명확히
보여준다.

　　大曰黑根 (ㅎ+근 = 큰)　　　　　　　　　　　　　　　〈鷄林類事〉

　상황이 이렇기에 비교적 근래의 유창균은 이 구절에 대해 다음과 같이 고
민을 토로한다.

　　'根'을 바른 표기로 볼 때는 해독에 적지 않은 문제가 파생된다. …… '根'의 음이
　　'큰'이 될 수 있는 근거가 없다. … 筆者는 '根'을 '恨'의 誤字로 보고자 한다.[18]

　하지만 '根'을 '恨'의 誤記로 보자는 유창균의 제안 또한 우리를 안심케 하
지는 못한다. 그에 따르면 '慈悲라 恨고'는 '자비라 말하는고?'를 표현한 것
이 되는데, 설령 誤字說을 인정한다 하더라도, 그렇다면 '也'는 왜 '라'[19]가 되
는지, '恨'이 과연 '말하다'라면 그 주체는 누구인지에 대한 의구가 연달아
계속 일어나게 된다.

2) 佛家의 관용구

　그렇다면, 본조의 '根'에 대한 정당한 독법은 무엇일까? 본고는 그간의 연
구에서 이 字의 正體를 지나치게 '借字' 일변도로 생각해오지 않았던가에 대
한 반성을 해 본다. 대부분의 연구에서 이 字를 借字로 여겼던 것은 향찰 표
기에 아마 다음과 같은 명백한 차자로서의 '根'이 존재함을 의식했기 때문

---

18 유창균, 상계서, 623면.
19 향찰 표기에서 '也'가 '라'를 위한 차자라는 것은 극소수 연구자들에 의해서 주장되는 것일
뿐, 보편적인 독법이라 보기는 어렵다.

이 아니었을까 한다.

緣起叱 理良 尋只 見根 (보곤=보면) 〈普賢5〉
此如 趣可伊羅 行根 (녀곤=가면) 〈普賢11〉

하지만, 우리는 향찰의 해독에서 특정자가 항상 차자로만 쓰인다거나, 항상 한자로만 쓰이는 것은 아님을 안다. 借字로 관용되는 字라 할지라도 文脈의 필요에 따라 불가피하게 漢字로도 나타나고 있는 것이다. 다음과 같이 차자로도, 한자로도 쓰이는 '白·惡' 등[20]의 자가 그러하다.

【白】

1. 借用字(借字) '숩'

刹刹每如 邀里白乎隱 (모리숩온) 〈普賢1〉
九世盡良 礼爲白齊 (礼ᄒᆞ숩져) 〈普賢1〉

2. 正用字(일반한자) '희다·말하다'

白雲音 逐于浮去隱安支下 (흰 구름) 〈讚耆婆郞歌〉
"彗星也" 白反 (ᄉᆞᆯ본) 〈彗星歌〉

---

20 이외, 音·火·置·多·念 … 등의 字도 이런 범주에 속한다.
　音: 千手觀音叱前 〈一般漢字, 觀音, 도천수관음가〉,
　　　白雲音 〈借字, 구룸, 찬기파랑가〉
　火: 火條執音馬 〈一般漢字, 火條, 보현 3〉,
　　　迷火隱乙根中沙音賜焉逸良 〈借字, 이보(볼/본), 보현 9〉
　置: 他密只嫁良置古 〈一般漢字, 두고, 서동요〉,
　　　倭理叱軍置來叱多 〈借字, 軍도(보조사), 혜성가〉
　多: 法供沙叱多奈 〈漢字, ᄒᆞ나, 보현 3〉,
　　　有叱多 〈借字, 잇다(종결어미), 혜성가〉
　念: 一念惡中 〈一般漢字, 一念, 보현 2〉,
　　　西方念丁去賜里遣 〈借字, ᄡᅥ정(?), 원왕생가〉

【惡】

1. 借用字(借字) '아(~에)'

   <u>一念惡中</u> 涌出去良 (一念아긔)　　　　　　　　　　　　　〈普賢2〉

   功德叱身乙對<u>爲白惡只</u> (ᄒᆞᄉᆞᆸ악)　　　　　　　　　　　〈普賢2〉

2. 正用字(일반한자) '나쁜'

   <u>惡寸習</u>落臥乎隱三業 (惡習)　　　　　　　　　　　　　　〈普賢4〉

   懺爲如乎仁<u>惡寸業</u>置 (惡業)　　　　　　　　　　　　　　〈普賢10〉

위에서 보는 바와 같이 향찰 표기에서 '白'은 차자로서의 쓰임새 'ᄉᆞᆸ(공손 선어말어미)'과 한자로서의 쓰임새 '희다·말하다'를 동시에 가지며 나타나고, '惡' 또한 차자로서의 쓰임새 '아(處格)'와 한자로서의 쓰임새 '나쁘다'를 동시에 가지며 나타나고 있다. 그리고 이런 현상은 本條에 나타난 '根'字 역시 마찬가지이다. 즉, 다음과 같은 예에서 보듯, '뿌리'라는 일반 한자로 나타남을 보는 것이다.

迷火隱乙根中沙音賜焉逸良 (불휘)　　　　　　　　　　　　〈普賢9〉[21]

그렇다면 우리는 '慈悲也根'에 나타난 '根' 또한 一般 漢字로서의 쓰임새일 가능성을 열어두어야 한다. 즉, 이를 '慈悲의 根'[22]을 표현한 말로 가정할 수

---

21 "중생[迷火隱]을 뿌리[根中] 삼으신 이라"로 해독되는 구절이다. 불가의 다음 인식을 시화한 구절이다.
　　"生死曠野菩提樹王 亦復如是 一切衆生 而爲樹根 諸佛菩薩로 而爲華果〔생사광야의 보리수왕도 또한 이와 같아, 일체 중생을 뿌리로 삼고, 모든 부처와 보살로 꽃과 열매를 삼는다.〕"
　　〈大方廣佛華嚴經 80卷本, 第81卷〉
22 이 경우의 '也'는 소유격 '이/의' 등을 나타내는 차자로 판단된다. '也'는 "菟蔿: 目非也次·目非阿米〈鄕藥救急方〉, 菟 눈비얏 츙〈訓蒙字會〉" 등의 경우에서 보듯, 字音 /야/를 借用한 音借字로 사용되는데, 향찰에서는 주로 '야·여' 등의 音域을 표시하는 감탄의 종결어미로 사

있게 되는데, 이 관점에서 볼 때 다음의 佛家 관용구는 우리의 非常한 注意를 끌기에 족하다.

㉠ 菩薩妙法樹 生於直心地 信種慈悲根 智慧以爲身 方便爲枝幹 五度爲繁密 定葉神通華 一切智爲果 : 보살의 묘법수는 곧은 마음의 땅에서 생겨나니, 믿음은 씨앗, **자비는 뿌리**, 지혜로 몸을 삼는다. 방편은 枝幹이 되고 五度는 무성함 되며 禪定은 잎, 神通은 꽃이고 一切智는 열매가 된다.

〈大方廣佛華嚴經 80卷本, 第59卷〉

㉡ 佛子! 如來智慧大藥王樹, 其根生時, 令一切菩薩生不捨衆生大慈悲根, 其莖生時, 令一切菩薩增長堅固精進深心莖, 其枝生時, 令一切菩薩增長一切諸波羅蜜枝, 其葉生時, 令一切菩薩生長淨戒頭陀功德少欲知足葉, 其華生時, 令一切菩薩具諸善根相好莊嚴華, 其果生時, 令一切菩薩得無生忍, 乃至一切佛灌頂忍果. : 불자야! 여래지혜의 대약왕수는 그 뿌리가 날 때, <u>모든 보살로 하여금 중생을 버리지 않는 대자비의 뿌리를 나게 하고</u>, 그 줄기가 날 때, 모든 보살로 하여금 견고하게 정진하는 깊은 마음의 줄기를 자라게 하고, 그 가지가 날 때, 모든

용된다.

彗星也白反也人〈"혜성이여!", 혜성가〉
君隱父也〈"君은 아비여!", 안민가〉
南无佛也白孫舌〈"나무불이여!", 보현 2〉

그러나, '也'의 쓰임새가 감탄의 종결어미에 국한되는 것은 아니다. "沙是八陵隱 汀理也中〈나리아기, 찬기파랑가〉"와 같이 處格 助詞 '아기'를 위한 '아'를 위해서도 사용되고, "烽燒邪隱邊也藪耶〈烽火 사룬 邊[H]이 숲이여!, 혜성가〉"나 "郞也持以支如賜烏隱 心未際叱〈郞이 지니시던 마음의 끝, 찬기파랑가〉"에서처럼 屬格 助詞 '이'로도 사용됨을 보는 것이다. 본조의 '也'는 통사적 조건으로 볼 때, 이 중 속격의 경우에 해당하는 것으로 판단된다.

한편, 鮮初의 언해 자료를 통해 볼 때 '의'는 유정명사의 속격에만 쓰이는 것으로 알려져 있으나, 향가에 나타난 표기로 볼 때 반드시 그렇지는 않다. 다음과 같이 무정물에서도 쓰임을 볼 수 있다.

直等隱心音矣命〈ᄆᆞᅀᆞ미 命, 도솔가〉
烽燒邪隱邊也藪耶〈烽火 사룬 邊[H]이 숲이여!, 혜성가〉

보살로 하여금 일체 바라밀의 가지를 자라게 하고, 그 잎이 날 때, 모든 보살로 하여금 두타공덕을 깨끗이 지키고 욕심을 적게 하고 만족함을 알게 하는 잎을 생장하게 하고, 그 꽃이 날 때, 모든 보살로 하여금 여러 선근 상호와 장엄화를 구비케 하고, 그 열매가 날 때, 모든 보살로 하여금 무생인을 얻게 하여 일체 불관정인의 열매에 이르게 한다. 〈大方廣佛華嚴經 80卷本, 第51卷〉

ⓒ 如來智慧大藥王樹 初生根時 一切菩薩 悉生大慈悲根 未曾捨離一切衆生, 初生莖時 一切菩薩 皆悉生長堅固精進正直心莖, 初生枝時 一切菩薩 生長一切波羅蜜枝. : 여래지혜의 대약왕수가 처음으로 뿌리를 낼 때, <u>모든 보살은 다 대자비의 뿌리를 내어 일체 중생을 버리지 않고</u>, 처음으로 줄기를 내면, 모든 보살은 다 견고한 정진과 정직한 마음의 줄기를 내어 기르며, 처음으로 가지를 내면, 일체 보살이 일체 바라밀의 가지를 내어 기른다.

〈大方廣佛華嚴經 60卷本, 第35卷〉

㉠의 예는 보살에 內在한 妙法[23]을 樹木에 빗대어 설명하는 과정에서 나타난 것이다. 千手觀音 등의 보살은 妙法의 增長을 통하여 '중생의 고통을 덜어주는' 존재인데, 이 묘법을 나무에 비유하는 과정에서 "慈悲根"이라는 어휘가 나타나고 있다. 慈悲란 것은 '여러 가지 고뇌에서 중생을 구해 내어 주는 마음'[24]인데, 이는 보살행의 가장 기본적인 자질이라는 점에서 '나무의

---

23 妙法이란 "부처의 법·보살을 가르치는 法" 등 여러 의미로 새겨질 수 있는데, 눈에 보이지 않고 귀에 들리지 않는 것이라 비유에 의해 제시되기도 한다. 연꽃에 비유되기도 하고, 사자에 비유되기도 하는 것이다.
이 大乘經을 니르시니 일후미 妙法蓮華ㅣ니 菩薩 ᄀᆞᄅᆞ치시논 法이며 부텨 護念ᄒᆞ시논 배라 〈法華經諺解 03:145b〉
菩薩如蓮華 慈根安隱莖 智慧爲衆蕊 戒品爲香潔 〈華嚴經 80卷本, 第59卷〉
菩薩師子王 白淨法爲身 四諦爲其足 正念以爲頸 〈華嚴經 80卷本, 第59卷〉
24 慈悲의 일반적 의미에 대한 인식은 다음 구절에 집약되어 있다.
慈ᄂᆞᆫ 衆生ᄋᆞᆯ ᄃᆞᅀᅡ 念ᄒᆞ야 便安코 즐거본 일로 饒益게 코져 ᄒᆞ논 ᄆᆞᅀᆞ미오 悲ᄂᆞᆫ 衆生ᄋᆞᆯ 어엿

뿌리'에 비유되었던 것이다.

ⓛ과 ⓒ 역시 유사한 인식을 표현하고 있다. 여래의 지혜를 '大藥王樹'라는 나무에 비유하고 있는 이 구절은 여래의 지혜가 보살에게서 발현되는 모습을 단계적으로 형상화하고 있는데, 역시 가장 기본적인 단계로 '보살에게서 慈悲의 뿌리'가 나는 순간을 언급하고 있다. 즉, 자비의 뿌리[慈悲根]를 내고, 견고히 정진하는 깊은 마음의 줄기[心莖]를 내고, 바라밀의 가지[波羅蜜枝]를 내어 궁극적으로는 불관정인의 열매[佛灌頂忍果]를 맺게 되는 과정에서 '慈悲根'이 출현하고 있는 것이다.

본고는 〈도천수관음가〉의 마지막 구절에 나타나는 '慈悲也根'은 佛家의 이러한 개념이 詩化한 것이라 판단한다. 우선 위의 慈悲根은 모두 보살에 내재하거나, 보살행의 한 단계로 나타나는데, 본 노래의 대상이 '천수관음보살'이라는 점에서 간과할 수 없는 문맥적 일치성을 지니고 있다. 또, 보살의 자비는 여러 불경 자료들에서 확인되지만 '병들거나, 가난하거나, 고통에 빠져 있는 중생'에게 베풀어지는 것이다. 그 점에서 볼 때, 이 노래의 화자인 '5歲 盲兒'는 누구보다 慈悲의 뿌리를 절실히 희구하는 인물이 될 수밖에 없다. 결국 본 노래에 나타난 '慈悲也根'은 당시 신라에 정착되어 있던 觀音思想의 비유어가 화자의 입을 통해 詩化된 것이라 할 수 있다.

3. 9·10句의 해독 재고

위에서 살펴본 대로, '慈悲也根古'는 佛家의 '慈悲根'이라는 관용적 비유어가 향찰화되어 표현된 구절로 믿어진다. 그렇다면 이 어휘가 주변의 구절과 유연한 문맥을 형성하는지가 점검되어야 할 문제로 남는다. 선행하는 9·

비 너겨 슳ᄒ야 여러가짓 苦惱를 受ᄒ거든 受苦애 싸ᅘㅕ고져 ᄒᄂ논 ᄆᆞᅀᆞ미오 〈月印釋譜 09: 41b~42a〉

10구 '(9句) 吾良 遺知攴賜尸等焉 / (10句) 放冬矣 用屋尸'는 '자비의 뿌리인고?'와 잘 호응하는가? '遺知攴賜尸等焉'과 '放冬矣 用屋尸'의 방점친 부분들은 소창진평 이래 해독이 거의 확정된 구절[25]이기에, 이하에서는 '放冬矣'와 '吾良 遺知'의 두 구절을 대상으로 문맥적 적합성을 검토한다.

1) 放冬矣

연구사를 살피면, '放冬矣'에 대한 해독은 크게 두 가지 관점에서 이루어지고 있다. 하나는 '放'을 '놓-'을 뜻하는 글자로 보아, '놓되'로 보는 것이고, 다른 하나는 첫 글자 '放'을 자형이 유사한 '於'의 오자로 보아 '어듸'로 보는 것이다. 전자는 소창진평과 양주동 등 초기의 연구자들이 견지했던 해독이고, 후자는 정열모 이래 다수의 연구자들이 동조했던 해독이다. 연구사적 흐름을 표로 보이면 다음과 같다.

소창진평 (1929)	양주동 (1942)	정열모 (1954)	홍기문 (1959)	김선기 (1968)	서재극 (1975)	김완진 (1980)	유창균 (1994)	신재홍 (2000)
放	放	於	放	於	放	於	於	於

본고는 이 두 설 중, 정열모[26]에서 시작된 '於' 誤字說을 긍정적으로 검토해 볼 필요가 있다고 판단한다. 본고의 해독이, 선행하는 구절이 '어듸[於冬矣]'일 때 '어듸에 쓸 자비의 뿌리인고?'가 되어 유연한 문맥을 구성한다는 표면적 이유도 있지만, '文法的·字形的' 측면으로 검토해 보아도 '放冬矣'가 '於冬矣'였을 가능성을 완전히 배제하기는 어려워 보인다.

---

25 '用尸'는 '쓰올'로 읽어 무리 없고, '-攴賜尸等焉' 역시 '샬둔'으로 읽히며, 조건의 연결어미로 확인된다. 다음과 같은 유사 예가 있다.
爲內尸等焉 國惡太平恨音叱如〈安民歌〉, 衆生安爲飛等 佛體頓叱喜賜以留也〈普賢9〉
26 정열모, 『신라향가주해』, 국립출판사, 1954, 72면. (본고는 한국문화사의 1999년 영인본을 이용함.)

誤字의 가능성을 문법적 측면에서 감지하였던 이는 김완진이었다. 그는 10句의 종결어미 '-고(古)'에 주목하여 다음과 같이 언급한 바 있다.

'放冬矣'의 '放'이 '於'의 轉訛임을 金善琪가 지적한 것은 正鵠을 얻은 것이었다. 安秉禧의 연구(1965)로 명확해진 것처럼 어미 '-고'로 끝나는 의문문 안에는 의문사가 들어 있게 마련인데, '放冬矣'로 놓아 두고, '노ᄒ디'니 하고 읽어 가지고는 이 문법적 요건을 충족시킬 수가 없다.[27]

즉, '慈悲也根古'의 '古'는 향찰 표기에서 항상 의문종결어미로 쓰이는 字인바, 이에 근거해 본다면 선행하는 구절에는 반드시 '의문사'가 포함되어 있어야 한다는 것이다. 그렇기에, '놓되'로는 도저히 문법적 요건을 만족시킬 수 없으므로 유사자형인 '於'의 잘못인 것으로 추정된다는 것이다. 그의 이 지적은 문법적 필연성을 수반하고 있다는 점에서 가볍지 않은 무게감을 지니는 것으로 평가할 수 있다. 더구나, 이를 당대의 구결 자료를 통하여 점검해 보아도 같은 결과에 도달할 수 있다는 점에서 文證의 장점까지 지니고 있다. 당대의 자료를 확인해 보면, 종결어미 '-고' 앞에는 다음과 같이 반드시 '何' 등의 의문사가 선행하는 것이다.

爲 遊賞景 何如 爲尼伊古 (엇더 하니이고?) 〈關東別曲 7章, 謹齋集〉
何等 世間叱 法亦乎令古 (무엇을 세간의 법이라 하리고?) 〈華嚴經疏 02:09〉
何爲隱乙 聞正法圓滿是多乎令古 (무엇을 聞正法圓滿이다 하리고?) 〈瑜伽師地論 04:06〉[28]

문법적 측면 이외, 字形的 측면에서도 지지의 목소리는 이어진다. 양희

---

27 김완진, 상게서, 107면.
28 원문은 각각 "何等[爲] 世間ㄴ 法ㅣ/ㅅㅁ", "何ㆍ/ㄱㄹ 聞正法圓滿ㅣㅣ/ㅅㅁ"로 되어 있으나, 可讀의 편의를 위해 口訣을 正字로 전환하였다.

철은 '誤字說'에 대한 신중한 입장을 견지하면서도 다음과 같이 근거를 들어 정렬모를 지지한다.(방점은 필자)

> '放'을 그대로 놓고 해독한 경우들을 보면, 그 해독과 의미가 매우 어색하다. … 결국 '放'을 그대로 놓고는 해독이 불가능함을 파악할 수 있다. 해독에서 오자를 인정하는 데는 매우 신중해야 한다고 생각한다. 오자를 인정하는 것은 틀린 원전을 바로 잡는 것이기도 하지만, 해독을 할 수 없거나 마음에 들지 않을 경우에 자의적으로 고치는 것이기도 하기 때문이다. 그러나 이 상태로는 해독이 불가능하고, 전사 또는 판각 과정에서 글자의 유사에 의해 오자가 발생할 소지가 전혀 없는 것이 아니라는 점에서, 이 '放'을 '於'의 오자로 처리한 것을 따르고자 한다.[29]

그가 신중함을 거듭하면서도 결국은 '오자설'을 수긍한 것은 "이 상태로는 해독이 불가능"하고, "글자의 유사성에 의해 오자가 발생할 소지"가 전혀 없지는 않다고 판단했기 때문이다.

본고는 양희철이 언급한 '자형의 유사성'에 전적으로 공감한다. 이에, 이를 방증할 만한 판각의 사례를 하나 듦으로써 誤字의 가능성을 인정하는 연구 입장에 서려고 한다.

오른쪽 그림은 『삼국유사』 권1 「金閼智」條에 나타나는 誤刻의 모습이다. "後에 婆娑王에게 양보했다(後讓於婆娑)"라는 구절이 와야 하는데, 뜻밖에 "後讓故婆娑"로 되어 있다. '於'로 새겨야 할 자를 '故'로 잘못 새겨 둔 것이다.[30] 구체적으로 본

『삼국유사』 권1,
金閼智
脫解王代

---

29 양희철, 『삼국유사향가연구』, 태학사, 1997, 223~224면.
30 이 사진은 『삼국유사』의 여러 판본 중, 晩松文庫本(1512년본, 고려대 소장)의 해당 부분을 찍은 것이다. 『삼국유사』의 판본 중에는 이보다 더 앞선 것으로 확정된 古版本도 존재하는데, 그 중 하나가 石南本이란 것이다. 현재 이 석남본은 종적을 잃었는데, 다행히 이를 그대로 필사한 본이 남아 있어 고려대학교 중앙도서관에서 영인한 바 있는데, 이 영인본

다면 字의 왼쪽 부분은 '方 → 古'로, 오른쪽 부분은 '仒 → 夊'으로 誤刻된 것이다. 우리는 현전하는 『삼국유사』 판본에서 드물지 않게 보이는 이러한 오각 사례와 양상에 주목할 필요가 있다. 주지하다시피 현전하는 『삼국유사』는 모두가 조선 개국 이후에 새긴 판본에서 인출된 것으로 일연의 저술 시기(1280년경)와는 적지 않은 시간적 격차를 가지고 있는데, 그런 이유로 판각의 많은 부분에서 脫劃·誤刻·磨滅의 흔적을 지니고 있다.[31] 이 그림에 나타난 誤刻도 그 중의 하나인 것이다.

그런데, 본고가 이 사례를 더욱 유심히 보기를 제안하는 것은 바로 이 자의 왼편에서 보이는 '仒 → 夊'의 변개 양상 때문이다. '仒'가 있어야 할 자리에 '夊'가 오각되어 있는데, 이 점은 '仒'와 '夊'이 互換되며 오인될 가능성이 높은 字樣임을 實證해 주고 있다.

〈도천수관음가〉
10구

그렇다면, 〈도천수관음가〉의 '放'자 또한 유사한 오각의 메커니즘이 반영된 것으로 볼 여지가 있지 않을까? 즉, 원래는 '扵'였던 것이 몇 차례의 판각 과정을 거치며 우부방의 '仒' 부분이 흐릿해졌고, 최종적으로는 '夊'으로 오각된 것이 아닐까하는 것이다.

한편, 이러한 오각 가능성이 인정된다면 '放冬'의 원래 모습은 '扵冬[어듸]'로 還元된다. 이 '扵'는 향찰에서 흔히 나타나는 다음 의문사들의 첫 음절 '扵'[32]에도 전적으로 일치하게 된다.

에서도 우리는 해당부분의 글자가 扵로 되어 있음을 확인할 수 있다. 즉, 문맥으로도, 원전비평으로도 '後讓故婆娑'의 '故'는 '扵'의 잘못이 분명하다.

31 오각의 자세한 양상에 대하여는 『삼국유사 소재 향가의 원전비평과 차자·어휘 변증』(박재민, 서울대학교 박사학위논문, 2009.)에서 정리된 바 있다.

32 '扵'는 물명 표기에서 주로 '어'음을 위한 차자로 쓰인다.
漆姑 漆矣扵耳·漆矣母〈鄕藥救急方〉, 母 어미 모〈新增類合〉, 旕時調 엇시조

此地肹捨遣只於冬是去於丁 (어듸)	〈安民歌〉
次弗○史內於都還於尸朗也 (어듸)	〈遇賊歌〉
於內秋察早隱風未 (어느)	〈祭亡妹歌〉
於內人衣善陵等沙 (어느)	〈普賢5〉

    결론적으로, 〈도천수관음가〉의 제10구 "放冬矣 用屋尸 慈悲也根古"는 "어듸 쓰올 자비의 불휘고?"를 표현한 것으로 해독된다.

2) 吾良遺知支賜尸等焉

    이상에서 우리는 〈도천수관음가〉의 10句가 "어디에 쓸 자비의 뿌리인고?"로 해독될 가능성이 높음을 살폈다. '慈悲也根'이 佛家의 '慈悲根'을 표현한 말이 분명하다는 확신과, '放冬矣'가 '於冬矣'의 誤刻일 가능성이 높다는 추론에 따른 결론이었다. 그렇다면 이러한 풀이는 선행하는 9句 '吾良遺知支賜尸等焉'와는 어떠한 관련을 맺고 있을까? 기존의 해독을 넣어 연결해 보면 다음과 같다.

	吾良遺知支賜尸等焉	放冬矣 用屋尸 慈悲也 根古
소창진평 (1929)	나에 끼티 샬든 : 나에게 보내 주신다면	어디에 쓸 자비의 뿌리인고?
양주동 (1942)	나애 기티샬든 : 내게 끼쳐주시면	
김완진 (1980)	나라고 아르실든 : 나라고 알아 주실진댄	
유창균 (1994)	내가 기뎌기 주실든 : 나 같은 사람이라도 끼쳐 주실 것이면	
양희철 (1997)	나아 깃딥 주실드언 : 나아(를/에게) 장차 기티어(棄/贈) 주신다면	
신재홍 (2000)	나아 기디기 줄든 : 나에게 끼치어 준다면	

위에서 살펴볼 수 있듯이, 본고가 제시한 10구의 해독은 기존 9구 해독과 잘 호응하지 않는다. 선행한 해독들은 공히, "나에게 (눈을 하나만) 보내 주신다면"이라는 千手觀音菩薩의 慈悲를 假定하는 조건절로 되어 있기에 후행하는 節에는 '실현에 대한 화자의 반응' 즉, '感謝와 讚嘆의 내용[33]이 이어져야 하는데, 본고의 해독은 '자비의 뿌리란 것은 아무 데도 쓸데없지 않은가?'란 다소 도발적인 내용을 담고 있어 先行한 내용과 배치되기 때문이다.

그렇다면 우리는 이러한 不呼應이 일어난 원인을 찾을 필요가 있다. 본고는 지금까지 행한 해독 '어디에 쓸 자비의 뿌리인고?'는 불경 등에 근거한 것이므로 큰 오류가 없을 것이라는 입장에 서 있다. 그렇기에 선행한 9구, '吾良遺知攴賜尸等焉'의 어느 字에 해독의 오류가 잠재해 있을 것으로 믿는다.

그럴 때, 선행 연구에서 일방적으로 '(눈을) 남겨 주다'의 뜻으로만 이해되어 온 '遺'자가 疑懼의 우선 대상이 된다. 왜냐하면 '遺'는 다음에서 보이듯, '기티다 ≒ 남기다 ≒ 버리다'의 의미 영역에 있는 글자로 '남기다'의 의미로뿐만 아니라 '버리다'의 의미로도 常用되고 있기 때문이다.

遺 기틸 유　　　　　　　　　　　　　　　　　〈新增類合〉
遺논 기틀씨라　　　　　　　　　　　　　　　〈月印釋譜 서 1:19b〉
아ᅀᆞ믈 ᄎᆞ마 서르 ᄇᆞ리리아(宗族忍相遺)　　〈杜詩初刊 08:60b〉
어러이 白接䍦ᄅᆞᆯ 버서디요라(狂遺白接䍦)　　〈杜詩初刊 15:10a〉

더구나, 이 '버리다'란 어휘는 위에서 다룬 '慈悲根'에서 스쳐 지났던 '不捨衆生'의 '捨'를 想起케 한다. 그 부분을 다시 인용하면 다음과 같다.

如來智慧大藥王樹, 其根生時, 令一切菩薩生不捨衆生大慈悲根.
여래지혜의 대약왕수는 그 뿌리가 날 때, 모든 보살로 하여금 중생을 버리지 않는

---

[33] 가령 "얼마나 큰 자비의 뿌리인고?" 정도의 내용이 와야 한다.

대자비의 뿌리를 나게 한다.　　　　　〈大方廣佛華嚴經 80卷本, 第51卷〉

　　如來智慧大藥王樹, 初生根時, 一切菩薩 悉生大慈悲根, 未曾捨離一切衆生.
　　여래지혜의 대약왕수가 처음으로 뿌리를 낼 때, <u>모든 보살은 다 대자비의 뿌리를
　　내어 일체 중생을 버리지 않는다.</u>　　　　　〈大方廣佛華嚴經 60卷本, 第35卷〉

　　위 인용에서 우리는 '慈悲根'과 '버리다[遺·捨]'의 문맥적 聯關을 엿볼 수 있다. '고난에 처한 衆生을 버리지 않는 것'이 바로 '慈悲根의 발현'이라는 것인데, 이러한 관음신앙의 믿음과 〈도천수관음가〉의 시적 정황은 간과할 수 없는 공통점을 우리에게 환기시킨다. 즉, '忽盲'하게 된 話者의 처지는 바로 고난에 빠진 일체 중생의 처지인 것이며, 눈을 내어 5歲兒를 구제해 주는 천수관음보살의 행위는 바로 자비의 뿌리를 내어 중생을 구제하는 보살들의 행위에 대응되는 것이다. 결국 이 노래에 나타난 '遺'는 선행하는 구절 '吾[5歲兒, 衆生]良'과 후행하는 구절 '慈悲根'의 존재를 감안할 때, 마땅히 '버리다'의 뜻으로 파악해야 할 字로 판단된다.

　　그렇다면 이제 마지막 문제가 남는다. 바로 '吾良'의 '良'에 대한 해석이다. 지금까지의 논의를 도식화하면 9·10구 전체의 의미는 다음과 같이 된다.

```
吾良       遺知支賜尸等       放冬矣    用屋尸    慈悲也   根古
나良        기티ㅣ샤ㄹ둔        어듸      쓰오ㄹ    자비의    불휘고
나에게     남겨 주신다면(×)   어디에    쓸        자비의    뿌리인고?
나(ㄹ)란   버리신다면(○)      어디에    쓸        자비의    뿌리인고?
```

　　그간의 연구에서 良에 대한 해독은 모두 處格의 조사 '에'로 일관되어 있다. '良'이 향찰에서 일반적으로 '처격의 조사'로 사용된다는 것을 전제로 하고, 후행하는 구절을 '(눈을) 남겨주다'로만 파악했기에 이러한 해독은 필연적인 귀결이었다고 할 수 있다. 하지만, 후행하는 '遺'를 '慈悲根'과 관련하

여 '(나, 중생을) 버리다'의 의미로 파악하는 관점에서 본다면 이는 재고의 여지가 큰 해독이 된다.

이제 차자 '良'의 표음범주에 '-랑'이 있음을 예시하며 어학적 논의를 마치려 한다. 차자 표기에서 '良'은 '아~에' 뿐만 아니라, '란~랑'의 음역을 위해 사용되는 音借字임을 우리는 유념해야 한다. 범주별로 용례를 들면 다음과 같다.

ㄱ.【아~에(예)~애(얘), 處格】

    東京明期月良 (둘애)　　　　　　　　　　　　　　　〈處容歌〉

    一等隱枝良出古 (가지예)　　　　　　　　　　　　〈祭亡妹歌〉

    手良每如法叱供乙留 (손애)　　　　　　　　　　　　〈普賢3〉

ㄴ.【라(러)】

    癮疹: 豆等良只, 置等羅只〈鄕藥救急方〉, 癮 두드러기 은　　〈訓蒙字會〉

    一念惡中涌出去良 (솟나거라)　　　　　　　　　　〈普賢2〉

ㄷ.【란~랑】

    遊烏隱城叱肹良望良古 (잣흘란)　　　　　　　　　　〈彗星歌〉

    石乙良 第二年 春節已只 (돌을란 제2년 春節까지)

    　　　　　　　　　　〈若木淨兜寺五層石塔造成形止記(1031年)〉

본조 '吾良'의 '良'은 '란~랑(대조의 보조사)'의 역할로 판단된다.[34] 즉, '吾良

---

[34] 한편,〈彗星歌〉와 이두의 용례에서 보이는 '良'은 '肹'이나 '乙'이 선행한다는 점에서 이곳의 '良'과는 속성이 다르지 않을까하는 의문이 제기될 수도 있다. 하지만 향찰 표기에서는 字의 수의적 생략이 드물지 않다. 예를 들어 "道修∅良〈*道修叱良, 닦-, 제망매가〉", "夜∅入伊〈*夜音入伊, 밤, 處容歌〉", "露∅曉邪隱月〈*露隱曉邪隱月, 나타난 훤한 달, 찬기파랑가〉" 등에서 보이는 '叱·音·隱' 등의 字가 그러한데, 이런 수의적 생략이 향가의 해독에 큰 곤란

禱千手觀音歌의 해독과 구조 재고　307

遺知支賜尸等焉 放冬矣 用屋尸 慈悲也 根古'는 '날란 버리신다면 어디에 쓸 자비의 뿌리인고?'를 표현한 구절로 판단되는 것이다.

4. 祈願의 구조

서론에서 본고는 이 노래가 기원의 구조를 지니고 있음이 이재선에 의해 闡明되었음을 말한바 있다. 그런데 이재선은 동일 논문에서 기원의 구조와 관련하여 〈願往生歌〉에 대하여 다음과 같은 의미심장한 진술을 남겨 놓았다.

둘하 이데 西方ᄭ장 가샤리고	① 對象의 稱名과 그 超越的 힘
無量壽佛前에 닏곰다가 솗고샤셔	② 名號, 1次的 請願(間接請願)
다딤 기프샨 尊어히 울워러 두손 모도호 솗바	③ 對象의 超越性·合掌
願往生 願往生 그릴 사롬 잇다 솗고샤셔	④ 2次的 請願(直接請願)
아으 이몸 기텨두고 四十八大願 일고살까	⑤ 附言 - 結請 및 讚嘆

〈도천수관음가〉의 그것과 동일한 형태로 도표를 그린 데서도 알 수 있듯이, 그는 이 구조를 통하여 〈도천수관음가〉와 〈願往生歌〉가 지닌 祈願의 구조의 공통점을 밝히려 노력한 것이다. 두 노래가 유사한 시대적 배경을 지니고 있다는 점, 아미타불 혹은 천수관음보살 앞에서 직접 사뢰는 노래라는 점, 노랫말 속에 기원의 태도(가령, 손을 모으는 장면이 묘사된 점 등)를 보

을 주고 있음은 박재민(『삼국유사 소재 향가의 원전비평과 차자·어휘 변증』, 서울대학교 박사학위논문, 2009, 205~207면.)이 지적한 바 있다.

이는 부분이 있다는 점 등에서 본다면 그의 시도는 시도 자체로 대단히 의미있는 것으로 평할 수 있다. 하지만, 이재선의 구조도는 완결된 것이라고 볼 수는 없다. 그것은 두 노래의 9·10구에 대한 이해가 불충분한 상태에서 이루어진 한계를 지니고 있기 때문이다.

본고에서 그의 논의를 보완할 필요성을 느끼는 것은 그가 두 노래의 결구를 모두 '讚嘆'으로 파악하여 이러한 구조를 신라 祈願歌의 한 양식적 정형으로 삼고 있기 때문이다. 서론에 예시한 〈도천수관음가〉의 구조도나, 바로 위에 예시한 〈願往生歌〉의 구조도에서 보이듯 그는 두 작품의 結句를 공히 "찬탄의 내용"이라 규정하고 있는데, 이는 초기의 해독 결과를 감안하더라도 무리한 구조화임에 틀림없다. 즉, 소창진평과 양주동의 해독에 따라 〈도천수관음가〉의 결구를 "慈悲의 큼"에 대한 찬탄이라고 해석할 수 있을지라도, 〈願往生歌〉의 결구에 대한 그들의 해독 "나를 현세에 버려두고 48대원을 이룰 수 있을까요?"는 아무리 양보한다고 해도 '찬탄'의 성격을 지니는 것으로 볼 수는 없다. 그렇기에 두 작품의 결구 내용을 "讚嘆"으로 파악한 것은 〈도천수관음가〉의 구조를 먼저 확정하고 나서 〈願往生歌〉의 구조 역시 이와 흡사하게 파악해야 한다는 强拍이 작용한 결과로만 보이는 것이다.

그렇다면 〈도천수관음가〉와 〈願往生歌〉의 공통 구조를 분석함으로써 祈願의 성격을 띤 당대 노래의 공통 구조를 도출하려 한 선학의 시도는 무엇으로 보완할 수 있을까? 필자는 선학의 이 논의에, 본고의 結句 해독을 적용해 보기를 제안한다. 본고의 해독 결과를 반영하여 두 작품의 결구를 나란히 배치하면 다음과 같다.

이 몸 기텨두고 四十八大願 일고샬까? [此身遣也置遣 四十八大願成遣賜去]
〈願往生歌, 結句〉

날란 기티샬든 어듸 쁘올 慈悲의 불휘고? [吾良遺知支賜尸等焉 放冬矣 用屋尸 慈悲也 根古]
〈禱千手觀音歌, 結句〉

이 배치에서 우리는 '나[此身/吾], 버려두고[遣], -일까[去/古]'의 구문적 공통점을 본다. 〈願往生歌〉의 경우 아미타불에게 "佛께서는 나를 현세에 버려두고 48대원을 이룰 수 있을까요?"라고 設疑하고 있고, 〈도천수관음가〉의 경우 천수관음보살에게 "나를 버리신다면 어디에 쓸 자비의 뿌리라 할까요?"라고 設疑하고 있는 것이다. 결국 우리는 새로운 해독을 통하여 기존의 '附言 - 讚嘆'이라는 套式을 벗기고, '附言 - 神에 대한 設疑'라는 공통 구조를 導出할 수 있게 되었다.

논의를 마치며 한 가지를 덧붙이고자 한다. 이 두 노래의 結句에서 도출된 '設疑' 즉, '修辭疑問文'의 성격과 기능에 대한 우리의 이해 방식이다. 이들은 뉘앙스에 따라 '懇切한 祈求'로 읽힐 여지[35]도 있고, '挑發的 言述'로 읽힐 여지[36]도 있다. 밤낮으로 往生을 꿈꾸며 기도한 廣德의 태도[원왕생가], 무릎을 꿇고 두 손 모아 得眼을 기원하는 화자의 태도[도천수관음가]를 중시한다면, 이 구설은 '간절하고 애절한 祈求'의 말로 느껴질 여지가 있다. 그러나 다음의 예,

慈悲는 衆生을 便安케 ᄒ시는 거시어늘 이제 도ᄅ혀 ᄂ미 어ᅀᅵ 아ᄃᆞᆯ 여희에 ᄒ

---

35 〈願往生歌〉의 결구를 대하는 박노준의 태도가 대표적이다.
"소망이 워낙 간절함에 따라 그 표현에 있어서 가벼운 설의법을 취하고 있을 뿐, 그것은 원망도 아니고 威嚇·命令은 더군다나 아니다. "이몸 남겨 두고 四十八大願을 이루실까?" 그것은 조바심에서 나온 애절한 한숨이다. 또 그것은 뒤집어서 해석하자면 "이 몸을 往生케하여 四十八大願을 이루소서"로 풀이된다. 그 속뜻은 지극히 공손한 것이다." 〈박노준, 상게서, 69~70면.〉
36 〈願往生歌〉의 결구에 나타난 수사의문문을 '威嚇的'이라 파악한 윤영옥의 견해가 대표적이다.
""이몸 남겨두고 四十八大願을 이루실까?" 疑問終結語尾로 끝맺어 設疑法으로 나타냈으나 內心은 威嚇이다. 역으로 풀 때 "나를 이 娑婆에 남겨두고는 四十八大願을 이루지 못한다. 그러니 나를 往生彼土케 하라"는 명령이다. 이것이 바로 詩中話者의 內心의 眞意다. 간접적인 祈願은 畏敬의 자세를 취했으나 직접적인 독백은 威嚇인 자세로의 명령이다. 이렇게 볼 때 이 노래는 단순한 祈願歌만이 아니며 오히려 呪歌의 요소가 가미된 것이다." 〈윤영옥, 『신라가요의 연구』, 형설출판사, 1980, 95면.〉

시ᄂᆞ니 셜본 잃 中에도 離別 ᄀᆞᄐᆞ니 업스니 일로 혜여보건덴 므슴 慈悲 겨시거뇨

〈釋譜詳節 06:5b~6a〉

에서 보이는 設疑 "(이렇듯 離別의 고통을 자꾸만 강요하니, 釋迦가) 무슨 慈悲를 가지고 계시는가?"의 문맥[37]을 참조한다면, '얕은 信心에 起因한 挑發的 言辭로 규정될 수 있다. 어쩌면 〈願往生歌〉와 〈도천수관음가〉의 결구에 나타난 '設疑'는 未覺 狀態의 衆生인 廣德·信心이 얕은 5歲兒'의 개인적 특성에 의한 것일지도 모를 일인 것이다.

이의 확인을 위해서는 古詩歌의 '기원적 노래'를 보다 폭넓게 조사하는 작업이 필요할 것으로 본다. 이 두 노래의 결구가 담고 있는 본질은 그러한 노래들과의 비교를 통해 온전히 해명될 수 있을 것이다.

5. 결론

이상 본고는 화엄경에 나타난 '慈悲根'을 주된 근거로 하여 〈도천수관음가〉의 결구에 나타난 '慈悲也根'에 대한 재해독을 하였다. 그 과정에서 학계의 再考를 요청한 것을 하나씩 나열하는 것으로 결론을 삼는다.

첫째, '慈悲也根古'는 화엄경의 '慈悲根'을 근거로 해 볼 때, '자비의 뿌리인고?'를 표현한 말로 판단된다.

둘째, '慈悲也根古'에 선행한 '放冬矣'는 語法的인 필연성으로 보나, 誤刻의 한 메커니즘으로 보나 '於冬矣[어듸]'였을 것으로 추정된다. 본고는 『삼국유사』에서 보이는 '於'의 또 다른 오자 '故'를 살펴 '仒'와 '攵'이 호환되며 오각되는 경우가 있음을 보였다.

---

[37] 인용한 부분은 아들 羅睺羅를 出家시키라는 釋迦의 요구에 信心이 부족한 耶輸夫人이 반발하며 한 말인데, 이는 '여자라서 信心이 부족하다'라는 의미이다.

셋째, 10句가 "어디에 쓸 자비의 뿌리인고?"라는 의미를 지닌 것으로 판단되므로, 선행한 9句 역시 필연적으로 재해독을 할 필요를 느꼈다. 재검토한 결과 '喦良 遺'는 '날란 버리-'로 판단되었다. '良'이 차자 표기에서 흔히 '란/랑'으로 쓰이는 자라는 점, '遺'는 '버리다'를 기본의미로 하는데, 이 의미가 『화엄경』의 慈悲根에 접하여 나타나는 '不捨衆生'의 '捨'에 대응함을 보았기 때문이다.

넷째, 결론적으로 〈도천수관음가〉의 결구는 "날란 버리신다면 어디에 쓸 자비의 뿌리인고?"로 해독된다.

다섯째, 이러한 어학적 결론에 의해 그간의 문학적 결론에 대한 수정을 요청하게 되었다. 그간 우리는 〈도천수관음가〉와 〈願往生歌〉의 결구가 '기원 대상에 대한 찬탄'을 표현한 구절이라는 초기의 연구 결과에 일방적으로 동의해 온 경향이 있었다. 그러나 본가의 결구와 〈願往生歌〉의 결구 "이 몸 버려 두고 48대원 이루실까?[此身遺也置遣 四十八大願成遣賜去]"는 공히 기원의 대상에 대한 찬탄이 아니라 '기원 대상에 대한 수사적 의문'을 나타낸 구절로 판단된다.

여섯째, 이러한 수사적 의문이 '미혹에 빠진 중생의 얕은 신심'에서 기원한 것인지, '간절한 기구의 한 형식으로 당대의 상투적 수사'였는지에 대해서는 보다 진지한 탐구가 필요하다.

『어문연구』 40-4, 한국어문교육연구회, 2012.

교과서에 나타난 鄕歌 교육의 문제
-薯童謠의 '借字'와 讚耆婆郞歌의 '조약돌'을 대상으로-

1. 서론

천 년 전 先祖들의 내면풍경을 천 년 후의 우리가 감상할 수 있다는 것은 얼마나 고귀한 일인가. 풍상을 견뎌내고 우리 앞에 실존해 있는 古本의 해독을 통하여 우리는 그들의 기쁨과 슬픔, 성취와 좌절의 흔적들을 더듬는다. 이런 행위는 우리 감정의 시대적 특수성을 확인하는 일이며 궁극적으로 민족 정서의 보편성을 발견하는 일이기도 하다. 이러한 이유로 우리는 끊임없이 향가 장르에 대한 관심을 경주하여 왔으며 그 연구 결과를 교육을 통해 공유해 왔다. 그럼으로써 신라인들의 사상과 감성을 이해하는 동시에 그 분야의 흥미를 유도하여 미래의 연구자를 배양해 왔다.

현장에서의 향가 교육은 어학과 문학의 두 측면을 통하여 이루어져 오고 있다. 전자는 향가에 사용된 향찰 표기를 통하여 신라인들의 문자생활을 이해하려는 것이고, 후자는 향가에 나타난 문학적 표현을 이해하여 신라인들의 정서를 이해하려는 것이다. 이에 따라 향가의 문법적인 측면은 주로 〈薯童謠〉를 통해서, 문학적인 측면은 주로 〈祭亡妹歌〉나 〈讚耆婆郞歌〉를 통해서 교육하고 있다.

그런데 향가 교육의 현장을 직시해 보면 신라인의 향유정황과는 거리가 먼 연구 내용이 감식안이 결여된 채 수용되어 있거나, 연구 현장의 성과를 오인하여 싣고 있는 경우가 적지 않음을 본다. 본고는 이러한 문제적 지점 중, 〈薯童謠〉의 '借字' 분류와 〈讚耆婆郎歌〉의 '조약돌'에 대해 다루려 한다. 이후 이의 해결책을 제시하여 교과 내용의 수정을 제안하고자 한다.

2. 어학적 오류 - 〈薯童謠〉의 借字

〈薯童謠〉가 고등학교 교과서에 처음 등장한 것은 1969년 정병욱·이응백이 집필한 『인문계 고등학교 표준고전』[1]에서이다. 이후 이 작품은 『고전문학』·『문학』 교과서에서 꾸준히 주요 작품으로 다루어지다가, 〈2002년의 7차 교육과정〉에 이르러 『국어』 교과서[2]에 처음 수록된다. 그리고 〈2007년 개정 교육과정〉에 따라 16종 국어교과서 체제로 개편될 때, 집필진들의 폭넓은 선택을 받아 10종[3]의 교과서에 수록되어 향가 교육 - 주로 어학적 측면 - 의 중추적 역할을 담당하는 작품이 되었다. 4구체로서 해독에 양적 부담이 없다는 점, 비교적 규칙적인 표기 체계를 지니고 있어 향찰 표기의 전형

---

[1] 정병욱·이응백, 『인문계 고등학교 표준고전』, 중등교과서주식회사, 신구문화사, 1969.
[2] 김대행 외, 『고등학교 국어』 상·하, 서울대학교 국어교육연구소, (주) 두산, 2002.
[3] 〈2007년 개정 교육과정〉에 따른 16종 국어교과서는 '교학사*(조남현 외), 금성출판사*(윤희원 외), 더텍스트*(김병권 외), 두산동아(우한용 외), 디딤돌*(이삼형 외), 미래엔*(윤여탁 외), 비상교육*(한철우 외), 유웨이중앙교육*(박호영 외), 좋은책신사고(민현식 외), 지학사(A, 박갑수 외), 지학사*(B, 방민호 외), 창비(문영진 외), 천재교육*(A 김대행 외), 천재교육*(B 김종철 외), 천재교육*(C 박영목 외), 해냄에듀(오세영 외)'인데 이 중 *표시된 10종의 교과서가 〈薯童謠〉를 통하여 향찰의 표기 특성을 교육하고 있다.
한편, 〈2009년 개정교육과정〉에 따른 11종 국어교과서는 '교학사*(김중신 외), 동아출판(신동흔 외), 미래엔*(윤여탁 외), 비상교육*(우한용 외), 비상교육*(한철우 외), 좋은책신사고*(이숭원 외), 지학사*(이삼형 외), 창비(문영진 외), 천재교육*(김종철 외), 천재교육*(박영목 외), 해냄에듀(조현설 외)'인데 이 중 *표시된 8종이 〈薯童謠〉를 통해 향찰의 표기 특성을 교육하고 있다.

성을 맛볼 수 있다는 점이 그 채택의 이유였을 것이다.

〈薯童謠〉를 통한 향가 교육의 목표는 크게 두 가지로 요약된다. "향찰자 중에서 '뜻을 빌려 쓴 字'와 '음을 빌려 쓴 字'를 구분할 수 있는가?", "'뜻을 빌려 쓴 자'와 '음을 빌려 쓴 자'가 구사되는 통사적 환경의 차이를 설명할 수 있는가?"가 그것이다. 전자는 이른바 音借字와 訓借字의 개념과 적용에 대한 것이고, 후자는 실질형태소·형식형태소와 음차자·훈차자와의 대응성에 대한 것이다. 이러한 목표는 신라인들이 타국의 언어인 漢字를 어떻게 활용하여 문자생활을 영위하였던가를 이해시키기 위함이었다. 그런데 목표의 정당함과는 달리 이러한 목표를 달성하기 위한 교육 내용은 적지 않은 문제를 지닌 채 수행되고 있다. 이하에서는 교과서의 내용을 중심으로 1) 音借字와 訓借字를 잘못 교육하고 있다는 점, 2) 향찰자의 통사적 골격을 잘못 제시하고 있다는 점을 지적하고, 이의 수정안을 제시하려 한다.[4]

1) 음차자와 훈차자의 구분 오류

현행 교과서들은 향찰 표기를 "한자를 빌려 쓸 수밖에 없었던 상황에서 우리의 선조들이 고안해 낸 가장 정밀하고도 종합적인 표기 체계"[5]라고 평하면서, 빌린 글자를 크게 '뜻을 빌린 자'와 '소리를 빌린 자'의 두 종류로 나

---

4 이하의 2장의 문제는 박재민(「고등학교의 훈차자·음차자 교육에 대한 비판적 고찰」, 『국어교육』 139집, 한국어교육학회, 2012.)에서 이미 제기한 바 있다. 이번 학술대회와 관련하여 필자는 '향가 교육의 문제'에 대한 주제를 부여받았고, 이를 비판적으로 수행하기 위해 어학적 문학적 두 방향의 핵심적 논점을 다루려 기획했다. 〈讚耆婆郞歌〉에 집중하여 문학적 주제만을 다룰까도 생각했지만, 현행 교과과정에서 범하고 있는 '차자에 대한 오해'가 지나치게 심각하여 어학적인 측면도 짝을 맞추어 이 기회에 발표하는 것이 좋겠다는 결론에 이르렀다. 지난 번의 제안에서 크게 나아간 것은 없지만, 차자의 용례들에 보다 다양한 자료를 추가하여 이해가 쉽도록 하였고, 또 〈2009년 개정교육과정〉에 의해 초간된 2014년본 고등학교 교과서를 검토 對象으로 삼아 분석함으로써 그러한 오류가 지속되는 상황을 경계하고자 하였다.
5 이삼형 외 7인, 『고등학교 국어(하)』, 디딤돌, 2011, 234면.

누어 교육하고 있다. 양분의 양상을 가장 상세히 보여 주고 있는 교과서를 인용하면 다음과 같다.

한자의 뜻을 빌려 표기하는 것을 훈차(訓借)라 하고, 한자의 소리를 빌려 표기하는 것을 음차(音借)라고 한다. ※ 밑줄 : 음차, ■ : 훈차

善化公主¹ 主² 隱 선화 공주님은　他密只嫁良置古 남 몰래 결혼하고
薯童房乙 맛둥서방을　　　　 夜矣卯乙抱遣去如 밤에 몰래 안고 가다.

〈김병권 외 11인, 『고등학교 국어(하)』. 도서출판 더텍스트, 2011.〉

위 교과서는 〈薯童謠〉에 나타난 모든 字는 '借字'라는 전제 하에 이를 크게 두 종류로 나누어 설명하고 있다. '소리를 빌려 쓴 글자[音借字]'와 '뜻을 빌려 쓴 글자[訓借字]'가 그것이다. 그리고 소리를 빌려 쓴 음차자에 해당하는 字로 "善花公主[선화공쥬]·隱[은]·只[지]·良[아]·古[고]·童[동]·房[방]·乙[을]·矣[에]·卯[묘]·乙[을]·遣[고]"를 지목하고 있고, 뜻을 빌려 쓴 훈차자에 해당하는 자로 "主²[님]·他[남]·密[그윽]·嫁[얼-]·置[두-]·薯[마]·夜[밤]·抱[안-]·去[가-]·如[다]"를 지목하고 있다.

하지만 위의 교과서들에서 말하고 있는 '한자의 소리를 빌려 표기한 善化公主 등의 字를 음차(音借)라 하고, 한자의 뜻을 빌려 표기한 他·密 등의 자를 훈차(訓借)라 한다'라는 설명은 음차와 훈차의 개념을 잘못 이해한 것이다. 위에서 지목한 15개의 음차자 중, '善花公主', '(薯)童房'의 6字는 차자 표기의 체계상 음차자로 분류될 수 없는 字들이고, 훈차자로 지목한 10字 중, '他·密·嫁·置·薯·夜·抱·去'의 8字는 훈차자로 분류될 수 없는 字들이다.

음차자와 훈차자는 借字의 種概念들로, 차자로 쓰이는 순간 字의 의미를 잃어버리고 특정 발음을 위해서만 쓰이는 자를 뜻하는 말인데, 특정 발음을 音에서 취한 경우를 '音借', 훈에서 취한 경우를 '訓借'라고 부르는 것이다. 대응이 쉬운 몇 物名의 용례를 통해 살피도록 하자.

【음차자 : 之・乃・少・蔘・矣・古・里】

蜈蚣　之乃　　　　　　　　　　　　　　　〈鄕藥救急方〉

鹿角　少蔘矣角　　　　　　　　　　　　　〈鄕藥救急方〉

獺　　汝古里너고리　　　　　　　　　　　〈牛馬羊猪染疫病治療方 2:b〉

위의 예는 음차자의 용례를 든 것이다. '蜈蚣'은 우리말로 '지네'라고 하는데, 이 발음을 나타내기 위해 '之'와 '乃'자의 음을 빌려 쓰고 있음을 본다. 이 때 '之'와 '乃'는 자신이 지닌 자의 뜻 - 가다, 이에 - 과 무관하게 오로지 '지'와 '네'의 音만을 위해 사용되고 있는데, 이런 경우를 차자 표기에서는 '음차'라고 부르는 것이다. '鹿角' 역시 마찬가지이다. '사슴의 뿔'이란 뜻인데, 이를 '少參矣 角'로 표기하고 있다. '少'와 '參'과 '矣'는 각각의 字意를 잃어버리고 오로지 '사・삼・의'라는 발음만을 위해 사용되었다. 역시 음차자들인 것이다. 마지막으로 너구리를 뜻하는 '獺'을 '汝古里'라 표기하고 있는데 이 때의 '古・里' 역시 음차자에 해당한다. '古・里'가 원래 뜻을 잃고 '너고리'의 뒷 2음절 '고・리'라는 음만을 위해 사용되고 있기 때문이다.

이러한 건지에서 볼 때, 교과서의 '善化公主・(薯)童房'은 음차자와는 전혀 성격이 다르다. '公主・童'의 漢字的 의미, 즉 '왕의 딸・(마를 캐는) 아이'라는 의미가 그대로 살아 있기 때문이다.

교과서는 훈차자의 개념 또한 잘못 이해하고 있다. 훈차자의 실례를 다음의 물명을 통해 살펴보자.

【훈차자 : 汝・升・休】

獺　　汝古里너고리　　　　　　　　　　　〈牛馬羊猪染疫病治療方 2:b〉

大蒜　亇汝乙　　　　　　　　　　　　　　〈鄕藥救急方〉

蒼耳　升古亇伊 刀古休伊

蒼耳　돗고마리　　　　　　　　　　　　　〈方言類釋〉

위의 첫 용례, '汝古里'의 '汝'字는 '獺[너구리]'의 첫 음 '너'를 표기하기 위해 쓰인 글자이다. 漢字에는 '너'에 해당하는 발음이 없으므로 '너'를 표기하기 위해 '汝'의 훈을 이용하여 /너/를 표기했던 것이다. '亇汝乙'의 '汝' 또한 마찬가지이다. '大蒜'의 우리말 '마늘'의 '늘'이란 음을 표현하기 위해 '汝乙'로 쓴 것이다. '汝'의 훈 '너'와 'ㄹ'을 위한 음차자 '乙'이 결합되면 '널'이 되는데, 이로 '늘'음을 代用한 것이다. '升古亇伊'와 '刀古休伊'는 '蒼耳'의 우리말 '돗고마리'를 표기한 것이다. 첫 음 '도'를 위해 '升' 혹은 '刀'字를 활용하고 있는데 '升'의 경우 '升'의 훈이 '되'6이기에 차용되었다. 셋째 음절 '마(ㄹ)'를 위해 '休'자를 쓴 것 또한 '休'의 훈 '말-'을 빌린 것이다. '그만두다, 말다, 쉬다'의 훈을 지녔기에 '休'로써 '-말'이란 음을 나타낼 수 있었던 것이다.

그런데 우리는 위에 나타난 훈차자 '汝[너]·升[되]·休[말]' 등이 각각의 단어 속에서 훈차자로 쓰일 때 원래의 의미를 전혀 띠지 않음을 본다. 자신이 지닌 원래 의미는 버리고 오로지 어떤 음절의 발음만을 위해 쓰이고 있음을 보는데, 이를 일러 우리는 '훈차자'라고 하는 것이다.7

그렇다면 현행 교과서들에서 가르치고 있는 '훈차자'는 어떠한가? 제2구 "他 密只 嫁良 置古"에서 '他·密·嫁·置'를 훈차자라고 하고 있지만, 이 字들은 모두 한자 원래의 의미 '남·몰래·결혼·두다'를 그대로 지니고 있다는 점에서 '훈차자'라고 불러서는 안 되는 字들이다. 제3구 '薯(童)'의 '薯', 제4구 '夜·抱·去' 또한 '마·밤·안다·가다'의 의미를 그대로 지닌 字들이므로 훈차자라 부를 수 없는 字들이다. 〈薯童謠〉에서 훈차자는 '善化公主主隱'의 '主',

---

6 升 되 승 〈訓蒙字會〉
7 『향약구급방』 등에서 보이는 훈차자 자료를 더 예시하면 다음과 같다.
  '눈'음을 위한 훈차자 '目': 菟蕬 目非也次 〈鄕藥救急方〉, cf) 菟 눈비얏 츙 〈訓蒙字會〉
  '개'음을 위한 훈차자 '犬': 百合 犬乃里花 〈鄕藥救急方〉, cf) 빅합 키나리 〈韓佛字典〉
  '쇠'음을 위한 훈차자 '金': 馬齒莧 金非陵音 〈鄕藥救急方〉, cf) 쇠비름 莧 〈韓佛字典〉
  '달'음을 위한 훈차자 '月': 蒳子 月老 〈鄕藥救急方〉, cf) 蒳 달 란 〈訓蒙字會〉
  '블'음을 위한 훈차자 '火': 麩 只火乙 〈鄕藥救急方〉, cf) 麩 기울 부 〈訓蒙字會〉

'抱遣去如'의 '如'밖에 없다. '主'는 '님'이라는 원래 의미를 잃고 존칭접미사 '님'의 음가를 위해 사용되고 있고, '如' 역시 '-답다'의 원래 의미를 잃고 종결어미 '-다'를 위해 사용되고 있기 때문이다.

이상의 논의를 통하여 우리는 현행 고등학교 교육과정에서 '음차자·훈차자'라고 분류하고 있는 字들은 그 중 상당수가 음차자와 훈차자가 아님을 살폈다. 즉, 음차자로 분류된 '善化公主·隱·只·良·古·童·房·乙·矣·夘·乙·遣' 중, "隱·只·良·古·乙·矣·夘·乙·遣"의 9字만이 음차자[8]이고, 훈차자로 분류된 '主·他·密·嫁·置·薯·夜·抱·去·如' 중 '主·如'의 2字만이 훈차자로 인정될 뿐이다.

그렇다면 위에서 제외된 '善化公主·他·密·嫁·置·薯·童·房·夜·抱·去'의 14字는 과연 무엇인가? 이는 字의 의미를 그대로 지니고 그 뜻으로 사용되고 있다는 점에서 借字가 아니다. 즉, 이 字들은 모두 동아시아의 한자권에서 같은 의미로 이해되는 字들인바 '일반 漢字=正用字'인 것이다. 이 字들에 대해서는 2~3에서 상술한다.

2) 통사 체계의 오류

일반 한자와 차자를 구분하지 못하고 모두 섞어 '훈차자·음차자'로 분류해 버리는 오류는 묵과될 일이 아니다. 字의 속성 범주에 머무는 것이 아니라 향찰의 통사체계 전반에 대한 오류로 번져 나가기 때문이다. 즉, 이 오류로 인해, 고등학교 교과서에서 향찰에 대해 설명할 때 빠지지 않는 또 하나의 교육내용 "향찰 표기에서, 훈차자는 주로 명사와 어간 등의 실질형태소를 표시하는 데 쓰여 앞에 오고, 음차자는 조사나 어미 등의 형식형태소

---

[8] '夘'은 해석에 따라 분류가 달라진다. '夘乙'을 교과서 해석대로 '몰래'로 볼 때는 음차자이고, '알을'로 해석하는 경우에는 정용자로 분류된다. 본고에서는 교과서 해석에 따라 전자로 넣었다.

를 표시하는 데 쓰여 뒤에 온다."라는 잘못된 명제⁹가 생겨났다. 이와 관련된 교과서의 예시를 보이면 다음과 같다.

(1) '서동요'에 쓰인 한자의 소리와 뜻을 참고하여, 소리를 빌린 글자인지 뜻을 빌린 글자인지 ○표시를 해 보자.

	善	化	公	主	主	隱	…	置	古	…	夜	矣
소리	선	화	공	주	주	은	…	치	고	…	야	의
뜻	착하다	되다	귀인	님	님	숨다		두다	옛		밤	어조사

(2) (1)의 '置古', '夜矣'에서 뜻을 빌려 쓴 글자는 실사와 허사 가운데 주로 무엇을 표기하는 데 사용되었는지 말해 보자.

(3) (1)의 '置古', '夜矣'에서 소리를 빌려 쓴 글자는 실사와 허사 가운데 주로 무엇을 표기하는 데 사용되었는지 말해 보자.

【자료실】

향찰(鄕札) : 동사의 어간, 명사와 같은 실사(實辭)는 한자의 뜻을 빌려 적고, 조사나 어미와 같은 허사(虛辭)는 한자의 소리를 빌려 적었다.
〈박영목 외 12인, 『고등학교 국어 Ⅱ』, 천재교육, 2014, 121면.〉

이 문제가 의도한 답안을 책 하단의【자료실】- 동사의 어간, 명사와 같은 실사(實辭)는 한자의 뜻을 빌려 적고, 조사나 어미와 같은 허사(虛辭)는 한자의 소리를 빌려 적었다. - 을 참조해 제시하면 다음과 같다.

---

9 이 명제는 김완진(『향가해독법연구』, 서울대학교출판부, 1980.)의 '訓主音從' 說과도 맞닿아 있다. 그는 "'川理=나리', '心音=ᄆᆞᄉᆞᆷ', '慕理=그리-'. '改衣=가싀-'등에서 보는 바와 같이 뜻을 나타내는 글자를 머리에 놓고 다음 글자로 그 形態의 끝 부분을 나타내는 方式을 著者는 訓主音從이라 부르거니와, 이는 鄕歌表記에 있어서의 基本 모델이라고 할만한 것이었다. … '川'이나 '慕'이 의도된 語詞의 의미를 직접적으로 지시하는 正統的인 訓借로 이를 正借라 한다면 … (17~18면)"이라고 하여 향찰이 훈차자가 선행하고 음차자가 후행하는 구조로 되어 있다고 여겼는데, 이는 漢字語와 차자를 분간하지 못한 상태에서 한 誤解였다.

(1) 善化公主主隱置古夜矣 ○는 훈차, △는 음차
  (훈) (음) (훈) (음) (훈) (음) (훈) (음)

(2) '置古', '夜矣'에서 뜻을 빌려 쓴 글자는 '置'와 '夜'인데, 주로 실사를 표기하는 데 사용된다.

(3) '置古', '夜矣'에서 소리를 빌려 쓴 글자는 '古'와 '矣'인데, 주로 허사를 표기하는 데 사용된다.

그러나 이러한 답안은 자체로 모순된 점이 있다. (1)번 답에서 이미 음차자로 배웠던 '善花公主'는 과연 무엇인가란 의문이 즉각적으로 일기 때문이다. (1)번에서는 '선화공주'가 대표적인 음차자였는데, (2)·(3)에서는 "음차자는 주로 조사와 어미에 주로 사용된다."라고 하니 "'선화공주'는 그럼 무엇인가?"란 의문이 들 수밖에 없다. 또, 훈차자로 배웠던 主님의 속성 또한 혼란에 빠질 수밖에 없다. (2)·(3)에 따르면 '뜻을 빌려 쓴 字'이기에 實辭여야 하건만, 접미사 즉 虛辭로 사용되고 있지 않은가?

학습현장에서 이에 대해 학생이 질문한다면 교사는 어떤 답을 해 줄 수 있는가? 혹 '주로'라는 말이 있으니, 서동요의 '善化公主' 같은 것은 예외적인 것이라 대답할 것인가? 그러나 그러한 대답은 향가 표기의 실상과는 전혀 다른 것으로 실제 향가에는 이와 같은 방식의 표기가 부지기수로 나타난다. 일례만 보이면 다음과 같다.

燈炷隱 須彌也 燈油隱 大海逸留去耶   〈普賢3〉
등 주 는 수 미 요 등 유 는 대 해 이 로 구 나
△는 음차자. 교과서의 개념에 따라 필자가 임의로 표시한 것임.

이 구절은 〈薯童謠〉의 '선화공주'보다 더 심하여 모든 실사(燈炷, 須彌, 燈油, 大海)가 다 '음차자'로 나타나는데, 이러한 상황을 인지하고 있다면 선화공주의 경우에 대해 '예외적'이라 대답할 수는 없었을 것이다. 향가 전체를 통해 볼 때 오히려 이러한 표기는 '예외적인 것'이 아니라 '일반적인 것'이다. 상황이 이렇다면, 위 (2)·(3)번의 답은 크게 잘못된 것이 분명하다. 훈차자를 실사와 연관시키고 음차자를 허사와 연관시키는 것으로는 향찰 표기 체계의 실상을 올바로 설명할 수 없다.

그렇다면 교과서가 음차자로 오인하고 있는 '善化公主', '(薯)童', 그리고 위 〈普賢3〉의 '燈炷·須彌·燈油·大海'는 무엇인가? 위에서도 언급했지만, 이들은 차자가 아니다. 이는 일반적 의미에서의 '漢字'일 뿐이다. 또 교과서가 훈차자로 오인하고 있는 '他·密·夜' 등의 자도 모두 '일반 漢字[正用字]'인 것이다.

3) 향찰자의 분류와 語節의 통사구조

필자는 위에서 〈薯童謠〉에 나타난 借字는 총 11자로서 이중, '隱·只·良·古·乙·矣·卯·乙·遣'의 9字는 음차자, '主·如'의 2자는 훈차자임을 논했다. 그리고 교과서에서 차자의 일종으로 파악하고 있는 "善化公主·他·密·嫁·置·薯·童·房·夜·抱·去'는 일반 한자일 뿐임을 보였다. 그리고 선행 논문[10]을 통해 이러한 字들을 '借用字'와 대별된다는 점에서 '正用字'로 칭해야 한다고 주장한 바 있다.

그런데, 정용자 群에 속한 字들은 모두 같은 속성을 지니는 것일까? 그렇지는 않다. 정용자는 '善花公主'처럼 음으로 읽는 자와 '他[남]·密[그슥]·嫁[얼-]·置[두-]' 등처럼 훈으로 읽는 자로 대별된다. 현대국어에서 한자는 대부분 음으로 읽힐 뿐, 훈으로 읽는 경우는 거의 없지만, 향찰 표기에서는 정용자를 '音讀'하기도 했고, '訓讀'하기도 했던 것이다.[11]

따라서 향찰자의 분류는 총 4종으로 정리된다. 먼저 한자의 일반적인 의

---

10 박재민, 「고등학교의 훈차자·음차자 교육에 대한 비판적 고찰」, 『국어교육』 139집, 한국어교육학회, 2012.
11 일본어를 연상하면 쉽다. 漢字 '車'가 音讀되어 'しゃ'로도 읽히고, 訓讀되어 'くるま'로도 읽히는 상황과 같다.

미를 그대로 담고 있는 正用字와 한자의 의미를 잃어버린 借用字로 大別되고, 정용자는 음으로 읽느냐 훈으로 읽느냐에 따라 음독자와 훈독자로, 차용자는 음에서 음을 빌려왔느냐, 훈에서 음을 빌려 왔느냐에 따라 음차자와 훈차자로 細別되는 것이다. 이를 〈薯童謠〉에 적용하여 도식화하면 다음과 같다.

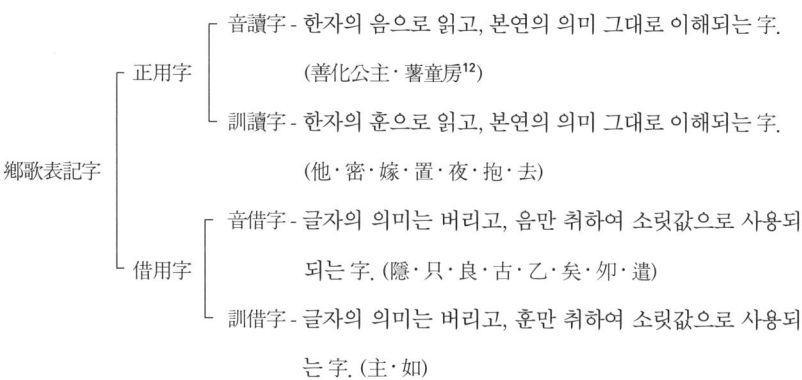

이제 마지막으로 향찰 표기의 어절 구성에 대해 언급하려 한다. 고등학교 교과서는 이를 가르칠 때 "훈을 빌린 자[훈차자]는 명사나 용언의 어간에 오는 實辭를 위해 주로 사용되고, 음을 빌린자[음차자]는 조사나 용언의 어미에 오는 虛辭를 위해 주로 사용된다"고 가르치지만, 이는 향찰 표기의 체계를 전혀 반영하지 못한 말이다. 향찰 표기의 일반적 어절 구성은 "정용자 + 차용자"로 되어 있다고 기술되어야 한다. 불경 원문과 향찰 표기의 비교에서 이 구조가 선명히 드러난다.

---

12 '薯童房'의 '薯童'는 아마 당대인들이 '마동'으로 읽었을 것이다.『고려사』등에 서동을 '末通大王'이라 표기한 것이 보이기 때문이다. 따라서 원칙상으로 '薯'는 훈독자로 분류되어야 한다. 그러나 본고는 도식의 가독성을 높이기 위해 '선화공주, 서동'을 나란히 적었는데, '薯童'을 '서동'으로 읽었을 경우도 없지는 않았을 것이기 때문에 이렇게 분류해도 오류는 아니다.

【한문 원문】

──燈炷 如須彌山 ── 燈油 如大海水　　　〈四十卷本 華嚴經 40卷, 普賢行願品〉

【향가】

燈炷隱 須彌也 燈油隱 大海逸留去耶　　　　　　　　　　〈普賢3〉
등주는 수미요 등유는 대해이로구나 (해석 필자)

『화엄경』의 보현행원품에 있는 구절을 우리말 식으로 풀이한 것이 바로 〈普賢3〉 구절인데, 이 과정에서 향찰 표기의 통사적 특성이 뚜렷이 드러난다. 즉, 원문의 한자어를 선행시키고 우리말 조사나 어미에 해당하는 말을 후행시키는 구조로 향찰 표기를 하고 있음을 보는 것이다. 따라서 향후의 교과서에서 우리는 향찰 표기의 일반적 통사구조를 다음과 같이 말해야 한다.[13]

향찰 표기의 어절은 일반적으로 '正用字 + 借用字'의 구조로 되어 있다. 正用字를 통해 명사와 용언의 어간과 같은 實辭=실질형태소를 표기하고, 借用字를 통해 조사나 용언의 어미와 같은 虛辭=형식형태소를 표기한다.

ex) 〈薯童謠〉에의 적용

---

[13] 물론 모든 향찰 표기의 어절이 이와 같이 구성되는 것은 아니다. 향가의 일부 어절은 전체가 借字로 이루어진 경우도 있다. 필자는 이러한 경우를 '似梵書連布語'라 칭하는데 이에 대해서는 『신라향가변증』(졸고, 태학사, 2013, 315~338면.)에서 상세히 다룬 바 있다. 비록 예외가 있기는 하지만 본문에서 다룬 어절의 통사구조는 일반적인 구조라 할 수 있는 것으로 향가 해독과 해독의 정당성 검토에 꽤 유용한 측면이 있다. 즉, 〈獻花歌〉의 경우 正用字만 표시하면 다음과 같이 되는데 이 자들로만 연결해도 노래의 대략적인 의미는 파악됨을 본다.
紫布 岩乎 过希　執音乎手　母牛 放教遣　吾肹不喩　慙肹伊賜等　花肹 折叱可 獻乎理音如
붉- 바위 가　잡- 손　어미소 놓-　나 아니 부끄-　　　꽃 꺾- 드리-

善化公主 / 主 / 隱	他	密 / 只	嫁 / 良	置 / 古
정용자 / 차용자 / 차용자	정용자	정용자 / 차용자	정용자 / 차용자	정용자 / 차용자
음독 / 훈차 / 음차	훈독	훈독 / 음차	훈독 / 음차	훈독 / 음차

薯童房 / 乙	夜 / 矣	卯 / 乙[14]	抱 / 遣	去 / 如
정용자 / 차용자	정용자 / 차용자	차용자 / 차용자	정용자 / 차용자	정용자 / 차용자
음독[15] / 음차	훈독 / 음차	음차 / 음차	훈독 / 음차	훈독 / 훈차

3. 문학적 오류 - 〈讚耆婆郎歌〉의 '조약돌'

〈讚耆婆郎歌〉가 고등학교 『국어』 교과서에 처음 등장한 것은 제3차 교육과정으로, 1975년 개편된 『고등학교 국어 1』[16]에서였다. 이후 이 작품은 4차 교육과정의 교과서[17]에도 수록됨으로써 향가의 문학적 아름다움을 대표하는 작품으로 자리잡았다. 5차 교육과정에서는 〈祭亡妹歌〉로 대체되었으나, 2007년 개정 교과과정에서 16종 교과서 중 '디딤돌'[18]에서 다시 수록되기 시작하였다.

한편, 『문학』 교과서까지 범위를 넓힌다면 이 작품이 교과서에 최초로 수록된 것은 1969년의 『인문계 고등학교 표준고전』[19]으로 거슬러 올라간다. 그리고 〈7차 교육과정〉의 문학 교과서 18종 중 7종에, 〈2007년 개정 과정〉 문학 교과서 14종 중 8종에 수록됨으로써 교육현장에서 〈제망매가〉와 더불어 가장 많은 주목을 받아 온 향가 작품이 되었다.

---

14 '卯乙'의 해독을 소창진평과 양주동처럼 '묘을'로 볼 때 '음차자 + 음차자'가 되고, '알(卵)을'로 읽는다면 향찰의 기본 체계인 '정용자 + 차용자'로 분석할 수 있다. 본고는 양주동을 따른 교과서의 채택에 준해서 분석했다.
15 '서동방'으로 읽은 것으로 간주하고 도식화한다. 만약 당대인들이 '마동방'이라고 읽었다고 한다면 구조는 '훈독 + 음독 + 음독'이 된다.
16 문교부, 『인문계 고등학교 국어 1』, 대한교과서 주식회사, 1975, 198면.
17 김열규 외, 『고등학교 국어 1』, 한국 교육 개발원, 대한교과서주식회사, 1984, 288면.
18 이삼형 외, 『고등학교 국어 (하)』, 디딤돌, 2011.
19 정병욱·이응백, 『인문계 고등학교 표준고전』, 중등교과서주식회사, 신구문화사, 1969.

〈讚耆婆郎歌〉가 일찍부터 『국어』・『문학』 교과서들에 수록되어 향가를 대표하는 작품의 하나가 된 것은 이 작품이 지니고 있는 다양한 소재들의 풍부한 이미지 때문이었다. 작품에 나타나는 여러 소재들- 달, 구름, 냇물, 조약돌, 잣가지, 서리 - 등의 맑고 꼿꼿한 이미지가 '기파랑'이라는 화랑의 면모를 잘 나타내고 있다고 본 것이다.

〈讚耆婆郎歌〉에 담긴 뜻이 높아[20] 이를 교육 현장에서 소중히 다루어야 한다는 시각에 필자는 적극 공감한다. 노래에서 점진적으로 제시되고 있는 밝은 달, 구름, 냇가, 잣가지, 서리 등은 확실히 시적 대상인 기파랑의 밝고 고결한 성품과 연관되어 있다고 인정할 수 있다. 그런데, 일부 시어의 경우 무리하게 '기파랑'과 연관되어 있다는 느낌을 지울 수 없다. 고전 시가에서 문학적 해석의 꽃은 어학적 해독의 바탕에 견고히 뿌리 내린 채 피어나야 하는데, 일부 문학적 해석의 경우는 정당한 해독을 오해・외면하여 내려졌기 때문이다.

1) '조약돌'에 대한 문학적 오해

〈讚耆婆郎歌〉를 교육할 때 가장 주안점을 두는 부분은 '기파랑'을 상징하고 있는 시어들에 대한 것이다. 교과서들은 〈讚耆婆郎歌〉의 원문과 해독문[21]을 다음과 같이 제시한다.

---

20 잘 알려진 다음의 예는 신라인의 〈讚耆婆郎歌〉에 대한 평가를 단적으로 보여 주는 대화라 하겠다.
경덕왕이 말했다. "짐이 일찍이 듣기에 그대가 지은 〈찬기파랑사뇌가〉가 그 뜻이 무척 높다고 하던데 사실인가?" 충담사가 답했다. "그렇습니다." (王曰 "朕嘗聞師讚耆婆郎詞腦歌 其意甚高 是其果乎" 對曰 "然") 〈三國遺事 2卷, 紀異, 景德王 忠談師 表訓大德〉
21 〈讚耆婆郎歌〉를 수록하고 있는 『국어』 교과서는 현재 디딤돌 1종이 있으며, 이 곳에서는 기존 3, 4차 교육과정의 국어교과서와 같이 양주동의 해독을 따르고 있다. 한편, 14종 『문학』 교과서의 경우는 출판사에 따라 김완진의 해독을 수록하고 있기도 하다. 이 경우 대체로 '조약돌'에 대한 언급은 나타나지 않아 오류를 범하지 않았다. 하지만 전반적으로 보

咽鳴爾處米	열치매
露曉邪隱月羅理	나토얀 드리
白雲音逐于浮去隱安支下	힌구룸 조초 떠가는 안디하
沙是八陵隱汀理也中	새파른 나리여히
耆郎矣兒史是史藪邪	기랑(耆郎)이 즈싀 이슈라
逸烏川理叱磧惡希	일로 나릿 직벽히
郎也持以支如賜烏隱	낭(郎)이 디니다샤온
心未際叱肹逐內良齊	무슨미 ㄱ홀 좇누아져
阿耶栢史叱枝次高支好	아으 잣ㅅ가지 노파
雪是毛冬乃乎尸花判也	서리 몯노올 화반(花判)이여
-『삼국유사』	- 양주동 해독

그리고 위의 짙게 칠한 어휘를 중심으로 작품 분석을 한 후, 다음과 같은 질문을 던진다.

이 시에 등장하는 소재의 의미와 그것이 상징하는 바는 무엇인지 말해 보자

소재	의미	상징
달	높이 우러러보는 존재, 광명의 존재	기파랑의 고결한 자태
냇물		
조약돌		
잣나무	높이 솟아 있음, 항상 푸름	역경에 굴하지 않는 기파랑의 고결한 절개, 고매한 인품
서리		

이삼형 외 7인, 고등학교 국어(하), 도서출판디딤돌, 2011, 168면.

이 관습화된 질문에 대한 대답은 무엇일까? 교사용 지도서에서는 다음과 같이 익숙한 답안을 제시하고 있다.

았을 때, 김완진의 해독은 다른 시어들에서 오류가 적지 않아 또 다른 문제를 야기하고 있다. 이에 대해서는 추후 논의하기로 하고 본고에서는 '조약돌'의 오류에 한정해서 서술한다.

이 작품에 나오는 중요 시어의 속성과 그 의미를 써 보자.

시어	속성	의미
달	예시 답 세상을 밝게 비춤.	기파랑의 숭고한 인품
냇물	푸르고 맑음.	예시 답 기파랑의 청아하고 맑은 인품
조약돌	예시 답 부드럽게 닳아 있음.	예시 답 기파랑의 원만한 인품
잣나무	예시 답 높고 푸름.	예시 답 기파랑의 높고 고고한 인품
서리	차가움	기파랑이 극복한 고난과 시련

윤여탁 외 8인, 『고등학교 문학』, 교사용교과서 검토본, 미래엔, 224면.

그런데 필자는 달, 냇물, 조약돌, 잣나무, 서리에 대한 문학적 해석 중, 특히 '조약돌'에 대한 위의 대답은 상당한 문제를 지니고 있다고 판단한다. 왜냐하면 '조약돌[직벽]'이란 시어는 향가 원문의 '磧'을 풀이한 것인데, '磧'은 실상 조약돌이 아니라 '물가에 있는 자갈(혹은 모래)의 퇴적 지형'을 뜻하는 말이기 때문이다. 이는 소창진평[22]이 일찍이 다음 자료를 제시하여 정확히 해독한 바 있다.

磧 쟉벼리 젹, 水渚有石 又 虜中沙漠　　　　　　　　　　　〈訓蒙字會〉

위 『훈몽자회』에서 '磧'을 '쟉벼리'라 하고 있는데 소창진평은 이에 기반하여 "돌무덕이·모래벌"로 풀이하였던 것이다. '磧'의 한자적 원의미를 살려 '돌무덕이, 모래벌'의 공간어로 파악한 것은 정곡을 찌른 풀이였다. 이와 관련되는 어휘를 계속 찾아 보면 다음과 같이 점점 그의 추측으로 수렴해 감을 보는 것이다.

磧 쟉별　　　　　　　　　　　　　　　　　　　　　　　　〈倭語類解〉
磧 쟉별 lieu où il y a beaucoup de pierres rondes, de galets. (둥근돌과 자갈이 매우

---

[22] 小倉進平, 『鄕歌及び吏讀の硏究』, 京城帝國大學敎, 1929, 178면.

많은 장소)　　　　　　　　　　　　　　　　〈韓佛字典, 1880년〉
磧은 믌ᄀ새 돌 잇ᄂᆞᆫ 짜히라　　　　　　　　　〈月印釋譜 10:86a〉

'磧'이 조약돌이 아니라 '물가의 돌 있는 땅, 즉 자갈벌, 자갈 둔덕'의 공간지칭어임은 선행한 '川理叱', 그리고 후접해 있는 '처격조사 惡希'를 보아서도 명백하다. 선행하는 '川理[나리/내]'는 '磧'이 '냇가' 옆에 있는 '자갈벌, 자갈 둔덕'을 뜻하는 말이라는 점과, 후행하는 '惡希'은 공간 개념어에 접속되는 처격조사란 점과 순조롭게 조응한다. 즉, 향찰에는 '아/아긔/아희' 등으로 읽히는 처격조사가 '希·阿希·惡中·也中·良中' 등으로 다양하게 나타나며 대체로 '공간지칭어 혹은 시간지칭어'에 결합되고 있음을 보는데,[23] '磧惡希' 역시 그러한 구조에 일치함을 보는 것이다. 이로 〈讚耆婆郞歌〉의 '川理叱 磧惡希'는 의심할 바 없이 '나리ㅅ 쟈벼리에'로 해독되며 현대어로는 '냇가 자갈벌에서·자갈 둔덕에서'로 풀이되는 어구인 것이다.

그렇다면 소창진평에서 이미 '돌무더기[石原]·모래벌'로 해독이 완료되고 그 후로도 향가 연구자들의 지속적인 지지[24]를 받아왔던 이 해독이, 왜 유독 교과서의 영역에서 맥을 못 추고 잘못된 방식으로 뿌리내려 버린 것일까? 왜 교과서의 집필진들은 다음과 같은 연구자의 비판의 목소리를 경청하지 않는 것일까?

기파랑을 달로 상징한 이상 달이 냇물 표면에 비친다는 표현이라면 가능하겠지만, 자갈밭에는 투영될 리가 없다. 그리하여 자갈의 둥글둥글한 모양이 기파랑의

---

23 공간개념어에 결합한 몇 예를 들면 다음과 같다.
　紫布岩乎邊希 : ᄀᆞᇫ애 〈獻花歌〉, 法界惡之叱佛會阿希 : 佛會예 〈普賢6〉, 衆生叱海惡中 : 바ᄃᆞᆯ애 〈普賢10〉 一念惡中涌出去良 : 一念에 〈普賢2〉, 沙是八陵隱汀理也中 : 벼리예 〈讚耆婆郞歌〉

24 서재극, 김완진, 신재홍 등 대다수의 연구자들은 이를 '자갈밭'으로 풀고 있다.
　쟈벼[자갈벌] 〈서재극, 17~18면〉, 직벼[자갈 벌] 〈김완진, 80면〉, 쟈벼[자갈밭] 〈신재홍, 119~120면.〉

원만한 성품을 상징한 것이라는 식의 억지 해석이 나오기도 하였다.[25]

    필자는 그 이유를 두 가지 측면에서 찾을 수 있다고 본다. 하나는 '磧'을 '자갈밭'이라고 하는 근거를 소창진평 이래 더 추가하지 못했던 점에 원인이 있다고 본다. 향가의 연구가 꾸준히 진행되었지만, 字의 文證이 가장 왕성했던 것은 소창진평과 양주동의 저서에서였을 뿐, 더 이상의 자료 추가는 매우 제한적이었다. 먼저 인용했던 서재극과 같은 연구자는 주로 현행 방언에 기대어 어휘를 추가하는 데 장점을 지녔기에 문헌을 통한 용례의 추가 제시에는 큰 소득이 없었고, 김완진의 경우는 자료를 통한 귀납적 결론을 내리는 방식이 아니라, 원리를 세우고 이를 적용시키는 연역적 방법을 주로 택했기에 결정적인 새 자료 추가엔 큰 진전을 보지 못했다. 이러한 상황은 '磧'자라 해서 예외는 아니었다. 오히려 다른 字에 비해 더 심한 편이었다. 소창진평이 『훈몽사회』의 1회의 용례를, 양주동이 『說文』과 『上林賦』에서 2회의 용례를 연구서에 실었을 뿐, 더 이상의 변별력 있는 자료는 학계에 보고되지 못했다. 이런 까닭으로 교과서의 집필진들은 '磧'은 일부 전문 연구서에서 '조약돌'로도 풀이되니 큰 사유가 없는 한 예전의 설을 준용하자'는 입장을 지녔던 것이 아닐까 한다.

    다른 이유로는 그동안 견지되어 왔던 '교과서적인 풀이'가 지닌 관성을 들 수 있다. 현재의 집필진들은 대체로 30여 년 전부터 교과서를 통해 〈讚耆婆郞歌〉를 학습한 경험이 있는데, 그 당시에 이미 강한 믿음으로 학습한 것이기에 이 說의 연원에 대한 막연한 믿음을 지녔을 수 있다. 그 당시에 교과서에 수록되었으니, 아마도 당대의 쟁쟁한 선배 집필진들이 신뢰할 만한 학설을 바탕으로 이런 결론을 이끌었으리라 생각한 것이 아닌가 한다.

    이에 현행 교과서의 내용을 수정하기를 원한다면 위 두 가지 문제를 투명히 해결할 필요가 있다. 이 중 첫 번째 문제 '磧'字의 의미에 대한 새로운

---

25 신채홍, 『향가의 해석』, 집문당, 2000, 120면.

자료 추가는 3-1항에서 이미 행하였으므로, 이하에서는 두 번째 문제, 이러한 문학적 풀이가 어떤 과정을 통하여 점차적으로 교과서에 뿌리를 내려갔던가를 살펴보려 한다. 그 과정을 통하여 이 학설의 뿌리가 애초에 '誤解'에서 비롯된 것임을 확인하려 한다.

2) 문학적 오해의 연원

오해의 연원을 찾기 위해서는 〈讚耆婆郞歌〉가 가장 먼저 수록된 교과서를 살피는 일이 필요하다. 교과서는 강한 보수성을 지닌 채 계승되므로 현재의 현상 역시 거기에서 기인했을 가능성이 높기 때문이다. 그리고 우리는 최초로 〈讚耆婆郞歌〉를 수록하였던 『인문계 고등학교 표준고전』[26]에서 다음과 같은 낯익은 내용을 본다.

> 캄캄한 밤중, 덮였던 구름이 활짝 열리면서 나타난 달, … 작자는, 이미 저승으로 가 있는 기파랑을 생각할 때 구름을 헤치고 나타난 달을 聯想하였다. <u>淸新한 인격과 光明한 풍모를 갖추었던 기파랑의 이미지</u>가 떠오르기 때문이었을 것이다.(22면) … 달빛 따라 쫓는 낭의 모습을 땅 위에서 다시 찾아본다. 내려다보는 발 밑에는 <u>새파란 시냇물</u>이 흐르고 있다. 그 물 위에도 낭의 모습은 떠오른다. … <u>물은 충만하면서도 깊이 있는 이미지</u>를 가져다 준다. 물 속에 가득한 낭의 모습, 그리고 깊숙이 사무친 낭의 추억이 새롭다. … 다시 눈을 돌려 냇물가에 一面으로 깔려 있는 <u>조약돌</u>을 바라본다. 그칠 줄 모르는 시냇물이 씻고 닦아 준 조약돌들이 달빛에 반짝인다. 작자는 다시 그 <u>조약돌에서 낭의 인격을 생각</u>한다. … 다시 하늘의 달을 쳐다보다가 달빛을 가로막는 <u>잣나무 가지</u>를 우러러본다. 헌칠하고 곱게 올려 뻗은 잣나무에서 또 한번 낭의 모습을 찾는다. 워낙 높아서 서리도 내리지 않을 <u>잣나무는 곧 낭의 고결한 인격의 상징</u> 같기도 하다.(23면) [밑줄은 필자]

---

[26] 정병욱·이응백, 『인문계 고등학교 표준고전』, 신구문화사, 1969, 22~23면.

집필자는 작품에 나타난 '달·시냇물·조약돌·잣나무 가지·서리'의 시어를 중심으로 해설해 나가면서 달에서 '기파랑의 청신한 인격과 광명한 풍모'를, 시냇물에서 '충만하고 깊은 이미지'를, 반짝이는 조약돌에서 '낭의 인격'을, 잣가지에서 '낭의 고결한 인격'을 볼 수 있다고 한다. 이 해설은 집필진의 무게감, 소재의 일치나 해설의 일치로 볼 때, 현행 교과서의 원류가 된 것이 틀림없다.

그러나 조약돌과 관련해서는 '낭의 인격'이라고만 해 두었을 뿐, 현재 익히 알려진 '원만한 성품'으로까지 구체화되어 있지는 않다. 그렇다면 '원만한 성품'이라는 언급이 최초로 나타난 곳은 어딜까?

이 말은 10년 후인 1979년에 출판된 『인문계 고등학교 국어 교사용 지도서 1』[27]에서 처음 보인다. 다음과 같은 도표를 통해 '조약돌 : 원만함'의 대응을 확정시키고 있는 것이다.

① 문사(問辭) : 작자가 달에게 물음(~3행)	○ 달 : 우러러보는 존재	전단	8구	10구
② 답사(答辭) : 달이 작자에게 답함(~8행)	○ 냇물 : 깨끗함 ○ **조약돌 : 원만함**	후단		
③ 결사(結辭) : 작자의 독백(~10행)	○ 잣나무 : 높은 절개	낙구	2구	

향가의 해독에는 아직 정설(定說)이 없다. 해독이나 내용 파악에 있어서 학자 간에 많은 상이점이 있다. <u>교과서에 수록한 해독문이 양 주동(梁柱東)의 것이므로, 해석·감상 일체를 그의 설에 따라 가르칠 수밖에 없다.</u> (밑줄 필자)

조약돌이 기파랑의 원만한 인품을 상징한다는 해석은 일반 연구서에서는 보이지 않은 채 교과서의 범주에서만 보이고, 최초의 교과서에서부터

---

27 『인문계 고등학교 국어 교사용 지도서 1』, 한국교육개발원, 대한교과서주식회사, 1979, 175면. (연구진 : 이응백, 김동욱, 김민수, 정한모, 김호권, 이병호. 집필진 : 박갑수, 김병국, 김용직, 이병호.)

이후로 이어지는 교사용 지도서, 참고서 등에서 점차 공식화되어가는 추이를 보이는바 우리는 현행 교과서의 '조약돌'에 대한 이해가 이러한 과정을 거쳐 형성된 것이라 확신하게 된다.

그렇다면 이들은 도대체 누구의 해독본을 보았길래 '磧'을 '조약돌'로 현대어역하고 있는 것일까? 1969년본 『표준고전』의 해독은 양주동의 것을 따르고 있고, 1979년의 『교사용 지도서』 또한 위 인용에서 "교과서에 수록한 해독문이 양주동(梁柱東)의 것이므로 해석·감상 일체를 그의 설에 따라 가르칠 수밖에 없다"고 진술하고 있듯이 그들은 양주동의 해독본에 준해 '磧'을 '조약돌'로 이해하였던 것이다. 즉, 교과서 집필진들은 양주동이 '磧 = 조약돌'로 해독했다고 믿고 여기에 약간의 문학적 상상을 덧붙여 '조약돌 - 둥글둥글함 - 그의 인격'이란 도식을 완성했던 것이다.

그런데 문제는 양주동은 '磧'의 궁극적 의미를 '조약돌'로 파악하지 않았다는 것이다. 비록 『고가연구』의 353~354에서 '磧惡希'를 '직벽 / 히'로 끊어 읽고, 책의 말미 평설 부분 현대어역에서 '이로 냇가 조약[小石]에'라고 직역하여 두었지만, 그는 '磧'을 개개의 돌멩이가 아닌 돌멩이 혹은 모래가 널려 있는 곳,[28] 즉, 공간개념어로 분명히 해독하고 있었다. 이는 『고가연구』 말미에 부록되어 있는 〈讚耆婆郎歌〉 평설의 意譯 부분에서 거듭하여 드러난다.

이제로부터 냇가 모래벌 위에 〈고가연구, 886면〉

---

28 '磧'은 '石 + 責'의 자형에서도 보이지만, 기본적으로 '(물가에) 돌멩이들이 쌓여 만들어진 퇴적지형'이다. 하지만 때로는 '모래가 쌓인 곳' 즉 사막과 같은 곳을 형용할 때도 쓰이므로, 확장해서 보자면 '물가의 모래밭, 모래언덕'이라 보아도 크게 틀린 것이라 할 수 없다. 두보의 시 등에서 나타나는 '沙磧'은 '사막, 모래밭'을 칭한 것이다.
服事哥舒翰 意無流沙磧 〈杜甫, 「贈司空王公思禮」〉
원래 '벌/벼리'란 말은 자갈이든 모래든 간에 '(특히 물가의) 퇴적지형'을 말하는데, 〈정석가〉의 '삭삭기 셰몰애별'이나 〈동동〉의 '별헤 브룐 빗'의 '별'도 동일한 말이다. 즉, 자갈의 퇴적지면 '쟉[조약] 벼리/별'이고 모래의 퇴적지면 '몰애[모래] 벼리/별'이다.

> 냇가 모래 위에 기랑이 서서 지녔던「마음의 끝」 〈887면〉
> 천년 전 어느 달밤 東方 新羅서울 閼川 냇가 흰 모래 위에 홀로 우뚝 〈上同〉

그렇다면 현재의 설은 상당한 문제를 지니게 된다. 양주동의 해석을 '조약돌'이라 믿고 여기에 문학적 상상력을 덧붙여 '둥글둥글한 사물 - 둥글둥글한 인품'으로까지 해석하였는데, 정작 그 해석의 기반이 된 해독문의 당사자는 '磧'을 '모래 밭·자갈 밭'을 뜻하는 "공간개념어"로 보았던 것이다.

따라서 1979년『고등국어 교사용 지도서』에서 확정되어 현재까지 회자되고 있는 '조약돌'의 해석적 기반은 와해된다. 이 설은 교과서 집필진들이 양주동의 해독을 치밀히 반영하지 않아 생긴 '學的 誤謬'이다.

4. 결론

이상 현행 고등학교 교과과정에서 향가를 다루고 있는 방식을 살피고 이 과정에서 생겨난 어학적·문학적 문제점을 짚었다.

어학적 교육의 가장 큰 문제점은 향찰 체계의 핵심이라고 할 수 있는 '음차자와 훈차자'에 대한 잘못된 교육이었다. 음차자와 훈차자는 차용된 후 글자의 의미와 무관하게 사용되는 자를 뜻하는 말인데, 교육 현장에서는 음과 관련되면 음차자, 훈과 관련되면 훈차자란 식으로 교육하고 있음을 보았다. 이 분류에 의해 '善化公主·(薯)童房' 등의 正用字가 '음차자'로 오인되고 있었고, '他·密·嫁·置·薯·夜·抱·去' 등의 正用字가 '훈차자'로 오인되고 있었다. 이런 잘못된 분류는 '훈차자는 용언의 어간이나 체언으로 사용되고, 음차자는 용언의 어미나 조사로 사용된다.'는 잘못된 명제로 발전하여 적지 않은 교육현장의 혼란을 초래하고 있음을 살폈다. 본고는 이러한 혼란의 핵심이 향찰자 내에서 '正用字일반 漢字'를 분리해 내지 못한 데 있다고 보았다. 따라서 향찰의 체계를 크게 정용자와 차용자로 나누어야 함을 제안하였고, 정용자는 다시 음으로 읽는 음독자, 훈으로 읽는 훈독자, 차용자는 음을 빌린 음차자와 훈을 빌린 훈차자로 나눌 수 있음을 보였다. 이를 요약한 것이 2장 3절의 도표이다.

 문학적 교육의 가장 큰 문제는 〈讚耆婆郎歌〉에서 보이는 잘못된 해독을 바탕으로 한 문학적 해석이었다. 우리에게 익숙한, 냇물은 기파랑의 맑은 성품, 조약돌은 그의 원만한 성품, 잣가지는 그의 높은 기상을 나타낸다는 도식 중, '조약돌은 그의 원만한 성품'이라는 문학적 해석이, 양주동의 해독을 오해하여 생겨난 것임을 밝혔다. 양주동의 해석 '직벽'은 궁극적으로 '모래 벌'이란 의미로 푼 것인데, 교과서의 집필 과정에서 이를 인지하지 못하고 '조약돌'로 현대어역한 것이 최초의 잘못인 것으로 파악되었다. 이후 이것이 기파랑의 인격과 연관되리라는 언급이 자체적으로 발전하여 3차 교육과정에서 집필된 『국어 교사용 지도서』에서 '원만한 성품'이란 설명으로 비약되었고, 이 지침이 현행 교육의 모태가 되었음을 보였다. 본고는 이러한 오해를 교정하기 위해 '磧'에 관련된 자료를 추가로 제시함으로써 '磧'이 '물가의 모래나 자갈이 많은 땅, 즉 자갈밭 · 자갈 언덕'의 의미임을 분명히 했고, 마지막 장에서는 이런 오해가 형성되어 갔던 맥락을 구체적으로 확인함으로써 더 이상 잘못된 학설이 지속지지 않기를 희망했다.

『한국시가연구』 38, 한국시가학회, 2015.

박창화 筆 花郞世紀 진위성 검토
　　　-擬作 詩歌를 중심으로-

1

　朴昌和(1889~1962)의 제자 金鍾鎭(1938~1981)의 부인 김경자씨가 소장하고 있던 박창화 筆『花郞世紀』들은 1989년, 1995년 두 차례에 걸쳐 세상에 각각 공개되었고, 이의 眞僞에 대한 견해가 史學·國文學의 양학계 一角에서 심한 논란을 일으키고 있다.

　주지하다시피『花郞世記』는 신라의 문장가 金大問(7세기 후반~8세기 전반)이 지은 것으로,『三國史記』에 이의 일부 구절이 인용되어 남아 있을 뿐 그간 逸書로 알려져 있었다. 이 책은 書名으로 보아 신라의 중요한 조직이었던 화랑도에 대한 정보, 나아가 신라사에 대한 정보를 필연적으로 담고 있을 것이기에 逸失에 대한 아쉬움은 컸다. 그런 정황에서 박창화 筆『花郞世紀』의 출현이 가져온 학계의 기대는 대단했다. 더구나 이 책에는『삼국사기』에 인용되어 전하던 바로 그 구절 "賢佐忠臣 從此而秀 良將勇卒 由是而生"이 고스란히 포함되어 있고, 내용 또한 후대인이 僞作했다고 보기엔 퍽

1『삼국사기』권4, 신라본기 진흥왕 37年條에 인용되어 있다. 박창화 筆 2種『花郞世紀』중, 母本(1995년 공개본)은 이 부분이 훼손되어 전하지 않고, 발췌본(1989년 공개본)의 서론 말미

해박한 역사적 사실²을 담고 있어 더욱 깊은 관심이 모아졌다.

먼저 이 책들을 검토해 '僞書'라 판별한 채 학술적 자료로서는 論外라 분류한 이는 사학계의 노태돈이었다. 그는 「筆寫本 花郞世紀의 史料的 價値」,³ 「筆寫本 花郞世紀는 眞本인가」⁴의 두 논문을 통하여 필사본 화랑세기가 학계 일부에서 '眞本'으로 여겨지는 풍토를 우려하며 다음과 같은 결론을 내리고 있다.

> 한문으로 쓰여졌고 김대문의 화랑세기를 가탁하였다고 해서 그 이상의, 즉 史料로서의, 의미를 지니는 것은 아니다.⁵

그러나 같은 자료를 대하는 이종욱의 태도는 사뭇 다르다. 그 역시 「花郞世紀 硏究 序說」,⁶ 「花郞世記의 신빙성과 그 저술에 대한 고찰」⁷이란 일련의 연구를 통하여 화랑세기는 위서일 수 없다는 확신을 연달아 보여 준다. 그의 결론은 다음과 같다.

> 필자는 지금까지의 작업결과 『花郞世紀』와 『花郞世記』는 누구도 위삭할 수 없는 내용들로 이루어졌다고 생각한다. … 『花郞世紀』를 金大問이 저술한 책의 필사본

에 이 구절이 한 字의 다름도 없이 수록되어 있다.

2 이 공개본들이 僞書라는 것을 가장 정밀히 검증해 낸 노태돈 역시 이 책들의 내용에 대해 다음과 같이 一評하고 있다.
"그런 류의 책들은 대개의 경우 一讀해보면 바로 僞書인지의 여부가 파악되었다. 이번의 필사본 화랑세기는 그 내용이 흥미롭고 구성이 치밀하여 간단히 진위를 판단키 어려운 측면을 지녔다." 〈노태돈, 「필사본 화랑세기의 사료적 가치」, 『역사학보』 147집, 역사학회, 1995, 325면.〉

3 노태돈, 『역사학보』 147집, 역사학회, 1995.
4 노태돈, 『한국사연구』 99·100집, 한국사연구회, 1997.
5 노태돈(1997), 상게서, 360면.
6 이종욱, 『역사학보』 146집, 1995.
7 이종욱, 『한국사연구』 97집, 한국사연구회, 1997.

으로 인정하게 되었다.[8]

이 두 선학들의 연구결과는 서로가 가진 근거들을 기반으로 도출된 것이지만 모두 이 필사본에 적힌 '향찰식 표기 시가'를 무척 중요한 근거로 채택하고 있다는 공통점이 있다.[9] 그리하여 다음과 같이 국문학의 엄밀한 검증을 요청하기도 했다.

노태돈: 필사본 화랑세기에서 古拙한 형태의 借字表記法과 같은 것을 발견하여 분석해 이 책의 '鄕歌'가 신라 때 만들어진 것이라고 볼 수 있는 근거를 제시하든가, 또는 서지학적 측면에서 책의 저술년대를 다르게 추정하든가 하는 어떤 구체적인 논거를 제시하여야지 … [10]

이종욱: 과연 鄕歌를 위작할 사람이 있었는지 의심이 간다. 이는 '母本《花郎世紀》가 공개된 후 규명해야 할 과제가 된다.[11]
鄭然粲 선생님의 교시에 의하여 이 鄕歌는 僞作일 수 없다는 사실도 알 수 있었다. 물론 다른 해독도 있다. 이 점 앞으로 논의의 대상이 된다.[12]

본고는 위와 같은 사학계의 요청[13]에 대한 국어국문학계의 한 대답으로

---

[8] 이종욱(1997), 상게서, 33~34면.
[9] "보다 결정적인 근거는 이 책에 수록되어 있는 鄕歌 한 수이다." 〈노태돈, 「필사본 화랑세기의 사료적 가치」, 『역사학보』 147집, 역사학회, 1995, 350면.〉
"위에 제시한 鄕歌만큼 확실하게 『花郞世記』가 위작이 아니라는 증거도 없다." 〈이종욱, 「花郞世記의 신빙성과 그 저술에 대한 고찰」, 『한국사연구』 97집, 한국사연구회, 1997, 27면.〉
[10] 노태돈(1997), 상게서, 354~355면.
[11] 이종욱(1995), 상게서, 344면.
[12] 이종욱(1997), 상게서, 27면.
[13] 『화랑세기』에 수록된 향찰식 표기 시가에 대한 검토는 비단 위 두 연구자들에게서만 나온 것이 아니다. 僞書의 입장을 분명히 하는 윤선태 역시 "이 문제는 내가 풀 수 있는 성질의 것이 아니다. 나는 이번 글을 통해 국어학계에 다시 한번 권하고 싶다. 필사본 『화랑세

서의 성격을 띤다.

2

사실 필사본 『花郎世紀』에 수록된 향가 형태의 작품에 대해 국어국문학계가 그간 무관심했던 것은 아니었다. 김학성, 김영욱, 이도흠, 신재홍 등 굴지의 연구자들은 "향가" 자체가 가진 국어국문학적 가치에 의해, 혹은 위 사학계의 요청에 호응해 진지한 연구물을 제출한 바 있다. 그 연구들의 핵심적 언급은 다음과 같이 망라된다.

<u>김학성 : 향가는 지극히 난해해서</u> 창작은커녕 해독도 조선에 있는 극소수의 전문 학자에 의해, 한국인의 경우는 1940년대에 와서야 불완전한대로 모두 가능했는데 일본땅에 있던 박창화가 그것도 향찰을 한번도 연구해보지 못한 그가 <u>향찰로 향가를 해독도 아닌 창작을 한다는 것은 도저히 상상조차 할 수 없는 일이다.</u>[14]

김영욱 : 진위 여부와 관련된 위의 논의를 정리하자면 送歌가 필사자의 창작이 아닐까 하는 쪽으로 생각을 기울게 하는 것으로 2가지 정도의 논의가 있었고, 그 반

기』의 향가에 관심을 가져 달라고.(「필사본 『화랑세기』 진위 논쟁에 뛰어들며」, 『역사비평』 62, 역사문제연구소, 2003, 426면.)"라 하며 국어국문학의 협력을 요청하였으며, 최근에 논문을 발표한 바 있는 이희진 역시 "필자의 전공 분야가 아닌 부분에 대해서는 어느 쪽이 옳다고 본고에서 단언할 생각은 없다. 하지만 타 학문 분야의 성과를 이용해서 중요한 사료의 진위 여부를 가리려면, 그 분야 전문가들의 철저한 검증을 거쳐 공인된 결과를 이용해야 하는 것이 원칙이다.(「최근 제기된 『花郎世紀』 필사본 조작설에 대한 비판적 고찰」, 『한국고대사탐구』 제5집, 한국고대사탐구학회, 2010, 283면.)"라고 하여 동일한 협력을 기대하고 있다.

14 김학성, 「필사본 화랑세기의 발견과 향가 연구의 전망」, 『국어국문학』 123, 국어국문학회, 1999, 348~349면.

대쪽은 5가지 정도의 논의가 있었다. 양적인 차이가 진실 여부의 절대적 근거일 수가 없음은 물론일 테지만, 앞에서 논의한 바에 충실하자면, 송가는 <u>필사자의 창작물이 아니라는 결론</u>에 도달할 수밖에 없다.[15]

이도흠 : 이를 종합할 때 지금 현존하는 『필사본 화랑세기』는 고려조에 원전을 필사한 것을 재필사한 것이거나 아니면 <u>진본『화랑세기』를 박창화가 필사하였을 가능성</u>이 크다.[16]

심재홍 : 본고는 이 작품에 쓰인 향찰 중 어떤 것들은 기존 향찰의 용례와 같거나 비슷하면서도 구분되기 때문에 의의가 있다는 점, 작품이 수록된 문헌의 문체적, 내용적 특징이 몇몇 향찰들에 반영되어 있다는 점을 들어 <u>향가 작품의 가치를 긍정적으로 평가</u>하였다.[17]

위의 언급들은 뜻밖에도 모두, 박창화 筆 『花郞世紀』가 진본일 가능성을 확신하거나 혹은 진본쪽에 그 무게 중심을 두고 있다. 김학성의 논의는 "30년대의 박창화가 향찰의 문법을 전혀 몰랐을 것"에 근거를 두고 있고,[18] 김

---

[15] 김영욱,「화랑세기의 진위에 관한 문법사적 접근」, 서울시립대학교『박물관 휘보』제11호, 2000, 26면.
후에 박희숙 역시 김영욱의 견해에 다음과 같이 동의하고 있다. "결국 본고는 '送歌'가 김영욱(2000) 교수의 주장대로 '遺傳된 것'이라는 결론에 동의하게 된다." 〈박희숙,「화랑세기 향가의 차자표기에 대하여」,『청람어문교육』25집, 2002, 43면.〉
[16] 이도흠,「필사본『화랑세기』의 사료적 가치에 대한 국문학적 고찰」,『국제어문』29집, 2004, 256면.
하지만 이도흠은 크게 완강하지 않다. 다음 "향찰의 문법이나 상식에서 벗어나는 부분이 눈에 띈다. 이는 필사본 화랑세기를 진본으로 확정하는 것을 주저하게 한다. 설사 진본으로 드러난다 하더라도 비판적 검토를 요한다."와 같이 附記해 둔 점이 그의 입장을 잘 보여준다.
[17] 신재홍,「화랑세기의 신빙성에 대한 어문학적 접근」,『고전문학연구』제29집, 2006, 298면.
[18] 이도흠은 박창화가 향찰의 문법을 알았을 가능성과 몰랐을 가능성을 동시에 열어 두고 논의를 진행하였다. 그러나 다음과 같은 언급에서 보듯이 〈송사다함가〉 자체는 향가에 능

영웅·신재홍의 논의는 〈송사다함가〉의 문법 형태가 신라의 그것과 일치하는 측면이 있고, 일치하지 않는 몇 문법 요소도 지금껏 알려지지 않은 신라 표기의 흔적일 가능성이 있기에 이는 박창화의 창작물로 보기 어렵다는데 근거를 두고 있다.

그러나 과연 그러할까? 박창화가 향찰의 문법을 전혀 모르는 사람이었을까? 또 〈송사다함가〉에 나타나고 있는 '독특한 몇 문법 형태들'을 '신라의 흔적'이라 결론 내려도 좋은 것일까? 이하의 장에서는 이 두 점을 어문학적으로 정밀히 검토해봄으로써 위 선학들의 결론을 재고하고자 한다.

3

앞서 말한 '박창화는 향찰을 전혀 몰랐다'란 가정은 '박창화 筆 화랑세기가 진본'이라고 주장하는 非국어국문학측 연구자들에 의해서도 계속 전제되어 왔다. 그러나 그 편에 선 연구자라 할지라도 다음과 같이 '조선시대의 흔적'이 있다면 화랑세기를 박창화의 창작으로 수용할 자세가 되어 있는 듯하다.

필사본에 실린 향가가 정말로 19세기 이후 창작품이라면, 또 정말로 그 필사자로 지목되는 남당 박창화가 향가를 조작해냈다면, 당연히 그러한 향가에서는 조선시대의 흔적이 관찰되어야만 한다. 〈김태식〉[19]

통한 이에 의하지 않고서는 성립하기 어려운 것이라 보고 있다.
"화랑세기가 위서라 하더라도 박창화가 조작한 것은 아니다. 이것의 기술자는 신라인의 세계관과 화랑관을 견지하고 있고 신라사 당시의 사회문화뿐만 아니라 향가와 향찰에 모두 능통한 자이어야 한다." 〈이도흠, 상게서, 254면.〉
[19] 김태식, 「화랑세기 수록향가 조작설 비판」, 『역사비평』 63, 2003, 386면.

그렇다면 우리는 박창화의 향찰에 대한 이해정도와, 『화랑세기』 소재 詩歌에 나타난 조선시대의 흔적을 먼저 확인해 둘 필요가 있다. 그런데 우리는 필사본 『화랑세기』 수록 향가 〈송사다함가〉의 분석에 앞서 다음 자료를 먼저 검토하는 것이 좋겠다. 아래의 자료[20]는 박남수에 의해 학계에 전격적으로 소개된 박창화가 지은 또 다른 '향찰풍 노래'로 그의 향찰에 대한 이해정도를 뚜렷이 드러내어 주고 있다. 이것이 박창화에 의해 지어진 것이 분명한 이상, 이 자료는 "박창화가 향찰을 전혀 몰랐을 것"이라는 사실에 대한 부정할 수 없는 반박 자료가 된다. (띄어쓰기, 굵은 글씨, 번호, 해석은 필자)

貞見碧海上白波而傷之歌曰 "白波見我搖手招" 公答以 "深海有限木有梢"

草隱 **海多**[4]盼 **白羊**[3] 水波支 我乙 見古沙 **手羽**[2]乙 爲乃
푸른 바다에 하양 물결이 나를 보고사 손짓을 하네
深隱 **海多**[4]刀 限兮 **有巨等**[1] 端無隱 木支 何處 有沙里
깊은 바다도 끝이 있거든 끝없는 나무ㅣ 어디 있으리

정확한 對句, 일정한 운율로 일관하고 있는 위 자료는, 일부 구절에 향찰형 표기를 섞어 두긴 하였지만 어문학적으로 살펴보면 근대적 표기 특징을 뚜렷이 지니고 있다.

---

20 이 자료는 박남수에 의해 본격적으로 학계에 소개(소장: 국사편찬위원회, 고문서 번호 01-김-134, 「남당 박창화유고 CD」 134번 폴더)되었다. 1930년경 제책되었으며 내용상 필사본 『화랑세기』와 연결되어 있어 박남수는 이를 『花郎世紀』의 殘本이라 칭하였다. 이 자료와 필사본 화랑세기의 연관성은 다음과 같이 요약된다.
"『화랑세기』 잔본과 기존 1·2본간에는 그 대상 시기가 다름에도 불구하고 내용상 서로 통하는 부분이 많다. 또한 그 용어의 사용례 등에 있어서 매우 흡사하므로 이들 자료의 계통은 거의 동일한 것으로 보아 무방할 것이다. 더욱이 이들 자료는 모두 남당 박창화가 모필한 자료이고, 동일한 장소에서 발견되었다는 점에서 그러한 가능성을 더욱 높여준다."
〈박남수, 「신발견 朴昌和의 『花郎世紀』 殘本과 '鄕歌' 一首」, 『동국사학』 제43집, 동국사학회, 2007, 84면.〉

우선 '有㠯等'이라는 표기이다.[21] 이는 '있거든'이란 말을 향찰식으로 적은 것인데 '거'음을 위해 '㠯'를 사용하고 있다. 하지만 현존하는 향가는 '거'라는 음을 표기하기 위해 '㠯'를 사용하지 않는다. 모두 '去'만을 사용한다. 다음과 같이 사용되었던 것이다.

法界毛叱所只至去良 〈普賢1〉
一念惡中涌出去良 〈普賢2〉
燈油隱大海逸留去耶 〈普賢3〉

사실 '㠯'字는 고대의 차자 표기에는 사용되지 않던 자로 16세기가 되어서야 口訣에서,[22] 특히 儒家式 口訣[23]에서 전격적으로 구사되어 조선 후기까지 借字로 기능한다. 이로써 '有㠯等'이란 구절이 우리에게 시사하는 바는 명확해진다. 이 字에는 16세기 이후의 時代性과 박창화의 유가적 표기 소양이 그대로 반영되어 있는 것이다.

다음 '手羽'라는 표기이다. 이는 '손짓'이란 말의 향찰풍 표기인데 '羽'의 古訓 '짓'[24]을 훈차해 표현에 이용한 것이다. 그러나 '손짓'은 조선 중기까지도 문헌에 나타나지 않는 어휘이다. 이 어휘가 처음 등장하는 것은 19세기 末의 다음 문헌

안즈서넌 솟으로 ᄯᅡ을 긋지 안코 손짓ᄒ지 못ᄒ너니라

〈女小學諺解 02:28b(1882년)〉

---

21 상게한 박남수의 논문에서는 이를 '有居等'이라 하였지만, 사진에서 보듯 '有㠯等'이 분명하다.
22 이전경(『15세기 불경의 구결 표기법 연구』, 연세대 박사학위논문, 2002.)의 도표(231면)에서 '㠯'가 16세기 이후에 처음 나타나는 것을 확인할 수 있다.
23 "시제의 한 접속사인 「-거-」와 그 교체형인 「-어-」는 㠯 또는 去, 於로 표기된다. … 㠯와 去는 儒書와 佛書에 따라 확연히 구별된다. 그 구별은 儒書와 佛書의 구결 표기에 나타나는 전형적인 예다." 〈안병희, 『중세국어구결의 연구』, 일지사, 74면.〉
24 羽 짓 우 〈訓蒙字會〉

에서이고, 이후 20세기 초반의 가집, 신소설 등에서 다량으로 다음과 같이 나타난다.

    내가 便(편)을 쌀터이니 하고 그는 손짓하며 〈악부 下 2, 436면.〉
    옥단이가 손짓을 ᄒᆞ며 〈치악산 上, 116면.〉
    웃던 스름드리길ᄂᆡ 나를 보고 손짓슬 ᄒᆞ노 〈추천명월, 30면.〉

따라서 이 어휘 역시 朝鮮末에서 20세기 초반의 언어정황을 반영한 표현이 된다.

'白羊'이란 표현 역시 문제가 된다. 이는 '하양'을 표기한 말로 역시 조선 후기 이후에야 나타날 수 있는 어휘이다.

    노랑이 黃色畜 〈韓佛字典〉
    진쥬씨 숭쵸밧틔 파랑시 프랑시 엽폐 불겅시 어허 둥둥 ᄂᆡ 쌀이
    〈신재효 판소리 사설 1, 163면.〉

문헌 자료에서는 드물어 용례를 찾을 수 없지만,[25] 이와 유사한 어휘인 '노랑·파랑·불겅' 등의 말이 1882년 문헌에서야 처음 나타난다는 사실은 '하양'이란 말이 근대에 이르러서야 비로소 우리 언어생활에 나타났음을 시사한다.

마지막으로 2회나 반복되어 나타난 '海多'도 근대인의 시각에서 나온 표현이 분명하다. 이는 '바다'를 말음첨기식으로 표현한 것인데 '바다'는 朝鮮初 문헌에 다음과 같이 다양한 異形態

---

25 '하양'은 현대 국어사전에 다음과 같이 등재되어 있다.
    하양 :【명사】하얀 빛. 또는 하얀 물감.
    이전의 문헌 자료에 '하양'이 나타나지 않는 것은 이 말이 근대에 들어 만들어졌고, 구어적으로 주로 사용되었기 때문으로 풀이된다.

海는 바ᄅ리라 〈月印釋譜 序 01:08b〉
식미 기픈 므른 ᄀᆞᄆᆞ래 아니그츨ᄊᆡ 내히 이러 바ᄅᆞ래 가ᄂᆞ니 〈龍飛御天歌 2章〉
海 바다 히 〈新增類合·訓蒙字會·光州千字文 등〉
그 鹹水 바다해 네 셔미 잇ᄂᆞ니 〈月印釋譜 01:24a〉

를 가지지만 이는 선초 어휘의 교체 양상에 해당할 뿐, 先代形은 '바ᄃᆞᆯ'이 분명하다. 균여의 향가에 다음

無盡辯才叱海等 〈普賢2〉
佛體叱海等成留焉日尸恨 〈普賢10〉

과 같이 '海等'으로 표기되어 있다는 점,[26] 이미 양주동이 제시하였듯이 '波珍湌 或云 海干'[27]의 대응관계를 보인다는 점을 볼 때 의심의 여지가 없다.

간략히 살펴본 위 네 표기는 위의 노래가 근대인에 의해 창작·표기되었음을 확연히 보여준다 하겠다. 이들의 시대별 출현상황을 도표로 보이면 다음과 같다.

---

26 '等'은 차자 표기에서 '들'음을 위해서도 사용되었다.
　大戟 楊等柒根 楊等柒 〈鄕藥救急方〉
　楊 버들 양, 柳 버들 류 〈訓蒙字會〉
27 이 대응관계는 '波珍=海'에 주목한 것인데 '波珍'의 '珍'이 그 훈으로써 '/돌/'음을 표현한 경우가 많다는 점에서 타당하다고 할 수 있다. 양주동의 대응관계를 더 보이면 다음과 같다. (아래 인용은 양주동, 708면.)
　無等山 一云 無珍岳, 馬突 一云 馬珍, 難珍阿縣 一云 月良縣 〈이상, 高麗史〉
　波珍干 : ハトリ 〈日本書紀 9卷, 仰衷天皇 9年〉

세기(C)	삼국·신라	고려	조선					박창화 생존 시기
	- 10	- 14	15	16	17	18	19	20
爲㠯等	×	×	○					
手羽	×					○		
白羊	×					○		
海多	×	○						

4

우리는 제3장에서 『화랑세기』 잔본에 나타난 향찰풍 詩歌가 近代人 박창화의 창작임이 분명한 몇 징후를 살폈다. 그런데 여기서 우리는 다시 위 노래에서 박창화의 '향찰에 대한 조예'를 보다 깊이 살필 필요가 있다. 위 노래에는 문법사적으로 결코 있을 수 없는 표기 틈틈이 '정통 향찰 표기'도 섞여 나타나기 때문이다. 이 점을 확인하는 것은 박창화가 일부 향찰의 문법을 인지했고 이러한 인지가 필사본 화랑세기에 수록된 〈송사다함가〉를 창작한 원동력이 되었음을 이해하는 전제가 되어 줄 것이다. 논의의 편의를 위해 노래를 다시 싣는다.

草隱 海多盼 白羊 水波支 我乙 見古沙 手羽乙 爲乃
푸른 바다에 하양 물결이 나를 보고사 손짓을 하네
深隱 海多刀 限兮 有㠯等 端無隱 木支 何處 有沙里
깊은 바다도 끝이 있거든 끝없는 나무ㅣ 어디 있으리

위에서 진하게 표시한 자는 助詞·末音添記·語尾 등을 위해 쓰인 향찰식 표기이다. 그리고 이 중, '隱(은)·多(다)·乙(을)·古(고)·沙(사)·刀(도)·等(든)·里(리)'의 8字는 『삼국유사』나 『균여전』에 수록된 향찰의 문법 범주에 부합함을 본다. 그런데 박창화의 창작이 분명한 위 노래에서 어떻게 부분적으로나마 이런 정확한 표기가 가능했을까? 이때, 우리는 이 8字에 대한 박창화의 이해가 1929년 소창진평의 저서와도 역시 정확히 일치하고 있음을 주목해야 한다. 그가 사용한 관형격의 '隱(ㄴ)', 목적격의 '乙(ㄹ)', 音借 '多(다)·古(고)', 강조의 '沙(사)', 동일보조사 '刀(도)', 연결어미 '等(든)', 의문형종결어미 '里(리)'는 音價와 文法機能면에서 소창진평의 다음 언급을 충실히 따르고 있는 것이다.

표기	해석	소창진평의 언급(『향가 및 이두의 연구』, 1929년)
草隱	푸른	「隱」은 動詞의 現在連體形을 표시하는 'ㄴ'에 쓰인다. 〈130면〉
深隱	깊은	
端無隱	끝없는	
海多	바다	「多」는 '다'이다. 〈195면〉
我乙	나를	「乙」은 目的格의 '을' 또는 '를'을 표시하는 字이다. 〈61면〉
手羽乙	손짓을	
見古沙	보고사	「古」는 '고'이다. 〈187면〉 「沙」는 사라 읽어 'こそ'[28]·'ぞ'[29]의 의미를 뜻하는 조사이다. 〈183면〉
海多刀	바다도	「刀」는 '도'로 읽으며 'も'[30]의 뜻이다. 〈143면〉
有巨等	있거든	「等」은 음이 '등'이지만 이 곳에서는 조건을 표시하는 조사 '든'에 사용되었다. 〈108면〉
有沙里	있으리	「下里」는 「下呂」·「下是」 등과 동일한 말로 '이리'라고 읽는다. 〈129면〉

박창화가 소창진평의 향가풀이에 영향을 받은 것은 비단 위의 사례에만 국한되는 것은 아니다. 위 노래의 첫 구절 '草隱 海多'는 한시와의 비교를 통해서 볼 때 '푸른 바다(碧海)'를 표기한 것이 분명한데, 박창화는 이를 '碧隱'으로 표기하지 않고 '草隱'으로 쓰고 있음을 본다. 이는 '碧隱'이나 '草隱'이 모두 '프른'으로 읽히는 속성을 이용한 것이었다.[31] 그리고 이와 동일한 방

---

28 어떤 사항을 내세워 강조하는 뜻을 나타내는 말.
29 (혼잣말로) 스스로에게 다짐하거나 판단함을 나타내는 말.
30 두 가지 이상을 아우를 때에 쓰는 말.

식의 풀이가 소창진평의 연구에서 이미 다음과 같이 명시되어 있다.

膝 肹 古 召 旀 〈禱千手大悲歌〉
무릎 을 구 브리 며
'古'는 음 '고', '召'는 훈이 '블을'이므로 '古召' 두 자로 '고블' 또는 '굽으릴'의 말을 표현한 것이다.[32]

위의 해석에서 '召'가 '구브리다'란 語幹 일부를 위해 사용된 것이 맞느냐 아니냐는 아직도 논쟁 중인 사안이지만, 중요한 것은 이런 식의 풀이가 소창진평에서 처음 시작되었고 이와 일치하는 방식의 표기가 박창화가 창작한 것이 분명한 노래에 응용되어 나타나고 있다는 점이다. 곧, 박창화는 소창진평의 어법을 일부구절에서 깊이 끌어 쓰고 있다.

그런데, 박창화가 모든 향찰자를 소창진평의 所論을 따라 구사한 것은 아니었다. 이미 언급한 바 있는 근대적 표기 '爲巨等·手羽·白羊·海多' 등은 그 나름의 의식이 창안한 것이었으며 이외에 '肹·支·乃·兮·-沙里' 등도 향찰자의 일반적 기능과는 동떨어진 것이었다. 처격 조사로 쓴 '海多肹'의 '肹(흘겨볼 혜)'는 현전 향가에는 등장하지 않는 字[33]이며, 2회나 나타난 '支'는 현전향가에서는 主格으로서의 기능을 발견할 수 없고, 종결어미 '-네'를 위해 쓰인 '乃'는 현전향가에서 주로 역접의 '나'를 위해 쓰이며, 主格으로 쓰인 또 다른 자 '兮'도 향가에서는 감탄의 종결어미[34]로만 나타나며, '有沙里'의 '沙里' 역시 현전 향찰의 표기와 다르게[35] 나타난다.

---

31 '碧+은'과 '草+은'은 '프른'으로 동음어이다.
　프른 프른 절로 봀비치 드외옛고(碧草自春色) 〈杜詩初刊 06:33a〉
32 소창진평, 상게서, 192면.
33 일반적으로 '希'가 적힌다.
34 2회 사용되었는데 모두 문장의 마지막에 나타난다.
　毛等盡良白手隱乃兮 〈普賢2〉, 皆佛體置然叱爲賜隱伊留兮 〈普賢8〉
35 '있으리'란 말은 향찰에서 예외없이 '有叱下-'로 나타난다. 즉, '下'를 사용한다.

그렇다면 소창진평의 所論, 혹은 향찰의 일반 표기와 다른 이 돌발적인 字들이 우리에게 시사하는 바는 무엇일까? 이 노래 자체가 근대적인 것이기에 신라의 흔적이라고는 볼 수 없음을 감안할 때, 이러한 표기는 아무래도 박창화의 '個人的 創案·應用'이라고 볼 수밖에 없다. 특히 『삼국유사』 소재 향가에 몇 차례나 나타나는 '有叱下呂(있으리)'란 표현을 목격했을 것임이 분명함에도 이를 굳이 '有沙里'로 적어 둔 점은 그의 창안 혹은 응용적 태도를 그대로 드러낸다.

5

이제 우리는 그간 문제가 되었던 필사본 『화랑세기』에 수록된 〈송사다함가〉를 살필 때가 되었다. 박창화가 향찰에 대한 일정한 지식을 가지고 있었다는 점, 그러나 때로는 개인적 創案·應用에 의한 표기를 구사하기도 한다는 점, 하지만 어쩔 수 없는 근대인의 언어 모습을 드러내고 있다는 점을 기억하며 〈송사다함가〉에 나타난 擬作性을 검토해 본다. 노래를 옮기고 대체적으로 풀이하면 다음과 같다.[36]

    蓬次叱巷中 宿尸夜音有叱下是 〈慕竹旨郞歌〉
    吾衣身不喩仁人音有叱下呂 〈普賢5〉
    吾衣身伊波人有叱下呂 〈普賢10〉
뿐만 아니라 여타의 '-으리'란 말도 모두 '下'를 사용하여 나타낸다.
    逢烏支惡知作乎下是 〈慕竹旨郞歌〉
    佛影不冬應爲賜下呂 〈普賢7〉
    然叱皆好尸卜下里 〈普賢8〉

36 해석은 본고에서 언급되고 있는 선행 연구를 바탕으로 적절히 가다듬었다. 그간 연구서에서 보인 해독에 큰 이견들이 없다는 점은 이 노래가 비교적 쉬운 향찰법으로 구성되었음을 방증하고, 질서정연한 對句와 律格을 갖추고 있다는 점은 현전 향가의 무질서한 율격 면모와 비교해 볼 때 시사하는 바가 뚜렷하다.

風只吹留如久爲都　郞前希吹莫遣　　浪只打如久爲都　　郞前打莫遣
바람이 분다고 해도　임앞에 불지 말고　물결이 친다고 해도　임앞에 치지 말고
早早歸良來良　　更逢叱那抱遣見遣　此好郞耶執音乎手乙　忍麼等尸理良奴
빨리빨리 돌아오라　다시 만나 안고 보고　이 좋은 님의 잡은 손을　차마 달라뇨

위에서 권점을 그려 두었듯이, 위 노래에서 助詞나 語末語尾 등으로 나타나는 향찰자는 '只・留・如・久・都・希・遣・良・叱・那・耶・音・乎・乙・麼・等・尸・理・奴'의 19字이다. 이 중 『삼국유사』나 『균여전』 소재 향가에서 차자로 사용되고 있는 자들은 '只・留・如・都・希・遣・良・叱・耶・音・乎・乙・等・尸・理・奴'의 16字이고, 『삼국유사』나 『균여전』 소재 향가에 나타나지 않는 借字는 '久・麼・那'의 3字이다. 표기의 擬作性을 논할 기반을 설정하기 위해 이 차자들과 소창진평의 所論을 비교하면 다음과 같다.

표기	해석	소창진평의 언급(『향가 및 이두의 연구』, 1929년)
風只	바람이	아래의 진술 참조
浪只	물결이	
吹留如久	불다구	「留」는 단독으로 'ㄹ'음에 사용된다. 〈69면〉
打如久	친다구	「如」를 '다'음에 사용하는 것은 古來로부터 가장 보편적인 것이다. 〈47면〉 *'久'는 향찰에 사용되지 않는 자.
爲都	해도	「都」는 '도(も)'이다. 〈211면〉
前希	앞에	「希」는 음이 '희'지만 여기서는 장소를 표하는 助詞 '애'에 轉用되었다. 〈156~157면〉
莫遣	말고	「遣」은 '고'라 읽는다. 〈160면〉
抱遣見遣	안고보고	
歸良來良	돌아오라 (=도라오라)	「良」은 아・야・애・이 등으로도 사용되지만 本條에서의 「良」은 … '라'로 읽는다. 〈44면〉
逢叱那	맛나	「逢」은 '맛날'로 訓讀된다. 〈153면〉, 「逢」은 '맛날. 〈214면〉 「叱」은 …'빼앗'의 '앗'에 붙어 말음 'ㅅ'을 나타낸 것이다. 〈188면〉 *'那'는 향찰에 사용되지 않는 자.
郞耶	郞이여/ 郞의 (?)	「去耶」는 '去良'과 같이 '과라'로 읽는다. 〈69면〉

執音乎手乙	잡은 손을	"執音乎手"는 "잡온 손"[37] 〈157면〉 「乙」은 目的格의 '을' 또는 '를'을 표시하는 字이다. 〈61면〉
忍麼	차마	아래의 진술 참조
等尸理良奴	달라뇨(?)	「等耶」는 '더라'로 읽힌다. 〈221면〉, 「等」은 '고둔'의 '둔'을 나타내는 말이다. 〈208면〉 「尸」는 … 'ㄹ'을 나타내는 것이다. 〈127면〉 「理」는 '누리'의 '리'를 다시 반복하여 쓴 것이다. 〈228~229면〉 「奴」는 음 '노'. 〈213면〉

위 표에서 눈에 띄는 것은 표기의 대부분이 소창진평의 所論과 일치한다는 점이다. 19字 中 '只·留·如·都·希·遣·良·叱·音·乎·乙·等·尸·理·奴'의 15字가 소창진평의 추정 音價에 준하여 구사되었다.[38] 이 점은 전술한 『화랑세기』殘本에 수록된 〈碧波歌〉와 양상을 같이 한다. 곧, 그는 소창진평의 저서로부터 향찰에 대한 지식을 얻었고 그것을 활용하여 이 노래를 지었을 것이란 추정이 성립하게 된다.

그런데 이를 '〈송사다함가〉에는 박창화의 지식으로는 도저히 만들 수 없는 표기가 포함되어 있다'라고 결론내린 선행 연구가 있다. 이 점은 연구자들 사이에 〈송사다함가〉가 진본이라는 무척 중요한 근거가 되어 있기에 자세히 언급할 필요가 있다. 다음이 그것이다.

'前希'는 박창화가 향가를 조작하지 않았음을 보여 주는 실례이다. … '앞'이라는 말이 고어에서는 'ㅎ 종성체언'이었기에 … 希라는 조사를 붙인 것이다. … 당시로서는 어학 전공 연구자 수준의 어학실력이 있지 않고서는 불가능한 일이다.[39]

---

37 〈獻花歌〉의 第2句 "執音乎手母牛放教遣"을 풀이하면서 한 말이다.
38 문제가 될 만한 것은 '留·等·奴'의 3字이다. 그러나 '吹留如'의 '吹'는 그 훈이 '블-'이기에 후행하는 '留'가 'ㄹ'음과 연관될 가능성이 높으며, '等尸理良奴' 또한 '달라뇨/ 달라뇨/ 돌리라노' 정도의 뜻을 적었을 것으로 기대되므로 소창진평의 설정 음가에서 크게 벗어나지 않는다고 할 수 있다.
39 이도흠, 상게서, 243면.

'逢叱那'도 '前希'와 궤를 같이 한다. … 현대어 '만나다'에 해당하는 중세어는 '맛보다', '맛니다', '맛나다'이다. 박창화가 향찰의 제자 원리와 운용법을 익혔다 하더라도 중세어 전공자가 아닌 자가 향찰로 표기한다면 '만나'에 대해 '逢那'로 적지 'ㅅ' 촉음을 넣어 '逢叱那'로 표기한다는 것은 거의 있을 수 없는 일이다.[40]

그리고 이 언급은 다음과 같이 지지를 받기도 했다.

여기에 이도흠이 지적한 바 '逢叱那'를 추가할 만하다. … '맛나'의 표기에 이 작품의 '逢叱那'가 정확히 대응하는 것이다. 기존 예인 '逢'자로써 '만나다'를 나타내면서도 이 표기를 사용하였다는 점이 자료를 긍정적으로 볼 수 있게 해 준다.[41]

이 주장들의 요점은 '박창화의 향찰 표기가 소창진평의 所論을 벗어나는 측면이 있기에 여기에 나타난 표기들은 근대 이전, 즉 신라의 표기로밖에 볼 수 없다.'란 것이다. 하지만 이 주장들은 소창진평의 저서에 나타난 양상을 정확히 반영하지 못했다. '前希'의 '希'와 '逢'의 訓 '맛나-'는 소창진평이 이미 다음

「希」는 음이 '희'지만 여기서는 장소를 표하는 助詞 '애'에 轉用되었다. 〈156~157면〉
「逢」은 '맛날'로 訓讀된다. 〈153면〉, 「逢」은 '맛날'. 〈214면〉
「叱」은 … '빼앗'의 '앗'에 붙어 말음 'ㅅ'을 나타낸 것이다. 〈188면〉

과 같이 언급하였던 것이다. 즉, 위의 향가에서 나타나는 장소의 조사 '希', '逢'의 古訓 '맛', 'ㅅ 말음첨기'로서의 '叱'은 모두 소창진평이 언급한 범주 내에서 구사된 것으로, 근대적 학문과 깊이 紐帶되어 있는 것이다.[42]

---

40 이도흠, 상게서, 244~245면.
41 신재홍, 상게서, 296면.

박창화가 소창진평의 언급을 깊숙이 참조하고 있는 사례는 '風只'와 '浪只'에서 더욱 잘 드러난다. 그간 이 구절은 〈송사다함가〉가 眞本임을 주장하는 유력한 근거로 이해되어 왔다.

> 구결이나 이두 등, 어디에도 그 용례를 찾기 어려운 只가 〈송사다함가〉에 나타난다는 사실은, 이것이 창작물이 아니라는 방향으로 우리의 생각을 기울게 한다. … 당대에는 물론 현재까지도 알기 어려운 只를 그 자리에 일부러 집어넣었다고 가정하기는 어렵지 않은가 한다.[43]

현전하는 향가에서 '只'는 주격으로 쓰인 예가 없기에 이 부분은 '신라 표기의 흔적'이라는 것이다. 그러나 전술했듯이 박창화는 기존의 향찰 표기를 應用·創案하기도 한 인물이다. 그 응용은, 향가에 빈번히 나타나지만 결코 주격으로는 쓰인 일이 없는 '支'를 주격조사로 대범히 구사한 前述했던 창작시가에서 이미 잘 드러난다.

> 草隱 海多盻 白羊 水波支 我乙 見古沙 手羽乙 爲乃
> 푸른 바다에 하양 물결이 나를 보고사 손짓을 하네

본고는 〈송사다함가〉의 '風只·浪只'에 쓰인 주격의 '只' 역시 이와 같은 創案·應用의 결과로 본다. 그리고 이의 음가는 소창진평의 저서에서 영향 받은 것이라 본다. 소창진평은 향찰의 '只'를 때때로 '이'로 읽기도 하였으

---

42 사실 '逢叱那'은 소창진평의 언급을 통하지 않고서도 나타날 수 있는 표기이다. 근대까지도 현대어 '만나다'는 '맛나다'로 표기되기도 하였다.
낭군을 맛나 살고자 ᄒ미러니 〈추텬명월, 1914년 발행, 67면.〉
사람마다 서로 맛나면 〈치악산 下, 1919년 발행, 30면.〉
値 맛날 〈최남선, 신자전, 1920년경.〉
43 김영욱, 상게서, 12면.

며[44] 수차례에 걸쳐 '支'와 '只'를 동일한 音價를 가진 말이라 언급한 바가 있기 때문이다.

> '惡支'는 '惡只'와 동일한 말이다.[45]
> 「惡只」는 … '어이'로 읽힌다.〈上同, 61면.〉… 이곳에 있는 「惡只」와 같이 앞의 '어여'와 같은 종류의 말로 간주되는 것이 있다. 향가 제14에 있는 "此肹喰惡支治良羅"(안민가), 제18에 있는 "一等肹除惡支"(도천수대비가)에 있는 '惡支'도 이곳의 '惡只'와 동일한 말로 생각된다.[46]

결국 그동안 우리의 의구를 자아냈던 '주격조사 只·支'는 신라의 표기 흔적이 아니라, 때로는 '只'가 '이'로 읽힌다는, 또 '只'와 '支'는 동음의 관계에 있다는 소창진평의 所論을 반영한 결과인 것이다.

한편 본 노래 마지막 행에 나타난 '忍麼(츠마)'란 말에도 근대인의 표기 의식이 녹아 있다. 그간 이 字는 이 노래가 박창화의 창작이란 근거로 충분히 활용되지 못한 채, 다음과 같은 정도의 언급만 받아 왔다.

> 부사화 접사 '麼' … 문제는 이것들이 신라 당대의 향찰이었는지를 판별할 준거를 찾기 어렵다는 점이다.[47]

그러나 '츠마'를 위한 표기 '忍麼'는 위 언급보다는 적극적으로 시대성 추정에 활용될 필요가 있다. 어떤 음을 표기한 借字가 近代性을 띠고 있느냐, 古代性을 띠고 있느냐를 판단할 때, 그 음을 표기하기 위하여 當代에 어떤

---

44 물론 기본적으로는 '只'를 '지·기'로 읽었다.
「只」는 음이 '지'이다. 〈43면〉, 「只」는 … '기'를 音寫한 것이다. 〈63면〉
45 소창진평, 상게서, 168면.
46 소창진평, 상게서, 62면.
47 신재홍, 상게서, 296면.

字가 일반적으로 사용되었던가는 마땅히 살펴야 할 부분이다. 즉, 이곳에 쓰인 '츳마'의 말음 /마/가 향가의 시대에는 일반적으로 어떤 借字를 통하여 표기되었던가를 살핌으로써 '忍麽'라는 표기의 시대성을 살필 수 있는 것이다. 그럴 때, '忍麽'라는 표기는 신라시대의 향찰 표기와는 거리가 먼 것임을 알 수 있다. 향찰에서 '마'란 음은 총 4회 나타나는데 모두 '馬'를 구사하는 일관성을 보여 주기 때문이다.

本矣吾下是如馬於隱〈處容歌〉, 塵塵馬洛佛體叱利亦〈普賢1〉
火條執音馬〈普賢3〉, 得賜伊馬落人米無叱昆〈普賢5〉

더구나 12~13세기의 차자 자료인 석독구결과 『향약구급방』 등에서도 'ケ'字를 일관되게 사용하고 있음을 본다.

大蒜 ケ汝乙〈鄕藥救急方〉, 蒼耳 升古ケ伊〈鄕藥救急方〉
蒜 마늘 쉰〈訓蒙字會〉, 蒼耳 돗고마리〈方言類釋〉

――國土 良中ケ如〈舊譯仁王經, 02:04~06〉
徧ケ如乎隱〈華嚴經 14卷, 13:02~03〉

사실 우리 차자 표기에서 '麽'字가 '마'음을 위해 사용된 시기는 다음 연구들을 따를 때, 15~16세기경으로 확정된다.

시기	15세기 초기							15세기 중후기							16세기이후				
차자	본자음	안동송성문	법기	법안기	법안ㄷ	법견	금로	법화ㄴ	법동	법대	법화성ㄱ	능성ㄷ	능자	금백	금화ㄴ	법장ㄱ	법황ㄴ	능성 1 2	능서ㄴ	금영	금화ㄱ법
麽	麽 마							1 2 0 0			0				0			1 2 0 0			

〈이전경, 233면.〉[48]

去隱麼乙隱 〈地藏菩薩本願經 中 20b〉, 去時隱麼乙隱 〈地藏菩薩本願經 中 17b〉, 去申麼乙隱 〈地藏菩薩本願經 하 5a〉 (모두 안병희[49]의 재인용임)

이러한 '麼'의 시대분포로 볼 때, '忍麼'라는 표기가 나타날 수 있는 시기는 분명해진다. 일반적 향찰 표기와는 동떨어진 字란 점, 15세기 이후에나 우리 차자 표기에 편입된 字란 점에서 『화랑세기』의 시대' 즉 신라시대와는 관련지을 수 없는 표현인 것이다.

6

5장에서 우리는 〈송사다함가〉에서 구사되고 있는 향찰자의 '音價·語法' 범위가 소창진평의 所論 內에 있음을 살폈다.[50] 문제가 되었던 '風只·浪只'의 해독 '바람이·물결이'의 音價 대응 '只=이'가 소창진평의 언급과 관련되어 있음을 보았고, 더불어 '麼'라는 字의 출현 시기를 근거로도 이 노래가 『화랑세기』의 시대와 연관지을 수 없음을 살폈다. 그렇다면 이 노래에서

---

48 이전경, 『15세기 불경의 구결 표기법 연구』, 연세대 박사학위논문, 2002. 한편, 이전경은 같은 논문의 같은 도표에서 구결자 'ア'의 원자 역시 '麼'로 추정하였는데 이 점은 신중한 재고를 요한다. 'ア'의 원자가 '麼'인지 '庅'인지 분명하지 않기 때문이다. 그러나 만약 'ア'의 원자가 '麼'라고 할지라도 이 차자의 시기는 14세기 이상을 거슬러 올라가지 못한다. 즉, 신라의 표기와는 관련이 없다.
49 안병희, 『중세국어구결의 연구』, 일지사, 1977, 81면. 한편 『地藏菩薩本願經』은 16세기 初 문헌이다.
50 '那자와 久'자는 살피지 못했는데, 이는 현전 향가에는 나타나지 않는 借字이기 때문이다. 따라서 이를 근거로는 어떤 논의도 펴기 어려운 실정이다. 다만 전술한 박창화의 〈碧波歌〉에서 보이는 향찰자 창안이 이와 유사한 궤에서 이루어지고 있음을 지적할 수 있다. 〈碧波歌〉에서 보이는 '白羊·爲乃·限兮·有沙里' 등의 '羊·乃·兮·沙' 등의 字는 향찰에서 쓰이지 않거나, 쓰인다고 하더라도 용법이 전혀 다른 자들인데 이를 박창화는 이를 스스럼 없이 구사하고 있다. 이 둘은 동일한 현상이 아닌가 한다.

시대성을 짐작할만한 또 다른 흔적은 없을까? 본고는 그 흔적을 句文의 근대성에서 찾고자 한다.

주지하는 바이지만 〈송사다함가〉는 기존의 향가와는 달리 무척 해독이 쉽다. 그리고 음의 轉寫 이후 별다른 지식 없이 현대어로 이해가 가능하다. 이런 현상은 여타의 향가와 비교해 볼 때 무척 異質的인 것이다. 일찍이 김완진은 이 점을 다음과 같이 印象批評한 바 있다.

> 향찰의 허울을 쓰고 있으나 향찰의 격조에 맞지 않는다.[51]

〈송사다함가〉에 대한 그의 인상은 아마 이 노래가 가진 句文이 주는 근대의 언어 요소 때문이 아니었던가 한다. 그 요소로 가장 눈에 띄는 것은 '-다고 해도(吹留如久爲都·打如久爲都)'가 아닐까 한다. 이 구절은 對句의 형식으로 두 번씩이나 등장하면서 시의 리듬을 형성하는 동시에 내용상의 긴장감을 조성해내고 있다. 즉, 이 노래의 문학성을 지탱하는 결정적 구절이 되고 있는 것이다. 그러나 문제는 '-다고 해도'란 中樞的 구절은 신라의 문법이 아니란 점에 있다. 이 구절은 16세기 자료에서 다음

> 아바니믄 즈식 두고 오니 날 모디다고 보라 가시ᄂ니라.
> 〈순천김씨언간 150:6, 16세기 추정〉

과 같이 萌芽를 보인 후, 19세기 후반에 이르러서야 다음과 같이 본격적으로 사용되기 시작한다.[52]

---

51 김완진, 『향가와 고려가요』, 서울대학교출판부, 2000, 176면.
52 '-다고'의 역사적 변천에 대한 자세한 연구는 남미정에 의해 이미 이루어져 있다. 이에 관련된 그의 언급을 요약적으로 보이면 다음과 같다.
"'-다 ᄒ고'의 축약형은 19세기부터 본격적으로 등장한다. … 축약된 형태인 '-다고'는 … 이유, 원인 관계로 해석되는 경우가 있고 양보관계를 드러내는 예들도 확인할 수 있다." 〈남미

힘이 잇다고 약흔 사람을 의례히 익이는 법이 업고 〈독립신문(1899년 7월 26일)〉
쇼가 당쟝에 비록 병이 업는듯 ᄒᆞ다고 ᄒᆞ나 그 쇼를 잡아놋코 쟈셰히 검스를 ᄒᆞ거
드면 탄져열炭疽熱증이 잇는 쇼도 잇스니   〈독립신문, 1899년 11월 25일〉
타동에서 이런 일을 당햇다고 하야도 가엽서할 터인데
                                    〈추풍감별곡(세창서관, 1932, 33면)〉

 이러한 역사적 정황을 가지는 문법구조체가 〈송사다함가〉에 나타나고 있음은 우리에게 무엇을 시사하는가. 이에 대한 대답은 자명하다. 이 노래는 近代人, 곧 박창화의 擬作인 것이다.

7

 이제 논의를 마무리할 때가 되었다. 몇 가지 검토를 통하여 필자는 「화랑세기」를 筆한 박창화가 '소창진평의 所論을 따르고 있다는 점', '두 시가 작품에서 때로는 借字를 創案·應用하기도 하였다는 점', '그러나 여전히 근대인의 언어 모습을 노출하지 않을 수 없었다는 점' 등을 밝혔다. 그리하여 『화랑세기』 소재 향가 〈송사다함가〉를 그의 창작물로 결론내렸다.
 본고의 어조, 그리고 결론과는 별도로 필자는 『화랑세기』의 출현이 우리 사회와 학계에 순기능도 하였다고 생각한다. 우선 『화랑세기』란 책이 일반 대중에 알려지게 됨으로써 우리 고대사·고대문학에 대한 사회적 관심을 높였다는 점을 들 수 있다. 일부 학자들에게만 관심받던 고대의 문화들은 이 책의 출현을 계기로 圖書의 場·미디어의 場으로 진출할 수 있게 되었다. 이들은 고대사에 대한 보다 진지한 관심을 불러일으키는 계기가 될 것이다.
 학계로서도 상당한 소득을 얻었다고 생각한다. 이 책의 진위를 밝히기

정, 「'-다고'류 어미의 형성과 의미」, 『한말연구』 제26호, 한말연구학회, 2010.6, 117면.)

위한 다양한 분야의 다양한 논쟁은 그간의 연구 성과를 총동원하여 이루어졌고, 그 과정에서 우리 학문의 수준을 재점검하고, 논의의 옳은 방향을 모색하는 기회가 되었다. 그리고 차차 진실에 가까운 결론들을 얻게 됨으로써 우리 학문의 저력을 확인하고, 신뢰를 획득할 수 있게 되었지 않나 한다.

『고전문학연구』 38, 한국고전문학회, 2010.

兜率·詞腦·嗟辭의 語義에 대한 소고

1. 서론

『三國遺事』권1의 弩禮王 條에는 다음과 같은 기록이 전한다.

朴弩禮尼師今 … 癸未卽位 改定六部號, 仍賜六姓. 始作兜率歌, 有嗟辭詞腦格.

〈三國遺事 1卷, 紀異, 第三弩禮王〉

이는 신라 노례왕(재위 A.D 24~57)이 즉위하여 6부의 이름을 고치고 성을 하사하였다는 기사인데, 그 말미에 생경한 어휘가 포함된 구절이 부기되어 있다. 이 구절은 (異見이 있기는 하지만) 일반적으로는 다음과 같이 해석되고 있다.[1]

---

[1] 『삼국유사』의 해석본은 20여 종이 있지만, 본고에서는 이재호본을 우선적으로 채택하였다. 가장 이른 시기에 나온 해석본 중의 하나이면서, 또한 가장 많은 해석본의 전범이 된 본이기도 하기 때문이다. 가령, 비교적 근래에 출간된 한국정신문화연구원(강인구·김두진·김상현·장충식·황패강 공역, 이회문화사, 2003.)의 해석본 역시 이 부분에 한하여서는 이재호본을 벗어나지 못한다. 그 흡사함을 보이면 다음과 같다.
"비로소 도솔가(兜率歌)를 지으니 슬픔을 표현하는 말(嗟辭)과 사뇌격(詞腦格)이 있었다."

비로소 도솔가(兜率歌)를 지었는데 차사(嗟辭)와 사뇌격(詞腦格)이 있었다.[2]

그리고 '兜率歌·嗟辭·詞腦格'에 대해서는 다음과 같은 주석[3]이 덧붙어 있다. (방점은 필자)

도솔가(兜率歌) - 도솔(兜率)에 대한 해석이 많이 있는데, 곧 유리왕(儒理王) 시대는 불교 수입 이전에 속한 까닭으로 여기에 말한 도솔은 불전(佛典)의 도솔 그것이 아니고 우리말의 차자(借字)리라 한다. 우리 어문학회 주장에 따르면 도솔가는 서사시가 서정시로 넘어가는 교량의 구실을 한 시가라 한다.

차사(嗟辭) - 「슬퍼하는 말」의 뜻이니, 곧 사뇌가(詞腦歌)에 나타나는 「아야(阿耶)·아야(阿也)·아야야(阿耶也)」 등이 이에 해당된다. 조선왕조시대 가사에 나타나는 감탄사 「아으」와 같은 것.

사뇌격(詞腦格) - 사뇌(詞腦)의 격식이니, 곧 사뇌가의 격식을 갖추었다는 뜻. 사뇌가의 끝 장은 반드시 차사(嗟辭)로 시작됨이 그 특이한 격식이다.

그런데 위의 주석을 찬찬히 살피면, 이 세 용어의 핵심 내용이 당대의 관련 문헌이 시사하는 정황에 背離되는 측면이 적지 않음을 보게 된다. '兜率

兜率歌(도솔가) : 佛家에서 兜率은 도솔로 읽으며 兜率天의 준말로 쓰인다. 그러므로 제목상 도솔가는 兜率天에 대한 노래라 할 수 있다. 그러나 기록상 1세기경은 불교가 신라사회에 전래되었다고 보기 어려운 시기이다. 따라서 兜率은 佛典의 '도솔'이 아니고 우리말 '두솔'의 借字일 수도 있을 것이나 정확한 의미는 아직 확실하지 않다.
嗟辭 : 슬퍼하는 말이란 뜻으로서, 鄕歌에 나오는 阿耶·阿也·阿耶也 등이 嗟辭에 해당된다.
詞腦格 : 詞腦는 鄕歌의 본래 이름이므로 詞腦格이란 鄕歌의 格式을 말하는 듯하다. 〈한국정신문화연구원 편,『역주 삼국유사』I, 이회문화사, 2003, 243~244면.〉
2 이재호 역,『삼국유사』(上), 광문출판사, 1967, 117면.
3 이재호, 상게서, 118면.

이 불교용어일 가능성을 배제한다든지, '嗟辭'를 '슬퍼하는 말'로만 단정한 다든지, '사뇌격'을 '嗟辭를 지닌 격조'로만 좁혀 생각한다든지 하는 것이 그 것이다. 그러나 문헌적 측면에서 보자면 '兜率'은 '고유어의 借字式 표기'가 아니라 '佛家의 차용어'일 가능성이 적지 않으며, '嗟辭'는 '슬퍼하는 말'이 아니라 '讚美의 말'로 풀이될 수 있고, '詞腦格' 또한 '슬픔의 격조'가 아니라 '찬미의 격조'일 가능성이 높다. 이런 까닭으로 본고는 이 구절을 풀이해온 역사학자·어문학자들의 연구사를 두루 살펴 그 흐름을 일람하고, 학계에 이에 대한 再考를 요청해 보고자 한다.

2. '兜率'의 語義

〈兜率歌〉에 나타난 '兜率'을 '우리말의 借字'일 것으로 판단한 것은 비단 이재호의 번역에서만 나타나는 현상이 아니다. 이 견해는 1930년 정인보에서 비롯하여 1940년대의 양주동, 1970년대의 정병욱을 거쳐 근래의 조동일에 이르기까지 지속적으로 발전되며 지지되어 왔다. 그 페이지들을 옮겨보면 다음과 같다.[4]

> 兜率이 … 歡樂의意를表示하야「돗타」고부르는노래가아닐가[5]

---

[4] 학설이 워낙 다양하여 본문에 모두 옮겨 싣지 못하나, 공통적인 시각은 일치한다. 즉, '兜率'이 우리말의 寫音이라는 것이다. 추가로 몇 견해만 간략히 소개하면 다음과 같다.
다시림(治) 〈권상로,『조선문학사』, 동서문화사, 1947.〉
덧소리(덧내는 세력을 달래는 소리, 즉, 귀신을 달래는 소리) 〈최남선,『조선상식문답속편』, 동명사, 1947, 228면.〉
두리(둥글다, 여러 사람의 희합한 상태 내지 원만의 뜻) 〈홍기문,『향가해석』, 평양과학원, 1956, 20면.〉
도살풀이, 즉 살풀이 〈이혜구,『한국음악연구』, 경향신문사, 1957, 238~241면.〉
두레(농경의례) 〈김동욱,『국문학사』, 일신사, 1985, 33면.〉

이 〈兜率歌〉는 그 內容이 傳치 안흐나마 史記所記에 依하야 大略「民俗歡康」을 謳歌한 노래, 或은 王의 仁政을 頌揚한 노래임을 알 수 있는데,「兜率」은 元來「돗」또는「두리·도리」의 借字임으로「兜率歌」는「돗놀애」(터ㅅ놀애·國歌)가 아니면 想必「두리놀애·도리놀애」에 該當한다.[6]

한대(漢代)의 반고(班固)가 찬한 『백호통의(白虎通義)』에 "東夷之樂曰朝離"라 함이 있고, 당의 두우(杜佑)가 찬한 『통전(通典)』 악고(樂考)에는 "東夷之樂曰侏離"라 함이 보인다. 이 '朝離'니 '侏離'가 이른바 '東夷'의 악명(樂名)이었다면 그것은 마땅히 당시의 우리말을 한자를 차용하여 중국인들이 기사했을 것임에 틀림없을 것이다. … 따라서 '兜率歌'의 독음은 '두릿노래'라고 읽을 수 있다는 결론을 이끌어내는 데 그리 군색하지는 않으리라고 믿는다. '두리'라는 말의 의미 내용은 '悅·歡·寧·安·康' 등임은 전게한 전거들로써 능히 짐작할 수 있을 것으로 믿는다.[7]

〈兜率歌〉라는 말이 무슨 뜻이냐는 논란은 많아도 선뜻 결론을 내리기 어려우나, '두릿노래'로 보는 견해가 설득력 있다. 그 뜻은 '편안하게 하는 노래' ….[8]

위의 업적들은 크게 두 가지 내용으로 구성되는데, "① '兜率'의 의미는 '歡樂·歡康·悅·편안하다'이다, ② '兜率'은 우리말 '돗타(정인보), 돗·두리(양주동)·두리(정병욱·조동일)'의 음차자이다"가 그것이다. 우선 결론 ①은 『삼국사기』에 나타난 '유리왕의 선정', '환과고독의 구휼', 이로 인한 '民俗歡康'이 드러난 다음 기사를 참조하여 내린 것이었기에 이견의 여지가 없는 합당한 설이 된다.[9]

---

5 정인보, 「조선문학원류초본」, 『조선어문연구』, 연희전문학교출판부, 1930, 24면.
6 양주동, 『고가연구』, 박문서관, 1942, 14면.
7 정병욱, 『한국고전시가론』, 1977, 신구문화사, 68면.
8 조동일, 『한국문학통사』 1권, 지식산업사, 1994, 139면.
9 후대의 연구에서도 '도솔'이 지닌 기본적인 의미에 대한 견해는 정당히 계승되고 있다. 일례

5년, 겨울 11월, 왕이 나라 안을 순행하다가 한 노파가 굶주림과 추위로 죽어가는 것을 보았다. 말하기를, "내가 세상을 똑바로 보지 못하는 몸으로 왕위에 올라 백성을 먹여 살리지 못하여, 노인과 어린이로 하여금 이런 극한 상황에 이르게 하였으니, 이는 나의 죄이다."하고, 옷을 벗어 그녀를 덮어 주고 밥을 주어 먹게 하였다. 그리고 유사에게 명하여 현지에서 홀아비, 과부, 고아, 자식 없는 노인들을 위문하게 하고, 늙고 병들어 홀로 살아갈 수 없는 자들을 보살피게 하였다. 이렇게 되자 이웃 나라의 백성들이 이 소식을 듣고 오는 자들이 많았다. 이 해에 백성들의 생활이 즐겁고 편안하여 비로소 도솔가를 지었다. 이것이 가악의 시작이었다.

〈삼국사기 1권, 신라본기, 유리이사금 5년〉[10]

그러나 본고가 문제 삼고자 하는 것은 ②'도솔의 어원'에 관한 제가의 견해들이다. 정인보의 '돗타', 양주동의 '돗·두리', 정병욱의 '두리(朝離·侏離)' 등에서 보듯이 선학들은 모두 '도솔'의 어원을 우리의 고유어에서 찾으려는 태도를 취하고 있는데, 이에 대한 의문을 제기해 보려는 것이다.

선학들이 佛家에서 흔히 쓰이는 '兜率'이란 용어를 인식하였으면서도, 이를 〈兜率歌〉와 연관 짓지 않았던 것은 우리나라에 불교가 전래된 것이 이 노래의 성립보다 수백 년이 늦기 때문이었다. 즉, 중국에 불교가 들어온 것이 2세기, 삼국에 불교가 전래된 시기가 4세기이므로, 유리왕대, 즉 1세기에 발생한 노래를 불교식 명칭으로 불렀을 수 없다는 것이다.[11]

만 보이면 다음과 같다.
"그러므로 도솔가란 의미는 그것이 어떤 어학적 의미를 지니든 간에 유리왕대에 백성들이 즐겁고 평안하여 신성한 祭場에서 다함께 참여하여 의식을 치르면서 비로소 처음 지은 歌樂 … 〈이도흠,「도솔가의 화쟁시학적 연구」,『고전문학연구』8, 한국고전문학회, 1993, 82면.〉

10 五年, 冬十一月, 王巡行國內, 見一老嫗飢凍將死曰, "予以眇身居上, 不能養民, 使老幼, 至於此極, 是予之罪也." 解衣以覆之, 推食以食之. 仍命有司, 在處問鰥寡孤獨, 老病不能自活者, 給養之. 於是, 隣國百姓, 聞而來者衆矣. 是年, 民俗歡康, 始製兜率歌. 此歌樂之始也.〈三國史記 1卷, 新羅本紀, 儒理尼師今 5年〉

11 정병욱의 다음 언급이 이런 인식을 잘 대변해 준다.

이 지적은 일견 일리가 있다. '도솔가'라는 말을 유리왕대의 史官이 썼을 것이란 측면에서 본다면 이 시각은 절대적으로 옳은 것이라 할 수 있다. 그 당시로서는 '불교의 도솔'을 알 수는 없는 일이었기 때문이다. 하지만 문제는, 이런 인식에서 출발하긴 했지만, 현재까지 제시된 '도솔'의 고유어 추정은 여전히 迷路를 맴돌고 있다는 점이다.[12] 정인보의 '돗타'는 음상의 괴리가 지나치며, 양주동의 '돗·두리' 또한 '두률/두솔(兜率)' 어느 쪽으로 읽어도 음상의 간극을 메울 수 없다. 정병욱의 근거 또한 마찬가지이다. '朝離·侏離'는 여전히 음상의 간극이 클뿐더러, 그가 인용하고 있는『백호통의』의 "東夷之樂曰朝離" 또한 실제 확인해 보면 "東夷之樂曰∅離"[13]라고만 되어 있어 그 근거가 원천적 결함을 지니고 있음을 본다.

결국 '兜率'의 어의에 대한 추정은 모든 가능성을 열어 둔 채, 출발선상에서 다시 시작해야 할 것으로 보인다. 이에 필자는 전술한『삼국사기』의 "이 해에 백성들의 생활이 즐겁고 편안하여 비로소 〈兜率歌〉를 지었다.(是年 民俗歡康, 始製兜率歌)"에서 보이는 '즐겁고 편안[歡康]하여 부른 노래 〈兜率歌〉'

"이 말을 가장 많이 쓴 것은 불교에서 말하는 '兜率天'일 것이다. … 그러나 유리왕 때라면 아직 역사 시대로 보아서 불교의 수입 이전의 일이다. 따라서 이 유리왕 때의『도솔가』는 불교와 관계가 없는 시대의 것이므로 '도솔'이란 불교적인 독음과도 관계가 없다고 보아야 옳을 것 같다." 〈정병욱,『한국고전시가론』, 신구문화사, 1977, 67면.〉

12 다음과 같은 언급은 이에 대한 학계의 인식을 집약적으로 알려주는 것이라 하겠다.
"名稱 讀音에 있어서는 일찍이 六堂이 「덧소리」, 无涯가 「텃놀애」를 주장한 이래 여러 의견이 나왔다. … 이렇게 여러가지가 제안되고 있으나 이 중 어느 하나도 학계의 공인을 받고 있지 못하고 있는 느낌이다. 〈윤용식,「도솔가(유리왕대)의 해석」,『한국문학사의 쟁점』, 집문당, 1996, 108면.〉

13 "南夷之樂曰兜, 西夷之樂曰禁, 北夷之樂曰昧, 東夷之樂曰離." 〈白虎通義(班固 32~92), 禮樂〉
한편,『통전』에 나오는 "東夷之樂曰侏離"란 말로써 동방의 음악이 '주리'로 불렸을 것이라고 판단하는 것도 재고의 여지가 있다. 다른 기록들에서는 '侏離'를 '西夷'의 음악이라고 말하는 등 혼란이 심하기 때문이다.
東夷之樂曰靺 … 南夷之樂曰任 … 西夷之樂曰侏離 … 北夷之樂曰禁. 〈周禮註疏 24卷〉
東方曰靺, 南方曰任, 西方曰侏離, 北方曰禁. 各有其義, 而不可以混淆. 〈高麗圖經 40卷, 同文, 樂律.〉

가 佛家의 '兜率'이 지닌 '安康·歡樂·飽滿'의 의미에 직접적으로 연결되는 점에 주목할 것을 제안한다. 불가에서의 '도솔'의 의미는 다음과 같이 '喜足·歡樂·飽滿'이다.

【도솔천兜率天】
兜率은 梵語로는 'Tuṣita'이니, ('兜率天'은) '都率天·兜術天' 등으로 쓰기도 한다. 意譯하여 '知足天·妙足天·喜足天·喜樂天' 등으로도 쓴다. 도솔천의 이름에 관련하여 『立世阿毘曇論』권6에서 말하기를 "歡樂하고 飽滿하여 그 살림살이[資具]에 滿足하고, 八聖道에 나지 않아 知足하는 까닭으로 칭해 '兜率陀天'이라고 한다."『佛地經論』권5에서 말하기를 "후신보살이 가운데 있어 교화를 베풀고 많은 이들이 喜足을 닦는 고로 '喜足天'이라고도 칭한다.　　　　　〈佛光大辭典〉[14]

한편, '도솔'이 '喜足·歡樂·飽滿' 등과 관계되는 것은 불경에서뿐만이 아니다. 다음의 기록을 볼 때, 우리의 문화에서도 '도솔'이라는 어휘는 '安'이란 의미로 구사되었던 것으로 판단된다.

天安府, 太祖十三年, 合東西兜率爲天安府, 置都督.　　〈高麗史 56卷, 志, 地理〉

위는 '도솔'이란 지명이 후대에 한자어 '天安'으로 개명된 사실을 전하고 있는데, 이 역시 '도솔'의 불가적 의미를 한자로 살려 개명한 것이다. 불경과 지명 등에서 나타나는 '도솔'과 '喜·安·康·滿足' 등의 의미는 『삼국사기』에 나타난 〈兜率歌〉 및 그 배경 고사에 정확히 맞아떨어지고 있다. "늙고 병든 이들을 구하여 그들을 편안하게 보살피다(老病不能自活者, 給養之)"

---

14 兜率, 梵名 Tuṣita … 又作都率天·兜術天 … 意譯知足天·妙足天·喜足天·喜樂天 … 關於此天之名, 立世阿毘曇論卷六謂, "歡樂飽滿於其資具滿足 於八聖道不生知足, 故稱爲兜率陀天." 佛地經論卷五則謂, "後身菩薩於中敎化, 多修喜足, 故稱爲喜足天." 〈星雲大師,『佛光大辭典』, 臺灣: 佛光出版社, 1989, 4385면.〉

란 구절의 '給養', 그들을 구제하기 위해 실행된 여러 정책들로 이웃의 백성들도 모두 몰려와 "나라가 안정되고 평안해졌다(民俗歡康)"란 구절의 '歡康'은 불가에서 쓰고 있는 도솔이라는 의미와 전적으로 일치하는 것인데, 필자는 이러한 관련을 굳이 외면할 필요는 없을 것으로 생각한다. 즉, 〈兜率歌〉의 '도솔'은 佛家語에서 차용된 말로 보는 것이 순편하다.

그렇다면, 그간 선학들이 전제했던 다음과 같은 거듭된 우려는 어떻게 해명할 수 있을까?

〈兜率歌〉를 처음 지었다는 유리 니사금(儒理 尼師今) 五년이 기원 28년에 해당한데 중국에 불교가 처음 들어 온 것은 기원 58년이다. 아직 중국에도 들어 오지 않은 불교 사상을 우리가 먼저 알았을 수 없다.[15]

儒理王 당시는 불교가 전래되기 이전이니 「兜率」이란 말이 불교적인 용법으로 쓰였을 리도 없다고 생각된다. 따라서 이 말은 音借한 것으로 볼 수밖에 없다.[16]

필자는 이 우려는 유리왕의 시대와 『삼국유사』 편찬 시기와의 거리를 고려하지 않은 데서 생겨났다고 본다. 만약 「兜率」이라는 표기가 유리왕대의 史官이 사용했다거나, 當代의 金石文類에서 발견되었다고 한다면 이 때의 「兜率」을 불교용어 「兜率」과 연관시킬 수는 없을 것이다. 기록 연대가 불교의 유입기보다 빠른 것이 분명하기 때문이다. 하지만, 문제는 『삼국유사』나 『삼국사기』의 〈兜率歌〉는 1145년(『삼국사기』)과 1280년경(『삼국유사』)에 기록되었다는 점이다. 즉, 이 두 저술에 기술된 삼국시대 초기 史實들에는 12~13세기의 후대 용어가 얼마든지 개입될 여지가 있다.

---

15 홍기문, 『향가해석』, 평양과학원, 1956, 18면.
16 윤용식, 「도솔가(유리왕대)의 해석」, 『한국문학사의 쟁점』, 집문당, 1986, 109면.

주지하다시피 옛일을 기록할 때, 地名·官職名·歌名 등을 현재적 관점으로 변용하여 기록하는 사례는 드물지 않다. 철저한 고증을 통하여 옛 명칭 그대로를 고수하는 경우만 있는 것이 아니라, 편의에 의해 옛 명칭을 편찬 당대의 관점으로 변용하는 경우가 적지 않은 것이다. 그중 불교 용어에 관련된 몇 사례를 살피자.

① 단정한 남자[탈해왕, 재위 A.D. 57~80]가 … 말하길 " … 나의 아버지는 含達婆이다."(有端正男子 … 曰 " … 我父王含達婆.") 〈三國遺事 1卷, 脫解王〉

② 고기에 이르길 "옛날에 桓因帝釋을 일컫는다.이 있었다."(古記云 "昔有桓因謂帝釋也") 〈三國遺事 1卷, 古朝鮮〉

③ 수로왕 2년 계묘[A.D. 43] 봄 정월에 왕이 말하기를 " … 이 땅은 협소하기가 여뀌의 잎사귀같긴 하나, 지세가 빼어나니 가히 十六羅漢이 살 곳이 될 만하니 … 七聖이 살 땅이라.(二年癸卯春正月, 王若曰 " … 此地狹小如蓼葉, 然而秀異, 可爲十六羅漢住地 … 七聖住地.") 〈三國遺事 2卷, 紀異, 駕洛國記〉

위 사례들은 모두 『삼국유사』에 나타나는 것들로 ①은 신라 탈해왕(재위 57~80), ②는 단군왕검(B.C. 2333), ③은 가락국 수로왕(재위 A.D. 1세기)의 史實을 담고 있다. 이것들은 모두 〈兜率歌〉가 나타난 노례왕(재위 24~57)과 거의 동시대 사건들을 다룬 기록들이다. 그런데 위를 보면, ①에는 含達婆,[17] ②에는 桓因,[18] ③에는 十六羅漢·七聖[19] 등의 불교용어가 나타나고 있음을

---

[17] 含達婆는 한국정신문화연구원의 『역주 삼국유사』(이회문화사, 2003, 250면.)의 견해에 따르면 '불교의 음악신'이라고 한다.
[18] 帝釋天 梵名 Śakkra Devānāmindra. 音譯釋迦提桓因陀羅. 略稱釋提桓因. 〈星雲大師, 『佛光大辭典』, 臺灣: 佛光出版社, 1989, 3776면.〉
[19] 십륙라한[十六羅漢]: 라한은 아라한의 준말. 번뇌를 멸하고, 회신멸지(灰身滅智)하여 생사유전계(生死流轉界)에서 벗어난 것을 말하거니와, 여기서는 길이 세간에 있으면서 교법을 수호하려고 서원한 열 여섯 불제자. 〈운허 용하, 『불교사전』, 동국역경원, 526면.〉
七聖: 乃指見道·修道·無學道之七種聖者. 又作七聖人·七聖者·七士夫·七丈夫. 〈星雲大師, 『佛

본다. 이는 무엇을 말하는가? 이것은 분명 후대 기록자(가령 일연)가 기록 당시의 불교 문화를 투영하여 古記錄을 변용하였음을 의미하는 것이다.

『삼국유사』를 벗어나, 다른 史書를 살펴도 이런 현상은 드물지 않다. 이번엔 『고려사』와 『삼국사기』에 나타나는 '노래명'을 보자.

① 東京 : 신라는 승평의 날이 오래되고, 정치와 교화가 순미하여 신령한 조짐이 자주 나타나고 봉황이 날아와 울었다. 나라사람들이 노래를 지어 그것을 찬미했다.(東京 : 新羅昇平日久, 政化醇美, 靈瑞屢見, 鳳鳥來鳴. 國人作此歌以美之.)

〈高麗史 71卷, 志, 樂, 三國俗樂, 新羅〉

② 木州 : 「木州」는 효녀가 지은 것이다. … 효녀가 이 노래를 지어 스스로를 원망했다.(木州 : 木州孝女所作 … 孝女作是歌以自怨.)

〈高麗史 71卷, 志, 樂, 三國俗樂, 新羅〉

③ 김흠운(?~655) … 陽山 아래에 병영을 치고 조천성으로 진공하고자 했다. … 적과 싸워 여러 명을 죽이고 자신도 죽었다. 그때 사람들이 그 소식을 듣고「陽山歌」를 지어 이를 슬퍼했다.(金歆運 … 營陽山下, 欲進攻助川城 … 與賊鬪殺數人而死 … 時人聞之, 作陽山歌, 以傷之.) 〈三國史記 47卷, 列傳, 金歆運〉

①의 「東京」은 신라 속악의 이름으로 제시된 것으로서, 설명에서 보이듯이 신라의 승평함을 찬미한 노래이다. 그런데, 「동경」이란 曲名은 신라 당대의 것일 수는 없다. '동경'은 고려 성종(재위 981~997)이 경주를 고쳐 부른 명칭이기 때문이다.[20] ②의 「木州」 또한 마찬가지이다. 『고려사』「악지」에서는 이를 신라의 속악으로 기록하고 있으나, '木州'라는 지명은 신라 때의 명칭이 아니다. 이에 해당하는 지역은 신라대에는 '木嶽郡, 大麓郡' 등으로

光大辭典』, 臺灣: 佛光出版社, 1989, 111면.)

20 慶州府. 本新羅古都 … 高麗太祖十八年, 敬順王金溥來降, 國除爲慶州 … 成宗改東京留守 … 忠烈王改鷄林府, 本朝太宗朝復慶州.〈新增東國輿地勝覽 21卷, 慶尙道, 慶州府〉

불리다가, 고려조에 들어와서야 비로소 '木州'로 불리었다.²¹ 따라서 신라 속악명 「木州」는 후대인의 시각에서 재명명된 것임을 알 수 있다. ③ 역시 마찬가지이다. 신라 화랑 金歆運(?~655)이 충북 영동의 양산에서 憤死한 것을 애도하며 당대 사람들이 지은 노래로 〈양산가〉가 소개되고 있는데, 양산은 원래 그 이름이 '助比川'이던 것이 경덕왕(재위 742~765)에 이르러서야 '양산'이란 이름으로 바뀐 곳이다.²² 그러므로 당대의 가명이 〈陽山歌〉일 수는 없다.²³

이렇듯 유수의 사서에 편재하는 '改名'은 유리왕 시대의 〈兜率歌〉와 관련해 우리에게 무엇을 시사하는가? 이는 이러한 개명이 〈兜率歌〉에서도 얼마든지 일어날 수 있었던 일임을 방증한다고 할 수 있다. 이를 근거로 본고는, 〈兜率歌〉는 불교적 지식을 가진 후대인이 '신라 유리왕시대의 歡康'을 말하기 위해 불교 용어를 이용해 명명한 歌名으로 판단한다.

---

21 木州. 本百濟大木嶽郡. 新羅景德王, 改爲大麓郡, 至高麗更今名. 〈高麗史 卷56, 志, 地理〉
22 陽山縣. 本助比川縣, 景德王改名, 今因之. 〈三國史記 34卷, 志3, 地理1〉
23 이런 再命名은 관직, 지명 등에서 흔히 보인다. 『삼국유사』를 중심으로 몇 사례만 더 추가하면 다음과 같다.
장승요는 吳나라 사람이다. … 傳에서 '唐帝'라 한 것은 우리나라 사람이 중국을 唐이라 부르기 때문이다. 〔張僧繇, 則是吳人也. … 傳云唐帝者, 海東人, 凡諸中國爲唐爾.〕 〈三國遺事 3卷, 塔像, 三所觀音 衆生寺〉
술종공(죽지랑의 아버지로 7세기 초반의 인물)이 朔州都督使가 되어 장차 임지로 가려 하니, 이 때 삼한은 병란 중이었다. 〔述宗公爲朔州都督使, 將歸理所, 時三韓兵亂.〕 〈三國遺事 2卷, 紀異, 孝昭王代 竹旨郞〉
첫째 사례는 우리나라 사람들이 吳나라의 황제를 편의상 '당나라의 황제'라 부르던 정황을 보여 주고 있다. 즉 현재적 상황을 반영해 과거의 명칭을 바꾸고 있는 것이다. 둘째 사례의 '삭주도독사' 역시 시기상 성립할 수 없는 관직으로 후대인의 改名 결과이다. 삭주는 그 당시 '牛首州, 首若州, 烏斤乃, 首次若' 등의 향명으로 불리던 곳으로, '朔州'라는 명칭은 경덕왕(재위 742~765) 때에 비로소 부여되었기 때문이다.

3. '詞腦'의 語義

'詞腦'라는 용어는 서론에서 언급한 '有嗟辭詞腦格'에서만 보이는 말이 아닙니다. 그 의미를 분명히 알기는 어렵지만, 『균여전』(1075년), 『삼국사기』(1145년), 『삼국유사』(1280년경) 등의 고려 문헌에서 다음과 같이 적지 않은 용례가 보인다.

【균여전】

十一首之鄕歌, 詞淸句麗, 其爲作也, 號稱詞腦, 可欺貞觀之詞, 精若賦頭, 堪比惠明之賦.
〈第8, 譯歌現德分者〉

師之外學, 尤閑於詞腦[意精於詞, 故云腦也], 依普賢十種願王, 著歌一十一章. 其序云 "夫詞腦者, 世人戲樂之具, 願王者, 菩薩修行之樞, 故得沙淺故深, 從近至遠. … (하략)"
〈第7, 歌行化世分者〉

歌詩成, 彼人爭寫, 一本乃傳於西國. 宋朝君臣見之曰 "此詞腦歌主, 眞一佛出世." 遂使禮師.
〈第8, 譯歌現德分者〉

【삼국사기】

思內[一作詩惱]樂 … 思內奇物樂 … 德思內 … 石南思內道   〈32卷, 雜志, 樂〉

【삼국유사】

浴於東川[東泉寺在詞腦野北]   〈1卷, 紀異, 赫居世〉
王曰 "朕嘗聞師讚耆婆郞詞腦歌, 其意甚高, 是其果乎?"   〈2卷, 紀異, 景德王〉
大王誠知窮達之變, 故有身空詞腦歌.   〈2卷, 紀異, 元聖大王〉

일찍이 양주동은 이 말의 의미를 '東土'로 파악한 바 있다. 『균여전』에서 보이는 사뇌의 語義에 관련된 언급들 - "11수의 향가는 노랫말이 맑고 글귀가 아름다워 그 지어진 것을 詞腦라 부른다.(十一首之鄕歌, 詞淸句麗, 其爲作也,

號稱詞腦.)", "뜻이 노랫말에 정밀히 나타나기에 '腦'라고 한다.(意精於詞, 故云 腦也.)" - 은 후대 高麗人의 견강부회라 단정한 뒤, 위 문헌들에서 보이는 신라인들의 상용어 '詞腦·思內·詩惱'란 말은 '시뇌'로 읽히며 그 의미는 '東土' 라고 주장하였다.

그러나 문제는 '시뇌 = 東土'의 대응이 그의 방대한 논증에도 불구하고 여전히 해명되지 못했다는 데 있다. 그가 든 '시 = 東'의 가장 유력한 근거는 '東風 = 샛바람'[24]인데, '동풍'이 '샛바람'으로 불리게 된 까닭은 동쪽을 乙[새] 방향에 배속시키는 주역 사상의 영향이 있었기 때문이지, '東'의 고유어가 '새' 였기 때문은 아니다. 우리 선조들이 '東風'을 '샛바람'으로 불렀던 정황과, 이 까닭이 주역 사상에 의거한 '東'과 '새[乙]'의 관계 때문임은 다음과 같은 예들을 통해 확인할 수 있다.

東風을 '새[沙]'라고 하니 곧 '明庶風'이다. 東北風을 높새[高沙]라고 하니 곧, '條風'이다. (東風謂之沙, 卽明庶風. 東北風謂之高沙, 卽條風也.)　　　〈星湖僿說 上〉

高鳥風高齊出港 註: 새는 (10干 중) 乙이다. 乙은 (주역사상에 의하면) 東方이다. 北東風을 높새[高鳥]라 한다.(高鳥風高齊出港鳥者乙也. 乙者東方. 北東風曰高鳥風.)
〈與猶堂全書 4卷, 耽津漁歌十章〉

甲乙 東, 丙丁 南, 戊巳 中, 庚辛 西, 壬癸 北.　　　〈周易函書約存 卷首上, 五行〉

乙 : 十干의 第二位. 方位로는 東方에 分配된다.　　　〈大漢和辭典, 乙部〉

'샛바람'의 새가 '東風'의 '東'과 연관되는 것이 아니라, 주역 사상의 '乙'과 관계되는 것은 남풍을 칭하는 말인 '마파람'의 어원을 살펴도 확인된다. 다음의 자료는 남풍을 마파람이라 부르게 된 유래를 설명하고 있다.

---

24 "「시」는 … 「東」의 古語이니 … 現行方言에도 「샛바롬·샛쪽」(東風·東方) 等語가 尙今仍用된다. … 「너」는 「내」(川)의 原義로부터 地方의 義로 轉 … 以上 「시너」란 말은 곧 「東部·東土·東方」의 義"〈양주동,『고가연구』, 박문서관, 1942, 38~40면.〉

馬兒風緊足歸時 (註)말은 午이다. 남풍을 마아파람[馬兒風]이라 한다.(馬兒風緊足歸時馬者午也. 南風曰馬兒風.)

〈與猶堂全書 1集, 詩文集 4卷, 詩, 耽津漁歌十章〉

남풍을 '麻'라고 하니 景風이다. 살펴보건대 남풍을 '馬'라고 하는 것은, 馬는 午이고, 午는 남방에 해당하기 때문이다.(南風謂之麻, 卽景風 … 按南風謂之馬. 馬午也, 午南方也.)

〈東韓譯語, 一字類, 馬〉

위 자료에 따르면 '南風'은 '마아(馬兒)' 혹은 '마(麻)'로 불리는데, 그 이유는 '馬'는 '午'에 해당하는 동물이기 때문이라고 하였다. 그리고 '午'는 방위로 볼 때는 '南方'에 속하는 것이라 하였다. 이들의 말대로 주역에서는 '午'가 남방을 뜻함을 다음의 자료[25]에서 본다.

午者 南方之正位　　　　　　　　　　　　　　　　　〈周禮訂義 31卷〉
午 : 十二支의 第七位. 方位로는 正南.　　　　　　　〈大漢和辭典, 十部, 午〉

따라서 '東風 = 샛바람'에서 추리한 '東 = 싀'의 관계는 성립되지 않는다. 동시에 '思內·詞腦 = 싀닉 = 東土'의 관계도 성립되지 않는다. 이로 양주동의 설은 부인된다.

'사뇌'의 의미에 대한 학계의 또 다른 이색적인 설은 이혜구에 의해 제기되었다. 그 역시『균여전』의 기록보다는 근대의 일부 음악인들 사이에 전수되어오던 '시나위'라는 말에 더 큰 관심을 기울였다. 즉, 그는 '시나위'가 '사뇌'의 어원이 되었을 것이라는 견해를 다음과 같이 제기하였다.

나는 시나위는 外來音樂의 正樂에 對한 土俗音樂 又는 唐樂에 對한 鄕樂이라고 해

---

[25] 이에 대한 사항은 박재민(「혜성가 고유어 재구 4제와 문학적 시사」,『고전과 해석』8집, 고전한문학연구학회, 2010, 327~331면.)에서 자세히 다룬 바 있다.

석하며, … (중략) … 시나위는 音便으로 시나이로 될수 있고 또 시나이는 시내로 變할 수 있고 그 시내를 三國史記나 三國遺事에 나오는 思內 또는 詞腦에 擬하는 것²⁶

그러나 '시나위'라는 말이 근래 일부 지방의 음악인들 사이에서 간간이 전해 왔다는 사실 하나만으로 이 어휘가 천년 전의 '詞腦'에서 비롯되었을 것이라 판단하는 것은 적지 않은 비약이라 할 것이다. 더구나 '사뇌'의 의미를 그의 결론대로 '토속음악·향악'에 한정시킬 경우 문헌이나 역사에 나타나는 '사뇌'의 용례를 설명하는 데 곤란을 겪게 되는 것도 큰 문제가 된다. 즉, 『삼국유사』에서 보이는 '詞腦野', 『삼국사기』에서 보이는 '思內樂', 근래 청주에서 발굴된 유물에 다량으로 새겨져 있던 '思惱寺·思內寺' 등의 어휘에 대입시키면 이들은 '향악野', '향악樂', '향악寺' 등으로 되어 의미의 중첩 내지 어색한 통사를 이루게 되는데, 이는 아무래도 우리의 조어감각에는 맞지 않는 것이다.²⁷

그렇다면 '詞腦·思內'의 의미는 무엇일까? 본고는 이 난제를 풀기 위해서는 이 어휘가 구사되던 時代를 정확히 파악하는 일이 선행되어야 한다고 생각한다. 그간 우리는 지나치게 '詞腦'를 신라인의 어휘로만 전제해 왔다. 그러나 이 어휘가 신라인의 전유물이었던 것만은 아니다. 고려인들 역시

---

26 이혜구, 「시나위와 사뇌에 관한 시고」, 『국어국문학』 8, 1953, 136면.
27 이외 잘 알려진 설로 정인보와 지헌영의 설을 들 수 있다. 정인보(『조선어문연구』, 연희전문학교 문과 연구집 1, 연희전문학교출판부, 1930, 27~28면.)는 詞腦의 詞를 音讀하여 「스」로 읽고, 腦를 訓讀하여 「골」로 읽음으로써 詞腦歌를 「스골노래」 곧 鄕歌라 하였고, 지헌영(「次肹伊遣에 대하여」, 『최현배선생환갑기념논문집』, 사상계사, 1954, 461면.)은 "'詞腦(스뇌)'가 "스뢰다(白)"라는 動詞에서 發展한 名詞'라는 의견을 제시한 바 있다. 그러나, 이 두 설 모두에는 불안의 여지가 있다. 정인보의 경우, 만약 '詞腦'로만 표기되었으면 그렇게 읽을 수도 있겠으나, '사뇌'는 '詞腦·思惱·思內' 등으로 다양하게 표기되었기에 만약 '싁골'로 읽힌 것이라면 '思內' 등으로 표기된 이유를 설명할 수 없다는 문제가 있으며, 지헌영의 경우도 詞腦의 원음은 당시 한자음으로 보나, 이표기 '詩惱' 등을 보나/싁뇌·시뇌/였을 가능성이 높다는 점에서 개연성이 떨어지지 않나 한다.

이 용어의 적극적 구사자들이었으며, 또한 그러한 題名을 지닌 노래의 향유자들이기도 했다. 아래의 인용은 그 생생한 증거가 된다.

(가) 개성 현화사 비문에 보이는 사뇌가

말과 풍속은 비록 같지 않지만 일을 찬미하고 생각을 서술한 것은 모두 다르지 않으니 이것이 바로 『시경』에서 '찬탄함에 부족함이 있기에 노래하고, 노래함에 부족함이 있기에 손과 발로 춤춘다'고 이야기한 뜻일 것입니다. 성상께서 鄕風體로 노래를 지으시고 이어서 신하들에게 〈慶讚詩腦歌〉를 바치도록 하니 모두 11인이었고, 이들을 모두 나무판에 서서 법당의 바깥에 걸게 하였습니다. 이는 구경 오는 사람들이 모두 각기 자신이 익힌 바에 따라서 아름다운 뜻을 알게 하고, 방문하는 사람들이 다만 걸려있는 시들을 보고서 노래한 뜻을 알게 하여 아름다운 소리가 두루 퍼져서 훌륭한 다스림이 완성되게 하고자 한 것이었습니다.

〈영취산대자은현화사지비명(1022년)〉[28]

(나) 청주 사뇌사

淸州思內寺羅漢堂香戌午年造　〈1993년 발굴된 청주 사내사의 향로에 있는 銘文〉
淸州牧官中校思惱寺傳受油斗印　〈1993년 발굴된 청주 사뇌사의 기름말에 있는 銘文〉

(다) 진각국사 혜심(眞覺國師 慧諶, 1178~1234)과 관련된 사뇌

思惱寺의 집회를 파하고 시주 등과 서로 헤어져 돌아와 감사해 하다.(思惱寺罷會,
施主等相送, 至還謝之.)　　　　　　　　　　　　　〈無衣子詩集, 上卷 3b〉

碁詞腦歌 "君看憂喜鳥, 高在碧山嶠, 聞世可笑事, 放聲時一笑. 偶隨貪肉鷗, 聚落遠遊

---

[28] 方言風俗 雖則不同, 讚事叙陳意, 皆無異斯, 盖詩所云 "嗟歎之不足 故詠謌之 詠謌之不足 故舞之蹈之"之義是也. 聖上乃御製依鄕風體歌, 遂宣許臣下獻, 慶讚詩腦歌者, 亦有十一人, 并令板寫釘于法堂之外. 庶使遊觀者, 各隨所習, 俱知雅旨之淸, 致令尋訪者, 只仰所懸莫識, 高吟之趣俾, 以嘉聲通遍致乎達理, 周旋而已. 〈靈鷲山大慈恩玄化寺之碑銘(1022년)〉

嬉, 忽爾入羅網, 出身無可期. 心生須托境, 窮谷宜棲遲."[右憂喜鳥歌]

〈無衣子詩集, 上卷 4b〉

서원부[현재의 청주] 思惱寺에서 여름 안거를 하다.(西原府思惱寺夏安居.)

〈曹溪眞覺國師語錄〉

이상의 인용은 각각 고려 초반과 중반의 기록에 나타난 '사뇌'의 용례들이다. (가)는 고려 제8대왕 현종(顯宗, 재위 1009~1031)의 명에 의해 창건된 開城의 玄化寺 碑文에 나타난 것으로 시기적으로 볼 때 균여(923~973)의 생몰연도, 균여전(1075)의 찬술연도와 거의 동시대의 것이다. (나)와 (다)의 용례는 모두 고려 초 청주에 건립된 것으로 추정[29]되는 사찰 '사뇌사'와 관련된 것들인데 이 중 (나)는 유적지에서 발굴된 유물들에 다량으로 새겨진 '사뇌' 용례 중 일부이고, (다)는 그 절에서 안거하며 수행했던 진각국사와 관련된 기록에 나타난 용례들이다. 특히 (다)의 기록에서는 진각국사가 〈碁詞腦歌〉를 창작하기도 하였음을 볼 수 있다. (나)·(다)가 기록된 시기는 진각국사 無衣子의 생몰 연대와 일치할 것이기에 모두 고려 중반인 12세기에서 13세기 무렵이라 볼 수 있다. 이를 일연 선사의 『삼국유사』 찬술 시기와 비교해 보면 약 50년가량밖에 차이가 나지 않는다.

이렇듯 고려시대에 집중되어 풍부히 나타나는 '사뇌'의 용례는 사뇌의 의미에 대해 중요한 점을 시사한다. 즉, 사뇌라는 용어는 그간 선학들이 파악한 것과는 달리 '신라인들의 전유물'이 아니라 '고려인들의 구사어'이기도 했다는 점이다. 고려인들은 실제 사뇌가를 창작·향유하기도 했고, 이를 漢詩로 재창작하기도 했으며, '사뇌'라는 용어를 대사찰[30]의 名으로 부여하

---

29 김정현(『청주 思惱寺 금속유물 연구』, 고려대학교 문화재학 협동과정 석사학위논문, 2009, 62~64면.)은 유물들의 연호를 근거로 이 사찰이 통일신라 말기 혹은 고려 초에서부터 13세기 중반까지 존재했던 절인 것으로 추정하였다. 이 논문에 따르면 1993년 청주에서 발굴된 400여 점의 사뇌사 유물 중 가장 오래된 것은 統和 15년(997년)에 만들어진 鉢盂라고 한다.

기도 했으며, 地名³¹으로도 활용하는 등 생활 전반에서 '사뇌'라는 용어를 일상적으로 구사했던 것이다. 그렇다면, 우리는 우리가 그간 고려인의 견강부회라고 판단했던 구절을 다시금 생각해 볼 필요가 생긴다. 편의상 『균여전』의 관련 구절을 다시 인용한다.

11수의 향가는 노랫말이 맑고 글귀가 아름다워 그 지어진 것을 詞腦라 부른다.(十一首之鄕歌, 詞淸句麗, 其爲作也, 號稱詞腦.)　　〈제8, 譯歌現德分者〉

뜻이 노랫말에 정밀히 나타나기에 '腦'라고 한다.(意精於詞, 故云腦也.)

〈제7, 歌行化世分者〉

이 말은 균여선사가 지은 11수의 향가를 왜 '사뇌가'라 부르는지에 대해 혁련정(1075년경의 인물)이 설명한 것 중 일부인데, '詞腦'를 한자식으로 附會

---

30 『無衣子詩集』을 보면 그가 50일가량 夏安居를 한 思惱寺는 수천 명의 중생이 운집할 수 있는 대사찰로 표현되어 있다.
　　현인과 범인을 수천 명 가둬 놓고　　　　籠羅龍蛇數千衆
　　비싼 살림 좀먹은 지 50일이 되었구나.　　蝗蠧桂玉半百日
　　　　　　　　　　〈無衣子詩集 上卷 3b, 思惱寺罷會 施主等相送 至還謝之〉
31 『삼국유사』의 「혁거세」조에 나타나는 '詞腦野'가 그것이다.
　　그 알을 가르자 남자아이가 나오니 모습이 단정하고 아름다웠다. 놀랍고 이상히 여겨 東川[註: 東川寺는 詞腦野의 북쪽에 있다.]에 씻기니 몸에서 광채가 났다. [剖其卵得童男, 形儀端美. 驚異之, 浴於東泉東泉寺在詞腦野北 身生光彩.] 〈三國遺事 1卷, 紀異, 赫居世〉
　　이 기록은 얼핏 보면 '詞腦野'가 혁거세의 시대부터 있었던 지명인 듯이 보이지만, 사실은 그렇지 않다. 작은 글씨로 된 부분은 『삼국유사』의 찬자인 일연(1206~1289)이 달아 둔 협주인데, 정확히 말한다면 '동천'이 아닌 진평왕대(재위 579~632)에 건립된 '동천사'의 위치에 대한 협주이므로, 혁거세의 시대와는 아무런 관련이 없음을 알 수 있다. 더구나 일연은 '靑池'에 대한 다음 협주
　　靑池卽東泉寺之泉也. 寺記云, 泉乃東海龍往來聽法之地, 寺乃眞平王所造.〈三國遺事 2卷, 紀異, 元聖大王(재위 785~798)〉
　　에서 보이듯 동천사의 기록[寺記]을 직접 본 듯이 말하고 있는데, 이렇다면 동천사는 일연 당대에 존재하던 절이고, 그 절을 당대의 독자들에게 사뇌야의 북쪽에 있는 것으로 설명하는 셈이 되므로, '사뇌야는 오히려 고려의 현행 지명이었을 가능성이 높다.

해 풀기는 했지만, '사뇌'란 말의 의미에 대한 일면의 진실을 담고 있다고 보아야 할 것이다. 당대에 흔히 구사되던 어휘에 대한 풀이이기에, 당대의 의미 범주를 완전히 벗어나 있다고 보기는 어렵기 때문이다.

그렇다면 위 구절이 시사하고 있는 사뇌의 가장 핵심적인 의미는 무엇인가? 그것은 바로 '清·麗·精'이 아닐까 한다. '맑고, 아름답고, 정묘한 말'. 이럴 때, 우리는 『삼국유사』와 현화사의 碑銘에 나타난 구절들을 다시금 거론하지 않을 수 없다. 『삼국유사』의 경덕왕 기사에서는 충담사의 〈찬기파랑사뇌가〉가 "그 뜻이 매우 높다[其意甚高]"라고 하였고, 현화사의 碑銘에서는 〈경찬시뇌가〉가 "일을 찬미했으며[讚事]", "우아한 뜻의 맑음[雅旨之淸]"을 담고 있고, "아름다운 소리[嘉聲]"로 불린다고 하였다. 이 구절들에서도 역시 사뇌가를 수식하는 말로, '其意甚高·讚·雅旨之淸' 등의 어휘가 수반되고 있는데, 이 의미 범주들은 『균여전』에서 말하고 있는 의미 범주 -淸·麗·精-에 일치한다.

限定的이기는 하지만, 이것으로 우리는 사뇌가의 의미 범주를 설정할 수 있게 되었다. 결국 '사뇌가'는 '사뇌[詞腦]로운 노래[歌]'로서, "'淸·精·麗·讚·雅·高·嘉'한 내용을 담은 노래"로 요약될 수 있다.[32]

4. '嗟辭'의 語義

서론에서 '嗟辭'가 '슬퍼하는 말' 정도로 풀이된 정황을 살폈다. 그런데 이런 흐름은 후대의 번역서들에서도 드물지 않게 반복되고 있음을 본다.

---

[32] 이러한 의미 범주와 관련해서 근래 성호경(「사뇌가의 성격 및 기원에 대한 고찰」, 『진단학보』, 104, 진단학회, 2007, 147~177면.)이 소개한 페르시아어 'snay·sana(讚의 의미)'는 상당한 흥미를 자아낸다. 본서가 추정하는 의미의 범주에 거의 일치하고 있기 때문이다. 이 어휘가 신라로 흘러 들어오게 된 과정만 문헌적으로 확인할 수 있다면 음역(音譯)되어 통용되던 '詞腦·詩腦·思惱·思內' 등의 궁극적 의미에 도달했다 선언할 수 있을 것이다.

이병도 : 〈嗟辭〉(차사)「슬퍼하는 말」의 뜻. 〈사뇌가(詞腦歌)〉에 나타나는「아야(阿耶)·아야(阿也)·아야야(阿耶也)」등이 이에 해당함. 감탄사「아으」같은 것.[33]
이민수 : [嗟辭] 슬퍼하는 말. 즉 詞腦歌에 나오는 阿耶·阿也·阿耶也 등이 이것.[34]
한국정신문화연구원 : 嗟辭 : 슬퍼하는 말이란 뜻으로서, 鄕歌에 나오는 阿耶·阿也·阿耶也 등이 嗟辭에 해당된다.[35]

그러나 3장에서 살핀 바에 의하면 '사뇌'라는 용어의 의미 범주는 '精·麗·讚' 정도가 된다. 그렇다면 위의 번역서들에 나타나는 '嗟辭'에 대한 풀이, '슬퍼하는 말' 역시 재고의 대상에 들게 된다. 왜냐하면 이렇게 볼 경우 유리왕조의 '有嗟辭詞腦格'은 '슬퍼하는 사뇌의 격조'가 되어 '嗟辭[슬픔]'의 의미와 '사뇌[精·麗·讚]'의 의미가 서로 충돌하게 되기 때문이다.[36] 그렇다면 '嗟辭'의 의미는 무엇인가? 이는 아무래도 다음의 의미들을 적용시키는 것이 順理가 아닐까 한다.

嗟 ❶ 歎辭. 如咨嗟吁嗟. ❷ 讚美之亦曰嗟.　　　〈辭源, 臺灣商務印書館, 1974, 306면.〉
嗟 ❶ 感歎之辭. 又感歎時所發之聲. ❹ 歎美之辭.
　【嗟嗟】歎美聲. 嗟嗟臣工 敬爾在公　　　　　〈漢文大辭典 4卷, 1981, 58면.〉
嗟 ❶ ああ … 感歎する時に發する聲. …
　【嗟嗟】ああ. 稱美して歎ずる聲.
　【嗟贊】感歎してほめる. 嗟讚.　〈大漢和辞典 2卷, 大修館書店, 1984, 2204~2205면.〉

---

33 이병도 역,『삼국유사』, 대양서적, 1975, 101면.
34 이민수 역,『삼국유사』, 을유문화사, 1994, 86면.
35 한국정신문화연구원 편,『역주 삼국유사』I, 이회문화사, 2002, 244면.
36 한편, '嗟辭'를 '슬퍼하는 말'로 보지 않고, '감탄의 말'로 보는 경우도 적지 않다. 주로 근래의 문학연구자들의 견해이다. 이 견해는 '슬퍼하는 말'이라는 번역서들의 견해에 비해 진일보한 것이라 할 수 있다. 본고 역시 이러한 견해의 연장선상에 있다. 다만, 단순한 '감탄'이 아니라 '찬탄'의 의미가 더 강함을 밝히려는 것이다.

위 사전들에서 우리는 '嗟'가 지닌 주요한 의미 중의 하나가 '讚美'임을 볼 수 있는데, 이 점은 고려 초의 문헌들에서 추출한 '詞腦'의 핵심적 의미 범주에 잘 호응하고 있다. 詞腦와 관련된 '嗟'를 '讚美'의 의미로 풀어야 함은 다음 자료에서도 재확인된다.

> 말과 풍속은 비록 같지 않지만 일을 찬미하고 생각을 서술하는 것은 모두 다르지 않으니 이것이 바로『시경』에서 말한 바 "嗟歎함에 부족함이 있기에 노래하고, 노래함에 부족함이 있기에 손과 발로 춤춘다"는 뜻입니다. 임금께서 鄕風體로 노래를 지으시고 이어서 신하들에게도 〈慶讚詩腦歌〉를 올리도록 허락했습니다.
> 〈영취산 대자은현화사지비명(1022년)〉[37]

위 내용은 '嗟'와 '詞腦'의 긴밀한 연관성을 다시금 보여준다.『시경』의 한 구절을 인용해 "노래는 그 근본이 '嗟歎'의 마음에서 시작되는 것"임을 말하며, 우리말로 된 '鄕風體歌'와 '詩腦歌'도 역시 같은 기제에 의해 발현되는 것임을 말하고 있다. 즉, '嗟歎'의 감정에 의해 '詩腦歌'가 시작되고 있음을 보인 것이다. 여기에서의 '嗟'가 '讚歎·讚美'의 의미임은 재언을 필요치 않는다.

이상의 자료를 통해 볼 때, '有嗟辭詞腦格'에 나타난 '嗟辭'의 의미는 명확해진다. 이는 '슬픔의 말'이 아니라 '讚嘆·讚美의 말'로 풀이되어야 한다.

5. 결론

이상으로『삼국유사』의 유리왕조에 보이는 "始作兜率歌, 有嗟辭詞腦格"

---

37 方言風俗雖則不同, 讚事叙陳意皆無異, 斯盖詩所云 "嗟歎之不足, 故詠謌之, 詠謌之不足, 故舞之蹈之."之義是也. 聖上乃御製依鄕風體歌, 遂宣許臣下獻慶讚詩腦歌者. 〈靈鷲山 大慈恩玄化寺之碑銘(1022年)〉

에 들어 있는 세 난해구 '兜率·嗟辭·詞腦'의 語義를 규명해 보았다. 결론하면 다음과 같다.

1. 유리왕대의 '兜率歌'에 보이는 '兜率'은 그간 여러 선학들에 의해 고유어의 寫音일 것으로 추정되었다. 그들이 이 어휘를 불교의 「도솔천」과 적극적으로 연관시키지 못했던 것은 유리왕대와 신라 불교 유입 시기의 간극이 워낙 컸기 때문이었다. 하지만 본고는 이 둘의 긴밀한 관계를 소홀히 할 수는 없다고 판단했다. 『삼국사기』의 '兜率'과 불가의 '兜率'은 동일한 음가와 더불어 '歡康'이라는 동일한 의미를 지니고 있었기 때문이다.

유리왕의 시대의 記事에 〈兜率歌〉라는 불교 용어가 나타났던 까닭은 편찬자의 개입 때문이라고 판단했다. 『삼국유사』·『삼국사기』·『고려사』등의 문헌에 이러한 현상이 적지 않았기 때문이다. 그 근거로 삼국시대 초기의 史實에 나타난 '含達婆·桓因·十六羅漢·七聖' 등의 불교용어와, 改名 후의 지명이 노래 이름으로 나타나는 '「東京」·「木州」·「陽山曲」' 등을 들었다. 이 모두는 후대의 기록자 혹은 편찬자에 의해 改名되어 전대의 역사에 삽입된 것으로 확인되는데, 이와 유사한 기제에 의해 유리왕대에 〈兜率歌〉라는 용어가 나타났던 것으로 추정했다.

2. '詞腦'는 그간 '東土', '시나위' 등의 의미로 이해되어 왔다. 이러한 논의들에는 '詞腦'라는 어휘가 신라인 고유의 것이라는 전제가 깔려 있었다. 하지만, 본고는 '詞腦'라는 용어는 신라인의 그것일 뿐만 아니라, 고려인의 상용어이기도 했다는 점에 주목하였다. 이 어휘가 '慶讚詩腦歌·碁詞腦歌·思惱寺·思內寺' 등에서 보이듯이 11~13세기에 집중되어 나타나고 있기 때문이다. 이렇듯 이 어휘가 고려인의 일상어였다면, 우리가 그간 견강부회라고 보았던 『균여전』의 언급들 또한 소홀히 할 수 없게 된다. 여기에는 당대의 의미 범주가 반드시 반영되어 있을 것이기 때문이다. 고려시대에 '사뇌'란 말은 항상 淸·精·麗·讚·雅·高·嘉 등의 의미 범주에 있었다. 이로 본

고는 '사뇌'의 의미를 그러한 범주로 설정할 것을 요청했다.

3. '詞腦'에 '讚'의 의미가 있다는 점을 전제로 할 때, '有嗟辭詞腦格'의 '嗟辭' 또한 의미가 재규정되어야 한다. '嗟辭'는 그간 많은 번역서들에서 '슬퍼하는 말'로 풀이되고 있었지만, 본고에서는 '嗟'가 지닌 또 다른 의미인 '讚美' 또한 고려의 대상에 넣어야 함을 주장했다. 그렇게 될 때, '有嗟辭詞腦格'은 '찬미의 말로 사뇌의 격조가 있었다.'로 해석되어 전후구가 잘 호응되기 때문이다. 현화사 비문에 기록되어 있는 〈慶讚詩腦歌〉 역시 '嗟'字와 관련되어 있는데, 여기서의 '嗟' 또한 '讚美'의 의미란 것도 하나의 유력한 근거가 된다고 보았다. 결국 "始作兜率歌, 有嗟辭詞腦格"는 "비로소 (왕의 선정과 시절의 승평함에 대한) '知足의 노래[兜率歌]'를 지으니 '찬미하는 말[嗟辭]'로 '사뇌[淸·精·麗·讚로운 격조]'가 있었다."로 풀이되어야 한다.

『고전문학연구』 43, 한국고전문학회, 2013.

鄕歌 대중화의 기반에 대한 소고

1. 서론

향가가 신라를 대표하는 장르임은 주지의 사실이고, 또 이의 창작과 향유가 俗人에서 花郎徒·僧侶, 나아가 國王에 이르는 전 계층에 걸쳐 이루어졌음[1]도 이미 선학들이 지적한 바와 같다. 실제 문헌을 살펴도 승려들이 지은 노래가 왕[2]에서부터 도적들[3]에게까지 알려졌던 사실들이나, 왕명으로 향가 모음집이 찬집된 사실[4]이 나타나 향가에 대한 당대인의 폭넓은 향유

---

1 "作者를 보면 僧侶가 있고 俗人이 있고 男子가 있고 女子가 있듯이 各階級을 通하여 있는 것도 注意할 바이거니와, 더욱이 村女 寺婢와 得烏谷과 같은 그다지 知識階級에 屬되지 못한 人物에까지 그만한 作品이 있다는 것은 新羅에 如何히 鄕歌가 普遍하였으며, 또 盛況하였든가를 말하여 주는 듯하다." 〈조윤제,『조선시가사강』, 동광당서점, 1937, 52면.〉
"우흐론 朝廷郊廟의 歌樂 或은 爲政者의 規戒·諷詠, 아레론 郞徒·僧侶들의 頌禱와 酬唱, 또는 大矩·忠談·月明·永才 流의 名歌人의 隨時唱詠, 乃至 民庶一般, 老若男女의 風謠에 亘하야 그 種目과 所用이 許多하고 그 題材도 無限하엿겠다." 〈양주동,『고가연구』, 일조각, 1965, 54면.〉
2 "짐이 일찍이 그대의 〈찬기파랑사뇌가〉를 들은 바 있다. 〔朕嘗聞師讚耆婆郞詞腦歌〕"〈三國遺事 2卷, 紀異, 景德王 忠談師 表訓大德〉
3 "영재스님은 … 향가를 잘 했는데 … 도적들이 평소에 그 이름을 듣고 있었기에 이에 노래 짓기를 명했다.〔釋永才 … 善鄕歌 … 賊素聞其名 乃命作歌〕"〈三國遺事 5卷, 避隱, 永才遇賊〉

정황을 확인할 수 있다. 더구나 "신라인이 향가를 숭상한 것이 오래되었다. (羅人尚鄉歌者尚矣)"⁵란 직접적인 언급까지 있어 향가가 當代人의 숭상과 사랑을 받았음은 의심의 여지가 없다. 즉, 향가는 신라와 고려 초를 관통하며 大衆⁶이 가장 애호했던 詩歌 장르라 평가된다.

그런데 향가의 이러한 大衆的 성공은 아마 이 장르가 지닌 어떤 매력과, 그 보급을 가능케 한 문화적 기반이 있었기 때문에 가능했을 것이다. 이에 대한 우리들의 견해는 다양할 수 있다. 그들을 매료시켰던 요소를 가창 후에 발생된 여러 신이한 현상의 체험에서도 찾을 수 있고, 향가의 노랫말 자체가 지닌 아름다움에서도 찾을 수 있다. 향유의 문화적 기반 또한 불교적 기반에서 찾을 수도 있으며 혹은 화랑도의 기반에서도 찾을 수 있을 것이다. 실제 그간의 연구도 이러한 범주에서 전개되어 왔음을 본다.

양주동은 『고가연구』에서

特筆할 것은 上引遺事文中「鄉歌 往往能感動天地鬼神者 非一」이란 文句이니, 羅代人은 무릇 詞腦歌를 … 정말 天地 神明을 感動식힐 수 잇는 神聖한 무엇으로 看做한 것인데, 이는 저 上代震人이 歌樂을 天·神과 交通할 수 잇는 무슨 超自然力, 혹은 神鬼를 驅使할 수 잇는 무슨 呪術的 힘으로 觀念한 것 그대로의 遺傳이다.⁷

---

4 "그에게 명령하여 대구화상과 함께 향가를 수집하게 하였는데, 이를 『삼대목』이라고 불렀다. 〔命與大矩和尚, 修集鄉歌, 謂之三代目〕" 〈三國史記 11卷, 新羅本紀, 眞聖王 2年(888년)〉
5 『三國遺事』 권5, 感通, 月明師兜率歌.
6 현대 담론에서 '대중'이란 용어는 '엘리트 계층에 대응하는 집단'의 의미로 흔히 사용되지만, 본고는 이를 '수많은 (신라) 사람의 무리'란 의미로 쓴다. 즉 본고에서의 대중은 신라의 민중뿐 아니라 귀족·왕까지 즉, "계층을 초월한 모든 이들"을 의미한다. 이는 大衆의 원래 의미이기도 하다.
대중(大衆) : 1. **수많은 사람의 무리**. 2. 〈사회〉대량 생산·대량 소비를 특징으로 하는 현대 사회를 구성하는 대다수의 사람. 3. 〈불교〉많이 모인 승려. 또는 비구, 비구니, 우바새, 우바니를 통틀어 이르는 말.(『표준국어대사전』, 국립국어원)
7 양주동, 『고가연구』, 일조각, 1965, 54면.

라고 말함으로써 향가가 지닌 주술성에 신라인들이 매료되었음을 지적하였고, 이재선은

> 鄕歌의 解明에는 佛敎的 및 呪術信仰的인 背景을 도저히 배제할 수 없는 것은 엄연한 사실이다. 그러나 鄕歌의 價値는 詩歌 자체의 審美的 價値에서도 評價되어져야만 하는 것이다.[8]

라고 함으로써 향가 자체가 지닌 심미적 가치 또한 그들이 향가를 애호한 주요 이유 중의 하나란 견해를 표명하였다. 향가가 대중적으로 성행할 수 있었던 문화적 기반에 대해서도 대부분의 연구자들은 다음

> 鄕歌硏究 特히 그 內容的 性格을 把握하기 爲해서는 當時의 佛敎를 度外視 하고는 도저히 不可能하다 ⋯ 鄕歌 生産 當時의 佛敎가 新羅에서 어떤 比重을 차지하고 있었느냐 하는 것을 생각한다면 當時의 文化는 勿論이요, 政治에 이르기까지 佛敎的 要素에 關心이 가지 않을 수 없다.[9]

과 같이 불교적 기반을 지목하였으며, 혹은 다음

> (주요 작자들이) 花郞과 깊은 관련을 가지고 있다는 것을 상기할 때, 鄕歌를 花郞 중심으로 고찰하는 것이 當然 以上의 當然이라고 結論하지 않을 수 없다. 그리하여 鄕歌를 花郞의 文學 ― 화랑이 헤게모니를 잡고 영도하였으며 花郞道의 정신을 담은 문학이라 단정하고서 이 시대의 화랑도의 현실생활이 서정적이었으므로 대체로 鄕歌는 화랑의 문학이었으며 서정시였던 것이다.[10]

---

8 이재선,「신라향가의 어법과 수사」『향가의 어문학적 연구』, 서강대학교 인문과학연구소, 1972, 142면.
9 정주동,「향가의 성격 규명을 위한 신라 불교의 이해」,『어문논총』4권, 한국문학언어학회, 1970, 8면.

과 같이 화랑도 문화에 바탕하여 향가가 대중적으로 향유될 수 있었던 것으로 파악하였다.

그런데 이와 관련된 연구들은 향가연구서의 일부 페이지에서 단편적으로 언급된 채 향가가 神異한 속성을 지녔음을 거듭 확인만 해 왔을 뿐, 향가에 내재된 이러한 속성이 당대의 어떤 신앙에 대응되며, 어떠한 문화적 經路를 통하여 대중적 애호를 획득할 수 있었는지에 대해서는 자세히 고구하지 않았던 것으로 보인다. 이로 인해 향가가 지닌 神異性을 불교적 속성에 연관시키지 않고 '토속 신앙의 주술'에 연관시킨다든지 - 즉, 향가의 문화기반을 巫佛習合으로 본다든지 -, 일부 향가의 연행 정황을 公的 儀式으로까지 확장시켜 파악하지 못하고, 개인적·일회적 의식[11] 정도로 국한해 보는 등의 한계도 지니게 되었다.

본고는 향가가 "불교를 뿌리로 하여 피어난 한 현상"[12]이라는 선학의 큰 스케치를 보다 구체적인 사료를 통하여 확장·채색하려는 목적을 지니고 있다. 향가의 주변에서 생겨난 일들이 대체로 불교의 포교 과정에서 일어나는 일과 동일함을 문증하여 향가란 꽃은 대체로 불교가 쌓은 믿음의 前轍을 따라 피어났음을 보이고, 이후 8세기 신라인의 사찰에서 목격된 불교 의식에 관련된 자료 등을 통해 향가의 배경 설화에서 보이는 儀式의 片鱗을 보다 확장된 시각에서 논해 보려 한다. 이는 궁극적으로 신라인이 향가를 향유할 수 있었던 精神的·儀式的 기반을 탐색하는 작업이 될 것이다.

---

10 이명선, 『조선문학사』, 조선문학사, 1948.
11 〈兜率歌〉, 〈安民歌〉 등의 경우는 公的 儀式과 연관시켜 논의하고 있지만, 〈彗星歌〉, 〈祭亡妹歌〉 등의 경우는 배경 설화 자체가 간략하기 때문에 개인적·일회적인 의식 정도로 보는 시각이 일반적이다. 하지만 〈彗星歌〉, 〈祭亡妹歌〉 역시 대규모의 공적인 儀式을 수반한 가운데 창작 향유되었을 가능성을 조심스레 타진할 필요가 있는데 이에 대해서는 후술한다. 향가 중 일부 작품-〈兜率歌〉, 〈安民歌〉 등-의 儀式的 성격에 대해서는 최선경(『향가의 제의가적 성격 연구』, 연세대학교 박사학위논문, 2001.)을 참조할 수 있다.
12 "果然 그렇다면, 佛敎는 新羅文化의 뿌리인 데 대하여, 鄕歌는 이 文化의 한 現象이라 하겠다." 〈김종우, 『향가문학연구』, 이우출판사, 1975, 17면.〉

2. 대중성 획득의 誘因

향가가 대중의 애호를 받으며 성행했던 이유는 무엇이었을까? 향가가 어떤 효용이나 매력을 지녔기에 신라의 범계층적 사랑을 받았던 것일까? 이 물음의 답은 향가에 대한 당대인들의 언급을 살핌으로써 실마리를 잡을 수 있지 않을까 한다. 이하에서는 당대인의 評語를 중심으로 점검해나가기로 한다.

1) 感動天地鬼神

여러 연구에서 지적되고 있듯이 향가가 지닌 최고의 매력은 '天地鬼神을 感動시키는 힘', 즉 '法力'[13]이다. 이 점은 『삼국유사』의 편찬자인 일연도 일찍이 지목한 바 있다.

> 신라인이 향가를 숭상한 지가 오래 되었다. … 왕왕 천지의 귀신을 감동시키는 것이 한 두 번이 아니었다.(羅人尙鄕歌者尙矣 … 往往能感動天地鬼神者, 非一.)
> 〈三國遺事 5卷, 感通, 月明師兜率歌〉

---

13 일반적으로 학계에서 '주술성'이라 하고 있는데, 부처의 힘을 빌린다는 의미에서 '法力'이라 부르는 것이 더 적당할 것이다. 학계에서 흔히 '二日並現'이나 '彗星犯心大星'의 變怪를 진정시킨 노래인 〈兜率歌〉나 〈彗星歌〉를 '주술성을 띤 대표적인 작품'으로 말하고 있으나, 이러한 것은 부처님의 법력으로 모두 설명이 된다. 『인왕경』 등에서 보이는 정상 범주의 '法力'인 것이다. 참고로 『인왕경』의 관련구절을 보이면 다음과 같다.
一切國王爲是難故講讀般若波羅蜜. 七難卽滅七福卽生. 萬姓安樂帝王歡喜. 云何爲難 '日月失度' … '二十八宿失度' … '大火燒國萬姓燒盡' … '大水漂沒百姓' … '大風吹殺萬姓' … '天地國土亢陽炎火' … '四方賊來侵國內外賊起'〈仁王般若波羅蜜護國經受持品 第七〉
이와 같은 法力에 대한 믿음은 중국에서도 마찬가지로 나타난다.
"9월 … 이때 별의 변고가 있었고 오랑캐가 쳐들어 왔다. 『인왕경』을 꺼내어 자성사와 서명사의 두 절에 보냈다. 백척 고좌를 설치하고 『인왕경』을 강하였다. 〔九月 … 時以星變, 羌虜入寇, 內出仁王佛經兩輿, 付資聖西明二佛寺, 置百尺高座講之.〕"〈舊唐書 11卷, 代宗本紀 永泰元年 9月〉

신라에 불교가 유입된 이래, 신라인들 사이에는 부처님의 힘, 즉 '法力'이 生의 고난을 해소해 줄 수 있다는 믿음이 자라나고 있었다. 그리고 불교는 그 기대를 실현시키며 신라인의 삶에 뿌리를 내려갔다. 阿道가 신라 불교의 기틀을 놓고, 法興王이 이를 공식화한 후 불과 1세대가 지나지 않아 도시는 "절들이 별을 펼쳐 놓은 듯하고 탑들이 기러기 떼의 행렬과 같다[寺寺星張, 塔塔雁行]"¹⁴고 묘사되었을 정도로 바뀌었으며, 1세기가 지나지 않아 "계를 받고 부처를 모시는 집이 열에 여덟아홉[受戒奉佛, 十室八九]"¹⁵이었을 정도로 불교의 세가 확장되었다. 이러한 불교의 급격한 확산은 '부처님의 法力'이 '生의 苦痛'을 滅해 준다는 믿음이 있었기에 가능했다.

그런데 향가의 향유 현장 역시 역시 불교가 지닌 '法力'과 동일한 상황에서 기술되어 있음을 본다. 질병·죽음·국가적 변고 등의 苦難이 닥치면 신라인들은 이의 해결을 위해 부처님의 힘에 의존하곤 했는데, 공교롭게도 향가가 불린 자리 역시 전적으로 이와 궤를 같이함을 보는 것이다.

(1) 疾病의 치유

신라인들이 불교의 법력을 가장 필요로 했던 상황은 '질병의 치유'였다. 불교는 이 점을 잘 인지하고 있었고 이로 '법력을 통한 병의 치유'는 불교 진출의 첨병 역할을 하고 있다. 불교 전래의 초기에 다음과 같은 일화가 공통적으로 엿보이는 것은 이 점을 반영한 것이라 하겠다.

성국공주가 병이 났는데 무의도 효험이 없자 사람을 사방으로 보내어 의원을 구하게 하였다. 아도가 급히 대궐로 들어가 마침내 그 병을 고쳤다.(時成國公主疾, 巫醫不効, 勅使四方求醫, 師率然赴闕, 其疾遂理.)   〈三國遺事 3卷, 興法, 阿道基羅〉

이 때 왕녀가 몹시 위독했는데, 묵호자를 불러들여 향을 사르며 서원을 표하게 하

---

14 眞興王(재위 534~576) 代의 묘사임.〈三國遺事 3卷, 興法, 原宗興法厭髑滅身〉
15 善德女王(재위 632~647) 代의 묘사임.〈三國遺事 4卷, 義解, 慈藏定律〉

니 왕녀의 병이 곧 나았다.(時王女病革 使召墨胡子焚香表誓 王女之病尋愈)

〈三國遺事 3卷, 興法, 阿道基羅〉

왕이 병에 걸려 의원의 치료에도 차도가 없자 원광을 청하여 궁에 오게 했다. … 밤이면 두 시간 동안 심오한 법을 설했다. … 병실에 머물게 했더니 오래지 않아 마침내 병이 나았다.(王染患, 醫治不損, 請光入宮 … 夜別二時爲說深法 … 克留疾所, 不久遂差)　　　　　　　　　　　　　　　　〈三國遺事 4卷, 義解, 圓光西學〉

위의 사례들은 순서대로 신라에 처음 불법을 전한 我道(3세기)와 墨胡子(5세기), 최초로 西學다운 서학을 했다고 알려진 圓光(555~638) 등의 일화에서 나타나는데, '최초'의 수식어를 띤 고승들이 공히 법력의 구사처를 '병의 치유'로 찾고 있는 것은 우연한 일이 아닐 것이다. 즉, 신라인에게 가장 필요한 것. 그것을 법력이 해결해 줄 수 있다는 믿음을 심어 주려한 노력의 증거인 것이다. 이러한 고승들의 노력을 통하여 그 믿음은 신라 대중 사이에 뿌리를 내렸던 듯하다. 이후로도 이에 관련한 많은 일화들이 그들에게 膾炙된다.

그런데 향가 역시 이와 동일한 궤적을 지니며 신라인의 일상에 뿌리내려 가고 있음은 주목할 만한 일이다. 다음 두 작품의 배경 설화 혹은 관련 설화는 '질병의 치유'란 측면에서 볼 때 위 인용의 정황에 정확히 부합한다.

경덕왕 때 한기리의 여인 희명의 아이가 태어난 지 다섯 살만에 문득 눈이 멀었다. 하루는 그 어머니가 아이를 안고 분황사 좌전 북벽에 그린 천수대비 앞에 가서 아이에게 노래하여 빌게 하여 마침내 광명을 얻었다.(景德王代, 漢岐里女希明之兒, 生五稔而忽盲. 一日其母抱兒, 詣芬皇寺左殿北壁畫千手大悲前, 令兒作歌禱之, 遂得明)　　　　　　　　　　〈三國遺事 3卷, 塔像, 芬皇寺千手大悲 盲兒得眼〉

노래가 퍼지자 人口에 회자되어 종종 길거리의 담벼락에도 쓰이곤 했다. 사평군의 나필급간이 병이 걸려 3년 동안 낫지 못했는데 균여대사가 그를 보고 그 괴로움을 딱하게 여겨 이 원왕가〈보현십원가〉를 불러주고 늘 읽도록 권하였다. 훗날 하늘에서 부르는 소리가 들리니 " 너는 대성의 노래의 힘으로 인해 병이 반드시 나으리라." 이로부터 효험이 있었다.(歌播在人口 往往書諸牆壁 沙平郡那必及干 縣痛 三年不能醫療 師往見之憫其苦 口授此願王歌 勸令常讀 他日有空聲唱言 "汝賴大聖歌力, 痛必差矣." 自爾立效.) 〈均如傳, 第七歌行化世分者〉

〈도천수관음가〉가 눈먼 어린아이를 치유하기 위해 불리우고, 〈보현십원가〉가 병든 이를 치유하기 위해 불린 것은 고승들의 법력 施展과 전적으로 일치하는 것인데, 이 점은 향가가 신라인들의 애호를 받을 수 있었던 까닭에 대한 선명한 해답이 되어 준다. 즉, 향가는 주술이 아닌 '法力'의 대체재 역할을 하였기에 대중적 지지와 사랑을 받을 수 있었던 것이다.

(2) 淨土行의 기약
불교는 신라인들에게 내세의 안락, 즉 淨土行에 대한 기대를 심어 주었다. 현실의 고통을 견디면 내세의 安樂이 온다는 믿음은 신라인들을 더욱 불교에 귀의하게 했다. 다음 일화들에서 그 간절함을 엿볼 수 있다.

고승 점개가 육륜회를 흥륜사에서 베풀려고 시주를 얻고자 복안의 집에 왔다. 복안이 베 50필을 보시하니 점개가 축원하여 말하기를 "단월이 보시를 좋아하니 천신이 항상 보호하고 지켜주시며 하나를 보시하여 만 배를 얻고 안락하여 장수하소서"라고 하였다. 대성이 이를 듣고 뛰어 들어가서 그의 어머니에게 말하기를 "제가 문간에 온 스님이 외우는 소리를 들으니 하나를 보시하면 만 배를 받는다고 합니다. 생각건대, <u>우리는 분명히 전생에 선업이 없어 지금 이렇게 곤궁한 것인데 지금 또 보시하지 않으면 내세에는 더욱 곤란할 것이니, 제가 고용살이로 얻은 밭을 법회에 보시해서 뒷날의 응보를 도모함이 어떻겠습니까?</u>"라고 하니, 어머니는 말하기를 "좋다"고 하였다. 이에 그 밭을 점개에게 보시하였다.(開士漸開, 欲設六

輪會於興輪寺, 勸化至福安家. 安施布五十疋, 開呪願曰: "檀越好布施, 天神常護持. 施一得萬倍, 安樂壽命長." 大城聞之, 跳踉而入, 謂其母曰: "予聽門僧誦倡, 云施一得萬倍. 念我定無宿善, 今玆困匱矣; 今又不施, 來世益艱. 施我傭田於法會, 以圖後報何如?" 母曰: "善" 乃施田於開.) 〈三國遺事 5卷, 孝善, 大城孝二世父母神文王代〉

그 곳에 산 지 3년 만에 어머니의 부고가 왔다. 진정선사는 가부좌를 하고 선정에 들어가 7일 만에 일어났다. … 무리 3천을 모아 『화엄대전』을 강하였다. 문인 지통이 강의하는 대로 그 요지를 뽑아 두 권의 책을 만들고, 이름을 『추동기』라고 하여 세상에 유통시켰다. 강의를 마치자 그 어머니가 꿈에 나타나서 말하기를, "<u>나는 이미 하늘에 환생하였다.</u>"고 하였다.(居三年, 母之訃音至, 定跏趺入定, 七日乃起. … 講華嚴大典. 門人智通隨講, 撮其樞要, 成兩卷, 名錐洞記, 流通於世. 講畢, 其母現於夢曰: "我已生天矣.") 〈三國遺事 5卷, 孝善, 眞定師孝善雙美〉

향가는 이러한 대중의 간절함을 실현시켜 주는 매력을 지니고 있었다. '極樂往生'을 위해 조석으로 고난의 수행을 행하면서 〈願往生歌〉를 노래했고, 누이를 극락으로 천도하기 위해 〈祭亡妹歌〉를 불렀다. 그 정황은 아래 인용들로 확인된다.

월명사는 또 일찍이 죽은 누이를 위해 재를 올리고 향가를 지어 제사를 지냈다. 갑자기 회오리바람이 일어나 지전이 날려 서쪽으로 사라져 버렸다.(明又嘗爲亡妹營齋, 作鄕歌祭之, 忽有驚颰吹紙錢, 飛擧向西而沒)

〈三國遺事 5卷, 感通, 月明師兜率歌〉

광덕과 엄장 두 사람은 우애가 좋았다. 조석으로 다짐하여 말하기를 "먼저 서방 극락에 가는 이는 반드시 이를 알리기로 하세"라고 하였다. … 하루는 … 창밖에서 소리가 나서 알리기를 "나는 서방으로 가노라. 그대는 잘 지내다가 속히 나를 따라 오게"라고 하였다. 광덕이 일찍이 노래를 지었다.(廣德嚴莊, 二人友善, 日夕約

曰"先歸安養者須告之."… 一日, 日影拖紅, 松陰靜暮, 窓外有聲, 報云"某已西往矣, 惟 君好住, 速從我來."… 德耆有歌云)　　　　　〈三國遺事 5卷, 感通, 廣德 嚴莊〉

신라인의 삶의 궁극적 목표인 '극락왕생'을 위해 그들은 향가를 불렀고, 이러한 소망은 향가를 통해 성취되었던바, 정토행의 불교적 토양에서 향가 성행의 한 이유를 찾아 볼 수 있는 것이다.

(3) 變怪의 祈禳

향가가 승려, 귀족 나아가 국왕의 삶에서까지 향유될 수 있었던 이유는 향가가 지닌 '변괴의 기양' 능력 때문이다. 이 또한 위와 마찬가지로 '부처의 法力'이 다져 놓은 기반에서 가능했다.

주지하다시피 신라의 불교는 '호국불교'를 한 특징으로 하고 있다. 삼국의 위태한 대치상황, 내란으로 인한 왕권의 불안, 당나라 혹은 왜구의 침입 등을 극복하기 위해 신라인은 수많은 법회를 행했다. 다음 등에서 보이는 史實들은 이러한 측면을 잘 보여준다.

15년 봄 3월, 서울에 지진이 발생하여 민가가 무너지고 사망자가 백여 명이 되었다. 금성이 달에 들어갔다. 백좌 법회를 열었다.(十五年, 春三月, 京都地震, 壞民屋, 死者百餘人. 太白入月, 設百座法會.)　　〈三國史記, 新羅本紀 9, 惠恭王 15年〉

경덕왕 천보 12년 계사 여름에 가뭄이 심하였다. 내전으로 (高僧 大賢을) 불러서 『금광명경』을 강하여 단비를 기원했다.(景德王天寶十二季年癸巳, 夏大旱, 詔入內殿, 講金光經, 以祈甘霆.)　　〈三國遺事 4卷, 義解, 賢瑜珈 海華嚴〉

향가는 이 불안함을 극복케 하는 힘이 있었다. 〈兜率歌〉, 〈安民歌〉 그리고 〈彗星歌〉는 향가가 變怪를 물리쳐 나라의 안정을 도모하게 해 준다는 당대의 믿음이 잘 반영된 작품이라 할 것이다.

경덕왕 19년 경자(760년) 4월 초하룻날에 두 해가 나란히 나타나 열흘 동안 사라지지 않았다. 일관이 아뢰기를 "인연 있는 중을 청하여 산화공덕을 드리면 물리칠 수 있을 것입니다. … 월명사가 이에 兜率歌를 지어 읊으니 … 곧 해의 변고가 사라졌다. (景德王十九年庚子四月朔, 二日竝現, 挾旬不滅. 日官奏: "請緣僧, 作散花功德則可禳. … 明乃作兜率歌賦之 … 旣而日怪卽滅) 〈三國遺事 5卷, 感通, 月明師兜率歌〉

제5 거열랑, 제6 실처랑, 제7 보동랑 등 세 화랑의 무리가 풍악에 놀러 가려고 하는데, 혜성이 심대성을 범하였으므로 낭도들은 이를 의아하게 생각하여 그 여행을 그만 두려고 하였다. 이때 융천사가 노래를 지어 부르자 별의 괴변이 곧 사라졌다. 일본군도 제 나라도 돌아가니 도리어 복된 경사가 되었다. 임금이 기뻐 … (第五居烈郎, 第六實處郎, 第七寶同郎等, 三花之徒, 欲遊楓岳, 有彗星犯心大星, 郎徒疑之, 欲罷其行. 時天師作歌歌之, 星怪卽滅, 日本兵還國, 反成福慶.)

〈三國遺事 5卷, 感通, 融天師 彗星歌 眞平王代〉

이상에서 보았듯이 향가의 대중화는 불교가 다져 놓은 '法力'에 전적으로 기대고 있다. 만약 불교가 그러한 믿음을 주지 못했더라면 현재 우리가 보는 향가 역시 크게 다른 모습으로 존재했을 것이다. 즉, 향가는 불교의 前轍을 따라 대중화되었던 것이다.

2) 涉淺歸深

균여는 향가 11수를 지은 후 서문에 다음과 같은 말을 남겼다.

무릇 '사뇌'라 하는 것은 세상 사람들이 희락하는 도구요, '원왕'이라 하는 것은 보살이 수행하는 중추이다. 그리하여 얕은 데를 건너서 깊은 곳으로 갈 수가 있고, 가까운 데부터 시작해야 먼 곳에 다다를 수가 있는 것이다.(夫詞腦者世人戲樂之具 願王者菩薩修行之樞故得涉淺故深,從近至遠) 〈均如傳, 第七 歌行化世分者〉

이 서문에 나타난 '涉淺歸深'은 향가가 지닌 대중성에 대한 또 다른 핵심을 담고 있다. 균여는, "살아 있으면서 불법을 넓히고 인간을 이롭게 하는 것으로써 자신의 임무를 삼은 분[師之在世 以洪法利人爲己任]"[16]으로 평가되는데, 그런 까닭으로 "제가의 문서 중에 소상히 알기 어려운 것이 있으면 반드시 주기와 해석[若有諸家文書 未易消詳者 必爲之著記釋]"[17]을 지었다고 전한다.

그러나 그의 '利人'은 識者들에만 한정되지는 않았다. 위와 같은 저술 활동의 여가에 보다 낮은 중생을 위해 노래 11수를 지었던 것이다. 즉 한문으로 된 게송을 읊조리기 어려운 계층, 한문으로 된 문장을 이해하기 어려운 계층을 위해 우리말로 부를 수 있고, 우리말로 읽을 수 있는 방편을 실행한 것이다. 그리고 우리말 노래라는 수단에 의해 불법의 깊은 경지로 들어가는 과정을 '涉淺歸深'이라 표현하였다. 그리고 이러한 의도는 적중되어 그의 향가는 "담벼락에도 쓰일 정도로 대중의 인기[往往書諸墻壁]"[18]를 얻게 되었던 것이다.

한편 이러한 대중성의 속성을 간파한 것은 균여뿐만이 아니었다. 불교의 대중화로 유명한 원효 역시 이러한 속성을 간파하고 있었다. 그 역시 균여와 마찬가지로 '世人戲樂之具'와 노래를 통해 대중의 곁으로 들어갈 수 있었던 것이다.

원효가 계율을 잃고 설총을 낳은 이후로 속인의 옷으로 바꾸어 입고 스스로 소성거사라 칭하였다. 우연히 광대들이 놀리는 큰 박을 얻었는데 그 모양이 괴이하였다. 인하여 그 형상대로 도구를 만들어 『화엄경』의 '일체무애인 일도출생사[모든 것에 구애받음이 없는 자는 한 길로 생사를 벗어난다]'를 본 떠 '무애'라고 이름 짓고 이에 노래를 지어 세간에 유행시켰다. 일찍이 이것을 지니고 천촌만락에서 노

---

16 『均如傳』,「第5 解釋諸章分者」
17 상게서,「第5 解釋諸章分者」
18 상게서,「第7 歌行化世分者」

래하고 춤추며 교화하고 음영하여 돌아오니 가난하고 무지몽매한 무리들까지도 모두 부처의 이름을 알게 되고 모두 나무[南無]의 칭호를 부르게 되었으니 원효의 교화가 컸던 것이다.(曉旣失戒生聰, 已後易俗服, 自號小姓居士. 偶得優人舞弄大瓠, 其狀瑰奇. 因其形製爲道具, 以華嚴經一切無导人, 一道出生死, 命名曰無导, 仍作歌流于世. 嘗持此, 千村萬落, 且歌且舞, 化詠而歸, 使桑樞瓮牖玃猴之輩, 皆識佛陀之號, 咸作南無之稱, 曉之化大矣哉.) 〈三國遺事 4卷, 義解, 元曉不羈〉

위 인용에서 원효가 노래를 불러 세간에 유행시킨 노래는 명시되어 있지는 않지만 우리말 노래 즉, '향가'임에 분명한데[19] 이러한 쉬운 수단을 통해 '부처의 이름'과 '南無의 칭호', 즉 오묘한 불법으로의 입문이 가능하게 되었으니 이러한 포교의 수단으로 활용되었기에 향가가 당대인들에게 더욱 깊이 유행하게 되었음을 알 수 있다.

한편, 원효나 균여가 '涉淺歸深'의 방편을 행하는 대상이 모두 민중이라는 점은 '其意甚高'의 장에서 보일 귀족과 왕의 취향과 뚜렷한 대조를 보여 흥미롭다.

3) 其意甚高·詞淸句麗

충담사는 향가로 유명한 승려였다. 경덕왕이 그의 이름을 듣고 다음과 같이 말한 사실에서 당대를 풍미한 그의 명성을 엿볼 수 있다.

---

19 향가는 '신라인이 부른 우리말 노래를 칭하는 말'이다. 10구체의 정연한 형식을 지닌 것이거나, 그러한 형식을 갖추지 못하고 길거리 혹은 여항인들이 부른 짧은 민요 성격의 노래나 모두 향가로 분류된다. 즉, 화랑이나 승려가 부른 〈讚耆婆郞歌〉나 〈祭亡妹歌〉 등뿐만 아니라 어린아이나 無名의 노인, 노동하는 군중이 부른 노래인 〈薯童謠〉나 〈獻花歌〉, 〈風謠〉 등도 모두 향가인 것이다. 그렇기에 원효가 부른 포교의 노래 또한 우리말 노래였다는 가정에서 본다면 '향가'가 된다.

"짐이 일찍이 들으니 그대의 〈찬기파랑사뇌가〉가 그 뜻이 심히 높다고 하던데 과연 그러하오?" "그렇습니다."("朕嘗聞師讚耆婆郞詞腦歌, 其意甚高, 是其果乎?" 對曰 "然")　　　　　　　　　　　　〈三國遺事 2卷, 紀異, 景德王 忠談師 表訓大德〉

이 문답에서 우리는 당대인들이 향가를 사랑했던 또 다른 이유를 엿볼 수 있다. 찬기파랑가는 "그 의미가 심히 높았기" 때문에 人口에 膾炙되었던 것이다. 향가의 의취가 높고 맑음은 〈讚耆婆郞歌〉를 묘사하는 데서만 나타나는 것이 아니다. 균여의 노래를 번역한 최행귀의 서문에서도 나타나고 있다.

11수의 향가는 노랫말이 맑고 글귀가 아름다워 그 지어진 것을 詞腦라 부른다.(十一首之鄕歌, 詞淸句麗, 其爲作也, 號稱詞腦.)　　　〈均如傳, 第8 譯歌現德分者〉

인용한 구절은 최행귀가 그의 향가를 번역하는 까닭을 들고 있는 부분으로 최행귀는 노랫말의 맑음과 아름다움에 이끌렸다고 고백하고 있다. 그리고 향가가 지닌 이러한 아름다움으로 인해 향가는 더욱 향유의 범위를 넓혀가게 된다. 최행귀가 이를 한역하여 해외의 巨儒와 碩德들에게까지 알리고자 한 것[20]은 향가가 지닌 '其意甚高·詞淸句麗'에서 기인한 것이니 향가의 대중적 유행에 노랫말의 아름다움이 한 역할이 적지 않음을 알 수 있겠다.

한편 이와 유사한 이유에서 창작되고 향유되었을 것으로 보이는 작품도 있다. 비록 失傳이긴 하지만 元聖王(재위 785~798)이 지은 〈신공사뇌가〉가 그것이다.

---

20 최행귀의 다음 말 "다만 한되는 것은 우리 나라의 才子, 名公들은 唐詩를 읊을 줄 알지만, 중국의 巨儒, 碩德들은 향가를 알지 못하는 점이다. [所恨者 我邦之才子名公 解吟唐什 彼土之鴻儒碩德 莫解鄕謠](균여전 제8장, 譯歌現德分者)" 에서 잘 드러나듯이 그가 〈보현십원가〉를 한시로 번역한 것은 중국인들에게 〈보현십원가〉가 지닌 맑은 뜻을 알리기 위함이었다.

대왕은 진실로 생의 곤궁함과 영달하는 변화를 알았으므로 〈신공사뇌가〉를 지었다. 노래는 전하지 않는다.(大王誠知窮達之變, 故有身空詞腦歌 歌亡未詳.)

〈三國遺事 2卷, 紀異, 元聖大王〉

인생의 곤궁함과 영달의 변화 원리를 깨우친 내용은 역시 '其意甚高'의 영역에 들 수 있을 것이다. 마음에서 촉발되는 고상한 뜻, 그 뜻을 표현하는 데 적절한 측면이 있었기에 향가는 향유층을 넓히며 전 계층적 사랑을 받을 수 있었던 것이다. 한편, 향가의 매력을 이런 시각에서 찾은 이들이 모두 귀족 내지는 왕이란 점에서 특별한 의미를 부여할 만하지 않을까 한다.

3. 대중성 획득의 經路

2장에서 필자는 향가의 대중화의 誘因을 향가가 지닌 내용적 측면 '感動天地鬼神, 涉淺歸深, 其意甚高·詞淸句麗,'의 세 평어를 통해 살폈다. 그런데 향가의 대중화는 위와 같은 내용적 측면만으로는 완전히 설명되지 않는다. 왜냐하면 대중화는 내용과 수단의 결합체로서, 아무리 좋은 내용과 효능을 지닌 文化素라 하더라도 이것의 전파 경로가 확보되지 않는다면 대중에게 전달될 수 없기 때문이다. 즉, 불교가 국가의 지원과 여러 목적의 法會를 통하여 대중을 雲集시키고 교리의 전파에 성공할 수 있었듯이, 향가 역시 대중과의 접촉을 통하여 대중 속으로 스며들 수 있었을 것으로 본다. 그렇다면 향가는 어떤 경로를 통하여 다수의 대중과 만날 수 있었던 것일까?

1) 佛法會

향가가 대중과 만났던 가장 주요한 경로는 각종의 佛法會였던 것으로 보인다. 당대의 문화를 생각해 볼 때 가장 많은 대중이 운집했던 장소 중의 하나는 각종 法會였으며, 몇 자료를 통해서 볼 때 이곳에서 '향가'가 향유되었던 정황이 포착된다.

신라시대 법회의 모습을 구체적으로 보여 주는 자료는 거의 없지만, 다행히 일본 승려 圓仁(794~864)의 『入唐求法巡禮行記』에는 9세기 신라인의 法會 절차가 상세히 기록되어 있다. 그는 838년에서 847년까지 약 10년 동안 당나라를 순례하는데, 839년에서 840년간을 당의 산둥반도에 위치해 있던 新羅坊의 사찰「法花院」에 체류하게 된다. 그때 신라인들이 주관하고 참여하던 법회에 대한 절차를 다음과 같이 자세히 적어 둔 바 있다. 여기에 보면 '佛法會'에서 향가가 향유된 흔적이 있다. 다소 길지만 흐름에 대한 전체적 조망을 위해 모두 인용한다.[21]

〈신라방 赤山院의 講經儀式〉

㉠ 강사가 법당에 올라 고좌에 앉자 대중들이 한 목소리로 부처님을 稱嘆하였는데, 소리와 노래는 모두 신라의 것으로 당나라 것과는 달랐다. 강사가 좌석에 오르자 부처님의 칭송이 바로 멈추었다.(講師上堂 登高座間 大衆同音 稱嘆佛名 音曲一依新羅 不似唐音 講師登座訖 稱佛名便停) ㉡ 이때 하좌에 자리하고 있던 한 스님이 범패를 불렀는데 모두 당풍에 의거했다. 즉「어찌하여 이 경에 있어서야」[云何於此經] 등의 한 행의 偈였다.「원컨대 부처님은 미묘하고 은밀한 지혜를 열어주소서」[願佛開微密]의 구절에 이르자 대중들은 같은 소리로「계향정향해탈향」등을 불렀다.(時有下座一僧作梵 一據唐風 卽云何於此經等 一行偈矣 至願佛開微密句 大衆同音唱云 戒香定香解脫香等) ㉢ 범패의 송이 끝나자 강사가 경의 제목을 부르고 곧 대의를 해설하여 삼문으로 나누어 설명하였다.(頌梵唱訖 講師唱經題目 便開題分別三門) ㉣ 제목의 풀이가 끝나자 유나사가 나와 고좌의 앞에서 법회를 마련

---

21 이 자료는 향가를 연구하는 장에서는 거의 다루어지지 않는 듯하다. 다만 음악계에서 이혜구가「신라의 범패」(『이병도박사화갑기념논총』, 일조각, 1956.)에서 상세히 다룬 이래 주요 자료로 자리 잡고 있다.

한 연유와 시주의 이름과 시주한 물건을 읽어 알렸다.(釋題目訖 維那師出來 於 高座前 談申會興之由及施主別名 所施物色) ⒣알리는 일이 끝나자 곧 그 문서를 강사에게 전해 주었다. 강사는 주미를 들고서 하나하나 시주의 이름을 부르며 혼자 서원하였다.(申訖 便以其狀 轉餘講師 講師把麈尾 一一申擧施主名 獨自誓願) ⒤서원이 끝나자 논의자는 논단하여 질문을 하였다. 질문을 하는 동안 강사는 주미를 들고 질문자의 말을 들었다. 질문이 끝나자 곧 주미를 기울였다가 다시 이를 들고 질문자에 감사하고 곧이어 대답하였다. 질문과 회답의 방법은 본국[日本]과 같았다.(誓願訖 論義者論端擧問 擧問之間 講師擧麈尾 聞問者語 擧問了 便傾麈尾 卽還擧之 謝問便答 帖問帖答 與本國同) ⒥논의가 끝나자 경문의 설명에 들어가 경의 뜻을 이야기하고 강의는 끝났다. 대중들은 소리를 같이하여 긴 소리로 부처를 찬탄하였다. 찬탄하는 말 가운데 회향사가 들어 있었다.(論義了 入文談經 講訖 大衆同音長音讚嘆 讚嘆語中 有廻向詞) ⒦강사가 고좌에서 내려오자 한 스님이 「處世界如虛空」게를 불렀는데, 음세는 우리나라[일본]와 자못 비슷했다.(講師下座 一僧唱處世界如虛空偈 音勢頗似本國) ⒧강사가 예반에 오르자 한 스님이 삼례를 불렀고 강사와 대중도 같이 하였다. 강사는 법당을 나와 방으로 돌아갔다.(講師昇禮盤 一僧唱三禮了 講師大衆同音 出堂歸房) ⒨다시 복강사 한 사람이 있어 고좌의 남쪽 아래 자리에서 강사가 어제 강의한 경문을 읽었다. 중요한 교의를 함의하는 구절과 같은 곳에 이르면 강사는 그 경문을 다시 읽히고 그 뜻을 설명하였다. 복강사도 역시 읽었다. 어제 강술한 글을 다 읽으면 강사는 곧 다음 글을 읽었다. 매일 이와 같이 하였다.(更有覆講師一人 在高座南下座 便談講師昨所講文 至如會義句 講師牒文釋義了 覆講亦讀 讀盡昨所講文了 講師卽讀次文 每日如斯)

〈圓仁, 入唐求法巡禮行記 2卷, 11月 22日, 赤山院講經儀式〉

강경의식의 가장 주된 목적은 물론 佛經의 풀이하여 대중을 계도하는 것이다. 위에서도 강경을 주도하는 講師와 이를 듣기 위해 시주를 하며 법회에 참가한 불자들의 모습이 나타난다. 그러나 무엇보다도 우리가 주목해야 할 부분은 講經이 시작되기 전과 후에 불리는 '頌·偈·梵唄·讚佛' 등에 대한 기록이다. 모두 부처의 공덕을 기리는 데 목적이 있는 이 노래들은 위의 예에서 볼 때 3가지 형태로 나타난다. 첫째는 ㉠에서 보이듯 신라어로 불린 것이고, 둘째는 ㉡에서 보이듯 당풍 즉 당나라 말로 불린 것이고, 셋째는 ㉢에서 보듯 일본풍과 유사한 것이다.

우리는 여기서 ㉠의 "대중들이 한 목소리로 부처님을 稱嘆하였는데, 소리와 노래는 모두 신라의 것으로 당나라 것과는 달랐다.(稱嘆佛名 音曲一依新羅 不似唐音)"란 부분에 주목하지 않을 수 없다. 부처를 稱嘆하는 노래를 부름에 신라의 것에 의했다는 것은 바로 불회에서 '우리말 노래'가 쓰였다는 증언이기 때문이다.

또, ㉢의 "한 스님이「處世界如虛空」偈를 불렀는데, 음세는 우리나라[일본]와 자못 비슷했다.(一僧唱處世界如虛空偈 音勢頗似本國)"란 언급 역시 佛會에서 '우리말 노래'가 향유되었음을 알린다. "음세가 일본과 자못 비슷했다(音勢頗似本國)"란 말은 '신라인이 부른 게의 음세가 唐의 것과는 나르고 일본과 비슷했다'란 의미로 풀이되는바, 그렇다면 이 偈 역시 신라 고유의 방식으로 노래되었음을 시사하는 것이기 때문이다.[22]

그러면 이 기록에 나타난 '부처의 덕을 찬탄한 우리말 노래들'이란 무엇인가? 부처님을 찬양하는 노래를 梵語로 적어 唱하면 '梵唄'가 되고, 漢語로 적어 唱하면 '偈·頌'이 된다.[23] 그런데 이 偈·頌과 향가는 어떤 관계에 있는

---

22 이혜구는 이 부분을 당풍의 범패와 일본식 범패로 나눈 바 있다. 본고와 약간 다른 이해이긴 하지만, '頗似本國'으로 묘사된 범패를 중국과 다른 것으로 본 점은 본고와 같다.
"이같이 巡禮行記에 依하면 西紀 838年과 847年間에 新羅人의 赤山院에서 云何於此經偈 處世界如虛空偈 如來妙色身偈의 梵唄가 불렸던 것을 알 수 있다. 그런데 여기서 注目할 것은 이 세 가지의 梵唄가 唐風의 것(운하어차경과 여래모색신)과 그 音聲이 頗似本國(日本)한 것(處世界如虛空) 두 가지로 區別된 點이다. 이것은 音樂에 唐風과 鄕風의 두 가지가 있는 點으로 미루어 唐風의 梵唄는 唐代에 생긴 比較的 새로운 梵唄이고 日本의 音聲과 같다는 梵唄는 唐以前에 韓國을 經由하여 간 梵唄로 推測할 수밖에 없다." 〈이혜구, 『한국음악서설』, 서울대학교출판부, 341면.〉
23 【唄】梵聲. 西域謂頌曰唄. 〈辭源, 臺灣商務印書館, 1973, 291면.〉

가? 일연은 이 둘의 관계에 대해 다음과 같이 말하고 있다.

신라인이 향가를 숭상한 지 오래니, 대개 향가는 詩·頌의 종류이다.(羅人尙鄕歌者
尙矣, 蓋詩頌之類歟)　　　　　　　　　　〈三國遺事 5卷, 感通, 月明師兜率歌〉

이를 보자면 '향가'는 바로 중국의 '偈頌', 인도의 '梵唄'에 대응하는 '우리말로 된 불찬가'인 것이다. 따라서 신라 법회에서 불렸던, 부처를 찬탄하던 우리말 노래는 바로 향가라 말할 수 있는 것이다. 한편, 법회에서 부처의 공덕을 찬탄하는 말인 '범패' 역시 우리말로 부르게 되면 바로 '향가'가 된다. 이는 '범패'와 '향가'가 호환되는 것임을 보이는 다음 기사에서 확인된다.

"신승은 국선지도에 속해 있기 때문에 다만 향가만 알지 범패는 모릅니다." 왕이 말
하길 "이미 인연 있는 스님으로 점지되었으니 비록 향가라 하더라도 좋소." ("臣僧但屬
於國仙之徒, 只解鄕歌, 不閑聲梵," 王曰: "旣卜緣僧, 雖用鄕歌可也.")
　　　　　　　　　　　　　　　　　　　〈三國遺事 5卷, 感通, 月明師兜率歌〉

이로 본다면 梵唄와 偈와 鄕歌는 모두 실상은 같은 것으로 다만 언어적 형식만 다른 것이라 할 수 있겠다. 그렇기에 위 법화원의 법회에서 우리말로 불렸던 불찬가는 '향가' 바로 그것이라 할 수 있다.

불법회에서 보이는 이러한 향유 정황이 『삼국유사』에 나타난 향가의 향유 정황에 적용될 수 있는가? 즉, 『삼국유사』에 나타난 향가의 향유가 불법회의 기반 위에서 행해졌음을 확인할 수 있는가? 이의 해명을 위해 월명사가 〈兜率歌〉를 부르던 정황을 다시 보자.

경덕왕(재위 742~765) 19년 경자(760년) 4월 초하룻날에 ①두 해가 나란히 나타나 열흘 동안 사라지지 않았다. 일관이 아뢰기를 "인연 있는 승려를 청하여 산화공덕을 드리면 그 화를 물리칠 수 있을 것입니다." 이에 조원전에 ②단을 깨끗이 만들

고 청양루에 행차하여 ③인연 있는 중을 바랐다. 그때 월명스님이 밭둑을 걷다가 마침 남족 길을 가고 있었다. 왕을 사람을 시켜 그를 불러와 단을 열고 ④계문을 짓게 하였다. 월명이 왕께 아뢰기를. "신승은 그저 국선의 무리에 속해 있어서 ⑤향가만 알 뿐 범패[聲梵]에는 익숙하지 못합니다."고 하였다. 왕이 말하기를, "이미 인연 있는 중으로 점지되었으니 비록 향가를 쓰더라도 좋소."라고 하였다. ⑥월명은 이에 〈兜率歌〉를 지어 읊었다. 그 가사는 다음과 같다. … 이후, 해의 ⑦변괴는 곧 사라졌다. 〈삼국유사 5권, 감통, 월명사도솔가〉[24]

이 기사는 구조적인 측면과 내용적인 측면 모두에서 佛法會에서 〈兜率歌〉가 불렀음을 확인시켜주고 있다. 구조적인 측면을 보자면 '①두 해의 출현 - ⑥兜率歌 가창 - ⑦변괴의 소멸'로 되어 있는데, 이는 사서 등에서 나타나는 法會의 시행 구조와 일치한다. 다음과 같이 법회는 '위기 상황의 발생 - 법회 - (해결)'의 구조를 지니고 있다.

15년 봄 3월, 서울에 지진이 발생하여 민가가 무너지고 사망자가 백여 명이 되었다. 금성이 달에 들어갔다. 백좌 법회를 열었다.(十五年, 春三月, 京都地震, 壞民屋, 死者百餘人. 太白入月, 設百座法會.) 〈三國史記, 新羅本紀9, 惠恭王 15年〉

경덕왕 천보 12년 계사 여름에 가뭄이 심하였다. 내전으로 (高僧 大賢을) 불러서 『금광명경』을 강하여 단비를 기원했다.(景德王天寶十李年癸巳, 夏大旱, 詔入內殿,

---

[24] 景德王十九年, 庚子四月朔, 二日並現, 挾浹旬不滅. 日官奏 "請緣僧, 作散花功德則可禳." 於是潔壇於朝元殿, 駕幸靑陽樓, 望緣僧. 時有月明師, 行于阡陌時之南路, 王使召之, 命開壇作啓. 明奏云 "臣僧但屬於國仙之徒, 只解鄕歌, 不閑聲梵," 王曰 "旣卜緣僧, 雖用鄕歌可也." 明乃作兜率歌賦之, 其詞曰 今日此矣散花唱良, 巴寶白乎隱花良汝隱, 直等隱心音矣命叱使以惡只, 彌勒座主陪立羅良. 解曰 "龍樓此日散花歌, 挑送靑雲一片花. 殷重直心之所使, 遠邀兜率大儒家." 今俗謂此爲散花歌, 誤矣, 宜云兜率歌. 別有散花歌, 文多不載. 旣而日怪卽滅.〈三國遺事 5卷, 感通, 月明師兜率歌〉

講金光經, 以祈甘霆.) 〈三國遺事 4卷, 義解, 賢瑜珈 海華嚴〉

내용적인 측면에서도 '산화공덕을 드리라', '단을 설치했다', '인연 있는 승려' 등에서 보이듯이 법회였음을 확인시키고 있다. 즉, 월명사 兜率歌 條는 설화적으로 윤색되어 있지만 '불법회'에서 향가가 불렸던 그 정황을 비교적 잘 유지해 보여 주고 있다고 할 수 있다.

이보다 더 간략히 설화적으로 나타나 있지만 〈祭亡妹歌〉 역시 그러한 불법회에서 불린 것이 분명하다. 다음에서 보이는 신라의 〈일일강의식〉은 ㉠부분과 같이 산화가를 부르고 있다든지, ㉡부분과 같이 망자를 遷度하는 과정을 포함하고 있다는 점에서 〈祭亡妹歌〉의 향유 정황을 환기시킨다.

〈신라의 一日講儀式〉

오전 8시경 종을 쳤다. 길게 쳤다고 여겨질 즈음 강사와 도강의 두 사람이 불당으로 들어왔다. 대중은 먼저 들어와 줄을 지어 앉아 강사와 독사가 불당에 들어오는 동안 한 소리로 불명을 찬탄하며 길게 음성을 빼어 불었다. 강사가 북좌에 오르고 도강이 남좌에 앉자 찬불을 밈추었다.(辰時打鐘 長打擬了 講師都講二人入堂 大衆先入列坐 講師讀師入堂之會 大衆同音稱嘆佛名長引 其講師登北座 都講登南座了 讚佛便止) 그때 하좌에 한 스님이 있어 범패를 부르는데 '어찌하여 이 경에 있어서야'의 한 줄 게였다.(時有下座一僧作梵 云何於此經等一行偈也) 범패가 끝나자 남좌의 도강은 경 제목을 불렀다. 창경은 길게 빼어 부르며 소리에 많은 굴곡이 있었다.(作梵了 南座唱經題目 所謂唱經長引 音多有屈曲) 창경하는 동안 대중은 세 번의 꽃을 뿌린다. ㉠꽃을 뿌릴 때마다 각각 칭송하는 바가 있었다.(唱經之會 大衆三遍散花 每散花時 各有所頌) 창경이 끝나자 다시 짧은 소리로 제목을 불렀다. 강사는 경의 제목을 해설하고 삼문으로 나누어 경의 대의를 강술하였다.(唱經了 更短音唱題目 講師開經目 三門分別 述經大意) ㉡경의 제목 설명이 끝나자 유나사가 이 강경이 있게 된 연유를 알렸다. 그 서장 가운데는 상세하게 무상의 도리와 죽은 사람의 선행과 공덕, 그리고 죽은 일수를 기재하고 있었다. 등주자사의 성은 오 이름은 각이다. … 훠자는 없다.(釋經題目竟 有維那師 披讀申事與所由 其狀中 具載无常道理 亡者功能 亡逝日數 知登州刺史姓吳名角 … 無諱字也)

〈圓仁, 入唐求法巡禮行記 2卷, 11月 22日, 新羅一日講儀式〉

『삼국유사』나 『삼국사기』에는 실로 다양한 목적의 法會가 나타난다. 이러한 빈번한 법회에서 우리말로 된 노래가 쓰였을 것임은 신라방 법화원의 법회 사례를 보아 짐작하기 어렵지 않다.[25] 향가는 이런 불법회의 현장에서 향유되었고, 이 儀式을 매개로 하여 대중에 스며들 수 있었던 것이다.

2) 施主僧을 통한 전파

향가가 대중화될 수 있었던 또 다른 경로로 施主僧들의 역할을 들 수 있다. 『삼국유사』를 살펴보면 여러 형태의 시주승들이 보이는데, 다음에 보이는 부궤화상과 원효의 일화는 이들이 대중 속에서 향가를 가창하며 포교했을 가능성을 높여준다.

드디어 출가하여 중이 되었다. 이름을 바꾸어 혜공이라 하고 늘 한 작은 절에 살았다. 그는 매일 미친 듯이 <u>크게 취해서 삼태기를 지고 거리에서 노래하고 춤추었으므로</u> '부궤화상'으로 불렸다. 〈삼국유사 4권, 의해, 이혜동진〉[26]

---

25 『고려도경』에 나오는 다음 내용도, 법회에서 범패를 우리말로 부르던, 즉 향가가 향유되던 한 장면을 포착한 것이라 할 수 있다.
"주요 경전으로 『화엄경』과 『반야경』이 있었다. … 중국말을 할 줄 아는 자에게 외도록 하였으니 역력히 알아 들을 수 있다. 그러나 범패(梵唄)에 이르면 또 오랑캐 말[鴃舌]이라 전혀 이해할 수 없다.〔大經則有華嚴般若 … 能爲華言者, 嘗令誦之, 歷歷可聽. 至其梵唄, 則又鴃舌, 不復可辨矣.〕" 〈高麗圖經 18卷, 釋氏〉
"불교를 좋아하여 종묘의 제사에도 승려를 참여해 梵唄를 부른다. 범패에는 간간이 이해되지 않는 말이 섞여 있다. 〔好浮圖 宗廟之祠 參以桑門歌唄. 其閒加以言語不通.〕" 〈高麗圖經 22卷, 雜俗1〉

원효가 계율을 잃고 설총을 낳은 이후로 속인의 옷으로 바꾸어 입고 스스로 소성거사라 칭하였다. 우연히 광대들이 놀리는 큰 박을 얻었는데 그 모양이 괴이하였다. 인하여 그 형상대로 도구를 만들어 『화엄경』의 '일체무애인 일도출생사[모든 것에 구애받음이 없는 자는 한 길로 생사를 벗어난다]'를 본 떠 '무애'라고 이름 짓고 이에 노래를 지어 세간에 유행시켰다. 일찍이 이것을 지니고 <u>천촌만락에서 노래하고 춤추며 교화하고</u> 음영하여 돌아오니 가난하고 무지몽매한 무리들까지도 모두 부처의 이름을 알게 되고 모두 나무[南無]의 칭호를 부르게 되었으니 원효의 교화가 컸던 것이다. 〈삼국유사 권4, 의해, 원효불기〉[27]

공히 춤추고 노래하며 거리와 마을을 다녔던 바[歌舞於街巷·千村萬落 且歌且舞] 이들을 통해 향가는 대중적 전파를 할 수 있었을 것으로 추정된다. 한편 다음 기록

점개가 축원하여 말하기를 "단월이 보시를 좋아하니 천신이 항상 보호하고 지켜주시며 하나를 보시하여 만 배를 얻고 안락하여 장수하소서"라고 하였다. 대성이 이를 듣고 뛰어 들어가서 그의 어머니에게 말하기를 "제가 문간에 온 스님이 외우는 소리를 들으니 하나를 보시하면 만 배를 받는다고 합니다."
〈삼국유사 5권, 효선, 대성효이세부모〉[28]

물고기와 자라 등이 바다에서 나와 진표율사 앞을 향해 몸을 엮어 육지처럼 만드

---

26 遂出家爲僧, 易名惠空. 常住一小寺, 每猖狂大醉, 負簣歌舞於街巷, 號負簣和尙.〈三國遺事 4卷, 義解, 二惠同塵〉
27 曉旣失戒生聰, 已後易俗服, 自號小姓居士. 偶得優人舞弄大瓠, 其狀瑰奇. 因其形製爲道具, 以華嚴經一切無㝵人, 一道出生死, 命名曰無㝵, 仍作歌流于世. 嘗持此, 千村萬落, 且歌且舞, 化詠而歸, 使桑樞瓮牖玃猴之輩, 皆識佛陀之號, 咸作南無之稱, 曉之化大矣哉.〈三國遺事 4卷, 義解, 元曉不羈〉
28 開呪願曰 "檀越好布施, 天神常護持. 施一得萬倍, 安樂壽命長." 大城聞之, 跳踉而入, 謂其母曰 "予聽門僧誦倡, 云施一得萬倍."〈三國遺事 5卷, 孝善, 大城孝二世父母〉

니 율사가 그들을 밟고 바다로 들어가 계법을 부르고 돌아 나왔다.

〈삼국유사 4권, 의해, 관동풍악발연수석기〉[29]

에서도 僧 점개 또한 5언 절구의 偈를 '誦偈'하고 다녔다고 하고, 진표율사가 바다로 들어가 계법을 唱하고 나왔다고 하는데, 이 역시 시주승이 문화 전파의 주요한 한 경로가 되었음을 감지케 하는 문화적 단면이라 할 것이다.[30]

3) 화랑 조직을 통한 전파

향가의 대중화에 花郎徒 역시 적지 않은 역할을 했을 것으로 보인다. 화랑들이 "서로 노래와 음악을 즐기며 자연 속을 유람하는[相悅以歌樂 遊娛山水]"[31] 집단임은 잘 알려진 사실인데, 이때 그들의 노래란 것은 월명사의 "신은 다만 국선지도에 속해 있어 오직 향가만 알지 범성에는 익숙치 않습니다.[臣僧但屬於國仙之徒, 只解鄕歌, 不閑聲梵]"[32]이라는 말에서 단적으로 드러나듯이 향가가 주된 것이었음을 알 수 있다.

이외에도 화랑들이 그들의 감정을 표현했던 주된 장르는 '향가'였음은 여러 기록에서 나타난다. 화랑의 유람에 앞서 생긴 변고를 해소하기 위해 〈彗星歌〉가 창작되었고, 효소왕(재위 692~702)代에는 득오가 〈慕竹旨郎歌〉를, 경문왕(재위 861~875)代에는 邀元郎·譽昕郎·桂元·叔宗郎 등이 〈玄琴抱曲〉, 〈大道曲〉, 〈問群曲〉을 지었던 것이다. 또한 다음의 일화에서도 화랑의 무리가 '노래'를 쉽게 서로 공유할 수 있는 관계였음이 드러난다.

---

29 有魚鼈黿鼉等類, 出海向師前, 綴身如陸, 師踏而入海, 唱念戒法還出.〈三國遺事 4卷, 義解, 關東楓岳鉢淵藪石記〉
30 점개가 부른 것은 文面으로는 '한시'의 형식을 띠고 있다. 그러나 이는 전승 과정에서 한시화되어 기록된 것일 뿐 실제로는 우리말로 된 노래[향가]를 불렀을 것으로 여겨진다. 만약 한시로 게를 읊은 것이라면 고용살이를 하던 미천한 출신의 대성이 이해했을 수가 없다.
31 『三國史記』 4卷, 新羅本紀, 眞興王 37年.
32 『三國遺事』 5卷, 感通, 月明師兜率歌.

교정은 남모를 질투하였다. 술자리를 마련하여 남모에게 술을 많이 마시게 하고, 취하자 몰래 북천으로 메고 가서 돌로 묻어서 죽였다. 그 무리들은 남모가 간 곳을 알지 못해서 슬프게 울다가 헤어졌다. <u>그 음모를 아는 사람이 있어 노래를 지어 동네 아이들을 꾀어 거리에서 부르게 하였다. 남모의 무리들이 노래를 듣고 그</u> 시체를 북천 중에서 찾아내고 곧 교정랑을 죽였다.

〈삼국유사 3권, 탑상, 미륵선화 미시랑 진자사〉[33]

그런데 이들의 노래가 개인적 서정 표현에만 그치는 것이 아니라 대규모 의식을 행하는 가운데서도 향유되었던 정황이 있다. 바로 〈彗星歌〉가 그것이다. 〈彗星歌〉의 배경을 간략히 보이면 다음과 같다.

제5 居烈郎, 제6 實處郎(혹은 돌처랑突處郎이라고도 씀), 제7 寶同郎 등 세 화랑의 무리가 風岳에 놀러 가려고 하는데 慧星이 心大星을 범하였다. 낭도들은 이를 의아스럽게 생각하고 그 여행을 중지하려고 했다. 이에 融天師가 노래를 지어 부르자 별의 괴변은 즉시 사라지고 일본 군사가 제 나라로 돌아가니 도리어 경사가 되었다. 임금이 기뻐하여 낭도들을 보내어 풍악에서 놀게 했으니, 노래는 이렇다.

〈삼국유사 5권, 감통, 융천사혜성가[34]

위 인용을 무심코 본다면 '세 화랑이 금강산 유람을 갈 수 있도록 하기 위해 융천사가 〈彗星歌〉를 불렀다.' 정도로 보이지만 문면을 자세히 보면 그리 간단한 상황의 노래는 아닌 듯하다. 우리는 우선 세 화랑이 아니라 세

---

33 姣貞者嫉妬毛娘, 多置酒飮毛娘, 至醉潛昇去北川中, 舉石埋殺之, 其徒罔知去處, 悲泣而散, 有人知其謀者, 作歌誘街巷小童, 唱於街, 其徒聞之, 尋得其尸於北川中, 乃殺姣貞娘. 〈三國遺事 3卷, 塔像, 彌勒仙花 未尸郞 眞慈師〉
34 第五居烈郎, 第六實處郞[一作突處郞], 第七寶同郞等, 三花之徒, 欲遊楓岳, 有彗星犯心大星, 郞徒疑之, 欲罷其行. 時天師作歌歌之, 星怪卽滅, 日本兵還國, 反成福慶, 大王歡喜, 遣郞遊岳焉. 歌曰. 〈三國遺事 5卷, 感通, 融天師彗星歌〉

화랑의 무리란 점에 주목해야 한다. 세 화랑이라면 사적인 정황에서 불린 노래라고 할 수 있겠지만, 세 화랑의 무리라면 노래의 성격은 크게 달라진다. 왜냐하면 신라의 화랑단은 1명의 화랑을 중심으로 적게는 수백명, 많게는 수천명의 낭도[35]가 따르는 형태로 구성되는데, 그렇기에 위의 인용문의 裏面에는 상당한 규모의 화랑단이 움직이려는 정황이 숨어 있기 때문이다. 그렇다면 융천사가 부른 혜성가의 성격도 단순히 즉흥적이고 密室的인 노래로 보기보다는 세 화랑단, 즉 수천명의 낭도들이 堵列한 가운데 壇上에서 一定 儀式을 행하면서 부른 노래로 보는 것이 더 적절한 파악일 수도 있는 것이다.

이상의 논의는 자료적 한계로 말미암아 추정에 그칠 수밖에 없는 것이지만, 그래도 분명한 것은 화랑의 규모는 대규모란 점, 향가의 작가가 화랑과 낭도, 혹은 화랑의 정신적 지주 역할을 하는 승려들이 많다는 점 등이다. 화랑의 무리가 적게는 수백, 많으면 幾千을 헤아리는 상황에서, 그러한 무리에 속한 월명사, 융천사 등이 부른 노래가 조직적·대중적 파급력을 지녔을 것임은 짐작하기 어렵지 않다.

4. 결론

이상의 논의를 요약하면 다음과 같다.

---

[35] 화랑도의 규모는 史書들에서 대체로 다음과 같이 나타난다.
낭도 137명 또한 위의를 갖추어 따랐다. 〔郞徒百三十七人, 亦具儀侍從〕〈三國遺事 2卷, 紀異, 孝昭王代竹旨郞〉
두 원화에게 모인 무리가 3, 4백 명이었다. 〔兩花, 聚徒三四百人〕〈三國遺事 3卷, 塔像, 彌勒仙花 未尸郞 眞慈師〉
(효종랑의) 낭도 몇 천 명이 각각 곡식 1섬 씩을 주었다. 〔郞徒幾千人, 各出粟一石爲贈〕〈三國史記 48卷, 列傳, 知恩〉

향가가 신라인의 대중적인 애호를 받으며 향유된 이유는 크게 두 가지 측면으로 나누어 설명할 수 있다. 향가 자체가 지닌 내용적 측면과, 향가 향유를 가능하게 한 문화적 배경이 그것이다. 본고는 내용적 측면의 주요한 이유를 '感動天地鬼神·涉淺歸深·詞淸句麗'의 세 방면으로 나누어 고찰하였다. 불교의 法力을 그대로 재현하는 힘은 현실의 고통을 극복할 수단이 될 수 있었기에 그들은 향가를 숭상하게 되었고, 일반 게송에 비해 쉬운 언어로 표현되었던 것도 대중화의 중요한 요인이 되었던 것으로 보았다. 그리고 보다 높은 이치를 궁구한 '높고 맑은 노랫말의 매력' 또한 그들이 향가를 향유한 이유가 되었을 것으로 보았다. 그리고 문화적 배경으로 가장 중요하게 다룬 것은 '佛法會'를 통한 대중적 향유였다. 그간 향가 연구에서 적극적으로 인용되지 못했던 圓仁의 기록을 검토해 신라의 불법회에서 우리말로 된 불찬가가 존재했음을 밝혔고, 이것이 바로 향가 그것이었으리라고 추정했다. 이외 시주승들의 불교 대중화, 화랑들의 조직적 유람 등을 통해서도 향가는 대중 속으로 파고 들 수 있었을 것으로 추론하였다.

이상의 논의는 일부 자료를 제외하고는 대부분 기존의 자료 범주에서 벗어나지 못하는 것이기에 크게 새로운 내용이 아닐 수도 있다. 하지만, 향가가 어떤 誘因에 의해 대중의 호응을 받을 수 있었고, 그것을 가능하게 했던 문화적 기반은 무엇이었을까에 대한 종합적 논의가 부진한 학계 현황에서, 이 국면을 자극할 한 試論으로 기능할 수 있을 것이다.

『한민족어문학』 68, 한민족어문학회, 2014.

고등학교의 訓借字·音借字 교육에 대한 비판적 고찰

1. 문제의 현황

2005년,《중등고사 신규임용 후보자 선정 경쟁시험》21번 문항에 다음과 같은 문제가 실린다.

(가) 善化公主主隱

　　㉠ 他密只嫁良置古

　　薯童房乙

　　夜矣卯乙抱遣去如 - 서동요

(나) 善化公主니믄

　　눔 그스지 얼어두고

　　맛둥바올

　　바미 몰 안고 가다 (양주동 해독)

21. 다음은 고대국어의 고유명사 표기법에 대한 지식을 갖춘 학생들에게 (가)~(다) 의 제재를 활용하여 향찰(鄕札)의 표기 원칙을 지도하는 교수·학습 과정안의 일부

이다. 빈 곳에 적절한 내용을 서술하시오.(2점)

단계	지도 내용
단계 1	(가)와 (나)를 대조하며 ㉠에서 훈차(訓借) 자와 음차(音借) 자를 구별해 보게 한다. • 뜻만 빌려 쓴 글자의 예 : 他 密 嫁 置 • 음만 빌려 쓴 글자의 예 : 只 良 古
단계 2	(가)의 ㉠에 한정하여 표기 방법을 선택하는 원칙을 추론하게 한다. • •

이 문제의 의도는 향후 고등학교 교단에 서게 될 예비 교사들이 향가를 비롯한 차자 표기를 교육할 소양을 갖추고 있는가를 평가하기 위한 것으로, 차자 표기의 기본을 이루는 訓借字·音借字의 원리와, 구사되는 문법적 환경을 설명하라는 것이었다. 그리고 아마 다음과 같은 답안이 정답 처리되었을 것으로 짐작된다.

- 뜻만 빌려 쓴 글자들인 '他·密·嫁·置'는 체언이나 용언의 어간 등, 실질적인 의미를 지니는 형태소에 주로 사용되며, 語頭에 나타난다.
- 음만 빌려 쓴 글자들인 '只·良·古'는 용언의 어미나 조사 등, 형식적인 기능을 가진 형태소에 주로 사용되며, 語尾에 나타난다.

그리고 2011년, 교과부 검정을 거친 고등학교 국어 교과서에도 거의 동일한 내용의 문제가 실린다.[1]

---

[1] 인용한 내용은 〈천재교육〉(박영목 외)에서 펴낸 교과서이다. 2011년에 교과부 검정을 받아 현재(2012년도)까지 교육현장에서 사용되고 있는 교과서는 비상교육(한철우 외), 더텍스트(김병권 외), 금성출판사(윤희원 외), 두산동아(우한용 외), 교학사(조남현 외), 디딤돌(이삼

1. '서동요'의 한자 표기와 현대어 풀이를 참조하여, 소리를 빌려 쓴 글자와 뜻을 빌려 쓴 글자를 구분해 보자.

	善	化	公	主	主	隱	他	密	只	嫁	良	置	古
소리	선	화	공	주	주	은	타	밀	지	가	량	치	고
뜻	착하다	되다	귀인	님	님	숨다	남	몰래	다만	시집가다	어질다	두다	옛

2. '서동요'의 향찰 표기를 바탕으로 다음 활동을 해 보자.
   (1) 향찰 표기에서 소리를 빌려 쓴 글자와 뜻을 빌려 쓴 글자는 각각 어떤 부분에 주로 사용되었는지 적어 보자.
   (2) (1)의 활동을 통해 알 수 있는 향찰 표기의 특성은 무엇인가?

역시 학생들에게 향찰의 표기 원리를 학습시키기 위한 것으로, 1번 문항을 동하여 '소리를 빌려 쓴 글자[音借字]'와 '뜻을 빌려 쓴 글자[訓借字]'를 구분하게 하고, 2번 문항을 통하여 이들이 쓰이고 있는 문법적 위치를 익히게끔 하고 있다. 교육 현장에서는 아마 2005년의 임용고사의 모범답안과 같은 내용이 다시 한 번 되풀이되며 학습이 진행되었을 것이다. 옛 노래를 통하여 후손들이 선인들의 삶과 정서에 공감할 수 있는 통로를 마련하고 있다는 점, 또 이를 통하여 자연스럽게 고대국어의 기본 문법을 깨우치게 하고 있다는 점 등에서 이러한 교육이 지니는 의미는 크고 긍정적이라 할 수 있다.

그런데, 필자는 고교 향찰 교육의 핵심이라고 할 이 문제들을 접하면서 당황스러운 느낌을 감출 수 없었다. 2005년의 문제와 2011년 교과서에서 거듭 '訓借字'라고 규정하고 있는 〈薯童謠〉의 '他·密·嫁·置' 등은 향찰자 체

형 외), 좋은책신사고(민현식 외), 지학사(A, 박갑수 외), 지학사(B, 방민호 외), 창비(문영진 외), 천재교육(A, 김대행 외), 천재교육(B, 김종철 외), 천재교육(C, 박영목 외), 해냄에듀(오세영 외), 미래엔 (윤여탁 외), 유웨이중앙교육(박호영 외)이다. (밑줄은 〈薯童謠〉를 통해 차자교육을 하고 있는 種) 이들의 차자교육에 대한 내용은 자세함의 정도에 있어서는 차이가 있으나 차자체계에 대한 기본적인 시각은 大同小異하다.

계에서 볼 때, '訓借字'가 아니기 때문이다. 또한 노래의 첫머리에 나타나는 '善化公主' 또한 교과서의 기대 답안과는 달리 '音借字'가 아니기 때문이다.

우리가 말하는 訓借字란 音借字와 쌍을 이루는 借字의 일종으로, 차용된 이후로는 원래의 의미는 버리고 訓에 기인한 特定된 音相만을 위해 쓰이는 字를 칭하는 것으로 다음의 動植物名에 나타나고 있는 '汝[너]·火[블]·月[달]' 등의 用字를 칭하는 말이다. (방점은 필자)

獺	汝古里(너고리)	〈牛馬羊猪染疫病治療方 2:a〉
麰	只火乙(기블)	〈鄕藥救急方〉
蘥子	月老(달래)	〈鄕藥救急方〉

위의 예에 쓰인 '汝'는 '너구리'의 '너', '火'는 '기블(기울)'의 '블', '月'은 '달래'의 '달'을 위해 쓰이고 있는데, 이 字들은 한자 본래의 의미를 버리고 '너·블·달'이란 소릿값만을 위해 사용되고 있다는 점에서 문제에서 제시된 '他·密·嫁·置'와는 뚜렷이 변별된다. '他·密·嫁·置' 등은 노래 속에서 '남·몰래·교합·두다'라는 漢字 본연의 의미를 잃지 않고 있기 때문이다.

음차자의 예로 '善化公主'의 '公主'를 들고 있는 것도 교과서의 오류에 해당한다. 音借字 역시 훈차자와 마찬가지로 차용된 이후로는 원래의 의미를 버리고 음에 기인한 특정한 음상만을 위해 쓰이는 자를 칭하는 것인바, '公主'는 한자어의 본성을 여전히 지니고 있으므로 '借字'라 할 수 없는 것이다. 즉, 위 예 '汝古里·只火乙·月老'의 '古·里·只·乙·老' 등처럼 한자의 원래 뜻과 전혀 관계없이 발음기호의 용도로 쓰인 자와는 체계상 섞일 수 없는 字이다.

한편 인용된 문제는 훈차자가 나타나는 문법적 환경에 대해서도 잘못된 시각을 지니고 있다. "소리를 빌려 쓴 글자와 뜻을 빌려 쓴 글자는 각각 어떤 부분에 주로 사용되었는지 적어 보자"라는 문항은 '訓借字는 語頭에, 音借字는 語尾에 온다'라는 답안을 기대하고 있는데, 위 '只火乙'에서도 감지되듯이, '훈차자가 語頭에 위치한다'라는 것은 잘못된 사실이다. 학계 일반에서 대표적 훈차자로 공인되어 있는 '如[다]·立[셔]·白[ᄉᆞᆸ]'의 경우를 간략히 살펴도 이는 확인된다. 즉, 다음

慕人有如	: 그리는 이 있다	〈願往生歌〉
十方叱佛體閼遣只賜立	: 十方의 부처는 알곡샤셔	〈普賢4〉
慕呂白乎隱佛體	: 그리ᄉᆞᆸ온 佛體	〈普賢1〉

에서 쉽게 확인되듯 '如·立·白'은 모두 종결어미나 선어말어미로만 나타나고 있다. 그렇기에 '훈차자'의 문법적 환경은 '語頭'와는 아무런 연관성을 지니고 있지 않다. 향찰 표기의 일반적 원리를 생각해 볼 때, 오히려 訓借字는 일반적으로 語尾에 출현한다고 규정하는 것이 정확한 것이다.

결국 2005년의 임용고사문제와 현재 섬성 국어교과서에 수록된 음차자·훈차자 관련부분은 무언가 개념의 심각한 錯亂 속에 놓여 있는 것이라 하겠는데, 이러한 잘못된 차자 체계의 확산이 주는 문제점은 적지 않다. 우선, 향가를 처음 접하는 학생들에게 상당한 혼동과 피로를 야기하게 되는데, 이는 결국 향가를 통하여 옛 선인의 지혜와 정서에 공감하게 하려는 교육 목적을 달성 어렵게 하는 가장 큰 원인이 된다. 또, 잘못된 개념이 교과서나 임용고사 문제를 통하여 권위를 획득함으로써, 하나의 '정설로 안착'될 위험을 지니고 있다. 이로 인해 향가 학설에 불필요한 균열이 야기될 것임은 재론의 여지도 없다. 무엇보다 우려스러운 것은 잘못된 용어와 체계인식이 잘못된 해독으로 직결될 수 있다는 점이다.

이로 본고는 차자 용례를 통해 음차자·훈차자의 개념을 바로잡고, 고교의 향찰 교육에 대해 학계의 衆智를 모을 기회를 마련하고자 한다.

2. 문제의 연원

그렇다면, 語頭에 나타나는 '他·密·嫁·置'과 같은 자를 訓借字로 여기고, '善化公主'의 '公主'와 같은 단어를 音借字로 여기며, 향찰 표기는 '語頭에 훈차자가, 語尾에 음차자가 주로 온다'고 규정한 교과서의 잘못은 어디서 胚胎된 것일까?[2] 그것은 아마 교과서 집필진들이 다음과 같은 학계 일각의 언

---

[2] 논문의 심사 과정에서 이의 원인에 대해 다음과 같은 조언을 한 심사자가 있었다. (밑줄은 필자)

"향찰의 교육적 가치는 높다. 그런데 교육적 가치가 높다는 사실이 향찰에 대한 모든 지식 체계를 정교하게 제시해야 한다는 당위적 선택으로 이어지기는 힘들다. 여기서의 주인공은 향찰 그 자체가 아닐 뿐만 아니라, 국어 및 문법 교과서에 반영되어야 할 교육 내용의 적정화를 고려할 때 향찰에 대한 내용은 다 다루어질 수 없다. 교육 내용의 선정과 구성에서 정확성의 문제와 적절성의 문제는 언제나 함께 충족될 수 없는 경우가 종종 있는데, 향찰의 경우가 이러한 경우가 아닐까 한다. <u>있는 그대로 진실을 다루고자 하니 내용이 너무 복잡하고 많아져서 양도 문제이거니와 학습자도 이해하기 힘든 수준이 될 것을 우려하지 않을 수 없는 것이다.</u> '한자의 뜻을 빌려 쓴 것'과 '한자의 음을 빌려 쓴 것' 정도로 나눈 것은 이러한 선택으로 이해되는 것이 적절할 것이다. 어쩌면 이 이상의 정교한 지식의 분화는, 대학교 이후의 수준에서 감당해야 할 부분이라고 본다."

필자가 이 심사서 전체를 관통하는 '본고에 대한 好意'를 읽지 못했던 것은 아니다. 그리고 인용한 부분 역시 현 향찰교육 체계를 선도한 교과서 집필진에 대한 뜻 깊은 배려가 배어 있음을 모르는 바 아니다. 하지만 밑줄로 표시한 문장 - '쉽게 가르치려다 보니 약간의 혼란도 발생했다.'-라는 美化的 시각에 대해서는 다소 다른 견해를 지니고 있다. 교과서의 내용 혼란은 '쉽게 단순화했기에 생긴 문제'라기보다는 '잘못 단순화했기에 생긴 문제'로 판단되기 때문이다.

덧붙여 필자는 우리 교육자들은 고교생들의 학습수준과 그들이 힘들어하는 지점에 대해서도 보다 정확한 진단을 할 필요가 있다고 본다. 본고가 궁극적으로 제시한 차자 표기의 2層位의 분류 체계(결론을 참조할 것)가 과연 多次元의 방정식이나, 微積分에 내재된 개념보다 어려운 것이라 할 수 있는가? 생물학의 분류표와 화학의 원소기호표, 문법의 품사체계보다 복잡한 것이라 할 수 있는가? 필자는 그렇지 않다고 본다. 그렇기에 심사자의 제안 - 더 정교한 것은 대학교육으로 넘기자 - 에 대해 전폭적 지지를 보낼 수가 없다. 학습현장의 고교생들이 겪는 어려움은 '체계의 복잡함'이 아니라 '체계의 무질서함'에 기인하고 있기 때문이다. 즉, '善化公主'의 '公主'도 '음차자'라 가르치고, 주격조사 '隱'도 '음차자'라 가르치는 '체계와 개념의 무질서'가 그들로 하여금 향가 표기에 대한 투명한 이해를 방해하고 있는 것이다.

급을 遵用한 것에 원인이 있지 않나 한다. (방점은 필자)

㉠ '川理=나리', '心音=무슴', '慕理=그리-'. '改衣=가식-' 등에서 보는 바와 같이 뜻을 나타내는 글자를 머리에 놓고 다음 글자로 그 形態의 끝부분을 나타내는 方式을 著者는 訓主音從이라 부르거니와, 이는 鄕歌表記에 있어서의 基本 모델이라고 할만한 것이었다. … '川'이나 '集'이 의도된 語詞의 의미를 직접적으로 지시하는 正統的인 訓借로 이를 正借라 한다면 …
〈김완진(1980:17~18)〉

㉡ 訓借字는 文章의 骨格인 意味部를 擔當하는 것이므로 語頭에 位置함이 原則的이었으며, … 音借字는 … 주로 形態部를 擔當하기 때문에 原則的으로는 訓借字에 連結되어 쓰였다. 〈서재극(1975:79)〉

㉢ 借字表記法에 있어서는 원칙적으로 音借와 訓借의 둘로 구분된다. 音借는 字音을 이용하는 것이다. … 鄕歌의 表記는 대체로 語幹要素는 訓借를 원칙으로 하고, 非語幹要素(文法素)는 音借를 원칙으로 … 〈유창균(1994:68)〉

위 인용들은 각 연구자들이 파악하고 있는 향찰 표기 기본 체계를 기술한 부분이다. 김완진의 경우 그 단위를 '川理=나리, 心音=무슴, 集刀=모도' 등 어휘 수준으로 설정했고, 서재극·유창균의 경우는 '골격과 형태부' 즉, 단어가 결합하는 통사 수준으로 설정했지만, 공히 "향찰자는 '의미가 드러나는 글자'가 語頭에 오고, '소릿값으로만 사용되는 글자'가 語尾에 오는 것을 대체적인 원칙으로 한다"를 핵심내용으로 하고 있다.

일단 그들이 주목한 향찰 표기의 기본 체계 - 의미가 드러나는 글자 + 소릿값으로만 사용되는 글자 - 는 소창진평 이래 연구자 모두에게 인정되어 온 정당한 것이었다. '吾(나) + 隱(는)'〈나는, 제망매가〉, '花(곶) + 肹(흘)'〈고즐, 헌화가〉, '置(두) + 古(고)'〈두고, 서동요〉, '心(무슴) + 音(ㅁ)'〈무슴, 찬기파랑가〉, '川(나) + 里(리)'〈나리, 찬기파랑가〉, '生死路(생사로) + 隱(은)'〈생사로는, 제망매가〉, '君(군) + 隱(은)'〈군은, 안민가〉 등의 무수한 예에서 확인되듯이, 향찰 표기는 기본적으로 '의미가 스스로 드러나는 字가 語頭에, 소리값만 가진 글자가 이에 後接하는 형태'로 구성되어 있다.[3]

그런데 위의 진술들이 교과서에 영향을 준 부분은 바로 '훈차자'라는 잘못된 용어였다. 그들은 향찰 표기의 語頭에 나타나는 의미체(他·密·嫁·置·吾·花 등)를 모두 '訓借字'로 오해하여 "訓借字는 文章의 骨格인 意味部를 擔當하는 것", "語幹要素는 訓借를 원칙", "'川'이나 '集'이 의도된 語詞의 의미를 직접적으로 지시하는 正統的인 訓借" 등의 진술을 하고 있는데, 향찰 체계로 살필 때, 이들이 지목하고 있는 字들은 '訓借字'에는 해당하지 않는 것들이었다. 前述한 바 있지만, '汝古里너고리'에 나타난 '汝' 등의 예에서 보듯이, 훈차자란 글자의 훈을 빌려 다른 형태소의 소릿값을 위해 쓰는 자로, 이때의 소릿값은 한자 자체가 가진 의미와 무관하게 쓰인다는 특징을 지닌다. '너고리'의 '너'는 '汝'가 지닌 한자의 의미와는 전혀 상관없는 소릿값인 것이다.[4]

그러나 위의 연구자들이 훈차자로 지복하고 있는 '川·心·集·吾' 등은 모두 한자의 원의미를 스스로 드러내며 '나리·ᄆᆞᄉᆞᆷ·모으다·나' 등으로 읽히는 字들이다. 그런 점에서 訓借字와는 뚜렷한 변별점을 지닌 字들인데, 이런 자들은 일찍이 양주동에 의해 이미 '訓讀[5]字'로 규정되어 있다. 양주동의

---

[3] 물론 '대체적'인 원칙을 말한다. 향찰의 실제 모습에서는 이 원칙에서 벗어나는 경우도 적지 않은데, 해독의 난해구는 거의가 이런 예외적인 부분에서 생겨난다.

[4] 훈차자란 양주동(『고가연구』, 박문서관, 1942, 60면)에 의해 창시된 말로, 남풍현(『차자 표기법 연구』, 단국대학교출판부, 1981, 13면.)에 의해 "한자를 훈으로 읽되 그 原意는 무시하고 우리말의 表音符號로만 사용하는 것이다"로 잘 요약되어 있다. 이후 남풍현은 동일한 대상을 '訓假字'로 부르기를 제안하는데, 이때도 "차자를 훈으로 읽되 표음부호로만 씀"(남풍현, 상게서, 15면)이라고 규정하여, 훈차자(=훈가자)가 한자 원래의 뜻과 연관되지 않아야 함을 강조하였다.

[5] 한자를 읽는 방식의 하나이다. 한자는 음으로도 읽을 수 있고, 훈으로도 읽을 수 있는데, 음

체계를 통해 훈차자와 훈독자의 距離를 보이면 다음과 같다.[6]

一. 義字
1. 音讀 : 善化公主主隱   善化公主,   法界毛叱所只 法界
2. 訓讀 : 去隱春 가·봄,   心未筆留 ᄆᆞᅀᆞᆷ·분

二. 借字
1. 音借 : 薯童房乙 을,   君隱父也 은·여
2. 訓借 : 民是 이

그들의 개념 혼동이 교과서 집필자들에게 미친 영향은 컸다. '密·置·集·吾'와 같은 '訓讀字'가 '訓借字'로 잘못 분류되자 '密只', '置古', '集刀', '吾隱' 등의 형태소 분석도 잘못된 길로 접어들게 되었다. 즉, '密只[그슥]'은 '密(훈차자) + 只(음차자)', '置古[두고]'는 '置(훈차자) + 古(음차자)', '集刀[모도]'는 '集(훈차자) + 刀(음차자)', '吾隱[나는]'은 '吾(훈차자) + 隱(음차자)' … 등의 도식을 통해 향찰 표기의 기본 형태는 '훈차자 + 음차자'로 오인되게 된다. 임용고사 문항과 교과서에서 보았던 "뜻을 빌려 쓴 글자인 훈차자는 명사와 동사의 어간 등 실질형태소로 사용된다", "음을 빌려 쓴 글자인 음차자는 조사와 어미 등의 형식형태소로 쓰인다" 등의 記述은 이런 과정을 통해 나왔던 것이다. 그러나 이 규정은 교육현장에서 적지 않은 혼란을 야기할 것임이 자명하다.[7]

으로 읽는 것을 音讀, 훈으로 읽는 것을 訓讀이라 한다. 이 자의 분류와 속성에 대해서는 후술한다.
6 義訓讀과 義訓借는 생략하여 인용한다. 불필요한 개념이기 때문이다.
7 가령, "뜻을 빌려 쓴 글자인 훈차자는 명사와 동사의 어간 등 실질형태소로 사용된다", "음을 빌려 쓴 글자인 음차자는 조사와 어미 등의 형식형태소로 쓰인다"를 학습한 학생이, 〈祭亡妹歌〉를 배우면서 그 첫 구절 '生死路隱'을 두고 선생님께 '生死路'가 음차자인지 훈차자인

한편 그들의 개념 혼동은 스스로의 해독에도 영향을 끼쳤다. 김완진의 경우 향찰 표기의 기본적인 체계를 '훈차자 + 음차자'로 되어 있다고 보고 있는데, 그의 해독에는 이러한 전제가 바탕된 것이 드물지 않다. 〈慕竹旨郎歌〉의 첫 구절에 대한 그의 독특한 해독 '皆理米 - 모도리매 - 못 오리매'는 첫 글자 '皆'가 '모도/모두'를 위한 훈차자였다고 보았기에 가능했으며,[8] 〈禱千手大悲歌〉의 첫 구절 '古召旀'를 'ㄴ초며'라 읽은 것도 첫 글자 '古'가 'ㄴ/늙'의 훈차자였다고 보았기에 가능했던 것[9]이었다. 필자는 이 해석의 결론들에 대해 회의적인 입장에 서 있는데, 이는 그의 결론이 향가 표기의 기본 구조는 '훈차자 + 음차자'라는 잘못된 전제에서 출발하였다고 보기 때문이다.

3. 향찰 표기의 체계

우리는 위에서 학계 일부의 잘못된 어휘 사용이 교과서 집필자들에게 영향을 주었고, 이들이 집필한 교과서로 인해 차자 교육의 현장이 다소 혼란스런 측면이 있으리라 우려한 바 있다. 그리고 연구자 스스로도 자신의 오해가 빚어낸 전제에 갇혀 공인받기 어려운 해독으로 빠져들 위험이 있음도

지를 묻는다면, 무엇이라 대답해 줄 수 있겠는가? 이것은 실질형태소이니 '훈차자'라고 대답할 것인가, 아니면 이것은 '생사로'라고 읽으니 '음차자'라고 대답할 것인가? '善化公主' 역시 마찬가지이다. 실질형태소로 사용되었으니 훈차자라고 해야 할 텐데 실제론 음으로 읽혀 '훈차자'라 말할 수 없고, 음으로 읽히는 점을 중요시해 '음차자'라 교육하려니, '善化公主'라는 말 자체가 실질형태소에 속하는 점이 걸려 모순에 빠져들게 된다.

8 "筆者는 '皆理米'에 대해서도 訓主音從式으로 읽도록 노력했다. 가능한 讀法이 두 가지 있다. … 둘째가 '皆=모도'의 訓을 假借하여 나타낸 '몰 오리매'(不能來)다." 〈김완진, 『향가해독법 연구』, 서울대학교출판부, 1980, 55면.〉

9 "著者에게 있어 '古召旀'는 'ㄴ초며'라 읽힌다. … '古'는 이른바 義訓借로 'ㄴ초며'의 'ㄴ'를 위하여 '늙'이 이용된 것이다." 〈김완진, 상게서, 98~99면.〉

보았다. 그렇기에 우리는 이 상황을 개선하여 향찰 표기의 실상에 부합하는 명료한 체계를 수립할 필요가 있다. 그 작업을 위해서는 먼저 교육현장에서 향찰체계가 어떻게 공식화되어 있는가를 살필 필요가 있다. 이를 통해 문제점을 순차적으로 해결해 나갈 수 있기 때문이다. 다음 인용은 현재의 향찰 표기 체계의 현황을 종합적으로 보여 주고 있다.

한자의 뜻을 빌려 표기하는 것을 훈차(訓借)라 하고, 한자의 소리를 빌려 표기하는 것을 음차(音借)라고 한다. ※ 밑줄 : 음차, ■ : 훈차

善化公主¹ 主² 隱 선화 공주님은 他 密 只 嫁 良 置 古 남 몰래 결혼하고
薯 童 房 乙 맞둥서방을   夜 矣 卯 乙 抱 遣 去 如 밤에 몰래 안고 가다.
⟨김병권 외 11인, 『고등학교 국어(하)』, 도서출판 더텍스트, 2011.⟩

즉, 향가에 사용된 글자를 훈차자와 음차자로 나눈 후, '主², 他, 密, 嫁, 置, 薯, 夜, 抱, 去, 如'의 10字를 훈차자로, '善, 化, 公, 主¹, 隱, 只, 良, 古, 童, 房, 乙, 矣, 卯, 遣'의 14字를 음차자로 지목하고 있다. 그러나 앞에서 살펴보았듯이 훈차자 항에 소속된 字들은 '主²·如' 2字만 제외하고 모두 훈차자라 부를 수 없는 字들이고, 음차자 항에 소속된 자들 중에서도 '善·化·公·主¹' 등¹⁰은 음차자가 아닌 字들이다. 그렇기에 위의 체계는 더 이상 체계로서의 효용을 지닐 수 없다.

그렇다면 위에서 서로 섞여 나타나는 20餘 字의 향찰 표기들을 체계적으

---

10 '善化'라는 명칭이 음차인지 음독인지 대해서는 이견이 있을 수 있다. 배경 설화에는 善花[아름다운 꽃]로, 노래에는 善化로 표기되어 있는데, 노래의 善化가 본문에 나타난 善花의 오각이라면 이는 한자적인 용법이므로 音讀字로 분류된다. 그러나 /선화/라는 발음을 가진 공주를 칭하는 표기가 '善花·善化' 등으로 표기된 것이라 본다면 단순 '音借'일 뿐이다. 향찰을 비롯한 차자 표기에서 '善'이나 '花·化'가 차자로 관용되는 자는 아니기에 본고에서는 '한자어' 즉, '음독자'로 잠정한다.

로 분류할 방법은 없는가? 그럴 때, 우리는 앞서 인용했던 양주동의 통찰을 되새겨 볼 만하다. 그는 『고가연구』에서 향가의 본격적 해독에 앞서, 향찰 표기의 체계를 제시하면서 다음과 같은 언급을 한다.

> 二十五首의 詞腦歌는 周知하는 바와 같이 全部 漢字로 記寫되었는데 그 用字法은 義字와 借字로 大別된다. 廣義로 보면 일체의 漢字가 모두 借字 아님이 아니나, 여기 이른바 '借字'란 義字가 漢字를 原意대로 쓴 것임에 反하야 漢字의 原意와는 關係됨이 업시 그 音訓만을 빌어 我語를 表記함을 이르는 것이다. 〈양주동(1965:59)〉

본고는 향찰 표기 체계의 골격이 이 한 문단에 명확히 제시되어 있다고 본다. 그러나 후대의 연구자나 교과서 집필자들은 차자 체계에 대해 논의하면서 이 문장을 간과해오지 않았나 한다.[11] 앞서 들었던 굴지의 세 연구자들이 보여준 혼란 또한 이 언급을 경청하지 않은 결과일지도 모른다. 그러나 아쉽게도 그의 논저에는 자세한 설명이 없으므로 보다 자세히 이를 보충하며 교육 현장에 필요한 향가 用字의 체계를 수립해 보고자 한다.

---

11 이를 정밀히 검토하여 보다 나은 차자체계의 수립을 도모한 노력이 없지는 않았다. 『차자표기법 연구』에서 보여 주었던 남풍현의 논의가 그것이다. 그는 양주동의 6분류 鄕歌用字 체계를 4개의 借字범주로 간략화하면서, 양주동이 義字, 즉 非借字로 분류한 자들(善化公主·他·密 … 등)을 모두 借字로 분류하였다. 그리하여 '音讀字·訓讀字·音假字·訓假字'의 네 범주로 나누어 논의하였다. 그 논의의 장점은 4개의 범주만으로도 차자 자료에 쓰인 모든 글자가 중첩됨이 없이 위 범주 중 어느 하나에 모두 배속되게 되어 체계로서의 요건을 충족시킨다는 점이다. 그러나 문제는 그의 분류는 양주동의 것과 명칭만 다소 다를 뿐, 각각 '音讀字 = 양주동의 音讀字', '訓讀字 = 양주동의 訓讀字', '音假字 = 양주동의 音借字', '訓假字 = 양주동의 訓借字'에 대응하게 되어 체계의 실질적 개선이 이루어졌다고 보기 어렵다는 점에 있다. 더구나 양주동이 非借字라고 보고 있는 '義字(=一般漢字)'마저 모두 차자로 파악하고 있다는 점에서 정론화하기 어려운 측면이 있다. (이 자들이 借字가 아니라 단순한 일반한자(=正用字)일 뿐임은 '각주 12)'의 예문을 참조할 것.)

1) 鄕歌 用字의 분류 — 正用字·借用字

위 인용에 따르면 양주동은 향찰자를 한자의 原意대로 쓴 것이냐 아니냐에 따라 '義字'와 '借字'로 대별하고 있다. 분류의 분명한 기준이 제시되어 있다는 점, 또 향가에 실제 적용했을 때, 누락되거나 중복되는 字가 발생하지 않는다는 점에서 적절한 제안이라고 할 수 있다.[12] 이 분류를 교과서 수

---

12 단, '義字'란 용어는 잘 실감나지 않으므로, 본고에서는 동일한 의미의 '正用字'로 바꾸어 쓰려 한다. 여기서 '正用字'란 音이나 訓 중 어느 하나를 借用한 借用字(=借字, 본 논문에서 借字와 借用字는 동일한 말임.)에 대립되는 개념어로서, 한자 正統의 의미를 그대로 지닌 채 鄕札·吏讀·口訣 자료에 사용된 字를 말한다. 즉, 다음 예시

吏讀	口訣	鄕札
本國乙背叛爲遣	如是難行苦行法	難行苦行叱願乙

    吏讀 : 本國乙背叛爲遣 　　〈大明律直解 1:4b〉
    口訣 : 難行ノ令セ 苦行セ 法乙 　　〈화엄 19:17〉
    향찰 : 難行苦行叱願乙 　　〈普賢8〉
에서 보이는 本國·背叛 (이상, 이두), 如是難行苦行法(이상, 구결), 難行苦行(이상, 향찰) 등의 一般 漢字를 말한다. 이 자들은 자신이 가진 의미를 그대로 지닌 채 표기에 사용되기에 한자를 사용하는 동아시아인들에게 그 字의 正統 意味로 이해되게 된다.
이에 반해, '乙(을)·爲(ᄒ)·遣(고)·ノ(乎, 호)·令(령, 리)·セ(叱, ㅅ)·叱(ㅅ)' 등의 글자는 正統의 한자 용법에서 벗어나, 한국 특유의 쓰임새로만 借用된 글자이기에 향찰이나 구결·이두의 驅使者들에게만 이해되는 속성을 지니게 된다.
한편 남풍현은『차자 표기법 연구』에서 "차자 표기에 사용된 모든 한자는 '차자'라는 입장"에서 차자의 분류를 시도한 바 있다. 그에 따르면 본고가 '正用字'로 규정하는 '本國·背叛·如是難行苦行法·難行苦行' 등의 일반한자도 차자로 규정되게 된다.(보다 정확히는 '音讀字'로 분류된다.) 그러나 이는 再考의 여지가 크다. 인용한 그림에서도 보이듯이 이들 자는 借字와 섞여 '차자 자료'에 나타나기는 하지만, 자체를 '차자'라고는 命名할 수 없는 자들이기 때문이다. 구결의 예에서 가장 명확히 보이듯이 이들은 '正用의 한자·正用의 한자어'에 불과하다. 혹, 漢字 自體가 우리의 것이 아닌 중국의 것이므로 '모든 漢字는 借字이다'란 생각을 할 수도 있으나, 이 역시 동의하기 어렵다. 이 경우의 '借字'는 '빌린 글자'라는 일반적 의미이지, 우리가 학술용어로 사용하고 있는 '이두·구결·향찰 등에 나타나는 音만 혹은 訓만을 빌린 몇 글자'를 칭하는 狹義의 용어로서의 '借字'가 아니기 때문이다. 일반적 의미의 '차자'와 학술용어로서의 '차자'가 구분되지 않는다면, 우리는 漢詩나 漢文小說 등도 모두 차자의 체계 속에서 다루어야 하는 혼란에 빠져 들게 될 것이다.

록 빈도가 가장 높은 〈薯童謠〉에 적용하면 다음과 같다.

善化公主主隱 他密只嫁良置古 薯童房乙 夜矣卯乙抱遣去如 〈방점은 正用字(=一般漢字), 나머지는 借用字(=借字). 논의의 편의상 '薯童房'은 '薯童書房'의 준말로, '卯'은 '卵'의 이체자로 잠정함.〉

한편 이와 같은 기준에 의해 향찰자를 분류했을 때, 우리는 字配置의 뚜렷한 경향성을 감지할 수 있다. 正用字가 대체로 語頭에 나타나 실질형태소에 배치되고, 借用字가 대체로 語尾에 나타나 형식형태소에 배치되는 현상이 그것이다. 이 점은 향가 전체를 통해 보아도 뚜렷이 나타나는 현상인데 이로 향가 표기의 기본 구성은 "正用字 + 借用字"라 할 수 있다.[13]

---

[13] 향찰 표기의 기본 구성이 '正用字 + 借用字(借字)'로 되어 있다고 보느냐, '훈차자 + 음차자'로 되어 있다고 보느냐에 따라 해독의 태도가 크게 달라진다. 일부 연구자의 경우 '훈차자 + 음차자'로 되어 있다고 보고 있는데, 이러한 태도가 해독에 큰 영향을 미침은 2장 말미에 기술한 바와 같다. 한편, 향찰 표기가 기본적으로 '正用字 + 借字'로 되어 있다는 믿음과 이러한 관점에서의 착안은 난해구의 해결에도 큰 도움을 준다. 〈禱千手大悲歌〉의 마지막 구절 '慈悲也根古'는 그 實例가 된다. 이 구절은 양주동(상게서, 483~486면.)에 의해 '자비여 큰(大)고?'로 풀이되었고, 이후로도 지지받은 바 있는데, 이때의 해독 원리는 '根(큰, 음차) + 古(고, 음차)'였다. 즉, '正用字 + 字'의 구성에 위배되는 풀이였다. 그러나 이는 그렇게 풀이될 것이 아니다. 향찰의 구성 원리상 語頭에 나타난 '根'은 正用字일 가능성이 높은 것이고, 우리는 이 점에 착안할 필요가 있었다. 결국 이 자는 선행의 '慈悲'와 연결되고 결국 '慈悲의 뿌리'로 해독되는 것이다. 다음에서 보듯 '자비의 뿌리' 즉, '慈悲根'은 불가의 관용적 비유어이다.
大藥王樹。其根生時。令一切菩薩。生不捨衆生大慈悲根。其莖生時。令一切菩薩。增長堅固精進深心莖。其枝生時。令一切菩薩。增長一切諸波羅蜜枝。其葉生時。令一切菩薩。生長淨戒頭陀功德少欲知足葉。其華生時。令一切菩薩。具諸善根相好莊嚴華。其果生時。令一切菩薩。得無生忍。乃至一切佛灌頂忍果。(大方廣佛華嚴經 권51)
이러한 예는 향찰 표기 체계의 파악과 충실한 적용이 해독에 어떤 영향을 미칠 수 있는지를 뚜렷이 보여 준다 하겠다.

2) 正用字의 분류 – 音讀字·訓讀字

위에서 대별된 正用字는 다시 음독자와 훈독자를 種槪念으로 가진다. 이 두 종개념은 漢字를 읽는 방식이 다를 뿐, 모두 한자 본연의 의미로 사용되고 있다는 공통점을 가진다. 음을 기준으로 읽으면 '音讀', 훈을 기준으로 읽으면 '訓讀'이 된다.[14] 음독과 훈독의 전형적인 예를 들면 다음과 같다.

【音讀字】
善化公主〈선화공주, 서동요〉, 千手觀音〈천수관음, 도천수관음가〉, 願往生〈원왕생, 원왕생가〉, 彌陀刹〈미타찰, 제망매가〉

【訓讀字】
慕理尸心未〈그릴 ᄆᆞᄉᆞᆷ, 모죽지랑가〉, 花肹折叱可〈것거, 헌화가〉, 抱遣去如〈안고 가다, 서동요〉

音讀의 전형적인 예는 위의 예에서도 보이듯 '多音節 漢字語'이다. 이들은 아마 당대에도 생활어휘로 굳어져 있었을 것으로 짐작되는데, 그렇기에 굳이 고유어로 풀어 읽을 이유가 없었을 것이다. 訓讀의 전형적인 예는 단음절 한자어이다. 이들 글자에는 주로 고유어의 말음이 첨기되어 있어 고유어로 훈독했을 것임을 짐작케 해 주고 있다. 즉, '慕'로 적지 않고 '慕理'로 표기함으로써 '그리-'로 읽었음을, '折'로 적지 않고 '折叱'로 표기함으로써 '젓-'으로 읽었음을 보여 주고 있는 것이다.

그런데, 일부 正用字의 경우, 이를 훈독했을지 음독했을지 판단하기 애매한 것들도 있다. 몇 예를 들면 다음과 같다.

---

14 현대 일본어에서 漢字를 읽는 방식과 같다. '川'을 音讀하여 'せん'이라 읽을 수도 있고 訓讀하여 'かわ'라 읽을 수도 있는 것과 같은 원리이다.

慕人有如〈願往生歌〉, 母牛〈獻花歌〉, 君隱父也〈安民歌〉

당시 향가를 향유할 때, 그들은 이를 '모인·모우·군은 부야'라고 읽었을지, '그리는 이·암소·임금은 아비여'라고 읽었을지 우리는 확인할 길이 없다. 漢字를 통해 의미만을 알 수 있을 뿐이다.[15]

3) 借用字의 분류 - 音借字·訓借字

借用字는 다시 音借字와 訓借字를 種概念으로 가진다. 音에서 취한 借字인가, 訓에서 취한 借字인가가 그 기준이 되며 변별되지만, 둘 다 한자의 원래 뜻을 버린 채 사용된다는 점은 같다. 음차자와 훈차자의 대표적인 예를 들면 다음과 같다.

【음차자】
君隱父也〈君은 父여!, 안민가〉, 置古〈두고, 서동요〉, 阿孩〈아히, 안민가〉

【훈차자】
慕人有如 : 그리는 이 있다 　　　　　　　　　　　　〈願往生歌〉
關遣只賜立 : (十方의 부처는) 알곡샤셔 　　　　　　　〈普賢4〉
慕呂白乎隱 : 그리숩온 　　　　　　　　　　　　　　〈普賢1〉

그런데, 借字에서는 音借字의 비율이 訓借字에 비해 압도적으로 많다.[16]

---

15 이의 해결은 향가의 운율 설정과도 밀접한 관련을 지니게 된다. 독법에 따라 음수율 혹은 음보율이 달라지게 된다. 하지만 이는 역으로 향가의 운율이 대체적으로 밝혀진다면 향가에 나타난 한자가 훈독인지 음독인지 짐작할 길도 열리게 됨을 의미하기도 한다. 즉, 둘은 相補의 관계인 것이다.
16 박재민(『삼국유사 소재 향가의 원전비평과 차자·어휘 변증』, 서울대학교박사학위논문,

그것은 한자의 音을 빌리는 것이 訓을 빌리는 것에 비해 간편했기 때문으로 풀이된다. 다만 필요한 音에 일치하는 音을 가진 한자가 없을 경우 불가피하게 훈을 이용했던 측면이 있는 듯하다. 가령, '숩· 븨· 셔 …' 등의 音은 정확히 대응하는 한자를 찾기 어려운데, 그런 까닭에 불가피하게 '白· 布· 立 …' 等 字의 訓을 이용한 표기가 발달했을 것으로 여겨진다.

한편, 음차자와 훈차자는 그 개념은 퍽 뚜렷하지만 분류의 실제 작업에 있어서는 곤란함이 적지 않다. 일부 字의 경우 訓借인지 音借인지가 불분명할 때가 있으며, 또한 그 字가 실제로 어떤 音域을 표시하고 있는 기호인지 알기가 어려운 경우가 많기 때문이다. 일례로 〈薯童謠〉에도 나타나는 '嫁良'의 '良'은 차자 표기에서 대체적으로 '아/어' 등으로 읽히는데, 이러한 音相을 대표하게 된 이유가 '良'의 음인 '량'에서 비롯된 것인지, 아니면 우리가 잘 알지 못하는 '良'의 어떤 古訓에서 비롯된 것[17]인지는 여전히 판단하기 어려운 측면이 있는 것이다.

음차 혹은 훈차된 借字가 어떤 音域을 표시하고 있는가에 대한 것도 음차자·훈차자를 둘러싼 오랜 문제 중의 하나이다. 가령 〈薯童謠〉에도 나타나는 '抱遣'의 '遣'은 차자 표기에서 대체로 '고'[18]로만 읽혀오는 자인데, 그것에 대한 懷疑[19] 또한 학계에서 일고 있는 것이다. 〈薯童謠〉의 '去如'의 '如'에 대한 독법도 마찬가지이다. 일반적으로 훈차자로 인식하여 '다'로 읽고 있지만 여전히 일부 연구자들은 이를 음차자로 인식하여 '여'로도 보고 있는

2009, 94~100면.)의 통계를 따르면 음차자는 대략 80餘字 以上, 훈차자는 대략 10字 以下로 추산되고 있다. 오차를 감안하더라도 상당한 비율차로 音借字가 우세하다고 말할 수 있다.
17 가령, '良'은 〈光州千字文〉에서 '良 알 량'으로 나타나기도 한다.
18 繭遣聲近而東俗呼繭고치, 呼峴고개, 吏讀呼遣고, 此必東方古音也. 〈頤齋遺藁 권25, 雜著, 華音方言字義解〉
19 대표적인 연구자로 황선엽(「향가에 나타나는 '遣'과 '古'에 대하여」, 『국어학』 39, 국어학회, 2002.), 장윤희(「고대국어 연결어미 '-遣'과 그 변화」, 『구결연구』 14, 구결학회, 2005.)를 들 수 있다. 이들은 '遣'을 '겨'로 읽었는데, 이는 借字의 音相에 대한 현대 연구자들의 고민을 잘 보여 주는 한 사례라 할 수 있다.

것이다.

  결국 차자체계는 개념적으로는 수립되었다고 자평할 수는 있지만, 구체적 작업의 현장에서는 여전히 하나하나의 由來와 音域에 대해 탐구해야 할 여지가 많음을 자인하지 않을 수 없다. 山積한 분류작업의 일사불란한 해결을 위해서도 우리는 차자체계의 기초를 든든히 다져 둘 필요가 있다. 기초를 다지는 일이 교육현장에서부터 시작되어야 함은 물론이다.

4. 결론

  이상의 논의를 통해 현재의 향찰자 교육의 오류와 그 연원을 짚었다. 그리고 대체로 양주동의 학설에 기대어 보다 정확한 향찰자 체계를 수립하려 시도하였다. 그것은 다음과 같이 도식화된다.[20]

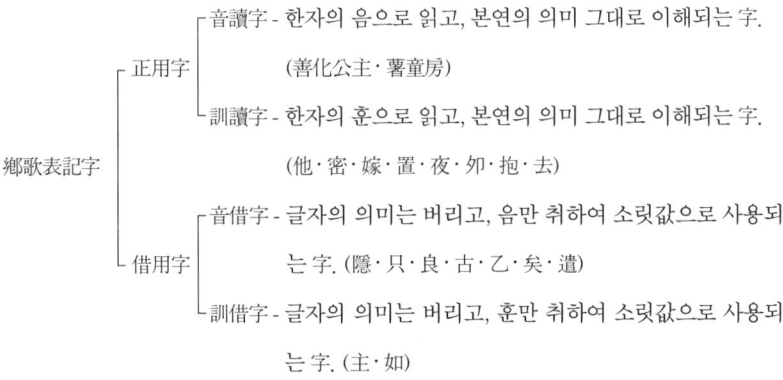

  한편, 이상의 논의가 수용된다면 서론에서 인용한 임용고사와 고교 교과

---

20 다음과 같이 해독된다고 가정했을 때의 분류이다.
  "善化公主니믄 놈 그슥 얼어 두고 薯童房을 바믜 알 안고 가다"

서는 다음과 같은 내용으로 수정되어야 할 것이다.

【임용고사】

(가)와 (나)를 대조하며 ㉠에서 훈차(訓借) 자와 음차(音借) 자를 구별해 보게 한다.
- 뜻만 빌려 쓴 글자의 예 : 他 密 嫁 置
- 음만 빌려 쓴 글자의 예 : 只 良 古

(가)의 ㉠에 한정하여 표기 방법을 선택하는 원칙을 추론하게 한다.
-
-

⬇

問 : (가)와 (나)를 대조하며 서동요의 1, 2句에서 정용자(正用字)와 차용자(借用字)자를 구별해 보게 한다.
- 정용자의 예 : 善化公主¹ 他 密 嫁 置
- 차용자의 예 : 主² 隱 只 良 古

問 : 〈薯童謠〉의 1, 2구에 한정하여 正用字를 읽는 두 가지 방법과, 借用字로 활용되는 두 가지 방식을 기술한 후 이들의 일반적인 결합양상을 설명하라.

정답 : 正用字를 읽는 방식은 음으로 읽는 것과 훈으로 읽는 것의 두 방식이 있다. '善化公主'는 음으로 읽었을 것으로 추측되며, '他·密·嫁·置'는 각각 '남·그슥·얼·두', 즉 훈으로 읽었을 것으로 추측된다. 차자로 활용하는 방식 또한 2가지인데, '隱·只·良·古'는 한자의 음을 빌린 것이며, '主²'는 '主'의 훈인 '님'을 빌린 것이다. 향찰 표기는 일반적으로 正用字가 선행하며 실질형태소의 자리에 위치하고, 借用字가 후행하며 형식형태소의 자리에 위치하는 양상을 보인다.

【국어교과서】

(1) 향찰 표기에서 <u>소리를 빌려 쓴 글자</u>와 <u>뜻을 빌려 쓴 글자</u>는 각각 어떤 부분에 주로 사용되었는지 적어 보자.

(2) (1)의 활동을 통해 알 수 있는 향찰 표기의 특성은 무엇인가?

2. '서동요'의 향찰 표기를 바탕으로 다음 활동을 해 보자.

(1) 향찰 표기에서 <u>정용자(正用字)</u>와 <u>차용자(借用字)</u>는 각각 어떤 부분에 주로 사용되었는지 적어 보자.

답 : 善化公主·他·密·嫁·置 등의 정용자는 체언이나 용언의 語幹 등 주로 실질형태소로 사용되었고, 主·隱·只·良·古 등의 차용자는 조사나 용언의 語尾 등 주로 형식형태소로 사용되었다.

(2) (1)의 활동을 통해 알 수 있는 향찰 표기의 특성은 무엇인가?

답 : 향찰 표기는 주로 '정용자 + 차용자'의 구조로 되어 있다. (高級: 정용자는 읽는 방식에 따라 음독자와 훈독자로 나뉠 수 있고, 차용자 또한 소릿값의 유래에 따라 음을 빌린 음차자와 훈을 빌린 훈차자로 나뉠 수 있다.)

『국어교육』 139, 한국어교육학회(구 한국국어교육연구학회), 2012.

鄕歌 음보율고

—普賢十願歌를 중심으로—

1. 연구사

우리의 고전 시가 연구에서 운율에 대한 논의는 가장 난해한 영역의 하나이다. 그러나 다행히 조윤제,[1] 정병욱,[2] 성기옥[3] 등을 거치면서 고전 시가의 대표 장르인 고려가요나 시조·가사의 운율은 3音步 혹은 4音步라는 대체적인 동의가 이루어져 있다. 하지만, 여전히 민족 시가의 벽두에 놓여 있는 향가의 음보에 대한 논의는 여러 가지 사정[4]으로 인해 합의안 도출에 곤란을 겪고 있다. 3음보 혹은 4음보의 주장이 팽팽히 맞서고 있는 것이다.

향가의 율격을 3음보로 가정한 이는 정병욱이었다. 그는

현재까지 시도된 이 종류[사뇌가, 필자 주]의 시가에 대한 해독 방법이 3·4조 또는 4·4조라는 오인된 음수율의 기성 관념에 얽매여 무리한 해독을 기도하여 왔던 폐단이 없지 아니하니 앞으로 우리 민족의 고유한 운율 형태인 3음보 운율을 고려하

---

[1] 조윤제, 『한국시가의 연구』, 을유문화사, 1948.
[2] 정병욱, 『한국고전시가론』, 신구문화사, 1994.
[3] 성기옥, 『한국시가율격의 이론』, 새문사, 1986.
[4] 주지하다시피 해독에 대한 이견의 문제가 가장 크다.

여 새로운 방식의 해독이 출현될 것을 기대하는 바이다. 〈정병욱, 상게서, 36면.〉

와 같은 언급을 통하여 향가의 기본 음보율이 3음보일 것임을 주창하였다. 김수업[5] 역시 三句六名의 난제를 푸는 과정에서 향가의 기본 율격을 다음과 같이 3음보로 단정한다.

> 이것을 말을 바꾸어 하면 신라노래의 가락은 소리의 덩이(음절)로서 이루어지는데 그것은 두 음절이 모여 한 음보(foot)를 만들고 그 음보 셋이서 한 줄을 이루는 이른바 3음보격이 된다는 것이다. 〈김수업, 상게서, 135면.〉

그러나 위의 주장들은, 정병욱의 경우 아무런 실증적 근거를 제시하지 않아 확신하기 어렵고, 김수업의 경우 무리한 해독과 分節을 통해[6] 도출되었다는 점에서 오히려 '향가 3음보설'에 대한 의구만 증폭시킨 감이 있다. 이렇듯 선대의 연구에서 선명한 결론을 내려주지 못했기에 후행의 연구에서 향가의 음보율은 늘 한국시가 음보율 논의의 걸림돌로 작용했다. 조동일[7]이 '향가는 민요에서 출발한 것'이란 설을 개진할 때도,

> <u>미해결의 문제가 있다.</u> … 민요의 기본 형식은 4음보 2행시인데, 향가도 4음보로 분석될 수 있는지 미지수이다. 향가의 음보 수는 3음보라고 하는 견해가 있어서

---

5 김수업, 「삼구육명에 대하여」, 『국어국문학』 68·69집, 1975.
6 그는 그의 3음보설을 뒷받침하기 위해 다음과 같은 해독과 분절을 시도하였다.
식븙∨블긔∨드래‖밤듸∨노니∨다가‖드럿∨자리∨보곤‖가릭∨네히∨어라‖둘흔∨내해∨엇고‖둘흔∨뉘해∨언고‖본듸∨내핻∨마른‖아살∨엇디∨홀고‖〈김수업, 상게서, 137~138면.〉
하지만 위는 고려가요 〈處容歌〉의 내용과 비교해 볼 때 恣意的인 해독이며, 강한 응집력을 가지는 용언의 어간과 어미(ex. 노니다가, 내핻마른), 체언과 조사(ex. 네히어라, 내해엇고, 뉘해언고) 등의 결합마저 恣意的으로 끊어 읽고 있어 공감을 얻기 어려운 견해라 하겠다.
7 조동일, 『한국시가의 전통과 율격』, 한길사, 1982.

문제가 복잡해진다. 그러나 지금으로서는 어느 결론이 타당한지 <u>판별하기 어렵다</u>. 이 글에서 제시하는 가설은 향가를 4음보로 해독할 것을 시사하고 있다 하겠으나, 이에 대한 자세한 <u>고찰은 보류한다.</u> 〈조동일, 상게서, 39면.〉

성기옥이 한국시가의 율격을 전체적으로 조망할 때도

> <u>향가의 운율적 양상을 제대로 파악할 수 없는 현재의 여건으로서는</u>, 다른 전통적 운율 형태의 경우가 다 그러하듯 우리가 거슬러 올라갈 수 있는 최상한 선이다. 따라서 향가를 향유하던 통일신라 때에도 층량 3보격적 율동이 존재했었는지는 <u>현재로서는 알 길이 없지만</u>… 〈성기옥, 상게서, 275면.〉

늘 향가에 관련된 부분은 위와 같이 보류된 채 제한적인 연구가 진행되었던 것이다.[8] 본고는 이러한 연구사적 흐름 위에서 향가의 음보율이 2음보일 것임을 구체적 시어 분석을 통해 점검해 본 결과물이다.

2. 연구사 반성

그런데 '향가는 3음보이다'란 명제를 모든 연구자들이 피상적 견지에서 주장한 것은 아니었다. 비교적 근래에 구체적 시어 분석을 통해 향가의 율격을 파악하려는 시도가 나타나기도 하였다. 바로 신재홍[9]의 작업이었는

---

[8] 향가의 율격에 대한 보류 입장은 문학자들에게서만 보이는 현상이 아니다. 어학적 연구에서도 동일한 벽에 막혀 있다.
"鄕歌가 詩歌 作品이고 보면, 詩歌로서의 一定한 律調를 가지고 있을 것은 당연한 것이요, 이 律調가 해독의 평가 기준으로 공헌할 수 있을 것임도 당연한 것인데, 律調의 機制가 아직은 자세히 밝혀진 것이 아니므로, 解讀과 律調의 연구는 相互依存的인 관계에 서는 것이겠다"
〈김완진, 『향가해독법연구』, 서울대학교출판부, 1980, 26면.〉

데, 그는 현전하는 향가 25수의 시어들을 해독·분석하여 '향가의 율격은 역시 3음보'라 결론 내린다. 그의 결론은 다음 표로 집약되는데 이 표에서 그는 보현십원가 11수 즉, 110행 가운데 74개 행[검게 칠한 부분]을 3음보로 파악해 제시하였다. 약 3/4의 시행이 3음보로 구성되어 있다는 것이다.

행\작품[10]	15	16	17	18	19	20	21	22	23	24	25	평균 행 단위	평균 구 단위
1	2[11]	2	2	2	2	2	2	2	2	2	2	20	50
2	3	3	3	3	3	3	3	3	3	3	3	30	
3	3	3	2	3	3	3	3	3	2	3	3	28	57
4	3	2	3	3	4	2	3	3	3	3	3	29	
5	3	3	3	4	4	3	4	3	3	4	4	35	67
6	3	3	3	4	4	3	3	3	3	3	4	33	
7	3	2	3	3	3	3	2	3	3	3	2	26	57
8	3	3	4	3	3	3	3	4	3	3	3	32	
9	2	3	2	2	3	3	3	3	2	2	3	26	56
10	3	3	3	3	3	3	3	3	3	3	3	30	

〈신재홍, 상게서, 표 5, 165면.〉

15~25번의 작품에 이르기까지 각기 2~4개의 행을 제외하면 모두 3음보로 파악되어 있는 이 표는, 조동일이 언급한 "(향가 음보율) 미해결의 문제"에 대한 전면적 재검토라 할 만하며, 또, 일찍이 정병욱과 김수업이 시사하였던 '향가 3음보설'에 대한 구체적 검토의 성격을 띤다. 그러나 그의 주장을 유심히 살펴보면, 위의 표에 적잖은 문제가 있음을 발견하게 된다. 그가 말하고 있는 음보(音步)는 주로 '2音節' 정도의 크기로 구성된 것으로 기존 시가분야에서 상정하고 있는 '3音節·4音節'에 비해 볼 때 단위가 작으며, 또한 무리하게 분절한 곳이 적지 않아 '과연 이 단위들을 독립된 음보로 설정

---

9 신재홍, 「향가의 율격 분석」, 『고전문학과교육』 2집, 한국고전문학교육학회, 2000.
10 작품 번호로 15~25까지가 부여되어 있는데 이는 보현십원가 1~11번 작품을 칭하는 말이다.
11 숫자는 음보이다. 해당 칸은 15번 작품의 1행은 2음보란 뜻이다.

하는 것이 타당한가?'라는 의문을 낳게 하기 때문이다. 그의 음보 분절방식의 문제점을 구체적으로 지적하기 위해 그가 분석한 〈普賢十願歌〉의 첫째 작품을 거론해 본다.

무슨미∨부드로(2) ‖ 그리슬본∨부텨∨알픠(3)5 ‖
절∨드론∨모든(3) ‖ 法界못∨박∨니르거라.(3)6 ‖
塵塵∨마락∨부텻덜여(3) ‖ 덜덜∨마다∨모리슬본(3)6 ‖
法界∨ᄎ신∨부텨(3) ‖ 九世∨다아∨禮ᄒ숣겨.(3)6 ‖
[아야 身語意業∨无疲厭(2) ‖ 이라부∨짓사∨못두라.(3)5 ‖

〈신재홍, 상게논문, 161면.〉[12]

위 인용에서 행의 끝에 있는 괄호 속의 숫자는 그가 파악한 각 詩行에서 보이는 '음보의 개수'이고 2·4·6·8·10행의 끝에 있는 5, 6, 6, 6, 5란 숫자는 그가 파악한 두 行씩마다의 '음보 총 개수'이다. 즉, 그는 1~2행의 음보 수를 5개, 3~4행의 음보 수를 6개, 5~6행의 음보 수를 6개, 7~8행의 음보 수를 6개, 9~10행의 음보 수를 5개로 파악하여 '향가는 3음보를 위주로 하며 전체적으로는 2행씩 5·6·6·6·5의 음보율을 지닌 정형률의 시가'로 규정했다. 그런데 찬찬히 살펴보면 그의 음보 설정은 몇 가지 문제를 지닌다. 짚어보면,

첫째, 우리 고전 시가에서 통상적으로 잡고 있는 1음보의 음절 수는 대체로 2~5음절인데, 위의 인용에서는 최소 1음절에서 최대 4음절로 1음보를 잡고 있다. 과연 제3행 '절∨드론∨모든'이나 제4행 '法界못∨박∨니르거라'와 같은 분절에서 '절·박'과 같은 1음절을 1음보로 설정하는 것이 타당한 것인가?[13]

---

[12] 가독성을 위해 '∨'와 '‖'는 필자가 임의로 첨기했다. '∨'는 음보 구분 표시이며, '‖'는 행 구분 표시이다.
[13] 한국 시가 자료에서 1음절로 1음보를 이루는 경우가 全無한 것은 아니다. 광범위한 자료 조사를 한 성기옥의 보고에 따르면 "간혹 단음절어로 한 음보를 이루는 자료의 예가 보이

둘째, 우리 고전 시가 혹은 일반적 음보율 연구자들이 음보를 설정할 때 가장 중요시하는 것 중의 하나는 음보의 緊密性[14]이다. 그렇기에 우리는 그간 '조사'나 '어말어미'와 같은 독립할 수 없이 긴밀히 연결된 어휘체는 예외 없이 선행한 어휘체에 붙여 동일 음보로 처리해 오고 있다. 이러한 보편적 음보 설정의 관습을 외면한 채, 특정 장르를 위해 助詞 - 가령 3·4행의 '마다'[15] - 를 독립 음보로 설정하는 것은 올바른 것인가?

셋째, 해독의 적절성이 문제가 된다. 제4행이나 제10행의 경우 과연 저렇게 끊어 해독한 것이 올바른 것인가? 잘못 끊어 해독한 것이라면 그것에 바탕한 음보 역시 잘못 설정된 것이 아닌가?

위에서 지적한 것이 만약 정당하다면, 언급한 연구물의 결론 '향가는 3음보이다'란 명제는 심각한 결함을 가진 주장이 된다.

3. 음보의 等長性 확인과 두 자질

필자는 2장에서 '향가는 3음보이다'란 설은 막연한 가정에서 출발했거나, 잘못된 음보 설정을 통해 제기된 주장일 가능성이 높음을 지적했다. 그렇다면 향가는 어떤 음보 단위에 근접한 시형일까? 이에 대한 대답은 실제 작

기"(성기옥, 상게서, 132면)도 한다고 한다. 그리고 그 예로, "偉~景 긔 엇더ᄒ니잇고"에서 '偉'과 '긔'를 1음절 음보로 판단하기도 하였다(성기옥 외, 『한국문학개론』, 새문사, 1992, 97면). 그러나 이러한 사실이 신재홍의 음보 설정 방식에 적용될 수는 없다. 이렇게 되면 위 구절은 2음격 3음보가 되는 셈인데, 이러한 음보 양상은 우리 시가 자료에 나타나지 않는다고 한다(성기옥, 『한국시가율격의 이론』, 새문사, 1986, 158면의 도표).

[14] John Lotz('Metric Typology', *Style in Language*, ed. Tomas A. Sebeok)가 포착한 음보의 이러한 성격은 국내 학자들의 많은 지지를 받고 있으며 필자 역시 이에 이견이 없다.

[15] 음보 파악이 비교적 용이한 시조를 통해 볼 때도 신재홍의 분절은 무리한 것임을 알게 된다. 역대시조전서의 수록된 표제시 3,000여 수 중, 조사 '-마다'는 86회가량이 나오는데, 어느 것도 독립 음보로 처리할 만한 것이 없음을 본다. 일례를 들면 다음과 같다.

　가마괴 싹싹 흔들 <u>사,</u> 마다 다 주그랴 〈12:初〉

품의 해독과 분절을 통해 살피는 방법밖에 없을 듯하다. 그런데, 실제 작품의 분석에 앞서 우리는 '音步(metrical foot)'에 대한 우리의 통상적 인식을 확인할 필요가 있을 듯하다. 위 신재홍의 3음보說이 우리의 의문을 사는 것도 음보의 개념에 대한 근본적 시각차에서 기인한 측면이 크기 때문이다. 따라서 먼저 우리 고전 시가에서 일반적으로 말하고 있는 음보의 개념을 파악한 후 그 개념에 따라 향가의 행을 분절하는 것이 순서로 판단된다.

음보는 음절과 행의 사이에 위치하는 율격 단위이다. 즉, 유사 크기의 음절량이 모여 하나의 '等張한 시간 크기의 음보'를 이루고, 그 음보가 모여 하나 혹은 그 이상의 행을 이루게 된다. 일찍이 김석연[16]은 우리의 통상적 율독 근저에 유사한 크기의 시간 단위가 출현함을 다음과 같이 실증적으로 계측·제시한 바 있다.

時調 〈동창이 밝았느냐〉, 숫자는 소요 시간(단위: 秒)				
초장	동창이	밝았느냐	노고지리	우지진다
男(서울, 35歲)	0.915	1.085	1.11	1.11
女(경남, 40歲)	0.90	1.15	1.17	1.17
중장	소치는	아이들은	상기아니	일었느냐
男(서울, 35歲)	1.13	1.13	0.86	1.10
女(경남, 40歲)	0.85	1.06	1.11	1.11
종장	재넘어	사래긴밭을	언제갈려	하나니
男(서울, 35歲)	1.05	1.51	1.34	1.08
女(경남, 40歲)	0.77	1.56	1.13	1.13

그는 이러한 계측을 통하여 시조의 한 음보는 대체로 1초 내외의 등장한 시간 크기[17]가 반복적으로 출현하는 패턴을 가지고 있으며, 이 단위가 시조

---

16 김석연, 「시조운율의 과학적 연구」, 『아세아연구』 32, 1968. 상게한 도표는 이 논문의 18~20면에 수록된 내용을 재도표화 한 것이다.
17 물론, 1초라는 것은 그 당시 낭독자의 특성에 따라 조금 짧게도, 조금 길게도 율독될 수 있을 것이다. 중요한 것은 거의 균등한 시간의 길이를 한 음보로 전제한 채 유사 비율로 율독한다는 것이다.

율독의 근저에 자리하고 있음을 보였다. 필자 역시 이 속성을 실측해 보기 위해 현대 음성분석 프로그램에 넣어 다른 시조를 율독해 보았고 역시 유사한 결론을 얻었다. 즉, 다음 시조

어뎌∨닉 일이여∨그릴 줄를∨모로던가∨

이시라∨ᄒ더면∨가랴마ᄂᆞᆫ∨졔 구틱야∨

보니고∨그리ᄂᆞᆫ 情은∨나도 몰나∨ᄒ노라   〈역대시조전서: 1965번〉

를 일반적 율독 형식에 맞추어 낭송해 보았고, 다음과 같은 그래프를 얻었다.[18]

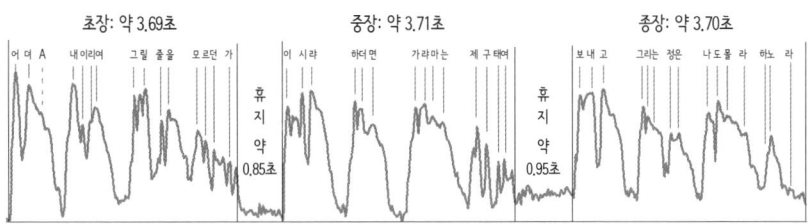

위 그래프에서 가로축은 시간의 흐름이고, 세로축은 音의 세기인데 이를 유심히 보면 우리가 대략적으로 감지하고 있던 음보의 속성이 뚜렷하게 드러난다. 즉, 시조의 율독은 중간 휴지를 기준으로 3등분되며 각각의 등분에 속하는 초장·중장·종장은 대체로 등장한 시간 - 이 율독자의 경우는 약 3.7초 - 에 걸쳐 지속되고 있다. 그리고 초·중·종장은 다시 각각 4개의 작은 음량 덩어리로 갈라지는데, - 그래프의 꼭짓점들이 음절의 출현 지점이고, 이 음절의 출현지점은 촘촘한 세로줄들에서 보이듯이 4덩이씩 뭉쳐 있다. - 대체로 그 음량 덩어리는 하위 단위로 2~5음절을 가지고 있음을 본다. 이렇

---

[18] 율독한 이는 39세 경상도 태생의 남자이고, 그래프는 '프라트(praat)'라는 음성분석 프로그램을 통하여 얻은 것이다. 이 프로그램은 [http://www.fon.hum.uva.nl]에서 무료로 배포하고 있다.

게 4등분되며 끊어진 2~5음절의 덩어리를 우리는 1음보라 칭하고 있으며, 이러한 음보가 중간 휴지를 단위로 할 때 4개씩 출현하므로 이를 우리는 4음보라 칭해 오고 있다. 이러한 관계 속에 있기에 음보는 '음절과 행의 사이에 있는 율격 단위'란 말로 소략히 규정될 수 있는 것이다.[19]

그런데 여기서 해명해야 할 문제가 하나 생긴다. 율독자가 관습에 따라 율독하여 위와 같이 음보 양상을 얻었지만, 과연 어떠한 원리에 의해 모두에게 異見이 없는 분절들을 얻었냐는 것이다. 이에 대한 대답이 음보를 설정하는 자질이 될 것이다.

우선 지목될 만한 것은 音節의 量이다. 중장에서 보이듯이 3~4字 가량의 유사 비율의 音節量이 한 행에 나타나 있고 이를 있는 그대로 끊어 율독한 것이 각각의 음보가 되었다는 점에서 음절의 양은 음보의 유력한 자질 중 하나가 될 수 있다.

하지만, 이것만으로 위 그래프에서 보이는 음보 분절의 모든 것을 설명할 수는 없다. 왜냐하면 이 기준이 절대적이라면 초장의 '어뎌 ← 일이여'는 '어뎌∨늬 일이여'가 아니라 3字씩 맞추어 '어뎌 늬∨일이여'로 끊어야만 했을 것이기 때문이다. 즉, 그래프의 A지점에 '늬'가 왔어야 하는 것이다. 하

---

19 본고의 논지와 직접적으로 연관되지는 않지만, 위 그래프에서 주목해야 할 점이 몇 더 있다. 위 그래프를 보면, 초·중·종장을 구분하게 해 주는 休止부분의 시간적 크기가 0.85~0.95초로 나타나는데, 이는 시조 율독의 1음보에 해당하는 길이이다. 각 장의 길이가 3.7초를 4음보로 나눈 그 크기인 것이다. 이 속성은 우리에게 음보 명명의 기준을 시사해주는 것이 아닐까 한다. 즉, 2음보·3음보·4음보를 말할 때, 그 음보 수의 기준을 한 행에 두기도 하고(시조 율독의 경우), 2~3행에 걸쳐 두기도((진달래꽃)을 3음보라고 하는 경우 혹은 행의 구분이 없는 가사의 경우) 한다. 시어의 배열 형태만으로 음보를 명명하는 것은 그렇기에 모순이다. 율독의 휴지, 즉 1음보에 해당하는 휴지가 오는 곳을 기준으로 음보를 명명한다면 이런 형태상의 모순을 해결할 수 있지 않을까 한다.
주목할 만한 또 다른 측면은 그래프의 높이에서 보이는 音步內의 음량 변화이다. 위 그래프의 세로축은 音量(소리의 크기, 데시벨)인데, 각각의 음보에서 거의 공통적으로 앞 음절은 세게, 뒷 음절은 약하게 율독하고 있음을 볼 수 있다. 이런 성량의 크기는 우리가 시가를 율독할 때 느끼는 리듬감의 한 요소임에 틀림없다.

지만 우리 모두는 그렇게 율독하지 않는다. 우리는 음절의 양이 아닌, 위 구절이 가진 의미적 긴밀성에 근거해 수식언 '늬'를 피수식언 '일'에 붙여 향유하는 것이다. 그렇다면 음보를 구성하는 보다 강한 자질은 통사적·의미적 緊密性이라 보아야 한다. 즉, '늬'라는 의미가 '어뎌'보다는 '일이여'에 더 긴밀히 엮이기에 그렇게 분절할 수 있다고 보는 것이다.

그러나 그것 역시 결론적 진술은 아닌 듯하다. 그것만으로는 종장의 '나도 몰나 ᄒ노라'의 분절을 설명할 수 없기 때문이다. '나도 몰나∨ᄒ노라'는 통사적·의미적으로 '나도∨몰나 ᄒ노라'로 분절하는 것이 더 적절하다. 옛말 '몰나 ᄒ다'는 하나의 동사체로 기능하기 때문이다.[20] 그렇다면 '나도∨몰나 ᄒ노라'가 '나도 몰나∨ᄒ노라'로 읽히는 까닭은 어디에 있는 것일까? 그것은 또다시 音節量의 개입에 대한 혐의로 이어진다. 즉, 2음절:5음절의 비율보다는 4음절:3음절의 비율이 더 等長이기에 생겨난 현상인 것이다.[21]

4. 음보 구성의 메커니즘

필자는 위의 예를 통해 음보는 음절과 행의 중간에 해당하는 크기의 율격 단위로, 기본적으로 '음절의 양'에 근거를 둔 채 설정되지만, 이는 통사적·의미적 '緊密性'에 의해 조절될 수 있고, 이 긴밀성 또한 절대적인 것은 아니어서 때로는 '음절의 양'에 의해 언제든지 조절될 수 있는 자질임을 말했다. 그렇다면 이 두 자질은 순전히 恣意的인 판단에 의해 채택의 우선순

---

20 그렇기 때문에 아래와 같은 작품에서 '몰나ᄒ고'는 명백히 한 음보로 묶인다.
  그른 일∨몰나 ᄒ고∨뉘우처∨다시 마라∥알고도∨또 ᄒ면∨내죵내∨그르리라∥眞實로∨허믈곳∨고티면∨어딘 사름∨되리라 〈0353〉
21 중장의 마지막 음보 '졔 구틱야' 역시 마찬가지이다. 이 구절은 통사적으로 종장에 와야 하는 것이 정당한데, 그렇게 되면 중장의 마지막 음보에 해당하는 음절이 '0'이 되어 선행구와의 비율이 4:0이 되기에 이를 피하고자 통사적 불일치를 무릅쓰고 4음절을 끌어 그 곳에 위치시킨 것이다.

위를 가지는 것인가? 그러나 만약 완전히 자의적인 판단에 의한 것이었다면 모두에게 異見이 없는 음보 분절은 불가능하지 않은가? 하지만 위의 시조를 통해 보건대, 분명 모두가 인정하는 분절은 존재한다. 그렇기에 필자는 이 두 자질이 어떤 일정한 질서 속에서 우선순위를 지닌 채 선택되고 있을 것으로 생각한다. 이 두 자질은 어떤 메커니즘 속에서 서로 교차하며 음보 설정에 기여하는 것일까?

이 의문을 풀기 위해서 본고는 어떠한 경우에도 양보되지 않는 - 그것이 음절량의 요소이든, 긴밀성의 요소이든 - 음보적 자질을 찾을 필요를 느낀다. 어떤 경우는 음절량의 비율에 이끌려 긴밀성이 파괴되고, 어떤 경우는 긴밀성에 이끌려 음절량의 비율이 파괴되지만, 어떤 경우라도 흔들림 없이 자체 음보를 유지하는 핵심 영역이 없을까? 필자는 그 핵심 영역을 통사적·의미적 긴밀성의 일부 경우에서 찾을 수 있다고 본다. 주변의 음보가 가진 음절량이 부족하더라도 절대 빌려 줄 수 없고, 자체 음보가 가진 음절량이 넘치더라도 결코 분리되지 않아, 전체 음보 수에 영향을 주지 않는 결합체는 바로 '체언 + 조사', '어간 + 어미', '1음절 수식언 + 피수식언'이 된다고 본다.

이를 시조 음보 분할 양상을 통해 살펴보자. 시조 율독의 통상적인 음절양은 다음 그림

초장	2~5音節	2~5音節	2~5音節	2~5音節
중장	2~5音節	2~5音節	2~5音節	2~5音節
종장	3音節	4~7音節	4~5音節	2~4音節

과 같이 그려질 수 있는데, 우리는 각각의 음보(네모칸)에 일정한 규모의 音節을 넣는 것을 선호하기에 가급적 이 비율에 맞추어 율독을 하려고 한다. 그리하여 1음보가 되기에는 모자라는 음절량을 가진 경우는 주변의 음절들을 차용해서라도 等長化하고 그 결과 평상적인 4음보로 해당 행을 유지하려 한다.

일례로, 중장의 제 1음보가 4~5음절 정도이고, 제2음보가 0음절이 되는 - 3음보의 위험이 있는 - 경우가 있다면 다음 그림과 같은 상황이 되겠는데,

초장	2~5音節	2~5音節	2~5音節	2~5音節
중장	A 5音節	B 0音節	2~5音節	2~5音節
종장	3音節	4~7音節	4~5音節	2~4音節

이때 우리는 제1음보 즉, A부분에서 몇 음절을 빌려 와 제2음보, 즉 B부분의 공간을 메움으로써 결국 3음보 파격이 될 뻔했던 상황을 4음보 정격으로 전환하는 데 성공한다. 이와 같은 원리, 즉, 음절량의 요소를 우선시하고 통사적·의미적 긴밀성을 희생한 예를 구체적으로 들어 보면 다음과 같다.

菊花야 너는 어니 三月東風 다 보닉고
落木∨寒天에∨네 홀노∨픠엿ᄂ다
아마도 傲霜高節은 니뿐인가 ᄒ노라　　　　　　　〈역대시조전서: 0312〉

눈아 情∨다 슬거라∨後ㅣ 나 情∨다 슬거라
ᄆᆞ음은 춤ᄂ 거슬에 보아 거러두고
아모리 울고 그린들 거 뉘 타슬∨삼으리　　　　　〈역대시조전서: 0678〉

그런데 이런 상황과는 달리, 아무리 음절량의 현격한 不等함을 해소하려는 욕구가 생기더라도 결코 분리하지 못하는 통사적 긴밀성을 가진 곳이 있다. 전술한 '체언+조사'·'어간+어미', '1음절 수식언+피수식언'이 바로 그것이다. 위에 인용한 첫 시조와 같은 5음절을 가진 중장 첫 음보일지라도 이러한 곳들은 다음의 시조처럼 3음보로 읽게 되는 것이다.

오늘이 오늘이쇼셔 每日의 오늘이쇼셔

져므려지도∨새지도∨마르시고

미양에 晝夜長常에 오늘이 오늘이쇼셔　　　　　　〈역대시조전서: 2063〉

만약 위 시조의 중장 첫 구가 한자어로 된 5음절어였다면 우리는 그것을 2등분하여 율독할 것이다. 하지만, 이 작품의 경우 그렇게 하지 않는다. 그것은 이 부분이 음절량의 비율에 우선시되는 '강한 긴밀성'의 한 영역인 '동사어간 + 어말어미' 구조이기 때문이다.

이상의 내용들은 우리가 음보를 만들어내는, 그리고 파격음보가 생겨나는 메커니즘이라고도 할 수 있다. 처음엔 음절량과 긴밀성이 서로 조절되며 음보를 생성하지만, 강한 긴밀성을 지니는 구절은 율격적 파괴를 감수한 채 절대 음보를 유지한다는 것이다. 이 과정을 도식화하고 각 사례를 들면 다음과 같다.

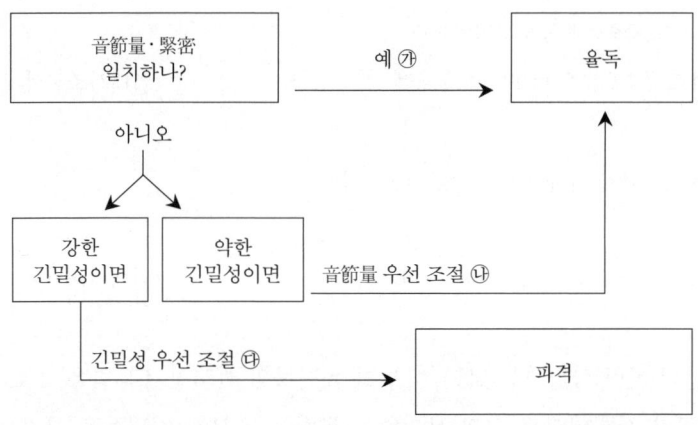

㉮ 音節量·緊密이 일치하는 경우

五百年 都邑地를 匹馬로 도라드니 ∥ 山川은 依舊ᄒ되 人傑은 간듸 업다 ∥

어즈버 太平烟月이 꿈이런가 ᄒ노라　　　　　　〈역대시조전서: 2079〉

㉯ 약한 긴밀성: 音節量 우선 조절
　　萬物은∨오히려∨다 글어∨ᄒᆞ건이와　　　〈역대시조전서: 0346 중장〉

㉰ 강한 긴밀성 : 긴밀성 우선 조절, 파격
　　쇼∨친구들이야∨날 더지고∨어듸가리　　　〈역대시조전서: 0243 중장〉
　　오늘이 오늘이쇼셔 每日에 오늘이쇼셔 ∥ 져므려지도∨새지도∨마르시고∥
　　믹양에 晝夜長常에 오늘이 오늘이쇼셔　　　〈역대시조전서: 2063〉

　위에서 간략히 설명된 이 메커니즘은 시조나 가사같이 4음보로 잘 알려진 시가의 율격 분석에는 크게 중요한 역할을 하지 못할지도 모른다. 하지만 관습적 율격이 분명하게 밝혀져 있지 않은 시대 - 고려가요·향가 - 에 나타난 시가의 율격 분석에는 무척 유용한 측면이 있다. 즉, '어간+어미', '명사+조사', '1음절 수식언+피수식언'의 결합체는 어떤 경우에도 2음보로 분리되지 않더라는 원칙은 시조를 통하여 도출된 원칙이지만 보편성을 가지기에 우리의 전통시가 모두에 적용될 수 있다는 점에서 음보 분절 논의에 대한 절대적 기준이 되어줄 수 있다.[22]

5. 〈普賢十願歌〉의 음보 검증

　필자는 3절에서 音節量과 緊密性을 기준으로 음보가 조절되며, 이러한 조절 속에서도 결코 흔들리지 않는 음보적 기준을 가진 어휘체가 있음을

---

[22] 현재 학계에서 음보율을 논할 때, 학자마다 다르게 끊어 읽는 구절이 있다. 〈청산별곡〉의 첫 구절 "살어리 살어리랏다 청산에 살어리랏다"이다. 성기옥이나 오세영같은 학자의 경우 이를 2음보로 파악하고 있지만, 일반적으로는 '살어리∨살어리∨랏다'로 분절하고 있다. 필자는 이것이 2음보라는 데 동의한다. 위의 메커니즘을 따를 때, '살어리랏다'의 '—리랏다'는 어말어미로 결코 선행하는 어간과 분리될 수 없는 어휘체이기 때문이다.

논했다. 그것은 '어간 + 어미', '명사 + 조사', '1음절 수식언 + 피수식언'이다. 이 기준은 〈普賢十願歌〉의 음보 분절 중 논란이 되는 부분에서 유용하게 활용될 것으로 기대한다. 그 점을 염두에 두며 「예경제불가」의 음보를 살핀다.

1. 心未筆留 : 마ᅀᆞ미 부드로(筆로)

이곳의 '心未'는 '마ᅀᆞ미'로 읽었을 것이 확실시된다. 후행한 '未'가 주로 'ㅁ'말음을 가진 순우리말에 붙는 것은 향찰의 확인된 어법 중의 하나이고, 선행한 心 역시 古語는 '마ᅀᆞᆷ'이기에 전체적으로는 '마ᅀᆞ미'로 읽는다. '筆留'의 '留'는 향찰과 구결에서 '-로'로 읽히는 字이다. 아마 '부드로'로 읽었을 것으로 예상되지만 '筆로'라 읽었을 가능성이 전혀 없는 것은 아니다. 이상 이 구절은 '마ᅀᆞ미 부드로' 혹은 '마ᅀᆞ미 筆로'. 음절량의 비율로 볼 때 음절 수 3·3을 이루어 무리가 없고, 통사적 緊密性으로도 2개의 음보로 분할 가능하기에 2음보가 된다. 한편, 이 분절은 시가의 보편적 율독 전통에서도 어긋나지 않는다.[23]

2. 慕呂白乎隱仏体前衣 : 그리ᄉᆞ온 仏体前이

'慕呂白乎隱'은 '그리ᄉᆞ온'으로 읽히는데, 해독의 이견이 없는 부분이다. '仏体前衣'는 '仏体 알픠'로 읽히는데 이로 신재홍은 '慕呂白乎隱∨仏体∨前衣'로 끊어 읽어 3음보라 판단했다. 하지만, 이 구절은 2음보이다. 대응하고 있는 두 음보가 공히 4음절로 양적 유사 비율을 보이고, 통사적 긴밀성에서도 '부처 앞에'는 하나의 음보로 보아 문제가 없다. 시가의 율독 전통에서 살펴보아도 '**前에'와 같은 어휘는 1음보로 향유되었다.[24] 이상, 2음보.

3. 拜內乎隱身萬隱 : 저누온 모문(身만은)

'拜內乎隱'은 '저누온'으로 읽힌다.[25] '身萬隱'의 해독은 다소 논란이 있다. '萬'이 음

---

23 이러한 형태는 일반적으로 2음보인 것이다. "졉거니 셰거니 一偏도 훈져이고" 〈0014:중〉
24 洋人쎄∨허는결를∨大聖前에∨아니허니 〈2601: 中〉

차자인 것은 모두가 인정하는 바이지만, 이것이 '몸'의 말음 'ㅁ'을 위해 있는 것인지, 아니면 '만'이란 단음절어를 위해 있는 것인지 불명확하다. 전자로 읽을 경우는 '모만', 후자로 읽을 경우는 '몸만은'이 된다. 결국 제3행은 '3·3' 혹은 '3·2'의 음절 수를 가지게 되는데 음절량으로는 큰 문제가 없고 통사적 긴밀성으로도 2음보로 분리 가능한 것이기에 2음보로 판별된다. 신재홍은 이를 '절(拜)∨드론(內乎隱)∨모믄(身萬隱)'으로 읽어 3음보로 보았으나, 차자 표기에서 '內'는 'ㄴ/노' 등의 음가를 위한 字이므로 '드론'으로 읽는 것은 불가능하다.[26] 시가의 율독 전통으로 살펴보아도 일반적으로 2음보이다. 이상 2음보.

4. 法界毛叱所只至去良 : 法界毛ㅅ所ㄱ 니르거라
"法界∨毛叱所只(맛도록)∨至去良(니르거라)"로 읽을 것인가 "法界毛叱所只(法界못닥)∨至去良(니르거라)"로 읽을 것인가에 따라 2·3·4의 3음보냐, 4·4의 2음보냐로 갈린다. '毛叱所只'의 의미는 '두루'로 추정되는데,[27] 통사적 긴밀성으로 보아서는 후행하는 '이르거라'와 호응되지만, 전술했듯이 이는 강한 긴밀성의 경우에 해당하지 않으므로 선행하는 음보에 결합시키거나, 혹은 따로 독립된 음보라 볼 수 있다. 이상, 3음보 혹은 2음보.

5. 塵塵馬洛仏体叱刹亦 : 塵塵마다 仏体ㅅ 刹여
"塵塵馬洛"의 '馬洛'은 '마다'로 풀이된다. 동일 작품 6행의 '每如'와 같은 의미이다. 따라서 '塵塵마다'. '仏体叱刹亦'는 '부텻 刹여'로 읽힌다. 4음절 1음보로 보아 문제 없다. 선행하는 4음절 1음보와 후행하는 4음절 1음보는 음절량으로 보나 의미적 긴밀성으로 보나 각각 독립된 음보라 할 수 있기에 전체적으로는 2음보가 된다.

---

25 '저습은'으로 읽을 가능성도 있다. 어떻게 읽든 음보의 논의에서는 문제가 되지 않는다.
26 설령 그렇게 읽는다 하더라도 '절드린'은 1음보이지 2음보가 될 수 없다. 우리 시가 전통에서 이런 형태의 구성, 즉, '1음절명사 + 2음절 술어'가 2음보로 읽히는 경우는 발견할 수 없다. 다음과 같이 1음보로 율독되는 것이다. "夜入伊(밤드리)∨遊行如可(노니다가)" 〈處容歌〉
27 박재민, 『구결로 풀어본 보현십원가 해석』, 연세대학교 석사학위논문, 2002.

그런데 이 구절은 신재홍은 "塵塵∨馬洛∨仏体叱刹亦"로 읽어 3음보로 파악했다. 하지만 전술했듯이 '명사+조사'는 강한 긴밀성을 지닌 어휘체이므로 끊어 읽을 수 없는 곳이다. 이 같은 율독이 정당함은 전통 시가 작품에서도 흔히 확인된다.[28] 이상, 2음보.

6. 刹刹每如邀里白乎隱 : 刹刹마다 모리솝은

"刹刹每如"는 '刹刹마다'로 읽히고, "邀里白乎隱"은 '모리솝온'으로 읽힌다. 두 음보가 모두 4음절로 같은 음절량을 지닌다는 점, 긴밀성으로도 각기의 음보로 성립한다는 점에서 5행과 마찬가지로 2음보가 분명한 곳이다.

7. 法界滿賜隱仏体 : 法界 ᄎ신 仏体

한자어 사이에 들어 있는 '滿賜隱'은 'ᄎ신'으로 읽힌다. 전체적으로 해독하면 '法界 차신 부쳐'. 신재홍은 이를 2음절이 3개 중첩한 3음보로 보았지만, 우리 시기에서 2음보가 중첩하여 3음보를 이루는 유형은 나타나지 않는다.[29] 그렇기에 이 구절은 '法界∨滿賜隱仏体' 혹은 '法界滿賜隱∨仏体'의 두 가능성만 남는데, 율독의 일반성으로 볼 때, '法界∨滿賜隱仏体'로 읽힐 것으로 예상되며 이는 4음보격에서 흔히 나타나는 분절이다.[30]

8. 九世盡良礼爲白齊 : 九世 다아 礼ᄒ솝져

"盡良"은 '다아'로 읽힌다. "礼爲白齊"는 '礼ᄒ솝져'로 확정된다. 신재홍은 '九世∨盡良∨礼爲白齊'로 끊어 3음보라 하였지만, 4음절어가 중첩되어 있다는 점, 시가 일반의 율독 관습이 그러하다는 점[31]을 볼 때, '2음보'가 분명하다.

---

28 ᄭᅩ 쉰이∨져물가마는∨간ᄃᆡ마다∨술을 보고 ⟨0090: 初⟩
29 성기옥(성기옥, 상게서, 146면)에 따르면 "2음격 음보는 단지 2음보격만을 형성할 뿐"이라고 한다. 그의 선언으로도, 실제 우리 전통시가를 귀납적으로 살펴본 결과로도 '2음절 3음보'는 나타나지 않는다.
30 大監∨쥬신 붓치∨뵈옷식∨맛ᄌᆞ녜다 ⟨0812: 初⟩

9. 身語意業无疲厭 : 身語意業 无疲厭

의미의 긴밀성으로 볼 때, "身語意業∨无疲厭"로 분절된다. 시조와 같은 전통장르에서도 7言詩는 이렇게 끊어 2음보로 율독된다.[32] 이상 2음보.

10. 此良夫作沙毛叱等耶 : 이에 브질 사맛더라

'此良'는 '이에', '夫作'는 '브질', '沙毛叱等耶'는 '사모자녀'로 읽힌다. 신재홍은 이를 '此良夫∨作沙∨毛叱等耶'로 해독하였지만, 필자의 판단으로는 '이에 부질 삼았더라(이것을 변함없는 것으로 여기겠다)'의 의미인 듯하다.[33] 의미의 긴밀성으로는 "此良∨夫作沙毛叱等耶"로 되는 것이지만 전술했듯이 특수한 경우의 통사적 긴밀성을 제외하고는 선행하는 음보에 부족한 음절을 빌려주어 음절량의 비율을 조절하는 것은 전통시가에서 흔히 보이는 일이기에 결과적으로는 "此良夫作∨沙毛叱等耶"로 율독된다. 이상, 2음보.

이상의 결과를 따르면 〈普賢十願歌〉의 첫 수「예경제불가」는 제4행을 제외[34]하고는 모두 2음보로 구성된 것이라 하겠다. 1음보의 주된 음절 수는 4음절이 된다. 그렇다면 이런 현상은 첫 작품에서만 나타나는 것일까? 전체를 조사해 보면 다음과 같은 결과를 얻는다.

---

31 기러기 다∨나라 가고∨셔리ᄂᆞᆫ∨몃 변 온고 〈0397: 初〉
32 剛毅果敢∨烈丈夫요∨孝親友弟∨賢君子ㅣ라 〈역대시조전서: 0110 초장〉
33 이에 대한 자세한 해석은 『구결로 풀어본 보현십원가 해석』(박재민, 연세대학교 석사학위논문, 2002.)를 참조하였다.
34 사실 제4행도 2음보의 가능성이 여전히 남아 있다. "毛叱所只"에 대한 해독에 달렸다.

		보현1	보현2	보현3	보현4
1행	원문	心未筆留	今日部伊冬衣	火條執音馬	顚倒逸耶
	독법	마ᄉᆞ미 부드로(筆로)	오늘 주비들이	火條 심마	顚倒이라
	음보	2음보	2음보	1음보	1음보
2행	원문	慕呂白乎隱仏体前衣	南无佛也白孫舌良衣	仏前灯乙直体良焉多依	菩提向焉道乙迷波
	독법	그리습온 仏体前이	"南无佛여" 슚손 혀이	仏前灯을 디티언대	菩提 아ᄋᆞᆫ∨길을 이바
	음보	2음보	2음보	2음보	2음보
3행	원문	拜內乎隱身萬隱	無盡辯才叱海等	灯炷隱須彌也	造將來臥乎隱惡寸隱
	독법	저누온 모ᄆᆞᆫ(身만은)	無盡辯才ㅅ 바ᄃᆞᆯ	灯炷는 須彌여	밍ᄀᆞ오논 아촌ᄋᆞᆫ
	음보	2음보	2음보	2음보	2음보
4행	원문	法界毛叱所只至去良	一念惡中涌出去良	灯油隱大海逸留去耶	法界餘音只出隱伊音叱如支
	독법	法界毛ㅅ所ㄱ 니르거라	一念아기 솟나거라	灯油는 大海이로구나	法界남악 난임자
	음보	2음보 or 3음보	2음보	2음보	2음보
5행	원문	塵塵馬洛仏体叱利亦乎隱	塵塵虛物叱邀呂白乎隱	手焉法界毛叱色只爲旅	惡寸習落臥乎隱三業
	독법	塵塵마다 仏体ㅅ 利여	塵塵虛物ㅅ 모리습온	소는 法界∨못ᄃᆞ록하며	아촌 習∨디논 三業
	음보	2음보	2음보	2음보 or 3음보	2음보
6행	원문	刹刹每如邀里白乎隱	功德叱身乙對爲白惡只	手良每如法叱供乙留	淨戒叱主留卜以支乃遣只
	독법	刹刹마다 모리습온	功德ㅅ身을∨對ᄒᆞ습악	손에마다 法ㅅ供ᄋᆞ로	淨戒ㅅ主로 디니나곡
	음보	2음보	2음보	2음보	2음보
7행	원문	法界滿賜隱仏体	際于萬隱德海肹	法界滿賜仁仏体	今日部頓部叱懺悔
	독법	法界∨ᄎᆞ신 仏体	ᄀᆞ엄는 德海를	法界∨ᄎᆞ샨 仏体	今日 주비∨돈붓 懺悔
	음보	2음보	2음보	2음보	2음보
8행	원문	九世盡良礼爲白齊	間毛多留讚伊白制	仏仏周物叱供爲白制	十方叱仏体關遣只賜立
	독법	九世 다아 礼ᄒᆞ습져	숫모들로 기리습제	仏仏 두루 物ㅅ供ᄒᆞ습져	十方ㅅ仏体 알곡샤셔
	음보	2음보	2음보	2음보 or 3음보	2음보
9행	원문	身語意業无疲厭	必只一毛叱德置	法供沙叱多奈	衆生界盡我懺盡

10행	독법	身語意業 无疲厭	비록∨一毛ㅅ德도	法供사 하나	衆生界盡 我懺盡
	음보	2음보	2음보	2음보	2음보
	원문	此良夫作沙毛叱等耶	毛等盡良白乎隱乃兮	伊於依波最勝供也	來際永良造物捨齊
	독법	이에 브질 사맛더라	모들 다∨ 솔본 나여	伊於依波 最勝供여	來際 다아∨造物 브리져
	음보	2음보	2음보	2음보	2음보 or 3음보

		보현5	보현6	보현7	보현8
1행	원문	迷悟同体叱	彼仍反隱	皆仏体	我仏体
	독법	迷悟同体ㅅ	뎌 너븐	한仏体	우리 仏体
	음보	1음보	1음보	1음보	1음보
2행	원문	緣起叱理良尋只見根	法界惡之叱仏會阿希	必于化緣盡動賜隱乃	皆往焉世呂修將來賜留隱
	독법	緣起ㅅ理에 ᄎ자보곤	法界아짓 仏會아히	비록 化緣 다 뮈샤나	니건 누리 닷가샤론
	음보	2음보	2음보	2음보	2음보
3행	원문	仏伊衆生毛叱所只	吾焉頓叱進良只	手乙寶非鳴良尒	難行苦行叱願乙
	독법	仏伊衆生 못ᄃ록	나는 돈붓 나삭	소ᄂᆞᆯ 부벼 우러곰	難行苦行ㅅ 願乙
	음보	2음보	2음보	2음보	2음보
4행	원문	吾衣身不喩仁人音有叱下呂	法雨乙乞白乎叱等耶	世呂中止以友白乎等耶	吾焉頓部叱逐好友伊音叱多
	독법	내몸 아닌∨남 잇하리	法雨를 비ᄉᆞᆸ옷다라	누리예 머므ᅀᅳᆸ오쟈녀	나는 돈붓 조초림자
	음보	2음보	2음보	2음보	2음보
5행	원문	修叱賜乙隱頓部叱吾衣修叱孫丁	無明土深以埋多	曉留朝于萬夜未	身靡只碎良只塵伊去米
	독법	닷샬은 돈붓∨내 닷숀뎌	無明土 기피 무다	새배로 朝우만 바미	모미 브삭 드틀여 가미
	음보	2음보 or 3음보	2음보	2음보 or 3음보	2음보
6행	원문	得賜伊馬落人米無叱昆	煩惱熱留煎將來出米也	向屋賜尸朋知良閪尸也	命乙施好尸歲史中置
	독법	얻사리마다 ᄂᆞ미 없곤	煩惱熱로 붓가내미	向屋賜尸朋知良閪尸也	命을 베폴 스싀예도
	음보	2음보	2음보	?	2음보
7행	원문	於內人衣善陵等沙	善芽毛多長乙隱	伊知皆矣爲米	然叱皆好尸卜下里
	독법	어찌 ᄂᆞ미 善陵들ᅀᅡ	善芽 모들 기른	伊知皆矣 爲米	그럿기홀 디누하리

	음보	2음보	2음보	2음보	2음보
8행	원문	不冬喜好尸置乎理叱過	衆生叱田乙潤只沙音也	道尸迷反群良哀呂舌	皆仏体置然叱爲賜隱伊留兮
	독법	안들 깃흘 두오릿가	衆生ㅅ田을 흐웍삼여	길 이븐 群아 셔리혀	한仏体도 그릿하샤니로혀
	음보	2음보	2음보	2음보 or 3음보	2음보 or 3음보
9행	원문	伊羅擬可行等	菩提叱菓音烏乙反隱	吾里心音水清等	佛道向隱心下
	독법	伊羅擬可 녀든	菩提ㅅ여름 오알볼	우리 마음 물 묽든	佛道 아온 ᄆᆞ숨하
	음보	2음보	2음보	2음보	2음보
10행	원문	嫉妬叱心音至刀來去	覺月明斤秋察羅波處也	佛影不冬應爲賜下呂	他道不冬斜良只行齊
	독법	嫉妬ㅅᄆᆞ슴 닐와돌가	覺月발근 ᄆᆞᄉᆞᆯ羅波處여	佛影 안들 應ᄒᆞ샤리	他道 안들 빗격녀뎌
	음보	2음보	2음보 or 3음보	2음보	2음보

		보현9	보현10	보현11	원왕생가
1행	원문	覺樹王焉	皆吾衣修孫	生界盡尸等隱	月下伊底亦
	독법	覺樹王은	한 나이 닷손	生界 다올든	달하 이뎨 / 달하 뎌 믿헤
	음보	1음보	2음보	2음보	1음보 / 2음보
2행	원문	迷火隱乙根中沙音逸良	一切善陵頓部叱迴良只	吾衣願盡尸日置仁伊而也	西方念丁去賜里遣
	독법	이본을 불휘삼산이라	一切 善陵 돈붓 돌악	나이 願 다올 날 된이야	西方까지 가샤리고
	음보	2음보 or 3음보[35]	2음보	3음보	2음보
3행	원문	大悲叱水留潤良只	衆生叱海惡中	衆生邊衣于音毛	無量壽佛前乃
	독법	大悲ㅅ물로 저지악	衆生ㅅ 바돌아긔	衆生邊의 움모	無量壽佛 前에
	음보	2음보	2음보	2음보	2음보
4행	원문	不冬萎玉內乎留叱等耶	迷反群无史悟內去齊	際毛冬留願海伊過	惱叱古音多可支白遣賜立
	독법	안들 이옥이로샤녀	이본물업시 알리거져	ᄀᆞᆺ 모도로 願海이과	惱ㅅ곰 하다 가히 숣고샤셔
	음보	2음보	2음보 or 3음보	2음보	2음보[36] or 3음보
5행	원문	法界居得丘物叱丘物叱	仏体叱海等成留焉日尸恨	此如趣可伊羅行根	誓音深史隱尊衣希仰支
	독법	法界 가득 구믌구믌	仏体ㅅ바돌 이룬 날흔	이다 趣可伊羅 녀곤	다딤 기픈 尊에 우러러
	음보	2음보	2음보	3음보	2음보

행					
6행	원문	爲乙吾置同生同死	懺爲如乎仁惡寸業置	向乎仁所留善陵道也	兩手集刀花乎白良
	독법	홀 나도 同生同死	懺ᄒ던 아촌 業도	아온바로 善陵道라	두손 모도 고초ᅀᆞ바
	음보	2음보	2음보	2음보	2음보
7행	원문	念念相續无間斷	法性叱宅阿叱寶良	伊波普賢行願	願往生願往生
	독법	念念相續 无間斷	法性ㅅ宅앳 寶라	伊波 普賢行願	願往生 願往生
	음보	2음보	2음보	2음보	2음보
8행	원문	仏体爲尸如敬叱好叱等耶	舊留然叱爲事置耶	又都仏体叱事伊置耶	慕人有如白遣賜立
	독법	仏体홀다 敬ㅅ호ᄍᆞ녀	예로 그럿 한일더라	ᄯᅩ 仏体ㅅ 일이도다	"慕人 잇다" ᄉᆞᆲ고샤셔
	음보	2음보	2음보	2음보	2음보
9행	원문	衆生安爲飛等	礼爲白孫仏体刀	普賢叱心音阿于波	此身遣也置遣
	독법	衆生 安ᄒᆞ늘단	礼ᄒᆞᅀᆞᆸ손 仏体도	普賢ㅅ마ᅀᆞᆷ 阿于波	이 몸 버려 두고
	음보	2음보	2음보	2음보	2음보
10행	원문	仏体頓叱喜賜以留也	吾衣身伊波人有叱下呂	伊留叱餘音良他事捨齊	四十八大願成遣賜去
	독법	仏体 돈붓 기꺼샤로다	나이 몸伊波 남잇하리	이롯 남아 他事ᄇ리져	四十八大願 이루샤셔
	음보	2음보	2음보 or 3음보	2음보	2음보 or 3음보

즉, 전 작품을 대상으로 한 110행 중 88행, 다시 말해 약 80%의 시행이 2음보로 구성되어 있음을 보는 것이다. 이 수치는 향가의 주된 음보율이 2음보라 단정할 만한 의미있는 수치인데, 확인을 위하여 여타 장르의 음보율을 통계로 내어 보면 다음과 같다.

	고려가요	시조(진본청구영언)	가사
총작품수	14수	462수[37]	면앙정가 1수[38]
총시행수	259행[39]	1386행	69행
고유음보행수	122행[40]	1140행[41]	59행[42]
비율	약 47%	약 82%	약 85%

---

35 3음보로도 볼 수 있는 이유는 '불휘삼(은) 이라'로도 볼 여지가 있기 때문이다.
36 "惱ㅅ곰다가 숨고샤셔"로 읽을 여지가 있기 때문이다.

37 『진본 청구영언』은 원래 580수의 시조가 실려 있으나, 만횡청류로 분류된 사설시조를 제외하면 462수의 평시조가 남는다. 사설시조는 의도적 파격음보로 이루어진 것이기에 통계에서 제외했다. 만약 이를 포함시키면 시조의 정형 음보율 비율은 훨씬 더 떨어지게 된다.
38 가사는 전체를 검토하기가 하기가 곤란하므로, 〈면앙정가〉 한 수를 대상으로 하였다. 대략적으로 검토해 본 결과 〈상춘곡〉, 〈관동별곡〉보다는 정격률이 낮으며, 후대의 가사에 비해서는 정격률이 높은 듯하다.
39 행 분절은 『고려국어가요의 해석』(최철, 연세대학교출판부, 1996, 58~69면.)을 따랐다. 단, 후렴구는 음악적 장치이므로, 노랫말의 행 합산에서 제외했다.
40 고려가요의 경우는 대체로 3음보를 기저로 하고 있다는 것이 학계의 통설이기에 3음보를 고유음보로 삼았다. 한편, 위 표의 음보 수치는 최철의 상게서에서 제시해 둔 음보값과는 다른 수치이다. 음보 파악에서 견해를 달리하는 부분을 필자가 수정하였기 때문이다. 예를 들어 〈處容歌〉의 첫 구절 '新羅聖代昭聖代'를 상게서에서는 '新羅∨聖代∨昭聖代'로 읽어 3음보 처리하고 있으나 본고에서는 '新羅聖代∨昭聖代'로 끊어 2음보 처리하였다.
음보 산정의 큰 두 원칙은 다음과 같다.
1. 여음구는 모두 제외하였다. 예를 들면, 〈상저가〉의 '히예, 히야해', 〈사모곡〉의 '아소 님하'와 같은 구절은 음보 산정에서 제외했다.
2. 강한 긴밀성을 가지는 부분-조사, 어미- 는 새로운 음보로 독립시키지 않았다. 예를 들면, 〈處容歌〉의 '가ᄅ리네히로셔라'와 같은 구절을 상게서에서는 "가ᄅ리∨네히로∨셔라'로 끊어 읽었지만, 본고에서는 '가ᄅ리∨네히로셔라'로 끊어 읽었다. -셔라는 어미이므로 한 개의 독립 음보로 성립될 수 없다고 판단했기 때문이다.
41 시조는 4음보를 고유음보로 삼았다. 한편, 파격행의 기준은 본고의 향가 음보 설정과 동일한 수준으로 했다. 즉, 본고에서 〈普賢7〉의 '새배로朝우만바미(曉留∨朝于萬夜未 or 曉留∨朝于萬∨夜未)'나 〈普賢10〉의 '이본물업시알리거져(迷反群无史∨悟內去齊 or 迷反群∨无史∨悟內去齊)'와 같이 2음보 혹은 3음보로 볼 수 있는 부분은 모두 파격으로 처리했는데, 시조에서 역시 이와 동일한 구성인 '白雪이ᄌᆞ자진골에('白雪이∨ᄌᆞ자진골에 or '白雪이∨ᄌᆞ자진∨골에'나 '濁醪溪邊에(濁醪溪邊에 or 濁醪∨溪邊에)' 등은 모두 정격이 아닌 것으로 처리하여 산정했다.
42 가사 역시 4음보가 정격이므로, 4음보를 대상으로 검토했다. 본고가 정산한 4음보에서 벗어난 행은 다음의 10개 행이다.
제1행: 无等山 흔 활기 뫼히 동다히로 버더 이셔
제7행: 너ᄅ바회 우히 松竹을 헤혀고 亭子를 안쳐시니
제8행: 구름 튼 청학이 千里를 가리라 두 ᄂᆞ래 버렷ᄂᆞ 듯
제9행: 玉泉山 龍泉山 ᄂᆞ린 믈히
제20행: 두르고 쏘존 거슨 뫼힌가 屛風인가 그림가 아닌가
제26행: 佛臺山 魚登山 湧珍山 錦城山이 虛空에 버러거든
제31행: 오르거니 ᄂᆞ리거니 長空에 쩌나거니 廣野로 거너거니

우리는 그간 고려가요는 3음보를 기저로 하고 있음과, 시조·가사가 4음보를 기저로 하고 있음을 정설로 인정해왔다. 이에 비해 향가의 음보가 4음보를 기저로 하고 있다는 점에 대해서는 여전히 의구어린 태도를 취해왔다. 하지만, 위 통계가 보여 주듯이 보현십원가의 80%에 해당하는 행이 2음보로 되어 있는 사실은 결코 소극적으로 주장될 것이 아니다. 고려가요에 비해 거의 2배 가량의 높은 비율로 음보의 정격을 보여 주고 있으며, 확고한 4음보로 알려진 시조·가사에도 사실상 동등한 비율로 음보의 정격성을 보여 주고 있는 것이다. 즉, 향가는 2음보인 것이다.

6. 결론

본고의 결론은 다음과 같다.

1. 그간 향가의 운율은 3음보 혹은 4음보로 추정되어 왔다. 이 중 3음보는 최근의 논문에서 구체적으로 검증되어 주장되었으나, 4음보는 구체적으로 검증되어 주장되지 않았다. 본고에서는 작품의 해석을 통하여 이를 구체적으로 검증해보고자 하였다.

2. 음보를 결정하는 자질은 '音節量'과 '緊密性'에 있다고 보았다. 이 두 요소가 서로 조절되며 적절한 음보를 찾아갈 수 있었던 것이다. 그러나 이 진행 과정이 자의적인 것만은 아니다. 시조 음보의 관찰을 통해 어떠한 음보적 상황에서도 흔들리지 않는 강한 긴밀성을 지닌 곳을 지적했는데 이는 '명사+조사', '어간+어미', '1음절 수식언+피수식언'이 바로 그것이다. 이

제34행: 籃輿를 빗야 틋고 솔 아릭 구븐 길노 오며 가며 흐는 적의
제44행: 瓊宮瑤臺와 玉海銀山이 眼低의 버러셰라
제67행: 岳陽樓上의 李太白이 사라 오다

것을 기준으로 한다면 율격의 정체가 분명하지 않은 장르라 할지라도 최소한의 논의 기반은 마련될 수 있다고 보았다.

3. 구체적인 어구 분석을 통해 〈보현십원가〉의 율격은 약 80% 정도의 시행에서 2음보로 구성되어 있음을 보았다. 이 수치는 현전 고려가요가 가진 3음보율 비율의 2배에 해당하는 수치이며, 시조·가사가 가진 4음보 율격의 실현 비율과 거의 동등한 수준이 된다. 이로 본고는 향가의 기저 음보율을 2음보라 결론 내렸다.

4. 한편, 이 논의는 향가 25수 중, 〈普賢十願歌〉의 음보율에 국한되어 있다. 즉, 이보다 이른 시기에 향유되었던 『삼국유사』 소재 향가의 음보에 대한 논의로는 나아가지 않았다. 『삼국유사』 소재 향가의 음보율은 후속 논의가 필요할 것으로 본다. 만약 그것 역시 2음보라면 향가의 음보율은 연원에서부터 소멸할 당시까지 엄격한 율격구조 - 혹은 엄격한 악곡구조 - 로 일관한 문학 장르였음을 확인하는 것이 되겠고, 만약 그것이 2음보가 아닌 복합 음보라면 향가가 차차 일정한 정형성을 획득해나가며 진화한 장르란 결론을 내리게 될 것이다. 이에 대한 논의는 향후 작업으로 남긴다.

『고전과해석』 10, 고전문학한문학연구학회, 2011.

鄕歌 해독 100년의 연구사 및 전망
-향찰 체계의 인식과 古語의 발굴 정도를 중심으로-

1. 서론

1918년 金澤庄三郎이 『朝鮮彙報』 4월호에 〈處容歌〉의 해독[1]을 발표한 이래, 향가는 한국 문학의 가장 매력 있는 장르 중 하나로 자리해 왔다. 1000년 전 신라인의 정서를 담고 있다는 점, 그 당시의 언어 모습을 직접적으로 보여 주는 유일한 자료라는 점, 또 난해한 문자의 틈 사이로 신라인의 생활과 문화가 얼핏얼핏 보인다는 즐거움에서 향가는 우리의 적지 않은 주목을 받아 왔다. 그리하여 25수라는 적은 편수에도 불구하고 1,500여 편[2] 이상의 논의가 집중되어 왔던 것이다.

그런데 이러한 집중적인 연구에도 불구하고 향가는 여전히 우리에게 모호한 이미지의 장르로 남아 있다. 그 까닭은 작품의 생성 시기와 현대와의 거리감 등 여러 가지가 있겠으나, 가장 주된 원인은 향가의 표기 수단인 향찰 표기에 대해 가진 막연한 두려움 때문이 아닌가 한다. 그 결과 다음과 같이 향가에는 늘 비슷한 이미지의 평가가 있어 왔던 것이다.

---

1 金澤庄三郎, 「吏讀の硏究」, 『朝鮮彙報』, 조선총독부, 1918년 4월호.
2 화경고전문학연구회 편, 『향가·고전소설관계 논저목록』, 황패강교수 정년퇴임기념, 단국대출판부, 1993.

도대체 향가 해독이 제대로 되지 않았는데 그러한 것을 바탕으로 해서 무슨 문학적인 분석이 가능하겠는가.³

解讀을 읽어 보면 말이 씨가 먹지 않고 뜻이 一脈貫通되지 않는 데가 많아서 마치 現代의 怪物인 모더니즘의 詩를 읽는 것과 같은 느낌을 일으키느니 이것은 그 解讀에 誤謬가 많다는 것을 그 解讀 自體가 證左하는 것이라 할 수 있다.⁴

비록 지나간 시대의 평가이기는 하지만, 오늘날의 우리에게도 여전히 유효하게 인식되어 있는 듯하다. 필자 또한 향가 해독이 완전하지는 않다는 점에 일부 동의한다. 하지만 곰곰이 생각해 보면, 비록 향가의 해독이 아직은 가야 할 길이 먼 것은 사실이지만, 과연 위의 언급 "모더니즘 詩를 연상시킬 만큼"의 괴로운 수준인가라는 의문도 함께 든다. 가령, 균여 향가의 첫 머리에 놓여 있는 다음 작품을 놓고 볼 때, 이 작품의 해독 결과가 그렇게까지 이해하기 어렵거나 용인하기 어려운 수준이라고 평할 정도인가라는 강한 의구가 드는 것이다.

心ᄆᆞᅀᆞᆷ未미 筆붇留으로 慕ᄀᆞ릴白ᄉᆞᆲ乎오隱ㄴ 仏体부텨前알衣ᅌᅴ 拜절內ㅣᆞᆯ乎오隱ㄴ身몸 萬만隱ㄴ 法界법계 毛모叱ㅅ 所도록至 니르거ㅣ良라 塵塵딘딘 馬마洛락 仏体부텨叱ㅅ 刹찰亦여 刹刹찰찰 每마다如ᄃᆞᆫ 邀리모리 白ᄉᆞᆲ乎오隱ㄴ 法界법계 滿ᄎᆞᆫ賜시隱ㄴ 仏体부텨 九世구셰 盡다ᅌᅡ아 禮례ᄒᆞ 白ᄉᆞᆲ져 歎日아ᄋᆞ 身語意業无疲厭신어의업무피염 此이良아 夫ᄇᆞ作절 沙사毛모叱ㅅ等ᄃᆞᆫ耶야	ᄆᆞᅀᆞ미 부드로 그리ᅀᆞ온 부텨 알픠 저ᅀᆞ온 모만 法界 못도록 니르거라 塵塵마락 부텻 刹여 刹刹마다 모리ᅀᆞ온 法界 ᄎᆞ신 부텨 九世 다아 禮ᄒᆞ 숩져 아으 身語意業无疲厭 이익 브질 사못ᄃᆞ야	마음의 붓으로 그린 부처님 앞에 절하는 몸은 법계 두루 이르구나. 티끌마다 부처 세계여 세계마다 모신 법계 차신 부처님 구세 다하도록 예하고저. 아 신어의업 싫증 없이 이에 변함없음 삼도다.

〈균여전, 보현 1(예경제불가)〉⁵

---

3 장덕순의 질의(정병욱, 『증보판 한국고전시가론』, 신구문화사, 1983, 94~95면).
4 이탁, 「향가신해독」 서문, 『한글』 116, 한글학회, 1956, 446면.

그렇다면, 향가의 해독에 대한 불신은 어쩌면 향가 해독의 결과 자체 때문에 발생한 것이 아니라, 초기 향가 해독의 어려웠던 사정에 대한 막연한 선입견이 되풀이된 결과라 볼 여지도 있지 않을까?

본고는 이렇듯 구체성 없이 인상 비평에 의해 평가되고 있는 향가 해독의 성취 정도를, 보다 뚜렷한 기준을 세워 가늠해보기 위해 집필되었다. 향가 연구의 초창기에서 어떤 작업이 있었고, 이것이 그 후 어떻게 완성도를 높여 나갔고, 지금은 어느 정도의 수준으로 향가가 해독되어 있는가를 제시하는 것을 목표로 한다.

이를 위해 시대별로 향가 연구서를 논하되, 두 가지 영역의 기술에 중점을 두고자 한다. 하나는 향가에 쓰인 문자 체계를 합리적으로 파악하고 있는가, 다른 하나는 얼마나 많은 古語를 확보하여 해독을 진행하였는가가 그것이다. 정확한 문법 지식과 다양한 어휘의 확보는 언어를 이해하는 두 개의 벼리[綱]가 될 만하다.

2. 연구 대상과 방법

본고는 우선 시기를 크게 넷으로 나누어 고찰하려 한다. 각 시기에 저술된 목록을 요약해 보면 다음 표와 같다.

연도		저자	서명	출판
20~30 년대	1918	금택장삼랑 (金澤庄三郎)	吏讀の硏究(『朝鮮彙報』 1918년 4월호)	조선총독부
	1923	점패방지진 (鮎貝房之進)	國文(方言俗字), 吏吐, 俗證造字, 俗音, 借訓字(『朝鮮史講座』 제1~3호)	조선사학회

---

5 박재민,『고려향가변증』, 박이정, 2013, 158면.

	1929	소창진평 (小倉進平)	향가 및 이두의 연구	경성제대 법문학부
40 년대	1942	양주동	조선고가연구	박문서관
	1947	지헌영	향가여요신석	정음사
50~80 년대	1954	정렬모	신라향가주해	북한: 국립출판사
	1956	이탁	향가신해독(『한글』116)	한글학회
	1956	홍기문	향가해석	북한:국립문학예술서적 출판사
	1958	홍기문	고가요집	북한:국립문학예술서적 출판사
	1965	정렬모	향가연구	북한 : 사회과학원출판사
	1967~ 1969	김선기	현대문학 145~177집	현대문학사
	1972	정연찬	향가의어문학적연구	서강대인문과학연구소
	1974	김상억	향가	한국자유교육협회
	1975	서재극	신라향가의 어휘연구	계명대학교출판부
	1979	김준영	향가문학	형설출판사
	1980	김완진	향가해독법연구	서울대학교출판부
	1985	최학선	향가연구	도서출판 우주
	1987	정창일	향가신연구	세종출판사
	1988	양희철	고려향가연구	새문사
90년 이후	1993	금기창	신라문학에 있어서의 향가론	태학사
	1994	유창균	향가비해	형설출판사
	1995	강길운	향가신해독연구	학문사
	1996	최남희	고대국어형태론	박이정
	1997	양희철	삼국유사향가연구	태학사
	2000	신재홍	향가의 해석	집문당

〈표1〉

〈표 1〉에서 보이듯이, 향가 연구의 여명기는 1910년대 후반부터 30년대까지로, 주로 일본 학자들에 의해 착수되고 주도되었다. 이후 양주동의 『古歌研究』가 1940년대에 집필되었고, 1950년대는 북한 학자들의 저술이 나왔다. 1970년대는 대학에 자리를 잡은 전문 연구자들에 의해 많은 연구가 이루어진 것을 본다. 이 시기는 정연찬, 서재극, 김준영 등이 이끌었고, 그 영향의 마지막 시기이던 1980년에 향가 연구의 스테디셀러로 자리매김한 김

완진의 『향가해독법연구』가 나왔다. 이후 1980년대는 정창일 등 재야 학자에 가까운 연구자의 저술이 발간되었고, 90년대가 되자 금기창, 유창균, 강길운 등의 노학자들의 저술이, 학문 생애의 결산 삼아 학계에 제출되었다. 90년대를 거치며 이름을 알린 양희철과 신재홍은 아직도 왕성한 활동을 하는 향가의 대표 연구자들이다.

그렇다면 이런 흐름으로 산출된 향가 연구서는, 양으로만 보자면 적지 않은 열정이 쏟아 부어진 것인데, 과연 해독도 그것에 비례하여 진척되었던가? 또 그 결과는 어느 정도로 완성되었다고 평가할 수 있을 것인가? 전술했듯이 평가의 부문은 문법 체계의 이해와 古語의 문증이라 할 수 있다. 그런데 문제는 고어의 문증 정도를 어떻게 계량화할 수 있는가란 것이다. 문법 체계의 이해는 그들이 향찰 표기를 어떻게 체계화하고 있는가를 살피면 어렵지 않게 검증 가능하겠지만, 옛말의 파악 비율은 어떤 기준을 세워두지 않으면 객관적 수치화가 어려울 듯하다. 우선 시대별 연구자의 특징을 짚어가며, 그 점에 대해서는 해당 지점에서 논한다.

3. 1920~30년대의 해독: 소창진평의 연구

향가 해독의 본격적 서막을 연 소창진평의 공로는 첫째, 한 편의 저술에 향가 작품 모두를 망라하며 확정한 점에 있다. 그 이전의 두 연구인 1918년의 金澤庄三郞과 1923년의 鮎貝房之進이 각각 〈處容歌〉 1수 혹은 〈處容歌〉, 〈薯童謠〉, 〈風謠〉만 다루었던 데 비해, 소창진평은 균여향가 11수와 『삼국유사』 소재 향가 14수를 모두 대상으로 삼았다. 그의 연구 이후 향가 작품의 범주에 추가된 작품으로 〈悼二將歌〉가 있을 뿐이란 점에서 그는 향가 장르를 하나의 학문 영역으로 확정한 역할을 했다고 하겠다. 또, 수록하면서 原典의 誤字에 대한 꼼꼼한 비평을 행한 점[6]도 간과할 수 없다. 원전의 양과 질 모두를 놓치지 않았다는 점에서 그는 향가연구의 성실한 개척자로 인정된다.

그런데 소창진평의 진가는 단순히 텍스트를 집성하여 학계에 보고한 데 있는 것이 아니다. 그는 텍스트에 내재한 여러 원리들을 살피고 그 사항들을 체계화한 연구자란 점에서도 의의가 깊다. 작품 단위로 보아 향가의 형식을 3種으로 분류[7]한 점, 향가에 사용된 漢字들이 新羅語의 音 또는 訓과 연관되어 있음을 인지[8]한 점, 향가에 나온 한자들이 다양한 문법적 기능을 하고 있음을 폭넓게 밝힌 점 등 해독을 위해 필요한 대부분의 영역에 대한

---

[6] 원전의 글자를 오자라고 판단하고 정정하여 해독한 곳은 다음의 5곳인데, 모두 인정된다.
切德(칭찬여래가, 균여전 원문) → 功德(소창진평 61면), 逐好支(상수불학가, 균여전 원문) → 逐好友(소창진평 123면), 止以友(청불주세가, 균여전 원문) → 止以支(소창진평 119면), 知右如(안민가,『삼국유사』원문) → 知古如(소창진평 163면), 大大平(안민가,『삼국유사』원문) → 太平(소창진평 163면),
하지만 잘못 파악한 글자도 있는데, 다음과 같다. (방점은 필자)
衆生界盡我懺盡(참회업장가, 균여전 원문) → 衆生界盡我懺悔(소창진평 78면), 日遠鳥逸(우적가,『삼국유사』원문) → 日遠烏逸(소창진평, 232면), 喰惡支(안민가,『삼국유사』원문) → 喰惡支(소창진평, 163면), 國惡支(안민가,『삼국유사』원문) → 國惡支(소창진평, 163면), 持以支(찬기파랑가,『삼국유사』원문) → 持以支(소창진평, 172면), 多可支(원왕생가,『삼국유사』원문) → 多可支(소창진평, 201면)
이상은 분명한 오류이고, 이외 후대연구자들이 수정하여 해독하는 경향이 강한 곳으로는 서동요의 "夗乙"이 있다. 소창진평과 양주동은 "卯乙(소창진평, 189면)"로 보았으나, 근래의 연구자들은 "卵乙"로 보는 경향이 강하다. 또 우적가의 "好尸曰(소창진평, 234면)"도 양주동 이래 "好尸日"으로 보는 경향이 강하다. 그리고 그의 판단에 의문을 제기할 만한 곳으로는 청불주세가의 "鳴良尔(균여전 원문)"이 있다. 소창진평과 양주동 이래 많은 학자들이 "鳴良爾(소창진평, 116면)"로 보고 있지만, "鳴良尔"일 가능성이 높다. 마지막으로 칭찬여래가의 "間王冬留"는 그의 해독(소창진평, 56면) 이후 아무 문제없는 자로 알려져 있었으나, 최근 구결학회에서 오대산의 善本을 검토한 결과 "間毛冬留"임이 밝혀졌다.
[7] 一. 한 首의 향가는 4句 또는 8句로 이루어진다.(一首の鄕歌には四句又は八句より成る.)
一. 8句로 된 향가에는 원칙적으로 끝에 2句로 된 後句가 붙어 있다.(八句より成る鄕歌には,原則として終りに二句より成る後句が附いて居る.)
一. 4句로 된 향가에는 後句가 없다.(四句より成る鄕歌には後句が無い.)〈소창진평, 264~265면.〉
[8] 향가의 漢字는 우리 萬葉集에서의 한자와 같이 그 訓 또는 音으로써 읽는 것이다(鄕歌中の漢字は我が萬葉集に於ける漢字の如く, 其の訓又は音を以て讀むのである.)〈소창진평, 236면.〉

관심을 보이고, 그 결과를 남겼다는 점으로도 적지 않은 연구사적 위상이 있다.

향가 연구에 있어 소창진평의 가장 큰 공적은 노랫말을 어절별로 나누어, 빠짐없이 그 의미를 풀이하였다는 데 있다. 이전의 연구에서도 어절별로 나누어 설명하려는 시도가 있었지만, 소창진평은 25수 전체를 어절에 맞추어 풀이하였다는 점, 그 이해도 또한 높았다는 점에서 鮎貝房之進의 연구에서 몇 步는 더 나아간 것이라 평할 수 있다. 둘의 설명을 잠시 비교해 보면 다음과 같다.

	점패방지진(1923, 209면)	소창진평(1929, 190면)
他密只	"나밀긔"라고 읽는다. 他는 뜻이 '남'이고, '密'은 음으로 읽어 '밀'인데, 남의 어미에 붙어 … '나믈·나밀'이라 읽는다.	"남(애) 그스기". '他'는 '남'이라 읽는데, '他人'의 의미, … '密只'는 '그스기'(後世에는 변하여 '그으기')라고 읽어 '몰래'의 의미이다. '그스기'라는 말은 古語에 속해 흔 소리로 그스기 불기시며 (法華經) 이슬은 그스기 화ᄒ샤미라 (同前) 그으기 衰職을 돕ᄉ와 (杜詩諺解) 그으기 巧호믈 펴ᄂ니 (同前) 등과 같이 용례가 아주 많다.

〈표2〉

위의 내용은 〈薯童謠〉의 2행 "남 몰래 얼어 두고(他密只 嫁良置古)"를 설명하는 데서 가져왔다. 이 둘 간의 차이는 크다. 우선, 점패방지진의 설명은 고문헌의 인용이 없고 간략하다. 이에 비해 소창진평의 설명은 고문헌의 용례를 수반하고 있다. 또, 점패방지진의 설명은 잘못된 부분이 눈에 띈다. '密'을 '남'의 목적격을 위한 차자 '믈'로 파악하고 있음을 본다. 하지만 소창진평은 이를 漢字로 파악한 후, 이에 해당하는 고유어는 '그스기·그으기'라고 정확히 기술하고 있다. 그리고 용례의 제시 또한 일정한 의도를 가지고 배열하고 있음을 본다. '그스기'와 '그으기'를 둘씩 들면서 이 어휘의 역사적 변천도 알 수 있도록 유도하고 있다.

  그는 이런 방식으로 향가의 총 어절들을 해독했던 것이다. 그렇다면 그는 몇 어절들을 해결해 내었을까? 그리고 그의 해석 중 몇 어절이 올바른 파악으로 인정될 수 있는 것일까? 그것을 알 수 있다면 그것이 바로 소창진평의 향가 해독률이라 할 수 있을 것이다.

  그렇다면 이를 직접 계산해 보도록 하자. 먼저, 이를 확인하기 위해서는 향가 25수의 어절 수를 알아야 하고, 그 어절마다 행해진 해독의 타당성을 검토해 보면 될 것이다. 일단, 향가 25수의 전체 어절은 기계적으로 헤아릴 수 있다. 가령, "君隱父也 臣隱愛賜尸母史也"(안민가)와 같은 구절은 "君隱 父也 臣隱 愛賜尸 母史也" 정도로 끊을 수 있으니, 5어절인 것이다. 이런 방식으로 향가 25수 220행의 어절을 분절하면 총 715어절 가량이 됨을 확인[9]할 수 있다.

  그렇다면 그의 해석이 적중했는지의 여부는 어떻게 판단할 수 있을까? 그것 역시 "君隱 父也 臣隱 愛賜尸 母史也"라는 문장을 예로 들어 고안해 보자. 이 문장에서 '隱, 也, 尸, 也' 등은 문법적 기능을 담당하는 글자들로 해석 자체의 부담이 거의 없는 글자들이다. 그렇기에 이 글자들은 우선 의미 파악에 별 변수가 되지 않는 부분으로 간주할 수 있다. 따라서 우리는 위 문장에서 '君, 臣, 愛, 母' 등 어휘의 뜻을 파악했는가의 여부로 해당 어절을 파악했는가를 어느 정도는 계량할 수 있게 된다.[10]

  다소 시간이 걸리는 작업이긴 하지만, 초기 연구가 성취한 향찰의 해독

---

9 분절의 실제 양상은 논문의 말미에 첨부한 〈향가 어절 분절표〉를 참조할 것.
10 물론, 아주 섬세한 입장에서 말할 때, 이런 식으로 계량하면 수치는 실제보다 다소 높게 나타날 수 있다. 왜냐하면 이 방식은 어절의 후반 부분, 즉 조사와 어미 부분을 완전히 다 안다고 전제하고 있기 때문이다. 실제로 향찰 해독의 어떤 부분은 어두의 의미를 파악했다고 해도 조사 혹은 어미의 기능이 애매하여 전체 의미 파악이 어려운 경우가 있는 것도 사실이다. 하지만 이 점을 감안하더라도 이 방법은 유효하리라 본다. 조사와 어미의 경우 이견이 있는 곳이 그리 많지는 않고, 이견이 있다 하더라도 현격한 의미 차이가 있는 경우는 더 드물기 때문이다.

율을 확인하는 것은 향가 해독의 역사를 기술하는 데 중요한 정보이므로 번거로움을 무릅쓰고 살펴보았다. 그 결과가 글의 부록으로 붙인 긴 표 〈향가 어절 분절표〉인데, 이 표에 따르면 소창진평은 우리가 해독의 대상으로 삼는 향찰의 총 715개 어절 중, 514개소에서 語節 語頭의 의미를 정확히 파악한 것으로 나타났다. 이를 비율로 바꾸면 514/715 즉, 72%가 되는데, 이로써 우리는 소창진평의 해독률을 구체적으로 말할 수 있게 되었다. 어절 단위로 볼 때, 그는 약 70% 정도의 해독에 성공했던 것이다.

소창진평의 공로 중 마지막으로 언급할 것은 문법소에 대한 설명을 비교적 정확히 하고 있다는 점이다. 앞에서 예로 든 〈安民歌〉의 구절에서도 볼 수 있듯이 향찰의 어절은 "[실질 의미를 지닌 語頭] + [형식형태소가 나타나는 語末](ex. [君실질어두] + [隱형식어말], [父실질어두] + [也형식어말] 등)"로 구성되는 경우가 많은데, 이 형식형태소의 위치에서 구사된 차자들의 음가와 기능이 모두 그의 저술에 기술되어 있음을 본다. 아래는 그것들 중 주요 조사들을 모아 본 것인데, 현대의 연구에 비해 볼 때도 별 손색이 없다.

【주격조사】- '은, 은'
'隱'은 주격을 표하는 조사 '는(৮)' 또는 '은(৫)'을 대신해 쓰인다. 〈소창신평, 68면〉
'焉'은 주격을 표하는 조사 '은'이다. 〈소창진평, 165면〉

【목적격조사】- '을, 을'
'乙'은 음이 '을'로 목적격을 표시하는 조사 '을' 또는 '을'을 대신해 쓰인다. 〈소창진평, 67면〉
'尸'는 목적격 을·을 등을 표하는 데 쓰인다. 〈소창진평, 127면〉

【관형격조사】- '의, 이, ㅅ'
'矣'는 음이 '의'로 'の'를 뜻하는 '의'에 쓰인다. 〈소창진평, 176면〉
'衣'는 향가에서 많이 持格 '의(の)'의 의미로 쓰인다. 〈소창진평, 57면〉
'叱'은 持格을 표시하는 조사로 오늘날의 '의' 또는 'ㅅ'에 쓰인다. 〈소창진평, 45면〉

【부사격조사】- '애, 에, 예'
'衣'는 '애'로 장소를 표시하는 조사 'に'의 의미이다. 〈소창진평, 38면〉
'良'은 장소를 나타내는 조사 '애'의 의미이다. 〈소창진평, 182면〉
'中[예]'은 '良中'과 같은 뜻으로 … 장소를 나타내는 'に'의 의미로 쓰인다. 〈소창진평, 119면〉

> 【종결사】- '-다, -고'
> '古如'는 '고다'로 읽으며 文句의 끝에 붙는 助詞이다. 〈소창진평, 166면〉
> '多'는 음이 '다'이므로, '來叱多' 석자를 '왓다'로 읽는다. 〈소창진평, 217면〉
> '古'는 음이 '고'로 영탄의 의미인 '고'를 표시한 것이다. 〈소창진평, 198면〉
> '遣'은 '고'로 읽는다. "去賜里遣 가샤리고?" 〈소창진평, 203면〉

4. 1940년대의 해독: 양주동의 연구

잘 알려져 있다시피 양주동은 소창진평의 글에 感發하여 향가 해독에 일생을 걸었던 연구자이다. 그는 향가를 연구하게 된 계기를 다음과 같이 술회하고 있다.

> 「京城帝國大學 紀要 第一卷」이란 副題가 붙은 그 책을 빌어 처음엔 好奇心으로, 차차 驚異와 感歎의 눈으로써 하룻밤 사이에 그것을 通讀하고 나서 나는 참으로 글자 그대로 敬歎했고, 한편 悲憤한 마음을 금할 길이 없었다. 첫째 우리 문학의 가장 오랜 遺珠, 더구나 우리 文化 내지 사상의 현존 最古原流가 되는 이 귀중한 「鄕歌」…
> 〈양주동, 889~890면〉

그렇기에 양주동의 해독은 日人 소창진평의 범주를 넘어서려는 목표와 함께 진행되었다. 그 일은 쉬운 일이 아니었을 것이다. 앞에서 보았듯이 소창진평은 이미 향가를 이루는 700여 어절을 모두 다루면서 그 중 514 어절에 대해서 현대적 의미 및 관련 古語를 발굴하는 녹록치 않은 성취를 이룬 바 있다. 하지만 시대적 悲憤에서였을까, 양주동의 문헌 섭렵 범위는 양과 질에서 압도하며 소창진평의 그것을 훌쩍 넘어 선다.

우선 古語를 文證하기 위해 동원한 고문헌의 분량 및 용례의 수효에서 볼 때, 양주동은 소창진평의 10배 정도의 공력을 쏟았음이 확인된다. 『고가연구』에 가장 많이 참조된 고문헌은 『杜詩諺解』인데, 무려 500회 이상의 용례를 제공하고 있음을 본다.[11] 이 과정을 통하여 양주동은 보다 풍부하고 정확한 고어를 『고가연구』에 수록한다. 그가 소창진평의 해독을 부인하고 새로운 고어로 보충한 곳은 54회에 달하고, 소창진평이 인용한 고어에서도 정확하지 않은 어형의 고어 또한 모두 선초 문헌에서 보다 정확한 어형을 찾아 100여 개 이상 고가연구에 수록했음을 본다. 이를 적용하여 양주동과 소창진평이 수집한 고어의 합을 비율로 환산해 보면 568[12] / 715가 되어 79%의 성취율을 확인하게 된다. 결국, 어절 단위로 볼 때 양주동 시대에 향가 작품 전체 해독에 필요한 어휘의 80%가량을 확보하여 활용하였고, 양주동은 이에 준하는 비율로 성공적인 해독을 했던 것이라 풀이할 수 있다.

향가 연구에서 양주동의 공로는 압도적인 고문헌 섭렵을 통해 이룬 양적인 부문에서 그치지 않는다. 그는 향가를 어학의 대상이 아니라 문학의 대상으로 바라보게 만든 장본인이기도 하다. 그가 『고가연구』에서 향가를 대하는 태도를 보면, 어학자의 입장이 아니라 문학자의 입장임을 시사하는 부분이 적지 않다. 우선 작품의 배열을 보면, 소창진평은 보현시원가를 앞세우지만 양주동은 『삼국유사』의 작품들을 앞세우고 있음을 본다. 이것은 종교적 관념을 담은 작품보다는 신라의 서정성을 담은 작품 탐구에 더 우선적인 목적이 있었음을 시사하는 것이라 하겠다. 시어를 풀이하는 데 소요된 문헌 또한 詩的인 면을 환기하는 의도가 감지된다. 소창진평은 전혀 인용하지 않은 고려가요를 때맞추어 인용하고 있는데, 어쩌면 그는 이렇게 함으로써 "나는 詩를 詩로써 풀이하는 작업을 하고 있노라"는 암시를 행간으로 하고 있지 않았나 한다. 다음의 인용을 보자.

---

11 이는 소창진평의 인용 횟수 50여 회에 비해 볼 때 10배가량 많은 것이다. 인용 횟수는 필자 검토 결과임.
12 소창진평이 적중한 고어 514에 양주동이 추가로 발굴한 고어 54를 합한 수치이다.

		소창진평(1929)	양주동(1942)
(1)	春	春은 훈으로 '봄'이라 읽는다. 〈소창진평, 150면〉	春 訓讀「봄」 봄날 봄盤잇 ᄀᆞᄂᆞ 생채를 (春日春盤細生菜) (杜諺卷11,1) 보미 치우니 고지 뎌기 더듸도다 (春寒花較遲) (杜諺卷11,8) 春 봄 (字會上, 1) 〈양주동, 상게서, 76면〉
(2)	風	風은 'ᄇᆞ름'이라 읽는다. 「鷄林類事」에도 「風曰 ᄇᆞᄅᆞᆷ」이라고 써이 있다. 〈소창진평, 212면〉	風 訓讀「ᄇᆞ름」 風曰 ᄇᆞᄅᆞᆷ (鷄林類事) 불휘기픈 남ᄀᆞᆫ ᄇᆞᄅᆞ매 아니뮐씨 (龍歌, 2장) 믹온 ᄇᆞᄅᆞ미 하도다 (多烈風) (杜諺卷18,12) 風 ᄇᆞ름 (字會上2) 〈양주동, 상게서, 552~553면〉
(3)	進	'進'은 옛날에는 '나살'로 새겼으나 후세에는 '나알'로 쓰게 되었다. '나살'은 自動詞에 속하므로 여기에는 부적당하다. 고로 일단 原文의 뜻을 찾아서 '들일'로 읽어 둔다. 〈소창진평, 113면〉	進 訓讀 낫 나ᅀᆞ오던덴 목숨 기트리잇가 (龍歌51장) 僕從들히 녀 수이 나ᅀᅡ오디몯ᄒ고(僕夫行不進) (杜諺1,41) 進 나ᅀᆞᆯ (字會下 26) 덕이여 복이라호ᄂᆞᆯ 나ᅀᆞ라 오소이다 (樂學軌範 動動) 進賜 나오리 ○堂下官尊稱也 (吏讀便覽) 〈양주동, 상게서, 787면〉

고어의 경우, 소창진평은 많은 용례를 동원하며 납득할 만한 수준의 설명을 하고 있음은 앞의 '密只'에 대한 설명에서 본 바와 같지만, 현대어와 형태적 차이가 크지 않은 어휘의 경우 위 표에서 보듯, 대체로 건조한 한 줄 설명으로 대신하거나, 자전 및 언해류의 용례만 간략히 보일 때가 많다. 그러나 양주동은 아무리 평이한 단어라도 생략하는 법이 없다. 그는 현대어와 형태가 같은 '春-봄'과 같은 어휘에 대해서도 고문헌의 용례를 수록하여 현대어의 어원을 알 수 있게끔 유도하고 있다. 그리고 가능하면 詩歌 관련 古文獻 자료를 동원하여[13] 수록하고 있음을 본다. 이로 볼 때 그의 연구는

---

13 양주동이 가장 많이 활용한 고문헌은 杜詩諺解[약 550회]이다. 다음으로 龍飛御天歌[약 265회], 月印千江之曲[약 248회], 訓蒙字會[약 116회], 樂學軌範[약 98회], 鷄林類事[약 74회], 永嘉集諺解[약 63회], 樂章歌詞[약 57회] 순으로 이어지고 있다. 소창진평은 龍飛御天歌[약 54회]를 가장 많이 인용했고, 杜詩諺解[약 46회], 法華經諺解[약 37회], 訓蒙字會[약 37회], 圓覺經

그 지향이 단순히 말의 의미를 알아내는 데만 있었던 것이 아님을 알게 한다. 자료 제시를 통하여 그는 문학적 풍취 또한 함께 상기시켜 보고자 했던 것으로 생각된다.

한편 양주동은 광범위한 문헌 섭렵으로 소창진평이 인지하지 못했던 단어 및 음운을 파악하기도 했다. 새로운 단어는 50여 개 더 추가했고, 소창진평이 제대로 반영하지 못했던 古形도 100여 개소나 수정했음을 전술한 바와 같은데, 이 중 가장 인상적인 부분 중 하나는 'ㅸ'의 발견이다. 향가에는 '反'으로 표시되는 어휘가 총 7회 - 哀反多羅, 哀反多矣徒良(이상, 풍요), 彗星也白反也人(혜성가), 彼仍反隱, 菓音烏乙反隱(이상, 보현6), 道尸迷反群(보현7), 迷反群(보현10) - 출현하는데 소창진평은 이 어휘들을 각각 "哀反-서러외, 白反-슬욀, 仍反隱-지ᄌ야, 烏乙反隱-열니야, 迷反-왼"으로 풀이한다. 그의 문헌 섭렵 범위로는 '哀, 白, 仍, 烏乙, 迷'의 훈 속에 잠재해 있는 '反'에 가까운 공통음을 발견하지 못하여 '외 혹은 야'음을 나타내는 차자로 여겼던 것이다. 하지만 양주동은 이들이 각각 '셟-, 숣-, 넙-, 오읇-, 입-'를 나타내는 字임을 정확히 포착한다. 그리고 이들의 '反'을 이들 訓의 末音에 대응시켜 각각 "셜븐, 살븐, 너븐, 오을븐, 이븐"로 正解하였던 것이다. 이렇듯 양주동은 소창진평이 가지 못했던 어휘 범주까지 섭렵하여 그곳의 어휘로써 향가를 해독하였던 바, 향가의 어휘를 최대 폭으로 문증해 낸 업적이 있다.

양주동의 업적은 방대한 문헌을 통한 어휘의 발굴과 교정에만 그치지 않는다. 그는 소창진평이 2분류하였던 향찰의 체계를 6분류하여 체계화한 공도 있다. 그는 향가에 사용된 모든 글자를 다음과 같이 義字와 借字로 大別한다.

諺解[약 36회], 月印千江之曲[약 22회], 千字文[약 22회], 捷解新語[약 21회], 鷄林類事[약 16회] … 樂學軌範[1회] 순으로 이어지고 있다. 양주동의 참고 문헌에 『악학궤범』과 『악장가사』가 순서에 들어 있는 반면, 소창진평의 참고문헌에는 『악학궤범』 1회만이 들어 있을 뿐 천자문류와 언해류가 중심이 되어 있다는 점에서 두 연구자가 향가를 대하는 목적이 뚜렷이 달랐음을 알게 된다.

二十五首의 詞腦歌는 周知하는 바와 같이 全部 漢字로 記寫되었는데 그 用字法은 義字와 借字로 大別된다. 廣義로 보면 일체의 漢字가 모두 借字 아님이 아니나, 여기 이른바 '借字'란 義字가 漢字를 原意대로 쓴 것임에 反하야 漢字의 原意와는 關係됨이 업시 그 音訓만을 빌어 我語를 表記함을 이르는 것이다. 〈양주동(1965:59)〉

이 분별은 향가에 쓰인 글자의 속성을 꿰뚫어 본 것이라 하지 않을 수 없다. 이전의 향가 연구자인 소창진평 또한 향가에 쓰인 한자를 二分[14]한 적이 있지만 그것은 모두 의미를 지니지 않는 글자 즉, 借字에 대한 이분이었던 데 반해, 양주동은 '原意를 지니는 자'와 '原意를 지니지 않는 자'에 대한 개념을 제시했다는 점에서 연구사적 의의가 막중하다.

이후 그는 향가에 쓰인 글자를 보다 세분하여 다음과 같은 틀을 제시하는데, 이 틀의 골격은 후대의 연구자들이 자신의 체계를 세워가는 데 큰 기여[15]를 하게 된다.

---

14 소창진평은 향가에 사용된 한자에 대해 다음과 같이 2대분하여 보고 있다. "吏讀에 사용된 漢字는 萬葉假名와 같이 그 訓 또는 音으로써 읽는다(吏讀に使用せられた漢字は萬葉假名の如く其の訓又は音を以て讀む.)"〈小倉進平,『鄕歌及び吏讀の硏究』, 京城帝國大學, 1929, 477면.〉

15 단 이 표에서 보이는 義訓讀과 義訓借는 불필요하다는 것이 학계의 중론이다. 그가 義訓讀할 곳과 義訓借字로 밝힌 곳은 30여 개소 정도인데, 살펴보면 의훈독은 훈독, 의훈차는 훈차자에 귀속시켜도 무방함을 알 수 있다. 그가 밝힌 의훈독할 부분과 의훈차자를 망라하면 다음과 같다.
義訓讀 : 皆('한' 801, 827, 844면), 敎('이시' 213, 620면), 今日('오늘' 525, 703, 758면), 兵物('잠개' 658면), 所('드로' 683, 863면), 如('둣' 630면), 悟('알리' 847면), 邀('뫼시' 691, 711면), 自('저' 640면), 將來('ㄹ·려' 590, 641, 747, 789면), 中('힌' 189면), 之('읫' 628면), 何如('엇디' 429면)
義訓借 : 年數('살' 125면), 念('쎠' 503면), 如('다' 243, 311, 356, 400, 453, 488면), 以('ㄹ' 279면), 之叱('앛' 634면)

一. 義字

1. 音讀 : 善化公主主隱　　善化公主,　　　　　　法界毛叱所只 法界
2. 訓讀 : 去隱春 가·봄,　　　　心未筆留 ᄆᆞᅀᆞᆷ·분
3. 義訓讀 : 今日此矣 오늘　　　何如爲理古 엇다

二. 借字

1. 音借 : 薯童房乙 을,　君隱父也 은·여
2. 訓借 : 民是 이
3. 訓訓借 : 遊行如可 다　　　　　　　　　　　〈양주동, 60면〉

양주동이 소창진평을 넘어선 또 다른 부분도 있는데, 음운을 가급적 일관된 방식으로 파악하고자 노력했다는 점이다. 소창진평의 연구는 여러 장점이 많았지만, 특정 글자의 중심 음을 잘못 설정하거나, 음역을 지나치게 넓게 잡은 흠을 지니고 있었다. 가령 '只'만 보더라도, 그는 중심음을 다음과 같이 '-아/-어'로 보고 있으며, 변주음 또한 예닐곱 개의 음으로 설정하여 해독에 적용하고 있음을 본다.

'只'는 'ㄱ'(소창진평, 71면), '只'는 '기'(소창진평, 63·191·234면), '只'는 '-아·-어'(소창진평, 84·93·113·115·126·130·133·137·209·231면), '只'는 '악'(소창진평, 222면), '只'는 '이'(소창진평, 61·126면), '只'는 '지'(소창진평, 43·96면), '只'는 '티' (소창진평, 197면), '只'는 잉여자(소창진평, 19·93·168면)

그러나 양주동은 '只'의 중심음을 정확히 'ㄱ, 기'로 인지[16]하고 있다. 이런 여러 점 등으로 볼 때, 양주동은 소창진평이 개척한 어석의 지평을 뚜렷하

---

16 "「只」는 「디·지·기」 互轉에 依하야 「지」 혹은 「기」에 音借되나, 本條의 「只」는 … 바로 「ㄱ」임을 알 것이다."〈양주동, 295~296면.〉

게 넘어섰다고 할 수 있겠다.

5. 1950~80년대

소창진평과 양주동의 연구 이후 많은 연구자들이 그들의 연구를 보완하기 위한 노력을 경주했다. 전게한 표에서 보이듯이 50년대에 정렬모, 이탁, 홍기문 등의 저술이 나왔고, 60년대 김선기의 독특한 해석을 거쳐 70년대에는 정연찬, 김상억, 서재극, 김준영 등의 연구가, 80년에는 김완진의 『향가해독법연구』가 출간되었다.

그런데 이 시기의 저술들을 보면, 연구의 분위기가 초기와는 사뭇 다르다. 초기의 연구가 방대한 고문헌을 섭렵하여 귀납적으로 구절 하나하나의 의미를 밝혀 나간 데 반해, 이 시설의 연구는 간략한 몇 문헌만을 자료로 삼아 문증하거나, 몇몇 방언을 간헐적으로 추가하는 정도에 그치고 있음을 본다. 그렇기에 이탁의 연구는 25수의 해독 모두를 담고 있지만 결과물은 불과 몇 십 페이지에 불과하고, 정연찬, 서재극의 저술도 수십 매 정도로 마무리되어 있다. 김완진의 저술 또한 작품 한편을 해독하는 데 서너 장밖에 소요되지 않을 정도로 간략한 설명을 위주로 하고 있음을 본다.

귀납적 방법이 더 이상의 진척을 못한다고 판단될 때 미지의 영역을 개척하는 방법은 연역에 의한 것밖에 없었기 때문일까, 이 시기에는 이미 간파된 속성을 이론 삼아 다른 부분에 연역적으로 적용하는 방법론을 구사하는 방법론이 등장하기도 한다. 김완진이 主唱한 訓主從音의 원칙, 指定文子說 등은 이런 방법론의 대표적인 예가 된다.

그런데 이 시기 "향가의 표기 체계"에 대한 인식을 살펴보면 매우 치명적인 사실이 하나 발견된다. '訓借字와 訓讀字의 개념 혼란'이 그것이다. 훈차자는 양주동의 향찰 체계에서 비롯한 어휘로, 4장 말미에서 전술하였듯이 "訓借 : 民是 이"와 같은 경우, 즉, "자신의 뜻을 버리고, 그 훈을 소릿값으로 사용하는 글자"를 일컫는 말이다. 즉, 다음 용례들에서 보이는 '汝(너), 火(블), 月(달), 如(다), 立(셔), 白(숣)'와 같은 자들이 훈차자이다.

獺	汝古里(너고리)	〈牛馬羊猪染疫病治療方 2:a〉
麩	只火乙(기블)	〈鄕藥救急方〉
薍子	月老(달래)	〈鄕藥救急方〉

慕人有如	: 그리는 이 있다	〈願往生歌〉
十方叱佛體閼遣只賜立	: 十方의 부처는 알곡샤셔	〈普賢4〉
慕呂白乎隱佛體	: 그리숣온 佛體	〈普賢1〉

이 자에 대한 개념은 후대의 연구자들에게 정당히 계승된 경우도 많아, 남풍현을 위시한, 이탁(1956), 김상억(1974), 최학선(1985), 정창일(1987) 등은 이에 기반하여 향찰 해독에 순조롭게 적용한 바 있다.

그런데 이 당시 학계를 이끌던 적지 않은 저술들에서 이 '훈차자'가 '훈독자'와 혼동되어 기술되고 있음을 본다. 서재극, 정연찬, 김준영, 김완진 등은 이러한 혼란에 있는 대표적인 연구자들인데, 김준영과 김완진의 언급을 옮기면 다음과 같다. (방점은 필자)

> 鄕札은 그것을 根源上으로 보면 漢字의 音借와 訓借 두 가지 方法뿐 …
> 音借: 아=阿, 이=伊, 을=乙, 의=衣 등과 같은 方式이다.
> **訓借: 봄=春, 싸=地, 사름=人 … 같은 경우다.**   〈김준영(1979), 50~51면.〉

> '川理=나리', '心音=무슴' … '川'이나 '集'이 의도된 語詞의 의미를 직접적으로 지시하는 **正統的인 訓借**로 이를 正借라 한다면 …   〈김완진(1980), 17~18면.〉

그들은 "春, 地, 人, 川, 心"를 "봄, 싸, 사름, 나리, 무슴"으로 읽으면서 이를 훈차자로 여기고 있음을 본다. 하지만 이 字들에는 한자의 의미가 유지되어 있으므로 훈차자가 아닌 훈독자가 된다.

만약 이들의 오해가 단순히 몇 개 어휘를 칭하는 데서만 끝난다면 그리 큰 문제로 부각시킬 것은 없다. 그런데 문제는 이 용어가 향찰의 표기 체계 규정에까지 파고 들면서 향찰의 체계에 대한 이해를 매우 혼란스럽게 하였다는 점이다. 그리고 더 깊이 나아가 해독의 정당성을 담보하는 이론적 틀로까지 활용되었음을 본다.

체계에 대한 혼란은 많은 곳[17]에서 보이는데, 서재극의 언급을 대표적으로 보자.

> 訓借字는 文章의 骨格인 意味部를 擔當하는 것이므로 語頭에 位置함이 原則的이었으며, … 音借字는 … 주로 形態部를 擔當하기 때문에 原則的으로는 訓借字에 連結되어 쓰였다. 〈서재극(1975:79)〉

그는 향찰 어절 표기의 기본 원리를 설명하면서 "훈차자 / 음차자"라는 용어를 사용하고 있다. 그러면서 향찰의 어절은 "어두의 훈차자 + 어말의 음차자"로 되어 있다고 설명하고 있는 것이다. 그러나 이는 향찰 표기의 현실과는 전혀 다른 인식이다. 그리고 이런 규정으로 인해 "善化公主主隱"과 같

---

[17] 이 혼란은 국어학 개론서 및 90년대의 여러 연구서에도 흔히 발견된다.
"우리의 借字表記 방법은 크게 두 가지로 나뉜다. 하나는 漢字의 音을 빌어다 쓰는 音借 방식이고 다른 하나는 그 뜻을 빌어다 쓰는 訓借 방식이 그것이다. … 향가는 예외 없이 위의 두 가지 방식을 적절히 혼용하고 있었다. 특히 첫머리에서는 훈차에 의한 방식을 쓰고 뒤쪽에서는 음차에 의한 방식을 쓰는 것을 원칙으로 하였는데 處容歌를 예로 들면 … '明期(밝-긔)' '月良'(드랄-랑)의 앞부분은 訓借表記며 뒷부분은 音借表記인 것을 볼 수 있다. … 명사나 어간 등의 實辭 부분은 訓借로, 조사나 어미 등의 虛辭 부분은 音借로 표기하는 원리를 볼 수 있다." 〈이익섭, 『국어학개설』, 학연사, 1986, 234~236면.〉
"借字表記法에 있어서는 원칙적으로 音借와 訓借의 둘로 구분된다. 音借는 字音을 이용하는 것이다. … 鄕歌의 表記는 대체로 語幹要素는 訓借를 원칙으로 하고, 非語幹要素(文法素)는 音借를 원칙으로 …." 〈유창균, 『향가비해』, 형설출판사, 1994, 68면.〉

은 구문은 '특수한 구문'으로 취급받으며 향찰의 체계에 대한 불신을 초래하게 되었다. 왜냐하면 "善化公主主隱"과 같은 구성은 향찰 표기의 가장 일반적인 모습 중 하나이기 때문이다.

개념의 혼란이 해독의 아이디어로까지 번져 더 심각한 문제를 던지기도 했다. 이 시기의 향찰의 어휘 혹은 어절 구성 원리 중, 가장 유명한 것은 아마 "訓主音從의 原理"일 것이다. 향찰은 대체로 訓을 앞에 세우고 音을 뒤에 오게 한다는 것으로, 김완진에 따르면, '前衣(알픠)', '筆留(부드루)' 등의 어절도 훈주음종이고, '心音(ᄆᆞᆷ)', '川里(나리)' 등도 훈주음종의 원리가 투영된 표기법이 된다.[18] 그런데 그는 이 원리를 더욱 확대하여 "去隱春 皆理米"(모죽지랑가)등의 난해 구절을 풀 때도 해독의 한 원리로 활용한다. 훈주음종은 일반적인 어절 구성의 원리이므로 이 구절 또한 앞은 훈을 활용하고 뒤는 음을 활용해서 해독할 수 있으리라는 것이었다. 그 결과 '皆'의 훈 '모도(모두)'와 '理米'의 음 '리매'를 합쳐 '모도리매'로 읽고는 이를 다시 띄어쓰기를 조절하여 '몯 오리매'로 해독한다. 결국 이 사례는 훈주음종이 특이한 해독의 이론적 틀로 작용한 것이라 할 수 있다.

그러나 이 해독은 훈독자와 훈차자를 같은 '訓'이라는 범주에 넣어 동일시한 오류이며, 실제 논문 말미에 첨가한 〈향가 어절 분절표〉의 715개 용례를 살펴도 이런 원리를 활용해 표기하고 있다고 판단할 만한 곳은 없거나 극히 드물다. 훈차가 아니라 훈독자로 넓혀서 볼 때도 이는 실제 정황과 다르다. 〈향가 어절 분절표〉를 보건대, 향가의 어절 구성 원칙은 결코 "훈+음"이 아니다. 어두에 일반적으로 나오는 것은 '의미를 가진 漢字'이고, 그것을 읽는 방식은, 單音節의 한자이면 대체로 훈독하고, 多音節의 한자이면 대체로 음독하는 것이 가장 일반적인 양상이라고 단언할 수 있다. 다음 도표에서 보이는 82%의 수치는 이 점을 확인시켜 준다.

---

[18] 김완진, 『향가해독법연구』, 서울대출판부, 1980, 17~19면.

	유사 363어절 (차사 8어절 제외)	보현 333 (차사 11어절 제외)	유사 + 보현 합 696 어절	비율
의미를 지닌 한자 + 의미를 잃은 차용자 ex) 郎也, 行乎尸	286어절	285어절	571 어절	571/696=82%
의미를 잃은 차용자 + 의미를 잃은 차용자 ex) 毛冬, 關遣只賜立	77어절	48어절	125 어절	125/696=18%

이렇듯 이 시대는 다양한 독법이 시도되었던 시대로, 과감한 이론들의 主唱, 그리고 뼈아픈 시행착오를 겪으면서 조금씩 향가해독의 완성도를 높여 나가고자 했던 시대라 할 수 있겠다.

6. 1990년대 이후와 해독의 전망

지금까지 우리는 향가의 해독이 진행된 과정을 두 가지 방향에서 살폈다. 하나는 향찰 체계에 대한 인식에 대한 것이었고, 다른 하나는 어휘의 발굴 정도에 대한 것이었다. 이제 1990년 이후 행해진 연구 동향 및 미래 전망을 개략적으로 소개하려 한다.[19] 소창진평과 양주동의 저술에서 만족스럽게 해독되지 못했던 어휘는 총 160어절[20] 가량이 된다. 그리고 50~80년대, 그리고 90년대를 거치면서 몇몇 어휘는 훌륭하게 해명되었는데 - 가령, 김준영의 "頓部叱"에 대한 해명[21] 등 - 그러한 약 60개의 어절을 제외하면, 다

---

19 90년대 이후부터 현재까지의 연구 성과에 대한 것은 추후 논고를 통하여 자세히 다룰 예정이다. 이 장에서는 중요한 몇 성과와 연구의 통계적 결론만을 제시한다.
20 양주동과 소창진평이 715 어휘의 총 80%에 달하는 560어휘를 해명했으므로 나머지 20% 어휘가 50~80년대의 연구자들에게 남겨졌던 셈인데, 이것이 총 150어절인 것이다(715-565 = 160개).
전체 715어절에서 소창진평과 양주동의 검은 칸을 빼면 그들이 남긴 어절 영역이 된다. 그 영역을 헤아려보면 약 160개소가 된다.

음과 같은 어절들을 얻게 된다. 이 표에 들어간 101개의 어절이 바로 아직 우리의 해독의 손길을 기다리는 미지의 어휘들의 전체 모습이다.

語頭가 일반 漢字일 가능성이 높은 어절들	語頭가 차자일 가능성이 높은 어절들
□史〈遇賊歌〉, 可支〈願往生歌〉, 居得〈항순〉, 古理因〈怨歌〉, 窟理叱〈안민〉, 惱叱古音〈願往生歌〉, 大肹〈안민〉, 都之叱〈怨歌〉, 朗也〈遇賊歌〉, 物北所音叱〈혜성〉, 靡只〈상수〉, 放多矣〈도천수〉, 房乙〈서동〉, 白良〈願往生歌〉, 尙宅〈遇賊歌〉, 歲史中置〈상수〉, 藪邪〈찬기〉, **藪耶〈혜성〉**, 數於將來尸〈혜성〉, 安支〈遇賊歌〉, 安攴〈찬기〉, 咽嗚爾〈찬기〉, 逸烏〈찬기〉, 逸烏隱〈怨歌〉, 逸○○〈遇賊歌〉, 閼尸也〈청불〉, 擬可〈너기, 비기〉〈수희〉, 底亦〈願往生歌〉, 弟**也〈怨歌〉**, 周〈광수〉, 處米〈찬기〉, 処也〈청전〉, 破□主〈遇賊歌〉, 下〈찬기〉, 火條〈광수〉, 花乎〈願往生歌〉, 逸□□〈遇賊歌〉	皆理米〈모죽〉, 古召旀〈도천수〉, 丘物叱〈항순〉, 丘物叱〈항순〉, 乃遣只〈참회〉, 內於都〈遇賊歌〉, 乃叱好支賜烏隱〈모죽〉, 乃兮〈칭찬〉, 乃乎尸〈찬기〉, 內乎叱等邪〈도천수〉, 內乎呑尼〈願往生歌〉, 多〈願往生歌〉, 多〈風謠〉, 多羅〈風謠〉, 多支〈怨歌〉, 達阿羅〈혜성〉, 都乎隱以多〈遇賊歌〉, 羅波〈청전〉, 毛達只將來呑隱〈遇賊歌〉, 毛冬〈청전〉, 毛冬〈모죽〉, 毛冬〈찬기〉, 毛冬留〈칭찬〉, 毛冬乎丁〈祭亡妹歌〉, 毛等〈칭찬〉, 毛如〈祭亡妹歌〉, **毛叱色只〈광수〉, 毛叱所只〈예경〉, 毛叱所只〈수희〉**, 毛乎攴內良〈도천수〉, 卜以支〈참회〉, 卜下里〈상수〉, 所音〈안민〉, 是史〈찬기〉, 阿冬音〈慕竹旨郎歌〉, 阿于波〈총결〉, 於〈怨歌〉, 於內〈수희〉, 於內〈祭亡妹歌〉, 於冬是〈안민〉, 如支〈怨歌〉, 吾音之叱恨隱〈遇賊歌〉, 于萬隱〈칭찬〉, 于萬隱〈도천수〉, 于音毛〈총결〉, 伊〈遇賊歌〉, 伊〈願往生歌〉, 伊羅〈수희〉, 伊羅〈총결〉, 伊於衣波〈광수〉, 伊留叱〈총결〉, 伊留兮〈상수〉, 伊知皆矣〈청불〉, 伊波〈보개〉, 伊波〈총결〉, 逸耶〈참회〉, 逸留去耶〈광수〉, 仍反隱〈청전〉, 次弗〈遇賊歌〉, 次肹伊遣〈祭亡妹歌〉, 七史伊衣〈모죽〉, 巴寶白乎乎〈兜率歌〉, 波衣〈혜성〉, 八陵隱〈찬기〉, 八切爾〈혜성〉

위에 남겨진 어휘는 크게 나누어 보면 漢字인 듯이 보이는 것과, 借字로 보지 않고는 달리 설명할 수 없는 어휘로 나누어 볼 수 있다. 향찰 표기에 한두 번 정도 등장한다든가, 실질적인 의미가 노래의 배경이나 정서와 잘

---

21 김준영(1979, 202~203면)에서 향가와 보현행원품의 구절을 비교하여 "頓(部)叱"이 '皆, 一切, 總, 悉' 등의 어휘에 대응됨을 밝혔는데, 이로써 다음 6행들의 해독이 일거에 가능하게 되었다.

今日部頓部叱懺悔〈普賢4〉, 修叱賜乙隱頓部叱吾衣修叱孫丁〈普賢5〉, 吾焉頓叱進良只〈普賢6〉, 吾焉頓部叱逐好友伊音叱多〈普賢8〉, 仏體頓叱喜賜以留也〈普賢9〉, 一切善陵頓部叱廻良只〈普賢10〉

어울릴 듯한 字는 한자 본연의 의미를 위해 구사되었을 가능성이 크다. 가령 〈願往生歌〉에서 보이는 '惱'는 서방에 가기를 고뇌하는 정서와 맞닿아 있고, 〈怨歌〉에서 보이는 '第'는 시적 화자인 信忠이 그토록 갈망하는 등第(관직에의 등용)과 긴밀한 관련을 지니고 있으며, 〈彗星歌〉에 나타나는 '藪'는 횃불을 올리는 변방의 배경과 잘 조응되고 있다.

한편 향찰에 빈출하는 字들로 된 미해결구는 전체가 차자 표기일 가능성이 높다. 향찰에서 '毛'자는 語頭에 매우 많이 등장하는데 이 字가 '털'이라는 의미로 쓰여서는 그렇게 자주 등장하는 이유를 설명할 수 없다. 의미 및 연결되는 자들이 차자에서 자주 등장하는 점 등을 고려해 볼 때 아무래도 /모/라는 음을 위해 관습적으로 사용된 것이라 보아야 한다.

우리는 이 두 종류의 어휘에 대해 각각 다른 방식의 해법을 찾아야 한다. 한자로 짐작되는 것은 주변 어절을 살펴 혹 그것이 어떤 관용구일 가능성 등을 검토해야 하며, 차자로 짐작되는 어휘는 『삼국사기』의 지명이나, 고려시대의 물명, 그리고 가장 중심적으로는 최근에 활발하게 연구되고 있는 구결 자료를 검토해야 한다. 90년대를 지나 현재까지 오면서 이러한 방식으로 해결된 구절이 적지 않다는 것은 여전히 이러한 가능성이 유효하리란 것을 시사하는 것이라 하겠다. 이런 시도를 통하여 비교적 명료하게 해명되었던 한두 예를 들면서 그 가능성의 실현 가능성을 제시해 보려 한다.

먼저 한자어일 가능성이 높았던 어휘의 사례이다. 도천수관음가의 마지막 구에 나오는 '慈悲也 根'은 소창진평과 양주동 모두에게서 '자비야 큰고?'로 풀이되었다. 慈悲와 根의 관용성을 인지하지 못했기에 불가피하게 '根'을 '큰'의 음차자로 보았던 것이다. 하지만 다음 불경 구절을 보자.

菩薩妙法樹 生於直心地 信種慈悲根 智慧以爲身 方便爲枝幹 五度爲繁密 定葉神通華 一切智爲果 : 보살의 묘법수는 곧은 마음의 땅에서 생겨나니, 믿음은 씨앗, 자비는 뿌리이며, 지혜로 몸을 삼고, 방편으로 근간이 된다.

〈華嚴經 80卷本, 第59卷〉

여기에서 보이는 '慈悲根'은 佛家의 관용구인데, 이로써 우리는 도천수대비가의 '慈悲也 根古'이 "자비의 뿌리인고"를 뜻하는 말임을 알게 된다. 이 사례는 한자로 추정되는 음은 문화적 배경 - 특히 불경 - 을 살필 때 풀이가 가능함을 보여 주는 한 사례라 할 만한다.

다음 차자들끼리의 나열인 어휘의 사례이다. 차자 나열의 경우 현재까지 가장 유력한 수단은 고려시대의 구결을 활용하는 것이다. 고려시대의 구결과 향찰 표기는 쓰이는 차자라든지, 문법 형태가 거의 쌍둥이라고 해도 무방할 정도의 친연성을 보여 주고 있다. 그렇기에 현재 구결학회를 중심으로 구결과 향찰의 연관성에 대한 많은 논의가 이루어지고 있다. 그리고 두 표기의 비교를 통해 의미 있는 결과도 많이 도출해 왔다. 위의 박스에 있는 난해구 중 하나인 "毛叱色只"도 구결과 비교하면 그리 어렵지 않게 그 의미를 짐작할 수 있다. "毛叱色只"이 포함된 향가의 구절과 정확히 일치하는 구절이 구결에서도 다음과 같이 보이기 때문이다.

手焉法界毛叱色只爲旀 手良每如法叱供乙留 法界滿賜仁仏体 仏仏周物叱供爲白制
(손은 법계 두루 ᄒᆞ며 손에마다 법공으로 법계 차신 부처 불불두루 공양하오져)
〈普賢 3〉

一隱 手乙 以良 三千良中 [徧ᅀᆞ ㅣ 爲良 普利 一切 諸隱 如來乙 供爲在
(한 손으로 삼천세계에 [두루]마다 ᄒᆞ여 널리 一切 모든 여래를 공양하겨 : 能以一手遍三千 普供一切諸如來)
〈華嚴經 15:17〉

이 둘을 비교함으로써 未知의 어휘인 "毛叱色只"의 의미를 밝힐 수 있는 것이다.

7. 결론을 대신하여

이 논문의 시작은 과연 현재 향가 해독의 진척도는 어떻게 되는 것일까였다. 향가를 둘러싼 담론 중에 흔히 나오는 말-"향가는 어려워서 도무지 무슨 말인지 알 수 없지 않는가?"-에 대한 답을 위해 구체적으로 어떤 계량이라도 해 보아야겠다는 취지에서 이 글을 작성하게 되었다. 어떤 것을 이해한다는 것은 무척 주관적이어서, 그 기준의 느슨함과 엄격함에 따라 평가 점수는 크게 달라질 것임을 안다. 형태소 혹은 음운까지를 다루는 국어학의 입장에서는 전혀 다른 해독률이 나올 수도 있으리라 생각한다. 하지만 모든 기준에는 맞출 수 없다는 것을 알기에 '시어의 의미 이해' 기준에 맞추어 어절의 이해를 그 단위로 삼았다.

그 결과 1970년대 이후 현재까지 표기 체계에 대한 혼란이 있었고 그 혼란은 아지도 말끔히 가시지 않고 있음을 보았다. 또, 고문헌의 섭렵을 통한 어휘의 발굴 현황도 보았다. 거칠게나마 헤아린 결과 총 715개의 어절 중, 소창진평에서 514개 즉, 70%가량 확보하였고, 양주동에 이르러 568개 즉, 80%에 달하는 어휘를 확보했음도 확인했다.

이후 90년대와 2000년대에는 구결학회 회원들을 중심으로 구결 자료를 통한 보다 세밀한 연구가 진행되었고 주목할 만한 성과들도 제출되었다. 다만 본고에서는 분량의 제약으로 이를 개략적으로 언급했을 뿐, 세밀히 다루지는 못했다. 이 시기[1990년대~2018년]의 성과에 대한 평가는 보다 정밀한 계량 방식을 마련하여 후고를 통해 개진할 예정이다.

한편 이와 같은 논의를 통하여 아래와 같은 표도 얻게 되었다. 논문 말미에 부록된 〈향가 어절 분절표〉를 요약한 것으로, 전체 어절 중 몇 개의 어절의 의미를 파악하고 있는가에 대한 비율을 적은 것이다. 이것이 본고가 판단하는 현재 향가의 해독 수준이다.

『삼국유사』 소재향가	의미파악 어절	전체 어절	의미 파악률(%)
모죽	24	29	83
헌화	13	13	100
안민	33	37	89
찬기	25	35	71
처용	22	22	100
서동	11	12	92
도천수	24	33	85
풍요	10	12	83
원왕	24	31	77
도솔	12	13	92
제망	28	32	88
혜성	31	37	84
원가	26	32	81
우적	20	33	61
合	303	371	84.71

보현시 원가	의미파악 어절	전체 어절	의미 파악률(%)
예경	25	26	96
칭찬	25	29	86
광수	24	29	83
참회	28	32	91
수희	29	34	88
청전	25	30	87
청불	31	33	94
상수	31	35	89
항순	25	28	89
보개	33	34	97
총결	29	34	85
合	305	344	89.55

≪향가 어절 분절표≫

i) 진한 글자는 一般 漢字語正用字, 韓中日 모두가 같은 뜻으로 이해하는 한자].
ii) 나머지 글자는 借字 및 불분명한 漢字語=正用字].
iii) 한글이 달린 것은 文證되는 어휘. 곧, 해석이 완료된 어휘.
iv) 밑줄 그은 부분은 어절 끊기가 합의되지 않은 구절.
v) ◉이 달린 것은 어절의 語頭이되, 해석이 미결된 어휘.
vi) 색칠한 칸의 古語는 최초 제기. [약간 수정한 것은 최초 제기로 보지 않음.]
vii) 음영을 넣은 古語는 보다 정확한 古形으로 인정되는 것.
viii) 띄어쓰기는 현대 문법을 따름. 단 '의미를 지닌 접미사'는 띄움.
ix) 古語를 대규모로 발굴·수록한 세 업적을 대상으로 함.

작품	句	번호	正用字	소창진평 [1929]	양주동 [1942]	유창균 [1994]	어두 파악	비고
모죽지랑가	1		去隱 春 皆理米 가 봄◉					
		①	去	가-	가	가	○	
		②	春	봄	봄	봄	○	
		③	皆	다	音借그	音借그		
		④	理	다스리-	音借리	音借리		
	2		毛冬 居叱沙 哭屋尸以 憂音 ◉ 잇 울 시름					
		⑤	居	音借거	音借거	音借거	○	居叱=잇 : 김준영(1981)
		⑥	哭	울-	音借우	울-	○	
		⑦	憂	설음	시름	시름	○	
	3		阿冬音 乃叱好支賜烏隱 ◉					
		⑧	好	됴화-	音借호	괴-		
	4		皃史 年數 就音 墮支 行齊 즛 年數 나 떠러디 녀					
		⑨	皃	짓	즛	즛	○	
		⑩	年數	齡	訓借살	나히	○	
		⑪	就	닐	音借쥬	므즈		
		⑫	墮	떠러디-	音借디	디	○	
		⑬	行	녀	訓借니	訓借니	○	
	5		目煙 廻於尸 七史伊衣 눈 돌 ◉					
		⑭	目	目	눈	눈	○	
		⑮	廻	멸	돌-	돌-		
	6		逢烏支惡知 作乎下是 맛보 짓					
		⑯	逢	맛나-	맛보-	마조-	○	

		번호	正用字	소창진평 [1929]	양주동 [1942]	유창균 [1994]	어두 파악	비고
		⑰	作	짓	짓	일우-	○	
	7		郎也 慕理尸 心未 行乎尸 道尸 랑 그리 ᄆᆞᄉᆞᆷ녀 길					
		⑱	郞	郞	郞	郞	○	
		⑲	慕	그리-	그리-	그리-	○	
		⑳	心	ᄆᆞᄉᆞᆷ	ᄆᆞᄉᆞᆷ	ᄆᆞᄉᆞᆷ	○	
		㉑	行	녀-	녀-	니-	○	
		㉒	道	길	길	길	○	
	8		蓬次叱 巷中 宿尸 夜音 有叱下是 다봊 굴형 잘 밤 잇					
		㉓	蓬	쑥	다봊	달	○	
		㉔	巷	굴형	ᄆᆞᄉᆞᆯ	골	○	
		㉕	宿	자-	자-	자-	○	
		㉖	夜	밤	밤	밤	○	
		㉗	有	잇-	잇-	잇-	○	

총 어절   : 29
文證된 어두 : 24
미파악 어두 : 5
[皆, 毛, 阿, 乃, 匕]

이 비율은 전체 어절 수에서 ●표를 語頭로 하는 어절을 제한 비율임.

語頭의 의미가 파악된 어절의 비율
24/29 = 83%

작품	句	번호	正用字	소창진평 [1929]	양주동 [1942]	유창균 [1994]	어두 파악	비고
헌화가	1		紫布 岩乎 过希 딛 바회 ᄀᆞ					
		①	紫	븕-	딛배	지	○	
		②	岩	바회	바회	방고	○	
		③	过	ᄀᆞ	ᄀᆞ	서리	○	
	2		執音乎 手 母牛 放敎遣 잡 손 암쇼 놓					
		④	執	잡-	잡-	줌-	○	'심기다'
		⑤	手	손	音借손	손	○	
		⑥	母牛	암쇼	암쇼	암쇼	○	
		⑦	放	놓-	노ㅎ-	놓-	○	
	3		吾肣 不喩 慚肣伊賜等 나 안디 붓그리					
		⑧	吾	나	나	나	○	
		⑨	不	아닌	안디	몯	○	
		⑩	慚	붓글-	붓그리-	허믈	○	

	4	花肹 折叱可 獻乎理音如 곶 져 받즙					
		⑪	花	곶	곶	골	○	
		⑫	折	싯-	젓-	젓-	○	
		⑬	獻	들이-	받즙-	받-	○	'獻ㅎ다'

총 어절 : 13
文證된 어두 : 13
미파악 어두 : 0

語頭의 의미가 파악된 어절의 비율
13/13 = 100%

작품	句	번호	正用字	소창진평 [1929]	양주동 [1942]	유창균 [1994]	어두 파악	비고
안민가	1		君隱 父也 님금 아비					
		①	君	님금	君	君	○	
		②	父	아비	어비	아비	○	
	2		臣隱 愛賜尸 母史也 臣 ᄃᆞᆺ 어시					
		③	臣	臣	臣	臣	○	
		④	愛	ᄃᆞᆺ	ᄃᆞᆺ	고비	○	
		⑤	母	어미	어시	어시	○	
	3		民焉 狂尸恨 阿孩古 爲賜尸知 民 얼 아히 ᄒᆞ					
		⑥	民	民	民	民	○	
		⑦	狂	밋치-	얼-	얼-	○	
		⑧	孩	ᄋᆞ히	아히	아히	○	
		⑨	爲	ᄒᆞ-	ᄒᆞ-	ᄒᆞ-	○	
	4		民是 愛尸 知古如 民 ᄃᆞ슬 알					
		⑩	民	民	民	民	○	
		⑪	愛	ᄃᆞ슴	ᄃᆞ슬	고비	○	
		⑫	知	알	알-	알-	○	
	5		窟理叱 大肹 生以支 所音 物生 ● ● 살 ● 物生					
		⑬	窟	音借굴	訓借구무	골		窟 = 굴?
		⑭	大	音借대	音借다	音借다		大 = 火? (신재홍, 2000)
		⑮	生	生	살-	訓借나	○	
		⑯	物生	物生	物生	物生	○	
	6		此肹 喰惡攴 治良羅 이 먹 다ᄉ					

		번호	正用字	소창진평 [1929]	양주동 [1942]	유창균 [1994]	어두 파악	비고
		⑰	此	이	이	이	○	
		⑱	喰	먹-	먹-	먹-	○	
		⑲	治	다스리-	다스리-	다스리-	○	
	7		此 地肹 捨遣只 於冬是 去於丁 爲尸知 이 짜 브리 ● 갈 ㅎ					
		⑳	此	이	이	이	○	
		㉑	地	짜	짜	짜	○	
		㉒	捨	버리-	브리-	브리-	○	
		㉓	去	가-	가-	가-	○	
		㉔	爲	ㅎ	ㅎ	ㅎ	○	
	8		國惡支 持以支 知右如 나라 디니 알					
		㉕	國	나라	나라	나라	○	
		㉖	持	디니-	디니-	디니-	○	
		㉗	支	괴-	虛字	音借기		
		㉘	知	訓借ㄹ	알-	알-	○	
			後句					
		㉙	後句	後句	아으	아라	○	
	9		君如 臣多支 民隱如 爲內尸等焉 君 臣 民 ㅎ					
		㉚	君	님금	君	君	○	
		㉛	臣	臣	臣	臣	○	
		㉜	民	民	民	民	○	
		㉝	爲	ㅎ	ㅎ-	ㅎ-	○	
	10		國惡 大平 恨音叱如 나라 太平 ㅎ					
		㉞	國	나라	나라	나라	○	
		㉟	大平	太平	太平	太平	○	

총 어절 : 37
文證된 어두 : 33
미파악 어두 : 4 [窟, 大, 所, 於]

語頭의 의미가 파악된 어절의 비율
33/37 = 89%

작품	句	번호	正用字	소창진평 [1929]	양주동 [1942]	유창균 [1994]	어두 파악	비고
		1	咽嗚爾 處米 ● ●					
		①	咽嗚	音借열	音借열	목메 울		咽嗚 = 嗚咽?
	2		露 曉邪隱 月羅理 난호 붉 둘					
		②	露	들어나	난호-	나담	○	

鄕歌 해독 100년의 연구사 및 전망

찬기파랑가		③	曉	붉-	音借토	살	○	曉 = 훤하
		④	月	돌	돌	돌	○	
	3	白雲音 逐于 浮去隱 安支 下 힌 구룸 좇 떠가 ◉ ◉						
		⑤	白	흰	흰	힌	○	
		⑥	雲	구룸	구룸	구룸	○	
		⑦	逐	좇-	좇-	좇-	○	
		⑧	浮去	떠가-	떠가-	떠가-	○	
		⑨	安	어듸	音借안	머슥		安 = 平安?
		⑩	下	音借이	音借하	音借하		下 = 아래?
	4	沙是 八陵隱 汀理也中 모래 ◉ 나리						
		⑪	沙	모래	音借새	몰개	○	
		⑫	汀	믈ᄀ	나리	믈서리	○	
	5	耆郎矣 皃史 是史 藪邪 耆郎 즛 ◉ ◉						
		⑬	耆郎	耆郎	耆郎	글므ᄅ	○	
		⑭	皃	짓	즛	즛	○	
		⑮	藪	訓借곳	音借슈	音借소		藪 = 숩?
	6	逸烏 川理叱 磧惡希 ◉ 나리 쟉벼리						
		⑯	逸	音借일	音借일	音借일		逸烏 = 놀?
		⑰	川	내	나리	나리	○	
		⑱	磧	쟉벼리	지벽	ᄌᆞ갈	○	
	7	郎也 持以支如賜烏隱 郎 디니						
		⑲	郎	郎	郎	므ᄅ	○	
		⑳	持	디니-	디니-	디니-	○	
	8	心未 際叱肹 逐內良齊 ᄆᆞᅀᆞᆷ ᄀᆞ 좇						
		㉑	心	ᄆᆞᅀᆞᆷ	ᄆᆞᅀᆞᆷ	ᄆᆞᅀᆞᆷ	○	
		㉒	際	ᄀᆞ	ᄀᆞ	ᄀᆞ	○	
		㉓	逐	좇-	좇-	좇-	○	
		㉔	阿耶	阿耶	아으	아라	○	
	9	栢史叱 枝次 高支好 잣 가지 높 ◉						
		㉕	栢	잣	잣	자시	○	
		㉖	枝	가지	가지	가지	○	
		㉗	高	높	높-	크-	○	

		번호	正用字	소창진평 [1929]	양주동 [1942]	유창균 [1994]	어두 파악	비고
		㉘	好	音借하	音借허	고비		好 = 동?
	10	雪是 毛冬 乃乎尸 花判也 눈 ● ● ●						
		㉙	雪	눈	音借설	눈	○	
		㉚	花判	花判	花判	花判		
	총 어절 : 35 文證된 어두 : 25 미파악 어두 : 12 [咽鳴, 處, 安, 下, 八, 是, 藪, 逸, 好, 毛, 乃, 花判]		語頭의 의미가 파악된 어절의 비율 25/35 = 71%					

작품	句	번호	正用字	소창진평 [1929]	양주동 [1942]	유창균 [1994]	어두 파악	비고
처용가	1		東京 明期 月良 동경 붉 둘					
		①	東京	東京	시볼	東京	○	
		②	明	붉-	붉-	붉	○	
		③	月	둘	둘	둘	○	
	2		夜 入伊 遊行如可 밤 들 노니					
		④	夜	밤	밤	밤	○	
		⑤	入	들-	들-	들-		
		⑥	遊行	노녀	노니-	노니-	○	
	3		入良沙 寢矣 見昆 들 자리 보					
		⑦	入	들-	들-	들-	○	
		⑧	寢	자리	자리	잘		
		⑨	見	보-	보-	보-	○	
	4		脚烏伊 四是良羅 가롤 네					
		⑩	脚	가롤	가롤	가로	○	
		⑪	四	네	네	넉		
	5		二肸隱 吾下於叱古 둘ㅎ 내 해					
		⑫	二	둘	둘ㅎ	두블	○	
		⑬	吾	나	내	나	○	
	6		二肸隱 誰支 下焉古 둘ㅎ 뉘 해					
		⑭	二	둘	둘ㅎ	두블	○	
		⑮	誰	누	뉘	누기	○	
	7		本矣 吾下是 如馬於隱 본 내 해					

		번호	正用字	소창진평 [1929]	양주동 [1942]	유창균 [1994]	어두 파악	비고
		⑯	本	밑	본	본	○	
		⑰	吾	내	내	내	○	
	8		奪叱良乙 何如爲理古 앗 엇디ᄒ					
		⑱	奪	쎄앗	앗	앗	○	
		⑲	何如	엇디	엇디	엇데	○	
		⑳	爲	ᄒ-	ᄒ-	ᄒ-	○	

총 어절 : 22   　語頭의 의미가 파악된 어절의 비율
文證된 어두 : 22   　22/22 = 100%
미파악 어두 : 0

작품	句	번호	正用字	소창진평 [1929]	양주동 [1942]	유창균 [1994]	어두 파악	비고
서동요	1		善化公主 主隱 善化公主 님					
		①	善化公主	善化公主	善化公主	善化公主	○	
		②	主	님[君]	님	님	○	
	2		他 密只 嫁良 置古 남 그ᅀᅳ기 얼 두					
		③	他	남	놈	눔	○	
		④	密	그ᅀᅳ기	그ᅀᅳ기	그슥	○	
		⑤	嫁	얼-	얼-	얼-	○	
		⑥	置	두-	두-	두-	○	
	3		薯童 房乙 薯童 ●					
		⑦	薯童	薯童	맛둥	막동	○	
		⑧	房	部屋住み	音借방	집		房 = 방?
	4		夜矣 夘乙 抱遣 去如 밤 알 안 가					
		⑨	夜	밤	밤	밤	○	
		⑩	夘	音借모	音借모	夘[알]	○	夘乙=卵乙=알 〈정우영, 2007〉
		⑪	抱	안-	안-	안-	○	
		⑫	去	가-	가-	가-	○	

총 어절 : 12   　語頭의 의미가 파악된 어절의 비율
文證된 어두 : 11   　11/12 = 92%
미파악 어두 : 1[房]

작품	句	번호	正用字	소창진평 [1929]	양주동 [1942]	유창균 [1994]	어두 파악	비고
도천수대비가	1		膝盻 古召旀 무룹 ◉					
		①	膝	무룹	무룹	무룹	○	
	2		二尸 掌音 毛乎支內良 둘 손 ◉					
		②	二	두	둘	두블	○	
		③	掌	손바당	숀바당	손바담		
	3		千手觀音叱 前良中 千手觀音 앞					
		④	千手觀音	千手觀音	千手觀音	千手觀音	○	
		⑤	前	앒	前	알	○	
	4		祈以支 白屋尸 置內乎多 비 숣 두					
		⑥	祈	빌-	빌-	빌-	○	
		⑦	白	숣	訓借숣	숣		白＝숣
		⑧	置	두	두	두	○	
	5		千隱 手叱 千隱 目盻 즈믄 손 즈믄 눈					
		⑨	千	즈믄	즈믄	즈믄		
		⑩	手	손	손	손		
		⑪	千	즈믄	즈믄	즈믄		
		⑫	目	눈	눈	눈		
	6		一等 下叱 放 一等盻 除惡支 ᄒᆞ둔 해 놓 ᄒᆞ둔 덜					
		⑬	一	한	ᄒᆞ둔	ᄒᆞ둔	○	
		⑭	放	놓-	노ᄒ	놓-		
		⑮	一	한	ᄒᆞ둔	ᄒᆞ둔	○	
		⑯	除	버리-	덜-	덜-		
	7		二 于萬隱 吾羅 둘 ◉ 나					
		⑰	二	두	둘	두블	○	
		⑱	吾	내	나	나	○	
	8		一等沙隱 賜以古只 內乎叱等邪 ᄒᆞ둔 주시 ◉					

		번호	正用字	소창진평 [1929]	양주동 [1942]	유창균 [1994]	어두 파악	비고
		⑲	一	한	ᄒᆞᄃᆞᆫ	ᄒᆞᄃᆞᆫ	○	
		⑳	隱	音借ㄴ	그슨	넌즛		
		㉑	賜	주시-	音借△	音借시		賜 = 주시
			阿邪也					
		㉒	阿邪也	阿邪也	아으	아라	○	
	9		吾良 遣知支 賜尸等焉 나 기티 주시					
		㉓	吾	나	나	내	○	
		㉔	遣	끼티-	기티-	기디-	○	
		㉕	知	音借티	音借티	音借뎌		
		㉖	賜	音借샤	音借샤	주시-		賜 = 주시
	10		放冬矣 用屋尸 慈悲也 根古 ● 쓰- 慈悲 불휘					
		㉗	放	놓-	노ᄒ-	於의 誤		放 = 於?
		㉘	用	쓰-	쓰-	쓰-	○	
		㉙	慈悲	慈悲	慈悲	慈悲	○	
		㉚	根	音借큰	音借큰	恨의 誤		한자어

총 어절   : 33
文證된 어두 : 28
미파악 어두 : 5[古, 毛, 于, 乃, 放]

語頭의 의미가 파악된 어절의 비율
24/33 = 85%

작품	句	번호	正用字	소창진평 [1929]	양주동 [1942]	유창균 [1994]	어두 파악	비고
			來如 來如 來如 오 오 오					
	1	①	來	온-	오-	오-	○	
		②	來	온-	오-	오-	○	
		③	來	온-	오-	오-	○	
풍 요	2		來如 哀反 多羅 오 셞 ●					
		④	來	온-	오-	오-	○	
		⑤	哀	서러-	셞-	셞-	○	
	3		哀反 多 矣徒良 셞 ● 내					
		⑥	哀	서러-	셞-	셞-	○	
		⑦	徒	내	내	내	○	

		번호	正用字	소창진평 [1929]	양주동 [1942]	유창균 [1994]	어두 파악	비고
	4		功德 修叱如良 來如 功德 닷 오					
		⑧	功德	功德	功德	功德	○	
		⑨	修	닥	닦-	닦-	○	
		⑩	來	온	오-	오-	○	
	총 어절 : 12 文證된 어두 : 10 미파악 어두 : 2[多, 可]			語頭의 의미가 파악된 어절의 비율 10/12 = 83%					

작품	句	번호	正用字	소창진평 [1929]	양주동 [1942]	유창균 [1994]	어두 파악	비고
원왕생가	1		月下 伊底亦 둘 ●●					
		①	月	둘	둘	둘	○	
		②	底	민	音借데	訓借어느제		底 = 민?
	2		西方念丁 去賜里遣 西方 가					
		③	西方	西方	西方	西方	○	
		④	去	가	가	가-	○	
	3		無量壽佛 前乃 無量壽佛 前					
		⑤	無量壽佛	無量壽佛	無量壽佛	無量壽佛	○	
		⑥	前	앎	前	前	○	
	4		惱叱古音 多可支 白遣賜立 ● ●● 命					
		⑦	腦	音借뇌	音借니	뇌웃		腦 = 苦惱?
		⑧	多	音借다	音借다	하		多 = 하?
		⑨	可	音借가	音借가	訓借암직		可 = 可히?
		⑩	白	命-	命-	命-	○	
	5		誓音 深史隱 尊衣希 仰支 다딤 깁 尊 울월					
		⑪	誓	셈	다딤	다디	○	
		⑫	深	깁-	깊-	깊-	○	
		⑬	尊	尊	尊	尊	○	
		⑭	仰	울워-	울월-	울월-	○	

6		兩手 集刀 花乎 白良 두손 몯 ● ●					
	⑮	兩	두	두	두블	○	
	⑯	手	손	손	손	○	
	⑰	集	몯-	몯-	몯-	○	
	⑱	花	音借와	音借ㅎ	訓借곶		花=곶?
	⑲	白	숣	訓借숣	숣		白=숣?
7		願往生 願往生 願往生 願往生					
	⑳	願往生	願往生	願往生	願往生	○	
	㉑	願往生	願往生	願往生	願往生	○	
8		慕人 有如 白遣賜立 그리 사람 잇 숣					
	㉒	慕	그리-	그리-	그리-	○	
	㉓	人	사람	사람	이	○	
	㉔	有	잇-	잇-	잇-	○	
	㉕	白	숣-	숣-	숣-	○	
		阿邪					
	㉖		阿邪	아으	아라	○	
9		此 身遣也 置遣 이 몸 길 두					
	㉗	此	이	이	이	○	
	㉘	身	몸	몸	몸	○	
	㉙	遣	音借그	길-	ᄇ리-	○	
	㉚	置	두	두	두-	○	
10		四十八大願 成遣賜去 四十八大願 일					
	㉛	四十八大願	四十八大願	四十八大願	四十八大願	○	
	㉜	成	닐우-	일	일우-	○	

총 어절 : 31 文證된 어두 : 24 미파악 어두 : 乃(伊, 底, 惱, 多, 可, 花, 白)	語頭의 의미가 파악된 어절의 비율 24/31 = 77%

작품	句	번호	正用字	소창진평 [1929]	양주동 [1942]	유창균 [1994]	어두 파악	비고
도솔가	1		今日 此矣 散花 唱良 今日 이 散花 블					
		①	今日	오늘	오늘	오늘	○	
		②	此	이	이	이	○	
		③	散花	散花	散花	散花	○	
		④	唱	블-	블-	블-	○	
	2		巴寶白乎隱 花良 汝隱 ◉ 곳 너					
		⑤	花	곳	곳	골	○	
		⑥	汝	너	너	너희	○	
	3		直等隱 心音矣 命叱 使以惡只 곧 ᄆᆞᅀᆞᆷ 命 브리					
		⑦	直	곧-	곧-	곧-	○	
		⑧	心	ᄆᆞᅀᆞᆷ	ᄆᆞᅀᆞᆷ	ᄆᆞᅀᆞᆷ	○	
		⑨	命	命	命	命	○	
		⑩	使	바리-	브리-	브리-	○	
	4		彌勒座主 陪立羅良 彌勒座主 뫼					
		⑪	彌勒座主	彌勒座主	彌勒座主	彌勒座主	○	
		⑫	倍	뫼-	뫼-	모리-	○	
	총 어절 : 13 文證된 어두 : 12 미파악 어두 : 1[巴寶]				語頭의 의미가 파악된 어절의 비율 12/13 = 92%				

작품	句	번호	正用字	소창진평 [1929]	양주동 [1942]	유창균 [1994]	어두 파악	비고
제망매가	1		生死路隱 生死路					
		①	生死路	生死길	生死路ᄂᆞᆫ	生死길	○	
	2		此矣 有阿米 次盼伊遣 이 잇 ◉					
		②	此	이	이	이	○	
		③	有	잇-	잇-	잇-	○	
		④	次	音借저	音借저	音借지		次 = 멈훌? (서재극, 1975)

鄕歌 해독 100년의 연구사 및 전망   491

3		吾隱 去內如 辭叱都 나 가 말						
	⑤	吾	나	나	나	○	
	⑥	去	가	가	가	○	
	⑦	辭	말	말	말	○	
4		毛如 云遣 去內尼叱古 ● 니ᄅ 가						
	⑧	云	일으-	니ᄅ	니ᄅ-	○	
	⑨	去	가	가	가	○	
5		於內 秋察 早隱 風未 ● ᄀ슬 이른 ᄇᄅᆷ						
	⑩	秋	ᄀ슬	ᄀ슬	ᄀ슬	○	
	⑪	早	이른	이른	이른	○	
	⑫	風	ᄇᄅᆷ	ᄇᄅᆷ	ᄇᄅᆷ	○	
6		此矣 彼矣 浮良 落尸 葉如 이 뎌 뻐 디 닙						
	⑬	此	이	이	이	○	
	⑭	彼	뎌	뎌	뎌	○	
	⑮	浮	뻐-	뻐-	불-	○	
	⑯	落	디	디	디	○	
	⑰	葉	닙	닙	닙	○	
7		一等隱 枝良 出古 ᄒᄃᆫ 가지 나						
	⑱	一	한	ᄒᄃᆫ	ᄒᄃᆫ	○	
	⑲	枝	가지	갓	가	○	
	⑳	出	나	나	나	○	
8		去奴隱 處 毛冬乎丁 가 곳 ●						
	㉑	去	가	가	가	○	
	㉒	處	곧	곳	곧	○	
9		阿也						
	㉓	阿也	阿也	아으	아라	○	
		彌陀刹良 逢乎 吾 彌陀刹 맛보 나						
	㉔	彌陀刹	彌陀刹	彌陀刹	彌陀刹	○	

			正用字	소창진평 [1929]	양주동 [1942]	유창균 [1994]	어두 파악	비고
		㉕	逢	맛나	맛보-	맛보-	○	
		㉖	吾	나	내	나	○	
	10		道 修良 待是古如 道닦 기드리					
		㉗	道	道	道	道	○	
		㉘	修	닦-	닦-	드술-	○	
		㉙	待	기다리-	기드리-	기드리-	○	
	총 어절 : 32 文證된 어두 : 28 미파악 어두 : 4[次, 毛, 於, 毛]				語頭의 의미가 파악된 어절의 비율 28/32 = 88%				

작품	句	번호	正用字	소창진평 [1929]	양주동 [1942]	유창균 [1994]	어두 파악	비고
혜성가	1		舊理 東尸 汀叱 녜 東 믈ᄀᆞ					
		①	舊	녜	녜	녀리	○	
		②	東	東	東	서	○	
		③	汀	믈ᄀᆞ	믌ᄀᆞ	믈서리	○	
	2		乾達婆矣 遊鳥隱 城叱盻良 望良古 乾達婆 놀 잣 ᄇᆞ라					
		④	乾達婆	乾達婆	乾達婆	乾達婆	○	
		⑤	遊	놀-	놀-	놀-	○	
		⑥	城	잣	잣	자시	○	
		⑦	望	ᄇᆞ라	ᄇᆞ라	ᄇᆞ라	○	
	3		倭理叱 軍置 來叱多 예 軍 오					
		⑧	倭	예	예	와리	○	
		⑨	軍	軍	軍	軍	○	
		⑩	來	오-	오-	오-	○	
	4		烽燒邪隱 邊也 藪耶 烽슬 ᄀᆞ ●					
		⑪	烽	烽	燧	홰	○	
		⑫	燒	살-	솔-	슬-	○	
		⑬	邊	ᄀᆞ	ᄀᆞ	ᄀᆞ시	○	
		⑭	藪	訓借곶	音借슈	音借소		藪 = 숩?

5		三花矣 岳音 見賜烏尸 聞古 三花 오름보 듣						
	⑮	三花	三花	三花	三花	○	
	⑯	岳	오롬	오름	오름	○	
	⑰	見	보-	보-	보-	○	
	⑱	聞	듣-	듣-	듣-	○	
6		月置 八切爾 數於將來尸 波衣 둘 ● ● ●					
	⑲	月	둘	둘	둘	○	
	⑳	數	音借수	訓借혈	訓借혈		
7		道尸 掃尸 星利 望良古 길 쓸 별 브라					
	㉑	道	길	길	길	○	
	㉒	掃	쓸-	쓸-	쓸-	○	
	㉓	星	별	별	벼리	○	
	㉔	望	바라-	브라	브라-	○	
8		彗星也 白反也 人是 有叱多 彗星 숣 사람 잇					
	㉕	彗星	彗星	彗星	彗星	○	
	㉖	白	숣-	숣-	숣-	○	
	㉗	人	사람	사람	사람	○	
	㉘	有	잇-	잇-	잇-	○	
9		後句					
	㉙	後句	後句	아으	아라	○	
		達阿羅 浮去伊叱等邪 ● 뻐가					
	㉚	浮去	뻐가-	뻐가-	뻐가-	○	
10		此也友 物北所音叱 彗叱只 有叱故 이 ● 彗 잇					
	㉛	此	이	이	이	○	
	㉜	物北	訓借갓	音借물	音借물		物北=物比=것
	㉝	彗	비	彗	솔	○	
	㉞	有	잇-	잇-	잇-	○	

총 어절   : 37
文證된 어두 : 31

語頭의 의미가 파악된 어절의 비율
31/37 = 84%

| 미파악 어두 : 6[蔽, 八, 數, 波, 達, 物] |

작품	句	번호	正用字	소창진평 [1929]	양주동 [1942]	유창균 [1994]	어두 파악	비고
원가	1		物叱 好支 栢史 것 됴 잣					
		①	物	訓借것	音借믈	訓借빗		物 = 것
		②	好	音借ᄒ	音借ᄒ	고비		好 = 둏
		③	栢	잣	잣	자시	○	
	2		秋察尸 不冬 爾屋支 墮米 ᄀ슬 안들 이올 디					
		④	秋	ᄀ슬	ᄀ슬	ᄀ슬	○	
		⑤	不	안들	안들	모들	○	
		⑥	墮	뻐러디-	디-	디-		
	3		汝 於多支 行齊 敎因隱 너 ◉◉ 녀 이신					
		⑦	汝	너	너	너	○	
		⑧	行	녀-	音借니	니-	○	
	4		仰頓隱 面矣 改衣賜乎隱 冬矣也 울월 조아리 ᄂᆾ 가시 ◉					
		⑨	仰	울워-	울월-	울월-	○	
		⑩	頓	조을-	音借던	音借돈		頓 = 조을(頓首)
		⑪	面	ᄂᆾ	ᄂᆾ	낯		
		⑫	改	고티-	音借겨	가시-	○	
		⑬	冬	音借들	音借딕	音借ᄃ		冬 = 겨슬?
	5		月羅理 影支 古理因 淵之叱 들 그림제 ◉ 못					
		⑭	月	들	들	들	○	
		⑮	影	그름자	그림제	그르머기		
		⑯	古	音借고	녜	音借고		正用字 가능성
		⑰	淵	못	못	못	○	
	6		行尸 浪阿叱 沙矣以支 如支 녜 믌결 몰애 ◉					
		⑱	行	녀-	녜-	니-	○	
		⑲	浪	音借랑	믌결	물결	○	

鄕歌 해독 100년의 연구사 및 전망

	句	번호	正用字	소창진평 [1929]	양주동 [1942]	유창균 [1994]	어두 파악	비고
7		⑳	沙	모래	音借와	몰기		沙=몰애
	皃史沙叱望阿乃 즛 ᄇ라							
		㉑	皃	짓	즛	즈시	○	
		㉒	望	바라-	ᄇ라	ᄇ라	○	
8	世理 都之叱逸烏隱第也 누리● ● ●							
		㉓	世	누리	누리	누리	○	
		㉔	都	音借도	音借도	音借도		都=모둘?
		㉕	逸	音借ㄹ	音借ㄹ	ᄇ리-		逸=니즐?
		㉖	第	音借제	音借데	音借데		第=登第?
		㉗	後句亡	後句亡	後句亡	後句亡	○	

총 어절 : 32
文證된 어두 : 26
미파악 어두 : 6(於, 多, 沙, 如, 逸, 第)

語頭의 의미가 파악된 어절의 비율
26/32 = 81%

작품	句	번호	正用字	소창진평 [1929]	양주동 [1942]	유창균 [1994]	어두 파악	비고
우적가	1		自矣 心米 저 ᄆᆞᆷ					
		①	自	저	저	저	○	
		②	心	ᄆᆞᆷ	ᄆᆞᆷ	ᄆᆞᆷ	○	
	2		皃史 毛達只將來吞隱 日 즛 ● 날					
		③	皃	짓	즛	즛	○	
		④	日	해	날	날	○	
	3		遠鳥 逸○○ 過出知遣 멀 ● 디나					
		⑤	遠	멀-	멀-	멀-	○	
		⑥	逸	音借일	音借ㄹ	숨-		逸=한자?
		⑦	過	디나	디나	넘-		
		⑧	出	나	나	나	○	
		⑨	知	訓借아	音借치	音借디		
	4		今呑 藪未 去遣省如 엳 숨 가					
		⑩	今	엳	엳	이	○	
		⑪	藪	숨	音借수	듬	○	

		⑫	去	가	가-	가-	○	
5			但 非乎隱焉 破○主 오직 외　　　◉					
	⑬	但	해독 않음	오직	다믄	○	
	⑭	非		외-	외-	○	
	⑮	破□主		破戒主	破戒主		
6			次弗□史 內於都 還於尸 朗也 ◉ ◉ ◉　　　돌　　◉					
	⑯	次	해독 않음	音借저	音借즈		
	⑰	□史		皃史[줓]	皃史줏]		
	⑱	還		돌-	돌-		
	⑲	朗		音借려	音借라		
7			此 兵物叱沙 過乎 이 兵物　　다나					
	⑳	此	이	이	이	○	
	㉑	兵物	兵物	잠개	잠갓	○	
	㉒	過	디나	디내-	넘-		
8			好尸 日沙也 內乎呑尼 둏 날 ◉					
	㉓	好	音借오	됴ᄒ-	둏-	○	
	㉔	日	말ᄒ기	날	날	○	
			阿耶					
	㉕	阿耶	阿耶	아으	아라	○	
9			唯只 伊 吾音之叱恨隱 潸陵隱 오직◉◉　　　　　潸陵					
	㉖	唯	아기	오지	아기	○	
	㉗	伊	音借이	音借이	音借이		
	㉘	吾	訓借저	訓借오	몸		
	㉙	潸	善業	善	이들-	○	
	㉚	陵		訓借ㄴ	音借르	○	
10			安支 尙宅 都乎隱以多 ◉　◉　◉					
	㉛	安	어닉	音借안	音借안		安 = 平安?
	㉜	尙	높-	音借새	큰		尙宅 = 높은집?

		㉜	宅	音借즉	집	짓		
		㉝	都	音借두	音借도	살-		

총 어절 : 33
文證된 어두 : 20
미파악 어두 : 13(毛達只, 逸, 破○主, 次弗, ○史 內於都, 朗, 內, 伊, 吾, 安, 尙宅, 都)

語頭의 의미가 파악된 어절의 비율
20/33 = 61%

작품	句	번호	正用字	소창진평 [1929]	양주동 [1942]	유창균 [1994]	어두 파악	비고
예경제불가	1		心未 筆留 무숨 붇					
		①	心	무숨	무숨	무숨	○	
		②	筆	붇	붇	븓	○	
	2		慕呂白乎隱 仏体 前衣 그리 부텨 앏					
		③	慕	그리-	그리-	그리-	○	
		④	仏体	부텨	부텨	부텨	○	
		⑤	前	앏·앒	前	前	○	
	3		拜內乎隱 身萬隱 절 몸					
		⑥	拜	빌-	졀-	절-	○	
		⑦	身	몸	몸	몸	○	
	4		法界 毛叱所只 至去良 法界● 닐					
		⑧	法界	法界	法界	法界	○	
		⑨	至	닐-	닐-	니를-	○	
	5		塵塵 馬洛 仏体叱 刹亦 塵塵 부텨 刹					
		⑩	塵塵	塵塵	塵塵	塵塵	○	
		⑪	仏体	부텨	부텨	부텨	○	
		⑫	刹	刹	刹	刹	○	
	6		刹刹每如 邀里白乎隱 刹刹 뫼					
		⑬	刹刹	刹刹	刹刹	刹刹	○	
		⑭	邀	마즐-	뫼시-	마즈-	○	
	7		法界 滿賜隱 仏体					

작품	句	번호	正用字	소창진평 [1929]	양주동 [1942]	유창균 [1994]	어두 파악	비고
			法界ㅊ 부텨					
		⑮	法界	法界	法界	法界	○	
		⑯	滿	ㅊ-	ㅊ-	ㅊ-		
		⑰	仏体	仏体	仏体	仏体	○	
	8		九世 尽良 礼爲白齊 九世 다ㅇ절ㅎ					
		⑱	九世	九世	九世	九世	○	
		⑲	尽	다	다ㅇ-	다ㄹ-		
		⑳	礼ㅎ	절ㅎ-	禮ㅎ-	禮ㅎ-		
			歎曰					
		㉑	歎曰	歎曰	아으	아라		
	9		身語意業无疲厭 身語意業无疲厭					
		㉒	身語意業无疲厭	身語意業无疲厭	身語意業无疲厭	身語意業无疲厭	○	
	10		此良 夫作 沙毛叱等耶 이 브질 삼					
		㉓	此	이	이	이	○	

총 어절 : 26
文證된 어두 : 25
미파악 어두 : 1[毛叱]

語頭의 의미가 파악된 어절의 비율
25/26 = 96%

작품	句	번호	正用字	소창진평 [1929]	양주동 [1942]	유창균 [1994]	어두 파악	비고
칭찬여래가	1		今日 部伊冬衣 오늘 주비					
		①	今日	오늘	오늘	오늘	○	
		②	部	늘	주비	주비	○	
	2		南无佛也 白孫 舌良衣 南无佛 슯 혀					
		③	南无佛	南无佛	南无佛	南无佛	○	
		④	白	슯-	슯-	슬블-	○	
		⑤	舌	혀	혀	혀	○	
	3		无尽辯才叱 海等 无尽辯才 바들					
		⑥	无尽辯才	无尽辯才	无尽辯才	无尽辯才	○	

鄕歌 해독 100년의 연구사 및 전망

		⑦	海	바를	바들	바들	○	
4		一念惡中 涌出去良 一念 솟나						
	⑧	一念	一念	一念	一念	○	
	⑨	湧出	솟오나	솟나	솟나	○	
5		塵塵 虛物叱 邀呂白乎隱 塵塵 虛物 뫼						
	⑩	塵塵	塵塵	塵塵	塵塵	○	
	⑪	虛物	虛物	虛物	虛物	○	
	⑫	邀	맞-	뫼시-	마즈-	○	
6		功德叱 身乙 對爲白惡只 功德 身 對ᄒ						
	⑬	功德	功德	功德	功德	○	
	⑭	身	몸	身	身	○	
	⑮	對爲	對ᄒ-	對ᄒ-	對ᄒ-	○	
7		際 于萬隱 德海肹 乙 ⦿ 德海						
	⑯	際	乙	乙	訓借어울	○	
	⑰	德海	德海	德海	德海	○	
8		間 毛多留 讚伊白制 間 ⦿ 기리						
	⑱	間王	間王	醫王	間王	○	
	⑲	讚	기리-	기리-	기리-	○	
			隔句					
	⑳	隔句	隔句	아으	아라	○	
9		必只 一毛叱 德置 비록 一毛 德						
	㉑	必	반ᄃ기	訓借비록	반ᄃ기	○	
	㉒	一毛	一毛	一毛	一毛	○	
	㉓	德	德	德	德	○	
10		毛等 盡良 白乎隱 乃兮 ⦿ 다ᄋ 솗 ⦿						
	㉔	盡	다	다ᄋ-	다라	○	
	㉕	白	솗-	솗-	솔본	○	
총 어절 : 29					語頭의 의미가 파악된 어절의 비율			

500 제1부 고대가요·향가

文證된 어두 : 25				25/29 = 86%			
미파악 어두 : 4[于萬, 毛冬, 毛等, 乃]							

작품	句	번호	正用字	소창진평 [1929]	양주동 [1942]	유창균 [1994]	어두 파악	비고
광수공양가	1		火條 執音馬 ◉ 잡					
		①	火	火	블	블	○	
		②	條	箸	音借져	音借뎌		
		③	執	잡	잡-	줌-	○	
	2		仏前 灯乙 直体良焉多衣 仏前 灯 고티					
		④	仏前	부텨 앏	佛前	佛前	○	
		⑤	灯	등잔	燈	燈	○	
		⑥	直	고티	곧-	곧-	○	
	3		灯炷隱 須弥也 灯炷 須弥					
		⑦	灯炷	등잔심지	灯炷	燈炷	○	
		⑧	須彌	須彌	須彌	須彌	○	
	4		灯油隱 大海 逸留去耶 灯油 大海◉					
		⑨	灯油	등잔기름	灯油	灯油	○	
		⑩	大海	大海	大海	大海	○	
	5		手焉 法界 毛叱色只 爲旀 손 法界◉ ㅎ					
		⑪	手	손	손	손	○	
		⑫	法界	法界	法界	法界	○	
	6		手良每如 法叱 供乙留 손 法 供					
		⑬	手	손	손	손	○	
		⑭	法供	法供	法供	法供	○	
	7		法界 滿賜仁 仏体 法界 ᄎ 부텨					
		⑮	法界	法界	法界	法界	○	
		⑯	滿	ᄎ-	ᄎ-	ᄎ-	○	
		⑰	仏体	부텨	부텨	부텨	○	

		번호	正用字	소창진평 [1929]	양주동 [1942]	유창균 [1994]	어두 파악	비고
	8		仏仏 周 物叱 供爲白制 仏仏 ● 物 供ᄒ					
		⑱	仏仏	佛佛	佛佛	佛佛	○	
		⑲	周	周物	音借도	온		周=두루
		⑳	物		音借ᄆ	가지	○	
		㉑	供爲	供ᄒ-	供ᄒ-	供ᄒ-	○	
			阿耶					
		㉒	阿耶	阿耶	아ᄋ	아라	○	
	9		法供沙叱 多奈 法供 하					
		㉓	法供	法供	法供	法供	○	
		㉔	多	많-	하-	하-	○	
	10		伊於衣波 最勝供也 ● 最勝供					
		㉕	最勝供	最勝供	最勝供	最勝供	○	

총 어절   : 29
文證된 어두 : 24
미파악 어두 : 5 [條, 逸, 毛叱, 周, 伊於衣波]

語頭의 의미가 파악된 어설의 비율
24/29 = 83%

작품	句	번호	正用字	소창진평 [1929]	양주동 [1942]	유창균 [1994]	어두 파악	비고
참회업장가	1		顚倒 逸耶 顚倒 ●					
		①	顚倒	걱구러다-	顚倒	顚倒	○	
	2		菩提 向焉 道乙 迷波 菩提 아ᄋ 길 입					
		②	菩提	菩提	菩提	菩提	○	
		③	向	아-	아ᄋ-	아라-	○	'앎, 아ᄉ'
		④	道	길	길	길	○	
		⑤	迷	뮈-	입-	입-	○	
	3		造將來臥乎隱 惡寸隱 짓 모딜					
		⑥	造	짓	짓-	지ᄉ-	○	'밍가'
		⑦	惡	모딜-	모딜-	굿-	○	'아촌'
	4		法界 餘音玉只 出隱伊叱如支 法界 남 나					

		⑧	法界	法界	法界	法界	○	
		⑨	餘	남기-	남-	남-	○	
		⑩	出	나	나	나	○	
5	惡寸習 落臥乎隱三業 모딜 비호 디 三業							
		⑪	惡	모딜-	모딜-	궂-	○	
		⑫	習	버릇	비호	비호	○	
		⑬	落	디-	디-	音借락	○	
		⑭	三業	三業	三業	三業	○	
6	淨戒叱 主留卜以支 乃遣只 淨戒 主 ● ●							
		⑮	淨戒	淨戒	淨戒	淨戒	○	
		⑯	主	님	主	主	○	
7	今日部 頓部叱懺悔 今日 주비 돈붓 懺悔							
		⑰	今日	오늘	오늘	오늘	○	
		⑱	部	늘	주비	주비	○	
		⑲	頓	頓	頓部	頓	○	頓部叱 = 皆 김준영(1979), 김영만(1997)
		⑳	懺悔	懺悔	懺悔	懺悔	○	
8	十方叱 仏体 闕遣只賜立 十方 부텨 알							
		㉑	十方	十方	十方	十方	○	
		㉒	仏体	부텨	부텨	부텨	○	
	落句							
		㉓	落句	落句	아으	아라	○	
9	衆生界尽我懺尽 衆生界尽我懺尽							
		㉔	衆生界尽我懺尽	衆生界盡我懺悔	衆生界盡我懺盡	衆生界盡我懺盡	○	
10	來際 永良 造物 捨齊 來際 길 造物 ㅂ리-							
		㉕	來際	來際	來際	來際	○	
		㉖	永	길	길-	길-	○	
		㉗	造物	造物	造物	造物	○	

| | | ㉘ | 捨 | 버리- | | 捨 | 브리- | ○ | |

| 총 어절 : 32 文證된 어두 : 29 미파악 어두 : 3 [逸, 卜, 乃] | 語頭의 의미가 파악된 어절의 비율 29/32 = 91% |

작품	句	번호	正用字	소창진평 [1929]	양주동 [1942]	유창균 [1994]	어두 파악	비고
수희공덕가	1		迷悟同体叱 迷悟同体					
		①	迷悟同体	迷悟同体	迷悟同体	迷悟同体	○	
	2		緣起叱 理良 尋只 見根 緣起 理 춫 보					
		②	緣起	緣起	緣起	緣起	○	
		③	理	다스리-	理	理	○	
		④	尋	춫-	춫-	츠즈	○	
		⑤	見	보	보	보	○	
	3		仏伊 衆生 毛叱所只 부텨 衆生 ◉					
		⑥	仏	부텨	부텨	佛	○	
		⑦	衆生	衆生	衆生	衆生	○	
	4		吾衣 身 不喩仁 人音 有叱下呂 나 몸 안디 사룜 잇					
		⑧	吾	나	나	나	○	
		⑨	身	몸	몸	몸	○	
		⑩	不	아닌	안디	모들	○	
		⑪	人	사룸	눔	사룸	○	
		⑫	有	잇-	잇-	잇-	○	
	5		修叱賜乙隱 頓部叱 吾衣 修叱孫丁 닥 돈붓 나 닥					
		⑬	修	닥-	닥-	다스리	○	
		⑭	頓	頓	頓部	돈	○	頓部叱 = 皆 김준영(1979), 김영만(1997)
		⑮	部			주비	○	
		⑯	吾	나	나	나	○	
		⑰	修	닥-	닥-	다스리-	○	
	6		得賜伊馬落 人米 无叱昆 얻 눔 없					

		번호	正用字	소창진평 [1929]	양주동 [1942]	유창균 [1994]	어두 파악	비고
		⑱	得	얻-	얻-	얻-	○	
		⑲	人	사룸	놈	사룸	○	
		⑳	无	없-	없-	없-	○	
7		於內 人衣 善陵等沙 ⓞ 놈 善陵						
		㉑	人	사룸	人	사룸	○	
		㉒	善	善陵	善	이들		
		㉓	陵		音借ㄴ	音借르	○	
8		不多 喜好尸 置乎理叱過 안들 깃 두						
		㉔	不	안들	안둘	모돌	○	
		㉕	喜	깃부	깃	깃그	○	
		㉖	置	두-	두-	두-	○	
			後句					
		㉗	後句	後句	아으	아라	○	
9		伊羅 擬可 行等 ⓞ ⓞ 녀						
		㉘	擬	비기-	비기-	너기-		의
		㉙	行	녀-	녀-	니거-	○	擬 = 한자
10		嫉妬叱 心音 至刀 來去 嫉妬 ᄆᆞᄉᆞᆷ 닐 올						
		㉚	嫉妬	嫉妬	嫉妬	嫉妬	○	
		㉛	心	ᄆᆞᄉᆞᆷ	ᄆᆞᄉᆞᆷ	ᄆᆞᄉᆞᆷ	○	
		㉜	至	닐-	닐-	니를-	○	
		㉝	來	올-	올-	올-	○	

총 어절   : 34
文證된 어두 : 30
미파악 어두 : 4 [毛叱, 於內, 伊羅, 擬]

語頭의 의미가 파악된 어절의 비율
29/34 = 88%

작품	句	번호	正用字	소창진평 [1929]	양주동 [1942]	유창균 [1994]	어두 파악	비고
	1		彼 仍反隱 뎌 ⓞ					
		①	彼	뎌	뎌	뎌	○	
	2		法界惡之叱 仏會阿希					

청전법륜가			法界　　仏會					
		②	法界	法界	法界	法界	○	
		③	仏會	佛會	佛會	佛會	○	
	3		吾焉 頓叱 進良只 나 돈붓 나					
		④	吾	나	나	나	○	
		⑤	頓	頓	坐	모로기	○	頓部叱 = 皆 김준영(1979), 김영만(1997)
		⑥	進	들-	낫-	나수-	○	
	4		法雨乙 乞白乎叱等耶 法雨 빌					
		⑦	法雨	法雨	法雨	法雨	○	
		⑧	乞	빌-	빌-	빌-	○	
	5		无明土 深以 埋多 无明土 깊 묻					
		⑨	无明土	無名土	無名土	無名土	○	
		⑩	深	깁-	깊-	깊-	○	
		⑪	埋	묻-	묻-	묻-	○	
	6		煩惱熱留 煎將來 出米 煩惱熱 다리 나					
		⑫	煩惱熱	煩惱熱	煩惱熱	煩惱熱	○	
		⑬	煎	다리-	다리-	달히-	○	'봇가'
		⑭	出	내-	내-	내-	○	
	7		善芽 毛冬 長乙隱 善芽 ● 길					
		⑮	善芽	善芽	善芽	善芽	○	
		⑯	長	길-	길-	길-	○	
	8		衆生叱 田乙 潤只沙音也 衆生 밭 젖					
		⑰	衆生	衆生	衆生	衆生	○	
		⑱	田	밭	田	밭	○	
		⑲	潤	불-	젖-	젖-	○	
			後言					
		⑳	後言	後言	아으	아라	○	
	9		菩提叱 菓音 烏乙反隱					

			菩提 여름 오올					
		㉑	菩提	菩提	菩提	菩提	○	
		㉒	菓	여름	여름	여름	○	
	10		覚月 明斤 秋察 羅波 処也 覚月 ᄇᆞᆰ ᄀᆞ솔● ●					
		㉓	覚月	覺月	覺月	覺月	○	
		㉔	明	ᄇᆞᆰ-	ᄇᆞᆰ-	ᄇᆞᆰ-	○	
		㉕	秋	ᄀᆞ솔	ᄀᆞ솔	ᄀᆞ솔	○	
		㉖	処	音借치	音借치	訓借둘		
	총 어절 : 30 文證된 어두 : 26 미파악 어두 : 4 [仍, 毛冬, 羅波, 処]				語頭의 의미가 파악된 어절의 비율 25/30 = 87%				

작품	句	번호	正用字	소창진평 [1929]	양주동 [1942]	유창균 [1994]	어두 파악	비고
청불주세가	1		皆 仏体 모돈 부텨					
		①	皆	므롯	한	모돈		皆 = 모돈
		②	仏体	부텨	부텨	부텨	○	
	2		必于 化緣 尽 動賜隱乃 비록 化緣 다ᄋ 뮈					
		③	化緣	化緣	化緣	化緣	○	動 = 뮈
		④	尽	다ᄋ-	못-	ᄆᆞᆾ-	○	
		⑤	動	움즉이-				
	3		手乙 寶非 鳴良尒 손 부븨 울					
		⑥	手	손	손	손	○	
		⑦	鳴	울니-	訓借오	울-	○	
	4		世呂中 止以友 白乎等耶 누리 머믈 ᄉᆞᆲ					
		⑧	世	누리	누리	누리	○	
		⑨	止	머믈	머믈-	머믈-	○	
		⑩	白	訓借ᄉᆞᆲ	訓借ᄉᆞᆲ	ᄉᆞᆲ		白 = ᄉᆞᆲ
	5		曉留 朝于萬 夜未 새벽 아춤 밤					
		⑪	曉	새벽	새배	새배	○	

	⑫	朝	아춤	아춤	아춤	○	
	⑬	夜	밤	밤	밤	○	
6	向屋賜尸 朋 知良 閪尸也 아ㅇ 벋알 ●						
	⑭	向	아-	아ㅇ-	아ᄅ	○	'앒, 아ᅀ'
	⑮	朋	벋	벋	벋	○	
	⑯	知	알-	알-	알-	○	
	⑰	閪	잃-	音借셔	音借셔		
7	伊知皆矣 爲米 　　　 ● ᄒ						
	⑱	知	訓借알	알-	알-		
8	道尸 迷反 群良 哀呂舌 길 입 물 슯						
	⑲	道	길	길	길	○	
	⑳	迷	외-	입-	입-	○	
	㉑	群	무리	물	물	○	
	㉒	哀	스립	슯-	섧-	○	
	落句						
	㉓	落句	落句	아ㅇ	아라	○	
9	吾里 心音 水 淸等 우리 ᄆᆞᅀᆞᆷ 믈 ᄆᆞᆰ						
	㉔	吾	우리	우리	우리	○	
	㉕	心	ᄆᆞᅀᆞᆷ	ᄆᆞᅀᆞᆷ	ᄆᆞᅀᆞᆷ	○	
	㉖	水	訓借믈	믈	믈	○	
	㉗	淸	ᄆᆞᆰ-	ᄆᆞᆰ-	ᄆᆞᆯᄀ-	○	
10	佛影 不冬 應爲賜下呂 佛影 안들 應ᄒ						
	㉘	佛影	佛影	佛影	佛影	○	
	㉙	不	안들	안들	모들	○	
	㉚	應爲	應ᄒ-	應ᄒ-	應ᄒ-	○	

총 어절　　　　: 33
文證된 어두　: 31
미파악 어두　: 2 [閪, 伊知]

語頭의 의미가 파악된 어절의 비율
31/33 = 94%

작품	句	번호	正用字	소창진평 [1929]	양주동 [1942]	유창균 [1994]	어두 파악	비고
상수불학가	1		我 仏体 우리 부텨					
		①	我	우리	우리	우리	○	
		②	仏体	부텨	부텨	부텨	○	
	2		皆 往焉世呂 修將來賜留隱 모든 니거 누리 닷					
		③	皆	므릇	訓借니	訓借다		皆=모든
		④	往	가	니거-	디나거-	○	
		⑤	世	누리	누리	누리	○	
		⑥	修	닥-	닷골-	다스리-	○	
	3		難行苦行叱 願乙 難行苦行 願					
		⑦	難行苦行	難行苦行	難行苦行	難行苦行	○	
		⑧	願	願	願	願	○	
	4		吾焉 頓部叱 逐好友伊音叱多 나 돈봇 좇					
		⑨	吾	나	나	나	○	
		⑩	頓	頓部	頓部	頓		頓部叱=皆 김준영(1979), 김영만(1997)
		⑪	部			주비		
		⑫	逐	좇-	좇-	좇-	○	
	5		身 靡只 碎良只 塵伊 去米 몸● 붗 드틀 가					
		⑬	身	몸	몸	몸	○	
		⑭	靡	없-	音借미	音借미		靡=쓰러딜?
		⑮	碎	부스러-	붗-	붓아디-		
		⑯	塵	듣글	드틀	드틀	○	
		⑰	去	가	가	가	○	
	6		命乙 施好尸 歲史中置 命 施 ●					
		⑱	命	命	命	목숨	○	
		⑲	施	주-	施	므츳	○	
		⑳	歲	날	音借숏	音借스		
	7		然叱皆 好尸卜下里					

			正用字	소창진평	양주동	유창균	어두 파악	비고
			그랏 홀 ◉					
		㉑	然	訓借쇼	그랏	그럿	○	
			皆 仏体置 然叱 爲賜 伊留兮					
			모든 부텨 그랏 ㅎ			◉		
		㉒	皆	므릇	한	모든		皆=모든
	8	㉓	仏体	부텨	부텨	부텨	○	
		㉔	然	訓借쇼	그랏	그럿	○	
		㉕	爲	ᄒ-	ᄒ-	ᄒ-	○	
			城上人					
			城上人	城上人	아으	아라	○	
			佛道 向隱 心下					
			佛道 아ᄋ ᄆᄋᆷ					
	9	㉖	佛道	佛道	佛道	佛道	○	
		㉗	向	아	아으-	아른	○	'앙, 아사'
		㉘	心	ᄆᄋᆷ	ᄆᄋᆷ	ᄆᄋᆷ	○	
			他道 不冬 斜良只 行齊					
			他道 안들 빗 녀					
		㉙	他道	他道	년길	녀느길	○	
	10	㉚	不	안들	안들	모들	○	
		㉛	斜	빗기-	빗-	비스-	○	
		㉜	行	녀-	녀-	니-	○	

총 어절 : 35
文證된 어두 : 31
미파악 어두 : 4 [麼, 歲, 卜, 伊]

語頭의 의미가 파악된 어절의 비율
31/35 = 89%

작품	句	번호	正用字	소창진평 [1929]	양주동 [1942]	유창균 [1994]	어두 파악	비고
항순중생가	1		覚樹王焉 覚樹王					
		①	覚樹王	覚樹王	覚樹王	覚樹王	○	
			迷火隱乙 根中 沙音賜焉 逸良					
			입 불휘삼 이					
	2	②	迷	迷火	입	입	○	
		③	火		訓借블	訓借블	○	
		④	根	불휘	불휘	불휘	○	
	3		大悲叱 水留 潤良只					

510　제1부 고대가요·향가

			大悲 믈 젖					
		⑤	大悲	大悲	大悲	大悲	○	
		⑥	水	믈	믈	믈	○	
		⑦	潤	븟-	젖-	저즈-	○	
4			不冬 萎玉內乎留叱等耶 안들 이우					
		⑧	不	안들	안들	모들	○	
		⑨	萎	이울	이우-	이블-		
5			法界 居得 丘物叱 丘物叱 法界 ● ● ●					
		⑩	法界	法界	法界	法界	○	
		⑪	居	音借가	音借ㄱ	音借ㄱ		
		⑫	丘物	衆生	音借구믈	音借구믈		
		⑬	丘物	衆生	音借구믈	音借구믈		
6			爲乙 吾置 同生同死 홀 나 同生同死					
		⑭	吾	나	나	나	○	
		⑮	同生同死	同生同死	同生同死	同生同死	○	
7			念念相續无間断 念念相續无間断					
		⑯	念念相續无間断	念念相續无間断	念念相續无間断	念念相續无間断	○	
8			仏体 爲尸如 敬叱 好叱等耶 부텨 홀 敬홀					
		⑰	仏体	부텨	부텨	부텨	○	
		⑱	敬	삼가	敬	敬	○	
			打心					
		⑲	打心	打心	아으	아라	○	
9			衆生 安爲飛等 衆生 安ㅎ					
		⑳	衆生	衆生	衆生	衆生	○	
		㉑	安爲	安ㅎ-	便安ㅎ-	安ㅎ-	○	
10			仏体 頓叱 喜賜以留也 부텨 돈븟 깃					
		㉒	仏体	부텨	부텨	부텨	○	
		㉓	頓	頓	音借丷	모로깃		頓部叱=皆

| | | ㉔ | 喜 | | 깃부- | 깃- | 깃그- | ○ | 김준영(1979), 김영만(1997) |

총 어절 : 28
文證된 어두 : 25
미파악 어두 : 3 [居得, 丘物叱, 丘物叱]

語頭의 의미가 파악된 어절의 비율
25/28 = 89%

작품	句	번호	正用字	소창진평 [1929]	양주동 [1942]	유창균 [1994]	어두 파악	비고
보개회향가	1		皆 吾衣 修孫 모든 나 닭					
		①	皆	므릇	한	모든	○	皆=모든
		②	吾	나	내	나	○	
		③	修	닥-	닷굴-	다스리-	○	
	2		一切 善陵 頓部叱 廻良只 一切 善陵 돈붓 돌					
		④	一切	一切	一切	一切	○	
		⑤	善	善陵	善	이들-	○	
		⑥	陵		音借ㄴ	音借르		
		⑦	頓	頓部	頓部	頓		頓部叱 = 皆 김준영(1979), 김영만(1997)
		⑧	部			주비		
		⑨	廻	돌-	도르히-	도르-	○	
	3		衆生叱 海惡中 衆生 바들					
		⑩	衆生	衆生	衆生	衆生	○	
		⑪	海	바를	바들	바들	○	
	4		迷反 群 无史 悟內去齊 입 물 없 알리					
		⑫	迷	외-	입-	입-	○	
		⑬	群	물	물	물	○	
		⑭	无	없-	없-	없-	○	
		⑮	悟	쌔닷-	알리-	씨-	○	
	5		仏体叱 海等 成留焉 日尸恨 부텨 바들 일 날					
		⑯	仏体	부텨	부텨	부텨	○	
		⑰	海	바를	바들	바들	○	

		⑱	成	닐-	일-	일-	○	
		⑲	日	날	날	날	○	
6	懺爲如乎仁 惡寸 業置 懺ᄒ 모딘 業							
		⑳	懺爲	懺ᄒ	懺ᄒ-	懺ᄒ-	○	
		㉑	惡	모딜-	모딜-	궂-	○	
		㉒	業	業	業	業	○	
7	法性叱 宅阿叱 寶良 法性 宅 보빅							
		㉓	法性	法性	法性	法性	○	
		㉔	宅	宅	집	짓	○	
		㉕	寶	寶	보빅	寶	○	
8	舊留 然叱爲 事置耶 녜 그럿ᄒ 일							
		㉖	舊	녜	녜	녀리	○	
		㉗	然	訓借쏘	그랏-	그릿-	○	
		㉘	事	일	音借샤	音借시	○	
	㉙	病吟						
			病吟	病吟	아으	아라	○	
9	礼爲白孫隱 仏休刀 절ᄒ 부텨							
		㉚	礼爲	절ᄒ-	禮ᄒ-	禮ᄒ-	○	
		㉛	仏体	부텨	부텨	부텨	○	
10	吾衣 身 伊波 人 有叱下呂 나 몸◉ 놈 잇							
		㉜	吾	내	내	나	○	
		㉝	身	몸	몸	몸	○	
		㉝	人	사룸	놈	놈	○	
		㉞	有	잇	잇-	잇-	○	

총 어절   : 34
文證된 어두 : 33
미파악 어두 : 1[伊波]

語頭의 의미가 파악된 어절의 비율
33/34 = 97%

작품	句	번호	正用字	소창진평 [1929]	양주동 [1942]	유창균 [1994]	어두 파악	비고
총결무진가	1		生界 尸等隱 生界 다ᐟ					
		①	生界	生界	生界	生界	○	
		②	尸	다ᐟ-	다ᐟ-	다ᄅ-	○	
	2		吾衣 願 尸 日 置仁伊而也 나 원다ᐟ 날 도					
		③	吾	나	나	나	○	
		④	願	願	願	願	○	
		⑤	尸	다ᐟ-	다ᄅ-	다ᄅ-	○	
		⑥	日	날	날	날	○	
		⑦	置	音借도	音借두	두	○	
	3		衆生叱 邊衣 于音毛 衆生ᄌ ◉					
		⑧	衆生	衆生	衆生	衆生	○	
		⑨	邊	ᄌ	音借ᄆ	ᄌ	○	
	4		際 毛冬留 願海伊過 ᄌ 모ᄃᆞᆯ 願海					
		⑩	際	ᄌ	ᄌ	ᄌ	○	
		⑪	願海	願海	願海	願海	○	
	5		此如 趣可 伊羅 行根 이 가 ◉ 녀					
		⑫	此	이	이	이	○	
		⑬	如	다이	다이	다	○	
		⑭	趣	나ᅀ가	가	돈-	○	
		⑮	行	녀-	녀-	녀-	○	
	6		向乎仁 所留 善陵 道也 아ᐟ 바 善陵 道					
		⑯	向	아	아ᐟ-	알-	○	'앗, 아ᄉ'
		⑰	善	善陵	善	이들-	○	
		⑱	陵		音借ㄴ	音借르	○	
		⑲	道	道	길	길	○	
	7		伊波 普賢行願 ◉ 普賢行願					

	⑳	普賢行願	普賢行願	普賢行願	普賢行願	○	
8	又都 仏体叱 事伊置耶 쏘 仏体 일						
	㉑	又	다시	쏘	쏘	○	
	㉒	仏体	부텨	부텨	부텨	○	
	㉓	事	일	일	일	○	
	㉔		阿耶	아으	아야	○	
9	普賢叱 心音 阿于波 普賢 ᄆᆞᅀᆞᆷ ◉						
	㉕	普賢	普賢	普賢	普賢	○	
	㉖	心	ᄆᆞᅀᆞᆷ	ᄆᆞᅀᆞᆷ	ᄆᆞᅀᆞᆷ	○	
10	伊留叱 餘音良 他事 捨齊 ◉ 남 他事 捨						
	㉗	餘	남-	남-	남-	○	
	㉘	他事	달은 일	他事	녀느 일	○	
	㉙	捨	버리-	捨	브리-	○	

총 어절 : 34
文證된 어두 : 29
미파악 어두 : 5 [于, 伊, 伊, 阿, 伊]

語頭의 의미가 파악된 어절의 비율
29/34 = 85%

『한국시가연구』 45, 한국시가학회, 2018.

제2부

고려가요

鄭石歌 발생 시기 재고

고려가요[1]의 하나로 알려진 〈정석가〉는 『악장가사』, 『악학편고』에 가사 전체가 전하며, 『시용향악보』, 『금합자보』에 악보와 가사 1절이 전한다. 초창기의 연구자였던 양주동이 『麗謠箋注』에서

> 정석가 이하 청산별곡·사모곡·이상곡·가시리·만전춘 등 6편은 악장가사에 收載되어 있을 뿐이요, <u>하등 고려소산임을 실증할 재료가 없으나</u> 그 형식·어법·내용·정서 등이 상주 제편과 은연히 맥락이 상통하는 일면, 鮮朝라는 것과는 스스로 甄別되는 바가 있으므로 차등 제편을 역시 여대 가요라 斷코자 한다.[2]

---

1 현재 고려가요로 알려진 노래는 〈정읍사〉, 〈동동〉, 〈정과정〉, 〈處容歌〉, 〈서경별곡〉, <u>〈청산별곡〉, 〈가시리〉, 〈만전춘〉, 〈이상곡〉, 〈쌍화점〉, 〈유구곡〉, 〈사모곡〉, 〈상저가〉, 〈정석가〉</u>의 14편이다. 이 중, 〈정읍사〉, 〈동동〉, 〈정과정〉, 〈處容歌〉는 각 노래의 발생이 고려시대 이전으로 기록에 남아 있으므로 고려가요라 확신할 수 있는 곡들이고, 〈서경별곡〉과 〈쌍화점〉은 각각 『익재난고』에 실린 〈구슬장〉과 〈삼장〉이란 곡에서 그 출처가 보이는 바, 역시 고려가요라 볼 수 있다. 그러나 그 나머지 8곡들 - 〈만전춘〉, 〈이상곡〉, 〈청산별곡〉, 〈가시리〉, 〈사모곡〉, 〈유구곡〉, 〈상저가〉, 〈정석가〉 - 은 사실 조선조의 기록에밖에 남아 있지 않은 것들로서, 이 중, 〈이상곡〉, 〈만전춘〉을 제외한 6수는 모두 성종 이후의 문헌에서야 그 모습이 처음 나타난다.
2 양주동, 『여요전주』, 을유문화사, 1954, 334면.

라고 한 이래로 〈정석가〉는 별 의심 없이 고려시대에 지어진 노래에 포함되어 연구되어 왔다.
  최철도 이와 같은 견해를 수용하여

  〈정석가〉를 고려의 속악으로 보는 이유는 노래의 짜임이 다른 고려속악과 같고, 노래 가사 중 '구슬'로 시작되는 연이『익재집』소악부와 〈서경별곡〉에 실려 있으며『악학편고』에 이 노래가 고려 시기의 작품이라고 명기해 놓았기 때문 … [3]

이라고 하여 기존의 학설을 의심 없이 받아들이고 있다.
  한편 위의 사실을 전제로 이 노래의 구체적 성립 시기도 추정되었는데, 박노준은

---

[3] 최철,『고려국어가요의 해석』, 연세대학교 출판부, 1996, 231~232면.
최용수도 같은 견해를 보였다.
"본 노래가 고려의 노래임을 말해주는 것은 '구슬'연이『익재집』소악부에 한역되어 있고, 〈서경별곡〉에 실려 있는 것이며, 또한 조사법상으로이다. 이러한 근거만으로 〈정석가〉를 고려의 가요로 취급하는 것은 다소 의문시된다. 그러나 이보다 더 적확하다고 볼 수 있는 것은『악학편고』에 엄연히 고려시대의 작품으로 되어 있다. 이러한 증빙 자료가 바로 〈정석가〉를 고려시대의 작품으로 볼 수 있게 하는 것이다." 〈최용수,『고려가요연구』, 계명문화사, 1996, 100면.〉
그러나 〈서경별곡〉과 '구슬'연을 공유하고 있다는 것은 〈정석가〉가 〈서경별곡〉과 관련이 있다는 증거일 뿐이지 고려시대의 작품이라는 것을 증명하는 것과는 무관하며,『악학편고』에 明記되어 있다는 것도 결정적이지 못하다. 왜냐하면,『악학편고』에는 신빙할 수 없는 기록들이 다수 나타나기 때문이다. 이 책은 〈여민락〉을 정도전이 지은 것으로 기록하고 있으며(정도전은 1398년에 卒하였기에 세종의 시대와는 무관하다), 〈만전춘〉도 尹淮가 撰하였다고 기록하고 있다. 이외 신화적 인물인 여와·신농의 작품들도 기록하고 있는데 이는 사실 그대로 믿기엔 未安한 내용들인 것이다.
한편, 이 책의 저자인 이형상은『악학습령』(일명『병와가곡집』)이란 책을 저술한 것으로도 알려져 있는데, 이 책에서도 역시 신빙할 수 없는 기록들을 다수 남기고 있다. 그는『악학습령』에서 〈이상곡〉도 채홍철이 지었다고 기록하고 있으며, 시조의 작자로 을파소, 설총, 최충 등도 거론하고 있다.
필자는 그 기록들이 이형상의 짐작에서 비롯되었다고 보고 있으므로, 위 서술된 기록을 믿지 않는다.

짐작컨대 〈정석가〉의 본·결사는 고려 중엽 이전부터 민간 사회에 형성되었으리라고 본다. 그러다가 이것이 궁중 악장으로 차용된 시기는 송으로부터 새로운 노래가 전해진 문종 27년 이후 어느 때고 가능하였으리라고 믿는다.[4]

라고 하여, 이 노래가 고려 중엽 이전에 나왔을 가능성을 제시하였고, 윤철중 또한

본 연구의 爰旨의 하나로, 〈정석가〉는 外來樂曲에 맞추어 전사하기 위하여, 2구체의 전래민요의 첫 구를 반복하여 3구체를 만들었고, 4구체 민요는 양분하여 2구체를 만들고 그 첫 구를 반복하여 3구체를 만들어 사용하였다는 것을 제시하였다.[5]

라고 하여 〈정석가〉가 고려대에 들어온 외래악곡에 바탕하여 생겨났을 가능성을 제시하였다.

위의 견해들은 그간 〈정석가〉를 바라보는 학계의 통설들인데, 나머지 대부분의 학설들도 위의 입장과 크게 다른 것은 없다. 그러나 이를 엄밀히 살펴볼 때, 이 통설들은 불분명한 근거 위에서 설정된 다소 막연한 가설적 추정의 성격을 크게 벗어나지 못하고 있다. 필자는 〈정석가〉의 악곡과 〈서경별곡〉의 악곡을 검토하던 중, 위의 견해들이 결코 '결론적 정설'은 될 수 없다는 생각을 가지게 되었고, 그러한 의심으로 악곡과 노랫말을 바탕으로 한 '정석가의 발생 시기'에 대해 다음과 같이 의견을 개진해 보았다.

---

4 박노준, 『고려가요의 연구』, 새문사, 1990, 77면.
5 윤철중, 「정석가 연구」, 『고려가요·악장연구』, 국어국문학회, 민음사, 1997.

1. 악곡으로 살펴본 〈鄭石歌〉의 발생 시기

1) 〈서경별곡〉과 〈정동방곡〉·〈화태〉·〈정석가〉의 악곡적 관계

악곡으로 〈정석가〉를 살필 때, 가장 주목되는 점은 〈서경별곡〉과의 유사성이다. 그러므로 〈정석가〉의 악곡을 말하기에 앞서 〈서경별곡〉의 악곡과 관련된 사항을 살필 필요가 있다. 〈서경별곡〉은 『益齋亂藁』에 그 一部 -속칭 구슬장- 가 한역되어 전함으로써 고려가요임을 알 수 있는데, 이의 악곡은 선초의 여러 곡에 차용되었다.

> 신이 비록 불민하나 盛代를 만나서 … 삼가 天命을 받은 상서와 정치를 보살핀 아름다운 점을 기록하여 樂詞 3편을 지어 이를 써서 箋文에 따라 바치옵니다. … 정도전은 〈夢金尺〉, 〈受寶籙〉, 〈維寶籙〉 등을 올렸다. … 이에 왕이 정도전에게 비단을 내리고 악공들로 하여금 익히게 하였다. 다시 정도전이 무공을 서술한 〈納氏曲〉, 〈窮獸奔曲〉, **〈靖東方曲〉**의 3편을 지어 올렸다.
> 〈태종실록 4권, 2년(1393년), 7월, 기사(7월 26일)〉[6]

위에서 정도전이 지어 올린 곡 중에 〈靖東方曲〉은 〈서경별곡〉의 악보를 바탕으로 약간의 변개만 가하여 가사만 얹은 것인데,[7] 고려조의 악곡에 개국 사적을 얹어 새로운 노래로 즐기던 당시의 음악편제 습관을 엿볼 수 있는 사실로서 의의가 있다.

〈서경별곡〉의 악보에 새로운 가사를 얹은 또 다른 예로 〈和泰〉를 들 수 있다. 〈화태〉는 『세종실록』 악보의 〈정대업〉 曲團의 제12번 노래로서, 후

---

[6] 臣雖不敏遭遇盛代 … 謹記受命之敍爲政之美撰樂詞三篇繕寫隨箋以獻一 … 夢金尺 受寶籙 維寶籙 … 上賜道傳綵帛令樂工寫習 道傳又敍其武功 作樂詞以獻一 納氏曲 窮獸奔曲 靖東方曲 … 〈太宗實錄 4卷, 2年, 7月, 己巳〉

[7] 장사훈, 『증보한국음악사』, 세광음악출판사, 1986, 212~213면.

에 세조대에 이르러 〈영관〉의 가사를 얹는 모곡이 된다.[8] 〈화태〉는 〈정동방곡〉과 같이 〈서경별곡〉에 因하여 생겨난 곡이지만, 〈정동방곡〉은 평조로 개편된 반면, 〈화태〉는 계면조로 개편되었다는 차이점이 있다.[9] 하지만 기본적으로 이 세 곡은 매우 닮아 있었던 듯한데, 아래의 기록에서 그것을 알 수 있다.

> 다만 정대업의 〈赫整〉은 曲調와 歌詞가 〈滿殿春〉에 유사하고 <u>〈永觀〉은 곡조와 가사가 〈西京別曲〉과 유사해서</u> 이것이 듣기에는 俗唱에 가깝습니다.
> 〈성종실록 215권, 19년(1488년), 4월, 정유(4월 4일)〉[10]

여기서 언급된 〈영관〉은 세조대의 것으로서 악곡적으로는 〈화태〉와 같은 것[11]인데, 성종 당시에 '듣기에 유사'했음을 알 수 있다.

그런데 이러한 알려진 例 외에, 〈서경별곡〉의 악곡은 〈정석가〉의 악곡과도 유사함을 보이는데 두 곡의 악곡은 아래와 같다.

---

8 〈영관〉은 세종 때의 것과 세조 때의 것이 있다. 세종 때의 〈영관〉에서 악곡은 버리고 가사만 취하여 축소한 후, 세종 때의 〈화태〉 악곡에 얹은 노래이다. 즉, 세조 때의 〈영관〉은 세종 때의 〈화태〉악곡 + 세종 때의 〈영관〉가사인 셈이다. 세조 때의 〈영관〉 악곡은 세종 때 〈화태〉 악곡의 5, 6, 7, 8행을 산략한 차이가 있다. 본고에서의 〈영관〉은 〈화태〉의 곡을 본 딴 세조 때의 것을 지칭한다.

9 장사훈, 『국악논고』, 서울대출판부, 1993, 72면.

10 但定大業 赫整調詞 似滿殿春 永觀調詞 似西京別曲 是以聽之 近世俗唱耳 〈成宗實錄 215卷, 19年, 4月, 丁酉〉

11 세조 때의 〈영관〉이 세종 때의 〈화태〉의 악곡 5, 6, 7, 8行綱을 산략한 것임은 각주 8)에서 언급했는데, 이렇게 함으로써 성종 당시에 듣던 〈영관〉은 〈서경별곡〉의 악곡과 더욱 유사하게 된다. 왜냐면, 세종 때의 〈화태〉는 〈서경별곡〉의 악곡에 6, 7, 8, 9行綱을 임의로 덧붙였었던 악곡이기 때문이다.

〈서경별곡〉과 〈정석가〉의 악보비교, (『시용향악보』 所載)

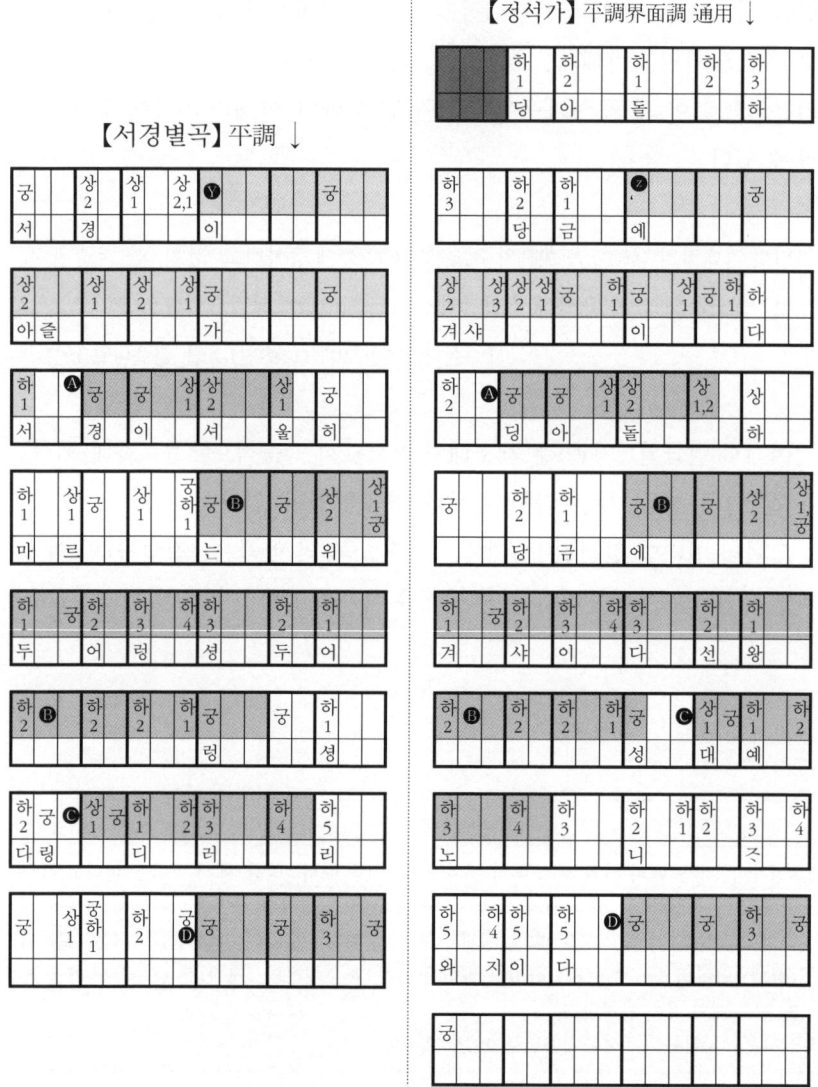

위의 악보에서 드러나듯이 ❹~❹에 이르기까지 두 곡은 선율의 양상, 유사 선율 단위의 배열 순서에 있어 매우 밀접한 관련을 가지고 있다.[12] 이 사

실들은 〈서경별곡〉과 〈정석가〉가 同種異形임을 입증하는 자료가 되는데, 두 곡 중의 어느 한 곡이 선행하여 향유되었고, 다른 하나는 선행했던 곡에 약간의 변형을 가하여 '새로운 가사'를 얹어 불렀음을 알려준다 하겠다.

한편, 위의 악곡을 살피면, 〈정석가〉의 악곡은 〈서경별곡〉과 비교해 볼 때, 여음이 없이 실질적 내용만으로 가사가 배열되고 있음을 볼 수 있는데, 여음이 없는 사실로 미루어 〈정석가〉가 〈서경별곡〉에 후행한 것으로 판단된다. 새로운 가사를 얹을 때, 여음 부분에 적당한 가사를 얹는 것은 당시 문헌에 흔히 보이는 양상이기 때문이다. 기존의 악곡에 새로운 가사를 붙였던 방식을 〈서경별곡〉을 변개한 〈정동방곡〉과 〈청산별곡〉을 변개한 〈납씨가〉의 예를 통해서 보면 아래와 같다.

    서경별곡: 서경이 아즐가 서경이 셔울히 마르는 <u>위 …　　</u>
    정동방곡: 緊東方 阻海陲 彼狡童 竊天機 ᄒ나이다 <u>偉東王德盛</u>

    서경별곡: 닷곤ᄃᆡ 아즐가 닷곤ᄃᆡ 소셩경 고외마른 <u>위 …　　</u>
    정동방곡: 肆狂謀 興戎師 禍之極 靖者誰 어니오 <u>偉東王德盛</u>

    청산별곡: 살어리 살어리 랏다　청산의 살어리 랏 다
    납씨가　: 納　氏 恃雄强 ᄒ야　入　寇 東北方 ᄒ더니

    청산별곡: 멀위랑 ᄃ래랑 따먹고 청산의 살어리랏다 <u>얄리얄리 얄라 얄라셩 얄라</u>
    납씨가　: 縱　傲 誇以力 ᄒ　니 鋒銳라 不　可當이 <u>(악곡 삭제) 로　다　　</u>

---

12 비록 **Y**와 **Z**도 선율 진행상의 유사성을 보이고 있지만, **A**-**D** 정도의 일치는 아니다. 이런 현상이 일어나게 된 것은 **Z**가 **Y**를 직접 襲用하지 않았기 때문이다. 즉, **Z**부분은 다른 악곡에서 영향받았는데, 자세한 것은 뒷장 〈화태〉와의 악보 비교에서 살피겠다.

이처럼 새로운 가사를 얹을 때는, 악곡의 여음 부분을 없애거나, 아니면 새로운 가사를 창작하여 얹는 양상을 보이는데, 이로써 선후행의 관계에 있는 악곡이라면, 여음이 없는 것이 여음이 있는 것에 후행함을 알 수 있다. 이로써, 〈정석가〉는 〈서경별곡〉에 후행한다는 것을 알 수 있고, 〈서경별곡〉을 차용하여 생긴 곡에 〈정동방곡〉, 〈화태〉 외에 〈정석가〉도 추가해야 함을 알 수 있다.

2) 〈정석가〉의 발생 시기

그렇다면, 〈정석가〉가 〈서경별곡〉의 악곡을 차용한 시기는 언제일까? 고려시대에 이미 차용되었던 것인가 아니면, 조선조에 들어와서 차용이 행해진 것인가? 이 문제는 가사와 악곡의 정확한 대비와 분석을 통해서 규명할 수 있겠지만, 일단 악곡적 특징에 의해서만 추정한다면, 조선시대일 가능성이 높은 것으로 보인다.

악곡적 특징을 바탕으로 〈정석가〉의 발생 시기를 추정할 때, 우리는 『시용향악보』의 〈정석가〉 관련 기록과, 〈화태〉의 調·樂曲을 살필 필요가 있다. 이들 노래는 공히 〈서경별곡〉에서 주로 영향을 받았지만, 〈서경별곡〉에는 없는 계면조를 동시에 가지고 있는 바, 일종의 영향 관계를 감지해 낼 수 있기 때문이다.

『시용향악보』를 살피면, 〈서경별곡〉의 조는 '平調'로 표기되어 있다. 그러나, 같은 문헌에 수록된 〈정석가〉는 '平調界面調通用'으로 명시되어 있다. 한편, 위에서도 언급했지만 〈화태〉는 〈서경별곡〉을 界面調로 습용한 악곡이다. 이것으로 이 세 작품의 발생 순서를 짐작해 볼 때, 이의 배열은 아래의 두 가지의 가능성이 있다.

❶ 〈서경별곡(고려)〉 - 〈정석가(고려)〉 - 〈화태(세종27년경, 1445)〉
　　평조　　　　　평조계면조통용　　　　계면조

❷ 〈서경별곡(고려)〉 - 〈화태(세종27년경, 1445)〉 - 〈정석가(조선)〉
　　평조　　　　　　계면조　　　　　　평조계면조통용

❶의 경우는, 〈서경별곡〉이 원래는 평조로 연주하는 곡이었는데, 〈정석가〉는 악곡을 차용하면서 평조 계면조 통용의 악곡으로 변개하였고, 〈화태〉는 창조적으로 계면조로 변개, 혹은 〈정석가〉의 계면조 性을 차용하여 계면조로 변개하였다는 것이고, ❷의 경우는 〈서경별곡〉은 원래 평조였지만 세종 당시에는 필요[13]에 의해 수정되어 계면조의 〈화태〉가 만들어졌으며, 후에 〈서경별곡〉을 변개한 노래인 〈정석가〉의 調에 영향을 주었을 거란 것이다. ❶의 가능성이 인정된다면 〈정석가〉가 고려시대, 혹은 선초에 형성되었음을 알 수 있을 것이고, ❷의 가능성이 인정된다면 〈정석가〉가 조선시대에 형성되었음을 알 수 있을 것이다.

그러나 ❶의 가능성이나 ❷의 가능성이나 모두, 〈화태〉와 〈정석가〉의 연관성을 전제하고 있으며, 결국 이 문제는 〈화태〉와 〈정석가〉의 악곡적 영향 관계 授受의 문제로 모두 귀결된다.

그런데 이 전제 - 두 곡의 직접적 授受관계 - 는 일단 성립된다. 악보의 비교 결과 〈정석가〉의 악곡과 〈화태〉의 악곡이 적지 않은 부분에서 일치하고 있기 때문이다. 위에서 살핀 〈서경별곡〉과 〈정석가〉의 선율 비교표를 다시 보면, 〈정석가〉의 악곡 제1, 2, 3行綱[14]이 〈서경별곡〉에는 없는 선율을

---

13 이 필요에 관해서는 다음의 언급을 참조할 만하다.
"세조는 〈화태〉를 본딴 〈영관〉의 악곡을 引出곡으로 사용했는데, 〈정동방곡〉이 문소전 제향에서 종헌악으로 사용되었고, 〈정동방곡〉이 세종과 성종 때 회례연에서 파연작의 음악으로 쓰인 예에 따른 것이 아닐까 생각한다." (『세종장헌대왕실록 악보』, 세종대왕 기념사업회, 1973, 146면.)
14 1행강은 16정간에 해당하는 길이다.

가지고 있음을 볼 수 있다. 그런데 〈정석가〉의 새로운 이 선율과 흡사한 것들이 〈화태〉의 악곡 제6, 7, 8, 9行綱에서 발견된다. 유사한 진행을 보이는 부분을 들면 아래와 같다.

화태 6, 7, 8, 9行綱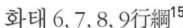

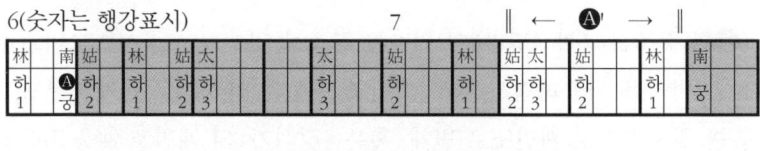

정석가 (제1, 2, 3행강)

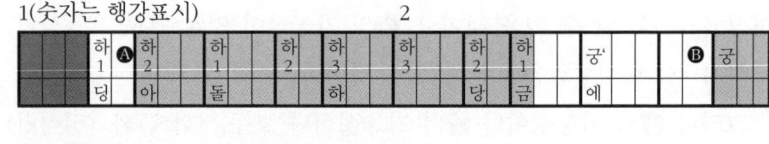

검게 칠한 부분 ❶와 ❷에서, 각 음정의 박자 차이가 있긴 하지만 이 두 곡이 거의 흡사한 선율의 진행을 보이고 있음을 우리는 확인할 수 있다.[16]

---

15 표 첫 번째 줄은 원표기이며, 표 두 번째 줄은 전환 표기이다. 전환은 南을 기본음으로 잡고 한 음씩 높은 것과 낮은 것을 차례로 대입한 것이다. 즉 太 姑 林 南 潢 汰 가 각각 하3 하2 하1 궁 상1 상2로 전환됨을 말한다. 전환은 『세종장헌대왕실록 : 악보』(세종대왕 기념사업회, 1973, 132면.)을 참조했다.

16 박자를 무시하고 선율의 순서로만 짜면 아래와 같다.
　〈화태〉　　　　하1궁하2하1하2하3하3하2하1하2하3하2하1궁상1상2궁상2상1상2상1궁하1궁상1궁하1하2
　〈정석가〉　하1　　하2하1하2하3하3하2하1　　　　　　궁　　　궁상2상3상2상1궁하1궁상1궁하1하2

비록, 〈정석가〉의 ❹부분이 〈화태〉의 ❹'부분을 덜어낸 채 진행되고 있고, 〈정석가〉의 ❺부분이 〈화태〉의 ❺부분에 비해 다소 빠른 리듬을 가지고 있긴 하지만 선율의 진행이 일치함을 알리기엔 부족함이 없다. 이로써 우리는 〈정석가〉의 악곡이 단순히 〈서경별곡〉의 악곡을 차용한 것뿐만이 아니라, 〈화태〉의 악곡과도 밀접한 관련이 있음을 확인할 수 있다.

그렇다면 〈화태〉의 6, 7, 8, 9행강이 〈정석가〉의 1, 2, 3행강을 변개한 것인가, 아니면 〈정석가〉의 1, 2, 3행강이 〈화태〉의 6, 7, 8, 9행강을 변개한 것인가를 살피는 것이 마지막 문제로 남게 된다. 만약 〈정석가〉가 〈화태〉에 선행한다면 〈정석가〉는 '고려시대 혹은 조선 초기'에 발생한 노래인 것이고, 〈화태〉에 후행한다면 이는 '조선시대'에 발생한 노래가 되는 것이다.

그런데, 〈화태〉는 〈정석가〉에 선행한다. 왜냐하면 〈화태〉의 제6, 7, 8, 9행강이 〈정석가〉의 제1, 2, 3행강을 변개한 것일 수는 없기 때문이다. 이것은 〈화태〉의 나머지 부분 - 제1, 2, 3, 4, 5, 10, 11, 12행강 - 이 〈서경별곡〉의 악곡을 습용한 양상과 비교해 살피면 뚜렷이 드러난다. 그 양상을 관찰하기 위해 악곡을 제시한다.

〈서경별곡〉 1행	궁		상2		상1		상2,1	궁		궁
〈화 태〉 1행	궁		상2		상1		×	궁		궁
〈서경별곡〉 2행	상2		상1		상2		상1	궁		궁
〈화 태〉 2행	상2		상1		상2		상1	궁		궁
〈서경별곡〉 3행	×	제3행→					하1	궁	궁	상1
〈화 태〉 3행	하1		하2		하3		하1	궁	궁	
〈서경별곡〉 3행	×	제3행→					상2	상1	궁	
〈화 태〉 4행	상1		상2		상1	궁	상2	상1	궁	
〈서경별곡〉 4행	하1	상1	궁		상1		궁·하1	궁	궁	상2	상·궁
〈화 태〉 5행	하1	상1	궁		하1		하2	궁	×	상2	궁	×

〈정석가〉 1행			하1	하2		하1	하2	하3	
〈화 태〉 6행	하1		궁	하2	하1		하2	하3		하3

〈정석가〉 2행	하3		하2		하1		궁			궁
〈화 태〉 7행	하2			하1		하2 하3	하2		하1	궁

〈정석가〉 3행	상2		상3	상1		궁	하1	궁		상1	하1	하2
〈화 태〉 8행	상1	상2		궁		상2		상1		상2	상1	궁

〈서경별곡〉					×		×			
〈화 태〉 9행	하1		궁	상1	궁	하1		하2	궁		상2,1	궁

〈서경별곡〉 5행	하1		궁	하3		하4	하3		하2		하1
〈화 태〉 10행	하1		궁 하1	하2		하3	×		하3	×	하1

〈서경별곡〉 6행	하2		하2		하2		하1	궁		궁		하1
〈화 태〉 11행	하2		×		하2	하1	×	궁		×		하1

〈서경별곡〉 7행	하2	궁	상1	궁	하1		하2	하3		하4	하5
〈화 태〉 12행	하2	궁	상1	궁	하1		하2	하3		하4	하5

〈서경별곡〉 8행	궁		상1	궁 하1	하2		궁	궁			하3	궁
〈화 태〉						×						

위 악곡에서 우리는 〈화태〉 개작자의 개작 습관을 엿볼 수 있는데, 그것은 첫째, 선율의 수용시에 박자에 변개를 가하지 않는다는 것과, 둘째, 선율의 습용 단위가 행강 단위라는 것이다.

먼저 각 음정의 박자 단위에 주목해 보자면, 〈화태〉는 〈서경별곡〉을 습용한 부분 - 제1, 2, 3, 4, 5, 10, 11, 12행강 - 에서 각 음정의 박자를 거의 정확히 따르고 있다. 가끔 한두 음정을 補略하는 경우가 있긴 해도, 정간을 벗어난 무질서는 거의 보이지 않는다. 이런 현상은 고려속악을 변개했던 선초의 곡들 〈靖東方曲〉, 〈納氏歌〉, 〈順應〉[17] 등에서 일반적으로 나타나는데, 결

---

17 장사훈의 상계서, 72면을 따르면 〈靖東方曲〉은 〈서경별곡〉을 母曲으로, 〈納氏歌〉는 〈청산

국 선초 고려속악 변개 과정에 있어 각 음정의 박자는 변개의 대상이 될 수 없음을 알 수 있겠다. 그러나 위 악보의 〈화태〉와 〈정석가〉의 관련 부분을 보면 각 음정의 박자가 대부분의 불일치하고 있는데, 필자는 이를 〈화태〉가 〈정석가〉를 습용하지 않았다는 한 증거로 제시하고자 한다. 〈화태〉가 〈정석가〉를 부분차용했었더라면 곡의 다른 부분들과 마찬가지로 각 음정의 박자를 일치시켰을 것이기 때문이다.

〈화태〉가 〈정석가〉를 습용하지 않은 증거는 습용한 부분의 행강 단위에서도 찾아볼 수 있다. 당시 속악을 변개하여 만든 제례악으로는 〈靖東方曲〉, 〈納氏歌〉, 〈順應〉 등이 있음은 위에서도 보였는데, 장사훈에 따르면 〈정동방곡〉은 〈서경별곡〉의 제 7, 8행강을 除한 것이고, 〈납씨가〉는 〈청산별곡〉의 제8, 9행강을 除한 것이며, 〈순응〉의 전체도 〈만전춘〉의 제1, 2, 3, 4, 7, 28행강을 그대로 따온 것이라고 한다.[18] 한편, 위의 악곡에서 보이듯이 〈화태〉가 〈서경별곡〉의 악곡을 따온 양상도 이에 준하는데, 이로써 당시에 고려속악을 습용할 때에는 그 단위가 행강이 됨을 알 수 있다. 이런 점에서 만약, 〈화태〉가 〈정석가〉를 母曲으로 삼았다면 분명 행강을 단위로 습용했을 것이다. 그런데, 〈화태〉는 〈정석가〉를 행강의 단위로 습용한 형테가 아니다. 〈화태〉는 〈정석가〉의 첫머리 3행강을 음정들의 박자를 조절하고 몇 음정을 첨가함으로써 곡이 필요로 하는 4행강으로 늘리는 형태를 보인다.

만약, 〈화태〉가 〈정석가〉를 母曲으로 삼았다면 3행강을 4행강에 일치시키기 위해 다른 방법을 사용했을 것으로 본다. 즉, 〈화태〉의 제3, 4행강의 例에서 보이듯이, 그러한 경우에는 한 행을 분할하여 두 행으로 만든 다음, 선율은 그대로 차용하고 부족부분은 새로운 선율로 채우든가, 아니면 〈서경별곡〉의 제8행강을 삭제한 예에서 보이는 것처럼 행강 단위로 삭제 혹은

별곡〉을 母曲으로, 〈順應〉은 〈만전춘〉을 母曲으로 삼은 것임을 알 수 있는데, 이들 노래는 행강 단위의 변개는 있었지만 각 음정의 박자는 거의 일치시켜 前曲들을 습용하고 있다.
[18] 장사훈, 상게서, 112~118면.

삽입했었을 것이다. 그러나, 현재 문헌에서 볼 수 있는 형태는 이러한 당대 습관에서 벗어나 있다.

　이상으로, 〈화태〉의 고려속악 습용양상 - 음정의 박자는 변개하지 않은 채 행강을 단위로 한 형식의 변개 - 으로 살펴볼 때, 결코 이 곡의 중간 부분이 〈정석가〉를 습용하여 생겨난 곡으론 볼 수 없음을 알 수 있다.

　그렇다면, 〈정석가〉의 첫머리와 〈화태〉의 중간부분의 선율적 일치 현상은 아무래도 〈정석가〉가 〈화태〉를 변개습용했기에 생겨난 현상으로 보는 것이 타당하다. 위에서 제시한 〈정석가〉와 〈서경별곡〉의 악곡적 관계를 살펴보면, 〈정석가〉는 〈서경별곡〉을 습용할 때, 결코 행강에 제약받지 않으며[19] 비교적 유동적으로 악곡을 늘리거나[20] 줄이는[21] 것을 볼 수 있는데, 〈화태〉와 일치하는 부분도 이와 같은 방식으로 유동적 변개[22]를 가하고 있어 이 가능성은 역사적 사실에 가까운 것으로 판단된다.

　헌편, 이리헌 순차는 잎시 제시한 『시용향악보』의 〈징식가〉 附記 부분 - '平調界面調通用' - 과도 순조롭게 조응하는데 즉, 〈정석가〉는 〈서경별곡〉의 평조와 〈화태〉의 계면조를 이어받은 후행곡이기에 평조와 계면조가 통용될 수 있는 성질을 가진 악곡이 된 것으로 볼 수 있는 것이다. 즉, 평조(〈서경별곡〉) + 계면조(〈화태〉) = 평조계면조통용(〈정석가〉)가 된 것이다. (악곡간의 수수관계는 결론부분 그림 참조.)

19　3면 소재 악보, ❸부분의 행강이동이 이에 해당한다.
20　3면 소재 악보, ❸다음의 부분이 이 경우에 해당하는데, 〈정석가〉는 ❸뒤에 '하3 하2 하1 하2 하3 하4' 부분을 유동적으로 삽입시켜 악곡 길이를 조절하고 있다.
21　3면 소재악보, ❸다음이 이에 해당하는데 〈정석가〉는 〈서경별곡〉의 '궁 하1 하2 궁'의 선율을 간단히 없애고 단지 궁의 음정으로 1대강으로 축소해 버리고 있다. 이렇게 한 연유에 대해서는 확언할 수 없으나, 악곡의 길이에 대한 배려 혹은 母曲인 〈서경별곡〉과 지나치게 같아지는 것을 경계하기 위한 것으로 보인다.
22　본고 5면 소재 악곡에서 〈화태〉의 ❹가 〈정석가〉에서는 생략되어 있는데, 이는 3쪽 소재 악곡에서 〈서경별곡〉 ❸부분 뒤의 '궁 하1 하2 궁' 부분이 간단히 생략된 것과 같은 형태의 생략이다.

이상으로, 〈정석가〉의 발생 시기를 재고해 보았다. 〈서경별곡〉을 바탕으로 한 〈정석가〉의 악곡에 세종 때에 지어진 〈화태〉를 습용한 흔적이 남아 있다는 건, 이 곡이 조선시대 - 최소한 〈화태〉이후인 1445년 이후 - 에 생겨난 노래임을 말하므로, 결국 〈정석가〉는 '고려가요'가 아닌 '조선가요'인 셈이다.

위의 관찰과 순서추론이 인정된다면, 서론에서 언급한 연구결과들은 수정이 불가피하다. 즉, 〈정석가〉는 외래악곡을 기반으로 하여 생겨난 것이 아니라 〈서경별곡〉과 〈화태〉의 악곡을 기반으로 하여 생겨난 것이 되고, 〈정석가〉가 궁중악장으로 차용된 시기는 '고려 문종 이후 어느 때'가 아니라 '조선 세종 이후 어느 때'가 된다.

2. 문헌과 노랫말로 살펴본 좀 더 자세한 〈鄭石歌〉 성립 시기

1) 문헌의 기록

그렇다면 〈서경별곡〉을 중심으로, 〈화태〉의 계면조 性을 차용한 〈정석가〉는 언제 생겨난 것일까? 더 이상의 추정을 위한 작업은 명시된 자료가 없는 한 가설적 추정 수준에 머무를 수밖에 없는 것이겠지만, 일단 속악의 노랫말에 대한 논란이 기록된 성종조의 다음 記事(1487년)에서 어렴풋한 단서를 잡을 수는 있다.

전교하기를,
"종묘악의 보태평·정대업과 같은 것은 좋지만 그 나머지 俗樂의 **西京別曲**과 같은 것은 남녀가 서로 좋아하는 歌詞이니, 매우 不可하다. 악보는 갑자기 고칠 수 없으니, **曲調에 의하여 따로 歌詞를 짓는 것**이 어떻겠는가? 그것을 예조에 묻도록 하라. …"

하니, 예조에서 아뢰기를,

"종묘의 樂은 희문으로부터 역성까지가 보태평이니 영신과 초헌에 쓰는 것이고, 소무로부터 영관까지가 정대업이니 아헌과 종헌에 쓰는 것입니다. 이는 각각 歌詞가 있어 남녀가 서로 좋아하는 俗唱이 아닙니다. 다만 정대업의 혁정은 曲調와 歌詞가 滿殿春에 유사하고 永觀은 곡조와 가사가 西京別曲과 유사해서 이것이 듣기에는 俗唱에 가깝습니다. …" 하였다.

〈성종실록 215권, 19년(1488년), 4월, 정유(4월 4일)〉[23]

이 글은 성종의 〈서경별곡〉 가사에 대한 개찬 의지를 보여 주는 기사이다. '곡조에 의하여 따로 가사'를 지었는지 짓지 않았는지에 대한 명확한 언급은 드러나 있지 않지만 '〈서경별곡〉의 악곡에 의하여 따로 가사가 지어졌을' 가능성은 생각할 수 있다. 이 구절은 조선 초의 악곡 개편 움직임을 논할 때, 거의 등장하는 유명한 구절인데, 그간 연구자들은 이 구절을 지나치게 범상히 보아오지 않았나 한다. 그러나 필자는 악곡의 일치를 근거로 이 기록이 정석가의 발생과 밀접한 관련을 가진 것으로 본다. 왜냐하면 〈정석가〉는 〈서경별곡〉의 악곡에 의거하고 있으며, 성종 이후의 문헌에서야 비로소 나타나기 때문이다.

〈정석가〉가 실린 문헌은 16세기 중반의 『악장가사』, 1572년의 『금합자보』, 16세기 후반의 『시용향악보』, 18세기의 『악학편고』 등인데, 이에 반하여 15세기의 『고려사』「악지」, 특히, 세조때의 음악적 상황을 비교적 자세히 기록한 『대악후보』에는 〈정석가〉가 보이지 않는다. 이 사실은 〈정석가〉가 성종 이후에 비로소 생겨났을 가능성을 강하게 시사한다. 문헌 소재

---

[23] 傳曰 "宗廟樂如 保太平 定大業則善矣, 其餘俗樂如 西京別曲, 男女相悅之詞, 甚不可. 樂譜則不可卒改, 依曲調, 別製歌詞何如? 其問於禮曹. 且予旣於祭時飮福矣. 據何禮文而再設飮福宴乎? 博考古典及祖宗朝故事以啓." 禮曹啓曰 "宗廟之樂, 自熙文至繹成, 保太平也, 用於迎神及初獻. 自昭武至永觀, 定大業也, 用於亞獻終獻. 各有歌詞, 非男女相悅之俗唱也. 但定大業赫整 調詞似滿殿春, 永觀調詞似西京別曲, 是以聽之, 近於俗唱. 〈成宗實錄 215卷, 19年, 4月, 丁酉〉

양상을 정리하면 아래와 같다.

문헌	고려사악지 (1451)	대악후보[24] (1460년대)	시용향악보 (16세기)	금합자보 (1572)	악장가사 (16세기 말)	악학편고 (18세기)
소재	×	×	○	○	○	○

성종(1487)

2) 노랫말의 양상

〈정석가〉가 '〈서경별곡〉에 바탕하여 성종의 명령을 받은 누군가에 의해 만들어졌을 가능성'은 노랫말의 특징에 의해서도 짐작할 수 있다. 〈정석가〉는 〈서경별곡〉에 있는 〈구슬장〉을 가지고 있으며, 무의미한 여음구가 없으며, 성종의 명령의도에 부합하는 '건전한 가사'를 얹은 노래이기 때문이다.

〈정석가〉의 〈구슬장〉은 그간 연구자들이 '〈정석가〉는 고려시대의 소산이다', 또는, '고려가요는 민요의 합성이다'란 결론을 내리게 하는 근거가 되어 왔다. 하지만, 위에서 제시한 〈정석가〉와 〈서경별곡〉의 악곡적 공통점을 전제로 할 때, 이 사실은 다른 시각으로 이해되어야 할 줄 안다. 〈구슬장〉은 〈정석가〉가 〈서경별곡〉을 모델로 하여 만들어진 노래임을 말하는, 악곡적 일치와 더분 또 하나의 단서일 뿐이다. 특히, 이 두 부분의 가사는 직접 습용하지 않고서는 발생할 수 없는 일치성을 보여 주는데, 만약 민요에서 각각 채록하였다면 생길 수 없는 현상이다. 〈서경별곡〉이 고려, 〈정석가〉는 세종 이후가 악보상으로 추론되는 발생 시기이므로 시간의 간극을 고려한다면, 최소한의 어휘 변동은 있었을 것임이 예상되기 때문이다. 그러나 〈구슬장〉은 아래와 같이 어휘적으로, 통사적으로 일치한다.

---

[24] 『대악후보』에는 성종 당시에 언급이 되고 있는 전래 향악이 거의 수록되어 있다. 수록 작품은 〈서경별곡〉, 〈쌍화점〉, 〈만전춘〉, 〈이상곡〉, 〈동동〉, 〈정읍사〉, 〈정과정〉 등이다.

〈서경별곡〉: 구스리(아즐가)구스리바회예디신들(위두어렁셩두어렁셩다링디리)
긴히쭌아즐가긴힛쭌그츠리잇가(나는위두어렁셩두어렁셩다링디리)즈믄히를(아
즐가)즈믄히를외오곰녀신들(위두어렁셩두어렁셩다링디리)信잇돈(아즐가)信잇
돈그츠리잇가(나는위두어렁셩두어렁셩다링디리)

〈정석가〉: 구스리바회예디신들/구스리바회예디신들/긴힛돈그츠리잇가/즈믄히
를외오곰녀신들/즈믄히를외오곰녀신들/信잇돈그츠리잇가

이 현상은 동시대가 아니면 발생하기 힘든 현상[25]으로 〈정석가〉가 〈서경
별곡〉의 노랫말을 目前에 두고 변개했음을 보여 주는 단서가 된다. 즉, 변
개차용할 당시에 지나치게 불순한 가사는 제거하여 버리고, 건전한 내용을
담은 〈구슬장〉 부분은 여음구를 없애면서 실질적 의미부만 그대로 재생하
여 활용한 흔적이라 여겨진다.

〈정석가〉의 노랫말에 무의미한 여음구가 없다는 사실도 이 노래가 누군
가에 의해 창작[26]되었을 가능성을 의미한다. 일반적으로 창작자가 확실한
노래들이 가지는 특징을 본 작품이 가지고 있기 때문이다. 현전 고려가요
14수와 〈한림별곡〉, 〈납씨가〉, 〈정동방곡〉, 〈용비어천가〉 등은 거의가 전
래의 악곡과 관련된 노래들이다. 이 노래들은 창작자의 분명성에 따라 2가
지로 나누어질 수 있는데, 창작자가 불분명한 노래들로는 〈동동〉, 〈서경별
곡〉, 〈청산별곡〉, 〈사모곡〉, 〈쌍화점〉, 〈이상곡〉, 〈가시리〉, 〈정읍사〉, 〈상
저가〉 등이 있고, 창작자가 분명한 노래들로는 〈정과정〉, 〈한림별곡〉, 〈납

---

25 노랫말은 시간의 흐름에 따라 변모하는 것이 일반적이다. 수많은 민요와 시조가 異形態를
가지고 있는 것은 그 實例가 된다.
26 여기서의 '창작'을, '없던 것의 생산'이라는 의미보다는 '깊숙한 개입에 의한 큰 변개' 정도의
의미로 읽어 주었으면 한다. 이미 노래에서 〈구슬장〉이 한 장을 이루고 있는 만큼 완전한
창작이라고 할 수 없기 때문이다. 그러나 나머지 부분에 있어 출처는 여전히 미궁인 바,
출처도 없는 대상을 두고 변개했다고 단정할 수도 없으므로 일단 창작으로 표기하였다.
혹시 민요의 노랫말이 이 노래에 차용되었을 수도 있으나, 역시 이 경우에도 큰 변개를 거
친 것은 분명할 테니, 최소한 '창작'에 가까운 변개는 될 것이다.

씨가〉, 〈정동방곡〉, 〈용비어천가〉 등이 있다. 그런데, 이 노래들의 노랫말을 살피면, 창작자가 불분명한 노래들에는 대체로 여음구들이 존재하고 창작자가 분명한 노래들에서는 무의미한 여음구들이 발견되지 않는다.

〈동동〉의 '아으 動動다리', 〈서경별곡〉의 '위 두어렁셩 두어렁셩 다링디리', 〈청산별곡〉의 '얄리얄리얄라셩얄라리얄라', 〈사모곡〉의 '위덩더둥셩', 〈쌍화점〉의 '다로러거디러더러둥셩다리러디러다리러디러다로러거디러다로러', 〈이상곡〉의 '다롱디우셔마득사리마득너즈세너우지', 〈가시리〉의 '위 증즐가 대평셩대', 〈정읍사의〉 '아으 다롱디리', 〈상저가〉의 '히야해 히야해'에서 보이듯이 창작자가 분명하지 않은 노래들은 악곡의 상당부분이 이런 여음구로 채워지고 있다. 하지만, 창작자가 분명한 곡들에 있어서는 이런 모습이 보이지 않는데, 이것은 악곡의 개작자 혹은 창작자가 악곡의 길이와 노랫말을 고려하여 적당한 개편과 수정을 가한 결과일 것이다. 〈정석가〉는 무의미한 여음구를 가지지 않은 노래이다. 정석가가 악곡과 노랫말이 잘 조절된 노래라는 것은 이 노래의 개인 창작 가능성을 알리는 것이다.

이를 성종조의 기사와 관련시켜 이해한다면 <u>〈정석가〉는 성종의 명령을 받은 누군가에 의해 창작된 노래라고</u> 추론해 볼 수 있는 것이다.

3. 결론

이상으로 악곡과 문헌 기록, 노랫말을 중심으로 〈정석가〉의 발생 시기를 살펴보았다. 〈정석가〉의 발생 시기는 현재 우리가 믿고 있는 '고려가요'에 관련된 사항들을 완전히 이해하기 위한 하나의 중요한 암시가 될 수 있다. 또한 거의 암흑기에 가까운 것으로 여겨지는 15세기 국문단편 노랫말을 해명하기 위한 하나의 단서로 작용할 수도 있다. 여기서 다루어 본 건 〈정석가〉 한 편 뿐이었지만, 아직 창작 시기가 완전히 고정되지 못한 〈만전춘별사〉, 〈사모곡〉 등의 노래도, 어쩌면, 선초에 창작 혹은 부단한 개편을 가한 결과물일 가능성이 높다. 〈만전춘별사〉에 부분적으로 나타나는 시조 형태의 노랫말도 이 노래의 창작 시기가 15세기일 가능성에 대한 한 근거로 작용한다. 시조란 것도 엄밀히 말한다면 15세기 후반에나 이르러서야 그 정형된 틀이 발견되기 때문이다. 본고는 그러한 전반적 시도에 앞서 정리해 본 하나의 자료란 것에 의미가 있다.

이 시기의 국문시가 현상에 대한 자세한 분석은 더 많은 자료를 검토해 봐야 할 것이지만, 일단 위에 거론된 것을 거친대로 요약해보면 아래와 같다.

1. 〈정석가〉는 〈서경별곡〉의 악곡과 〈화태〉의 악곡에 영향받아 생겨난 것으로 보이므로 조선의 노래로 추정된다.

2. 〈정석가〉는 세조대의 악곡적 상황을 비교적 상세히 보여 주는 『대악후보』에서는 보이지 않는 반면, 성종 이후의 기록인 『악장가사』, 『시용향악보』, 『금합자보』, 『악학편고』 등에서야 비로소 다량 분포되어 나타나는데, 이로 보아 성종시대를 기점으로 하여 생겨난 노래로 여겨진다. 『대악후보』에는 〈정석가〉와 악곡적, 노랫말의 질서 등에서 대등한 혹은 다소 열등한 〈동동〉, 〈정읍사〉, 〈정과정〉, 〈서경별곡〉 등의 노래가 수록되어 있는데 〈정석가〉 수록되어 있지 않은 것은 세조 당시에는 〈정석가〉가 존재하지 않았기에 생긴 현상으로 풀이된다.

3. 성종 때 있었던 〈서경별곡〉의 改詞논란은 〈정석가〉의 발생과 깊은 관련을 가지는데, 〈정석가〉가 〈서경별곡〉의 악곡을 습용하고 있다는 점, 〈서경별곡〉의 〈구슬장〉을 차용하고 있다는 점, 가사의 여음구를 없애며 개인 창작적 양식을 취하고 있다는 점 등이 그 근거다. 〈서경별곡〉과의 직접적 관련성은 악보뿐만 아니라 〈구슬장〉의 형태로 보아서도 그러한데, 〈구슬장〉에 사용된 어휘, 통사는 그대로 이어받았음을 짐작케 하는 강한 흡사성을 보인다. 그러므로 〈정석가〉는 독자적으로 생긴 것이라기보다는 〈서경별곡〉을 개찬하는 과정에서 일괄적으로 악보, 가사를 수용하여 생겨난 노래로 추정된다.

〈서경별곡〉, 〈화태〉, 〈정석가〉의 악곡적 수수관계를 그림으로 그리면 아래와 같다. (알파벳은 同선율)

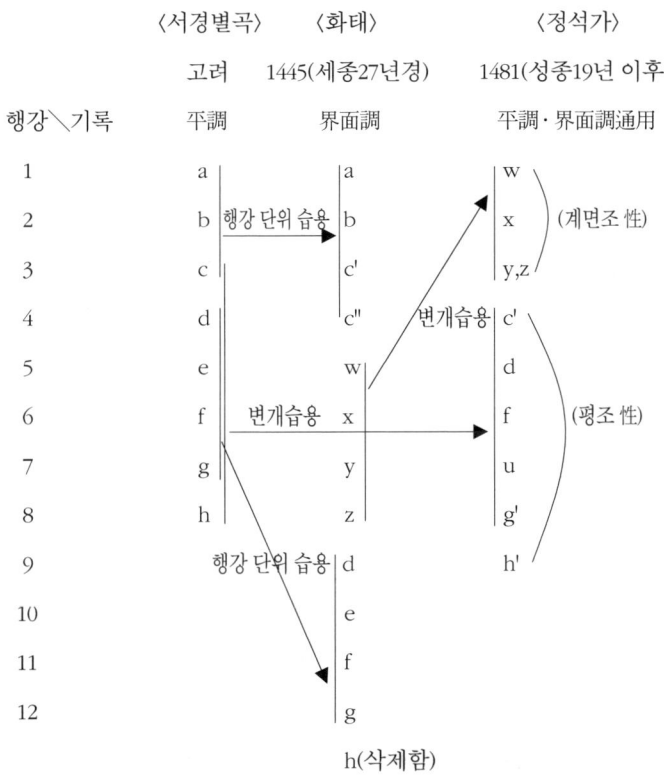

※ 평조 계면조 통용이란 설명은, 기준음을 앞 세행강의 것과 맞추어 전체를 연주 - 이 경우 곡은 계면조가 됨-할 수도 있고, 뒤 여섯행강의 것과 맞추어 연주 - 이 경우 곡은 평조가 됨-할 수도 있음을 의미하는 것이 아닌가 한다.

『한국시가연구』14, 한국시가학회, 2003.

鄭石歌 註釋 재고와 문학적 향방 (1)
-'三同·삭삭기'를 中心으로-

1. 서론

〈鄭石歌〉는 16세기 문헌으로 추정되는 『樂章歌詞』에 다음과 같이 실려 전하는 작품¹이다.

鄭石歌

딩아돌하當今당금에계샹이다딩아돌하當今당금에계샹이다先王聖代션왕셩디예노니
ᄋᆞ와지이다○삭삭기셰몰애별헤나ᄂᆞᆫ삭삭기셰몰애별헤나ᄂᆞᆫ구은밤닷되를심고이
다○그바미우미도다삭나거시아그바미우미도다삭나거시아有德유덕ᄒᆞ신님믈여히
ᄋᆞ와지이다○玉옥으로蓮련ㅅ고즐사교이다玉옥으로蓮련ㅅ고즐사교이다바회우희
接柱졉듀ᄒᆞ요이다○그고지三同삼동이퓌거시아그고지三同삼동이퓌거시아有德유덕

---

1 이외『時用鄕樂譜』(16세기 추정),『琴合字譜』(1572년)에 악곡과 함께 1절만 수록되어 전하는
데 漢字가 약간 다르다.
딩아돌하當今에겨샤이다딩아돌하當今에겨샤이다先王盛代예노니ᄉᆞ와지이다〈『時用鄕樂譜』·
『琴合字譜』同一〉
한편, 18세기 초에 편찬된『樂學便考』에도 노랫말 전체가 전하나『樂章歌詞』의 노랫말과 비
교해 볼 때 의미 있는 차이점은 없기에 따로 인용하지는 않는다.

ᄒ신님여히ᄋ와지이다ㅇ므쇠로텰릭을몰아나는므쇠로텰릭을몰아나는鐵絲텰ᄉ로
주롬바고이다ㅇ그오시다헐어시아그오시다헐어시아有德유덕ᄒ신님여히ᄋ와지이
다ㅇ므쇠로한쇼를디여다가므쇠로한쇼를디어다가鐵樹山텰슈산애노호이다ㅇ그쇠
鐵草텰초를머거아그쇠鐵草텰초를머거아有德유덕ᄒ신님여히ᄋ와지이다ㅇ구스리바
회예디신들구스리바회예디신들긴힛든그츠리잇가ㅇ즈믄히를외오곰녀신들즈믄
히를외오곰녀신들信신잇든그츠리잇가

그간 이 작품은 질서정연한 구성, 독특한 수사법,[2] 타작품과의 연관성[3]
등으로 인해 우리의 비상한 주목을 받아 왔다. 그리하여 현재 이 노래는 국
문학사를 논하는 지면[4]과, 교육의 현장에서 필수적으로 언급되는 작품 중
의 하나가 되어 있다. 그러나 이러한 열띤 관심과는 별도로 작품 이해의 근
간이 되는 註釋의 실황을 보면 여전히 합의되지 않은 語句, 혹은 오해된 語
句가 남아 있음을 본다. 그리고 그것이 작품의 성격을 온전히 이해하는 데
걸림돌로 작용함을 본다. 본고는 〈정석가〉의 註釋 硏究史에 나타난 問題句
를 추려 解決案을 도모하고 문학적 향방을 재설정하는 것을 목적으로 한다.

---

2 김태준(『조선가요집성』, 조선어문학회, 한성도서주식회사, 1934, 46면.)에 의해 일본 국가
인 '기미가요(君が代)식', 정병욱·이어령(『고전의 바다』, 현암사, 1978, 144면.)에 의해 '애국
가의 원형'이라 명명된 후, 이와 유사한 수사법을 가진 작품에 대한 조사가 이규호(「정석가
식 표현과 시간의식」,『국어국문학』 92, 국어국문학회, 1984, 109~139면.)에 의해 광범위하
게 이루어진 바 있다.
3 주로 〈서경별곡〉과의 노랫말적·악곡적 관련성에 대해 탐구되었다. 노랫말의 공통성과 이
의 의미에 대한 논의는 신은경(「서경별곡과 정석가의 공통 삽입가요에 대한 일고찰」,『국
어국문학』 96, 국어국문학회, 2005, 205~232면.)에서 자세히 언급되었고, 악곡적 흡사성에
대한 지적과 이의 의미에 대해서는 박재민(「정석가 발생 시기 재고」,『한국시가연구』 14집,
한국시가학회, 2003, 5~28면.)에 자세히 언급되어 있다.
4 총평의 한 사례를 예시하면 다음과 같다.
"〈정석가〉와 같은 사랑의 맹세, 鐵石 같은 지조(志操)의 영탄(詠嘆)은 그 비유법에서나 그 정
신에 있어서 현대인은 따를 수가 없다." 〈장덕순,『한국고전문학의 이해』, 일지사, 1973, 82
면.〉

2. 註釋의 연구사와 難解句

〈정석가〉에 대한 註釋 작업은 김태준의 『朝鮮文學集成』(1934)[5]에서 최초로 이루어졌고, 양주동의 『麗謠箋註』(1947)[6]에서 가장 자세하고 폭넓게 이루어졌다. 이와 거의 동시에 지헌영의 『鄕歌麗謠新釋』(1947)[7]이 출간되었고, 그 후 약 10년의 간격을 두고 김형규의 『古歌註釋』(1955),[8] 박병채의 『高麗歌謠語釋研究』(1968),[9] 전규태의 『高麗歌謠』(1968)[10]가 간행되면서 고려가요 및 〈정석가〉의 온전한 주석에 대한 노력이 傾注되었다.[11] 이러한 선학들의 노고에 힘입어 〈정석가〉에 대한 이해는 30년대의 그것에 비해 풍부하고 정확한 결론에 도달할 수 있었고 다음과 같은 평가를 받기도 하였다.

〈정석가〉에는 그 해석을 결정적으로 달리하게 하는 문제 어절은 없다.[12]

하지만 이러한 평가에도 불구하고 〈정석가〉의 모든 어구가 소상히 해명된 것은 아니다. 대체적으로 볼 때 『악장가사』 소재 여타의 작품들에 비해 해석의 완성도가 높은 것은 사실이지만, 이 노래에도 여전히 이미 소멸해 버린 어휘가 암초처럼 남아 있어 순탄한 이해를 방해해왔던 것이다. 남광우,[13] 손종흠[14] 등이 소논문을 통해 재론한 '三同', 양주동,[15] 이명구,[16] 임주

---

[5] 김태준,『조선가요집성』, 조선어문학회, 한성도서주식회사, 1934.
[6] 양주동,『여요전주』, 을유문화사, 1947.
[7] 지헌영,『향가여요신석』, 정음사, 1947.
[8] 김형규,『고가주석』, 백영사, 1955.
[9] 박병채,『고려가요어석연구』, 선명문화사, 1968.
[10] 전규태,『고려가요』, 정음사, 1968.
[11] 이후로 고려가요의 주석을 목적으로 한 저서는 거의 나오지 않았다. 김명준의 『고려속요집성』(2002), 최철·박재민의 『석주고려가요』(2003), 이등룡의 『여요석주』(2010) 등만이 그 긴 연구사의 공백을 메우고 있을 뿐이다.
[12] 김상억,「정석가고」,『고려시대의 가요문학』(김열규·신동욱 편집), 새문사, 1982, 162면.
[13] 남광우,「고려가요 주석상의 문제점에 관하여」,『고려시대의 언어와 문학』, 형설출판사,

탁[17] 등이 재론한 '딩아 돌하', 김완진[18] 등이 재론한 '삭삭기 셰몰애' 등은 〈정석가〉의 대표적 難解句가 된다. 본고는 이 중, '三同'과 '삭삭기'를 논의의 대상으로 삼는다. 이 두 어휘는 그간 대부분의 업적에서 옛 자료의 제시 없이 모두 현대 어휘를 통한 통찰에 의해 의미가 추정되어 왔기에, 문증이 여느 경우보다 절실한 상황이었다. 본고는 이와 관련되는 어휘를 수집·검토함으로써 〈정석가〉의 註釋에 대한 論議의 底邊을 확장해보고자 한다.[19]

3. '三同'의 註釋

1) 諸說의 批評

'三同'은 〈정석가〉의 제3장, 다음의 문맥에서 출현하는 어휘이다.

> 玉옥으로 蓮련ㅅ고즐 사교이다 바회 우희 接柱졉듀ᄒ요이다 그 고지 三同삼동이 퓌거시아 有德유덕ᄒ신 님 여히ᄋ와지이다

이 '三同'이란 어휘는 한문식으로 풀이하면 "세 가지의 물건을 합함·세 개가 같음" 정도가 될 테지만, 문제는 이런 풀이로는 통사적 구성을 만족시키지 못한다는 데 있다. 즉, '이'라는 주격조사가 접속되어 있기에 "그 고지

1975, 90~91면.
14 손종흠, 「정석가의 '삼동'에 대하여」, 『한국시가연구』 4집, 한국시가학회, 1998, 211~233면.
15 양주동, 「古歌箋剳疑」, 『인문과학』 2집, 인문과학연구소, 1958, 3~29면.
16 이명구, 「딩하 돌하 당금에 계샹이다」, 『문학사상』 102집, 문학사상사, 1981, 97~100면.
17 임주탁, 「정석가의 문학적 성격」, 『고전문학연구』 11, 한국고전문학회, 1996, 29~70면.
18 김완진, 「고려가요의 물명 : 국어학적 고찰」, 『정신문화연구』 73호, 한국학중앙연구원, 1998, 9~11면.
19 '딩'과 '돌'의 의미는 別考를 통해 다룰 예정이다.

三同이 퓌거시아"는 "그 꽃이 '세 송이 합함·세 송이가 같음'이 핀다면"으로 해석되게 되는데 이러한 풀이는 통사적 불합리를 야기하게 되는 것이다.[20] 이러한 상황에서 '三同'은 연구 초창기부터 상당한 苦心을 자아내는 곳이 되었는데, 그 중 주요한 說을 추려 유형별로 옮겨보면 다음과 같다.

㉮ '三冬'의 誤字

김태준(1934)[21] : 그 玉蓮花가 三冬에 꽃이 필 적에.

양주동(1947, 『麗謠箋註』 初版)[22] : 아마 「三冬」의 誤.

지헌영(1947)[23] : '三冬이'의 誤.

㉯ 묶음의 單位

양주동(1954, 『麗謠箋註』 修正版)[24] : 석동, 한 「동」은 「스물」 또는 「백」.

김형규(1955)[25] : 세 묶음, 同은 普通 十個를 말함.

이상보(1963)[26] : 「동」은 묶어서 한 덩이로 만든 묶음, 또는 그 단위.

전규태(1968)[27] : 「석동」(세 묶음)의 뜻. 한 「동」은 열, 스물 또는 백 묶음.

박병채(1968)[28] : 方三百里의 땅이. 「同」은 周代 地制의 面積單位로 「方百里」의 땅.

---

20 그간의 논의에서 이 구절을 漢字 그대로 풀이한 이는 김완진(「고려가요 어의 탐색의 몇 경우」, 『역사언어학 - 김방한 선생 회갑기념논문집』, 전예원, 1985, 1~13면이 유일한 듯하다. 그는 꽃에서의 三同이란 "赤·白·黃과 같은 세 가지 빛깔이 한데 어울리는 것"이라고 보았다. 하지만 '빛깔'이란 의미 첨가는 假定的인 것이며, 또한 논의에서 주된 근거로 들고 있는 용례 "綿紬廛賞格綿紬 限明秋勿爲擧論 外特減三同(英祖實錄 98卷, 37年, 8月, 戊子)"의 '同'은 선행한 '綿紬'의 수량 단위 '동'의 音借字로, 純粹漢字가 아니다. 이 수량 단위에 대해서는 後述한다.

21 김태준, 상게서, 47면.
22 양주동, 『여요전주』, 을유문화사, 1947, 342면.
23 지헌영, 상게서, 100면.
24 양주동, 『여요전주』, 을유문화사, 1954, 342면.
25 김형규, 상게서, 209면.
26 이상보, 상게서, 19면.
27 전규태, 상게서, 141면.

박병채(1994)[29] : 삼백 송이. '同'은 '백(百)'을 뜻한다.

㉰ 삼층(三層)

　　　남광우(1975)[30] : 석동이 피어서야. '동'은 짚단 따위를 묶어서 만든 묶음이나
　　　　　　그 單位. ("單"으로도 피기 어려운데,) 上·中·下로 三同이(三
　　　　　　層으로) 피어서야.

㉱ 평생동안

　　　손종흠(1998)[31] : 子厚와 美叔의 故事 … '평생동안'.

　㉮항은 同을 冬의 잘못으로 본 견해들을 모은 것이다. 김태준에 의해 성립된 說로 초기의 양주동과 지헌영에 의해 지지되었다. 이 說의 매력은 그렇게 볼 때, "꽃이 三冬(겨울)에 핀다면"이라는 불가능한 가정이 자연스럽게 완성된다는 점이다. 잘 알려져 있다시피 〈정석가〉의 2·3·4·5장은 "불가능한 가정+이별"의 구조로 이루어져 있다. "옥으로 만든 연꽃이 피는 것"도 불가능한 상황인데, 이 꽃이 "차가운 겨울에 피는 것"은 더욱더 불가능한 일이다. 이렇듯 '三冬'으로 二重의 조건을 설정함으로써 이별의 가능성이 더욱 희박해지게끔 표현했다고 보는 것이다.

　이러한 매력에 이끌려서였을까? 단편적 언급에 머물러 있던 김태준의 이 說은 양주동에 이르러 대폭 강화되어 주장된다. 그는 『악장가사』에 이러한 類의 誤字가 드물지 않음을 다음과 같이 實證한다.

　『樂章歌詞』는 歌唱의 臺本에 不過하니만치 그 記寫는 사못 粗雜하야 正音의 誤綴이

---

28 박병채, 상게서, 266면.
29 박병채, 『새로고친 고려가요의 어석연구』, 국학자료원, 1994, 270면.
30 남광우, 상게서, 90면.
31 손종흠, 상게서, 232면.

만혼 것은 毋論, 漢字에도 同音類音字를 막우 使用하엿다. 例컨댄 『翰林別曲』에서 만도

虞書南(世) 御榴玉梅(柳) 婥妁仙子(綽約)

等 誤書가 不少한바 … 32

비록 완전하진 못했지만[33] 그의 방증 방식에 우리가 경청해야 할 측면이 있는 것은 사실이다. 동일한 책에서 이러한 字의 오류가 일어나고 있다면 유사한 오류인 '冬→同' 역시 〈정석가〉에서 일어났을 개연성이 인정되는 것이다. 하지만 문헌적 개연성과 문맥적 적합성에도 불구하고 이 설은 양주동에 의해 스스로 撤回된다. 철회의 이유는 다음과 같이 명확히 記述되어 있다.

「三冬」의 訛로 봄은 지나치 생각인 듯. …「이」… 文法的으론 반듯이 「애」(에)인 을 要한다.[34]

즉, 여러 장점이 있던 假說이었지만, 그렇게 볼 때 '三冬'에 접속된 조사가 왜 處格의 '애'가 아니라 主格의 '이'로 표기되어 있느냐에 대한 합리적 설명이 불가능했던 것이다. 이로 ㉮설은 더 이상 재론의 여지가 없게 되었고 본

---

32 양주동(1947), 상게서, 342면.
33 그가 든 3회의 용례 - 虞書南(世) 御榴玉梅(柳) 婥妁仙子(綽約) - 는 사실 부정확한 것이었다. 〈한림별곡〉 3장에 등장하는 '虞書南'은 '虞書南書(虞書와 南書)'의 문맥에서 나타나기에 誤字가 아니며, 그가 '御榴玉梅'로 되어 있다고 말한 부분은 확인해 보면 '御柳玉梅'로 바르게 판각되어 있으며, '婥妁仙子' 역시 2字가 모두 誤字인 것은 아니고, '妁' 1字만 '約'으로 수정되면 될 일인 것이다. 결국 그가 든 용례 중, 1字만 誤字였던 셈이다. 하지만 양주동의 착안 방향은 올바른 것이다. 확인해 보면 『악장가사』에는 다음에서 보듯 誤字가 적지 않다.
先王聖代 〈악장가사의 정석가〉 - 先王盛代 〈시용향악보·금합자보의 정석가〉
샷기上座 〈악장가사의 쌍화점〉 - '샷기上佐'의 잘못.
이외, 한글 표기에서도 "죠고맛간 - 죠고맛감" 〈쌍화점〉, "바늘 - 바룰" 〈處容歌〉, "여히므론 - 여해므논" 〈서경별곡〉 등의 혼란이 나타나 있다.
34 양주동(1954), 상게서, 342~343면.

고 또한 같은 입장을 취한다.

㈏항은 ㈎가 철회된 이후에 나타나기 시작한 新說들이다. 양주동이 三版을 내면서 '스물 혹은 백'을 나타내는 수량 단위인 '동'을 漢字로 표기한 것이라 본 후, 이와 유사한 방향에서의 풀이가 대거 시도되었다. 이 풀이의 장점은 해당구가 '꽃이 세 묶음이 피면' 정도로 해석되기에 어법상 큰 무리가 없다는 데 있다. 또한, '동'이란 고유어는 현대 사전에 등재[35]되어 있기도 하다. 이런 이유로 현재 이 풀이는 학계의 가장 유력한 說로 자리 잡고 있다.

하지만 이 說 역시 완전한 것은 아니다. 도출 과정이 안고 있는 문제점이 결코 가볍지 않기 때문이다. 먼저, 이 설은 '동'이란 어휘를 鮮初文獻을 통해 검증하는 과정이 누락된 채 수립되었다. 즉, 현행어의 용법으로만 미루어 짐작한 것이기에 그 당시에 '동'이란 어휘가 존재했었던가에 대한 의문은 해결해 주지 못했다. 둘째, 선행 연구에서 언급한 현행어 '동'은 '꽃을 헤아리는 단위'와 관련된 말이 아니다. 선학들은 '동'을 '10·20·100·300' 등을 칭하는 단위라고 하지만, 그것은 위에서 인용한 사전에서도 보이듯이 '먹·붓·피륙…' 등에 대한 단위이지 '꽃'에 대한 단위가 아니다. 셋째, 고유어 '동'이 왜 '同'이란 漢字로 표기되어 있는가에 대한 解明이 전혀 없었다. 주지하다시피 『악장가사』의 노랫말은 漢字語는 漢字와 한글 倂記로, 고유어는 한글만으로 적혀 있는 특색을 지니고 있다. '삼동'이 '三同삼동'으로 되어 있다는 점은 이 어휘가 漢字語 혹은 이에 準하는 고유어일 가능성을 시사하는 것인데 ㈏항의 저술들에서 이에 대한 언급은 전혀 보이지 않는다.

이 세 문제점은 후대 연구자에게 남겨진 과제라 할 수 있었는데, 그 중, 첫 번째 문제를 해결하며 나타난 說이 ㈐의 '동강·층(層)'이다. 남광우는 『古語辭典』 집필 경험의 저력으로 선대의 연구자들이 文證하지 못했던 어

---

[35] 동¹: 물건을 묶어 세는 단위. 한 동은 먹 열 장, 붓 열 자루, 생강 열 접, 피륙 50필, 백지 100권, 곶감 100접, 볏짚 100단, 조기 1,000마리, 비웃 2,000마리를 이른다.〈국립국어연구원, 『표준국어대사전』, 두산동아, 1999.〉

휘 '동'을 찾아 다음과 같이 설명한다.

> 月釋 9:102에 "드려다가 삼동 내 버혀 더뎻ᄂ니라"가 나오는바 "세 동강"의 뜻으로 "삼동"이란 말이 있음을 보면 "삼동"이라는 말의 연원이 오랜 것임을 알 수 있다.[36]

이 說의 美德은 그간의 연구에 비해 진일보한 자료로 문제해결을 도모하였다는 데 있다. 그의 발굴로 비로소 '동강·토막'이란 의미의 '동'이 당대에도 실존했음을 우리는 알게 되었다. 그러나 이 說 또한 후대의 연구자들을 안심시키지 못했다. 비록 '동강·토막'이란 의미의 '동'을 찾긴 했지만, 이 어휘가 '꽃'과 연결될 때는 '꽃 세 동강·토막'처럼 되어 의미가 유연하게 이어지지 못한다는 결정적 흠이 있었기 때문이다. 그의 최종 풀이가 "꽃이 上·中·下로 삼층(三層)으로 피어서야"로 모호하게 되어 버린 것은 이러한 사정과 무관하지 않다. 이외, 그의 설이 가진 또 하나의 문제는 위의 세 번째 문제 -『樂章歌詞』의 표기법 패턴 - 를 여전히 해명하지 못했다는 점이다. 그리하여 다음

> 더욱이『樂章歌詞』나『樂學軌範』등에 실린 고려속요는 한자어인 것은 반드시 한자로 기록했다는 점에서 볼 때 이 주장은 근거가 매우 희박한 견해인 것으로 보인다. … 이 주장 역시[남광우의 주장, 필자 註] '동강'의 의미를 지니는 우리말인 '동'이 어떤 연유에서 한자어인 '同'으로 표기되었는가 하는 점에 대한 … 설명이 없기 때문에 강한 설득력을 가지기 어려운 것으로 판단된다.[37]

과 같은 疑懼를 자아내며 또 다른 활로를 모색케 한 원인이 되었다.[38]

---

36 남광우, 상게서, 91면.
37 손종흠, 상게서, 215~221면.
38 손종흠의 결론은 '평생동안'으로 나 있다. 그러나 고사성어로서의 '三同'과 〈정석가〉의 '三同'은 동질성이 없는 同音異議語에 불과하며, 이 어휘를 대입할 경우 '평생동안三同이 피

2) 語彙의 文證

본고는 '三同'의 의미 풀이는 위에서 언급한 문제점들을 모두 극복할 때 가능할 것으로 본다. 즉, '동'의 당대적 용례 예시, 꽃과의 연관성 확인, 한자가 倂記된 이유에 대한 설명이 모두 가능하여야 보다 진전된 결론에 이를 수 있을 것으로 본다. 그럴 때, 『월인석보』와 『석보상절』에 나타난 다음의 용례들은 시사하는 바 크다.

㉠ 夫人이 업스샤 三동이 ᄃᆞ외샤 즐게 아래 더뎃더시니 〈月印釋譜 8:88a〉
  아기 우르샤 三동을 뫼호시고 西方애 合掌ᄒᆞ시니 〈月印釋譜 8:88a〉
㉡ 큰 ᄆᆞ래 다ᄃᆞ라 딮동을 ᄐᆞ샤 梵摩羅國에 니르르시니 〈月印釋譜 8:85a〉

㉠에 인용된 '三동'들은 남광우가 인용한 것과 거의 흡사한 내용이다. 鴛鴦夫人이 세 토막으로 잘려 죽은 상황에서 나온 말로 현대어로는 '토막·동강'으로 옮길 수 있다. ㉡의 용례 또한 '짚동'을 타고 강물을 건너는 상황에서 나온 것으로 현대어로 '짚 토막·짚 동강'으로 옮겨질 수 있다. 우리는 이 용례들로 일단, '어떤 사물의 동강'을 뜻하는 '동'이 朝鮮初에 실재했음을 재확인할 수 있다. 그렇다면 이러한 의미의 '동'이 범위가 확장되어 '꽃의 동강' 즉, '꽃송이'로 쓰였을 가능성은 없을까? 그런데 이러한 추정은 실현된다. 바로 다음의 예에서이다.

㉢ 千葉蓮花ㅣ 잇고[千葉은 곳 동앳 니피 즈므니라] 〈釋譜詳節 11:1b~2a〉

㉢의 인용문은 '千葉蓮花'를 설명하는 『釋譜詳節』의 註를 옮긴 것이다. '千葉蓮花'란 꽃잎이 천 개인 연꽃을 말하는데,[39] 여기에서 '곳 동'이란 어휘

어야'가 되어 통사적으로도 문제가 생기게 된다.

를 사용하고 있다. 여기에서의 '동'은 무슨 뜻일까? '천엽연화'의 형상으로 미루어 볼 때, 이 '동'은 꽃의 '송이'에 해당하는 말이 분명하다.[40] 즉, 위의 諺解는 "꽃송이에 꽃잎이 천 개이다"라는 의미이고 이 때 '송이'를 표현하기 위해 '동'이란 어휘를 사용하고 있는 것이다. 그렇다면, 이 용례의 '동'과 정석가의 '삼 동'에 나타난 '동'은 어떤 관계일까? 본고의 판단으로는 이 둘은 같은 것으로 보인다. 둘 다 '연꽃 동강' 즉, '연꽃 송이'로 사용된다는 의미상의 공통점이 있고, 소릿값 또한 일치하기 때문이다.

한편, 우리는 '꽃 세 송이'를 의미하는 '삼동'이 '三同삼동'으로 漢字倂記된 까닭에 대해서도 해명할 필요가 있다. 전술했듯이 『악장가사』는 한자어와 한글의 구분을 비교적 철저히 지키고 있는 문헌이다. 그러나 그러한 정황에서도 이미 漢字語化한 고유어, 즉, 관습적으로 音借字로 표기하던 어휘를 수록할 경우 漢字倂記를 하기도 했다는 점을 우리는 유념할 필요가 있다. 옆에 보이는 音借語 '雙花'[41] · '處容'[42] 등의

삼동   쌍화   처용

---

39 千葉蓮花: 꽃잎이 1000枚 있는 연꽃(はなびらが千枚ある蓮花)〈諸橋轍次,『大漢和辭典』2卷, 大修館書店, 昭和59, 518면.〉

40 『역주 석보상절 제6·9·11』〈세종대왕기념사업회, 1991, 61면.〉을 보면 이 부분을 '꽃대'로 풀이하고 있는데 이는 꽃대가 아니라 '꽃송이'이다. '千葉蓮花'의 千葉은 꽃송이를 이루는 1,000장의 꽃잎(花瓣)을 말하는 것이지, 줄기에 달린 푸른 잎들을 칭하는 것이 아니기 때문이다.

41 '雙花'는 '상화'라는 音相을 한자를 빌어 표현한 借字表記로, 때로는 '霜花'로 표기되기도 하였다.
 饅 상화 만〈訓蒙字會〉, 饅頭 상화〈飜譯老乞大 下:37b〉
 以小麥麵 溲而包豆荏 和蜜蒸之 曰 霜花餠〈東國歲時記〉
 密陽朴浚者 … 一部書 刊行于世 而此詞與霜花店諸曲 混載其中〈退溪先生文集 43卷, 跋, 書漁父歌後〉

수록 방식이 그것이다. 그런데, '동'이란 어휘 역시 音借語로서의 전통을 지니고 있다. 당대의 문헌들에서 '토막·동강'으로서의 '동'이나, 수량 단위로서의 '동' 또한 '同'으로 音借表記되고 있음을 보는 것이다. 그 중 몇 예를 들면 다음과 같다.

㉠ '토막·동강'으로서의 '同'
上身 웃웃동, 下身 옷아릿동　　　　　　　　　　　　〈方言類釋〉
밋동 本同　　　　　　　　　　　　　　　　　　　　〈韓佛字典〉

㉡ 수량 단위로서의 '同'
면(綿): 貢木綿一年九同 國俗五十匹爲一同
　　　　　　　〈頤齋遺藁 19卷, 行狀, 承仕郎行興德縣訓導忠孝齋徐公行狀〉
먹(墨): 紙三束墨一同謹拜受　　　　　　　〈松巖集 2卷, 書, 答趙判書〉
미역: 海藿以五十條爲一束 五十束爲一同
　　　　　　　〈與猶堂全書, 政法集, 經世遺表 14卷, 均役事目追議, 均役事目追議一藿稅〉

〈정석가〉에 나타난 '三同'의 '同' 역시 이러한 전통에서 나온 표기로 여겨진다. '동강·토막'을 나타내는 '동', 혹은 '수량 단위'의 '동'이란 고유어가 관습적으로 '同'으로 표기되었듯이, 꽃에 적용된 '동' 역시 '同'으로 표기되었던 것이다. 결국 〈정석가〉에서의 표기는 '꽃 석 동[꽃 세 송이]'이 '꽃三同'으로 나타난 소중한 한 사례인 셈이다.[43]

---

42 '處容'은 '처용'이라는 音相을 한자를 빌어 표현한 借字表記로, 때로는 '處用'으로 표기되기도 했다.
今後 處用舞 除女妓用男夫 〈世宗實錄 99卷, 25年(1443), 1月, 辛巳(1월 25일)〉
43 '묶음'을 뜻하는 '同'이 朝鮮時代의 문헌에 있다면 정석가의 '三同' 또한 '꽃 세 묶음'을 뜻할 가능성이 있지 않겠는가란 의문이 들 수도 있다. 하지만, 꽃 한 송이를 뜻하는 '동'이 『석보상절』의 용례에서 보이듯이 이미 존재하기에, '묶음'의 의미로는 쓰이기 어려울 것으로 판

4. '삭삭기'의 註釋

1) 諸說의 批評

'삭삭기'는 〈정석가〉의 제2장, 다음의 문맥에서 출현하는 어휘이다.

삭삭기 셰몰애 별헤 나는 구은 밤 닷되를 심고이다 그 바미 우미 도다 삭나거시아
有德유덕ᄒ신 님믈 여히ᄋᆞ와지이다

이 구절은 양주동이

> 文獻에 所見이 업스나,「셰몰애」(細沙)를 形容하는 辭인즉, 現行語「바삭바삭·팔삭팔삭」(乾燥貌·細塵貌)等의「삭」을 重疊하야 名詞添尾語「ㅣ」를 加한 形일것이다.[44]

라고 풀이한 이래, 대다수의 학자가 同意해 오고 있다.[45] 동의의 현장은 다음에서 보듯 뉘앙스마저 흡사하다.

> 김형규(1955) : 바삭바삭(乾燥)한 모양.[46]
> 전규태(1968) : 文獻에 그 보기를 찾기 힘드나 셰몰애[細沙]를 형용한 말이므로 現行語「바삭바삭, 사각사각」(건조한 모양) 등의「삭」을 겹으로 쓴 것이 아닌가 함.[47]

단된다. 만약, '묶음'의 의미로도 쓰였다면, '꽃 삼 동'은 당대에 '꽃 세 송이'로도 이해되고, '꽃 세 묶음'으로도 이해되었다는 말인데, 이런 불편하고 혼란스런 언어 구사가 있었을 것 같지는 않다. 『석보상절』의 용례가 시사하는 대로, '송이'의 뜻으로만 풀이하는 것이 옳겠다.
44 양주동(1947), 상게서, 337면.
45 한편 지헌영(1947)만은 양주동의 설을 따르지 않고 "작은, 가늘은"으로 풀이하고 있다.
46 김형규, 상게서, 207면.
47 전규태, 상게서, 138면.

> 박병채(1968) : 「바삭바삭ᄒᆞ다(乾燥貌)」를 「삭삭ᄒᆞ다」로도 사용하는 例로 보아 「삭삭」에 名詞形成接尾辭 '기'를 添付하여 「삭삭기」形으로 된 듯 하다.[48]

하지만 이 설은 아직 定說이라고 하기엔 부족함이 많다. 비록 많은 학자들이 반복적으로 동의하고 있긴 하지만 엄밀히 따져 볼 때, 양주동의 所論을 답습한 것일 뿐 새로운 자료를 제시하며 정설화해 나간 것은 아니기 때문이다. 더구나 양주동의 立論 또한 옛말의 문증 없이 현대어 '바삭바삭·팔삭팔삭'에만 기대고 있어 再論의 여지를 남기고 있다. 이런 상황이었기에 비교적 최근 김완진[49]의 다음과 같은 新說이 등장하게 된다.

> 석석[부] 뜨거웠던 것이 서늘해진 모양. 〈제주어 사전〉
> '석석'이 서늘해진 것을 의미하니까, 음성상징론의 관계로 보아 '*삭삭'은 싸늘해진 것을 뜻하는 것으로 추측할 수 있는데, 이에 해당하는 것이 '정석가'의 '삭삭기'라고 생각하는 것이다.[50]

기존의 설이 현행어를 바탕으로 제기된 것임에 비해 김완진의 설은 40년대의 제주도 방언을 이용한 것이었기에 보다 학술적 단계를 밟은 것이라 할 수 있다. 하지만 이 說 역시 옛 문헌을 이용한 것이 아니라 제주도 방언을 이용한 것이었기에 간접적 추론에 그친 감이 있다.

---

48 박병채, 상게서, 260면.
49 김완진, 「고려가요의 物名-국어학적 고찰」, 『정신문화연구』 통권 73호, 한국학중앙연구원, 1998. (본고는 『향가와 고려가요』(서울대학교출판부, 2000)에 재수록된 내용을 참조하였음.)
50 김완진, 상게서, 339~340면.

2) 語彙의 文證

그런데 본고는 다음 자료를 '삭삭기'의 풀이에 이용할 필요가 있다고 본다. 이미 고어사전에도 등재되어 있는 이 자료는 『老乞大』에서 餘他의 술안주와 나란히 다음과 같이 나타난다.

羊雙腸 양의 챵ᄌ, 頭 머리, 蹄 발, 肚兒 양, 睛 눈망올, 脆骨 삭삭ᄒᆞᆫ 썟글
〈飜譯老乞大 下:38a~b〉

羊雙腸 양의 챵ᄌ, 頭 머리, 蹄 발, 肚兒 양, 睛 눈망올, 脆骨 삭삭ᄒᆞᆫ 쎄ᄉᆞ
〈老乞大諺解 下:34b〉

『노걸대』의 '脆骨'이라는 한자 어휘 옆에 그 풀이로 '삭삭ᄒᆞᆫ 쎄'라 附記되어 있는데, 文獻의 同時性과 소릿값의 동일성을 볼 때, 〈정석가〉의 '삭삭기'와 일정한 관련을 맺고 있는 것으로 판단된다. 그렇다면 한자어 '脆骨'이란 무슨 뜻일까? 몇 종류의 사전을 찾아보면 다음과 같다. (방점 필자)

【脆骨】: 軟骨也 〈漢文大辭典, 중국문화연구소, 1962.〉
【脆骨】: 軟い骨 〈大漢和辭典, 諸橋轍次, 소화 60(1965)년판〉
【脆骨】: 동물 연골로 만든 식품.
〈中韓大辭典, 고려대학교 민족문화연구소, 文友社, 1995.〉

위의 사전들이 공통적으로 풀이하고 있는 '脆骨'은 모두 '軟한 뼈'라는 것이다. 그렇다면 『노걸대』에 술안주로 나타난 '삭삭한 쎄'는 '연한 뼈·물렁뼈·부드러운 뼈'임에 틀림없다. 따라서 '삭삭'은 '乾燥하여 바삭바삭한'의 의미가 아니라 '軟함·보드라움'의 의미인 것이고, '삭삭기 셰몰애'는 '보드라운 가는[細] 모래'로 풀이해야 하는 것이다.

그런데, 우리는 여기서 한 가지 확인하고 넘어가야 할 사실이 있다. '脆

骨'에 나타난 '脆'가 '骨'이 아닌 다른 단어와 결합해 쓰일 경우, '보드라운'의 의미뿐만 아니라 '사각사각하다·아삭아삭하다·바삭바삭하다'의 의미로도 나타나, 표면상 양주동의 '바삭바삭'에 유사해 보이는 측면이 있다는 것이다.[51] 『中韓大辭典』[52]에서 몇 용례를 추려 보면 다음과 같다.

㉠ 부드럽다 류
[脆弱] 연약하다.
[脆而不堅] 무르고 약하다.
[性脆弱] 됨됨이가 무르다.
[脆生生] 대단히 연하고 아삭아삭하다. 바삭바삭하다, 사각사각하다.

㉡ 바삭바삭하다·사각사각하다·아삭아삭하다 류
[脆美] (음식물이) 바삭바삭[파삭파삭]하고 맛이 있다.
[脆嫩] 사각사각하고 부드럽다.
[脆爽] (음식물이) 바삭바삭하고 시원하다.
[脆萝卜] 사각사각한 무우, 바람들지 않은 무우.
[脆瓜] 아삭아삭한 참외.

㉠의 경우 딱딱하지 않고 부드럽다는 의미로 쓰이며 '脆骨'의 '脆'와 같은 의미망을 형성하고 있어 문제가 없지만, ㉡의 경우는 '脆'의 해석이 '바삭바삭·사각사각·아삭아삭'으로 나타나고 있어 일견 종래의 설 '바삭바삭'을 뒷받침할 수 있을 듯도 하다. 하지만, 우리는 그간 우리가 받아들이고 있던 '바삭바삭한 세모래'의 의미와, ㉡항에 모인 용례들이 지닌 의미들의 본질적 차이를 보다 면밀히 구분할 필요가 있다. 그간 우리에게 '삭삭기 셰몰애'

---

51 논문 작성 중, 황선엽 교수께서 이런 조언을 해 주었는데, 지면을 빌어 고마움을 전한다.
52 고려대학교민족문화연구소, 문우사, 1995.

는 선학들의 明示에 의해 '乾燥貌' 즉 '건조한 모양'이라는 否定的인 측면으로만 이해되어 온 경향이 있다. 그렇기에 '물기가 전연 없는 (불모의) 모래밭'이라는 풀이[53]들이 나왔던 것이다. 그러나 ㉡항에 모인 '사각사각·아삭아삭'은 결코 부정적 의미인 '건조한 모양'을 基底로 하는 말이 아니다. 이들은 '음식물의 건조함'에 방점이 있는 것이 아니라, 긍정적인 측면, 즉 '음식물의 軟함'에 방점이 있는 말들이다. 이는 '사각사각·아삭아삭'을 풀이하고 있는 국어사전을 참조해도 명백하다. '바싹 마름'의 뉘앙스보다는 '연함·보드라움'과 관계되고 있음을 본다.[54]

> 사각사각³ : 연한 과자나 배, 사과 따위를 자꾸 씹을 때 나는 소리.
> 아삭아삭¹ : 연하고 싱싱한 과일이나 채소 따위를 보드랍게 베어 물 때 자꾸 나는 소리.

이로 ㉡항의 용례들은 '脆骨'의 '脆'에 대응하는 우리말 '삭삭기'가 '乾燥한 모양'의 의미임을 방증하는 예들이 되지 못한다. 오히려 이 의미를 넣으면 '삭삭기 셰몰애'는 '사각사각한 세모래·아삭아삭한 세모래'가 되어 '軟함·보드라움'의 의미임을 뒷받침하는 용례들이 된다.[55]

한편, '바삭바삭'은 국어사전에 다음과 같이 풀이되어 있다.

> 바삭바삭³ : 단단하고 부스러지기 쉬운 물건을 잇따라 깨무는 소리. 또는 그 모양.

---

[53] "구운 밤을 그것도 물기가 전연 없는 모래밭에 심는다는 것" 〈정병욱·이어령, 상게서, 144면.〉
[54] 이하의 국어사전 풀이는 모두 『표준국어대사전』(국립국어연구원, 두산동아, 1999.)에서 취한다.
[55] 유사한 음상을 지니고 있는 '사근사근'의 경우
사근사근: 1. 사람의 생김새나 성품이 매우 상냥하고 보드라운 모양.
2. 사과나 배 따위가 연하게 씹히는 모양.
두 의미 모두, '부드럽다'의 긍정적인 상태를 기저 의미로 하고 있다.

이는 '아삭아삭·사각사각'과는 달리, '물기가 없다'는 의미가 짙게 깔려 있다. 그렇기에 '삭삭기 = 脆 = 바삭바삭'의 연결에 의해 '삭삭기 = 바삭바삭'의 등식이 성립한다고도 할 수 있다. 하지만 이 경우에도 '삭삭기'와 '바삭바삭'이 그간의 이해, 즉 부정적 뉘앙스로서의 '바싹 마른 不毛의'란 의미만을 띤다고 할 수는 없다. '바삭바삭한 씹는 듯한 소리가 나는 세모래'는 한 자식으로 바꾸면 鳴砂[56]가 되는데, 詩歌의 전통에서 鳴砂는 '곱고 보드라운 모래'라는 의미로 慣用되는 말이기 때문이다.

鳴砂길 니근 물이 醉仙을 빗기 시러 바다흘 겻틱두고 海棠花로 드러가니

〈松江歌辭, 關東別曲〉

鳴沙白白白於雪   〈四佳詩集 46卷, 第22, 詩類, 關東行〉
如今踏踏鳴沙路 二十年前舊夢游   〈惺所覆瓿藁 26卷, 附錄1, 鶴山樵談〉

그렇다면, 우리는 '바삭바삭한 세모래'로 풀이할 때도 이 구절이 반드시 '乾燥하여 不毛인 세모래'의 부정적 의미로만 해석될 필요가 없음을 알게 된다. 즉, '보드라워 바삭바삭 소리가 나는 세모래'로도 풀이되어, 긍정적 의미의 '보드라운 세모래'로도 이해 가능한 것이다.[57]

이상의 논의를 간략히 정리하면 다음과 같다. '脆骨'은 『노걸대』類의 문헌들에서 '삭삭한 뼈'로 풀이되어 있는데, '脆骨'은 '軟骨'과 같은 말인바, '삭삭기'는 '보드라운'의 의미로 파악된다. 또, 脆의 제2의 뜻인 '아삭아삭한·

---

[56] 명사¹²(鳴沙) : 밟거나 진동을 주면 독특한 소리를 내는 모래. 콧노래를 부르는 듯한 소리나 무엇을 잘게 씹는 것 같은 소리를 낸다. 〈국립국어연구원, 『표준국어대사전』, 두산동아, 1999.〉 (방점은 필자)
[57] '脆'가 소리와 관련하여 쓰일 때 항상 긍정적인 뉘앙스를 지닌다는 것도 '바삭바삭한 세모래'가 '좋은 모래'라는 것을 방증하는 한 예가 된다. (예는 모두 상게한 『中韓大辭典』에서 취함)
[脆亮] (소리의) 울림이 좋다. (목소리가) 맑고 우렁차다.
[脆美] (목소리가) 쟁쟁하고 아름답다. 맑고 아름답다.

사각사각한'을 넣으면 '아삭아삭한 세모래 · 사각사각한 세모래'가 되는데, 이 또한 부정적 의미의 '메말라 不毛인 세모래'란 의미가 아닌 '연한 · 보드라운 모래'라는 긍정적 의미로 풀어야 자연스럽다. 한편, 脆의 제3의 뜻인 '바삭바삭한'은 '마른'이라는 의미가 근저에 깔려 있기에 '삭삭기 = 바삭 마른'의 등식을 만족시키나, 모래에 한해서는 '바삭바삭한'이 '鳴砂'라는 어휘에서 보듯 '보드랍고 고운'의 의미와 상통하는 측면이 있기에 반드시 그간의 부정적인 풀이인 '메말라 不毛인 모래'로만 이해할 수는 없게 된다. 즉, 문헌적으로 살펴볼 때, '삭삭기 셰몰애'는 '연하고 보드라운 세모래'일 가능성이 높게 된다.[58]

5. 문학적 이해의 향방

이상에서 논의한 바에 따르면 〈정석가〉의 2·3장은 다음과 같이 해석된다.

> 2章 : 삭삭기 셰몰애 별헤 나ᄂᆞᆫ 구은 밤 닷되를 심고이다 그 바미 우미 도다 삭 나거시아 有德유덕ᄒᆞ신 님믈 여히ᄋᆞ와지이다 : 보드라운 셰(細)모래 언덕에 구운 밤 다섯 되를 심습니다. 그 밤이 움이 돋아 싹나고서야 유덕하신 님을 이별하렵니다.

> 3章 : 玉으로 蓮ㅅ고즐 사교이다 바회 우희 接柱ᄒᆞ요이다 그 고지 三同이 퓌거시아 有德ᄒᆞ신 님 여히ᄋᆞ와지이다 : 옥으로 연꽃을 새깁니다. 바위 위에 접붙입니다. 그 꽃이 세 송이가 피어야만 유덕하신 님과 이별하려 합니다.

---

58 한편 '삭삭기'의 '기'는 기존의 여러 연구서에서 지적하고 있듯이, '용언의 어간'에 붙는 '이', 즉, '명사화접사'로 暫定된다.

우리는 〈정석가〉의 문학적 미감을 논하는 자리에서 흔히 다음과 같은 감수성 짙은 언급을 목격한다.

그냥 밤을 모래밭에 심어도 싹이 나지 않을 것인데, 불에 구운 밤을 그것도 물기가 전연 없는 모래밭에 심는다는 것은 二重 三重의 절대로 불가능한 사실을 전제로 삼고 있는 가정법이지요.[59]

물기 하나 없는, 밟으면 사각사각 소리가 나는 모래, 그나마 뿌리 내릴 길도 없는 벼랑에다, 날 밤도 아닌 군 밤을 심어[60]

詩語란 것은 일상의 언어에 비해 압축성이 높고, 그렇기에 作詩하는 이나, 鑑賞하는 이는 一言隻句도 소홀히 할 수 없는 것이다. 따라서 위와 같은 批評들은 詩人의 의중을 심층적으로 파악하려 한 긍정적인 사례로 인정된다. 하지만, 문제는 이와 같은 해석이나, '연꽃이 300송이 피어야만' 등으로 보는 해석을 따를 때, 정석가가 가진 전체적인 미감, 즉 優雅美가 다소 훼손되는 듯한 느낌을 지울 수 없다는 것이다. 異見이 있을 수 있지만, 본고는 정석가의 본질이 '사랑하는 임과의 이별을 완곡하고 재치있게 부정하는 데'에 있다고 본다. 그렇기에 頑惡하거나 노골적인 태도를 지양하고 가급적 雅趣 있는 언어를 구사하고 있다고 본다. 3장의 '연꽃'이 '돌로 만든 연꽃'이 아니라 '옥으로 만든 연꽃'으로 설정되었다든가, 2장의 모래가 질 좋은 '細沙'로 형용되어 있는 점은 이 노랫말을 짓고 향유하던 이들의 언어적 지향을 잘 대변해주는 요소라 여겨진다.[61]

---

59 정병욱·이어령, 상게서, 144면.
60 정양완, 「정석가에 대하여」, 『한국고전시가작품론』 1, 집문당, 1995, 335면.
61 〈정석가〉와 수사법적 軌를 같이하고 있는 〈오관산〉(『高麗史』, 「樂志」 所載)
  나무토막으로 조그마한 당닭을 새겨 木頭雕作小唐鷄
  젓가락으로 집어다가 벽에 앉히고   筯子拈來壁上栖

이러한 지향을 감안할 때, 그간의 이해로 본 '물기가 없는 바삭바삭한 모래'라든가, '연꽃 300송이' 등의 조건은 지나치게 완악하다. '보드라운 모래·연꽃 세 송이'만으로도 임과의 영원한 사랑은 넉넉히 담보되기 때문이다. 이 점에서 우리들 중 누군가는 이러한 언어적 지향에 착목할 필요가 있다. 즉, 〈정석가〉의 해석에서 '바삭바삭한·300송이'를 취하여 이별에 대한 거부를 더욱 격렬하게 표현했다고 보는 연구 경향만이 일방적으로 존재할 것이 아니라, '보드라운·세 송이'를 취하여 이별에 대한 거부를 雅趣 있게 표현했다고 보는 연구 경향도 이제는 나타날 때가 되었다고 보는 것이다.

6. 결론

이상으로 〈정석가〉의 두 구절 '三同'과 '삭삭기'에 대한 註釋의 문제점을 살피고 그 문학적 향방에 대해 간략히 논하였다. 주석적인 부분을 요약하자면, '三同'은 '세 송이', '삭삭기'는 '보드라운'으로 현대어역되어야 한다는 것이다. 문학적인 측면에서는 '삭삭기'와 '삼동'을 '보드라운·세 송이'로 해석할 때 생기는 미감에 대해 주목할 것을 제안하였다. 정석가를 관통하는 미감은 '우아미'이다. 내면적으로는 '이별에 대한 강렬한 거부'이지만, 표현상으로는 '지나치게 頑惡하지는 않은' 언어적 지향을 지닌 작품이다. 본고가 문헌적 사례로 확인한 의미가 인정될 수 있다면, 향후의 논의는 이러한 견지에서도 이루어질 여지가 있다고 보았다.

한편, 본고의 목적은 '확정된 註釋을 제시하려는 것'만에 있지 않다. 본고는 옛 노래의 이해를 위한 논의의 底邊을 확장해 보고자 하는 데도 목적이

이 닭이 꼬끼오 하고 때를 알리면	此鳥膠膠報時節
그제야 어머님 얼굴 늙으시옵소서	慈顔始似日平西

의 경우에도, 단순히 '나무토막木頭'으로 설정하고 있는데, 만약 이것을 '바싹 마른 나무토막'으로 표현했더라면 아마 이 노래가 가진 미감이 많이 훼손되었을 것이다.

있었다. 서론에서도 짧게 언급했지만, 그간 우리는 '三同'과 '삭삭기'를 註釋함에, 현행어에만 기댄 감이 없지 않다. 양주동의 풍부한 문증 이후, 그 문증의 범위를 넓히는 노력이 부족했던 경향이 없지 않았다. 이런 상황을 打開해 보고자 한 시도가 도중에 소개한 '남광우·김완진'의 업적이다. 본고의 논의 또한 이런 노력의 연장선상에 있다. 문헌에 남아 있는 용례들을 보다 확장하여 논의의 場에 끌어 들이고 이를 통해 또 다른 논의와 결론을 이끌어 내어 보고자하는 것이다. 그렇기에, 본고에 소개된 '삼동'이나 '삭삭기'의 용례를 통해 우리 중 누군가는 본고와는 다른, 또 다른 결론에 이를 수도 있다. '삭삭기'를 여전히 부정적 의미의 '바삭바삭한'으로 볼 수도 있고, '삼동'의 '同'을 여전히 '묶음의 단위'로 볼 수도 있는 것이다. 그러나 중요한 것은 그러한 열의 있는 논의 또한 본고가 제시한 문헌적 상황을 감안한 채 진행되어야 한다는 점이다. 이를 디딤돌 삼아, 또 다른 문헌적 용례를 제시하며 논의가 진행될 때, 우리의 옛 노래 理解는 보다 풍부해지고 정밀해질 것이다.

『고전과해석』 12, 고전문학한문학연구학회, 2012.

鄭石歌 註釋 재고와 문학적 향방 (2)
−'딩아 돌하'를 中心으로−

1. 서론

'딩아 돌하'는 16세기 문헌 『악장가사』에 수록된, 〈정석가〉의 첫머리, 다음의 문맥에서 對句를 이루며 나타나는 어구이다.

딩아돌하當금당금에계샹이다先王聖代션왕셩되예노니ᄋᆞ와지이다

김태준이 이미 지적[1]했듯이 노래 제목 '鄭·石'의 연원이 된 '딩·돌'은, 그간 〈정석가〉 연구에서 가장 큰 논쟁처 중 하나였다. '딩'과 '돌'이 지칭하는

---

[1] "鄭石歌라고 한 것은 「딩」과 「돌」을 漢字로 飜譯하야 이 노래를 命名한 것." 〈김태준, 『조선가요집성』, 조선어문학회, 한성도서주식회사, 1934, 46면.〉
한편, 비교적 근래의 연구에서 임주탁(「정석가의 문학적 성격」, 『고전문학연구』 11, 한국고전문학회, 1996, 34면.)은 "우리는 기왕의 연구자들이 암묵적으로 인정한 공통 전제, 즉 "딩아돌하"가 〈정석가〉의 '정석'과 직접적인 의미 연관성을 갖는다는 전제에서 잠시 벗어날 필요가 있다"라고 하여 노랫말과 제목의 의미적인 연관성을 부분 부정하였다. 하지만, 『악장가사』 수록된 국문 노래 7편의 경우 제목이 항상 노랫말의 의미와 긴밀히 연관되어 있는 점(〈靑山別曲〉, 〈西京別曲〉, 〈思母曲〉, 〈雙花店〉, 〈履霜曲〉, 〈가시리〉, 〈處容歌〉)을 상기할 때, 노래의 '딩'은 제목의 '鄭'과 연관되고, '돌'은 제목에 나타난 '石'의 의미로 풀이하는 것이 순편한 것이 아닌가 한다.

대상이 모호하여 이의 해석 여하에 따라 노래의 성격이 크게 달라질 가능성이 있기 때문이었다. 그리하여 이 句는 궁중 속악의 성격을 강조하려는 이들에게는 '악기 혹은 악기의 소리'로 지목되었고,[2] 頌禱의 성격을 강조하려는 이들에게는 '神·天'으로 이해되었으며,[3] 민요의 속성을 강조하려는 이들에게는 '정(釘)과 돌'로 파악되었으며,[4] 애정요로 보려는 이들에게는 '人名'으로 추정되었다.[5] 즉 이 구절의 해석이 〈정석가〉의 문학적 성격을 좌우하는 척도로 작용해 왔던 것이다.

한편, 정석가 序詞가 지닌 독립성에 대한 논의도 치열하게 전개되었다. 그리하여 이 부분이 정석가의 다른 부분과 이질적인 성격을 지니게 된 연유를 '口號致語的 성격'과 연계하여 다룬 견해가 거듭 제기되었다.[6] 즉, 〈動動〉의 서사, 〈處容歌〉의 서사에서 보이는 독립성과 마찬가지로 정석가의 서사 또한 '口號致語'의 하나였기에 그런 독립성이 가능했다는 것이다. 본고는 이러한 연구사의 흐름에서, '딩·돌'의 문헌 용례를 살피고, 이를 통해 이 어휘가 칭하는 바를 검증해 보려 한다. 이후, '구호치어적 성격을 지녔다'는 탁견을 지지·보완하여 이 노래가 가지는 문학사적 위상을 재고하려 한다.

2. 註釋의 실제

1) 諸說의 批評

정석가의 서사를 이해하기 위해서는 먼저 이 구절의 핵심을 이루고 있는

---

[2] 양주동·김상억이 대표적이다.
[3] 윤철중·최용수가 대표적이다.
[4] 주로 북한 학계의 견해들로, 홍기문과 정홍교가 대표적이다.
[5] 김형규·박병채가 대표적이다.
[6] 김학성·박노준이 대표적이다.

'딩·돌'의 의미를 파악해야 한다. 이에, 그간의 견해들을 살피고, 각각에 대해 문제점들을 批評해 보면 다음과 같다.

㉮ "擬聲語" 說

전규태(1968)[7] : 「딩」은 「鉦」. 「돌」은 「石」. 「딩아 돌하」는 金·石으로 만든 樂器에서 나오는 소리 「딩동」을 묘사한 것.

정병욱(1977)[8] : 金石으로된 打樂器를 두드리면 「딩」「동」 소리가 … 「딩」은 「鄭」, 「둥」은 그 음이 비슷한 돌을 나타내는 「石」으로 표기한 것.

정병욱(1977)[9] : 여기 '딩'과 '돌'은 … '딩동'이라는 거문고의 구음이 변화하여 이루어진 여음구.

이경자(2002)[10] : 「딩아」가 「돌하」를 수식하고 서로 유기적 관계에 있다면 「딩아」는 「돌」(磬)의 소릿값이 분명.

㉯ "神" 說

지헌영(1947)[11] : "돌"은 "少年" "童子"의 義, "딩아"는 … 生命神.

윤철중(1982)[12] : 新羅上代의 歌樂에 「會樂」·「辛熱樂」·「思內樂」과 함께 「突阿樂」과 「枝兒樂」이 보인다. 「突阿樂」의 「突阿」는 「돌하」에 이어지고, 「枝兒樂」의 「枝兒」는 「딩아」에 계승된 것이 아닌가 여겨지는데, 이것들은 제의가적인 성격과 함께 계승된 것으로 보아야 할 것.

최승영(1993)[13] : 술어 「계상이다」와의 호응문제, 수식어 「當今」이 지니는 속성

---

7 전규태, 『고려가요』, 정음사, 1968, 136면.
8 정병욱·이어령, 『고전의 바다』, 현암사, 1978, 143면.
9 정병욱, 「악기의 구음으로 본 별곡의 의미」, 『관악어문연구』 2집, 서울대학교 국어국문학과, 1977, 23면.
10 이경자, 「정석가 신고」, 『어문학』 75, 한국어문학회, 2002, 273면.
11 지헌영, 『향가여요신석』, 정음사, 1947, 99면.
12 윤철중, 「정석가연구」, 『상명여대교수논문집』 10, 상명여자사범대학, 1982, 71면.

등을 고려할 때 「딩」과 「돌」은 매우 고귀한 존재, 즉 神格 또는 신격화된 인물을 가리키는 말.

최용수(1996)[14] : 딩아돌하가 고대 부활제의 祭儀歌에 사용된, 신성 개념을 지닌 어휘의 화석으로 枝兒樂과 突阿樂에 연결된다.

㉣ "蒙古語" 說

이명구(1981)[15] : 本攷는 「딩·돌」의 문제를 蒙古語 Tenggeri(天神·天)에서 해답을 구하고자 한다. Tenggeri는 … 蒙古語 degere(上·皇帝) … 등의 어휘를 分化시켰으며 … 〈鄭石歌〉의 「돌」과 음운과 어의의 성격상 매우 가까운 입장에 있다. … 그 뜻은 天神 내지 임금(天子)으로 규정할 수 있을 것으로 본다. … 「딩」은 음악적 助興에 끌려 「돌」이 音變된 것.

임주탁(1996)[16] : "딩아돌하"가 몽골어 'tengri dora'와 관련되고 그에 따라 '하늘 아래(天下)'와 같은 의미.

㉤ "人名" 說

김태준(1939)[17] : 鄭某야 石某야.

김형규(1955)[18] : 「鄭石」은 사랑하고 尊敬하는 사람의 이름으로 이 노래는 그이를 위하여 읊은 것.

박병채(1968)[19] : 戀情의 對象人物인 鄭石을 나타낸 것.

김완진(2000)[20] : '鄭石'의 원래 모습은 '鄭石'이 아니라 '鄭白'이었을 것 … 班固의

---

13 최승영, 「정석가 연구」, 『청람어문학』 9, 청람어문교육학회, 1993, 210면.
14 최용수, 『고려가요연구』, 계명문화사, 1996, 121면.
15 이명구, 「딩하 돌하 당금에 계샹이다」, 『문학사상』 102집, 1981, 99면.
16 임주탁, 상게서, 46면.
17 김태준, 『고려가사』, 학예사, 1939, 64면.
18 김형규, 『고가주석』, 백영사, 1955, 207면.
19 박병채, 『고려가요어석연구』, 선명문화사, 1968, 259면.

작품 속에 등장하는 두 위인 鄭國과 白公.

㉣ "釘" 說

홍기문(1959)[21] : 「딩」은 돌을 다듬고 새기는 제구로서 본래 '釘'이라는 한자 어휘. ··· 옛날 석추이나 조각과 같은 일을 위해서 부르던 것.

정홍교(1984)[22] : 〈정석가〉에서는 그 제목이 보여 주는 바와 같이 정과 돌에 의탁하여 서정적 주인공이 지닌 소박하면서도 열정적이고 아름다우면서도 억센 사랑의 감정과 지향을 노래하고 있다.

이대규(1998)[23] : '정'은 돌을 쪼아 깨뜨리는 쇠이고, '돌'은 정에 쪼여 깨지는 대상이다. 돌은 여성인 말하는 이를 암시하고, 정은 말하는 이를 괴롭히는 남성을 암시하는 것으로 해석된다.

㉤ "其他(공깃돌·연사방아)" 說

이병기(1955)[24] : 과연 「딩아돌하」는 무엇인가? 하면 『五洲衍文長箋散稿』 戲具條에 「鄭石 我東之兒少輩 有弄石丸之戲名曰拱某 擲丸於空中 以掌承受. 纍已承者 爲鼎形 名鼎石足拱某」라 하였으니 鼎石은 鄭石이며 이 遊戲는 兒小輩뿐 아니라 二,三十이 된 靑壯年들도 하던 것이니, 이런 遊戲를 하면서 불렀던 노래.

이등룡(2010)[25] : '딩아'는 연자매(碾子-), 속칭 연자방아의 옛 명칭으로 추정된다.

---

20 김완진, 『향가와 고려가요』, 서울대학교출판부, 2000, 274~276면.
21 홍기문, 『고가요집』, 국립문학예술서적출판사, 1959, 287면.
22 정홍교, 『고려시가유산연구』, 과학백과사전출판사, 1984, 169면.
23 이대규, 「고려가요 〈정석가〉의 해석」, (부산대) 『국어국문학』 35집, 문창어문학회, 1998, 5면.
24 이병기, 「시용향악보의 한 고찰」, 『한글』 113, 한글학회, 1955, 3~29면. (본고에서는 『고려가요연구』(국어국문학회 편, 백문사, 1979)에 재수록된 부분을 인용함.)
25 이등룡, 『여요석주』, 한국학술정보, 2010, 295면.

㈏ "樂器" 說

김태준(1934)[26] : 「딩아」는 鐵器에서 나는 丁東聲이니 딩아돌하는 金石으로 된 當時의 樂器를 命한 말같다.
양주동(1946)[27] : 「딩」은 「鉦」, 「돌」(石)은 「磬」… 곧 唱者가 金·石 樂器를 치면서 그 「딩·동」聲에 맛초아 諧謔的으로 「鉦아 돌아」 부르는 것.
이상보(1963)[28] : 이 뜻은 『징이여 돌이여』이며 樂器를 의인화한 것으로 봄이 타당.
김상억(1982)[29] : '太平聖代'의 한 속성을 뜻하는 '風樂一般'을 가리키는 '金·石樂器'語 그대로의 뜻으로 해석하여야 한다고 생각한다.

㈎의 "樂器擬聲語 說"은 '딩'과 '돌'을 金石樂器 또는 거문고의 구음, 혹은 '磬의 소릿값' 등으로 파악한다. 〈정석가〉가 악장으로 사용되었던 정황, 『악장가사』에 수록된 고려가요들에서 악기의 구음으로 여겨지는 '두어렁셩다링디리(〈西京別曲〉)', '위덩더둥셩(〈思母曲〉)' 등이 일반적으로 출현한다는 점에서 이 설은 傾聽할 만하다. 그러나 '딩'은 악기의 구음이라고 할 수 있겠지만, '돌'마저 악기의 구음이라 보기는 어렵다. '돌'은 일반적으로 악기의 구음으로 쓰이는 音相이 아니며, 노랫말에서 'ㅎ'곡용이 이루어져 '돌하'로 된 점, 歌名에서 '石'으로 표기된 점을 미루어 볼 때, '돌[石]'이란 실질형태소로 쓰인 것이 분명하기 때문이다. 또한 이 자체를 단순히 '擬聲語'만으로 판단할 경우, 의성어에 어찌하여 呼格助詞인 '-아'가 접속되었는지에 대한 해명도 부족했다. 한편, '딩아'를 "후행하는 '돌하'를 수식하는 '磬의 소릿값'" 이라고 본 이경자의 說은 전제가 잘못되었기에 성립되지 않는다. 그는 '딩아'를 얹고 있는 악보의 선율 '宮下一 혹은 宮宮' 등이 '수식의 구조'라 전제한 채 그러한 결론을 내렸는데, 그가 지적한 선율은 선초 악보에 흔히 나타

---

26 김태준, 상게서, 46면.
27 양주동, 『여요전주』, 을유문화사, 1947, 335면.
28 이상보, 「정석가 연구」, 『한국언어문학』 1집, 한국언어문학회, 1963, 17면.
29 김상억, 「정석가고」, 『고려시대의 가요문학』(김열규·신동욱 편집), 새문사, 1982, 162~163면.

나는 것으로 노랫말의 수식 여하와는 아무런 관련이 없다. 따라서 이들은 수용하기 어려운 說로 판단된다.

㉯의 "神 說"은 '딩'과 '돌'을 '고귀한 존재'와 관련시켜 이해한다. '딩아 돌하'에 후행하여 오는 語句가 '當今·계십니다'인바 선행하는 어휘체는 이에 어울리는 존재일 것이란 가정에서 출발한 說이다. 이 설의 장점은 문맥에 주의하여 '딩아 돌하'의 의미를 추정하였다는 것이다. 그들의 지적대로 '當今'이란 말은 고귀한 존재가 위치하는 時點과 어울리는 말이고, '계십니다'의 주체 또한 존중의 대상이 되어야 함에 틀림없다. 그렇기에 선행한 두 어휘 '딩·돌'은 神과 연계될 가능성이 있다. 하지만, 결정적 문제는 이 說을 제기한 지헌영, 윤철중, 최승영 모두가 '딩·돌'의 어원을 불충분한, 또는 잘못된 자료 인용을 통해 개진하고 있다는 점이다.

윤철중은 '딩'과 '돌'이 신라의 '祭儀樂'인 〈枝兒樂〉·〈突阿樂〉이 계승된 것으로 보며 다음 사료를 인용한다.

會樂及辛熱樂 儒理王時作也 突阿樂 脫解王時作也 枝兒樂婆娑王時作也

〈三國史記 32卷, 志, 樂〉

그리고 이곳에 나타난 樂들이 신라의 祭儀樂들이고, 제의의 대상은 '神'이었을 것이 예상되는바 이 노래들의 노랫말 중 일부가 〈정석가〉에 계승되어 '딩아[枝兒]·돌하[突阿]'로 나타났을 것이란 견해를 제시한다. 그러나 그의 견해는 음상의 불일치(枝兒 = 딩아)란 문제와 더불어, 당대의 기록을 면밀히 고려하지 않았다는 결함을 지니고 있다. 우선 그는 이 두 樂의 성격을 '제의적'이라 假定하면서 '枝兒·突阿'가 神을 칭하는 말이라 추론하고 있지만, 이 두 노래를 제의적인 것이라 여길 근거가 없다. 오히려 『삼국사기』의 同一 條에서 밝히듯이 이 노래들은 백성의 '喜樂'을 위한 노래

此皆鄉人喜樂之所由作也 〈三國史記 32卷의 같은 곳〉

로 파악하는 것이 순편한 것이다. 더욱 문제가 되는 것은 이 記事의 말미에 나타난 당대(1145년)의 傳承상황이다.

聲器之數 歌舞之容 不傳於後世　　　　　　　〈三國史記 32卷의 같은 곳〉

〈정석가〉의 노랫말의 후대 계승을 추정하는 紙面에서 이 구절 "聲器의 수나 歌舞의 면모는 후세에 전하지 않는다.(聲器聲器之數 歌舞之容 不傳於後世)"란 말을 看過한 것은 이 논의의 큰 약점이 된다. 『三國史記』의 편찬 당대, 즉 고려 전기에 이미 사라진 노랫말이 어떤 경위를 통해 조선 초의 문헌에 등장할 수 있었던가. 그에 대한 해명이 없는 한 이 추정은 공허한 것이 된다.

최승영의 자료 인용은 더 심각하다. 그는 다음과 같이 언급하며

> 앞서 언급한 「五洲衍文長箋散稿」에 나오는 정석 공기 놀이의 방법이 지금과 대동소이하다는 전제하에 돌을 하늘(天)으로 집어던지고, 땅(地)의 돌을 줍고 하는 것과 연관지어도 흥미있는 추정이 가능할 수도 있겠다. … '딩'은 陰과 관련되는 생명신 … '돌'은 陽과 관련된 천신, 임금 등을 뜻한다.[30]

'딩'을 '생명신', '돌'을 '천신'으로 비정하였다. 『五洲衍文長箋散稿』에 나타난 '鄭石'이란 어휘에 집중한 결과였다. 이 설은 옛 문헌에 '鄭石'이란 어휘가 나타난다는 점을 적극 활용하고 있다는 점에서 우리의 비상한 관심을 끌 만한 내용이 된다. 하지만 문제는, 『五洲衍文長箋散稿』에 '鄭石'이란 어휘가 존재하지 않는다는 사실이다. '공기놀이 = 鄭石'의 인용은 이병기에 의해 잘못 시작된 것인데 임주탁에 의해서도 이미 지적되어 있듯이,[31] 실은 해당문헌에는 다음과 같이 '鄭石'이 아닌 '擲石'으로 되어 있음을 보는 것이다.

---

30 최승영, 상게서, 211면.
31 임주탁, 상게서, 31면.

> 擲石 : 和漢三才圖會 彈碁 乃擲石之類 又曰 兒女取碁石十有餘撒之 擲一於空 未墜中 與所撒石二三箇同攫合之 其餘如之 拾盡爲勝 此與我國擲石毬同 內典 拍毬 擲石 投壺 牽道 八道行成一切戱笑 悉不觀作 此似是我東兒少輩弄石丸之戱 名曰拱棋 擲丸于空中 以掌承受 已承者纍作鼎形 名鼎足拱棋
>
> 〈『五洲衍文長箋散稿』, 人事篇・技藝類, 雜技, 戲具辨證說〉

결국 '딩아 돌하'가 '神'을 호명한 것이란 說은 부적절한 자료 인용을 통해 생겨난, 동의하기 어려운 주장이 된다.

㉣의 "蒙古語 說"은 이명구와 임주탁에 의해 제기되었다. '딩하 돌하'의 '돌'을 몽고어 'Tenggeri[天神・天]'로 比定하여 '天神이여 天神이여'의 반복이라 풀이한 이는 이명구였고, '딩아'를 'tengri[天]', '돌하'를 'dora[下]'에 比定하여 '하늘 아래'로 푼 이는 임주탁이었다. 이 說들은 표면적으로는 유사한 근거를 사용하고 있지만, 내면적 논리는 퍽 서리가 있다. 이명구의 경우는 그 풀이의 이유가 앞에서 말한 "神說"과 유사한 측면이 있다. '딩아 돌하'에 후행하여 나타나는 '先王聖代'에 대한 지향으로 볼 때, 선행한 '딩아 돌하'는 지고한 존재이어야 한다는 전제가 깔려 있는 것이다. "神說"에서도 말했지만 이 전제는 퍽 타당한 측면이 있다. 이에 비해 임주탁의 설은 '딩아돌하'를 후행하는 '當今(지금의 임금 자리)'의 수식어로 파악하고 있다는 점이 이채롭다. 이명구의 설이나 임주탁의 설은 모두 타당한 문제제기를 통해 나온 것이며 따라서 하나의 假說로 인정할 수 있다. 하지만 문제는 이 설의 핵심이라고 할 수 있는 몽고어 '하늘'과 '딩・돌'의 음운적 유사성에 대한 확정, 그리고 외래어로서의 사용 가능성에 대한 증명의 至難함이다. 'Tenggeri・tengri'는 표기만으로 볼 때, '탱그리' 정도로 읽힐 것인데, 이것이 어찌하여 '딩' 혹은 '돌'과 유사한 발음이라 할 수 있는가? 또 우리 어휘에 몽고어의 잔재가 있었던 건 사실이지만, 이 '하늘'이란 의미의 'Tenggeri・tengri'가 우리의 어휘로 사용된 흔적은 전혀 없지 않은가. 따라서 이 설은 보완의 여지를 여전히 지니고 있다.

㉣의 "人名說"은 김태준이 종래의 "樂器說"을 철회하고 새롭게 제기한 것으로, 그 후 김형규, 박병채, 김완진 등에 의해 계속 주장되었다. 이는 '鄭石'의 '鄭'과 '돌(石)'이 우리의 姓名에 흔히 쓰이는 字라는 점에 기초하고 있다. 즉, 〈한림별곡〉에서도 '鄭少年'이 나온다든가, 신라의 인명 등에 '돌'이 남자의 이름으로 자주 나타나는 정황에서 부연된 假說이다. 김완진의 경우는 다소 독특하여 '鄭白'의 誤記로 추정하기도 하였다. 하지만 이 說들 역시 수긍하기 어려운 점이 많다. 우선 '鄭石'이 姓과 名의 결합이라고 주장하는 경우, 왜 이들을 분리하여 '鄭아 돌아'라고 불렀는지에 대한 해명이 쉽지 않다. 이 점에서 차라리 '鄭某야 石某야'(김태준) 혹은 '鄭國아 白公아'(김완진)로 파악해 두 인물의 對句로 보는 편이 낫다. 그러나 그렇다고 해도 이 설이 우리의 동의를 얻기는 쉽지 않다. 아무런 부연 설명 없이 노랫말의 첫머리에 나온다는 것은 이 두 인물이 별 췌언을 요하지 않을 만큼 잘 알려진 인물이라는 것을 의미하겠는데, 우리의 역사에서 이에 해당하는 人物雙은 실증되지 않기 때문이다. 따라서 ㉣는 하나의 假說로만 남게 된다.

㉤·㉥의 "연자방아 說", "釘과 돌 說" 또한 정석가의 내용에 비추어 볼 때, 수긍하기 어려운 측면이 많다. '딩아돌'이 '연자방아'란 것 역시 문헌으로 실증되지 않는 하나의 심정적 추정에 불과하고, '釘과 돌'의 경우 이들이 하나의 훌륭한 對應雙이란 건 인정되지만 후행하는 어구를 고려할 때 이질적 느낌이 강하기 때문이다. 즉, 石手의 '정과 돌'은 "지금 계십니다"로 존칭할 만큼 존귀한 것이 아니며, '先王聖代에 노니는 데' 필요한 도구도 아닌 것이다. 결국, 문맥에서 일탈되는 가정이기에 취하기 어려운 說로 판단된다.

㉦의 "樂器說"은 김태준에 의해 제기되고 양주동에 의해 확정되었다. 이 설에 의하면 '딩'은 '鉦', '돌'은 '磬'이다. 노래의 첫머리에 '金石' 악기의 벼리가 되는 '징[鉦]'과 '磬'을 호명하는 과정에서 나온 어휘가 '딩'과 '돌'이라는 것이다. 이 說의 장점은 '딩'과 '돌'을 等價的 가치를 지닌 두 사물 즉, '金·石'악기로 比定했다는 점, 또 그 사물들이 속악의 연행 현장과 밀접히 관련됨으로써 작품 전반의 분위기에 잘 어울린다는 점이라 하겠다. 그러나 이 설이

가진 문제 또한 적지 않다. 우선, '對應雙'의 잘못된 설정이 가장 큰 문제이다. 이 설에서 그들은 '딩'과 '돌'을 '징[鉦]과 '磬'에 比定하고 있지만, 이는 문화적 맥락을 통해 볼 때 성립되지 않는다. 즉, 다음의 기록들을 볼 때, '鉦'의 쌍은 대체적으로 '鼓'이고,[32] '石磬'의 쌍은 주로 '鐘'인 것이다.[33]

【鉦 : 鼓】
遂聲鼓 … 騎上馬徒起皆行 及表擊鉦 騎徒乃止　　〈世宗實錄 25卷, 6年, 9月, 丙申〉
東門鉦鼓響鏗轟 萬騎耀戈兵　　〈陽村先生文集 8卷, 詩, 新都八景〉

【鐘 : 磬】
三國興當時俗樂然因兵亂鐘磬散失　　〈高麗史, 樂志, 24卷, 樂1〉
樂書云 古者編鐘 編磬 登歌用之　　〈世宗實錄, 五禮, 吉禮序例, 樂器圖說, 歌鐘〉

이 설이 가진 또 하나의 문제점은 '딩'을 '징'의 音變으로 보고 있는 사실이다. 만약 '딩'이 '징[鉦]을 뜻하는 것이 맞다면 충분히 개연성 있는 추정이라 하겠지만, '딩'이 '징[鉦]을 지칭하는 것이 아니라면 '딩'은 '징'의 음변이라 말할 수 없다. 결국 이 說 또한 완전한 것이 되지 못하며, 再論의 여지를 남기고 있다.

---

32 이는 징[鉦]이 기본적으로 군대의 樂器이기 때문이다. 실록에 나타난 분류를 보이면 다음과 같다.
　　五禮, 軍禮序例, 兵器 : 鐸·鉦 〈世宗實錄, 五禮, 軍禮序例, 兵器〉
　　鉦은 『악학궤범』의 雅部·唐部·鄕部樂器에서 소개한 63개의 악기에서도 제외되어 있다.
33 이 점은 이미 이경자에 의해서도 지적된 바 있다.
　　"종은 경과 밀접하고 정은 아와 관련하여 「정」은 「경」과 함께 거론될 수 없는 것." 〈이경자 상게서, 267면.〉

2) 語彙의 文證

위에서 본고는 '딩·돌'에 대한 諸家의 풀이를 批評하였다. 그 과정에서 현재까지의 설들이 여전히 보완의 여지를 지니고 있음을 가졌음을 살폈다. 하지만, 위 설 중 부분적인 결함이 있긴 했지만 대체적인 흐름에서는 본고가 동의하는 설이 하나 있다. 바로, 양주동이 확립한 "樂器說"이 그것이다. 비록, '딩'이 '징[鉦]'이란 說에는 동의할 수 없지만 '딩'과 '돌'이 악기를 칭할 것이란 假定은 여러 문헌에서 문증 가능성이 보이기 때문이다.

우선, '돌[石]'이 악기의 하나인 '磬'을 나타낼 것이란 언급은 문헌적 근거를 생략했기에 그간 후행 연구자들에게 다음과 같은 의심을 받아 왔다.

'鉦'은 우리 音은 /정/이요 中國音은 /징/으로, /딩/과 연결시키기 어려울 뿐 아니라, 玉으로 만든 樂器를 /돌/이라 하지 않았을 것이며[34]

우선 「鄭石」을 樂器 정과 경의 擬人化로 풀어 볼 때 … 특히 「돌=경」의 공식에는 도무지 이해가 가지 않는다. 이것은 경의 재료에 의해 미루어 본 소박한 착상에 지나지 않는다.[35]

그러나 '돌[石]'과 '石磬'의 관련을 부인하는 후대 연구자들의 비판은 정당한 것이 아니다. 다음에서 보이듯 '石'은 '石磬' 나아가 '악기'의 대유로 흔히 쓰이고 있다.[36]

---

34 김형규, 상게서, 329면.
35 이명구, 상게서, 98면.
36 악기의 재료로 그 악기를 대유하는 것은 드문 일이 아니다. 다음의 예에서도 '가죽[革]'과 '바가지[匏]'로 악기를 나타내고 있다.
革以節匏以宣 〈東文選 104卷, 致語, 皇子公主封冊宴禮敎坊致語, 勾合曲〉

丸과 索으로 춤추어 평락의 도장에서 놀고, 石과 金으로 연주하여 균천의 광악
을 연주했습니다.(跳丸舞索 戲平樂之都場 擊石搥金 奏鈞天之廣樂)

〈成宗實錄 63卷, 7年, 1月, 乙卯〉

金을 치고 石을 두드리고, 방패 들고 춤을 추네.(撞金而考石 總干而獻羽)

〈弘齋全書 181卷, 羣書標記3, 御定3, 太學恩杯詩集 6〉

헌가의 金石 소리는 마치 옛날에 들은 것처럼 황홀하였다. (軒架金石, 怳若聞於昔
年)

〈英祖實錄 125卷, 51年, 11月, 甲戌〉

그렇다면 우리는 일단 이 노래의 '돌'이 '악기의 일종', 구체적으로는 '石
磬'을 뜻하는 것이라 보아도 좋을 것이다. 그런데 위 인용은 이 외에 또 다
른 단서를 우리에게 제공하고 있다. 즉, 돌[石]과 짝지어 관용적으로 쇠[金]가
나타나고 있다는 점이다.

본고는 위에서 이 쇠[金]가 '징[鉦]'은 아닐 것임을 예시한 바 있다. 그렇다
면 위에서 관용적으로 쓰이고 있는 '金石'은 구체적으로 어떤 악기를 칭하는
것일까? 그럴 때 우리는 다음의 악기 편제와 그림을 주목할 필요가 있다.

雅部樂器圖說 特鐘 特磬 編鐘 編磬 …　　　　　　　　　　　〈樂學軌範6卷〉

이 인용은 『악학궤범』의 악기 편제에서 취한 것으로 「악기도설」의 첫 머
리에 '特鐘 特磬 編鐘 編磬'이 대응하여 나열되고 있음을 본다. 이로 우리는
이 두 악기가 당시 演奏樂의 대표적 악기로 인식되고 있음을 감지할 수 있다.
다음의 『세종실록』의 악기 배치도에서 이 사실은 보다 명료히 확인된다.
하나는 軒架樂에서 취한 것이고, 다른 하나는 登歌樂에서 취한 것인데, 두
경우 모두에서 '鐘'과 '磬'이 악기 배열의 벼리 역할을 하며 대응하여 배치됨
을 보는 것이다.

그림에서 ●로 표시된 것은 鐘, ◎로 표시된 것은 磬임. (●·◎ 표시는 필자)

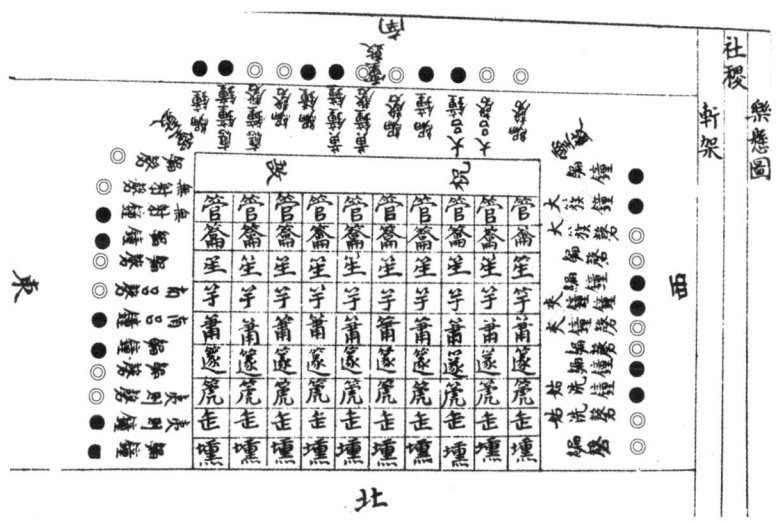

〈世宗實錄, 五禮, 吉禮序例, 樂懸圖, 社稷軒架〉[37]

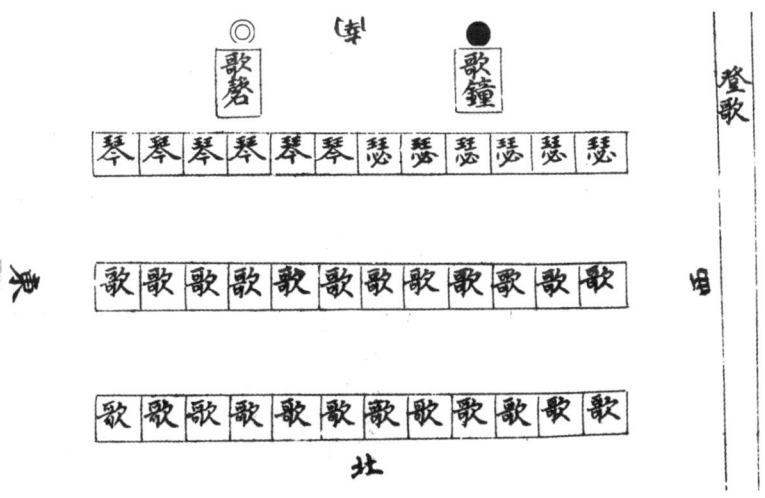

〈世宗實錄, 五禮, 吉禮序例, 樂懸圖, 社稷 登歌〉[38]

---

[37] 三方各設編鐘三. 編磬三 西方編鐘起南 編磬間之 西向 東方編磬起南 編鐘間之 東向 南方編磬

이 사실은 무엇을 말하는 것인가. 본고는 鄕樂曲인 〈정석가〉의 첫머리에 대응의 쌍으로 호명되며 나타난 '딩'과 '돌'이 이 두 악기와 밀접한 관련을 가지고 있음을 시사하는 것으로 받아들인다. 즉, '돌'은 '磬'을 호명한 것이며, '딩'은 '鐘'을 호명한 것이라 推定해보는 것이다.³⁹

한편, 우리는 이 추정 중, 일단 '돌 = 磬'이란 공식에는 큰 의문을 가질 필요가 없으리라 본다. 그러나 '鐘'이 어찌하여 '딩'으로 호명되었는지에 대해서는 여전히 의문의 여지가 있는 것으로 보인다. '딩'은 그 자체로 '쇠'의 뜻을 나타내지 못하기 때문이다. 그런데, '鐘'과 '딩'이란 音價 사이에는 또다시 다음과 같은 흥미로운 연결고리가 형성된다. 문헌을 보면 '鐘'의 의성어가 다음과 같이 '丁·錚·鏘' 등으로 나타남을 보는 것이다.

丁丁打處似金聲　　　　　　　　　　　〈訥軒文集 2卷, 詩, 次洪判官凭行算啥韻〉
臥聞丁東響 始謂後菴鐘聲　　　　　　〈老稼齋燕行日記 9卷, 癸巳, 二月〉
散步天街十字通 嚴更初夜聽丁東　〈『靑莊舘全書』 11卷, 雅亭遺稿 3, 詩, 次旅公元夜韻〉
但聞鍾聲以時錚錚然　　　　　　　　　〈湛軒書, 外集附錄, 愛吾廬題詠, 籠水閣記〉
톼移渾不覺 銅漏奏鏗鏘　　　　　　　〈湛軒書, 外集附錄, 愛吾廬題詠, 八詠, 島閣鳴鐘〉
사모에 달 풍경아 딩경소리 요란하다⁴⁰
　　　　　　　　〈방종현·김사엽·최상수, 『조선민요집성』, 정음사, 1948, 195면.〉

起西 編鐘間之 南向. 設靈鼓三 一在南架之南當中 一在西南隅 一在東南隅. 設柷敔於南架內 柷在西 敔在東. 管十在柷敔之北爲一行 次簫 次笙 次竽 次籥 次篪 次缶 次塤 各十各爲一行 俱南向. 〈世宗實錄, 五禮, 吉禮序例, 樂懸圖, 社稷軒架·登歌·舞〉
38 歌鐘一在西 歌磬一在東. 瑟六琴六爲一行 在鐘磬之北 瑟在西 琴在東. 歌二行各十二十人 在瑟琴之北 俱南向. 〈世宗實錄, 五禮, 吉禮序例, 樂懸圖, 社稷軒架·登歌·舞〉
39 이경자 역시 鐘과 磬이 악기 편제의 가장 중심이 되는 것임을 지적한 바 있다. 그러나 그는 이러한 대응관계가 정석가의 '딩', '돌'의 호응관계로까지 이어진다는 점에 대해서는 부정적인 견해를 보이고 있다.
40 집을 짓는 과정을 노래한 민요로, 이 구절의 의미는 "(집의) 네 모퉁이에 달 風磬아 딩경소리 요란하다" 정도인 듯하다.

위의 용례를 보면, '쇳소리[金聲]', '종소리[鐘聲]', '물시계 소리[銅漏]' 등을 형용하는 말이 '丁丁·丁東·錚錚·鏗鏘' 등[41]의 한자로 표기되고 있는데, 이 字의 음들이 '딩'과 유사한 음역을 형성하고 있음을 보는 것이다. 우리는 이러한 연결고리들을 외면할 필요가 없다고 본다. 이로 본고는 정석가의 '딩' 또한 위와 같은 鐘의 音相을 표현한 말로 추단한다. 즉, '종'의 의성어가 대체적으로 '딩'이기에 이것으로 '鐘'을 표현해 호명[42]하고, '磬'의 재질 '돌'로써 '磬'을 표현해 호명한 것이 정석가의 '딩·돌'이라 확정하려는 것이다.

그런데 이러한 추정은 후행하는 '계상이다'·'先王聖代'와도 잘 어울리게 된다. 우리는 그간 '딩'과 '돌'을 악기로 볼 경우, 후행하는 '先王聖代'와도 유연하게 이어지지 못한다고 판단해 왔다. 그리하여 다음과 같이 前句와 後句의 연관성이 미약함을 지적하기도 하였다.

(1), (2), (3)과 (7), (8)[43]의 관계는, 둘 사이에 어떤 논리적 연관 관계를 나타내 주는 낱말이 가시화되어 있지 않기 때문에 … [44]

또한 이 두 어휘에 이어지는 존칭서술어 '계상이다'도 합리적으로 설명되지 못한다고 믿어왔다.

만일 「딩, 돌」이 악기라면 그 구절의 술부인 「當今에 계상이다」의 주체는 과연 누구인가? 만약 그 주체가 「딩」과 「돌」이라면 앞서 지적한 것처럼 주술간의 높임의

---

41 丁 손 뎡 〈光州千字文〉, 징 錚 〈韓佛字典〉, 鏗 쇳소리 깅, 鏘 쇳소리 챵 〈新增類合〉
42 '딩'이란 의성어로써 '編鐘'을 칭하는 것은 다른 문헌에서 찾을 수 없다. 하지만, 擬聲으로 악기를 표현한 예는 '깡깡이(해금)', '날라리(태평소)', '꽹과리(錚)' 등이 있다는 점은 이런 추론의 한 방증이 되지 않을까 한다. 어쩌면 현재 우리가 '징'이라고 부르고 있는 鉦 역시 한자 자체의 변음이라기보다는 쇳소리 '징'의 의성어가 어원이 되었을지 모를 일이다.
43 여기서 '(1), (2), (3)'은 (1: 딩아돌하), (2: 當今에), (3: 계상이다)를 칭하는 말이고, '(7), (8)'은 (7:先王聖代예), (8: 노니ᅌ와지이다)를 칭하는 말이다.
44 임주탁, 상게서, 35면.

호응이 이루어지지 않는다. … 술부와의 관련성에 대한 명쾌한 설명이 없이는 마땅한 풀이라 할 수 없겠다.[45]

하지만, '딩·돌'을 '鐘·磬'으로 확정해 두고 보면 이러한 의문들이 순조롭게 해명됨을 볼 수 있다. 우선 '鐘磬(金石, 樂器)'과 '先王聖代'의 연관 관계는 禮樂思想으로 설명될 수 있다. 유가적 전통에서 볼 때, 禮와 樂은 백성을 교화하여 이상사회를 구현하기 위한 가장 중요한 축 중의 하나들로 인식되어 있다.

> 先王은 禮로써 백성의 뜻을 이끌고, 樂으로써 백성의 소리를 조화롭게 하였다.[46]
> 先王이 禮樂을 만든 까닭은 … 그들을 禮樂으로 가르치고 이끌어서 좋음과 싫음을 절제하게 하여 사람의 올바른 길로 돌아오도록 하기 위해서다.[47]
> 樂이라는 것은 聖人의 즐거워하는 바이나, 이것을 가지고 민심을 선하게 할 수 있다. 그 사람을 감화시킴이 깊어서 풍속을 바꾼다. 그러므로 先王은 그 가르침을 밝혔다.[48]

라는 『禮記』의 언급들은 先王들이 樂을 통해 이상사회를 구현하려 했던 정황을 잘 보여 주고 있다. 이런 목적으로 先王들은 '쇠[金]'와 '돌[石]'로써 樂器를 제정하여 遺風이 후대로까지 전해질 수 있게 하였던 것이다.

---

45 최승영, 상게서, 207~208면. 이러한 견해는 연구사의 도처에서 보인다. 일례를 더 들면 다음과 같다.
「딩아 돌하 當今에 계샹이다」의 문장에 있어서도「계샹이다」의 주어는「딩하 돌하」가 되어야 하는데,「딩아 돌하」는「계샹이다(계십니다)」가 지니고 있는 존대법에 상응할 수 있는 존재로서 '존대의 대상'이 되어야 할 것이다. 〈윤철중, 상게서, 17면.〉
46 先王 … 故禮以道其志 樂以和其聲 〈禮記 19, 樂記〉
47 先王之制禮樂也 … 將以敎民平好惡 而反人道之正也 〈禮記 19, 樂記〉
48 樂也者 聖人之所樂也 而可以善民心 其感人深 其移風易俗 故先王著其敎焉 〈禮記 19, 樂記〉

조화롭고 방종하지 않는 것은 樂의 본바탕이고, 사람들을 기쁘고 즐겁게 하는 것
은 樂의 기능이다. … 이에 따라 禮樂을 '쇠[金]'와 '돌[石]'의 樂器로 표현하고 성음
으로 전파하며 종묘와 사직에 사용하고 산천의 신에게 제사하는 것, 이것이 바로
天子가 백성과 함께함을 뜻한다.[49]

위의 예에서 보이는 鐘磬으로 대표되는 樂器와 先王의 관계는, 정석가의
첫머리에 왜 악기가 호명되면서 연이어 '先王聖代에 노닐고 싶다'라는 願望
의 어구가 왔는가를 우리에게 선명히 알린다. 鐘磬이 울리는 시절은 先王聖
代의 시절이다. 그러한 鐘磬이 '當今'에도 구비되어 있다. 그러므로 우리는
'當今'과 '先王의 聖代'를 누릴 수 있다. 즉, '當今'과 '先王聖代'를 잇는 매개체
로서 '딩'과 '돌'이 호명되었던 것이다.[50]

그렇다면, '딩'과 '돌'은 왜 '계십니다'로 존칭 표현되었던 것일까? 이 역시
'先王聖代'와 밀접히 연관된다. 鮮初人들이 신봉했던『禮記』의 인식에 따르
면 '음악'은 '先王이 만든 것'[51]이다. 그렇기에 선왕과 연관된 사물이 된다.

---

[49] 論倫無患 樂之情也 欣喜歡愛 樂之官也 … 若夫禮樂之施於金石 越於聲音 用於宗廟社稷 事乎山
川鬼神 則此所與民同也.〈禮記 19, 樂記〉
한편,『禮記』에 따르면 鐘소리는 주로 무신의 굳셈을, 돌[石]소리는 주로 문신의 분별력을
상징한다고 한다.
"聖人이 鞉·鼓·椌·楬·壎·篪를 만들었으니, 이 여섯 가지가 德音의 소리이다. 연후에야
鐘·磬·竽·瑟을 가지고 이에 和應하였다. … 鐘소리는 굳세다. 굳셈으로써 호령을 세우고,
호령함으로써 사기를 돋군다. 군자가 종소리를 들으면 무신을 생각한다. 돌[石]소리는 가
볍다. 가벼움으로써 분별한다. 분별함으로써 나라에 목숨을 바친다. 군자가 돌의 가벼운
소리를 들으면 封疆에 죽은 신하를 생각하게 된다.(聖人作爲鞉鼓椌楬壎篪 此六者 德音之音
也 然後鍾磬竽瑟以和之 … 鍾聲鏗 鏗以立號 號以立橫 橫以立武 君子聽鍾聲 則思武臣 石聲磬
磬以立辨 辨以致死 君子聽磬聲 則思死封疆之臣"〈禮記 19, 樂記〉
[50] 鐘과 磬은 연주의 紀綱이 되는 악기였기에 조선 초부터 이를 구비하기 위한 막대한 노력이
이어졌다. 이의 실현을 자부한 것이 "딩아 돌하 當今에 계십니다."란 구절이고, 이를 통해
이상적인 과거로 돌아가기를 희구한 것이 "先王聖代에서 노닐고 싶습니다"인 것이다. 이
에 대해선 후술한다.
[51] 先王之制禮樂〈禮記 19, 樂記〉

이럴 때 우리는 다음

  두 눈섭 스싀예 힌 터리 겨샤딕   ⟨月印釋譜 2:41b⟩
  光이 晃然히 볼ᄀ며 昱然히 盛ᄒ샤 百千色이 겨샤ᄆ   ⟨楞嚴經諺解 1:96b⟩
  聖人ㅅ 言行마다 法이 겨샤   ⟨月印釋譜 18:45b⟩

의 표현법들과 정석가의 첫머리에 나타난 '높임법'이 유사한 측면이 있음을 본다. 위 인용의 '털·百千色·法'은 그 자체로는 높임의 대상이 되지 못한다. 하지만 이 어휘들이 부처의 소유라든가, 성인의 소유가 된다면 상황이 달라진다. 존귀한 대상과 관련되면서 더불어 높임의 대상으로 승격되고 있음을 보는 것이다. 정석가의 첫머리에 나타난 '계십니다' 역시 이와 같은 인식 작용의 결과라 할 수 있다. 先王께서 만드신 것인바, '계십니다'로 표현되었던 것으로 이해되는 것이다.[52] 결국, 그간 우리가 불합리하다고 판단했던 '딩·돌'과 '先王聖代', '계십니다'의 共存은 사실 '딩'과 '돌'이 '鐘磬'이라는 것을 오히려 암시해 주고 있었던 셈이다.

3. 문학적 향방

1) '딩·돌'과 禮樂의 整備

이상, 정석가의 첫 장은 다음과 같이 해석된다.

  딩아 돌하 當今에 계샹이다 先王聖代예 노니ᄋ와지이다 : 鐘이여! 磬이여 지금 구

---

52 이러한 존칭법은 〈정석가〉의 여타 구절에서도 연이어 나타나고 있다. 異見이 있을 수는 있지만, 1장의 '계샤이다'뿐만 아니라 '2·3·4·5'장에서도 '나거시아, 도다시아, 헐거시아, 머거시아' 등으로 존칭으로 판별될 여지가 있는 '시'가 개입되어 있음을 보는 것이다.

비되어 있습니다. 先王의 聖代로 돌아가 노닐고 싶습니다.

정석가의 논의에서 起句가 가진 이질성에 대한 지적은 적지 않았다. 조윤제의 지적[53] 이래, 이러한 이질성이 지닌 내면적 의미에 대해 여러 추정들이 가해져왔던 것이다. 혹자는 이러한 이질성을 '민요에서 유래한 까닭'[54]이라고도 하였으며, 혹자는 '후대의 첨가 결과'[55]라고도 보았다. 이제 본고에서 논의한 바가 인정될 수 있다면 이 두 설 가운데 후자가 더 적절한 통찰이었다고 말할 수 있다. "鐘과 磬을 구비한 채, 先王聖代에 노닐고 싶다"란 말은 민요의 가창상황이 아니라, 궁중악의 연행상황에 어울리는 내용이기 때문이다. 그런데 우리는 이 정도의 판별에서만 그칠 것이 아니라, 〈정석가〉의 序詞가 시사하는 정보를 보다 심도 있게 다룰 필요가 있다. 이 구절 하나가 喚起하는 鮮初의 여러 움직임들, 그리고 수정의 여지가 있는 학계의 通論이 있기 때문이다.

먼저, '鐘이여! 磬이여! 지금 구비되어 있습니다.'란 자부에 차 있는 말은 〈정석가〉가 고려시대에 생겨난 노래가 아니라, 조선 초 악장의 정비와 관련하여 생성되었을 가능성을 다시금 확인하게 한다. 필자는 2003년, 「성석가 발생 시기 재고」라는 논문을 통하여 정석가는 고려시대의 노래가 아니라, 조선 성종 이후의 어느 시점에서 文臣에 의해 창작된 노래란 견해를 피력

---

53 "樂章歌詞에는 本歌를 十一節에 分段하였으나 內容으로는 〈西京別曲〉에와 같이 各節을 分合하야 第一節은 序曲으로 그냥 두고 다른 것은 各各 二節을 합한 것을 一節로 보아, 全體를 六節에 分段하는 것이 便利할 듯하다." 〈조윤제, 『한국시가사강』, 을유문화사, 1954, 151면.〉
54 "鄭石歌의 序詞는 宮中 宴會에 사용되는 樂曲에 적합한 頌禱性을 지니고 있어서, 宮中樂으로 채택된 外來樂曲에 塡詞하는 과정에서 세 종류의 우리 傳來의 民謠로 編詞한 것이 鄭石歌의 歌詞가 아닌가 한다." 〈윤철중, 상게서, 66면.〉
55 "서사는 그 뒤에 이어질 민요를 유도하기 위해서 왕실적인 사유에 의하여 첨가 가창된 것임이 확실하다고 단정을 내려도 좋다." 〈박노준, 「정석가의 민요적 성격과 송도가로의 전이양상」, 『고전문학연구』, 한국고전문학회, 1988, 117면.〉

한 바 있다.[56] 그 당시의 결론은 주로 樂曲의 선후관계 분석을 통하여 이루어졌었다. 하지만, 본고의 註釋을 통하여 볼 때도 역시 같은 흐름에 도달하게 된다. 즉, 이 노래의 첫머리에 나타난 '악기 구비'의 자부심이 다음의 실록 기사들을 떠오르게 하는 것이다.

『雅樂譜』가 완성되었다. 정인지가 명령을 받들어 序를 지었다.
"음악은 聖人이 性情을 기르며, 신과 사람을 和하게 하며, 하늘과 땅을 자연스럽게 하며, 陰陽을 조화시키는 방법이다. 우리나라는 태평한 지 40년을 내려왔는데도 아직까지 雅樂이 갖추어지지 못하였다. 공손히 생각하옵건대, 우리 주상 전하께옵서 특별히 생각을 기울이시와 宣德 庚戌年 가을에 經筵에서 蔡氏의 『律呂新書』를 공부하시면서, 그 법도가 매우 정밀하며 높고 낮은 것이 질서가 있음에 감탄하시어 음률을 제정하실 생각을 가지셨으나, 다만 黃鍾을 급작스레 구하기가 어려웠으므로 그 문제를 중대하게 여기고 있었다. 마침내 신 등에게 명하시어 옛 음악을 수정하게 하였다. 신 등이 보면, 지금 奉常寺에 보존된 악기는 고려 睿宗 때에 宋의 徽宗이 준 編鍾과 恭愍王 때에 高皇帝가 준 鍾과 磬 수십 개가 있으며, 우리 왕조에 이르러 또 太宗文皇帝가 준 鍾과 磬 수십 개가 있을 뿐이다. 이제 그 소리에 따라서 編鍾을 鑄造하고, 좋은 돌을 南陽에서 얻어 編磬을 만들어서, 악기가 모두 새롭게 구비되었다." 〈세종실록 50권, 12년(1430), 윤12월, 정유(12월 1일)〉[57]

---

56 박재민, 「정석가 발생 시기 재고」, 『한국시가연구』 14집, 한국시가학회, 2003, 5~28면.
근거는 ①〈정석가〉의 악보가 〈서경별곡〉의 악보와 거의 일치한다는 점, ②성종시대에 〈서경별곡〉의 노랫말을 다른 노래로 바꾸자는 논의가 있었다는 점, ③〈정석가〉의 노랫말 중, '구슬장' 부분은 〈서경별곡〉의 그것과 일치한다는 점, ④〈정석가〉가 고려나 조선 초에는 전혀 문헌에 나타나지 않다가, 성종 이후의 문헌에서야 집중적으로 수록되어 나타나고 있다는 점, ⑤〈정석가〉의 악보 중, 초반의 일부분은 세종시대에 창작된 〈화태〉의 악보를 포함하고 있다는 점 등을 들었다.
57 雅樂譜成 鄭麟趾奉教序曰 "樂者 聖人所以養性情 和神人 順天地 調陰陽之道也 國家昇平垂四十年 而雅樂尙有未備 恭惟我主上殿下 特留宸念 宣德庚戌秋 御經筵講蔡氏『律呂新書』歎其法度甚精 尊卑有序 思欲製律 第以黃鍾未易遽得 重其事也 乃命臣等 釐正舊樂 臣等竊觀之奉常寺所存樂器者 在高麗睿宗時 宋徽宗所賜編鍾 恭愍王時 高皇帝賜與鍾磬 共數十枚 及我朝 又有太

위는 정인지가 책의 序文에 짧게 붙인 것이지만,『세종실록』을 살펴보면 당시 세종의 악기 구비에 대한 열망은 대단하였다. 그것은 앞서 살펴보았듯이 儒學의 견지에서 볼 때, '樂'이란 것은 백성의 교화를 위해 필수적으로 구비해야 할 장치였기 때문이다. 그리하여 세종은 고려 후기를 거치며 泯滅된 '鐘·磬'의 구비를 위해 박연 등을 독려하여 위와 같은 樂의 정비사업을 벌였던 것이다. 그런데, 위와 같은 악의 정비는 세종시대에 비로소 시작되었지만, 그 시대에서 완결된 것은 아니었다. 악기의 분실과 파손으로 인해 成宗(재위 1469~1494) 때에 다시 한 번 재정비된다. 다음에서 그 사실을 알 수 있다.

> 掌樂院提調가 아뢰기를,
> "祭享과 朝會에 쓰이는 編鍾을 잃어버리거나 깨뜨렸는데, 工曹에서 간수인으로 하여금 잡동철을 징수하게 하여 법칙대로 鑄成하지 않았기 때문에 音律이 맞지 않습니다. 그 잡동철은 戶曹로 하여금 처리하게 하고, 正銅을 써서 법칙대로 고쳐 주성하게 하소서. 또 世宗朝에 주성한 編鐘이 화재로 없어진 뒤에 校正을 지금까지 행하지 않고 있으니, 모름지기 교정하도록 하는 것이 어떻겠습니까?
> 編磬도 많이 헐고 깨어졌는데, 지금까지 만들지 않았으므로 소리의 音律이 완전하지 않으니, 매우 마땅하지 못합니다. 때에 미쳐서 만드는 것이 어떻겠습니까? … "
> 하니, 그대로 따랐다.   〈성종실록 103권, 10년(1479), 4월, 을사(4월 19일)〉[58]

본고는 정석가의 첫머리에서 느낄 수 있는 '鐘磬의 구비에 대한 자부심'

宗文皇帝賜與鍾磬數十枚而已 今因其聲 以鑄編鍾 得美石於南陽 以造編磬 樂器俱新"〈世宗實錄 50卷, 12年, 閏12月, 丁酉〉

[58] 掌樂院提調啓 "一 祭享及朝會所用編鍾 或失或毁 工曹以看守人徵納雜銅鐵 不依法鑄成 不協音律 其雜銅鐵 令戶曹區處 用正銅依法改鑄成 且世宗朝鑄編鐘 令火氣消盡後校正 而至今不擧行 須令校正何如 一 編磬亦多折毁 至今不造 聲律不完 甚未便 及時造作何如 … " 從之 〈成宗實錄 103卷, 10年, 4月, 乙巳〉

은 조선 초의 이러한 정황과 연관시켜 이해해야 할 필요가 있다고 본다. 물론 악기의 구비는 고려시대에도 꾸준히 있었다. 그렇기에 고려시대에도 이러한 자부심을 가질만한 상황은 존재했을 것이다. 그러나 문제는 〈정석가〉의 악보 대부분이 〈서경별곡〉, 그리고 세종조의 악보인 〈화태〉를 그대로 모방하고 있다는 점이다.[59] 이 모방은 〈정석가〉의 악곡이 세종 이후에 발생했음을 알리는 부정할 수 없는 증거가 되는데, 그럴 때, 우리는 정석가의 노랫말에 나타난 위의 자부를 예사롭게 보아 넘길 수는 없는 것이다. 즉, 정석가의 첫 장에 나타난 내용은 '鮮初人들의 禮樂 具備에 대한 自負心과 理想世界의 指向'이라 보아야 할 것이다. 또한 〈정석가〉의 母胎가 된 〈서경별곡〉에 대한 改詞 논의가 성종 때 이루어지고, 서경별곡의 노랫말 일부와 악보의 대부분을 襲用한 정석가를 수록한 문헌들-『樂章歌詞』·『琴合字譜』·『時用鄕樂譜』·『樂學便考』 등 - 이 모두 성종 이후에 집중되어 나타난다는 사실에 미루어 볼 때, 정석가의 첫머리에 나타난 자부는 鮮初人들의 목소리, 구체적으로는 成宗朝를 살았던 이들의 목소리라 보아야 할 것이다.

2) '딩·돌'과 口號致語

〈정석가〉의 첫 장을 이해하는 문학적 논의 중, "〈정석가〉의 첫 장은 당악정재의 口號 혹은 致語에 해당한다."란 것이 있다. 다음의 흐름을 타며 제기되고 지지됨으로써, 현재 학계의 通說이 되어 있다.

> 속악가사 자체의 서두나 말미 부분에 口號와 致語에 해당하는 송도의 말을 담든가 아니면 작품 자체의 상당 부분에 송도의 내용을 담는 경우가 왕왕 나타날 수 있음은 자연스러운 일로 받아들일 수 있겠다.[60]

---

59 박재민, 상게서 악보를 참조할 것.
60 김학성, 「고려가요의 작자층과 수용자층」, 『한국학보』 31, 일지사, 1983, 232면.

이와 같이 향악정재에는 우리말로 된 頌禱之詞를 口號로 부른다고 가정한다면, 이 〈정석가〉 제1연은 바로 … 口號에 해당한다고 볼 수 있다.⁶¹

정석가를 규모가 거창한 궁중 음악 행사의 축소판이라고 가상할 때에 이미 언명한 바와 같이 서사는 致語類가 될 터이고 본사가 중심 악장이 될 것이며, 결사가 口號에 해당될 것이다.⁶²

그런데 본고가 추정한 해석안이 받아들여진다면, 우리는 위 논의를 詳論할 여지가 생기게 된다. 그간 序詞의 의미 불확실로 인하여, 보다 적극적으로 비교·검토되지 않았던 『高麗史』·『樂學軌範』·『東文選』 소재의 '口號致語類'와의 내용적 유사성에 주목할 수 있게 되는 것이다. 그럴 때, 우리는 다음의 자료

악관이 折花令을 연주하면 기녀 2인과 봉죽간자가 앞에 선다. 음악이 멈추면 口號致語曰,

	아름다운 정경 속에 우아한 악은 '쟁쟁' 울리고	雅樂鏗鏘於麗景
	향기로운 섬돌 아래 妓童은 늘어 섰네.	妓童部列於香階
㉮	아리따운 자태를 다투어 드러내어	爭呈婥妁之姿
	사뿐 사뿐한 춤을 함께 드리옵니다.	共獻蹁躚之舞
	바라옵건대 舞隊에 들게 하여	冀容入隊
	즐겁게 노니는 것을 허락해 주시옵소서.	以樂以娛

이것이 끝나면 좌우로 갈라 서고, 악관은 다시 절화령을 연주한다.⁶³

---

61 최용수, 「정석가고 (一)」, 『한민족어문학』 14, 한민족어문학회, 1987, 275면.
62 박노준, 「정석가의 민요적 성격과 송도가로의 전이양상」, 『고전문학연구』, 한국고전문학회, 1988, 119면.
63 奏折花令 妓二人 奉竹竿子立于前 樂止 口號致語曰 "雅樂鏗鏘於麗景妓童部列於香階爭呈婥妁

를 주목할 필요가 있다. 이는 〈抛毬樂〉이라는 呈才에서 본격적인 연행이 시작되기 전에 나오는 것으로, 公演者들이 왕에게 연행의 정황을 알리고 공연의 허락을 祈求하는 내용으로 되어 있다. 첫머리 "雅樂鏗鏘於麗景"에서 음악이 구비되어 있음을 말하고, 마지막 부분 "冀容入隊以樂以娛"에서는 즐겁게 노닐 수 있기를 희망하는 내용으로 되어 있다. 이 내용은 바로 정석가의 序詞, "鐘磬이 구비된 가운데 노닐고 싶습니다."와 흡사한 내용으로 평가할 수 있는 것이다. 이로 우리는 정석가의 序詞가 '口號致語類'의 속성을 지니고 있다는 선행 연구자들의 통찰을 구체적으로 확인하게 되었다.

3) '딩·돌'과 勾合曲

2)에서 제시한 〈포구락〉정재의 '口號致語類'에 나타난 내용을 제시하는 것으로 본고의 논의는 일단락되었다. 그런데 우리는 여기에서 멈출 것이 아니라, 향후, 정석가의 序詞가 가진 '樂의 具備와 進上'을 한층 더 정밀히 考究할 필요가 있다. 문헌을 살펴보면 口號致語類 중, '勾合曲'⁶⁴이라는 것이

之姿共獻蹁躚之舞冀容入隊以樂以娛" 訖左右分立 樂官又奏折花令. 〈高麗史 71卷, 志25, 樂2, 唐樂, 抛毬樂〉 이 내용은 『樂學軌範』 3卷에도 동일하게 수록되어 있음.
64 勾合曲은 본고가 확인한 바에 따르면, 현재 8편 정도가 전하고 있는데, 『東文選』에 수록된 7종은 모두 '致語' 항목에 소속되어 있고, 『東國李相國集』에 수록되어 있는 1편은 '口號' 항목에 소속되어 있다.
물론 근원적으로 '致語'와 '口號', 그리고 '勾合曲'은 형식과 내용이 다른 세 文體이다.
"악공의 致辭에 詩 1章을 잇는데, 이를 口號라 한다. 모두 덕의 아름다움을 말한다.(樂工致辭 繼以詩一章 謂之口號. 皆述德美及中外蹈詠之情)" 〈宋史, 樂志, 敎坊〉
란 말에서도 보이듯이 근본적으로, 치어는 散文(四六騈儷文)이고, 구호는 韻文(漢詩)이며, 구합곡은 남아 있는 자료로 살필 때 30자 안팎의 짧은 산문(짧은 四六騈儷文)이다. 그러나 여러 연구에서 다음
"抛毬樂는 妓 二人과 竹竿子가 앞에 나와서 「雅樂鏗鏘於麗景云云」의 入隊致語를 함으로써 開場되고 竹竿子의 「七般妙舞已呈飛燕之奇云云」의 遣隊 致語로 收場되는데, 이 致語 역시 둘 다 「口號致語曰」로 提示되어 있다. … 이렇게 麗志에는 口號와 致語의 區分에 混亂을 惹起하고 있다. … 우리는 이러한 보존되어 있는 臺本을 읽는데 注意를 게을리해서는 안될

있는데, 이들의 내용이 정석가의 서사가 가진 내용과 여러모로 유사하기 때문이다.

즐겁고 또 威儀 있으시니	樂且有儀
이미 需雲의 모임을 여시고	旣啓需雲之會
음악 소리 계속 흐르니	純而又繹
舜임금의 음악처럼 和合하길 원합니다	欲聞韶奏之和
임금께 받들어 올리고자	上奉宸嚴
악사들이 합주하옵니다	工師合曲

〈『東文選』 권104, 致語, 西京大花宮大宴致語, 勾合曲〉

질서정연한 빛나는 잔치에	秩秩華筵
안주도, 술도 맛나옵니다.	肴旣嘉酒旣旨
아악 소린 양양하여	洋洋雅樂
가죽[북]으로 조절하고, 박匏으로써 폅니다.	革以節匏以宣
청아함과 즐거움을	上奉淸歡

것이라 생각된다." 〈차주환, 「고려사 악지 당악고」, 『진단학보』 23, 진단학회, 1962, 280~281면.〉 "〈獻仙桃〉뿐만 아니라 〈壽延長〉, 〈五羊仙〉, 〈抛毬樂〉의 開場에서 竹竿子는 모두 「口號致語」하는 것으로 되어 있다. 그러나 내용을 살펴보면 〈壽延長〉만은 七言四句로 되어 있는 「口號」이고, 나머지 歌舞는 모두 俳語로 이루어진 「致語」이다. 「口號致語」라 한 것은 「口號」와 「致語」를 모두 念誦한 것을 어느 한 편을 생략한 것이거나, 용어의 혼용 때문일 것이다. 어떻든 엄격히 따지면 이곳의 「口號致語」는 「致語」로 함이 옳다." 〈김학주, 『한·중 두 나라의 가무와 잡희』, 서울대학교출판부, 1994, 225~226면.〉
과 같이 지적하고 있고, 위 『동문선』과 『동국이상국집』에서도 구분의 혼란을 보이고 있듯이, 우리는 예전부터 '口號·致語'를 混用하여 쓴 경향이 있다. 그런 까닭에 본고는 이들을 '口號致語類'라 汎稱하고 그 類 속에 협의의 문체로 '口號'·'致語'·'勾合曲'을 배속시켜 논의의 편의를 도모하려 한다. 한편, 위 포구락 인용의 ㉑부분이 '口號致語'로 기술된 것도 이러한 용어의 혼란과 관련되어 있는 것으로 보인다. 형식상 漢詩가 아니기에 '구호'는 불필요한 말이며, 순수한 致語라고 하기엔 내용이 악곡에 대한 언급이 강하게 느껴져 '勾合曲'적 성격도 섞인 것으로 보이기 때문이다.

교방이 연주하옵니다.   敎坊合曲

⟨『東文選』104卷, 致語, 皇子公主封冊宴禮敎坊致語, 勾合曲⟩

『東文選』에서 인용한 위 두 勾合曲은 宴會 呈才의 첫머리에서 '致語'와 '口號'에 이어 악공들이 불렀던 짧은 노래인데, 일반적으로 樂工을 화자로, 王을 청자로 설정하여 부른다. 악기에 대한 언급을 반드시[65] 먼저 하고, 후에 연주를 올리겠다는 내용을 잇고 있는데, 이 점은 정석가의 序詞와 본질적으로 같은 측면이 있는 것이다. '口號致語類'에 속하는 '口號'와 '致語' 그리고 '勾合曲'을 몇 요소로 나누어 도표화하면 더욱 뚜렷해진다.[66]

		致語	口號	勾合曲	정석가 序詞
순서		공연 시작 전	공연 시작 전	공연 직전	공연에 포함
내용	차이점	왕에 대한 찬양	연회의 흥겨움	악기에 대한 언급	악기에 대한 언급
	공통점	왕에 대한 송축			
길이		길다	짧다	매우 짧다	매우 짧다
형식		산문(騈儷文)	운문(漢詩)	노래(曲)	노래(曲)
화자-청자		臣下·舞妓 - 王	妓女 - 王	樂工 - 王	妓女·樂工 - 王

---

[65] 현전하는 8편의 勾合曲 모두에서 악기에 대한 언급이 들어 있다. 이는 중국의 구합곡에서도 마찬가지인 듯하다. 蘇軾의 구합곡을 일례로 들면 다음과 같다.
  勾合曲 : 祝堯之壽 既罄于歡謠 衆舜之功願 觀於備樂 羽施在列 笙磬同音 上奏嚴宸 敎坊合曲 ⟨蘇軾, 與龍節集英殿宴樂語⟩ (원문은 김학주의 상게서(223면)에서 재인용함.)
[66] 이 표는 『동문선』에 수록되어 있는 '致語·口號·勾合曲'의 내용을 바탕으로 한 것이다. 『동문선』 권104, 致語條에는 고려 문인들의 '致語'가 22편 수록되어 있는데, 이 중 3편(重修大內後大宴致語·西都君臣大宴致語·西京龍堰宮大宴致語)은 '致語'만 수록하였고, 8편(八關致語·尙州宴致語·丁巳年上元燈夕敎坊致語·晉康侯邸迎聖駕次敎坊致語·甲子年迎主敎坊致語·大遼賜羊使宴禮敎坊致語·王子王姬封冊宴禮敎坊致語·燈夕獻仙桃敎坊致語)은 '致語 + 口號'로 구성되어 수록하였으며, 7편(咸寧節御宴致語·冊王太子御宴致語·燈夕致語·西京大花宮大宴致語·皇子公主封冊宴禮敎坊致語·大遼封冊使宴禮敎坊致語·東宮立府宴禮敎坊致語)은 '致語 + 口號 + 勾合曲'으로 구성되어 수록되어 있다. 이들은 모두 公私 연향에서 쓰이던 것들인데 『악학궤범』에 나타난 ⟨포구락⟩ 등의 정재에서 보듯, 조선의 성종대까지 殘響을 남겼다.

개략적으로 도시한 위 표를 보면, 우선 致語와 정석가 序詞와의 차이점이 두드러진다. 치어는 산문으로 된 긴 致賀의 말로 주로 신하의 입장에서 왕의 덕을 기리는 내용으로 되어 있기 때문이다. 口號와의 차이점도 보인다. 口號는 주로 漢詩의 형태로 제시되며, 내용은 풍성하고 흥겨운 연회의 분위기를 묘사하는 데 치중하고 있는 반면, 정석가의 서사는 악기에 대한 언급과 더불어 형식 또한 詩가 아니라 曲의 형태로 제시되고 있다. 하지만, 勾合曲의 경우는 상당부분이 정석가의 첫머리와 흡사한 양상을 보인다. '勾合曲'이란 명칭에서 보듯 이는 '曲'의 형태로 되어 있으며, 노래의 길이 또한 漢字 30字 내외로 매우 짧은 편이다. 더구나, 『동문선』에 나타난 勾合曲에는 반드시 '음악·악기에 대한 언급'이 나타나는데, 이 점은 정석가의 그것과 본질적으로 닮아 있음을 보이는 요소가 된다. 즉, 기녀 혹은 악공의 입장에서 노래의 시작을 알리는 내용이 본 공연 앞에 있게 되는데, 이 역할을 담당하는 것이 바로 '구합곡'과 '정석가의 서사'가 지닌 공통점인 것이다.

그렇다면 우리는 정석가 서사의 母胎를 口號致語類 중, '勾合曲'에서 찾아야 할 것이다. 이에 대한 논의는 위 도표에서 제시한 부분을 확대 기술하는 것으로 진행될 수 있을 것이다. 필자는 이 점에 대해 상당한 흥미를 가지고 있다.[67] 하지만, 본고의 일차적 목표는 註釋의 再考에 있고, 본장은 이에 따른 문학적 이해의 개략적 방향을 제시하는 것을 목적으로 하므로, 상론은 후고로 미루려 한다.

---

[67] 우리는 흔히 〈動動〉의 序詞나 〈處容歌〉의 서사, 그리고 〈정석가〉의 서사를 모두 '口號·致語'에서 왔다고 기술하며 이 셋의 동일한 성격에만 초점을 맞추고 있다. 이러한 기술은 대체적으로 타당하다. 모두가 頌禱의 목적을 가지며 노래의 첫머리에 나타는 공통점이 있기 때문이다. 그러나 보다 세밀히 분별해 본다면, 〈동동〉의 첫머리는 악공이 아닌 舞技가 화자로 설정되어 있다는 점에서 '致語'의 변형이고, 〈處容歌〉의 첫머리는 "新羅聖代昭聖代 天下大平羅候德"와 같이 칠언의 한시체로 이루어져 있다는 점에서 '口號'의 변형이며, 〈정석가〉의 첫머리는 악기에 대한 언급이 주를 이루며, 그 자리에 함께 하기를 노래한다는 점에서 '勾合曲'적 殘響이 강하다고 볼 수 있지 않을까 한다. 이 점을 우리는 집중하여 살필 필요가 있다.

4. 결론

이상으로 〈정석가〉의 序詞에 나타난 '딩·돌'의 의미를 규명하였다. 기존의 여러 견해 중, '악기의 명칭'이라는 설에 무게를 실었으며, 보다 자세히는 '딩 = 編鐘', '돌 = 編磬'일 것으로 추정하였다. 이는 고려와 조선 초의 악기 편제에서 '編鐘'과 '編磬'이 항상 짝이 되어 악기의 벼리로 역할하던 정황과, '編磬'이 흔히 '石'으로 표현되고, '編鐘'의 소리가 흔히 '丁·東·錚·鏘' 등으로 표현되던 문헌 용례를 중시한 결과였다. 또, 樂器로서의 '딩과 돌'이 후행하는 '先王聖代'와도 잘 호응됨을 살폈다. 禮樂 사상에서 樂의 具備를 늘 先王과 德業과 연관시키던 문화적 배경을 근거로 들었다.

이렇게 볼 때, '딩아 돌아 지금 구비되어 있습니다'라는 自負에 찬 말은 〈정석가〉가 예악의 정비 과정에서 생겨난 所産임을 시사하는바, 이를 보다 적극적으로 해석해야 할 필요가 있음을 논의하였다. 물론 이 구절 자체만으로는 고려조의 예악 정비 과정에서 생긴 것인지, 조선 초의 예악 정비 과정에서 생긴 것인지 단정하기 어렵다. 하지만, '鐘·磬'을 비롯한 예악의 정비는 고려보다는 조선 초에 더 활발히 이루어졌고, 더불어, 〈정석가〉의 악곡적 특징은 조선 초의 것을 모방한 것이 분명하기에 이 점과 연관하여 논의될 필요가 있다는 것이다. 이러한 향방으로의 전환 제안은 우리 시가 연구의 불확실한 場으로 남아 있는 선초 국문 노래 창작에 대한 연구를 촉구하는 것이기도 하다. 그간 우리는 『악장가사』에 수록된 국문 노랫말들을 막연히 고려시대의 소산이라 규정한 경향이 없지 않았다. 고려의 노래로 보았을 때 국문학의 연원이 깊어지고 풍부해진다는 利點이 있었기 때문이었다. 하지만, 그러한 利點은 일면적인 것이다. 오히려 〈정석가〉를 조선 초 악장 개작의 면모를 보여 주는 한 사례로 인식할 때, 조선 초의 악장 문학에 대한 연구, 나아가 민족시가 전개의 시대적 양상을 더욱 풍부하게 살필 수 있는 것이다.

또한 정석가의 序詞는 큰 범주에서 '致語口號類'에 속하는 것임을 〈抛毬

樂)의 용례를 통해 구체적으로 점검해 볼 수 있었다. 선학들의 통찰이 확인되었다는 점에서 의의가 깊다. 나아가 정석가의 서사는 협의의 의미에서는 '致語', '口號'보다는 '勾合曲'과의 동질성이 더 확연함도 제기하였다. 이는 '딩·돌'이 악기를 칭할 것이란 전제를 바탕으로 제기된 것이다. 논의의 일차적 목적이 序詞의 주석을 개선하고 문학적 접근의 향방을 제시하는 데 있었기에 그 부분이 소략히 기술된 것에 대한 아쉬움이 있다. 이에 대해서는 다른 지면을 빌어 詳考할 것을 기약한다.

『고전문학연구』 41, 한국고전문학회, 2012.

靑山別曲의 語釋에 대한 재고

1. 서론

고전문학의 올바른 이해는 여러 측면에서 시도될 수 있다. 작품을 생산한 시대적 배경을 통해 그 작품의 주제를 읽을 수도 있으며, 작품의 작자와 생애를 통해 그 작품의 은유를 읽을 수도 있으며, 작품 자체가 가진 구조나 수사를 통하여 작품의 미적 영역을 확장해 낼 수도 있다.

그러나 이러한 연구 활동의 저변에 공통적으로 자리하고 있는 것이 있으니, 그것은 바로 1차 텍스트의 정확한 語釋이다. 漢詩를 전공하는 이가 한자의 훈을 모르면, 영문학을 전공하는 이가 단어의 의미를 모르면 그 문학적 연구라는 것이 필연적으로 잘못된 결론에 다다를 수밖에 없듯이, 우리의 고전문학 역시 1차 어석의 잘못이 있는 경우 잘못된 결론에 도달할 수밖에 없음은 자명하다.

이러한 인식은 일반적인 것이기에 사실 이를 간과한 채 진행되는 연구는 거의 없다고 믿는다. 다음과 같은 연구 단계의 설정에서 항상 첫머리에 '객관적 어석'이 언급되는 것이다.

시작품의 올바른 해석을 위해 연구자들이 반드시 지녀야 할 기본적인 관점(觀點)

및 태도를 들어보면, … 첫째, … 언어는 일종의 사회적 약속이고, 시의 언어도 사회적 약속으로서 독자가 자의적으로 해석하거나 왜곡할 수 없는 객관적인 의미 범주를 지닌다. 시의 해석은 그 객관적 의미 범주(외연적 개념)에 대한 정확한 이해를 토대로 해서, 그 내포적 의미를 찾아 나가야 할 것이다.[1] (방점은 필자)

그러나 문제는 이러한 진술에도 불구하고, 실제 우리 고전 연구에서 논의되고 있는 어석의 실제 현장을 보면, 여전히 합의안을 도출하지 못한 채, 당대 언어의 通用的 의미 범주와 무관하게, 가정적 어석을 바탕으로 백가쟁명의 문학적 논의가 이루어지는 경우가 있음을 볼 수 있다. 그리고 그런 현장은 관련 자료가 부족한 고대의 시가(高麗歌謠~鄕歌)로 올라갈수록 더욱 심한 양상을 띤다. 물론 이러한 과정을 통해 우리의 문학적 담론이 더욱 풍성해진 긍정적 측면도 있다. 그렇기에 이러한 과정은 보다 심도 있는 결론을 내리기 위한 왕성한 합의의 과정이라고도 할 수 있다. 그러나 여전히 중요한 것은 논의를 지탱하는 1차 문헌 자료의 확보이다. 그렇기에 본고는 위 인용이 지적하고 있는 기본적인 관점에 적극 동의한다. 그리하여 이 논고를 빌어 1차 어석의 교정에 대한 실천적 논증을 해 보려 한다.

본고는 고전문학이 안고 있는 여러 어석의 未合意 현장 중, 〈청산별곡〉에 주목한다. 청산별곡은 현전하는 고려가요 중 가장 많은 분석을 받았고, 가장 널리 애송되는 작품이지만, 여전히 해독상의 문제가 있어 작품의 이해를 방해받고 있다. 본고가 집중해서 다룰 부분은 다음 방점 친 두 부분이다.

1장 : 살어리살어리랏다靑山청산애살어리랏다멀위랑ᄃᆞ래랑먹고靑山청산애살
　　어리랏다　　　　　　　　　　　　　　　　　　　　〈樂章歌詞〉
8장 : 가다니빅브른도긔설진강수를비조라조롱곳누로기미와잡ᄉᆞ와니내엇디ᄒᆞ
　　리잇고　　　　　　　　　　　　　　　　　　　　　〈上同〉

---

[1] 성호경,『고려시대시가연구』, 태학사, 2006, 359면.

2. 語釋의 실제

1) 살어리랏다 : (틀림없이) 살았으리라

살어리살어리랏다靑山쳥산애살어리랏다멀위랑ᄃᆞ래랑먹고靑山쳥산애살어리랏다

〈청산별곡〉의 '-리랏다'는 현대의 향유자들에게는 대체적으로 '-하리라(미래 의지)' 정도로 이해되어 있다. 노랫말의 의미에 대한 어학적 고찰이 시작되기도 전인 1933년에 이미 '-리라'라는 어말어미가 주는 직관에 의해 〈금강에 살으리랏다〉[2]란 현대 음악이 나타나기 시작하였고, 1947년에 이르러 지헌영[3]에 의해 학문적으로 공론화되기에 이르렀으며 그 후 많은 쟁쟁한 연구자들에 의해 다음과 같이 지시되면서 교육되었던 까닭이다. (방점은 필자)

뜻을 간추리면 대개 다음과 같은 요지를 보이고 있다. 1연 청산에 살̇겠̇다. 머루랑 다래랑 먹고[4]

살어리 〉 살̇리̇로̇다̇, 살̇아̇갈̇ 것̇이̇로̇다̇[5]

… 등의 해석은 정곡을 뚫은 것이라고는 볼 수 없다. 역시 바다로 가기보다는 청산으로 가서 '살으리로다. 살아갈 것이로다'로 이해하는 것이 합당하다.[6]

---

2 이은상 작사, 홍난파 작곡의 〈금강에 살으리랏다〉(조선가요작곡집, 1933.)의 노랫말은 "금강에 살으리랏다, 금강에 살으리랏다. 운무 데리고, 금강에 살으리랏다. 홍진에 썩은 명리야, 아는 체나 하리오." 와 같은데 문맥으로 보아 '살겠다'의 의미가 분명하다.
3 "살어리 - 살으리라, 살겟네." 〈지헌영, 『향가여요신석』, 정음사, 1947, 121면.〉
4 신동욱, 「청산별곡과 평민적 삶의식」, 『고려시대의 가요문학』(김열규·신동욱 편집), 새문사, 1982, 1~34면.
5 박병채, 『새로고친 고려가요의 어석연구』, 국학자료원, 1994, 216면.

그러나 이런 대체적인 흐름에 대한 異議 또한 끊이지 않고 제기되었다. 이에 대해 적극적 異見을 낸 이는 정병욱이었다. 그는

> " … 리랏다"의 해석에서, 이 말을 종래에는 " … 하고 싶다"로 풀이해 왔다. 그러나 조선 초기 문헌을 보면 이 귀절은 과거가정법임이 분명하다. 즉, "살어리랏다"는 "살리로다"가 아니라 "살았으며는 좋았을 것을"의 뜻이 된다. 이제 그 용례를 들 겨를이 없으나 … [7] (방점 필자)

이라고 하여 청산별곡의 제1장을 "과거에 내가 만일 좀 더 현명했더라면 청산 속에 들어가서 살았겠는 것을"[8]로 풀이한다. 이 풀이는 과거의 사실에 대한 반대 상황을 표현하였다고 본 것인데, 청산별곡의 첫머리가 '條件節이 생략된 형태'임을 명시하고 있다는 점에서 종래의 해석에 비해 進一步한 것으로 평가된다.[9] 한편, 정병욱의 해석은 문학측 연구자로서는 첫 제안이었지만, 사실 이러한 입장은 몇몇의 어학자들에 의해 꾸준히 제기되고 있었다. 즉 '(~했다면) 살았겠는 것을'의 의미는 다음과 같이 양주동, 이인모 등에 의해 다음 (방점은 필자)

> 랏다. 感歎條件法助詞. … 「닷다·랏다」의 「다·라」는 半過去(追敍)의 助動詞이니, 이로써 … 그 語義는 「살아갈것이러라」의 感歎形.[10]

---

6 박노준, 「청산별곡의 재조명」, 『고려가요·악장연구』, 국어국문학회편, 태학사, 1997, 164면.
7 정병욱, 『한국고전시가론』, 신구문화사, 1975, 106면.
8 정병욱, 상게서, 106면.
9 '-리랏다'에 대해 정밀히 문증한 김두찬(「口訣 語尾 '羅叱多'(-랏다)에 대하여」, 『국어국문학』 96, 국어국문학회, 1986) 역시 정병욱의 견해에 다음과 같은 공감을 보낸다.
"이는 이제까지 볼 수 없었던 획기적이고도 적절한 '-리랏다'에 대한 新解釋인 것이다. 한 마디로 筆者가 以下 전개할 '-리랏다'의 풀이와는 너무도 흡사함을 부인할 수가 없다. 다만 '-했던들-했을 것이었다'에서 끝의 '-었-'이 결여된 형태만이 아쉽다고 하겠다." 〈김두찬, 상게서, 147면.〉

> 要컨대, {-리랏다}는, 반드시 條件節 뒤의 歸結節에 쓰여서 過去의 事實에 反對되는 假想의 {-았을 것이로다(-었겠도다)}와, 過去未來의 {-ㄹ 것이더구나(-겠더구나)}로 看做·解釋될 뿐인 것이다.[11] … 결국, '… 머루랑 다래랑 먹고 靑山에서 살았을 것이러다(살았겠도다 - 살았더라면 좋았을 것인데 …)'로 풀이되는 것이다.[12]

과 같이 연속적으로 언급되었고, 이후로도 고영근, 장윤희 등에 의해 연속적으로 확인되었던 내용과 상통하는 것이다. (방점은 필자)

> 靑山에 살어리랏다 : '-어'는 확인법 '-거-'가 'ㄹ' 아래에서 탈락된 것이다. 과거에 어떤 조건이 충족되어 있었더라면, 기꺼이 청산에 살 수 있었을 터인데, 그렇지 못한 점을 아쉬워하는 의미가 함축되어 있다.[13]

> 중세어 어미의 통합체 '리랏다'는 … "만일 과거에 실현된 어떤 사실과 상반된 상황이 되었었다면, … 했겠구나/살 수 있었겠구나." 정도의 의미로 해석된다.[14]

한편, 종래의 미래 의지, 양주동·이인모·정병욱의 가정법, 고영근·장윤희의 감동법적 풀이 외에 이를 '現在完了'로 인식하는 견해도 생겨나 있다. 최용수가 대표적인데 견해를 옮기면 다음과 같다. (방점은 필자)

> 전체적 내용 전개에서 보면 '살어리라짜'는 '살아 왔다'는 의미로 해석해야 온당할 것이다. … 화자가 과거부터 현재까지 경험해온 사실을 강조하여 '살아 왔다'는 것으로 과거부터 현재까지 그 상태가 계속되어 왔음을 의미한다.[15]

---

10 양주동, 『여요전주』, 을유문화사, 1956, 308~309면.
11 이인모, 「청산별곡 내용의 재검토」, 『국어국문학』 61, 국어국문학회, 1973, 118면.
12 이인모, 상게서, 120면.
13 고영근, 『표준 중세국어문법론』, 탑출판사, 1987, 247면.
14 장윤희, 「국어사 지식과 고전문학 교육의 상관성」, 『한국어교육학회지』 제108호, 한국어교육학회, 2002, 386~387면.

결국 '살어리랏다'는 일반 독자들에게는 '살겠노라'로 풀이되어 왔지만, 학계의 裏面에는 보다 다양한 풀이가 제기되어 있는 상황으로 정리된다. 그런데 이 풀이들은 〈청산별곡〉의 1편의 문맥만을 놓고 본다면 '청산에 살고 싶다(通說)·청산에 살았으면 좋았을 것을(이인모, 정병욱)·청산에서 살았겠구나(고영근, 장윤희)·청산에서 살아 왔다(최용수)'로 풀이되어 자체적 정합성을 가지지만, 문제는 이 네 종류의 견해가 동시에 참일 수는 없다는 것이다. '-리랏다'라는 하나의 어휘가 이렇게 다양한 의미로 사용되었을 가능성은 언어의 일반성으로 보아 지극히 낮기 때문이다. 그럴 때, 우리는 청산별곡을 제외한 다른 문헌에 나타난 '-리랏다'의 용례를 더 찾을 필요가 있게 되고, 이 용례들의 일반적 의미에 기반하여 청산별곡에 나타난 '-리랏다'의 의미를 추론하는 방법을 취할 수 있겠다. 이 과정에서 『杜詩諺解』의 다음 두 用例를 새로이 만나게 된다.

믹무슨 사ᄅᆞ미 紅粉이 하니　　　　　結束多紅粉
歡娛호매 션 머리를 슬노라　　　　　歡娛恨白頭
그듸옷 나그내를 ᄉᆞ랑티 아니ᄒᆞ더든　非君愛人客
그몸 나래 ᄯᅩ 시르믈 더으리랏다　　　晦日更添愁

〈杜詩初刊 15:31b〉

巫山앳 비 그츠락 니으락 ᄒᆞ더니　　　斷續巫山雨
하늘 銀河ㅣ 오늘 바미 새롭도다　　　天河此夜新
프른 묏 부리옛 ᄃᆞ리 萬一 업더든　　 若無青嶂月
머리 션 사ᄅᆞᄆᆞᆯ 시름케 ᄒᆞ리랏다　愁殺白頭人

〈杜詩重刊 12:2a〉

---

15 최용수, 「청산별곡고」, 『어문학』 49, 한국어문학회, 1988, 294면.

이 용례들 중 첫 번째는 「陪王使君晦日泛江就黃家亭子二首」에서 인용한 것으로, 杜甫가 그믐날 王使君을 모신 채, 黃家의 정자에서 잔치하며 느낀 고마움의 소회를 읊은 내용으로 되어 있고, 두 번째 용례는 「月」이란 題下의 작품에 나타나는 것으로, 비 그친 밤 산 위로 솟은 달이 자신의 시름을 위로해 준다는 내용으로 되어 있다. 선행하고 있는 내용이 분명하고 이에 호응하여 '-리랏다'가 출현하고 있어 청산별곡의 '-리랏다'의 의미를 검증하기에 적절한 용례가 되고 있다.

기존 견해의 타당성을 검정하기 위해 현대어역을 넣고 代入해 본다. (①은 미래의지, ②는 현재완료 ③은 정병욱의 현대어역 ④는 고영근·장윤희의 현대어역임.)

현대어	해당구절	현대어 해석	문맥성립
만약 푸른 산부리에 달이 없었더라면, 머리 센 사람(杜甫)을	시름하게 흐리랏다	① 시름하게 하리라.	×
		② 시름하게 해왔다.	×
		③ 시름하게 했으면 좋았을 것을	×
		④ 시름하게 하였겠구나	○

현대어	해당구절	현대어 해석	문맥 성립
그대가 나그네(杜甫)를 사랑하지 않았더라면 그믐날에 또 시름을	더으리랏다	① 더하리라.	×
		② 더해 왔다.	×
		③ 더했으면 좋았을 것을	×
		④ 더했겠구나	○

위의 비교표에 나타난 해석에서 성립하기 어려운 것은 ①, ②, ③의 세 경우가 된다. ②와 ③의 경우는 앞 절과 뒷 절이 전혀 호응되지 않고 있으며, ①의 경우도 뒷 절은 마땅히 현재 상황에 대한 판단이 나타나야 하는데, 미래에 대한 의지가 기술되고 있기 때문이다. 이에 반해 ④의 경우는 적절한 呼應을 이루고 있음을 본다. 이로 우리는 그간의 '살어리랏다'에 대한 해

독에 대한 왕성한 논의를 수렴시킬 하나의 근거를 얻게 되었다. 즉, '-리랏다'가 同時代의 문헌에서 '~하였겠구나·~하였을 것이다'의 범주로 나타난다는 점에서 청산별곡의 해당 구절도 '살았을 것이다'의 범주에 준하여 해독해야 함을 감지할 수 있는 것이다.

그런데, 위에서 옳은 범주의 해독으로 파악된 ④의 이해 '~하였겠구나·~하였을 것이다'는 범박한 현대어역으로는 무난한 이해라 할 수 있겠지만, 보다 자세히 살피면 그 정도의 의미에서 멈추는 것이 아닌 듯하다. '推測(might have p.p)'을 넘어 '確信(must have p.p)'의 뉘앙스가 짙기 때문이다. 위 두 용례는 물론 대체적인 범주에서 '그대가 나[杜甫]를 사랑하지 않았다면 오늘 시름이 더했겠구나·오늘밤 달이 없었다면 머리 센 사람[杜甫]을 시름하게 하였겠구나'로도 풀이 가능하지만, 보다 정확히는 '그대가 나를 사랑하지 않았다면 오늘 시름이 더했을 것이 틀림없다·오늘밤 달이 없었다면 머리 센 사람을 시름하게 하였을 것이 틀림없다'의 의미가 더 적절한 듯이 느껴진다. 그렇게 풀이될 때, '그대가 날 사랑해 준 것에 대한 고마움', '달이 떠 있는 상황에 대한 화자의 반가움'이 보다 선명히 강조될 수 있기 때문이다. 이 점을 다시 몇 用例를 통해 추가로 檢討해 본다.

1

샹이 굉의 주룰 어드시고 대희ᄒᆞ야 ᄀᆞᆯᄋᆞ샤ᄃᆡ "챠ᄒᆞᆯ 도어시라 그러티 아니턴들 내 ᄇᆡᆨ셩을 주려 죽게 ᄒᆞ리랏다" ᄒᆞ시더라 〈種德新編諺解 下 : 33b〉

2

녜 한문漢文이 노ᄃᆡ露臺의 ᄇᆡᆨ금百金을 앗기며 ᄉᆞ랑ᄒᆞᄂᆞᆫ 바 부인夫人이 오시 ᄯᅡ히 ᄭᅳᆯ을니디 아니ᄒᆞ고 경뎨景帝 능能히 니어 홍부紅腐ㅣ 서로 잉仍ᄒᆞᆯ 효험이 잇더니 무뎨武帝의 니르러 쓰기를 믈ᄀᆞ티 ᄒᆞᆫ다라 고故로 ᄒᆡᄂᆡ海內 다 궤갈ᄒᆞ야 ᄡᅥ 취렴聚斂ᄒᆞᄂᆞᆫ 거조의 니ᄅᆞ니 만일에 ᄀᆞᆯ ᄇᆞ람의 뉘옷는 ᄆᆞ음이 업던들 쟝ᄎᆞᆺ 딘황秦皇과 ᄒᆞᆫ가디로 도라 가리랏다 〈御製訓書 : 25〉

③

"올힌 쳔량이 간난ᄒ고 셔울도 아모란 흥졍이 업더라 마초와 내 아니 갈셔 왕릭 시쳔 리 따해 뎨 가 석 드리나 묵노라 ᄒ야 집 삭 무러 쇽졀업시 허비ᄒ리랏다",
"닐오미 올타 아니 가니ᄉᆞ 도ᄅᆞ혀 즐겁도다" 〈飜譯朴通事 : 53b~54a〉

④

丙子丁丑 亂離時예 訓鍊院ᄯᅳᆯ 건너 붉은 복닥이 쁜 놈 간다
압픠는 蒙古요 뒤헤 可達이 白馬탄 眞達이는 사슈리 살 츠고
騘月乃馬 탄 놈 鐵鐵聰이 탄 놈 兩鼻裂이 탄 놈 아라마 쵸쵸 마리 베히라 가ᄌ
어즙어 崔瑩곳 잇쏫ᄯᅳ면 석은 풀치듯 호랏다

〈김수장, (주씨본)해동가요, 544번 작품〉

①의 경우, 왕굉의 善政을 들은 왕이 그의 공로를 칭찬하면서 하는 말이다. "만약 그대가 아니었다면, 백성을 굶겨 죽게 ᄒ리랏다"라고 말하고 있는데 이 때 'ᄒ리랏다'는 '죽게 했을 것이다'란 추측보다는 '죽게 했을 것이 틀림없다'의 뉘앙스가 강하다. 문맥상 왕은 '大喜하며' 왕굉을 極讚하고 있는데, 극찬의 표현으로는 후자가 더 어울리기 때문이다. ②의 경우 역시 "武帝가 낭비를 하다가 가을 바람에 느낀 바가 없었더라면, 장차 秦皇과 마찬가지로 패망했을 것이다"란 의미보다 '패망했을 것임에 틀림없다'란 確信의 뉘앙스가 강하다. 이 글은 어제훈서로 후왕에 대한 훈계와 경계를 담고 있는데, 후자로 해석할 때 단호한 警戒의 어투가 잘 살아나게 된다. ③ 역시 확신의 뉘앙스가 강하다. 두 사람의 대화에서 한 사람이 "서울 길 2천리 왕래하며 3달이나 묵으면서 숙박비나 속절없이 허비하리랏다"라고 말하자, 다른 사람이 "그 말이 옳다!"라고 맞장구를 치고 있다. 여기서 '허비ᄒ리랏다'는 '허비할 것에 대한 추측'이 아닌 '허비할 것에 대한 확신'이다. 즉, 허비할 것임이 明白하다는 의미이다. ④의 시조에서 보이는 '호랏다'는 'ᄒ리랏다'의 축약형으로 보이는데, 역시 단순 추측이 아닌 '확신'의 문맥을 형성하

고 있다. 전반부에서 병자호란의 실상을 묘사해 두곤, "'아라마쵸쵸'의 머리를 베러 가자"고 제안하고 있다. 그리고 종장에서 麗末의 名將인 최영장군을 언급하고 있는데, 이때의 해석은 詩意上 '어즈버 최영장군이 있었더라면 (적들을) 썩은 풀치듯 했을 것이다'보다는 강한 확신이 들어간 '최영장군이 있었더라면 (적들을) 썩은 풀치듯 했을 것임에 틀림없다'로 이해되는 것이다.

그렇다면 '-리랏다'는 어떤 문법 요소에 의해 '틀림없다'는 확신의 뉘앙스를 나타낼 수 있는 것일까가 마지막 문제로 남게 된다. 이에 대하여 우리는 감동법 '-옷-'에 대한 고영근의 다음 통찰을 주목할 필요가 있다. (방점 필자)

> 감동법[-옷-]은 느낌 이외의 주관적인 믿음을 표시하는 일도 있다. … … … '니르시리라ᄉ이다'는 '니르시 + 리러 + 옷 + ᄋ이다'로 분석된다. 이곳에는 추측회상원칙법과 같이, 가상의 종속절(두던댄)을 이끌고 있다. 어떤 조건이 충족되었더라면 <U>틀림없이</U> 성취할 수 있었으리라고 아쉬워하는 의미가 파악된다.[16]

즉, 중세어에 나타나는 '-리랏-'은 추측의 '리', 회상의 '더', 감동의 '옷'으로 분석되는데, 이때의, 감동법 '-옷-'이 주관적인 믿음을 표시하며 '틀림없이'라는 의미를 내포하게 된다는 것이다. 본고는 위 논의의 과정에서 거례한 6회의 용례 - 더으리랏다·시름하게 ᄒ리랏다·주려 죽게 ᄒ리랏다·도라 가리랏다·허비ᄒ리랏다·석은 풀치듯 ᄒ랏다 - 와 논의 대상인 '살어리랏다'에 나타난 '-리랏-'은 모두 동일한 문법적 자질로 이루어져 있는 것으로 파악한다. 즉, '리(추측) + 더(회상) + 옷(감동) + 다(종결)'의 결합체들로 파악한다. 따라서 〈청산별곡〉의 첫 장은 다음과 같이 해석된다. "살았을 것임에 살았을 것임에 틀림없다. 靑山에 살았을 것임에 틀림없다." 이를 운율을 고려하여 현대어역하면 "(~했다면 틀림없이) 살았으리 살았으리라 靑山에 살았으리라."가 된다.[17]

---

16 고영근, 『표준 중세국어문법론』, 탑출판사, 1987, 244~247면.

2) 설진 강술: 자글자글 익어가는 된술

가다니빅브른도긔셜진강수를비조라조롱곳누로기미와잡스와니내엇디ᄒ리잇고
〈樂章歌詞〉

---

17 한편, 고영근은 '살어리랏다'의 개별적 분석에 있어서, '살어-'를 '살거-'의 'ㄱ탈락형'으로 보는 입장을 취하고 있다. 장윤희(「국어사 지식과 고전문학 교육의 상관성」, 『국어교육』 108, 한국어교육학회, 2002.)의 통찰 역시 같은 결론에 도달해 있다. 논의가 자세하므로 그의 논의를 인용하면 다음과 같다.

"'살+어(←거)+리+랏(←닷)+다'로 분석된다. '살-'은 어간, '-어-'는 확인법 선어말어미 '-거-'에서 'ㄱ'이 약화된 이형태, '-리-'는 추측법의 선어말어미, '-랏-'은 두 형태소의 융합형 '-닷-'(←더+옷)의 변이형, '-다'는 평서법 어미이다. … 이러한 구조의 문장은 "만일 과거에 실현된 어떤 사실과 상반된 상황이 되었었다면, … 했겠구나/할 수 있었겠구나." 정도의 의미로 해석된다. … '살어리랏다'에는 (2나)의 '-리랏다'앞에 확인법의 선어말어미 '-어-(← '-거-')'가 더 통합되어 있는데, '-거-'는 발화 사실에 대해 화자가 틀림없는 사실로 확인하여 제시하는 양태를 표시한다. 결국 '살어리랏다'에 포함된 형태소들의 의미를 종합해보면 이는 "(과거의 어떤 상황과 반대 상황이 되었더라면) 틀림없이 살았겠구나/살 수 있었겠구나." 정도의 의미로서 과거 사실과 반대 상황을 표현한 것이다(장윤희, 상게서, 385~387면).

고전문학과 국어학의 긴밀한 소통을 의도하고 있다는 점, '살어리랏다'의 전체적인 해석이 본고와 거의 동일하다는 점에서 반갑기 그지없는 논의가 되었다. 하지만 그의 분석이 본고와 다소 다른 점은, 본고는 '-리랏다'의 'ㅅ(← 옷)'에 '틀림없다(믿음)'란 의미가 함유되어 있다고 보고 있으나, 그의 논의에서는 확인법의 '어(-거-)'가 포함됨으로써 '틀림없다'란 의미가 생겨난다고 보고 있다는 것이다. 본고는 그의 견해를 경청하면서도, 확인법의 '거'와 감동법의 '옷'이 동시에 나타난 문헌 용례를 여전히 기다리고자 한다. 그리하여 우선은 '살어리랏다'의 '어'를 여타『악장가사』 소재의 고려가요에서 보이는 방점 친 다음

　　잡ᄉ와 두어리마ᄂᆞᆫ〈上同書, 가시리〉
　　비오다가 개야아 〈上同書, 이상곡〉
　　호미도 ᄂᆞᆯ히언마ᄅᆞᄂᆞᆫ … 아바님도 어이어신마ᄅᆞᄂᆞᆫ 〈上同書, 사모곡〉
　　西京이 셔울히마ᄅᆞᄂᆞᆫ〈上同書, 서경별곡〉
　　大同江 건너편 고즐여 〈上同書, 서경별곡〉
　　이링공뎌링공ᄒᆞ야〈上同書, 청산별곡〉
　　泰山이 놉다컨마ᄅᆞᄂᆞᆫ 〈上同書, 감군은〉

요소들과 마찬가지의 것 정도로 보고자 한다. 즉, 시가에서 흔히 나타나는 隨意的 調音素들로 이해해 두려 한다.

'설진강술'은 청산별곡의 마지막 장에 나타나는 難解語句이다. 역시 연구 초기부터 문제가 되어 諸家들의 고심이 깊었던 구절이다. 김태준이 간명히 언급[18]했던 것을, 보다 구체화한 것은 양주동이었다. '설진 강수'로 끊어 읽은 후, 그는 '설진'에 대하여 다음과 같은 어석을 한다.

> 설진. 「술진」의 俗音綴. 「술지」는 「肥」의 原義, … 「술진」(肥)을 本條와 같이 「술」의 形容詞로 씀은 달리 所見이 업스나 아마 「濃度가 强한」의 義로 씀이겟다.[19]

이는 박병채에게 그대로 影響을 주어 역시 다음

> 「설진」은 '술진(肥)'의 변형으로 생각된다. … (술)을 形容한 「설진」은 酒精의 强度를 말함인 듯하다.[20]

과 같은 語釋이 나왔고, 이로 후학들에게 큰 영향을 끼치게 된다.[21] 하지만, 근래에 들어 이러한 이해에 대한 반성이 연달아 나타나게 되었고 이로 이 어구는 다시 논란의 중심에 서게 된다.

필자가 '설진 강수를'에 대해 의문을 가지는 것은 앞서 말했듯이 '설지-'와 '강술'이란 어형이 한 번도 문증되지 않았다는 데 연유한다. … '설지-'란 어형이 다른 곳에서는 보이지 않는다는 점과 의미상으로도 술에 대해 '슬지다'는 표현이 가능한가

---

18 "「설진강술」은 濃度의 酒" 〈김태준, 『한글』 2, 한글학회, 1934, 105면.〉
19 양주동, 『여요전주』, 을유문화사, 1956, 328~329면.
20 박병채, 『고려가요의 어석연구』, 이우출판사, 1968, 235면.
21 이후 그의 제자들에 의해 수정 보완되어 출판된 『새로고친 고려가요의 어석연구』(국학자료원, 1994)에서
"설진 〉 덜익은 : 동사어간 '설(未熟)'에 형용사화접미사 '지'와 관형사형 어미 'ㄴ'이 연결된 형."라고 하여 '설익은'으로 풀이하고 있는데, 이 또한 다수의 연구자들에게 지지를 받고 있다.

하는 문제를 지적할 수 있다.²² (방점은 필자)

〈청산별곡〉 8연의 '설진'은 "티끌, 가루, 잔 부스러기" 등을 말하는 한자말 '설진(屑塵)'으로 읽고자 한다.²³

필자 역시 연구 초기의 의미파악은 불완전한 것이라 본다. 그렇기에 후학들의 의욕에 찬 語義 규명 시도는 시도 자체로 연구사에 기여하는 바 있다고 여긴다. 하지만, 여전히 이 구절은 해석의 종점에 도달했다고 진단하기 어렵다. 위 인용한 두 연구자의 경우 대체로 "'설지-'란 말이 문증되지 않는다."란 전제에서 한자어 전환²⁴으로의 과감한 추론을 펴고 있는데, 실상은 그렇지 않기 때문이다. '설진'은 용언의 어간 '설지-'에 관형형 어미 'ㄴ'이 첨가되어 형성된 것인데, '설지-'는 희귀하긴 하지만 다음과 같이 옛 문헌에 나타나고 있는 것이나.

술히 누르고 가치 셜지고 목수미 실낫 굳호라(肉黃皮皺命如線)

〈杜詩重刊 03:50a~b〉

이 용례는 이미 辭典類²⁵에도 등재되어 있는 것이지만, 우리는 그간 이 어

---

22 황선엽, 「고려가요 난해구 몇 구절에 대하여」, 『관악어문연구』 21, 서울대학교 국어국문학과, 1994, 421면.
이후 그는 " … 이러한 문제를 바탕으로 필자는 '설진강수를'을 반드시 '설진 강수를'로 끊어 읽어야 할 당위성이 없는 것을 지적하고자 한다. … "(421면)며 "'설진강 수를 비조라'로 끊는 것이 타당하다고 본다."라고 하였다.
23 황병익, 「청산별곡 8연의 의미 재론」, 『민족문화논총』 45집, 영남대학교 민족문화연구소, 2010, 42면.
24 황선엽의 경우, 조심스럽긴 하나 다음과 같은 추론을 하고 있다.
"'설진강'을 '설 + 진강'으로 나누어 볼 수 있다면, '설(元旦)'과 관련해서 설에 쓰이는 어떤 종류의 술이라 생각할 수도 있고, '진강'에 대해 '鎭江縣(경기 강화군에 있던 옛지명 …)'과 관련시켜 진강현에서 나던 술이라 생각해 볼 수도 있을 듯하다.〈황선엽, 상게서, 423면.〉

휘를 간과하거나 적극적으로 해석에 활용하지 못한 듯하다. 그렇다면 위에서 '설지다·皺'는 무슨 뜻인가? 관련 자료를 추가로 더 들어보면,

面皺 ᄂᆞᆺ체 살지다 〈譯語類解補:22a〉, 面皺 ᄂᆞᆺ체 살지다   〈方言類釋, 申部方言 : 19a〉
皺 구굼살지다   〈蒙語類解補 : 37b〉

와 같아, 대체로 '面이 자글자글하다'[26] 정도의 의미로 쓰이고 있다. 그렇다면 이 어휘는 후행하는 '강술'과 잘 어울릴 수 있는 말인가? 종래의 연구에서 '강술'은 주로 '강(强)한 술'의 의미로 이해되어 왔는데 이 역시 양주동과 박병채의 잇따른 다음 언급에서 비롯된다.

「강술」은 文獻에 所見이 업스나 「强酒」 곧 「濃度가 强한 술」일터이니 저 「젼술」(醾)이 아마 「조ᇰ술」임과 仿似하다.[27]

「강술」은 「醾」을 「젼술」 즉 「조ᇰ술」이라 함과 같이 「强술」을 뜻하는 것으로 생각된다.[28]

그리고 이 설은 최철[29] 등 많은 문학연구자들의 지지를 받으면서 현재까지 가장 유력한 풀이로 자리해 왔다. 그런데, 만약 '강술'이 현재까지의 견해와 동조대로 '强술'의 의미라면 필자가 앞서 제시했던 '설진 - 주름진, 면이 자글자글한'의 의미와 조화될 수 없을 듯하다. 즉, '설진'이란 것은 固體나, 걸쭉한 半固體 상태의 표면을 형용하는 말이지 맑은 액체 상태의 强酒

---

25 남광우, 『증보 고어사전』, 일조각, 1997; 유창돈, 『이조어사전』, 연세대학교출판부, 2000.
26 자글자글 : 2. 물체가 쪼그라들어 잔주름이 많은 모양(『표준국어대사전』, 국립국어원).
27 양주동, 상게서, 329면.
28 박병채(1968), 상게서, 235면.
29 "독한 술을 마시어 취하니" 〈최철, 『고려국어가요의 해석』, 연세대학교출판부, 1996, 215면.〉

를 수식할 수는 없는 말이기 때문이다. 이로, '표면이 자글자글한'과 '强술' 중 어느 하나는 잘못된 것이라 할 수밖에 없다. 그런데, 본고는 이 두 단어 중, 보다 확실한 근거를 가지고 있는 편은 '설진'이라고 본다. '强술'이 문헌에서 전혀 검증되지 않는 형태임에 비해, '설진·살진'은 '자글자글한'의 의미로 문헌에서 수차례 명확히 나타나고 있기 때문이다.

그렇다면 '강술'은 무엇일까? 후행하는 '빚다(釀)·누룩(麴)·밉다(烈)' 등의 어휘와의 호응성을 생각한다면 술의 일종일 것은 분명하다. 결국 모든 문제는 접두어 '강'의 의미로 귀결된다. 그런데 옛 문헌과, 현대어 중에서도 거의 死語화된 단어를 살펴보면 다음과 같이 '강'이 接頭語로 존재함을 보게 된다.

강반(糯) 乾飯 〈物譜〉
乾飯 된밥 〈方言類釋〉
강반 춥쏠 물에 ᄒᆞ로 다마 지여 씨되 〈閨閤叢書:17a〉
강밥 乾食, 강풀, 강굴 石花 〈韓佛字典〉
강서리 : 늦가을에 내리는 된서리 〈『표준국어대사전』, 국립국어원〉

위의 '강반·된밥·강밥'은 附記된 '糯·乾飯·乾食'으로 볼 때, '물기 없는 마른 밥'이란 뜻이고, '강풀'은 '물에 개지 않은 된풀', '강굴'은 '물이나 그 밖의 다른 어떤 것도 섞이지 않은 굴의 살'을 말하는 것이니, '강'은 '된·乾'의 의미를 띤 接頭語임을 알겠다. 그렇다면, 혹 '강술'은 '된술·乾酒'의 의미가 아닐까?

그리고 이런 가정은 다음의 物名에서 구체적으로 확인된다.

苦果 … 一治凡諸瘡毒 用乾燒酒磨敷 卽能止疼痛 〈陶谷集 13卷, 雜識, 壬子燕行雜識〉, 乾燒酒 건쇼쥬 〈方言類釋, 戌部方言:01b〉, 乾燒酒 된쇼쥬 〈譯語類解 補02:30a〉

즉, 술의 한 형태로 '乾燒酒·된소주'가 전통적으로 존재했던 것이다. 이 술에 대해서는 자세히 알 수 없지만, '지게미를 거르지 않은 걸쭉한 상태, 즉 된 상태의 술'이었으리라고 짐작된다. 그리고 그 '된술', 즉 '강술'은 고체에서 액체로 변해가는 상태, 즉 술이 괴어가는 상태이기 때문에 표면이 '설진 상태, 즉, 자글자글한 상태'일 수밖에 없다. 마치 현대어의 '자글자글'이 다음 두 상태

자글자글 슬타 〈韓佛字典〉
자글자글 :   2. 물체가 쪼그라들어 잔주름이 많은 모양.
              1. 적은 양의 액체나 기름 따위가 걸쭉하게 잦아들면서 자꾸 끓는 소리. 또는 그 모양.   〈이상, 『표준국어대사전』, 국립국어원〉

를 모두 겸하고 있는 것과 같이 '설진'은 '잔주름의 형용' 혹은 '걸쭉한 반고체의 표면을 형용'하는 의미였던 것이다. 이상, '설진 강술'는 '자글자글 익어가는 된 술'로 풀이된다.

3. 문학적 상상력

이상으로 살펴 본 어석을 반영하고, 여타의 어구에 간략한 주석을 달아 〈청산별곡〉을 현대어로 바꾸어 보면 다음과 같이 된다.

① 살어리 살어리랏다 靑山애 살어리랏다 멀위랑 ᄃᆞ래랑 먹고 靑山애 살어리랏다 살았으리 살았으리라 청산에 살았으리라[30] 머루랑 다래랑 먹고 청산에 살았으리라	現實 否定	⑤ 살어리 살어리랏다 바ᄅᆞ래 살어리랏다 ᄂᆞᄆᆞ자기[31] 구조개[32]랑 먹고 바ᄅᆞ래 살어리랏다 살았으리 살았으리라 바다에 살았으리라 해초(海草)와 굴을 먹고 바다에 살았으리라.
② 우러라[33] 우러라 새여 자고 니러 우러라 새여	悲嘆	⑥ 어듸라 더디던 돌코 누리라 마치던 돌코

널라와 시름 한 나도 자고 니러 우니로라[34] 울어라 울어라 새여 자고 일어나 울어라 새여 너보다 시름 많은 나도 자고 일어나 울며 살고 있노라[35]	믜리도 괴리도 업시 마자셔 우니노라 어디에 던지던 돌인가 누구를 맞히던 돌인가? 미워할 이도 사랑할 이도 없이 맞아서 울며 살고 있노라.

---

30 운율적인 이유로 '살았으리라'로 간명히 적었지만, 뉘앙스는 "살았을 것임에 틀림없다"의 뜻이다.

31 나문재: 海藻·海草〈韓佛字典〉, 나문작이: sea wrack〈*Korean-English Dic- tionary*, J. S. Gale, 117면.〉

32 '구조개'를 흔히 '굴과 조개'라고 해석하나, 이는 '굴'의 異稱일 뿐이다. 청산에서 2종류의 열매가 선택되었으면, 호응상 바다에서도 2종류의 해산물이 선택되는 것이 자연스럽고, 또 옛 문헌에도 '굴'을 '구조개'라 칭한 기록이 남아 있다.

牡蠣甲 : 屈召介甲, 屈召介〈鄕藥救急方〉, 蠣 굴 려〈訓蒙字會〉

33 이를 '우는구나'라고 해석하는 경우가 있는데 '-어라/-아라'는 선초 용례를 볼 때, 반드시 명령형에만 쓰인다.

34 '우니로라'에서 '니'는 '진행'의 의미이므로, "울며 살고 있노라"의 의미로 풀어야 한다. 한편, 장윤희(「국어사 지식과 고전문학 교육의 상관성」, 『국어교육』108집, 한국어교육학회, 2002, 389~390면.)는 이를 '운 이(사람)로다'의 의미로 풀었다. 원전의 표기가 誤植이 아니라는 전제에서 볼 때, 이 분석이 지닌 문법적 투명성은 인정된다. 하지만 '우니다'라는 말은 詩歌에서 흔히 쓰이는 관용어구인바, 그런 경우라면 '우니니로다('우닌 이로다'의 連綴)'로 표기되었을 법하며, 더구나〈청산별곡〉이 수록된 『악장가사』에서 보이는 'ㄴ'과 'ㄹ'의 混用, 16~17세기의 당대 문헌들에서 보이는 '-노라'와 '-로라'의 혼용으로 볼 때, '우니로라'는 '우니노라'의 단순 誤植으로 판단하는 것이 오히려 당대 향유 정황에 부합하리라 생각된다. 아래에 『악장가사』에서 보이는 'ㄴ'과 'ㄹ'의 혼용 사례, 『두시언해 중간본』·『노계선생문집』에서 보이는 '노라 - 로라' 혼용 사례를 간략히 들어 둔다.

 하를해〈악장가사, 感君恩〉→ '하늘(天)해'의 誤植.
 희금을 혀거를〈上同書, 靑山別曲〉→ '혀거늘'의 誤植.
 여히므론 아즐가 여히트논〈上同書, 西京別曲〉→ 동일한 반복어구에서 보이는 '론'과 '논'의 混用.
 바를도 실도 업시〈上同書, 處容歌〉→ '바늘(針)'의 誤植.
 기피 스랑ᄒᆞ논 ᄯᅳ데 셔셔 브라로라〈杜詩重刊 12:12b〉
 君子는 다문 인가 너기로라〈獨樂堂, 蘆溪先生文集 3권〉

35 이 장을 "즐겁게 노래하라 즐겁게 노래하라 새여!"로 해독하는 경우가 있으나(정병헌,「청산별곡의 이미지 연구 서설」,『국어교육』49·50호, 한국국어교육연구회, 1984, 99면.), 마지막의 '나도 우니노라'라는 구절에 의해 성립하기 어렵다. '나'는 화자, 즉 사람일 텐데, 우는 주체가 사람인 경우, '우니다'는 '泣' 이외의 의미로 쓰일 수 없기 때문이다.

③ 가던 새 가던 새 본다 믈 아래[36] 가던 새 본다 잉무든 장글란[37] 가지고 믈 아래 가던 새 본다 가던 새(鳥) 가던 새 보았느냐? 물속에 가던 새 보았느냐? 잉무든 장글란 가지고 물속을 가던 새 보았느냐?	幻覺 / 幻聽	⑦ 가다가 가다가 드르라 에졍지 가다가 드르라 사스미 짒대[38]예 올아서 奚琴(히금)을 혀거를 드르라 가다가 가다가 들었다. 애졍지[39]를 가다가 들었다. 사슴이 짐대에 올라서 해금을 켜는 것을 들었다.
④ 이링공 뎌링공 ᄒᆞ야 나즈란 디내와손뎌 오리도 가리도 업슨 바므란 또 엇디 호리라[40] 이럭 저럭 하여 낮은 지내왔구나 올 이도 갈 이도 없는 밤은 또 어찌하려고 (오는가?)	孤獨 / 安着	⑧ 가다니[41] 비브른 도긔 설진 강수를 비조라 조롱곳 누로기 미와[42] 잡ᄉᆞ와니 내 엇디 ᄒᆞ리잇고 갔더니, 배부른 독에 자글자글 익어가는 된 술을 빚었다. 조롱꽃 누룩향이 강하여 (나를) 잡으니, 내 어찌하리오.

※ ⑤장과 ⑥장은 대응 구조를 고려하여 도치하였음.[43]

---

36 '물아래'를 강의 하류, 즉 '평원'으로 해석하는 일이 있는데, 지시적 의미 그대로 보면, '물속'의 의미이다.
    邛池ㅅ 龍이 ᄃᆞ외야 기픈 믈 아래 잇다니 〈月印釋譜 02:50b〉
    믈 아래셔 쏘 龍도 입놋다(泓卜亦龍吟) 〈杜詩初刊 15:54a〉
    고기 자블 사ᄅᆞ미 그므른 물ᄀᆞᆫ 못 아래 모댓고(漁人網集澄潭下) 〈杜詩初刊 07:03a〉
37 未詳. 일반적으로 '이끼 묻은 농기구, 무기' 등으로 해석하나 '가지고'의 주체에 따라 전혀 다른 의미일 가능성이 있다. 즉, '가지고'는 '持'의 의미인데, 이 주체는 '새를 보는 화자'일 수도 있지만, '날아가는 새'일 가능성도 열려 있다. 일반적 용례 "目連이 밥 가지고 獄애 가니"〈月印釋譜 권23:89b〉의 통사적 구성을 볼 때 '날아가는 새'가 그 주체일 가능성이 높다. 본고 역시 그러한 의미로 판단한다.
38 '짒대'는 문헌상의 용례로 볼 때 '돛대·당간(幢竿)'의 의미이다. 다음과 같은 용례가 있다.
    큰 萬斛싣는 빗 그르메 힌 므지게 이어는 ᄃᆞᆺᄒᆞ니는 짒대 셸 제 반ᄃᆞ시 쇼를 텨주겨 이받곡 돗돌 제 모든 功을 뫼호ᄂᆞ니라(蕩蕩萬斛船 影若揚白虹 起檣必椎牛 挂席集衆功)
                                                              〈杜詩初刊 25:15a〉
39 未詳. 양주동 이래 '부엌'의 의미로 이해해 오고 있으나, 성호경(『고려시대 시가연구』, 태학사, 2006, 368~369면.)이 ① '韓歧 = 大庖'의 연관 관계, ② 현행어 '전짓대(끝이 갈라진 막대)'를 통하여 제기한, '갈림길'의 해석이 최근 들어 주목된다.
40 '또 엇디 호리라'의 '호리라(하겠다)'는 형태적 측면에서 볼 때, 異常形態이다. 선행하는 '또 어찌'에 호응할 수 있는 어형이 아니기 때문이다. 이러한 모순을 해결하기 위해 이현희(「악학궤범의 국어학적 고찰」, 『진단학보』 77, 진단학회, 199면)는 이 구절을 "… 올 사람

도 갈 사람도 없는 밤은 또 어찌 하려고 하느냐' 정도의 의미를 가지는 것'이라고 하여 상위문의 '후느뇨'가 생략된 형태로 이해하기도 하였다. '호리라'가 誤植이 아니라는 전제에서 볼 때, 국어학의 이러한 세밀한 지적과 착안이 우리에게 시사하는 바는 크다. '호리' 등의 誤植일 가능성을 전적으로 배제할 수는 없지만, 만약 청산별곡의 '호리라'가 誤植이 아니라 한다면, 그의 지적대로 뒷부분에 상위문의 동사가 생략된 것이라 볼 도리밖에 없기 때문이다. 그럴 때, 그 상위문의 동사는 아마도 '오느다?(來)' 정도의 의미구가 생략된 것이라 할 수 있겠다. 마치 다음과 같은 통사구조에서, 방점 친 부분이 생략된 것이라 할 것이다.

우러 녜는 며 시내야 므슴 호리라 晝夜의 흐르는다 〈尹善道, 遣懷謠, 孤山遺稿附錄〉

41 '-다니'는 현대어로 '-었는데'의 의미이다.

네 洞庭ㅅ 므를 듣다니 오늘 岳陽樓의 올오라 〈杜詩重刊 14:13b〉
南塘ㅅ 길흘 아디 몯ᄒ다니 이제 第五 橋를 알와라 〈杜詩重刊 15:07a〉

42 '닙다'는 흔히 '술맛이 독한 것'을 형용하는 말로 사용된다.

釅酒 미온 술 〈方言類釋, 戌部方言:01b〉, 酒淡 술 닙지 아니ᄒ다
〈方言類釋, 戌部方言: 01b〉

43 ⑤장과 ⑥장은 순서를 교체하여 표에 넣었다. 김상억과 정병욱에 의해 꾸준히 지적되어 온 교체설은 근래 많은 연구자들에 의해 부정되고 있기는 하지만, 그 가능성을 일축하는 것 또한 반드시 옳지는 않다고 생각된다. 교체의 가능성이 없다고 보는 연구자들은 대체로 재구된 노래의 구조에 일면의 동의를 하면서도, 다음과 같은 이유를 결정적인 결함으로 꼽는다.

"이 설의 요지는 현전 〈청산별곡〉이 『악장가사』에 기록될 때 5연과 6연이 뒤바뀌어서 기사되었으리라는 것이다. … 바다의 노래를 6-5-7-8연으로 交置시켜 놓으면 시 전체의 대응이 훌륭하리 만큼 정연해지고 … 그 이하의 연들까지도 의미상 대응되어서 멋지게 조화를 이루게 된다는 것이다. … 이 설을 지지하는 연구자들이 언명하고 있듯 '놀라우리 만큼' 의미 연결과 형식미 구축이 이룩되었다는 인상을 어느 정도 받게 되는 것도 사실이다. 그러나 … 방증 자료도 전혀 없이 글자 하나도 아닌 두 개의 연을 서로 교치시켜 놓아도 과연 온당한 처리인지 … 얼마만큼 설득력을 지닐 수 있는지 의문이라는 뜻이다." 〈박노준, 「청산별곡의 재조명」, 『고려가요·악장연구』, 국어국문학회 편, 태학사, 1997, 159~160면.〉

그런데 우리는 『악장가사』를 최대한 신뢰하면서도, 동시에 이 책이 완전무결한 책이 아님을 항상 인식하고 있어야 한다. 책에서 자주 보이는 誤字문제는 사소한 것이라 하더라도, 이 책이 만들어진 당대에 이미 李賢輔(1467~1555)로부터 다음과 같이 〈어부가〉의 내적 구조 차원의 오류를 지적받은 바 있다.

漁父歌兩篇 不知爲何人所作 … 第以語多不倫或重疊 必其傳寫之訛 此非聖賢經據之文 妄加撰改 一篇十二章 去三爲九 作長歌而詠焉 一篇十章 約作短歌五闋 爲葉而唱之 合成一部新曲 〈聾巖先生文集, 雜著 3卷, 歌詞, 漁父短歌〉

그리하여 그는 『樂章歌詞』의 〈漁父歌〉를 정비하여 『농암집』에 수록하게 되는데, 〈漁父歌〉에서 이런 일이 있는 것이라면, 同書의 〈청산별곡〉에서 역시 동일한 錯亂이 없었으리라는

1) ①·⑤장 : 현실 부정

〈청산별곡〉의 ①·⑤장은 파격적인 現實 否定으로 시작한다. 자신이 누구인지 자신이 어디에 있는지를 전혀 말하지 않은 채, '머루와 다래[해초와 굴]를 먹으면서 청산[바다]에서 살았을 것임에 틀림이 없다'고 후회하고 있다. 청산[바다]에서 살았을 것이라 확언하고 있는 화자는 어떤 사람이었을까? 피비린내 나는 몽고의 침략에 시달린 流民이었을까?[44] 소용돌이 치는 政爭에 환멸을 느낀 정치인이었을까?[45] 가혹한 수탈에 더 이상 견디지 못했던 농민이었을까?[46] 사랑했던 님을 잃은 失戀者일까?[47] 아니면 우연한 기회에 청산을 여행하며 자유로움에 매료되었던 여행자였을까?[48] 또는 청산[바다]에서 살다가 다시 속세로 되돌아온 사람일까? 우리에게 아무런 단서도 주지 않은 채 화자는 강한 확신의 어조로 노래의 첫 장을 연다.

하지만 이런 제한된 行間에서도 화자에 대한 정보는 다소 감지되고 있으니, 그 하나는 바로 ①·⑤장의 화자는 현재 청산이나 바다에 있지는 않은 사람이라는 점이다. 앞에서도 보았듯이 '-리랏다'는 어디까지나 '상상의 상황'에 붙는 어말어미체이기에, 결합된 용언의 어간 내용 - 살(居)-과는 항상

보장 또한 없는 것이다.
44 "난리에 쫓겨 청산과 바다로 헤매며 시대가 가져다 준 삶의 고통과 고뇌를 씹어야 했던 어느 감성이 풍부한 평민이 그가 겪은 생활과 정신의 체험 세계를 가식 없이 그려 낸 것이 〈청산별곡〉" 〈박노준, 상게서, 156면.〉
45 생육신의 한 사람이던, 南孝溫(1454~1492)의 심정이 그러했을 것이다.
"창을 열고 바다를 바라보니, 마치 신령이 기운을 일으키는 듯하여 정중과 자용이 크게 기뻐하였다. 정중이 〈靑山別曲〉의 첫 번째 곡을 타니, 주지승인 성호도 크게 기뻐하여 포도즙을 걸러 내와 우리들의 마른 목을 적셔 주었다. 나 또한 기뻤다.〔開囱望海 如有神靈作氣者 正中子容大喜 正中彈靑山別曲第一関 主僧性浩亦大喜 瀝葡萄汁 沃余輩渴喉 余亦喜比來山中之味無此比〕" 〈秋江先生文集 6卷, 雜著, 松京錄, 乙巳年(1485年) 9月 14日〉
46 "농토를 잃은 유민의 외로움과 괴로움을 토로한 노래" 〈신동욱, 「청산별곡과 평민적 삶의 식」, 『고려시대의 가요문학』, 새문사, 1982.〉
47 "짝사랑의 哀想을 중심으로하야 맘둘곳업는「生」의 悲哀를 노래한 것" 〈양주동, 상게서, 307면.〉
48 위 남효온의 경우는 여기에도 해당한다.

반대의 현실을 지칭하게 된다.⁴⁹ 서울에 사는 사람이 "내가 그때 그랬으면 지금 서울에 살았을 것임에 틀림없다"라고 말하지 않듯이, 현재 청산바다에 사는 사람은 제 스스로 "청산바다에 살았을 것이 틀림없다"고 말하지 않는다. 그렇게 말하는 사람은 현재 그곳에 거주하지 않은 사람일 수밖에 없다. 즉 화자는 청산과 바다의 반대편 세상에 사는 사람이다.

희미하게 비쳐지는 또 다른 화자에 대한 정보는 '틀림없이 살았을 것이라'라는 뉘앙스에 비례하여 느껴지는 '상처의 크기'이다. 현실의 상처가 어떤 종류인지는 여전히 장막 뒤에 있지만, 그 크기만큼은 '살어리'의 반복과 확신의 어미체 '-리랏다'로 선명히 드러난다. 그 크기는 화자가 자신의 삶의 터전을 '틀림없이' 포기하게 할 만큼 치명적인 것이 된다.

여기에 더하여 '머루·다래·해초·굴'이 주는 이미지 또한 화자의 指向을 짐작하게 한다. 동양의 문학관습에서 볼 때, 자연물은 '是非 없음·통치 영역의 밖'을 뜻할 때가 많다. "大地之間 物各有主 … 惟江上之淸風與山間之明

---

49 논의의 과정에서 든 용례를 검토해 보면 이 점은 더욱 뚜렷해진다. '-리랏다'가 붙은 용언에 대한 부정이 바로 현실의 상황이다. 도식화하면 다음과 같다.

그릇 나그내를 스랑티 아니ᄒ더든 // 그몸 나래 또 시르믈 더으리랏다 〈상게 인용〉
    상상 : (틀림없이) 시름을 더했을 것이다.
    ↑   ↑
    현실 : 시름이 없음.

프른 묏 부리옛 두리 萬一 업더든 // 머리 셴 사ᄅ물 시름케 ᄒ리랏다 〈상게 인용〉
    상상 : (틀림없이) 시름하게 했을 것이다.
    ↑   ↑
    현실 : 시름하게 하지 않음.

착ᄒᆞᆫ 도어시라 그러티 아니턴ᄃᆞᆯ // 내 빅셩을 주려 죽게 ᄒ리랏다 〈상게 인용〉
    상상 : (틀림없이) 백성을 굶주려 죽게 하였을 것이다.
    ↑   ↑
    현실 : 백성이 굶주려 죽지 않음.

(?   ) // 청산에 살어리랏다
    상상 : (틀림없이) 청산에 살았을 것이다.
    ↑   ↑
    현실 : 청산에 살지 않음.

月 … 取之無禁"(소동파, 적벽부)의 '風·月'에서 보듯 자연물은 아무리 소유해도 '是非를 걸며 禁하는 사람이 없는 것'이며, "義不食周粟, 隱於首陽山, 采薇而食之"(백이숙제)의 '고사리'에서 보듯 통치력의 바깥 영역에서 자라는 産物인 것이다.

그렇기에 '머루·다래·해초·굴'을 먹고 살았을 것이 틀림없다고 확신하는 이는 현재 '인간의 是是非非'에 상당한 환멸을 느끼는 사람이고, '통치의 영역'에서 심하게 시달리는 경험을 가진 사람이 된다.

2) ②·⑥장 : 삶의 비탄

현실에 크게 상처받았을 것으로 짐작되는 화자는 이 두 장에서 비탄의 감정을 직접적으로 노출한다. ②·⑥장의 文末에 공히 위치한 '우니노라'가 바로 그것이다. 단순히 '우는' 것이 아닌 '우니'고 있다는 점에서 이 감정이 현재 지속의 상태임을 우리에게 알린다. 무엇이 화자를 울게 한 것일까? 이에 대해서는 여전히 전 장들과 마찬가지로 정보를 주지 않는다. - 사실 〈청산별곡〉 내내 이 정보는 구체적으로 제시되지 않는다. - 그러나 그 원인이 화자를 둘러싼 외부에서 촉발된 것임은 '상징'과 '비유'를 통하여 제시된다.

⑥장에서 그 자극이 '돌'로 나타난다. 난데없이 나타난 돌. 이 '돌'이 물리적 돌은 아닐 텐데, 그렇다면 어떤 상황이 화자에게 '돌처럼' 느껴진 걸까? 인간의 생활은 너무도 복잡하기에 그것이 어떤 것인지 우리는 여전히 확답할 수 없다. '평안한 생활에 돌처럼 날아든 전쟁'일 수도, '조용한 관직 생활에 돌처럼 날아든 파직'일 수도, '아기자기 살던 백성에게 날아든 과한 세금'일 수도, '사랑하는 님으로부터 받은 갑작스런 이별 통보'일 수도 있다. 무엇인지 지목할 순 없지만, 그 '돌'이 예상치 못했던 상황에서 돌발적으로 던져진 고통을 뜻하는 것임은 분명하다.

②장에서는 외부의 자극이 '새의 울음'으로 나타난다. 물리적 공간에서 새가 지저귀는 것은 '놀람의 표현'일 수도, '기쁨의 표현'일 수도, '고통의 표

현'일 수도 있다. 그러나 詩의 공간으로 넘어오면 그것은 반드시 듣는 心理와 관련 맺게 된다. 〈청산별곡〉의 새는 화자의 심리를 청각적으로 자극하는 역할을 하고 있다. 아침에 깨니 밖에서는 새소리가 들리고 있다. 그리고 그 물리적 소리는 화자의 심리와 연관되어 울음소리로 느껴지게 된다. ⑥장의 돌이 화자의 삶에 날아든 고통임과 마찬가지로, ②장의 새소리 또한 화자의 심리로 던져진 예리한 고통이 된다. 둘 다 비탄을 유발하는 외부의 자극이라는 점에서는 동일한 것이다.

한편, ②·⑥장의 공간적 배경은 '새'가 환기하는 이미지와는 달리, '靑山[바다]'이 아니다. ①·⑤장의 '틀림없이 靑山[바다]에 살았을 것이다'라는 언술이 전제하고 있는 것은 '괴로운 世俗 ↔ 도피처로서의 청산[바다]'이므로, 울음으로 가득찬 ②·⑥장은 그 배경이 '괴로움으로 가득 찬 곳'일 수밖에 없다.

3) ③·⑦장 : 환각과 환청

③·⑦장은 환각과 환청이라는 공통점으로 묶인다.

그간 우리는 '물아래'를 '강의 하류·세속' 정도로 意譯하여 이해하여 왔다. 하지만, 전술했듯이 '물아래'는 선초의 용례로 볼 때 모두 '물속(水下)'의 의미로만 사용되고 있다. 우리는 이 사실을 외면해서는 안 된다. 물아래는 말 그대로 '물 아래'인 것이다.

새가 물속을 날아가는 것을 본 적이 있는가? 가마우지가 물속을 날듯이 헤엄치고, 펭귄도 물속을 날듯이 지나다니지만, 청산별곡의 화자가 그런 것을 묘사했을 법하지는 않다. 일반적으로 새는 하늘을 날지 물속을 지나다니지 않는다. 그걸 모를 리 없는 청자에게 청산별곡의 화자는 '새가 물아래로 날아가는 것을 보았느냐?'라고 묻는다. 이것은 비현실의 세계이다. 즉, 幻覺이다. 이와 평행한 환청이 ⑦장에서도 나타난다. '짐대 끝에 올라 해금을 켜는 사슴'이 바로 그것이다. 사슴은 짐대를 올라 다니는 짐승이 아니며, 더구나 해금을 연주할 섬세한 손도 없는 짐승이다. 그런 사슴이 해금을 연주하는 것을 그는 듣고 있다. 이것은 幻聽이다.

③·⑦장이 환각과 환청이라 할 때, 이 속에 존재하는 '잉무든 장글란을 가진 채 물속을 날아다니는 새', '해금을 들고 짐대 끝에 올라 노래를 연주하는 사슴'은 무엇의 상징인가? 시가의 전통에서 '물속'은 절망과 죽음의 상징이다. 〈공무도하가〉의 '물'이 그러하고, 〈서경별곡〉의 '대동강'이 그러하다. ③장에서 보이는 물의 이미지도 마찬가지이다. '짐대(竿)' 또한 동양의 전통에서 볼 때 죽음의 상징이다. 百尺竿頭의 '竿'은 위태로움의 상징이며, 이는 곧 죽음에 맞닿는다.

그렇기에 '죽음으로 날아갔던 새'와 '죽음의 끝에 올라간 사슴'은 '파멸의 꿈'을 향해 살았던 현실 속 화자의 상징으로 읽힌다. 화자는 비탄에 차 살면서 어느 날 문득 깨닫는다. '아 내가 예전에 꾸었던 꿈은 알고 보니 파멸로 끝날 운명이었더구나. 나의 모습은 어리석었고, 그것은 마치 물속을 향해 날아가고자 한 새, 짐대 끝에 올라 연주를 하려는 사슴과 마찬가지였더구나'라고. 결국 이 노래 전체를 관통하는 '비애'는 '꿈의 파멸'에서 비롯된 것이며, 실패한 꿈, 즉 죽음의 이미지가 '믈아래·짐대끝'으로 상징화된 것이다.

4) ④·⑧장 : 고독과 안착

④·⑧은 공히 "어찌 해야 하나?"로 종결되고 있다. 그러나 '청산장'의 종결방식과 '바다장'의 종결방식은 다르다. '청산장'은 고독과 비탄이 여전히 이어지고 있으나 '바다장'은 새로운 안식처를 얻어내고 있다. 이런 현상은 바다장이 〈청산별곡〉 전체의 종결기능을 겸하고 있기에 생긴 것으로 풀이된다.

⑧장의 이해에 결정적인 영향을 미치는 구절은 '가다니'이다. 그간 우리는 이 구절을 '가다가 보니' 정도로 이해해 왔다. 그리하여 '청산으로 가는 도중에 술을 마시고 이상향으로의 탈출에 실패한다.' 정도로 결론 내렸다.

하지만, 당시 언어습관으로 볼 때, '가다니'로 그런 의미를 나타내었으리라고는 결코 볼 수 없다. '가다니'는 앞에서도 간략히 예시했지만 '갔더니'의 의미이다.

그렇다면 화자는 어디에 도착했던 것일까? 그것은 ⑦장에서 보이는 '에졍지 가다가'와 연관지어 파악할 수 있다. 우리는 그가 ⑦장에서 에졍지를 걸어가고 있었고, 그 곳에서 '짐대 끝에서 사슴이 해금을 연주하는 것을 환청했던 것'을 기억하고 있다. 이것은 화자가 실패한 꿈을 환청하며 속세 밖의 세계를 향해 걸어 나갔던 것에 다름 아니다. 그 후 '갔더니'가 8장의 첫머리에 나타나고 있다. 그렇다면 도착한 이곳은 자명하다. 바로 산속, 속세와 단절된 곳, 즉 청산(바다)이 된다.

갔더니 아무도 없을 줄만 알았던 그 곳엔 '자글자글 익어가는 된 술'이 빚어져 있다. 그리고 매운 누룩향이 코끝을 스치며 화자를 마음을 사로잡는다. 이 과정에서 우리는 도연명의 '무릉도원'의 이미지를 떠올린다. 작은 길을 따라(山有小口 〈陶淵明, 桃花源記〉) 들어갔더니 사람들이 다투어 그를 초대해 술을 내어 주는 곳(餘人各復延至其家 皆出酒食 〈陶淵明, 上同〉). 그렇기에 이곳은 속세와 격절된 곳으로 이해된다. 청산에 살았을 것이 틀림없다던 화자의 현실 부정은 ⑧장에 이르러서야 비로소 안착의 지점을 발견하게 된 것이다. 결국 청산별곡의 情調는 '현실의 부정(①·⑤)'에서 출발하여 '삶의 비탄 제시(②·⑥)', '환각과 환청을 통한 자신의 運命 자각(③·⑦)', '청산(바다)에 안착(④·⑧)'이란 旅路를 따라 흐르고 있다.

4. 결론

이상, 고려가요의 난해구 중 〈청산별곡〉의 몇 구절을 취하여 이를 자료를 통해 어석하고 문학적 상상력을 펼쳐 보았다. 그 결론은 다음과 같이 요약된다.

1. '살어리랏다'는 두시언해와 여타 자료를 통해 살펴보았을 때, '(틀림없이) 살았으리라·(틀림없이) 살았을 것이다'의 의미로 확인된다. 이로 이 노래 ①·⑤장 화자의 현실은 '현재 청산바다에 居住하고 있지 않는 상황'으로 추정된다.

2. '설진강수'는 그간 대체적으로 '독한 강술, 설익은 강술' 혹은 '설진강술' 등으로 이해되어 왔다. 하지만, '설지다(皺)'란 古語가 존재한다는 점, '皺(설지다)'는 '면이 자글자글하다'의 의미라는 점, 이 '자글자글'이 현대어에서도 '걸쭉한 표면', '잔주름지다'의 의미를 공유하고 있음을 문증해 우선 '설진'이 '자글자글한'의 의미임을 밝혔고, '강술' 역시 '乾燒酒·된술' 즉, '괴어가는 상태의 술'임을 밝혔다. 따라서 '설진 강수'는 '자글자글 익어가는 된술'로 풀이된다.

3. 이를 감안하고 새로이 〈청산별곡〉에 문학적 상상력을 가미해 보았다. 우선 〈漁父歌〉에서 짐작되는 『악장가사』 수록 작품의 불완전성에 근거해 청산별곡의 ⑤·⑥장을 맞바꾸어 배치하였다. 그렇게 되면 ①·⑤장은 '현실의 부정', ②·⑥장은 삶의 비탄, ③·⑦장은 환각과 환청, ④·⑧은 고독과 안착이라는 범주로 묶일 수 있고, 이에 따라 새로운 문학적 향유가 가능함을 제기했다.

한편, 논의를 마치기 전에 두 가지 확인해 둘 사항이 있다. 본고는 '-리랏다'의 일반적 용례에 비추어 볼 때, '청산바다에 살어리랏다' 앞에 假定節이 생략된 것이고, 이 때 생략된 말은 '세상이 이렇게 괴로운 것인 줄 알았더라면' 정도의 내용일 것이란 見地에서 논의를 전개하였다. 그렇기에 ①·⑤의 화자를 '현재 청산바다에 살고 있지 않는 사람'으로 파악하였다. 그러나, "(~했더라면) 틀림없이 살았을 것이다"의 통사구조에서, 先行하는 가정절에 오는 내용에 따라 화자의 현재 위치가 '청산바다'이 될 수도 있지 않는가?'란 의문이 제기될 수도 있다. 즉, '청산의 매력을 진작 알았더라면' 정도의 말이 선행한다면, '매력을 진작 알았더라면, (좀 더 일찍부터) 청산에 살았을 것임에 틀림없다' 정도로 해석되어 '청산에서 생활하던 어느 날 문득 깨달은 내용'으로 이해할 여지가 있게 되고, 그렇기에 화자는 청산에서 살아오고 있던 사람일 수도 있지 않겠는가란 것이다. 본고는 그러한 가능성이 전혀 없다는 입장에 서 있지 않다. 그 가능성은 여타의 章에 대한 이해 방향에 따라 얼마든지 성립될 수 있다. 가령, 여타의 장이 '청산에서 사는 삶의 만족감'을 나타내고 있는 내용이라는 확신을 가진 연구 입장라면 그런 해석이 충분히 가능할 것이다. 중요한 것은 전자의 입장에 서 있든, 후자의 입장에 서 있든, 당대 문헌에서 '-리랏다'가 의미하는 바를 감안한 채 논의가 전개되어야 한다는 것이다.

이와 유사한 해석의 다양성은 '설진(皺) 강술'에서도 발생할 수 있다. 본고는 '皺'의 기본의미인 '표면이 자글자글하다'에 기반하여 '자글자글 익어가는 강술'이라 결론 내렸지만, '皺'는 詩에서 '잔물결의 형용', 나아가 '술잔에서 일렁이는 술의 형용'으로 쓰이기도 한다.⁵⁰ 그렇기에 이 구절은 '찰랑찰랑이는 강(强) 술'로 이해될 여지도 있다. 하시만, 본고가 이러한 해석을 취하지 않는 이유는 '강술'이 '强한 술'이 아닌 '乾酒'일 것이란 해석이 여러 문헌 자료로 볼 때 더 적절하다 생각되었기 때문이다. 본고에서 堅持한 해석이든, 아니면 '찰랑찰랑'의 해석이든, 중요한 것은 역시 '설지다'가 '皺'의 의미망 속에서 고찰될 때 보다 적절한 해석이 가능할 수 있다는 것이다.

고전 시가를 둘러싼 그간의 논의에서 '자료의 不在'가 우리에게 준 제약은 컸다. 이 정황에서 우리의 논의가 '왕성하기도 했고, 빗나가기도 했음'은 서론에서도 언급한 바 있다. 옛 문헌을 검토하여 새로운 자료를 논의의 場으로 끌어들임으로써, 보다 다양한 토의가 진행될 여지를 마련하고자 하는 것이 본고의 작은 의도이다.

『한국시가연구』 32, 한국시가학회, 2012.

---

50 大液波紋皺鴨綠 〈續東文選 5卷, 七言古詩, 題李謫仙白蓮池乘舟圖〉
　　酒波浮動皺金鱗 〈東國李相國全集 9卷, 古律詩, 謝知奏事相公見喚〉

動動의 語釋과 문학적 향방
—12월령을 중심으로—

1. 서론

〈동동〉은, 1934년 김태준이 『朝鮮歌謠集成』[1]을 통해 전체적인 어석을 시도한 이래, 양주동(1947),[2] 지헌영(1947),[3] 박병채(1968),[4] 김완진(2000)[5] 등 굴지의 연구자를 거치며 점차 베일에 가려진 語義를 드러내 오고 있다. 이후 행해진 수많은 문학연구사들의 학술활동은 이들이 밝혀낸 의미의 綱을 따라 수놓은 網이란 점에서, 작품에 대한 정확한 어석의 학술적 비중은 재론의 여지조차 없다고 할 수 있다.

그런데, 선학이 개척해 둔 〈동동〉 어석의 예스런 길을 따라 걷다 보면, 여전히 이정표가 명확하지 않아 갈림길에서 서성거리게끔 하는 곳이 적지 않다. 이러한 곳들은 거의 각 聯마다 존재하는 듯한데, 이러한 지점에서 생

---
[1] 김태준, 『조선가요집성』, 조선어문학회, 한성도서주식회사, 1934; 김태준, 『고려가사』, 학예사, 1939.
[2] 양주동, 『여요전주』, 을유문화사, 1947; 양주동, 『여요전주』, 을유문화사, 1954.
[3] 지헌영, 『향가여요신석』, 정음사, 1947.
[4] 박병채, 『고려가요어석연구』, 선명문화사, 1968; 박병채, 『새로고친 고려가요의 어석연구』, 국학자료원, 1994.
[5] 김완진, 『향가와 고려가요』, 서울대학교출판부, 2000.

겨나는 문학적 연구의 불편과 비약이 적지 않아 보인다. 본고는 이러한 연구사적 정황에서, 12월령의 난해구를 문헌적으로 해명하여 새로운 해독의 가능성을 타진해보려는 노력의 일환이다. 비록 완전한 이해에 못 미쳐 이 정표의 반만 희미하게 새기게 된다 할지라도, 기존의 업적들이 간과하였던 자료를 소개하여 후속 논의의 새로운 착안에 도움이 될 수 있기를 희망한다. 논의에 앞서 『樂學軌範』에 실려 전하는 〈동동〉의 12월령을 보이면 다음과 같다.

十二月ㅅ 분디 남ᄀ로 갓곤 아으 나슬 盤잇 져다호라
니믜 알픽 드러 얼이노니 소니 가재다 므ᄅᆞᇂᄂᆞ이다

이 장은 흔히 다음과 같이 풀이된다.

십이월 분디나무로 깎은, 진상할 상의 젓가락 같구나
님의 앞에 들어 나란히 두니 손님이 가져다 무는구나

이 중 본고에서 다시 해석하고자 하는 것은 "분디 남ᄀ로 갓곤 나슬 盤잇 져"와 "므ᄅᆞᇂᄂᆞ이다"의 두 부분이다. 전자는 흔히 "분디나무로 깎은, 진상할 상의 젓가락"으로 해석되어 왔는데, 〈동동〉의 전편을 관통하는 세시성과 무관하여 다소 생경한 느낌을 주는 이미지였다고 할 수 있다. 한편, 후자는 문학적 맥락이 잘 이어진다는 측면에서 공감을 받아온 해석이었으나 어학적으로는 상당한 문제를 지니고 있다. 본고에서는 이 부분들을 椒盤을 둘러싼 섣달의 풍속과 관련하여 재해독함으로써 〈동동〉이 지닌 문학적 특성의 일단을 재조명하고자 한다.

2. "분디남ㄱ로 갓곤 나울 盤잇 져"

1) "분디나무 져"를 둘러싼 해석

12월령은 그간 세시 풍속과는 관련 없는 내용으로 이해되면서,[6] '분디나무로 깎은 젓가락'에 비유된 화자의 처지를 파악하는 데 연구의 역량이 집중되어 왔다. 즉, 분디나무란 어떤 나무며, 이것으로 깎아 만든 젓가락이란 어떤 의미를 함축하고 있느냐에 연구자들의 관심이 집중되었던 것이다. 이 중, '분디나무' 자체의 의미는 일찍이 김태준이 "분디나무 卽 산추나무"[7]라 언급한 바 있고, 양주동 또한 "山椒 분디 〈訓蒙字會 上 12〉, 秦椒 분디 〈夢喩篇〉"[8]로 문증하여 '산초나무'로 확정되어 있다. 그러나 異見은 그 용례 뒤에 붙인 다음의 해설에서 생겨나기 시작한다.

> 麗代에 이나무로 져(箸)를 깍가만들던 習俗이 잇던줄을 本句로써 알수잇다. 분지나무는 波形의 紋理가 잇어 저의 材料에 適合하다.[9]

양주동의 이 언급은 '분디나무[山椒나무]'가 마치 원래 젓가락을 만드는 데 常用되었던 것이며, 무늬 또한 뛰어나 '긍정적 느낌의 젓가락' 즉, 임에게 바치는 '정성이 가득 담긴 젓가락'으로 愛好되었던 듯한 뉘앙스를 우리에게 던진다. 그리하여 다음과 같은 보다 확신에 찬 단정적 후속 언급이 연구사

---

[6] "十月·十一月·十二月의 세 노래에는 歲時風俗이 결여되어 있다." 〈최진원, 『국문학과 자연』, 성균관대학교출판부, 1977, 170면.〉
 "12월노래에서 우리는 話者인 자아의 日常事와 만난다. 여기에는 歲時風俗도 節日도 없다. 노래하고 있는 사람은 시의 소재와 술회의 계기를 명절이나 풍속 등에서 찾으려 하지 않았다." 〈박노준, 「동동의 한 이해」, 『동방학지』 36권 3호, 연세대학교 국학연구원, 1983, 196면.〉
[7] 김태준(1934), 상게서, 37면.
[8] 양주동(1947), 상게서, 133면.
[9] 양주동(1947), 상게서, 133면.

에 등장하게 된다.

> 분디나무는 波形의 무늬가 있어서 옛날에는 箸를 만드는 재료였다. … 분디나무
> 로 깎은 저를 정성들여 접객하는 상에 올려 놓았다. 임이 분디나무 저를 사용하기
> 를 원해서이다.[10]

그러나 문제는 '분디나무로 만든 젓가락'이 우리의 문화로 현전하거나, 문헌기록으로 증명되는 것이 아니라, 양주동의 상게서에서 처음 추론적으로 언급되며 파생된 것이란 점에 있다. 또한 물리적으로 볼 때도, '산초나무'는 가시가 돋아나 있어 굳이 젓가락으로 애호될 이유가 없는 나무란 점이 마음에 걸린다. 이러한 특성을 간파한 최미정은 이를 근거로 '분디나무로 깎은 젓가락'에 다음과 같은 해석을 내린다.

> 분디나무는 가시가 많은 나무로 알려져 있다. … 저를 깎을 재료로 가시 많은 분
> 디나무를 택했다는 것은 화자의 가슴아픈 자학의 선택이다.[11]

즉, 양주동이 추론한 '분디나무'의 민속적·긍정적 쓰임새를 배제하고, '자학 행위'를 위한 개인적·부정적 소도구의 하나로 좁혀 생각하려 했던 것이다. 또한 이러한 이미지를 부각하여 〈동동〉의 몇 聯이 보여 주는 '화자의 훼손성(져미연/ 브리온)'의 맥락을 더욱 심화한 장으로 해석할 수 있었던 것이다.[12]

---

10 임동권, 「동동의 해석」, 『고려시대의 가요문학』, 새문사, 1982, II-55면.
11 최미정, 「죽은 님을 위한 노래 동동」, 『문학 한글』 2, 한글학회, 1988, 73~74면.
12 산초나무가 젓가락을 만들기에 부적합한 소재이기에, 화자의 님에 대한 갈구의 심정을 더욱 부각시킬 수 있다는 지적은 근래의 논의에서도 거듭 나타나고 있다.
 "님과 재회하기를 바랐던 화자의 의지가 '산초나무'로 젓가락을 만들게 했던 것이다. 산초나무에 가시가 돋아 있어 젓가락을 만드는 과정이 쉽지 않다고 할 때, 젓가락을 만드는 행위만으로도 그녀의 간절함을 엿볼 수 있다." 〈이영태, 「「동동」의 송도와 선어」, 『민족문학사연구』 36권, 민족문학사연구회, 2008, 24면.〉

이러한 연구사적 정황에서 본고는 '분디나무'의 쓰임새와 상징성에 대한 諸說에 이의를 제기하려 한다. '분디나무'가 가시뿐만 아니라 나무의 마디들 자체가 꼬불꼬불하여 젓가락으로 만들기에 부적합하다는 물리적인 이유는 차치하더라도, 〈동동〉 12월령에 나타난 '산초나무' 또한 다른 월령이 그러하듯 이 달의 계절적 배경 혹은 세시 풍속과 연관시켜 해석될 때 名實이 相符하는 순편한 해석이 될 것으로 믿기 때문이다.

주지하다시피 〈동동〉의 각 장은 계절적 풍경·세시절기와, 이에 따른 소재의 제시로 시상이 전개되고 있다. 각 장에서 時節性을 지닌 소재들이 때로는 화자를 비유하고, 때로는 님을 비유하면서 월령체 특유의 구성을 취하고 있는 것이다. 확인을 위해 도식적으로 제시하면 다음과 같다.

	1월	2월	3월	4월	5월	6월
절기	×	보름	×	×	단오	보름
소재	냇물	등불	진달래	꾀꼬리	약	빗
	7월	8월	9월	10월	11월	12월
절기	보름	보름	중구절	×	×	?
소재	백종	님	국화	브룻	봉당	분디나무?

위에서 나타난 소재들은 의미를 잘 알 수 없는 10월의 소재를 빼면 모두 그 달의 계절적 배경 혹은 풍속의 소도구와 관련되어 있음을 본다. 1월의 '냇물'은 그 달의 추위와 관련하여, 2월의 '등불'은 2월 보름의 연등회와 관련하여 나타나고 있음을 본다. 다른 연 역시 이들에 준하는 관련성을 보여 주고 있다. 그렇다면, 12월의 '분디나무'가 지닌 내포성 역시 이러한 계절적 배경 혹은 풍속의 소도구와 연관지어 생각하는 것이 옳지 않을까?

2) 분디나무와 12월의 세시성

이런 전제에서 볼 때, 다음의 사전들에 실린 '椒月'은 '분디나무'와 '12월'

과의 관련성에 대한 희미한 실마리가 되어 준다.

【椒月】 음력 12월의 이명(陰曆十二月の異名)
〈『大漢和辞典』 권6, 大修館書店, 1984, 417면〉

【椒月】 음력 12월의 별칭(陰曆十二月之別名)
〈韓相夏 발행, 『漢文大辭典』, 景仁文化社, 1981, 7247면.〉

'山椒의 달' 즉, '분디나무의 달'로 풀이할 만한 '椒月'이 〈동동〉의 해당연인 12월령의 별명이라 되어 있음을 보는 것이다. 그런데, 사전의 주변 페이지를 같이 살펴보면 다음과 같이 '椒盤'이란 뜻밖의 어휘를 발견하게 된다.

【椒盤】 새해에 산초를 드릴 때 쓰는 반 (新歲用以進椒之盤)
〈韓相夏 빌행, 『漢文人辭典』, 景仁文化社, 1981, 7249면.〉

【椒盤】 新年에 사용하는 酒肴. 옛날에는 臘後 1일, 後世에는 正月 1일 산초주[椒酒]를 상에 들여 권하는 일에서 유래함. (新年に用ひる酒肴。古は臘後一日, 後世は正月一日, 椒酒を盤に入れて勸めたことに本ずく.)
〈『大漢和辞典』 권6, 大修館書店, 1984, 418면.〉

위 사전에 공히 나타나고 있는 '椒盤'이 우리에게 뜻밖의 소득이 된 까닭은 무엇인가? 이는 바로 이 어휘가 '분디나무 盤·산초나무 盤'으로 풀이되면서 〈동동〉 12월 연의 다음 구절을 강하게 환기시켜주기 때문이다.

十二月ㅅ 분디 남ᄀ로 갓곤 아으 나ᅀᆞᆯ 盤잇 져다호라
니미 알ᄑᆡ 드러 얼이노니 소니 가재다 므르ᅀᆞᆸ노이다

우리는 그간 '분디나무'를 항상 후행하는 '져[箸]'를 수식하는 말로만 생각해 왔다. 그것은 첫째, '분디나무 소반'이란 말이 있음을 인지하지 못했기

때문이고, 둘째, '나무로 깎는다'란 말이 어쩐지 '소반'보다는 '젓가락'을 만드는 것을 형용한 느낌이 더 강하다는 선입견 때문이었다. 그러나 위 사전에 나타난 '椒盤'으로 인해 '분디나무 소반'이 당대의 민속어로 존재했음을 알 수 있게 되었다. 더구나 '나무로 소반 형태를 깎는다'란 말도 문헌을 통해 확인해 보자면 다음

舊見農巖先生詩 有自起問香盤之語 不知香盤爲何物 於此寺見之 削木略如盤狀 環畔而凹之 若紐繩索者而爲五節 鋪香屑於其中而燒之.   〈恕菴集 11卷, 記, 太白紀遊〉

등의 용례에서처럼 나타나 우리 선조의 일상적 표현법이었음을 보게 된다.[13] 그렇다면 우리는 〈동동〉에 나타난 이 구절에 대한 이해를 수정해야만 한다. 즉, 이 구절에서 '분디나무로 깎은'이 수식하는 것은 '젓가락'이 아니라 '나술 盤'인 것이다.

한편, 본고가 '椒盤'을 〈동동〉의 12월령에 나타난 '분디남ᄀ로 갓곤 나술 盤'과 동일시하려는 까닭은 위의 구문적 일치에만 있는 것이 아니다. '椒盤'이 12월의 세시성과 강한 관련을 맺고 있다는 것 또한 주요한 계기가 된다. 위의 사전들에서는 공히 첫 설명에 '새해[新歲·新年]에 올리는 소반'이라고 되어 있어 12월과 무관한 소도구인 듯 보이지만, 두 사전의 부연설명은 '椒盤'이 기원적으로는 섣달의 세시행사에 사용된 器物임을 우리에게 확인시

---

13 물론 '분디나무로 갓곤 盤'이 실제 '분디나무를 깎아서 만든 소반'은 아니었을 것이다. 산초주에 담가 먹으라는 의미로 아주 작은 소반(불가에서 향을 피울 때 쓰는 香盤 같은 것)을 만들어 산초열매를 담아 進上했을 수도 있지만 그건 막연한 추정 수준에 불과하다. 아마 이 구절은 중국의 문헌으로만 접한 '椒盤'을 번역한 말에 불과할 것이다. 즉, 섣달에 올리는 頌禱의 盤을 고려의 식자층에서 '椒盤'으로 칭하자, 이 외래 명칭을 민간에서는 '산초나무를 깎아 만든 소반'이겠거니 짐작하며 구사한 듯하다. 이런 현상은 두보의 시에 나온 '椒盤'을 해석하는 鮮初의 학자들에게서도 보인다. 그들은 '椒盤'을 '산초 담은 반'(椒 다믄 盤, 〈杜詩初刊 11:37a~b〉)으로 풀고 있는데, 중국 측의 문헌에서는 주로 '산초주를 담은 반'이라 표현되어 있다. 즉, 실상과 괴리된 번역을 한 것이다.

킨다. 인용하면 다음과 같다.

【椒盤】
[爾雅翼] 臘日 지나 첫날[대략 섣달 9일경]을 '작은설[小歲]'이라고 하여 어른과 친지들에게 절하며 '분디술[椒酒]'[14]을 바치니 나이 어린 이부터 하였다. 이로 이것을 '작은설'에 썼음을 알 수 있다. 후세에는 정월 1일로 옮겨 소반에다 산초를 바치니 이름하여 '분디나무 소반'이라 했다. (過臘一日 謂之小歲 拜君親 進椒酒 從小起 是知 小歲則用之. 後世率以正月一日以盤進椒 號椒盤.)

〈韓相夏 발행,『漢文大辭典』, 景仁文化社, 1981, 7249면.;『大漢和辭典』권6, 大修館書店, 1984, 418면.; 臺灣商務印書館 발행,『辭源』, 1973, 776면.〉

위 인용을 보면 사전들에서는 '椒盤'을 설명함에 宋의 羅願(1136~1184)이 편찬한『爾雅翼』을 따르고 있는데, 이곳에서는 '椒盤'을 '臘日 후 1일, 즉 작은 설[過臘一日, 小歲]'에 어른들과 친지들을 모시는 데 사용한 器物이라고 말하고 있다. 여기서의 '臘'이란 '납일(臘月)' 등의 어휘가 상기시켜 주듯이 음력 12월 즉 섣달의 어느 한 때[15]를 칭하는 어휘인 것이다. 그렇다면『爾雅翼』에 나타나고 있는 "過臘一日·以盤進椒·拜君親" 등의 세시적 話素들은 〈동동〉에 나타난 화소와 깊은 연관성을 지니고 있음을 알게 된다. 즉, '過臘

---

14 椒酒는 椒漿이라고도 하는데, 산초 열매를 넣어 향을 낸 술을 말한다.
【椒酒】[四民月令] 正月之旦 進酒降神畢 室家無大小次坐先祖之前 子孫各上 椒酒於其家長. [後漢書注] 椒酒置酒中也. 〈臺灣商務印書館 발행, 辭源, 1973, 776면.〉
【椒漿】以椒置漿中 獻神以示敬也. (上同)
【椒漿】以椒置漿中取其馨烈也 祀神用之 與椒酒同. 〈韓相夏 발행, 漢文大辭典, 景仁文化社, 1981, 7249면.〉
15 '납(臘)'은 세시기류의 문헌과 사전에서 다음과 같이 풀이되어 있다.
12월 8일을 臘日이라고 한다. 그날 돼지와 술을 갖추어 竈神에게 제사지낸다. (十二月八日 爲臘日 … 其日 並以豚酒祭竈神) 〈荊楚歲時記, 12月〉
【臘】제사이름 랍(祭名). 동지(冬至) 후 셋째 술일(戌日)에, 선조나 신에게 지내는 제사. 〈이가원·안병주 감수, 大漢韓辭典, 교학사, 1998, 2669면.〉

一日 = 12월'·'以盤進椒 = 분디나무로 깎은 나슬 盤'·'拜君親 = 손[客]'으로 정확히 대응되고 있는 것이다.

이로 우리는 〈동동〉의 12월령의 초두에 '분디나무'가 나타난 이유를 알게 되었다. 이는 후행하는 '나슬 盤'과 결합되는 말로, 전체적으로는 '분디나무 소반'으로 이해되었어야 할 말이었다. 동시에, 〈동동〉의 12월령이 '작은설[小歲]'이란 세시를 배경으로 하고 있음도 확인할 수 있게 되어, 노래 전체의 면밀한 해석이 가능하게 되었다.

3. "므르숩노이다"

'므르숩노이다'는 上述한 〈동동〉의 12월령 마지막 구절에 등장하는 어휘이다. 논의의 편의를 위해 재인용하면 다음과 같다.

十二月ㅅ 분디 남ᄀ로 갓곤 아으 나슬 盤잇 져다호라
니믜 알픠 드러 얼이노니 소니 가재다 므르숩노이다

1) "므르숩노이다"를 둘러싼 논쟁

김태준이 이 구절을 '다물다'[16]로 본 후, 양주동은 '믈(含)'로 풀었다. 그리하여 전체적인 문맥을 다음과 같이 구성하였다.

(분디나무로 깎은 젓가락을 님의 앞 소반에 가지런히 놓았더니) 딴 손[客]이 가져

---

16 "그럼으로 全文의 大義는 十二月에 臘日盤에 분디나무卽산추나무로 깎은 져가락(箸)이 되오리라 그러면님의앞에 들어서 어릴적에 손(手)이 그져가락을 가져다가 다물으는것같이 호리라는뜻인것같다." 〈김태준, 『조선가요집성』, 한성도서주식회사, 1934, 37면.〉

다가 입안에 물지 않는가. 야릇할 손 맘대로 되지안는것은 人生.[17]

이후 이 해석은 많은 연구자들의 지지를 받으며 定說化하였다. 고려가요의 난해구를 망라한 남광우의 논문[18]에서도 이 구절은 별 문제의 소지를 지니지 않은 것으로 인정되었다. 그런데, 남광우의 인정과는 달리, 공교롭게도 같은 책에서 서재극[19]은 다음과 같은 언급을 통하여 양주동의 설에 이의를 제기한다.

> '므르숩-'을 現代語 '물다'(咬)의 語幹에 謙讓의 先語末語尾(보조어간)가 연결된 것으로 보는 見解도 전연 용인될 수가 없다. '믈다'(咬)는 'ㄹ'變則 語幹이기에 媒介母音 '으'가 들어가지 않고 바로 'ㄹ'이 脫落이 되기 때문에 '므숩-'으로 表記됨이 原則이다.[20]

그리고 이 정당한 비판은 김완진에게 수용되어, 다음과 같은 결론을 내리는 전제가 된다.

> 우리는 서재극이 도외시했던 또 하나의 '므르다'를 주목한다. 그것은 '물너나다, 무르다'로 자동사와 타동사로 양용되는데, '손이'를 주어로 보는 우리의 관점에서

---

17 양주동(1947), 상게서, 139면.
18 남광우, 「고려가요 주석상의 문제점에 관하여-학자간에 이견 있는 것을 중심으로-」, 『고려시대의 언어와 문학』, 형설출판사, 1975, 49~91면.
19 서재극, 「노래 〈동동〉에서 본 고려어」, 『고려시대의 언어와 문학』, 형설출판사, 1975, 102면.
20 그의 결론을 참고로 보이면 다음과 같다.
"끝으로 '므르숩노이다'의 확실한 내용을 살피기로 하자. 여기서는 '崩·摧'의 뜻으로 잡으려 한다. … 즉, 現代語로 '무너지다, 물러지다, 늘어지다' 등으로 해석될 것이라 본다. … '쇠뇌가지로 해서 온몸이 늘어지나이다'는 임과의 일이 未洽함이 없이 成就된 그 내용을 읊은 것이라 하겠다." 〈서재극, 상게서, 105~106면.〉

는 타동사 쪽을 선택하는 것이 자연스럽겠고 그 목적어는 앞에 등장한 '져'가 될 수밖에 없다. 그리하여 마지막 줄에 대한 전체적 해석은 '손이 가지에 다 무르웁니다'가 되는데, 여기서의 '가지'는 아마도 첫머리에 나온 '분디나무' 가지이겠거니와 '무른다'는 것은 그 분디나무 가지에 되돌려 보낸다는 뜻일 것이다.[21]

본고는 이 두 어학자의 지적을 경청할 필요가 있다고 생각한다. 〈동동〉이 어법적인 측면보다 문학적 운율을 중시했다고 하더라도, 아무래도 우선적으로는 어법에 맞는 분석을 통해 기본적인 의미의 줄기를 잡고, 이후 문학적 변용을 파악하는 것이 옳다고 보기 때문이다. 그 점에서 볼 때, 확실히 '므르숩'이라는 어형을 '믈다'의 겸양으로 보는 것은 문제가 있다. '믈다'는 鮮初의 형태가 '믈다(咬 믈 교 〈訓蒙字會〉, 齧 믈 혈 〈新增類合〉)'인데, 이의 겸양형은 마땅히 어간의 'ㄹ'이 탈락된 '므숩-'가 되어야 하기 때문이다. 즉, 다음과 같이 '도숩-, 밍ᄀ숩-, 드숩-'의 형태로 나타나야 하는 것이다.[22]

【돌다(回)】: 도숩다(○), 도ᄅ숩다(×)
닐굽 볼 도숩고 合掌ᄒ야　　　　　　　　　　　　　　〈釋譜詳節 23:43a〉

【밍글다(造)】: 밍ᄀ숩다(○), 밍ᄀᄅ숩다(×)
像 닐구블 밍ᄀ숩고　　　　　　　　　　　　　　　　　〈釋譜詳節 09:32b〉

【들다(擧)】: 드숩다(○), 드ᄅ숩다(×)
ᄒᆞᆫ 소늘 드숩거나 갔간 머리를 수기숩거나　　　　　〈釋譜詳節 13:53b〉

---

21 김완진, 상게서, 193면.
22 서재극의 다음 언급은 간명하지만 이 점에 관한 핵심적 비판으로 인정된다.
"바로 앞의 '비숩노이다'에서 證明된다. 왜 '비ᄅ숩-'으로 하지 않았던가 하는 것은 물을 필요도 없다." 〈서재극, 상게서, 102면.〉

그런데, 문제는 서재극과 김완진의 문제제기는 타당했지만, 그들이 제시한 대안은 크게 만족스럽지 않았다는 데 있다. 서재극의 지적이 나온 후에도 대부분의 문학연구자들은 양주동의 설에 기대어 노래를 이해하였고, 최미정과 같은 경우는 아예 제3의 대안[23]을 제시하는 노고를 아끼지 않았던 것이다. 김완진의 '되돌려 보낸다'라는 의미일 것이란 제안 역시 서재극의 최종 결론에 대한 否認인 셈이다.

그렇다면, 'ᄆᆞᆯ숩-'이란 형태의 고어가 지닌 사전적 의미의 범주는 어느 정도가 될까? 이 범주 속에서 우리는 시의 문맥적 의미에 맞추어 가장 적합한 의미를 고르는 수밖에 없을 것으로 본다. 이러한 형태로 사용될 가능성이 있는 'ᄆᆞᆯ·므르'를 개괄하면 다음과 같다.

【문드러지다·푹 익다 類】
① [푹 익다, 형용사]
骨髓를 데워 므르게 홀씨라(燋爛骨髓)　　　　〈楞嚴經諺解 08:103a〉
블근 果實은 가지예 므르 니거 하도다(朱果爛枝繁)　　〈杜詩初刊 15:13b〉
언 싸히 므르 드르니 雲嵐ㅅ 어드운 딕 붉도다(崩凍嵐陰昕)　〈杜詩初刊 25:12a〉

② [짓무르다, 형용사]
湯火傷을 고튜딕 비룰 데며 브티면 므르디 아니ᄒᆞ며 알ᄑᆞ디 아니ᄒᆞ며
〈구급방언해 하:15a〉

③ [약하다, 형용사]
히믜 세며 믈우믈 조차 서르 먹ᄂᆞ니(隨力强弱 遂相吞食)　〈楞嚴經諺解 04:29b〉

---

23 "지금까지 '객(客)이 가져다 물었습니다.'라고 해석되어 온 마지막 부분을 재고할 필요가 있다. 앞선 해석들의 정당성 여부는 차치하고, 이 부분을 '손이 (분디나무)가지에 다 물러져 버렸습니다'로 보아도 문법적으로 완벽하기 때문이다." 〈최미정, 상게서, 74면.〉

【'退'의 의미와 그 파생 類】

④ [물러나다, 자동사]

나ᅀᆞ며 므르는 ᄉᆞ이예 머러 브튫 디 업슬씨(進退之間 杳無所依)
〈楞嚴經諺解 09:72b〉

삿기범과 미햇 羊이 다 므르 듣놋다(孩虎野羊俱辟易) 〈杜詩初刊 17:10a〉

遂 므르 거를 쥰, 却 므르 드릴 각 〈新增類合〉

⑤ [되돌리다·물리다, 타동사]

退換 흥정 므르다 〈方言類釋〉

退 므를 퇴 〈新增類合·訓蒙字會 등〉

⑥ [마치다, 타동사]

退供眞言 供공養양 므르ᄉᆞᆸ는 眞진言언이라 〈盡言勸供 08a〉

⑦ [승계하다 (물려받다), 타동사]

菩薩이 부텻 法 므르ᅀᆞ보미 아ᄃᆞ리 아비 쳔량 믈러 가쥬미 ᄀᆞᆮᄒᆞᆯ씨 菩薩을 부텻 아ᄃᆞ리라 ᄒᆞᄂᆞ니라
〈釋譜詳節 13:18b〉

펵 다양한 의미를 지닐 수 있는 '므ᄅ·므르'의 의미는 대체적으로 위와 같이 정리된다. 이 중, 서재극은 '여성의 몸이 늘어지다'로 보았으니, ①의 의미에 가장 가까울 듯하고, 최미정의 '손이 물러지다'는 ②의 '짓무르다'를 취한 것이 된다. 하지만, 이런 해석들은 문맥적 의미는 별도로 하더라도, 'ᄉᆞᆸ'이란 선어말어미가 접속될 품사가 아니기에 재고를 요한다. 그렇다면 기존의 설 중에는 김완진의 '되돌리다'만 남게 되는데, 이는 ⑤의 의미에 해당하는 것이라 하겠다. 하지만, 본고의 2장에서 보았듯이 '져'는 분디나무로 만든 것이 아니기에 '젓가락을 분디나무의 가지로 되돌린다'는 해석은 수용하기 어렵다.

2) "므ᄅᆞᄉᆞᆸ노이다"의 문맥적 의미

이제 우리는 선택의 기로에 선 듯하다. 일단 『악학궤범』이라는 문헌에 기록된 '므ᄅᆞᄉᆞᆸ-'이란 형태가 선초의 문헌에 나타난 것 중의 어느 의미 범주라면, 우리는 위의 망라된 예 중, 문맥에 가장 적합한 하나를 고를 수밖에 없다.[24]

그런데 이 문제를 해결하기 위한 대전제로 우선 〈동동〉의 다른 장에서 보이는 구문적 특성을 확인해 둘 필요가 있다. 〈동동〉에는 12월장과 같은 구문으로 된 장이 3곳 더 있는데, 이 중 2곳은 해석이 선명하다는 점에서 해석의 방향을 가늠하는 데 도움이 된다.

二月ㅅ 보로매 노피 현 ㉠燈ㅅ블다호라 ㉡萬人 비취실 즈싀샷다 〈2월〉
六月ㅅ 보로매 별해 ᄇᆞ론 ㉠빗다호라 ㉡도라 보실 니믈 젹곰 좃니노이다 〈6월〉
十月애 져미연 ㉠ᄇᆞ롯다호라 ㉡것거 ᄇᆞ리신 後에 디니실 ᄒᆞᆫ부니 업스샷다 〈10월〉
十二月ㅅ 분디 남ᄀᆞ로 갓곤 나ᅀᆞᆯ 盤잇 ㉠져다호라 ㉡니믜 알ᄑᆡ 드러 얼이노니 소니 가재다 므ᄅᆞᄉᆞᆸ노이다 〈12월〉

위를 보면 모두 님 혹은 나를 사물에 빗댄 표현이 나타나 있다. 2월장은 '님'을 '등불'에, 나머지 장은 '나'를 '빗[梳]·ᄇᆞ롯[未詳]·져[箸]'에 비유하고 있다. 이 때 우리는 ㉡에 나타난 내용들은 모두 원관념(님·나)과 보조관념(빗, ᄇᆞ롯, 져)의 속성이나 상황을 공통적으로 만족시켜 줄 수 있어야 함을 본다. 즉, 2월장의 '님과 보름달'은 공통적으로 ㉡'만인 비출 훤한 모습'이고, 6월장의 '나와 빗'은 공통적으로 ㉡'님을 좇'고, 10월장의 '나와 ᄇᆞ롯' 역시 공통

---

24 위의 용례들은 필자가 직접 고른 것들이지만, 『이조어사전』(유창돈, 연세대학교출판부, 2000.), 『보정 고어사전』(남광우, 일조각, 1997.)으로 확인해 보아도 본조와 관련된 더 이상의 의미 범주는 없는 듯하다. 즉, 위 7개 항의 범주는 현재 문증할 수 있는 用言 '므ᄅᆞ(므르)'의 최대 범주이다.

적으로 ⓒ'꺾어 버려진' 존재인 것이다. 이는 12월의 해석에도 이런 도식이 적용되어야 함을 알린다. 즉, '손[客]이 므ᄅ습'는 행위는 '나와 져' 모두에게 해당될 수 있어야 한다.

그런데, 이런 비유의 틀을 그간의 어학적 논의는 놓치고 있음을 본다. 즉, 서재극의 ⓒ부분을 "쇠뇌가지로 해서 온몸이 늘어지나이다"로 해석했고, 김완진은 그 부분을 그 부분을 "손이 가지에 다 무르웁니다(손이 젓가락을 분디나무 가지에 다 되돌리웁니다)"로 해석하고 있는 것이다. 그러나 이러한 해석들은 '나의 속성'에는 해당하지만, '젓가락의 속성'은 반영하지 못한 것이다. 즉, 비유의 궤(軌)를 벗어난 해석이라 하겠다.

이런 측면에서 볼 때, 양주동의 해석 '무웁니다(咬·齧)'은 참으로 문학적인 감각을 잘 살린 것이라 할 수 있다. 어학적으로 이 해석의 잘못을 분명히 지적받았음에도 여전히 문학연구자들에게 선호되는 것은 '젓가락'과 '내'가 뜻하지 않게 손님의 '입에 물린다'는 공통 속성을 살려내고 있었기 때문인 것이다. 그러나 전술했듯이 '므르습'은 결코 '물다'의 활용형일 수 없다. 그렇다면 우리는 여기서 상게했던 '므ᄅ습-'의 의미 중, '나와 椒盤 위의 젓가락'이 지닌 공통점을 찾는 데서 해독의 활로를 열어야 할 듯하다.

그럴 때, 본고는 ⑤~⑦번의 용례를 주목한다. 12월령은 의역하면,

나는 작은설*에 드리는 茶禮床*에 올려진 젓가락 같구나.
故人*의 앞에 들어 가지런히 놓으니 賓客이 가져다 '므ᄅ습'습니다.[25]

---

25 '작은설·茶禮床·고인'으로 의역한 까닭은 '椒가 靈的인 것과 깊은 관련을 맺고 있기 때문이다(제4장의 인용문을 참조할 것). 한편, '므ᄅ습노이다'의 '-노이다'는 현대어로 'ㅂ니다'에 해당한다. 주로 1인칭에 호응하여 나타나는 것으로 알려져 있지만, 절대적인 것은 아니라고 한다. 1인칭과 호응하는 것과 그렇지 않은 것을 하나씩 예시하면 다음과 같다.
　世尊의 슬보디 淨土애 가아 나고져 ᄒᆞ노이다 〈月印釋譜 08:5a〉
　須達이 護彌ᄃᆞ려 무로디 主人이 므슴 차바ᄂᆞᆯ 손소 ᄃᆞ녀 ᄆᆡᇰᄀᆞ노닛가 〈釋譜詳節 06:16〉(이 용례는 김완진, 상게서 193면을 재인용한 것임.)

와 같이 되는데 여기서 '제상의 소반에 올려진 젓가락'은 亡者에게 가장 가까이 다가선 器物 중 하나가 된다. 亡者의 歆饗을 상정해 놓아진 것이기 때문이다. 그러나 문제는 젓가락이 더 이상의 꿈은 이루지 못한다는 데 있다. 젓가락은 어디까지나 현세의 소도구일 뿐, 저승에 도달할 수 있는 존재는 못 되기 때문이다.

이 점에서 화자는 젓가락과 자신의 공통점을 발견한 듯하다. 님의 곁에 가지런히·단정히 놓여 있으나 더 이상은 다가설 수 없는 존재. 생사의 深淵을 공히 건너지 못하는 존재. 이런 까닭으로 화자는 젓가락을 자신의 모습과 같다고 비교한 것이 아닐까?

이런 풀이가 가능하다면, 손이 젓가락을 '므르숩'는 행위는 의외로 간단히 풀릴 수 있다. 이 행동은 님의 곁에 놓아 둔 '님의 젓가락'을, 손[客] 중의 누군가가 '치워 버리거나', '사용하는' 행위인 것이다. 이 두 행위 모두는 '님과 젓가락을 분리시키는 행위'란 점에서 화자의 비탄을 불러일으킬 충분한 자극제가 된다. 즉, 그런 분리 행위를 보며 화자는 님과 떨어져 살아가야만 하는 자신의 운명의 모습을 연상하였던 것이다.

그렇다면 마지막으로 '므르숩-'은 '젓가락을 치우는 행위'일까, 아니면 '넘겨받아 사용하는 행위'일까의 문제가 남는다. '치우는 행위'는 젓가락을 물린다는 의미를 겸하고 있으므로, 상례 중 ⑤~⑥의 의미 언저리에 해당한다 하겠고, '사용하는 행위'는 '님으로부터 물려받아 사용한다'라는 의미를 지니기에 ⑦의 의미 영역에 해당한다 하겠다. 이 중 본고는 茶禮·祭禮의 정황으로 볼 때 ⑤~⑥이 단연 적합한 풀이라고 판단한다. 주지하다시피 茶禮·祭禮는 그 절차에 따라 '揷匙正箸'한 이후에 응당 '下匙箸'하게 되어 있는데,²⁶ 이때 수저를 祭床에서 내려놓는 행위[下匙箸]를 본 句가 형용하고 있다

---

26 祭禮 등에서 잔을 물리는 것을 '退酒', 저를 물리는 것을 '下匙箸'라 하는데, 이는 공히 '물리다'란 말로 표현된다. 제례의 실제 절차를 보여 주는 자료를 참조로 소개하면 다음과 같다. (방점은 필자)

"산신제:○ 正箸 - 숟가락과 젓가락을 바로 놓으시오. … ○ 下匙箸 - 숟가락과 젓가락을 물

고 판단된다.[27] 결국 〈동동〉의 12월령은 다음과 같이 해석된다.

나는 작은설에 드리는 茶禮床에 올려진 젓가락 같구나.
故人의 앞에 들어 가지런히 놓으니 賓客이 가져다 내려 버리구나.

4. 문학적 향방

이상의 논의에서 〈동동〉의 12월령이 '작은설' 즉, '섣달그믐'을 배경으로 하면서, '椒盤'이란 기물을 소재로 하고 있음을 확인하였다. 이 사실은 동동을 둘러싼 여러 논의 중 다음의 두 쟁점과 연관성을 지닌다.

첫째, 〈동동〉이 지닌 '頌禱性·仙語'를 보다 보강된 자료를 통하여 논의할 수 있게 된다는 점이다. 주지하다시피 『고려사』의 「樂志」에는 "〈動動〉이란 놀이는 그 노랫말에 '송도'의 말이 많은데, 대개 '仙語'를 본뜬 것이다.(動動之戲其歌詞多有頌禱之詞盖效仙語而爲之)"[28]라는 評語가 남아 있어 그간 연구자의 이목을 집중시켜 왔다. 즉, 頌禱의 모티프가 있는 聯이 어디인지, 仙語의 구체적 의미가 무엇인지를 규명하기 위한 치열한 노력이 경주되었는데, 이

리시오." 〈김기설, 『강릉단오제의 요소와 변화』, 민속원, 2010, 35~40면.)
덧붙이자면, 12월령에 나타나는 '얼이노니[나란히 놓으니]'는 '正箸'의 '正'에 해당하는 말이라 하겠다.
[27] 최근 임재욱(「11·12월 노래에 나타난 〈동동〉 화자의 정서적 변화」, 『고전문학연구』 36집, 한국고전문학회, 2009, 18~19면.)은 "'므르 숩노이다'를 '물려받습니다'의 의미로 이해할 때 해결의 실마리를 찾을 수 있다. 위에서 언급한 바와 같이 '물려받는다'는 표면적으로는 화자가 임에게 바친 '져'를 '물려받는다'는 뜻으로 이해되지만 심층적으로는 '얼이는' 행위 곧 교합의 행위를 '물려받는다'는 의미로 해석된다."라고 하여 본고에서 말한 ⑦의 의미로 풀이한 바 있다. 역시 문맥적 개연성이 인정된다. 그러나 본고는 12월령이 '작은설에 지내는 茶禮'를 소재로 하고 있다는 점을 중요시하여 제례의 한 과정인 '下匙箸'에 대응시켜 해석한다.
[28] 『高麗史』 71卷, 志25, 樂2, 俗樂, 動動.

에 대해 임기중은 "『高麗史』의 "多有頌禱之詞 盖效仙語而爲之"는 序聯은 頌
禱之詞이고 나머지는 輕妄한 戀情의 노래란 뜻으로 보아야 할 것이다."²⁹라
고 하여 '頌禱'의 성격을 序聯에만 국한시켜 이해하는 입장을 취하기도 했
고, 박혜숙은 "필자는 이와는 전혀 견해를 달리한다. 즉 〈동동〉에 있어 頌
禱之詞와 仙語는 기본적으로 全 가사를 통해 관철되고 있다고 생각한다."³⁰
라고 하여 '頌禱'가 노래 전체를 관철하는 평어라는 입장을 취하기도 하였다.

그러나 임기중의 입장은 여타의 연에 나타난 '頌禱(기리거나 기원함)'적 성
격을 외면한 점이 있고, 박혜숙의 입장은 송도적 성격이 전혀 없는 연마저
무리하게 포함시킨 측면이 있다. 즉, 전자는 송도적 성격이 명백한 '2월·3
월·5월'을 배제했고, 후자는 송도성을 함유하지 않은 '1월·4월·10월·11월'
을 무리하게 송도적 성격 속에 편입시키고 있는 것이다. 이 점에서 송도적
성격이 노래의 일부 연에서 드러나고 있음을 지적한 양주동의 다음 언급은
여전히 유효하다.

> 序聯은 樂志 所說대로 「頌禱」의 辭요, 二月·三月·五月의 各聯이 亦是 「님」에 대한
> 頌揚·祝禱의 義를 가젓고 其他 諸聯은 戀情을 노래하엿다.³¹

즉, 동동의 송도적 성격은 노래의 전체가 아니라 일부에 드러나는 것으
로, 그 중 2·3·5월이 대표적 연으로 꼽고 있는 것이다.

그런데 필자는 12월령의 재해석을 통해 12월령 역시 頌禱·仙語의 모티
프가 내재하고 있음을 제기해야 할 필요성을 느낀다. '仙語·頌禱'는 최진원,
박혜숙³²에 의해 이미 제기된 바 있지만, 본디 '巫춤으로 신을 불러 내려 사람

---

29 임기중, 「고려속요 동동고」, 『고려가요연구』, 정음사, 1979, 372면.
30 박혜숙, 「동동의 〈님〉에 대한 일고찰」, 『국문학연구』, 제10집, 효성여자대학교 국어국문
   학과, 1987, 90면.
31 양주동, 상게서, 71면.
32 최진원, 『국문학과 자연』, 성균관대학교출판부, 1977; 박혜숙, 「동동의 〈님〉에 대한 일고

을 위해 기도하는 이]'³³와 강한 관련성을 지닌 말인데, '분디[椒]'의 巫俗的 쓰임새 또한 다음에서 보듯 '巫가 神을 부를 때 쓰는 향물'임을 본다.

巫咸將夕降兮 懷椒糈而要之 : '무함'은 옛 神巫이다. 은나라 중종의 시대에 해당한다. '강[降]'은 내려온다는 뜻이다. 산초[椒]는 향기로운 것으로 신을 내려오게 한다. 서[糈]는 고운 쌀로서 신을 즐겁게 한다. 무함이 장차 저녁에 하늘로부터 내려올 때, 산초와 고운 쌀을 품고 그로 하여금 길흉을 점치기를 말한 것이다.³⁴

그렇다면 우리는 12월 연에 나타나는 '분디[椒]'와 동동의 평어에 나타난 '仙語'를 연관지어 생각할 수가 있다. 즉, 그간 동동을 논의할 때 仙語의 범주는 巫歌에 나타난 월령체적 형식,³⁵ 序聯과 일부 연에 나타난 頌禱의 내용

찰」, 『국문학연구』, 제10집, 효성여대 국어국문학과, 1987.
이 두 연구자가 주목한 것은 신라 화랑과 仙, 그리고 이들이 主宰한 팔관회를 巫俗的 면모였다. 이 둘은 팔관회가 지닌 護國祭의 성격과 降神祭·慰靈祭로서의 무속적 성격을 전제한 뒤, 다음의 용례를 끌어들여 花郞(國仙)이 巫의 역할을 했음을 문증했다. 즉, 花郞(國仙)을 巫로 본 셈이다.
"옛날 신라 때는 仙風이 크게 행하여져 이로 인하여 龍天이 歡悅하고 民物이 安寧하였다. 그러므로 祖宗 以來로 그 仙風을 숭상한 지 오래 되었는데 근래에 兩京의 팔관회에는 날로 舊格이 감소되며 遺風이 점점 쇠퇴하니 이제부터 팔관회는 미리 兩班으로 가산이 饒足한 자를 뽑아 仙家를 정하고 古風을 따라 행하게 하여 人天이 모두 기뻐하도록 만들 것이다."
〔昔新羅仙風大行. 由是龍天歡悅民物安寧. 故祖宗以來崇尙其風久矣近來兩京八關之會日減舊格遺風漸衰. 自今八關會預擇兩班家産饒足者定爲仙家依行古風致使人天咸悅.〕〈高麗史 18卷, 世家18, 毅宗 22년 3월〉
이들이 國仙들이 '巫'의 역할을 했을 것으로 본 것은 탁견인데, 다음의 자료에서도 '巫'는 '화랑'으로 지칭되고 있어 그들의 추론을 뒷받침한다.
화랑이 覡 무당〈韓佛字典〉
우리 집이 무당이며 화랑이며 부작과 주장 도시 하늘의 글월을 올리는 일이라(吾家巫覡符章)〈小學諺解 05:55b~56a〉
33 【巫】祝也. 以舞降神. 爲人祈禱者也.〈臺灣商務印書館, 辭源, 1973, 504면.〉
34 巫咸將夕降兮 巫咸 古神巫也. 當殷中宗之世. 降 下也. 懷椒糈而要之 椒 香物 所以降神. 糈 精米 所以享神. 言巫咸將夕從天上來下 願懷椒糈要之 使占玆吉凶也〈洪興祖(1090~1155), 楚辭補註〉

등에 국한되어 있었는데, 동동의 12월 연에 나타난 분디[椒] 역시 '仙語적 모티프'로 다룰 여지를 얻게 되는 것이다.

12월령의 재해독으로 인해 얻게 되는 또 다른 문학적 의의는 이로 인해 그간 제기되었던 동동의 순환적 구조에 대한 논의의 진전이다. '작은설'은 '정월 1일'과 물리적으로 이어지며, 세속의 풍습 또한 밤을 새며 이 날들을 잇는다.

'분디나무 소반'을 올려 산초주를 마시는 것은 '작은설[小歲]'의 풍습으로 '작은설[小歲]'이란 역사적 시기에 따라 조금씩 칭하는 시점이 다른데, 전술했듯이 『爾雅翼』에서는 "過臘一日 謂之小歲"라 하여 음력 12월 9일경이라 하였다. 그러나 杜甫(712~770)의 시를 보자면, 산초주를 마신 날이 섣달그믐으로 나타나고, 우리의 민속으로도 '작은설(까치설[아츤설])'은 섣달그믐을 칭하는 말이다. 두보의 시와 우리의 민속을 간략히 들면 다음과 같다.

阿咸의 지븨 와 서를 守호니 椒 다믄 盤애 ᄒᆞ마 고즐 頌ᄒᆞᄂᆞ다 (守歲阿戎家 椒盤已頌花) 〈杜詩初刊 11:37a~b〉

除夕 아츤설날 밤, 守歲 아츤설 밤 쇠오다 〈方言類釋〉

결국, 이런 풍속의 흐름에 근거할 때, '작은설'은 '섣달그믐'으로 보아 무방하며, 따라서 〈동동〉의 12월령은 섣달그믐의 노래란 이해도 얼마든지 가능하다. 이는 〈동동〉의 12월령이 1월령과 시간적으로 연속되는 구조임을 알리는 것이며, 동동의 시간 구조는 끝과 처음이 맞물리는 순환적 구조를 지니고 있음을 말해주는 것이다.

---

35 최미정(「죽은 님을 위한 노래 동동」, 『문학한글』 2, 한글학회, 1988)의 논의가 대표적이다.

5. 결론

이상, 〈동동〉 12월 연에 나타난 '분디나무, 므르숩노이다'를 문헌을 통하여 재해석하고 문학적 향방을 논하였다. 그 결과 '분디나무'는 그간 알려진 것과는 달리 '분디나무 젓가락'을 위해 사용된 것이 아니라, '분디나무 소반'을 위해 사용된 소재임을 확인할 수 있었다. '므르숩노이다'의 의미 역시 그간의 통설 '물다[啖]'가 아니라 '물리다[退, 내려 놓다]'의 의미일 가능성이 높음을 살폈다.

이 논의의 목적은 서론에서도 말했지만, 완전무결한 결론을 제시하는 데 있지 않다. 논의의 속성상, 자료의 길이 끊어지는 곳에서 논의의 길도 끊어질 수 있는 것이기 때문이다. 하지만 필자가 이런 불완전함을 인지하면서도 이와 같은 논의를 펼친 것은 이 글에서 제시한 자료가 고려가요의 현 연구정황에 약간이나마 활기를 줄 수 있지 않을까 하는 기대 때문이다.

본고에서 제시한 '분디나무 소반'은 활용하기에 따라 얼마든지 새로운 논의의 기폭제가 될 수 있다. '신령을 부르는 힘을 지닌 향을 풍기는 분디'이기에 이와 연관시켜 이 노래의 12월령이 지닌 송도성을 밝히는 데도 활용될 수 있으며, 섣달그믐날 밤인 '작은설'에 치러지는 의식에서 사용된 器物이라는 점에서 이 노래가 지닌 순환성을 강화하는 데도 활용될 수 있는 것이다. 새로운 어석을 위한 문헌 자료와 가능성을 제시한 것 외에, 그러한 논의에의 활용 가능성을 학계와 공유하고자 한 것이 이 논의의 주된 목표 중의 하나란 점을 다시금 밝히며 글을 맺는다.

『반교어문연구』 36, 반교어문학회, 2014.

思母曲의 연원에 대한 소고
―大樂後譜 소재 北殿과의 선율 비교를 통하여―

1. 서론

〈思母曲〉은 노랫밀이 『樂章歌詞』(16세기)에, 악곡과 노랫말이 『時用鄉樂譜』(16세기)·『琴合字譜』(1572)에 실려 전하는, 작자 미상, 연대 미상의 짧은 노래이다. 어머니의 사랑을 주제로 하고 있는데, 『시용향악보』에 수록된 노랫말[1]은 다음과 같다.

思母曲 俗稱 엇노리 ○ 界面調

호미도 놀히어신 마르는

낟ᄀ티 들리도 어쁘새라

---

1 『악장가사』와 『금합자보』의 노랫말도 거의 같다. 참조를 위해 비교해 옮기면 다음과 같다.
   시용향악보: 호미도 놀히어신 마르는 낟ᄀ티 들리도 어쁘새라　아바님도 어시어신 마르는
   악장가사　: 호미도 놀히언　마르는 낟ᄀ티 들리도 업스니이다 아바님도 어이어신 마르는
   금합자보　: 호미도 놀히어신 마르는 낟ᄀ티 들리도 업쁘새라　아바님도 어이어신 마르는
   위 덩더둥셩 어마님ᄀ티 괴시리 어쎄라 아소 님하 어마님ᄀ티 괴시리 어쎄라
   위 덩더둥셩 어마님ᄀ티 괴시리 업세라 아소 님하 어마님ᄀ티 괴시리 업세라
   위 덩더둥셩 어마님ᄀ티 괴시리 어쎄라 아소 님하 어마님ᄀ티 괴시리 어쎄라

아바님도 어시어신 마르는
위 덩더둥셩
어마님ᄀᆞ티 괴시리 어뻬라
아소 님하
어마님ᄀᆞ티 괴시리 어뻬라　　　　　　　　　　　　　〈시용향악보〉

16세기 문헌에서 처음 나타나는, 불과 10행도 안 되는 이 작품은 뜻밖에도 고전 시가의 연원과 관련하여 연구사 초기부터 적지 않은 주목을 받아왔다. 아버지의 소홀한 사랑에 대한 내용을 담고 있어 신라의 가사 부전 가요인 〈木州歌〉와 상통한다는 점, 향가의 嗟辭에 비견될 만한 어구 '아소'가 작품의 後尾에 나타나는 구조로 되어 있다는 점 등으로 미루어 볼 때, 그 起源이 신라시대의 향가로까지 소급될 수 있다는 것이 연구자들의 가장 큰 注目點이었다.

이 노래가 신라시대의 노래일 것임을 確信한 이는 이병기였다. 그는 『高麗史』「樂志」의 '三國俗樂' 중 '新羅'조에 실려 전하는 다음 설화

「木州」는 효녀가 지은 노래이다. 딸이 아버지와 계모를 섬겼는데, 효성스럽다고 소문이 났다. 그러나 아버지는 계모의 헐뜯는 말에 미혹되어 딸을 내쫓으니, 효녀는 차마 떠나지 못하고 머물러 있으면서 부모 봉양을 더욱 근면히 하고 태만하지 않았다. 부모가 더욱 화를 내며 그녀를 내쫓으니 그녀도 어쩔 수 없이 하직하고 떠나갔다. 딸이 어떤 산중에 이르러 석굴 속에 사는 노파를 만나서 그 사정을 말했다. 그리고 그곳에 있을 것을 청하니 노파가 그녀의 곤궁한 사정을 불쌍히 여기고 허락하였다. 효녀가 노파를 자기 부모께 하듯이 섬기자 노파가 이쁘게 여겨 그의 아들과 결혼시키니, 그 부부는 한마음으로 부지런히 일하고 절약하여 부자가 되었다. 그 후 딸은 친정 부모가 매우 가난하게 지낸다는 말을 듣고 자기 집으로 모셔다가 지극히 봉양하였으나 그 부모는 여전히 기뻐하지 않았다. 효녀가 이 노래를 지어 스스로 원망하였다.

〈고려사 71권, 지25, 악2, 삼국속악, 신라〉²

에서 보이는 아버지의 야속한 사랑을 근거로 〈사모곡〉은 바로 이 효녀가 부른 〈목주가〉일 것이라고 주장하였다. 그의 주장은 다음 진술로 요약된다.

〈사모곡〉은 俗傳 신라시대 作이라고 전하던『高麗史』志 三國俗樂 新羅 〈木州〉條의 설화와 공통되는 것을 볼 수 있다. 木州는 지금의 충남 천안군 木川이며, 木川邑誌(大麓志 安鼎福抄)에도 이 가사가 실려 있고, 〈사모곡〉은 〈목주가〉의 별칭이었고 틀림없는 신라시대 작품이라 하겠다.³

그의 주장은 이후 〈사모곡〉 연구에 절대적인 영향을 끼치며 다음과 같이 屈指의 연구서들에서 반복적으로 지지되었다.

이 思母曲은 新羅 때부터 불리워 온 노래가 아닌가 생각된다. … 思母曲은 木州歌를 改題한 듯하며, 일찌기 新羅 때부터 愛頌되고 오래오래 口傳되어 내려와 朝鮮朝에 들어 文字로 定着한 것으로 볼 수 있다.⁴

〈사모곡〉의 경우를 살펴보면, 우리는 이 노래의 명칭이 다음과 같은 3단계의 변모 과정을 겪었으며, 이와 같은 명칭의 변화를 통해 각 단계가 갖는 노래의 성격과 아울러 그 수용 과정을 추적할 수 있다. ① 木州 → ② 엇노리 → ③ 思母曲⁵

---

2 木州孝女所作. 女事父及後母以孝聞. 父惑後母之譖逐之. 女不忍去留養父母益勤不怠. 父母怒甚又逐之. 女不得已辭去. 至一山中見石窟有老婆遂言其情. 因請寄寓老婆哀其窮而許之. 女以事父母者事之. 老婆愛之嫁以其子. 夫婦恊心勤儉致富. 聞其父母貧甚邀致其家奉養備至父母猶不悅. 孝女作是歌以自怨.〈高麗史 71卷, 志25, 樂2, 三國俗樂, 新羅〉
3 이병기·백철,『국문학전사』, 신구문화사, 1957, 71면.
4 박병채,『고려가요의 어석연구』, 이우, 1968, 296~297면.
5 김학성,『국문학의 탐구』, 성균관대학교출판부, 1987, 31면.
  이외 〈사모곡〉을 주제로 한 논저들을 보면, 거의 대부분의 연구자들이 이에 동조한 후 논의

한편, 이 주장은 더욱 심도 깊게 전개되기 시작했는데, 노래 구조의 분석에까지 영향을 미쳐 〈사모곡〉이 형식적으로 鄕歌의 전통을 이어받은 노래라는 주장으로까지 이어졌다. 이 주장들을 그대로 옮기면 다음과 같다.

> 5行 중 第1·2行, 곧 "호미도 놀히언마ᄅᆞᄂᆞᆫ / 낟ᄀᆞ티 들리도 업스니이다"가 하나의 意味的 段落을 이루고, 다음 第3·4行, 곧 "아바님도 어이어신마ᄅᆞᄂᆞᆫ /(위 덩더둥셩) / 어마님ᄀᆞ티 괴시리 업세라"가 또 하나의 意味的 段落을 이루고 있으며, 마지막 第5行은 "아소 님하"라는 獨立的 感嘆句와 第4行과 같은 "어마님ᄀᆞ티 괴시리 업세라"가 합쳐서 또 하나의 意味的 段落을 이루고 있다. … 이 점은 10句體 鄕歌와도 相通하는 것인데, 더구나 鄕歌의 後句의 性格을 띤 第5行으로 移行하는 序頭에 '아소 님하'라는 感嘆句를 취하여 끝을 맺는 形式은 10句體 鄕歌(곧 '三句六名'體)의 形態的 特質과 너무나 흡사하다.[6]

오늘날 이른바 고려가요 속에 일부 학자들이 포함시키고 있는 시가 중에서 전게한 바 어느 형태 중에도 속하지 않는 가요 셋이 있으니, 즉 『정읍사(井邑詞)』, 『정과정곡(鄭瓜亭曲)』, 『사모곡(思母曲)』이 그것이다. … 전후절로 양분되는 요소와 단련형적(單聯型的) 요소를 공통으로 갖추고 있는 신라향가와 밀접한 맥락이 닿

를 전개하고 있다. 대표적인 연구들을 추가로 보이면 다음과 같다.
"新羅時代에 製作된 '木州歌'가 口傳되어 오다가, 어느덧 그 노래에 隨伴하는 歌謠는 따로 떨어져 나가 說話의 이야기로서만 文獻에 定着되고, 노래는 또 노래대로 流轉되어 오다가, 高麗 俗謠에 끼어 들어, 그 內容的 性格에서 새로 이름 지어진 것이 '思母曲'이라는 名稱이 아닌가 생각되는 바이다." 〈이종출, 「사모곡 신고」, 『한국언어문학』 제11집, 한국언어문학회, 1973, 155면.〉
"일찍이 李秉岐씨는 〈思母曲〉이 근자에 발견된 木州邑志에 의하여 신라 木州孝女 소작인 〈木州歌〉와 동일하다는 것을 밝힌 바 있다. 그렇게 되면 그 명칭의 변천에 흥미가 있는데 …" 〈권영철, 「유구곡고」, 『고려가요연구』(정병욱 외), 새문사, 1982, I-149면.〉
"고려의 노래인 〈思母曲〉의 경우, 실은 신라의 木州라는 특정 지방에서 불려지던 제목도 없는 노래였다." 〈박노준, 『고려가요의 연구』, 새문사, 1990, 10면.〉
6 이종출, 「사모곡 신고」, 『한국언어문학』 제11집, 한국언어문학회, 1973, 166면.

고 있음을 우리는 쉽사리 간파할 수 있을 것이다. 따라서 이 전별곡적 형태는 신라향가의 전통을 이어 받은 변격 혹은 파격적 향가 형태로 보아 과히 어김은 없을 것으로 보인다.[7]

이와 같은 일련의 주장들은 16세기에서야 비로소 문헌에 채록된 古歌謠의 편린들을 섬세히 분석함으로써 장르적 연관성과 연원을 밝히고자 한 노력들이었다는 점에서 연구사적 의의가 있다. 그런데, 이러한 熱意와는 별도로 그 과정과 결과는 차분히 성찰할 필요가 있다. 과연 『고려사』의 「목주」 설화와 〈사모곡〉이 '아버지의 무딘 사랑'이라는 단 하나의 희미한 공통점을 지닌다는 것만으로 이 두 노래가 동일한 것이라 確定해도 좋은가? 엄밀히 말해서 목주 배경 설화의 주제는 효성이 부족함을 스스로 원망한 노래이고, 〈사모곡〉은 어머니의 사랑에 대한 예찬이기에 둘은 근본적으로 다른 주제가 아닌가? 또 '아소'라는 감탄사를 기준으로 前·後節로 나뉘는 현상이 있다고 해서 이를 바로 신라로부터 내려오는 향가의 脈이라고 해도 좋은가? 작품 말미에 嗟辭에 비견되는 감탄사를 지녔다는 것은 10구체 향가라는 뜻인데, 〈사모곡〉의 노랫말은 10구체 향가의 크기에 비해 크게 부족하지 않은가? 이상의 의문들로 인해 기존의 설들은 아무래도 석연치 않은 측면이 있는 것이다. 김광순이 다음과 같은 강한 반론을 제기한 것도 이런 측면에서 본다면 어쩌면 당연한 것이라고 할 수 있다.

이병기의 설인 〈목주가〉와 〈사모곡〉을 별칭으로 다룬 것은 피상적인 고증에서 온 오류였다. 양자간에는 어머니를 소재로 하되 〈목주가〉에서는 작자 자신이 자원한 것으로 보아 효녀 자신의 원사이며 자탄가인 데 반하여, 〈사모곡〉은 어버이의 사랑 중 아버지의 사랑보다 어머니의 사랑이 더욱 지중하고 자상함을 그린 것으로, 양자는 상호 별개의 작품임을 알 수 있다.[8]

---

[7] 정병욱, 『한국고전시가론』, 신구문화사, 1977, 102면.

그런데 문제는 이상의 배치되는 두 입장들은, 비록 현상적으로는 "〈사모곡〉=〈목주가〉"가 현격한 우위를 점한 가운데 '〈사모곡〉≠〈목주가〉'가 열세에 놓인 상태를 보이고 있지만, 실제로 어느 쪽도 서로를 완전히 부정할 수는 없는 상황에 있다는 점이다. 김광순이『木川邑志』를 성실하게 확인하여 내린 "이병기가 증언한 바 (木川邑志에) 목주설화 다음에 〈사모곡〉이 수록되어 있다는 것은 사실무근"[9]란 말도 이병기의 한 근거만 無化시킨 것일 뿐, 여전히 두 노래의 희미한 주제적 공통점은 완전히 지우지 못했으며, 또한 이종출과 정병욱에 의해 연속적으로 제기된 '詩形의 구조적 일치'도 주목할 유사성들[10]이 있어 향가와 이 노래가 가진 내면적 연관성은 여전히 지지될 여지를 지니고 있다.

이런 상황에서 본고는 〈사모곡〉의 연원에 대한 규명 논의를 다음 단계로 진척시키기 위해서는 새로운 시도를 할 필요가 있다고 본다. 이럴 때, 〈사모곡〉은『시용향악보』등의 樂書에 수록되어 있는바, 악곡의 비교 분석이 유효한 방법이 되지 않을까 기대한다.

---

8 김광순,「목주가에 관한 몇가지 문제점 연구」,『경북대교육대학원논문집』3집, 1972. (본고는『한국고전문학사의 쟁점』(김광순, 새문사, 2004.)의 재수록분을 참조함.
한편, 연구사를 살펴보면 70년대 초반에 나온 이 설을 지지한 경우는 흔치 않다. 다음의 몇 지지가 있을 뿐이다.
"그러나 사모곡에서 어머니에 대한 그리운 정이 돋보이기는 하지만, 이것이 반드시 목주가와 같은 상황에서만 나온 것이라고 볼 수는 없다. 따라서 사모곡의 바탕설화는 목주 이야기만이 절대적일 수 없고 ⋯" 〈최철·박재민,『석주 고려가요』, 이회, 2003, 334면.〉
"'목주=사모곡'의 관계가 절대적일 수 없는 상황임에도 불구하고 여전히 둘의 등식을 인정하는 논의에 무게가 실리고 있었던 것이다. ⋯「목주」설화에 노랫말이 없다는 점을 감안하면 〈사모곡〉은 새로운 접근이 필요한 노래이다." 〈이영태,「고려시대 기녀와 무당 풍속으로 읽는 〈사모곡〉」,『역사민속학회』제32호, 2010, 78~79면.〉
9 김광순, 상게서, 304면.
10 字數의 절대적 차이가 있기는 하지만, 노랫말이 종결어미를 따라 전체적으로 3등분되고, 각 등분들의 크기가 2:2:1의 구조적 비율을 지녔다는 점, 감탄사의 출현 위치가 일치한다는 점 등에서 부정할 수 없는 유사성을 지니고 있다. 다만 학계가 고민하는 문제는 이런 현상이 우연한 일치인가 아니면 어떤 역사적 연결고리가 있어 생겨난 필연적 현상인가이다.

2. 〈思母曲〉과 〈北殿〉의 악보 비교

〈사모곡〉의 기원에 관련한 논의들은 위에서 언급한대로 난관에 부딪혀 더 이상의 진전이 어려운 상황이라 할 수 있다. 이런 상황이 도래한 것은 무엇보다 〈사모곡〉을 논할 관련 자료들이 한정되어 있는 데 가장 큰 원인이 있다. 그러나 이에 대한 해결의 희망이 뜻밖의 곳에서 나타나기도 한다. 발표자는 근래에 '시조의 기원'에 대한 탐구를 하던 중에 있었는데,[11] 시조창이 유래한 악곡으로 알려진[12] 『大樂後譜』의 〈北殿〉을 조사하던 중, 이 곡의 일부 악곡 단위가 〈사모곡〉과 강한 親緣性을 지니고 있음을 알게 되었다. 즉, 〈사모곡〉의 전체 선율 ①~⑱행이 〈북전〉의 선율 ①~⑭행까지와 상호 관련되어 있음을 확인하게 되었다. 비교를 본격적으로 행하기 전에 두 악보를 게시하고 각각을 구조적으로 파악해 보면 다음과 같다.

1) 〈북전〉의 악보와 〈사모곡〉의 악보

(1) 〈북전〉의 악보

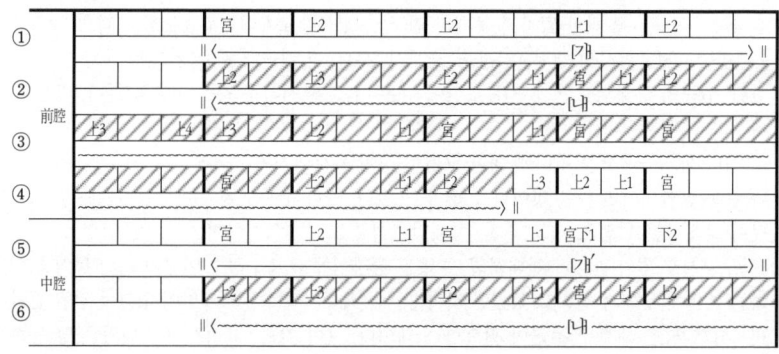

---

11 박재민, 「시조의 기원에 대하여-〈만대엽〉과 〈진작 1〉을 중심으로」, 제77회 한국시가학회 정기학술발표회, 2015년 10월.
12 황준연, 「북전과 시조」, 『세종학연구』 1호, 세종대왕기념사업회, 1986.)에 의해 면밀히 탐구되었다.

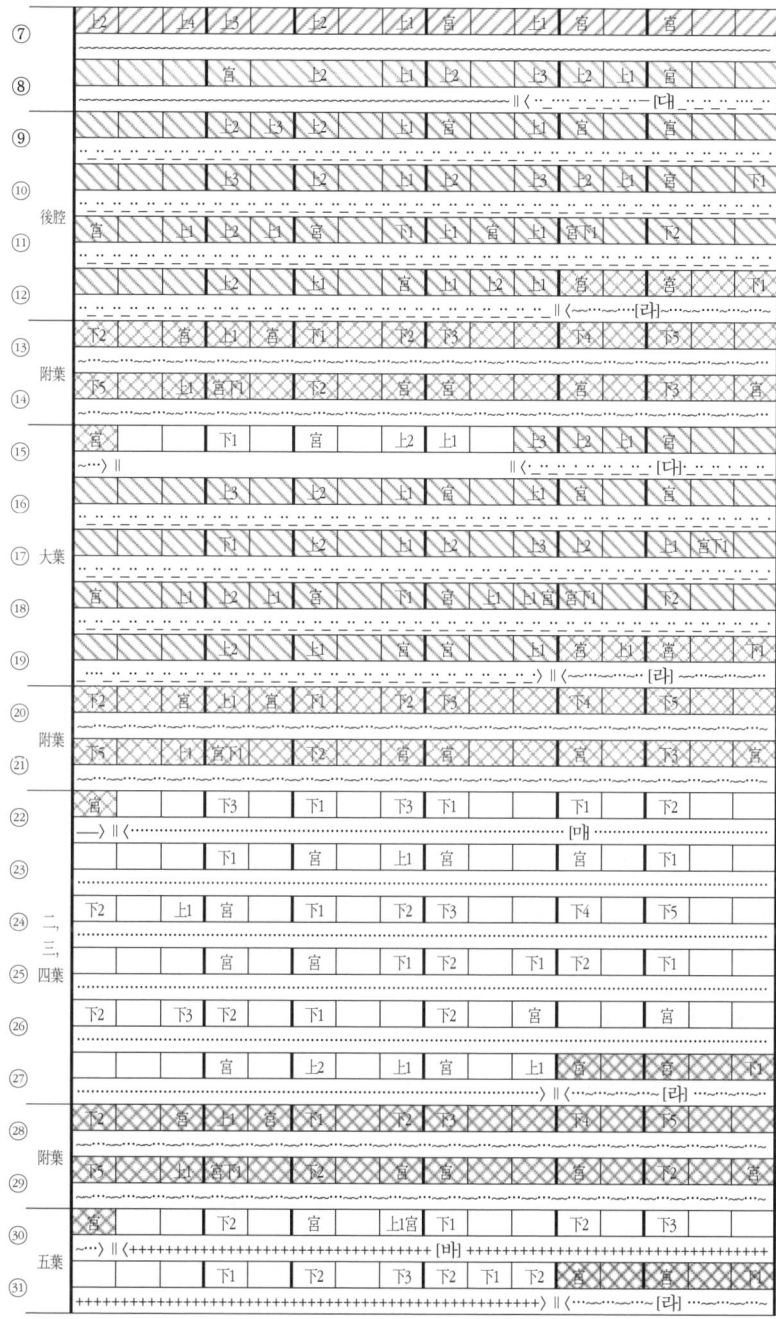

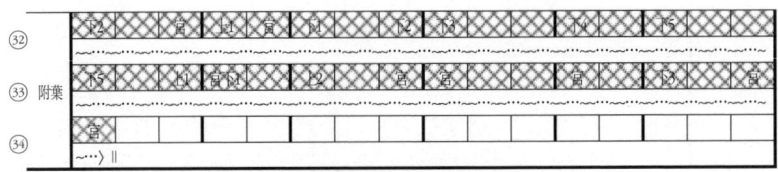

〈표1〉〈北殿〉,『大樂後譜』7卷

〈북전〉은 전체 악보가 총 ㉝행으로 구성되어 있으며, 대략 7행 크기의 작은 악곡들이 연속적으로 이어져 있다. 이 작은 악곡들은 표의 왼쪽에 기입되어 있듯이 대략 7의 배수 단위로 각각 '前腔 + 中腔 + 後腔 …' 등의 小樂節들에 대응된다. 즉, "'①~⑭'(前腔 + 中腔 + 後腔 + 附葉) / '⑮~㉑'(大葉 + 附葉) / '㉒~㉙'(二葉·三葉·四葉 + 附葉) / '㉚~㉝'(五葉 + 附葉)"으로 나뉘는 것이다.[13]

---

13 〈북전〉의 노랫말과 악곡 구조적인 특성들은 성호경(「고려시가 〈후전진작(북전)〉의 복원을 위한 모색」,『국어국문학』 90집, 국어국문학회, 1983.)이 선편을 잡고, 이후 양태순(「후전진작과 북전에 대하여」,『논문집』 23권, 서원대학교, 1989.)이 세밀화하면서 거의 파악되었다. 이 두 업적의 결과는 中腔과 後腔의 경계만 제외하고는 완전히 일치하는데, 참조를 위해 옮기면 다음과 같다.

제1단락 : 제1~7행(7개행)	前腔 : 1 2 3 4
제2단락 : 제8~14행(7개행)	中腔 : 5 6 7 8
제3단락 : 제15~21행(7개행)	後腔 : 9 10 11 12
제4단락 : 제22~29행(8개행)	附葉 : 13! 14
제5단락 : 제30~33행(4개행)	大葉 : 15 16 17 18 19
제1단락 : (前腔) 및 (中腔)部	附葉 : 20! 21
제2단락 : (後腔) 및 (附葉1)部	二葉 : 22 23 24!
제3단락 : (大葉) 및 (附葉2)部	三·四葉 : 25 26 27
제4단락 : (二葉)·(三葉)·(四葉)·(附葉 3) 部	附葉 : 28! 29
제5단락 : (五葉)部	五葉 : 30 31 32! 33
〈성호경, 상게서, 223면.〉	〈양태순, 상게서, 17면.〉

※ 단, 이 두 연구는 공히 30~33행을 모두 五葉으로만 파악하고 있는데, 본고는 30과 31행의 일부만 五葉이고, 나머지 31행의 후반과 32, 33행은 附葉으로 파악한다. 선행의 두 연구에서 이를 五葉으로만 파악한 까닭은『악학궤범』에 노랫말만 실린 〈北殿〉에 附葉이란 표

본고의 논의와 관련해서 우리는 2가지 사실을 먼저 확인해 둘 필요가 있다. 하나는 이 〈북전〉의 중추적인 선율은 '①~⑭행'(前腔 + 中腔 + 後腔 + 附葉)까지로 ⑮행 이후의 선율들은 대체로 이의 반복이나 파생이라는 점이다. 즉, 이후의 '⑮~㉑'(**다**+**라**)행은 '⑧~⑭'(**다**+**라**)행이 반복된 것이고, '㉗~㉙'(**라**)행과 '㉛~㉝'(**라**)행은 '⑫~⑭'(**라**)행이 반복된 것이다.[14] 다른 하나는 '⑮~㉑'(大葉 + 附葉)행은 독립하여 후대에 『琴合字譜』(1572년)에 짧은 〈북전〉이라는 노래로 分化하였다는 점이다.[15] 이 두 사실 - '①~⑭행'(前腔 + 中腔 + 後腔 + 附葉)이 한 단위로 기능한다는 점, 단위는 독립되어 다른 노래로 分化되기도 한다는 점 - 은 북전의 '①~⑭행' 역시 언제든지 독립하여 또 다른 곡으로 分化될 가능성이 있는 악곡 단위임을 우리에게 示唆한다고 하겠다.

(2) 〈사모곡〉의 악보

기가 누락된 채 단지 '五葉'으로만 나타나기에 이에 준해 명명한 것이기 때문인데, 필자가 보기에 아마도 이것은 『악학궤범』 편찬자의 착오가 아닌가 한다. 『악학궤범』의 五葉에 해당하는 노랫말은 "[五葉] 撫五辰ᄒ시니 聖壽無疆ᄒ샤 千萬春이쇼셔"인데, 五葉이나 附葉에 얹힌 노랫말의 길이로 볼 때, 마땅히 "[五葉, 30 31] 撫五辰ᄒ시니 [附葉, 32! 33] 聖壽無疆ᄒ샤 千萬春이쇼셔"가 되어야 한다.

14 ㉒~㉗(**마**)행과 ㉚~㉛(**바**)행은 앞 악절과의 연관성이 파악되지 않는다. 전체적으로 낮은 음으로 구성되어 있는데 음의 성격, 명칭이 二附, 三附, 四附, 五葉 등인 것으로 보아, 낮은 음으로 구성된 앞의 附葉에서 파생된 선율일 것으로 추측된다.

15 황준연(「북전과 시조」, 『세종학연구』 1호, 세종대왕기념사업회, 1986.)이 면밀히 고찰하여 확인한 바 있다. 파생의 실제 양상은 후술할 〈표3〉의 해당부분을 볼 것.

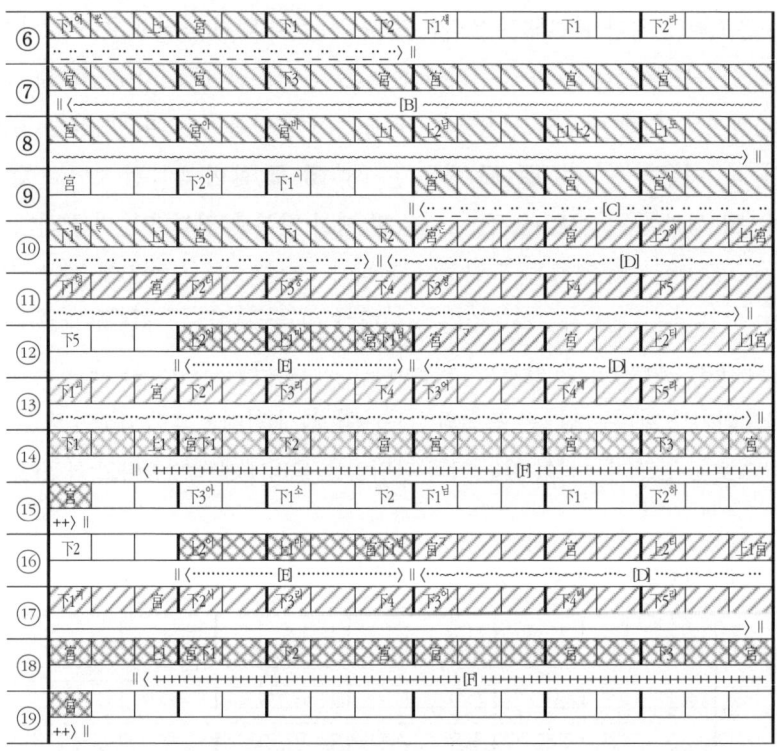

〈표 2〉〈思母曲〉, 『時用鄕樂譜』

〈사모곡〉의 악보는 총 ⑱행으로 구성되어 있다. **B**, **C**로 표시된 ③~⑥ 행에 걸치는 4개의 행이 역시 **B**, **C**로 표시된 ⑦~⑩의 4개 행과 같고, **D** 로 표시된 ⑩~⑪, ⑫~⑬, ⑯~⑰의 2개 행들이 모두 같고, 동시에 **E**로 표시 된 ⑫~⑭, ⑯~⑱의 약 3개의 행들이 모두 같아 전체적으로는 선율이 반복 적으로 전개되는 양상을 보이고 있다. 결국 반복된 것을 제외한 〈사모곡〉 의 중추 선율은 ①~⑥[**A**, **B**, **C**], ⑫~⑭[**E**]라 할 수 있다.

2) 두 악보의 비교

그런데, 우리의 관심을 끄는 것은 이러한 〈사모곡〉의 중추 선율이, 전술한 〈북전〉의 중추 선율 ①~⑭행과 상당히 흡사한 흐름을 보이고 있다는 것이다. 즉, 〈사모곡〉의 ①~②[A]은 〈북전〉의 ①~②행에, 〈사모곡〉의 ③~⑥ [B], [C]은 〈북전〉의 ③~⑥행에, 〈사모곡〉의 ⑫~⑭[E]는 〈북전〉⑫~⑭행에 대응되고 있음을 보는 것이다. 그리고 중추 선율의 反復과 變奏에 해당하는 〈사모곡〉의 ⑦~⑪행 또한 〈북전〉의 ⑦~⑪행에 대응되고 있다. 이를 표로 확인하면 다음과 같다.

※ '北'은 北殿(大樂後譜), '思'는 思母曲(時用鄕樂譜), '羽·北'은 羽調 北殿(琴合字譜)[16]

구분	행										
A	北①			宮	上2		上2		上1		上2
A	思①			宮	上2		上2		上1		上2
A	北②				上2	上3		上2		上1	宮	上1	上2
A	思②	上2			上2	上3		上2			上1上2		上1
B	北③	上3		上4	上3		上1		上1		宮		宮
B	思③	宮			宮		上1		宮		宮		宮
B	北④				宮	上2		上1		上3	上2	上1	宮
B	思④	宮			宮	宮		上2		上1	上1上2		上1
C	北⑤				宮	上2		上1	宮		上1	宮下1	下2
C	思⑤	宮		上2		宮		下1	宮			宮	宮
C	北⑥				上2	上3		上2			上1		宮
C	思⑥	下1		上1	宮		下1	下2	下1		下1		下1
B	北⑦	上2		上4	上3		上2	上1	宮	上1	宮		宮
B	思⑦	宮			宮		下3	宮	上1		宮		宮
B	北⑧				宮		上2		上2		上3	上1	宮
B	思⑧	宮			宮		宮		上2		上1上2		上1
B前半변형	北⑨				上2	上3	上2		上1	宮		上1	宮
B前半변형	思⑨	宮				下2		下1			宮		宮
C변형	北⑩				上3		上2		上1	上2	上3	上2	上1	宮	下1
C변형	思⑩	下1		上1	宮		下1	下2	宮		宮		上2	上1宮
C변형	北⑪	宮		上1	上2	上1	宮		下1	上1	宮	上1	宮下1		下2
C변형	思⑮	宮			下3		下1		下2		下1		下2
	北⑫				上2	上1		宮	上1	上2	上1		宮		下1
	思⑫	下5			上2	上1		宮下1	宮		宮		上2	上1宮
	思⑯	下2			上2	上1		宮下1	宮		宮		上2	上1宮
E	北⑬	下2		宮	上1	宮	下1		下2	下3		下4		下5
E	思⑬	下1		宮	下2		下3	下4	下3		下4		下5
E	思⑰	下1		宮	下2		下3	下4	下3		下4		下5
E	思⑪	下1		宮	下2		下3	下4	下3		下4		下5

北⑭	下5		上1	宮下1		下2		宮	宮			宮		下3		宮
思⑭	下1		上1	宮下1		下2		宮	宮			宮		下3		宮
思⑱	宮		上1	宮下1		下2		宮	宮			宮		下3		宮
北⑮	宮		下1		宮		上2	上1		上3	上2	上1	宮		
羽·北①			下1		宮		上1	上2	上1		上2	上1	宮		上1
北⑯	宮		上3		上2		上1	宮		上1	宮		宮		
羽·北②	上2	上2	上1		宮		下1	宮	上2		上1	宮	宮		
北⑰			下1		上2		上1	上2		下3	上2		上1	宮下1	
羽·北③			上3		上2	上1		上2	上1		上2	上1		上1	
北⑱	宮		上1	上2	上1	宮		下1	宮	上1	上宮	宮下1		下2	
羽·北④	上2		上1		上1	宮				宮	上1		下1	上2	
北⑲			上2		上1		宮			上1	宮	上1	宮		下1
羽·北⑤			上1		上2	上1		上2	上1	下3	上2		宮		下1
北⑳	下2	宮	上1	宮	下1		下2	下3		下4		下5			
羽·北⑥	下2	宮	上1	宮	下1	下2		下3		下4					
北㉑	下5		上1	宮下1		下2		宮	宮			宮		下3		宮
羽·北⑦			上1	宮	下1	下2	下1		宮	上2		上1		宮	

〈표 3〉 北殿, 思母曲, 羽調北殿의 비교표

표를 다시 정리하면, 결국 두 곡 ①~②행의 선율[A]은

A
北 ①~② 宮 上2 上2 上1 上2 上2　上3 上2　上1 宮 上1 上2
思 ①~② 宮 上2 上2 上1 上2 上2 上2 上3 上2 上2 上1　上1

③~④행의 선율[B]은

B
北 ③~④ 上3 上4 上3 上2 上1 宮 上1 宮 宮　宮　上2 上1 上2 上3 上2 上1 宮
思 ③~④ 　　　　　　宮 宮 上1 宮 宮 宮 宮　宮　上1 上2　上2 上1 上1

⑤~⑥행의 선율[C]은

C
北 ⑤~⑥ 宮 上2 上1 宮 上1 宮 下1 下2　*上2 上3 上2 上1 宮 上1 上2*
思 ⑤~⑥ 宮　上1　　宮下1 宮宮　宮 下1　*上1 宮 下1 下2 下1 下1 下2*

---

16 ⑮행 이하 羽調 北殿(琴合字譜)과의 악보 비교는 파생 시 선율 변개 정도를 가늠하기 위해 추가한 것이다.

⑦~⑧ 행의 선율[B]은

B	北⑦~⑧	上2 上4 上3 上2 上1 宮1 宮宮	宮 上2	上1 上2 上3 上2 上1 宮
	思⑦~⑧	宮宮 下3 宮宮宮宮宮	上1 上2	上2 上1 上1

⑨~⑪/⑮ 행의 변형 선율[B, C]은

B, C	北⑨~⑩	上2 上3 上2 上1 上1	宮	宮 上3 上2 上1 上2	上3 上2 上1 宮1 下1
	思⑨~⑩	宮 下2 下1 宮宮宮 下1	上1 宮 下1 下2 宮宮	上2 上1 宮
	北⑪	宮 上1 上2 上1 宮 下1 上1 宮 下1 下2
	思⑮	宮 下3 下1 下2 下1	下1 下2

⑫~⑭ 행의 변형 선율[E]은

E	北⑫~⑬	上2 上1 宮 上1	上2 上1 宮宮 下1 下2 宮 上1 宮 下1 下2 下3 下4	下5
	思⑯~⑰	下2 上2 上1 宮 下1 宮宮 上2 上1	宮 下1	宮	下2 下3 下4 下3 下4 下5
	北⑭	下5 上1 宮 下1 下2 宮宮宮 下3 宮
	思⑱	宮 上1 宮 下1 下2 宮宮宮 下3 宮

과 같이 되어 상당한 선율적 친연성이 드러남을 본다. 특히 ①~⑤행 구간과 ⑧행 구간, ⑩행 구간, 그리고 ⑫~⑭행 구간에서의 선율의 일치가 두드러지는 것이 확인된다.

한편, 이 두 곡의 연관성은 유사한 선율에서만 확인되는 것이 아니다. 구조적인 측면에서도 깊이 관련되어 있음이 확인된다. 유사 선율 단위가 순서에 맞추어 나란히 대응되고 있음은 위 표에서 보이는 그대로이며, 보다 깊이 살펴보면, 반복 구조 또한 평행하게 구성되어 있음을 알 수 있다. 즉, 〈북전〉의 ③④행은 같은 곡 ⑦⑧행에서 반복되는데, 〈사모곡〉 역시 ③④행이 같은 곡 ⑦⑧행이 반복되고 있다. 또한 〈북전〉의 ⑥행과 ⑩행이 (동일하지는 않고) 유사한 흐름[17]일 때, 〈사모곡〉의 ⑥행과 ⑩행이 역시 (동일하지는 않고) 유사한 흐름[18]을 보인다든지 하는 친연성이 확인되는 것이다.

---

[17] 공통적으로 '上2 上3 上2 上1 宮'으로 흐르는 선율 구간을 지니고 있다.

결국, 이 두 악곡은 상당한 영향 관계에 있는 것인데, 이 관계는 〈북전〉이 먼저 창작되고 이후 〈사모곡〉이 파생되었거나, 아니면 역으로 〈사모곡〉이 먼저 성립되고 〈북전〉이 파생되었거나, 아니면 제3의 母曲이 있어 그것에서 각자가 파생되었기에 생겨난 것이라 할 수 있다.

3. 선후 관계 논증

이 두 곡조 선율의 先後를 확정하는 일은 고전 시가의 장르적 전승을 파악하는 데 매우 중요한 역할을 한다. 즉, '〈사모곡〉 - 〈북전〉'의 순서로 형성된 것이 밝혀진다면 이는 '북전에서 시조창이 나왔다'는 사실[19]과 연관되어 〈사모곡〉(향가) - 〈북전〉(고려가요) - 〈시조창〉(시조)의 전승이 확인되는 것이 되고, 〈북전〉 - 〈사모곡〉의 순서로 형성된 것이 밝혀진다면 이는 그간 〈사모곡〉과 신라의 노래(가령 목주나 향가)와 연관시켰던 많은 연구 결과들이 근본적인 재검토를 요구받게 된다. 즉, 서론에서 언급했던 많은 연구 결과나, 〈사모곡〉 악곡의 특성에 기반하여 향가와의 연관성을 논한 양태순의 다음과 같은 견해

> 〈사모곡은〉 종지형과 여음을 함께 고려할 때 노랫말은 3장으로 구분된다. 이들 3장은 일차적으로 완전종지와 여음에 의해 제1·2장과 제3장으로 양분되고, 이차적으로는 불완전종지와 여음에 의해 제1장과 제2장이 양분되면서 전체적으로는 3장이 되는 것이다. 그런데 이들 제1·2·3장은 각각 6·6·3행에 배분되어 제1·2장은 그 길이가 같으나 제3장은 그들의 반에 해당한다.

---

18 공통적으로 '下1 上1 宮 下1 下2'로 흐르는 선율 구간을 지니고 있다.
19 〈북전〉의 15~21행이 분리되어 짧은 〈북전〉이 되었고, 이 노래가 시조창으로 이어졌음은 이미 황준연(「북전과 시조」, 『세종학연구』 1호, 세종대왕기념사업회, 1986.)이 확인한 바 있다.

통설에 의하면 10구체 향가는 제1~4구·제5~8구·제9~10구의 셋으로 구분되고, 더 크게는 제1~8구·제9~10구의 전대절-후소절로 양분되며 후소절의 맨 앞에는 '阿也' 등의 감탄구가 오는 것으로 되어 있다. 이와 같은 10구체 향가의 형식이 위에서 살핀 바와 같은 〈사모곡〉의 악곡에 의한 노랫말 배분 방식과 일치함이 주목된다.[20]

가 견지하는 〈사모곡〉과 향가와의 악곡적 일치에 대한 해석은 심각한 재고의 상황에 부딪히게 되는 것이다.[21]

그렇다면 이의 선후관계는 어떻게 되는가? 결론적으로 말하자면 文獻的으로나 樂曲的으로나, 〈북전〉이 선행한 것으로 판단된다.

1) 史料로 살핀 선후 관계

이 점은 우선 〈북전〉의 발생에 관련된 다음 『世宗實錄』의 기사에서 단초를 마련할 수 있다.

여러 신하들은 취할수록 더욱 공경하며, 실컷 즐기고 밤이 깊어서야 파했다. 이 자리에서 상왕은 맹사성·변계량·허조에게 "〈後殿眞勺〉은 그 곡조는 좋지만, 가사만은 듣고 싶지 않다."고 말하였다. 맹사성 등은 아뢰기를, "전하의 분부는 당연하옵니다. 지금 악부에서 그 곡조만을 쓰고 그 가사는 쓰지 않습니다. 眞勺은 慢調·平調·數調가 있는데, 高麗 忠惠王이 자못 음탕한 노래를 좋아하여, 아첨하는 무리들과 더불어 後殿에 앉아서 새로운 가락으로 노래를 지어 스스로 즐기니[作新聲淫詞以自娛], 그 시대 사람들이 〈後殿眞勺〉이라 일컬었던 것입니다. 그 가사뿐

---

20 양태순,『고려가요의 음악적 연구』, 이회, 1997, 60면.
21 양태순의 이 비교는 뛰어난 통찰의 결과이다. 다만 본고가 문제삼고자 하는 것은 전술했듯이 이러한 공통현상이 생겨난 까닭이 우연한 것이냐, 아니면 역사적 필연에 의한 것이냐에 대한 것이다. 〈사모곡〉의 형성 時點이 신라에 가까울수록 후자의 가능성이 높고, 신라에서 멀어지면 멀어질수록 전자의 가능성이 높은 것이다.

만 아니오라, 곡조도 쓸 수 없는 것입니다.[非獨其詞 調亦不可用]"고 하였다.

〈세종실록 3권, 1년(1419년), 1월, 병오(1월 1일)〉[22]

여기에서의 〈後殿眞勺〉은 『대악후보』에 노랫말 없이 악보만 전하는 〈北殿(眞勺)〉의 異稱[23]인데, 孟思誠(1360~1438)의 대답에 이 노래의 창작 경위가 밝혀져 있다. 즉, 〈북전〉은 고려 28대 忠惠王(재위 1315~1344)이 幸臣들과 더불어 창작하고 즐긴 노래라는 것이다. 기사에 정확히 기술된 '새로운 가락과 음란한 가사를 지었다[作新聲淫詞]'라는 말은 〈북전〉이 어떤 노래의 영향으로 형성된 것이 아니라 當代의 창작곡임을 명확히 해 주고 있으며, '가사뿐 아니라 곡조도 쓸 수 없다[非獨其詞 調亦不可用]'는 말은 악곡이 근본적으로 '자못 음란한 노래를 좋아했던[頗好淫聲]' 충혜왕에서 始發된 것을 재차 확인시켜 주는 말이라고 할 수 있다. 이 기사에 따를 때, 〈북전〉은 모든 곡에 선행하게 된다. 따라서 두 곡의 先後는 〈북전〉 - 〈사모곡〉일 수밖에 없다.

---

22 群臣醉益敬焉 歡極夜深乃罷. 當宴 上王語孟思誠 卞季良 許稠等曰 "後殿眞勺 其音節雖好 其歌詞不欲聞也" 思誠等曰 "上旨允當. 今樂府用其調 不用其詞. 眞勺 有慢調 有平調 有數調. 高麗忠惠王頗好淫聲 與嬖幸在後殿 作新聲淫詞以自娛 時人謂之 後殿眞勺 非獨其詞 調亦不可用."
〈世宗實錄 3卷, 7年, 1月, 丙午〉
23 '〈後殿(=北殿)〉이라는 제목을 지닌 眞勺 형식 노래'란 의미이다. 鮮初에 속악 개찬 논의가 나올 때 고려 때부터 전해 내려오던 '鄙俚・淫褻한 노랫말을 지닌 俗樂으로 흔히 '滿殿春, 雙花店, 履霜曲' 등이 거론되었는데, 이 때 같이 거론되던 작품이 바로 '後庭花'나 '北殿', 그리고 '後殿眞勺'이었다. 後庭, 北殿, 後殿은 모두 '뒤에 자리한 집'이란 공통 의미를 지니는데, 이로 학계에서는 이들을 하나의 노래를 칭하는 異稱으로 보고 있다. 이들의 상관관계에 대해서는 양태순의 「후전진작과 북전에 대하여」(『논문집』 23권, 서원대학교, 1989, 8~12면.)에 자세히 설명되어 있다. 관련 자료를 핵심적으로 보이면 다음과 같다.
"鄙俚之詞 如後庭花 滿殿春之類 亦多" 〈成宗實錄 219卷, 9年 8月 13日(1488)〉
"雙花曲 履霜曲 北殿歌 中 淫褻之詞" 〈國朝寶鑑 17卷, 成宗 21年(1490)〉

2) 악곡으로 살핀 선후 관계

그렇다면 실록의 기사가 알려준 선후 관계는 악곡적 특징을 통해서도 확인될 수 있을까? 이 문제는 斷言하기 곤란한 문제이다. 두 악곡의 선후 관계는 두 곡만의 비교로는 어느 쪽으로든 설명이 가능하기 때문이다. 즉, 한 곡이 복잡한 선율을 지녔고, 다른 한 곡이 단순한 선율을 지닌 경우, '복잡한 것에서 단순한 것으로 변모되었다'란 말과 '단순한 것에서 복잡한 것으로 변모되었다'는 말은 모두 성립할 수 있다. 또, 한 곡이 악곡적으로 잘 정리되어 완성도가 높고, 다른 한 곡이 악곡적으로 혼란하여 미숙한 경우, '시대적 흐름에 따라 완성도가 높은 악곡에서 낮은 악곡으로 변모하였다'란 말도 가능하고, '시대적 흐름에 따라 완성도가 점차 높아지는 방향으로 악곡이 정비되었다'라는 말도 가능하다.

따라서 어떤 악곡의 선후를 가늠하기 위해서는 반드시 악곡 개찬의 시대적 경향이라든가, 기준이 될 만한 제3의 파생곡들이 파악되어 있어야 한다. 이를 통해 어느 정도의 윤곽을 잡을 수 있는 것이다. 이 점에서 옛 악곡의 선후를 추정하는 어려움이 생겨난다. 일반적으로 옛 악곡들의 수수관계는 관련기록이 그리 풍성하지 않기 때문이다. 그런데, 다행히 〈북전〉은 몇 군데에서 영향을 주고 받은 當代의 악곡들이 존재한다. 바로, 전술한 짧은 〈북전〉과, 고려가요 〈西京別曲〉, 그리고 세종 조의 악곡 〈昌黴〉가 그것이다.

당대 개찬 정황과 관련하여 『琴合字譜』(1572년)와 『梁琴新譜』(1610년)에 연속적으로 나타나는 7행의 짧은 〈북전〉[24]은 『大樂後譜』所載 긴 〈북전〉의 파생이 어떤 방식으로 진행되었는지에 대한 구체적 정보를 제공한다. 황준연에 의해 확인되었듯이 이 짧은 북전은 현 시조창의 母曲이 된 곡인데, 파

---

24 『금합자보』와 『양금신보』에 수록된 7행의 〈北殿〉(흐리누거 괴어시든 …) 들을 『대악후보』에 수록된 34행의 〈北殿〉과 구분하기 위해 학계에서 흔히 짧은 〈북전〉이라고 부른다. 이에 본고도 이 명명에 준한다.

생의 과정에서 짧은 〈북전〉은 긴 〈북전〉의 ⑮~㉑행[大葉+附葉]을 덜어내어 편곡한 것이다.25 한편, 현 가곡창의 母曲이 된 〈慢大葉〉 역시 필자가 확인한 바 있듯이 〈진작〉 1의 '대엽과 부엽' 부분을 덜어 내어 변개한 것26인데, 이러한 두 사실은 당시 곡을 독립시켜 변개할 때는 대체로 '대엽+부엽' 등의 '소악곡 단위'에 준해서 행했던 경우가 많았던 것을 보여 주는 사례라 할 것이다. 그렇다면, 〈북전〉의 ①~⑭행과 〈사모곡〉의 파생 역시 이러한 문화적 관습에 準하는 것이라 볼 수 있다. 전술했듯이 북전의 ①~⑭행은 악곡단위로 볼 때, '전강·중강·후강·부엽'에 해당하는 것인데 새로운 곡으로 분리될 만한 독립성을 지닌 것이라 할 수 있기 때문이다.

〈북전〉의 악곡이 단위별로 파생된 경우는 이 외에도 더 있다. 논문을 집필하는 과정에서 이 곡이 〈서경별곡〉의 후반부에도 영향을 준 것도 확인할 수 있었는데,27 그 부분은 다름아닌 〈북전〉에서 4회나 반복되어 출현하는 '附葉'에 해당한다.

⑫				上2		上1	宮	上1	上2	上1	宮		宮		宮
⑬	附葉	下2		宮	上1	宮		下1	下2	下3		下4		下5	
⑭		下5		上1	宮 下1		下2		宮	宮		宮		下3		宮

『大樂後譜』, 〈北殿〉의 부엽 부분

⑥	下2		下2		下2		下1	宮		宮		下1	
⑦	下2	宮		上1	宮	下1	下2	下3		下4		下5	
⑧	宮		上1	宮 下1		下2		宮	宮		宮		下3	宮

『時用鄕樂譜』, 〈西京別曲〉 ⑥~⑧행

이상에서 보이듯이 이 두 선율은 비교해보면 다음

---

25 황준연, 「북전과 시조」, 『세종학연구』 1집, 세종대왕기념사업회, 1986; 황준연, 「조선전기의 음악」, 『한국음악사』, 대한민국예술원, 1985.
26 박재민, 상게 발표문.
27 이 점으로 본다면 현전 〈서경별곡〉의 곡조 또한 〈북전〉에 후행하게 되어 충혜왕(재위 1315~1344) 이후에 완성된 것이 된다.

북전 부엽　　　：宮宮下1下2宮上1宮下1下2下3下4下5下5上1宮下1下2宮宮宮下3宮

서경별곡후반: 宮宮下1下2宮上1宮下1下2下3下4下5 宮上1宮下1下2宮宮宮下3宮

과 같이 되어 동일한 선율임을 본다. 이렇듯 긴 〈북전〉의 파생이 '대엽 + 부엽' 혹은 '부엽' 등의 단위와 관련되어 이루어지고, 〈사모곡〉 또한 '전강 + 중강 + 후강 + 부엽'을 단위로 한 同軌의 분리 양상을 보이고 있는 상황은 우리에게 어떤 시사를 해 주고 있지 않은가? 본고는 이는 아무래도 〈북전〉에서 〈사모곡〉이 파생되었기에 생긴 일치점들로 해석한다.

한편, 〈북전〉은 세종(재위 1418~1450) 연간에 〈昌徽〉[28]라는 악곡의 편제에도 영향을 미친 흔적이 있다. 국악계의 연구를 보면 그간 〈창휘〉는 〈사모곡〉의 악곡을 습용해 성립된 것[29]으로 알려져 있었으나, 본고가 실제로 비교해 본바 아래에서 보이듯이 〈사모곡〉과의 친연성보다는 〈북전〉과의 친연성이 더 두드러진다. 즉, 〈창휘〉는 〈북전〉을 차용한 곡인 것이다.

※ '北'은 北殿(大樂後譜), '思'는 思母曲(時用鄕樂譜), '昌'은 昌徽(世宗實錄樂譜)[30]

北①			宮	上2		上2		上1	上2
思①			宮	上2		上2		上1	上2
昌①	宮		上2	上2			上1		上2
北②				上2	上3	上2		上1	宮	上1	上2
思②	上2			上2	上3	上2			上1 上2	上1
昌②	上2		上3	上2	上1			上1		宮
北③	上3		上4	上3	上2	上1	宮		上1	宮
思③	宮			宮	上1		宮		宮	宮
昌③	上3		下1	宮		上1宮	上2		上1	宮
北④				宮	上2	上1	上2	上3	上2	上1	宮

---

28 世宗實錄 138卷, 樂譜, 保太平之舞樂譜, 昌徽

29 이성천(「한국전통음악의 창작방법에 관한 연구(I)」, 『연세음악연구』 2권, 연세대학교 음악연구소, 1992.)이 제기하였다. 그는 〈사모곡〉과 〈창휘〉의 악곡을 비교하면서 〈창휘〉가 〈사모곡〉의 변주축소곡이라 결론내렸는데, 아마도 두 곡 모두 〈북전〉을 母曲으로 하여 파생되었기에 생긴 착시 현상이었던 것으로 판단된다.

30 〈昌徽〉는 원래 '黃太姑林南'의 律名으로 記譜되어 있으나, 본고에서는 비교의 편의를 위해

思④	宮		宮	宮	上1	上2		上1上2	上1	
昌④	上1	宮	下1	下1				上3	上3	
北⑤			宮	上2	上1	宮	上1	宮下1	下2	
思⑤	宮		上1	宮	下1	宮		宮	宮	
昌⑤	宮	上1	上3	上2			上1		宮	
北⑥			上2	上3		上2	上1	上1	上2	
思⑥	下1	上1	宮	下1	下2	下1		下1	下2	
昌⑥	上3	上1		宮		宮	上2		上1	上2
北⑦	上2	上4	上3	上2	上1	宮	上1	宮	宮	
思⑦	宮		宮	下3	宮	宮		宮	宮	
昌⑦	上1	宮	下1		上3	宮		上1	下1	宮
北⑧			宮	上2	上1		上3	上2	上1	宮
思⑧	宮		宮	宮	上1	上2		上1上2		
昌⑧	上3	上2		上1	上2		上2		上1	
北⑨			上2	上3	上2	上1	宮	上1	宮	
思⑨	宮		下2	下1		宮		宮	宮	
昌⑨	上2	上1	宮	下1	上3	上1	宮	宮	下1	宮
北⑩			上3	上2	上1	上2	上3	上2	上1	宮	下1
思⑩	下1	上1	宮	下1	下2	宮		宮	上2	上1宮
昌⑩	上3	上2		上2		上1	宮		宮	

북전, 사모곡, 창휘의 악곡 비교표

만약 〈창휘〉가 개찬될 당시에 〈북전〉과 〈사모곡〉이 모두 존재했다고 한다면, 세종 당대의 악관들이 〈사모곡〉을 두고 〈북전〉의 악곡을 습용했을까? 어떤 이유에서 〈창휘〉가 〈북전〉을 택해 환골탈태시켰는지 알 길은 없지만, 만약 두 곡 모두 존재했다고 한다면 〈사모곡〉을 두고 〈북전〉을 택했을까? 그것에 대한 답은 명확히 할 수는 없지만, 전체적인 흐름을 놓고 볼 때, 아무래도 이 당시 〈북전〉과 〈사모곡〉 중 〈북전〉이 비교적 더 잘 알려져 있었거나 어쩌면 〈사모곡〉이 〈북전〉에서 파생하기 전이었기 때문에 생긴

五音略譜로 변환하여 수록하였다. 변환은 장사훈의 변환표(『증보 한국음악사』, 세광음악출판사, 1986, 287면.)를 따랐다.

임종 평조

㑲	㑀	黃	太	姑	林	南	潢	汰	㴌	淋
下五	下四	下三	下二	下一	宮	上一	上二	上三	上四	上五

현상일런지도 모를 일이다.

　이상의 문헌 기록과 악곡 관련 기록을 통해 볼 때, 〈북전〉과 〈사모곡〉의 선후관계는 어느 정도 감지된다고 할 수 있다. 신뢰할 만한 문헌에서 〈북전〉을 일러 '충혜왕이 후전에서 즐기기 위해 지은 이전에 없던 새로운 노래와 가락[作新聲淫詞以自娛]'이라고 칭하고 있으므로, 비로소 〈북전〉이 있은 이후에야 〈사모곡〉이 있었다고 보는 것이 순편한 것이다. 더구나 당시 긴 〈북전〉은 〈사모곡〉뿐만 아니라 짧은 〈북전〉, 〈서경별곡〉, 〈창휘〉 등의 악곡에도 영향을 미친 것이 확인되는데 이들을 파생시킨 방식이 흡사한 측면이 있다. 즉, 진작류 악곡에서 보이는 작은 악절 '전강, 중강, 후강, 대엽, 부엽' 등을 단위로 파생되는 성향이 있는데 이러한 성향이 〈사모곡〉에도 정확히 적용됨을 볼 때, 파생의 先後가 대략적인 윤곽을 드러내고 있는 것이라 하겠다.

　이로 판단해 보자면, 〈사모곡〉은 충혜왕 이후 어느 시기에 음악에 식견을 가진 이가 의도적으로 〈북전〉의 일부를 떼어내어 새로운 악곡으로 성립시킨 작품인 것이다. 그리고 약간의 비약이 허용된다면, 세종조에 형성된 〈창휘〉를 통해서 〈사모곡〉의 기원을 보다 구체적으로 지목해 볼 수도 있지 않을까 한다. 〈창휘〉가 〈사모곡〉이 아닌 〈북전〉을 모태로 하고 있다는 점에서 혹 이 당시까지도 〈사모곡〉이 〈북전〉에서 분리되지 않았던 것이 아닌가, 즉 〈사모곡〉의 발생은 어쩌면 세종조 이후가 아닌가 하는 의문이 이는 것이다.

4. 결론

　이상의 논의를 정리하면 다음과 같다.

　1. 그간 〈사모곡〉의 연원이 신라시대까지 닿아 있을 가능성이 두 가지 측면에서 탐구되었다. 하나는 이 노래가 담고 있는 내용이 신라시대의 不

傳歌謠인〈목주가〉의 배경 설화와 호응하는 면이 있으므로〈사모곡〉은〈목주가〉가 전승된 노래라는 것이고, 다른 하나는〈사모곡〉의 노랫말 구성이 감탄사를 기준으로 전대절 후소절로 되어 있고, 악곡적 구성 또한 그러한 양식에 맞게끔 되어 있어 이 노래가 향가와 구조적으로 일치한다는 것이었다.

2. 그러나 학계 일부에서는 이러한 추정에 대한 반박 역시 행해지고 있었다. 특히,『목천읍지』에〈사모곡〉이 記寫되어 있다는 이병기의 학설을 실제로 검토한 결과 그런 내용이 없음을 밝히고, 이를 토대로〈사모곡〉과〈목주가〉와의 구체적 관련을 부정하려는 연구가 있었다. 이 두 설은 서로 맞선 채 더 이상의 진전이 어려운 상황이었다.

3. 본고에서는 답보 상태에 놓인 이 쟁점을 해결하기 위해〈사모곡〉의 악곡을 활용할 것을 제안하였다.〈사모곡〉악곡과〈북전〉의 악곡이 선율적으로, 구조적으로 깅한 친연성을 지니고 있음을 밝혔는데, 이를 통해〈사모곡〉의 발생 상한선을 추정할 수 있었다.

4.〈북전〉은 고려 충혜왕(재위 1315~1344) 때 새로이 창작된 것이므로,〈사모곡〉의 발생은 이보다 더 소급될 수는 없다. 그리고 악곡적으로도〈북전〉은〈사모곡〉뿐만 아니라 짧은〈북전〉,〈서경별곡〉,〈창휘〉의 선율에까지 유사한 방식으로 영향을 미친 것이 확인되었다. 그렇기에〈사모곡〉은 신라시대가 아니라 고려 말기 이후에 누군가에 의해 정교히 개편된 작품이라 할 수 있다.

5. 본고의 추정은 여기서 일단락되었다. 그런데 필자가 제안하고 싶은 것이 하나 있다. 비록 본고에서는〈북전〉이 선행하고〈사모곡〉이 후행한 것으로 분석되었지만, 이는 완전히 확정된 것이라 할 수는 없다. 충혜왕 때에 '새로운 소리가 지어졌다[作新聲]'고 전하기는 하지만 이는 어디까지나 충혜왕 死後 근 100년 후의 조선조 신하들이 가진 정보가 그렇다는 것이지 실제로 그랬는지에 대한 의문은 여전히 유효할 수 있다는 것이다. 분명한 것은 오로지 '〈북전〉과〈사모곡〉의 악곡이 상당한 친연성이 있어 둘 중 하나가

다른 하나에 선행한다'는 사실일 뿐이다. 그렇다면 혹 악곡을 보다 면밀히 분석해 보면 또 다른 진실이 나올 수도 있지 않을까?

따라서 이 논문의 효용은 오히려 '〈북전〉과 〈사모곡〉의 악곡적 친연성이 의미하는 바는 무엇인가?'라는 질문을 던진 데 있다고 말하고 싶다. 비록 필자의 현재 눈에는 〈북전〉이 선행한 것으로 비치지만, 이에 대한 분석에 학계 제현의 衆智가 모아질 때, 〈사모곡〉은 어쩌면 더 깊은 연원을 지닌 악곡으로 판명날지도 모른다. 그렇기에, 〈사모곡〉이 〈북전〉을 거슬러 〈진작〉 양식, 더 거슬러 향가의 시대까지 그 연원의 맥이 닿아 있을 가능성을 여전히 열어두고 보다 면밀한 고찰에 학적 열의가 모아지기를 희망한다. 왜냐하면 〈북전〉과 관련된 〈사모곡〉은 〈정과정〉과 더불어 베일에 싸인 향가의 악곡을 감지할 수 있는 단서를 지닌 매우 특별한 작품이기 때문이다.

『온지논총』 54, 온지학회, 2018.

高麗歌謠 語釋의 연구사와 그 전망

1. 서론

1927년 봄, 自山 安廓이『현대평론』1권 4호에「麗朝時代의 歌謠」[1]를 발표하여 고려시대 가요 연구의 濫觴이 된 이래, 고려가요는 굴지 연구자들의 주목을 받으며 어학적·문학적 연구 대상이 되어 왔다. 이러한 주목을 받은 까닭은 아마 민족 문학사의 가장 깊은 곳에서 생성되었던 이 遺珠[2]들이 지닌 어학적·문학적 가치 때문이었을 것이다. 2002년 김명준[3]의 조사에 따르면 1927년[4] 이래 고려가요를 대상으로 한 논저·논문은 무려 1,000여 편을

---

1 안자산,「여조시대의 가요」,『현대평론』1권 4호(5월호), 현대평론사, 1927.
2 양주동을 비롯한 몇 연구자들이 향가 혹은 고려가요를 칭해 즐겨 사용하던 말이다.
  "百濟文學의 唯一한 遺珠인『井邑詞』" 〈양주동,「古歌謠의 語學的 硏究」,『동아일보』1939년 6월 21일 4면.〉
3 김명준,『고려속요집성』, 다운샘, 2002, 687~730면.
4 고려가요 연구 목록을 필자는 세 번 본 적이 있다. 첫 번째는 김열규·신동욱이 편집한『고려시대의 가요문학』(새문사, 1982.)의 부록, 두 번째는 최용수의『고려시가연구』(계명문화사, 1996.)의 부록, 그리고 상게한 김명준 저술의 부록이었다. 그런데 이 세 편 연구 목록 모두에 "金素園,「高麗寺歌」,『불교』통권 8호, 1925." 혹은 "김소원,「고려시가」,『불교』8, 불교사, 1925."라고 하여 김소원의 논문을 고려가요 연구의 嚆矢로 오인하게끔 소개하고 있다. 그러나 김소원의 논문「高麗寺歌」는 金秋溪가 중국 항주에 있는 '高麗寺'를 대상으로 지은 7·

헤아리는데 100년이 못 되는 연구사와 10여 편 남짓한 작품 수에 비추어 볼 때, 고려가요가 그간 얼마나 연구의 愛好대상이 되어 있었는가를 넉넉히 짐작할 수 있다.

그러나 연구의 편수가 늘어날수록 오히려 연구사의 길은 복잡해져만 감을 본다. 舊說을 新說들이 덮고, 또 서로 간의 說들이 복잡하게 인용되면서 연구는 바야흐로 多岐亡羊의 상황에 이른 듯하다. 이에 필자는 앞으로만 향하던 발길을 잠시 멈추고, 선학들이 지나온 연구의 여정을 차분히 회고할 필요를 느낀다. 이러한 필요성에서 본고는 '고려가요 텍스트의 확보와 어석의 측면'에 주로 주목하여 연구사를 정리하려 한다. 옛 문헌 속에 잠들어 있던 고려가요가 누구의 學究的 熱情에 의해 현대인의 주목 대상이 될 수 있었는지, 불완전하던 텍스트의 이해가 누구의 知性에 힘입어 현재의 수준까지 이를 수 있었는지를 밝히는 것을 목적으로 한다.

2. 초기 연구자들의 텍스트 확보

현재 고려가요라는 말은 우리 전공자 혹은 관심 있는 일반인들에게 너무도 친숙하여 이 어휘를 들으면 으레 고려시대에 향유되었던 〈청산별곡〉 등의 우리말 노래를 연상하지만, 불과 100년 전만해도 사정은 달랐다. 우리의 옛 노래라고 하면 당대인의 입으로 가창되던 時調 정도를 떠올렸을 뿐, '고려시대의 노래'란 것이 있었는지를, 있다면 어떤 책에 어떤 내용으로 수록되어 있는지에 대해 명확히 인지하지 못하고 있었다.

安自山과, 1930년 당시 경성제대에서 문학을 전공하던 金台俊은 그들이 지니고 있던 우리의 옛 노래에 대한 인식 정도를 다음과 같은 증언한다.

5조 唱歌로 '고려의 詩歌'와는 하등의 관련이 없다. 따라서 고려가요 연구사 목록의 첫머리에는 安自山의 「여조시대의 가요」가 놓여야 한다.

朝鮮의 詩歌를 짓는 法은 오직 時調 한 法만 잇슬가 疑心하고 各方面으로 다른 詩形을 차저 본 일이 잇섯든 結果 高麗時代에 流行하든 詩歌를 發見함에 及하니 … [5]

李朝에는 龍飛御天歌 月印千江曲을 爲始하여 靑丘永言 海東歌謠 歌曲源流 等 歌詞詩調集이 無數히 잇스나 高麗 때엔 무엇이 잇섯는고 - 퍽 궁금하기를 마지 아니하엿다. 그래 先輩長者들에게 널리 물어본 結果 … 數年 後에 비로소 李王職藏書館에 俗樂歌詞란 책이 잇고 거기에는 時代不明한 古歌가 만히 잇다는 것을 알엇다. 그 후 그 古歌들을 본즉 確實히 高麗의 것이라고 考證되는 者도 적지 안헛다.[6]

이 두 글에는 그 당시 지식인들 사이에 '고려가요'에 대한 정보가 전혀 공유되어 있지 않았던 정황이 담겨 있다. 조선의 노래로 용비어천가 혹은 시조가 있는 것으로 알고 있지만, 그 이전의 가요에 대해서는 공히 未知의 상태였음을 고백하고 있다.

이러한 의심과 궁금증에서 고려가요를 확보하려는 욕구와 움직임이 나타나게 된다. 안확은 "結局 高麗時代에 流行하든 詩歌를 發見"하게 되었고, 김태준의 역시 꾸준한 관심으로 선배들에게 수소문한 결과 "李王職藏書館에 俗樂歌詞란 책이 잇고 거기 … 그 古歌들을 본 즉 高麗의 것이라고 考證되는 者가 적지 않음"을 알게 된 것이다.

이후 이들은 그 결과물들을 각각 公刊한다. 안자산의 고려가요 텍스트 公刊은 세 차례에 걸쳐 이루어지는데, 1차는 전술한 1927년 「麗朝時代의 歌謠」에서, 2차는 1929년 「朝鮮詩歌의 苗脈」[7]에서, 3차는 1930년 「朝鮮歌詩의 條理 一~十四」[8]를 통해서이다. 3차분[9]인 1930년 『동아일보』의 지면을 통해

---

5 안자산, 상게서, 152면.
6 김태준, 「고려가사시비-양주동씨에게 일언함」, 『조선일보』, 1939년 6월 10일자.
7 안자산, 「조선시가의 묘맥」, 『별건곤』 12월호, 개벽사, 1929.
8 안자산, 「조선가시의 조리 1~14」, 『동아일보』, 1930년 4월 16일~9월 21일 연재.
9 1차분인 「여조시대의 가요」에서는 보현십원가 11수의 원문·도이장가의 원문·경기체가 몇

소개한 작품을 보이면 다음과 같다. (밑줄은 필자)

睿宗의 短歌·鄭瓜亭·北殿(9월 5일), 井邑詞·西京別曲·가시리(9월 6일), 靑山別曲·感君恩·雙花店(9월 7일), 靖東方·儒林歌(9월 9일), 動動(9월 10일), 鄭石歌(9월 11일), 處容歌·履霜曲·漁父歌·鳳凰吟(9월 13일) 思母曲·文德曲·滿殿春別詞(9월 14일), 翰林別曲(9월 16일), 關東別曲·竹溪別曲(9월 18일)

한편, 김태준은 1934년 조선어문학회 기획으로 『朝鮮歌謠集成』[10]을 펴내게 된다. 비록 『조선가요집성』이란 제명을 달고 있지만, 同學의 평판 "新羅歌謠篇 二十四首, 百濟古歌篇 二首, 高麗歌詞篇 二十二首, 李朝初期의 것 五十首 등의 어느 것이 佳作이 아니랴마는 特히 高麗歌詞篇 以上은 可히 몇 十 年만에 찾어낸 옛 어버이 모습 같은 感激을 자아내는 者들이다. … 무엇이 어떻다 하여도 이 冊 가운데서는 高麗歌詞의 撰出과 그 解讀이 壓卷일 것이다."[11]을 보면 '고려가사의 選出'이 이 책이 지닌 가장 특징적인 면모 중 하나였던 것으로 확인된다. 고려가요 부분을 소개하면 다음과 같다. (밑줄은 필자)

百濟古歌(附高句麗) : 井邑詞·山有花
高麗歌詞 : 睿宗이 二將을 悼한 노래·動動다리·處容歌·鄭瓜亭(眞勺)·翰林別曲·西京別曲·鄭石歌(딩아돌아)·靑山別曲(살어리)·滿殿春別詞·履霜曲·思母曲·雙花店·가시리·感君恩·關東別曲(安軸)·竹溪別曲(安軸)·楞嚴讚·觀音讚·西往歌1(懶翁和尙)·西往歌2(懶翁和尙)·樂道歌(懶翁和尙)

수(한림별곡·관동별곡·화산별곡·기우목동가·육현가)를 소개하고 있고, 2차분인 「조선시가의 묘맥」에서는 정읍사 전문·서경별곡 일부·청산별곡 제8장·정석가 구슬장·만전춘 제1장을 소개하고 있다.
10 김태준, 『조선가요집성』, 조선어문학회, 1934.
11 서두수, 「조선가요집성」, 『동아일보』, 1934년 2월 27일, 3면.

이들의 公刊은 세 가지 측면에서 의의를 지닌다. 하나는 이들로 인해 고려가요의 각 편이 목록화될 수 있었고, 나아가 학적 연구대상의 범주를 확정할 수 있게 되었다는 점이다. 위에서 보이는 "井邑詞·動動·處容歌·鄭瓜亭·西京別曲·鄭石歌·青山別曲·滿殿春別詞·履霜曲·思母曲·雙花店·가시리"의 12편은 현대의 고려가요 개론서에서 빠짐없이 등장하는 작품들인데, 이로 이 두 公刊이 짜 놓은 틀의 핵심이 현대까지 계승되고 있음을 확인할 수 있다. 둘째, 노랫말과 그 관련 기록들을 폭넓게 全載하여 학계와 일반에 공개함으로써 고려가요의 본격적 연구에 누구나 참여할 수 있는 바탕을 마련해 주었다는 점이다. 당시만 해도 학자나 일반인들이 쉽게 접근할 수 없었던 태백산본 『악학궤범』과 李王職藏書館의 『속악가사』의 노랫말을 轉寫하여 신문지면이나 출판물로 公刊함으로써 학술의 대중화를 이끌어 내게 된 것이다. 셋째, 고려시대의 노래를 대거 발굴하여 학계와 일반에 보고함으로써 그동안 공백으로 여겨졌던 고려시내의 가요 정황을 메우게 되었다는 점이다. 1930년대 초반, 우리의 노래라고 하면 1929년 소창진평에 의해 해독된 향가 25수와, 『청구영언』 등으로 전하던 조선시대의 시조를 대표로 삼았었는데 이들에 이르러 곡목과 노랫말이 구체적으로 제시됨에 따라 국문 시가를 史的 안목으로 다룰 수 있는 기틀을 마련[12]하게 된 것이다.

한편, 안확과 김태준의 업적은 현대 고려가요 연구의 시발점이자 초석이 되었지만, 현대의 학적 기준으로 엄밀히 살펴볼 때 흠이 전혀 없는 것은 아니었다. 그 중 가장 큰 것이 텍스트의 불완전한 轉載이다. 이들이 公刊한 것을 『악학궤범』과 『악장가사』의 원문에 비추어 면밀히 살피면 적지 않은 곳에서 誤植이 나타남을 본다. 고려가요를 수록하고 있는 『악학궤범』과 『악장가사』가 학계 일반에 충분히 공개되지 못한 상황에서, 가장 손쉽게 원전

---

[12] 한국 시가사의 일획을 그은 조윤제의 『조선시가사강』은 1937년 발간되는데, 이 두 연구자의 公刊이 없었더라면 훨씬 더 많은 시간과 고충이 필요했을 것이다. 두 업적과 조윤제의 저술을 비교해 보면 고려가요의 발생과 향유 배경을 알려주는 자료가 일치하는 것이 많이 보이는데 이로 두 업적이 후학에 끼친 便益을 넉넉히 짐작할 수 있다.

을 확인할 수 있게끔 제공된 저술들에서 생겨난 오류들은 후에 일부 후대 연구서에서 그대로 답습되어 誤釋의 요인이 되기도 하였다.[13] 오류의 정황 일부를 간략히 예시하면 다음과 같다.

조롱곳누로기이와잡ᄉ와니내엇지하리잇고⌀⌀⌀⌀⌀⌀⌀⌀⌀⌀⌀

〈안확〉

조롱곳누로기미와잡ᄉ와니내엇더ᄒ리잇고얄리얄리얄랑셩얄라리얄라

〈김태준(1939), 90면〉

조롱곳누로기미와잡ᄉ와니내엇디ᄒ리잇고얄리얄리얄라셩얄라리얄라

〈악장가사 原典〉

어와아비즈이며處容아븨즈이여⌀⌀滿頭揷花계우샤기울어신메리예

〈안확〉

어와이비즈이여處容아븨즈이여附葉滿頭揷花계오샤기울어신머리예

〈김태준(1934), 37면〉

어와아븨즈이여處容아븨즈이여附葉滿頭揷花계오샤기울어신머리예

〈樂學軌範 原典〉

3. 1930~40년대의 語釋

3.1. 김태준의 『高麗歌詞』

고려가요 텍스트가 공개되자 학계에서는 이의 해석에 노력을 傾注하기

---

13 이 현상은 김태준의 『고려가사』(1939)와 지헌영의 『향가여요신석』(1947)에서 두드러진다. 김태준의 책에 나타난 독특한 원문오류가 지헌영의 『향가여요신석』에 그대로 답습된 경우가 적지 않다. 가령, 김태준이 잘못 인식한 '누로기 미와'에 근거하여 지헌영 역시 '누룩이 메워, 가득히 채워'(지헌영, 상게서, 123면.)로 해독하고 있음을 본다.

시작한다. 1929년 소창진평의 향가연구에 자극받아 우리의 古歌硏究에 주목하던 당대의 학적 분위기를 감안할 때 이러한 움직임은 필연적인 것이었다.

먼저 선편을 잡은 것은 김태준이었다. 김태준은 1934년에 간행한 『조선가요집성』이 지닌 한계 - 校正의 不完全性 - 를 늘 마음에 두고 있었다.[14] 그리하여 고려가요만을 떼어내어 1939년 『高麗歌詞』라는 주석서를 저술한다. 원문을 제시하고 이해가 어려운 어구를 지목해 해설을 하는 식이었다. 그 방식을 예시하면 다음과 같다.

原文 : 四月 아니니저 아으 오실셔 곳고리새여　　　　　　〈동동 四月〉
註 : "곳고리새여 - 黃鳥(꾀꼬리). 訓蒙字會에서「鶯」을 곳고리앵이라 하였다."

〈김태준, 『高麗歌詞』, 學藝社, 1939, 26면.〉

이러한 방식은 주석서로서의 틀을 무난히 갖춘 것이라 할 수 있다. 고려가요로 알려진 작품들을 망라하여 원문을 제시하고 그 중 어려운 어구를 옛 문헌이나 자신의 배경 지식을 통해 해석해 나가고 있음을 보기 때문이다. 즉 "원문 - 난해 어휘 선별[곳고리] - 문증[訓蒙字會]"의 세 단계를 밟고 있는 것이다.

그러나 최초의 주석서 『고려가사』[15]는 다음과 같은 약점을 지닌다. 첫째, 본격 학술서로서의 형식을 갖추고 있는 것에 비해 원문의 검증이 부실했다는 점이다. 1934년의 『조선가요집성』에서도 적지 않은 오류가 있었지만 1939년의 『고려가사』는 그것보다 더 부실한 원문 상태를 보이고 있다.

---

14 "너무도 기쁜 나머지 『朝鮮歌謠集成』을 編해 본 것이엿다. … 그러나 나도 倉卒間에 만든 일이라 註釋과 校正이 不完全한 것이 만흔 것은 勿論이였고 … 徐徐히 硏究를 거듭하여 後日의 機會에 좀 더 完全한 『高麗歌詞集』을 내 노흐려고 생각해 왓섯다." 〈김태준, 「고려가사시비-양주동씨에게 일언함」, 『조선일보』, 1939년 6월 10일자.〉

15 1934년에 펴낸 『조선가요집성』에도 약간의 설명이 부기되어 있으나, 전격적으로 어구를 풀이한 한 최초의 저술은 『고려가사』라 할 수 있다.

다음 약점은 문증이 소극적으로 이루어져 있다는 점이다. 위에서 '곳고리'를 설명하기 위해 『訓蒙字會』를 인용한 것을 보았지만, 책 전체를 통틀어 볼 때 이러한 부분이 매우 드물다는 점이다.[16] 그리고 문증 이외 방언과 민속을 이용한 주석도 보이고 있다. 하지만, 주석은 1차적으로 문증이고, 문헌적 실례가 없을 때 택할 수 있는 것이 민속적, 방언적 활용이다. 이 점에서 주석서로서의 『고려가사』는 한계가 있다.

이 책이 지닌 주석적 약점 중 가장 큰 것은 해석의 결과가 고르지 못한 곳이 많다는 점이다. 즉 경우에 따라서는 빼어난 해석[17]을 행하기도 하였으나 일부의 구절에서는 다음과 같은 水位의 해석이 돌출하기도 했다는 것이다.

六月ㅅ보로매 아으 별해 ᄇ론 빗다호라 도라보실 니믈 적곰 좃니노이다
〈동동 6월〉
六月 보름에 아아 흐르는 별빛 갓고나 못니즐 님을 제각금(별이나 사람이나) 쫒는 도다
〈34면〉

김태준의 『고려가사』가 고려가요 수석의 先鞭이 되며 학계의 첫머리에 놓이자 양주동은 「古文學의 受難」이라는 기고문을 통해 이에 대한 전면적 비판[18]을 가한다. 이것은 아마 잘못된 주석이 초래할 고문학 이해의 혼란에 대한 우려 때문이었을 것이다. 그리고 한달이 되지 않아 새로운 어석을 연

---

16 『고려가요』의 주석을 위해 동원된 문헌은 『삼국유사』, 『삼국사기』, 『고려사』 등을 포함하여 총 20종에 불과하다. 대부분 작품과 관련된 한시나 역사적 관련 기사를 위해 인용되었고, 麗謠 주석의 본질이라고 할 수 있는 '고유어'의 문증은 『訓蒙字會』에서 6회, 『천자문』에서 2회 인용했을 뿐이다.
17 그가 한 해석 중에 현재까지도 유력한 풀이로 남아 있는 몇 예를 보이면 다음과 같다.
새셔가만하여라(동동 9월) - 歲序가 晩하여라, 져미연 ᄇ룻(동동 10월) - 얇게 썬 보리수, 소셩경(서경별곡) - 작은 서울, 셜믜(처용가) - 聰明·知慧 예컨대 눈셜믜(目巧) 등.
18 양주동, 「고문학의 일수난 김태준씨의 근저 여요주석(1~2)」, 『조선일보』, 1939년 5월 28일~5월 30일.

재하는데 그것이 바로『동아일보』에 실린「고가요의 어학적 연구」[19]이다.

2) 양주동의『麗謠箋注』

　동아일보에 실었던「정읍사」,「동동」,「처용가」,「정과정」이 모태가 되어 1947년 드디어『여요전주』[20]가 출간된다. 이 저술은 고려가요 연구 70년사를 통틀어 가장 우뚝한 업적이 되며 가장 긴 그림자를 학계에 드리우고 있는데, 그렇기에 이의 설명에 상당한 지면을 할애하지 않을 수 없다. 잘 알려진 에피소드지만, 일찍이 자신이 수립한 학설에 이숭녕을 위시한 諸家들이 학적 시비를 걸자, 이를 "山 밑에 지나가는 빗소리·나의 舊說에 색다른 칠을 하여 꾸민 新說 혹은 臆說"[21] 등의 말로 일축한 적이 있는데, 당시의 연구사를 면밀히 검토해 볼 때 그 말이 가히 과장만은 아님을 알 수 있다. 그의『여요선주』는 주석에 소요된 문헌의 양으로 보나, 자료 각편의 질로 보나 1940년대의 업적이라고는 믿기 어려울 정도의 방대함과 정밀함을 갖추고 있다.

　이 책이 지닌 기본적인 장점은 일자 일획을 빠뜨리지 않고 설명한 섬세한 기술체계에 있다.『악학궤범』과『악장가사』에 수록된 〈정읍사〉(28), 〈동동〉(140), 〈處容歌〉(108), 〈정과정〉(33), 〈쌍화점〉(37), 〈서경별곡〉(39), 〈청산별곡〉(69), 〈정석가〉(49), 〈이상곡〉(40), 〈사모곡〉(20), 〈가시리〉(21), 〈만전춘〉(53) 등 12수[22]를 배열하고, 각 작품을 대체로 어절 혹은 품사별로 끊어 1條로 삼았는데 12수의 條가 무려 609條에 이른다.[23]

---

[19] 「정읍사」(1939.6.21.~1939.7.12, 10회),「동동」(7.23~8.25, 20회),「처용가」(10.8.~11.16, 21회),「정과정」(1940.2.8~1940.2.20, 9회)
[20] 양주동,『여요전주』, 을유문화사, 1947.
[21] 양주동,「古歌箋箚疑」,『인문과학』2집, 연세대학교 인문과학연구소, 1968, 3면.
[22] 총 16수가 수록되어 있으나 〈한림별곡〉, 〈관동별곡〉, 〈죽계별곡〉, 〈도이장가〉는 제하고 논한다.
[23] 위 작품 옆 괄호 속의 숫자가 각 작품이 지닌 條의 개수이다.

주석의 대상을 609條로 설정하고 모든 條에 옛 문헌에 근거하여 평이한 어휘[24]부터 가장 난해한 어휘에 이르기까지 낱낱이 古語로 문증을 행했는데, 그 인용례를 헤아려보면 총 1616個에 이른다. 1條를 설명하는 데 3개 가량씩의 문헌례를 예시하였던 것이다. 가장 기본적인 틀 하나를 예시하면 다음과 같다. (〈동동〉의 3월령 '滿春들욋고지여'에 대한 설명임.)

(3) 고지여 「곶」(花)의 感嘆法呼格.
곶됴코 여름ᄒᆞᄂᆞ니 (灼灼其華, 有灼其實)　　　(龍歌一章)
ᄀᆞᅀᆞᆯ고지 드리옛고 (垂秋花)　　　　　　　(杜諺卷一·三)
나ᄂᆞᆫ 고ᄌᆞᆯ 박차(蹴飛花)　　　　　　　　(杜諺卷十五·三三)
花曰 骨　　　　　　　　　　　　　　　　　(鷄林類事)

〈양주동, 상게서, 94~95면.〉

이상과 같은 기술방식이 한 條에 해당하는데, '곶'이라는 비교적 평이한 어휘의 설명에도 매우 체계적이고 충실한 문증을 하고 있음을 보인다. 먼저 『용비어천가』에서는 기본형 '곶'의 용례를 보인다. 다음 『두시언해』를 이용해 주격의 '고지'와 목적격의 '고ᄌᆞᆯ'을 보인다. 고유어 체언의 격변화 모습을 확인할 수 있게끔 구성한 것이다. 마지막에 달린 『계림유사』의 용례 또한 의도를 가지고 있다. 선행했던 인용이 모두 조선 초의 것인바, 고려시대에도 '花'가 '곶'이었을까라는 의문에 답하기 위한 것이다. "12세기의 자료인 『계림유사』에 '花曰骨'로 되어 있으니 고려시대에도 '花는 곶이다'란 행간의 의미를 실은 치밀한 문증인 것이다.

이러한 방식으로 그는 609개에 이르는 條를 설명해 나간다. 그 과정에서 인용된 자료 또한 방대할 수밖에 없는데 그 수를 잠시 헤아려 보면 총 113

---

24 "註釋 中에 極히 平易한 말까지 引證을 끄리지 안헛음은 써 語彙와 音韻의 變遷材料를 삼기 위함이오." 〈양주동, 『동아일보』, 1939년 6월 21일, 4면.〉

種에 이른다. 양주동 이전에 있었던 김태준의 『고려가사』가 20여 권의 자료를 참고한 것에 비교해 볼 때, 여기에 들인 그의 열정과 공력이 어느 정도였는지 짐작하기 어렵지 않다.

한편 그가 인용한 古書의 면면과 빈도도 확인해 둘 필요가 있다. 가장 성공적인 주석서가 섭렵한 자료의 범위를 확인하는 것은 그 주석서를 보완하고 뛰어넘기 위한 범위를 재설정하는 것에 다름 아니기 때문이다. (괄호 속의 숫자는 문헌의 편찬 연대와 『여요전주』에서의 인용 횟수, 밑줄 그은 글자는 50회 이상 인용된 책.)

가정집(稼亭集이곡1298~1351, 1回)·경도잡지(京都雜志유득공1749~1807, 1)·**계림유사(鷄林類事1103, 52)**·고려사(高麗史1451, 21)·고려사절요(高麗史節要1452, 1)·고산유고(孤山遺稿윤선도1587~1671, 1)·고시조(古時調, 1)·구해남화경(句解南華經1683, 1)·균여전(均如傳1075, 16)·근재집(謹齋集안축1282~1348, 7)·금강경언해(金剛經諺解1464, 12)·금강경삼가해(金剛經三家解1482, 6)·난중잡록(亂中雜錄1610, 1)·노계집(蘆溪集박인로1561~1642, 9)·논어언해(論語諺解1601, 1)·농암집(聾巖集이현보1467~1555, 5)·능엄경언해(楞嚴經諺解1461, 4)·단속사신행선사비(斷俗寺神行禪師碑813, 1)·대동운부군옥(大東韻府群玉1589, 1)·대명률직해(大明律直解1935, 4)·대승의장(大乘義章중국혜원523~592, 4)·도산십이곡(陶山十二曲이황1501~1570, 5)·도은집(陶隱集이숭인1347~1392, 1)·동국세시기(東國歲時記홍석모1781~1850, 11)·동국통감(東國通鑑1485, 3)·**두공부시언해(杜工部詩諺解1481·1632, 343)**·목우자수심결(牧牛子修心訣1467, 11)·목은집(牧隱集이색1328~1396, 5)·몽산화상법어약록(蒙山和尙法語略錄1467, 22)·몽유편(蒙喩篇1810, 2)·무릉잡고(武陵雜稿1581, 2)·물암집(勿岩集김륭1549~1593, 2)·법어(法語1466, 11)·법화경언해(法華經諺解1463, 35)·법화경(法華經, 1)·법화문구(法華文句記중국담연711~782, 2)·불우헌집(不憂軒集정극인1401~1481, 3)·불전제언해(佛典諸諺解, 1)·불정심다라니경(佛頂心陀羅尼經1485, 5)·사성통해(四聲通解1517, 2)·삼강행실도(三綱行實圖1471, 32)·삼국사기(三國史記1145, 24)·삼국유사(三國遺事1281, 31)·상원사중창권선문(上院寺重創勸善文1464, 17)·서전언해(書傳諺解1601, 10)·석보상

절(釋譜詳節1449, 4)·석봉천자문(石峰千字文1583, 19)·선가귀감(禪家龜鑑諺解1579, 1)·선종영가집언해(禪宗永嘉集諺解1464, 49)·성종실록(成宗實錄재위1469~1494, 2)·성호사설(星湖僿說이익1681~1763, 3)·세종실록(世宗實錄재위1418~1450, 6)·소학언해(小學諺解1666, 2)·송강가사(松江歌辭정철1536~1593, 29)·송사(宋史중국1345, 1)·식우집(拭疣集김수온1409~1481, 1)·시경(詩經, 1)·시전언해(詩傳諺解1601, 4)·시조제본(時調諸本, 2)·신전자취염초방언해(新傳煮取焰硝方諺解1635, 2)·신증동국여지승람(新增東國輿地勝覽1530, 5)·신편보권문(新編普勸文 未詳, 1)·쌍계사진감선사탑비(雙谿寺眞鑒禪師大塔碑887, 1)·아미타경언해(阿彌陀經諺解1464, 3)·아언각비(雅言覺非1819, 3)·**악장가사(樂章歌詞조선중종조, 67)·악학궤범(樂學軌範1493, 52)**·안씨가훈(顏氏家訓중국안지추531~591, 1)·양서(梁書중국629, 2)·여씨향약언해(呂氏鄉約諺解1518, 3)·역어유해(譯語類解1690, 1)·연려실기술(練藜室記述이긍익1736~1806, 1)·열양세시기(洌陽歲時記1819, 2)·예기대문언독(禮記大文諺讀1767, 1)·**용비어천가(龍飛御天歌1447, 201)**·용재총화(慵齋叢話1525, 2)·원각경언해(圓覺經諺解1465, 11)·**월인석보(月印釋譜1459, 196)**·유합(類合 安心寺板선조조, 5)·육조법보단경(六祖法寶壇經1496, 11)·이두편람(吏讀便覽1829, 5)·이륜행실도(二倫行實圖1518, 11)·이재유고(頤齋遺稿황윤석1729~1791, 1)·??(이첨1345~1405滿天明月~, 1)·익재난고(益齋亂藁이제현1287~1367, 1)·일본서기(日本書紀일본720, 2)·자암집(自庵集김구1488~1534, 2)·정도사조탑기(淨兜寺造塔記1031, 2)·정속언해(正俗諺解1518, 4)·정심계관(淨心誡觀중국윤감1006~1061, 1)·주유마경(註維摩經중국도생 5세기, 2)·죽계지(竹溪志1544, 5)·중경지(中京志1855, 2)·증도가남명천선사계송(證道歌南明泉禪師繼頌1482, 33)·동국문헌비고(增補東國文獻備考1770, 1)·지봉유설(芝峰類說이수광1563~1628, 1)·천자문(千字文安心寺板선조조, 4)·첩해신어(捷解新語1676, 3)·통도사국장생석기(通度寺國長生石標1083, 1)·퇴계집(退溪集이황1501~1570, 1)·투호아가보(投壺雅歌譜, 1)·한불자전(韓佛字典1880, 1)·함종세고(咸從世稿어변갑 등 1510, 1)·해동가요(海東歌謠, 1)·해동역사(海東繹史한치윤1765~1814, 2)·해부잡록(海府雜錄, 1)·허백당집(虛白堂集성현1439~1504, 3)·현응음의(玄應音義중국현응649, 1)·화동정음통석운고(華東正音通釋韻考1747, 1)·**훈몽자회(訓蒙字會1527, 110)**·훈민정음(訓民正音1443, 15)·휘진록(揮

塵錄중국12세기, 1)·흥법사진공대사탑비음(興法寺眞空大師塔碑940, 1)[25]

거의 국보급 자료를 나열했다고 해도 무방할 참고 문헌은 대체로 가장 이른 시기의 한글 자료를 중심으로 분포되어 있으며, 최소 1회에서 최대 343회까지의 인용빈도를 보이고 있다. 가장 많이 인용된 문헌은『杜詩諺解』(343회)이고 그 뒤를『龍飛御天歌』(201회),『月印釋譜』(196회),『訓蒙字會』(110회)가 잇고 있다. 이 4種의 서적에서만 총 850회로 총 1616조의 반 이상의 인용을 행한 셈이다.『두시언해』,『용비어천가』,『월인석보』는 官撰 書籍으로 표기의 정확도가 매우 높다는 점, 그리고 가장 이른 시기의 한글 문헌이란 점이 감안된 인용이었던 것으로 파악되고,『훈몽자회』의 경우 가장 이른 시기의 천자문류로서 역시 신뢰도를 보장받을 수 있는 이에 의해 편찬된 책이란 점, 더불어 한자와 고유어가 동시에 기재되어 있어 '명사'의 풀이에 인용하기가 매우 적합했다는 점이 감안된 인용이었던 것으로 보인다. 이러한 인용은 무척 신중한 것이었는데 인용의 방대함과 맞물려 이러한 인용의 질이 양주동의『여요전주』를 더욱 불후의 저술로 인정받게 한 것이다.

한편 인용이 1~2회에 그치고 있는 자료도 많다는 점은 주목을 요한다. 평이한 고유어 용례라면 대체로『두시언해』나『용비어천가』같은 곳에서 발견되기 마련이다. 그러나 그런 곳에서 보이지 않는다는 것은 그 고유어가 상당한 僻字임을 의미하는 것이다. 이 때는 별다른 지름길이 있을 수 없

---

[25] 이 문헌들은 일사 방종현, 육당 최남선, 일석 이희승, 가람 이병기 등의 학자들로부터 빌린 것들이라 한다.
"小倉씨의 著書를 읽은 다음날 나는 장기판을 패어서 불때고 英美문학서는 잠간 궤 속에 넣어 두고 上京하여 한글 옛 문헌 藏書家 여러분-故 一簑〈方鐘鉉〉·〈六堂〉·一石〈李熙昇〉·가람〈李秉岐〉諸氏를 歷訪하여 귀중한 문헌들을 한 두달 동안의 기한으로 빌었다. 그 國寶급의 藏書들을 아낌없이 빌려 주던 諸家의 厚意를 나는 잊을 수 없다."〈양주동,「신라가요연구」,『매일경제신문』, 1969년 3월 6일.〉

다. 그 고유어가 보일 때까지 그 곁의 서적을 차례로 다 훑어 나가야 하는 것이다. 위의 인용빈도에서 소수 인용이 많이 보인다는 것은 양주동이 용례 하나를 찾기 위해 책 전체를 섭렵하는 수고로움을 피하지 않은 성실한 연구자였음을 방증하는 사례라 하겠다.

그러나 위와 같은 방대한 자료 섭취과 열성에도 불구하고 여전히 해결되지 않은 문제는 있다. 하나는 그가 대본으로 삼은 노랫말의 원본, 즉 『악장가사』와 『악학궤범』이 임진왜란 이후의 것이라 자형이 뭉개지거나 자획이 떨어져 나간 곳이 적지 않았다는 점, 그로 인해 원전 자체를 오인하여 해석을 행한 곳이 있었다는 점과, 방대한 문헌 섭렵을 행하긴 했지만 여전히 그 발견되지 않은 고어가 있었다는 점이 그것이다. 『여요전주』의 작품 첫머리에는 원전을 먼저 전재하여 그가 파악한 원전을 모습을 확인할 수 있게 되어 있는데, 그곳에서 문제시될 만한 것을 보이면 다음과 같다.

〈동동〉 나ᅀᆞ라 오소이다, 비취실 즈ᅀ이샷다, 나미 브롤 즈을, 四月 아니 니치, 願을 비ᅀᆞ노이다, 나올 盤 므르ᅀᆞ노이다
〈處容歌〉 아비즈이여, 깅어신 눈 셥[닙]에, 오ᅀᆞ어신 누네, 누고지이, 모다지이,
〈정과정〉 물힛마러신뎌, 슬읏브뎌[26]

그리고 그가 문헌에서 찾지 못하여 "문헌에 所見이 없으나 …"로 自述하였거나, 혹은 문증을 하긴 하였으나 未盡하다고 판단되는 것을 망라해 보면 다음과 같다.

정읍사 : 後腔前져재, 내가논딕
동동 : 곰빅·림빅, 오소이다(序聯), 몸하(1月), 滿春들 욋고지여(3月), 수릿날 아참 藥(5月), 젹곰(6月), 黃花고지 안해 드니새셔 가만ᄒᆞ애라(9月), 져미연 ᄇᆞ릇(10

---

[26] 이 표기들의 원래 모습은 4장의 표를 참조할 것.

月), 슬훌 스라온뎌(11月), 분디남ᄀ로 갓곤 나슬 盤잇 져(12月), 소니가재 다므ᄅ 웁노이다(12月)

처용가: 깅어신 눈섭, 웅긔어신 고, 설믜 모도와, 界面 도ᄅ샤, 마아만마아만ᄒ니여, 머자 외야자 綠李야, 신고훌믜야라

정과정: 벼기더시니(문헌에 용례를 찾지 못하였으나 …), 믈힛마러신뎌, 슬읏브뎌, 도람 드르샤

쌍화점: 회회아비·삿기광대, 덦거츠니, 三藏寺, 싀구비가.

서경별곡: 쇼셩경고외, 네가시럼난디

청산별곡: 살어리랏다, 잉무든 장글란, 나마자기, 에정지, 사스미 짒대예 올아셔 奚琴을 혀겨를 설진 강수, 조롱곳 누로기

정석가: 딩·돌, 삭삭기 셰몰애, 三同

이상곡: 서린 석석 사리, 잠짜간 내 님, 열명길

사모곡: 큰 문제 없음.

가시리: 선하면, 셜온 님.

만전춘: 아련 비올, 니블 안해 麝香각시를 아나누어, 藥든 가슴

유구곡: 우루믈 우루디

상저가: 디히, 게우즌[27]

---

[27] 이상의 난해구 중, 〈유구곡〉과 〈상저가〉는 『여요전주』에서 다루지 않은 작품이지만 고려가요 연구사 전체로 볼 때 어석의 문제가 있기에 포함시켰다. 또, "수릿날 아ᄎᆞᆷ 藥(5月)·黃花고지안해드니(9月)·분디남ᄀ로 갓곤 나슬 盤잇 져(12月)·界面 도ᄅ샤·머자 외야자 綠李야·신고훌 믜야라·회회아비와 삿기광대·사스미 짒대예 올아셔 奚琴을 혀겨를·조롱곳 누록·니블 안해 麝香각시를 아나누어·藥든 가슴"과 같은 부분은 어석의 문제라기보다는 민속적 문제에 가깝지만, 시의 완전한 의미 이해를 위해서는 해명되었어야 할 부분이므로 같이 넣었다.

4. 1950~60년대의 語釋

1) 텍스트의 추가 발굴

1930년대 초에 안확·김태준이 고려의 가요를 집성하여 公刊한 것은 전술한 바 있다. 그리고 양주동이 그것을 이어받아 『여요전주』를 저술하였지만 원전의 불안을 안은 상태에서 연구가 진행된 측면이 있음도 전술했다. 이들이 참조한 대본은 태백산본 『악학궤범』과 이왕직장서관 소장의 『속악가사』(=악장가사)였다. 그러나 이 두 대본들은 모두 임진왜란 이후에 인출된 목판들로 그렇기에 隻字半劃을 다투는 어석의 현장에서는 다소의 불안을 지니고 있었다. 특히 반치음의 경우 'ㅇ'과의 구분이 불분명했으며, 모음 'ㅏ·ㅓ' 등에서 획이 떨어져 나가 'ㅣ'로 인출되어 있는 경우도 적지 않았다. 이러한 隘路에서 이들은 저마다의 방식으로 원전을 신뢰하거나 교정하면서 연구를 진행해 왔던 것이다. 원전을 다르게 설정한 채 어석을 행한 두어 사례를 보이면 다음과 같다.

누루기 미와	㉠ 미와 : 메워서	〈김태준(1939), 상게서, 91면〉
(청산별곡)	메워·가득히 채워	〈지헌영, 상게서, 123면〉
	㉡ 미와 : 「밉」의 連用形. 「밉」은 「辛·熱」의 義.	
		〈양주동, 상게서, 330면〉
四月 아니 니지	㉠ 니저 : 잊고서	〈김태준(1939), 상게서, 26면〉
(동동)	잊어(忘)	〈지헌영, 상게서, 82면〉
	㉡ 니지 : 「닞」(忘)의 副詞形. 「ㅣ」는 副詞形助詞.	

〈청산별곡〉의 경우 이왕직장서각본 『악장가사』에 '미와'로 인출되어 있는데 이를 김태준과 지헌영 등의 연구자들은 '미와'로 판독하여 해석한 반면 양주동은 'ㆍ[아래 애]'가 판각 과정에서 탈락한 것으로 보아 이에 'ㆍ'를 보충하여 '뫼와'로 해석하고 있다. 태백산본 『악학궤범』에 실린 〈동동〉의

'니지'는 오히려 반대 상황이지만 유형적으로는 마찬가지의 대립을 보이고 있다. 김태준과 지헌영은 탈획을 보충하여 '니저'로 보고 있는 반면, 양주동은 판각된 그대로의 글자 '지'로 보고 해석하고 있다. 이런 대립은 원전이 지닌 결함이 야기한 필연적 결과였다.

그런데 50년대와 60년대를 거치며 이러한 상황을 타개해 줄 새로운 자료가 연달아 학계에 보고되기 시작한다. 1967년 김지용이 『국어국문학』(36~38권)을 통해 공개한 봉좌문고본 『악장가사』와 역시 동일인이 발굴하여 연세대학교 인문과학연구소를 통해 영인한 『악학궤범』(1968)이 그것이다. 이 본들은 모두 임진왜란 이전에 인출된 것들이었기에 자획이 선명한 장점이 있었다. 기존 학계에서 사용하던 태백산본 『악학궤범』과 68년 새로이 소개된 봉좌문고본 『악학궤범』에서 보이는 자획의 차이를 대교해 보면 다음과 같다.

	악학궤범	
	태백산본 (현 서울대도서관소장본)	봉좌문고본
동동	나ᄋ라 오소이다 비취실 즈ᅀ샷다 나민 브롤 즈을 四月 아니 니지 願을 비ᅀ노이다 嘉俳니리마른 나ᄋᆯ 盤, 므르ᅀ노이다	나ᅀ라 즈ᅀ 즈슬 니저 비ᅀ 나리 나ᄉᆯ ᅀ
처용가	아븨즈이여, 깅어신 눈닙[섭][28]에 오ᅌᆞ어신누네 굽거신히[허]리예 길이[어]신허튀예 누고지어(3회) 모다지어	즈ᅀ 깅어신 눈섭에 오ᄉᆞ어신 허리예 길어신 누고 지서 지서
정과정	믈힛마러신뎌 슬읏브뎌	믈힛마리신뎌 슬읏븐뎌
정읍사	자획의 탈락이나 변형이 없음.	

국어국문학에 실린 봉좌문고본『악장가사』역시 그 이전 학계가 사용하던 것에 비해 선명한 자획을 보여준다. 이 둘의 비교에서 연구사적으로 유의미한 차이를 보이는 것은 아래의 1항이다.

	악장가사	
	舊 이왕직장서각본	봉좌문고본
청산별곡	누로기 믜와	누로기 믜와

한편, 고려가요의 외연을 넓혀준 책이 1954년 학계에 보고되었다. 통문관의 이겸로가 소장하고 있던 『시용향악보』가 그것이다. 이 책에는 『악장가사』에 실려 전하던 〈서경별곡〉, 〈정석가〉, 〈청산별곡〉, 〈가시리〉의 1장들이 악보에 얹혀 수록되어 있었고, 더불어 새로운 작품 〈상저가〉와 〈유구곡〉이 더 실려 있었다. 이로 우리의 고려가요는 14수로 확장되었던 것이다. 『시용향악보』에 실린 노랫말은『악장가사』에 실린 그것과 거의 흡사하지만 다소의 차이는 발견된다. 이를 표로 비교하면 다음과 같다.

	악장가사		시용향악보
	舊 이왕직장서각본 (현, 한중연 장서각본)	봉좌문고본	舊 통문관 소장본[29]
청산별곡	살어리랏다(2회) 靑山에(2회) ᄃ래랑∅먹고 알리알리알랑셩 알라리알라		살어리라싸(2회) 靑山의(2회) ᄃ래랑 ᄢᅡ먹고 알리알리알라 알라셩알라
사모곡	호ᄆᆡ도 놀히언마ᄅᆞᄂᆞᆫ 업스니이다 아바님도 어이어신 괴시리업세라(2회)		호ᄆᆡ도 놀히어신 마ᄅᆞᄂᆞᆫ 어쓰새라 아바님도 어싀어신 괴시리 어뻬라
서경별곡	西京이(2회) 다링디리		西京이(2회) 다링디러리

---

28 악장가사는 '눈섭'으로 나타남.
29 본고는 연세대 동방학연구소에서 영인한『시용향악보』(1954)를 사용했다.

정석가	계샹이다(2회) 先王聖代예 노이ᄋᆞ와지이다		겨샤이다(2회) 先王盛代예 노니ᄉᆞ와지이다
가시리	가시리잇고(2회) 위증즐가		가시리이소(2회), 위중즐가
기타			〈유구곡과 상저가의 반영〉

이러한 자료들의 출현은 30·40년대의 연구를 보완할 좋은 계기가 되었다. 전대의 연구자들이 오인했던 字를 교정할 수 있게 되어 원전이 지니고 있을 오류에 대한 부담감을 덜 수 있게 되었고, 또 새로운 작품이 추가됨으로써 고려가요 연구에 아연 활기를 띠게 되었다. 『악학궤범』과 『악장가사』의 善本 발굴이 67~68년경인데 68년을 기점으로 하여 전규태의 『고려가요』, 박병채의 『고려가요의 어석연구』, 김형규의 『고가요주석』이 동시에 발간된 것은 우연한 일만은 아니었다.

2) 김형규·전규태·박병채의 저술

『여요전주』이후 2000년 이전까지 고려가요 전체를 해석한 저술은 3편으로 알려져 있다.[30] 1955년의 김형규의 『古歌註釋』,[31] 1968년 전규태의 『고려가요』,[32] 역시 같은 해의 박병채의 『고려가요의 어석연구』[33]가 그것이다.

먼저 김형규의 저술은 『여요전주』와 동일한 방식을 취하고 있다. 즉, "원

---

30 본고에서는 2000년 이전의 저술과 논의만을 대상으로 한다. 2000년 이후의 논의는 향후 전망을 제시하는 장에서 간략히 다룬다. 한편, 2000년 이후의, 어석에 주안점을 둔 저술로는 다음의 2종이 있다.
최철·박재민, 『석주고려가요』, 이회문화사, 2003.
이등룡, 『여요석주』, 한국학술정보, 2010.
31 김형규, 『고가주석』, 백영사, 1955. 이후 이 책은 『고가요주석』(일조각, 1968.)로 개고된다.
32 전규태, 『고려가요』, 정음사, 1968.
33 박병채, 『고려가요의 어석연구』, 이우문화사, 1968.

문제시 - 노래의 배경이나 향유에 관한 기록 - 주석"의 구성을 취하고 있다. 이러한 방식은 주석서의 기본이기에 크게 언급할 것은 없다. 문제는 얼마나 원문을 정확히 검토하여 제시하였느냐, 노래의 배경이나 향유에 관한 기록을 얼마나 풍부하게 수집하였느냐, 주석은 어떤 새로운 근거를 들어 정확히 뒷받침하고 있느냐의 여부인 것이다. 그런데 이 점에서 볼 때 김형규의 저술은 『여요전주』를 넘어서지는 못한 것으로 평가된다. 원문에서 보이는 誤字들, 그리고 적지 않은 부분에서 양주동의 용례와 목소리가 느껴진다.

덕이여 〈동동 序詞〉
　양주동 : 接續助詞. 助詞「여」는 呼格·疑問·接續 三種의 用法이 잇는데 모다 感歎的語義를 띄엿다. 〈74면〉
　김형규 : 「여」에는 呼格·疑問·接續 三種의 用法이 있는데 모두 감탄의 뜻이 있다. 〈57면〉

져미 〈동동 10월령〉
　양주동 : 「細切·寸斷」의 義. 古文獻에 미처 所見이 업스나 이 말은 現行語에도 「고기를 저미다」 등 그대로 사용된다. 〈123면〉
　김형규 : 「細切·寸斷」의 뜻으로, 현재 남아 있는 말이다. 〈91면〉

다음 시기에 간행된 전규태의 『고려가요』 역시 김형규와 사정이 비슷하다. 다만 그는 서문에서[34] 양주동의 『여요전주』에 크게 힘입은 것을 밝히고 있다. 어구를 설명하는 방식, 인용의 출처 등에서 양주동의 『여요전주』요약한 것이라 할 수 있다. 많은 부분이 닮아 있는데 이해를 위해 한두 부분만 간략히 보이면 다음과 같다.

---

[34] "이 小著를 엮음에 있어, 梁柱東님의 『麗謠箋注』를 비롯한 여러 註釋書에 힘입은 바 많았으며 …" 〈전규태, 상게서, 4면.〉

滿春 〈동동〉

    양주동 : "「晚春」의 俗書." 〈94면〉

    전규태 : "晚春[늦봄]의 俗書인 듯." 〈37면〉

어긔야 〈정읍사〉

    양주동 : "感歎詞. 現行語 배 젓는 소리「어긔야」, 또는 무거운 짐을 다룰 때의 「어긔야차」 等이 이와 同語임은 毋論이다." 〈45면〉

    전규태 : "「아아!」 같은 감탄사로 힘에 겹거나 감격에 벅찬 나머지 나오는 소리니 뱃사공들이 배를 저을 때, 또는 무거운 짐을 다룰 때 나오는 「어기야」「어야차」「어기어차」는 이와 같은 종류의 소리이다." 〈15면〉

박병채의 저술 또한 양주동의 『여요전주』를 상당히 따른 흔적이 있다. 〈鄭石歌〉를 설명하는 부분에서 보이는 다음과 같은 부분이 그러하다.

    양주동 : 本歌 以下 「靑山別曲·思母曲·履霜曲·가시리·滿殿春」 等 六篇은 樂章歌詞에 收載되어 잇을 뿐이오, 何等 麗代所産임을 實證할 文獻의 材料가 업스나, 그 形式·語法·內容·情調 等이 上注 諸篇과 隱然히 脈絡이 相通하는 一面, 鮮朝의 것과는 스스로 甄別되는 바가 잇으므로 此等 諸篇을 亦是 麗代歌謠라 斷코저 한다. 〈334면〉

    박병채 : 本歌를 비롯한 以下 「滿殿春·履霜曲·思母曲·가시리」 등 5篇은 樂章歌詞에 所載되었을 뿐 高麗史 등 文獻에 그 名稱이나 內容에 대한 記錄이 없으므로 高麗歌謠라고 斷定할 수 없으나 그 形式과 內容 그리고 韻律的 情調가 다른 高麗歌謠와 相通하며 朝鮮의 노래와는 傾向이 다르므로 이들 5篇은 역시 高麗歌謠의 口傳으로 看做하여 두고자 한다. 〈257면〉

그러나 비록 설명의 방식이 흡사한 곳이 보이기는 하지만, 이 책의 각 條

에 인용된 용례들은 양주동의 범주와는 다르다. 이로 이 저술은 '문증의 범위'를 확장한 功이 있다.[35]

한편, 『고려가요의 어석연구』가 지닌 어석사의 또 다른 의의가 있다면 그것은 그 당시에 발굴되었던 『시용향악보』, 봉좌문고본 『악학궤범』·『악장가사』를 저술에 포함시킨 것일 것이다. 시용향악보에만 전하던 〈유구곡〉과 〈상저가〉를 고려가요 전체적 틀에서 해석하고 있으며, 임란전의 판본인 봉좌문고본들에서 새롭게 알게된 자획들을 신속히 수용한 미덕도 갖추고 있다. 다만, 교정이 새로운 해독으로 나아간 경우[36]가 보이지 않은 점은 아쉬운 점이라 할 수 있다.

5. 1970~80년대의 語釋

50~60년대 연구자들이 양주동의 그림자에서 벗어나지 못했음은 위에서 말한 바와 같은데, 이에 대한 유감을 김완진[37]은 다음과 같이 말하고 있다.

주석의 세계에서 시급히 개선되어야 할 일이 또 하나 있다. … 교재용을 겸한 듯한 반통속적인 주석서들에 있어서라면 극히 기초적인 설명이나 예증의 반복도 불가피한 것이라 하겠으나, 선배나 동료 연구자의 공업에 대한 명기가 없어 과연 어느 것이 그 개인의 영예와 책임에 속하는 것인지 분간할 수 없게 되어 있는 것은

---

35 후에 이 책은 그의 제자들 박영준, 고창수, 김정숙, 시정곤에 의해 『새로고친 고려가요의 어석 연구』(국학자료원, 1994.)로 改稿된다. 대체로 어휘와 문맥을 다듬어 보다 읽기 쉽도록 고쳐졌는데, 일부 난해구의 설명에서 이전 책과 달라진 곳이 보인다. 가령, 〈정석가〉의 난해구 '三同'을 기존의 책에서는 '方三百里의 땅'이라고 했었는데, 改稿에서는 '삼백 송이'로 풀이되어 있음을 본다.
36 〈處容歌〉에 나타난 '깅어신 - 깅어신'에서 양주동이 '길다'로 보던 것을 '깃다(무성하다)'로 교정한 것이 유일한 진전이긴 하였지만, 이는 안병희가 이미 지적한 바 있었다.
37 김완진, 「고려가요의 어의 분석」, 『고려시대의 가요문학』, 새문사, 1982, III-12.

크게 유감스러운 일인 것이다.

이와 같은 인식은 아마 70년대부터 연구자들 사이에서 반성적으로 공감해 오던 것이었던 듯한데, 70년대와 이 언급이 나온 80년에는 60년대 末과 같은 '舊說에 新說을 덧칠하는 수준'[38]의 논의는 사라진다. 이후 연구자들의 관심은 선대 연구서들에서 문증되지 않았던 어구를 발굴하거나, 이론을 통해 재구성하여 해명하려는 데로 옮겨진다. 이러한 움직임을 先導한 이로 남광우, 서재극, 김완진을 꼽을 수 있다.

남광우는 『고어사전』 집필의 관록으로 「高麗歌謠 註釋上의 問題點에 관하여」라는 제명하에 다음의 未決語句에 해석에 도전한다.

> 남광우[39] : 슬웃븐뎌, (尊稱 呼格)하, 도람드르샤, 럼비곰비, 서린, 선하면, 새셔 가만하얘라, 滿春달욋고지여, (主格)가, 내 님믈, 우니다니, 벼기더시니, 뉘러시니잇가, 말핫마리신뎌, 괴오쇼셔, 잉무든, 느믹자기, 구조개, 깆어신, 三同.

서재극과 김완진의 연구적 관심은 다음 어휘들의 해명에 놓여 있었다.

> 서재극[40] : 살어리 살어리랏다, 우러라 우러라 새여, 가던새 가던 새 본다, 잉무든 장글란 가지고, 에졍지, 사스미 짒대, 조롱곳 누로기 매와, 잡스와니, 젹곰 좃니노이다, 약이라 먹논, 고지 안해 드니, 새셔가만하얘라, 슬흘 스라온뎌, 스싀옴 녈셔

---

38 양주동(1968), 상게서, 3면.
39 남광우, 「고려가요 주석상의 문제점에 관하여」, 『고려시대의 언어와 문학』, 형설출판사, 1975, 90~91면.
40 서재극, 「여요주석의 문제점 분석」, 『어문학』 19, 한국어문학회, 1968.

김완진[41] : 슬흘ᄉ라온뎌, 드러 얼이노니 소니가재다 므ᄅᆞᇹ노이다, 以是人生,
짒대, 三同, 슬웃브뎌, 잡ᄉ와니, 네가시럼난디, 새셔가만ᄒ얘라, 滿
春들읫고지여, 깃어신, 回回와 雙花, 山象, 鄭石, 오소이다, 므슴다,
가고신딘, 슬웃브뎌, 머자 외야자 綠李야, 後腔全져재, 三災八難, 삭
삭기 셰몰애, 잠ᄯᅡ간, ᄇᆞ릇, 곰븨·림븨, 조롱곳, 마아만 마아만, 열
명길

이 목록들을 자세히 보면 두 가지 특성을 발견할 수 있다. 하나는 이 세 연구자의 관심목록이 3장 2절에서 제시한 미결 범주에서 이루어지고 있다는 점이다. 결국 70~80년대의 연구사적 관심사는 『여요전주』의 '미결문제'를 극복하기 위한 것이었다고 할 수 있다. 또 다른 특징은 남광우는 『고어사전』편찬의 경력에서 주로 '어휘적 차원의 재론'에 흥미를 지니고 있었으며, 서재극과 김완진은 어학전공자답게 미시 문법형태소(-랏다, ᄉᆞᆸ, ᄉᆞᆸ, 시, 가)에 보다 큰 관심을 지니고 있었다는 점이다. 서재극과 김완진의 'ᄉᆞᆸ·시' 등의 고찰은 작은 형태소 하나가 문맥의 큰 변화를 가져올 수 있다는 믿음[42]에서 나온 것이다.

이렇듯 해석의 방향에서 김완진 등의 어학자가 지닌 방식과 양주동과 같은 문학전공자가 지닌 방식은 완전히 다르다는 점도 연구사의 흥미로운 점 중 하나이다. 어학자는 작은 형태소의 기능을 확정하면 그것을 지렛대 삼아 문장 전체를 해석해 올리려는 성향을 지니고 있고, 문학자는 문맥을 먼저 확인해 두고 그 문맥에 맞추어 각 형태소의 기능을 설명하려는 성향을 지니고 있다. 가령, 〈청산별곡〉 제8장에서 '조롱곳 누루기 ᄆᆡ와 잡ᄉᆞ와니'의 구절을 해석할 때, 문학 연구자들은 문맥을 중시하여 'ᄉᆞ'를 돌발적 표기

---

41 김완진, 『향가와 고려가요』, 서울대학교출판부, 2000, 189~415면.
42 「고려가요의 어의 분석」(『고려시대의 가요문학』, 새문사, 1982, III-12)에서 다루고 있는 내용들에는 이러한 학적 가치관이 잘 반영되어 있다.

즉, 異常表記로 보지만, 어학자들에게는 '습'이 지닌 기능이 명확하므로 이에 근거해 주변 문맥을 재설정하려는 태도를 취함을 본다.

6. 해결의 전망과 제언

이상의 논의를 요약하면, 고려가요 원전의 확보와 집성은 안확[43]에서 비롯되었고, 이들의 어석은 김태준의 『고려가사』에서 시작하여 양주동의 『여요전주』에서 그 정점을 맞았고, 이후의 논의는 그간의 不安 혹은 未盡했던 조항들을 중심 대상으로 하여, 문헌적으로 혹은 이론적으로 보강하기 위한 일련의 과정이었다고 할 수 있다. 50, 60년대의 저술들은 연구사의 시대적 공백을 메워주고는 있지만 양주동의 그늘을 완전히 벗어나지 못하였던 것으로 평가될 수 있고, 70, 80년대의 소논문들은 이론의 힘으로 자료의 한계를 극복하려 한 것으로 평가받을 수 있다.

이런 과정에서 양주동이 미진했던 지점이 일부 보완되기도 했다. 오류 정정은 대체로 잘못된 원문을 확인한 데서 이루어졌다. 동동의 '아니 니지'를 '아니 니저'로 정정했던 사례나, 처용가의 '산상 이슷 깅어신'을 '산상 이듯 깅어신'으로 추정하고 확인한 사례는 양주동이 남겨 둔 몇 안 되는 숙제의 시원한 해결이었다고 할 수 있다.

하지만 그의 저술이 나온 지 60여 년이 된 지금도 여전히 그가 남긴 숙제는 해결되지 않은 것이 많다. 굴지의 연구자들이 각고의 노력으로 문헌을 섭렵했지만 여전히 3장 2절에서 제시한 '그의 난제'는 해결이 쉽지 않다.

그런데 우리는 혹 그 난제들을 지나치게 어렵게 보고 있는 것은 아닐까?

---

[43] 그간 고려가요의 연구사를 다룬 글을 보면 항상 안확의 1930년에 동아일보에 연재된 「朝鮮歌詩의 條理」가 누락되어 있는데, 이에 대한 연구사적 반성이 필요하다. 안확은 김태준과 더불어 초기 고려가요 연구에 가장 큰 역할을 한 인물이다.

오랜 시간 동안 새롭게 발굴된 어휘가 거의 없기에, 영원한 숙제로 안고 살아야 하는 것이라고 지레 체념하고 있는 것은 아닐까? 하지만 우리는 '보다 나은 어석'을 위한 노력을 여기서 멈추어서는 안 된다. 양주동의 참조 목록 너머엔 보지 못한 채 우리의 손길을 기다리는 언어의 화석들이 여전히 문헌에 잠들어 있기 때문이다. 다음의 사례들을 보자.

㉠ 千葉蓮花ㅣ 잇고 千葉은 곳 동앳 니피 즈므니라　　　〈釋譜詳節 11:01b~02a〉
㉡ 脆骨 삭삭흔 쇗글　　　　　　　　　　　　　　　　〈번역노걸대 下:38a~b〉
㉢ 슬히 누르고 가치 설지고 목수미 실낫 ᄀᆞᆮ호라(肉黃皮皺命如線)
　　　　　　　　　　　　　　　　　　　　　　　　〈杜詩重刊 03:50a~b〉
㉣ 阿咸의 지븨 와 서를 守호니 椒 다ᄆᆞᆫ 盤애 ᄒᆞ마 고ᄌᆞᆯ 頌ᄒᆞᄂᆞ다(守歲阿戎家 椒盤已頌花)　　　　　　　　　　　　　　　　　　　　　〈杜詩初刊 11:37a~b〉
㉤ 그 ᄢᅵ 쏘 遮頻國과 羅摩伽國과 毗留提國과 迦維衛國 釋種과 毗舍離國과 摩竭王 阿闍世왜 다 四兵 니르바다와 香姓엣 婆羅門ᄋᆞᆯ 拘尸城에 브려 安否ᄒᆞ고 닐오ᄃᆡ 如來 그딋 나라해 와 滅度 ᄒᆞ실ᄊᆡᆫ뎡 實엔 우리들코 울웝ᄂᆞᆫ 젼ᄎᆞ로 舍利 언ᄌᆞ 바다가 塔 일어 供養ᄒᆞᅀᆞᆸ보려 ᄒᆞ야 머리셔 오소이다
　　　　　　　　　　　　　　　　　　　　　　　　〈釋譜詳節 23:53a~b〉

㉠은 꽃 동[송이]의 꽃잎이 천 개인 연꽃을 '千葉蓮花'라고 칭한다는 내용을 담고 있다. 『석보상절』의 이 구절은 고려가요의 어떤 구절을 연상시키지 않는가? 〈정석가〉의 "바위 위에 연꽃을 심어 그 연꽃이 삼동이 피면 이별하겠다"는 구절의 '삼동'이 연상되지 않는가? ㉡의 "보드라운 뼈[脆骨]"를 '삭삭한 뼈'라 풀이한 것을 보면 〈정석가〉의 '삭삭기 細모래'가 연상되지 않는가? ㉢의 '설지다'는 형용사는 그간 연구사에서 아무도 주목한 바 없지만, 이 어형은 〈청산별곡〉의 '설진 강술'과 연결될 가능성이 높지 않은가? ㉣ 12월 작은설에 올린다는 '椒⁴⁴盤'은 〈동동〉 12월령의 '분디나무로 깎은 나ᅀᆞᆯ 盤'을 연상시키지 않는가? ㉤에 보이는 '왔습니다'란 의미의 '오소이다'는

〈동동〉의 첫머리 '德이여 福이라 하는 것을 드리러 오소이다'를 연상시키지 않는가?

이상의 용례들은 양주동이 『여요전주』에서 文獻에 所見이 없다고 한 '三同·삭삭기·셜진·분디나무 盤·오소이다'의 의미를 밝혀 줄 결정적 문증자료들이다. 필자는 이 자료들 외의 난해구 또한 새로운 자료의 발굴을 통해 해결 가능하다고 믿고 있다. 결국 난해구 해결은 문헌의 부지런한 섭렵을 통해 지속될 수 있는 것이고 그렇기에 자료 확보에 대한 성실한 실천이야말로 현재 고려가요 어석의 전망을 밝히는 핵심이라 할 수 있다. 논의를 맺으며 현재까지 정확히 일치하는 어형이 제시된 바 없는 어휘를 추려서 망라한다. 이들의 용례를 발굴하는 것, 그것이 바로 고려가요 어석사의 미래 영역이 될 것이다.

〈未決된 난해 어휘 · 어구 목록〉[45]

정읍사 : 後腔前져재, 내가논딕*
동동 : 곰빈·림빈, 몸하*(1月), 滿春둘 욋고지여(3月), 수릿날아춤藥*(5月), 젹곰(6月), 黃花고지안해드니*새셔가만ᄒ얘라(9月), 져미연ᄇ릇(10月), 슬흘스라온뎌(11月)
처용가 : 웅긔어신고, 설믜, 界面, 마아만마아만ᄒ니여, 머자외야자綠李야*, 신고흘믹야라*
정과정 : 믈힛마리신뎌, 슬웃븐뎌, 도람드르샤
쌍화점 : 三藏寺*, 싀구비가
서경별곡 : 쇼셩경고외, 네가시럼난디
청산별곡 : 잉무든장글란, 믈아래가던새*, 에졍지, 사ᄉ미짒대예올아셔奚琴을혀

---

44 山椒樹 분디나모 〈譯語下:42a〉

	겨를*, 조롱곳누로기*
정석가 :	셰몰애
이상곡 :	서린석석사리, 잠짜간내님, 열명길
사모곡 :	큰 문제 없음
가시리 :	선하면, 셜온님*
만전춘 :	아련비올, 麝香각시를아나누어*, 藥든가슴*
유구곡 :	우루믈우루디*
상저가 :	디히, 게우즌

『한어문교육』 34, 한국언어문학교육학회, 2015.

---

45 아래 목록 중, 별표(*)가 붙은 것은 사전적 의미 풀이는 문제가 없지만, 詩의 문맥 혹은 민속적 견지에서 보았을 때, 완전히 해명되지 않은 것들이다. 가령, '내가논디'는 '내가 가는 곳'이라는 의미이고, '藥든 가슴'은 '藥이 든 가슴'이라는 의미이지만, 전자의 경우는 문맥적으로 의미가 통하지 않고 후자의 경우는 민속학적으로 이 약이 무슨 약인지 모르는 상태이기에 여전히 미해결 句인 것이다.

제 3부

시조·가사

時調의 발생 시기에 대한 소고
-慢大葉과 眞勺一을 중심으로-

1. 서론

시조가 악곡에 얹혀 불리던 노랫말이었다는 점에 기반하여 시조의 연원을 古樂譜에 근거해 구명해야 한다는 연구들이 있다.[1] 이는 현행 가곡창인 〈數大葉〉類가 〈中大葉〉을 거슬러 올라 〈慢大葉〉을 祖宗으로 삼고 있음[2]에 착안한 것으로, 특히 이 〈만대엽〉의 근원에 대해서도 다음과 같은 핵심적 기록이 남아 있어 연구자들의 비상한 관심을 끌어 왔다.

---

[1] 주지하다시피 시조의 연원은 漢詩, 佛歌, 鄕歌, 高麗歌謠, 民謠 등 다양한 곳에서 찾아져 오고 있다. 이와 연계하여 발생 시기 또한 고려 중엽, 고려 말, 조선 초, 16세기 등 다양하게 지목되어 왔다. 이에 대한 정리와 비판은 『고시조론』(최동원, 三英社, 1980, 13~34면.), 「시조의 발생시기」(김병국, 『한국문학사의 쟁점』(장덕순 외), 집문당, 1986.), 「시조의 발생과 기원」(권두환, 『관악어문연구』 18집, 서울대학교 국어국문학과, 1993.), 「시조시형의 정립과정에 대하여」(김진희, 『한국시가연구』 19집, 한국시가학회, 2005.) 등에서 자세히 행해졌으므로 본고는 바로 음악적 연원에 집중해 논의하려 한다.

[2] 현행 가곡창은 삭대엽 곡조를 통해 이루어지는데, 삭대엽과 중대엽 등은 모두 만대엽에서 파생한 것으로 확인되고 있다. 이러한 선율과 그 구성의 일치는 이득윤의 『玄琴東文類記』(1620)에 나온 "평조 만대엽은 모든 악곡의 조종이다.(其平調慢大葉者 諸曲之祖)"에도 부합한다. 만대엽, 중대엽, 삭대엽의 계열적 일치는 「가곡의 형식」(황준연, 『한국음악연구』 10집, 한국국악학회, 1980.)에 잘 논의되어 있다.

요즘 쓰이고 있는 대엽의 만·중·삭은 모두가 〈정과정〉 삼기곡 중에서 나왔다.(時用 大葉慢中數 皆出於瓜亭三機曲中)　　　　　　〈梁德壽, 梁琴新譜(1610)〉

이 기록은 조선 선조 때 거문고의 名人이었던 양덕수가 『梁琴新譜』에 〈慢大葉〉 등의 악곡을 채록하며 남긴 것으로, 시조를 얹어 향유하던 바탕 악곡인 〈만대엽〉이 〈정과정[眞勺]〉에서 파생되어 형성된 것임을 알려 주고 있다. 이 기록을 신뢰할 때 현행 가곡의 연원은 〈眞勺〉에 있는 것이고, 〈진작〉에서 독립되어 〈만대엽〉이라는 악곡이 형성된 時點이 바로 시조 형성기의 上限線 역할을 하게 된다.

그런데 문제는 위 『梁琴新譜』의 기록은 개략만 말한 것이라, 구체적으로 〈眞勺〉의 어떤 부분이 〈만대엽〉으로 독립 파생했는지가 파악되지 않고 있다는 점에 있다. 선행 연구에서 이 기록에 주목하여 〈진작〉과 〈만대엽〉의 관련 양상을 추정하였지만 그 결론들의 거리가 상당히 멀다. 즉, 아래에서 보듯 〈眞勺〉의 '大葉' 부분을 제외한 전체 부분과 관련된 것으로 추정하기도 하고, 이와는 정반대로 주로 '대엽' 부분과 관련된 것으로 추정하기도 한 것이다.

> 진작의 음악적 형식 가운데서 대엽 이하를 떼고 볼 필요가 있는 것이다. 왜냐하면, 엽이란 음악적 성격으로 볼 때 덧붙여진 부분이기 때문이다. … 이렇게 엽에 해당하는 부분을 제하고 나면 진작의 음악적인 형식은 1·2·3·부·대여음의 다섯 부분으로 나뉘게 된다. 결국 전체가 다섯 부분으로 나뉜다는 점이 만대엽과 유사한 점이 되는 것이다.[3]

> 〈진작〉의 '대엽'과 '이부' 부분이 분립하여 시조음악의 조종을 이루는 〈만대엽〉을 형성 …[4]

---

[3] 김대행, 『시조유형론』, 이화여자대학교출판부, 1986, 66~67면.

본고는 이러한 연구사적 정황에서 '〈만대엽〉과 〈진작〉의 악곡적 관련 양상'을 보다 구체적으로 살펴보려는 시도이다. 『梁琴新譜』의 기록을 신뢰하자면 두 曲은 파생의 흔적을 악곡의 어딘가에 남겨 두었을 것임이 예상되는데, 특히 두 곡의 악곡 구조와 선율의 연관성을 검토함으로써 그 흔적을 찾아보려는 것이다. 이 모색이 성공적으로 이루어진다면, 그 결과는 시조의 발생 時點을 확인할 유력한 단서로 활용될 수 있다.

2. 〈慢大葉〉과 〈眞勺〉의 연구적 정황

만대엽과 진작의 관련 양상에 대한 국문학계의 선행 연구가, 김대행의 경우는 "진작의 大葉 부분을 뺀 나머지 부분"에서 왔을 것이라는 입장이고, 권두환의 경우는 "진작의 大葉·附葉 부분"에서 왔을 것이라는 입장임은 서론에서 잠시 보인 바와 같다. 두 곡의 관련 양상은 국악계에서도 다음과 같이 오랜 難題

> 慢大葉의 起源에 대하여 梁德壽는 그의 琴譜에서「時用大葉 慢中數 皆出於瓜亭三機曲中」이라 하여 高麗俗樂인 鄭瓜亭曲에 그 연유를 대었다. … 그러나 현재까지는 慢大葉이 眞勺과 어떤 음악적 관계가 있는지는 밝혀지지 않고 있다.[5]

대엽류 노래들이 〈진작〉, 특히 그 '대엽' 도막에서 파생했을 가능성을 검증하려는 시도가 여럿 있었다. … 그러나 이제까지 선율 비교에서는 전강부터 오엽까지 전편으로든 '대엽'만으로든, 〈진작〉에서 대엽류가 나왔다는 실증을 찾는 데 실패했다.[6]

---

4 권두환, 「시조의 발생과 기원」, 『관악어문연구』 18집, 서울대학교 국어국문학과, 1993, 33면.
5 한만영, 「조선조 초기의 가곡에 대한 연구-만대엽과 중대엽의 관계」, 『민족음악학』 5권, 서울대학교 동양음악연구소, 1982, 5면.
6 김세중, 『정간보로 읽는 옛노래』, 예솔, 2005, 168~169면.

로 남아 있는데 이에 대한 진지한 모색들이 공교롭게도 국문학계와 마찬가
지로 '眞勺 악곡 전체를 대상'으로 그 기원을 찾는 경우와 '진작의 대엽 부엽
부분'에서 기원을 찾는 경우로 나누어져 있다. "眞勺三의 大葉이하의 詞가
붙어 있는 선율에서 眞勺「한 刻」이 慢大葉「반 刻」으로 축소되었다."[7]로 결
론 내린 최재륜의 연구가 전자를 대표한다고 하면, "大葉曲이나 慢·中·數
大葉은 다름아닌 眞勺에서 독립한 곡이며, 그 獨立된 부분은 바로 위에서
살펴 본 眞勺의 大葉부분이 될 것"[8]이라는 입장에 있는 황준연의 연구는 후
자를 대표한다고 하겠다.

우선 이 두 방향 중, 개연성이 큰 쪽은 '大葉 부분'과 연관지은 연구들이
라 할 수 있다. 황준연의 위 인용과 권두환의 연구[9]가 이미 적절히 포착한
바와 같이 명칭의 동일성을 주목할 필요가 있는 것이다. 즉, 만대엽이란 용
어는 慢大葉·中大葉·數大葉 등에서 알 수 있듯이 "慢+大葉"으로 구성된 것
이므로 '大葉'이란 용어와 〈眞勺〉曲의 細部 구조[10]로 존재하고 있는 大葉이
서로 연관되어 있을 가능성을 넉넉히 감지할 수 있다.

그런데 문제는 이러한 추정 - 만대엽은 진작의 '大葉(+附葉)'에서 나왔을
것이다 - 이 바른 방향으로 진행되었던 것임에도 불구하고 더 이상의 학적
진전을 보지 못한 채, 증명되지 않는 假說로만 남아 있다는 점에 있다. 이

---

7 최재륜, 『진작과 만대엽』, 서울대학교대학원 국악학과 석사학위논문, 1984. 여기서 "大葉이
하의 詞가 붙어 있는 선율"은 大葉·附葉·二葉·三葉·四葉·附葉·五葉 등의 〈진작 3〉의 후반
부 전체 악곡을 말한다.
8 황준연, 「大葉에 관한 硏究」, 『예술논문집』 24호, 대한민국예술원, 1985, 125면.
9 "'재편성된' 악곡의 명칭이 〈대엽〉이라는 사실을 무엇보다도 먼저 고려할 필요가 있다는 것
이다. '대엽' 혹은 '대엽'과 이어지는 음악적 구성 단락들이 분립하여 새로운 악곡으로 재편
되었기에 그 곡의 명칭을 〈대엽〉이라고 한 것이 아닌가 하는 것이다."(권두환, 상게서, 32면.)
10 〈眞勺〉의 전체 노랫말과 악곡의 세부 명칭은 다음과 같다. "奏三眞勺妓唱其歌【前腔】내님
을그리ᅀᅡ와우니다니【中腔】山졉동새난이슷ᄒ요이다【後腔】아니시며거츠르신돌아으
【附葉】殘月曉星이아ᄅᆞ시리이다【大葉】넉시라도님은ᄒᆞᆫ듸녀겨라아으【附葉】벼기더시니
뉘러시니잇가【二葉】過도허믈도千萬업소이다【三葉】믈힛마리신뎌【四葉】술읏븐뎌아으
【附葉】니미나를ᄒᆞ마니ᄌᆞ시니잇가【五葉】아소님하도람드르샤괴오쇼셔"〈樂學軌範 권5〉

명제에 의해 "⟨진작 1·2·3·4⟩ 중 ⟨진작 3⟩의 대엽·부엽"과 ⟨만대엽⟩의 관련성에 대한 전면적 고찰이 황준연에 의해 이루어졌고 아래 표

		眞勺(三)		慢大葉
大葉	1구	넉시/라도 (2행)	1지	오ᄂ리/오ᄂ리나(2행)
	2구	님을/흔데 (2행)	2지	매일에/오ᄂ리나(2행)
	3구	녀져라/아/으(3행)	3지	졈므리도/새디도/오ᄂ리(3행)
附葉	1구	벼기더/-(2행)	4지	새리/나(2행)
	2구	시니/뉘러시니/잇가(3행)	5지	매일당상에/오ᄂ리오/쇼셔(3행)
	여음 (4행)		여음(3행)	

眞勺과 慢大葉[11]

와 같은 노랫말의 비교 결과가 派生의 근거로 제시되었지만, 두 곡의 확연한 연관성을 확인하기에는 여전히 미흡한 측면이 있는 것이다. 즉, 그의 주장은 '大葉'이라는 명칭의 동일성에서 출발하여, 악보의 크기가 각각 16행(진작 3), 15행(만대엽)으로 거의 일치한다는 점, 또, 악곡을 다섯 부분으로 나눌 때 각 부분들에 일정한 노랫말 배분 패턴이 보인다는 점에 주목하여 제기된 것이지만, 여전히 시원히 해명되지 않은 몇 부분[12]을 지니고 있다.

해명되지 않은 부분 중 가장 결정적인 것은 바로 ⟨진작 3⟩과 ⟨만대엽⟩의 악곡의 관련성에 대한 것이다. 두 곡의 관련성은 악곡 구조나 선율의 전개 양상에 대한 비교를 통할 때 비로소 최종적으로 확인되는 것인데, 위의 논의에서는 그 核心이 결여되어 있음을 본다. 그의 진지한 모색이 미완으로 귀결된 까닭은 유사 선율을 ⟨진작 1·2·3·4⟩ 중 ⟨진작 3⟩에서만 찾으려 했기에 생긴 필연적 결과라 할 수 있는데, 논문의 끝에서 그는 다음과 같은 진술을 통하여 선율의 비교를 향후 과제로 남겨 두고 있다.

---

11 황준연, 「大葉에 관한 硏究」, 『예술논문집』 24호, 대한민국예술원, 1985, 125면.
12 본문에서 따로 언급하지는 않겠지만, 두 노래의 노랫말 크기나 배분의 양상이 相異한 편인데 오히려 유사하다고 본 점도 문제적 부분이라 하겠다.

眞勺[三]의 大葉과 附葉이 獨立派生한 것이 곧 大葉曲, 또는 慢·中·數大葉이라는 지금까지의 論議는 두 音樂의 相互旋律比較라는 어려운 과제를 남겨 놓고 있다.[13]

한편, 황준연의 논의에 대한 국문학의 평가[14]도 마찬가지이다. 권두환 역시 다음과 같이 언급하면서 '악보를 통한 명확한 검증'의 필요성을 다시금 제기하였던 것이다.

《대악후보》와 여타 국악 자료집에 수록되어 있는 〈진작〉과 만대엽의 악보를 통하여 이러한 파생 과정을 보다 명확하게 검증할 수 없는 것은 대단히 유감스러운 일이다.[15]

3. 〈慢大葉〉과 〈眞勺一(大葉·附葉)〉

1) 두 곡의 악곡 구조 검토

필자는 〈만대엽〉의 악곡과 〈진작〉의 '대엽' 부분이 필연적으로 관련되어 있을 것이란 선학들의 인식에 공감한다. 그러나 〈진작 3〉의 대엽·부엽 부

---

13 황준연, 상게서, 125면.
14 황준연의 성과가 긍정적으로 수용된 경우가 없는 것은 아니다. 다음과 같은 지지를 받기도 했다.
"〈만대엽〉의 악곡상의 기원에 대해서는 … 〈정과정(진작三)〉의 대엽 부엽 부분에서 파생되었다는 견해(황준연,『조선전기의 음악』, 1985.)와 〈만대엽〉의 一~五旨(章)의 선율이 〈정과정(진작三)〉의 대엽~5엽의 선율을 부분적으로 발췌 습용하였다는 견해(최재륜,『진작과 만대엽』, 서울대학교 석사학위논문, 1984.)가 제시된 바 있다. … 노랫말 붙이는 양상이나 장고장단으로 보더라도 전자가 타당할 것으로 보인다." 〈양태순,『고려가요의 음악적 연구』, 이회, 1997, 342면.)
15 권두환, 상게서, 33면.

분에서는 이미 황준연이 철저히 검토하여 종결한 바 있듯이 '악곡이나 선율의 일치성을 찾기는 어렵다'고 판단한다.

그런데 우리는 만대엽의 연원을 찾기 위한 국악계의 연구가 대체로 〈진작 3〉을 위주로 진행되어 온 것을 볼 수 있다. 전술한 황준연이나 최재륜의 논의는 모두 〈진작 3〉을 대상으로 한 것이었다.[16] 이는 아마 『양금신보』의 해당부분이 "時用 大葉慢中數 皆出於瓜亭三機曲中"로 되어 있는 바, "瓜亭三機曲"의 '三機'에 경도된 결과가 아닐까 한다. 하지만 우리는 탐색의 범주를 넓힐 필요가 있다. 즉, "瓜亭三機曲"을 가장 빠른 곡조를 뜻하는 '三機'로만 볼 것이 아니라, 〈정과정〉의 (1), (2), (3) 양식, 즉 세틀양식 중 하나에서 왔음을 알린 내용으로 보는 방식을 취할 필요도 있는 것이다.[17] 이렇게 볼 때, 우리가 검토대상으로 잡을 곡은 〈진작 1〉의 대엽 부분, 〈진작 2〉의 대엽 부분, 〈진작 3〉의 대엽 부분으로 확대되게 되며, 그 과정에서 어쩌면 우리는 先祖가 남긴 말의 의미를 확인하게 될 행운을 만나게 될지도 모른다.

(1) 〈만대엽〉의 악곡 구조

〈만대엽〉과 〈진작〉의 악곡을 본격적으로 비교하기에 앞서 우선 만대엽의 악곡 구조와 선율에 대한 파악이 필요할 것이다. 그 특성들이 확인되어야 이후 진작 해당부분과의 비교가 가능할 것이기 때문이다. 우선 현전하

---

16 〈만대엽〉의 선율을 〈진작 1〉과 연관시킨 유일한 연구는 「三機曲의 선율구조 연구」(김인숙, 부산대학교 대학원, 1999.)인 듯하다. 그녀는 이 논문을 통해 〈진작 1〉에 자주 나타나는 악절들이 발췌되어 〈만대엽〉의 성립에 영향을 주었을 것이라 주장했다. 그간 학계가 머물던 범주인 〈진작 3〉을 벗어나 〈진작 1〉 전체에서 만대엽의 연원을 추적하려한 것이 이 논문의 미덕 중 하나이다. 그러나 그 착안이 대엽 부분과의 비교까지는 미치지 못한 한계가 있다.

17 『악학궤범』에서 보이는 一機, 二機, 三機 등의 노래의 빠르기와 관련되어 있는 것으로 보이나, 『경국대전』(권3, 取才)에서 보이는 '鳳凰吟三機, 致和平三機, 鄭瓜亭三機' 등의 '三機'는 慢中數으로 구성된 세틀양식의 노래를 칭하는 것으로 볼 여지도 있다. 즉, 『양금신보』에서 보이는 三機는 후자의 의미로도 쓰였을 수 있다.

는 만대엽은 총 37곡[18]이며 이들의 악곡 구조와 선율은 대동소이한 것으로 알려져 있다.[19] 전래 악보 중 채록 시기가 가장 이른 것은 『금합자보』(1572년)에 수록된 '평조만대엽'인데, 이 악곡이 지닌 구조 특징에 대해서는 다음의 선행 연구결과에 기댈 수 있다.

> 琴合字譜의 慢大葉에서 第三旨는 五旨와 처음부터 거의 完全히 同一한 旋律線을 보여 주는데, 第 21点(第 3行)부터는 서로 다르다. … 한편 二旨와 四旨의 관계는 첫 7 点까지가 서로 다른 旋律이고 그 나머지는 同一한 형태로 나타난다.[20]

위의 언급은 〈만대엽〉의 악곡은 1~5旨로 5분할되며, 1旨는 별개 선율이지만, 2旨와 4旨는 퍽 비슷한 선율, 3旨와 5旨는 거의 같은 선율로 파악된다는 것이다. 즉 전체 구조가 'A[一旨]-B[二旨]-C[三旨]-B[四旨]-C[五旨]'의 형태로 된다는 것인데, 이런 현상은 중대엽을 거쳐 현행 가곡창인 삭대엽의 구조에도 그대로 적용[21]되는 것으로 '대엽 계열' 노래의 핵심적 특징이라 할 만한 것이다. 그리고 이 특징은 다음과 같은 고악보의 진술에도 정확히 부합하는 것이다.

> "무릇 대엽의 二旨와 四旨, 三旨와 五旨의 지법은 서로 비슷하다. (凡大葉二旨四旨三旨五旨 指法相似)"　　　　　〈中大葉 俗稱心方曲, 『양금신보』, 1610.〉

---

18 〈국립국악원에서 발간한 『한국음악학자료총서』 1~22권을 대상으로 할 때〉 "만대엽이 수록된 고악보는 모두 18종류로 이에 수록된 만대엽은 모두 37곡이다." 〈유수연, 「금합자보 만대엽에 관한 고찰」, 경북대학교 대학원, 2013, 1면.〉

19 "慢大葉은 9卷의 古樂譜에 18曲이 記譜되어 있으나 대부분은 〈梁琴新譜〉의 그것과 大同小異하다." 〈한만영, 상게서, 14면.〉

20 황준연, 「가곡의 형식」, 『한국음악연구』 10집, 한국국악학회, 1980, 89면.

21 "1) 數大葉의 二章과 四章은 旋律이 같고, 三章과 五章, 大餘音은 서로 旋律이 같다. 2) 中大葉의 제 二旨와 四旨는 旋律이 同一하고 三旨와 五旨도 同一旋律이다. … 3) 慢大葉의 二旨와 四旨는 同一旋律이고, 三旨는 五旨와 同一系이다." 〈황준연, 「가곡의 형식」, 『한국음악연구』 10집, 한국국악학회, 1980, 89면.〉

『금합자보』의 만대엽이 지닌 이러한 특징은 향후 논의의 중요한 거점이 되므로 악보를 아래와 같이 게시한다.

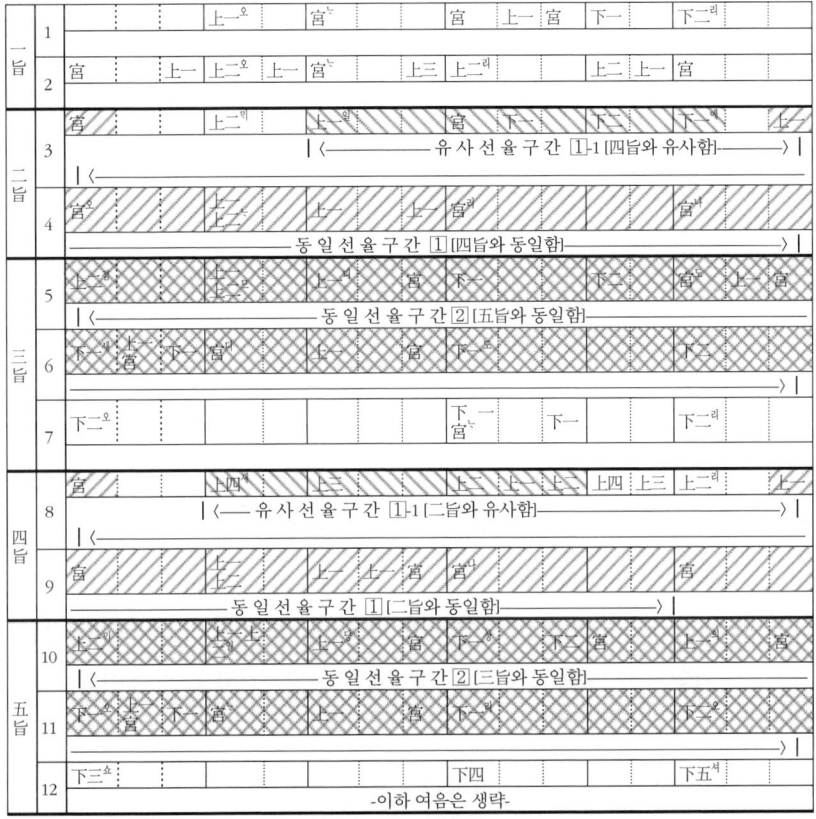

〈표 1〉 平調慢大葉(『琴合字譜』, 1572년)

【표의 요약】

1. 여음을 제외하면 만대엽은 총 5개의 작은 단위로 나뉨. 그 단위를 옛부터 一, 二, 三, 四, 五旨라 칭함.

2. 동일 선율 구간 ①에서 확인되듯이 2旨와 4旨의 선율이 유사함.(①-1로 표시된 구간은 일견 다른 선율처럼 보이지만, 二旨의 "上 上 宮 下"를 3음정 높여 변주한 것이 四旨의 "上 上 上 上"이므로 퍽 닮은 선율임. 즉 다음과 같이 대응됨.

二旨(3~4행)   宮 上 上 上 上宮 上 下 上   下下   上宮 上 上 上 上宮 宮
四旨(8~9행)   宮 上   上   上   上 上 上 上   上宮 上 上 上 上宮 宮宮

3. 동일 선율 구간 ②에서 확인되듯이 3旨와 5旨의 선율이 일치함.
4. 따라서 만대엽은 '一旨 - 二旨 - 三旨 - 四旨 - 五旨'로 진행되지만 실제 선율은 'A[一旨] - B[二旨] - C[三旨] - B[四旨] - C[五旨]로 되어

   A[一旨]   B[二旨]   C[三旨]
              B[四旨]   C[五旨]

의 반복 구조를 지니게 됨.

(2) 〈진작 1〉 大葉·附葉의 악곡 구조

우리는 위에서 기존 연구에서 이미 해닝된 『琴合字譜』(1572)에 수록된 〈慢大葉〉의 악곡 구조를 검토하였다. 이를 통해 총 5분할되며 'A[一旨] - B[二旨] - C[三旨] - B[四旨] - C[五旨]'의 반복 구조를 가지고 있음을 확인할 수 있었다. 그렇다면 혹 〈진작 1〉의 대엽 부분에서 이러한 현상이 관찰되지 않을까? 이를 확인하기 위해 『大樂後譜』 권5에 수록된 〈진작 1〉을 옮기면 다음과 같다.

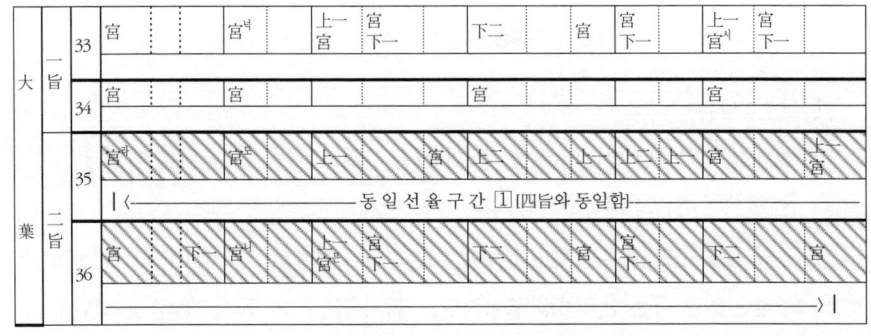

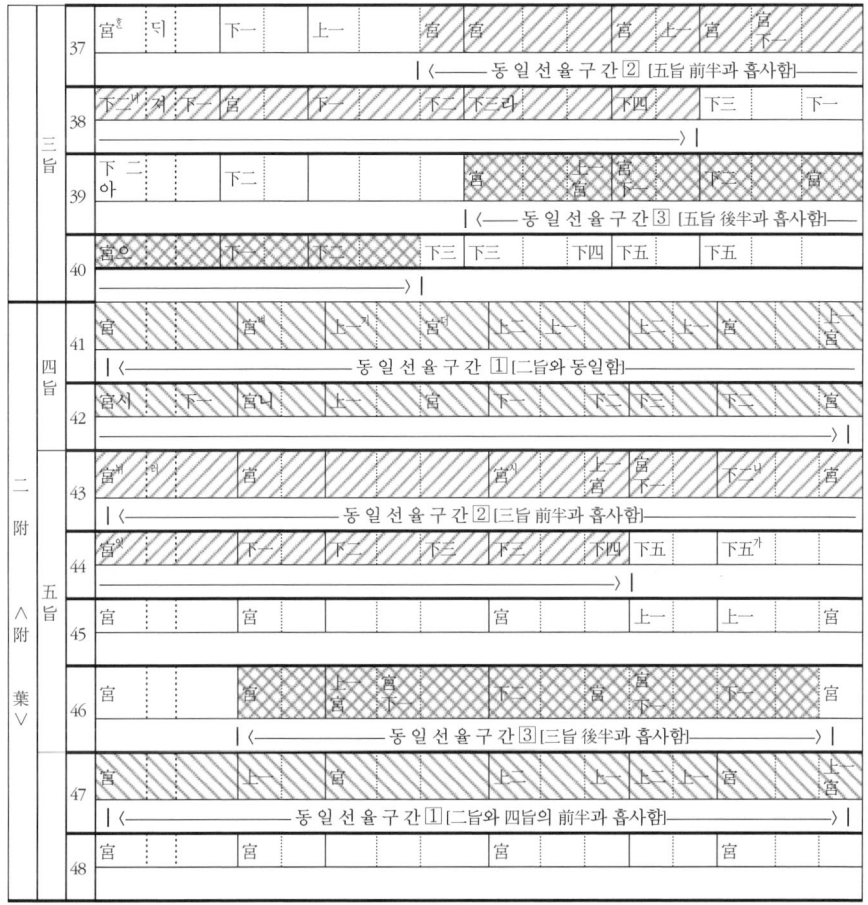

〈표 2〉〈眞勺 一〉의 대엽과 부엽(『大樂後譜』 권5)

이 표는 『대악후보』에 수록된 〈진작 一〉의 대엽과 부엽 부분을 옮기고[22]

---

[22] 〈진작 1〉은 16정간이 한 행을 이루며 총 80행으로 記譜되어 있다. 이중 제33행의 상단과 제 41행의 상단에 각각 大葉, 二附라는 작은 글씨가 쎄어 있음으로 이 부분이 대엽과 부엽부분임을 알게 된다.
한편, 위 표에서 "一旨, 二旨, 三旨, 四旨, 五旨"와 "33~48"의 숫자는 편의를 위해 필자가 임의로 기입한 것이다. 또한 노랫말은 별도의 칸으로 되어 기록되어 있으나 가독의 편의를 위해 역시 필자가 "宮녁"와 같이 音程 상단에 작은 글씨로 적어 도표화한다.

선율의 동일함을 기준으로 색을 입힌 것이다.

이 악보에 내재된 반복 선율 중 우리의 이목을 끄는 부분은 단연 二旨[제35~36행]과 四旨[제41~42행]의 일치이다. '宮 宮 上一 宮'으로 시작하여 '下二 宮'으로 끝나는 二旨는, 역시 '宮 宮 上一 宮'으로 시작하여 '下二 宮'으로 끝나는 四旨와 닮아 있다. 이 부분의 음정만 추려 비교 게시하면 다음과 같이 거의 동일한 선율인 것을 확인된다.

① 二旨(35~36행) : 宮宮上宮上上上上宮上宮宮下宮上宮下下 宮宮下 下宮
　　四旨(41~42행) : 宮宮上宮上上上上宮上宮宮下宮上宮下下 下 　　下宮

三旨의 전반부 제37~38행에 걸친 '宮 宮 宮'으로 시작하여 '下三 下四'로 종결되는 ② 선율 부분도 우리의 주목 대상이 된다. 五旨의 '宮 宮 宮'으로 시작하여 '下三 下四'로 종결되는 선율과 유사하기 때문이다. 이 부분의 음정만 추려 비교하면 역시 다음과 같이 동일한 선율인 것이 확인된다.

② 三旨앞(37~38행) : 宮宮宮上宮宮下下下 宮下下下　　下四
　　五旨앞(43~44행) : 宮宮宮上宮宮下下宮 宮下 下下 下四

三旨의 후반부 제39~40행에서 보이는 '宮 上一'로 시작하여 '下一 下二'까지 진행되는 ③ 구간도 주목해야 할 선율구간이 된다. 五旨의 제45~46행에서 보이는 '宮 上一'로 시작하여 '下一 下二'로 끝나는 부분과 같은 선율이기 때문이다. 이 부분의 음정을 비교하면 다음과 같다.

③ 三旨(39~40행) : 宮 上 宮宮 下 下 宮宮 下 下
　　五旨(46행)　 : 宮 上 宮宮 下 下 宮宮 下 下

이상에서 드러난 二旨와 四旨, 三旨와 五旨에서 보이는 선율의 반복은 무엇인가? 이는 다름 아닌 『금합자보』에 수록된 〈만대엽〉의 구조에 정확히 대응되는 반복 선율 구조인 것이다. 그렇다면, 이러한 구조적 일치가 시사하는 바는 무엇인가? 이것이 시사하는 바는 명백하다. 〈만대엽〉은 〈진작 3〉이 아니라 〈진작 1〉의 '대엽·부엽' 부분과 밀접한 악곡적 관련을 지니고 있는 것이다.[23]

2) 두 곡의 선율 검토

만대엽이 "〈진작 3〉의 대엽·부엽" 부분에서 나온 것이 아니라, "〈진작 1〉의 대엽·부엽" 부분에서 나왔을 가능성이 매우 높음은 위의 구조 비교에서 강하게 시사되었다고 할 수 있다. 구조의 일치는 현행 가곡창에서도 여전히 존속된 대엽류 곡의 고유한 특성이므로 그러한 특성이 〈진작 1〉의 대엽·부엽에서 발견되었다는 사실만으로도 적지 않은 의미를 부여할 수 있다. 하지만 〈만대엽〉이 〈진작 1〉의 대엽과 부엽에서 파생한 것임을 확정하는 결정적 증거는 궁극적으로는 '선율의 비교'를 통해서 제시될 수 있어야 할 것이다. 그런데 이 점을 통해서 볼 때도 〈만대엽〉이 〈진작 1〉의 대엽과 부엽에서 파생된 명백한 징후를 보여준다. 둘의 악보를 나란히 비교하고 설명을 덧붙인다.

---

23 필자가 확인해 본 바로는 이러한 악곡 구조는 〈眞勺一〉에서 완연히 나타나며, 〈眞勺二〉·〈眞勺三〉·〈眞勺四〉에서는 유사 선율이 부분적으로 나타나는 경우가 있기는 하나 〈眞勺一〉의 수준에는 크게 미치지 못한다.

大葉	一旨	33	宮		宮내		上一 宮	宮 下一		下一	宮	宮 下一	上一 宮시	宮	
			|〈————— 관련선율구간 ① [慢大葉 1행과 유사함]—————〉|								
		34	宮		宮				宮			宮		
	二旨	35	宮라		宮프		上一		宮上二		下一	上二 上一	宮	上一 宮
			〈————— 관련선율구간 ② [慢大葉 2행과 유사함]—————〉									
		36	宮		下一 宮나		上一 宮 宮 下一		下二		宮上 宮	下二	宮	
			〈————— 관련선율구간 ③ [慢大葉 3행과 유사함]—————〉									
	三旨	37	宮흐	디	下一		上一		宮 宮		宮	上一 宮	宮 下一	
		38	下二 녀	저	下一 宮		下一		下二	下三 라	下四	下三	下一	
		39	下二	아	下一		下二		宮		上一 宮	宮	宮	
		40	宮으		下一		下二		下三 下三		下四	下五	下五	
二附〈附葉〉	四旨	41	宮녀		宮		上一		宮上二 上一		上二 上一	宮	上一 宮
			〈————————— 관련선율구간 ④ [慢大葉 4~6행과 유사함]—————————〉									
		42	宮		下一		宮		下一		下二	下三	下二	宮
		|———————〉|									
	五旨	43	宮녀	리	宮				宮시		上一 宮	宮 下一	下二니	宮
		44	宮엣		下一		下二		下三		下四 下五	下五 가		
			〈————— 관련선율구간 ⑤ [慢大葉 8행과 유사함]—————〉									
		45	宮		宮				宮		上一	上一	宮	
											〈— 관련선율구간 ⑥ [慢大葉			
		46	宮		宮		上一 宮	宮 下一	下二		宮	宮 下一	下二	宮
			9行과 유사함]———〉										
		47	宮		上一		宮		上二		上一	上二 上一	宮	上一 宮
		48	宮		宮				宮			宮		

〈표 3〉〈眞勺 一〉의 대엽과 부엽(『大樂後譜』, 권5)

〈표 4〉 平調慢大葉(『琴合字譜』, 1572년)

먼저 관련 선율 구간 ①부분, 즉, 〈진작 1〉의 제33행과 〈만대엽〉의 제1행을 비교해 보자. 〈진작 1〉의 33행은 '宮 宮 上 宮 宮 下 下'로 진행된다. 〈만대엽〉 또한 '宮 宮 上 宮 下 下'로 진행된다. 〈만대엽〉에서 한 개의 '宮'을 덜어낸 채 차용했지만, 동일한 선율의 흐름이라 할 수 있다. 간격을 조절하여 도식화하면 다음과 같이 밀접히 관련된 선율임을 확인할 수 있다.

①   [眞勺一] 33행   宮宮上宮宮下下
     [慢大葉] 1행   宮宮上 宮下下

時調의 발생 시기에 대한 소고   709

관련 선율 구간 ②부분은 〈진작 1〉의 제35행과 〈만대엽〉제2행을 비교한
것이다. 〈진작 1〉의 35행은 '宮上宮上上上上宮'로 되어 있고, 〈만대엽〉
의 제2행은 '宮上上上宮上上上上宮'로 되어 있음을 본다. 〈만대엽〉에
서 중간쯤에 '上 上' 등을 채워 넣으며 변주하긴 하였지만, 박자를 조절해
보면 다음처럼 동일 바탕의 관련된 선율임이 확인된다.

　②　[眞勺一] 35행　　宮上宮上上　　上　上宮
　　　[慢大葉] 2행　　宮上　上上宮上　上上上宮

　　관련 선율 구간 ③부분은 〈진작 1〉의 제36행과 〈만대엽〉의 제3행을 비교
한 것이다. 〈진작 1〉은 '宮上宮宮下下宮宮下'으로 진행되고 〈만대엽〉
은 '宮上上宮下下下'으로 진행되고 있다. 〈만대엽〉이 上를 추가하고,
가운데의 宮, 후반부의 '宮宮'을 덜어내고 있지만, 역시 다음과 같이 기본적
으로는 같은 선율 흐름임이 확인된다.

　③　[眞勺一] 36행　　宮　上宮宮下下宮宮下
　　　[慢大葉] 3행　　宮上上　宮下下　　下

　　관련 선율 구간 ④부분은 〈진작 1〉의 제41~42행과 〈만대엽〉제4~6행의
선율을 비교한 것이다. 〈진작 1〉은 '宮宮上宮上上上宮上宮宮下
宮上宮下下'로 진행되었고, 〈만대엽〉은 '宮宮上上上宮下下宮上
宮下上宮下宮上宮下下'로 진행되었다. 〈만대엽〉이 〈진작 1〉에 있던
'上宮'을 덜어내었고, 중간쯤에서 〈만대엽〉의 '上宮'부분을 '下下宮上宮
下上'로 확대하여 변형하였지만, 전체적으로 두 선율이 일치되고 있음은 아
래와 같다.

④ [眞勺一] 41~42행 宮宮 上宮 上 上 上 上 宮   上 宮   宮 下 宮 上 宮 下 下
　　[慢大葉] 4~6행 宮宮   上 上 上 上 宮 下 下 宮 上 宮 下 上 宮 下 宮 上 宮 下 下

　관련 선율 구간 ⑤부분은 〈진작 1〉의 제44행이 '宮 下 下 下 下 下 下 下'
로 진행되고, 〈만대엽〉의 제8행이 '宮 上 上 上 上 上 上 上 宮'으로 진
행되어 일견 관련없는 선율로 비친다. 하지만, 유심히 보면 이 두 선율은
밀접한 관련을 지닌 선율임이 확인된다. 〈진작 1〉의 '下～下'를 한 옥타브
올리면 '下→上', '下→上', '下→上', '下→上', '下→宮'으로 변환되게 되
는데, 이를 적용하여 비교하면, 〈만대엽〉의 제8행은 〈진작 1〉의 제44행의
선율을 한 옥타브 높인 채 '上 上 上'의 선율을 추가하여 만든 부분임을 알
수 있다. ([ ]속 음은 한 옥타브 높으로 전환한 것을 필자가 임의로 기입한 것이다.)

⑤ [眞勺一] 44행   宮 下[上] 下[上] 下[上]   下[上]   下 [上] 下[宮] 下[宮]
　　[慢大葉] 8행   宮   上   上   上   上 上 上   上   宮

　관련 선율 구간 ⑥부분은 〈진작 1〉의 제45~46행과 〈만대엽〉의 제9행을
비교한 것이다. 〈진작 1〉과 〈만대엽〉의 해당부분이 모두 '上 上 宮 宮 宮'으
로 일치함이 확인된다.

⑥ [眞勺一] 45~46행   上 上 宮 宮 宮
　　[慢大葉] 9행   上 上 宮 宮 宮

　관련 선율 구간 ⑦부분은 〈만대엽〉이 자신의 3旨를 본받아 만든 부분이
다. 〈진작 1〉의 부분을 차용하지 않고 자신의 3旨를 차용한 것은 〈진작 1〉
의 대엽·부엽 부분과 〈만대엽〉이 지닌 공통구조 '2旨는 4旨에서 반복, 3旨
는 5旨에서 반복'을 우선했기 때문인 것으로 볼 수 있을 것이다.

時調의 발생 시기에 대한 소고　711

이로써 우리의 악곡적 논의는 종결점에 다다른 듯하다. 실질 선율의 흐름이나, 선율 구간의 배치 순서로 볼 때 〈만대엽〉은 〈진작 1〉의 대엽·부엽 부분의 선율에서 파생된 것이다. 이것으로 그간 국문학계와 국악계의 오랜 난제

時用 大葉慢中數 皆出於瓜亭三機曲中 『梁琴新譜』(1572)

의 구체적 의미는 해명되었다. 양덕수의 傳言은 다시 풀이하면, "요즘 쓰이는 만·중·삭대엽은 모두 〈진작 1〉의 대엽·부엽에서 나왔다"란 의미인 것이다.

4. 가곡 악보와 시조의 연원

이상의 논의를 통해 우리는 현행 가곡의 조종이 된 〈만대엽〉은 〈진작 1〉의 대엽·부엽 부분이 독립하면서 생겨난 것임을 확인했다. 이 논의는 그간 희미한 가설로 추정되었던 만대엽 악곡의 연원을 보다 뚜렷하게 지목했다는 점에서 적지 않은 의미를 지닐 것이다.

그러나 우리의 관심은 악보의 확인에서 멈출 것이 아니다. 현행 가곡의 근원이 된 〈만대엽〉의 근원을 지속적으로 추적해 들어간 까닭은 바로 이 〈만대엽〉이 발생기의 시조를 얹었던 母曲이라는 점 때문이다. 당시 모든 시조는 만대엽이라는 동일 악곡에 얹혀 불린 것이므로 만대엽이 독립된 악곡으로 파생된 시기를 파악할 수 있다면 우리는 시조 발생 시기의 上限線을 설정할 수 있게 되는 것이다.[24]

---

[24] 본고에서 말하는 '시조'는 '대엽류의 악곡에 얹혀 불린 3장 6구 크기의 4음보 운문체 노래'를 말한다. 즉 악곡과 노랫말이 결합된 구조체에서 그 노랫말을 칭하는 용어이다. 그러므로 다음과 같이 제기될 수 있는 假說 - "원래는 다른 노래에 얹혀 불리다가 그 악곡을 버리고 대엽류 악곡으로 갈아탄 3행 형식의 노래가 있었다." - 에 대한 본고의 입장은 다음과 같다.

그렇다면 만대엽은 언제부터 독립된 악곡으로 존재하기 시작했을까? 그리고 언제 이 악곡에 시조의 노랫말이 얹혀 불리기 시작했을까? 이에 대한 답은 문헌 소재 양상을 따라 충실히 추적할 수밖에 없다.

1) 〈만대엽〉 수록 문헌의 시대적 분포

진작에서 만대엽이 분리된 시점을 단적으로 지목할 수는 없지만, 만대엽이 언제부터 當代人들의 人口에 膾炙되며 문헌에 수록되었는지는 살필 수 있다. 우리는 위에서 가장 오래된 만대엽을 1572년 『금합자보』에 수록된 것이라는 전제에서 논의를 하였지만, 사실 이보다 더 이른 시기에도 만대엽을 향유한 흔적은 있다. 바로 세조(재위 1455~1468) 때의 음악을 기록하였다는 『대악후보』와, 16세기 전반 인물인 趙晟(1492~1555)에 의해 편곡되었다는 趙晟譜〈만대엽〉[25]을 통해서이다. 이 둘의 구체적 선율은 각각 세조 때와 16세기 전반 그대로는 아닌 것으로 확인[26]되고 있지만, 『대악후보』의 목

첫째, 이 언급은 3장 6구 4음보의 노래가 고려 말이나 14세기에 기록되어 전하는 것이 명백히 증명된 경우 그 사실에 대한 설명으로 기능할 성질의 것이다.
둘째, 그런 노랫말이 문헌적으로 보이지 않고, 또 그런 노래를 얹어 부르던 악보가 있었다는 아무런 증거도 없는 상황에서, 그 이전에 노랫말과 악곡이 있었을 것이라는 실체가 모호한 추정을 한다면, 이는 이 논의 자체를 不可知의 영역으로 만들 위험이 있다고 본다.
셋째, 〈만대엽〉이 아닌 다른 원곡에 얹혀 불린 短歌가 고려 중후반기 혹은 15세기 전반기에 있었다고 가정하더라도, 그 악곡에 결합된 노랫말을 과연 우리가 향유하고 연구해 온 장르로서의 '시조'라 칭할 수 있을지에 대한 의구가 있다.

25 국립국악원소장 『琴譜』에 수록되어 있음.
26 "결국 〈大樂〉의 慢大葉은 世祖代의 古形의 慢大葉이라고 볼 수 없으며, 단순히 〈梁琴〉을 참고하여 그것을 五音略譜로 옮겨 적은 것임을 알게 되었다." 〈황준연, 「양금신보 만대엽의 해독」, 『한국음악연구』 12집, 한국국악학회, 1982, 33면.〉
"조성의 금보 제작 시기는 늦어도 1540년(조성 나이 48세) 이전에 완성되었다는 것을 알 수 있었다. … 〈만대엽 조성보〉는 조성 당대의 악보를 모본으로 필사된 것이 아니라 『양금신보(1610) 이후에 새롭게 제작되었다는 것을 알 수 있었다." 〈양승경, 「조성의 악보형성 및 그 전승에 관한 연구」, 『한국음악연구』 53집, 한국국악학회, 2013, 73면.〉

록에 만대엽이 포함되어 있다는 사실, 음악에 밝았던 趙晟[27]이라는 실존 인물이 만대엽을 편곡한 것으로 전해지고 있다는 사실만으로도 이 곡이 당대의 유력한 악곡의 하나로 성장해 나가고 있음을 확인하는 데 부족함이 없다. 본고의 대상이 되었던『금합자보』,『양금신보』, 그리고 이들을 포함하여 만대엽이 수록된 주요한 고악보 혹은 가집의 시대적 분포를 목록화하면 다음과 같다.

〈만대엽 수록 관련 주요 악보·가곡집 표〉

	大樂後譜	趙晟譜	琴合字譜	梁琴新譜	靑丘永言
성립 연대	세조대 (1455~1468)	1492~1555	1572년	1610년	1728년
기록 연대	영조35 (1759년)	17세기	1572년[28]	1610년	1728년
수록된 노랫말	가사가 없음	五旨 당셩의 오나리 오쇼셔 四旨 새러므새로디도마르시고 三旨 져므디에라 二旨 므일에라 一旨 오ᄂᆞ라	민일댱샹의 오ᄂᆞ리오쇼셔 새라나○○새ᄂᆞ디도나리오○○ 졈그디도마ᄅᆞ시고 믜일에리 오ᄂᆞ리	五旨 민양당식에 오ᄂᆞ리쇼셔 四旨 사라난ᄂᆞ○새디도마ᄅᆞ시고 三旨 졈그디에 二旨 믜일에 一旨 오ᄂᆞ리	민양쟝식에 오ᄂᆞ리쇼셔 새라난○새디도마ᄅᆞ시고 덤그디에도 每日에이도 오ᄂᆞᆯ이쇼셔
수록명칭	慢大葉	慢大葉	慢大葉	中大葉 俗稱心方曲	初中大葉
편저자		趙晟 (1492~1555)	安瑺(未詳, 1561~1572년 간 활동)	梁德壽 (未詳, 임진왜란 간 활동)	金天澤 (1680?~영조 간 활동)

---

27 조성은 명종조 인물로 음악에 정통했다는 기록이 많다. 일례를 들면 다음과 같다.
"안현은 지혜롭고 사려 깊고 총명하고, 조성은 음악에 정통합니다. 안현에게 그 일을 주관하게 하고 조성을 불러 같이 교정하게 하소서.(安玹智慮精明 趙晟精於律呂 … 以玹主其事 召晟與聞校正)"〈國朝寶鑑 22卷, 明宗 6年(1551년)〉

한편 위의 문헌 중 『금합자보』의 〈만대엽〉은 비록 문헌의 최종 정착은 1572년이지만, 바로 그 해의 악곡적 정황을 말하는 것은 아니다. 이 악보의 서문에는 "내가 1561년 장악원 첨정이 되었을 때 … 악사 홍선종을 시켜 … 합자보를 고치게 했다. … 1572년 안상 씀 (余於嘉靖辛酉(1561)爲掌樂院僉正 … 於是使樂師洪善終 … 改修合字譜. … 隆慶壬申(1572)竹溪安瑺書)"이라는 말이 있어 1561년이나 그 약간 이전을 포함할 수 있는 기간의 노래를 수록한 악보임을 알게 한다.

그렇다면 왜 하필 이 즈음이 되어서야 〈만대엽〉에 대한 다양한 변주와 논의들이 문화의 전면에 등장한 것일까? 만대엽 악곡에 대한 愛好가 고려 말과 조선 초를 잠류하다가 이 시기에 들어서 알 수 없는 어떤 계기로 갑자기 재조명을 받았기 때문일까? 필자는 그 가능성은 희박하다고 본다. 오히려 이 시기에 만대엽이 문화의 전면에서 다양한 형태로 부각되게 된 것은 만대엽이 이 즈음에 새로운 악곡으로 등장하면서 주목받았기에 생긴 자연스런 현상으로 풀이하는 것이 순편한 것이라 본다.

결국 문헌을 중심으로 볼 때 만대엽의 최초 분리는 세조대 즈음이며, 가사 없는 기악곡으로 향유되던 이 노래는 趙晟譜와 『琴合字譜』 등에서 보이듯 노랫말이 얹히며 16세기 전반에서 중반 연간을 거치며 성악곡으로서의 변모를 해 나갔던 것으로 추정된다.

2) 이현보의 '爲葉'과 〈漁父短歌〉로 본 시조의 발생 시기

우리는 위에서 만대엽이 악곡으로 독립한 시기가 1400년대 후반일 가능성이 높으며, 노랫말이 얹혀 불리며 향유층을 확보해 나가던 시기가 1500년대 전반에서 중반까지일 가능성을 엿보았다. 그러나 이는 어디까지나 문

---

28 余於嘉靖辛酉(1561)爲掌樂院僉正 … 於是使樂師洪善終 … 改修合字譜. … 隆慶壬申(1572)竹溪安瑺書

헌이 시사하는 바를 표면적으로 따른 것에 불과한 것이다. 따라서 보다 구체적인 관련성을 찾아볼 필요가 있다. 그럴 때 우리는 만대엽의 노랫말이 대엽에 얹혀 불리기 시작할 즈음, 즉 16세기 전반을 살았던 인물인 李賢輔(1467~1555)의 다음 언급에 주목할 필요가 있다. 文集으로 전하는 시조 창작자로는 가장 앞선 시기의 인물인 이현보는 기존에 전하던 〈어부사〉에 심취해 이를 短歌로 개편한 바 있는데, 그 개편 현장에서 다음과 같이 말한 바 있다.

> "12장짜리 1편은 3장을 덜어내어 9장으로 만들어 長歌를 지어 노래하게 했고, 10장 짜리 1편은 줄여 단가 5편으로 만들어 '爲葉'하여 노래하게 했다. … 1549년 6월.(一篇十二章去三爲九作長歌而詠焉 一篇十章約作短歌五闋爲葉而唱之.) … 嘉靖己酉夏六月(1549년 6월)"　　　　〈李賢輔, 聾巖先生文集雜著 3卷, 歌詞, 漁父短歌五章〉

우리는 그간 이 언급에서 보이는 '爲葉'을 대체로 '엽으로 만들어' 정도로만 풀이해 왔다. 그러나 여기서 '葉으로 만들었다'는 말이 무엇인가에 대해서는 깊은 관심을 두지 않았다. 그러나 본고는 이현보가 사용한 '葉'이란 어휘에 보다 주목할 필요가 있다고 본다. 왜냐하면 이현보가 '爲葉엽으로 만들어·엽에 얹어'하여 불렀다는 단가 5장은 주지하다시피 완연한 3행의 시조로서, 시조라면 그 당시로서는 당연히 '(만·중·삭)대엽'에 얹어 부르는 것 말고는 다른 향유 방법이 존재하지 않았던 노랫말들인바, 이 '葉'이 '(慢)大葉' 바로 그것을 칭하는 것이 되기 때문이다. 결국 이현보의 이 언급 또한 '대엽'[29]이라는 일정한 곡조에 다양한 노랫말들이 얹히며 시조가 성장해 나

---

29 『대악후보』나 조성의 악보 명칭이 원래부터 '만대엽'이었는지는 확인되지 않는다. 어쩌면 그냥 '대엽'이던 것이 후대에 기록되면서 '만대엽'으로 곡명을 고쳤을 가능성도 있다. 이를 방증하는 것으로 『시용향악보』의 후면에 낙서처럼 기록되어 있는 악보는 만대엽의 선율인데, 제목은 '平調大葉調'라고만 기록되어 있다. 시용향악보가 조선 중종에서 명종연간에 편찬되었을 가능성이 높은 책임을 상기할 때, 1500년대 중반까지도 〈진작 1〉에서 분리된

가는 16세기 전반 문화사의 磁場에서 생겨난 것이라 하겠다.

그렇다면 16세기 만대엽 향유 형태의 實例인 이현보의 短歌를 통해서 시조 발생의 구체적 시기를 추정할 수는 없을까? 즉, 그의 시조에서 혹 '만대엽'에 갓 얹히기 시작하던 초장기 시조의 특성이 있다거나, 혹은 '만대엽'과 원숙히 조응되는 완숙기 시조의 특성이 있다거나 한다면, 전자의 경우는 시조가 이현보의 시대와 멀지 않은 시기에 발생했다는 근거가 될 수 있을 것이고, 후자의 경우라면 이현보 이전의 시대에 이미 정형의 틀을 잡은 시조가 발생해 있었다는 근거가 될 것이다.

이에 대한 대답은 〈만대엽〉에 붙는 노랫말의 특성과 그가 향유한 〈漁父短歌〉 5장의 노랫말을 비교를 통해 구해질 수 있을 듯하다. 우리는 위에서 만대엽의 악곡이 2旨와 4旨가 반복되고, 3旨와 5旨가 반복되는 특징이 있음을 보았다. 그리고 그런 악곡적 구성 위에 얹혀 향유되었던 '오ᄂ리~'의 노랫말을 다시 보자면 다음과 같다.

一旨 오ᄂ리 오ᄂ리나
二旨 미일에 오ᄂ리나
三旨 졈므디도 새디도 오ᄂ리
四旨 새리나
五旨 미일댱샹의 오ᄂ리 오쇼셔   〈금합자보, 평조만대엽〉

이 초기의 시조가 이후에 향유된 다른 시조와 가장 변별되는 점은 중장(3旨)의 길이이다. 위에서 보이듯이 '졈므디도 새디도 오ᄂ리'로 되어 있어 3음보로 되어 있음을 보는 것이다. 그리고 이 3음보는 5旨에서도 다시 반복되어 나타나는 것을 볼 수 있다. 이런 현상이 일어나게 된 것은 추측건대, 아마도 만대엽의 악곡적 제약과 관련되어 있을 것이다. 즉, 악곡은 3旨와 5旨

'大葉+附葉' 부분은 그냥 大葉으로 불렸을 가능성이 있다고 하겠다.

의 선율이 동일하고 노랫말이 얹히는 井間上의 위치도 거의 동일한데[〈표 1〉참조], 동일한 선율들에 얹히는 노랫말들이었기 때문에 3旨는 5旨와 같은 길이, 같은 음보로 얹혔던 것으로 추론해 볼 수 있다.[30] 그런데 이현보의 시조에 이러한 현상과 同軌의 흔적이 나타나고 있음을 본다.[31]

一旨…　이듕에 시름업스니
二旨…　漁父이 生涯이로다
三旨…　*一葉片舟*를 *萬頃波*애 띄워두고
四旨…　人世를
五旨…　*다니젯거니 날가는 주를알랴*　　　　〈漁父短歌 五章 1〉

一旨…　구버는 千尋綠水
二旨…　도라보니 萬疊靑山
三旨…　*十丈紅塵*이 언매나 マ롓는고
四旨…　江戶애
五旨…　*月白*ᄒ거든 더욱*無心*ᄒ얘라　　　　〈漁父短歌 五章 2〉

一旨…　靑荷애 바블 ᄡ고
二旨…　綠柳에 고기ᄢㅔ여
三旨…　*蘆荻花叢*에 빈미야 두고
四旨…　一般

---

[30] 이에 비해 만대엽의 2旨와 4旨는 악곡상의 동일성도 다소 미약하며[〈표 1〉참조] 이에 따라 노랫말에 대한 구속력도 다소 느슨하게 느껴졌기에 각기 다른 방식으로 노랫말 배분이 시도되었던 것이 아닌가 한다.
[31] 중장이 완전한 4음보를 이루지 못하는 현상은 이현보의 시조뿐만 아니라 조선전기 시조의 한 특성으로 알려졌다. 김진희는 「시조시형의 정립과정에 대하여」(『한국시가연구』 19집, 한국시가학회, 2005.)에서 이 점을 통계적으로 제시한 바 있다.

五旨…	淸意味를 어ᄂ 부니 아ᄅ 실고	〈漁父短歌 五章 3〉
一旨…	山頭에 閑雲이 起ᄒ고	
二旨…	水中에 白鷗이 飛이라	
三旨…	無心코 多情ᄒ니 이 두 거시로다	
四旨…	一生애	
五旨…	시르믈 닛고 너를조차 노로리라	〈漁父短歌 五章 4〉

一旨…	長安을 도라보니	
二旨…	北闕이 千里로다	
三旨…	漁舟에 누어신들 니즌스치 이시랴	
四旨…	두어라	
五旨…	내시름 아니라 濟世賢이 업스랴	〈漁父短歌 五章 5〉

    총 5편의 작품 중, 4편의 중장이 3음보로 구성되어 있다는 것, 그리고 5편의 작품 모두가 3旨·5旨의 음절과 음보가 나란한 형태로 거의 일치하고 있는 점은 이현보 시대의 시조가 지닌 한 독특한 특성이라고 할 수 있을 것이다.[32] 그리고 이러한 독특한 형식적 특징은 만대엽에 얹혀 불리던 '오나리~'

---

[32] 동시대 인물인 金絿(1488~1534)의 『自菴集』(1659년 편찬)에 수록된 시조나, 珍本 『청구영언』에서 보이는 이른 시기의 시조들 또한 이와 동일한 형태를 보인다. 김구의 시조와, 珍本 『청구영언』에 수록된 작품 중 첫 곡부터 다섯 번째 곡, 즉 가장 이른 시기의 노랫말을 예시하면 다음과 같다.

김구의 시조 : 나온댜 今日이야	/ 즐거온댜 오늘이야 / 毎日의	/ 古往今來예 類업슨 今日이여 / 오늘ᄀᆞ투면 므슴성이 가시리
1번곡 初中大葉 : 오ᄂᆞ리 오ᄂᆞ리쇼셔	/ 毎日에 오ᄂᆞ리쇼셔 / 새라난	/ 뎜그디도 새디도 마르시고 / 미양쟝식에 오ᄂᆞ리쇼셔
2번곡 中大葉 : 이바 楚ㅅ사롬들아	/ 네님금이 어듸가니 / 우리도	/ 六里靑山이 뉘싸허 되닷말고 / 武關다든後ㅣ 니 消息몰라ᄒ노라

의 형식적 특징과 일치한다. 이것은 우연일까? 필자는 이를 우연한 일이라 보지 않는다. 〈漁父短歌〉와 '오나리'는 모두 '(만)대엽'에 얹혀 불린 시조라는 공통성을 지니고 있으며, 모두 만대엽의 악곡적 특성에서 기인한 3닙와 5닙가 3음보로 나란히 진행되는 독특한 형식을 지니고 있으며, 16세기 중반 활발히 나타나기 시작하는 만대엽 문화의 가장 앞선 시점에 위치하고 있다는 공통점을 지니고 있기 때문이다. 따라서 이러한 중장의 형태적 특성은 이현보의 시대가 바로 시조가 갓 피어나기 시작한 시대임을 강하게 시사하는 한 증거로 보아야 할 것이 아닌가 한다.

참고로 문헌적으로 신빙할 수 있는 가장 이른 시기의 시조 작가와 작품을 이현보와 함께 나열한다. 가장 이른 시기의 시조 작가들이 모두 이현보에 비해 후대에 태어난 인물들로 확인되는 점, 이현보 이전 시대의 인물인 정극인(1401~1481)이 즐긴 短歌의 모습은 현재 시조와 전혀 다른 모습이라는 점 등은 이현보가 바로 시조의 발생기의 가장 선두에 선 작가 중의 한 명임을 알리는 또 다른 방증이라 하겠다.

3번곡(中大葉): 부헙코 섬쪄올순	/ 아마도 西楚覇王 / 千里馬	/ 긔壯天下야 어드나 못어드나 / 絶對佳人을 누를주고 가리오
4번곡北殿: 흐리누거 괴오시든	/ 어누거 좃니옵시 / 雪綿子ㅅ	/ 뎐츠뎐츠에 벗님의 뎐츠로셔 / 가스로온듯이 범그려 노옵셔
5번곡二北殿: ㅇ자내 黃毛試筆	/ 墨을뭇쳐 窓밧긔 디거고 / 아므나	/ 이제 도라가면 어들법 잇거마는 / 어듸 가뎌셔 그려보면 알리라

〈시조와 작가 관련 기록표〉

노래 이름	短歌 (不憂軒歌)	漁父短歌	藏六堂六歌	나온댜	陶山十二曲	이몸이
출전	不憂軒集	聾巖先生文集	瀼西集	自菴集	木版	梁琴新譜
성립 연대	1472년[33]	1549년	1500년대 전반	中宗 재위 시 (1506~1544)	1565년	未詳
기록 연대	1786년	1549년	1600년대 초	1659년	1565년	1610년
내용	浮雲似官海上애 三品儀章 뵈고시라 時致惠養ᄒᆞ신 뵈고시라 ᄒᆞ니이다 뵈고시라 嘉靖十二章 約作短歌五闋 光被聖恩ᄒᆞ신 뵈고시라 不憂軒翁 口之於味 不如心이 하고만코 馬首 腰間 뵈고시라 何日忘之ᄒᆞ리잇고 嵩三呼華三呼를	一篇十二章去三爲九作長歌而詠焉 葉而唱之 嘉靖己酉夏六月〈1549년 6월〉	漢譯 3首 何時遇海翁 我已忘是者皆相忘 不知誰某也 斯二者 省略	오늘닷 면 므슴셩이 가시리 每日의 오늘이야 古往今來예 類업슨 今日이여 즐거온댜 오늘이야 나온댜 今日이야	〈퇴계선생문집 43권 跋 陶山十二曲跋〉 嘉靖四十四年歲乙丑暮春〈1565년 3월〉 惟近世李鼈六歌者 爲世所盛傳… 故嘗略倣李歌而作爲陶山六曲…	이몸이 주거주거 일번 고텨 주거 白骨이 塵土ㅣ되여 넉시라도 잇고 업고 ᄂᆞᆼ향ᄒᆞᆫ 一片丹心이야 가실주리 이시랴
작자	丁克仁 (1401~1481)	李賢輔 (1467~1555)	趙晟 (1492~1555)	金絿 (1488~1534)	李滉 (1501~1570)	未詳

---

33 정극인의 이 우리말 '短歌' 작품은 다음과 같은 문맥 속에서 전승되었다.
"壬辰年(1472년) … (정극인은) 늘 천은이 망극함을 생각하고 고려 「한림별곡」의 음절에 따라 「不憂軒曲」을 지었는데, 먼저 '短歌'로써 때때로 그 영광을 노래하고 이어서 임금의 천수를 축원하였다.(每念天恩罔極 倚高麗翰林別曲音節 作不憂軒曲 先以短歌 以時歌詠其榮)"
〈不憂軒集 首卷, 附錄, 行狀〉
이 행장에 나타난 '短歌'가 『불우헌집』에 위 표의 인용처럼 수록되어 있는데, 15세기 우리

5. 결론

이상의 논의는 시조의 노랫말이 실린 고악보를 분석하여 시조의 연원을 탐색하기 위한 노력의 일환이다. 논의를 요약하면 다음과 같다.

1. 시조의 노랫말을 담고 있는 가곡은 〈慢大葉〉을 조종으로 하고, 이 만대엽은 진작[정과정]에서 비롯되었음은 학계에 잘 알려진 사실이지만, 실제로 진작의 어떤 부분에서 만대엽이 파생되었는가에 대해서는 명확한 결론을 내리지 못하고 있었다.

2. 본고는 악곡적 분석을 통하여 1572년 『금합자보』에 실린 〈만대엽〉은 〈진작 1〉의 대엽과 부엽 부분이 편곡되어 성립된 것을 확인하였다. 이는 그간 국문학과 국악계에서 가설로 존재하였던 〈진작〉의 대엽과 부엽 부분에서 나왔을 것이라는 견해를 구체적으로 실증한 것이다.

3. 〈만대엽〉이 〈진작 1〉의 대엽·부엽 부분을 모방 변개하고 있음을 먼저 악곡 구조의 비교를 통하여 지적될 수 있다. 〈만대엽〉은 〈진작 1〉의 대엽·부엽 부분이 지니고 있는 악곡의 구조적 속성을 습용하고 있다. 〈진작 1〉의 해당 부분은 여음을 제외하면 전체적으로 5부분으로 나뉘는데 선율이 다음과 같이 반복됨이 확인된다.

    A(1旨) B(2旨) C(3旨)
         B(4旨) C(5旨)

이 점은 〈만대엽〉에서도 그대로 확인되는바, 이 곡이 〈진작 1〉에서 파생한 악곡 형태임을 알 수 있다.

4. 〈만대엽〉이 〈진작 1〉의 해당부분에서 파생된 결정적 근거는 선율의

말 노래를 즐겼던 인물인 정극인의 삶에서 보이는 '短歌'가 시조의 형태가 아니란 것은, 16세기 인물들의 삶에서 보이는 '短歌'가 일반적으로 시조란 점에 비추어 볼 때 간과할 수 없는 示唆를 하는 것이라 하겠다.

일치에서 찾아진다. 악곡의 비교 결과 총 6개의 단위에서 유사한 선율의 진행이 발견되었다. 선율은 기존의 음을 덜어내기도 하고, 새로운 음을 보충하기도 하고, 박자를 변개하기도 하며 파생되었지만, 둘의 유사성은 확연하다고 할 수 있다. 또한 총 6개 선율 단위가 두 곡 모두에서 ①-②-③-④-⑤-⑥의 순서로 구성되었다는 점에서 이 둘의 직접적 관련성은 확연하다.

5. 이상과 같은 분석에서 볼 때 현행 가곡의 조종이 된 〈만대엽〉은 〈진작 1〉에서 분화된 것이 확인된다. 한편 이는 시조의 발생 시기 추론에 결정적 단서로 작용한다.

6. 〈진작 1〉에서 〈만대엽〉으로 파생된 시기는 만대엽곡이 다양한 모습으로 파생되던 세조대 혹은 그 이후로 추정된다. 세종대의 음악상황을 담은 『大樂前譜』에는 〈만대엽〉이 없으나, 세조대의 음악 상황을 담은 『大樂後譜』에는 가사가 붙지 않은 〈만대엽〉이 수록되어 있기 때문이다.

7. 시조의 발생은 〈만대엽〉에 노랫말을 싣기 시작하면서 시작된 것이라 추정할 수 있다. 왜냐하면 초기 시조의 형식은 현재와 같이 "초장: 3·4·3·4, 중장: 3·4·3·4, 종장 3·5·4·3"으로 된 것이 아니라 중장의 4음보가 완전히 굳어지지 않은 즉, "초장: 3·4·3·4, 중장: 5·3·4, 종장 3·5·4·3"의 형태를 띤 것이 많은데, 이런 음보율은 만대엽 형식의 노래가 지닌 第2旮와 第4旮의 반복, 第3旮와 第5旮의 반복과 밀접한 관련을 지닌 것으로 판단되기 때문이다. 즉, 초기에 나타난 시조의 노랫말은 第3旮[중장]가 3음보인 경우가 많고, 第4旮[종장 첫 어절]가 3음절어, 第5旮[종장 나머지 어절]가 3음보로 된 경우가 많은데 이는 3旮와 5旮의 악곡적 동질성이 노랫말의 배분에 작용한 것으로 판단된다.

8. 조선 초기 문헌으로 가장 먼저 확인되는 이현보(1467~1555)의 시조 노랫말의 독특한 특징과 〈만대엽〉의 분화 시기(世祖朝 즈음)와 조성(1492~1555)의 활동 시기 등을 고려할 때, 〈만대엽〉에 시조가 얹힌 시기는 16세기 前半으로 추정되며 따라서 음악적 지평에서 바라본 시조의 발생은 16세기 前半이라 할 수 있을 것이다. 결국 믿을 만한 자료들에서 확인되는 가장 오랜

노래들인 〈오나리~〉(16세기 중반), 이별(1475년경~16세기 전반)의 〈藏六堂六歌〉, 김구(1488~1534)의 〈나온댜~〉', 이현보(1467~1555)의 〈漁父短歌〉 등은 동시대의 노래로서 시조의 발생 현장에서 갓 핀 작품들이라 할 것이다.

『한국시가학회 제77차 정기학술발표회』(2015년 9월 18일)의 발표 후, 영어로 번역하여
『Acta Koreana』(20-1집, 계명대학교 한국학연구원, 2017.)에 게재함.
이 논문은 번역되기 전의 원고임.

악곡으로 본 時調 종장의 형식적 연원
―중장과의 관련성에 주목하여―

1. 들어가며

시조의 노랫말에서, 종장 제2음보에 위치한 '5음절'은 특이하다. 초장과 중장의 제2음보에서는 거의 규칙적으로 4음절로 고정되어 있던 것이, 종장의 제2음보에 이르러 갑자기 5음절로 증가하여 앞에서부터 진행되어오던 안정된 운율을 흔들고 있기 때문이다. 즉, 시조의 형식은 흔히 다음[1]과 같이 도식화되는데,

初章	三	四	三(四)	四
中章	三	四	三(四)	四
終章	三	五	四	三

종장의 제2음보에서 특이하게 5음절 크기의 노랫말이 돌출함을 보는 것이다.

우리는 그간 종장의 제2음보가 지닌 이 특이한 형태에 대해 여러 가지로 해석해 왔다. 그 중 가장 많은 지지를 얻고 있는 것은 '詩的 긴장'을 유발한다는 것이다. 조윤제는 시조의 제2음보에 오는 '5음절'이 지닌 긴장감을 다

---

[1] 조윤제, 『한국시가의 연구』, 을유문화사, 1948, 176면.

음과 같이 비유적으로 표현한 바 있다.

> 時調의 形式은 그 字數表로서도 알 바와 같이 <u>初章과 中章은 그 形式이 全然 같았</u>으나 章에 오면 急작이 그 格調가 變하여진다. 即 初章에서 中章에 걸쳐 三四調를 順坦하게 反覆하여 오다가 <u>終章에 와서는 「三」에서 單번에 飛躍的으로 「五」에 뛰어 올라 가지고 다음은 四三의 順次로 떠러져 내려 왔다.</u> 이 律動의 美는 마치 저 高躍하는 選手가 目的物을 뛰어 넘으려고 數메터 밖에서 마음을 바로 잡고 몸을 고누아 가지고 目的物을 向하여 자춤자춤 걸어 오다가 猛虎와 같이 발판을 밟아차고 뛰어 넘어서 아직 그냥 자빠지지 않으려고 넘어 뛴 反動으로 數次 跳躍하는 것과도 같아 그 氣運이 왼통 발판인 終章 第一句에 달렸는데 여기를 氣運차게 밟아차지 않으면 그 目的物을 뛰어 넘을 수 없다.[2]

김흥규와 조동일 또한 이 5음설로 된 음보에 대해 다음과 같이 거의 동일한 견해를 보인다.

> 평시조 종장의 전반은 그 끝부분에 심한 호흡상의 긴장을 띠는 율격 구조로 되어 있다. 완결부는 이 압박된 호흡의 긴장으로부터 벗어나면서 순차적으로 보다 큰 여유를 획득하고 다시 유장한 호흡 속에서 감탄적 종결을 이룬다.[3]

> 종장이 마지막 행이라는 것을 분명히 하는데 종장의 특이한 짜임새가 중요한 구실을 한다. 제1음보는 기준 음절 수 미만이었다가 제2음보는 기준 음절 수 초과가 됨으로써, 초장이나 중장에서는 없던 긴장이 생기고, 이 긴장은 종장이 초장에서 중장까지 전개되어 온 생각을 한층 더 함축되게 다듬으면서 마무리를 지을 수 있

---

2 조윤제, 상게서, 179면.
3 김흥규, 「평시조 종장의 율격·통사적 정형과 그 기능」, 『월암 박성의박사 환력기념논총』, 고려대학교 국어국문학회, 1977, 116면. (본고는 김대행 편, 『운율』, 문학과지성사, 1990, 107~108면의 재수록분을 인용함.)

게 한다.[4]

위의 견해들은 종장 제2음보에 나타난 5음절 크기의 노랫말을 시적으로 이해하기 위한 학계의 주된 설명 방식이라 할 수 있다. 확실히 3음절 다음에 5음절이 나타나는 이 부분은 초·중장에 보이는 일반 음보의 연결에 비해 飛躍적인 면이 있고, 그렇기에 시의 율격에 긴장을 유발하는 것으로 해석될 여지가 있다. 그리고 이어지는 후반부의 '4음절+3음절' 음보는 그러한 긴장을 완화시키면서 작품을 마무리하는 형태로도 여겨질 수 있다.

그런데 선학들의 이러한 견해들은 종장 제2음보에 대한 시적 해석은 되고 있지만, 그것의 淵源에 대한 궁금증을 해소해 주지는 않는다. 이 견해들은 시조 종장이 유발하는 율격적 묘미에 대한 설명으로는 유효하지만, 시조의 종장에 왜 그러한 형태가 나타났던가에 대한 궁금함을 완전히 해소해주지는 못한다. 한편, 여타의 연구를 살펴보아도 시조 종장에서 보이는 5음절 노랫말의 연원에 대한 논의는 그리 활발하게 전개되고 있지 않은 듯하다. 간혹 향가의 3단 형식과 관련하여 시조의 초·중·종장 형식을 설명하려 한 논문들이 있지만, 여전히 이 '5음절'에 대한 언급은 잘 보이지 않는다.

이런 정황을 염두에 두고 있던 중, 필자는 근래 '시조의 발생'에 대한 논문[5]을 게재한 적이 있다. 그 집필 과정에서 시조 종장에 왜 '5음절'로 된 음보가 출현하게 되었나에 대한 의문을 풀 만한 실마리를 두 가지 측면에서 얻을 수 있었다. 하나는 시조의 종장에 흔히 나타나는 '3字+5字+4字+3字'는 그 첫 음보를 떼고 보면 '5字+4字+3字'가 되는데, 이 형태가 문헌으로 확인할 수 있는 가장 이른 시기의 시조들인 16세기 시조, 즉 형성기 시조

---

4 조동일,『한국시가의 전통과 율격』, 한길사, 1982, 67면.
5 PARK JAEMIN, KIM JINHEE, THE ORIGIN OF THE SIJO (時調) POETIC FORM IN RELATION TO OLD KOREAN MUSIC SCORES, Acta Koreana VOL.20, 2017.06.

들의 중장에 특징적으로 나타난다는 점이다. 그리고 다른 하나는 이 형태로 된 중장과 종장은 형성기의 그 시조를 얹어서 즐기던 악곡인 慢大葉(또는 中大葉)의 第3旨와 第5旨 부분에 해당하는데, 이 3旨와 5旨의 선율이 거의 흡사하다는 점이다. 즉, 악곡의 第3旨에는 중장 전체가, 악곡의 第5旨에는 종장의 '5字 + 4字 + 3字' 부분이 얹혀 불리는데, 그 3旨와 5旨의 선율이 같은 것이다. 상황이 이렇다면, 중장과 종장의 흡사성은 악곡의 이 두 부분에 흐르는 선율의 흡사성에 준해 생겨난 것이 아닐까라는 가정을 해 볼 수 있는 것이다.

본고는 위 착안을 확대하여 시조 종장의 형태적 특이점에 대한 연원을 구체적으로 해명해 보려 한다. 먼저 시조의 중장과 종장이 지닌 노랫말의 형태적 공통점을 확인하고, 이후 악곡적으로도 동일한 것임을 보여, 종장의 제2음보 이하 '5字 + 4字 + 3字' 형태는 초기 시조의 중장의 형태에 영향 받아 형성된 것임을 實證해 보려 한다.

2. 중장과 종장 노랫말의 형태적 일치

그간 시조에 대한 논의에서 형식적 연관성이 주로 지적되었던 두 곳은 초장과 중장이었다. 앞서 보인 조윤제의 인용 첫머리에서도 "時調의 形式은 … 初章과 中章이 그 形式이 全然 같았으나"[6]라고 언급하고 있고, 그 후로도 굴지의 연구자들이 초장과 중장의 형식적 유사성을 지적해 왔다. 근래의 성기옥·손종흠도 다음과 같은 도표[7]를 통해 초장과 중장의 음보적 반복을 다시금 확인한 바 있다.

---

6 조윤제, 상게서, 176면.
7 성기옥·손종흠, 『고전시가론』, 한국방송통신대학교출판부, 2006, 288면.

성호경 또한 "초장과 중장이 평행적 병렬을 이루고, 그 의미의 중점이 종장에 놓이는 방식은 16세기의 시조 작품들에서도 가장 두드러지는 시상전개방식"[8]이라 보아 초장과 중장을 평행하게 구성된, 즉 의미가 병렬적으로 반복되는 장으로 인식했다. 전자의 연구는 외형적 유사성을 지적한 것이고, 후자의 연구는 의미적 연관성을 지적한 것인데, 실제로 현전하는 시조는 초장과 중장이 통사적·의미적으로 비슷한 경우도 많기에 이 언급들 자체는 부분적으로 유효하다. 일례로 이황(1501~1570)의 〈도산십이곡〉 중 다음 시조는 위의 연구들의 언급에 잘 부합하는 형태라 하겠다.

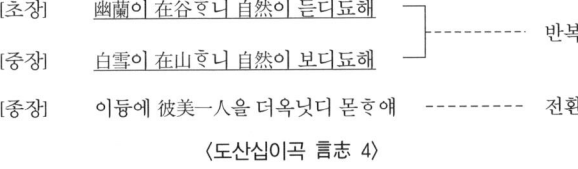

〈도산십이곡 言志 4〉

그런데 관점을 조금 바꾸어 종장의 제2음보 이하의 형태적 특징을 중심에 두고 볼 때, 우리는 다음과 같은 모습의 시조에 주목하게 된다.

---

[8] 성호경, 『조선전기시가론』, 새문사, 1988, 121면.

[초장] 煙霞로 지블삼고 風月로 버들사마
[중장] <u>太平聖代</u>예 <u>病</u>오로 <u>늘거가뇌</u>
          5   3   4
[종장] 이듕에 <u>브라는이른</u> <u>허므리나</u> <u>업고쟈</u>
             5   4   3

----- 밑줄 부분이 반복됨

〈도산십이곡 言志 2〉

이 시조에서는 초장과 중장의 유사성은 보이지 않고, 중장과 종장의 형태적 유사성이 더 부각되어 있다. 중장이 '5字+3字+4字'로 되어 있고, 종장의 제2음보 이하 부분 또한 중장과 흡사하게 '5字+4字+3字'로 되어 있음을 본다.[9]

그렇다면 중장과 종장의 이러한 유사성은 위의 작품에 한하여 단발성으로 등장하는 형태인가, 아니면 여타의 작품들에서도 자주 보이는, 즉 하나의 群으로 묶일 만한 형태인가? 만약 위 예시와 같이 숭장과 송장[10]이 닮은 용례를 충분히 확보할 수 있다면 우리는 이를 群으로 묶어 그 연유를 解明할 필요가 있을 것이다. 그리고 그 과정에서 우리는 뜻밖의 사실들을 발견하게 될지도 모른다. 가령 이 둘이 왜 닮아 있는가를 밝혀가는 여정에서 그간 미진하게 개진되었던 '시조 종장의 형식적 특이성'에 대한 해명의 실마리를 발견하게 될지도 모르는 것이다. 이 작업은 궁극적으로 시조 형태의 연원과 관련된다.

---

9 '5字+3字+4字'과 '5字+4字+3字'가 엄밀하게 말하면 다르다고 볼 여지도 있다. 하지만 큰 틀에서 볼 때 흡사한 것으로 간주될 수 있다. 즉 '5字+7字'라는 점에서는 유사한 것이다. 본고는 이 둘에 큰 분별을 두지 않고 유사한 것으로 본다. 앞의 '5字'에 보다 더 집중하여 논의하기 위함이다.

10 정확히는 '종장의 제2음보 이하'가 맞지만, 호칭의 편의상 이후로는 '종장'이라 칭하겠다.

1) 중장의 '5음절'과 종장의 '5음절'의 일치 현상

위에서 주시한 중장과, 종장 제2음보 이하의 형태적 병렬성에 대한 정황을 보다 확실히 파악하기 위해 필자는 편의상 『고금가곡』(1764)을 자료로 삼아[11] 중장에서 '5字 + 3(4)字 + 4(3)字'의 형태가 얼마나 자주 등장하는가를 헤아려 보았다.

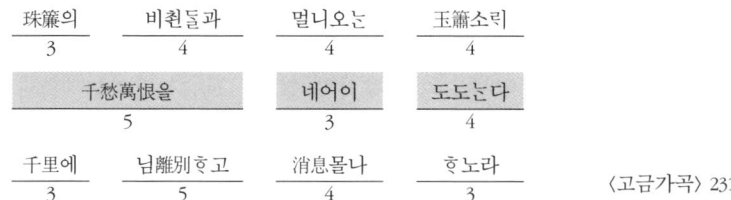

〈고금가곡〉 231번곡

그 결과 이 가집에 수록된 평시조 260수 중 58수의 중장에서 이 같은 '5字 + 3(4)字 + 4(3)字' 형태의 노랫말이 나타나고 있음을 확인하였다. 이는 전체 작품의 약 22%에 해당하는 수치인 바, 이로 이 병렬 형태가 하나의 群으로 묶일 정도의 비중이 됨을 알 수 있다.[12]

그렇다면 중장에 이러한 형태가 자주 나타나는 현상이 뜻하는 바는 무엇인가? 그것은 두 가지로 해석 가능할 것이다. 얼핏 떠오르는 쉬운 해석은 이 형태가 시조 음보의 가장 일반적인 형태 '3字 + 4字'의 수의적 변형이라

---

11 『고금가곡』(1764년 송계연월옹 편찬)을 활용한 까닭은, 이 가집이 이른 시기의 소산이면서 필사 연대가 신뢰할 만하고, 평시조 또한 260수가 수록되어 있어 통계적으로도 유의미한 분량이 되기 때문이다. 『역대시조전서』(심재완, 세종문화사, 1972.)나 『고시조대전』(김흥규 외 6인, 고려대학교민족문화연구원, 2012.)의 작품을 1/10정도로 추려서 작업하는 것도 고려하였으나 여기엔 1800년대 이후의 시조들이 다량 포함되어 있어 가급적 이른 시기의 작품들의 모습을 볼 수 있는 대상을 택하게 되었다.
12 18세기 중반의 가집인 〈고금가곡〉에 한해서 보자면 중장의 전반에 가장 흔히 나타나는 음보 형태는 '3字 + 4字'이다. 다음이 '5字', 그 다음이 '3字 + 3字' 형태이다. 이 세 群을 대표 유형이라 할 수 있다. 참고를 위해 간략히 표를 제시한다.

고 보는 것일 것이다. 즉, 원래 시조의 중장은 '3字 + 4字 + 3字 + 4字'인데, 시조 중장의 前半에 있는 '3字 + 4字'가 임의로 변형되어 '5字' 형태가 되었고, 그것이 우연하게 종장과 닮은 형태가 되었다고 보는 것이다. 또 다른 해석은 시조의 중장이 원래부터 종장과 필연적인 친연성을 지닌 형태인 '5字 + 3字 + 4字'인데, 그간 78%에 이르는 여타 작품들의 형식에 가려져 그 본모습이 잘 드러나지 않았다고 보는 것이다. 즉, 22%는 종장과의 연관성을 보여주는 옛 흔적이고, 그렇지 않은 78%가 오히려 옛 모습에서 멀어진 형태일 수 있다는 것이다.

전자의 해석은 일견 간명하고 이해하기가 쉽다. 그러나 필자는 이 해석은 제 방향이 아닌 것이라 판단한다. 왜냐하면 그렇게 볼 때 '3字 + 4字'가 '5字'로 수의적으로 바뀌는 모습이 다른 '3字 + 4字' 부분에서 더 나타나야 하는데, 실제로 확인해 보면 그런 모습이 거의 나타나지 않기 때문이다. 즉 '3字 + 4字'가 '5字'로 변화되는 현상이 시조의 다른 곳 - 가령 초장의 前半 두 음보 부분, 초장의 後半 두 음보 부분, 또는 중장의 後半 두 음보 부분 - 에서도 자주 목격되어야 하는데, 실제 조사해 보면 다른 곳에서는 이런 일이 거의[13] 일어나지 않음을 알게 되는 것이다. '3字 + 4字'가 대신 '5字'가 들어간

		제1음보 + 제2음보	출현 횟수
中章前半	5字 출현횟수	2字+3字	58수 [3번곡 "지나간 後면 애둘은들 어이하리" 등]
	6字 출현횟수	3字+3字	47수 [1번곡 "이 두분 恩惠노 하날 아릭 ᄀ이 업다" 등]
		2字+4字	37수 [10번곡 "닉의 글은 일을 다 能히 責善ᄒ니" 등]
	7字 출현횟수	3字+4字	101수 [2번곡 "나라히 부리시니 이 몸을 잇젓닉다" 등]
	4字 이하, 8字 이상	3字+5字 등	17수 [66번곡 "一朝馬死黃金盡ᄒ니 親戚도 還爲路上人이라" 등]

중장 전반의 음보 형태 빈도

13 『고금가곡』에서 한 수도 나타나지 않아 『가곡원류』에 나타난 800여 수를 검토하였지만 역시 나타나지 않았다. 아마 범위를 넓혀 현전하는 모든 시조를 대상으로 하면 나타나기는 하겠지만 매우 드문 형태임은 분명하다.

형태를 〈ⅰ. 초장 前半〉, 〈ⅱ. 초장 後半〉, 〈ⅲ. 중장 後半〉이라 도식적으로 가정해 두고 그 존재 여부를 확인해 본 결과를 보이면 다음과 같다.

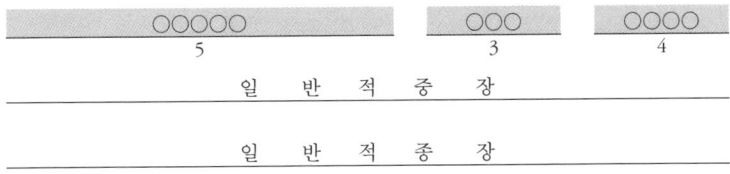

〈ⅰ. 초장 전반 두 음보가 5자인 경우는 **존재하지 않음**〉

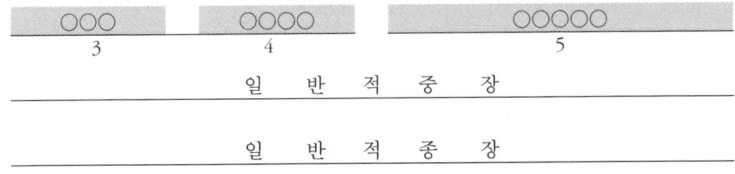

〈ⅱ. 초장 후반 두 음보가 5자인 경우는 **존재하지 않음**〉

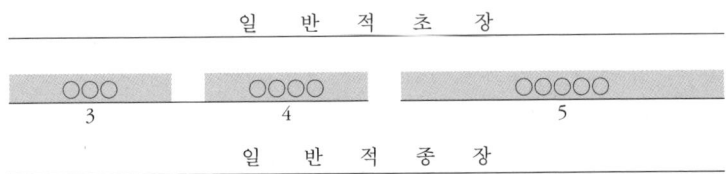

〈ⅲ. 중장 후반 두 음보가 5자인 경우는 **존재하지 않음**〉

위와 같은 세 경우 모두 5字 형태가 나타나지 않고, 오로지 중장의 前半 위치에서만 5字 형태가 나타나고 있다는 사실은 무엇을 의미하는가? 그것은 첫 번째 가설 - 중장의 5字가 '3字 + 4字'를 임의로 축약해서 나타난 결과 - 은 성립할 수 없는 것임을 분명히 시사해 주는 것이라 할 수 있다.

그렇다면 후자의 해석에 무게가 실리게 된다. 다음에서 보듯 5字 형태는 다른 데서는 전혀 보이지 않고 중장 前半에서만 58회, 종장에서만 135회로 다량 출현하는데, 기존의 선입견 없이 본다면 이 두 곳은 상당히 닮아서 무언가 강한 연관성으로 맺어진 관계임을 직감케 한다.

초장	제1음보 + 제2음보	제3음보 + 제4음보
	5字	5字
	0회	0회

중장	제1음보 + 제2음보	제3음보 + 제4음보
	5字	5字
	58회[3번곡 등]	0회

종장	제1음보	제2음보 + 제3음보	제4음보 + 제5음보
	3字	5字	5字
	∅	135회[4번곡 등]	0회

『고금가곡』을 통해서 본 5字로 구성된 2음보 구간의 분포

2) 종장의 '3字 + 3字' 형태와 중장의 '3字 + 3字' 형태의 일치

우리는 위에서 중장 전반과 종장이 형태적으로 상당한 친연성을 지니고 있음을 보았다. 그런데 이 강한 형태적 친연성은 다른 방식으로 검토해도 드러난다. 5字의 공통 출현과 마찬가지로 '3字 + 3字' 구성의 2음보 또한 동일한 분포를 보이고 있다. 즉, 종장의 제2음보 위치에 자주 나타나는 '3字 + 3字'의 형태가 다른 곳에서는 거의 나타나지 않는 반면 중장의 제1~2음보에는 대거 등장하는 경향이 있음을 보는 것이다. 종장의 '3字 + 3字'의 형태란 다음과 같이 된 것인데, 『고금가곡』의 평시조 260수 중 65수[14]에서 보인다.

---

14 가장 많은 형태인 '5字 + 4字 + 3字'는 135회 나타나므로, '3字 + 3字'의 빈도는 그 절반에 이르는 수치이다. 이 두 수치는 전체 시조의 3/4에 이르므로 종장의 가장 유력한 두 형태라고 할 수 있다.

楚江	漁父들아	고기낙가	숢지마라
2	4	4	4
屈三閭	忠魂이	드러느니	魚腹中의
3	3	4	4
아므리	鼎鑊의	슬믄들	니글줄이	이시랴	〈고금가곡 27번곡〉
3	3	3	4	3

〈종장이 '3字 + 3字'인 형태〉

그런데 이 '3字 + 3字'의 형태가 중장 前半에도 47회나 나타난다. 중장에 나타나는 한 예시를 보이면 다음과 같다.

銀河의	믈이지니	烏鵲橋	쓰단말가
3	4	3	4
쇼잇근	仙郞이	못건너	오단말가
3	3	4	4
織女의	一寸肝腸이	봄눈스듯	ᄒ여라	〈고금가곡 235번곡〉
3	5	4	3

〈중장 前半이 '3字 + 3字'인 형태〉

여기서 우리가 주목할 것은 이 형태는 중장 전반과 종장의 해당 부분에서만 다수 나타날 뿐 여타의 곳 - 초장 前半[제1음보 + 제2음보], 초장 後半[제3음보 + 제4음보], 중장 後半[제3음보 + 제4음보], 종장 後半[제4음보 + 제5음보] - 에서는 거의 나타나지 않는다는 점이다. 『고금가곡』에 수록된 260수의 평시조 중 초장에서 불과 2회,[15] 종장의 마지막 부분에서 오직 1회만 나타남을 보는 것이다. 통계를 표로 제시하면 다음과 같다.

---

[15] 다음 시조에서 보이는 것이 초장 전반부에 나타난 3字 + 3字 형태이다. 이런 형태는 흔할 듯하지만, 실제로 中章의 전반부 이외에 경우에 나타나는 경우가 매우 드물다.
네아들 孝經은 어드록 빅홧느니 // 늬아들 小學은 믈으면 무출노다 // 어느제 이두글비화 어질거든 보리오 〈고금가곡 4번 작품〉

初章	제1음보 + 제2음보	제3음보 + 제4음보
	3字 + 3字	3字 + 3字
	2회[4번, 130번곡]	0회

中章	제1음보 + 제2음보	제3음보 + 제4음보
	3字 + 3字	3字 + 3字
	47회[1번곡 등]	0회

終章	제1음보	제2음보 + 제3음보	제4음보 + 제5음보
	3字	3字 + 3字	3字 + 3字
	∅	65회[1번곡 등]	1회[131번곡]

『고금가곡』 3자 + 3자로 구성된 2음보 출현 위치 빈도

이상의 두 가지 사실로 우리는 중장과 종장은 상당히 닮은 점이 많은 곳들이라는 결론을 내릴 수 있다. '5字'로 되거나, '3字 + 3字'로 된 구성은 종장 고유의 형태라 할 만한 것들인데, 이 두 형태 중 '5字'가 중장에서만 58회, '3字 + 3字' 또한 거의 중장에서만 47회 나타나는 것을 예사로운 일치로 범상히 지나칠 수는 없다. 전체 260수 중 무려 105수[58수 + 47수]의 중장, 즉 40%의 중장이 종장 고유의 형태를 따르고 있는 정황은 우리에게 無言의 시사를 하고 있다고 하겠다. 이에 반해 초장에서는 이런 패턴들이 단 2회밖에 나타나지 않는 사실이 대비됨으로써 중장과 종장의 친연성은 더 부각된다. 왜 다른 곳에는 없는 5음절어가 중장과 종장에서만 대량으로 대응하여 나타날까, 또 왜 다른 곳에는 거의 없는 '3字 + 3字' 어절 형태가 유독 중장 前 半과 종장에서만 독점적으로 나타나는 것일까? 이 높은 대응성에는 어떤 까닭이 있을 것으로 추정된다.

3. 초기 시조의 중장과 종장의 일치

우리는 위에서 시조 종장과 중장의 노랫말 형태가 강한 친연성을 가지고 있음을 통계적으로 감지할 수 있었다. 그런데 이 둘의 '5字 + 3(4)字 + 4(3)字'

형태는 왜 생겨났으며, 또 언제부터 형성되어 있었을까? 그런데 이것에 대한 解明의 실마리를 드리우는 一群의 시조들이 있다. 바로 형성기의 시조들, 즉 16세기 시조들이다. 이 시조들은 그간 여러 연구자들에 의해 중장의 형식적 특이성이 지적되어 있는데, 선학들이 주목한 것은 이때의 시조들은 이상하리만큼 중장에 '5字 + 3(4)字 + 4(3)字' 형태의 노랫말이 자주 나타난다는 점이다. 그 언급을 들어보면 다음과 같다.

> 중장의 4음보가 3음보에 유사한 형태를 지니게 되는 경향도 **제1음보와 제2음보에 해당하는 노랫말이 하나의 한자어로 설정**되는 것으로 나타난다. … 聾巖과 退溪의 작품에서 그와 같은 경향이 잘 드러나 있는 것으로 보아 …[16]

> (이현보의 시조는) **둘째 행의 첫째 둘째 음보의 음보를 이루는 단위가** 세 작품에서 차이가 있다. (이) 문제는 도산십이곡에서도 지적할 수 있는데, 둘째 행의 첫째·둘째 음보를 들면 "**초야우생이**"(언지1), "**태평성대예**"(언지2), "**사시사흥ㅣ**"(언지6), "**만권생애로**"(언학1) 등이다. … **形成期時調의 율격적 특성**으로 지적할 수 있다.[17]

이 언급들은 초기 시조들의 형태적 특징을 예리하게 포착한 것이라 할 수 있는데, 본고는 이 특징을 종장의 형태와 연관 지어 이해하고자 한다. 왜냐하면 이 당시의 시조를 살펴보면, 중장에서만 그런 형태가 보이는 것이 아니고 종장에서도 같은 형태가 공통적으로 발견되기 때문이다.

이 점을 확인하기 위해 본고는 이른 시기의 시조를 크게 두 종류로 분류하여 제시하고자 한다. 하나는 金綏(1488~1534)나 李賢輔(1467~1555) 등의 개인 문집에 실린 작품들이고, 다른 하나는 선율도 함께 수반하고 있는 『금합

---

[16] 양태순, 「정과정(진작)의연구」, 『고려가요의 음악적 연구』, 이회문화사, 1997, 360~361면.
[17] 최재남, 『사림의 향촌생활과 시가문학』, 국학자료원, 1997, 197면.

자보』(1572년)나 『양금신보』(1610년)에 수록된 만대엽 및 중대엽, 그리고 청구영언에 앞부분에 만대엽, 중대엽, 북전 등의 이름으로 된 시조들이다.

먼저 개인 문집에 실려 있는 김구와 이현보의 작품을 보면서 중장과 종장의 형태적 친연성을 살피자.

1	나온댜 今日이야 즐거온댜 오늘이야 **古往今來예** 類업슨 今日이여 每日에 **오놀 굿투면** 므슴셩이 가시리 김구(1488~1534)의 『自菴集』권2(1659년)	5	靑荷애 바볼 반고 綠柳에 고기 뻬여 **蘆荻花叢에** 빈민야 두고 一般 淸意味를 어닉부니 아르실고 〈漁父短歌 五章 3〉
2	올히 달은다리 학괴다리 되도록애 **거믄가마괴** 해오라비 되도록애 享福 無疆ᄒᆞ샤 億萬歲를 누리쇼셔 〈上同〉	6	山頭애 閑雲이 起ᄒᆞ고 水中에 白鷗이 飛이라 無心코 多情ᄒᆞ니 이두 거시로다 一生애 **시르믈닛고** 너를조차 노로리라 〈漁父短歌 五章 4〉
3	이듕에 시름업스니 漁父의 生涯이로다 **一葉片舟를** 萬頃波애 쯰워두고 人世를 **다니젯거니** 날가는 주를알랴 이현보(1467~1555)의 『聾巖集』(1665년) 〈漁父短歌 五章 1〉	7	長安을 도라보니 北闕이 千里로다 漁舟에 누어신들 니즌스치 이시랴 두어라 내시룸 아니라 濟世賢이 업스랴 〈漁父短歌 五章 5〉
4	구버는 千尋綠水 도라보니 萬疊靑山 **十丈紅塵이** 언매나 マ롓는고 江戶애 **月白ᄒᆞ거든** 더옥無心 ᄒᆞ애라 〈漁父短歌 五章 2〉		

초기 시조들에서 보이는 중장의 특이성

위의 표가 증명하듯이 초기의 시조 노랫말에서 중장이 지닌 특징은 뚜렷이 드러난다. 선행 연구에서 지적했듯이 중장의 앞부분이 5자로 된 작품이 적지 않은 비율임을 본다. 그런데 우리는 여기서 중장의 특이성에만 주목할 것이 아니라 종장의 특이성에도 함께 주목할 필요가 있다. 밑줄 그은 것을 중심으로 보면 중장과 종장의 노랫말은 서로 평행한 것이 마치 보이지 않는 어떤 힘이 작용하여 유사한 형태로 나타나는 듯이 보이는 것이다.

그리고 한번 더 언급하고 지나가야 할 것이 있다. 전술했듯이, 중장에서 보이는 '5字' 어구가 이끄는 저 '5字 + 3字 + 4字' 형태는, 우리가 현재 흔히 전제해 두고 보는 중장의 형태인 '3字 + 4字 + 3字 + 4字'의 변형이 아니라 그 자체로 하나의 定型일 수도 있다는 점이다. 왜냐하면 가장 이른 시기의 작품에서 多數가 그렇게 나타나고 少數가 다르게 나타났다면, 다수로 나타난 형태가 正格의 자격을 가져야 하는 것이기 때문이다. 결국 이 문제는 여타의 이른 시기 시조를 함께 살핌으로써 자연스레 해결될 것으로 보인다.

이제 다시 만대엽 및 중대엽 곡에 얹혀 불렸던 비교적 이른 시기의 시조들을 살펴보자. 『양금신보』나 『금합자보』에 실린 만대엽·중대엽에 얹힌 시조의 노랫말, 또 국립한글박물관 소장 『청구영언』[18]에 실린 1~5번까지의 작품[19]에서 그 모습을 볼 수 있는데, 노랫말을 옮기면 다음과 같다.

1	1旨 오ᄂ리 오ᄂ리나 2旨 믜일에 오ᄂ리나 3旨 **졈므디도** 새디도 오ᄂ리 4旨 새리나 5旨 **믜일댱샹의** 오ᄂ리 오쇼셔 『금합자보』(1572) 〈平調 慢大葉〉	5	이바楚ㅅ 사롬들아 네님금이 어듸가니 **六里靑山**이 뉘짜히 되닷말고 우리도 **武關다든後**ㅣ니 消息몰라 ᄒ노라 『청구영언』 2번곡 〈中大葉〉
2	1旨 오ᄂ리 오ᄂ리쇼셔 2旨 믜일에 오ᄂ리쇼셔 3旨 **졈그디도** 새디도 마르시고 4旨 새라난 5旨 믜**양댱식에** 오ᄂ리쇼셔 『양금신보』, 〈中大葉 俗稱心方曲〉 1번곡	6	부헙코 섬쎠올슨 아마도 西楚覇王 긔쫑**天下야** 어드나 못어드나 千里馬 絶對佳人을 누를주고 가리오 『청구영언』 3번곡 〈中大葉〉
3	1旨 이몸이 주거주거 2旨 일빅번 고텨주거 3旨 白骨이 塵土ㅣ 되여 넉시라도 잇고업고 4旨 님향ᄒ	7	흐리누거 괴ᄋ시든 어ᄂ거 좃ᄂ 입시 **뎐츠뎐츠에** 벗님의 뎐츠로셔 雪綿子ㅅ **가ᄉ로온듯**이 범그려 노옵셔 『청구영언』 4번곡 〈北殿〉

---

[18] 예전에 '珍本『청구영언』'이라 부르던 책이다. 2016년 국립한글박물관이 구입하여 소장함으로써 이후부터는 학계에서는 '국립한글박물관 김천택편 청구영언'으로 부르고 있다.

[19] 이 가집은 앞부분에 오래된 곡조부터 싣고 있으므로 1~5번에 있는 慢大葉, 中大葉, 北殿 등은 가장 이른 시기의 시조 형태라 할 수 있다.

4	5旨 一片丹心이야 가실주리 이시랴 『양금신보』,〈中大葉〉2번곡 오늘이 오늘이쇼셔 每日에 오늘이쇼셔 덤<u>그디도</u> 새디도 마르시고 새라난 <u>민양쟝식에</u> 오늘이쇼셔 『청구영언』1번곡〈初中大葉〉	8	ᄋᆞ자내 黃毛試筆 墨을뭇쳐 窓밧긔 디거고 <u>이제 도라가면</u>? 어들법 잇거마는 아므나 <u>어더가더셔 그려보면</u> 알리라 『청구영언』5번곡〈二北殿〉

〈만대엽 및 중대엽의 악곡에 실린 시조의 중장 형태〉

이 표들에 나타난 형태 또한 위 이현보와 김구의 노랫말에서 본 바와 다름없는 모습과 비율을 보이고 있다. 중복된 노랫말[1, 2, 4번]을 한 작품으로 보아 계산하더라도 중장이 5字[≒4字]로 된 비율이 4/6임을 본다. 그리고 앞에서 본 바와 마찬가지로 이 표에서도 1, 2, 4, 5, 6, 7번 노래의 경우는 중장과 종장이 보이지 않는 힘의 영향을 받고 있는 듯한 동일한 형태의 반복임을 본다. 공히 5字 또는 그 내외인 4字·6字로 시작되며 3음보에 준하는 노랫말을 이끌고 있다는 친연성이 있다. 이상의 자료로 잠시 중간 결론을 내린다면, '중장의 앞부분에 5字로 된 어구가 나타나는 것은 초기 시조의 한 특징이며 이에 호응하여 종장도 유사한 형식으로 이끌리는 현상이 있다.' 정도가 되겠다.[20]

그런데 전술한 '보이지 않는 힘에 의해 동일한 형태로 이끌려 나타나는

---

[20] 이른 시기 가집과 악보의 〈중대엽〉에 얹힌 노랫말을 조사한 김진희(「시조 시형의 정립 과정에 관하여」,『한국시가연구』19집, 한국시가학회, 2005, 13~15면.)의 예시를 통해서도 이와 동일한 이끌림 현상을 엿볼 수 있다. 중대엽의 노랫말에서 대부분의 작품의 중장이 '5字'로 시작되는 3음보임을 확인할 수 있다. 중장에서 보이는 이 5字와 3음보 형태와 가장 가까운 곳은 종장 제2음보 이하 부분이 되는데, 이러한 字數와 음보의 일치는 이 두 부분이 서로 친연성에 의해 이끌린 결과로 풀이할 수 있겠다. 확인을 위해 노랫말을 재인용하면 다음과 같다.

1	이몸이 주거주거 일빅번 고쳐주거 白骨이 塵土ㅣ 되여 넉시라도 잇고업고 님향흔 一片丹心이야 가실주리 이시랴 『梁琴新譜』,〈中大葉 又調〉	9	百歲살 人生이 술로ᄒᆞ야 八十사니 <u>놈이닐오되</u> 덜사다 건마는 酒不到 <u>劉岭墳上土</u>니 아니먹고 어이리 『琴譜』(延大所藏),〈中大葉 羽調第三〉

듯한 현상'은 도대체 무엇일까? 본고는 그 해명의 열쇠가 〈표 1〉의 1번과 2번 작품에서 보이는 악곡 구조에 있다고 본다. 〈표 1〉의 1번과 2번곡은 악보에 얹힌 노랫말을 옮긴 것으로 그 악곡의 구조는 표에서 보이듯이 1旨, 2旨, 3旨, 4旨, 5旨로 나뉘어 있다. 그리고 1旨에 초장 노랫말의 前半, 2旨에 초장 노랫말의 後半, 3旨에 중장 노랫말 전체, 4旨에 종장의 노랫말의 첫 3字, 5旨에 종장 노랫말의 나머지를 싣고 있는 것을 볼 수 있다. 즉 다음과 같은 구조로 되어 있는 것이다.

2	잘새는 늘아들고 새들은 도다온다 **외나모드리** 고느더 션소야 네덜이 **언마나멀티** 遠鍾聲이 나느니 『琴譜』(延大所藏), 〈中大葉 平調 俗稱心方曲〉	10	百川이 東到海ᄒᆞ니 何時예 復西歸오 **古往今來예** 逆流水 업건마는 엇더다 **肝腸서근믈은** 눈으로셔 나ᄂᆞ니 『琴譜』(延大所藏), 〈中大葉 羽調界面調第二〉
3	늙은 다자는 밤의 내무스일 홋자싀야 **젼던불이코** 둔님둔님 그리난고 출하로 **내몬져죽어** 제그리게 ᄒᆞ리라 『琴譜』(延大所藏), 〈中大葉 平調第二〉	11	黃河水 묽다더니 聖人이 나시도다 **草野群賢이** 다니러 나단말가 어즈버 이 **江山風月을** 누을 주고 가리오 『浪翁新譜』, 〈中大葉第一心方曲〉
4	부허코 섬거울슨 아마도 西楚覇王 **긔ᄯᅩ天下야** 어드나 못어드나 千里馬 **絶對佳人을** 누룰주고 니건다 『琴譜』(延大所藏), 〈中大葉 平調第三〉	12	碧海 渴流後에 白모래 섬이 되어 **無情芳草는** 히마다 프러거든 엇더타 **우리王孫은** 歸不歸를 ᄒᆞᄂᆞ니 『浪翁新譜』, 〈中大葉第二〉
5	어제 검던머리 현마오늘 다셸쇼야 **경리쇠옹이** 데엇던 늘그니오 어저버 **쇼년힝락이** 꿈이런가 ᄒᆞ노라 『琴譜』(延大所藏), 〈中大葉 平調界面調第一〉	13	이바 楚ㅅ사룸들아 네님금이 어더가니 **六里青山이** 뉘ᄶᅡ히 되닷말고 우리도 **武關다든後ㅣ니** 消息몰라 ᄒᆞ노라 『青丘永言』, 〈二中大葉〉
6	三冬의 뵈옷닙고 巖穴의 눈비마자 구롬낀 볏뉘도 쐰적이 업건마는 西山의 히디다니 그럴셜워 ᄒᆞ노라 『琴譜』(延大所藏), 〈中大葉 平調界第三〉	14	空山이 寂寞ᄒᆞ듸 슱히우는 져杜鵑아 **蜀國興亡이** 어제오늘 아니여든 至今히 **피ᄂᆞ게 우러셔** 남의이를 긋ᄂᆞ니 『歌曲源流』, 〈羽調初中大葉〉
7	清凉山 六六峰을 아ᄂᆞ니 나와白鷗 白鷗야 헌ᄉᆞᄒᆞ랴 못미들슨 桃花로다 桃花야 떠나디마라 舟子알가 ᄒᆞ노라 『琴譜』(延大所藏), 〈中大葉 羽調第一〉	15	仁心은 터히되고 孝悌忠信 기둥이되여 **禮義廉恥로** ᄀ즉이 네엿시니 千萬年 **風雨를 만난들** 기울줄 이시랴 『歌曲源流』, 〈羽調初中大葉〉
8	믈업서 四輪車트고 채업서 빅우션쥐고 **臥龍江邊의** 헌거히 가ᄂᆞ날을 어디커 **漢室皇叔** 날못어더 ᄒᆞᄂᆞ니 『琴譜』(延大所藏), 〈中大葉 羽調第二〉	통계	12/15 = 80% [80% 작품이 중장이 5字로 시작하는 3음보이며, 종장의 제2음보 이하 또한 이와 유사하게 진행됨]

김진희, 상게서, 13~15면 재인용.

악곡 구조	노랫말 배분		비고
一旨	오ᄂ리 오ᄂ리나 3　　4	…… ……	초장 前半
二旨	미일에 오ᄂ리나 3　　4	…… ……	초장 後半
三旨	졈므디도 새디도 오ᄂ리 4　　3　　3	…… ……	중장 전체
四旨	새리나 3	…… ……	종장 첫 음보
五旨	미일댱샹의 오ᄂ리 오쇼셔 5　　3　　3	…… ……	종장 나머지 음보

『금합자보』, 〈평조만대엽〉

이 구조를 보면 우리가 그간 다루어오던 중장 전체와 첫 음보를 제외한 종장 부분은 악곡의 3旨와 5旨에 얹힌 노랫말들임을 알 수 있는데, 이곳에서 그 노랫말들이 공히 3음보의 형태로 병렬적으로 등장함을 보는 것이다.

그렇다면 이제 마지막으로 남은 것은 3旨와 5旨는 악곡적으로는 어떤 관련성을 지니고 있는가를 검토하는 것이다. '동일한 형태로 이끄는 보이지 않는 힘'은 어쩌면 '동일한 흐름으로 진행되는 악곡의 선율'일 수 있기 때문이다. 이곳의 악곡 선율이 일치한다면 그 악곡 위에 실려 있는 노랫말 또한 유사한 패턴으로 실리는 게 자연스럽고, 그 정황에서 유사한 노랫말의 형태가 얹혔을 것이라는 추정이 가능한 것이다.

4. 중장과 종장의 악곡적 일치

위에서 우리는 중장과 종장에 실린 노랫말의 병렬적인 형태가 악곡의 3旨와 5旨가 지닌 선율의 흡사성 때문에 생겨난 것이 아닐까란 가정을 했다. 그런데 이에 관련된 자료를 찾아보면 만대엽 혹은 중대엽의 3旨와 5旨는 선율이 흡사하다는 기록이 적지 않게 발견된다. 현대 연구자인 황준연이 이미 그 점을 선명히 밝혔고,[21] 그 이전에 이미 1610년 양금신보의 저자 양덕수가 "대엽의 2旨와 4旨, 3旨와 5旨의 지법은 서로 비슷하다"[22]고 기록해 두었으며, 더 직접적으로는 실제 정간보에 실린 만대엽의 선율을 검토해 보아도 그러한 일치가 보인다.

3旨와 5旨의 악곡적 흡사성을 1572년에 편찬한 『금합자보』에 수록된 〈만대엽〉을 옮겨 확인한다.

一旨	1		上一 오	宮 ᄂ		宮	上一	宮	下一	下二 리
	2	宮	上一 오	上二 ᄂ	上一	宮 리	上三	上二		上一	上一 宮
二旨	3	宮	上二 미	上一 일		宮	下一	下二	下一 에	上一
	4	宮 오	上一 上二 ᄂ	上一	上一 리	宮			宮 나	
三旨	5	上二 졈	上一 上一 므	上一 디	宮	下一	下二		宮 도	上一	宮
	6	下一 새	上一 宮	下一 宮 디	宮		宮	下一 도		下二	
	7	下二 오			下一宮 ᄂ	下一		下二 리			
四旨	8	宮	上四 새	上三	上二	上一	上二	上四	上三 리	上二	上一
	9	宮	上一 上二	上一	上一	宮	宮 나		宮		
五旨	10	上二 미	上一 上一 일	上一 당	宮 샹	下一	下二	宮	上一 의	宮

---

21 "以上을 要約하면, 1) 數大葉의 二章과 四章은 旋律이 같고, 三章과 五章은 서로 旋律이 같다. 2) 中大葉의 第 二旨와 四旨는 旋律이 同一하고 三旨와 五旨도 同一旋律이다. 3) 慢大葉의 二旨와 四旨는 同一旋律이고, 三旨는 五旨와 同一系이다." 〈황준연, 「가곡의 형식」, 『한국음악연구』 10집, 한국국악학회, 1980, 89면.〉
22 "凡大葉二旨四旨三旨五旨 指法相似"(中大葉 俗稱心方曲, 『梁琴新譜』, 1610.)

11	下一 오	上一宮	下一 ㄴ	宮	上一	宮	下一 리		下二 오	
12	下三 쇼					下四			下五 셔	

平調慢大葉(琴合字譜, 1572년)

위 악곡에서 3旨는 5, 6, 7행에 걸쳐 있고, 5旨는 10, 11, 12행에 걸쳐 있다. 그런데 이 둘 사이에는 닮은 점이 많이 보인다. 먼저 우리의 관심사인 선율을 비교해 보자. 3旨의 시작은 제5행이고 5旨의 시작은 제10행이므로 이를 비교한다.

5	上二 졈	上一上一 므	上一 디	宮	下一		下二		宮 도	上一	宮

10	上二 민	上一上一 일	上一 당	宮	下一 상	下二	宮	上一 의		宮

보이듯이, 이 두 행의 선율은 흡사하다. 5행에 비해 10행의 마지막 4개 음정이 살짝 당겨져 있기는 하지만, 흐름상으로는 미미한 차이이다. 두 번째 행을 비교해도 마찬가지이다. 3旨의 두 번째 행은 제6행이고 5旨의 두 번째 행은 제11행인데, 비교하면 아래처럼 완전히 일치한다.

6	下一 새	上一宮	下一 디	宮	上一	宮 도	下一			下二

11	下一 오	上一宮	下一 ㄴ	宮	上一	宮	下一 리		下二 오

세 번째 행들은 다소 차이가 난다. 3旨의 세 번째 행은 제7행이고, 5旨의 세 번째 행은 제12행인데 비교하면 다음과 같다.

| 7 | 下二 오 | | | | 下一宮 ᄂ | 下一 | | 下二 리 | |

| 12 | 下三 쇼 | | | | 下四 | | 下五 셔 | |

3旨의 세 번째 행, 즉 7번 행은 '下二 → 下一 → 宮 → 下一 → 下二'의 흐름을 보이면서 완전히 종지되지 않고 있지만, 5旨의 세 번째 행인 12행은 "下三 → 下四 → 下五"로 되어 하향 종지하며 마무리되고 있다. 이것은 곡의 終止를 알리기 위한 장치라고 하겠다. 이상을 정리하면 3旨와 5旨는 전체적으로 동일한 선율을 지닌 악곡의 부분들이되 다만 5旨의 마지막 행강에서는 노래의 종결을 위해서 음이 하강한 형태로 변화한 모습을 지니고 있다고 하겠다.

그런데 이러한 동일한 선율의 진행에서 우리가 주목해서 보아야 할 부분이 있다. 바로 노랫말의 배분이다. 노랫말의 배분에서 가장 눈에 띄는 것은 유사한 위치에 노랫말이 배분되고 있는 점이다. 3旨의 첫 음보 '졈므디도'와 이에 대응하는 5旨의 첫 음보 '미일댱샹의'가 거의 동일한 井間 위치에 배분되어 있고, 3旨의 둘째 음보 '새디도'와 5旨의 둘째 음보 '오ᄂ리'가 역시 같은 井間 위치에 배분되어 있음을 본다. 다만 3旨의 셋째 음보 '오ᄂ리'와 5旨의 셋째 음보 '오쇼셔'가 약간 어긋난 井間에 배분되어 있기는 하지만 비교적 유사한 위치에 오고 있어 큰 괴리는 없다.

그렇다면 이제 우리는 중장과 종장의 노랫말이 무언가에 이끌린 듯 병렬적 형태로 나타났던 까닭을 해명할 수 있게 되었다. 바로 중장과 종장들이 악곡적으로 동일한 3旨와 5旨에 얹히는 노랫말이고, 노랫말을 얹는 과정에서 각 음절들을 악곡의 유사한 井間 위치에 놓았던 까닭에 유사한 음절 크기의 형태를 지니게 된 것이다.

이상이 밝혀짐으로써 우리가 최초에 의문을 품었던 종장 제2음보에 '5字'가 나타나게 된 까닭도 설명할 수 있게 되었다. 그것은 다음과 같은 과정에 의해 형성된 것이다.

1) 초기 시조는 〈만대엽〉이라는 악곡에 얹혀 불렸다.
2) 〈만대엽〉이라는 악곡은 5旨로 나누어지는데 노랫말이 배분되어 있는 양상을 관찰하면, 第1旨에는 시조의 초장 前半을, 第2旨에는 초장 後半을, 第3旨에는 중장 전체를, 第4旨에는 종장 첫 음보를, 第5旨에는 종장의 나머지 음보를 싣고 있다.
3) 그런데 〈만대엽〉은 악곡적으로는 반복되는 양상을 띠고 있어, '第1旨→ 第2旨→ 第3旨'까지 연주된 후, 잠시간의 여음이 있고 그 후 '第4旨→ 第5旨'를 연주하는데 '第4旨→ 第5旨'는 앞서 연주한 '第2旨→ 第3旨'에 나온 선율의 반복이다.
4) 그러므로 노랫말 중장 전체와 종장 2음보 이하는 사실상 같은 선율에 얹혀 부르는 것이 된다.
5) 그런 까닭에 초기 시조의 노랫말은 중장과 종장 2음보 이하가 유사한 형태로 출발하였다. 결국 당시 시조의 종장 2음보 이하의 규칙성은 앞서 불렸던 중장의 반복이었던바, 시조 종장 2음보 이하의 노랫말 형태는 〈만대엽〉 악곡 第3旨에 얹혀 있던 시조 중장의 형식에서 연원한 것이라 하겠다.
6) 현재 중장의 모습은 향유 과정에서 점차 변화가 생겨 초장의 노랫말 형식과 흡사한 쪽으로 많이 기울었지만 악보나 초기 노랫말의 형태를 통해 확인할 때 종장의 연원은 중장이었다.[23]

---

23 여기에서 애초에 5字로 별 문제 없던 중장의 前半이, 악곡은 그대로였음에도 불구하고 왜 '3字 + 4字' 형태로 바뀌어 갔는가에 대해 의문을 제기할 연구자도 있을 것이다. 악곡에 따

5. 결론

그간 우리는 시조 종장이 지닌 '3字 + 5字 + 4字 + 3字'의 특이성에 대해 '시적 긴장'을 위한 장치라는 시각에서 접근해 왔다. 이 시각은 시조의 종장이 우리에게 어떤 美感을 불러일으키는가에 대한 대답은 되었지만, 종장에 그런 형태가 나타나게 된 까닭에 대한 대답은 아니었다. 이에 본고는 종장에 특이한 형태가 생겨난 연원에 대해 노랫말과 악곡의 양상을 활용해 해명하였다.

먼저 주목한 것은 종장에서 첫 음보를 제외한 형식은 '5字 + 4字 + 3字'인데, 이 형식이 중장에 흔히 나타나는 현상이란 점이었다. 『고금가곡』을 대상으로 통계를 내어본 결과 260수 중 58수의 중장 前半에서 '5字'가 나타남을 확인했다. 이에 반해 여타의 위치, 즉 초장의 前半, 초장의 後半, 중장의 後半에서는 이 형태가 전혀 나타나지 않았는데, 이 점으로 시조의 종장과 중장이 지닌 강한 친연성은 더 부각되었다.

다음으로 주목한 것은 종장의 제2음보 이하에 잦은 빈도로 나타나는 '3字 + 3字 + 4字 + 3字' 형태가 중장에도 47회 출현하는 현상이었다. 이 형태는 초장에서는 거의 나타나지 않고 중장에서만 거의 독점적으로 나타나므로, 이 또한 중장과 종장의 강한 친연성을 확인시켜 주는 한 근거가 되었다.

이러한 중장 및 종장의 형태적 친연성과 관련하여, 16세기에 향유된 이

라 노랫말이 고정된 것이라면 악곡의 변화가 없으면 노랫말도 고정되어 있어야 하지 않는가란 의문이 드는 것은 사실 당연한 것이기도 하다. 그 까닭에 대해서는 보다 면밀한 고찰이 필요하겠으나 지금으로서는 초장과의 共鳴 현상이 아닐까 생각하고 있다. 시조에 악곡의 힘이 강하게 작용하는 것은 사실이지만 여전히 시조의 유력한 쓰임새는 우리 정서를 미적으로 표현하는 도구이다. 그럴 때 문학적 對句가 필요한 경우도 있었을 테고 그러면서 일부 창작자들에게서 초장과 중장의 의미를 대응시켜 표현하고자 하는 욕구도 생겼을 것이다. 그런 욕구가 실현되면서 초장과의 대구되는 중장들이 등장하였고 - 이미 이황의 〈도산십이곡〉에서도 그런 대구가 보인다 - 그런 미적 형식에 공감하여 점차 그런 흐름으로 바뀌어 갔던 게 아닐까 한다.

른 시기의 시조 및 만대엽(또는 중대엽)에 얹혀 불린 시조의 노랫말 형태는 주목할 만한 점을 지니고 있다. 후대의 시조들에 비해 중장에 '5字 + 4字 + 3字' 형태의 노랫말이 나타나는 비율이 월등히 높다는 점이다. 그리고 종장에서 동일한 형태가 나타나고 있는데, 본고는 이 동일한 형태를 출현시킨 잠재된 힘은 중장과 종장을 싣고 있는 악곡에서 나온 것으로 가정하였다.

만대엽과 중대엽은 5부분으로 나뉘며 각각 1장에서는 초장의 前半, 2장에서는 초장의 後半, 3장에서는 중장 전체, 4장에서는 종장의 첫 음보, 5장에서는 종장의 나머지 부분을 싣는데 본고는 선율의 비교를 통하여 중장을 싣고 있는 3旨와 종장을 싣고 있는 5旨의 악곡이 동일한 것임을 확인하였다. 결국 노랫말의 흡사한 형태는 그것을 싣고 있는 악곡, 구체적으로는 선율의 흡사함에 기인한 것이었다.

그렇다면 시조 종장 제2음보에 나타난 '5字' 형태의 연원은 드디어 해명된다. 16세기 시조 및 만대엽(혹은 중대엽)에 실린 시조는 중장이 '5字'로 시작되는 3음보 형태, 즉 '5·3·4' 형태가 매우 우세한데, 그 중장의 노랫말을 실은 3旨 부분과 같은 선율이 반복되는 5旨 부분에 종장의 해당부분이 실렸기에 중장과 같은 형태인 '5·4·3'의 형태로 구성되었던 것이다. 결국 시조 종장 제2음보 5字는 중장의 초기 노랫말 형태의 복제였던 것이다.

『온지논총』 62, 온지학회, 2020.

六堂本 靑丘永言의 세 異本 비교 연구

1. 서론

　육당본 청구영언은 1930년 경성제국대학에서 신활자로 출간된 이래, 국문학 연구자들에게 19세기 전반의 가곡 향유 현황을 연구하는 데 핵심적인 역할을 담당해 온 가곡집이다. 이 책은 원래 육당 최남선이 소장했던 것으로, 경성제국대학 신활자본을 통해 볼 때 999수의 가곡을 31곡조에 나누어 싣고 끝에 16수의 가사를 수록한 형태로 되어 있다. 수록 작품 작자의 활동기와 廣湖漁父의 '題靑丘永言後'에 적힌 壬子年을 통해 1852년경에 성립된 가집으로 추정[1]된 바 있으며, 우조와 계면조의 양틀을 기반으로 세분된 곡조를 수록하고 있다는 점에서 가곡원류의 편찬에 영향을 준 대표적 가집으로 인정되고 있다.[2]

---

[1] 심재완(「시조작가소고」,『국어국문학연구』1권, 청구대학 국어국문학회, 17면.)은 翼宗 金祖淳의 두 作家를 근거로 1829년 이후로 보았고, 김용찬(「청구영언(육당본)의 성격과 시가사적 위상」,『19세기 시가문학의 탐구』, 고려대학교 고전문학·한문학연구회 편, 집문당, 1995, 60면.)은 廣湖漁父의 기록을 근거로 1852년으로 보았다.
[2] 육당본이 지닌 가곡사적 의의에 대한 논의는 정병욱·신경숙·김용찬·김석회 등에서 자세히 이루어진 바 있다.

그러나 이 책은 불행히도 6.25 때 소실된 것으로 알려져 현재로서는 그 실물을 볼 수가 없다. 따라서 그간 이에 대한 연구는 모두 1930년에 출간된 경성제국대학교본(이하 경성제대본) 혹은 이의 파생본을 기준으로 하여 행해졌다. 이는 필연적으로 原典에 대한 불안으로 이어졌고,[3] 唯一 자료였던 만큼 원전의 오류 교정[4] 역시 추정적으로 진행될 수밖에 없었다.

그런데 최근 임재욱은 일본의 小倉文庫에 소장되어 있는 청구영언(이하 소창문고본)을 학계에 소개함으로써 육당본 청구영언의 원전을 보다 적실히 살필 계기를 마련해 주었다. 이 책은 지질이나 간기로 볼 때 1896년 필사된 것으로 확인되는데, 작품의 배열이나 내용으로 볼 때 육당본과 강한 관련을 지닌 것이 분명해 보인다. 임재욱은 육당본과 소창문고본의 同異點을 면밀히 분석하며 다음과 같은 결과와 의의를 부여했다.

> 소장본과 육당본에 대한 이상과 같은 비교 작업을 통해, 소창본이 육당본을 바탕으로 이루어졌다는 점을 확인할 수 있다. 다시 말해 소창본은 육당본의 전사로 이루어진 가집인 것이다. … 이러한 경위로 이루어진 소창본은 1930년 이후 출간된 활자본으로만 존재하고 있는 육당본의 단점을 상당 부분 보완할 수 있다.[5]

정병욱, 『한국고전시가론』(신구문화사, 1977.); 신경숙, 『19세기 가집의 전개』(계명문화사, 1994.); 김용찬, 상게서; 김석회, 「19세기 초중반 가집의 노랫말 변용 양상-청구영언 육당본의 경우」, 『고전문학연구』 제24집(한국고전문학회, 2003).

[3] 다음 언급엔 원전에 대한 불안감이 잘 드러나 있다.
 "청육은 육당 최남선 소장본이 그 원본으로 알려져 왔으나 한국전쟁 당시 소실되어 현재 그 원본의 면모를 살필 수 없다. 현전하는 것은 1930년에 京城大學에서 印刊한 轉寫本(일명 대학본)이다. 따라서 대학본에는 많은 오류가 발견되는데, 그것이 원본의 오류를 그대로 따른 것인지 아니면 전사시의 오류인지는 확인할 길이 없다." 〈심재완, 『시조의 문헌적 연구』, 세종문화사, 1972, 35~38면.〉

[4] 오류 교정이 성공적으로 이루어진 예로 김용찬의 상게논문을 들 수 있다. 그는 경성제대본의 3면에 수록된 「題靑丘永言後」에 "秋國風謠賴爾聞"를 "我國風謠賴爾聞"로 고쳐 읽었는데, 이러한 통찰이 정곡을 얻고도 여전히 안심할 수 없었던 것은 경성제대본이 육당본의 유일한 이본이었기 때문이었다.

[5] 임재욱, 「소창본 靑邱永言에 대하여」, 『한국시가연구』 34집, 한국시가학회, 2013, 337면.

그가 지적한 대로 소창문고본은 경성제대본의 단점을 보정할 매우 소중한 자료임에 분명하다. 하지만 출현의 기쁨을 가라앉히고 찬찬히 생각해 볼 때, 소창문고본의 출현은 역설적으로 육당본 청구영언의 실체에 대한 의구를 더 확장시킨 측면이 있다. 즉, 경성제대본을 통해 그간 별 의심 없이 믿고 있던 사항들 상당수가 소창문고본에 의해 부정됨으로써 과연 어느 본이 육당본의 그것을 오류 없이 수용하고 있는가가 또 다른 의문으로 떠오르게 된 것이다. 한 예를 들면 다음과 같은 것이 있다.

羽調 舜御南薰殿上以五絃琴彈解民慍之曲聲律正大和平 淸壯疎暢玉斗撞破碎屑鏘鳴 〈경성제대본〉

羽調 舜御南薰殿上以五絃琴彈解民慍之曲聲律正大和平
平調 淸壯疎暢玉斗撞破碎屑鏘鳴 〈소창문고본〉

이 예는 '靑邱永言目錄' 부분에서 옮긴 것인데, 경성제대본에서는 "舜御~鏘鳴"까지 모두를 우조의 특성이라 설명하고 있는 것에 반해, 소창문고본에서는 "舜御~和平"까지만 우조로, 나머지 "淸壯~鏘鳴"은 평조의 특성으로 설명해 두고 있는 것이다. 즉, 그간 경성제대본의 증언을 따라 의심 없이 믿었던 육당본의 우조에 대한 설명이, 육당본의 또 다른 이본인 소창문고본의 출현으로 인해 迷宮에 빠지게 된 것이다. 과연 어느 쪽이 육당본의 모습을 제대로 담고 있는 것인가?

이러한 의문을 해결하기 위한 가장 좋은 방법은 육당본 그 자체가 나타나거나, 혹은 이에 준하는 육당의 실물을 목격한 제3의 자료가 있어야 할 것이다. 그러나 육당본은 燒失되었다고 알려져 있으므로, 후자의 가능성에 기대를 걸어야 할 것이다. 그런데 이러한 기대 속에서 六堂의 다음 언급은 우리의 주목을 끈다.(띄어쓰기·방점은 필자, 이하 인용문 同.)

時調文籍으로 比較的 흔히 다니는 것은 『歌曲源流』요 가장 豊富한 內容을 가진 것은 『靑丘永言』이란 것입니다. (『靑丘永言』은 近來에 우리 一覽閣의 藏本에 依하야 延禧專門學校 同好者의 사이에 謄寫版으로 若干部를 印行한 것이 잇다.) … 丙寅 開

天節뒤 五日 … 一覽閣 西窓 알에서⁶

이 언급은 최남선이 1928년『時調類聚』를 刊行하면서 붙인 序에 나타나는데, 연희전문학교의 동호자들이 육당의 청구영언, 이른바 육당본 청구영언을 빌려 등사했던 사실을 보여 주고 있다. 그렇다면 이 本이 어딘가에 남아 있어, 육당본을 본 또 다른 목격자가 되어 위 엇갈린 진술에 대한 증인이 되어 줄 수 있지 않을까? 즉, 이 本을 확보하여 세 각도의 목격자가 한 진술을 비교해 보면 현재보다 완전한 육당본『청구영언』의 모습이 그려지지 않을까?

본고는 이러한 의문과 추정단서를 통해 육당의 세 이본 - 경성제대본·소창문고본·연희전문대등사본(이하 연희전문본) - 의 同異點을 살펴본 결과물이다. 상호간의 비교를 통하여 異本들의 본래 모습을 학계에 소개하고, 궁극적으로는 육당본의 원형을 보다 진전된 수준으로 추정하는 것을 목적으로 한다. 원형의 확정은 가곡사를 논하는 데 일정의 도움을 줄 수 있을 것으로 기대한다.

2. 세 異本의 개략적 소개와 관계

1) 소창문고본

전술했듯이 소창문고본은 최근 임재욱이 소개한 바 있다. 동경대 소창문고에 장서번호 L174906로 소장되어 있는 本으로 福井玲의 서지정보에 따르면 26.5×19.2cm의 필사본⁷이다. 2권 1책 총 158장으로 되어 있으며, 1~4, 7,

---

6 최남선,「시조유취서」,『시조유취』, 한성도서주식회사, 1928, 序 5면.
7 福井玲,「小倉文庫目錄」,『朝鮮文化研究』第9号, 東京大學大學院人文社會系研究科文學部朝鮮

9~11, 17, 83, 109~141, 144~158장 총 58장은 검은 10행 괘선이 있는 일반 한지, 5~6, 8, 12~16, 18~82, 84~108, 142~143장 총 100장은 '議政府'라는 판심제가 찍힌 붉은 10행 괘선의 한지로 구성되어 있다. 議政府 판심이 찍힌 한지는 1894년 이후 대한제국의 공문서에서 주로 발견된다는 점, 2권의 후반부에 東梧 李裕承(1935~1907)의 악부시가 수록되어 있다는 점, 2권 말미에 적힌 간기가 "丙申五月初八日縢畢 中間善筆 丁碩士 縢"로 되어 있는 점을 볼 때, 병신년 즉, 1896년에 필사된 것으로 인정된다.

필사는 두 종류의 필체로 이루어져 있는데, 1a:1행~29b:4행, 36a:4행~37b:7행, 40a:1행~40b:10행, 51a:3행~52a:8행, 55b:1행~55b:9행, 71a:10행~72b:9행, 84a:1행~128a:2행, 128b:2행~141a:2행, 145a:1행~148a:1행, 149a:3행~158a:1행의 약 101면에 이르는 부분은 작고 단아한 느낌의 필체이고, 29b:4행~36a:3행, 37b:7행~39b:10행, 41a:1행~51a:2행, 52a:9행~55a:10행, 55b:10행~71a:10행, 72b:10행~84a :1행, 128a:2행~128b:1행, 142a:1행~144a:9행, 148a:1행~149a:2행의 약 53면은 크고 활달한 느낌의 필체이다. (3장에 실린 사진들을 참조할 것) 상·하권의 첫 면에 京城大法文學部, 小倉文庫 등의 書印이 찍혀 있어 오래 전부터 소장문고에 소장되어 있었음을 알린다.

한편 이 책의 본격적 소개는 최근에 이루어졌지만, 1931년 조윤제가 다음과 같이 그 존재를 인지한 적이 있다.

> 本書는 僅僅 寫本으로 民間에 傳하야 現在 崔南善氏에 一本이 備藏되고 또 그의 縢寫本인 듯한 小倉敎授의 藏本과 藤井氏의 異本이 있는 것 外에는 듯지 못하다가 前年 京城大學法文學部에서 崔南善氏藏本에 依하야 活字로 出版한 것이 있다.[8]

文化硏究室, 2002, 153면. 한편, 후쿠이는 서명을 『靑丘永言』이라 하였으나, 소장된 本의 표지의 정확한 명은 『靑邱永言』이다. 內紙題 또한 진본 『靑丘永言』과 관련된 서발 등을 제외하면 모두 『靑邱永言』으로 적혀 있다.
8 조윤제, 「청구영언해제」, 『조선어문학회보』 제2호, 1931, 16면.

2) 연희전문본

연희전문본은 연세대학교 도서관 국학자료실에 소장되어 있는 편찬자 미상의 등사본이다. 청구번호 "O 811.917 청구영"으로 23.8×16.9㎝의 등사본이다. 총 102장의 겹지로 되어 있으며, 994수의 시조와 16수의 가사를 수록하고 있다. 이 책은 근래의 연구자들에게 존재가 거의 잊혀져 있는 듯하나,[9] 內紙들에 찍힌 延禧大學校 圖書館藏印의 존재, 작품의 수록 정황과 순서를 보면, 전술한 최남선이 『시조유취』의 서문에서 언급한 바로 그 본임이 확인된다. 즉, 육당본을 臺本으로 하여 1926년경[10] 성립된 등사본이다. 한편 이 등사본은 1939년 학예사에서 조선문고본 『靑丘永言』을 펴낼 때 '인쇄대본'이 되기도 하였음을 다음 기록에서 알 수 있다.

> 以上과 가튼 註가 부튼 理由는 延專謄寫本을 印刷臺本으로 하고 大學本을 校正原本으로 삼은 데서 생긴 結果다. … 卽 大學本에 없는 것이 延專本에 있기도 하고 延專本에 없는 것이 大學本에 있기도 하였다.[11]

그러나 비록 조선문고본의 인쇄 대본 역할을 하긴 했지만, 조선문고본은 다시 경성제대본을 통해 교열작업을 거쳤으므로, 조선문고본을 통해 이 등

---

[9] 가장 최근의 다음 언급을 볼 때, 연구사에서 거의 잊혀졌던 듯하다.
"본 가집도 사본(寫本)으로 전하여 오는 것으로 이태극(李泰極)에 의하면 연전본(延專本)과 대학본(大學本=六堂本)이 있었으나, 연전본에 대해서는 이후에 거론하는 것이 없고, 대학본은 1930년에 당시 경성제국대학에서 등사본(謄寫本)으로 낸 것이고, 연전본은 1939년에 조선문고본(朝鮮文庫本)으로 출판한 것을 1946년 통문관에서 찍어낸 것이라고 했다. 육당본은 한국전쟁을 겪는 동안 없어졌고, 1930년에 등사한 것을 1957년에 대구의 청구대학(靑丘大學)에서 다시 인간(印刊)한 것이 있다." 〈황충기 해제·주석, 『육당본 청구영언』, 푸른사상, 2013, 6면.〉
[10] 최남선의 『시조유취』는 1928년 발행되었지만, 그 서문을 쓴 해는 '丙寅開天節뒤五日'이라고 밝히고 있으므로, 丙寅(1926년) 이전을 등사 시점으로 삼는다.
[11] 김태준 교열, 조선문고본 『靑丘永言』, 學藝社, 1939, 195면.

사본의 원 모습을 감지하기란 어렵다. 즉, 연세대에 소장되어 있는 청구영언은 1926년경의 육당본 청구영언의 모습을 볼 수 있는 유일본이다.

3) 경성제대본

경성제대본은 京城大學法文學部에서 1930년 신활자로 출간한 본이다. 간기에 "昭和 五年 三月 十二日 印刷 (崔南善氏 藏本에 依함) 編輯兼發行者 京城帝國大學"라 되어 있어 육당본을 대본으로 하여 생긴 것임을 알 수 있다. 김태준의 증언에 따르면 불과 10여 부밖에 출간하지 않았다[12]고 하는데, 현재 서울대 도서관과 국립중앙도서관, 소창문고 등에 보존되어 있는 것이 확인된다. 1939년 학예사에서 펴낸 조선문고본 『청구영언』의 교정본으로 활용되기도 하였으며, 1957년 심재완이 鷺山 이은상이 소장하고 있던 것을 대본으로 하여 등사·배포한 적이 있다. 1974년 아세아문화사에서 해제를 붙여 영인한 바 있고,[13] 최근 황충기가 심재완의 등사본을 臺本으로 하여 주석본을 낸 바 있다.[14]

이상 설명한 세 異本의 파생을 도표로 계열화해 보면 다음과 같다.

---

12 "이러한 大作이 轉々히 寫本으로 굴어다니다가 京城大學에서 己巳年에 十餘部를 印出한 外에 傳本이 없어 斯界의 需要를 充足치 못함을 遺憾으로 生覺하야 이에 大學本을 그대로 重刊한다."〈김태준 교열, 조선문고, 『청구영언』, 학예사, 1939, 4면.〉
13 아세아문화사에서 해동가요와 합본으로 영인하였는데, 1930년본과 정확히 일치하나 인쇄상의 실수로 83면의 안쪽 부분 1행이 누락되어 있다. 즉 537번곡에 해당하는 "柚子는 近原이~우리도"까지가 인쇄되지 않아 異本 연구에 혼란을 줄 여지가 있다.
14 본문에 언급된 이본 혹은 파생본들의 서지는 다음과 같다.
김태준 교열, 조선문고본, 『청구영언』, 학예사, 1939; 주왕산 교열, 『청구영언』, 통문관, 1946; 심재완 등사, 청구대학 등사본, 『청구영언』, 청구대학 국어국문학회, 1957; 편집실 해제, 『청구영언·해동가요 합본』, 아세아문화사, 1974; 황충기 주석, 『육당본 청구영언』, 푸른사상, 2013.

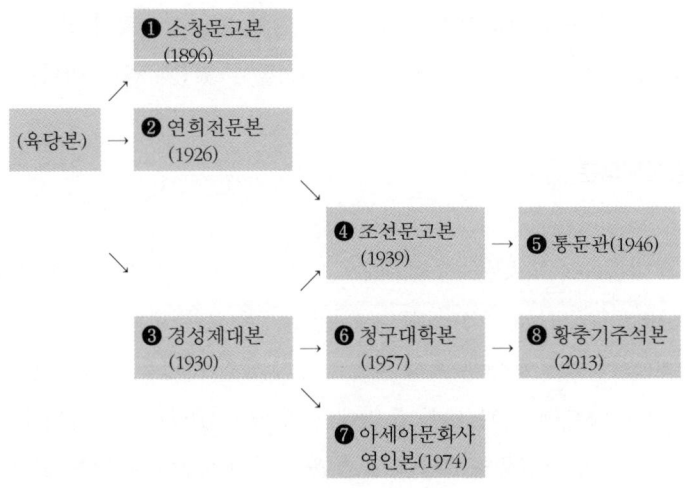

4) 세 異本의 공통 윤곽

간략히 소개한 위 세 본 중 연희전문본과 경성제대본은 각각 최남선의 증언과 간기의 기록으로 육당본에 의거한 이본임이 확인된다. 그러나 소창문고본은 육당본과 관련되는 증언이 없어 육당본의 異本이라 확정할 외적 근거가 없다. 다만 조윤제의 "그의 謄寫本인 듯한 小倉敎授의 藏本"이라는 추측이 있어 이본일 가능성을 엿볼 수가 있다.

그렇다면 이런 외적 진술 외에 이 本들은 내적 특성을 통해서도 모두 육당본과 관련된 것이 확인될까? 다소 길지만 본격적 논의의 전제가 되는 것이기에 표를 全載한다.

	歌番[15]	첫 3字	歌番	첫 3字	歌番	첫 3字	歌番	첫 3字
소창문고본 연희전문본 경성제대본	1	空山이	2	이바礎	3	三冬에	4	부헙고
	5	松林에	6	잘식는 잘새논 잘식논	7	碧海渴	8	淸凉山

9	누은들	10	秦淮에	11	天皇氏	12	金烏와
13	南薰殿	14	南八아	15	冬至쫄	16	어계니
17	이런들	18	이시렴	19	靑江에	20	靑石嶺
21	朝天路	22	앗가야	23	秋水는	24	四旬稱
25	春塘臺	26	御極三	27	祖宗큰	28	和氣는
29	孔夫子	30	金樽에	31	못노라	32	越相國
33	春山에	34	흔손에	35	白日은	36	梨花에
37	구름이	38	興亡이	39	白雪이	40	이몸이
41	五百年	42	五丈原	43	楚山에	44	江湖에
45	江湖에	46	江湖에	47	江湖에	48	治天下
49	너희죠	50	朔風은	51	長白山	52	首陽山
53	이몸이	54	가마귀	55	窓안에	56	간밤에
57	千萬里	58	歸去來	59	聾巖에	60	功名이
61	이中에	62	굽어보	63	靑荷에	64	山頭閑
65	長安을	66	天覆地	67	高山九	68	一曲은
69	二曲은	70	三曲은	71	四曲은	72	五曲은
73	六曲은	74	七曲은	75	八曲은	76	九曲은
77	이런들	78	烟霞로	79	淳風이	80	幽蘭이
81	山前에	82	春風에	83	天雲臺	84	雷霆이
85	當時에	86	靑山은	87	愚夫도	88	마음이
89	頭里山	90	이려도	91	時節이太平 時節이太平 時節太平	92	말업슨
93	風霜이	94	드른말	95	堯舜갓	96	豪華코
97	金樽에	98	五世讐	99	玉을돌	100	어버이
101	이보오	102	蓬萊山	103	一定百	104	네셔나리를 예셔나리를 예셔나리를
105	이몸허	106	니마음	107	南極老	108	靑天구
109	長지치	110	新院〃	111	니樣姿	112	저넘어
113	風波에	114	놉프나	115	綠楊이	116	長沙王
117	鐵嶺놉	118	큰盞에	119	달이두	120	나은者
121	이뫼흘	122	어계오	123	靑草욱	124	北天이
153	山村에	154	南山집	155	술먹고	156	술이멋
157	是非업	158	四皓ㅣ	159	太平天	160	집方席 집

							집方席
161	盤中早	162	萬鈞을	163	群鳳모	164	天地몃
165	天地로	166	瀟湘江	167	離別ᄒ	168	사랑이
169	가노라	170	御前에	171	술을醉	172	蒼梧山
173	아희야	174	아희야	175	아희야	176	아희야
177	風波에	178	松間石	179	玉蘭꼿	180	冊덥고
181	首陽山	182	力拔山	183	半남아	184	綠水靑
185	楚江漁	186	실별지쟈 실별지쟈 십별지쟈	187	울며즙	188	숨에단
189	자뇌집	190	群山을	191	靑春곱	192	日中三
193	이술이	194	日月도	195	달은언	196	님이혜오 님이혜오 님이혜오
197	東窓이	198	닷눈 물	199	壁上에	200	草堂에
201	胸中에	202	감쟝시 감쟝시 감쟝시	203	쥐찬소 쉬츤소 쥐츤소	204	술씌여
205	어졔도	206	식벽비	207	거문고	208	자남은
209	벼슬을	210	淸溪邊	211	간밤오	212	벼슬이
213	나라히	214	子規ㅣ	215	玉에흙	216	뇌집이
217	菊花ㅣ 菊花야 菊花ㅣ	218	鴨綠江	219	하늘이	220	窓밧게
221	仁心은	222	오날을	223	天心에	224	荊山에
225	忠臣속	226	쥬려죽	227	無道ᄒ	228	唐虞도
229	늙기셜	230	松壇에	231	功名을	232	蓼花에
233	紅塵을	234	玉盆에	235	구레버	236	뇌몸이
237	春風桃	238	泰山에	239	丈夫로	240	唐虞는
241	景星出 ※ 소창문고본 에서는 쪽지를 덧대어 수록함.	242	오날은	243	활지여	244	뉘라셔
245	달붉은	246	父母ㅣ	247	靑山아	248	一瞬千

249	少年十	250	뷘비의	251	淸流碧	252	雨歇長
253	南陽에	254	淸梅酒	255	南園의 南園의 南園에	256	功名은
257	식소리	258	닉게는	259	네얼골	260	隋城에
261	雪岳山	262	白雲깁	263	北斗星	264	사립쓴
265	牛羊은 ※ 소창문고본 에서는 쪽지를 덧대어 수록함.	266	雌黃赤	267	塵世을 塵世룰 塵世를	268	白髮이
269	두고가	270	靑春에	271	닉언제	272	山은녯
273	相公을	274	梅花녯	275	齊도大	276	어이어
277	長松으	278	솔이솔	279	숨에뵈	280	白髮을
281	夏禹氏	282	門닷고	283	술을닉 술을닉 술을닉	284	靑春에
285	人生天	286	蓮심어	287	그리든	288	마음이
289	蘇仙七	290	桃花李 桃花梨 桃花梨	291	屈原忠	292	秋江에
293	어우와	294	어듸즈	295	바람부	296	닉가슴
297	가로지	298	月正明	299	이몸이	300	져건너
301	아마도	302	어흠아	303	어졔밤	304	닉소시
305	귀고리	306	불아니	307	바름도 바람도 바름도	308	大棗볼
309	이러타	310	남ᄒ여	311	三月三	312	흐리나
313	자다가	314	압못식	315	窓밧긔 窓밧게 窓밧긔	316	가마귀
317	가마귀	318	絶頂에	319	白鷗ㅣ 白鷗야 白鷗ㅣ	320	仁風이
321	마음아	322	늙거다	323	닉本是	324	벼뷔여

325	말흐기	326	泰山이	327	눈마즈 눈마져 눈마즈	328	가마귀
329	一生에	330	간밤의 간밤에 간밤에	331	梧桐에	332	白雪이
333	世上이	334	天地大	335	씌업슨	336	田園에
337	乾坤이	338	白鷗ㅣ	339	俄者늬	340	가더니
341	달밝고 달붉고 달밝고	342	술을大	343	술먹지	344	山上에
345	히다져	346	萬頃滄	347	太公의	348	젼나귀 뎐나귀 뎐나귀
349	岳陽樓	350	三萬六	351	碧梧桐	352	烏江에
353	長生術	354	洞庭밝	355	하나둘	356	비마즌
357	張翰이	358	南樓에	359	雪月이	360	明燭達
361	騎司馬	362	東窓이	363	江湖에	364	늬집이
365	峨眉山	366	雪月은	367	靑山이	368	곶아色 곶아色 곳아色
369	雲淡風	370	田園에	371	琵琶를	372	곳지쟈 곶지쟈 곳지쟈
373	百川이	374	花山에	375	물이놀	376	渭城아
377	우는거	378	히져黃	379	項羽ㅣ	380	겨울날
381	梧桐에	382	小園百	383	綠楊芳	384	中天에
385	靑草욱	386	靑山아	387	뭇노라	388	이려도
389	북소리 북소리 북소리	390	柴扉에	391	닷쓰쟈	392	비즌술 비즌술 비즌술
393	睢陽城	394	伊川에	395	졋소리 져소리 졋소릐	396	靑蛇劒
397	어와보	398	늙지말	399	곳지진	400	남이害
401	삿갓셰	402	細雨뿌	403	山外에	404	민아미

405	宦海에	406	희여거	407	오려고	408	靑春少
409	天下匕	410	시ᄂᆞᆯ호	411	기러기	412	白汀沙 / 白沙汀 / 白沙汀
413	田園에	414	百草를 / 百草를 / 百草를	415	桃花ᄂᆞᆫ	416	十年을
417	積雪이	418	山村에	419	나븨야	420	먼듸기
421	곳은밤 / 곳은밤 / 곳은밤	422	易水寒	423	희도낫	424	둙아우
425	비오ᄂᆞᆫ	426	목불근	427	네집이	428	갓버셔
429	어인벌	430	洛陽十	431	숨에項	432	죽어이
433	落葉聲	434	白雲이	435	春城無	436	오려논
437	보거든	438	太白이	439	綠楊春	440	님그려
441	平沙에	442	淸風北	443	古人無	444	秋霜에
445	길아레	446	숨이날	447	龍ᄌᆞ치	448	곳퓌쟈 / 곳퓌쟈 / 곳퓌쟈
449	말타고 / 물타고 / 물타고	450	梧桐에	451	갓비셔	452	生前에
453	듯ᄂᆞᆫ말	454	世事ᄂᆞᆫ	455	그러ᄒᆞ	456	술을닉
457	世上사	458	三角山	459	닉집이	460	늙고病
461	말ᄒᆞ면	462	가마귀	463	十年가	464	胸中에
465	나의님	466	周公도	467	바람에 / 바람에 / 바름에	468	바람에 / 바람에 / 바름에
469	일심거	470	泰山이	471	忠臣은	472	늙근의
473	白髮이	474	首陽山	475	滕王閣	476	群山으
477	柴桑里	478	달다려	479	白髮이	480	숨으로
481	어리거	482	桃花雨	483	樽酒相	484	酒色을
485	烟籠寒	486	南海龍	487	달아달	488	竹林에
489	偶然히	490	나의未	491	아희야	492	楚覇王
493	千歲를 / 千歲를	494	故園花	495	人生을	496	南陽에

			千歲를						
497	가마귀	498	洛陽三	499	셥겹고	500	鷄鳴山
501	南山에	502	一生에	503	나는가	504	뜬나물 쓴나물 쓴나물
505	玉갓튼	506	江村에	507	世事를 世事을 世事를	508	世事는
509	山映樓	510	一壺酒	511	太白이	512	酒色이
513	善으로	514	有馬有	515	君平이	516	사람이 사람이 사름이
517	이셩져	518	時節도	519	솔아심 솔아니심 솔아심	520	말은가
521	헌삿갓	522	大鵬을	523	空手來	524	梨花雨
525	기러기	526	天中端午 天中端午 텬즁단오	527	늬靑春	528	바람부
529	瞻彼淇	530	臨高臺	531	시벽셔	532	泰山이
533	大海에	534	朝簾을	535	건너셔	536	柚子는 月落烏 月落烏
537	月落烏 柚子는 柚子는	538	杜鵑紅	539	芙蓉堂	540	淸風이
541	擊打鼓	542	花灼〃	543	←思郞	544	窓밧게 窓밧긔 窓밧긔
545	抱向紗	546	龍山三	547	思郞을	548	百年을
549	긔여들	550	閣氏뇌	551	若不坐	552	孟浩然
553	世與我	554	어와보	555	萬頃滄	556	담안의
557	兒희는 兒孩는 兒孩는	558	春風에	559	그려사	560	秋月이
561	뵈즘방	562	논밧가	563	聖人니	564	그린듯

565	巖花의	566	主人이	567	世上사	568	× 바람에疊錄 바람에疊錄
569	主辱臣	570	夕陽에	571	百年을	572	藥山銅
573	이러니	574	酒客이	575	轅門樊	576	曹仁의
577	簫聲咽	578	落葉이	579	洛東江	580	엇그제
581	기러기	582	우레갓	583	이러니	584	져盞에
585	엇그제	586	綠蘿로	587	博浪沙	588	이러니
589	騄駬霜	590	閣氏네	591	白馬는	592	靑天구
593	늬집이	594	靑치마	595	두고가	596	이숭겨
597	男兒의	598	뒤뫼희	599	柴扉에	600	우리두
601	昭烈之	602	李太白	603	숨아숨	604	十載룰
605	靑天에	606	압논에	607	泰山이	608	擊汰梨
609	七年之	610	듕놈은	611	귀돌이 귓도리 귀돌이	612	지우희
613	陽德孟	614	八萬大	615	曾+鳥鶊은	616	閣氏네
617	지너머	618	玉鬢紅	619	極目天	620	赤壁水
621	千古義	622	듕과승	623	山不在	경성제대 662번에 대응	× 밋男津 ×
						624	어룬ᄌ
625	가마귀 가마귀 가마귀	626	丞相祠	627	谷口哢	628	酒力醒
629	淸江一	630	님으란	631	南無阿 × 南無阿	632	天君衙 × 天君衙
633	달바ᄌ × 달바ᄌ	634	江原道 × 江原道	635	漢高祖 × 漢高祖	636	ᄉ랑ᄉ × ᄉ랑ᄉ

※ 이탤릭체로 된 631~636번 작품은 연희전문본에 나타나지 않음. 대신 그 자리에 "玉蘭笑(경성제대본 179번곡), 册덥고(鄭蘊, 경성제대본 180번곡), 자늬집(金堉, 경성제대본 189번곡), 千萬里(王邦衍, 경성제대본 57번곡), 天覆地(李彦迪, 경성제대본 66번곡), 頭里山(경성제대본 89번곡), 功名이(曹植, 경성제대본 60번곡)"의 7首가 중복 수록되어 있음.

637	일으랴[16]	638	이바휻	639	져멋고	640	달밝고
641	드립더	642	뉘라셔	643	高臺廣	644	白雲은
645	萬古歷	646	大丈夫	647	山靜ᄒ	648	萬里長
649	司馬遷	650	아마도	651	窓밧게	652	窓밧기
653	남이라	654	月一片	655	물우희	656	술이라
657	色것치	658	南薰殿	659	景星出	660	二十四
661	天君이	662	밋남진 × 밋남진	663	自古男	664	大丈夫
665	漢武帝	666	大丈夫	667	功名을	668	漁村에
669	寒碧堂	670	萬古離	671	이시름	672	飛禽走
673	柴扉에	674	梨花에	675	님그려	676	楚山秦
677	가마귀	678	平生에	679	春風杖	680	술먹어
681	谷口哢	682	개얌이	683	薄〃酒	684	둥놈이
685	둥놈도 × 둥놈노	686	남다리 × 남다리	687	三春色 × 三春色	688	늬本是 × 늬本是
689	어제런 × 어제런	690	둣텁이 × 둣텁이	691	개고리	692	月黃昏

※이탤릭체로 된 6首는 연희전문본에는 모두 누락되어 있음.

693	金化金	694	왕거뮈	695	어우화	696	秦始皇
697	洞房華	698	終南山	699	梅之月	700	揚淸歌 **楊**淸歌 揚淸歌
701	琵琶야	702	閤氏네	703	窓밧게	704	玉露凋
705	妾이조 妾이됴 妾이조	706	얼골곱	707	무근히	708	大雪이
709	石崇의	710	完山裡	711	人間悲	712	三代後
713	뎌건너	714	宅드레	715	宅드레	716	閤氏內
717	天皇氏	718	古今人 古今文 古今人	719	山밋틔	720	어니ᄒ 어니ᄒ 어이ᄒ
721	博浪沙	722	天地間	723	池塘에	724	아흔아 아흔아

								아혼아
725	世上富	726	人生天	727	各道各	728	논밧가
729	削髮爲	730	別眼에	731	太極이	732	滕王高
733	天宮衛	734	千秋前	735	深意山	736	물네는
737	梧桐열	738	간밤의 간밤에 간밤의	739	술이라	740	바둑이 바둑이 바독이
741	둑거비	742	少年十	743	니몸에	744	臥龍崗
745	싀악氏	746	關雲長	747	붉가버	748	藍色도
749	淸明時	750	기름에	751	還上쟈도	752	아희는 아히는 아희는
753	壽天長	754	鐵驄馬	755	숄아레	756	아희야
757	開城府	758	그딕古	759	흔히도	760	蜀道之
761	窓밧게	762	노싀노	763	江原道	764	遠別離
765	孫約丁	766	南山에	767	부러진	768	巖畔雪
769	고사리	770	피좀쓸 피좀볼 피좀볼	771	還上즛에	772	소경이
773	閣氏닉	774	山村에	775	春山에	776	金約正
777	淸明時	778	宅쓰레	779	가마귀	780	閣氏任
781	눈아〃	782	窓닉고	783	洛陽東	784	李仙이
785	누구셔	786	홍〃노	787	琵琶琴	788	뮈운님
789	가을히	790	술먹기	791	君不見	792	죠으다
793	져건너	794	正二三	795	況是靑	796	우슬부
	물아레 물아래 물아레						
797	李座首	798	長衫쓰	799	가을비	800	님으란
801	푸른山	802	닷는물	803	琉璃鐘	804	世上富
805	져건너	806	百花山	807	술붓다 술붓다 술붓다	808	간밤에
809	눈섭은	810	딕들에	811	져건너	812	콩밧틱
813	어이려	814	바독바	815	고리물	816	白鷗는
817	싱민갓	818	웃는양	819	나는님	820	平壤女

821	項羽ㅣ	822	살뜨怨 살뜬怨 살뜬怨	823	碧紗窓	824	발운갑
825	뎐업슨	826	日月星	827	東山昨	828	바람이
829	간밤에	830	밋남진	831	折衝將	832	엇던남
833	뒥쓰레	834	가슴에	835	술먹고	836	玉의는 玉에는 玉의는
837	大川바	838	粉壁紗	839	간밤에	840	月下에
841	花燭東	842	北邙山	843	늙기셜	844	窓밧긔 窓밧게 窓밧긔
845	江山도	846	都련任	847	솔아레	848	鳳凰臺
849	昔人이	850	나무도	851	靑울치	852	늭얼골 늭얽골 늭얼골
853	한숨아	854	갓스믈 갓ㅅ밧고 갓스믈	855	새악氏 새악씨 새악氏	856	잔솔밧 자솔밧 잔솔밧
857	져건너	858	셋괏고 셋밧고 셋괏고	859	牧丹은	860	노릐ᄌ 노릐갓 노릐ᄌ
861	世上衣	862	썻〃常	863	슈박것	864	얽고검
865	功名과	866	鎭國名	867	洛陽城	868	長安大
869	男兒의	870	져건너	871	寒松亭	872	夏四月
873	天下名	874	花果山	875	記前朝	876	엇지ᄒ
877	白髮에 白髮의 白髮에	878	閣氏네	879	져건너	880	天寒코
881	이졔스 이졔사 이졔스	882	어우와	883	牛여든	884	졔얼골
885	千金駿	886	淸風明	887	南山松	888	一身이
889	媳어미	890	직넘어	891	蒼梧山	892	靑溪上
893	中書堂	894	人生이	895	간밤에 간밤의	896	버들은

					간밤에		
897	나무도	898	간밤에 간밤의 간밤에	899	간밤비	900	珠簾에
901	王祥의 王祥에 王祥의	902	靑鳥ㅣ 靑鳥야 靑鳥ㅣ	903	東窓에	904	나보기
905	ㅅ랑뫼	906	寂無人	907	이리ㅎ	908	히지면
909	一刻이	910	한숨은	911	이몸싀	912	이리혜
913	食不甘	914	이몸죽 이몸죽 이몸죽	915	남ㅎ여	916	黃河遠
917	黃山谷	918	金鑪에	919	梨花에	920	秋江에
921	蒼梧山	922	銀河에	923	西山에	924	뇌가슴
925	西塞山	926	不老草	927	山밋테	928	言約이
929	뇌精靈	930	秋風이	931	ㅅ랑이	932	瑤池에
933	壬戌之	934	張郎婦	935	大川바	936	누구나
937	武王이	938	압못세	939	뒷뫼헤 뒤뫼헤 뒷뫼헤	940	곳보고
941	엇그제	942	두어도	943	大旱七	944	남두준
945	恨唱ㅎ	946	ㅅ랑인	947	一笑百	948	고지퓌
949	世上에	940	腮外三	951	우리둘	952	春水ㅣ
953	綠草淸	954	草堂秋	955	닭아우	956	둙의소 닭의소 둙의소
957	뉘〃니	958	天地ㄴ	959	落葉에	960	玉皇게
961	이려도	962	北斗七	963	草堂뒤	964	玉도츼
965	楚山에	966	綠陰芳	967	俄者俄	968	却說이
969	싱미즙	970	님과나	971	諸葛亮	972	萬頃滄
973	듸쵸불	974	압닉나	975	압논에	976	바룸은 바람은 바룸은
977	님이가	978	물아릭	979	ㅅ랑을 ㅅ랑을 ㅅ랑을	980	ㅅ랑을 ㅅ랑을 ㅅ랑을

六堂本 靑丘永言의 세 異本 비교 연구

	981	수랑수	982	靑山도	983	靑山裏	984	이몸이
	985	이몸이	986	屛風에	987	바롬도	988	다나쯔
	989	흔字쁘	990	오늘도 오늘도 오늘도	991	수랑이	992	酒色을
	993	待人難	994	玉又튼 玉갓튼 玉又튼	995	모시를 모시를 모시를	996	一定百
	997	文讀春	998	흔盞먹	999	空山木		

소창문고본	이유승(李裕承, 1835~190?)의 한역시조 10首, 八情詩
연희전문본	×
경성제대본	×

소창문고본	1〈相思曲〉	人間離別萬事中에	2〈春眠曲〉	春眠을느즛끼야
연희전문본				春眠을느즛끼여
경성제대본				春眠을느즛끼야
	3〈勸酒歌〉	잡으시오 〃〃〃〃 잡으시오 잡으시오 잡으시오 〃〃〃〃	4〈白鷗詞〉	白鷗야풀〃나지마라
	5〈軍樂〉	오날도하심〃호니	6〈觀燈歌〉	正月上元日에달과노는
	7〈襄陽歌〉	落日이欲沒峴山西호니 落日∅欲沒峴山西호니 落日이欲沒峴山西호니	8〈歸去來〉	歸去來兮여田園이
	9〈漁父詞〉	雪鬢漁翁이住浦間호니	10〈還山別曲〉	어졔올탄말이
	11〈處士歌〉	天生我才쓸찍업셔	12〈樂貧歌〉	이몸이쓸듸업셔
	13〈江村別曲〉	平生我才쓸데업셔	14〈關東別曲〉	江湖의病이김퍼 江湖에病이김퍼 江湖의病이김퍼
	15〈黃鷄歌〉	一朝郎君離別後에	16〈梅花歌〉	梅花녯등걸에봄節이

소창문고본	마지막 장에 〈軍樂〉·〈梅花歌〉·〈적벽가〉가 필사된 4장의 종이를 끼워 붙여둠.
연희전문본	×
경성제대본	×
소창문고본	丙申五月初八日滕畢 中間善筆 丁碩士 謄
연희전문본	×
경성제대본	昭和五年 三月十二日 印刷 (崔南善氏藏本에衣함) 編輯兼發行者 京城帝國大學

표에서 보이듯이, 이 세 異本은 각각 998수[17](소창문고본), 999수(경성제대본), 994곡[18](연희전문본)의 시조를 수록하고 있으며, 공통적으로 책의 말미에 〈相思曲〉에서 〈梅花歌〉에 이르는 16수의 가사를 동일한 순서에 따라 수록하고 있다.

또한 이 이본들은 유사한 작품량뿐만 아니라, 수록의 순서와 표기적 특성 또한 거의 일치하고 있다. 큰 틀에서 볼 때, 630~636번곡, 685~690번곡의 두 구간에서 연희전문본이 12수의 작품을 누락하고 있는 것 외에 이 세 이본은 거의 세 쌍둥이와 같은 정도의 친연성을 보이고 있는 것이다. 이로 이 세 본의 내적 친연성은 일단 확인되었다 할 것이다.

하지만 이런 흡사성을 보다 세밀히 살피면 이 세 異本간에도 親疎性이 감지된다. 즉, 작품의 수로 볼 때, 소창문고본 998수와 경성제대본 999수의 친연성이 연희전문본 994수보다 두드러지며, 첫 3字의 유사성 또한 소창문고본과 경성제대본의 친연성이 더 높은 경향이 나타난다. 즉, 위의 표에서 검게 칠한 것 중 표기의 同異에 관련된 73개소를 분류해 보면, "소창문고본 = 연희전문본 ≠ 경성제대본"은 14개소, "소창문고본 = 경성제대본 ≠ 연희전문본"은 36개소, "소창문고본 ≠ 연희전문본 = 경성제대본"은 20개소, "소창문고본 ≠ 연희전문본 ≠ 경성제대본"은 3개소로 나타나 소창문고본과 경성제대본의 친연성이 두드러지는 것을 볼 수 있다.[19] 또한 가사 부분의 비

---

15 歌番은 가장 널리 보급되어 있는 경성제대본을 기준으로 하였다. 경성제대본을 비롯한 세 異本은 원본에 모두 가번이 기입되어 있지 않으나 비교의 편의를 위해 순서대로 필자가 부여했다. 표 가운데 ×는 누락을 뜻한다.

16 현재 연세대에 소장되어 있는 연희전문본은 이 노래의 앞부분인 "일으랴보즈 ~ 눈금적불너닉야"가 누락된 채, "두손목마조덤셕줘고~"부터 등사되어 있다. 56면이 잘못 끼워져 제본된 결과로 보인다.

17 소창문고본은 1곡 즉, 경성제대본의 558번에 해당하는 곡이 빠져 있기에 총 998수가 된다.

18 연희전문본은 경성제대본의 631~636번에 해당하는 6작품, 685~690번에 해당하는 6작품 등 12작품이 누락되어 총 987곡이 되나, 631~636번의 작품이 들어가야 할 페이지(등사본 판심의 56면)에 "玉蘭笑" 등 7편의 작품이 대신 수록되어 있기에 총 994곡이 된다. 작품명은 표의 해당부분을 참조할 것.

교를 보더라도 〈春眠曲〉, 〈勸酒歌〉, 〈襄陽歌〉, 〈關東別曲〉에서 소창문고본과 경성제대본은 정확히 일치하고 있음을 보는 것이다.

이러한 경향은 쉽게 생각하면, 소창본의 필사자와 경성본의 편찬자가 연희본의 등사자보다 원전 보존에 대한 의식이 강했다라고 볼 수도 있다. 그러나 다소 모험적인 발상으로는 경성대학법문학부가 참조했다는 육당본이 혹 경성대학법문학부 書印이 찍힌 소창본 바로 그것이 아닐까라는 의구도 드는 것이다.

3. 세 異本들 간의 비교

1) 소창문고본과 경성제대본의 세부적 관계

필자가 위의 세 본을 비교하면서 잠시 혹 '소창본[=육당본, 母本] → 경성본[子本]'의 관계가 성립할지 모른다는 모험적인 생각을 하게 된 것은 일차적으로는 두 本에 수록된 작품의 一字一劃이 매우 닮아 있음을 보았기 때문이다.[20] 동시에 현전 소창본에 찍힌 書印 '京城大學法文學部'가 1930년 경성본을 펴내던[21] 바로 그 공간과 일치한다는 점 때문이다. 결론적으로는 이 의

---

19 세 이본 전체의 음절 同異를 들어 증명하는 것이 논란의 여지가 없겠으나, 지면의 제한으로 전체를 들 수 없어 유감이다. 하지만 전체를 살펴보아도 첫 음보에서 보이는 정도의 同異가 세 異本間에 나타나는바, 향후 새로운 지면을 통하여 이들의 전체적 양상을 살필 수 있게끔 할 예정이다.
20 소창본과 경성본은 매우 강한 어구적 친연성을 지니고 있다. 가사 포함 1,000여 편의 작품 중에서 어구 단위의 불일치가 일어나는 곳은, ① 마늘코 발쪽이고(경성본 99면, 638번곡), ② 우리(경성본 133면, 813번곡), ③ 흥노라(경성본 166면, 〈相思曲〉 마지막 구절), ④ 에업다이년아말드더보아라, ⑤ 밧南山에(경성본 178면, 〈梅花歌〉 마지막 부분)밖에 없다. 이 중, ④는 소창본에는 있고 경성본에는 없는 구절이며, 나머지 4곳은 소창본에는 없고 경성본에만 있는 구절이다.
21 조윤제의 증언이다.

구에 대한 확신의 마침표를 찍을 수 없었지만, 혹 이 방향으로 심도 있게 연구할 독자가 있을지 모르므로 그 가능성을 잠시 언급하겠다.

語句와 空間의 일치가 전제된 채, 필자를 매우 혼란스럽게 한 것은 크게 두 가지 지점이었다. 먼저 다음 그림을 보자.

그림 ❶은 소창문고본 156면에서 옮긴 것이다. '金剛臺'의 '臺'를 쓰면서 正體字를 쓰지 않고 이체자인 '숯'의 형태로 써 두었다. 그런데, 경성제대본에서는 이 자가 잘못 인식되어 ❷에서 보이듯 '堂'으로 옮겨져 있음을 본다. 아마 경성제대본의 편집자는 '臺'를 '숯'의 형태로 새겨 둔 원본을 보았으리라 추측된다. 그런데 一字一劃이 흡사한 소창문고본에서 이러한 형태가 나타나 있음은 두 본의 관계와 관련해 범상히 넘길 수 없는 부분이다.

❶ 소창문고본 156a ❷ 경성제대본 177면 ❸ 소창문고본 8b ❹ 경성제대본 3면

이와 유사한 현상은 ❸과 ❹에서도 나타나고 있다. ❸은 소창문고본 68b면에서 옮긴 것이다. "窓치다 드러오라ᄒ랴"로 읽힌다. 그런데, 이 글자는 얼핏 보면 "窓치다 듥오라ᄒ랴"로도 보인다. 필체의 특징으로 인해 혼란의 여지를 남겨 둔 것이다. 그런데 문제의 이 부분은 경성제대본 83면(544번곡)에 그림 ❹와 같이 "窓치다 듥오라ᄒ랴"로 옮겨져 있는 것이다. 이런 현상은 소창문고본의 字形의 특성을 경성제대본이 고스란히 이어받고 있음으로 해석될 여지가 있다. 즉 경성제대본이 소창문고본을 직접 목격한 흔적으로 비칠 여지가 있는 것이다.

필자를 혼란스럽게 하는 또 다른 유사성은 소창문고본과 경성제대본에서 공통적으로 보이는 메모들의 일치이다.

"前年 京城大學法文學部에서 崔南善氏藏本에 依하야 活字로 出版한 것이 있다." 〈조윤제, 「청구영언해제」, 『조선어문학회보』 제2호, 1931, 16면.〉

옆에 보이는 두 쌍의 예는 소창문고본에
나타난 메모가 그대로 경성제대본에 나타나
는 예의 일부를 보인 것이다.[22] 소창문고본
에는 필사자가 노랫말의 옆에 작은 글씨로
메모해 둔 부분이 간혹 나타나는데, 이 사진
같은 경우는 廣州{又云廣德山}, 남이셔{或云引導法主三甫丨}
와 같은 메모가 경성제대본에 그대로 반영
되어 있음을 본다.

❺ 소창문고본 86a ❻ 경성제대본 104면 ❼ 소창문고본 119a ❽ 경성제대본 140면

이 점은 원본에 있는 것을 소창문고본과
경성제대본이 모두 꼼꼼히 옮겼기에 생긴 것
으로 볼 여지도 있고, 소창진평이 재직하던 1930년에 나온 경성제대본이
소창진평의 本을 참조했기에 생긴 현상으로도 볼 수 있다. 그러나 일반적
으로 이런 노랫말 이본에 관련된 메모들은 어떤 책을 소유한 이가 편의에
따라 써 넣어 둔 것이기 때문에 일회성으로 나타나는 것일 때가 많다. 그렇
다면 소창문고본과 경성제대본의 이런 일치는 둘의 직접적 전승이라 하지
않고는 참으로 이해하기 어렵다.

이상의 점들은 소창문고본과 경성제대본의 직접적 연관성을 강력히 방
증하는 퍽 흥미로운 시사가 된다. 그러나 위와 같은 흡사성이 두 본 사이에
존재하고 있는 점은 두 본의 직접적 연관성으로 풀이될 여지가 크긴 하지
만, 두 본이 육당본 청구영언을 매우 섬세히 필사 혹은 발행한 결과로도 풀
이될 여지는 여전히 남아 있다. 이외, 이 두 본이 지닌 공통점 중 특징적인
것을 보이면 다음과 같다.

---

22 동일한 현상은 "又云 寂寞空閨에더진듯홀노안져"(소창문고본 75a, 경성제대본 92면.), "又
云콩팟헤도눈이잇네봄쑴즈리스오나와"(소창문고본 80b, 경성제대본 98면.), "又云金鼓를
울니며"(소창문고본 83b, 경성제대본 101면.) 등에서도 일어난다. 본문에 제시한 것과 같
은 형태로 가필되어 있고, 경성제대본에서는 일획의 차이도 없는 동일한 내용이 들어 있다.

㉠ 이 두 본은 많은 경우 동일한 異體字를 사용하고 있음이 보인다. 몇 예를 예시하면 다음과 같다.

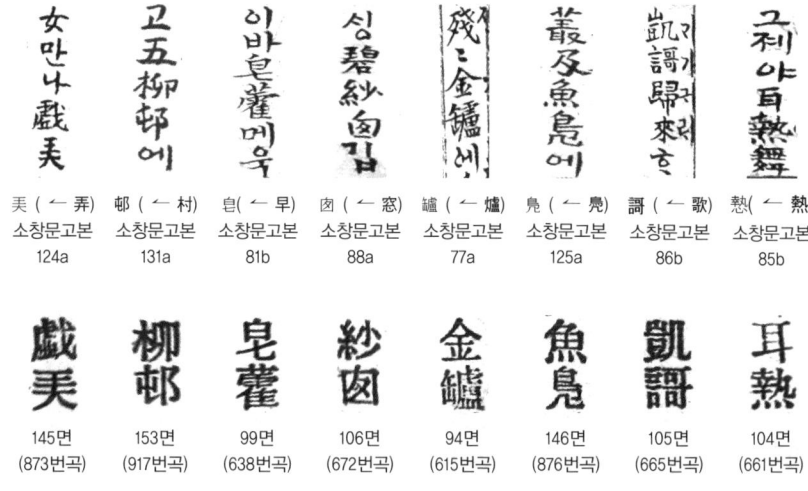

위 행의 사진이 소창문고본이고, 아래 행의 사진이 경성제대본인데, '弄·村·早·窓·爐·歌·熱' 등이 공통적으로 정체자 대신 '羑·邨·皁·囪·鑪·鳧·爇'로 나타남을 볼 수 있다.

㉡ 소창문고본의 추가 정보를 위한 가필부분과 경성제대본의 해당 부분이 내용상·형태상 거의 일치한다. 몇 예를 보이면 다음과 같다.

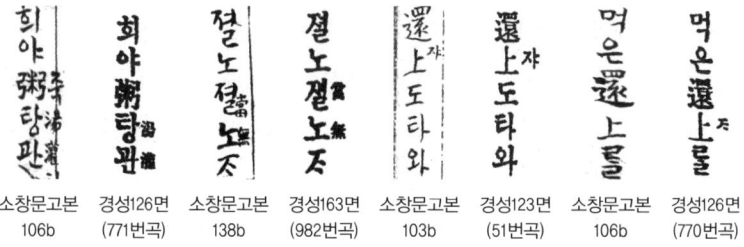

역시 두 본의 친연성을 잘 보여 주는 예인데, '湯灌·절노·還上' 옆에 작은 글자로 '湯灌·當無·쟈·즈' 등이 공통적으로 첨기되어 있다. 특히 소창문고본은 103면에는 '還上쟈'로 106면에는 '還上즈'로 되어 隨意的인 독법이 적혀 있는데 경성제대본 역시 해당 곡에서 동일하게 나타나 강한 친연성을 환기시켜 주고 있다.

ⓒ 소창문고본에 있는 수정 보완을 위한 가필 부분과 경성제대본의 수록 내용이 일치한다.

| 소창문고 57b | 경성제대 69면, 436번곡 | 소창문고 76a | 경성제대 93면, 611번곡 | 소창문고 88b | 경성제대 107면, 676번곡 | 소창문고 52b | 경성제대 62면, 385번곡 |

그림에서 보이듯이 소창문고본의 1차 筆寫 '외잘만정'은 후에 가필되며 '외줄만정'으로 수정되는데, 경성제대본 역시 이와 동일한 형태로 출간되어 있으며, 소창문고본의 1차 필사 '無人房洞'은 옆에 첨기된 上下 - 無人房下洞上 - 가 있어 '無人洞房'으로 수정되어야 할 구절임이 보이고 있는데, 경성제대본에서는 가필의 결과와 동일한 형태로 나타나고 있다. 나머지 두 예 또한 마찬가지로 가필의 결과와 동일하게 출간되어 있음을 본다.

이상에서 살핀 것만으로도 소창문고본과 경성제대본의 친연성은 확인된다 하겠다. 그러나 이러한 동질성이 같은 母本을 공유한 결과인지 아니면 1930년의 경성제대본이 1896년에 필사된 소창문고본을 목격하면서 간행되었기에 생긴 현상인지는 여타의 이본을 함께 살펴야 확인될 것이다.

2) 소창문고본과 연희전문본의 세부적 관계

전술한 도표를 통해 간략히 확인되었지만, 연희전문본은 작품의 수록 수나 字句의 일치성 측면에서 볼 때, 소창문고본과 경성제대본 간의 강한 흡사성을 따르지 못한다. 또한 표에는 드러나지 않았지만, 소창문고본과 경성제대본에 공히 수록된 序跋들을 연희전문본은 모두 수록하고 있지 않다는 점도 연희전문본이 지닌 특성의 하나가 된다. 하지만, 연희전문본은 뜻밖의 측면에서 경성제대본을 능가하는 소창문고본과의 흡사성을 지니고 있다. 그것은 바로 한자 표기의 측면이다. 이를 異體形의 동질성과 한자의 일치성으로 나누어 살펴보면 다음과 같다.

㉠ 이체형의 동질성

필자는 앞에서 경성제대본이 많은 경우 소창문고본의 이체자와 일치하고 있음을 말한 바 있다. 그런데 연희전문본은 이보다 더한 정도의 친밀성을 보이고 있다. 마치 模寫한 듯한 느낌을 주는 몇 예를 보이면 다음과 같다.

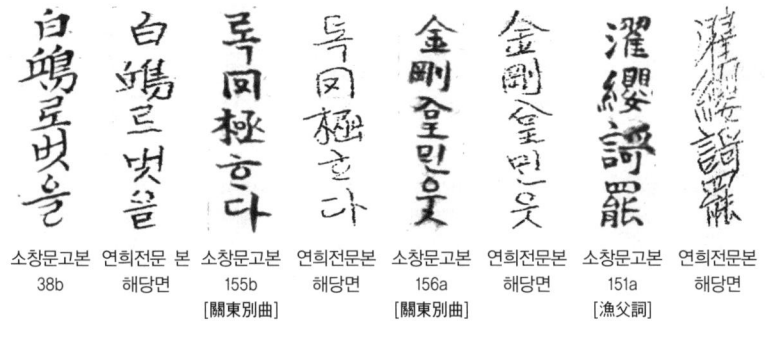

소창문고본 38b / 연희전문 본 해당면 / 소창문고본 155b / 연희전문본 해당면
[關東別曲]
소창문고본 156a / 연희전문본 해당면
[關東別曲]
소창문고본 151a / 연희전문본 해당면
[漁父詞]

소창문고본은 전체적으로 이체형이 많이 구사되어 있다. 특징적인 것으로 '鳥'字에 관련한 것이 있다. 대부분의 '鳥'를 이체형 '鳥'를 쓰고 있는데, 위

의 첫 예 '白鵰'는 그 중 한 예이다. 그런데 연희전문본 역시 전체적으로 '鳥'의 이체형 '鳥'를 쓰면서, 해당부분 역시 위 그림에서 보이듯 '白鵰'로 謄寫되어 있다. 여타 '罔極'의 '罔', '金剛臺'의 '臺', '歌罷'의 '歌' 등도 소창문고본과 연희전문본에서 모두 이체형인 '冈', '坖', '歆'로 등사되어 있어 두 본간의 친밀성을 잘 보여 주고 있다.

ⓒ 한자의 일치

소창문고본과 연희전문본의 친밀성은 한자 부문에서도 두드러진다. 한자의 경우 대부분은 소창문고본·연희전문본·경성제대본이 일치하는데, 일부 지점에서 소창문고본과 경성제대본이 일치하지 않는 경우가 있다. 가령, 內紙의 書名 같은 경우 『靑邱永言』(소창문고본)과 『靑丘永言』(경성제대본)으로 엇갈려 수록되어 있기도 한 것이다. 그런데 이런 불일치되는 부분을 추려 살펴보면 대부분 소창문고본과 연희전문본이 일치하는 양상을 보여 준다. 아래는 몇 예들이다.

| 소창문고본 5b (경성제대본 1면에 해당) | 연희전문본 해당면 | 소창문고본 146a (경성제대본 169면에 해당) | 연희전문본 해당면 | 소창문고본 146a (경성제대본 169면에 해당) | 연희전문본 해당면 | 소창문고본 157a (경성제대본 177면에 해당) | 연희전문본 해당면 |

이상의 字들은 경성제대본에서는 각각 '靑丘永言·托遺·哀五生·屛風에'로 되어 있는데, 소창문고본과 연희전문본에서는 위와 같이 '靑邱永言·托有·娥五生·幷風'으로 되어 있는 것이다.

그렇다면 이러한 일치 현상은 어떤 경위에 의해 생겨난 것일까? 이 역시 3.1항과 같이 두 방향에서의 해석이 가능하다. 하나는 이 두 본이 공히 육당본 청구영언을 정확히 模寫한 결과로 보는 것이고, 다른 하나는 1896년에 필사된 소창문고본을 1926년경 연희전문학교의 동호인들이 대본으로 삼았기에 생긴 일치로 보는 것이다. 다시 말해 현재 소창문고에 소장된 『청구영언』은 육당이 한때 소장했던 육당본 『청구영언』 바로 그것이 아닐까 하는 의구가 여전히 유지되는 것이다.

3) 연희전문본과 경성제대본의 세부적 관계

필자는 위에서 소창문고본과 경성제대본이, 또 소창문고본과 연희전문본이 각기 특유의 분야에서 친밀한 연관성을 지니고 있음을 살폈다. 소창문고본과 경성제대본이 一字一劃의 동질성과 첨필의 양상, 그리고 이체자 등에서 강한 친연성을 지니고 있음을 보았고, 소창문고본과 연희전문본이 일부 한자의 일치와 이체자의 형태에서 흡사성을 지니고 있음을 보았다. 그리고 이러한 특성들은 모두 두 가지로 해석할 여지가 있음을 언급했다. 즉, 위의 현상은 세 본 모두가 각자의 시기에 육당본을 목격하면서 세밀히 필사·등사·활자화했기 때문에 생긴 현상으로도 볼 여지가 있고, 표면적 특징에 기반한 모험적인 가설로, 소창문고본 자체가 육당본이고 이를 대본으로 하여 나머지 두 본이 생성되었기에 생긴 현상으로도 볼 여지가 있음을 말했다. 그리고 그 과정에서 후자를 뒷받침하는 근거를 더 많이 볼 수 있었던 것도 사실이다.

그런데 후자에 더 큰 혐의가 있던 두 의문은 연희전문본과 경성제대본의 세부관계를 비교해 볼 때, 전자로 다시 기울게 된다.

소창문고본과 경성제대본 그리고, 소창문고본과 연희전문본의 직접적 친연성을 부정하게끔 하는 요소들은 연희전문본과 소창문고본의 세부 비교에서 나타난다. 만약 경성제대본과 연희전문본이 소창문고본에서 파생

된 것이라면 이 두 본에서 일치되어 나타나는 오류들[혹은 특성들]은 소창문
고본의 범주 속에 있어야 한다. 가령 〈관동별곡〉에서 보이는 오류들 "놉흘
시고 望高臺요 외로올스 望高峯이~[경성제대본]·놉흘시고 望高臺요 외로올
스 望高峯이~[연희전문본]" 등이 소창문고본에도 "놉흘시고 望高臺요 외로올
스 望高峯이~"로 동일하게 나타나 있거나, 〈도산십이곡〉에서 보이는 오류
들 "우리는 耳目聰明男子로 聾瞽ㄹ치ᄒ리라[경성제대본]·우리는 耳目聰明男
子로 聾瞽ㄹ치ᄒ리라[연희전문본]" 등이 소창문고본에도 동일하게 "우리는
耳目聰明男子로 聾瞽ㄹ치ᄒ리라"[소창문고본]으로 되어 있는 현상들만 관찰
될 때, 소창문고본에서 두 본이 파생된 것이라 확신할 수 있는 것이다.

그런데, 이러한 측면에서 볼 때, 드물지만 寸鐵같은 다음의 몇 공통 오류
[혹은 특성들]은 소창문고본의 바깥 범주에서 온 것으로 보인다.

㉠ 우조·평조의 설명 부분

소창문고본의 우조와 평조에 대한 설명이 경성제대본과 다르게 되어 있
음을 서론에서 말한 바 있다. 소창문고본은 羽調·平調로 二分하고 있음에
반해, 경성제대본은 평조로 일원화하여 특성을 수록하고 있다. 그런데 이
엇갈린 지점에서 연희전문본은 경성제대본의 그것과 일치하고 있다. 이 점
은 육당본의 세 이본 관계에 대한 간과할 수 없는 시사점이 된다. 연희전문
본은 1926년경에 등사된 본이기 때문에 1930년에 발간된 경성제대본을 참
조했을 수가 없고, 경성제대본은 연희전문본이 갖추지 못한 서발문과 작품
10여 수를 갖추고 있기 때문에 연희전문본을 臺本으로 한 異本이라 하기 어
렵다. 즉 연희전문본과 경성제대본은 서로를 목격하지 않은 本들로 추정된
다. 그렇기에 이 둘에 공통적으로 나타나는 어떤 점은 이들에 선행한 어떤
모본에서 온 것이 분명한데, 우조·평조에 대한 설명은 소창문고본에는 나
타나는 형태와는 다른 것이다. 그렇다면 이 부분은 다른 본에서 왔다고 밖
에 볼 수 없다. 이 지점에서 소창문고본이 아닌 다른 본 - 육당본 - 의 그림
자가 어른거리는 것이다.

ⓛ 가번의 도치와 "疊錄"곡의 존재

소창문고본과 다르면서, 이 둘만 지닌 또 다른 공통점은 536번곡과 537번곡의 도치이다. 2장에서 제시한 전체 일람표를 살피면 소창문고본은 "柚子는(536번곡) - 月落烏(537번곡)"의 순서로 되어 있음에 비해, 연희전문본과 경성제대본은 "月落烏(536번곡) - 柚子는(537번곡)" 순으로 도치되어 있는 것이 보인다. 이는 우연한 일치가 아니라 어떤 본을 충실히 이어받은 결과라 할 것인데, 이 점 또한 두 본과 소창문고본과의 직접적 관련에 대한 중요한 시사가 된다. 즉, 이 도치에 영향을 준 것은 소창문고본이 아닌 것이다. 한편 소창문고본이 싣고 있지 않은 유일한 작품 또한 두 본에서 공히 발견된다. 위의 표 568번에 실린 "바람에~"가 그것이다. 연희전문본과 경성제대본 공히 말미에 '疊錄'이란 기록이 붙은 채로 출현하고 있는데, 이는 소창문고본과의 직접적 관련을 회의케하는 동시에 다른 모본 - 즉, 육당본 - 의 존재를 환기시키는 중요한 지점이 된다.

ⓓ 추가된 구절의 존재

소창문고본과의 직접적 연관성을 회의케 하는 마지막 점은, 연희전문본과 경성제대본에, 소창문고본에는 없는 구절이 공통적으로 삽입되거나, 소창문고본에는 있는 구절이 공통으로 누락된 곳이 있다는 점이다. 만약 연희전문본이나 경성제대본의 어느 하나에서 이런 變異가 생긴 경우라면 편집자의 임의적 개입이라고 할 수 있겠지만, 다음과 같이 둘이 동시에 생긴 것이라면 우연한 일로 보기가 어려워진다. 즉, 두 본의 대본이 같았던 데서 비롯된 일로 보는 것이 순편하다.

	소창문고본:	흔손에 물박들고 츌녕ㅅㅅ 안南山에ØØØØ 기얌을 ㅅㅅㅅㅅ심거
(매화사)	연희전문본:	흔손에 물박들고 츌녕ㅅㅅ 안南山에밧南山에 기얌을 ㅅㅅㅅㅅ심거
	경성제대본:	흔손에 물박들고 츌녕ㅅㅅ 안南山에밧南山에 기얌을 ㅅㅅㅅㅅ심거

	소창문고본 :	길軍樂이나ᄒ여보시에업다이년아말드더보아라노오나너니나로노오오나니로나
(길군악)	연희전문본 :	길軍樂이나ᄒ여보시⊘⊘⊘⊘⊘⊘⊘⊘⊘⊘⊘⊘노오나너니나로노오오나니로나
	경성제대본 :	길軍樂이나ᄒ여보시⊘⊘⊘⊘⊘⊘⊘⊘⊘⊘⊘⊘노오나너니나로노오오나니로나

위의 예는 소창문고본과 경성제대본의 차이나는 5지점 중, 2곳에서 추린 것인데, 첫 예의 경우는 '밧南山에'란 구절이 첨가되어 있고, 두 번째 예의 경우는 '에넙다이년아말더더보아라'란 구절이 누락되어 있다. 이런 점이 개별적으로 일어났다면 문제삼을 것이 없지만, 서로 본 적이 없는 듯한 두 본에서 동시에 나타나고 있는 점은 이 두 본이 참조한 臺本이 소창문고본이 아닐 가능성을 높여 준다 할 것이다.

4. 모순 해결을 위한 取捨

이상의 논의에서 우리는 경성대학법문학부의 藏印이 찍힌 1896년의 소창문고본『청구영언』이 1930년 같은 장소에서 출간한 경성제대본『청구영언』과 직접적으로 연관된 듯한 강한 근거를 목격하였다. 그리고 육당본을 臺本으로 한 연희전문본『청구영언』에서 역시 소창문고본의 필체와 한자를 그대로 이어받은 듯한 흔적을 목격할 수 있었다. 여기까지의 사실만을 바탕으로 내릴 수 있는 결론은 "소창문고에 소장된『청구영언』은 육당본『청구영언』바로 그것이다"가 될 것이다.

그러나 이와 동시에 우리는 연희전문본과 경성제대본에 공통으로 존재하는 특이한 일치들도 목격하였다. 소창문고본에는 없는 부분들이 연희전문본과 경성제대본에 공통적으로 나타난다는 사실은 연희전문본과 경성제대본이 소창문고본 밖의 어떤 다른 본을 참조해 성립된 본임을 우리에게 알린다. 육당 최남선의 증언과 경성제대본의 판권지에 적힌 내용을 볼 때 다른 본이란 육당본 청구영언일 수밖에 없다. 즉, 소창문고본은 육당본과는 별개의 본인 것이다.

위의 두 단락은 서로 모순적인 측면을 지니고 있다. 각각의 가설이 성립하기에 증거가 불충분한 것 같지 않은데, 이상하게 지시하는 내용은 서로 동시에 성립될 수 없기 때문이다.

이 모순은 어떻게 해결되어야 할까? 필자는 두 가능성 중 근거가 보다 강한 편을 取하는 선에서 논의를 마무리하려 한다. 먼저 '소창문고본 = 육당본'이라는 가설을 성립시켰던 몇 근거를 재론해보자. 개략적으로 정리한다면, "①경성제국대학 법문학부는 육당본을 대본으로 하여 '경성제대본'을 간행한 바 있는데, 현전하는 소창문고본에 '경성대학법문학부 書印'이 뚜렷이 찍혀 있다, ②경성제대본에 나타난 誤字 중 일부는 소창문고본에 나타난 正字와 물리적 형태가 같다, ③경성제대본에 나타난 夾註 등의 메모와 소창문고본에 나타난 夾註는 위치상·내용상 완전 동일하다."가 될 것이다. 다음 '육당본에서 소창문고본·연희전문본·경성제대본이 파생되었다'란 정황을 확고히 하는 근거로는 "연희전문본과 경성제대본에 공통적으로 나타나는 특이점 중 일부가 소창문고본과 연관성이 없는 형태로 나타나고 있다"를 들 수 있는데, 이를 구체적으로 거례하면 "①우조와 평조의 설명 부분 일치, ②곡목의 도치부분과 疊錄된 곡의 일치, ③추가된 구절의 일치"가 된다.

이 중 본고가 취하고자 하는 최종 결론은 후자이다. 비록 전자에서 감지되는 혐의가 미약하진 않지만, 그래도 각각의 항목들에서 반박의 여지가 전혀 없지는 않기 때문이다. ①의 경우 어디까지나 정황을 통해 미루어 짐작한 것일 뿐이고, ②의 경우는 '드러[소창문고본] - 듥[경성제대본]'의 예를 통해 제기된 것인데 원전 육당본의 필체 역시 현전 소창문고본과 유사하게 되어 있던 것을 경성제대본의 간행자가 착각했을 가능성이 전혀 없지는 않으며, ③의 경우는 소창문고본의 필사자와 경성제대본의 간행자가 모두 원전을 그대로 옮기는 것을 엄수했기에 생긴 현상으로 풀이될 여지가 있는 것이다. 이에 비해 후자의 ①, ②, ③항은 연희전문본과 경성제대본의 두 이본이 제3의 선행본에 의거하지 않고는 생길 수 없는 일이 된다. 이 때 의거한 선행본이란 최남선과 경성제대본 판권의 진술에 따를 때 '육당본' 바로 그것일 수밖에 없다. 즉, 소창문고본·연희전문본·경성제대본은 모두 육당본을 모본으로 하여 매우 엄정한 수준으로 필사·등사·간행된 이본들이다.

5. 결론과 의의

이상의 논의는 육당본 청구영언과 밀접하게 관련된 세 異本을 서로 비교하여 육당본의 원형을 모색하기 위한 노력의 일환이었다. 그 논의 도중에 육당본·소창문고본·연희전문본·경성제대본의 흥미로운 관계들이 드러나 이들이 서로 어떤 연관을 맺고 있는지를 같이 다루게 되었다. 그 과정과 결론, 그리고 이 논의의 의의를 제시하면 다음과 같다.

1) 소창문고에 소장되어 있는 소창문고본『청구영언』은 1930년 경성제대에서 출간한『청구영언』과 '작품 수록수·작품 배열 순서·語句의 일치성·일부 자형의 외형적 동일성·첨기 내용의 일치성·이체자 구사의 유사성' 등의 측면에서 볼 때, 매우 강한 친연성을 지닌 本이다. 더구나 이 둘은 小倉進平이 재직하던 時空間, 즉 1930년의 경성대학법문학부와 연관되어 있다는 점에서 '同種異稱'일 가능성도 감지된다.

2) 연세대학교 중앙도서관 국학자료실에 소장되어 있는『청구영언』은 육당본을 대본으로 하여 1926년 등사된 이본으로, 대체적으로 소창문고본과 경성제대본이 지닌 흡사성은 보여 주지 못하지만, '이체자의 외형·한자의 일치' 등에서는 소창문고본과 경성제대본이 지닌 친연성을 능가한다. 작품수록의 순서, 이체형의 일치, 한자의 일치 등은 소창문고본과의 직접적 관련성을 보여 주는 것으로 활용될 여지도 있다.

3) 연희전문본과 경성제대본은 서로를 목격한 적이 없었을 가능성이 높은데, 이 두 본에는 소창문고본이 지니지 못한 특성들이 나타난다. 우조와 평조의 설명방식·도치된 곡목과 疊錄된 작품 1수·첨가 혹은 누락된 2개의 句 등이 그것인데, 이 두 본에서만 나타나는 寸鐵과 같은 공통점은 3장 1절과 3장 2절에서 제기했던 소창문고본과의 직접적 친연성을 재고케 한다. 소창문고본이 지니지 못한 특성을 공유하고 있다는 것은 이 두 본이 소창문고본 이외의 다른 본에서 영향 받았을 것임을 시사하는 강한 反證이기 때문이다.

4) 결론 1, 2)에 요약된 가능성이나, 결론 3)에 요약된 가능성이나 서로 충분한 근거를 갖추고 있으므로 이 둘은 각각 성립될 수 있다. 그러나 서로 동시에 성립할 수는 없는 모순의 관계이다. 그렇기에 본고는 이 두 가능성 중 근거가 보다 강한 편을 취하여 결론을 간명히 제시하는 것이 합리적일 것으로 보았다. 이 두 가설을 요약하면 다음과 같은데, 이 중 **2**의 도식이 본고의 결론이 된다. 즉, **1**의 도식을 성립시킨, 경성제대본이 소창문고본을 직접 목격한 듯한 여러 근거들은 반론의 여지를 다소나마 지니지만, **2**를 성립시킨 여러 근거들은 현재의 자료 수준으로는 반론의 여지가 거의 없다고 판단했기 때문이다.

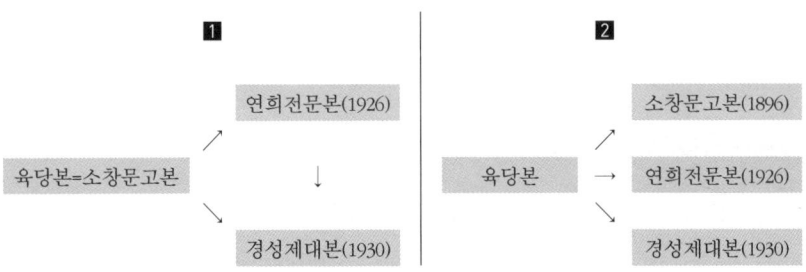

5) 한편, 본고의 목적 중 하나는 그간 학계에서 잊혀져가던 연희전문본 『청구영언』을 활용하여 육당본 『청구영언』의 원모습을 복원해 보려는 데도 있었다. 1930년 출간된 경성제대본의 불완전성을 최근 학계에 소개된

소창문고본이 상당부분 확인·교정해 주긴 했지만, 서론에서도 언급했듯이 이의 출현은 일부 사실을 오히려 미궁으로 빠뜨린 결과를 낳기도 했다. 이 불확실한 부분에 대한 또 다른 증언자로 연희전문본『청구영언』이 활용될 수 있다. 세 異本에 공통으로 나타나는 내용은 거의 육당본 청구영언과 일치하는 것이라 확신할 수 있을 것이고, 두 異本끼리 일치하는 부분 역시 육당본 청구영언의 그것으로 볼 수 있을 것이다. 그렇기에 본고는 이 세 본의 전체적 검토를 통해 육당본 청구영언의 원전복구를 하려는 기초 작업의 의의도 띤다.

『한국시가연구』 36, 한국시가학회, 2014.

어휘로 살펴본 국립한글박물관 靑丘永言의 필사 시기

1. 논의의 전제

어떤 사진이 있다고 가정하자. 그 사진에는 조선시대풍의 한복을 입은 사내가, 90년대식 구형 소나타를 타고, 삼성 갤럭시노트를 들고 있다. 이 사진을 찍은 시기를 가늠하고자 할 때, 우리는 무엇을 활용할 수 있는가? 그리고 내려질 결론은 무엇인가? 이에 대한 대답은 "한복, 구형 소나타, 갤럭시노트를 단서로 할 수 있으며, 이 사진에 비록 한복이라는 전통적 시대감, 구형 소나타라는 20세기 후반의 시대적 징후가 나타나지만, 갤럭시노트의 최초 출시가 2011년이기에 이 사진이 찍힌 시기는 최소 2011년 이후이다"가 될 것이다.

그렇다면 다음과 같은 질문을 해 보자. "어떤 책의 어휘에 17세기적인 표현과, 18세기적인 표현과, 19세기적인 표현이 동시에 나타난다고 할 때, 이 책의 필사 시기를 언제라고 추정하면 좋을까?" 아마 이에 대한 대답도 위 사진의 사례와 다르지 않을 것이다. 19세기 어휘의 시대적 징후가 뚜렷하다면 누구나 19세기에 형성된 책이라고 답할 것이다. 17세기와 18세기적인 흔적은 후대인의 복고 취향 혹은 문화적 관성 때문에 시대상을 즉각 반영하지 못한 것일 뿐이라는 말을 덧붙이면서.

본고는 이러한 관점으로, '국립한글박물관 소장 김천택 편 청구영언'의
필사 시기를 추정해본 결과물이다(이하 '청구영언'으로 약칭함). 종래에 '珍本
청구영언'으로 불리던 이 책은 그간 우리에게 南坡 金天澤이 직접 1728년에
편찬한 것으로 알려져 있다.[1] 그러나 어휘적 면모를 찬찬히 살펴보면 1728
년에 필사된 것이라고 斷言하기에 무리한 측면이 상당히 많음을 알게 된
다. 언어의 흔적이 지시하는 대로라면, 이 책은 우리가 알고 있는 시기보다
근 100년은 더 지난 시점에 필사되었을 가능성이 있다.

2. 靑丘永言에 출현하는 어휘의 시대적 重層性

논의의 전제에서 어떤 사진에 담긴 시대의 重層性을 말한 것은, 청구영
언에 출현하는 어휘에노 이와 농일한 양상의 시대적 중층성이 나타나기 때
문이다. 청구영언에 수록된 다음 두 시조를 보자. (방점은 필자)

(ㄱ) 幽蘭이 在谷ᄒᆞ니 自然이 듯디 죠희 ‖ 白雪이 在山ᄒᆞ니 自然이 보디 죠해 ‖ 이즁
에 彼美一人을 더욱 닛디 못ᄒᆞ얘 [30번곡]

---

[1] 1948년 조선진서간행회에서 『청구영언』을 간행하면서 붙인 방종현의 鑑識에서 비롯되었다.
"가장 잘 內容이 整理되고 또 그 古한 품이 다른 어느 것 보다도 第一 오랜듯하여 아마 最初
의 原稿本이리라고 믿어서 좋을만한 것이 바로 이 책인 靑丘永言이다. … 이 책에는 『南坡居
士』의 印이 그 卷頭에 찍혀있는 點이니 오래 되어 좀 희미하지만 틀림이 없다고 본다." 〈방
종현, 「청구영언 발」, 『청구영언』, 조선진서간행회, 1948, 1면.〉
그러나 미심쩍은 점들이 없지 않아 그 후로도 논란이 있었다. 출간 이듬해 제기된 이병기의
다음 언급이 대표적이다.
"가장 문제되는 건 靑丘永言이다. … 洪大容은 號 湛軒이요, 英祖 7年(1731)에 나서 正祖 7年
(1783)에 卒하였다. … 지금 所爲 海東歌謠 · 靑丘永言이라는 건 모두 後人이 增補한 것으로
서 (홍대용의) 大東風謠를 散秩을 주워 모은 것이나 아닌가 한다." 〈이병기, 「고전의 僞作」,
『서울신문』, 1949년 5월 18일자.〉

(ㄴ) 오늘도 죠흔 날이오 이곳도 죠흔 곳이 ‖ 죠흔 날 죠흔 곳에 죠흔 사람 만나 이셔 ‖ 죠흔 술 죠흔 안쥬에 죠히 놀미 죠해라 [460번곡]

(ㄱ)은 이황(李滉, 1501~1570)의 〈도산십이곡〉으로, 현대의 우리에게 퍽 의고적인 느낌을 주고 있다. 여러 이유가 있지만, 어휘적인 측면에서의 이유는 단연 세 번이나 연속해서 쓰인 '-디'라는 연결어미 때문일 것이다. 근대국어[2]를 거치면서 구개음화되어 '-지'로 바뀌어 버린 이 형태는 15~16세기 문헌들에 다량으로 나타나는 것이기에 이를 통해 청구영언은 퍽 古形을 지닌 문헌인 듯한 인상을 얻게 된다. 그런데, (ㄴ)을 보자. 이 시조는 양상이 조금 다르다. 우리의 언어 상식으로는 '好'의 의미를 지니는 옛말은 '둏-'[3]인데 이곳에서는 현대국어와 닮은 '죻-'으로 거듭 적히고 있음을 본다. 그리고 보니 (ㄱ)에서 보이는 '죠해'도, 이황의 원래 판각본에서는 '됴해'로 되어 있던 것이 상기된다. 이 구절들의 원래 형태는 다음과 같이 '둏-'인 것이다.

(ㄷ) 幽蘭이 在谷ᄒᆞ니 自然이 듯디 됴해 ‖ 白雪이 在山ᄒᆞ니 自然이 보디 됴해 ‖ 이 듕에 彼美一人를 더옥 닛디 몯ᄒᆞ얘   〈도산십이곡 木版本〉

그렇다면 청구영언에는 최소한 두 시대 이상의 표기가 공존하고 있는 것이라 할 수 있다. 이전 시대의 작품을 수록하면서, 전통성을 살리고자 옛 모습을 따르기도 하고, 시대의 흐름을 타며 당대의 언어로 바꾸기도 했던 것이다. 그 결과 한 작품 속에서도 '-디'와 같은 중세국어의 흔적이 있는가 하면 '죻-'과 같은 근대국어의 흔적이 공존하고 있는 것이다.

그런데 이러한 언어적 중층성을 청구영언의 필사 시기 추정에 활용할 수

---

[2] '근대국어'는 국어학계의 통상적인 정의인 '임진왜란부터 갑오경장에 이르는 약 300년 동안의 국어'를 따른다.
[3] 됴홀 이룰 (好事) 〈杜詩重刊(1632) 19:42a〉
好田 됴흔 밭, 薄田 됴티 아닌 밭 〈同文類解(1748) 下:1a〉

는 없을까? 이 '둏다'라는 어형이 언제까지 우리말로 살아 있었으며 언제부터 '좋다'라는 어형이 처음 등장하여 '둏다'를 대체해 갔으며 완전히 대체된 시점은 언제인가를 조사한다면 (ㄱ)이나 (ㄴ)과 같은 형태의 필사, 즉 청구영언의 필사가 언제 이루어졌는지 알 수 있지 않을까? 그렇게 된다면 근래에 다시 水面 위로 떠오르고 있는[4] 청구영언의 민감한 논쟁, 즉 필사 시기 내지 편찬자 문제를 해명할 수 있지 않을까?

3. 21세기 세종프로젝트

어휘 형태의 시대성을 조사하여 그것으로 문헌의 편찬 시대를 추정할 수 있다는 가정은 사실 새로운 것은 아니다. 어떤 문헌을 볼 때 'ㅸ'이 있다거나, 'ㅿ'이 있다거나, 새로운 어휘가 나타났다거나 등의 정보로 우리는 어떤 문헌의 개략적 편찬 시대나 필사 시대를 추정하곤 했던 것이다. 그러나 이런 추정에 허점이 없었던 것은 아니다. 감정하는 이의 개인적 기억이나 통찰에 의존하는 경우가 많았기에 적지 않은 경우에 시대 추정의 불안을 내포하고 있었던 것이다. 기실 이러한 방식의 추정은 풍부한 자료를 확인한 후라야 신뢰도가 높아질 수 있는 것이다.

그런데 근래에 이러한 방식을 활용해도 좋을 만한 환경이 조성되었다. 1998년부터 2007년까지 10년간, 약 200억의 예산이 투입된 〈21세기 세종프

---

[4] 한동안 잠잠하던 청구영언의 작자 문제는 최근 영인본과 주해본을 함께 펴낸 권순회, 이상원, 신경숙 세 연구자에 의해 다시금 수면 위로 떠올랐다. 이 勞作에서 청구영언에 찍혀 있는 '도장'을 근거로 다음과 같은 입장을 표명했다.
"1면 오른쪽 하단에는 장서인(藏書印)으로 추정되는 사각형 주인(朱印)이 한 방 찍혀 있다. … '南坡居士'의 전서체(篆書體)로 판독되었다. '남파(南坡)'는 김천택의 호이다. 이 장서인은 김천택이 『청구영언』의 편집을 마치고 날인(捺印)한 것이 분명하다. 이 판본이 김천택 자찬(自撰) 원고본(原稿本)임을 시사하는 중요한 단서이다." 〈권순회, 「김천택 편 청구영언의 문헌 특성」, 『김천택 편 청구영언 영인편』, 국립한글박물관, 2017, 154면.〉

로젝트)가 결실을 맺었기 때문이다. 국내 한글 자료의 표준화와 전산화를 목표로 한 이 프로젝트의 결과물들은 퇴고 작업을 거쳐 DVD로 제공되다가 2015년부터는 국립국어원 언어나눔터[5]를 통해 배포되었는데, 이로써 연구 현장에서 보다 적극적인 활용이 가능하게 되었다.

여기에 축적된 한글 자료는 놀라운 것이어서, 사전류, 관찬 언해류, 민간 문학류 등 한글 창제 후 개화기까지의 한글로 작성된 거의 모든 자료를 제공하고 있다고 보아도 좋을 정도이다.[6] 더욱이 이 자료들은 다양한 전자파일로 전환 가능한데 이를 활용한다면 일정 어휘들의 발생과 변이, 그리고 소멸의 일대기를 기술할 수 있다. 즉, 이 자료들 중 필요한 것을 적합한 전자파일로 변환한 뒤, 검색작업을 통하여 관심 자료의 분포를 확인하면 기존의 개인의 직관과 통찰에 기대던 방식에 비해 훨씬 풍부한 자료 하에 해당 어휘의 시대성을 검토할 수 있는 것이다.

가령, 위에서 보였던 '둏다 / 좋다'라는 어휘의 時代性도 다음과 같이 간단히 확인[7]할 수 있다. 사전류를 중심으로 간략히 검토한 아래의 표를 따를 때, '좋다'라는 어휘는 1770년 즈음에 비로소 모습을 드러낸 후, 1780년대와 1790년대 사이에서 '둏다'와 경합하다가 1800년대를 거치면서 언중의 주된 선택을 얻은 어휘임을 알 수 있다.

---

5 사이트 주소는 https://ithub.korean.go.kr이다.
6 구축하여 현재까지 제공한 자료는 총 997건이며, 이중 1700에서 1799년 사이의 문헌은 166건이다. 논의 대상 기간인 18세기의 총목록과 19세기의 일부 목록은 발표문의 말미에 수록했다.
7 이 검토는 다음의 방식을 따랐다.
 (1) 국립국어원 언어정보나눔터(https://ithub.korean.go.kr, 말뭉치 - 기타 참고 자료)에서 배포하고 있는 〈21세기 세종계획 최종 성과물〉을 다운 받음.
 (2) 한글과컴퓨터 '한글' 프로그램의 '찾기' 또는 '찾아바꾸기' 기능을 이용하여 통계를 냄.
 (3) 경우에 따라, '유니콩크'(서울대 박진호 교수 제작), '깜짝새'(전주대학교 국어교육과 소강춘 교수팀[소강춘, 김진규, 박진양 제작] 등으로 검색하여 통계를 냄.

연도	서명	둏다	좋다
1527	훈몽자회	好 됴홀 호 〈하:31a〉 등 4회	∅
1575	천자문(光州)	好 됴홀 호 〈18a〉 등 2회	∅
1576	신증유합	好 됴홀 호 〈상:26a〉 등 9회	∅
1583	석봉천자문	好 됴홀 호 〈18:a〉 유일례	∅
1661	천자문(七長寺)	好 됴홀 호 〈13:b〉 유일례	∅
1676	첩해신어초간	日本 됴흔 술 〈3:18b〉 등 50회	天氣 죠흘까 〈6:16a〉 1회[8]
1690	역어유해	絶高 ᄀ장 됴타 〈上:69a1〉 등 10회	∅
1700	유합(靈藏寺)	好 됴홀 호 〈16:a〉 유일례	∅
1700	천자문(靈藏寺)	好 됴홀 호 〈13b〉 유일례	∅
1730	유합(松廣寺)	好 됴홀 호 〈16a〉 등 2회	∅
1730	천자문(松廣寺)	好 됴홀 호 〈13b〉 유일례	∅
1748	동문유해	好田 됴흔 밭 〈1:1a〉 등 3회	∅
1765	박통사신석언해	됴흔 술 〈1:2b〉 등 155회	∅
1774	삼역총해	됴흔 날 〈1:3b〉 등 15회	∅
1775	역어유해 보	狠好 ᄀ장 됴타 〈37b〉 등 3회	作善事 죠흔일ᄒ다 〈56b〉 등 5회
1777	팔세아	∅	죠흔 일홈 〈2a〉 유일례
1778	방언유석	鋼鐵 됴흔쇠 〈3:19a〉 등 2회	壯田 죠흔 밧 〈3:23a〉 등 8회
1781	중간첩해신어	日本 됴흔 술 〈3:24b〉 등 36회	죠흘 양으로 〈7:16a〉 등 19회
1783 경	왜어유해	∅	好 죠흘 호 〈상:19a〉
1790	몽어유해	好田 됴흔 밭 〈하:1a〉 등 4회	穗秀齊 셥수죠타 〈補:22a〉 유일례
1790	인어대방	됴흔 쑬 〈1:3b〉 유일례	죠흔 술 〈10:15b〉 등 23회
1804	주해천자문	好 됴홀 호 〈18a〉 등 2회	妙 죠흘 묘 〈40a〉 유일례

〈표1〉 '둏-/죻-'

표의 작성과 〈표1〉에 나타난 결과는, 우리에게 한 가지 가능성을 제시하면서 동시에 한 가지 의문을 남긴다. 가능성이란, 이러한 방식을 통해 검토한다면 어떠한 어휘라도 생장과 소멸에 대한 정보를 얻어 낼 수 있다는 것이다. '둏다, 좋다'뿐만 아니라 시조에 흔히 나타나는 어휘들 - 가령 '까마귀,

---

8 여기의 '죻다'는 '淸·晴(맑다)'의 고유어인 '좋다'일 가능성이 있다.

나비' - 의 生滅에 대한 정보도 검토할 수 있고, 범위를 넓힌다면 '구개음화'의 양상이라든지, '원순모음화'의 양상, 더 나아가 異本의 검토까지 가능하다는 것이다.

남긴 의문이란, '좋다'라는 어휘의 후대성이 주는 시대적 위화감이다. 위의 표에서 명징하게 드러나듯이 '좋다'는 1770년 이전에는 언중이 사용했던 흔적이 거의 없다.[9] 1775년의 『역어유해 補』에 와서야 '둏다'와 경쟁다운 경쟁을 시작하고 『중간첩해신어』(1781)를 거쳐 『인어대방』(1790)의 시기에 와서야 언중의 선호를 받은 어휘이다. 그런데 청구영언에는 (ㄴ)시조에서도 보이듯이 매우 높은 빈도로 구사되고 있음을 본다. 즉 90% 이상 '좋다'로 표기[10]되어 있음을 볼 수 있는데, 이 사실은 청구영언이 1728년 필사·편찬되었다는 기존의 추정에 심각한 의문을 던진다.

4. 언어에서 보이는 시대의 징후

3장에서 우리는 管見으로나마, 청구영언의 어휘 하나가 1728년의 언어 상황과는 잘 맞지 않음을 보았다. 이 사실은 비록 단편적이기는 했지만, '좋다'라는 어휘의 시대적 징후가 뚜렷하여 看過하기에 어려운 일면이 있다. 논의의 전제에서 말한 2000년대의 시대적 상징인 스마트폰과 마찬가지로,

---

9 위의 표는 사전류를 통한 管見이므로 다른 성격의 문헌, 가령 諺解書 등에서는 다른 분포가 나타나리라는 이견도 가질 수 있다. 하지만, 조사해 보면 여타 문헌의 경우도 이에서 크게 벗어나지는 않는다. 1632년에 간행된 중간본 『두시언해』의 경우 '둏-'(好)는 220회 가량 나타나는 데 비해 같은 의미의 '좋-'은 7회만 나타나고 있고, 1724년에 간행된 『오륜전비언해례』의 경우 '둏-'가 250여 회 나타나는 데 비해, 같은 의미의 '좋/죻'는 전혀 나타나지 않는다. 17세기와 18세기 전반까지의 모든 문헌에서 '둏-'가 '좋-'에 비해 압도적으로 선호되고 있음을 보는데 우리는 이를 당대의 언어 현실로 보아 무방할 것이다.

10 청구영언에서 '好'의 의미로 쓰인 '둏' 혹은 '좋'가 총 48회 나타난다. 그 중 '둏-'는 5회만 나타나고, 나머지 43회는 모두 '좋-'로 나타난다. 43/48을 비율로 환산하면 90%이다.

이 어휘의 전면적 등장은 청구영언의 시대에 대한 그간의 추정을 흔들 수 있는, 작지만 주목할 만한 징후가 된다. 그리고 이 어휘가 喚起한 18세기 후반의 시대성은 청구영언의 연구사에서 강한 인상을 주었던 다음 연구 결과를 다시금 생각케 하는 것이다. (밑줄은 필자)

> 현재 전하고 있는 『珍本 靑丘永言』은 1728년이 최초의 편찬 연대로 알려졌으나, …『遊藝志』와 내용면에서 유사성이 큰 것으로 보아 그 <u>시기는 『漁隱譜』(1779)와 『高大 樂譜A』(1791)가 편찬된 18세기 후반부터 『三竹琴譜』(1841년)가 편찬된 19세기 전반에 해당한다</u>고 보겠다.[11]

당시의 악보 체계와 애호곡을 실증적으로 검토하여 내린 김영운의 결론과, '좋다'라는 어휘가 언중에 자리 잡은 시대가 공히 18세기 후반에서 19세기 전반으로 정확히 일치하는 것은 우연한 일일 뿐인가? 이에 대한 解明은 분명히 할 필요가 있다. 이 해명은 청구영언에 나타난 언어 흔적의 범주를 보다 넓혀 검토하는 작업을 통해 가능할 것이다. 이하에서는 구개음화, 원순모음화, 새로운 어휘라는 세 가지 항목의 흔적에 따라 시대성을 검토한다.

1) 구개음화의 대량성

청구영언의 시대성을 확장하여 검토하기에 가장 적합한 언어 흔적 중의 하나는 '구개음화의 실현 정도'이다. 1728년에 필사된 것으로 믿어 온 청구영언에는 구개음화가 대량으로 실현되고 있는데, 이 점을 시대성의 판별에 활용해 볼 수 있는 것이다.

청구영언의 구개음화 실현 정도를 검토하기 전에, 18세기 문헌을 통해

---

11 김영운, 「진본 청구영언의 편찬연대에 관한 일고-고악보와의 비교를 중심으로-」, 『시조학논총』 14집, 한국시조학회, 1999, 98면.

구개음화의 진척을 계량적으로 살핀 국어학계 김주필의 결론을 보자. (괄호 속은 필자가 보충함.)

> 국어사 문헌의 검토 결과, 文獻의 부류에 따라 口蓋音化와 圓脣母音化의 확산 과정은 상당한 차이를 보인다. 譯書類 文獻의 경우 口蓋音化의 擴散 比率이 18세기 중기의 『박신(박통사신석언해, 1765년)』에서 51.65%, 18세기 후기의 『중노(중간노걸대언해, 1795)』에서 96.92%로 나타나고, 王室 文獻의 경우 18세기 중기의 『어경(어제·경세문답, 1760년대)』에서 8.66%, 18세기 후기의 『윤음(정조의 윤음, 1782~1795년)』에서 88.90%로 나타나 18세기 中期 文獻보다 18세기 後期 文獻에서 월등히 높은 비율을 보여 주었다.[12]

그의 통계에 따를 때, 국어사에서 구개음화는 18세기를 관통하면서 진행되어 갔으며 어학학습서의 경우, 1760년대 중반에 약 50%의 진행도를 보이다가 1795년에 이르러서야 96%의 진행도를 보였으며, 왕실 문헌의 경우는 보다 보수적이어서 1760년대까지도 거의 반영하지 않다가 1790년 즈음에 빈번히 배포된 윤음들에서야 90%에 가까운 진행이 이루어졌음을 알 수 있다. 1700년대 초반의 구개음화 현상을 연구한 안대현의 증언도 이와 궤를 같이 한다. 그는 1721년의 문헌을 통해 구개음화의 정도를 측정했는데 그 결과는 다음과 같다.

> 중앙어 ㄷ구개음화의 명확한 예가 처음 보이는 문헌은 《오륜전비언해(伍倫全備諺解)》(1721)이다. 기존 연구에서는 ㄷ구개음화의 예가 대폭 나타나는 것처럼 기술되기도 하였으나, 그렇지 않다. 《오륜전비언해》에 나타난 ㄷ구개음화 … 비율은 다음과 같다.

---

12 김주필, 「18세기 역서류 문헌과 왕실 문헌의 음운변화-ㄷ구개음화와 원순모음화를 중심으로-」, 『어문연구』 제33권 2호, 한국어문교육연구회, 2005, 50면.

ㄷ구개음화 : 0.58%(6/1027)

ㄷ〉ㅈ : 0.53%(5/940), ㅌ〉ㅊ : 1.15%(1/87)

따라서《오륜전비언해》의 ㄷ구개음화는 음운 변화 초기의 것으로 보아야 한다.[13]

통계에 따를 때, 1721년 문헌의 구개음화 비율은 지극히 낮아서 불과 1%도 되지 않는다. 실증적인 통계로 가득한 이 두 연구의 결과를 종합한다면, 우리의 국어사에서 구개음화는 근대국어 초기에는 매우 미미한 정도로 잠류하다가 18세기 전반을 지나고서야 의미 있는 수치로 등장하고,[14] 19세기의 여명이 밝아 오던 正祖朝(재위 1776~1800) 무렵을 지나면서 거의 완성된 것이라 할 수 있다.

그런데 이러한 연구 결과와 비교해 볼 때, (1728년으로 알려진) 청구영언의 구개음화 비율은 비정상적으로 높고 전격적이다. 구개음화가 일어날 수 있는 모든 어휘들에서 압도적인 실현율[15]을 보이고 있는 것이다. 이하에서는 구개음화가 일어난 몇 어휘를 추려 어느 정도의 비율로 구개음화가 일어나고 있는지 살핀다.

(1) [打] 티다 vs 치다

光化門 드리ᄃᆞ라 內兵曹 上直房에 ‖ ᄒᆞᆺ밤 다섯 更에 스믈 석 點 치ᄂᆞᆫ 소릐 ‖ 그덧에 陳跡이 되도다 ᄭᅮᆷ이론 둣ᄒᆞ여라 [청구영언 57번곡]

---

13 안대현, 「한국어 중앙어 ㄷ구개음화의 발생 시기」, 『국어학』 제54집, 국어학회, 2009, 134면.
14 물론 징후는 그 이전부터 있었다. 두시언해 중간본 등에서도 매우 드물게나마 구개음화가 나타나고 있다는 보고가 있다. 하지만 의미 있는 비율의 시작은 18세기 초반이라 해도 무방할 것이다.
15 청구영언에는 '티'字가 한 자도 보이지 않는다. 이에 비해 구개음화된 글자인 '치'는 96회나 등장한다. 비슷한 시기에 지어진 『오륜전비언해』(1721)에서, '티'가 490회, '치'가 41회 나타나는 것에 비해 볼 때 압도적이라 할 수 있다.

'치-(打·攻·搖·下 등)'는 중세국어에서는 예외 없이 '티-'였고, 현대국어에서는 예외 없이 '치-'라는 점에서 구개음화의 과정을 거친 대표적인 어휘로 꼽을 수 있다. 위 예시 작품 역시 松江歌辭[16]에서와는 달리 '치다'의 형태로 수록되어 있다. 더불어 이런 형태는 위 작품에서뿐만 아니라 전체적으로 나타나는데, 20개[17] 지점에서 예외 없이 '치다'로만 나타나고 있다. 이로 본다면 청구영언은 '치다'가 '티다'를 거의 밀어낸 時代에 살던 이가 필사한 것으로 볼 수 있다.

그렇다면 '치다'는 언제부터 '티다'를 대체해 나갔고 언제쯤 언중의 선택을 받아 대표형으로 자리 잡은 걸까? 사전류를 중심으로 구성해 본 아래의 표는 이러한 물음에 대한 개략적인 대답이 될 수 있다.

연도	打	
	티다	치다
훈몽자회 (1527)	打 틸 타 〈하:30a〉 등 4회	∅
신증유합 (1576)	打 틸 타 〈하:47a〉 등 6회	∅
유합 (七丈寺, 1664)	打 틸 타 〈29a〉 등 2회	∅
역어유해 (1690)	打更 경덤 디다 〈상:5a〉 등 52회	打背公 곡뒤 치다 〈49b〉 유일례
유합 (松廣寺, 1730)	打 틸 타 〈29a〉 등 2회	∅

---

16 光광化화門문 드리드라 內닉兵병曹조 샹딕방의 ‖ 흐르밤 다숫경의 스믈 석 덤 티느 소리 ‖ 그더딕 陳진跡젹이 되도다 쑴이론 듯ᄒ여라 〈松江歌辭 星州本(1747)〉

17 20회의 용례는 다음과 같다.
[打] : 스믈 석 點 치는 소리[57], 五更 친 나믄 소리[58], 거문고 大絃을 치니[75], 채를 쳐 도라오니[155], 홍 치며 도라와셔[261], 덩덕궁 북 쳐라[332], 덩덕궁 북을 치고[334], 거문고 쳥 쳐라[464], 舞鼓를 둥둥 치느니[472], 唐채로 쾅쾅 쳐다[505], 一時에 소리 치고[501]

[伐] : 金陵 치랴 도라들 제[499]

[搖] : 두 느래 탁탁 치며[516], 홰홰 쳐 우도록[516], 쇠리를 홰홰 치며[547], 물결 치고[572]

[下] : 風霜 섯거 친 졔[118], 風霜이 섯거 친 날에[417], 눈서리 치단 말가[359], 즌서리(…)리 섯거 치고[484]

이외 어원적으로 복합동사인 '후리치다·거두치다' 등을 추가할 경우 용례는 더 늘어난다.

동문유해 (1748)	打 티다 〈하:29b〉 등 15회	∅
역어유해 補 (1775)	∅	撒網子 그믈 치다 〈17b〉 등 12회
방언유석 (1778)	霜打 서리 티다 〈1:5b〉 등 12회	打更 경뎜 치다 〈1:9a〉 등 27회
왜어유해 (1783경)	∅	打 칠 타 〈상:30b〉 등 3회
몽어유해 (1790)	打點 뎜 티다 〈상:32b〉 등 15회	雷打了 벼락 치다 〈上:1b〉 등 15회
주해천자문 (1804)	∅	伐 칠 벌 〈5a〉, 鼓 칠 고 〈20a〉 등 2회
한불자전 (1880)	∅	鉦 쟁쟁 치다 〈176면〉 등 다수

〈표 2〉 '티다 / 치다'

이 표는 개략적인 정황을 감지하기 위해 우선 검토가 용이한 사전류를 중심으로 추린 것인데, '티다 / 치다'라는 어휘가 각기 어느 시대를 구가했으며, 어느 시기를 기점으로 교체되어 갔는가를 명료히 시사하고 있다. 이 표에 따를 때, 『훈몽자회』(1527)나 『신증유합』(1576)의 16세기, 칠장사판 『유합』(1664)이나 『역어유해』(1690)의 17세기를 거쳐 『동문유해』(1748)의 18세기 중반까지 언중들의 언어 생활에서 중심적인 역할을 하고 있었던 것은 '티다'로 확인된다. 그러던 것이 18세기 후반의 『역어유해 補』(1775)의 시대에 와서 '치다'가 대체 세력으로 등장하고 『방언유석』(1778)과 『몽어유해』(1790)에서 보이듯이 서로 대등한 세력이 되어 경쟁하고 있다. 이후 『몽어유해』를 分水嶺으로 하여 19세기 전반의 어느 시기에 완전히 '치다'의 시대로 접어든 것으로 보인다.

상황이 이렇다면, 청구영언의 '치다'는 이 문헌들이 보여 주는 시대의 흐름에서 너무 벗어나 있는 셈이다. 1760~90년대가 '티- / 치-' 교체의 분수령인데, 이미 완전히 '치-'로 교체된 문헌이 50년도 더 이전에 형성되었다고 할 수 있을까? 이해하기 어려운 일이라 할 것이다.

그런데, 이 즈음에서 이러한 괴리의 원인을 사전류가 지닌 언어의 특성으로 이해하려는 견해도 나올 수 있으리라 생각된다. 즉 〈표 2〉는 사전류를 위주로 한 것이기에 보수적인 표기만을 수록한 결과일 수도 있지 않을까란 것이다. 이 고려는 타당한 것이므로 보다 범위를 넓혀 용례를 검토할 필요가 있다. 아래는 21세기 세종프로젝트가 제공한 1700년대 문헌들 중 연대가 분명한 것들[18]을 추리고, 그것들을 관찬 언해류, 관찬 학습서, 민간 문학으로 나누어 '티- / 치-'의 구사 여부를 보인 것이다. 이 기간의 목록들을 빠짐없이 관찬 언해류, 관찬 어학서, 민간 문학 중 어느 하나에 배속시켰으므로 아래 표는 1700년대 모든 목록들을 대상으로 한 것이 된다. (단, 사전류는 전술했으므로 제외함.)

관찬 언해 서명 및 연도	打·下·搖[19]		변화비율
	티다	치다	
五倫全備諺解 (1721)	즁과 바라롤 티매 〈7b〉 등 44회	∅	0 %
女四書諺解 (1736)	齊롤 티니 〈47a〉 등 13회	∅	0 %
御製內訓 (1736)	王을 티거늘 〈4a〉 등 7회	∅	0 %
御製常訓諺解 (1745)	∅	∅	
御製自省篇諺解 (1746 이후?)[20]	∅	1	100 %
四書栗谷先生諺解 (1749)	나라흘 티거늘 〈맹자1:70b〉 등 2회	磬치거시늘 〈논어3:74b〉 등 11회	
闡義昭鑑諺解 (1756)	티기를 쳥ᄒᆞ니 〈4:25a〉 등 5회	∅	0 %
御製訓書諺解 (1756~1766)	욕심이 티ᄂᆞ니 〈5b〉 1회	∅	0 %
御製戒酒綸音 (1757)	∅	∅	
種德新編諺解 (1758 이후)	매로 티기를 〈10a〉 등 14회	∅	0 %
御製續自省篇諺解 (1759~1776)	∅	∅	
地藏經諺解 見性庵 (1762)	허공애 티티고 〈상20b〉 1회	∅	0 %

---

18 총목록과 年代 교정은 논문의 끝에 〈부록〉으로 실어 두었다.
19 '티다'에 해당하는 말인 '打(북을 치다)·下(그물을 치다, 벼락이 치다, 눈서리 치다)·搖(꼬

御製警 3書 (1762~1763)	∅	∅	
御製祖訓諺解 (1764년 이후)	∅	∅	
御製百行源 (1765)	∅	∅	
(續)明義錄諺解 (1777~1778)	∅	그믈 치단 〈44a〉 등 13회	100 %
正祖綸音 21種 (1782~1797)	∅	몽동이로 치고 〈5a〉 등 4회	100 %
兵學指南 壯營藏版 (1787)	붑을 드므리 티믄〈1:5b〉 등 29회	∅	0 %
武藝圖譜通志諺解 (1790)	앏흘 티고 〈5a〉 등 235회[21]	∅	0 %
敬信錄諺釋 (1796·1880)	∅	문을 치니 〈44b〉 등 12회	100 %
增修無冤錄諺解 (1796)	손으로써 티면 〈31b〉 등 13회	∅	
五倫行實圖 (1797)	마리롤 티거놀 〈17a〉 등 21회	쇼리를 치고 〈60b〉 유일례	

〈표 3〉 '티다 / 치다'

관찬 학습서			
서명 및 연도	打·下·搖		변화비율
	티다	치다	
譯語類解 (1690)	打更 경뎜 티다 〈상:5a〉 등 52회	打背公 곡뒤 치다 〈49b〉 유일례	2%

리 치다, 홰를 치다' 등을 검토한 결과이다.

한편, 원래부터 '치다'인 말은 '養(누에를 치다, 자식을 치다)·添(기름을 치다)·看做(값을 치다)' 등인데 이들은 변화를 살피는 데 무의미한 것들이므로 제외하였다.

20 시기 추정에 어려움이 있는 자료로 한문본이 1746년에 나왔으므로 그 후 어느 시기이나, 여러 표기적 정황을 볼 때 바로 직후는 아닌 듯싶다. 따라서 본고에서는 참고 자료로만 다룬다.
21 무예에 대한 문헌인 까닭에 '打'가 많이 들어 있다.
22 '蒙語老乞大·蒙語類解·捷解蒙語'를 묶어서 임의로 '蒙學 3書'로 칭한다.

서명 및 연도	티다	치다	변화비율
同文類解 下 (1748)	打 티다 〈하:29b〉 등 15회	∅	0%
朴通事新釋諺解 (1765)	듕을 티지 〈36a〉 등 12회	북치고 바라 치고 〈58a〉 36회	75%
三譯總解 (1774)	∅	댱막 치고 〈4:11b〉 등 9회	100%
譯語類解 補 (1775)	∅	撒網子 그믈 치다 〈17b〉 등 12회	100%
小兒論·八歲兒 (1777)	∅	∅	
方言類釋 (1778)	霜打 서리 티다 〈1:5b〉 등 12회	打更 경뎜 치다 〈1:9a〉 등 27회	69%
改修捷解新語 (1781)	∅	∅	
倭語類解 (1783~1789)	∅	∅	
蒙學 3書[22] (1790)	打點 뎜 티다 〈상:32b〉 등 15회	雷打了 벼락치다 〈상:1b〉 등 15회	50%
隣語大方 (1790)	∅	꼬리 치고 〈18a〉 등 2회	100%
重刊老乞大諺解 (1795)	∅	셰흘 치ᄂ니라 〈상:3b〉 등 8회	100%

〈표 4〉 '티다 / 치다'

민간 문학 서명 및 연도	打·下·搖		변화비율
	티다	치다	
寧三別曲(1704)	∅	∅	
喜雪(1721)	∅	∅	
松江歌辭 星州本 (1747)	스믈석덤 티는 소리 〈58〉 등 4회	∅	0%
北竄歌 (1755~1762)	∅	서리 치니 〈7〉 등 2회	100%
普賢行願品 雙溪寺 (1760)	∅	∅	
念佛普勸文 桐華寺 (1764)	∅	쇠채로 치시며 〈32a〉 유일례	100%
古今歌曲(1764 또는	∅	소리를 톡톡 치고 등 2회	100%

	1824)			
	丹山別曲 (1772~1774)	∅	∅	
	念佛普勸文 海印寺 (1776)	경쇠 티며 〈40b〉 유일례	쇠채로 치시며 〈32a〉 유일례	50%
	北征歌 (1776)	∅	∅	
	賞春曲 (1786)	∅	∅	
	奠說因果曲 2種 (1794~1796)	∅	∅	
	을병연행록 (1830)	장막을 티고 〈56〉 등 2회	고구려를 치니 〈37〉 91회	98%
	서울방각 5종 (1847~1858)	∅	모두 '치'로 바뀜	100%
	남원고사 (1864)	∅	모두 '치'로 바뀜	100%
	歌曲源流 (1872)	티다 13회[23]	그물 치고 〈191번곡〉 등 2회	13%
	日東壯遊歌 未詳(1763년 이후)	긔병ᄒ야 와셔 티니 〈42b〉 등 9회	이외, 모두 '치'로 바뀜	약100%
	甁窩歌曲集 未詳(英祖 이후)	∅	모두 '치'로 바뀜	100%
	海東歌謠 朱氏本 未詳(1767년이후)	∅	모두 '치'로 바뀜	100%

〈표 5〉 '티다 / 치다'

　검토해 보면, 관찬 문헌 및 가집을 포함한 민간 문학 표의 결과도 사전류와 다를 것이 없음을 본다. 먼저 관찬 언해류를 보면, 청구영언과 동시대인 『오륜전비언해』(1721)에서는 한 건의 '치'도 나타나지 않음을 본다. 청구영언의 시대를 지나 『여사서언해』(1736)나 『어제내훈』(1736)에서도 前 시대의 추이와 다르지 않다. '치다'가 '티다'를 대체한 예 중 의미 있는 문헌은 『사서율곡언해』(1749)라 할 수 있다. 여기에서 다량의 '치다'가 나타나 '티다'와 경

---

23 『가곡원류』의 분포는 시대의 언어현실을 반영한 것이 아니라, 의고적 표현을 위해 의도적으로 구사한 결과이다. 그것은 '치'로 표현해야 할 모든 곳에 다 '티'자를 넣어 표기한 사실을 통해 감지할 수 있다. 가령 '치마'라고 써야 할 곳을 '티마'라고 쓴다거나, '치닫다'라고 써야 할 곳을 '티닫다'라고 쓰는 것이 그러한 예들이다.

합하며 대체의 시대적 흐름을 시사하고 있다. 그러나 이후로도 '치다'는 완전한 언중의 지지를 받지는 못했던 듯하다. 다시 한 세대가 지난 1777년의 『(속)명의록언해』에 이르러서야 전격적인 교체가 이루어지고, 1782년에서 1797년까지 이어지는 정조의 綸音들에서 완전히 교체가 이루어져 있음을 본다. 왕의 목소리를 담아 백성들에게 들려주는 문헌에서 '치다'가 일관되게 나타난다는 것은 이 시기가 바로 口語上에서 '치다'로 완전히 돌아선 시대임을 의미한다. (윤음들이 반포되는 1780~90년 간의 문헌들에 나타난 '티다'는 여전히 '티다'가 文語로도 기능했음을 의미한다.) 결국 1770년대를 기점으로 '치다'가 우세해진 정황을 보여 주고 있다는 점에서 앞에서 본 『역어유해 補』(1775)와 동일한 시사를 하고 있다고 하겠다.

관찬 학습서의 경우에는 1765년의 『박통사신석언해』에서 다량의 '치다'가 나타나 '티다'를 대체해 나가고 있음을 본다. 언해류의 『율곡언해』보다는 늦은 반영이기는 하지만 통역의 학습서라는 점에서 현실음을 대체로 충실히 반영해 나갔을 것으로 보인다. 하지만 '티다'는 여전히 적지 않은 세력을 유지하고 있어 이후로도 완전히 교체되는 데는 한 세대 정도의 시간이 걸리고 있음을 본다. 『방언유석』과 '몽학 3書' 등에서 보이는 공존 기간이 그 정황을 시사한다고 하겠다. 민간 문학의 경우도 이 흐름에 대체로 부합하는 모습을 보인다. 1747년의 『송강가사』에서도 '티다'로만 4회 나타나 '티다'의 시대성을 보여 주고 있다. 1755년의 〈북찬가〉에서 당시 구어로 대두되기 시작한 듯한 '치다'가 2회 나타나며, 1776년의 〈염불보권가〉에서도 여전히 경합하는 양상을 보인다.

연대 고증이 분명한 문헌을 관찬 언해, 관찬 학습서, 민간 문학으로 세분해서 살펴보아도 우리는 사전류를 기준으로 했을 때와 거의 동일한 결과를 얻었다. '치다'가 1700년대 전반기에는 거의 흔적이 없고, 1740년대 후반의 문헌에서 '티다'와 섞여 구사되다가, 정조(재위 1776~1800) 연간에 완전히 '치다'로 확산되었음을 보았다. 이 결과는 앞서 인용한 국어학계의 결과와도 일치하는 것이다.

이제 문제는 청구영언에 나타난 언어 현상의 해석이다. 청구영언에 나타난 '치다'로의 완전한 경도[24]는 우리에게 무엇을 시사하는가? 필자는 이 표기 흔적을, '치다'의 분수령이 되었던 正祖朝 이후에 청구영언이 필사되었음을 알려주는 간과할 수 없는 징표로 보고자 한다.

(2) -디 말라 vs -지 말라

靑山은 엇졔ᄒᆞ여 萬古에 프르르며 ‖ 流水는 엇졔하여 晝夜애 긋지 아니는고 ‖ 우리도 그치지 마라 萬古常靑ᄒᆞ리라 [37번곡]

구개음화의 양상을 모두 살필 수는 없지만, 우리는 '지'계열의 구개음화 양상을 하나 더 확인할 필요가 있다. '치다'에 비견될 만한 '지'계열 구개음화로는 부정의 연결어미 '-지'를 들 수 있지 않을까 한다. 위 시조에 2회 나타나는 '긋지'와 '그치지'가 바로 그것이다. 중세국어에서 이 용례는 모두 '-디 마라 / -디 아니ᄒᆞ다 / -디 못ᄒᆞ다' 등의 형태로 쓰이지만[25] 근대국어의 기간

---

24 본문에서 다루지 않지만, 청구영언에서는 60여 개의 기타 어휘에서도 100%의 '치' 구개음화가 일어난다. 이하 어휘들은 모두 이전 시대라면 모두 '티'로 구사되었을 것들이다.
벗ᄌᆞ치 [48], 저ᄌᆞ치 [73], 曾子ᄌᆞ치 [97], 날ᄌᆞ치 [151], 이ᄌᆞ치 [216], 날ᄌᆞ치 [369], 萍草ᄌᆞ치 [405], 龍ᄌᆞ치 [450], 기쳔ᄆᆞ치 [457], 沙工ᄆᆞ치 [458], 山水ᄌᆞ치 [539], 개ᄌᆞ치 [547], 色ᄌᆞ치 [557], 나니ᄌᆞ치 [573], 쇳동ᄌᆞ치 [573], 부리ᄌᆞ치 [573], 나니ᄌᆞ치 [573], 거두치니 [172], 거두치니 [519], 거칠 거시 [13], 것치 [226], 것치 [418], 고치면 [211], 고치고쟈 [420], 고칠 [249], 고칠 [295], 고쳐 [8], 고쳐 [27], 곳쳐 [42], 고쳐 [52], 고쳐 [65], 고쳐 [76], 고쳐 [79], 고쳐 [84], 고쳐 [143], 곤쳐 [515], 기쳐 [556], 긋긋치 [501], 도쳐 [229], 도쳐 [362], 드리치니 [308], 드리치고 [332], 썰치고 [243], 썰치고 [247], 썰치고 [320], 썰치고 [477], 썰쳐 [154], 미쳐세라 [332], 미쳐 [395], 무친 [242], 무쳐셰라 [116], 뭇쳐 [5], 귀밋치 [355], 바치리라 [47], 바치려뇨 [83], 바치다가 [366], 부치도다 [279], 부쳐 [70], 부쳐시니 [363], 부쳐 [373], 쌔쳐 [577], 소릐치고 [501], 모시쳐로 [538], 헤친 [131], 헤쳐 [106]

25 이황(1501~1570)의 도산십이곡인데, 목판본에는 다음과 같이 되어 있어 중세국어의 성격을 완연히 보여준다.
靑山는 엇뎨ᄒᆞ야 萬古애 프르르며 ‖ 流水는 엇뎨ᄒᆞ야 晝夜애 긋디 아니는고 ‖ 우리도 그치

을 거치면서 모두 '-지 마라 / -지 아니ᄒ다 / -지 못ᄒ다'로 구개음화된다. 문제는 청구영언에서 '3회(-디 마)²⁶ / 46회(-지 마)²⁷의 압도적인 우위를 보이는 이 현상이 18세기 전반의 언어 모습과는 큰 괴리를 보인다는 데 있다. 유사한 시대의 문헌인 〈喜雪〉, 『五倫全備諺解』, 『女四書諺解』, 『松江歌辭』, 『四書栗谷諺解』 등을 비교해 보면 이 현상의 특이성은 더욱 두드러진다. 아래는 18세기 전반기 문헌들에서 보이는 실현 비율이다. (21세기 세종프로젝트가 제공한 모든 문헌들이다. 앞으로의 표들도 모두 같다.)

1700~1749년	부정의 어미		변화비율
	-디 마(말)	-지 마(말)	
譯語類解(1690)	마: ∅ 말: 셰오디말라 〈하:49a〉 등 3회	마: ∅ 말: ∅	0/3 = 0%
寧三別曲(1704)	마: ∅ 말: ∅	마: ∅ 말: ∅	∅
喜雪(1721)	마: 쓰디 마라 〈40b〉 등 2회 말: ∅	마: ∅ 말: ∅	0/2 = 0%
五倫全備諺解(1721)	마: 듯디 마ᄅ쇼셔〈1:31a〉 등 7회 말: 즐기디 말라〈1:3b〉 등 86회	마: ∅ 말: ∅	0/93 = 0%
女四書諺解(1736)	마: 屬디 마롬을 〈3:81b〉 1회 말: 웃디 말며〈2:2a〉 등 52회	마: ∅ 말: 삼지 말라 〈4:34b〉 등 2회	2/55 = 4%
御製內訓(1736)	마: 닛디 마ᄅ샤 〈2:87b〉 등 10회 말: 마시디 말며 〈1:2b〉 등 55회	마: ∅ 말: ∅	0/65 = 0%

디 마라 萬古常靑호리라 〈陶山十二曲, 其五〉
26 다음 두 작품에서만 나타난다. 덤그디도 새디도 마르시고 [1번곡], 닛디 못ᄒ얘 [30번곡]
27 다음과 같이 나타난다. 칩지 아니히옴도 [12번곡], 싞지 말미 [25번곡], 聲聲 긏지 마로리 [34번곡], 긋지 아니눈고 [37번곡], 그치지 마라 [37번곡], 먹지 마라 [40번곡], 뭇지 마로려 [44번곡], 앗지 마라 [52번곡], 비지 마라 [52번곡], ᄒ지 마라 [53번곡], ᄒ지 마라 [53번곡], 노지 말라 [109번곡], 놀라지 마라 [113번곡], 여지 마라 [116번곡], 웃지 마라 [123번곡], 못지 마라 [128번곡], 이로지 못ᄒ고 [169번곡], 가지 말고 [170번곡], 아지 마소 [198번곡], ᄒ지 마라 [199번곡], 아지 못ᄒ려니 [200번곡], 뷞지 마롤 [222번곡], ᄂ지 마라 [241번곡], 굽지 말고 [248번곡], 놀라지 마스라 [257번곡], 석지 아닌 [280번곡], 웃지 마라 [301번곡], 웃지 마라 [302번곡], 써나지 마라 [312번곡], 내지 마라 [319번곡]
28 시기 추정에 어려움이 있는 자료이다. 한문본이 1746년에 나왔으므로 그 후 어느 시기이나, 여러 표기 정황을 볼 때 바로 직후는 아닌 듯하다. 따라서 본고에서는 근거 자료로는

御製常訓諺解 (1745)	마: ∅ 말: 니르디 말고 〈24a〉 등 3회	마: ∅ 말: ∅	0/3 = 0%
御製自省篇諺解 (1746 이후?)[28]	마: ∅ 말: ∅	마: ∅ 말: 본밧지 말고 〈9b〉 등 14회	14/14 = 100%
松江歌辭 星州本 (1747)	마: 쉬디 마나 〈7〉 등 14회 말: 씌디 말거슬 〈76〉 1회	마: 묽지 마나 〈8〉 등 1회 말: ∅	1/16 = 6%
同文類解 下 (1748)	마: ∅ 말: ∅	마: ∅ 말: ∅	∅
四書栗谷先生 諺解 (1749)	마: 보디 마롤디니 〈論3:47b〉 등 8회 말: 듯디 말고 〈孟1:65a〉 등 15회	마: ∅ 말: ∅	0/23 = 0%

〈표 6〉 18세기 전반 '-디 말- / -지 말-'

위 11종의 문헌들이 보여 주는 비율은 한결같다고 할 수 있다. 부정의 연결어미 '-디'가 '-지'로 바뀐 비율이 거의 0%에 가깝게 나타난다는 것은 무엇을 의미할까? 이는 그 당시에 구개음화가 명확히 발생하지 않았음을 의미한다. 그렇다면 다시 청구영언의 실현율이 문제가 된다. 어찌하여 청구영언에서만 이 3번의 예외[29]만 두고 나머지 46회에서 일관되게 '-지'로 구개음화될 수 있었던 것일까? 이 역시, 청구영언의 언어가 이 당시의 언어가 아닐 것임을 다시금 알려주는 징표라 하지 않을 수 없다.

한편, '-디 말다'가 '-지 말다'로 완전히 바뀐 시대는 언제일까? 다음 표를 보자.

삼지 않고 참고 자료로만 다룬다.
29 청구영언에 나타난 예외적인 3회의 '디'는 이유가 있기에 당대 언어 상황을 그대로 반영한 것이라 하기 어려운 측면이 있다. 1번 작품에서 보이는 두 번의 '디'는 우리나라 가곡 중 가장 이른 시기에 나온 상징성이 작용한 측면이 있고, 30번 작품의 '디' 또한 〈도산십이곡〉이라는 16세기 원전의 영향이 일부 덜 걷힌 것일 수 있다.

1750~1799년	부정의 어미		
	-디 매(말)	-지 매(말)	변화비율
北竄歌 (1755~1762)	마: ∅ 말: ∅	마: ∅ 말: 혜지 말고 ⟨9⟩ 등 2회	2/2 = 100%
闡義昭鑑諺解 (1756)	마: 머므로디 마라쇼셔 ⟨1:52b⟩ 등 2회 말: 기드리디 말고 ⟨1:49b⟩ 등 14회	마: ∅ 말: ∅	0/18 = 0%
御製訓書諺解 (1756~1766)	마: ∅ 말: 보디 말미 ⟨性道教:5a⟩ 등 7회	마: ∅ 말: ∅	0/7 = 0%
御製戒酒綸音 (1757)	마: ∅ 말: ∅	마: ∅ 말: 쌔디지 말게 ⟨23b⟩ 등 3회	3/3 = 100%
種德新編諺解 (1758 이후)	마: ∅ 말: 니르디 말나 ⟨中:21a⟩ 등 8회	마: ∅ 말: ∅	0/8 = 0%
御製續自省篇諺解 (1759~1776)	마: ∅ 말: 니르디 말나 ⟨20a⟩ 등 3회	마: ∅ 말: ∅	0/3 =0%
普賢行願品 雙溪寺 (1760)	마: ∅ 말: ∅	마: 드르시지 마옵고 ⟨6b⟩ 등 2회 말: ∅	2/2 = 100%
地藏經諺解 見性庵 (1762)	마: ∅ 말: ∅	마: ∅ 말: ∅	∅
御製警 3書 (1762~1763)	마: 좃디 마라 ⟨문답속록13b⟩ 등 2회 말: 니르디 말라 ⟨문답:22b⟩ 등 12회	마: ∅ 말: ∅	0/14 =0%
念佛普勸文 桐華寺 (1764)	마: ∅ 말: ∅	마: ∅ 말: ∅	∅
御製祖訓諺解 (1764년 이후)	마: 본밧디 마라 ⟨27b⟩ 등 2회 말: 늬웃디 말라 ⟨4b⟩ 등 9회	마: ∅ 말: ∅	0/11 = 0%
御製百行源 (1765)	마: ∅ 말: ∅	마: ∅ 말: ∅	∅
朴通事新釋諺解 (1765)	마: ∅ 말: 부치디 말라 ⟨1:15b⟩ 등 1회	마: 져브리지 마쟈 ⟨1:6a⟩ 1회 말: 앗기지 말라 ⟨1:11a⟩ 등 35회	36/37 = 97%
丹山別曲 (1772~1774)	마: ∅ 말: ∅	마: ∅ 말: ∅	∅
三譯總解 (1774)	마: ∅ 말: ∅	마: ∅ 말: 너기지 말라 ⟨1:3b⟩ 등 30회	30/30 = 100%
譯語類解 補 (1775)	마: ∅ 말: ∅	마: ∅ 말: 니르지 말라 ⟨보:57b⟩ 등 1회	1/1 = 100%
念佛普勸文 海印寺 (1776)	마: 밋디 마소 ⟨45b⟩ 등 2회 말: 니르디 말나 ⟨9b⟩ 등 6회	마: 너기지 마로쇼셔 ⟨20a⟩ 등 2회 말: 보지 말고 ⟨20b⟩ 등 6회	8/16 = 50%
北征歌(1776)	마: ∅ 말: ∅	마: 눕지 마라 ⟨p.321⟩ 등 1회 말: ∅	1/1 = 100%
小兒論·八歲兒 (1777)	마: ∅ 말: ∅	마: ∅ 말: ∅	∅
(續)明義錄諺解	마: 쓰디 마옵쇼셔 ⟨속2:20b⟩ 등 1회	마: 시측지 마르시고 ⟨36b⟩ 등 3회	28/31

(1777~1778)	말: 내디 말나 〈속1:13b〉 등 2회	말: 두지 말고 〈26a〉 등 25회	= 90%
方言類釋 (1778)	마: ∅ 말: ∅	마: ∅ 말: 니르지 말라 〈34a〉 1회	1/1 = 100%
改修捷解新語 (1781)	마: ∅ 말: 올리디 말미 〈6:29b〉 1회	마: 아지 마옵소 〈6a〉 등 5회 말: 거스리지 말고 〈8:3a〉 등 6회	11/12 = 92%
正祖綸音 21種 (1782~1797)	마: ∅ 말: ∅	마: ∅ 말: 흐지 말고 〈原春:8b〉 등 21회	21/21 = 100%
倭語類解 (1783~1789)	마: ∅ 말: ∅	마: ∅ 말: ∅	∅
賞春曲(1786)	마: ∅ 말: ∅	마: ∅ 말: ∅	∅
兵學指南 壯營藏版 (1787)	마: ∅ 말: 듣디 말라 〈1:1a〉 17회	마: ∅ 말: ∅	0/17 = 0%
武藝圖譜通志諺解 (1790)	마: ∅ 말: ∅	마: ∅ 말: ∅	∅
蒙學 3書 (1790)	마: ∅ 말: 드토디 말라 〈8:3a〉 1회	마: 씨오지 마쟈 〈노걸대4:12b〉 2회 말: 소기지 말라 〈노걸대1:23a〉 48회	50/51 = 98%
隣語大方 (1790)	마: ∅ 말: ∅	마: 니르지 마옵소 〈1:1b〉 7회 말: 넘기지 말고 〈1:19a〉 3회	10/10 = 100%
奠說因果曲 2種 (1794~1796)	마: 노디 마소 〈심악:32b〉 등 2회 말: 쓰디 말나 〈심악:30a〉 등 18회	마: ∅ 말: 잇지 말고 〈심악:39a〉 등 6회	6/26 = 23%
重刊老乞大諺解 (1795)	마: ∅ 말: ∅	마: 니르지 마쟈 〈상:15a〉 1회 말: 니르지 말라 〈상:16b〉 등 49회	50/50 = 100%
敬信錄諺釋 (1796~1880)	마: ∅ 말: ∅	마: ∅ 말: 속이지 말며 〈1b〉 등 194회	194/194 = 100%
增修無冤錄諺解 (1796)	마: ∅ 말: 12회, 뭇디 말고 〈1:10a〉 등	마: ∅ 말: 베프지 말라 〈1:53b〉 1회	1/13 = 8%
五倫行實圖 (1797)	마: 1회, 밋디 마르쇼셔 〈2:15a〉 등 말: 8회, 죽디 말라 〈2:3b〉 등	마: ∅ 말: ∅	9/9 = 100%
古今歌曲 (1824 또는 1764)	마: ∅ 말: ∅	마: ∅ 말: 브라지 말아 〈17번곡〉 등 9회	9/9 = 100%
을병연행록 (1830)	마: ∅ 말: 49회, 져브리디 말나〈1:12〉 등	마: ∅ 말: 너기지 말나 〈4:90〉 등 13회	13/62 = 21%
서울방각 5종 (1847~1858)	마: ∅ 말: ∅	마: 앗기지 마로시고 〈당태종:12b〉 등 11회 말: 져바리지 말고 〈던운치전:2a〉 등 30회	41/41 = 100%
남원고사 (1864)	마: ∅ 말: ∅	마: 나지 마라 〈2:9a〉 등 26회 말: 구지 말고 〈1:18b〉 등 26회	52/52 = 100%
歌曲源流 國樂院 (1872)	마: 안디 마라 〈290번곡〉 등 3회 말: 뭇디 말고 〈560번곡〉 등 2회	마: 쩌디지 마라 〈9번곡〉 등 54회 말: 석이지 말고 〈194번곡〉 등 15회	69/74 = 93%

日東壯遊歌 未詳(1763년 이후)	마: 웃디 마소 〈2:36a〉 등 4회 말: 먹디 말라 〈2:31b〉 등 4회	마: ∅ 말: 갈지 말고 〈1:5a〉 등 3회	3/11 = 27%
瓶窩歌曲集 未詳(英祖 이후)	마: 디디 마오 〈174번곡〉 1회 말: ∅	마: 써나지 마로렴 〈16번곡〉 등 41회 말: 늙지 말려이고 〈46번곡〉 등 29회	70/71 = 99%
海東歌謠 朱氏本 未詳(1767년 이후)	마: ∅ 말: ∅	마: 긋지지 마라 〈48번곡〉 5회 말: 웃지 말아 〈103번곡〉 등 22회	27/27 = 100%

〈표 7〉 18세기 후반 이후 '-디 말-/ -지 말-'

18세기 후반의 문헌을 검토해 보았을 때, '-디 말다'가 '-지 말다'로 변모하는 분수령은 1765년의 『박통사신석언해』로 보인다. 표를 따를 때, 18세기 전반을 지나며 미미하게 진행되던 것이 이때에 이르러 전격적인 교체 과정이 있은 후, 『역어유해』와 정조의 윤음들에서는 거의 완전에 가까운 '-지'로의 교체가 이루어진 것으로 판단된다. 이 시기가 전술했던 '좋다, 치다'의 변화 시기, 즉 正祖朝와 일치하고 있는 것은 우연한 일이라 보기 어렵다.

그렇다면 청구영언에서 보이는 압도적인 '-지' 구개음화현상은 정조(재위 1776~1800)의 시기 및 그 이후의 표기와 궤를 같이하는 것이라 할 수 있다. 이로 청구영언은 정조의 시기를 거슬러 오르지는 못하는 표기 형태를 담은 필사 문헌이라 할 수 있다.

2) 원순모음화의 대량성

음운적인 측면과 관련하여 유심히 볼 현상이 또 하나 있다. 바로 언어의 시대적 징후를 재는 바로미터로 사용될 자질을 지닌 '원순모음화'가 그것이다. 원순모음화에 대해서도 통계에 기반하여 이미 국어학계에서는 다음과 같은 결론을 내리고 있다.

圓脣母音化는 口蓋音化와 달리, 譯書類 文獻의 경우 『박신(박통사신석언해, 1765년)』에서 원순모음화가 23.73%, 『중노(중간노걸대언해, 1795)』에서 5.73%로 나타나 後代 文獻에서 줄어든 반면, 王室 文獻의 경우 『어경(어제·경세문답, 1760년대)』에서 1.19%, 『윤음(정조의 윤음, 1782~1795년)』에서 15.07%로 높아져 이전보다 확산된 것으로 나타났다.[30]

김주필의 결론을 따를 때 원순모음화의 진행은 구개음화보다는 시대적으로 늦었는데, 그래도 1700년대 중후반을 지나면서 대체로 확산되는 추세에 있는 한 현상[31]으로 지목되고 있다. 그렇다면 청구영언의 경우 이 시대성에 부합하는가? 본고에서는 '눈물'이라는 어휘를 중심으로 여타 문헌과 비교해 보려 한다. 청구영언에서 '눈물'은 일반적으로 현대어와 동일한 '눈물'로 제시된다. 다음 시조에서 보이는 형태

(ㄱ) 嚴冬에 뵈옷 닙고 岩穴에 눈비 마자 ‖ 구룸 씬 볏뉘를 쯴 적이 업건마는 西山에 히 지다 ᄒ니 눈물 계워 ᄒ노라 [91번]

로 9회 나타나고, 이외 원순모음화되지 않은 형태인 '눈믈'로 1회 나타난다. 통계 수치로 보자면 90% 정도의 비율이 된다. 그런데 문제는 우리 국어사에서 '눈물'이란 형태가 일반화된 것 또한 18세기 초반이 아니란 점이다. 먼저 18세기 전반기에 편찬되어 '淚'를 표현한 바 있는 모든 문헌들을 모아 그 형태를 살펴보자.

---

30 김주필, 앞의 글, 50면.
31 김주필의 앞의 논문에서 『중간노걸대』는 원순모음화율이 낮게 나타나고 있음을 본다. 이 점은 원순모음화가 사회 계층적 특성을 타는 면이 좀 더 강하기 때문이 아닌가 한다. 하지만 전체적으로 원순모음화는 확산되는 경향이 있는 것은 틀림없다. 본고의 본문에 제시된 표들을 참조할 것.

18세기 전반기 서명 및 연도	淚			
	눈믈	눈물	변화비율
譯語類解(1690)	閉眼淚 눈믈 먹이다 〈38b〉 유일례	下眼淚 눈물 디다 〈39a〉 유일례	50%
寧三別曲(1704)	∅	∅	∅
喜雪(1721)	∅	∅	∅
五倫全備諺解 (1721)	눈믈이 盡ᄒ여 〈2:36b〉 등 8회	∅	0%
女四書諺解 (1736)	피눈믈이 〈2:15b〉 유일례	눈물은 드리워 〈4:27a〉 유일례	50%
御製內訓 (1736)	눈믈 디며 〈2:58b〉 등 6회	∅	0%
御製常訓諺解 (1745)	눈믈이 ᄂᆞ치 〈23a〉 유일례	∅	0%
御製自省篇諺解 (1746 이후?)	눈믈 ᄂᆞ림을 〈30a〉 등 2회	∅	0%
松江歌辭 星州本 (1747)	디ᄂᆞ니 눈믈이라 〈24〉 등 4회	∅	0%
同文類解 下 (1748)	含淚 눈믈 머금다 〈10a〉 등 2회	∅	0%
四書栗谷先生 諺解 (1749)	눈믈을 내고 〈孟子4:13b〉 유일례	∅	0%

〈표 8〉 18세기 전반의 '눈믈 / 눈물'

18세기 전반기의 문헌들에서 '눈물'이란 형태는 매우 드문 것으로, 위의 도표에서 보이듯이 일반적으로는 '눈믈'이었다. 그러던 것이 다음 도표에서 보이듯이 차차 '눈물'로 변해갔던 것이다.

18세기 후반기 서명 및 연도	淚	
	눈믈	눈물
北竄歌 (1755~1762)	∅	눈물을 츰고 〈11〉 등 2회
普賢行願品 雙溪寺 (1760)	∅	∅
念佛普勸文 桐華寺 (1764)	∅	∅

闡義昭鑑諺解 (1756)	눈믈 흐르믈 〈1:12a〉 등 9회	눈물을 머음어 〈3:5b〉 유일례
御製訓書諺解 (1756~1766)	눈믈을 흘닐 〈2a〉 등 2회	∅
御製戒酒綸音 (1757)	눈믈이 ᄂᆞ리니 〈30b〉 유일례	∅
種德新編諺解 (1758 이후)	눈믈을 흘녀 〈상:14b〉 유일례	눈물을 흘녀 〈상:14b〉 등 9회
御製續自省篇諺解 (1759~1776)	눈믈을 드리오고 〈9a〉 유일례	눈물이 벼개의 〈34b〉 유일례
地藏經諺解 見性庵 (1762)	눈믈로 여희시니 〈상:1b〉 등 4회	∅
御製警 3書 (1762~1763)	눈믈을 머음어 〈경세문답:3b〉 등 8회	∅
御製祖訓諺解 (1764년 이후)	∅	∅
御製百行源 (1765)	∅	∅
朴通事新釋諺解 (1765)	∅	∅
丹山別曲 (1772~1774)	∅	∅
三譯總解 (1774)	눈믈 쓰스니 〈1:6a〉 등 7회	∅
譯語類解 補 (1775)	含淚 눈믈 먹이다 〈24b〉 유일례	∅
念佛普勸文 海印寺 (1776)	눈믈 흘리며 〈38a〉 등 2회	∅
北征歌(1776)	∅	∅
小兒論·八歲兒 (1777)	∅	∅
(續)明義錄諺解 (1777~1778)	눈믈을 흘니디 〈2:15a〉 등 6회	눈물이 눈의 〈1b〉 등 6회
方言類釋 (1778)	眼淚 눈ㅅ믈 〈16a〉	∅
改修捷解新語 (1781)	∅	∅
正祖綸音 21種 (1782~1797)	눈믈을 머금어 〈中外大小:9b〉 등 2회	∅
倭語類解 (1783~1789)	∅	淚 눈물 〈20a〉 유일례

賞春曲(1786)	∅	∅
兵學指南 壯營藏版 (1787)	∅	∅
武藝圖譜通志諺解 (1790)	∅	∅
蒙學3書 (1790)	眼淚 눈믈 〈12a〉 등 3회	∅
隣語大方 (1790)	眼淚 눈믈 〈12a〉 등 3회	∅
奠說因果曲 2種 (1794~1796)	∅	눈물을 흘리며 〈심악: 25a〉 1회
重刊老乞大諺解 (1795)	∅	∅
敬信錄諺釋 (1796·1880)	∅	눈물을 흘녀 〈37a〉 등 2회
增修無冤錄諺解 (1796)	∅	∅
五倫行實圖 (1797)	눈믈을 드리으니 〈1:17a〉 등 20회	∅
古今歌曲 (1764 또는 1824)	눈믈을 흘니눈다 〈27〉 등 2회	눈물 겨워 〈37번곡〉 등 8회
을병연행록 (1830)	눈믈이 업더니 〈16:90〉 등 5회	눈물을 먹이는 〈1:108〉 등 39회
서울방각 5종 (1847~1858)	∅	눈물만 흘니고 〈뎐운치전:26b〉 등 22회
남원고사 (1864)	눈믈 흘녀 〈2:31b〉 등 7회	눈물이 밋첫다가 〈1:4b〉 등 14회
歌曲源流 (1872)	∅	눈물 계워 〈245번곡〉 등 17회
海東歌謠 朱氏本 未詳(1767년 이후)	눈믈 질까 〈362번곡〉 유일례	눈물을 비삼아 〈94번곡〉 등 9회
甁窩歌曲集 未詳(英祖 이후)	∅	눈물 계워 〈13번곡〉 등 23회
日東壯遊歌 未詳(1763년 이후)	∅	분흔 눈물 〈8b〉 등 8회

〈표 9〉 18세기 후반 '눈믈 / 눈물'

위 표로 볼 때, '눈믈'이란 어형은 이후 18세기 후반기에 '눈물'과 자주 혼동 되어 쓰였던 듯하다. 『(속)명의록언해』에서 보이듯 둘은 거의 대등한 애호를 받으며 공존했던 것으로 보인다. 그러던 것이 1830년의 『을병연행록』에 서 한쪽으로 경도되어 가고 1840년대의 방각본 소설들에서 급격히 '눈물'로 구사되고 있음을 본다. 청구영언의 비율 '눈믈(1회)', '눈물(9회)'는 이 시대의 비율과 위화감이 없음을 본다.

결국 이 도표를 관통하는 중요한 시사는, '눈물'이라는 어휘가 언중의 선택을 받으며 '눈믈'을 압도적으로 앞서 나간 시기는 19세기라는 것으로, '눈믈'은 18세기 언중들의 구사법이고, '눈물'은 19세기 언중들의 구사법이었다고 하겠다.

3) 19세기적 어휘 형태의 등장

이상 구개음화 및 원순모음화와 연관된 어휘를 추려 이들의 구사 흔적이 모두 18세기 후반, 나아가 19세기 전반의 특성에 방불하고 있음을 보았다. 그런데 이에 더하여 또 19세기의 언어로 지목될 만한 몇 어휘가 청구영언에 일관되게 나타나고 있음을 본다. 18세기 전반기의 다른 문헌들에서는 전혀 보이지 않는 어휘 형태가 이 문헌에 적지 않게 수록되어 있는 것이다. 다음 작품들에서 보이는 방점 친 어휘들이다.

(ㄱ) 웨 - [何, 의문부사, 총 2회, 140(2회)번곡]
반되 불이 되다 반되지 웨 불일소냐‖돌히 별이 되다 돌이지 웨 별일소냐‖불인가 별인가 ᄒᆞ니 그를 몰라 ᄒᆞ노라 [140번곡]

(ㄴ) 가마귀 - [烏, 총 7회, 99·295·344·380(2회)·418·579 번곡]
가마귀 눈비 마자 희는 듯 검노미라‖夜光明月이 밤인들 어두오랴‖님 向ᄒᆞᆫ 一片丹心이야 고칠 줄이 이시랴 [295번곡]

(ㄷ) 나뷔 - [蝶, 총 4회, 141·361·518·533 번곡]

곳 지고 속닙 나니 時節도 變ᄒ거다 ‖ 풀 소게 프른 버레 나뷔 되야 ᄂ다ᄂ다 ‖ 뉘라셔 造化를 자바 千變萬化 ᄒᄂ고 [141번곡]

(ㄱ)의 '웨'는 의문부사로서 현대어로는 '왜'에 해당한다. 그런데 기존의 연구에 따르면 국어사에서 이 '웨'가 나타난 것은 19세기에 들어와서이다.

19세기 국어에는 새로운 부사들도 생성되어 나왔다. '웨'라는 의문부사가 새로이 나타났으며[예 : 웨 ᄉ양ᄒ논고(교정교린 226)][32]

실제로 21세기 세종 프로젝트가 제공하고 있는 18세기 문헌을 全數 조사해 보아도 이 '웨'가 나타나는 문헌은 보이지 않는다. 그리고 이 어휘를 다량으로 수록하고 있는 문헌들은 대체로 판소리나 판소리계 소설[33]임을 본다. 판소리나 판소리계 소설들의 유행과 텍스트로의 정착은 19세기적 현상이므로 청구영언에 나타난 '웨'는 18세기 前半期의 문헌과는 상당한 거리를 가지는 셈이 되는데 우리는 이 점을 외면할 수 없다.

(ㄴ)의 '가마귀'나 (ㄷ)의 '나뷔' 또한 1700년대 前半의 어휘 형태로 보기 어렵다. 이 두 어휘는 모음조화에 충실한 형태로 '가마괴'[34], '나븨/나뵈'로 존재하다가 몇 번의 어형 변화를 거쳐 18세기 後半 이후에 와서야 비로소 위와 같은 형태로 정착된다. '까마귀'와 '나비'가 등장한 18세기 문헌 모두와 19세기 문헌의 일부를 보이면 다음과 같다.

---

32 이현희, 「19세기 국어의 문법사적 고찰」, 『한국문화』 15, 서울대학교 한국문화연구소, 1993, 65면.
33 "어마니 이 밤듕에 ᄯ또 웨 왓소" 〈파리 동양어학원 소장 남원고사(1864~1869) 4:4a〉
"웨 내가 물에 쌔겨요" 〈박흥보가 35b〉
"호랑이난 왜 찾는이" 〈수궁별주부산중토처사전 50b〉
34 『월인석보』(권11, 101a)에 '가마귀'가 1회 등장하기는 하나, 일반성을 띠는 예로 보기는 어렵다. 15세기, 16세기의 모든 언해에서 까마귀는 100여 차례 나타나는데 예외 없이 모두 '가마괴'로 되어 있다. 이는 『월인석보』의 1회 '가마귀'가 誤植임을 말해주는 것이다.

연도	烏	
	가마괴	가마귀
喜雪(1721)	가마괴 〈39b〉 1회	∅
오륜전비언해(1721)	가마괴 〈15b〉 1회	∅
유합(松廣寺, 1730)	烏 가마괴 오 〈8a〉	∅
동문유해 (1748)	老鴉 가마괴 〈하:35a〉 寒鴉 갈가마괴 〈하:35a〉 등 4회	∅
삼역총해(1774)	가마괴 〈8:14b〉 등 4회	∅
염불보권문(1776)	가마괴 〈42a〉 1회	∅
방언유석 (1778)	老鴉 가마괴 〈4:11b〉 등 2회	∅
왜어유해 (1783~1789)	烏 가마괴 오 〈하:21b〉	∅
몽학 3서 (1790)	∅	老鴉 가마귀 〈몽어유해하:29a〉 등 2회
전설인과곡 2종(1794)	∅	털가마귀 〈장서각본:3b〉 등 2회
오륜행실도 (1797)	∅	가마귀 〈1:66b〉 등 2회
주해천자문(1804)	雅 가마괴 아	∅
몽유편(1810)	鷽鵙 굴ㄱ마괴 〈上:16a〉 1회	∅
고금가곡(1824 또는 1764)	가마괴 〈72번곡〉 1회	가마귀 〈69번곡〉 1회
주씨본 해동가요 (미상)	가마괴 〈25번곡〉 등 5회 cf) 외감아괴 1회	∅
병와가곡집(미상)	∅	가마귀 〈64번곡〉 등 15회
광재물보(19세기)	∅	慈烏 가마귀 〈禽林1〉 등 2회
서울방각 5종 (1847~1858)	가마괴 〈삼설기 권3:2〉 등 2회	금가마귀 〈던운치전:15b〉 1회
남원고사 (1864)	갈가마괴 〈11b〉 등 4회	∅
국립국악원 가곡원류(1872)	∅	가마귀 〈36번곡〉 등 11회
한불자전 (1880)	∅	가마귀 烏 〈124면〉 등 2회

〈표10〉 '가마괴 / 가마귀'

연도	蝶	
	나븨	나뷔
역어유해(1690)	出蛾子 나븨나다 〈下:2b〉 1회	∅
유합(松廣寺, 1730)	蝶 나븨 졉 〈10a〉 1회	∅
어제자성편언해(1746)	나븨 〈슈셔:36a〉 1회	∅

송강가사 성주본(1747)	범나븨 〈30〉 등 2회	∅
동문유해 (1748)	蝴蝶蛾 나븨 〈하:42a〉 등 3회	∅
고금가곡(1824 또는 1764)	나븨 〈21번곡〉 1회	범나뷔 〈175번곡〉 1회
박통사신석언해(1765)	나븨 〈20b〉 1회	∅
방언유석 (1778)	小蝴蝶 나븨 〈4:17a〉 등 4회	∅
왜어유해 (1783~1789)	蝶 나븨 뎝 〈하:26a〉 1회	∅
몽학 3서 (1790)	蝴蝶兒 나븨 〈몽어유해 하:35a〉 등 3회	∅
광재물보(19세기)	∅	蝴蝶 나뷔 〈蟲卵3〉 등 3회
병와가곡집(미상)	나븨들아 〈526번곡〉 등 2회	나뷔 되여 〈248번곡〉 등 12회
해동가요 주씨본(미상)	나븨 잡쯧 〈313번곡〉 등 4회	∅
서울방각 5종 (1847~1858)	빅셜 갓튼 나븨 〈삼설기3:11a〉 등 2회	∅
남원고사(1864)	나븨 〈1:22b〉 등 2회	잠든 나뷔 〈1:2b〉 등 9회
가곡원류(1876)	∅	나뷔 〈231번곡〉 등 13회
한불자전 (1880)	∅	나뷔 蝴蝶 〈267면〉 등 6회

〈표 11〉 '나븨 / 나뷔'

이 표들이 시사하는 바는 명료하다. 〈표 10〉은 현대어 '까마귀'는 18세기의 대부분을 '가마괴'라는 고정된 형태로 표기되었으며, 18세기 후반을 살던 이들에 의해서 비로소 '가마귀'로 구사되기 시작했고, 이후 19세기인들에 의해 이 어형이 확립되었음을 보여준다. 〈표 11〉 또한 현대어 '나비'가 18세기의 대부분을 '나븨'의 형태로 지냈고, 19세기가 되어서야 압도적인 비율로 '나뷔'의 형태로 사용되었음을 보이고 있다.[35] 전술했던 '웨'라는 의문부사, '가마귀'와 '나뷔'가 처음 등장하는 시기가 모두 이렇듯 19세기의 언

---

[35] 이렇게 변한 것은 이 어휘들이 모음조화 파괴나 원순모음화의 시대적 흐름을 탔기 때문일 것이다. 유사한 어휘인 '사마귀(螳螂)'도 '샤마괴'로만 쓰이다가 이 당시가 되어서야 '샤마귀'로 변했다고 알려져 있다.

"샤마귀(34a) … '샤마괴'로 訓蒙中34·譯語上 36·同文上 19 등에까지도 나오던 것. 倭解上 51 (1783)에 비로소 '샤마귀'가 보이던 것인데 이 책에서 一例를 더 더한 것이라 하겠다." 〈남광우, 「경신록언해연구」, 『국어국문학』 49·50 합권, 국어국문학회, 1970, 98~99면.〉

어적 磁場에 이끌리고 있는 것을 청구영언의 필사 시기와 연관시켜 어떻게 이해해야 할까?

필자는 이러한 현상들이 생긴 까닭을 복잡하게 설명할 필요는 없다고 본다. 이유는 간단한 것이다. 청구영언이 최소한 18세기 후반, 나아가 19세기의 어느 시기에 필사되었기에 생긴 자연스런 현상이라고 본다.[36]

5. 결론을 대신하여

이상, 국립한글박물관에 소장된 김천택 편 『청구영언』의 필사 시기를 어휘적 흔적을 중심으로 검토해 보았다. 바로미터가 된 어휘는 '둏다 / 좋다', '티다 / 치다', '-디 말다 / -지 말다', '눈믈 / 눈물', '웨', '가마괴 / 가마귀', '나븨 / 나뷔' 등 7종이었다. 이 어휘들은 청구영언에서는 90% 이상 후자의 형태로 나타나는데, 한글 자료를 통해서 검토해 볼 때, 이 후자의 어휘들은 모두 正祖朝를 거치면서 확립된 것들이므로 청구영언의 언어 형태는 정조조(재위 1776~1800)를 거슬러 올라가기 어려운 것으로 추정되었다. 극히 희박한 가정으로 일부 요소들이 1740년대까지도 맥이 닿는 것들이 있어 이를 일반 구어를 기록하는 성향이 강한 필사본의 특성상 한두 세대 더 일찍 나타났을 수도 있다고 할 여지도 있지만, 여러 요소들이 한꺼번에, 또 각각의 요소들이 전면적으로 나타난 점을 염두에 둘 때 正祖朝를 거슬러 오르기 힘든 특성이라고 할 수밖에 없지 않을까 한다. 특히, 청구영언에 나타나는 '가마귀·나뷔·웨'와 같은 어형은 18세기 후반이 되어서야 다른 문헌들에 처음 나타나고, 19세기 전반에 이르러서야 비율적으로 前代의 어형을 압도하는 양상을 보이는데, 이러한 후대적 언어 현상이 시사하는 필사의 時代性을 외

---

36 다 거례할 수는 없지만, 2차례 나타나는 몰속, 1회 나타나는 핑계 등도 18세기에는 초반에는 등장하지 않기에 청구영언의 시대성을 시사해 주는 어휘라 할 것이다.

면해서는 안 될 것이다.

　이번 검토는 몇 가지 쟁점을 던질 수 있을 듯하다.

　첫째, 어떤 자료의 시대성을 논할 때, 보다 풍부하고 통계적인 관점을 활용할 필요가 있다는 점이다. 문헌의 형태나 문헌에 쓰인 어휘의 모습을 보고 직관적으로 문헌의 시대성을 판별함으로써 얻는 장점도 있겠지만, 정확도로 친다면 이런 통계적인 방법이 보다 더 신뢰감 있는 결과를 제공해 줄 것으로 믿는다.

　둘째, 18세기와 19세기의 문헌 전체를 살핀다면 어휘의 生滅에 대한 대부분의 정보를 얻을 수 있다고 본다. 이 점은 국문학 연구에서 시대 혹은 계통에 관련된 논의를 할 때 획기적인 기준을 주는 자료로 활용될 수 있다. 가령 이 시대의 자료에 대한 구체적인 정보는 현재 활발한 가집의 계통 연구에도 바로 적용될 수 있다. 본고에서 다루지는 않았지만 이 작업을 행하면서 같이 다룬 『古今歌曲』과 같은 경우가 그러하다. 이 문헌은 그간 松溪煙月翁이 甲申年에 찬한 것으로만 알려져 과연 1764년인가, 1824년인가의 추정 속에 있다. 그런데 몇 가지 어휘로 검토해 보건대, 『고금가곡』이 청구영언에 비해 古形을 지닌 것을 부정할 수 없다. 이 점은 추후 논의될 수 있으리라 본다.

　셋째, 진본 청구영언의 성립 시기에 대한 기존의 추정 1728년설에 대해 보다 다각도로 검토할 필요성을 제기했다는 점이다. 주지하다시피 그간의 추정은 두 가지 근거에 의해 지지된 것이다. 하나는 책의 첫 머리에 찍혀 있는 희미한 '南坡居士' 도장, 다른 하나는 청구영언 서문에 거듭 나타나는 '戊申年'이라는 기록이 그것들이다. 그러나 이러한 것들은 냉정하게 볼 때 "지금 국립한글박물관에 있는 청구영언은 남파 김천택이 1728년에 편찬했다"는 말의 결정적 근거가 될 수는 없다. 도장이 그의 것일 가능성도 있지만 그의 것이 아닐 가능성도 있고, 무신년이 1728년일 가능성도 있지만 그 해가 아닐 가능성도 동시에 있는 것이다. 본고는 이런 근거에서 더 나아가, 어휘적 요소를 활용함으로써 편찬 時代를 더 적극적으로 판별할 수 있으리라 기대하였다. 어휘적 요소를 통해서 볼 때, 이 가집이 '1728년에 편찬되었을 가능성'은 부정된다.

  이상의 논의는 다소 논쟁적이고 그 결론은 다른 여러 문제로까지 번질 수 있지만, 논쟁은 학문이 또 다른 단계로 비상하기 위한 교두보를 마련해 주기도 하기에 거칠게나마 의문을 던진다.

『시조학논총』 50, 한국시조학회, 2019.

【부록】 21세기 세종프로젝트 제공 18세기 文獻名 總目錄[37]

연도	문헌명	서(序), 발(跋), 간기(刊記)	연도 추정의 근거	성격, 비고	소장처 및 영인본(연도)
~~1687~~	松江歌辭 上下 星州本	☞ 1747			
1700	類合(靈藏寺版)	康熙三十九年庚辰六月日 南海望雲山靈藏寺書	康熙三十九年	사전류	백두현소장 인쇄본
1700	千字文 (靈藏寺版)			사전류	백두현소장 인쇄본
1704	寧三別曲 『玉所稿』		옥소 권섭의 자필	민간 문학	
1713	樂學拾零	☞ 1800 甁窩歌曲集			
1721	喜雪 『觀水齋遺稿』	辛丑 … 趙穀仲	辛丑	민간 문학	古 3447-44 규장각
1721	伍倫全備諺解	序: 辛丑 … 高時彦	辛丑	관찬 언해	규장각, 규장각(2005)
1728?	靑丘永言	序: 戊申 … 黑窩	序文 등의 戊申	민간 문학	국립한글박물관, 한글박물관 (2017)
1730	類合(松廣寺版)	雍正八年庚戌六月日開刊 順天曺溪山松廣寺	雍正八年庚戌	사전류	위진소장복사본
1730	千字文(松廣寺版)	雍正八年九月日順天曺溪山松廣寺 開刊老刻卓梅見學願心湥日傳布	雍正八年	사전류	천자문이본총서
1736	女四書諺解	序: 丙辰 … 英祖	丙辰	관찬 언해	奎3285 규장각, 홍문각(1982)
1736	御製內訓	序: 丙辰 … 英祖	丙辰	관찬 언해	古 1149-2 규장각, 홍문각(1990)
~~1737~~	捷解蒙語	☞ 1790			
~~1741~~	蒙語老乞大	☞ 1790			

---

37 https://ithub.korean.go.kr에서는 목록을 엑셀파일로 제공하고 있는데 이【18세기 文獻名 總目錄】은 그것에 준했다. 다만, 편찬년도 부분의 오류가 적지 않고 소장처 등에 대한 정보도 자세하지 않은 것들이 있어 바로 잡으면서 추가했다. 오류연도는 '가운데줄'을 긋고 바로 잡아 '☞' 옆에 기입하였다. 표의 문헌명 이외의 書誌 관련 칸들은 21세기 프로젝트가 기본적으로 제공한 바탕에서 필자가 추가 및 재구성한 것이다. 또 일부 19세기 문헌에 대한 서지도 필요하여 논의에서 언급한 자료들에 한해 추가하였다.

1745	御製常訓諺解	序：乙丑 … 英祖	乙丑	관찬 언해	국립중앙도서관, 홍문각(1984)
1746	御製自省篇諺解	序：柔兆 攝提格 … 李喆輔	漢文本 序文의 柔兆 攝提格 (언해 시기 불분명)	관찬 언해	장서각, 역락(2006)
1747	松江歌辭(星州本)	追記：丁卯 … 五代孫 星州牧使觀河	丁卯	민간 문학	대동문화연구소 (1964)
1748	改修捷解新語	☞ 1781			
~~1748~~	~~同文類解 下~~	跋：戊辰 … 安命說	戊辰	관찬 학습서	규장각, 홍문각 1988
1749	四書栗谷先生諺解[38]	七卷末：崇禎三己巳	崇禎三己巳	관찬 언해	장서각, 홍문각 1984
~~1752~~	~~단산별곡~~	☞ 1772			18세기가사문학전집(이상보 편)
~~1753~~	~~신카별곡~~	☞ 미상 1			上同 회룡정사주인
~~1753~~	~~속신카별곡~~	☞ 미상 2			上同 회룡정사주인
1755 ~ 1762	北竄歌, 『贈參議公謫所詩歌』	丙子暮春	이광명(李匡明, 1701~1778) 55세 때 유배	민간 문학 (自筆本)	등록번호 : MF0015592 국사편찬위원회
1756 ~ 1766	御製訓書諺解	卷末：丙子, 附 초 十年 지남	丙子, 附의 十年	관찬 언해	장서각, 홍문각 1982
1756	闡義昭鑑諺解	刊記：丙子 … 黃海監營	丙子	관찬 언해	규장각, 홍문각 1982
1757	御製戒酒綸音	表紙：丁丑 … 藝閣藏板	丁丑	관찬 언해	규장각, 전북대 국문과(1978)
1758 이후	種德新編諺解	序：戊寅	戊寅	관찬 언해	규장각, 홍문각(1982)
1759 ~ 1776	御製續自省篇諺解	序：己卯	己卯	관찬 언해	장서각, 역락(2006)
1760	普賢行願品(雙溪寺)	刊記：乾隆二十五年	乾隆二十五年	민간 종교	규장각
~~1760~~	~~무목왕정충록~~ ~~(武穆王貞忠錄)~~	☞ 미상			K46806, 낙선재필사본 장서각
1762	地藏經諺解(見性菴)	刊記 乾隆二十七年 文川頭 流山見性菴	乾隆二十七年	민간 종교	영남대학교소장본
1762	御製警民音	末：壬午 (1762)	壬午	관찬 언해	서울대일사문고 홍문각(1982)

연도	문헌명				소장처
1762	御製警世問答諺解				장서각, 역락(2006)
1763	御製警世問答續錄諺解[39]				
1763 이후	日東壯遊歌	김인겸의 癸未通信	癸未 이후	민간 문학	규장각
1764 또는 1824	古今歌曲	甲申	甲申 (1764·1824)	민간 문학	국립중앙도서관 마이크로필름
1764	念佛普勸文(桐華寺)	乾隆二十九年甲申六月日 慶尙左道大丘八公山東華寺移刊	乾隆二十九年甲申	민간 종교	
1764 이후	御製祖訓諺解	한문본 1764	한문본 이후	관찬 언해	장서각
1765	御製百行源	즉조흔스십일 년 칠십이 셴 을유	영조41년 을유 (1765)	관찬 언해	奎 1744 규장각
1765	朴通事新釋諺解	乾隆乙酉 箕營刊板	乾隆乙酉	관찬학습서	一簣 古 495. 1824 규장각
1767 이후	海東歌謠			민간 문학	주씨본(周氏本) 아세아문화사 (1974)
~~1768~~	~~關東別曲 松江歌辭 李選本~~	☞ 17세기 문헌			
~~1772~~	~~十九史略諺解 (嶺營新刊)~~	☞ 1832			
1772 ~ 1774	丹山別曲	영조48년 (1772), 영월부사	김일근에 따르면 "후대 필사본"일 가능성이 높음. 민간 문학		후손, 김일근 소개
1774	三譯總解	乾隆三十九年甲午九月日改刊	乾隆三十九年甲午	관찬학습서	奎 1529 규장각
1776	北征歌 『適宜』	丙申十月	李溰(英正祖人)의 생몰년도. (1776)	민간 문학	국립중앙도서관
1776	念佛普勸文(海印寺版)[40]	乾隆四十一年丙申三月日 慶尙道陜川海印寺開刊	乾隆四十一年丙申	민간 종교	청구기호: 一簣古 294.37-M992ye 서울대도서관 일사본
1777	小兒論, 八歲兒[41]	乾隆四十二年丁酉 九月日改刊	乾隆四十二年丁酉	관찬 언해	
1777	明義錄諺解	跋: 상지원년	발: 상지원년 (正祖 1년, 1777)	관찬 언해	청구기호: 고서(I) 951.5 명의록 언, 연세대학교 도서관
1778	續明義錄諺解[42]	乾隆四十三年 五月十二日	乾隆四十三年 (1778)		奎 1326 규장각

1778	方言類釋		徐命膺 (1716~1787)	관찬 학습서	古 0270-9 규장각
1781	改修捷解新語	卷末:辛丑重刊	10卷末의 辛丑	관찬 외국어 학습서	규장각 귀3952, 홍문각(1990)
1782 ~ 1797	正祖 綸音 21種[43]	권말 刊記들		관찬 언해	규장각, 전북대 국문과(1978)
1783 ~ 1789	倭語類解		李義鳳의 고금석림 (1789)에 포함	관찬 학습서	
1786	賞春曲 『不憂軒集』			민간 문학	
1787	兵學指南 (壯營藏版)	丁未新刊	丁未年	관찬 언해	디지털한글 박물관
1790	武藝圖譜通志 諺解	序:卽阼之十四年庚戌	庚戌	관찬 언해	奎2891 규장각
1790	蒙語老乞大	歲庚戌李瀷, 校正官… 方孝彦(李瀷, 蒙學三 書重刊序)	歲庚戌	관찬 학습서	奎 2202, 8卷 8冊, 규장각
	蒙語類解	上同	上同		奎 3751 규장각
	捷解蒙語[44]	上同	上同		奎 3753 규장각
1790	隣語大方	承政院日記 丁酉條	丁酉	학습서	奎貴 1622 규장각
1795	重刊老乞大諺解上下	乙卯仲秋 本院重刊	乙卯	관찬 학습서	奎 2049 규장각
~~1796~~	~~勸善曲持經靈驗傳~~	☞ 바로 아래 奠說因果曲(장서각)과 겹침			규장각
~~1796~~	~~修善曲持經靈驗傳~~	☞ 바로 아래 奠說因果曲(장서각)과 겹침			규장각
~~1796~~	~~參禪曲持經靈驗傳~~	☞ 바로 아래 奠說因果曲(장서각)과 겹침			규장각
1794 ~ 1796	奠說因果曲	甲寅孟冬 智瑩術 上之二十年嘉慶丙辰	甲寅孟冬 (1794), 上之二十年(1796)	민간 종교	청구기호: C4, 101 장서각
1796	奠說因果曲持經靈 驗傳[45]	甲寅 孟冬 法性山 無心客 印	甲寅孟冬	민간 종교	
1796, 1880	敬信錄諺釋	병진즁츄법성산무심 긱무운 신ᄉᆞ지형관슈 근지, 光緒六年庚辰李 春刊印	병진즁츄(1796) 후쇄년도:光緒六年 (1880)	관찬 언해	
1796	增修無冤錄諺解	跋:當宁二十年	當宁二十年	관찬 언해	청구번호 : 한古朝 34-1-2

						국립중앙도서관
1797	五倫行實圖	上之二十有一年丁巳 … 李晩秀序	丁巳	관찬 언해		청구번호: 奎 2859-v.1-4 규장각
1799	濟衆新編	序:歲己未 … 李秉模	己未年	관찬 언해		청구번호: 奎 724 규장각
1800 근처	甁窩歌曲集		수록작자 等	민간 문학		
1804	註解千字文 (重刊本)	京城廣通坊 純祖4年	純祖4年	사전류		
1810	蒙喩篇 上	張混		사전류		
1830	을병연힝녹 (숭실대)	8권끝부분: 셰경인초츄 념삼일 필셔		민간 문학		
1832	十九史略諺解 (嶺營新刊)	歲在壬辰嶺營新刊	歲在壬辰 (김주원, 국어학32)	관찬 언해		
1839	憲宗 綸音[46]	道光十九年十月十八日	道光十九年	관찬 언문		
1847	뎐운치전 (경판 37장본)	丁未仲春 由谷新刊	丁未	민간 문학		
1848	삼설기 권3 (27장본)	戊申十一月日 由洞 新刊	戊申	민간 문학		
1851	옥주호연 단 (29장본)	咸豊辛亥元月 武橋新刊	咸豊辛亥	민간 문학		
1852	장경전 (경판 35장본)	壬子七月 美洞重刊	壬子七月	민간 문학		
1858	당태종전 (경판 26장본)[47]	紅樹洞 戊午	戊午	민간 문학		
1864 ~ 1869	남원고사 파리 동양어 학원 본	긔스구월넘팔누동	셰갑주(1864)~ 긔스(1869)	민간 문학		
1872	국악원본 가곡원류 (歌曲源流)	歲壬申春(하순일편집 본)	歲壬申	민간 문학		
~~1876~~	~~국악원본 가곡원류~~ ~~(歌曲源流)~~	☞1872				
1880	韓佛字典	1880년, 요코하마		사전류		
미상1	신기별곡			민간 문학		
미상2	속신기별곡			민간 문학		
미상3	무목왕정튱록 (武穆王貞忠錄)			민간 문학		

38 원래 論語栗谷先生諺解(1~4권), 孟子栗谷先生諺解(1~4권), 大學栗谷先生諺解(단권), 中庸栗谷先生諺(단권)解로 되어 있는 것을 본 표에서는 통칭하여 四書栗谷先生諺解라고 하였다. 맹자율곡선생언해는 총8권인데 21세기 세종프로젝트에서는 4권까지만 구축하였으므로, 본고에서도 4권까지만을 대상으로 함.
39 본고에서는 '御製警民音·御製警世問答諺解·御製警世問答續錄諺解'를 묶어서 '御製警 3篇'이라 칭하고 하나의 자료로 다룸.
40 저본은 1704년에 慶尙北道 醴泉 龍門寺에서 淸虛의 後裔인 明衍이 언해한 것이므로, 표기가 다소 보수적일 수 있음.
41 이 두 책은 별도의 책이나, 두 책 모두 분량이 극히 짧고 간행 시기와 성격이 흡사하므로 하나로 묶어 검토함.
42 본고에서는 '明義錄諺解·續明義錄諺解'를 묶어서 '(續)明義錄諺解'라 칭하고 하나의 자료로 다룸.
43 본고에서는 '諭京畿大小民人等綸音(1782)·諭中外大小臣庶綸音(1782)·諭湖西大小民人等綸音(1782)·御製諭原春道嶺東嶺西大小士民綸音(1783)·御製諭咸鏡道南關北關大小士民綸音(1783)·諭京畿民人綸音(1783, 서강대본)·諭京畿洪忠道監司守令等綸音(1783)·諭京畿洪忠全羅慶尙原春咸鏡六道綸音(1783)·諭慶尙道觀察使及賑邑守令綸(1783)·諭慶尙道都事兼督運御史金載人書(1783)·諭湖南民人等綸音(1783)·字恤典則(1783)·御製賜畿湖別賑資綸音(1784)·御製諭濟州民人綸音(1784)·製王世子冊禮後各道臣軍布折半蕩減綸音(1785)·加髢申禁事目(1788)·御製諭楊州抱川父老民人書(1792)·御製濟州大靜旌義等邑父老民人書(1793)·諭六邑民人等綸音(1794)·諭諸道道臣綸音(1794)·御製養老務頒行小學五倫行實鄕飮儀式鄕約條例綸音(1797)' 등 21편을 묶어서 '정조윤음'이라 칭하고 하나의 자료로 다룸.
44 본고에서는 '蒙語老乞大·蒙語類解·捷解蒙語'를 묶어서 '蒙學 3書'라 칭하고 하나의 자료로 다룸.
45 본고에서는 '奠說因果曲·奠說因果曲持經靈驗傳'을 묶어서 '奠說因果曲 合'이라 칭하고 하나의 자료로 다룸.
46 원 제목은 '諭中外大小民人等斥邪綸音'이나 본고에서는 '헌종윤음'이라 칭함.
47 본고에서는 '뎐운치젼(경판 37장본)·삼설기 권3(27장본)·옥주호연 단(29장본)·장경전(경판 35장본)·당태종전(경판 26장본)'을 묶어서 '서울방각 5種'이라 칭하고 하나의 자료로 다룸.

어휘의 시대적 특징으로 본
古今歌曲의 편찬 시대

1. 서론

『古今歌曲』은 1800년을 전후한 어느 甲申年(1764년 혹은 1824년)에 抄編된 가집[1]으로, 1920년대 일본인 淺見倫太郎(1868~1943)가 入手하였다가 현재는 일본 宮內廳의 書陵部에 소장되어 있는,[2] 歌集 역사상 비교적 이른 시기의 편찬물이다. 『古鮮冊譜』로 한국 서지학의 일획을 그은 前間恭作(1868~1942)는 1928년 이 책을 정밀히 필사한 바 있는데, 南滄 孫晉泰(1900~?)에게 보낸 해제를 통해 다음과 같이 이 책의 가치를 평가했다.

李朝 後半의 歌曲은 이것으로 구비되었다 말해도 과언이 아니다. 어느 것도 抄編者의 原册이나, 그의 複寫本이 따로 세상에 존재하지 않는다는 것을 생각하면 소위 天下無二의 奇寶에 속한다.[3]

---

[1] 권말에 '甲申春'이라 적혀 있어 시대 추정의 첫 단서가 된다.
[2] 이 책은 그간 소장처를 알지 못하다가 근래 권순회(「고금가곡의 원본 발굴과 전사 경로」, 『우리어문연구』 34집, 우리어문학회, 2009.)에 의해 일본 궁내청 서릉부에 『歌詞類聚』라는 서명으로 소장되어 있음이 확인되었다. 더불어 이것의 마이크로필름본 또한 『歌詞類聚』라는 이름으로 국립중앙도서관에 구비되어 있음도 소개하였다.

陶南 趙潤濟(1904~1976) 또한 이 책이 지닌 편찬 특성에 주목하여 다음과 같이 높은 자료적 가치를 부여하였다.

> 다른 여러 歌集은 大槪 曲調 혹은 作者에 依하여 分類되어 있는데 本書는 그 內容에 依하여 以上과 같은 分類法을 썼다는 것은 本書의 한 特色이요, 또 歌集 編纂 意義 上 매우 重要한 일이다. … 그 分類法을 硏究할 좋은 資料가 될 것은 贅言을 要하지 않는다.[4]

그런데 이러한 가치에도 불구하고, 사실 이 책은 중요한 先決 문제를 하나 지니고 있다. 그것은 바로 책의 말미에 첨기된 '甲申'년이 과연 18세기의 갑신(1764년)인지, 아니면 19세기의 갑신(1824년)인지가 불분명하다는 것이다. 이 불명확함은 이 책이 담고 있는 정보가 과연 몇 세기의 것인가로까지 이어진다. 가령 조윤제가 평한 이 책의 '특색 있는 분류법'이란, 이 책에 수록된 305수의 노래들이 내용에 따라 분류되어 있는 것을 지목한 것으로 歌集史에서 처음 나타나는 것인데, 연도의 확정 방향에 따라 우리는 "이러한 항목화 방식이 가집의 형성기이던 18세기 중반인 英祖(재위 1724~1776) 시대의 산물이다."라고 말할 수도 있고, 아니면 "이러한 방식이 가집 편찬의 활성기이던 19세기 전반인 純祖(재위 1800~1834) 시대의 산물이다."라고도 말할 수 있게 된다. 즉, 시대 확정의 不安이 歌集史 기술의 불안으로까지 이어지게 되는 것이다.

한편 이런 불안은 가집사에 대한 記述에만 국한되어 나타난 것이 아니다. 고금가곡이 담고 있는 문화 정보들을 다룰 때도 이 점은 늘 걸림돌이 되어 있다. 고금가곡에 수록되어 있는 노랫말들을 전체적으로 주석하고 이

---

3 "李朝後半の歌曲はこれにて具備せりと稱すること過言にあらす何れも抄編者の原冊にか, その複寫別に世に存するとも覺えされは所謂天下無二の奇寶に屬す" 〈前間恭作,「고금가곡 해제」, 남창본『고금가곡』, 서울대 중앙도서관 남창문고 소장, 1928, 7면.〉
4 조윤제,『한국시가의 연구』, 을유문화사, 1948, 259면.

를 통해 당대의 문화 도상을 재구성하려 했던 성무경의 다음 언급은 이 책의 시대성 추정에 대한 노력과 고심을 그대로 드러냈다고 하겠다.

> 필자는 이 글을 통해『고금』이 17세기~18세기 前半, 특히 18세기 전반의 문화도상을 짙게 함의한 개성적 가집이란 점을 확인하고, 필사기의 '甲申'이 영조 40년(1764)이란 기왕의 견해에 적극 동의했지만, 양희찬이 추정한 '1824년 說'도 조심스럽게 재검토해야 할 것이다. … 거의 모두가 18세기초반 이전의 인물들로 조사되었다. 그런데 87번[5] 단 한 작품에서 판단이 곤란한 경우를 발견하였다. 이 작품은 … 작가를 대부분 '金相玉(金尙玉)'으로 기록했다. 특히『원육』이나『원동』등은 '金尙玉'을 '兵使 正祖朝人'이라 기록하기까지 하였으니, 무심히 보아 넘기기 어렵다. … 이에『고금』의 후대적 편찬 여부에 관한 최소한의 가능성은 열어두기로 한다.[6]

그가 이 가집을 통하여 18세기 전반의 문화를 의욕적으로 재구하면서도 마지막까지 해소하지 못했던 것은 가집의 편찬 연도였다. 권말에 기록되어 있는 '甲申春'에 대해 1764년으로 잠정하면서도, 혹 1824년 甲申일 가능성도 여전히 남겨두고자 했던 것이다. 이 가집이 어쩌면 19세기 전반에 성립된 것일 수도 있다는 그의 불안은 한 가지 사실의 認知에서 비롯된 것이다. 바로 正祖(재위 1776~1800) 시대의 인물인 金相玉의 시조가 이 가집에 포함되어 있다는 점이다. 성무경은, 만약 김상옥이 87번 작품을 지은 것이 분명하다면 고금가곡의 甲申年은 1824년으로 볼 여지가 있다고 판단했다. 앞의 甲申인 1764년은 정조의 이전 시대이기 때문이다.

이외, 연구자들의 불안은 양희찬의 주장에서 기인하기도 했다. 양희찬은 노랫말의 계열별 비교를 통하여 이 책의 편찬 시기를 1824년으로 추정하였

---

5 "못노라 뎌 江山아 너나건지 몃 千年고 英雄豪傑이 몃치나 보앗는다 이 後의 뭇느니 잇거든 날도 보롸ᄒ여라"('懷古' 두 번째 작품임.)
6 성무경, 「주제별 분류 가곡 가집, 고금가곡의 문화도상 탐색-前間恭作 轉寫 東洋文庫本을 대상으로-」, 『한국시가연구』 19집, 한국시가학회, 2005, 295면.

는데,⁷ 편찬자가 분명하지 않은 상황에서 시대적 흔적을 가장 많이 담고 있는 정보는 아무래도 노랫말일 수밖에 없고, 그것을 구체적으로 분석하여 일정 결론을 내리고 있다는 점에서 경청하지 않을 수 없는 부담이 되었음을 본다.⁸

본고는 이러한 상황에서 고금가곡의 편찬 연도에 대한 불확실성을, 다른 방법을 통해 해소해 볼 수는 없을까 고심한 결과물이다. 필자는 근래에 국립한글박물관에서 소장되어 있는 청구영언⁹의 시대성을 추정해 본 적이 있다.¹⁰ 그리고 이 과정에서 1700년대 후반을 분수령으로 하는 몇 언어 현상들이 있음을 보았다. '됴타 → 좋다', '~디 마라 → ~지 마라'의 변화 양상에서 보이는 구개음화의 진행 정도, '믈(水) → 물', '브르다(唱, 呼) → 부르다'의 변화 양상에서 보이는 원순모음화의 진행 정도, 그리고 시대적 징후가 뚜렷한 '나븨(蝶) → 나뷔', '가마괴(烏) → 가마귀' 등의 변화 정도가 1700년대 중후반을 경계로 하여 변화하는 양상을 본 적이 있다.¹¹ 필자는 이 변화 양상

---

7 양희찬, 『시조집의 편찬 계열 연구』, 고려대학교 박사학위논문, 1993.
8 다음과 같은 언급들에서 엿볼 수 있다.
 "양희찬의 경우 순조 24년(1824) 편찬설을 주장하고 있다. … 이에 대한 논의도 적극적으로 검토하여야 하나 현재 송계연월옹에 대한 직접적 정보가 없어 접근이 용이하지 않다." 〈강재헌, 「『고금가곡』의 〈만횡청류〉 고찰」, 『어문연구』 68집, 어문연구학회, 2011, 182면.〉
 "추정 근거가 미약했던 탓인지 가집의 편찬 시기도 유동적이었다. 가집 권말의 "甲申春"이란 기록에 기초하여 영조 40년(1764)과 순조 24년(1824) 편찬설이 양립하였다.[각주: 조윤제(1948)-영조 24년 편찬설, 양희찬(1993)-순조 24년 편찬설]" 〈허영진, 「남창본 고금가곡집의 실증적 재조명」, 『국제어문』 31집, 국제어문학회, 2004, 126면.〉
9 이른바 珍本『靑丘永言』이다. 그간 학계에서는 이렇게 불러 왔으나 2016년 여름 국립한글박물관이 구입한 후로는 '김천택 편 한글박물관소장 청구영언'으로 부르고 있다.
10 박재민, 「어휘로 살펴본 국립한글박물관『청구영언』의 필사 시기」, 『시조학논총』 50집, 한국시조학회, 2019.
11 이런 어휘들로 볼 때, 한글박물관 청구영언은 1728년의 산물이 될 수 없다. 19세기에 처음 나타나는 어휘인 '웨(何)'(반되 불이 되다 반되지 웨 불일소냐 / 돌히 별이 되다 돌이지 웨 별일소냐 / 불인가 별인가 ᄒ니 그를 몰라 ᄒ노래140번곡])가 나타난다는 점뿐만 아니라, 언어적 징후로 삼을 만한 거의 모든 어휘들이 1800년 인근의 속성을 띠고 있다. 일례로 다음과 같이 '좋다'는 90% 이상이 '둏다'가 아닌 '좋다'로 표기되어 있는데 이런 완전한 경도는

을 통한 시대 추정이 고금가곡에서도 마찬가지로 적용될 수 있을 것으로 본다. 왜냐하면 고금가곡에서도 이러한 어휘들이 매우 일관성 있게 구사되고 있어 시대성을 시사해주고 있기 때문이다.

2. 연도 추정에 대한 諸家의 설

어휘적 특징을 통해 고금가곡의 시대성을 추정하기 전에 그간의 연구에서 시대성을 추정한 근거와 그 결과들을 소개하고자 한다. 고금가곡의 시대 추정의 가장 큰 기준점은 책의 말미에 적혀 있는 '甲申春'이라는 기록이다. 간기에 따를 때 이 甲申年은 1644년, 1704년, 1764년, 1824년, 1884년 중의 하나인데, 그렇다면 이 책의 甲申은 대략 언제인가? 우선 이 책에 李瀷(1681~1763)이 晚年에 저술한 『星湖僿說』의 내용을 참조한 흔적이 있고, 그간 밝혀져 있듯이 김상옥(金相玉, 1727~1790)의 작품이 수록[12]되어 있으므로 1704년의 甲申까지 거슬러 올라갈 수가 없다. 또 이 책의 표지를 개장한 부분의 종이가 道光 30년(1850년)의 것[13]이므로 1884년의 甲申으로 내려올 수

1800년대에 근접한 시기가 아니면 생각하기 어려운 표기 방식이다. 『고금가곡』(결론적으로 1764년으로 추정)에 일관되게 나타나는 '둏다'와 비교해 볼 때도 국립한글박물관 소장 청구영언이 후대의 어휘 형태를 지닌 책임이 분명하다.
오늘도 죠흔 날이오 이곳도 죠흔 곳이 / 죠흔 날 죠흔 곳에 죠흔 사람 만나 이셔 /
죠흔 술 죠흔 안쥬에 죠히 놀미 죠해라 [한글박물관 소장 청구영언 460번곡]
오늘도 됴흔 날이 이곳도 됴흔 곳이 / 됴흔 날 됴흔 곳의 됴흔 사룸 만나 이셔
됴흔 술 됴흔 안쥬의 됴히 놀미 엇더리 [고금가곡 165번]
12 성무경이 앞의 글에서 이 사실을 밝혔으며, 신경숙(『19세기 가집의 전개』, 계명문화사, 1995, 58면.), 권순회(「고금가곡의 원본 발굴과 전사 경로」, 『우리어문연구』 34집, 2009, 144면.)의 연구들을 통해 김상옥의 생몰 연도가 확정되었다.
13 "그러나 表紙 안쪽의 反古를 살펴보면 道光 三十年庚寅의 殺獄檢案의 文書이다.(されとも表紙裏りの反古を檢するに道光三十年庚寅の殺獄檢案の文書なり." 〈마에다 교사쿠, 고금가곡의 해제, 『고금가곡』, 서울대 중앙도서관 남창문고 소장, 1928.〉 원문과 해석은 허영진(「남창본 고금가곡집의 실증적 재조명」, 『국제어문』 31집, 국제어문학회, 2004, 119면.)을

도 없다. 따라서 권말에 적힌 甲申은 일단 '1764년' 혹은 '1824년'의 어느 한 해로 압축된다.

1) 1764년 說

1764년 說은 다수의 연구자들에 의해 지지되고 있다. 이 책을 학계에 소개한 마에마 교사쿠가 추정한 이래 근래의 허영진, 윤덕진, 권순회, 남정희, 강재헌, 이상원 등이 이를 인정하고 있다. 그러나 그 근거는 조금씩 다른데 이를 살피기 위해 해당 부분을 인용한다.

> 마에마(1928) : 全帙을 通觀해 보면, 抄本이 旣成의 冊子를 抄寫하면서 筆者의 集編寫成을 거쳐 1本으로 묶었다는 것을 알 수 있다. 그러나 그 寫成의 年代는 이 書이 集編에서 英宗朝代의 인물이 빈 이상 차지하고 있다. 그리고 그 '甲申春'이라는 간지를 통해서 보면 乾隆 二十九年(1764년)에 상당하므로 지금으로부터 164년 전에 편집된 것으로 추정된다.[14]

> 허영진(2004·2015) : 19세기 편찬설은 더 이상의 호응을 기대하기 어렵지 않나 생각한다. 「단가이십목」 소재 작품의 상당수가 16~17세기의 산물이고, 주씨본 『해동가요』의 김수장 작품이 수록된 것을 보더라도 그 하한선은 영조 45년(1769)을 넘어서지 않았을 것으로 추단한다. 19세기 중후반 풍류현장에서 애호되던 십이가사 계열의 작품이 전무한 반면, 실제 향유방식에 관한 이견을 보이는 17세기의 가사 작품을 수록한 것도 이러한 추정을 뒷받침한다. 따라서 이 때의 갑신춘은 아무래도 18세기 중반인 영조 40년(1764)으로 보는 것

재인용하였다.

14 마에마 교사쿠(前間恭作), 고금가곡의 해제, 『고금가곡』(서울대 중앙도서관 남창문고 소장), 1928. 본고는 권순회, 「古今歌曲의 원본 발굴과 傳寫 경로」, 『우리어문연구』 34집, 우리어문학회, 2009에 소개된 것을 재인용하였다.

이 타당할 듯하다. 가집의 편찬 시기가 확정된 만큼 … [15]

권순회(2009·2012) : 冊尾에 나와 있는 필사기 가운데 "甲申春"의 연대 파악 문제로 귀결된다. 1824년(순조 24)으로 보는 견해도 없지 않으나 1764년(영조 40)으로 보는 견해가 우세하다. … 이 문제와 관련하여 우리가 유의해 봐야 할 것이 '懷古'의 두 번째 수록 작품이다. …『고금가곡』에는 작가 표시가 없지만 이 시조는『청구영언』(육당본)과『청구영언』(가람본)에 金相玉이 지은 것으로 나온다. … 그런데 正廟朝에 병마절도사를 지낸 인물들 가운데 김상옥(金相玉, 1727~1790)이 확인된다. … 만약 이 시조가 김상옥이 지은 것이 확실하다면 그 창작 시기는 18세기 중반 무렵이 분명하다. 따라서『고금가곡』은 1764년에 편찬되었을 가능성이 높다.[16]

마에마가 1764년으로 보는 이유는 가집에 실린 인물들의 정보를 분석한 결과이다. 이 책에는 三淵(1653~1722), 陶菴(1680~1746), 星湖(1681~1763) 등의 발문이나 관련 기록들이 실려 있는데 이를 근거로 보다 가까운 연도인 1764년을 선택한 것이라 하겠다. 이런 추정은 일단 가능한 것이다. 만약 1824년에 편찬된 것이라면 1764년 이후 인물들의 기록들도 실려 있을 법한데 그 시기의 인물들이 나타나지 않는다는 점에서 1824년보다는 1764년에 지어졌을 가능성을 더 높게 둘 수 있다. 그런데 이 추정은, 비록 심정적으로는 동조가 가더라도 이론적으로 완전한 것은 아니다. 왜냐하면 어떤 인물들을 싣고 싣지 않고는 어디까지나 편찬자의 취사에 달린 것이므로 1824년에 편찬했다 하더라도 이런 일은 생겨날 수 있기 때문이다. 이런 미흡함에서 그

---

15 허영진, 「남창본 고금가곡집의 실증적 재조명」,『국제어문』31집, 국제어문학회, 2004, 126면(본고의 인용은 "허영진, 「고금가곡(남창본)의 실증적 재조명」,『병와가곡집과 18세기의 가집』, 박문사, 280면을 따랐음).
16 권순회, 「고금가곡」,『고시조 문헌 해제』(신경숙·이상원·권순회·김용찬·박규홍·이형대 공저), 고려대학교 민족문화연구원, 2012, 51면.

후의 연구자들은 보다 뚜렷한 근거를 찾고자 했던 것이다.

허영진의 추정은 마에마를 넘어 근거의 영역을 확장하며 행해진 시도였다는 점에서 의의가 있다. 마에마가 인물 정보에 머물렀다면 허영진은 작품 향유의 시대적 정황까지를 포함하여 1764년을 주장하고 있다. 그런데 이 주장은 과감한 만큼 흠결 또한 없지 않다. 먼저 〈단가이십목〉 소재 작품의 상당수가 16~17세기의 산물이라는 것에 주목하고 있는데 이는 1764년과 1824년의 어느 한 시점을 지목하는 데는 도움이 되지 못한다. 1764년에서 보나 1824년에서 보나 16~17세기는 한 甲子 이상의 과거이기 때문이다. 오히려 1700년대 중반의 작품이 다량 수록되어 있었던 점을 밝혔다면 1764년 說에 힘이 실리겠지만, 16~17세기의 작품이 많다는 점만으로는 힘이 되지 않는다. 다음, 19세기 중후반 풍류현장에서 애호되던 십이가사 계열의 작품이 전무하다는 것에 주목하였는데, 이 역시 1764년과 1824년을 구분하는 근거가 되지 못한다. 1824년에 편찬된 경우라 하더라도 19세기 중후반의 풍류현장에서 불리던 노래는 당연히 수록할 수 없었을 것이기 때문이다. 마지막 金壽長(1690~1763년 이후)의 노래가 수록되어 있다는 것도 근거가 되지 못한다. 1764년에 편찬되었든, 1824년에 편찬되었든 그의 노래는 언제든 실릴 수 있는 것이기 때문이다. 결국 우리는 다른 근거를 더 찾아야 한다.

권순회의 결론은 1764년과 1824년 사이에서 고심한 이후에 나왔음을 본다. 그는 성무경이 認知하였던 인물 金相玉(1727~1790)에 다시 주목한다. 그리고 이를 근거로 오히려 성무경과는 반대의 입장을 취한다. 이 인물이 있음으로 성무경은 편찬 연대를 1824년까지 열어두었던 반면, 권순회는 이 인물이 있기에 오히려 1764년의 편찬 가능성이 높다고 본다. 그러나 필자는 김상옥의 작품이 고금가곡에 나온다는 사실이 이 책의 연도 문제를 해결할 어떤 실마리로 작용하기는 어렵다고 본다. 만약 그 작품이 김상옥의 나이 38세이던 1764년 이후에 지어졌다는 근거가 있다면 성무경의 견해대로 편찬 연도를 1824년으로 고정할 수 있겠지만 1764년 이전에 지은 것이라고 한다면 1764년 혹은 1824년의 편찬으로 볼 수 있는 것이기 때문이다.[17]

이상에서 보았듯이, 1764년 설은 가집에 수록된 인물과 작품 시대에 국한하여 진행되었다는 점에서 보다 새로운 방법론을 모색할 여지를 남기고 있다고 하겠다.

2) 1824년 說

이러한 정황에서, 1824년을 주장하고 있는 양희찬의 논의는 우리의 주목을 받을 만하다. 다른 연구자들과는 달리 그는 노랫말의 양상에 주목했는

---

17 이외 주요 1764년 설을 주장한 주요 연구자들로 윤덕진, 남정희, 강재헌, 이상원을 들 수 있다. 윤덕진과 이상원은 이 가집에 포함된 인물과 노래의 특성들이 이루는 대체적인 범주가 18세기임에 기초하여 1764년으로 잠정하고 있다. 참조를 위해 인용한다.

"편찬연도를 한 갑자 내려보는(1824년) 시각도 없지 않으나 앞으로 살펴볼 상권 수록 장가 작품의 성격에서는 19세기 이후로 내려가는 징후를 찾기 어려웠다. 하권의 시조 작품에서 19세기 이후의 작품이라는 징후가 두드러지지 않는다는 사실과 아울러서 편찬연도를 1764년으로 상정하고 … "〈윤덕진, 「古今歌曲의 상가 체계」, 『고선문학연구』 28집, 한국고전문학회, 2005, 186면.〉

"『고금가곡』의 편찬 년대를 어떻게 파악할 것인가 하는 문제 역시 아직까지 해결되지 않았다. … 이 논문에서는 성무경, 허영진, 윤덕진의 견해를 받아들여서 18세기 중, 후반의 가집으로서 『고금가곡』의 존재를 상정하고 논의를 전개한다."〈남정희, 「고금가곡 내 단가이십목에 대한 고찰」, 『한국고전연구』 23집, 한국고전연구학회, 2011, 165~167면.〉

"편찬 연대가 1764년으로 추정[각주 : 양희찬의 경우 순조 24년(1824) 편찬설을 주장하고 있다. … 이에 대한 논의도 적극적으로 검토하여야 하나 현재 송계연월옹에 대한 직접적 정보가 없어 접근이 용이하지 않다. 본고에서는 이러한 여건 하에서 최근의 주장인 성무경의 주장을 따라 논의를 진행하고자 한다.]되는 『고금』은 … "〈강재헌, 「고금가곡의 만횡청류 고찰」, 『語文硏究』 68집, 어문연구학회, 2011, 182면.〉

"마지막으로 "甲申春"이라는 필사기가 적혀 있는데, 여기 갑신년은 1764년으로 추정된다." 〈이상원, 「고금가곡의 체계와 성격」, 『한민족어문학』 59집, 한민족어문학회, 2011, 696면; 이상원, 『조선후기 가집연구』, 고려대학교 민족문화연구원, 2015, 92면.〉

데 노랫말은 당대의 언어 현상을 반영한다는 점에서 시대성을 밝히는 중요한 시금석이 될 수 있다. 노랫말의 部面 중 그는 계열성에 주목하여 다음과 같은 결론을 내린다. (밑줄은 필자)

> 양희찬(1993) : 『古今』의 편찬 연대인 甲申年은 純祖 24년(1824)로 추정해 볼 수 있을 것이다.
>
> 〈詩歌497〉 3世上에 甲子를 잇고 이리져리 늘그리라
> 〈甁歌731〉 <u>3아희들 헌옷 츠즈니 겨울인가 ᄒ노라</u>
> 〈古今108〉 <u>3ㅇ희들 헛옷 츠즈면 겨을인가 ᄒ노라</u>
>
> 〈詩歌639〉 1碧紗窓이 어른어른커늘 님만 여겨 나가보니
> 〈甁歌898〉 <u>1碧紗이 어른어른거늘 님만 너겨 나가보니</u>
> 〈古今271〉 <u>1碧紗窓이 어른어른커는 님만 너겨 나가보니</u>
> 〈樂서464〉 1碧紗窓이 어른어른커늘 님만 너겨 펄쩍 뛰여 쑥 나셔 보니
>
> 이 두 사례에서 『古今』은 『詩歌』나 『甁歌』와 상관관계를 이루고 있음을 참조해 보면, 그 편찬 시기를 純祖 24년으로 추정해 볼 수 있는 것이다.[18]

그의 방법론은 유사한 구절과, 변이가 일어난 구절을 살펴, 변이가 일어난 구절들을 공유하는 작품들의 친연성을 따져 그것의 계열을 파악하려는 것이었다. 필자는 그의 방법론이 상당히 흥미로운 것이라 생각한다. 그러나 아쉬운 것은 이러한 방법론은 통시적 흐름을 살피는 데는 유용하지만, 공시적 현상을 파악하는 데는 오히려 혼란을 줄 여지가 있다는 것이다. 즉, 위에서 그는 고금가곡의 노랫말 변이가 『병와가곡집』과 유사한 것을 들어

---

[18] 양희찬, 상게서, 1993, 133~134면.

병와가곡집의 시대와 유사한 시대에 고금가곡이 형성되었을 것으로 보아 이 책의 성립은 1824년으로 보고 있는데, 이는 성립하기 어려운 방법론이라 하겠다. 왜냐하면 어구의 탈락과 변개 등이 유사하다는 것은 전승의 흐름이 그러했다는 것이지 그것이 同時代의 작품임을 보장하는 것이 아니기 때문이다. 예를 들어 李滉(1500~1570)의 〈陶山十二曲〉이 전승되면서 다음과 같은 변이 양상을 보인 적이 있는데,

①[16세기 중반 도산판본 8번곡 : 雷霆이 破山ᄒ야도 聾者는 몯 듣ᄂ니 白日 이 中天ᄒ야도 瞽者는 몯 보ᄂ니 우리ᄂ 耳目聰明男子로 聾瞽ᄀ디 마로리
②[18세기 중반 『해아수』278번곡 : 雷霆이 破山ᄒ야도 聾者는 못 듯ᄂ니 白日 이 中天ᄒ야도 瞽者는 못 보ᄂ니 우리도 耳目聰明男子로 聾瞽ᄀ티 ᄒ리라
③[18세기 후반 『병와가곡집』83번곡 : 雷霆破山ᄒ여도 聾者는 못 듯ᄂ니 白日 中天ᄒ여도 瞽者는 못 보ᄂ니 우리ᄂ 耳目聰明男子ㅣ라 聾瞽갓치 말니라.
④[19세기 후반 『가곡원류』(국립국악원) 52번곡 : 雷霆이 破山ᄒ여도 聾者는 못 듯ᄂ니 白日이 到天ᄒ여도 瞽者는 못 보ᄂ니 우리ᄂ 耳目聰明男子로되 聾瞽갓치 ᄒ리라.

종장에서 ①과 ③이 유사한 변이를 보이고, ②와 ④가 유사한 변이를 보인다고 하여 ①과 ③의 편찬 시기가 가깝고, ②와 ④의 편찬 시기가 가깝다고 말할 수 없는 것과 같은 이치이다. 즉, 이는 계열을 살피는 데는 더없이 좋은 방식이니, 편찬 시기를 살피는 데는 활용될 수 없는 방법론인 것이다.

3) 未確定

이외 미확정으로 분류할 만한 연구 결과도 있다. 조윤제와 성무경이 그러하다.

조윤제(1933) : 卷末에 「甲申春 松桂 烟月翁」이라는 記名이 있으나, 松桂 烟月翁이 누구며 甲申이 어느 甲申인지 알 수가 없다. … 英祖 四十年 以後의 甲申이라면 純祖 二十四年과 高宗 二十一年이 있으나, 高宗 二十一年은 좀 생각하기 어려우니 結局 英祖 四十年과 純祖 二十四年둘 中의 어느 것이 될 것이다. 그러면 이 둘 中의 어느 것이 될 것인가 하는 問題인데, 이것은 도리어 손을 대지 않는 것이 安全할 듯하나, … 萬一 無理를 犯해 가면서도 指摘하지 않으면 안 된다면 純祖朝보다는 英祖朝의 編纂이라 하는 것이 더 可能性 있을 듯이 생각된다. 그러나 이 點은 다시 後考를 기다릴 것이다.[19]

성무경(2005) : 필자는 이 글을 통해 『고금』이 17세기~18세기 前半, 특히 18세기 전반의 문화도상을 짙게 함의한 개성적 가집이란 점을 확인하고, 필사기의 '甲申'이 영조 40년(1764)이란 기왕의 견해에 적극 동의했지만, 양희찬이 추정한 '1824년 說'도 조심스럽게 재검토해야 할 것이다. … 이에 『고금』의 후대적 편찬 여부에 관한 최소한의 가능성은 열어두기로 한다."[20]

이 둘은 1764년에 비중을 두고 있기는 하지만, 여전히 조심스러운 태도를 보이고 있음을 본다. 조윤제의 경우 '무리를 범한다면 1764년이겠지만, 후고를 기다릴 것'이라 하고 있고, 성무경의 경우 '조심스럽게 재검토해야 할 것, 최소한의 가능성은 열어두기로 한다'면서 1764년을 확정 짓지 못하고 있다.

---

19 조윤제,「고금가곡」,『조선어문학회보』 4호, 조선어문학회, 1933(본고에서는 조윤제,『조선시가의 연구』, 을유문화사, 1948, 257~264면 재수록분을 인용함).
20 성무경, 상게서, 295면.

이상 우리는 고금가곡의 편찬 시대를 둘러싼 거의 모든 연구자들의 입장을 살폈다. 요약하자면 수록된 인물과 작품들의 범주에 근거하여 대체로 1764년으로 추정하고 있기는 하지만 보다 보강할 만한 근거가 여전히 필요한 상황이라 하겠다.

3. 古今歌曲의 어휘적 특징

그렇다면 우리는 어떤 방법을 통하여 고금가곡의 편찬 연대를 보강하여 추정할 수 있을까? 아마도 수록된 작품과 작자를 더 세밀히 검토하여 여기에서 1700년대적인 모습과 1800년대적인 모습을 포착할 수도 있겠고, 어쩌면 서지학적 방법을 통하여 실물이 지닌 지질 및 필체의 시대성을 통한 방법도 있을 수 있을 것이다. 그런데 이 가집에 나타난 어휘적 특징들을 중심으로 시대성을 논하는 방법은 어떠할까? 언어라는 것은 시대의 반영이므로 1700년대적인 언어 요소와 1800년대적인 언어 요소를 면밀히 관찰한다면 어느 정도의 경향성을 도출해 낼 수 있지 않을까 하는 것이다.

필자는 이 언어적 방법을 통해 고금가곡이 지닌 시대적 요소를 찾아보고자 한다. 결정적일 수는 없을지 몰라도 시대성을 파악하는 하나의 방법론으로서는 기능하리라 생각된다. 전술했지만, 어휘적 요소를 통해 시대성을 판별할 때 마침 1700년대와 1800년대를 가르는 두 가지 음운 현상이 존재한다. 국어학에서 많이 거론되는 원순모음화와 구개음화가 그것이다. 원순모음화는 대체로 1700년대 후반을 지나면 대폭적으로 실현되는 것으로 알려져 있고, 구개음화는 1700년대 중반이 되면 급속히 실현되는 것으로 알려져 있다. 본고에서는 고금가곡에서 이 음운 현상들이 어떤 비율로 실현되고 있는가를 검토해 보고, 추가적으로 특수한 어휘 – '나븨/나뷔'와 '가마괴/가마귀'의 표기법을 살펴 고금가곡의 편찬 시대를 추정해 보겠다.

1) 원순모음화의 실현 비율

고금가곡의 언어 현상을 살필 때 가장 눈에 띄는 것은 원순모음화 현상이 거의 나타나지 않는다는 점이다. 다음 두 작품을 보자. ([ ]속은 고금가곡 작품 번호)

[93]
山은 올커니와 믈은 거즛말이 / 晝夜의 흘너가니 녯 믈이 이실손가 /
사룸도 믈 곳ᄒ여 가고 아니 오데이다

[45]
三冬의 뵈옷 닙고 岩穴의 눈비 마자 / 구름 씬 볏 뉘를 본 젹이 업건마는 /
西山의 히지다 ᄒ니 눈믈²¹ 계워 ᄒ노라

93번 작품의 경우 세 번의 '믈'이 나타나는데 모두 '물'이 아닌 '믈'로 표기되어 있음을 본다. 45번 작품 역시 마찬가지이다. '눈믈'로 나타나 후대 어형인 '눈물'에 선행한 어형을 보이고 있다. 그렇다면 고금가곡을 전체적으로 검토해 보면 어떨까? 아래 표는 全數의 검토 결과이다.

가집	水						변화 비율
	믈	믈결	눈믈	물	물결	눈물	
고금가곡	27회[22]	6회[23]	14회[24]	∅	∅	∅	0/47=0%

〈표1〉 고금가곡의 '믈 / 물' 출현 통계

---

21 이곳의 '눈믈'은 마에마 전사본(본고는 '윤덕진 성무경 주해,『18세기 중후반 사곡가집 고금가곡』, 보고사, 2007'을 참고함, 이하 같음.)과『고시조대전』(513면)에 '눈물'로 기재되어 있다. 그러나 마에마 전사본 및『고시조대전』의 표기 오류이다. 국립중앙도서관에 구비되어 있는 마이크로필름을 통해서 보면 해당 부분은 '눈믈'로 표기하고 있음이 확인된다.

검토 결과 고금가곡에는 '믈(믈결·눈믈 포함)'이 47회 나타나고 '물'은 전혀 나타나지 않음을 본다.[25] 그렇다면 이러한 현상[26]은 고금가곡의 시대 추정에 어떤 시사를 하는 것일까? 이 시사를 간취하기 위해서는 두 방향의 문헌 검토를 할 필요가 있다. 하나는 '水'의 고유어가 언제까지 '믈'로 표기되다가

22 [52]믈먹음, [68]믈도곤, [92]믈ᄎᄂᆞ, [93]믈은 거즛말이, [93]녯 믈이, [93]믈 굿ᄒᆞ여, [100]믈이로다, [134]믈 됴흔, [144]믈 소리, [146]믈이 ᄒ 믈그니, [191]석은 믈은, [211]믈우희, [235]믈은, [245]깁흔 믈, [246]믈이 지니, [249]녀 믈도, [290]믈 깃은 체, [296]믈 밧긔, [상저가]믈을 기러, [관동별곡]누린 믈이, [관동별곡]五十川 누린 믈이, [사미인곡]믈 흐ᄅᆞ듯, [속미인곡]믈 굿흔, [속미인곡]믈 ᄀᆞ의 가, [속미인곡]믈 우회, [속미인곡]믈 아래 줌긴 龍, [강촌별곡]믈이 되여
23 [160]믈결이, [관동별곡]믈결도, [속미인곡]믈결이야, [성산별곡]흰 믈결, [성산별곡]믈결이 채 잔 적의, [강촌별곡]믈결이오
24 [45]눈믈(마에마 전사본과 『고시조대전』(513면)에는 '물'로 되어 있으나 오류이다. 국립중앙도서관에 구비되어 있는 마이크로필름을 통해서 보면 '믈'로 표기되어 있음이 확인된다.), [115]눈믈을, [218]눈믈, [225]눈믈, [227]눈믈, [238]눈믈, [245]피눈^물('믈'은 加添되어 있음), [251]눈믈은, [264]눈믈 지고, [277]눈믈은, [사미인곡]눈믈이라, [사미인곡]눈믈이 절노 난다, [속미인곡]눈믈이 바ᄅ 나니(마에마 전사본에는 '눈물'로 되어 있으나 오류이다. 국립중앙도서관에 구비되어 있는 마이크로필름을 통해서 보면 '눈믈'로 확인된다.), [규원가]지ᄂᆞ 눈믈(마에마 전사본에는 '눈물'로 되어 있으나 오류이다. 국립중앙도서관에 구비되어 있는 마이크로필름을 통해서 보면 '눈믈'로 확인된다.), [춘면곡]눈믈(마에마 전사본의 〈춘면곡〉에는 "긴흔슴 지ᄂᆞᆫ눈믈 솔졀업시 헴만만타"로 되어 있는데, 이 부분은 원본에는 "슬픈 노래 긴 한숨을 벗을 삼아 도라오니"로 되어 있으니 轉寫 時의 오류이다. 즉, 원본에는 '눈믈'이란 어구가 없다.)
25 이 점은 연구자들의 주목을 받았을 법도 한데 그간 주목을 전혀 받지 못했다. 그것은 어쩌면 현대 인쇄물(마에마 전사본 및 『고시조대전』 등)에서 [146], [211], [45], [속미인곡], [규원가]의 다섯 곳을 '물'로 잘못 표기하고 있어 연구에 혼란을 주었기 때문일 수도 있다. 필자가 국립중앙도서관에 소장된 마이크로필름을 통해 검토한 결과, 이 5곳의 표기는 예외 없이 모두 '믈'로 되어 있음이 확인된다.
26 논의의 범주를 제한하기 위해 '믈'만 다루지만, '블(火)'을 검토해 보아도 원전의 11회 용례 모두에서 '블'로만 표기되어 있다. 플(草) 역시 마찬가지이다. 원전의 3회에서 모두 '플'로만 나타나고 있다.
【블】[58]블의나 녀허두고, [150]솔블, [93]燈盞블, [227]븟ᄂᆞ 블, [227]싀ᄂᆞ 블, [238]쵸블, [284]블이 나셔, [285]燭블, [288]블갓토리, [291]벼록블, [상저가]블을 듸여 (58번의 '블의나'의 '블'은 마에마 전사본과 『고시조대전』에서는 모두 '불'로 記載하고 있으나 마이크로필름으로 확인해 보면 '블'로 되어 있음을 알 수 있다.)
【플】[218]플 굿희 이슬, [관동별곡]이운 플, [규원가] 플 속의

'물'로 교체되어 갔는가에 대한 18세기 문헌의 전체적인 검토이고, 다른 하나는 1760년 경에 집성된 가집 - 가령 『解我愁』- 과 1800년 초반에 집성된 가집 - 가령 『동가선』, 『연민본 청구영언』- 에서 '水'의 고유어가 어떻게 표기되고 있는가를 검토하는 것이다. 전자를 통해서는 유사한 현상이 몇 년 경에 일어나는가를 확인할 수 있을 것이고, 후자인 가집끼리의 비교를 통해서는 口語의 언어 변이 또한 시대의 변이에 대체로 순응하며 진행되었던가 여부를 확인할 수 있을 것이다.

(1) 18세기 문헌의 수록 양상 검토

아래의 표는 18세기에 나온 문헌 중 비교적 연도가 뚜렷한 것을 대상으로 하여, 이곳에서 '믈(水)'이 어떻게 수록되어 있는가를 조사한 것이다.[27] 우리는 이 표를 통하여 언제까지 '믈'이 모두 '믈'로만 표기되었고, 언제부터 '물'로 바뀌어 나갔으며, 어느 시기쯤 완전히 '물'로 바뀌었던가를 확인할 수 있다.

1747~1800년대의 서명 및 연도	水						변화 비율
	믈	믈결	눈믈	물	물결	눈물	
松江歌辭 星州本(1747)	ᄂ릴 믈 등 15회	믈결도 자도 잘샤 등 4회	디ᄂ니 눈믈이라 〈24〉 등 4회	∅	∅	∅	0/23 = 0%
同文類解 下 (1748)	진믈 〈하:8a〉 등 7회	∅	含淚 눈믈 머금다 〈10a〉 등 2회	물고기 〈하:40b〉 등 2회	∅	∅	2/11 = 18%
四書栗谷先生 諺解 (1749)	믈을 마시고 〈2:20b〉 등 8회	∅	눈믈을 내고 〈孟子4:13b〉 유일례	∅	∅	∅	0/9 0%

---

27 이 조사는 국립국어원이 제공한 세종프로젝트의 결과물을 활용한 결과물이다. 방식은 박재민의 상게서에 실려 있다.

北竄歌 (1755~1762)	∅	∅	∅	∅	∅	눈물을 춤고 ⟨11⟩ 등 2회	2/2 =100%
闡義昭鑑諺解 (1756)	∅	∅	눈물 흐르믈 ⟨1:12a⟩ 등 9회	∅	∅	눈물을 먹음어 ⟨3:5b⟩ 유일례	1/0 =10%
御製訓書諺解 (1756~1766)	바다믈 ⟨20a⟩ 등 2회	∅	눈물을 흘닐 ⟨2a⟩ 등 2회	∅	∅	∅	0/4 =0%
御製戒酒綸音 (1757)	∅	∅	눈물이 ᄂᆞ리니 ⟨30b⟩ 유일례	∅	∅	∅	0/1 =0%
御製續自省篇諺解 (1759~1776)	∅	∅	눈물을 드리오고 ⟨9a⟩ 유일례	바다물 ⟨17a⟩ 유일례	∅	눈물이 벼개의 ⟨34b⟩ 유일례	2/3 =66%
地藏經諺解見性庵(1762)	믈마다 ⟨상:7a⟩ 등 11회	∅	눈믈로 여희시니 ⟨상:1b⟩ 등 4회	∅	∅	∅	0/15 =0%
御製警 3書 (1762~1763)	믈그릇 ⟨어제경민음:6a⟩ 등 7회	∅	눈물을 먹음어 ⟨경세문답:3b⟩ 등 8회	∅	∅	∅	0/15 =0%
三譯總解(1774)	물에 ⟨3:20a⟩ 등 26회	물결 ⟨7:18b⟩ 등 3회	눈믈 쓰스니 ⟨1:6a⟩ 등 7회	∅	∅	∅	0/36 =0%
譯語類解 補 (1775)	물구븨 ⟨5b⟩ 등 33회	물결 ⟨5b⟩ 유일례	含淚 눈믈 먹이다 ⟨24b⟩ 유일례	물 길 ⟨5:a⟩ 등 2회	∅	∅	2/37 =5%
念佛普勸文 海印寺(1776)	바단믈 ⟨4a⟩ 등 8회	∅	눈믈 흘리며 ⟨38a⟩ 등 2회	∅	∅	∅	0/10 =0%
(續)明義錄諺解 (1777~1778)	물솔툿 ⟨속명의록1:7a⟩ 등 3회	물셜 ⟨진쇽명의록차ᄌ:2b⟩ ∅	눈물을 홀니디 ⟨2:15a⟩ 등 6회	우믈물 ⟨속명의록1:27b⟩ 등 2회	물결 ⟨貞:59a⟩ 등2회	눈물이 눈의 ⟨1b⟩ 등 6회	10/19 =53%
方言類釋(1778)	고인 믈 ⟨10b⟩ 등 40회	물셜 ⟨11a⟩ 유일례	眼淚 눈ㅅ믈 ⟨16a⟩ 유일례	물문밥 ⟨29a⟩ 등 6회	∅	∅	6/48 =13%

正祖綸音 21種 (1782~1797)	믈과블 〈원츈도:4a〉 17회	믈결 〈제주:4a〉 유일례	눈믈을 머금어 〈中外大小:9b〉 등 2회	물 지고 〈경기:1b〉 등 8회	∅	∅	8/28 =29%
倭語類解 (1783~1789)	믈드릴 〈11a〉 유일례	∅	∅	물언덕〈7b〉 등 12회	물ㅅ결 〈10a〉 유일례	淚 눈물 〈20a〉 유일례	14/15 =93%
蒙學 3書(1790)	가마 믈이 〈몽어노걸대 25a〉 9회	∅	眼淚 눈믈 〈12a〉 등 3회	醬물 〈몽어노걸대 2:3b〉 등 37회	∅	∅	37/49 =76%
隣語大方(1790)	∅	∅	∅	물을 〈9:12b〉 유일례	∅	눈물 〈5:2a〉 유일례	2/2 =100%
奠說因果曲 2種 (1794~1796)	쇠녹인믈 〈지경령험전: 35b〉 유일례	∅	∅	물이 〈지경령험전:2b〉 등12회	∅	눈물을 흘리며 〈지경령험전: 25a〉 유일례	13/14 =93%
敬信錄諺釋 (1796·1880)	∅	∅	∅	물에 흐르는 〈76a〉 등 12회	물결이 고요하여 〈58b〉 등 2회	눈물을 흘녀〈37a〉 등 3회	17/17 =100%
五倫行實圖 (1797)	믈의 쌔져 〈1:13a〉 등 15회	믈결을 〈3:63a〉 등 3회	눈믈을 드리으니 〈1:17a〉 등 20회	∅	∅	∅	0/38 =0%
을병연행록 (1830)	도도흔 믈이 〈6:119〉 등 6회	∅	눈믈이 업더니 〈16:90〉 등 5회	물이 쳔니를 〈1:1〉 등 190회	프른 물결 〈3:124〉 등 13회	눈물을 먹이는 〈1:108〉 등 39회	242/253 =96%
서울방각 5종 (1847~1858)	∅	∅	∅	〈던운치젼37장본:26b〉 등 25회	츄파의 물결 〈옥주호연:21b〉 등 3회	눈물만 흘니고 〈던운치전: 26b〉 등 22회	50/50 =100%

〈표 2〉 18세기 '믈 / 물'의 출현 통계

〈표 2〉를 보면, 1740년대와 50년대의 문헌에서는 '믈(水)'에 대한 원순모음화가 거의 일어나지 않고 있음을 알 수 있다. 1747년의 星州本『松江歌辭』, 1749년의『四書栗谷先生』에서 적지 않은 용례가 있지만 한 건의 원순모음화도 일어나지 않았고, 다만 1748년의『同文類解』下에서 2건, 1755년의 〈北竄歌〉에서 2건, 1756년의『闡義昭鑑諺解』에서 1건이 일어나고 있지만

1740~50년대의 전체적인 언어 분위기는 '水'를 '믈'이라 발음하고 표기했던 것이 일반적이었다고 할 수 있겠다.

이 기조는 우리의 검토 대상인 1760년대까지도 그대로 이어지고 있다. 1760~70년대에 걸친 『御製續自省篇諺解』, 1762년의 『地藏經諺解』, 같은 해 『御製警』 3書에 이르기까지 '믈'의 원순모음화는 거의 진행되지 않고 있었던 것으로 보인다. 그리고 이 흐름은 1770년대 문헌인 『三譯總解』, 『譯語類解 補』, 海印寺 本 『念佛普勸文』까지 이어진다. 특히 『譯語類解 補』에서 보이는 다수의 '믈' 용례들은 원순모음화에 대한 당시 言衆의 완강한 입장을 잘 반영하는 것이라 하겠다.

그런데 1770년대 후반의 문헌들인 『(續)明義錄諺解』, 『方言類釋』 등에서 의미 있는 변화가 보인다. 적지만 꾸준한 빈도로 원순모음화가 일어나고 있음을 본다. 우리는 이 지점에 유의할 필요가 있다. 왜냐하면 큰 비중이라고 할 수는 없지만 이 시점을 지나면 원순모음화가 다량으로 나타나기 시작한다는 점에서 이 시점을 원순모음화의 분수령이라 볼 수 있기 때문이다.

1780년대의 자료들에서는 원순모음화의 비율이 보다 높아진 것이 눈에 띈다. 그리고 『倭語類解』에서 매우 높은 비율로 원순모음화가 실현되고 있음을 본다. 이것으로 본다면 80~90년대는 원순모음화가 완전히 실행된 시기라 할 수 있다. 이어지는 『蒙學』 3書에서 다량으로 나타나고 『奠說因果曲』 2種 및 『敬信錄諺釋』 등에서 거의 완전한 실행을 보이고, 이런 비율은 1830년의 『乙丙燕行錄』, 1840년의 방각본 소설들로 이어지고 있음을 본다.

이상을 기준으로 할 때, 고금가곡에 나타난 예외 없는 '믈' 표기가 시사하는 시대적 징후는 분명하다고 하겠다. 이 언어적 흔적은 1780~90년 이전, 그러므로 1764년에 생긴 것임을 강하게 시사하는 것이라 하겠다.

(2) 歌集의 표기 양상 검토

한편, 우리는 편찬 時點이 분명한 여타의 가집에 나타난 표기도 검토할 필요가 있다. 왜냐하면 위의 표에서 다룬 문헌들은 대체로 관찬 언해류가 많아 다소 보수적이면서도 표준적인 표기임에 비해, 고금가곡과 같은 가집들은 개인적인 취향이 반영되어 당대의 언어를 반영하기보다는 개인의 복고적 취향을 반영할 여지도 있다는 반론이 있을 수 있기 때문이다. 필자는 대량으로 찍어내는 다른 板本 문헌에 비해, 筆寫 歌集이 개인적 취향을 반영할 여지가 있음을 부정하지는 않지만, 그래도 대체로 시대의 언어 상황을 반영하는 범주에서 필사될 수밖에 없다고 생각하고 있다. 즉 가집에는 일부 돌출적인 어휘가 나타날 수 있으나 대체로 유사한 시대의 가집은 유사한 표기를 쓰고 있으리라 보고 있다. 이 정황을 확인하려 할 때 『解我愁(1761)』,[28] 『東歌選(1790년 이후)』,[29] 『연민본 靑丘永言(1815년)』[30]은 좋은 비교

---

28 林翰章(1720년경 출생~1800년까지는 생존) 편찬의 가집. 『解我愁』의 구체적인 편찬 시대는 진동혁의 다음 언급을 따른다.

"『解我愁』後端 부분에는 다음의 기록이 있다. 「歲金蛇臘月長東萬草」… 金蛇年은 辛巳年에 해당되는 것으로 믿는다. … 이 『解我愁』는 1761년(英祖 37년. 辛巳年)에 편찬된 것으로 추단된다." 〈진동혁, 「새로 발굴된 시조집 『解我愁』에 관하여」, 『도솔어문』 6집, 도솔어문학회, 1990, 118면.〉

한편 최근 이상원이 임한장에 대한 정보를 추가하여 학계에 보고하였다. 그는 승정원일기를 검토하여 임한장이 정조 때의 내시임을 밝혔다. 이를 바탕으로 그에 대한 정보를 더 추가해 보면 『일성록』에 다음 " … 사서인으로서 나이가 80인 사람 가운데 당상관의 품계에 오르지 못한 사람은 모두 한 자급씩 더해 주라고 명하셨습니다. 五部에 통지하니, 조사하여 보고해 왔으므로 별단으로 써서 드립니다. … 내시 : … 임한장.(漢城府以朝官年七十士庶年八十以上人別單啓. 該府啓言朝官年七十士庶年八十而未至緋玉之階者竝加一資事命下矣 知委五部搜訪報來故別單書入敎 … 內侍: … 林翰章)〈일성록, 정조 24년 경신(1800) 2월 10일 (계사)〉"과 같은 기록이 보이는바, 1800년에 80을 넘긴 나이이므로, 그의 출생이 1720년 직전임을 알 수 있다.

29 백경현(白景炫, 1732~?)이 편찬한 가집. 『東歌選』의 구체적 편찬 시대는 이병철의 다음 언급을 따른다.

"〈동가선〉은 작자 백경현의 말년인 1790년대 이후로 볼 수 있으며, 특히 구로회의 이름이 붙여진 1794년을 감안 한다면, 1794년에서 18세기 후반까지 편찬 시기를 설정할 수 있을 것이다." 〈이병철, 「가집 동가선의 존재 양상」, 『한민족문화연구』 26집, 한민족문화학회, 2008, 101~102면.〉

30 연민 이가원 교수가 소장했던 가집. 이 책의 구체적인 필사 시기는 심재완의 다음 언급을 따른다.

"이 影印原本은 京山 李漢鎭1732~?]님의 編著 自筆本이다. … 本歌集 編纂年代를 상고해 보

검토 자료가 된다. 이 셋은 편찬자와 편찬 연대가 분명하므로 위의 표에 나타난 언어의 시대성과, 가집에서 보여 주는 언어적 시대성과의 관계에 대한 귀납적 기준이 되어 줄 수 있다. 이 세 가집에 나타난 '믈(水)' 관련 표기와 빈도는 다음 표와 같다.

가집 및 연도	水						변화 비율
	믈	믈결	눈믈	물	물결	눈물	
解我愁(1761)	21회[31]	2회[32]	10회[33]	2회[34]	∅	1회[35]	3/36 = 8%
東歌選 (1790년 이후)	∅	∅	∅	6회[36]	1회[37]	5회[38]	12/12 = 100%
연민본靑丘永言 (1815)	∅	∅	∅	8회[39]	∅	3회[40]	11/11 = 100%

〈표 3〉 가집에서의 '믈 / 물' 출현 통계

〈표 3〉을 통하여 우리는 중요한 두 사실을 얻는다. 하나는 해아수에서

면 編者의 生年와 歌本 末尾의 京山 署名[필자 주: "83세에 안경을 쓰지 않고 씀(八十三歲 不用眼鏡書)"을 칭함.]으로 미루어 보아 純祖 十五年(1815 A.D.)에 이루어졌음을 알 수 있다." 〈심재완, 「이한진 편저 청구영언에 대하여」, 『어문학』 7집, 어문학회, 1961, 195~196면.〉

31 [3] 시내믈, [54]믈 우희, [126]누린 믈이, [137]믈 아래, [151]믈이 지니, [152]믈마다, [188]믈이 기퍼, [234]더 믈이, [268]서근 믈, [346]믈 지거다, [383]믈 깃느, [387]믈 혀, [393]믈, [415]믈은, [415]믈은, [416]믈 아래, [416]믈 우희, [416]믈 담은, [428]믈 아래, [438]물근 믈이, [454]믈,
32 [343]믈결이, [404]믈결치고
33 [69]눈믈 계워, [208]눈믈 디며, [210]눈믈 질, [221]눈믈, [289]눈믈 계어, [305]눈믈, [339]눈믈 딘, [367]눈믈 지고, [381]눈믈, [415]눈믈은
34 [51]물도곤, [360]물은
35 [71]눈물을
36 [61]져 물도, [68]누린 물이, [87]누힌 물이, [68]누린 물이, [155]물두곤 [164]서근 물은
37 [151]물결이
38 [5]눈물 계워, [18]눈물 계워, [36]눌물, [68]피눈물, [161]눈물을
39 [40]누린 물이, [41]물이 지니, [78]물 길나, [112]물결 쳐셔, [128]물에셔, [200]물 알이, [244]물 알이, [244] 물이로다
40 [9]눈물, [47]눈물 지며, [132]눈물 질

압도적으로 나타나는 원순모음화 미반영의 사례와, 동가선과 연민본 청구영언에서 압도적으로 나타나는 원순모음화 반영 사례가 상게한 〈표 2〉와 정확히 일치하고 있다는 점이다. 이는 대량으로 출판하는 관찬 언해의 표기 경향성과 私的인 용도로 활용하려는 가집의 표기 경향성이 그렇게 다르지 않다는 하나의 사례로 활용될 수 있다. 중요한 또 다른 사실은, 해아수에서 보이는 변화 비율이 지금 우리가 고찰하고 있는 고금가곡의 통계와 거의 흡사하다는 사실이다. 해아수에서 세 번의 예외가 있기는 하지만 통계적으로 볼 때 유사한 시대적 징후라 보아 문제 없는 것이라고 하겠다. 그렇다면 고금가곡은 역시 해아수의 시대에서 멀지 않은 시대에 편찬되었다고 보아야 한다. 이럴 때 고금가곡의 甲申은 아무래도 해아수의 편찬 시기인 1761년에 가까운 1764년으로 지목될 수밖에 없다.

2) 구개음화의 실현 양상 검토

우리는 원순모음화의 실현양상을 통하여 고금가곡이 1760년대의 언어적 특징을 지니고 있음을 보았다. 그렇다면 구개음화의 실현 양상은 어떠할까? 다음 작품을 볼 때, 구개음화적인 특성에서 볼 때도 고형을 띠고 있음을 감지할 수 있다.

오늘도 됴흔 날이 이곳도 됴흔 곳이 / 됴흔 날 됴흔 곳의 됴흔 사름 만나 이셔 / 됴흔 슐 됴흔 안쥬의 됴히 놀미 엇더리 [고금가곡 165번]

이 작품에 나오는 '됴다'는 현대어 '좋다'의 고형인데, 1700년대 후반을 지나면서 '좋다'와 경합하면서 1800년대를 지나서는 점차 '좋다'에 자리를 내주며 사라진 어형이다. 그렇기에 1700년대 전반과 중반까지는 이 어형이 우세하고, 1800년대 전반으로 가면 '좋다'라는 어형이 우세하게 나타난다. 그렇다면 고금가곡에는 이 어형이 어떻게 나타날까? 검토해 보면 다음과 같은 표를 얻는다.

가집	好		변화 비율
	둏다	좋다	
고금가곡	33[41]	1회[42]	1/34 = 3%

〈표 4〉 고금가곡의 '됴 / 죠' 출현 통계

〈표 4〉가 보여 주는 비율은 1700년대의 문헌 통계를 기준으로 본다면 어느 시점에 근사할까? 1700년대의 통계표를 제시하면 다음과 같다.

연도	서명	됴ᄒ다	좋다
1700	유합(영장사)	好 됴흘 호 〈16:a〉	∅
1700	천자문(영장사)	好 됴흘 호 〈13b〉	∅
1730	유합(송광사)	好 됴흘 호 〈16a〉	∅
1730	천자문	好 됴흘 호 〈13b〉	∅
1748	동문유해	好田 됴흔 받 〈1:1a〉 등 3회	∅
1765	박통사신석언해	됴흔 술 〈1:2b〉 등 155회	∅
1774	삼역총해	됴흔 날 〈1:3b〉 등 15회	∅
1775	역어유해 보	狠好 ᄀ장 됴타 〈37b〉 등 3회	作善事 죠흔일ᄒ다 〈56b〉 등 5회
1777	팔세아	∅	죠흔 일홈 〈2a〉 1회
1778	방언유석	鋼鐵 됴흔쇠 〈3:19a〉 등 2회	壯田 죠흔 밧 〈3:23a〉 등 8회
1781	중간첩해신어	日本 됴흔 술 〈3:24b〉 등 36회	죠흘 양으로 〈7:16a〉 등 19회
1783경	왜어유해	∅	好 죠흘 호 〈상:19a〉

---

41 [1]됴하ᄒ나, [3]됴ᄒᄒ나, [5]됴하ᄒ나, [10]됴히, [41]됴희, [61]됴흔 일, [78]됴희 너겨, [81]됴 커니와, [83]됴타 ᄒ고, [99]됴흔 일, [134]산 됴코, [134]믈 됴흔, [139]됴흔 景을, [165]됴흔 날이, [165]됴흔 곳이, [165]됴흔 날, [165]됴흔 곳, [165]됴흔 사룸, [165]됴흔 슐, [165]됴흔 안쥬, [165]됴히 놀미, [166]됴하ᄒ노라, [188]됴커니와, [226]됴흘소냐,[293]더옥 됴해, [294]듯기 됴타, [295]됴흘다, [관동별곡]됴흘시고, [관동별곡]됴흔 世界. [성산별곡]됴흔 일, [성산별곡]됴타 ᄒ듸, [강촌별곡]됴커니와, [강촌별곡]내 됴하라

42 [257]숨도 죠코

1790	몽어유해	好田 됴흔 받 〈하:1a〉 등 4회	穗秀齊 셥수 죠타 〈補:22a〉 1회
1790	인어대방	됴흔 쁠 〈1:3b〉 1회	죠흔 술 〈10:15b〉 등 23회
1795	중간노걸대언해	됴흔 거슬 〈하:36b〉 등 3회	ᄀ장 죠타 〈상:7b〉 등 129회
1804	주해천자문	好됴홀호 〈18a〉 등 2회	妙죠홀묘 〈40a〉 1회

〈표 5〉 1700년대 사전류 및 학습서의 '됴 / 죠'의 출현 통계

주로 천자문류와 외국어학습서 위주로 낸 통계이기는 하지만 대체적인 경향성은 확인할 수 있다. 1765년의 『박통사신석언해』를 지나 1774년의 『삼역총해』까지는 '됴다'가 압도적인 우위를 점하다가 1770년 중반을 지나 1780년까지 '됴다'와 '죠다'가 경합하고, 1790년의 『인어대방』과 1795년의 『중간노걸대언해』 시기를 지나면서 '죠다'가 상용화되는 경향을 보이고 있다. 이 흐름이 1800년대에도 지속되므로 '됴다'로 일관되어 있는 고금가곡의 표기는 1764년을 가리키고 있음이 다시금 확인된다 하겠다.[43]

한편, '됴다' 이외에 구개음화의 진행을 잘 볼 수 있는 어휘로 '~디 말라 / ~지 말라'가 있다. 그런데 고금가곡의 경우 이 둘은 극단적으로 갈라져 '됴다'는 구개음화가 일어나지 않지만, '~지 말라'는 대다수의 경우 구개음화가 실현되어 나타난다. 이를 표로 보이면 다음과 같다.

가집	부정의 어미		
	~디 마(말)	~지 마(말)	변화 비율
고금가곡	1회[44]	35[45]	34/36 = 97%

〈표 6〉 『고금가곡』의 '~디 마라 / ~지 마라' 출현 통계

---

43 이렇게 볼 때, 『고금가곡』에 나타난 1회의 '죻-'은 여타 문헌에 비해 매우 빠른 출현이라 할 수 있다. 18세기 중반까지 거의 보이지 않는 '죻-'은 1758년에 편찬된 『종덕신편언해』에서 드물게 몇 용례가 있는데 이 또한 '둏-'의 수풀 속에서 드문드문 보이는 '죻-'이란 점에서 이 시기가 비로소 '죻-'이 언중의 언어에서 싹트기 시작한 것임을 보이는 것이라 하겠다.

44 [239]ᄇᆞ람아 브디 마라

45 [10]기ᄃᆞ리지 마ᄅᆞ쇼셔, [25]ᄇᆞ라지 말아, [26]셔지 말며, [26]넓지 말아스라, [35]숨지 마라, [70]웃지 마라, [77]웃지 마라, [46]닛지 못ᄒᆞ여라, [54]웃지 마라, [78]안지 마라, [97]웃지 마라, [102]늙지 말아, [116]웃지 마라, [118]내지 마라, [118]모지 마라, [120]모지 마라, [125]흐르지

그렇다면 이런 형태는 1760년대의 언어 사정이라고 할 수 있을까? 이에 대한 답 역시 1700년대의 '~디 말라 / ~지 말라'의 출현 통계를 작성해 봄으로써 가늠할 수 있을 것이다.

1747~1799년의 서명 및 연도	부정의 어미		변화비율
	~디 마(말)	~지 마(말)	
松江歌辭 星州本 (1747)	마: 쥐디 마나 〈7〉 등 14회 말: 식디 말거슬 〈76〉 1회	마: 묽지 마나 〈8〉 등 1회 말: ∅	1/16 = 6%
四書栗谷先生諺解 (1749)	마: 보디 마롤디니 〈論3:47b〉 등 8회 말: 듯디 말고 〈孟1:65a〉 등 15회	마: ∅ 말: ∅	0/23 = 0%
北竄歌 (1755~1762)	마: ∅ 말: ∅	마: ∅ 말: 혜지 말고 〈9〉 등 2회	2/2 = 100%
蘭義昭鑑諺解 (1756)	마: 머므로디 마르쇼셔 〈1:52b〉 등 2회 말: 기드리디 말고 〈1:49b〉 등 14회	마: ∅ 말: ∅	0/16 = 0%
御製訓書諺解 (1756~1766)	마: ∅ 말: 보디 말미 〈性道敎:5a〉 등 7회	마: ∅ 말: ∅	0/7 = 0%
御製戒酒綸音 (1757)	마: ∅ 말: ∅	마: ∅ 말: 쎄디지 말게 〈23b〉 등 3회	3/3 = 100%
種德新編諺解 (1758 이후)	마: ∅ 말: 니르디 말나 〈中:21a〉 등 8회	마: ∅ 말: ∅	0/8 = 0%
御製續自省篇諺解 (1759~1776)	마: ∅ 말: 니르디 말나 〈20a〉 등 3회	마: ∅ 말: ∅	0/3 =0%
普賢行願品 雙溪寺 (1760)	마: ∅ 말: ∅	마: 드르시지 마옵고 〈6b〉 등 2회 말: ∅	2/2 = 100%
御製鶩 3書 (1762~1763)	마: 좃디 마라 〈문답속록13b〉 등 2회 말: 니르디 말라 〈문답:22b〉 등 12회	마: ∅ 말: ∅	0/14 =0%
御製祖訓諺解 (1764년 이후)	마: 본밧디 마라 〈27b〉 등 2회 말: 뉘웃디 말라 〈4b〉 등 9회	마: ∅ 말: ∅	0/11 = 0%
朴通事新釋諺解 (1765)	마: ∅ 말: 부치디 말라 〈1:15b〉 등 1회	마: 져브리지 마쟈 〈1:6a〉 1회 말: 앗기지 말라 〈1:11a〉 등 35회	36/37 = 97%

마라, [126]ᄂ지 마랴, [150]내지 마라, [150]혀지 마라, [189]안지 마라, [196]가지 마소, [197]우지 말라, [212]잠지 말고, [241]뚊지 마라, [243]나지 말거나, [263]웃지 마라, [289]굴희지 말고, [관동별곡]쥐지 마나, [관동별곡]솟지 마나, [관동별곡]조치 마나, [관동별곡]묽지 마나, [관동별곡]오로지 못ᄒ거니, [관동별곡]ᄂ지 마라, [관동별곡]가지 마오

三譯總解(1774)	마: ∅ 말: ∅	마: ∅ 말: 너기지 말라 〈1:3b〉 등 30회	30/30 = 100%
譯語類解 補(1775)	마: ∅ 말: ∅	마: ∅ 말: 니르지 말라 〈보:57b〉 등 1회	1/1 = 100%
念佛普勸文 海印寺(1776)	마: 밋디 마소 〈45b〉 등 2회 말: 니르디 말나 〈9b〉 등 6회	마: 너기지 마로쇼셔 〈20a〉 등 2회 말: 보지 말고 〈20b〉 등 6회	8/16 = 50%
北征歌(1776)	마: ∅ 말: ∅	마: 눕지 마라 〈p.321〉 등 1회 말: ∅	1/1 = 100%
(續)明義錄諺解(1777~1778)	마: 쓰디 마ᄋᆞ쇼셔 〈속2:20b〉 등 1회 말: 내디 말나 〈속1:13b〉 등 2회	마: 시측지 마르시고 〈36b〉 등 3회 말: 두지 말고 〈26a〉 등 25회	28/31 = 90%
方言類釋(1778)	마: ∅ 말: ∅	마: ∅ 말: 니르지 말라 〈34a〉 1회	1/1 = 100%
改修捷解新語(1781)	마: ∅ 말: 올리디 말미 〈6:29b〉 1회	마: 아지 마ᄋᆞ소 〈6a〉 등 5회 말: 거스리지 말고 〈8:3a〉 등 6회	11/12 = 92%
正祖綸音 21種(1782~1797)	마: ∅ 말: ∅	마: ∅ 말: ᄒᆞ지 말고 〈原春:8b〉 등 21회	21/21 = 100%
兵學指南 壯營藏版(1787)	마: ∅ 말: 들디 말라 〈1:1a〉 17회	마: ∅ 말: ∅	0/17 = 0%
蒙學 3書(1790)	마: ∅ 말: 드토디 말라 〈8:3a〉 1회	마: 싀오지 마쟈 〈노걸대4:12b〉 2회 말: 소기지 말라 〈노걸대1:23a〉 48회	50/51 = 98%
隣語大方(1790)	마: ∅ 말: ∅	마: 니르지 마ᄋᆞ소 〈1:1b〉 7회 말: 넘기지 말고 〈1:19a〉 3회	10/10 = 100%
奠說因果曲 2種(1794~1796)	마: 노디 마소 〈심악:32b〉 등 2회 말: 쓰디 말나 〈심악:30a〉 등 18회	마: ∅ 말: 잇지 말고 〈심악:39a〉 등 6회	6/26 = 23%
重刊老乞大諺解(1795)	마: ∅ 말: ∅	마: 니르지 마쟈 〈상:15a〉 1회 말: 니르지 말라 〈상:16b〉 등 49회	50/50 = 100%
敬信錄諺釋(1796·1880)	마: ∅ 말: ∅	마: ∅ 말: 속이지 말며 〈1b〉 등 194회	194/194 = 100%
增修無冤錄諺解(1796)	마: ∅ 말: 12회, 뭇디 말고 〈1:10a〉 등	마: ∅ 말: 베프지 말라 〈1:53b〉 1회	1/13 = 8%
五倫行實圖(1797)	마: 1회, 밋디 마르쇼셔 〈2:15a〉 등 말: 8회, 죽디 말라 〈2:3b〉 등	마: ∅ 말: ∅	9/9 = 100%
을병연행록(1830)	마: ∅ 말: 49회, 져브리디 말나 〈1:12〉 등	마: ∅ 말: 너기지 말나 〈4:90〉 등 13회	13/62 = 21%
서울방각 5종(1847~1858)	마: ∅ 말: ∅	마: 앗기지 마로시고 〈당태종:12b〉 등 11회 말: 져바리지 말고 〈던운치전:2a〉 등 30회	41/41 = 100%

가집 및 연도	부정의 어미		
	~디 마(말)	~지 마(말)	변화비율
남원고사(1864경)	마: ∅ 말: ∅	마: 나지 마라 〈2:9a〉 등 26회 말: 구지 말고 〈1:18b〉 등 26회	52/52 = 100%
歌曲源流 國樂院 (1872)	마: 안디 마라 〈290번곡〉 등 3회 말: 뭇디 말고 〈560번곡〉 등 2회	마: 써디지 마라 〈9번곡〉 등 54회 말: 석이지 말고 〈194번곡〉 등 15회	69/74 = 93%

〈표 7〉 1700년대 문헌의 '~디 마라 / ~지 마라' 출현 통계

〈표 7〉은 1700년대 '~디 마라'와 '~지 마라'의 변화 양상을 대비적으로 보여 주고 있다. 1750년대까지 미미하게 진행되던 것이 1765년의 『朴通事新釋諺解』와 1774년의 『三譯總解』에서 다량의 용례가 나타남으로써 이 당시에 '~지 마라'가 민중의 급속한 호응을 얻었음을 확인시켜 주고 있는 것이다.

한편, 이 점은 유사한 시기의 歌集인 『解我愁』(1761)와 비교해도 다시 확인된다.

가집 및 연도	부정의 어미		
	~디 마(말)	~지 마(말)	변화비율
解我愁(1761)	1회[46]	33회[47]	33/34 = 97%

〈표 8〉 『해아수』의 '~디 말라 / ~지 말라'의 출현 통계

결국 고금가곡과 해아수는 1760년대의 언어 흐름을 그대로 반영하고 있는 가집이라 하겠다. 1760년대의 언어 흐름으로 보나, 해아수와의 유사성으로 보나 고금가곡은 1764년의 편찬물임이 다시금 확인된다.

---

46 [440]怨티 마라
47 [22]굿지 아닛눈고, [34]브라지 마라, [61]가지 말고, [66]우지 마라, [92]ᄒ지 말며, [95]病드지 말고, [95]늙지 마라, [123]삼지 말아, [130]내지 마소, [130]혀지 마소, [132]뭇지 말고, [146]怨치 말아, [153] 부지 말아, [174]가지 말아, [181]늙지 말고, [184]늙지 말고, [190]셟지 안녀, [193]가지 마소, [199]씌지 말게, [202] 먹지 마쇼, [209]노치 말아, [212]우지 마라, [246]웃지 말아, [247]웃지 말아, [282]웃지 마라, [288]웃지 마라, [370]웃지 마라, [377]닛지 말고, [399]구로지 마오, [407]쉬지 안코, [411]아지 못게라, [453]듣지 마라, [468]가지 말나

3) 특수한 어휘

이상으로 우리는 원순모음화와 구개음화의 실현 정도로 볼 때『고금가곡』의 편찬 연대는 1764년으로 추정됨을 살폈다. 그런데 이러한 근거들 외에 또 다른 언어 흔적들도 있다. 그것은 바로 1700년대 중반까지는 '나븨'와 '가마괴'로 표기되다가 1800년의 근처에 가면 그 형태가 '나뷔'와 '가마귀'로 바뀌는 '나비[蝶], 까마귀[鳥]'의 고어가 그것이다. 이 두 어휘의 고어 변이를 표를 통해 살핀다.

(1) 나븨
고금가곡에는 다음의 시조에서 보이듯 '나비[蝶]'을 '나븨'로 표기하고 있다.

小園 百花叢의 노니ᄂᆞ 나븨들아 / 좀내를 됴히 너겨 가지마다 안지 마라
夕陽의 險구즌 거믜 그믈 걸가 ᄒᆞ노라 [78번]

작품 전체에서 '나비'를 칭하는 말은 5회 나타나는데 모두 일관되게 '나븨'로 표기하고 있다.

가집	蝶		변화 비율
	나븨	나뷔	
고금가곡	5회[48]	∅	0/5 = 0%

〈표 9〉 고금가곡의 '나븨 / 나뷔' 출현 통계

그런데 이 '나븨'라는 어휘는 '나뷔'라는 어휘의 선행형으로 1780년 이전

---

48 [78]나븨들아, [184]범나븨, [사미인곡]범나븨, [춘면곡]가ᄂᆞ 나븨, [춘면곡]나ᄂᆞ 죽어 나븨되어(마에마 필사본에는 '나뷔'로 되어 있으나 오류이다. 국립중앙도서관에 소장된 마이크로필름을 통해 확인해 보면 '나븨'로 되어 있다.)

의 문헌에서는 거의 예외 없이 '나븨'로만 나타나고 그 이후의 문헌에서는 '나븨' 혹은 '나뷔'로 경합하다가 1800년 중후반을 넘어가면서 나뷔로 수렴되는 어휘이다. 이를 표로 보면 다음과 같다.

서명 및 연도	蝶	
	나븨	나뷔
역어유해(1690)	出蛾子 나븨나다 〈下:2b〉 1회	Ø
유합(松廣寺, 1730)	蝶 나븨 졉 〈10a〉 1회	Ø
어제자성편언해(1746)	나븨 〈슈셔:36a〉 1회	Ø
송강가사 성주본(1747)	범나븨 〈30〉 등 2회	Ø
동문유해(1748)	蝴蝶蛾 나븨 〈하:42a〉 등 3회	Ø
박통사신석언해(1765)	나븨 〈20b〉 1회	Ø
방언유석(1778)	小蝴蝶 나븨 〈4:17a〉 등 4회	Ø
왜어유해(1783~1789)	蝶 나븨 뎝 〈하:26a〉 1회	Ø
몽학 3서(1790)	蝴蝶兒 나븨 〈몽어유해 하:35a〉 등 3회	Ø
광재물보(19세기)	Ø	蝴蝶 나뷔 〈蟲卵3〉 등 3회
병와가곡집(미상)	나븨들아 〈526번곡〉 등 2회	나뷔 되여 〈248번곡〉 등 12회
서울방각 5종 (1847~1858)	빅셜 갓튼 나븨 〈삼설기3:11a〉 등 2회	Ø
남원고사(1864경)	나븨 〈1:22b〉 등 2회	잠든 나뷔 〈1:2b〉 등 9회
가곡원류(1876)	Ø	나뷔 〈231번곡〉 등 13회
한불자전(1880)	Ø	나뷔 蝴蝶 〈267쪽〉 등 6회

〈표 10〉 17~19세기 문헌의 '나븨 / 나뷔'

이를 감안할 때, 고금가곡에 나타난 5회의 예외 없는 '나븨' 표기는 고금가곡 편찬 시대를 다시금 강하게 시사하는 흔적이 된다. 만약 1824년에 편찬을 했다고 한다면 이렇게 일관되게 '나븨'로만 쓰기 어려웠을 것이기 때문이다. 그러므로 고금가곡은 '나뷔'라는 표기가 없던 시대, 즉 1764년의 언어가 고스란히 반영된 가집이라 하겠다.

한편 연대가 뚜렷한 가집인 해아수 및 연민본 청구영언 역시 이런 흐름을 따르고 있다.

가집 및 연도	蝶		
	나븨	나뷔	변화 비율
해아수(1761)	2회[49]	3회[50]	3/5 = 60%
연민본 청구영언(1815)	∅	3회[51]	3/3 = 100%

〈표 11〉 歌集의 '나븨 / 나뷔' 출현 통계

다만, 『해아수』에서는 2회의 '나븨'와 3회의 '나뷔'가 나타나 경합하는 모습을 보이는데, 해아수의 '나뷔'는 상당히 이른 시기에 나타난 용례로서 이 즈음에 일부 언중 층에서 '나뷔'가 사용되기 시작했음을 시사하는 한 지표라 하겠다.

(2) 가마괴

'가마괴' 역시 마찬가지 방식으로 검토될 수 있다. 고금가곡에는 [77]번곡[52] 과 [80]번곡에서 '가마괴'가 나타나 총 2회의 용례가 있다. 그런데 '까마귀'의 古語는 1780년 이전의 문헌에서는 거의 고정적으로 '가마괴'로 쓰인다. 이후로 넘어가면 '가마괴'와 '가마귀'가 혼용되어 쓰이다가 1800년대를 거치면서 '가마귀'로 정착되어 간다. 그 흐름을 문헌을 통해 확인하면 다음과 같다.

서명 및 연도	烏	
	가마괴	가마귀
喜雪(1721)	가마괴 〈39b〉 1회	∅
오륜전비언해(1721)	가마괴 〈15b〉 1회	∅

---

49 [390]수나븨, [149] 나븬 톄훈들
50 [144]나뷔, [298]나뷔, [298]나뷔 (단국대 율곡 도서관 원본 검토 요망)
51 [43]나뷔, [73]나뷔, [180]나뷔
52 『고시조대전』에는 '가마귀'로 기재하고 있으나 오류이다. 마이크로필름으로 보면 '가마괴' 임이 확인된다.

유합(松廣寺, 1730)	烏 가마괴 오 〈8a〉	∅
동문유해(1748)	老鴉 가마괴 〈하:35a〉 寒鴉 갈가마괴 〈하:35a〉 등 4회	∅
삼역총해(1774)	가마괴 〈8:14b〉 등 4회	∅
염불보권문(1776)	가마괴 〈42a〉 1회	∅
방언유석(1778)	老鴉 가마괴 〈4:11b〉 등 2회	∅
왜어유해(1783~1789)	烏 가마괴 오 〈하:21b〉	∅
몽학 3서(1790)	∅	老鴉 가마귀 〈몽어유해하:29a〉 등 2회
전설인과곡 2종(1794)	∅	털가마귀 〈장서각본:3b〉 등 2회
오륜행실도(1797)	∅	가마귀 〈1:66b〉 등 2회
주해천자문(1804)	雅가마괴아	∅
몽유편(1810)	鷁鵙 굴ᄆ마괴 〈上:16a〉 1회	∅
병와가곡집(미상)	∅	가마귀 〈64번곡〉 등 15회
광재물보(19세기)	∅	慈烏 가마귀 〈禽1〉 등 2회
서울방각 5종(1847~1858)	가마괴 〈삼설기 권3:2〉 등 2회	금가마귀 〈뎐운치전:15b〉 1회
남원고사(1864경)	갈가마괴 〈11b〉 등 4회	∅
국립국악원 가곡원류(1872)	∅	가마귀 〈36번곡〉 등 11회
한불자전(1880)	∅	가마귀 烏 〈124쪽〉 등 2회

〈표 86〉 '가마괴 / 가마귀'

한편, '가마귀'의 표기 측면에 대해서만은 고금가곡과 해아수의 표기가 차이가 난다. 고금가곡은 고형을 지켜 '가마괴'로 일관하고 있는 반면, 해아수는 아래의 표에서 보이듯이 후대의 형태인 '가마귀'로 구사되고 있음을 본다.

가집 및 연도	烏		변화 비율
	가마괴	가마귀(가마기·감아귀)	
해아수(1761)	∅	3회[53]	3/3 = 100%
연민본 청구영언 (1815)	∅	4회[54]	4/4 = 100%

〈표 13〉 가집의 '가마괴 / 가마귀' 출현 통계

이 점은 위에서 '나븨'와 '나뷔'를 혼용하여 쓰던 것에 비해 더 특이한 점이라 할 수 있다. 해아수에 다른 동시대 문헌에는 전혀 보이지는 않는 '나뷔'와 '가마귀'가 복수로 나타나고 있는 점에 대해서는 보다 신중한 검토가 필요하리라 보지만, 일단 고금가곡의 '가마괴'는 여타 1760년대 문헌에 부합하는 출현을 하고 있다고 하겠다.

4. 결론

이상『고금가곡』의 편찬 시대에 대한 검토를 하였다. 그간의 연구사에서 고금가곡의 편찬 시대를 규명하는 일은 주로 이 책이 수록하고 있는 내용 및 작가를 참조하여 진행되었다. 그리고 드물게 노랫말의 변이 양상을 실마리로 하여 작품의 계통을 확인하는 과정에서 시대 추정을 하기도 하였다. 본고는 이러한 노력에 더하여, 노랫말에 남아 있는 어휘적 특성을 근거로 이 책의 시대를 추정하였다. 이 책의 편찬 연도인 甲申이 마침 1764년과 1824년으로 양분되어 있었던바, 그 시기에 급격한 변화를 보이던 언어 현상을 활용하고자 했던 것이다.

이 시대에 급격한 변화를 보이는 언어 현상은 주지하다시피 원순모음화와 구개음화이다. 본고는 원순모음화의 대표적인 단어 '믈[水]'을 활용하여 연도를 추정하였다. 고금가곡에는 '믈'이 47회 출현하는데, 예외 없이 모두 '믈'로만 표기되고 있었다. 국어사에서 1760년대의 문헌에서는 '믈'이 거의 '믈'로 나타나고, 1800년대가 지나면 대부분의 문헌에서 '믈'이 '물'로 대체되는데 이 점으로 볼 때 고금가곡의 편찬 시기는 1764년이리라고 추정할 수 있었다. 그리고 이러한 사실을 동시대의 가집인 해아수와의 비교를 통해

---

53 [36]가마귀, [36]촌가마귀, [174]가마귀
54 [8]가마기, [123]가마기, [201]가마귀, [104]감아귀

서, 한 세대 늦은 동가선 및 연민본 청구영언과의 대조를 통해서도 거듭 검증하였다. 동시대의 가집인 해아수에서는 대부분 '믈'이라고 표기하고 있어 1760년대의 언어 사정에 잘 부합함을 보았고, 동가선과 연민본 청구영언에서는 대부분 '물'이라고 표기하고 있어 1800년 인근의 연대에서 편찬된 책임을 재차 확인할 수 있었다.

구개음화를 통한 시대성의 검토는 '됴타[好]'와 '~지 마라'를 활용하여 진행되었다. '됴타'는 '죠타'의 고형인데, 주로 1760년경까지는 '됴타'로 표기된다. 그러다가 1800년대가 넘어가면 많은 경우 '죠타'로 대체되는데, 고금가곡에서 1회만 예외만 제외하고는 33회의 '됴타'가 나오는 것으로 볼 때 1800년대 이후의 가집은 아닐 것으로 추정되었다. 또 고금가곡에는 구개음화가 이루어진 형태인 '~지 마라'가 압도적인 비율(35/36=97%)로 나타나는데 이 점 또한 시대적 흐름에 부합하는 것임을 보였다. 1765년에 나온 박통사신석언해나, 1774년의 삼역통해는 '~지 마라'가 대량으로 나타나는데 이와 유사한 시대의 표기임을 볼 수 있었다.

시대성을 추정한 마지막 언어 흔적은 '나븨'와 '가마괴'였다. 이 두 어휘는 문헌의 시대성을 검증하는 척도로 쓰일 수 있는 어휘들이다. 왜냐하면 현재까지 알려진 문헌들을 통틀어 볼 때 1760년대 이전의 문헌에서는 항상 '나븨'로만 쓰이고, 그 후의 문헌에서 차차 '나뷔' 또는 '나븨'로 혼용되는 모습을 보이는데, 고금가곡에서는 5회의 나븨가 예외 없이 '나븨'로만 쓰이고 있어, 1700년대 중반 이전 문헌의 특징을 보이고 있다. 즉, 고금가곡은 '나븨'와 '나뷔'의 혼란이 거의 없던 시절인 1764년의 산물이라 하겠다. 마지막으로 '가마괴'를 통한 검증도 행하였다. '가마괴'도 '나븨'와 유사한 변화를 지니는 어휘로, 1780년 이전에는 거의 예외 없이 '가마괴'로 표기되고, 1780년 이후에 한둘씩 '가마귀'로 변해가는 양상을 보이는 어휘이다. 고금가곡에서는 2차례의 '까마귀'가 모두 '가마괴'로 나타나는데 이 책이 1764년에 편찬되었기에 생긴 자연스러운 모습이 아닐까 한다.

이상의 논의는 연역적 방법이 아닌 귀납적 방법을 통한 것이기에 어디까지나 추정에 불과하다. 그러나 다각도로 검토된 각각의 사실들은 일정한 年度를 뚜렷이 指向하고 있음이 확인된다. 원순모음화가 거의 없던 시절, 구개음화가 활발히 진행되어 가던 시절, '나비[蝶]'가 '나븨'이던 시절, '까마귀[烏]'가 '가마괴'이던 시절의 甲申春. 그 甲申春은 결국 '1764년의 봄'으로 推斷된다.

『시조학논총』 51, 한국시조학회, 2019.

소창문고본 『가스』에 대한 소고

1. 서론

일본 동경대학교의 小倉文庫에는 경성제국대학교 법문학부 교수를 역임했던 小倉進平(오구라 신페이, 1882~1944)이 한국에 머무는 동안 수집하였던 729건의 한국고서가 소장되어 있다. 이 고서들은 최근 福井玲(후쿠이 레이, 동경대 교수)에 의해 목록과 서지사항이 집성·공개되었다.[1]

그 목록 중, L174585라는 일련번호를 가진 책은 『가스』란 작품으로 다음과 같은 서지사항을 지니고 있다.

6. 가스[歌辭 (新)] L174585

1冊(26張). 寫本. 28×19.2. 卷末記:「경ᄌ십이월이십숨일[庚子十二月二十三日 … 」.

---

[1] 福井玲은 일본어판으로 2회에 걸쳐 목록화했고, 2012년 『해외 한국본 고문헌 자료의 탐색과 검토』(옥영정 외 7인, 서울대학교 규장각 한국학연구원, 삼경문화사, 95~195면.)를 통하여 한국어판 출간을 했다. 일본어판의 서지사항은 다음과 같다.

福井玲,「小倉文庫目錄 其一 新登錄本」,『朝鮮文化研究』9, 東京大學大學院人文社會系研究科 朝鮮文化研究室, 2002, 124~182면.

福井玲,「小倉文庫目錄 其二 新舊登錄本」,『朝鮮文化研究』10, 東京大學大學院人文社會系研究科 朝鮮文化研究室, 2007, 105~130면.

內容: 화죠연가[花鳥連歌], 악양누가[岳陽樓歌], 효우가[孝友歌], 화전별곡[花田別曲], 계녀ᄉ[戒女詞], 어부ᄉ[漁父詞], 몽유가[夢遊歌].[2]

이 소개는 우선 다음과 같은 점에서 우리의 흥미를 끈다. 첫째, 위 서명과 목록을 보자면 이는 어떤 이가 가사 작품만을 선별해 편찬한 것인데, 이렇듯 가사만을 모은 가사집은 우리 시가사에서 매우 희귀하다는 점, 둘째, 편찬한 연대가 경자년이라는 점에서 특정 시대의 가사 향유 정황을 생생히 목격할 수 있으리라는 점, 셋째, 〈화조연가〉·〈악양루가〉·〈효우가〉 등의 작품은 異本이 零星하거나 20세기 들어서야 채록된 것들[3]인데 그렇다면 이 가사집의 수록본들은 현전하는 이본들 중 가장 이른 시기의 것이 될 가능성이 있다는 점 등이 想起되기 때문이다.

---

2 福井玲 외 7인,『해외 한국본 고문헌 자료의 탐색과 검토』, 서울대학교 규장각 한국학연구원, 삼경문화사, 2002, 97면.
  인용문에서 윗 권점은 필자가 임의로 쳤는데, 각각 "죠→조, 連→宴, 갸→ᄀ, 田→煎 갸→ᄀ"로 수정되어야 할 곳들이다. 〈화죠연가〉는 꽃과 새가 잔치를 벌이는 내용이고, 〈화전별곡〉은 봄날 화전놀이를 하는 내용이므로 마땅히 花鳥宴歌, 花煎別曲으로 전환하여 병기하는 것이 옳다. 기타 '조, 갸' 등의 한글은 원문에 '죠, ᄀ'로 되어 있다.

3 〈효우가〉는 최현재(「효우가의 구비적 특성과 작가」,『규장각』24, 서울대학교규장각한국학연구원, 2001, 106면.)의 언급 - "〈효우가〉는 다른 문헌이나 기록에서도 찾아볼 수 없으며 이본 역시 존재하지 않는 작품이다. 현재 전하고 있는 필사본이 곧 유일한 자료라고 할 수 있다." - 을 따를 때 이본이 거의 없는 작품이고, 〈악양루가〉는 이용기의『악부』에 2종의 이본, 김성배 외 4인의『주해 가사문학전집』(김성배·박노춘·이상보·정익섭,『주해가사문학전집』, 정연사, 1961.)에 1종의 이본이 소개되어 있을 뿐인데, 주지하다시피『악부』는 1920~30년간에 기녀들이 부른 노래를 이용기가 모은 책이므로 현전하는 이본들은 모두 20세기 이후의 채록본이 된다. 또『주해 가사문학전집』에 수록된 것은 본래『가사집』(신명균 편, 김태준 교열,『가사집』, 중앙인서관판, 1936, 232~234면.)에 있던 것을 한문으로 전환하여 수록한 것인지라 결국 1936년 채록본에 불과한 것이다. 이외 1910년대 이후『시힝잡가』등의 잡가집들에 〈악양루가〉가 7회 정도 실려 있다. 〈화조연가〉는 최근 신경숙(「궁중연향에서의 가사 창작과 전승」,『고시가연구』26집, 한국고시가문학회, 2010, 243~266면.)에 의해 17종의 이본이 있는 것으로 집계되어 비교적 많은 이본을 지닌 작품이라 할 수 있으나 필사본 대부분은 20세기 이후의 것이 아닌가 한다.

그러던 중, 필자는 지인의 도움을 입어 이 책의 전체 복사본을 入手할 수 있었다. 그리고 책의 말미에서 다음과 같은 흥미로운 後記를 보게 되었다.

이 측(册)은 슈장(守藏)4ᄒ야 여아(女兒) 김실(金室)1)을 쥬나니, 그 즁(中)의 효우ᄀ(孝友歌) 계여ᄉ(誡女詞)은 부인(婦人) 여ᄌ(女子)의 볼 비라 죠셕(朝夕)의 명염(銘念)ᄒ야 그듸로 힝(行)ᄒ면 부덕(婦德)이 잇셔 가되(家道ㅣ)가 ᄌ년(自然) 일월2) 거시오, 화죠연가(花鳥宴歌) 악양누가(岳陽樓歌)은 심〃ᄒ면 볼 거시나 부여(婦女)의 긴측(緊着)3) ᄒ 근4) 아니요 어부ᄉ(漁父詞)은 그 즁(中)에 진셔(眞書)5)가 만ᄒ여 보계도6)ᄌ미(滋味)7) 가 업슬거시오, 화젼별곡(花煎別曲)은 부여(婦女)의 쇼챵(消暢)8) 이 그려ᄒᆯ 듯ᄒ여 졸필(拙筆)로 기록(記錄)ᄒ미요 몽유가(夢遊歌)은 너 아비 신명(身命)이 긔구(崎嶇)ᄒ여 일평싱(一平生) 과거(科擧)의 골몰(汨沒)ᄒ다ᄀ 오식여년(五十餘年)의 빅두(白頭)을 면(免)ᄒ지 못ᄒ고 셰졍(世情)의 쇼²탄ᄒ여 가산(家産)도 영쳬(零替)9)ᄒ며 너의 ᄉ남미(四男妹) 셩취(成娶)ᄒ여쓰나 가라치지 못ᄒ여 우미막심(愚昧莫甚)ᄒ니 부형(父兄)의 쳑망(責望)이라 후회막급(後悔莫及)이오며 너히는 ᄌ질(資質)은 용열(庸劣)ᄒ나 팔ᄌ(八字)은 츌즁(出衆)ᄒ여 쳔졍연분(天定緣分)으로 고문(高門)의 츌가(出嫁)ᄒ여 김낭(金郎)의 죽인비범(作人非凡)ᄒ니 젼졍(前程)이 만리(萬里)라 아모쥬록 공부(工夫)을 권면(勸勉)ᄒ여 일후(日後)의 부귀공명(富貴功名)을 ᄒ게 ᄒ여라 옛말의 ᄒ여 쓰되 쌀의 덕(德)에 부원군(府院君)이라 ᄒ니 부듸〃〃 명염(銘念)10)ᄒ며 몽유가(夢遊歌) 일편(一篇)은 궁(窮)ᄒᆫ 조듸(措大)11)의 광담(狂談)이라 네나 두고 보와 늘근 이비 쇼회(所懷)을 만분지일(萬分之一)이나 긔렴(記念)하며 다른 ᄉ람 뵈이지 마라 긔쇼(欺笑)12)된다

---

4 수장(守藏). 갈무리. 1) 김실(金室). 경북 내륙지방의 톡특한 말로 김씨 집안의 며느리가 된 여인을 친정에서 일컫는 말. 2) 이루어질. 3) 긴착(緊着). 긴절(緊切)과 같은 말. 4) '건'의 잘 못. 즉, '것은'의 준 말. 5) 진서(眞書). '참된 글자'라는 의미로 썼던 한자(漢字)의 이칭. 6) 보기에도. 7) 자미(滋味). '재미'의 원래 말. 8) 소창(消暢). 답답한 마음을 시원하게 해소함. 9) 영 체(零替). 영락(零落)과 같은 말. 10) 명념(銘念). 명심(銘心)과 같은 말. 11) 조대(措大). 뜻을 이루지 못한 가난한 선비. 12) 기소(欺笑). 놀림과 비웃음.

경ᄌᆞ(庚子) 십이월(十二月) 이십슴일(二十三日) 셩장우슴동졍ᄉᆞ

[띄어쓰기 및 괄호 속 漢字는 필자가 任意로 記入함, 원문은 논문 말미를 참조할 것]

이 후기는 간략했던 서지 사항보다 더 큰 흥미를 불러일으키는 내용을 담고 있다. 우선 이 책이 김씨 집안에 시집가는 딸을 위해 아버지가 직접 필사하고 편찬한 책이란 점이다. 옛 시절의 아버지는 자식에게 엄격하기만 했을 것이라는 선입견에 반하는 퍽 흥미로운 자료를 확보하게 된 것이다.

이 후기가 지닌 중요성은 단순한 흥미 차원에서 끝나지 않는다. 위를 다시 보면 아버지는 딸을 위해 다양한 성격의 가사를 필사해 주고 있음을 본다. "효우ᄀᆞ(孝友歌), 계여ᄉᆞ(誡女詞)은 부인(婦人) 여ᄌᆞ(女子)의 볼 빅라 죠셕(朝夕)의 명염(銘念)ᄒᆞ야 그딕로 힝(行)ᄒᆞ면 부덕(婦德)이 잇셔 가되(家道ㅣ)가 ᄌᆞ년(自然) 일일 거시오"라는 말은 가사가 지닌 교훈성을 적실히 보여 주는 것이고, "화죠연가(花鳥宴歌), 악양누가(岳陽樓歌)은 심 〃 ᄒᆞ면 볼 거시나 부여(婦女)의 긴츅(緊着)ᄒᆞᆯ 근 아니요 … 화젼별곡(花煎別曲)은 부여(婦女)의 쇼창(消暢)이 그려ᄒᆞᆯ 듯ᄒᆞ여 졸필(拙筆)로 기록(記錄)ᄒᆞ미요"라는 말은 가사가 지닌 오락성과 향락성을 보여 주는 것이고, "어부ᄉᆞ(漁父詞)은 그 즁(中)에 진셔(眞書)가 만ᄒᆞ여 보계도 ᄌᆞ미(滋味)가 업슬거시오"란 말은 가사가 지닌 교양적 측면을 보여 주는 것이라 할 것이다. 의도한 것은 아니었겠지만 가사 장르 전체의 효용에 대해 핵심적으로 기술한 것이라 할 만하다.

하지만 이러한 흥미를 지녔음에도 불구하고 우리는 불행히도 이 자료를 완전히 이해하는 단계에 이르지는 못했다. 父情을 담아 시집가는 딸에게 손수 건넸을 법한 이 장면이 과연 어느 지역에서, 또 언제 있었던 문화적 풍경이었을까에 대한 온전한 답을 얻을 수 없기 때문이다. 이 질문에 대한 답은 後記 마지막의 "경ᄌᆞ십이월이십슴일 셩장우슴동졍ᄉᆞ"라는 구절에 담겨 있을 것인데, 이에 대한 이해가 그리 녹록치 않아 보인다.

2. 연구사의 검토

이 가사집에 수록된 작품과 이러한 가사집이 나오던 문화사적 맥락을 이해하기 위해서 우리는 이 책이 형성된 지역과 시대를 먼저 알아야 한다. 그것이 고정되지 않으면 작품의 향유 시기라든가, 향유 지역, 나아가 이본들 간의 상호관계 등에 대한 심각한 오해가 생겨나기 때문이다.

그런데 우리는 이와 관련하여 이 책의 소개에 선편을 잡은 윤덕진[5]의 연구에 크게 기댈 수 있다. 후쿠이 교수의 소개가 있기 몇 해 전 윤덕진 교수는 이 책이 소창문고에 소장되어 있음을 알고 있었는데 그 경위를 다음과 같이 적고 있다.

> 이 가사집은 일본 동경대학 문학부 2층 한적 코너 오꾸라 문고에 소장되어 있다. 분류기호는 "L 174585"이며, 필사본 1책 26장이다. 지질은 두터운 한지이며 필체는 반흘림체로 처음부터 끝까지 단아하고 고른 모습을 유지하고 있어 한 사람이 정성들여 쓴 것임을 알 수 있다. 이 자료를 처음 소개한 분은 청주대학의 류재일 교수이다. 자료를 입수하기까지 친절한 시도에 감사드린다. 자료의 복사는 2000년 12월 당시 동경외대에 교환학생으로 가 있던 최현식 선생의 도움을 받았다. 또한 감사의 말씀을 드린다.[6]

이후 이 가집의 서지적 상황에 대해 다음과 같은 윤곽을 제시한다.

이 가사집의 후기에는 당연히 편찬 연월일과 장소가 제시되어 있다. 우선 연 간지 "경즈"는 1840년과 1900년일 두 가지 가능성이 있는데 다른 이본과의 대조를 통해 여기 실린 작품이 고형으로 확인되면 앞선 연대를 택하게 될 것이다. 이 가사집의

---

5 윤덕진, 「여성가사집 『가亽』(小倉文庫 소장)의 문학사적 의미」, 『열상고전연구』 제14집, 열상고전연구회, 2001, 207~243면.
6 윤덕진, 상게서, 207면.

편찬 장소를 추정할 수 있는 단서는 후기 말미의 "셩장 우슴동 졍ᄉ"라는 대목에 있는데, "成章于슴동精舍"로 읽을 때 "슴동"이 1) 지명일 경우 : 〈계녀ᄉ〉가 안동 지역에 유통되던 〈계여가〉와 별다른 차이를 보이지 않는 동종의 작품이라는 사실을 단서로 안동 지역을 중심으로 해서 해당 지명을 검토해 보았으나 확연히 일치하는 지명을 찾아내지는 못하였다. … 3) "三冬"으로 읽을 경우 : 이 대목 바로 앞에 제시한 "십이월 이십삼일"과 일치하지만 여기 굳이 날짜를 되풀이 넣을 필요에 대한 의문이 강하게 제기될 수 있다. 결국 편찬 장소의 추정은 〈계녀ᄉ〉를 근거로 하여 안동 지역으로 잡아 보는 선에서 마무리할 수밖에 없다.[7]

이 언급은 크게 두 가지의 내용을 담고 있다. 시대적 정보는 '경자년'을 통해 추정가능한데 이로 1840년과 1900년의 두 가능성을 가지고 있고, 지역적 정보는 '셩장우슴동졍사'라는 후기를 통해 추정할 수 있는데 비록 '삼동'이라는 지명을 찾지는 못했지만, 아마도 '안동 지역'일 가능성이 크다는 것이다. 이 점에 대해 필자 역시 같은 생각을 가지고 있다. 윤덕진이 근거로 삼은 '계녀가'들의 내용적 일치는 이 작품의 향유자가 안동 지역과 관련되었음을 강하게 암시하고 있고, 이 점은 후기 첫 머리에 나오는 어휘 '김실(金室)'과도 잘 호응되는 측면이 있다. 현대는 거의 사라진 용어이지만 '김실'이란 용어는 '김씨 집안에 시집간 딸을 부르는 말'로서 경북 내륙에서 주로 쓰였던 방언이기 때문이다. 작품의 형성 시기인 경자(庚子)년에 대해서도 우선 2가지 가능성에서 출발하는 것이 옳다고 생각한다. 결국 1840년 아니면 1900년 둘 중 하나인 것이다.

하지만 선학의 견해는 보다 보완될 여지가 있다. 선학의 견해는 시대에 대해서는 둘 중 1840년으로 기울었고, 지역에 대해서는 안동 지역권 정도로만 추정한 채 마무리되어 있다. 그러나 몇 정보를 추가해 보면 이는 보다 예각화될 여지가 있다.

---

[7] 윤덕진, 상게서, 210~211면.

3. 지역 추정의 실마리와 확인

1) 노랫말에 나타난 실마리 – 딕죠샨·화심강

위에서 필자는 선학이 추정한 지역에 부분적 동의를 했다. 즉, 이 가사집의 태동은 '안동 지역권'에서 있었을 것이다. 그러나 이는 어디까지나 추정이었지 우리는 '삼동'이라는 영남 내륙의 지명을 아직 찾지는 못했다. 그렇다면 다른 방식으로 지역에 대한 추정을 해 보는 것은 어떨까? 필자는 이를 위해 이 가사집에 수록된 내용을 보다 면밀히 분석할 필요를 느낀다. 가사라는 장르는 그 특성상 자신의 생활에 기반을 둔 내용이 많기 때문에 내용들에서 지역성을 노출할 가능성이 常存하는 것이다. 더구나 이 가사집에는 '계녀가, 화전별곡' 등의 작품이 있어 지역이나 작가에 대한 정보를 노출할 여지가 얼마든지 있다.[8] 이러한 가능성을 염두에 두고 볼 때 다음 山名과 江名은 우리의 시선을 끌기 충분하다. [방점, 괄호 속의 한자는 필자가 임의로 첨가함. 이하 모든 인용문은 같음.]

아동방(我東邦) 부녀(婦女)노름 화전(花煎)밧게 또인난가 (중략)
빅분청유(白粉淸油)[9] 분별(分別)ᄒ여 기경쳐(奇景處)을 ᄎᄌ가니
딕죠샨(大鳥山) 놉푼곳딕 화심강(**江)니 둘너쇼야　　　　　　　〈화전별곡〉

위 구절은 『가ᄉ』에 수록된 〈화전별곡〉의 일부이다. 화자가 부녀의 즐

---

8 가령 〈계녀가〉류 등에서 보이는 "아해야 들어봐라 年去長成 하였으매 모작이 求婚하니 蔚山 山城 嚴氏宅에 吉緣이 거리런가 戊午之月 念酉日에 桃天時節 되었구나, 〈계녀가〉"(김성배 외 3인, 『주해 가사문학전집』, 민속원, 474~475면.) 등의 어구에서 우리는 화자가 울산 엄씨에게 무오년 염유일에 시집갔던 정황을 엿볼 수 있다. 이런 정보를 활용할 가능성을 말하는 것이다.
9 흰 가루와 맑은 기름. 즉, 부침개의 원료.

거운 놀이로 화전을 택하고 동료들과 함께 화전에 필요한 밀가루와 기름 등의 식재료를 챙긴 후 기이한 경치의 산으로 올라가는 장면이다. 그런데 그러한 노랫말 가운데 뜻밖에 '대조산'과 '화심강'이라는 고유명사가 보인다. 만약 이것이 實名이라면 향유자들이 화전놀이를 하던 바로 그 지역 공간일 것이다. 이런 점에서 우리는 '대조산'이란 산을 '화심강'이라는 강이 둘러 흐르고 있는 지형이 혹 실존하고 있을 가능성을 확인할 필요가 있다.

그럴 때 다음의 '大鳥山'은 경북 내륙의 봉화현에 있는 산이라는 점에서 좋은 실마리가 되어 준다.

공의 휘는 광정(光庭, 1674~1756)이다. … 봉화현 대조산 서쪽 언덕에 장사지냈다. (公諱光庭 … 葬于奉化縣大鳥山 向兌之原) 〈訥隱先生文集, 附錄, 墓誌銘〉

창설재 권두경(權斗卿, 1654~1725) 선생의 묘는 봉화현의 동쪽 대조산에 있다. (蒼雪齋先生權公之墓 在奉化縣東大鳥山)

〈이재(李栽, 1657~1730), 密菴先生文集 권17, 墓碣銘, 蒼雪齋權公碣銘〉

위 기록에 따르면 봉화현의 동쪽에 대조산이 있고 대조산의 서쪽에 訥隱 李光庭(1674~1756) 선생의 묘가 있다는 것이다. 그렇다면 혹 위에 나타난 '大鳥山'이 있는 봉화현이 바로 우리가 찾고자 하는 이 책을 편찬한 이와 향유자들이 살던 곳이 아닐까? 영남 내륙지역의 방언에 이어 山名의 일치가 실마리로 추가된 것이다.

2) 지명의 확인 – 대조산과 삼동

필자는 대조산이 봉화현의 동쪽에 있다는 기록을 좇아 산의 구체적 위치를 확인하기 위해 지도 검색 등의 작업을 하였다. 그러나 안타깝게도 현대의 지도에서는 봉화에 있는 '대조산'을 확인할 수 없었다. 봉화군청에도 확인하였지만 그러한 이름은 들어보지 못했다는 답신을 받았다. 이에 필자는 마지막 기대를 품고 위 인용에 나타난 訥隱 李光庭 先生의 종친회에 선생의 묘가 위치한 山에 대한 의뢰를 하였다. 대조산의 서쪽에 묘가 있다고 했으니, 묘가 있는 그 산이 바로 대조산일 것이기 때문이다. 수고를 무릅쓰고 종친회에서는 직계 후손을 흔쾌히 소개해 주었고, 그 후손은 친절하게도 다시 눌은 선생의 묘를 관리해 주시던 분을 소개해 주었다. 그는 눌은 선생의 묘가 있는 산으로 가는 입구 마을에 거주하고 있었는데, 필자는 호의적인 태도의 그분[10]과 통화를 하면서 지역 추정의 결정적 단서를 얻을 수 있었다.

필자가 얻게 된 결정적 단서란 눌은선생의 묘는 마을 뒷산에 있으며 그 마을 이름이 '삼동'이라는 것이었다. 삼동이라면 우리가 앞에서 이미 보았던, 이 책의 필사자가 필사를 완성했다고 명시했던 '于삼동'의 바로 그 삼동이 아닌가. 작품에 나타난 산명을 실마리로 하여 궁극적으로 찾아 들어간 곳이 그 작품을 수록하고 있는 책을 편찬한 곳의 이름과 동일하다는 것. 이 점이 의미하는 것은 명확하다. 즉, 이 책은 대조산이 있는 봉화의 삼동에서 필사·편찬된 것이다.

그렇다면 이 지명과 산명들을 지도에 표시하며 여러 문헌적 정황들을 대입해 재검토해 보자. 이 작업은 결국『가스』의 필사·편찬 지역에 대한 확정 작업이 될 것이다. 먼저 다음 지도를 보자.

---

10 친절한 도움을 주신 삼동2리의 금장락(琴長洛) 선생님께 감사의 말씀을 다시금 전한다.

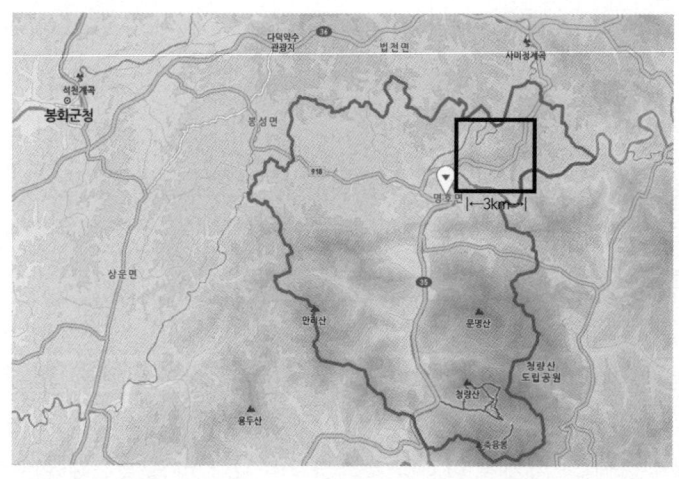

〈지도 1〉

〈지도 2〉

〈지도 1〉의 네모난 부분은 눌은선생의 묘[대조산]가 위치한 봉화군 明湖面 三洞里 일대를 보인 것이다. 35번 국도가 명호면을 종단하고 있는데 명호면의 동북쪽 경계에 삼동리가 자리하고 있다. 이 삼동리는 전체적으로 봉화군의 동쪽에 위치하고 있어 밀암선생문집에서 대조산은 봉화현이 동쪽(奉化縣東大鳥山)에 있다고 한 사실에 일치된다. 눌안선생의 묘 위치, 산

과 강의 형세를 자세히 보기 위해 삼동리의 네모난 부분을 중심으로 지도를 확대하면 〈지도 2〉와 같다.

이 지도는 상술했듯이 〈지도 1〉의 네모부분, 즉, 삼동리 쪽을 확대한 것이다. 지도를 보면 낙동강 상류가 마을을 Y자 형태로 둘러싸며 합수되어 흐르는 것을 볼 수 있는데 이 점은 〈화전별곡〉의 노랫말 "딕됴산(大鳥山) 놉푼곳딕 화심강(**江)니 둘너쇼야"에 정확히 부합한다.

그림의 위쪽에 있는 반경 약 200여 미터의 원 일대가 눌은선생의 묘가 있는 산이다. △가 이 산의 해발 500m 山頂이며 산의 서쪽 부분 A로 표시한 지점에 눌은 이광정 선생의 묘가 있다. 눌은문집에 기록된 "봉화현 대조산 서쪽 언덕에 장사지냈다."란 기록에 의거할 때 이 산이 바로 대조산[11]임을 확인할 수 있다.

화심강은 대조산을 감싸고 도는 낙동강 상류 일대를 칭하던 말로 판단된다. 현재는 강을 그렇게 칭하지 않지만, 제보해 준 분에 따르면 어릴 때까지도 강가의 지형 일대를 화심우 혹은 화심기라고 불렀다고 한다. 지도의 B에 해당하는 부분을 그렇게 불렀다고 하는데 그것이 그 쪽 강변만 그렇게 부른 것인지 아니면 다른 곳도 그렇게 불렀을 가능성이 있는지는 확신할 수 없으나 대조산을 둘러싸고 흐르는 강과 관련된 명칭이라는 점에서 '화심강'의 존재를 보여 주는 틀림없는 흔적이라 할 수 있다.

결국 〈화전별곡〉에 나타난 구절 "딕됴산(大鳥山) 놉푼곳딕 화심강(**江)니 둘너쇼야"는 "삼동이라는 마을의 대조산에 올라가 보니 화심강이 마을을 둘러 흐르고 있는 정경이 눈에 들어오더라"를 시적으로 표현한 것이라 할 수 있다. 이러한 놀이는 삼동의 부녀자들에 의해 행해졌고, 놀이의 즐거움을 딸이 누리라는 의도에서 삼동에 살던 한 양반이 同鄕의 노래를 필사

---

[11] 현지 주민들은 일반적으로 이 산을 '천제산'으로 부른다고 한다. 대조산이란 명칭은 현재 거의 사용되지 않는 듯하다. 한편, 예전에 이 산을 '大鳥山'이라 부른 것은 산의 동쪽면 아래에 있는 마을 이름에 유래한 것으로 보인다. 지도에서도 작게 보이듯이 이 마을 이름이 '황새마을'인데 이 이름에 기인해 '황새 - 한새 - 大鳥'가 된 것으로 추측된다.

편찬해 준 것이라 하겠다.

4. 시기 추정의 실마리와 확인

위에서 우리는 『가ᄉᆞ』의 편찬 지역이 大鳥山이 있는 경상북도 봉화군 명호면 삼동리임을 보았다. 그렇다면 이 가사집은 언제 편찬된 것일까? 이에 대한 현재까지의 견해는 다음과 같다.

> 『가사』 수록 작품들은 전반적으로 고형의 표현 양상을 보여서 다른 이본들보다 선행하는 시기(1840년)의 산물임을 알 수 있게 한다. … 과거 제도가 시행된 하한선은 20세기 이전이므로 "일평생 과거에 골몰하다가 오십여년에 백두를 면치 못한" 단계에서 편찬된 이 가사집의 편찬 시기를 1840년으로 잡는 것이 적합해 보인다. … 따라서 『가사』는 18세기 말에서 19세기 초반 동안의 여성 가사 향유를 반영하는 가사집으로 평할 수 있다.[12]

이러한 견해는 서론에서 인용해 보였던 신중한 태도 "간지 '경ᄌᆞ'는 1840년과 1900년 두 가지 가능성이 있는데 다른 이본과의 대조를 통해 여기 실린 작품이 고형으로 확인되면 앞선 연대를 택하게 될 것이다"의 최종 결론이라 할 수 있겠다.[13] 즉, 작품이 지닌 고형의 표현 양상, 후기에 인용되어 있는 과거 시험의 경험을 근거로 1840년을 지지하고 있는 것이다.

---

12 윤덕진, 상게서, 220~221면.
13 비록 최종적으로 1840년으로 귀결되었지만, 윤덕진 교수는 시초에는 여러 가능성을 열어 두고 있었던 듯하다. 이후 발표와 토론을 거치면서 최종 결론을 내렸는데 다음 진술에서 그 과정을 일단 엿볼 수 있다. "자료를 입수하여 정리하고 대조한 뒤에 두 차례의 발표를 거쳐 논지를 가다듬었다. 2001년 3월의 동방고전문학회 12차 정례 발표에서는 자료 소개를 위주로 하였는데 여러 회원들로부터 자료 성립 시기와 장소에 대한 질정을 받고 이를 보완할 수 있었다." 〈윤덕진, 상게서, 207면.〉

그러나 이 두 근거는 『가스』가 1900년에 지어졌다고 할지라도 여전히 성립할 수 있는 측면이 있다. 즉, 우리나라의 과거는 1894년 갑오개혁을 끝으로 완전히 사라지게 되는데, 1900년 당시에 50세이던 인물의 젊었던 시절 즉, 20~40살이었던 때는 1870~1890년대이므로 과거가 극성이었던 시대와 온전히 겹친다. 실제 1892년 마지막 과거 시험에 대한 다음의 묘사를 보면 당대 村老들의 과거에 대한 열망이 18세기 초 못지않았음을 확인할 수 있다.

내가 아홉 살 적(1884년)에 … 나는 어떻게 하면 진사가 되느냐고 물었다. 진사나 대과나 다 글을 잘 공부하여 큰 선비가 되어서 과거에 급제를 하면 된다는 대답이었다. 이 말을 들은 뒤로 나는 부쩍 공부할 마음이 생겨서 아버지께 글방에 보내 달라고 졸랐다. … 집에서 서당에 가기까지, 서당에서 집에 오기까지 내 입에서는 글소리가 끊어지는 일이 없었다. … 내 나이가 열 네 살(1889)이 되매 … 이때에 임진경과(1892)를 해주에서 보인다는 공포가 났으니 이것이 우리 나라의 마지막 과거였다. … 과거날이 왔다. 선화당 옆에 있는 관풍각 주위에는 새끼줄을 둘러 늘였다. … 선비들은 검은 베로 만든 유건을 머리에 쓰고, 도포를 입고 접기를 따라 꾸역구역 밀려들어 좋은 자리를 먼저 잡으려고 앞장선 용사패들이 아우성을 하는 것도 볼만하였다. 원래 과장에는 노소도 없고 귀천도 없이 무질서한 것이 유풍이라 한다. 또 가관인 것은 늙은 선비들의 걸과라는 것이다. 둘러 늘인 새끼 그물 구멍으로 목을 쑥 들이밀고 이런 소리를 외치는 것이다. "소인의 성명은 아무이옵는데, 먼 시골에서 거생하면서 과거마다 참예하였사옵는데 금년이 일흔 몇 살이올시다. 요 다음은 다시 참가 못하겠사오니 이번에 초시라도 한번 합격이 되오면 죽어도 한이 없겠습니다." 이 모양으로 혹은 큰소리로 부르짖고, 혹은 방성대곡도 하니 한편 비루도 하거니와 또 한편 가련도 하였다.[14]

---

14 김구, 『백범일지』, 범우사, 1984, 23~29면.

이러한 상황으로 유추해 볼 때, 후기에서 보이는 "아비 신명(身命)이 긔구(崎嶇)ᄒ여 일평싱(一平生) 과거(科擧)의 골몰(汨沒)ᄒ다ᄀ 오식여년(五十餘年)¹⁵의 빅두(白頭)을 면(免)ᄒ지 못ᄒ고"의 내용은 1870~90년까지 생의 젊은날 대부분을 과거에만 전념하다가 1900년 당시 나이 50이 되었던 이의 진술로 보아 전혀 무리가 없다.

　또 다른 근거인 이 작품이 지닌 고형의 표현 양상 또한 1900년을 부정할 만큼 확연하지는 않다. 고형적 표현양상은 주로 한문식 표기가 많다는 점에 착안한 것¹⁶인데, 이러한 한문투의 문장을 19세기 전반(1800~1850년)을 살았던 인물들의 전유물로만 생각할 수는 없는 일이다. 경북 내륙에서 평생 과거 공부에 골몰했던 19세기 후반기(1850~1900년)의 선비가 사용한 어투일 가능성도 여전히 열려 있는 것이다.

1) 시기 추성의 실마리 : 〈계여ᄉ〉

　상황이 이렇기에 우리는 이 작품의 필사 시기를 다시 검토할 필요가 있다. 그렇다면 우리는 무엇을 근거로 이 가사집의 성립 연대를 추정할 것인가? 필자는 그 해답을 '계녀가'의 비교, 구사되고 있는 어휘의 時代性 등을 통해 구할 수 있다고 본다. 윤덕진이 이미 언급한 바와 같이 이 가사집에 실린 〈계여ᄉ〉가 안동 지역에서 비교적 최근인 1960년대 경 수집¹⁷된 〈계

---

15 원문의 '오식여년'은 '오십여년(五十餘年)'의 誤記이다.
16 "전고 인용에 의지하는 이런 고투의 시어사용은 『가사』 내의 다른 작품들에서도 발견되는 특징으로서 『가사』의 성립 시기 추정을 앞당기게 하는 주요한 요인이 된다." 〈윤덕진, 상게서, 214면.〉
17 "나는 이러한 閨房歌詞의 硏究에 뜻을 두고 지난 30餘年間에 걸쳐 嶺南地方一帶의 坊坊曲曲을 두루 遍踏하여, 現地에서 두루말이 形式으로 된 閨房歌詞를 蒐集하였다. 그 結果로 내가 가지고 있는 現在의 그 保有量은 近 6000餘점이 되고 있다. 이것들을 다시 整理하고 校合하여 그 資料集으로서 지난 1979년에 韓國精神文化硏究院에서 〈閨房歌詞 I〉로 出版한 바 있었고, 이어 昨年에 曉星女子大學校 出版部에서 〈閨房歌詞 - 身邊歎息類-〉를 또한 出版한 바 있

여가〉와 거의 일치하는데 그 양상을 도표화하여 일람하면 다음과 같다.

句[18]	계여스 [『가ᄉ』 所載]	계여가 [경북 안동군 서후면 이계동 本][19]
1~102句	내용 동일	
103~106句	흔반의 먹지말고 흔해의 거지말고 닉외을 구별ᄒ야 셜압지 마라쓰라	ØØØ ØØØØ 흔회에 거지말고 닉외를 구별ᄒ며 셜압기 말아서라
107~184句	내용 동일	
185~186句	건부나무 썩지말라 불씌가 든나이라	건불나무 쐬지마라 ØØØ ØØØØ
187~216句	내용 동일	
217~220句	반찬을 노흘적긔 제줄로 아라녹코 시져을 노흘적긔 층나게 마라쓰라	반찬을 노흘적에 제줄노 아라노코 ØØØ ØØØØ ØØØ ØØØØ
221~344句	내용 동일	

〈표 1〉

〈표 1〉은 『가ᄉ』에 수록된 〈계여스〉가 1960년경 수집된 안동 지역의 〈계여가〉와 거의 일치하고 있음을 보여준다. 우선 노래의 골격이 각각 344句와 340句로 60년대 수집된 본이 불과 4구 모자랄 뿐이고, 어구의 순서 또한 완전 일치하고 있다. 또한 구사하고 있는 독특한 어휘조차 일치되고 있다는 점 등으로 볼 때 둘의 친연성은 예사로운 것이 아니다.

그렇기에 우리는 친연성을 보다 면밀히 검토해 볼 필요가 있다. 이 친연성이 크면 클수록 두 이본의 시간적 거리는 가깝다 할 수 있고, 이 친연성이 멀면 멀수록 두 이본의 시간적 거리는 멀다고 할 수 있을 것이다. 즉 1960년대에 발굴된 두루마리 본이라면 대체로 20세기 초반에 작성된 본일 것인데, 이와의 친연성이 크다면 『가ᄉ』 소재 〈계여스〉는 시대적으로 가까운

었다."〈권영철, 『閨房歌詞各論』, 형설출판사, 1986, 3면.〉
18 이하의 모든 句 표시는 『가ᄉ』 소재 〈계여스〉를 기준으로 한다.
19 정형우 편찬책임, 『규방가사』 I , 한국정신문화연구원, 1979, 14~20면.

1900년에 필사된 것이라 할 수 있을 것이고, 친연성이 적다면 시대적으로 거리가 먼 1840년으로 추정할 수 있을 것이다.

이 비교를 위해 우선 전형적 계녀가의 구성을 제시할 필요가 있다. 아래에 제시하는 전형적 계녀가는 권영철이 자신이 수집한 700여 편의 계녀가 중 480여 편을 통계내어 集句한 것[20]으로 경북 내륙지역 계녀사의 가장 일반적 모습이라 인정된다. 이를 기준으로 두고 『가스』 소재 〈계여스〉와 1960년 경 수집된 계녀사를 비교해 볼 때, 다음과 같이 매우 특별한 친연성이 확인된다.

	전형적 계녀가 [권영철 本]	계여스 [『가스』 所載]	계여개[경북 안동군 서후면 이계동 本[21]
27~ 28句	일손을 쌜리드러 네방에 도라가셔	계방의 도라나와 일손을 밧비드려	닉방에 도라나와 일손을 밧비드러
31~ 34句	저녁을 당ᄒ거든 ØØØ ØØØØ ØØØ ØØØØ 식빅와 갓치ᄒ되	젼역을 당ᄒ거든 앗츰과 갓치ᄒ고 어울물 당ᄒ거든 식베와 갓치ᄒ고	져역을 당ᄒ거든 아침과 가치ᄒ고 어울벌 당ᄒ거든 식비와 갓치ᄒ고
49~ 50句	부모님 병들거든 단줌을 못ᄌ나마 청령을 더욱ᄒ여 셩심껏 밧ᄌ옵고	부모임 병들거든 ØØØ ØØØØ 쳑염을 더욱ᄒ며 ØØØ ØØØØ	부모임 병들거든 ØØØ ØØØØ 쳥영을 더욱ᄒ여 ØØØ ØØØØ
58~ 70句	살손드려 부치잡고 ØØØ ØØØØ ØØØ ØØØØ ØØØ ØØØØ ØØØ ØØØØ ØØØ ØØØØ	살손드려 부지잡고 소미을 밧닐젹긔 견쳐를 주지말고 송나라 진효부난 시모가 낙치ᄒ니 졔작을 못ᄒ지라 졋먹겨 효양ᄒ고	살손드려 부지잡고 쇼미를 반널적에 젼쳐믐 쥬지말고 송나라 진효부난 쇠모가 낙치ᄒ이 졔작을 못ᄒ신지라 졋머겨 효양ᄒ고

---

20 합성 과정을 그대로 인용하면 다음과 같다.
"權本 誠女歌는 解題者(權寧徹)가 所藏하고 있는 700餘 篇의 誠女歌中 480여 편이 13개항을 지닌 전형임에 의거하며 수집된 계녀가를 교합구성한 작품이다. 내용이 동일한 것은 거의 없으나 지방에 따라 전파 과정에 따라 비슷하면서도 전편일률적인 표현이 있다. 그래서 이것들을 모아 통계를 내어 전형을 하나 설정하고 해제자가 제작한 것이 이 작품인데 이로써 대부분의 誠女歌의 모습을 알 수 있다."〈정형우 편찬책임, 『규방가사』 I, 한국정신문화연구원, 1979, 7면.〉

句			
	∅∅ ∅∅∅∅ ∅∅ ∅∅∅∅ ∅∅ ∅∅∅∅ ∅∅ ∅∅∅∅ ∅∅ ∅∅∅∅ ∅∅ ∅∅∅∅ 딕소변 밧칠져긔 정성을 다ᄒ여라	당나라 노효부는 도젹니 밤의드니 시모을 쓰려안고 도피을 아니ᄒᆡ 이갓치 착ᄒᆞᆫ일을 너희도 ᄒ여쓰라 ∅∅ ∅∅∅∅ ∅∅ ∅∅∅∅	당나라 노효부난 도적이 밤에드니 싀모를 쓰여안고 도피를 안이ᄒᆞ뇌 이갓치 쟝ᄒᆞᆫ일을 너희도 ᄒ여서라 ∅∅ ∅∅∅∅ ∅∅ ∅∅∅∅
71~ 84句	부모님 봉양ᄒᆞᆯ졔 화경키가 제일이라 ∅∅ ∅∅∅∅ 구체를 젼슈ᄒ여 주리실적 업게ᄒ고 치운 젹 업게ᄒ되 쪅맞추어 ᄒ게ᄒ라 ∅∅ ∅∅∅∅ ∅∅ ∅∅∅∅ ∅∅ ∅∅∅∅ ∅∅ ∅∅∅∅ ∅∅ ∅∅∅∅ 부모님 ᄉᆞ즁커든 업드려 감슈ᄒ고	다른일 다던지고 화슌키 졔일이라 부모을 효양ᄒᆞᆯ졔 구체만 젼쥬ᄒ여 빅곱풀졔 업게ᄒ고 치울졔 업게ᄒ되 ∅∅ ∅∅∅∅ 한말곳 불슌ᄒ면 불효라 이르일라 부모임 씨긴일을 실타고 ᄒ지말고 어버니 말인일을 셰우고 ᄒ지말고 부모임 ᄉᆞ즁커든 업드려 감슈ᄒ고	다른일 다던지고 화슌키 졔일이라 부모를 효양할졔 구체만 젼쥬ᄒ여 빅곱흘졔 업계ᄒ고 치울쬐 업계ᄒ되 ∅∅ ∅∅∅∅ ᄒᆞᆫ말곳 불슌ᄒ면 불효라 이르리라 어버이 씨긴일을 슬타고 ᄒ지말고 어버이 말인일을 써우지 말지어라 부모임 ᄉᆞ즁커든 업드려 감수ᄒ고
112~ 122句	분별이 업슬손가 ∅∅ ∅∅∅∅ ∅∅ ∅∅∅∅ ∅∅ ∅∅∅∅ ∅∅ ∅∅∅∅ ∅∅ ∅∅∅∅ ∅∅ ∅∅∅∅ 학업을 권면ᄒ여 현져키 ᄒ야셔라 너외란 구별ᄒ여 음난케 마라스라	분별이 업슬손야 각결이 밧츨민니 그안희 졈심이고 밧가의 마죠안ᄌᆞ 손갓치 딕졉ᄒ니 쳥염을 할지라도 공경을 폐ᄒᆞᆯ손가 학업을 권면ᄒ여 나틔케 말아쓰라 침셕의 고혹ᄒ여 음난케 말아쓰라	분별이 업슬손가 각결이 밧츨민이 그안희 점심이고 밧가의 마조안자 손갓치 딕졉ᄒ이 쳥염을 ᄒᆞᆯ지라도 공경을 폐할손가 학업을 권면ᄒ여 나틔계 말아서라 침셕에 고혹ᄒ여 음난케 말아서라
125~ 129句	밧그로 맛튼일을 안에서 간여말고 ∅∅ ∅∅∅∅ 구고님 ᄉᆞ죵커던	밧쓰로 마튼일을 안호로 간여말고 안으로 맛튼일을 밧쓰로 밋지말고 어버니 ᄉᆞ즁커든	밧그로 맛튼일을 안호로 간여말고 안으로 맛튼일을 밧그로 미지말고 어버이 ᄉᆞ즁커든
194~ 198句	ᄎᆞ례를 잊지마라 등쵹을 쓰지말고 옷 쓴을 푸지말고 달울기를 고딕ᄒ야 고즉히 안ᄌᆞ짜가 힝ᄉᆞ를 일즉ᄒ고	식슈을 일치마라 의복을 푸지말고 등쵹을 쓰지말고 쏘즉이 안ᄌᆞ다가 달울기을 고딕ᄒ여 힝ᄉᆞ을 일즉ᄒ고	석수를 일지마라 의복을 푸지말고 등쵹을 쓰지말고 쏫고지 안자다가 달음을 고되ᄒ여 힝사를 일즉ᄒ고
217~	반찬을 노흘적긔	반찬을 노흘젹긔	반찬을 노흘젹에

225句	졔즈리 아라노코 ∅∅ ∅∅∅∅ ∅∅ ∅∅∅∅ ∅∅ ∅∅∅∅ ∅∅ ∅∅∅∅ ∅∅ ∅∅∅∅ ∅∅ ∅∅∅∅ 음식이 불결ᄒ여	계쥴로 아라녹코 시져을 노흘젹긔 층나게 마라쓰라 이젼의 도간어미 머리울 버혀닉여 손임을 되졉ᄒ니 이것치 ᄒ여쓰라 음식이 불결ᄒ여	졔쥴노 아라노코 ∅∅ ∅∅∅∅ ∅∅ ∅∅∅∅ 이젼에 도간어미 머리털 버혀닉여 손임을 되졉ᄒ이 이갓치 ᄒ여서라 음식이 불결ᄒ여
292~ 296句	즈식갓치 길너닉여 ᄉᄉ히 귀이ᄒ면 심복이 되ᄂ니라 아히야 드러바라	즈식갓치 길너쓰라 졔쎠예 희입피고 빅골케 말라쓰라 아히야 드려바라	자식갓치 길너서라 졔쐬에 희입히고 빅골케 마라서라 아히야 드러바라
299~ 303句	곡식이 만흐나마 입치례 ᄒ지말고 ∅∅ ∅∅∅∅ ∅∅ ∅∅∅∅ 헌의복 기워입고	곡식이 만흐나마 입칠려 ᄒ지말고 포빅이 만흐나마 몸치려 ᄒ지말고 흔의복 기워 입고	곡식이 만흐나마 입치례 ᄒ지말고 포빅이 만흐나마 몸치장 ᄒ지말고 흔의복 기워입고
308~ 309句	계견이 쎄제말라 아히야 드러바라 쏘흔말 이르리라 이웃제 왕닉홀제	닥과기로 씨계말고 ∅∅ ∅∅∅∅ ∅∅ ∅∅∅∅ 이우제 왕닉홀제	달과기가 씨계말아 ∅∅ ∅∅∅∅ ∅∅ ∅∅∅∅ 이우절 왕닉홀제
320~ 324句	나무임닉 넉지마라 부귀를 흠션말고 음식을 츰ᄒ말고 양반을 고ᄒ말고 인물공논 ᄒ지마라	남의임닉 〃 지말고 인물을 평논말고 양반을 고ᄒ말고 부귀을 흠션말고 음식을 탐치말고	남의집 내지말아 인물을 평논말고 양반을 고ᄒ말고 부귀를 흠션말고 음식을 육심말아
340~ 344句	유익ᄒ미 잇스리라 ∅∅ ∅∅∅∅ ∅∅ ∅∅∅∅ ∅∅ ∅∅∅∅ ∅∅ ∅∅∅∅ ⟨끝⟩	유익홀쎠 잇쓰리라 그밧게 경계홀말 무슈니 잇짜마는 정신이 아득ᄒ여 이만ᄒ여 그치노라 ⟨끝⟩	유익ᄒ게 되앗스라 그밧계 경계홀말 무수히 잇다만은 정신이 아득ᄒ여 이만ᄒ여 긋치노라 ⟨끝⟩

⟨표 2⟩

다소 장황하게 인용되긴 했지만, 위 도표는 『가ᄉ』 소재 ⟨계여ᄉ⟩가 일반적 계녀가와 비교해 뚜렷한 차이를 지니고 있음을 보인다. 이는 크게 어구 추가의 측면, 어구 도치의 측면, 어휘 변이의 측면으로 나누어 설명될 수 있다.

어구 추가란 31~34句, 49~50句, 58~70句, 71~84句, 112~122句, 125~129句, 217~225句, 299~303句, 308~309句, 340~344句 등에서 보이듯이 일반형에는

---

21 정형우 편찬책임, 『규방가사』 Ⅰ, 한국정신문화연구원, 1979, 14~20면.

없는 구절이『가ᄉ』소재본 〈계여ᄉ〉에서 추가되어 나타나거나『가ᄉ』소재본 〈계여ᄉ〉에는 없는 구절이 일반형에는 추가되어 나타나고 있는 현상을 말한다. 이는 누차에 걸쳐 구전 혹은 필사되며 전파되던 상황에서 자연스럽게 생긴 변이에 해당한다. 한편,『가ᄉ』소재본과 1960년대 수집본과는 어김없이 일치하고 있음을 눈여겨 봐 둘 필요가 있다.

어구 도치란 27~28句, 194~198句, 320~324句의 3곳에서 보이는 바와 같이 어구의 순서가 도치되어 있는 현상을 말한다. 내용은 갖추고 있지만 구전 혹은 필사의 과정에서 순서가 바뀐 곳이 된다. 한편 이 현상 또한『가ᄉ』소재본과 1960년대 수집본에서는 전적으로 일치되고 있음을 본다.

어휘 변이란 일반형에 보이는 어휘들과『가ᄉ』소재본에서 보이는 어휘들이 일치하지 않는 현상을 말한다. 71~84句에서 보이는 '주리실젹 - 빅곱풀졔', 112~122句에서 보이는 '현져키 - 나틔케', '닉외란 구별ᄒ여 - 침셕의 고혹ᄒ여', 194~198句에서 보이는 '츳례를 잊지마라 - 식슈을 일치마라' 등이 이런 사례에 해당한다. 한편 이 측면에서 볼 때도『가ᄉ』소재본과 1960년대 수집본은 전적으로 일치한다. 각각 '빅곱풀졔 - 빅곱흘쬐', '침셕의 고혹ᄒ여 - 침석에 고혹ᄒ여', '식슈을 일치마라 - 석수를 일지마라'로 대응됨을 보는 것이다.

일반형과『가ᄉ』소재본의 대비에서 보이는 차이, 그리고『가ᄉ』소재본과 1960년대 수집본에서 동질성을 무엇을 의미할까? 필자는 이 현상이 1960년대 수집본과『가ᄉ』소재본이 시기적으로 멀지 않은 시점에서 파생되었기에 생겨난 현상으로 풀이한다. 즉, 많은 계녀가의 이본들이 비슷한 유형을 보이며 경북 내륙지방에서 성행했지만,『가ᄉ』소재본과 1960년대 수집본만큼 어휘 요소마저 일치하는 친밀한 작품은 존재하지 않는바, 이 둘은 거의 동 세대에서 산출된 것으로 판단되는 것이다.

그렇다면 이『가ᄉ』소재본과 1960년 수집본이 만났던 동 세대는 1840년 어름일까 아니면 1900년 어름일까가 마지막 문제로 남게 된다. 필자는 1960년 수집본이 보이는 표기 양상으로 볼 때 이는 1840년까지 거슬러 올라가기 어렵다고 본다. 1960년 수집본의 표기의 가장 큰 특징은 'ㅕ/ㅑ'같은 이중모음이 'ㅓ/ㅏ'와 같은 단모음으로 나타나고,[22] '을/를'이 현대 용법과 동일하게 선행하는 음절의 받침 유무에 따라 결정되고 있다[23]는 것인데, 이는 대체적으로 1900년대 전반 구활자본 소설이나 신문 등에 나타난 표기 양상에 부합하는 것이라 할 수 있다.

2) 시대 추정의 또 다른 근거들

1840년까지 거슬러 올라가기 어려운 것은 『가스』 소재본 〈계여亽〉에 나타난 몇몇 어휘들을 통해서도 확인할 수 있다. "젼역(夕), 앗츰(朝), 부모임(父母), 쳑염, 살손" 등 많은 어휘들이 19세기 후반의 판소리 사설이나 필사본 소설 등에서야 본격적으로 구사되던 어휘란 점은 이 책의 성립이 1900년임을 강하게 지지해 주고 있다.

이외 이 작품의 후기에 나타난 '경즈년'이 1900년일 것이란 것은 작품에 나타난 노랫말을 통해서도 방증된다.

인왕순(仁王山)의 쌕리바가 한강슈(漢江水)로 무을쥬어
오빅열릭(五百年來) 봄바람의 화즁왕(花中王)니 되야셔라   〈화죠연가〉

이상은 〈화죠연가〉에서 인용한 것으로 한양이 열린 모습을 꽃에 비유하고 있는 구절이다. 그런데 이곳에서 한양에 500년의 봄바람이 불고 있다고 한다. 한양의 나이를 500년으로 설정한 것인데, 건국된 1392년을 기준으로 해서 볼 때 500년에 합치되는 해는 1900년도인 것이다. 이 노래의 성립을

---

22 위 표에서 보이는 어휘 중, "숑나라 - 송나라, 도젹 - 도적, 감슈 - 감수, 침셕 - 침석 … " 등의 예가 이에 해당한다.
23 위에서 보이는 것 예 중 "소미을 - 쇼미를, 시모을 - 시모를, 도피을 - 도피를" 등이 이에 해당한다.

1840년으로 잡을 경우, 이는 "사빅년리 봄바람"이지 "오빅연리 봄바람"이라 표현하기는 어려운 상황이 된다.

5. 결론

본고는 아버지가 시집가는 딸에게 부치는 가사 모음집인 소창문고본 『가스』의 필사 정황에 대한 몇 가지 의문을 탐구한 결과물이다. 그 결과 다음과 같은 결론을 얻었다.

1) 『가스』는 경상북도 봉화군 명호면 삼동리에 살던 인물에 의해 필사·편찬되었다. 작품 내에 나타난 '大鳥山'이란 지명, 필사 후기에 나타난 '성장우삼동정사'의 '삼동'이란 지명이 慶北 奉化郡 明湖面 三洞里와 일치하고 있기 때문이다.

2) 『가스』는 後記에 보이는 '경자년'이란 간기에 근거해 그간 1840년 경에 편찬되었을 것으로 추정되어 왔다. 하지만, 본고는 『가스』에 수록된 〈계여스〉가 1960년경 경북 내륙의 안동에서 수집된 〈계여가〉와 거의 일치한다는 점, 『가스』에 수록된 〈계여스〉에 나타나는 많은 어휘가 19세기 말 이후에야 본격적으로 구사되던 어휘란 점을 들어 1900년도로 보는 것이 더 합당하다는 결론을 내렸다. 이러한 결론은 〈화죠연가〉에 나타나는 구절 '오백년래'와도 순조롭게 조응되는 측면이 있다.

3) 이 책의 편찬 시기와 공간에 대한 정확한 정보는 향후 이 책에 수록된 작품들의 이본 계통을 정리하는 데 뚜렷한 기준점을 제공할 수 있을 것으로 기대된다. 특히 〈효우가〉, 〈악양루가〉 등의 현전 이본들은 모두 20세기 이후의 필사본이라는 공통점이 있는데 이 가집이 1900년으로 확정된 이상 모두 最先本으로 자리매김하게 되었다.

4) 이상의 정보를 보다 적극적으로 활용한다면 이 책의 필사하고 편집한 이의 구체적 성명까지 알아낼 수 있으리라 본다. 평생 과거에 골몰했다는

점, 책을 정리하고 편집할 정도의 학식을 지녔다는 점으로 양반임을 확신할 수 있고, 후기에 나타나 있는 '자식으로 4명의 남매가 있었고, 그 중 한 딸이 1900년경 김씨에게 시집갔던 갔던 정황'을 가지고 그 삼동리 - 규모가 작은 시골임 - 를 탐방한다면 어렵지 않게 그 존재를 확인할 수 있을 것으로 기대된다. 이에 대해서는 후속 작업을 기약한다.

  5) 이외 이 가집에 나타나 있는 1900년 경북 내륙지방의 정신적 풍경에 대해 보다 면밀한 관찰이 필요함을 깨달았다. 수록된 작품들에 나타난 세계는 대부분 중국의 지역과 인물에 치우쳐 있었는데 이를 조직화하고 공간화한다면 당시 경북 내륙지방 양반 여성들 - 비록 남성이 편찬한 것이기는 하나 딸에게 읽기를 권장했다는 점에서 당대 여성들에게 요구한 정신적 공간이라 봐도 무방할 것이다 - 의 정신적 풍경을 선명하게 읽어낼 수 있을 것으로 기대한다. 이점 또한 후속 연구가 요구된다.

『한국어와문화』 18, 숙명여자대학교 한국어문화연구소, 2015.

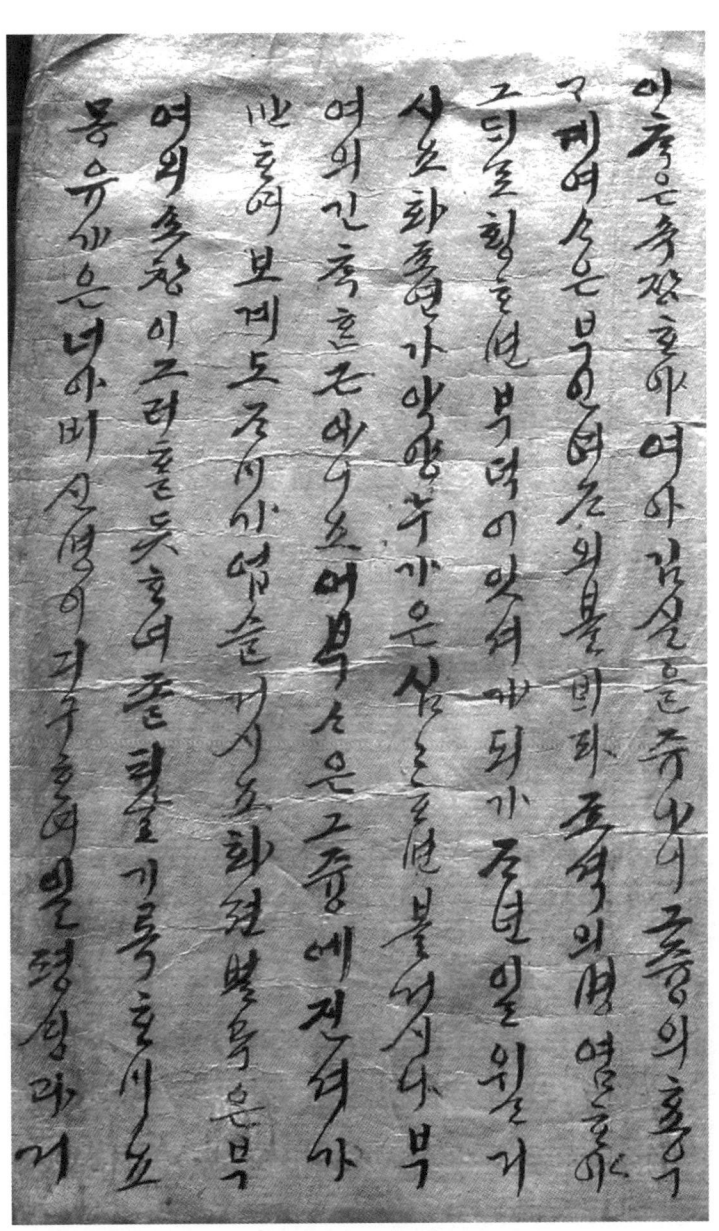

〈후기 1 『가사』 25張 前〉

의 믄들호 다스육여년의 박두을떠스로저 툴을
셔졍의 토탄호매 깨돗토엿 제호 매 너의 소남되 셩
취호여 슌시 가화치지 못호는매 우의게 삼호무 젼
의 취 밧으라 우희 빅 숀을매 너희는 볼질 온 용녈
호 나 활 조 운 츔 츔 을 여 젼졍 은 으로 르 믈 의 출
가 호며 김 낭의 즉 인 비범호 젼졍의 빨리 라이모 쥬
독 등 복 을 젼 편 노 려 오 르 와 ㅎ 시 불 빙 은 몬 게 호 며
타 엿 샨 의 효여 스 되 셩 의 익해 부 현 론 의 외 호 다 부

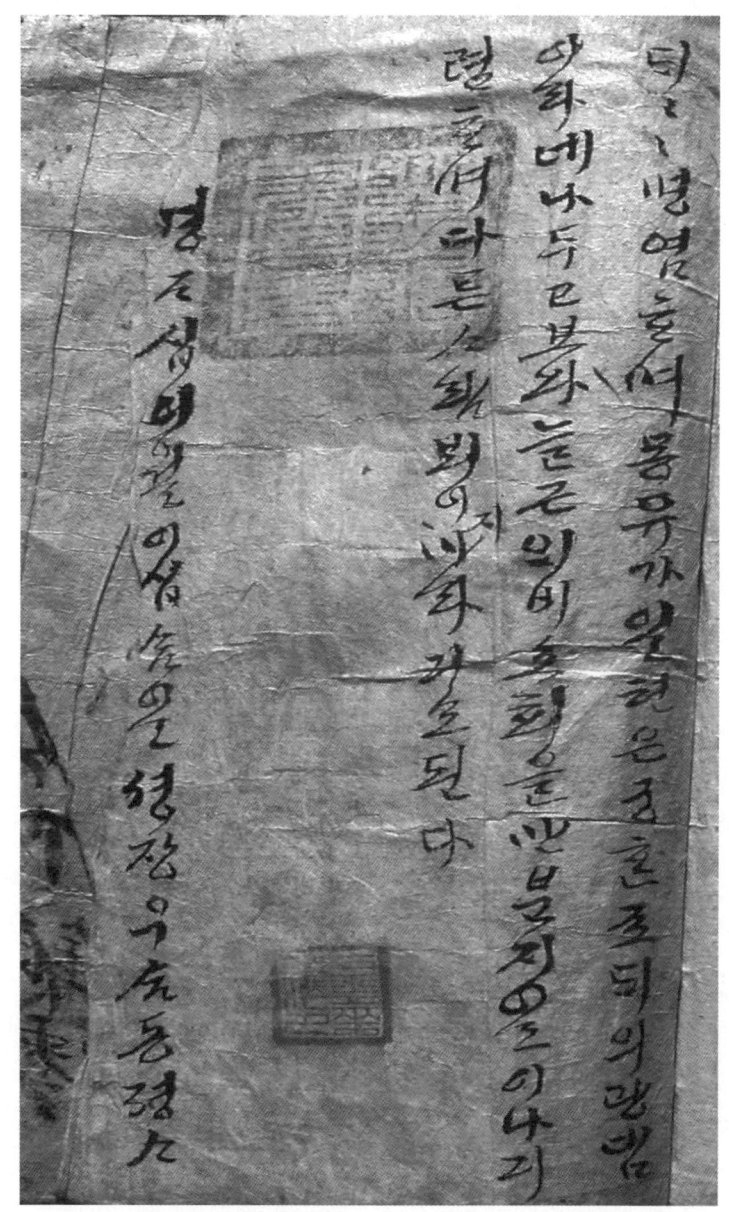

〈후기 3 『가사』 26張 前〉

The Origin of the *Shijo* Poetic Form in Relation with Korean Old Music Scores

1. Introduction

Shijo (時調), a three line short poetic form, is a characteristic genre of traditional Korean poetry. More than 5,000 *shijo* pieces have been written and passed down from generation to generation; they have expressed Koreans' emotions for hundreds of years, since the early Chosŏn (朝鮮, 1392~1897) dynasty. However, despite their popularity among the public, Korean scholars have yet to establish the origin of *shijo*, although there have been attempts from various directions to do so. *Shijo* is often regarded as being originated in the late Koryŏ (高麗, 918~1392) dynasty, but not every scholar agrees to that assumption. Some scholars infer that *shijo* emerged in the early Chosŏn dynasty, while others assume the period of its creation even later than that, only after the 16th century.

The discrepancy of scholars' opinions on the origin of *shijo* has connection with the types of books containing *shijo* that they refer to. *Shijo* is contained in two types of books; one is the private collection (*munchip*, 文集), and the other is the compilation mostly by professional musicians (*kachip*, 歌集). The compilations by professional musicians such as *Ch'ŏngguyŏngŏn* (青丘永言) and *Haedonggayo* (海東歌謠), which appeared only after the 18th century, ascribed many *shijo* poems to the men who lived earlier than the Chosŏn dynasty, e.g., U T'ak (禹倬, 1263~1342) and Chŏng Mongchu (鄭夢周, 1337~1392) in the late Koryŏ dynasty, or even Ŭlp'aso (乙巴素, ?~203) of the Koguryŏ (高句麗) kingdom and Sŏng Ch'ung (成忠, ?~656) of the Paekche (百濟) kingdom. On the contrary, no present volume of private collections that contain *shijo* was completed earlier than the 16th century. The scholars who depend on the records of professional compilations conclude that *shijo* emerged earlier than Chosŏn. However, those records are dubious because they were produced after the 18th century, and any other records on such ancient *shijo* poems existed before. Thus, the other scholars who are skeptical of the records but value the records in private collections argue that *shijo* was formed only after the foundation of Chosŏn around the 15th or 16th century.

The widely known assumption that the *shijo* emerged in the late Koryŏ was initially suggested by Cho Yunche, a renowned scholar of Korean classical literature. He considered the origin of *shijo*, based on the records in professional compilations and made the conclusion as follows:

> We can assume the normative form of *shijo* emerged around the late Koryŏ period. Its pseudo form could also appear only after the middle of the Koryŏ dynasty ⋯. Based on the records in professional compilations of the late Chosŏn, we encounter *shijo* poems by Ŭlp'aso and Sŏng Ch'ung of the Paekche kingdom or by Ch'oe Ch'ung and Kwak Yŏ of Koryŏ dynasty. However, what we can expect in their times is only primitive forms of *shijo*. On the contrary, we might rely on U T'ak and the following authors from late Koryŏ to Chosŏn dynasty in those compilations. (Cho Yunche 1937, 120~121)

In the excerpt above, Cho Yunche doubts on the authors such as Ŭlp'aso and Sŏng Ch'ung of Paekche, and also Ch'oe Ch'ung (崔冲, 984~1068) and Kwak Yŏ (郭輿, 1058~1130) of the mid-Koryŏ, whereas he trusts U T'ak of the late Koryŏ and the following authors who are younger than him. However, he did not clarify his criteria of judgment. He gave no reason why he trusted the authors who had lived in the early Chosŏn era or in the times approximate to it, i.e. the late Koryŏ period. The authors of these periods also began to appear in the same compilations of the 18th century or of later than that. We can agree the authors of ancient kingdoms are more doubtful than the authors of the late Koryŏ dynasty, but we cannot trust on the latter only with this reason. Criticizing the lack of academism of this stance, an alternative theory arose, which regards the appearance of *shijo* as the event of the 16th century. I Nŭngu (1956, 10) gave rise to this theory, saying that the original form of *shijo* was composed in the 16th century, and Kim Suŏp supported his idea, mentioning:

> The only trustworthy material that shed light on the origin of *shijo* is *Ŏbuga* (漁父歌, 1549) by I Hyŏnpo (李賢輔, 1467~1555) and *Tosanshibigok* (陶山十二曲, 1565) by I Hwang (李滉, 1501~1570). These private collections inscribed in conformity with the authors' holographs contain I Hyŏnpo's 5 *shijo* poems and 12 of I Hwang, respectively, with their own postscripts. Nothing is dubious in these two books ···. Only based on these two clear evidences, we can conclude that *shijo* emerged in the 16th century, and that I Hwang accomplished its authentic form. (Kim Suŏp 1978, 16~22)

Kim Suŏp's opinion contains value, considering reliable *shijo* poets and poems appeared in big volumes around the 16th century. If *shijo* existed since the late Koryŏ period, why none of them is present in materials of that time, and why do many of *shijo* poems suddenly appeared around the 16^(th) century in literati's private collections? Kim's argument well pointed out this circumstantial evidence. However, it has its own limits in that it pinned down the period of the emergence of *shijo* exactly to the middle of the 16^(th) century and eventually denied the possible existence of earlier works than I Hyŏnpo and I Hwang's. In this reason, Kim hardly avoided criticism from the academia.

Upon the deadlock on the origin of *shijo* as mentioned above, one research approach has employed old music scores, considering that *shijo* poems were originally lyrics sung to a musical tune, and it has naturally focused on a court music, *Mandaeyŏp* (慢大葉). As all of the *shijo* music have their origins in *Mandaeyŏp*, as mentioned in *Hyŏn'gŭmdongmunyugi* (玄琴東文類記, *The Records and Scores of Kŏmun'go*, 1620) by I Tŭkyun (李得胤 1553~1630), the formation of *shijo* can be explored through the consideration of this old music tune. However, unfortunately, the composer nor its creation time of *Mandaeyŏp* is not certain. Although Yang Tŏksu (梁德壽)[1] stated in *Yanggŭmshinbo* (梁琴新譜, 1610), a record of music from the days of King Sŏnjo (宣祖, r. 1567~1608), that *Mandaeyŏp* was derived from an earlier music form, *Chinjak* (眞勺), he does not indicate exactly what part of *Chinjak* emerged to become *Mandaeyŏp*, and this is yet to be established.[2]

Against the historical backdrop mentioned above, the present study examines the structural and melodic relationship between *Mandaeyŏp* and *Chinjak* in more detailed ways to determine when *Mandaeyŏp* was formed

---

[1] Yang was renowned for playing the *kŏmun'go* (a six-stringed Korean musical instrument) and for rendering traditional tunes.

[2] This impasse in academia is confirmed in Han Manyŏng (1982, 5) as well as in Kim Sechung (2005, 168~169). Kim repeatedly states the difficulty of solving the long existed riddle although a double decades passed since Han mentioned the same thing.

under the influence of *Chinjak*. After that rearch, it will be focused on the relationship between *Mandaeyŏp* and *shijo*. The time of the emergence of reliable *shijo* poems will be compared to that of *Mandaeyŏp*, and the form of *shijo* will be investigated in relation with the form of *Mandaeyŏp*'s lyrics. If these attempts meet success, the result will help establish the period of the origin of *shijo*.

2. Research Background on *Mandaeyŏp* and *Chinjak*

Prior to earnest research on the main topic, the research background on the relationship between *Mandaeyŏp* and *Chinjak* need to be more closely investigated to prepare the grounds of our discussion. Preceding studies have presented different conclusions on which part of *Chinjak* is related to *Mandaeyŏp*. Because *Chinjak* is far bigger than *Mandaeyŏp*, scholars made efforts to find out the exact part of *Chinjak* that made influence on *Mandaeyŏp*, but they generated diametrically opposite conclusions. Some concluded that all parts of *Chinjak* except the *taeyŏp* (大葉) part are related to *Mandaeyŏp*, whereas others concluded it is principally the *taeyŏp* part that affected *Mandaeyŏp*.

Taeyŏp literally means "big leaf". In Korean traditional music, the leaf, or *yŏp* (葉), is a part that is independently appended to the other bigger parts, which are called *kang* (腔), or the trunk. *Chinjak* is composed of a number of *kang* and *yŏp* including *taeyŏp* part. Because *Mandaeyŏp* literally means "slow *taeyŏp*", one can easily assume that the part of *Chinjak* related to *Mandaeyŏp* is its *taeyŏp* part. However, scholars have shown different opinions on this matter as shown in the following citations:

Taeyŏp and its subsequent parts should be excluded from a consideration of the musical style of *Chinjak*, because in the musical aspect sense, *yŏp* is an appended part. ⋯ When *yŏp* is excluded, the musical style of *Chinjak* can be divided into five parts: *kang 1, kang 2, kang 3, puyŏp* (附葉),[3] and the long bridge (*taeyŏŭm*, 大餘音). Consequently, it is similar to *Mandaeyŏp* such that its entire body is also divided into five parts.[4] (Kim Taehaeng 1986, 66~67)

Taeyŏp and *puyŏp*[5] from *Chinjak* have become separated and formed *Mandaeyŏp*, the forerunner of *shijo* music ⋯. (Kwŏn Tuhwan 1993, 33)

The difficulty of identifying the origin of *Mandaeyŏp* has been acknowledged not only by literary scholars such as Kim Taehaeng and Kwŏn Tuhwan cited above but also by musicologists of Korean traditional music. Korean musicologists also show the opposite opinions on the relationship between *Mandaeyŏp* and *Chinjak* just in the same way with the scholars in the field of literature. For example, Ch'oe Chaeryun (1985) argues the latter half of *Chinjak* has been reduced by half, which denies the significance of the *taeyŏp* part of *Chinjak* in composing *Mandaeyŏp*. On the contrary, Hwang Chunyŏn (1985) asserts that the *taeyŏp* part of *Chinjak* was especially influential.

Assuming the influence of *taeyŏp* part seems more plausible between these

---

3 *Puyŏp* (附葉) is also a type of *yŏp*. It literally means subordinate *yŏp* and is often appended to both *kang* and *taeyŏp*.

4 The five parts indicate the former section of *Chinjak*, that is composed of the three *kang* parts: *kang 1, kang 2, kang 3, puyŏp*, and the long bridge (*taeyŏŭm*, 大餘音). The three *kang* parts are also called *chŏnkang* (前腔) or the former *kang, chungkang* (中腔) or the middle *kang, hukang* (後腔) or the latter *kang*, respectively.

5 The *puyŏp* in this case is subordinate to the *taeyŏp*.

two schools of thought because the word *taeyŏp* has the evident etymological connection with the word *Mandaeyŏp*. However, this hypothesis has not been investigated further and it remains unproven. Hwang Chunyŏn, a prominent musicologist of traditional Korean music, indicated the possibility that *Mandaeyŏp* and the *taeyŏp* and *puyŏp* parts of "*Chinjak 3*"[6] were related, pointing out that there were commonalities between their lyrics. Nonetheless, this relationship has not been definitively established. The most important issue not considered by Hwang is the melodic relationship between *Chinjak 3* and *Mandaeyŏp*. Hwang did note the importance of this relationship but could not shed more light on this matter as shown below:

> The argument up until now, that *Mandaeyŏp* is the result of *taeyŏp* and *puyŏp*'s independence and derivation from *Chinjak 3*, necessitates the very onerous task of melodic inter-comparison between the two pieces of music. (Hwang Chunyŏn 1985, 125)

Several Korean literary scholars have made similar remarks to those of Hwang. For example, Kwŏn Tuhwan suggests the necessity of "a clear examination through the scores," and notes that:

> It is regretful that the derivation process cannot be examined more clearly through the scores of *Chinjak* and *Mandaeyŏp* that are present in *Taeak'ubo* (大樂後譜, *The*

---

[6] There are four kinds of *Chinjak*, that is *Chinjak 1*, *Chinjak 2*, *Chinjak 3*, and *Chinjak 4*. The speed of these works gets faster in the right direction. Hwang especially indicated the *Chinjak 3* as the piece that influenced on *Mandaeyŏp*. Many other scholars including Ch'oe (1985) in the music field also regarded the *Chinjak 3* as crucial on this issue, of which reason and problem will be explained soon in this study.

Great Court Music Score: the Second Half) and other Korean traditional music sourcebooks. (Kwŏn Tuhwan 1993, 33)

This study lends credence to the scholars who suggest that *Mandaeyŏp* is related to the *taeyŏp* part of *Chinjak*. However, as the remarks by Hwang and Kwŏn demonstrate above, it has been a hard task to find out the melodic conformity between *Mandaeyŏp* and the *taeyŏp* parts of *Chinjak*. Upon this enigma, this study doubts on previous scholars' presumption that regards the *Chinjak 3* as the influential piece among the whole body of *Chinjak*-style works.[7] Almost every research on the origins of *Mandaeyŏp*, including the aforementioned works of Hwang Chunyŏn and Kwŏn Tuhwan, has focused on *Chinjak 3*. This could be a result of the significant focus on a part of the record in *Yanggŭmshinbo* as follows:

> the *Mandaeyŏp*, *Chungdaeyŏp* (中大葉), and *Saktaeyŏp* (數大葉) of the present day all came from "the three formed music tune (*samgigok*, 三機曲)" of *Chinjak*. (Yang Tŏksu 1610)

The *Chungdaeyŏp* and *Saktaeyŏp* in the excerpt above are the tunes derived later from *Mandaeyŏp*. *Saktaeyŏp* literally means "speed *yŏp*". It is the most recent one among the three and still used as the accompaniment for *shijo*. *Mandaeyŏp*, we are discussing on, is literally the slowest tune, and *Chungdaeyŏp* is in the middle. Both *Mandaeyŏp* and *Chungdaeyŏp* are not performed any more. Yang's statement cited above is the very record that made it possible to assume the relationship between the music of *shijo* and *Chinjak*,

---

7 Refer to the footnote above.

and the expression *samgigok* in it seems to have led many scholars to focus on *Chinjak 3*.

Sam in *samgigok* literally means "three" or "third," *gi* means "form," and *gok* means "tune". This expression *samgigok* has been understood to refer to *Chinjak 3* by many scholars, but it can also indicate the whole body of *Chinjak*-style work, which includes three independent pieces: *Chinjak 1*, *Chinjak 2*, and *Chinjak 3*.[8] Thus, we need to broaden the scope of the research to every *taeyŏp* part of *Chinjak 1, 2, 3*. This might help elucidate what Yang Tŏksu tried to convey in his scorebook. This study focuses on *Chinjak 1* to reveal the direct influence of its *taeyŏp* and *puyŏp* parts on *Mandaeyŏp*. To serve this purpose, this study will compare the structure and melody of *Mandaeyŏp* and the *taeyŏp* and *puyŏp* parts of *Chinjak 1* in the following chapter.

3. The Comparison between *Mandaeyŏp* and the *Taeyŏp* and *Puyŏp* parts of *Chinjak 1*

1) Comparison of structure

To compare the musical structure of *Mandaeyŏp* and *Chinjak 1*, the already known structure of *Mandaeyŏp* will be considered first, and later the *taeyŏp* and *puyŏp* parts of *Chinjak 1* will be newly analyzed in this clause.

---

[8] Although *Chinjak 4* also existed, it is different form the others in that it is an instrumental piece lacked of lyrics.

(1) Structure of *Mandaeyŏp*

Mandaeyŏp, in its present form, comprises 37 scores, with very similar structures and melodies. Among the existing scores, the one written down earliest is the one in An Sang (安瑺)'s *Kŭmhapchabo* (*Score for Kŏmun'go with Fingering*, 琴合字譜, 1572), which is shown as follows:

Score 1. *Mandaeyŏp* in *Kŭmhapchabo*: in Consideration of Musical Structure

P[9]	L[10]	16 *Chŏngkan* (井間) Units															
1	1			la		sol		sol	la	sol	mi		re				
	2	sol		la	do⁺	la	sol		re⁺	do⁺		do⁺	la	sol			
2	3	sol		do⁺		la			sol	mi	re		mi			la	
		⟨─────────────────────────── Similar Melody Section 1															
	4	sol		la / do⁺		la		la	sol					sol			
		(Similar to the 4th passage) ─────────────────────⟩															
3	5	do⁺		la / do⁺		la		sol	mi		re		sol	la	sol		
		⟨─────────────────────────── Similar Melody Section 2															
	6	mi	la/sol	mi	sol		la		sol	mi				re			
		(Similar to the 5th passage) ─────────────────────⟩															
	7	re						mi sol		mi			re				
4	8	sol		mi⁺		re⁺			do⁺	la	do⁺	mi⁺	re⁺	do⁺		la	
		⟨─────────────────────────── Similar Melody Section 1															
	9	sol		la / do⁺		la		la	sol	sol				sol			
		(Similar to the 2nd passage) ─────────────────────⟩															
5	10	do⁺		la / do⁺		la		sol	mi		re	sol		la		sol	
		⟨─────────────────────────── Similar Melody Section 2															
	11	mi	la/sol	mi	sol		la		sol	mi				re			
		(Similar to the 3rd passage) ─────────────────────⟩															
	12	do					la⁻						sol				

---

9 "P" the musical passage. It is originally called *ji* (旨), which consists of several musical clauses.

10 "C" means the musical clause. It is originally called *haeng* (行, line), which consists of the sixteen small units called *Chŏngkan* (井間).

To interpret the structure of this score, basic knowledge on *chŏngkanpo* (井間譜), or a type of Korean traditional music score, is required. *Chŏngkanpo* is a word consisted of *chŏngkan* (井間) and po (譜); *chŏngkan* means the small squares containing notes,[11] and *po* means the score. A *chŏngkan* has almost the same temporal value as another one.[12] These *Chŏngkan* units are open grouped into two or three of them, and they are indicated by thicker lines. These bigger units, which are similar to the bar in western-styled music scores, are called *taekang* (大腔). Six of *taekang*, that is sixteen *chŏngkan*, comprise a musical clause, and the clauses are grouped once again into two or three of them, comprising a musical passage (*chi*, 旨). As shown in the score above, *Mandaeyŏp* consists of five passages, each of which contains two or three musical clauses.

Now, with the basic knowledge explained above, we can approach the structure of *Mandaeyŏp*. As Hwang Chunyŏn (1980) has already indicated, *Mandaeyŏp* has its authentic repetitive structure; the 2nd and 4th passages have very similar melodies to one another, and the 3rd and 5th are almost the same.

---

[11] The Small plus or minus sign on the upper right of some notes in this score indicate the notes with the signs are played an octave higher or lower, respectively. In the original score, the notes are expressed with different signs such as *ha 1* (下一), *kung* (宮), and *sang1* (上一). *Kung* is the basic note, and the scale goes up by one note in the order *sang 1*, *sang 2*, and *sang 3*, and down by one note in the order *ha 1*, *ha 2*, and *ha 3*. The scale with these notes can match with the Western one as follows:

Traditional Korean Scale	ha 5 下五	ha 4 下四	ha 3 下三	ha 2 下二	ha 1 下一	kung 宮	sang 1 上一	sang 2 上二	sang 3 上三	sang 4 上四	sang 5 上五
Western Scale	sol-	la-	do	re	mi	sol	la	do$^+$	re$^+$	mi$^+$	sol$^+$

For the benefit of readers who are more comfortable with the western style, the traditional names of notes was changed into the western ones.

[12] Its speed is not fixed nor known.

Thus, the overall pattern goes "A [1st passage]–B [2nd passage]–C [3rd passage]–B [4th passage]–C [5th passage]". This structure is the same as in *Saktaeyŏp*, the music tune currently conveying *shijo*. Therefore, this can be regarded as the essential trait of *taeyŏp*-style music, which accurately corroborates the following description in Yang's scorebook:

> The playing techniques between the 2nd passage and the 4th passage, and between the 3rd and the 5th in *taeyŏp* style music pieces are similar. (Yang Tŏksu 1610)

As can be seen in the score above, the similarities between the 2nd passage and the 4th, and between the 3rd and the 5th are easily confirmed. At first sight, a part of the 2nd passage looks different with the corresponding part of the 4th passage, of which notes are italicized, but they have similar melodic flow in fact. The 2nd passage's "do$^+$ la sol mi", by transposing it in a higher key, is similar to the 4th passage's "mi$^+$ re$^+$ do$^+$ la", as shown below:

In the 2nd passage: do re mi sol la do$^+$ re$^+$ mi$^+$ sol$^+$ la$^+$
                                 ④③ ②①

In the 4th passage: do re mi sol la do$^+$ re$^+$ mi$^+$ sol$^+$ la$^+$
                                 ④③ ② ①

The repetitive structure of *Mandaeyŏp* discussed up until now, which is schematized as "A [passage 1]–B [passage 2]–C [passage 3]–B [passage 4]–C [passage 5]", has been proclaimed by Hwang Chunyŏn (1980) and supported by many scholars since then. If the variations above are considered, the similarities between the corresponding passages become more evident. This authentic structure of *taeyŏp*-style music also appears in the *taeyŏp* and *puyŏp* of *Chinjak1*, which is the topic of our next discussion.

(2) Structure of the *taeyŏp* and *puyŏp* from *Chinjak 1*

The following score portrays *Chinjak 1* as written in the fifth volume of *Taeak'ubo* (大樂後譜, *The Great Court Music Score: the Second Half*).[13]

Score 2. *Taevŏp* and *Puvŏp* Parts of *Chinjak 1* in *Taeak'ubo*: in Consideration of Musical Structure

	P	C	16 *Chŏngkan* Units								
T a e y ŏ p	1	33	sol	sol	la sol	sol mi	re	sol	sol mi	la sol	sol mi
		34	sol	sol			sol			sol	
	2	35	sol	sol	la	sol	do⁺	la	do⁺	la	sol	la sol
			⟨———————————————— Similar Melody Section 1								
		36	sol	mi sol	la sol	sol mi		re	sol	sol mi	re	sol
			(Similar to the 4th passage) ————————————————⟩								
	3	37	sol	mi	la	sol	sol		sol	la	sol	sol mi
			⟨———————————————— Similar Melody Section 2								
		38	re	mi sol	mi		re	do		la	do	mi
			(Similar to the 5th passage's earlier part) ————⟩								
		39	re	re		sol	la sol	sol mi		re	sol
			⟨———————————————— Similar Melody Section 3								
		40	sol	mi	re	do	do	la⁻	sol⁻	sol⁻	
			(Similar to the 5th passage's latter part) ——⟩								
P u y ŏ p	4	41	sol	sol	la	sol	do⁺	la	do⁺	la	sol	la sol
			⟨———————————————— Similar Melody Section 1								
		42	sol	mi sol	la	sol mi		re	do	re	sol
			(Similar to the 2nd passage) ————————————————⟩								
	5	43	sol	sol		sol	la sol	sol mi		re	sol
			⟨———————————————— Similar Melody Section 2								
		44	sol	mi	re	do	do	la⁻	sol⁻	sol⁻	
			(Similar to the 3rd passage's earlier part) ————⟩								
		45	sol	sol		sol			la	la	sol

---

13 It is the anthology of court music scores performed during the reign of King Sejo (世祖, r. 1455~1468), compiled by Sŏ Myŏngŭng in 1759.

46	sol	sol la sol mi	la sol mi	re	sol	sol mi	re	sol
	⟨–Similar Melody Section 3 (Similar to the 3rd passage's latter part) –⟩							
47	sol	la	sol		do⁺	la	do⁺ la	sol	la sol
48	sol	sol			sol			sol	

Among the repeated melodies in this score, the aspect that most attracts our attention is certainly the fact that the 2nd passage (lines 35~36) and the 4th passage (lines 41~42) are almost identical, which is demonstrated by the Similar Melody Section 1:

The 2nd sol sol la sol do⁺ la do⁺ la sol la sol sol mi sol la sol mi re sol sol mi re sol

The 4th sol sol la sol do⁺ la do⁺ la sol la sol sol mi sol la sol mi re do re sol

The Similar Melody Section 2 at the former part of the 3rd passage, clauses 37~38, also draws our attention, being very similar to the former part of the 5th passage:

The 3rd's former part   sol sol sol la sol sol mi re mi sol   mi re do la⁻

The 5th's former part   sol sol sol la sol sol mi re   sol sol mi re do do la⁻

Section 3 at the latter part of the 3rd passage, clauses 39~40, is also of great importance, since its melody is the same as the latter part of the 5th passage, clauses 45~46:

The 3rd's latter part   sol la sol sol mi re sol sol mi re

The 5th's latter part   sol la sol sol mi re sol sol mi re

The melodic repetition in these three sections presents the similar musical structure with *Mandaeyŏp* we have already identified. The 2nd passage's melody is repeated in the 4th passages, and the 3rd passage has also similar melody with the 5th passage.

The *taeyŏp* and *puyŏp* parts of *Chinjak 1* is divided into five passages, and those passages show the structure as "A [1st *passage*]-B [2nd *passage*]-C [3rd *passage*]-B [4th *passage*]-C [5th *passage*]", which exactly corresponds to the structure of the *Mandaeyŏp*. This clearly indicates that *Mandaeyŏp* has a closer musical relationship with the *taeyŏp* and *puyŏp* parts of *Chinjak 1*. Moreover, the following comparison of melody of the two works reveals even clearer relationship between them.

2) Comparison of melody

The structural comparison above suggests that *Mandaeyŏp* emerged from the *taeyŏp* and *puyŏp* parts of *Chinjak 1*, and not from *Chinjak 3*. However, the evidence that conclusively establishes that *Mandaeyŏp* derives from the *taeyŏp* and *puyŏp* parts of *Chinjak 1* can be obtained from a comparison of the melodies. For this goal, the scores cited in the former clause will be once again discussed here, but in this time focused on the melodic comparison between the two compositions:

			Score 3. *Taeyŏp* and *Puyŏp* Parts of *Chinjak 1*: Melodic Comparison with *Mandaeyŏp*							
	P	C	16 Chŏngkan Units							
T a e y ŏ p	1	33	sol	sol	la sol / sol mi	re	sol	sol mi	la sol	sol mi	
			⟨Related Melody Section 1 (Related to *Mandaeyŏp* clause 1)⟩							
		34	sol		sol		sol		sol		
	2	35	sol	sol	la	sol	do'	la	do' la	sol	la sol
			⟨— Related Melody Section 2 (Related to *Mandaeyŏp* clause 2) —⟩							
		36	sol	mi	sol	la sol / sol mi	re	sol	sol mi	re	sol
			⟨Related Melody Section 3 (Related to *Mandaeyŏp* clause 3)⟩							

P	L											
P u y ŏ p	3	37	sol		mi	la	sol	sol		sol	la	sol	sol/mi
		38	re	mi	sol	mi	re	do		la⁻		do	mi
		39	re		re			sol	la sol	sol mi		re	sol
		40	sol		mi	re	do	do		la⁻		sol⁻	sol⁻
	4	41	sol		sol	la	sol	do⁺	la	do⁺	la	sol	la sol
			⟨——————————————— Related Melody Section 4										
		42	sol	mi	sol		la	sol	mi	re	do	re	sol
			(Related to *Mandaeyŏp* clauses 5-6) ——————————⟩										
	5	43	sol		sol			sol	la sol	sol mi		re	sol
		44	sol		mi	re	do	do		la⁻	sol⁻		sol	
			⟨——— Related Melody Section 5 (Related to *Mandaeyŏp* clause 8) ———⟩										
		45	sol		sol			sol		la	la		sol	
											⟨Related Melody Section 6			
		46	sol		sol	la sol	sol mi	re		sol	sol mi		re	sol
			(Related to *Mandaeyŏp* clause 9)⟩										
		47	sol		la	sol		do⁺		la	do⁺	la	sol	la sol
		48	sol		sol			sol			sol			

Score 4. *Mandaeyŏp*: Melodic Comparison with *Chinjak 1*

P	L	16 Chŏngkan Units										
1	1			la	sol	sol	la	sol	mi		re	
		⟨– Related Melody Section 1 (Related to *Chinjak 1* clause 33) –⟩											
	2	sol	la	do⁺	la	sol	re⁺	do⁺	do⁺	la	sol		
		⟨——————— Related Melody Section 2 (Related to *Chinjak 1* clause 35) ———————⟩											
2	3	sol		do	la		sol	mi	re	mi		la	
		⟨——————— Related Melody Section 3 (Related to *Chinjak 1* clause 36) ———————⟩											
	4	sol	la do⁺		la		la	sol				sol	
		⟨———————————————————————————————————											
3	5	do⁺	la do⁺		la	sol	mi		re		sol	la	sol
		——— Related Melody Section 4 (Related to *Chinjak 1* clauses 41-42) ———											
	6	mi	la sol	mi	sol	la	sol	mi				re	
		———————————————————————————————————⟩											
	7	re					mi sol		mi		re		
4	8	sol		mi⁺	re⁺		do⁺	la	do⁺	mi⁺	re⁺	do⁺	la
		⟨——————— Related Melody Section 5 (Related to *Chinjak 1* clause 44) ———————⟩											
	9	sol	la do⁺		la	la	sol	sol				sol	
		⟨——————— Related Melody Section 6 (Related to *Chinjak 1* clause 45-46) ———————⟩											

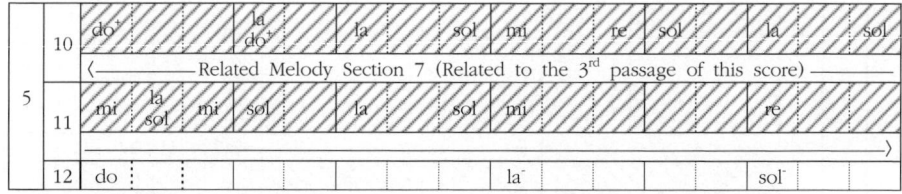

In the Melody Section 1, related to the clause 33 of *Chinjak 1* and to the clause 1 of *Mandaeyŏp*, the two melodies have a virtually identical flow although *Mandaeyŏp* drops one sol. However, when the spaces are readjusted and schematized, we can see that the two melodies are closely related:

Chinjak 1 clause 33   sol sol la sol sol mi re
Mandaeyŏp clause 1   sol sol la   sol mi re

Related Melody Section 2 is a comparison of *Chinjak 1*'s clause 35 and *Mandaeyŏp*'s clause 2. *Mandaeyŏp* provides some variations by adding "sol re$^+$ do$^+$" in the middle, but when the beats are readjusted, we can see that the two are closely related melodies with the same base:

Chinjak 1 clause 35   sol la sol do$^+$ la   do$^+$ la sol
Mandaeyŏp clause 2   sol la   do$^+$ la sol re$^+$ do$^+$ do$^+$ la sol

Related Melody Section 3 is a comparison of *Chinjak 1*'s clause 36 and *Mandaeyŏp*'s clause 3. Here, *Mandaeyŏp* adds a "do$^+$", drops a sol in the middle, and removes a double sol near the end, but the two are essentially very similar:

Chinjak 1 clause 36   sol   la sol sol mi re sol sol mi
Mandaeyŏp clause 3   sol do$^+$ la   sol mi re   mi

In Related Melody Section 4, the melodies of *Chinjak 1*'s clauses 41–42 and *Mandaeyŏp*'s clauses 4–6 are compared. Here, *Mandaeyŏp* removes the first "*la sol*" from *Chinjak 1*, and adds an expanded variation of *Chinjak 1*'s "*la sol*" part in the middle: "mi re sol *la sol* mi la". However, overall, the melodies are again quite similar:

Chiniak 1 clauses 41-42	sol sol *la sol* do⁺ la do⁺ la sol	*la sol*	sol mi sol la sol mi re
Mandaevŏp clause 2	sol sol	do⁺ la do⁺ la sol mi re sol *la sol* mi la sol mi sol la sol mi re	

In Related Melody Section 5, the melodies of the two compositions seem unrelated in the original scores,[14] but in the translated versions it is clearly shown that *Mandaeyŏp*'s clause 8 is an octave-raised version of *Chinjak 1*'s clause 44 with the notes "mi⁺ re⁺ do⁺"added (octave-raised notes are shown with "[ ]"):

Chinjak 1 clause 44   sol mi[mi⁺] re[re⁺] do[do⁺]   do[do⁺]   la⁻[la] sol⁻[sol] sol⁻[sol]
Mandaeyŏp clause 8   sol   mi⁺   re⁺   do⁺   la do⁺ mi⁺ re⁺ do⁺ la   sol

Related Melody Section 6 is a comparison of *Chinjak 1*'s clauses 45–46 and *Mandaeyŏp*'s clause 9, which are identical.

Chinjak 1 clause 45-46   la la sol sol sol
Mandaeyŏp clause 9   la la sol sol sol

---

[14] From the original scores, figuring out the octave-raised relationship between the two cases is not easy because the notes are indicated in the way as follows (The notes in bold characters are in the octave-raised relationship.):

Chinjak 1 clause 44   kung ha 1 ha 2 ha 3   ha 3   ha 4 ha 5 ha 5
Mandaeyŏp clause 8   kung **sang** 4 **sang** 3 **sang** 2 **sang** 1 **sang** 2 **sang** 4 **sang** 3 **sang** 2 **sang** 1 kung

Related Melody Section 7 is the part in which *Mandaeyŏp* repeats its 3rd passage. The reason that *Mandaeyŏp* does not take *Chinjak 1*'s part but its own 3rd passage is likely due to the common structure of *Mandaeyŏp* and *Chinjak 1*'s *taeyŏp* and *puyŏp* parts, where the 2nd passage is repeated in the 4th passage, and the 3rd passage is repeated in the 5th passage.

As we have seen, the flow of the melodies and the order of the melody sections in *Mandaeyŏp* are derived from the melodies of *Chinjak 1*'s *taeyŏp* and *puyŏp* parts. If we return to Yang Tŏksu's statement that the *Mandaeyŏp*, *Chungdaeyŏp*, and *Saktaeyŏp* of his time all came from *Chinjak*, now we see that the statement is meaning that the *Mandaeyŏp*, *Chungdaeyŏp*, and *Saktaeyŏp* are all musically derived from *Chinjak 1*'s *taeyŏp* and *puyŏp* parts.

4. The Period of Derivation of *Mandaeyŏp* from *Chinjak 1* and the Origin of *Shijo*

Now that we affirm that the separation of *Chinjak 1*'s *taeyŏp* and *puyŏp* parts led to the creation of *Mandaeyŏp*, our interest moves to the next question, the time of the derivation. It will provide another crucial key to solve our ultimate question, the origin of *shijo*. *Shijo* has been sung accompanied by *Mandaeyŏp*-originated music pieces. If we find out when *Mandaeyŏp* was derived from *Chinjak 1*, we could set the upper limit of the emergence of the *shijo* form. When could *Chinjak 1*'s *taeyŏp* and *puyŏp* parts be detached from the whole piece to become another independent music, *Mandaeyŏp*, and employ the *shijo* poetic form as its lyrics? To shed light on this issue, researching the following two aspects will be helpful: first, the temporal distribution of *Mandaeyŏp* and that of reliable early *shijo* poems, and second, the formal correspondence between *Mandaeyŏp*'s lyrics and early *shijo* poems.

1) The temporal distribution of *Mandaeyŏp* and early *shijo*

As mentioned in the previous chapter, the earliest *Mandaeyŏp* is the one in *Kŭmhapchabo* by An Sang, published in 1572. However, *Mandaeyŏp* seems to have existed earlier than An Sang's time because we can see the fact that *Mandaeyŏp* has been edited by Cho Sŏng (趙晟, 1492~1555) and also performed during the reign of King Sejo (世祖, r. 1455~1468). The *Mandaeyŏp* scores in *Cho Sŏng's Score* (*Chosŏngbo* 趙晟譜) and in *Taeak'ubo*, which contains the court music during King Sejo's time, assure that *Mandaeyŏp* did not only exist but also be popular enough to be edited and recorded in Cho Sŏng and King Sejo's time.

The postscript of *Kŭmhapchabo* by An Sang also shows that *Mandaeyŏp* had been existed before it was published in the book. It says An Sang revised *Mandaeyŏp* when he became the administrator of *Changakwŏn* (掌樂院), the authority of court music and performance, in 1561. This record suggests that *Mandaeyŏp* had been performed since the earlier time than 1561.

Mandaeyŏp did not appear in any private or official books before the King Sejo's reign, but it continues to be recorded from the King's reign to the 15th and 16th centuries. Another important old score, *Yanggŭmshinbo* (1610) also includes *Mandaeyŏp* in it, succeeding to *Kŭmhapchabo*. What does this mean? Why was not *Mandaeyŏp* included in any books before King Sejo's reign, e.g., in *The Annals of King Sejong* (*Sejongshillok* 世宗實錄, r. 1418~1450) or in *The Great Court Music Score: the First Half* (*Taeakchŏnbo*, 大樂前譜), which contain abundant court music during the great reign of King Sejong? Why did it suddenly appear in King Sejo's time and be continuously recorded afterward?

The most plausible answer to these questions is that *Mandaeyŏp* was derived from *Chinjak 1* to become a beloved court music during King Sejo's reign. As we discussed in the previous chapter, the scores of *Chinjak 1* and *Mandaeyŏp* in *Taeak'ubo* present high similarity in their forms and melodies, and this means the derivation of *Mandaeyŏp* from *Chinjak 1* is not far from the time of the score, that is King Sejo's reign.

Mandaeyŏp in *Taeak'ubo* is instrumental music without lyrics, whereas the ones in Cho Sŏng and An Sang's Scores contain lyrics, which are identical with each other and have the similar forms with *shijo*. Through this, we can infer that *Mandaeyŏp* was originally an instrumental music without lyrics in King Sejo's time but became to accompany lyrics after the King's reign around the 16th century, the time when Cho Sŏng and An Sang's Scores were published. The inference as such on the time of *Mandaeyŏp*'s emergence matches with the temporal distribution of reliable early *shijo*. Reliable authors' early *shijo* poems are concentrated into the 16th century as follows:

Table 1: Reliable Early Shijo					
Original Title	Title in English	Author	Year of Composition	Year of Record	Source
Changyuktang Yukka (藏六堂六歌)	Six Songs in Changyuktang[15]	I Pyŏl (李鼈)	the early 16th century	the 17th century	Yangsŏjip (瀼西集)
Naonda	Come, Today	Kim Ku (金絿)	1506-1534	1659	Chaamjip (自菴集)
Ŏbudan'ga (漁父短歌)	Fisherman's Short Songs	I Hyŏnbo (李賢輔)	1549	1549	Nongamjip (聾巖集)
Tosan Shibigok (陶山十二曲)	Twelve Songs in Tosan[16]	I Hwang (李滉)	1565	1565	wooden print replica
Imomi	Song of Royalty	anonymous	unknown	1610	Yanggŭmshinbo

---

15 *Changyuktang* is the place name where the author lived in seclusion.

The earliest *shijo* poet that is identified here is I Pyŏl in the early 16th century, and all of the other poets also lived in the same century. Meanwhile, the last *shijo* in *Yanggŭmshinbo*, or *Yanggŭmshinbo*, is the well-known work usually called *Tanshimga* (丹心歌, *Song of Royalty*), usually ascribed to Chŏng Mongchu (鄭夢周, 1337~1392). However, in *Yanggŭmshinbo* of the early 17th century, it was recorded as anonymous.[17] This temporal distribution of reliable early *shijo* matches with the assumed period when *Mandaeyŏp* was performed with lyrics. This coincidence signifies that these two events: the creation of *Mandaeyŏp* and that of *shijo* have relationship.[18]

Although the composition periods of I Pyŏl and Kim Ku's *shijo* poems are prior to those of I Hyŏnbo and I Hwang's works, the latter have more significance than the former in a sense, when considering the early form of *shijo*. I Pyŏl's *shijo* poems were not recorded in Korean but translated in Chinese, so the original cannot be identified, whereas Kim Ku's *shijo* was recorded only in the late 17th century. Compared to these circumstances, I Hyŏnbo and I Hwang's *shijo* poems were composed and recorded in close time and in the original language. I Hyŏnbo's *shijo* poems, the earliest among the mentioned *shijo* works, especially has crucial meaning in that it shows the formal characteristics that correspond to the form of *Mandaeyŏp*'s lyrics, *Onari*.

---

16 *Tosan* is a place name located in *Kyŏngsangbuk-do*, where the author built *sŏwŏn* (書院), or buildings for study, lecture, and memorial services for honorable Confucian scholars.

17 "*Imomi*", the title in the table, which is the first word of this *shijo*, literally means "this body".

18 *Shijo* was usually called *tan'ga* (短歌), or short song, in the Chosŏn dynasty, but *tan'ga* had different meaning before the time of the authors mentioned above, as demonstrated in Chŏng Kŭkin (丁克仁, 1401~1481)'s case. His "short song" does not resemble to shijo but to the lyrics of *Chinjak*, called *Chŏnggwajŏng* (鄭瓜亭). His case suggests in a different way the inexistence of *shijo* in his time as well as the close relationship among *tan'ga*, *Chinjak*, and *shijo*.

2) Formal correspondence between *Mandaeyŏp*'s lyrics and early *shijo*

Mandaeyŏp pieces in *Cho Sŏng* and *An Sang*'s Scores convey the same lyrics, usually called *Onari* because it starts with the word *onari*, which means "today". *Onari* has a little different form than the normal form of *shijo*, but it shows higher similarity with the form of I Hyŏnbo's *shijo*, which preserves the early form of the *shijo* genre. In the postscript of *Fisherman's short songs*, I Hyŏnbo explains the process of composition of his *shijo*, implying the relationship between his *shijo* and *Mandaeyŏp*. That relationship probably became the foundation on which the formal correspondence between his *shijo* and *Mandaeyŏp* was built. Following is the record:

> I shortened the already existing ten *shijo* poems to make my five *shijo* poems and put those to the music, *yŏp* (葉), to sing. (*Five Pieces of Fisherman's Short Songs* (*Ŏbudan'gaojang*, 漁父短歌五章), *Nongamjip* Vol. 3)

The name of music, *yŏp*, at the last part of this excerpt draws our attention, although it did not for other scholars previously. Here the *yŏp* does not mean a general unit such as piece but a sort of music form on which I Hyŏnbo's *shijo* poems were put to be sung. Considering any other *yŏp* music such as *Chungdaeyŏp* or *Saktaeyŏp* did not exist in his time, this *yŏp* cannot but be *Mandaeyŏp*. On this musical background, the formal trait of I Hyŏnbo's *shijo*, which corresponds to the form of *Mandaeyŏp*'s lyrics, arouse. Following is the *Mandaeyŏp*'s lyrics, *Onari*, in *Kŭmhapchabo*:

| Is today today? | *o-na-ri* | *o-na-ri-na* | (7) |

Is everyday today?	*mae-i-re*	*o-na-ri-na*	(7)
Will not today get dark,	*jŏm-mŭ-di-do*	*sae-di-do o-na-ri*	(10)
Nor break?	*sae-ri-na*		(3)
May everyday be today!	*mae-il-tang-sang-ŭi*	*o-na-ri o-so-sŏ*	(11)

The division of five lines as above is based on the form that was put on *Mandaeyŏp* in the score. This form has high similarity with the form of *shijo* put on its current music, *sakdaeyŏp*, but its third and fourth lines show different structures than the form of normal *shijo*.[19] The third line of *shijo* is usually as long as the sum of the first and the second lines, and the fourth line flows to the fifth line. On the contrary, the third line of *Onari* is shorter than the sum of the first and the second lines,[20] and the fourth line is connected to the third line semantically, not to the fifth line. These formal traits of *Onari* seem to influence on I Hyŏnbo's *shijo* as shown in the following example:

Free of worry,	i-jung-e	shi-rŭm-ŏp-sŭ-ni (8)
is fisherman's life!	ŏ-bu-ŭi	saeng-ae-i-ro-da (8)
Floating a boat on the waves,	i-ryŏp-p'yŏn-ju-rŭl	man-'gyŏng-p'a-ettŭi-wŏ-du-go (13)
I forgot	in-se-rŭl (3)	
this world, without knowing the flow of time!		ta-i-jŏt-kŏ-ni nal-ga-nŭn ju-rŭ-ral-lya

---

[19] This five-line division is different from the three-line division, which is more usually known as the form of *shijo*. *Shijo* can be presented in the five-line format, reflecting the way putting it on its music. Even though *shijo* is usually presented in the three-line format, the consensus on what is its most desirable line format is yet to be made. For example, Kevin O'Rourke suggests the five-line format to demonstrate the formal characteristics of the *shijo* genre.

[20] To demonstrate this aspect, the original *shijo* and the syllable number of each line are shown at the right of the English translation.

(12)

(Fisherman's Short Songs No.1, Nongamjip Vol. 3)

I Hyŏnbo's *shijo* above, the fourth line does not semantically connected to the third line, but it flows into the fifth line, which is different from *Onari* but similar to the normal form of *shijo*. However, this *shijo* also demonstrates the same formal trait with *Mandaeyŏp* in that the third line is shorter than the sum of the first and the second lines. In addition, the number of breath groups in the third line are not counted four as normal *shijo* but three as *Mandaeyŏp*. Other *shijo* poems in I Hyŏnbo's *Fisherman's Short Songs* are similar to this case. In the second *shijo*, the third line contains 12 syllables, in the third *shijo*, it has 10 syllables, and in the fourth *shijo*, it has 13 syllables.[21] These aspects suggest that I Hyŏnbo's *shijo* contains the formal characteristic of *shijo* in its initial stage, which was in between the form of *Mandaeyŏp*'s lyrics and the normal form of *shijo*. This is the last evidence that this study presents to reveal that the origin of *shijo* lies in *Mandaeyŏp*, and that the form of *shijo* was initiated and developed around the 16th century.

5. Conclusion

Yang Tŏksu's statement that the musical tune *Mandaeyŏp*, sung with *shijo*

---

21 For syllabic count, I present the original pronunciation of the lines here and in the following notes. "*ship-chang-hong-jin-i ŏl-ma-na ka-ryŏn-nan-'go*" (No. 2); "*no-jŏ-k'wa-ch'ong-e bae-mae-ya-du-go*" (No. 3); "*mu-shim-k'o da-jŏng-ha-ni i-du-gŏ-shi-ro-da*" (No. 4). Kim Jinhee (2005) has argued that the third line's comparatively short length is the trait of the *shijo* of the early Chosŏn era.

lyrics, is derived from the *Chinjak* tune has drawn much attention. Many scholars believed *Mandaeyŏp* is derived from *Chinjak 3*, but they could not present specific evidences of the influence between the two compositions. Casting doubt on the prevailed assumption focusing on *Chinjak 3*, this study investigated *Chinjak 1* instead *Chinjak 3* and discovered significant similarity between *Chinjak 1* and *Mandaeyŏp*. It has shown that *Mandaeyŏp* is derived from *Chinjak 1*'s *taeyŏp* and *puyŏp* parts, based on their shared, repetitive A–B–C–B–C structure and the similarity of the form and order of their melodic units.

The discovery of the relationship between *Mandaeyŏp* and *Chinjak 1* resolves a long-standing dilemma not only in the field of music but also in the field of literature, regarding the origin of *shijo*. *Mandaeyŏp* has been known as the origin of all music forms that accompanied *shijo*, as shown in Yang's score (1610), so the research on its occurrence sheds new light on understanding the origin of *shijo*.

The *shijo* poems by reliable authors emerged around the time when *Mandaeyŏp* was derived from *Chinjak 1 and accompanied its lyrics*, which is from the mid-15th to 16th century. Both *Chinjak 1* and *Mandaeyŏp* appear in *Taeak'ubo*, which contains the court music pieces during the reign of King Sejo (1455–1468). *Mandaeyŏp* is not seen in any earlier score but continuously in the materials after the King's time, and it shows direct influences of *Chinjak 1*. This circumstantial evidences suggest *Mandaeyŏp* was derived from *Chinjak 1* around King Sejo's reign. Around that time, many *shijo* poems by reliable authors also appeared. This coincidence suggests *shijo* is originated in *Mandaeyŏp*'s occurrence. In addition, the formal similarity between *Mandaeyŏp*'s lyrics and the early *shijo* poems of the 16th century makes the inference even more plausible.

Mandaeyŏp has its roots in *Chinjak 1* and was derived from it around the mid-15th century during King Sejo's reign. It was originally instrumental music in the king's time, but later it accompanied lyrics called *Onari*, which has the poetic form close to that of *shijo* but has also different formal traits with it. I Hyŏnbo's *shijo*, which is the earliest among reliable authors' *shijo* poems, shows comparatively high similarity with *Mandaeyŏp's* lyrics, *Onari*. With these facts, now we can clarify the circumstance on which *shijo* burgeoned. The creation of *shijo* was influenced by the music *Mandaeyŏp* that was formed in the 15th century, and the form of *shijo* was initiated and completed under the negotiation with *Mandaeyŏp's* lyrics, *Onari*, around the 16th century.

Korean traditional lyric genres such as *shijo*, *kasa*, and *Koryŏgayo* were performed accompanied by music. The emergence and development of these poetic genres have close relationship with their music. Thus, interdisciplinary research between the field of literature and that of music has significance. Although many scholars have made great efforts in this direction, lots of research topics are still left undone. The fact that *Chinjak 1* has not focused on before regarding the origin of *Mandaeyŏp* nor *shijo* proves this. More detailed exploration on the relationship between Korean traditional music and literature will result in deeper understanding on them; this is reserved for future studies.

『Acta Koreana』 20-1, 계명대학교 한국학연구원, 2017.

참고문헌

1. 원전 자료

악보, 노랫말 자료

歌曲源流(박효관·안민영, 1876. 본고는 '국립국악원 편, 『한국음악학자료총서』 권5, 성인문화사, 1981'의 영인본을 활용함)

가곡유취(=고금가곡, 국립중앙도서관 소장 마이크로필름 → 고금가곡)

가스(1900, 봉화의 어느 양반, 소창문고본, 본고는 직접 찍은 것을 활용함. 고려대학교 해외한국학자료센터http://kostma.korea.ac.kr에서도 사진 자료 확인 가능함)

古今歌曲(1764 松溪煙月翁 편찬, 본고는 국립중앙도서관 소장 마이크로필름 『歌詞類聚』 '청구기호 M古3-2005-1'을 활용함)

琴合字譜(安瑺, 1572, 본고는 '국립국악원 편, 『한국음악학자료총서』 권22, 은하출판사, 1989'의 영인본을 활용함)

大樂後譜(徐命膺, 1759, 본고는 '국립국악원 편, 『한국음악학자료총서』 권1, 은하출판사, 1989'의 영인본을 활용함)

梁琴新譜(梁德壽, 1610, 본고는 '국립국악원 편, 『한국음악학자료총서』 권1, 은하출판사, 1989'의 영인본을 활용함)

聾巖集(1665, 민족문화추진회 편 『한국문집총간』 권17, 본고는 한국고전번역원 'http://www.itkc.or.kr' 활용함)

俗樂歌詞(蓬左文庫本, 김지용 해제, 『국어국문학』 36·37·38집, 국어국문학회, 1967. 5~12.)

時用鄕樂譜(16C, 본고는 '국립국악원 편, 『한국음악학자료총서』 권22, 은하출판사, 1989'의 영인본을 활용함)

時調類聚(최남선, 漢城圖書株式會社, 1928)

樂章歌詞(16~17C, 김명준, 『악장가사 주해』에 수록된 영인본 및 디지털 장서각 https://jsg.aks.ac.kr 을 활용함)

樂學軌範(成俔, 1493 본고는 '국립국악원 편,『한국음악학자료총서』권26, 세신문화사, 1988'의 영인본 및 디지털 장서각 https://jsg.aks.ac.kr 을 활용함)

樂學軌範(蓬左文庫本, 김지용 해제, 연세대학교 인문과학연구소, 1968)

梁琴新譜(1610년, 본고는 '국립국악원 편,『한국음악학자료총서』권14, 은하출판사, 1984.'의 영인본을 활용함)

역대시조전서(심재완, 세종문화사, 1972)

自菴集(1659년, 민족문화추진회 편『한국문집총간』권24, 본고는 한국고전번역원 'http://www.itkc.or.kr' 활용함)

靑丘永言(경성제국대학교, 소화 5년).

靑邱永言(동경대 소창문고본 소장)

靑丘永言(심재완 등사, 청구대학 등사본, 청구대학 국어국문학회, 1957.)

靑丘永言(연세대학교 중앙도서관 국학자료실)

靑丘永言(진본 청구영언, 한글박물관 소장, 본고는 '『청구영언 김천택편 영인편』, 국립한글박물관, 2017'을 활용함)

靑丘永言·海東歌謠 合本(아세아문화사, 1974.)

세종대왕실록 악보(세종대왕 기념사업회, 1973)

海東歌謠

구결 자료

舊譯仁王經

大方廣佛華嚴經(권14)

大方廣佛華嚴經疏(권35)

瑜伽師地論(권20)

合部金光明經(권3)

* 이상 5종의 자료는 모두 복사본 활용. 워드프로세스로 작성되고 한글 전사된 전체 내용은『구결연구』제3집(구결학회, 1998) 참조, 서지사항은 「차자 표기 자료의 서지」 (남권희,『새국어생활』제7권 제4호 겨울, 국립국어연구원, 1997) 참조.

언해, 사서

鷄林類事

高麗圖經

高麗史

光州千字文

均如傳

金剛般若波羅蜜經, 善現起請分

老乞大諺解

聾巖先生文集

大方廣佛華嚴經(60卷本, 80卷本)

東國歲時記

東國李相國集

東文選

東韓譯語

杜詩諺解

靈鷲山大慈恩玄化寺之碑銘

蒙山和尙法語略錄諺解

無衣子詩集

白虎通義

事物紀原

三國史記

三國遺事

三國遺事(泥山本, 서울대본, 晩松文庫本, 石南本, 順庵手澤本)

釋譜詳節

星湖僿說

新增東國輿地勝覽

新增類合

與猶堂全書

月印釋譜

曹溪眞覺國師語錄

朝鮮王朝實錄

周禮註疏

周易函書約存

秋江先生文集

退溪先生文集

鄕藥救急方

訓蒙字會

국립국어원(https://ithub.korean.go.kr) 제공 전자파일

2. 번역, 주해 자료

古今歌曲 해제(前間恭作, 남창본 고금가곡, 서울대 도서관 소장, 1928)

高麗史樂志(차주환 역, 을유문고, 1972)

미륵상생경·미륵하생경·미륵대성불경(경전연구모임, 불교시대사, 1996)

三國史記(국사편찬위원회, http://www.history.go.kr)

三國遺事(古典衍譯會 번역, 완역 삼국유사, 학우사, 1954)

三國遺事(국사편찬위원회, http://www.history.go.kr)

三國遺事(권상로 번역, 동서문화사). 1978.

三國遺事(박성봉·고경식 공역, 역해 삼국유사, 서문문화사, 1985)

三國遺事(史書衍譯會 번역, 삼국유사, 고려문화사, 1946)

三國遺事(성은구 번역·이을호 감수, 삼국유사, 전남대학교출판부, 1981)

三國遺事(역주 삼국유사, 강인구 외 4인, 한국정신문화연구원 편 이회문화사, 2003)

三國遺事(이동환 번역, 삼국유사, 삼중당문고, 1975)

三國遺事(이민수 번역, 삼국유사, 범우사, 1986)

三國遺事(이민수 번역, 삼국유사, 삼성문화문고 127, 삼성미술문화재단, 1979)

三國遺事(이민수 역, 을유문화사, 1994)

三國遺事(이병도 번역, 삼국유사, 동국문화사, 1956)

三國遺事(이병도 번역, 원문겸역주 삼국유사, 광조출판사, 1973)

三國遺事(이병도 번역, 한국명저대전집 삼국유사, 대양서적, 1972)

三國遺事(이재호 번역, 삼국유사, 명지대학문고 11, 명지대학출판부, 1978)

三國遺事(이재호 번역, 삼국유사, 명지대학자유교양연구소, 광문출판사, 1967)

三國遺事(이병도 역, 大洋書籍, 1972)(

樂府(이용기 편, 주해악부, 정재호, 김흥규, 전경욱 주해, 고려대학교 민족문화연구소, 1992)

入唐求法巡禮行記(圓仁 지음, 신복룡 번역, 선인, 2007)

入唐求法巡禮行記(圓仁 지음, 엔닌의 입당구법순례행기, 김문경 번역, 도서출판 중심, 2001)

중국대세시기』I·II, 이창희 책임번역, 『국립민속박물관, 2006.

靑丘永言(권순회·이상원·신경숙, 김천택 편 청구영언 주해편, 국립한글박물관, 2017)

靑丘永言(김태준 교열, 조선문고, 학예사, 1939)

靑丘永言(육당본, 황충기 주석, 六堂本 靑丘永言, 푸른사상, 2013)

靑丘永言(주왕산 교열, 통문관, 1946)

3. 사전류

漢韓大辭典(단국대학교 동양학연구소 편, 단국대학교출판부, 2003)

佛敎辭典(윤허 용하, 동국역경원, 1974)

漢文大辭典(臺灣 : 臺灣省立師範大學國文研究所, 1981)

표준국어대사전(국립국어원, 두산동아, 1999)

佛光大辭典(臺灣 : 佛光出版社, 1989)

古時調大典(고려대학교 민족문화연구원, 2012)

大漢和辭典(諸橋轍次, 大修館書店, 昭和59)

李朝語辭典(유창돈, 연세대학교출판부, 2000)

增補 古語辭典(남광우, 일조각, 1997)

辭源(臺灣商務印書館, 1974)

교본역대시조전서(심재완, 세종문화사, 1972)

釋讀구결사전(황선엽·이전경·하귀녀 외, 박문사, 2009)

4. 단행본

강길운,『향가신해독연구』, 학문사, 1995.

강한영,『申在孝 판소리 사설집』, 韓國古典文學大系 12, 民衆書館, 1974.

고영근,『중세국어의 시상과 서법』, 탑출판사, 1998.

고운기,『길위의 삼국유사』, 미래M&B, 2006.

구인환,『Basic 고교생을 위한 문학 용어사전』, 신원문화사, 2006.

권상로,『조선문학사』, 동서문화사, 1947.

권영철,『閨房歌詞各論』, 형설출판사, 1986.

금기창,『신라문학에 있어서의 향가론』, 태학사, 1993.

김　구,『백범일지』, 범우사, 1984.

김대행,『시조유형론』, 이화여자대학교출판부, 1986.

김동욱,「新羅 鄕歌의 佛敎文學的 考察」,『한국가요의 연구』, 을유문화사, 1984.

＿＿＿,『국문학사』, 日新社, 1985, 33면.

＿＿＿,『韓國歌謠의 硏究』, 乙酉文化社, 1961.

김명준,『고려속요집성』, 다운샘, 2002.

＿＿＿,『생각하며 읽는 한국 고전시가』, 도서출판 다운샘, 2018.

＿＿＿,『악장가사주해』, 다운샘, 2004.

김상억,『향가』, 한국자유교육협회, 1974.

김선기,『현대문학』145-177집(「길쁠별 노래」 등 14편), 현대문학사, 1967-1969.

김성배·박노춘·이상보·정익섭,『주해가사문학전집』, 정연사, 1961.

김세중,『정간보로 읽는 옛노래』, 예술, 2005.
김승찬 外,『鄕歌文學論』, 金承璨 편저, 새문社, 1986(1991 三版).
김열규,『鄕歌의 語文學的 硏究』, 서강대학교 인문과학연구소, 1972.
김열규·신동욱,『高麗時代의 歌謠文學』, 새문社, 1982.
김열규·정연찬·이재선,『향가의 어문학적 연구』, 서강대학교 인문과학연구소, 1972.
김완진,『향가와 고려가요』, 서울대학교출판부, 2000.
_____,『향가해독법연구』, 서울대학교출판부, 1980.
김정현,『淸州 思惱寺 金屬遺物 硏究』, 고려대학교 문화재학협동과정 석사학위논문, 2009.
김종우,『鄕歌文學硏究』, 二友出版社, 1975.
김준영,『鄕歌文學』, 螢雪出版社, 1979.
김진희,『한국고전시가의 비평사』, 역락, 2018.
_____,『한국시가의 장르와 형식』, 역락, 2020.
김태준,『朝鮮歌謠集成』, 朝鮮語文學會, 漢城圖書株式會社, 1934.
_____,「高麗歌詞是非 - 梁柱東氏에게 一言함」,『朝鮮日報』, 1939년 6월 10일자.
_____,『高麗歌詞』, 學藝社, 1939.
_____,『한글』2, 한글학회, 1934.
김학성,『국문학의 탐구』, 성균관대학교출판부, 1987.
_____,『한국 고전시가의 정체성』, 대동문화연구총서 21, 成均館大學校 大東文化硏究院, 2002.
김학주,『한·중 두 나라의 가무와 잡희』, 서울대학교출판부, 1994.
김형규,『古歌註釋』, 白映社, 1955.
김홍제 편,『추텬명월』, 신구서림, 1914.
남풍현,『借字表記法硏究』, 단대출판부, 1981.
_____,『구결연구』, 태학사, 1999.
_____,『차자표기법연구』, 서울대학교 국어국문학과 박사학위논문, 1981.
박노준,『新羅歌謠의 硏究』, 열화당, 1982.
_____,『高麗歌謠의 硏究』, 새문사, 1990.

박병채,『高麗歌謠의 語釋硏究』, 二友文化社, 1968.
_____,『새로 고친 고려가요의 어석연구』, 국학자료원, 1994.
박연호,『교훈가사 연구』, 다운샘, 2003.
박재민,『신라향가변증』, 태학사, 2013.
_____,『구결로 풀어본 普賢十願歌 해석』, 연세대학교 국어국문학과 석사학위논문, 2002.
배규범·주옥파,『외국인을 위한 한국고전문학사』, 도서출판 하우, 2010.
三品彰英,『新羅花郞の 硏究』, 三省堂, 1943.
서재극,『신라향가의 어휘연구』, 계명대학교출판부, 1975.
서철원,『향가의 유산과 고려시가의 단서』, 새문사, 2013.
_____,『新羅 鄕歌의 抒情主體相과 그 文化史的 展開』, 고려대학교 국어국문학과 박사학위논문, 2006.
_____,『향가의 역사와 문화사』, 지식과교양, 2011.
석주명,『제주도 방언』, 서울신문사 출판국, 1947.
성기옥,『한국시가율격의 이론』, 새문社, 1986.
성기옥·손종흠,『고전시가론』, 한국방송통신대학교출판부, 2006.
성호경,『시조문학』, 서강대학교출판부, 2014.
_____,『고려시대 시가연구』, 태학사, 2006.
_____,『신라향가연구』, 태학사, 2008.
_____,『조선전기시가론』, 새문사, 1988.
_____,『한국시가의 형식』, 새문사, 1999.
小倉進平,『鄕歌及び吏讀の硏究(향가 및 이두의 연구)』, 경성제대 법문학부, 1929.(아세아문화사 영인, 1974.)
신경숙 외 5인,『고시조문헌 해제』, 고려대학교 민족문화연구원, 2012.
신경숙,『19세기 가집의 전개』, 계명문화사, 1994.
신명균 編, 金台俊 校閱,『歌詞集』, 中央印書舘版, 1936.
신재홍,『향가의 해석』, 집문당, 2000.
_____,『화랑세기 역주』, 태학사, 2009.

_____,『향가의 연구』, 집문당, 2017.

심재완,『시조의 문헌적 연구』, 세종문화사, 1972.

안병희,『中世國語口訣의 硏究』, 일지사, 1977.

양주동,『麗謠箋注』, 乙酉文化社, 1947.

_____,『增訂 古歌硏究』, 一潮閣, 1965.

_____,『조선고가연구』, 박문서관, 1942.

양태순,『고려가요의 음악적 연구』, 이회문화사, 1997.

양희찬,「시조집의 편찬 계열 연구」, 고려대학교 국어국문학과 박사학위논문, 1993.

양희철,『고려향가연구』, 새문사, 1988.

_____,『삼국유사향가연구』, 태학사, 1997.

옥영정 외 7인,『해외 한국본 고문헌 자료의 탐색과 검토』, 서울대학교 규장각 한국학연구원, 삼경문화사, 2002.

유창균,『鄕歌批解』, 형설출판사, 1994.

윤성현,『속요의 아름다움』, 태학사, 2007.

윤영옥,『新羅歌謠의 硏究』, 형설출판사, 1980.

_____,『韓國古詩歌의 硏究』, 형설출판사, 1995.

이가원,『朝鮮漢文學小史』, 三和出版社, 1973.

이금영,「선어말어미 '-거/어-'의 통시적 연구」, 충남대학교 국어국문학과 박사학위논문, 2000.

이능화,『조선불교통사』, 보연각, 1972.

이도흠,「혜성가 연구」, 한양대학교 국어국문학과 석사학위논문, 1984.

이등룡,『여요석주』, 한국학술정보, 2010.

이명선,『朝鮮文學史』, 朝鮮文學社, 1948.

이병기・백철,『國文學全史』, 신구문화사, 1981.

이상원,『조선후기 가집 연구』, 고려대학교 민족문화연구원, 2015.

이숭녕,『新羅時代의 表記法 體系에 관한 試論』, 國語學硏究選書 1. 塔出版社, 1978 (1982 再版).

이승재,『高麗時代의 吏讀』, 국어학총서 17, 국어학회, 태학사, 1992.

이인직,『치악산』上, 발행자미상(국립중앙도서관소장), 1908.

_____,『치악산』下, 보문관, 1919.

이전경,『15세기 불경의 구결 표기법 연구』, 연세대학교 국어국문학과 박사학위논문, 2002.

이종학 외,『花郞世紀를 다시 본다』, 주류성, 2003.

이혜구,『한국음악연구』, 경향신문사, 1957.

임기중,『새로 읽는 향가문학』, 아세아문화사, 1998.

임재욱,『가사 문학과 음악』, 보고사, 2013.

임주탁,『강화 천도, 그 비운의 역사와 노래』, 새문사, 2004.

_____,『고려시대 국어시가의 창작·전승 기반 연구』, 부산대학교출판부, 2004.

_____,『옛노래 연구와 교육의 방법』, 부산대학교출판부, 2009.

장덕순,『韓國古典文學의 理解』, 一志社, 1973.

장사훈,『國樂論攷』, 서울대출판부, 1993.

_____,『增補韓國音樂史』, 세광음악출판사, 1986.

장윤희,『중세국어 종결어미 연구』, 國語學叢書 41, 國語學會, 太學社, 2002.

전규태,『論註 鄕歌』, 정음사, 1976.

_____,『高麗歌謠』, 정음사, 1968.

鮎貝房之進,『雜攷』, 1931-1938. (본고는『原本國語國文學叢林 : 原本 향약채위월령 俗字攷·俗文攷·借字攷 合本』, 大提閣, 1988을 이용함.)

정렬모,『신라향가주해』, 북한: 국립출판사, 1954. (본고는 한국문화사의 1999년 영인본을 이용함.)

_____,『향가연구』, 북한 : 사회과학원출판사, 1965.

정병욱,『國文學散藁』, 新丘文化社, 1959.

_____,『한국고전시가론』, 신구문화사, 1977.

_____,『증보판 한국고전시가론』, 신구문화사, 1994.

정병욱·이어령,『古典의 바다』, 玄岩社, 1977.

정연찬,『향가의 어문학적 연구 - 향가해독일반』, 서강대인문과학연구소, 1972.

정열모,『신라향가주해』, 국립출판사, 1954.(한국문화사 영인, 1999.)

_____,『鄕歌硏究』, 사회과학원출판사, 1965.

정주동·유창식 교주『진본 청구영언』, 신생출판사, 1957.

정창일,『향가신연구』, 세종출판사, 1987.

정한기,『한국 민요의 미학』, 박이정, 2015.

정형용,『국문학사』, 우리어문학회, 秀路社, 1948.

정형우 編纂責任,『규방가사』Ⅰ, 한국정신문화연구원, 1979.

정홍교,『고려시가유산연구』, 과학, 백과사전출판사, 1984.

조규익,『가곡창사의 국문학적 본질』, 집문당, 1994.

조동일,『한국문학통사』1, 지식산업사, 1994.

_____,『한국시가의 전통과 율격』, 한길사, 1982.

조윤제,『국문학사』, 東邦文化社, 1949.

_____,『朝鮮詩歌의 硏究』, 을유문화사, 1948.

_____,『朝鮮詩歌史綱』, 東光堂書店, 1937.

_____,『한국문학사』, 탐구당, 1987(초판 1963).

조해숙,『조선후기 시조한역과 시조사』, 보고사, 2005.

지헌영,『鄕歌麗謠新釋』, 正音社, 1947.

최남선,『朝鮮常識問答續編』, 東明社, 1947.

최남희,『고대국어형태론』, 1996.

최미정,『한국고전시가와 조선시대의 국경』, 역락, 2019.

최선경,『향가의 제의가적 성격 연구』, 연세대학교 국어국문학과 박사학위논문, 2001.

최재남,『士林의 鄕村生活과 詩歌文學』, 국학자료원, 1997.

최용수,『고려가요연구』, 계명문화사, 1996.

최 철,『향가의 문학적 해석』, 연세대학교출판부, 1993.

_____,『고려국어가요의 해석』. 연세대학교출판부, 1996..

최철·박재민,『석주고려가요』, 이회문화사, 2003.

최학선,『향가연구』, 1985.

하정룡,『삼국유사의 편찬과 간행에 대한 연구』, 고려대학교 사학과 박사학위논문, 2002.

허　웅,『우리옛말본』, 샘문화사, 1995.
홍기문,『고가요집』, 국립문학예술서적출판사, 1959.
_____,『향가해석』, 평양과학원, 1956.
홍난파,『조선가요작곡집』, 연락회, 1933.
화경고전문학연구회 편,『향가·고전소설관계 논저목록』, 황패강교수 정년퇴임기념, 단대출판부, 1993.
황병익,『고전시가 다시 읽기』, 새문사, 2006.
_____,『신라향가 천년의 소망』, 역락, 2020.

5. 논문

강영봉,「제주어와 중세 몽골어의 비교 연구」,『탐라문화』20, 제주대학교 탐라문화연구소, 1999.
강재헌,「고금가곡의 만횡청류 고찰」,『어문연구』68, 한국어문교육연구회, 2011.
강헌규,「高麗歌謠 思母曲 新考」,『국어국문학』84, 국어국문학회, 1980.
고영근,「處容歌의 한 解讀」,『건국어문학』9·10합집, 김일근박사 화갑기념논총, 1985.
_____,「中世語의 語尾活用에 나타나는 '거/어'의 交替에 대하여」,『국어학』9, 국어학회, 1980.
고운기,「怨歌와 避隱의 논리」,『한국학총집』28, 한양대학교 국어학연구소, 1996.
_____,「德川家 장서목록에 나타난 삼국유사 전승의 연구」,『동방학지』142, 연세대 국학연구원, 2008.
_____,「향가의 근대·1 -金澤庄三郎와 鮎貝房之進의 향가 해석이 이루어지기까지-」,『한국시가연구』25, 한국시가학회, 2008.
_____,「향가의 근대·2 -小倉進平가『鄕歌及び吏讀の硏究』에 붙인 自筆 메모-」,『한국시가연구』37, 한국시가학회, 2014.
_____,「향가의 근대·3 -국문학사상향가의 위치 문제-」,『한국시가연구』45, 한국시가학회, 2018.

고혜경, 「혜성가의 시가적 성격」, 『향가연구』, 국어국문학회 편, 1998.
권덕영, 「筆寫本 花郞世紀 진위논쟁 10년」, 『한국학보』 99, 일지사, 2000.
권두환, 「時調의 發生과 起源」, 『관악어문연구』 18, 서울대학교 국어국문학과, 1993.
권순회, 「고금가곡」, 『고시조 문헌 해제』(신경숙·이상원·권순회·김용찬·박규홍·이형대 공저), 고려대학교 민족문화연구원, 2012.
_____, 「古今歌曲의 원본 발굴과 轉寫 경로」, 『우리어문연구』 34, 우리어문학회, 2009.
_____, 「김천택 편 청구영언의 문헌 특성」, 『김천택 편 청구영언』(영인편), 국립한글박물관, 2017.
금기창, 「處容歌에 對하여」, 『新羅文學에 있어서의 鄕歌論』, 太學社, 1993.
金澤庄三郞, 「吏讀の硏究」(『朝鮮彙報』 1918년 4월호), 조선총독부, 1918.
김기종, 「도솔가, 불국토의 선언」, 『한국시가연구』 38, 한국시가학회, 2015.
_____, 「삼국유사 소재 향가의 불교적 성격과 그 의미」, 『불교학보』 67, 동국대학교 불교문화연구원, 2014.
김동욱, 「兜率歌硏究」, 『國語歌謠의 硏究』, 을유문화사, 1961.
김두찬, 「口訣 語尾 '羅叱多'(-랏다)에 대하여」, 『국어국문학』 96, 국어국문학회, 1986.
김명호, 「靑山別曲의 俗樂的 二重性」, 『한국고전시가작품론』 1, 집문당, 1995.
김문경, 「儀式을 통한 佛敎의 大衆化運動」, 『사학지』 4, 단국사학회, 1970.
김병국, 「혜성가의 설화 문맥과 해석상의 쟁점」, 『한국고전시가작품론』 1, 집문당, 1995.
김상억, 「鄭石歌考」, 『高麗時代의 가요문학』(김열규·신동욱 편집), 새문사, 1982.
_____, 「청산별곡 연구」, 『국어국문학』 30, 국어국문학회, 1965.
김석회, 「19세기 초중반 가집의 노랫말 변용 양상 - 청구영언 육당본의 경우」, 『고전문학연구』 24, 한국고전문학회, 2003.
김선기, 「눈밝안노래」, 『현대문학』 166, 현대문학, 1968.
김성기, 「도솔가와 제망매가에 나타난 신라인의 불교 수용」, 『고문연구』 10, 한국고문연구회, 1997.
_____, 「원가의 연구」, 『고시가연구』 12, 한국고시가문학회, 2003.
_____, 「원가의 해석」, 『한국고전시가작품론』 1, 집문당, 1992.

김성언, 「구지가의 해석」, 『한국문학사의 쟁점』, 집문당, 1986.
_____, 「구지가재고 - 祈雨儀式과 관련하여」, 『논문집』 13, 동아대학교 대학원, 1988.
김소원, 「高麗寺歌」, 『불교』 8, 불교사, 1925.
김수업, 「삼구육명에 대하여」, 『국어국문학』 68·69, 국어국문학회, 1975.
김승찬, 「구지가와 그 배경의 연구」, 『문리과대학논문집』 14, 인문사회과학편, 부산대학교 인문학연구소, 1975.
_____, 「도솔가」, 『고전시가의 이념과 표상』, 임하최진원박사 정년기념논총, 논총간행위원회, 1991.
_____, 「죽지랑가 신고찰」, 『국어국문학』 13·14, 부산대학교, 1977.
_____, 「죽지설화와 모죽지랑가에 대한 신고찰」, 『새결박태권선생 환갑기념논총』, 제일문화사, 1984.
_____, 「효성왕대의 시대상과 원가」, 『어문연구』 26, 어문연구학회, 1995.
김열규, 「怨歌의 樹木象徵」, 『국어국문학』 18, 국어국문학회, 1957.
김영만, 「석독구결 '皆叱', '悉良'과 고려 향찰 '頓部叱', '盡良'의 비교 고찰」, 『구결연구』 2, 구결학회, 1997.
김영봉, 「駕洛國記의 분석과 구지가의 해석」, 『연민학지』 5, 연민학회, 1997.
김영수, 「향가와 산천제의의 상관성 고찰 - 헌화가와 해가를 중심으로」, 『한문학논집』 19, 근역한문학회, 2001.
_____, 「원가」, 『향가문학연구』, 화경고전문학연구회편, 일지사, 1993.
김영욱, 「花郎世紀의 眞僞에 관한 문법사적 접근」, 서울시립대학교 『박물관 휘보』 11, 2000.
김영운, 「珍本 靑丘永言의 編纂年代에 關한 一考 - 古樂譜와의 比較를 中心으로-」, 『시조학논총』 14, 한국시조학회, 1999.
김완진, 「고려가요의 物名 : 국어학적 고찰」, 『정신문화연구』 73, 한국학중앙연구원, 1998.
_____, 「高麗歌謠의 語義 分析」, 『高麗時代의 가요문학』, 새문사, 1982.
김용찬, 「청구영언 육당본」, 『고시조문헌 해제』(신경숙 외 5인), 고려대학교 민족문화연구원, 2012.

_____, 「청구영언(육당본)의 성격과 시가사적 위상」, 『19세기 시가문학의 탐구』, 고려대학교 고전문학・한문학연구회 편, 집문당, 1995.

김유미, 「월명사의 도솔가 연구」, 『국어국문학』 25, 부산대학교 인문대학 국어국문학과, 1988.

김인숙, 「三機曲의 旋律構造 硏究」, 부산대학교 석사학위논문, 1999.

김재원, 「韓國 古代詩歌의 形態考 - 別曲과 鄕歌 比較를 中心으로 -」, 『한국어문학연구』 13, 이화여자대학교, 1973.

김종규, 「원가의 시사적 배경 및 문학성」, 『한국시가연구』 9, 한국시가학회, 2001.

김주필, 「18세기 譯書類 문헌과 王室 문헌의 音韻變化 - ㄷㅁ 蓋音化와 圓脣母音化를 중심으로 -」, 『어문연구』 제33권 2호, 한국어문교육연구회, 2005.

김진욱, 「원가 형식에 대한 연구」, 『한국언어문학』 53, 한국언어문학회, 2004.

김진희, 「시조 시형의 정립 과정에 대하여 - 악곡과 관련하여 -」, 『한국시가연구』 19, 한국시가학회, 2005.

김태식, 「화랑세기 수록향가 조작설 비판」, 『역사비평』 63, 역사비평사, 2003.

김학성, 「高麗歌謠 硏究의 硏究史的 批判의 語義 分析」, 『高麗時代의 가요문학』, 새문사, 1982.

_____, 「高麗歌謠의 作者層과 受容者層」, 『한국학보』 9, 일지사, 1983.

_____, 「필사본 화랑세기의 발견과 향가 연구의 전망」, 『국어국문학』 123, 1999.

김흥규, 「平時調 終章의 律格・統辭的 定型과 그 機能」, 『월암박성의박사 환력기념논총』, 고려대학교 국어국문학회, 1977.

나경수, 「風謠의 機能과 構造」, 『國語國文學』 113, 國語國文學會, 1995.

남광우, 「경신록언해연구」, 『국어국문학』 49・50 합권, 국어국문학회, 1970.

_____, 「高麗歌謠 註釋上의 問題點에 관하여」, 『高麗時代의 言語와 文學』, 형설출판사, 1975.

남권희, 「泥山本 三國遺事의 書誌的 考察」, 『서지학연구』 5・6합집, 서지학회, 1990.

남미정, 「'-다고'류 어미의 형성과 의미」, 『한말연구』 26, 한말연구학회, 2010.

남정희, 「고금가곡 내 단가이십목에 대한 고찰」, 『한국고전연구』 23, 한국고전연구학회, 2011.

남풍현,「향가와 구역인왕경 구결의 '之叱'」,『국어사를 위한 구결연구』, 태학사, 1999.
노태돈,「筆寫本 花郞世紀는 眞本인가」,『한국사연구』 99·100, 1997.
_____,「筆寫本 花郞世紀의 史料的 價値」,『역사학보』 147, 1995.
류수열,「혜성가의 발상과 표현」,『고전문학과 교육』 4, 한국고전문학교육학회, 2002.
류해춘,「월명사의 향가문학과 그 배경설화의 연구」,『어문논총』 31, 경북어문학회, 1997.
박남수,「신발견 朴昌和의 花郞世紀 殘本과 '鄕歌' 一首」,『동국사학』 43, 2007.
박노준,「청산별곡의 재조명」,『고려가요·악장연구』, 국어국문학회 편, 태학사, 1997.
_____,「慕竹旨郞歌考」,『연민이가원선생 육질송수기념논총』, 범학도서, 1977.
_____,「원가」,『향가여요연구』, 이우출판사, 1985.
_____,「鄭石歌의 民謠的 性格과 頌禱歌로의 轉移樣相」,『고전문학연구』, 한국고전문학회, 1988.
박병채,『高麗歌謠語釋硏究』, 宣明文化社, 1968.
_____,『高麗歌謠의 語釋硏究』, 二友出版社, 1968.
_____,『새로 고친 고려가요의 어석연구』, 국학자료원, 1994.
박애경,「불교문화의 저변화와 맹아득안가」,『향가의 수사와 상상력』(고가연구회편), 보고사, 2010.
박인희,「경덕왕대 향가 4수의 의미와 역할」,『한국시가문화연구』 42, 한국시가문화학회, 2018.
_____,「信忠掛冠과 怨歌 연구」,『신라문화』 28, 동국대학교 신라문화연구소, 2006.
박재민,「모죽지랑가의 10구체 가능성에 대하여」,『한국시가연구』 16, 한국시가학회, 2004.
_____,「三國遺事所載 鄕歌의 原典批評과 借字·語彙 辨證」, 서울대학교 국어국문학과 박사학위논문, 2009.
_____,「고등학교의 訓借字·音借字 교육에 대한 비판적 고찰」,『국어교육』 139, 한국어교육학회, 2012.
_____,「동동의 어석과 문학적 향방」,『반교어문연구』 36, 반교어문학회, 2014.
_____,「정석가 주석 재고와 문학적 향방(1) - 三同·삭삭기를 중심으로-」,『고전과해

　　　　석』12, 고전문학한문학연구학회, 2012.

_____, 「청산별곡의 어석에 대한 재고」, 『한국시가연구』 32, 한국시가학회, 2012.

_____, 「정석가 발생시기 再考」, 『한국시가연구』 14, 한국시가학회, 2003.

_____, 「彗星歌 固有語 再構 4題와 文學的 示唆」, 『고전과 해석』 8, 고전한문학연구학회, 2010.

_____, 「고등학교의 訓借字·音借字 교육에 대한 비판적 고찰」, 『국어교육』 139, 한국어교육학회, 2012.

_____, 「모죽지랑가의 10구체 가능성에 대하여」, 『한국시가연구』 16, 한국시가학회, 2004

_____, 「어휘로 살펴본 국립한글박물관 청구영언의 필사 시기」, 『시조학논총』 50, 한국시조학회, 2019.

박지홍, 「구지가 연구」, 『국어국문학』 16, 국어국문학회, 1957.

박진태, 「구지가 신연구」, 『한국어문논집』 2, 한사대 한국어문연구소, 1982.

박진호, 「借字表記 資料에 대한 통사론적 검토」, 『새국어생활』 7-4 겨울, 국립국어연구원, 1997.

박혜숙, 「動動의 님에 대한 一考察」, 『국문학연구』 10, 효성여대 국어국문학과, 1987.

박희숙, 「花郎世紀 鄕歌의 借字表記에 대하여」, 『청람어문교육』 25, 2002.

방종현, 「청구영언 발」, 『靑丘永言』, 朝鮮珍書刊行會, 1948.

변덕진, 「구지곡에 대하여」, 대구효성가톨릭대학교, 『연구논문집』 6-1, 1970.

福井玲, 「小倉文庫目錄 其二 新舊登錄本」, 『朝鮮文化研究』 10, 東京大學大學院人文社會系研究科 朝鮮文化研究室, 2007.

_____, 「小倉文庫目錄 其一 新登錄本」, 『朝鮮文化研究』 9, 東京大學大學院人文社會系研究科 朝鮮文化研究室, 2002.

서두수, 「朝鮮歌謠集成」, 『동아일보』 1934년 2월 27일 3면.

서수생, 「兜率歌의 性格과 詞腦格」, 『동양문화연구』 1, 1974.

_____, 「靑山別曲小考」, 『敎育研究誌』 1, 1963.

서영교, 「월명사 도솔가와 핼리혜성」, 『九山論集』 9, 보조사상연구원, 2004.

서재극, 「노래 動動에서 본 高麗語」, 『高麗時代의 言語와 文學』, 형설출판사, 1975.

_____,「여요주석의 문제점 분석」,『어문학』19, 한국어문학회, 1968.

서철원,「향가와 속요의 사이-시행 구성과 어조, 정서의 대칭을 중심으로」,『국문학연구』30, 국문학회, 2014.

_____,「처용가무의 전승 및 연행 과정에 나타난 오방처용의 성격」,『한국시가연구』41, 한국시가학회, 2016.

_____,「보현십원가에 나타난 참회의 성격」,『동양고전연구』65, 동양고전학회, 2016.

_____,「지역문화권의 유산으로서 정읍사와 정읍의 문화사적 위상」,『국문학연구』40, 국문학회, 2019.

성기옥,「구지가의 작품적 성격과 그 해석(1)」,『울산어문논집』3, 울산대학교 인문대학 국어국문학과, 1987.

_____,「구지가의 작품적 성격과 그 해석(2)」,『배달말』12, 배달말학회, 1987.

_____,「感動天地鬼神의 논리와 향가의 주술성 문제」,『고전시가의 이념과 표상』, 임하 최진원 박사 정년기념논총, 1991.

_____,「향가의 형식·장르·향유기반」,『국문학연구』6, 국문학회, 2001.

성무경,「주제별 분류 가곡 가집, 古今歌曲의 문화도상 탐색 - 마에마 교오사쿠(前間恭作) 轉寫 東洋文庫本을 대상으로 -」,『한국시가연구』19, 한국시가학회, 2005.

성호경,「향가 작품의 시적 구조와 난해어구의 의미 범주」,『한국시가연구』9, 2001.

_____,「고려시가 後殿眞勺(北殿)의 복원을 위한 모색」,『국어국문학』90, 국어국문학회, 1983.

_____,「詞腦歌의 性格 및 起源에 대한 고찰」,『진단학보』104, 진단학회, 2007.

_____,「향가 분절의 성격과 시행구분 및 율격에 대한 시론」,『백영정병욱선생환갑기념논총』, 신구문화사, 1983.

_____,「향가연구의 함정과 그 극복을 위한 모색」,『국어국문학』100, 국어국문학회, 1988.

小倉進平,『鄕歌及び 吏讀の 硏究』, 京城帝國大學, 1929.

손인애,『경기민요방아타령연구』, 서울대학교 석사학위논문, 2000.

손종흠,「鄭石歌의 三同에 대하여」,『한국시가연구』4, 한국시가학회, 1998.

송정숙,「兜率歌新攷」,『어문교육논총』8, 부산대학교 사범대학 국어교육과, 1984.

신경숙, 「궁중연향에서의 가사 창작과 전승」, 『고시가연구』 26, 한국고시가문학회, 2010.

_____, 「근대학문 100년 속에서 김천택 편 청구영언이 걸어온 길」, 『김천택 편 청구영언』(영인편), 국립한글박물관, 2017.

신동욱, 「청산별곡과 평민적 삶의식」, 『고려시대의 가요문학』, 새문사, 1982.

신동익, 「사모곡 소고」, 『한국고전시가작품론』 1, 집문당, 1995.

신동흔, 「모죽지랑가와 죽지랑 이야기의 재해석」, 『관악어문연구』 15, 서울대학교, 1990.

신수식, 「慕竹旨郞歌의 創作 年代 硏究」, 『국어국문학』 23, 국어국문학회, 1961.

신영명, 「도솔가, 구원의 문학」, 『우리문학연구』 18, 우리문학회, 2005.

신은경, 「西京別曲과 鄭石歌의 공통 挿入 歌謠에 對한 一考察」, 『국어국문학』 96, 국어국문학회, 2005.

신재홍, 「향가에 나타난 정치의 이념과 현실」, 『고전문학연구』 26, 한국고전문학회, 2004.

_____, 「향가의 율격 분석」, 『고전문학과 교육』 2, 한국고전문학교육학회, 2000.

_____, 「화랑세기의 신빙성에 대한 어문학적 접근」, 『고전문학연구』 29, 2006.

_____, 「향가의 인용구문과 시적 특성」, 『한국시가연구』 12, 한국시가학회, 2002.

_____, 「혜성가의 역사적 배경」, 『한국시가연구』 16, 한국시가학회, 2004.

심재완, 「時調作家小考」, 『국어국문학연구』 1, 청구대학 국어국문학회.

_____, 「李漢鎭 編著 靑丘永言에 對하여」, 『어문학』 7, 1961.

안대현, 「한국어 중앙어 ㄷ구개음화의 발생 시기」, 『국어학』 54, 국어학회, 2009.

안병희, 「균여의 방언본 저술에 대하여」, 『국어학』 16, 국어학회, 1987.

안자산, 「麗朝時代의 歌謠」, 『現代評論』 1권 4호(5월호), 現代評論社, 1927.

_____, 「朝鮮歌詩의 條理 一~十四」, 『동아일보』, 1930년 4월 16일~9월 21일자.

_____, 「朝鮮詩歌의 苗脈」, 『別乾坤』 12월호, 開闢社, 1929.

양승경, 「조성의 악보형성 및 그 전승에 관한 연구」, 『한국음악연구』 53, 한국국악학회, 2013.

양주동, 「古歌箋剳疑」, 『人文科學』 2, 연세대학교 인문과학연구소.

_____, 「古文學의 一受難 金台俊氏의 近著 麗謠註釋 (1-2)」, 『조선일보』, 1939년 5월 28일~5월 30일.

_____, 「鄕歌の解讀, 特に 願往生歌に 就いて」, 『靑丘學叢』 19, 1935.

_____, 「新羅歌謠硏究」, 『每日經濟新聞』, 1969년 3월 6일.

양태순, 「後殿眞勺과 北殿에 대하여」, 『논문집』 23, 서원대학교, 1989.

양희철, 「慕竹旨郞歌의 創作 時期 一瞥」, 『한국시가연구』 창간호, 한국시가학회, 1997.

_____, 「향가 10구체설의 논거」, 『한국시가연구』 16, 한국시가학회, 2004.

_____, 「鄕札 '攴'과 '支'의 解讀」, 『국어국문학』 104, 국어국문학회, 1990.

어강석, 「한문학적 관점으로 본 구지가의 재해석」, 『정신문화연구』 38-1(통권138), 한국학중앙연구원, 2015.

엄국현, 「도솔가 연구」, 『한국민족문화』 43, 부산대학교 한국민족문화연구소, 2012.

염은열, 「향가의 실재와 믿음 형성에 대한 고찰-도솔가와 제망매가, 혜성가를 중심으로」, 『문학교육학』 40, 한국문학교육학회, 2013.

오세정, 「주술가요의 제의적 상징 : 구지가, 도솔가를 대상으로」, 『시학과언어학』, 서강대학교 시학과언어학회, 2001.

오태권, 「구지가 서사의 封祭機能 연구」, 『열상고전연구』 26, 열상고전연구회, 2007.

유부현, 「三國遺事 卷二에 대한 書誌學的 考察」, 『東方學志』 76, 연세대학교 국학연구원, 1992.

유수연, 「금합자보 만대엽에 관한 고찰」, 경북대학교 대학원, 2013.

유육례, 「한국고전문학과 샤머니즘」, 『문학과종교』 23, 한국문학과종교학회, 2015.

유창균, 「韓國 詩歌形式의 基調」, 『이병기박사송수논문집』, 三和出版社, 1966.

_____, 「향가에 나타난 '攴'에 대하여」, 『장암지헌영선생화갑기념논총』, 동간행위원회, 1971.

유탁일, 「三國遺事의 文獻變化 樣相과 變因 : 그 病理學的 分析」, 『삼국유사연구』 上, 부산대학교출판부, 1984.

윤경수, 「怨歌의 宮廷柏樹象徵과 民間信仰의 考察 - 生性動因의 모티프를 中心으로」, 『한국시가연구』 1, 1997.

윤덕진, 「古今歌曲의 장가 체계」, 『고전문학연구』 28, 한국고전문학회, 2005.

_____, 「여성가사집 가스(小倉文庫 소장)의 문학사적 의미」, 『열상고전연구』 14, 열상고전연구회, 2001.

윤석민, 「고대 국어 연구의 지름길, 향가 : 처용가와 도솔가를 중심으로」, 『한국문학이론과 비평』 28, 한국문학이론과 비평학회, 2005.

윤선태, 「필사본 화랑세기 진위 논쟁에 뛰어들며」, 『역사비평』 62, 2003.

윤영옥, 「怨歌」, 『鄕歌文學論』, 새문사, 1986.

_____, 「혜성가의 고찰」, 『영남어문학』 4, 1977.

_____, 「신충괘관과 원가」, 『삼국유사의 문예적 가치해명』, 새문사, 1982.

윤용식, 「兜率歌(儒理王代)의 解釋」, 『한국문학사의 쟁점』, 집문당, 1996.

윤철중, 「정석가연구」, 『상명여대교수논문집』 10, 1982.

_____, 「정석가 연구」, 『고려가요·악장연구』, 국어국문학회, 민음사, 1997.

이 탁, 「향가신해독」, 『한글』 116, 한글학회, 1956.

이 용, 「연결 어미 '-거든'의 문법사적 고찰 -전기 중세국어 차자 표기를 중심으로-」, 『구결연구』 4, 구결학회, 1998.

이경자, 「정석가 신고」, 『어문학』 75, 한국어문학회, 2002.

이규호, 「鄭石歌式 表現과 時間意識」, 『국어국문학』 92, 국어국문학회, 1984.

이기문, 「祿大와 加達에 대하여」, 『국어학』 14, 국어학회, 1985.

이기백, 「景德王과 斷俗寺·怨歌」, 『新羅政治社會史硏究』, 일조각, 1974.

이대규, 「고려가요 정석가의 해석」, (부산대) 『국어국문학』 35, 문창어문학회, 1998.

이도흠, 「헌화가의 문화사회학적 시학」, 『한양어문』 10, 한국언어문화학회, 1992.

_____, 「도솔가와 화엄사상」, 『한국학논집』 14, 한양대학교 한국학연구소, 1988.

_____, 「도솔가의 和爭詩學的 硏究」, 『고전문학연구』 8, 한국고전문학회, 1993.

_____, 「모죽지랑가의 創作背景과 受容意味」, 『한국시가연구』 3, 한국시가학회, 1998.

_____, 「필사본 花郎世紀의 사료적 가치에 대한 국문학적 고찰」, 『국제어문』 29, 2004.

이동근, 「향가의 기원성과 소통방식」, 『인문과학연구』 35, 대구대학교 인문과학연구소, 2010.

이명구, 「딩하 돌하 당금에 계샹이다」, 『문학사상』 102, 1981.

이병기, 「古典의 僞作」, 『서울신문』, 1949년 5월 18일자.

_____, 「시용향악보의 한 고찰」, 『한글』 113, 한글학회, 1955.
이병철, 「歌集 東歌選의 存在 樣相」, 『한민족문화연구』 26, 한민족문화학회, 2008.
이상보, 「정석가 연구」, 『한국언어문학』 1, 한국언어문학회, 1963.
이상원, 「고금가곡의 체제와 성격」, 『한민족어문학』 59, 한민족어문학회, 2011.
이상원, 「김천택 편 청구영언과 후대 가집의 관계」, 『김천택 편 청구영언』(영인편), 국립한글박물관, 2017.
이성천, 「한국전통음악의 창작방법에 관한 연구(Ⅰ)」, 『연세음악연구』 2, 연세대학교 음악연구소, 1992.
이승재, 「借字表記의 變化」, 『국어사연구』, 국어사연구회, 태학사, 1997.
_____, 「鷄林類事와 借字表記 資料의 關係」, 『大東文化研究』 30, 성균관대학교 대동문화연구원, 1995.
_____, 「借字表記 研究의 成果와 課題」, 『光復50周年 國學의 成果』, 한국정신문화연구원, 1996.
_____, 「향가의 遣只賜와 구역인왕경 구결의 'ㅁㅅㆍ'에 대하여」, 『국어학의 새로운 인식과 전개』, 김완진선생 회갑기념논총, 민음사, 1991.
이영태, 「동동의 송도와 선어」, 『민족문학사연구』 36, 민족문학사연구회, 2008.
_____, 「고려시대 기녀와 무당 풍속으로 읽는 사모곡」, 『역사민속학』 32, 한국역사민속학회, 2010.
_____, 「구지가의 수록 경위와 해석의 문제」, 『한국학연구』 10, 인하대학교 한국학연구소, 1999.
이완형, 「월명사 도솔가조의 이해와 도솔가의 성격」, 『어문학』 88, 한국어문학회, 2005.
이인모, 「靑山別曲 內容의 再檢討」, 『국어국문학』 61, 국어국문학회, 1973.
이재선, 「新羅鄕歌의 語法과 修辭」, 『鄕歌의 語文學的 研究』, 서강대학교 인문과학연구소, 1972.
이종건, 「怨歌」, 『국제어문』 19, 국제어문학회, 1998.
이종욱, 「花郎世紀 研究 序說」, 『역사학보』 146, 1995.
_____, 「花郎世記의 신빙성과 그 저술에 대한 고찰」, 『한국사연구』 97, 1997.
이종출, 「사모곡신고」, 『한국언어문학』 11, 한국언어문학회, 1973.

이현희, 「19세기 국어의 문법사적 고찰」, 『한국문화』 15, 서울대학교 한국문화연구소, 1993.

_____, 「향가의 언어학적 해독」, 『새국어생활』 6-1, 국립국어연구원, 1996.

_____, 「樂學軌範의 國語學的 考察」, 『진단학보』 77, 진단학회, 1994.

이형대, 「怨歌와 鄭瓜亭의 시적 인식과 정서」, 『한성어문학』 18, 한성대학교 국어국문학과, 1999.

이혜구, 「시나위와 詞腦에 關한 試考」, 『국어국문학』 8, 1953.

_____, 「신라의 범패」, 『한국공연예술연구논문선집』, 한국예술종합학교 전통예술원, 2000. (초간은 이혜구, 「新羅의 梵唄」, 『이병도박사화갑기념논총』, 一潮閣, 1956.)

이홍직, 「三國遺事 竹旨郞條의 雜考」, 『黃義敦先生古稀記念史學論叢』, 동국대학교출판부, 1960.

이희진, 「최근 제기된 花郎世紀 필사본에 대한 비판적 고찰」, 『한국고대사탐구』 5, 한국고대사탐구학회, 2010.

임기중, 「고려가요 동동고」, 『고려가요연구』, 국어국문학총서 2, 정음문화사, 1985.

임동권, 「動動의 해석」, 『高麗時代의 가요문학』(김열규·신동욱 편집), 새문사, 1982.

임재욱, 「11·12월 노래에 나타난 動動 화자의 정서적 변화」, 『고전문학연구』 36, 한국고전문학회, 2009.

_____, 「小倉本 『靑邱永言』에 대하여」, 『한국시가연구』 34, 한국시가학회, 2013.

임주탁, 「鄭石歌의 문학적 성격」, 『고전문학연구』 11, 한국고전문학회, 1996.

_____, 「靑山別曲의 讀法과 解釋」, 『한국시가연구』 13, 한국시가학회, 2003.

_____, 「청산별곡의 연구와 교육」, 『옛노래연구와 교육의 방법』, 부산대학교출판부, 2009.

_____, 「鄕歌 전통에서 본 思母曲의 主題」, 『한국민족문화』 21, 부산대학교 한국민족문화연구소, 2003.

장성진, 「사모곡의 의미와 변용」, 『문학과 언어』 20, 문학과 언어학회, 1998.

장영우, 「兜率歌는 삼행시다」, 『국어국문학』 122, 국어국문학회, 1998.

장윤희, 「고대국어 연결어미 '-遣'과 그 변화」, 『구결연구』 14, 구결학회, 2005.

_____, 「국어사 지식과 고전문학 교육의 상관성」, 『국어교육』 108, 한국어교육학회, 2002.

_____, 「고대국어연결어미 '-遣'과 그 변화」, 『구결연구』 14, 구결학회, 2005.

_____, 「舊譯仁王經 口訣의 종결어미」, 『구결연구』 5, 구결학회, 1999.

_____, 「석독 구결 자료의 명령문 고찰」, 『구결연구』 2, 구결학회, 1997.

_____, 「석독구결 자료의 감탄법 종결어미」, 『구결연구』 4, 구결학회, 1998.

장진호, 「도솔가고」, 『어문학』 50, 한국어문학회, 1989.

鮎貝房之進, 「國文(方言俗字), 吏吐, 俗證造字, 俗音, 借訓字」, 『朝鮮史講座』 1·2·3), 조선사학회, 1923.

정기호, 「향가의 형식론」, 『향가문학연구』, 일지사, 1997.

정병욱, 「악기의 구음으로 본 별곡의 의미」, 『관악어문연구』 2, 1977.

정병헌, 「청산별곡의 이미지 연구 서설」, 『국어교육』 49·50, 한국국어교육연구회, 1984.

정상균, 「도솔가 연구」, 『한국고전시가작품론』 1, 집문당, 1995.

정양완, 「鄭石歌에 대하여」, 『한국고전시가작품론』 1, 집문당, 1995.

정인보, 「조선어문연구」, 『연희전문학교 문과연구집』 1, 연희전문학교출판부, 1930.

정재영, 「鷄林類事의 高麗方言에 나타난 文法形態에 대한 硏究」, 『구결연구』 12, 구결학회, 2004.

_____, 「借字表記 연구의 흐름과 방향」, 『새국어생활』 7-4 겨울, 국립국어연구원, 1997.

_____, 「合部金光明經(권3) 釋讀口訣의 表記法과 한글 轉寫」, 『구결연구』 3, 구결학회, 1998.

정주동, 「鄕歌의 性格 糾明을 爲한 新羅 佛敎의 理解」, 『어문논총』 4, 한국문학언어학회, 1970.

정진원, 「月明師의 兜率歌 해독에 대하여」, 『구결연구』 20, 구결학회, 2008.

정진희, 「王權 儀禮謠 도솔가의 맥락과 의미」, 『한국시가문화연구』 42, 한국시가문화학회, 2018.

조용호, 「풍요기원 노래로서의 구지가 연구」, 『서강인문논총』 27, 서강대학교인문과학연구소, 2010.

조윤제, 「고금가곡」, 『조선어문학회보』 4, 조선어문학회, 1933.

_____, 「詩歌의 原始形」, 『朝鮮語文』 7, 1933.

_____, 「靑丘永言解題」, 『朝鮮語文學會報』 2, 1931.

조현설, 「두 개의 태양, 한 송이의 꽃 - 월명사 일월조정서사의 의미망」, 『민족문학사연구』 54, 민족문학사연구소, 2014.

지헌영, 「次肹伊遣에 대하여」, 『최현배선생환갑기념논문집』, 사상계사, 1954.

진동혁, 「새로 발굴된 시조집 解我愁에 관하여」, 『도솔어문』 6, 도솔어문학회, 1990.

차주환, 「高麗史 樂志 唐樂考」, 『진단학보』 23, 진단학회, 1962.

최　철, 「禱千手大悲歌硏究」, 『韓國詩歌硏究』(권영철 외), 형설출판사, 1981.

최기호, 「몽골어와 한국어의 기초어휘 연구」, 『인문과학연구』 5, 상명대학교인문과학연구소, 1996.

최미정, 「죽은 님을 위한 노래 동동」, 『문학한글』 2, 1988.

최선경, 「도솔가의 제의적 성격」, 『연민학지』 9, 연민학회, 2001.

최승영, 「정석가 연구」, 『청람어문학』 9, 청람어문교육학회, 1993.

최용수, 「鄭石歌」攷 (一)」, 『한민족어문학』 14, 한민족어문학회, 1987.

_____, 「靑山別曲攷」, 『語文學』 49, 한국어문학회, 1988.

최재륜, 「진작과 만대엽」, 서울대학교대학원 석사학위논문, 1985.

최정선, 「도솔가에 나타난 미륵신앙」, 『불교학연구』 19, 불교학연구회, 2008.

최정여, 「향가분절고」, 『동양문화』 6·7, 영남대동양문화연구소, 1968.

최진원, 「動動考」, 『고전시가론』(김학성·권두환 편), 새문사, 1984.

최현재, 「효우가의 구비적 특성과 작가」, 『奎章閣』 24, 서울대학교규장각한국학연구원, 2001.

한만영, 「朝鮮朝初期의 歌曲에 대한 硏究－慢大葉과 中大葉의 關係」, 『민족음악학』 5, 서울대학교 동양음악연구소, 1982.

허남춘, 「혜성가, 도솔가의 일원론적 세계관과 민심의 조화」, 『어문연구』 56, 어문연구학회, 2008.

허영순, 「怨歌攷」, 『釜山大學校 國語國文學』 3, 부산대학교, 1961.

허영진, 「고금가곡(남창본)의 실증적 재조명」, 『병와가곡집과 18세기의 가집』, 박문사, 2015.

_____, 「남창본 고금가곡집의 실증적 재조명」, 『국제어문』 31, 국제어문학회, 2004.

허왕욱, 「향가 怨歌에 대한 역사적 이해」, 『열상고전연구』 17, 2003.

홍기문, 「향가의 특수한 형식」, 『향가해석』, 북한과학원, 1954.

황병익, 「靑山別曲 8연의 의미 재론」, 『민족문화논총』 45, 영남대학교 민족문화연구소, 2010.

_____, 「散花, 直心, 座主의 개념과 도솔가 관련설화의 의미 고찰」, 『한국시가문화연구』 35, 한국고시가문화학회, 2015.

_____, 「삼국유사 二日並現과 兜率歌의 의미 고찰」, 『어문연구』 30, 한국어문교육연구회, 2002.

황선엽, 「고려가요 난해구 몇 구절에 대하여」, 『관악어문연구』 21, 서울대학교 국어국문학과, 1994.

_____, 「「원왕생가」의 해독에 대하여」, 『구결연구』 17, 구결학회, 2006.

_____, 「향가에 나타나는 '遣'과 '古'에 대하여」, 『국어학』 39, 2002.

황준연, 「歌曲의 形式」, 『한국음악연구』 10, 한국국악학회, 1980.

_____, 「大葉에 관한 硏究」, 『예술논문집』 24, 대한민국예술원, 1985.

_____, 「北殿과 時調」, 『세종학연구』 1, 세종대왕기념사업회, 1986.

_____, 「조선전기의 음악」, 『韓國音樂史』 대한민국예술원, 1985.

황패강, 「風謠에 대한 一考察」, 『新羅文學의 新硏究』, 신라문화선양회, 1986.

_____, 「구지가고」, 『국어국문학』 29, 국어국문학회, 1965.

_____, 「삼국유사와 향가 연구」, 『향가연구』, 국어국문학회 편, 태학사, 1998.

_____, 「信忠怨樹譚의 神話的 考察」, 『한국서사문학연구』, 단국대학교출판부, 1990.

PARK JAEMIN, KIM JINHEE, THE ORIGIN OF THE SIJO (時調) POETIC FORM IN RELATION TO OLD KOREAN MUSIC SCORES, Acta Koreana VOL. 20, 2017. 6.